北京大學《儒藏》編纂與研究中心 編

《儒藏》精華編選刊

關中理學淵源考

（上）

〔清〕李清馥 撰

陳秉才 校點

北京大學出版社
PEKING UNIVERSITY PRESS

圖書在版編目(CIP)數據

閩中理學淵源考：全三册 /（清）李清馥撰；北京大學《儒藏》編纂與研究中心編. —北京：北京大學出版社，2023.9

（《儒藏》精華編選刊）

ISBN 978-7-301-33923-7

Ⅰ. ①閩… Ⅱ. ①李…②北… Ⅲ. ①理學－研究－福建－宋代②理學－研究－福建－明代 Ⅳ. ①B244.05

中國國家版本館CIP數據核字（2023）第082849號

書　　名　閩中理學淵源考
　　　　　MINZHONG LIXUE YUANYUAN KAO
著作責任者　〔清〕李清馥 撰
　　　　　陳秉才 校點
　　　　　北京大學《儒藏》編纂與研究中心 編
策劃統籌　馬辛民
責任編輯　王　琳
標準書號　ISBN 978-7-301-33923-7
出版發行　北京大學出版社
地　　址　北京市海淀區成府路205號　100871
網　　址　http://www.pup.cn　新浪微博: @ 北京大學出版社
電子郵箱　編輯部 dj@pup.cn　總編室 zpup@pup.cn
電　　話　郵購部 010-62752015　發行部 010-62750672
　　　　　編輯部 010-62756449
印 刷 者　三河市北燕印裝有限公司
經 銷 者　新華書店
　　　　　650毫米×980毫米　16開本　83.25印張　905千字
　　　　　2023年9月第1版　2023年9月第1次印刷
定　　價　290.00元（全三册）

目録

上册

閩中理學淵源考卷二

閩中理學淵源考卷三

閩中理學淵源考卷十九……四二八

閩中理學淵源考卷二十……四三六

閩中理學淵源考卷二十一……四五六

閩中理學淵源考卷二十二……四六一

閩中理學淵源考卷二十三……四六五

閩中理學淵源考卷二十七……五一一

閩中理學淵源考卷二十八……五三一

閩中理學淵源考卷二十九……五五二

閩中理學淵源考卷三十五 …………………… 六八六

閩中理學淵源考卷三十六……六九六

閩中理學淵源考卷四十六…………七八四

閩中理學淵源考卷四十七…………七九四

下册

閩中理學淵源考卷五十六……八六一

閩中理學淵源考卷五十七……八七一

閩中理學淵源考卷五十八……八八五

閩中理學淵源考卷七十三……一〇六三

閩中理學淵源考卷七十四……一〇七七

閩中理學淵源考卷七十六

校點説明

《閩中理學淵源考》九十二卷，清李清馥撰。李清馥（一七〇三—？），字根侯，福建安溪人。康熙進士、文淵閣大學士、理學家李光地之孫。其父李鍾倫著有《周禮訓纂》，早逝。馥四歲而孤，侍祖父光地，長以祖父蔭補兵部員外郎，遷户部四川司郎中。出知直隸大名府，官至廣平知府，以疾告歸。光地長於經學，尤篤信程、朱，著述宏富。光地授以《太極圖解》、《通書》、《西銘》、《正蒙》諸書，「即知以古學自期」，其學禀家訓，造詣尤邃於理學，桐城方苞稱其「質厚安雅，氣度於光地爲近」（《清史列傳》）。馥撰《閩中理學淵源考》（以下省稱《淵源考》），便是李氏理學末造之作。其他著述尚有《閩中志略》、《道南講授》、《清源述志》、《粤東名儒言行録》等。

《淵源考》始撰於乾隆辛酉年（一七四一），竣於乾隆己巳年（一七四九）。早在雍正戊申年（一七二八）馥輯《志學録》内外篇，詳考朱子之學，薈萃集成，負荷統緒。至乾隆辛酉年，因公赴省，道經博野，謁副憲尹元孚，受其啓迪。歸署數月，告病養痾，重尋舊籍，得《伊洛淵源録》、萬氏《儒林宗派》、宋氏《考亭淵源録》諸書，録而編次，序訂次第，成《閩中師友淵源考》，後易名《閩中理學淵源考》。

是書考閩中理學淵源，謂楊龜山載道而南，遞傳羅豫章、李延平，集成於朱子，成就程、朱理學的建立之功。「是道南者，賡續雖名爲衍緒，而倡作則實爲開先，非獨閩省一方所賴，而實千古正學之宗」（《閩中理學淵源考原序》）。元、明閩中理學由蔡虛齋、陳剩夫、周翠渠諸賢先後講學倡述而成一時之盛。中明之後，理學後繼乏人，漸至造次判涣，幾淪爲末學。

是書編例不以年次論其先後，而以所考人物各從派系，師弟相承，確定序例。上自北宋理學南渡之楊時，終於明末式微時之陳喜，各立師承體系，首推學派之宗師，繼之以門人、交友。凡各大學派及較大支派皆各自成卷，每卷有學派傳授淵源概述，宗師門人承繼之序、學派宗旨評介，間增案語考證，是爲總序。序後首載宗師傳記，傳後往往附録備考、遺文、書劄、問答語録、學術觀點摘録、論文等。宗師之後分别爲門人立小傳，簡述生平，無事可記者，僅立姓名。所有傳記史事，採自正史、方志、野史、筆記、墓誌、檔案文獻等史料，所據資料書目均載篇末。所採資料如有乖訛抵牾，予以訂正究考，凡可定論者，加判語；不定論者，兩存其説。凡考證辨析均加案語。如卷八嚴粲傳有「《嚴氏詩緝》，朱文公《詩傳》多採其説」句。傳尾案語證之「嚴氏《詩緝》於朱文公去世四十八年成書」，故朱文公不可能采嚴氏之説，顯係「相承傳誤」。各家異詞，以「備考」詳述，以徵引諸家文獻爲主，以疑傳疑，以信傳信，不存偏見。其嚴謹治學精神，顯現了該書的學術價值。

是書凡九十二卷，載學派一百八十八家，門人及交友人物一千二百餘人。所載學派可分：一、家世學派，記一家族理學系列人物，凡列爲家世學派的，皆世傳名望大族，如武彝胡氏、三山陳氏、莆陽蔡氏、同安蘇氏、清漳黄氏、獻靖朱氏。二、宗師師傳之本學派，學徒不以家族、地域爲限，廣收天下弟子。三、某先生私屬學派，記某先生設壇講學授徒之學派，如朱熹雖係朱氏家世學派，却在族外廣收門徒，形成了朱子私屬學派。四、門人交友學派，記某先生弟子與志同道合之學人結爲摯友，在學術上共鳴，道德實踐上相合而結成之學派。五、地域範圍内之一方學派，記某一地區治理學且有師承相續之學派弟子及師友。六、某一時期之學派，記若干年之間理學師弟派别。

是書現存文淵閣《四庫全書》本（以下省稱文淵本）、文津閣《四庫全書》本（以下省稱文津本）、文溯閣《四庫全書》本、清丁氏竹書堂抄本（以下省稱丁氏抄本）等版本。文淵本較文津本多出卷五十六《郡守林孟鳴先生兆珂》傳，文津本卷四《文質羅豫章先生從彦》一傳中的案語被删去「後之纂録斯傳者……就前人」六百八字，文津本顯然存在嚴重缺陷。在文字方面，文津本也有其長處，有文津本不誤、文淵本錯誤者，還有文淵本脱漏、文津本不脱誤者。此外，文津本保留了文淵本删掉的某些學派名字，可以補文淵本之不足，所有這些在校記中均一一校明。丁氏抄本係光緒年間，補抄杭州文瀾閣《四庫全書》時，丁氏竹書堂據以抄成。這種官書的民間抄本，現僅見此一家。

本次校點採用文淵本作底本，以文津本、丁氏抄本作校本，並參照《宋史》、《明史》及有關文集等。丁氏抄本是節抄本，原書的案語、備考答問、書劄、語録皆不録，且其文字乖謬較多。丁氏抄本另抄有含弟子姓名而無傳文的標題，爲文淵本、文津本所無。還有如「瓦喇」之譯音，文淵本、文津本皆作「威喇」，而丁氏抄本作「衛喇」。這些不同之處，説明抄本在文淵本、文津本之外另有所據。總之，丁氏抄本雖非善本，也足以補文淵本、文津本之闕。

校點者　陳秉才

《四庫全書》閩中理學淵源考提要

臣等謹案：《閩中理學淵源考》九十二卷，國朝李清馥撰。清馥字根侯，安溪人。大學士光地之孫。以光地廕授兵部員外郎，官至廣平府知府。是編本曰《閩中師友淵源考》，故序文、凡例尚稱舊名。此本題《理學淵源考》，蓋後來所改。《序》稱「乾隆己巳」，而每篇小序所題年月多在己巳之後。蓋《序》作於草創之時，成編以後，復有所增入也。

宋儒講學盛于二程，其門人游、楊、吕、謝號爲高足，而楊時一派由李侗而及朱子，轉輾授受多在閩中。故清馥所述斷自楊時，而分别支流，下迄明末。凡其派傳幾人，某人又分爲某派，四五百年之中，尋端竟委，若昭穆譜牒，秩然有序。其中家學相承，以及友而不師者，亦皆並列，以明其學所自來。其例每人各爲小傳，傳之末各注所據之書，併以語録、文集、有關論學之語摘録於後，考據頗爲詳核。其例于敗名隳節、貽玷門墻者，則削除不載，間有純駁互見者，則棄短録長。如《廖剛傳》中删其初附和議一事，《胡寅傳》中但叙不持生母服，❶爲右正言章厦所劾，而不詳載其由。蓋爲賢者諱，古義則然，不盡出鄉曲之私也。

---

❶「寅」，原作「宏」。本書卷三《文忠胡致堂先生寅》有「不持生母服」之説，丁氏抄本亦作「寅」，據改。

清馥父鍾倫早夭，清馥幼侍其祖光地，多聞緒論，故作是編。一稟家訓，尚有典型，雖意崇桑梓，而無講學家門户異同之見云。乾隆四十四年九月恭校上。

總纂官臣紀昀臣陸錫熊臣孫士毅　總校官臣陸費墀

閩中理學淵源考原序

清馥自雍正戊申歲輯訂有《志學録》内外篇，因詳考朱子之學，薈萃集成，負荷統緒。其平生師友多在閩中，屢欲參稽編録而未暇也。乾隆辛酉年冬，効職天雄，適因公赴省，道經博野，謁副憲元孚尹公，公即自述所學，慨然念國朝魏環溪、湯睢陽、陸當湖及先文貞公四先生，欲有待論列於朝宁，因言濂、洛、關、閩五子之書，遞衍八百年來，家習户誦，生於其鄉者，或親炙，或私淑，其派别相續，源流更易，爲尋溯傾聆之下，與余夙心所擬者頗合。歸署後數月，得病，告休養疴，少暇，重尋舊篋，得《伊洛淵源録》、萬氏《儒林宗派》、宋氏《考亭淵源録》諸編，録出，次第訂之，目曰《閩中師友淵源考》。曰「淵源」者，是書以龜山載道南來，羅、李遞傳，集成於朱，而上溯周、程，以傳千載不傳之秘者也。故以龜山冠冕編首，各從派系，遞列相承，不以世次論其先後，而以師承訂其旨歸也。

唐初，歐陽四門與翁、林諸賢勃興，爲開閩人文之始，彼時師友未廣也，故列未及焉。宋初，海濱四先生與安定胡氏諸公同時倡學，有魯一變之風，然派别未著也，故另附本篇之後。是道南者，賡續雖名爲衍緒，而倡作則實爲開先，非獨閩省一方所賴，而實千古正學之宗也。由元閲明成化間，蔡虚齋、陳剩夫、周翠渠諸賢後先講學，起而倡述之，經學稱一時之盛。中明以後，學術漓雜，迄於季造，決裂判散，使後生晚出，不復見先正本來之懿。先公感焉，嘗論吾閩之學，篤師承，謹訓詁，終身不敢背其師説，以爲近於漢儒傳經遺意。公餘講切，每持此論以救末學之偏，其意遠矣。

清馥竊謂，近代異同之習勝者，窮經實踐之功微也。今欲卑訓詁而讀經，蔑師資而求道，猶航斷港絶潢，以望至於海也，不亦難哉！自洙、泗以來，群哲相承，雖衆論紛紜，莫不以至聖爲折中之準。濂、洛以後，英賢日懋，雖支流各異，莫不以紫陽爲論學之宗。嘗考紫陽之書，明訓詁，溯師傳，力行一生，使後人知聖功由下學以上達者，其效於今益光矣。今日不問師承，不稽傳注，目空前輩，簧惑後人，是宜賢者之所爲戒，譬猶守家之子，忘厥高曾榘矱，其可乎？吾鄉先正素尚樸學，自唐、宋，迄元、明，傳經説理之盛，溯厥淵源，粹然者不少，而所以奮起作興者，皆耆賢宿學，啓迪之功爲多。考其旨歸，大都崇奬典型，共趨敦厚，師傳友授，飭躬厲行，是閩中習尚，前輩述之屢矣。

今歲律屢更，不揣固陋，匯集諸家之傳，綜其要者而纂録焉。雖歷代學術不無升降盛衰、醇疵互異，然參互考訂，庶有以爲知人論世之資，徵文考獻之助。獨念大雅日遠，載籍寖湮，耳目所及，掛一漏百，旁蒐遠紹，是在來賢。今聖天子崇重正學，丕承列聖壽考作人之效，海内真儒輩出。尚論閩中國朝師友者，更當詳徵博採，以上溯道南之緒，而闡發濂、洛之傳，猶有望於後之君子。乾隆十四年己巳六月二十七日癸卯閩里後學李清馥謹序。

凡　例

一、《道南源委》諸賢本傳皆稱先生、稱公，《閩書》則從史例皆稱名。今斯録於諸儒宗師席並近代諸耆德前輩稱先生、稱公，至各門徒，則概稱名以别之。

一、是編目曰《師友淵源》，則凡平昔所與諸儒往返論辨，志氣相合，有交友一門、私淑一門，皆附之學派中，非必盡及門親炙也。

一、後世史家列傳中，間有載本人纂述一兩篇者，是欲存其立言之旨。近世《理學宗傳》、《明儒學案》諸編，其著述大略，皆附之傳後，倣舊也。兹編規製倣之前人，而立教宗旨則恪遵庭訓所聞，以奉一先生之言云。覽者若以此斷斷於同異之辨，則非編録此書之意也。

一、是編原欲録其師友派别淵源，故諸賢有傳習源流者，皆録於學派。其無可考者，闕略尚多，不得不有所遺也。

一、閩中諸公箋注經學者，蔣氏垣、黄氏海於篇末載之，今各於本傳附見，不另别一門目，但諸公箋注儘多，亦不無闕略焉。

一、評論諸賢，在宋則以紫陽、西山諸大儒爲據，元、明以降，兼採近世儒宗諸賢，而謹遵庭訓所聞者折衷焉。

一、睢州湯文正公纂《洛學編》，其事實俱本原傳，使後人知所由來，得以定其是非。此祖述《伊洛淵源録》舊例也。今所録諸傳悉本原傳，存其舊名，或有從别本增添者，亦注增添原名，以便考證，不敢妄加增入。

一、閩中儒學開先始于唐歐陽四門，至宋海濱四先生亦爲倡學之始，至龜山楊文靖公及中州二程先生之門，仔肩道脈，千聖心傳繫焉。故今諸儒學派之編，斷自有宋，列龜山爲首。蓋以師承定其旨歸，不以世次論其先後也。至唐歐陽先生爲一代開創之始，余另約選登之《閩學志略》焉。

一、學派中前已載入諸賢門徒者，後别爲門徒，則單載其名字姓氏，注云已見某氏門徒，不重録。

一、學派一門，其派衍遺漏尚多，各郡遺書未能徧得，尚有待增入。

一、朱子門人有無事實可考者，照儀封《道南源委》例，亦附姓名、閭里於後。

一、增家世學派及交友一門，亦本舊例也。

一、近世論學大都分别門户，異同之論究非衆言淆亂，折衷于聖之歸。《語》載四科之目，逸民數章，亦備人品學術差等。孟氏論伯夷、伊尹、柳下惠，而願學孔子，此方是志學論道準的。是編倣莆陽宋氏《考亭淵源録》遺意，凡有師承派别者，俱各敘出，以見求師問道、醇疵互著、考同較異、論世知人，至夫各家派别，亦略以類相附，覽者當自得之。

一、宋代儒宗世衍家學者不少，故於諸儒學派中特列其例，以徵其盛。元、明以來，一家之學遞衍其緒，如武彝之胡、崇安之劉、麻沙之蔡者，亦僅見矣。今於明代諸儒世學，擇其媲美前修者，亦多録焉。

一、元代志乘甚略，故於遞述者無從稽訪。今於《元史》之外，搜之《續弘簡録》、《元文類》、《八閩通志》、閩省各郡志各邑志、《閩書》、《熊勿軒集》、《吴聞過集》、《吴草廬集》、《陳石堂集》、《清源文獻》、《道南源委》、《道南統緒》、蔣氏《八閩理學源流》、朱氏《經義考》，尚愧疎漏，限于聞見，無如何也。

一、是録凡有玷於師友門墻者，概未敢登入。是書欲録淵源之的，不得不有所遺也。

一、諸學派就萬氏季野《儒林宗派》録出，參之蔣氏垣《八閩理學源流》、黄氏海《道南統緒》、何氏《清源文獻》。其本傳本之《閩書》，參之《道南源委》、《莆陽文獻》、《越章録》、《閩省通志》、各郡縣志、《伊洛淵源録》、《弘簡録》、《名山藏》、《黄氏日抄》、《考亭淵源録》、《理學宗傳》、《理學備考》、《明儒學案》、《吴氏諸儒述概》及歷代史書并行狀、誌銘、諸家文集，更相考證。

一、國朝正學昌明，儒宗相望，閩中學派俟另録編輯，至博徵文獻，尚有望於名賢焉。

閩中理學淵源考卷一

廣平府知府李清馥撰

文靖楊龜山先生時學派

閩學開自有唐，歐陽四門倡起，彼時人文未著也。宋初，所謂海濱四先生者，與安定、泰山、徂徠同時，其學已有近裏之功，彼時朋類未孚也。至龜山先生得中州正學之的，上肩周、程統緒，下啟羅、李、朱歷代相傳之奥，于是聖學彰明較著，而鄒、魯、濂、洛之微言大義，萃于閩山海嶠矣。夫程伯子以「吾道之南」贈屬其行，不再三傳而紫陽集諸儒之大成，是天欲開伊、洛之道之南，亦即魯、鄒之道之南也。

昔賢心與道會，妙契天合，遂持符如左券，信乎斯文之興喪，豈非天哉！自是而後，遂有海濱鄒、魯之稱。我國朝道運昌明，列聖肇基，啟佑聖祖崇儒重道，表章有宋諸儒，由朱子而來，至今五百餘歲矣。實應王者受命之期，而我皇上躬膺統緒，顯闡于天命人心之本，以聖繼聖，千古而同符者矣。謹按文靖楊公爲程門高弟，聖祖仁皇帝曾賜匾額。顏曰「程氏正宗」。由是閩士愈争自濯磨，禮陶樂淑之化，於前尤有烈也。溯吾閩宗風者，其必以延津爲星宿云。

文靖楊龜山先生時

楊先生諱時，字中立。其先京兆人，五世祖唐末入閩，寓南劍之將樂，遂家焉。先生資禀仁厚，不爲崖異夸絶之行以求世俗名譽。性至孝，喪母，哀毁如成人，事繼母尤謹。熙寧九年，年二十四登進士第，授汀州司户，不赴。杜門力學。元豐四年，年二十九，授徐州司法，又不赴。以師禮謁見程明道先生於潁昌。後告歸，明道送之出門，謂坐客曰：「吾道南矣。」六年，官徐州。八年，明道先生卒，先生聞之，設位哭寢門，而以書訃告同學者。旋丁繼母憂，服闋，赴調虔州司法。元祐五年，丁外艱。服除，八年，赴調至京，遷瀛州防禦推官。又師事伊川先生於洛，年蓋四十矣。一日，伊川瞑坐，先生與游定夫侍立不去，及覺，門外雪深一尺。先生嘗疑張横渠《西銘》近於兼愛，與二程辨論往復，聞理一分殊之説，始豁然無疑。紹聖元年，知瀏陽縣。四年，伊川以黨論送涪州編管，時先生在任滿，寓瀏陽。元符二年歸家。先是從二先生學者甚衆，而先生獨歸，杜門不仕者累年，沉浸經書，推廣師説，窮探力索，務極其趣。於是，沙陽陳淵投書問學。

崇寧元年，以諫垣薦，除荆州教授。大觀元年，知餘杭事。是年，伊川先生卒。政和初，待次毗陵。二年，赴蕭山縣任。先生歷官所至，皆有惠政，浮沉禄仕，不求聞達，而德望日重，四方之士不遠千里從之遊，稱曰龜山先生。四年，年六十二，請祠，退居餘杭，後寓毗陵久之，而先生年已七十矣。是時，蔡京當國，天下多故。會蔡京客張觷言於京曰：「宗社危在旦夕，宜亟引舊德老成置諸左右，庶幾猶可及。」會有使高麗者，國王問：❶「龜山先生安在？」使回以聞。六年，以秘書郎召，到闕，遷著作郎，入對，奏陳言：「熙寧之初，大臣文六藝之言以行其私，祖宗之法紛更殆盡。元祐繼之，盡復祖宗之舊，熙寧之法一切廢革。至紹聖、崇寧，凡元祐之政事著在令甲，皆焚之以滅其跡。自是分爲二黨，縉紳之禍至今未殄。願明詔有司，條具祖宗之法，但有宜於今者，舉而行之，當損益者損益之，一趨于中而已。」徽宗首肯之，除邇英殿説書。

時朝廷方圖燕雲，虚内事外，先生知時勢將變，陳論政事十餘條，執政不能用，而金人已入境。先生激切上言：「今事勢如積薪已燃，當自奮勵，進賢退奸，以竦動觀聽。若示以怯懦之形，委靡不振，則事去矣。」又謂：「今日所急者莫如收人心。」請罷免夫之役及京城聚斂、東南花石之害。極論天下積憤鬱而不得發者幾二十年，欲致人和，去此三者。且言：「山東之民凋弊已甚，所仰者東南而已。二浙災傷之餘，瘡痍未合，更誅求不已，則前日方臘之事可以爲鑒。昔唐方用兵之時，裴度復相，則先開謁禁，以延見士大夫爲急，故能有成功。自元和以後數用兵，宰相不得休沐。李德裕在位，雖遽書警奏，皆從容裁決，率午漏下還第。蓋鎮安人心，不可不如是耳。」已而，欽宗嗣位，金人日迫，大臣方以推恩晉秩，争議行幸，莫念軍計。先生乞對，言：「聞勤王之兵漸有至者，宜召將領議戰守之計。諸葛亮曰：『有制之兵，無能之將，不可以敗；無制之兵，有能之將，不可以勝。』今

❶「王」，丁氏抄本作「主」。

諸路烏合之衆，不相統一，而不立統帥，雖唐李、郭以九節度之師不免敗衄，不可不慮。」又言：「上皇痛自引咎禪位，而宰執遷敘，安受不辭，此何理也？主辱臣死，大臣宜任其責，而皆爲竄亡自全之計，陛下孤立何賴焉？童貫爲三路總帥，金人侵疆，棄軍而歸，朝廷置而不問。故梁方平、何灌相繼而遁，使敵騎得以長驅而前。其誤國已甚，當正典刑，以爲臣子不忠之戒。」疏入，欽宗大喜，擢右諫議大夫。

金兵既退，先生上殿極言和議之非。時議者欲割三鎮以講和，先生疏言：「河朔，朝廷重地；三鎮，河朔要藩。今一旦棄之，距京無藩籬之固，且聞三鎮之民欲以死拒之，萬一不守，則數州之衆，朝廷寧坐視不救乎？急宜命衆出師並乞召用种師中、劉光世，問以方略可否，不可專守和議。」疏上，欽宗詔出師，而議者多持兩端，先生復抗疏力争，凡所論多切時務，皆不報。

會李綱罷，太學生伏闕上書乞留，軍民集者數萬。❶吴敏乞用先生以靖太學，因召對，先生言：「諸生忠於朝廷，非有他意，但擇老成有行誼者爲之長貳，則將自定。」欽宗曰：「無逾於卿。」遂以先生兼國子祭酒，先生遂言：「蔡京用事二十餘年，蠹國害民，幾危宗社，人所切齒，而論京罪者，莫知其所本也。蓋京以繼述神宗爲名，實挾王安石以圖身利，故推尊安石無所不至。今日之禍，實安石有以啟之。」因詳舉安石邪説，乞正其學術之謬，追奪王爵，明詔中外，毁去配享之像。疏上，詔罷安

❶「數萬」，《宋史》卷四二作「數十萬」。

石配享，猶留從祀。時士習王氏學，取科第已數十年。忽聞先生説，紛然鬨之。於是諫官馮澥上疏詆先生。又會學宫紛争，有旨並罷。先生即上章乞出，除給事中。請益力，遂以徽猷閣直學士奉祠。又懇辭直學士之命，有旨：「楊時學行醇固，諫諍有聲，改徽猷閣待制。」

高宗即位，除工部侍郎兼侍講，召赴行在。至則勸上典學納諫及修《建炎會計録》，加恤勤王之兵。連章丐外。二年，以老疾乞出，除龍圖閣直學士，予祠歸家。四年，上章告老，致仕，優遊林泉，以著書講學爲事。紹興五年四月卒，年八十三。

近臣朱震奏楊某據經論事，不愧古人，所著《三經義辨》，有益學者，乞下本州鈔録，仍請優恤其家。有旨贈左中大夫。紹興十二年，贈少師，謚文靖。

先生在東郡，所交皆天下士，先達陳瓘、鄒浩皆以師禮事先生。渡江以來，東南學者推先生爲程氏正宗，與胡氏安國往來講論尤多。先生浮沉州縣四十九年，晚在諫省僅九十日，凡所論列皆切于世道，而其大者，則闢王氏經學、排靖康和議，使邪説不作。凡紹興初，崇尚元祐學術，而朱晦菴、張南軒之學得程氏之正，其源委脈絡皆出於先生。

昔程純公嘗指喜怒哀樂未發之中，令先生反求，其後，羅豫章、李延平遞相祖述，令學者静中體認大本未發，氣象分明，所謂龜山門下相傳指訣。胡文定云：「據龜山所見在《中庸》，自明道先生所授，此其源流所本與？」按先生《中庸義序》自云：「昔在元豐中，嘗受學明道先生之門，得其緒言一二，未及卒業而先生没。」文定所謂自明道先生所授者，此也。吕氏本中撰《行狀》：「嘗聞前輩長者以爲明道先生温然純粹，終身無疾言遽色，先生實似之。」

胡文定公安國誌其墓曰：「自孟子没，遺經僅在而聖學不傳。所謂『見而知之者』世無其人，則有西方之傑窺見間隙，遂入中國，舉世傾動，靡然從之。於是人皆失其本心，莫知所止，而天理滅矣。宋嘉祐中，有河南二程先生得孟子不傳之學於遺經，以倡天下。而升堂睹奥，號稱高弟，在南方則廣平游定夫、上蔡謝顯道與先生三人是也。先生天資夷曠，濟以問學，充養有道，德器早成。閒居和樂，色笑可親，臨事裁處，不動聲色。與之遊者，雖群居終日，飲人以和，而鄙薄之態自不形也。推本孟子性善之説，發明《中庸》、《大學》之道，當時公卿大夫之賢者，莫不尊信之。熙寧初，代余典教渚宫，始獲從先生遊。三十年間，出處險夷，亦嘗覩之熟矣。視先生一飯，雖蔬食脆甘，若皆可於口，未嘗有所嗜也。每加一衣，雖狐貉緼袍，皆適於體，未嘗有所擇也。平生居處雖湫廬厦屋，若皆可以託宿，未嘗有所羡而求安也。故山之田園皆先世所遺，守其世業，亦無所營增豆區之入也。老之將至，沈伏下僚，厄窮遺佚，若將終身焉。然則先生于斯世所欲不存，果何求哉？心則遠矣。凡訓釋論辨以闢邪説，存于今者，其傳寖廣，諸所建白深切著明，而先生之學於河南小嘗試之，其用已如此。所謂『援而止之而止』，必有以也。『進不隱賢，必以其道』，豈不信乎？世或以不屑去疑先生，蓋淺之爲丈夫也。」

又與楊大諫書曰：「楊先生造養深遠，燭理甚明，混迹同塵，知之者鮮。知之者知其文學而已，不知者以爲蔡氏所引。先生無求於人，蔡氏焉能凂之。」朱晦菴曰：「龜山先生晚歲一出，人多議之，惟胡文定之言曰：『當時若能聽用，決須救得一半。』此語最公。」又曰：「龜山此行固是有病，但只後人又何曾夢到他地位在。惟胡文定以柳下惠『援而止之而止』比得極好云。」

所著有《校正伊川易》、《三經義》、《春秋禮記解》、《學庸語孟解》、《易春秋孟子義》、《辨字解論》、《日録》、奏議、《龜山文集》。明成化元年，從祀孔子廟廷。國朝康熙四十五年，准學臣沈涵之請，賜御書「程氏正宗」，懸於祠。子迪，附見家學。《宋史》。胡文定公撰《墓誌》、《年譜》。《伊川淵源録》。《聖學知統録》。《道南源委》。

楊文靖公語録

先生曰：自堯、舜以前，載籍未具，世所有者獨宓犧所畫八卦耳。當是之時，聖賢如彼其多也。自孔子删定《繫》作之後，更秦歷漢以迄于今，其書至不可勝記。人之所資以爲學者宜易於古，然其間千數百年求一人如古之聖賢，卒不易得，何哉？豈道之所傳，固不在於文字之多寡乎？夫堯、舜、禹、皐陶皆稱「若稽古」，非無待於學也，其學果何以乎？由是觀之，聖賢之所以爲聖賢，其用心必有在矣，學者不可不察之也。

六經不言無心，惟佛氏言之；亦不言修性，惟揚雄言之。心不可無，性不假修。故《易》止言洗心盡性，《記》言正心、尊德性，《孟子》之言存心養性。

「君子務本」，言凡所務者，惟本而已，若仁之於孝悌，其本之一端耳。蓋爲仁必自孝悌推之，然後能爲仁也。其曰爲仁，與體仁者異矣，體仁則無本末之别。孔子曰：「老者安之，朋友信之，少者懷之。」此無待乎推之也。孟子曰：「老吾老以及人之老，幼吾幼以及人之幼。」此推之也。推之所謂爲仁。

《狼跋》之詩曰：「公孫碩膚，赤舄几几。」周公之遇謗，何其安閒而不迫也！學《詩》者不在語言文字，當想其氣味，則《詩》之意得矣。

事道與禄仕不同，常夷甫家貧，召入朝，神宗欲優厚之，令兼數局，如登聞鼓、染院之類，庶幾俸給可贍其家，夷甫一切受之不辭。及正叔以白衣擢爲勸講之官，朝廷亦使之兼他職，則固辭。蓋前日所以不仕者，爲道也；則今日之仕，須是官足以行道乃可受。不然是苟禄也。然後世道學不明，君子之辭受取舍，人少能知之。故常公之不辭，人不以爲非；而程公之辭，人亦不以爲是。

又曰：「孟子對人君論事，句句未嘗離仁，此所謂王道也。」曰：「安得句句不離乎仁？」曰：「須是知一以貫之之理。」曰：「一以貫之，仁足以盡之否？」曰：「孟子固曰『一者何？曰仁也』。仁之用大矣。今之學者，仁之體亦不曾體究得。」

人臣之事君，豈可佐以刑名之説？如此，是使人主失仁心也。人主無仁心，則不足以得人。故人臣能使其君視民如傷，則王道行矣。

或勸先生解經，曰：「不敢易也。曾子曰：『吾日三省吾身：爲人謀而不忠乎？與朋友交而不信乎？傳不習乎？』夫傳而不習，以處己則不信，以待人則不忠，三者胥失也。昔有勸正叔先生出

《易傳》示人者，正叔曰：『獨不望學之進乎？姑遲之，覺耄即傳矣。』蓋已耄，則學不復進故也。學不復進，若猶不可傳，是其言不足以垂後矣。」黄氏東發云：按此説則近世紛紛解經者，可戒矣。

知合内外之道，則禹、稷、顔子之所同可見。蓋自誠意正心推之，至於可以平天下，此内外之道所以合也。故觀其意誠心正，則知天下由是而平。觀其天下平，則知非意誠心正不能也。兹乃禹、稷、顔回之所以同也。

君子之治心養氣，接物應事，唯直而已，直則無所事矣。康子饋藥，孔子既拜而受之矣，乃曰：「丘未達，不敢嘗。」此疑於拂人情，然聖人慎疾，豈敢嘗未達之藥。既不敢嘗，則直言之，何用委曲？微生高乞鄰醯以與人，在今之君子，蓋常事耳，顧亦何害？然孔子不以爲直，以所辭康子之言觀之，信乎其不直也。

李似祖、曹令德問：「何以知仁？」曰：「孟子以惻隱之心爲仁之端，平居但以此體究，久久自見。」因問似祖、令德尋常如何説隱，似祖云：「如有隱憂，勤䘏民隱，皆疾痛之謂也。」曰：「孺子將入於井，而人見之者必有惻隱之心，疾痛非在己也，而謂之疾痛何也？」似祖曰：「出於自然，不可已也。」曰：「安得自然如此？若體究此理，知其所從來，則仁之道不遠矣。」二人退。余從容問曰：「萬物與我爲一，其仁之體乎？」曰：「然。」

問：「《論語》言仁處，何語最爲親切？」曰：「皆仁之方也，若正所謂仁，則未之嘗言也，故曰『子罕言利與命與仁』。要道得親切，唯孟子言『仁，人心也』最爲親切。」黄氏東發云：按此提掇最得要。吴審律儀勸解《易》，曰：「《易》難解。」曰：「及今可以致力，若後力衰却難。」曰：「某嘗觀聖人言《易》，便覺措辭不得，只如乾、坤兩卦，聖人嘗釋其義於後，是則解《易》之法也。《乾》之『初九潛龍勿用』，釋云：『陽在下也。』又曰：『龍德而隱者也。』又曰：『下也。』又曰：『陽氣潛藏。』又曰：『隱而未見，行而未成。』此一爻耳，反覆推明，至五變其說，然後已。今之釋者，其於他卦能如是推明乎？若不能爾，則一爻之義只可用之一事。《易》三百八十四爻，爻指一事，則是其用止於三百八十四事而已。如《易》所該，其果極於此乎？若三百八十四事，不足以盡之，則一爻之用，不止於一事，亦明矣。觀聖人於《繫辭》發明卦義尚多，其說果如今之解《易》者乎？故某嘗謂說《易》須仿佛聖人之意，然後可以下筆，此其所以未敢苟也。」

問：「《中庸》只論誠，而《論語》曾不一及誠，何也？」曰：「《論語》之教人，凡言恭、敬、忠、信，所以求仁而進德之事，莫非誠也。《論語》示人以其入之之方，《中庸》言其至也。蓋《中庸》子思傳道之書，不正言其至，則道不明。孔子所罕言，孟子常言之，亦猶是矣。」

《易》曰：「君子敬以直内，義以方外。」夫盡其誠心而無僞焉，所謂直也。若施之於事，則厚薄隆殺一定而不可易，爲有方矣。敬與義本無二，所主者敬，而義則自此出焉。故有内外之辨，其實義亦敬也。故孟子之言義曰「行吾敬」。

問：「『必有事焉，而勿正，心勿忘、勿助長』。既不可忘，又不可助長，當如何著力？」曰：「孟子固曰『至大至剛，以直養而無害』，則雖未嘗忘，亦不助長。」

曾子曰：「士不可以不弘毅。」人須能弘，然後有容，因言陳述古先生云：「丈夫當容人，勿爲人所容。」

論《西銘》曰：「河南先生言『理一而分殊』，知其理一，所以爲仁；知其分殊，所以爲義。所謂分殊，猶孟子言『親親而仁民，仁民而愛物』，其分不同，故所施不能無差等。」或曰：「如是則體用果離而爲二矣。」曰：「用未嘗離體也。且以一身觀之，四體百骸皆具，所謂體也。至其用處，則履不可加之於首，冠不可納之於足，則即體而言，分在其中矣。」

《孟子》一部書只是要正人心，教人存心養性，收其放心。至論仁義禮智，則以惻隱、羞惡、辭讓、是非之心爲之端；論邪説之害，則曰生於其心，害於其政；論事君，則欲格君心之非，正君而國定。千變萬化，只説從心上來。人能正心，則事無足爲者矣。《大學》之修身、齊家、治國、平天下，其本只是正心誠意而已。心得其正，然後知性之善。孟子遇人便道性善。永叔却言聖人之教人，性非所先。永叔論列是非利害，文字上儘去得，但於性分之内，全無見處，故説不通。人性上不可添一物，堯、舜所以爲萬世法，亦只是率性而已。所謂率性，循天理是也。外邊用計用數，假饒立得功業，只是人欲之私，與聖賢作用天地懸隔。

仲素問：「横渠云『氣質之性』，如何？」曰：「人所資禀，固有不同者。若論其本，則無不善。蓋一陽一陰之謂道，陰陽無不善，而人則受之以生故也。然而善者其常也，亦有時而惡矣。猶人之生也，氣得其和，則爲安樂人，及其有疾也，以氣不和，則反常矣。其常者，性也，此孟子所以言性善也。橫渠説『氣質之性』，亦云人之性有剛柔、緩急、强弱、昏明而已，非謂天地之性然也。今夫水清者，其常然也，至於汩濁，則泥沙混之矣，泥沙既去，其清者自若也。是故君子於『氣質之性』，必有以變之，其澄濁而求清之義歟！」

語羅仲素云：「今之學者，只爲不知爲學之方，又不知學成要何用。此事體大，須是曾著力來，方知不易。夫學者學聖賢之所爲也，欲爲聖賢之所爲，須是聞聖賢所得之道。若只要博通古今，爲文章，作忠、信、愿、慤，不爲非義之士而已，則古來如此等人不少，然以爲聞道則不可。且如東漢之衰，處士逸人與夫名節之士，有聞當世者多矣。觀其作處，責之以古聖賢之道，則略無毫髮仿佛相似，何也？以彼於道初無所聞故也。今時學者平居則曰吾當爲古人之所爲，纔有事到手，便措置不得。蓋其所學以博通古今，爲文章，或志於忠、信、愿、慤，不爲非義而已，而不知須是聞道故應如此。由是觀之，學而不聞道，猶不學也。」

語仲素曰：「《西銘》只是發明一個事天底道理，所謂事天者，循天理而已。」

語仲素曰：「某嘗有數句教學者讀書之法云：以身體之，以心驗之，從容默會於幽閒静一之中，超然自得於書言象意之表，此蓋某所爲者如此。」

仲素問：「『盡其心者，知其性』，如何是盡心底道理？」曰：「未言盡心，須先理會心是何物。」又問：「心之爲物，明白洞達，廣大静一，若體會得了然分明，然後可以言盡，未理會得心，盡個甚？能盡其心，自然知性，不用問人。大抵須先理會仁之爲道，知仁則知心，知心則知性，是三者初無異也。橫渠作《西銘》亦只是要學者求仁而已。」

聞正叔云：「古之學者，四十而仕。未仕以前二十餘年，得盡力於學問，無他營也，故人之成材可用。今之士十四五以上便學綴文覓官，豈嘗有意爲己之學？夫以不學之人，一旦授之官而使之事君長民治事，宜其效不如古也。故今之在仕路者，人物多凡下不足道，以此。」黄氏東發云：按此極中時病，士大夫宜反求其所謂學。

學者若不以敬爲事，便無用心處。致一之謂敬，無適之謂一。

文　集

辱示高文，用意精深，益見好學之篤。夫養氣之道如治苗，然舍之而不耘，則有稂莠之傷；助之長，則揠之而槁矣，其説是也。然將不捨而耘之，則宜奈何，與夫助之長者又何辨？此近似之際，體之者尤當慎擇也。又曰反諸身者，反求諸身也。蓋萬物皆備於我，非自外得，反諸身而已。反身而至於誠，則利人者不足道也。又曰生之謂性，未有過也。告子論生之所以謂之性，則失之矣。老氏之有無，佛氏之色空，蓋將明天下之賾，非有人物之異也。老子以有生于無，又曰有無之相生，是不知有無一致矣。《正蒙》謂：「萬象爲太虚中所見物，則物與虚不相資，卒陷於浮圖以山河大地爲見病之説。」山河大地正指物言之也。若謂指物言之可也，則浮圖見病之説不足非矣。此與佛氏以心法起滅天地更當究觀。所謂心法起滅天地之旨，未易以一言攻之也，更詳味之，如何？

或有未盡，無惜疏示。《與楊仲遠書》其三。

克己者，揚雄所謂勝己之私是也。反身而誠，則常體而足，無所克也。故前書論反身與克己異意耳。更詳考之，告子知生之謂性，而不知生之所以謂之性，故失之。非生之謂性有二説也，特告子未達耳。其四。

諸子之學，折諸聖人，猶望洋向若，其辨自屈也。儒、佛之論造其極致，則所差眇忽耳。其義難知而又其辭善遁，非操戈入室，未易攻也。雖横渠之博辨精深，猶未能屈之爲城下之盟，况餘人乎？置而勿論可也。要當深造而自得之，則其辨自見矣。近日治經讀史如何？家居既不爲外事湮汩，諒須精到也，或有論議，寄示爲幸。其六。

夫聖人，人倫之至也，豈有異於人乎哉？堯、舜之道曰孝悌，不過行止疾徐而已，皆人所日用，而昧者不知也。夏葛而冬裘，渴飲而饑食，日出而作，晦而息，無非道也，譬之莫不飲食，而知味者鮮矣。推是而求之，則堯、舜與人同，其可知也已。然而爲是道者，必先乎明善，然後知所以爲善也。明善在致知，致知在格物，號物之多至於萬，則物蓋有不可勝窮者，反身而誠，則舉天下之物在我矣。《詩》曰：「天生蒸民，有物有則。」凡形色具於吾身者，無非物也，而各有則焉，反而求之，則天下之理得矣。由是而通天下之志，類萬物之情，參天地之化，其則不遠矣。夫入德之門，有宜先傳者，有後倦者，其序不可誣也。若洒掃應對，則門人小子所宜先傳者，苟於成人而復使爲之，則或倦矣。然聖人所謂性與天道者，亦豈嘗離夫洒掃應對之間哉！其始也，即此而爲學；其卒也，非離此以爲道。後倦焉者，皆由之而不知者也。故曰：「有始有卒者，其唯聖人乎！」某之所聞如此。《答李杭》。

伊川先生在時，世人迂怪之論，皆歸之以爲訕笑。今往矣，士大夫尊信其學者漸衆，殊不可曉也。先生《語録》傳之浸廣，其間記録頗有失真者，某欲收聚，删去重複與其可疑者，公幸閒居無事，可更博爲尋訪，恐有遺失。聞朱教授在洛中所傳頗多，康侯皆有之，候尋便以書詢求，異時更相校對，稍加潤色，共成一書，以傳後學，不爲無補。先生之門所存，惟吾二人耳，不得不任其責也。《與游定夫》其六。

致知必先於格物，物格而後知至，知至斯知止矣，此其序也。蓋格物所以致知，格物而至於物格，則知之者至矣。所謂止者，乃其至處也。自修身推而至於平天下，莫不有道焉，而皆以誠意爲主。苟無誠意，雖有其道不能行也。故《中庸》論天下國家有九經，而卒曰「所以行之者一」。一者何？誠而已。蓋天下國家之大，未有不誠而能動者也。然而非格物致知，烏足以知其道哉？《大學》所論誠意、正心、修身、治天下國家之道，其原乃在乎物格推之而已，若謂意誠便足以平天下，則先王之典章文物皆虚器也。故明道先生嘗謂：「有《關雎》、《麟趾》之意，然後可以行《周官》之法度。」正謂此耳。《與學者》其一。

學之廢久矣，詖淫邪遁之辭盈天下，士溺於所習，冥行而已。予嘗考之《周官》，司徒以知、仁、聖、義、忠、和六德教萬民。夫仁與聖，孔子不敢居，而先王以是教萬民者，蓋天地萬物一性耳，無聖、賢、知、愚之異，故顔子曰：「舜何人也？予何人也？有爲者亦若是。」孟子亦曰：「人皆可以爲堯、舜。」故學者必以聖人爲師，猶之射者，棲鵠於侯以爲的。司徒以仁、聖教民，蓋亦棲鵠之義，與之爲的耳。然仁之爲仁，聖之爲聖，必有在矣。學者未知仁、聖之所以爲仁、聖，雖有學，猶虛器也。世之論者以謂仁者，愛而已矣，蓋未嘗究觀孔子之言耳。知孔子之言仁，則聖亦從而可知矣。《浦城文宣王殿記》。

學始於致知，終於知止而止焉，致知在格物，物固不可勝窮也。反身而誠，則舉天下之物在我矣。《詩》曰：「天生蒸民，有物有則。」凡形色之具於吾身，無非物也，而各有則焉。目之於色，耳之於聲，口鼻之於臭味，接乎外而不得遁焉者，其必有以也。知其體物而不可遺，則天下之理得矣。天下之理得，則物與吾一也，無有能亂吾之知慮，而意其有不誠乎？由是而通天下之志，類萬物之情，贊天地之化，其則不遠矣，則其知可不謂之至矣乎？知至矣，則宜有止也，譬之四方萬里之遠，苟無止焉，則將焉歸乎？故見其進，未見其止，孔子之所惜也。古之聖人自誠意正心，至於平天下，其理一而已，所以合内外之道也。世儒之論，以高明處己，中庸處人，離内外，判心迹，其失是矣。故余竊謂《大學》者，其學者之門乎！不由其門而欲望其堂奥，非余所知也。蕭君欲仁，志學之士也，録示《大學》一篇，求余言以題其後，其意蓋非苟然者，故聊爲發之。苟於是盡心焉，則聖人之庭户，可策而進矣。欲仁其勉之哉！《題蕭欲仁〈大學〉篇後》。

文質羅豫章先生從彦別見本學派❶

學士廖用中先生剛以下門人

廖剛，字用中，順昌人。少從陳瑩中及楊龜山學。崇寧五年登第。宣和初，自漳州司録除國子録，擢監察御史。蔡京當國，論奏一無所避。以親老乞補外，出知興化軍。欽宗即位，以右正言召。丁父憂，服闋，除工部員外郎，以母疾歸。紹興元年，盜起旁郡，官吏悉逃去，部使者檄剛撫定。剛遣長子遲諭賊，賊知剛父子信義，亦散去。除本路提點刑獄，尋召吏部員外郎，遷起居舍人，權吏部侍郎兼侍講，除給事中。丁母憂，服闋，復拜給事中。言江、淮兵備，莫若屯田，可以免待哺、轉餉之患，爲三説以獻。時朝廷推究章惇、蔡卞誤國之罪，追貶其身，仍詔其子孫不得官於朝。於是章傑自郎中出知婺州，蔡僮自大府丞提舉江東茶鹽事，剛封還詔書，謂：「如此，豈足以示懲！」有旨悉與之祠，遷刑部侍郎，乞補外，除徽猷閣直學士知漳州。漳俗侈靡，喪娶踰制，剛立條約諭之。

值日食求言，剛請正建國儲君之號，布告中外。異時，雖百斯男不復更易，乃可以承天意，示大公。高宗讀之竦然，詔拜御史中丞。奏：「臣職糾奸邪，當務大體，若捃摭細故，非臣本心。」又奏經

---

❶ 此條原無，據文津本、丁氏抄本補。

費不支，盜賊不息，事功不立，命令不孚及兵驕官冗之弊。時諸將恃功希恩，所請多廢法。剛隨事論列，至于四五，諸將肅然。鄭億年與秦檜有連，遂得美官。邊報至，從官會都堂。剛謂億年曰：「公以百口保金人，今已背約，有何面目在朝廷乎！」因顯疏其惡，億年奉祀去，復乞起舊相之有德望者處以近藩。秦檜聞之曰：「置我何地耶？」改工部尚書，以王次翁代其任，次翁劾剛薦劉昉、陳淵相爲朋比。以徽猷閣直學士提舉亳州明道宫。明年致仕。以紹興十三年卒。

著《詩經註解》、《性理小學集註》。學者稱古溪先生。子四人，遲、過、遂、遽，皆秉麾節，邦人號爲萬石廖氏。《閩書》。《道南源委》。《宏簡録》。《延平府志》。

文忠胡致堂先生寅別見武彝胡氏家學❶

召使胡五峰先生宏❷

聘君劉白水先生勉之別見本學派❸

❶ 此條原無，據文津本補。
❷ 此條原無，據文津本補。
❸ 此條原無，據文津本補。

宗正陳知默先生淵

陳淵，字知默，初名漸，字幾叟，沙縣人，瑩中從孫。淵初受業程門，獨先於瑩中。繼亦受業龜山，與羅豫章爲友。龜山稱其「深識聖賢旨趣」，妻以女。當知餘杭時，嘗送《南歸》詩云：「幾年夢想到親闈，身逐行雲萬里飛。苕水未殊沂上樂，春風無負舞雩歸。」紹興五年，近臣廖剛、胡寅等薦，充樞密院編修。丞相李綱重其行，爲布衣交。至是爲江南西路安撫制置大使，辟爲制置司機宜文字。七年，詔舉直言，以胡文定安國薦，召對，改官賜進士出身，除監察御史，遷右正言。入對，言：「比年以來恩惠太濫，賞給太厚。」又論程頤、王安石學術同異。高宗曰：「楊時之學能宗孔、孟，其《三經義辨》理甚當。」對曰：「楊時始宗安石，後得程頤師之，乃悟其非。」高宗曰：「觀《三經義解》，具見安石穿鑿矣。」對曰：「穿鑿尚小，至於道之大原，安石無一不差。」上曰：「云何？」對曰：「聖賢所傳止有《論》、《孟》、《中庸》，《論語》主仁，《中庸》主誠，《孟子》主性，安石皆昧其原。仁道至大，《論語》隨問隨答，以『愛人』語樊遲，特其一端而已，安石遂以愛爲仁。其言《中庸》則謂中庸所以接人，高明所以處己。《孟子》七篇專發明性善，而安石取揚雄善惡混之言，至謂無善無惡，又溺於佛，其失性遠矣。」

因論和議，願以和爲息戰之權，以戰爲守和之具。章五上，益梗切。秦檜惡之。復疏論其親黨鄭億年，檜益怒，遂解言職，除宗正少卿。以何鑄論罷。管台州崇道觀。十五年卒。著有《默堂集》

三十卷。《閩書》。《道南源委》。《宏簡録》。

朝請林朝彥先生宋卿

林宋卿，字朝彥，仙遊人。崇寧五年進士。與廖剛同造陳了翁受教，了翁徐曰：「頭項直。」宋卿言下領悟爲多。又嘗從楊龜山學。召試秘書省正字，出知恭州。時邊臣多以拓地蒙賞。瀘南帥司因奏開溪費州，置一州二縣，宋卿疏以爲不可。徽宗詔罷其役。龜山聞之曰：「朝彥真百鍊鋼也。」時尚書省令夔路斂十萬縑，充燕山軍需，宋卿言：「夔門至隘，人心易揺。」事遂已。又請蠲恭民宿逋二十萬八千餘緡、米十五萬四千餘石。自受俸，非禄令所著者一介不取。家繪生祠奉之。靖康中，僑寓涪陵之朝亭，日與其士大夫倡酬自適，涪人以宋卿才學出處與黄太史相後先，因號小涪。尹和靖見之曰：「溪費一奏，皆自養氣中得之。」薦於張浚，辟參謀軍事，力辭。建炎三年，以涪守王擇仁及河北帥臣薦，充湖南帥司參議。浚視師江上，欲以宣撫判官辟，不就。及還朝，首薦之。蒙召，乞祠。終朝請大夫。《莆陽文獻》。《閩書》。《道南源委》。

運判盧公圭先生奎

盧奎，字公圭，邵武人。居太學，作《毋我論》，爲衆所推，號盧毋我。講學於楊龜山所，論仁及忠恕、一貫，皆的確有味。登政和間進士，仕至江西運判，有《筆録》十卷。《道南源委》。《閩書》。

主簿蕭子莊先生顗

蕭顗，字子莊，浦城人。天資樸實，少孤，事母以孝聞，母喪，廬墓有靈芝之異。與李郁、陳彦、羅從彦同受業楊龜山之門。嘗答友人書云：「士之所志，舍仁義何爲哉？仁必欲熟，義必欲精。仁熟則造次顛沛有所不違，義精則利用安身而德崇矣。」後以累舉得官，爲清流簿，終歲而歸。徜徉閭里，朱韋齋嘗師事之。《道南源委》。《閩書》。

删定李西山先生郁 別見本學派❶

陳先生好

陳好，初名豪，晉江人。受業楊龜山。後在太學與陳東上書留李綱。東被誅，變名遊瓊州，即家焉。《閩書》。

❶ 此條原無，據文津本補。

提刑黄用和先生鍰

黄鍰，字用和，浦城人。政和五年進士。從楊龜山學，甚見器重。及爲工曹，守將高其才，多委以事。適諸邑大水，按視官希部使者意，多不以實聞。鍰獨減蠲田租十之八，使者怒，加誚責，終不可奪。再調西安丞。靖康初，李綱宣撫河東，辟幕屬。高宗朝，拜監察御史，首陳七事，深蒙嘉納。一日，問孟子與齊、梁國君問答之説，鍰對詞義敷暢。高宗曰：「卿可謂非堯、舜之道不陳王前。」因諭曰：「黄鍰論人君治心事甚詳，當處以諫職。」會有阻之者，除江西提點刑獄，乞祠歸。鍰在臺越月，風節凛然，縉紳推賢，天下誦直。有奏議、雜著、《論語類觀》、《唐史篤論》共二十卷。《建寧府志》。《道南源委》。《通志》。

廖仲辰先生衙

廖衙，字仲辰，將樂人。龜山姪壻。善爲詩，論議得龜山壼奥，而年不永。

宗丞曾天隱先生恬別見曾氏家學❶

❶ 此條原無，據文津本補。

學士江全叔先生琦

江琦，字全叔，建陽人。宣和三年進士。文學行誼知名當世，從遊多鉅人長者。覃思《春秋》之學，著《春秋經解》三十卷、《辨疑》一篇，楊龜山見而稱之。又著《語》、《孟》説各五卷。仕永州學教授，歷官宣教郎，終徽猷閣學士。《建寧府志》。《道南源委》。《閩書》。

參議章希古先生才邵

章才邵，字希古，崇安人。以父蔭補官。少時謁楊龜山先生，先生教以熟讀《論語》，才邵玩味躬行，世目爲篤實君子。歷典賀、辰二州，改荆湖北路參議官。

楊遵道先生迪 以下家學

楊迪，字遵道。龜山子也。髫齡已能力學，既冠，益貫穿古今。孝友和易，中外無間言。平居無喜愠色，至急人困乏而樂其爲善。與人辨論，綱振條析，發微詣極，冰解的破，聞者欽聳。退而察其私，言若不能出諸口，蓋度不身踐，不苟言也。抱經遊伊川之門，以藐然少年，同門之士咸斂手推先，伊川少然可，雅器許之。嘗答龜山書曰：「令子好學美質，當成遠器。」其於《易》、《春秋》尤精。朱韋齋撰《墓志》云：「予不及識公，自來閩中，多從龜山門士遊，間論近世學者，至公，皆曰：『吾不及也。』」官至奉議大夫。朱韋齋先生撰《墓志》略。

楊仲遠先生敦仁以下交友

楊敦仁，字仲遠，將樂人。元祐三年進士。龜山先生答書云：「得所惠書，謂能不變於俗，此固區區所望。道廢千年，學士大夫溺於異端之習久矣。士志於道者，非見善明，用心剛，往往受變而不自知，此俗習之移人，甚可畏也。若夫外勢利聲色，不爲流俗詭譎之行，以是爲不變於俗，則於學者未足道也。吾子勉之。」又曰：「爲己之學，正猶饑渴之於飲食，非有悦乎外也，以爲弗飲食則饑渴之病必至於致死，人而不學，則失其本心，不足以爲人。然古之善學者，必先知所止，知所止然後可以漸進。倀倀焉莫知所之，而欲望聖賢之域，多見其難矣。」又常與往返，論養氣克己之學、異端佛老之非。《閩書》。《楊龜山先生文集》。《延平郡志》。

宣教郎翁好德先生郜

翁郜，字好德，順昌人，初名醇。篤信好古，博學工文。元豐八年進士，調崇安尉。時劉韐在布衣，郜待以國士。遷丞福清，廉謹方正。當路聞其名，欲羅致之，檄至公堂，猶責以苛，郜拂衣，面有棄官意，檄者愧悔，委曲慰安之。已而，以疾歸里，縣令俞偉大興學政，屈郜主師席，堅讓不出。友人楊龜山貽書敦譬，不獲已，應之。數州之士，負笈雲集，官至宣教郎。又龜山先生常與書曰：「某愚無似，加以齒少，視公爲前輩，每辱眷遇，進之爲執友之遊，顧何足當！自惟直諒多聞之益，所得於長者多矣。」《延平府志》。《楊龜山先生文集》。

龍圖李師和先生夔別見邵武李氏家學❶

審律吴國華先生儀

吴儀，字國華，世爲延平人。自少篤志强學，老益不懈。六經百代之書，無所不究，窮探博取，自信不疑，尤深於《詩》、《易》，皆有成説。晚益玩心於象數、音律之學，自爲一家。崇寧五年，詔求天下遺逸，部使者以先生應詔，辭不就。已而，敦迫之，乃乘驛就道，授將仕郎，太晟府審驗音律。未幾，府罷，先生亦浩然而歸，不復出。先生爲人剛毅篤實，洞見城府，而善善惡惡無所容貸。其事親以孝顯，交朋友以義著。嘗漁釣橘溪之上，時或行歌松蹊竹疃，❷莫窺其際。

龜山先生撰先生墓誌言：「吴氏以學行著聞鄉閭者有三人焉：曰某字及之，曰熙字季明，而審律先生其一也。當嘉祐、治平之間，士方以聲律偶儷之文争名於時，而三人者獨與切磋，以窮經學

❶ 此條原無，據文津本補。
❷「歌」，丁氏抄本作「過」。

古爲務，不事科舉，退老於家，若將終身焉。其後，季明以經行被召，不赴，授某官，而審律先生晚亦出仕，獨及之老於布衣。予視三人者爲前輩，而少得從審律遊最厚云。」又龜山嘗與先生往復論王氏學，嘗題其釣臺及咏歸堂。豫章羅氏曾師事焉。自號審律，學者稱爲審律先生。《閩書》。《楊龜山先生集》。

吴季明先生熙

吴熙，字季明。博學勵操，與兄國華齊名，時稱雙璧。或從之談道論文，傾心瀉意，語以勢利，俛焉不答。元祐間，陳瑩中瓘以其兄弟學行言於郡守，延至學爲諸生講經。薦於朝，被召，不赴，授某官。按《道南源委》載得召赴闕，兹從《龜山先生文集》。

楊先生希旦

楊希旦，將樂人。自少文行知名，屢舉不第，退老於家。詩書自娱，敦樸夷易，晬然長者之風。龜山先生言：「某嘗侍先生燕閒，善言懿行，飫聞習見。」又爲序其集，言其詩文清切平易，不尚雕琢。《閩書》。《延平府志》。

閩中理學淵源考卷二

廣平府知府李清馥撰

文肅游廣平先生酢學派

謝上蔡先生曰：「昔在二程門下，明道最愛中立，伊川最愛定夫。觀其二人氣象，亦相似。」又前儒嘗論程門高弟傳其學者，惟龜山爲最盛，次之而上蔡謝氏。今考先生門徒所傳莫詳，僅録一二。考簡肅黄公母游氏爲文肅公之妹，每囑簡肅，視乃舅而師法之。簡肅幼時，文肅特愛其厚重，今録附學派之列焉。再考志乘，游、朱、蔡、劉四世家爲崇安舊族。游氏世有隱德，執中爲定夫先生族父。楊文靖公志其墓，稱其行修學富，讀書求心到自得，其成就門徒，蓋非碌碌口耳之習。維時定夫與龜山承伊、洛之傳，而執中亦卓然自立，開游氏家學之先。厥後，少監及文靖、文清又與紫陽、南軒講切特至，蓋潛德之光，久而彌茂矣。

文肅游廣平先生酢

游先生酢，字定夫，建陽人。與兄醇俱以文行知名，所交皆天下士。伊川先生以事至京師，一見謂其資可與適道。時大程子知扶溝縣事，偕弟伊川方以倡興道學爲己任，設庠序，聚邑人子教之，乃召先生俾職學事，先生欣然從之，得其微言，遂盡棄其學而學焉。元豐六年第進士，調越州蕭山尉。縣有疑獄，十餘年莫能決，先生攝邑事，一問得其情，釋之。用侍臣薦，召爲太學録，除博士。以奉親不便，求知河清縣，范忠宣公判河清，待以國士。移守潁昌，辟先生爲教授。未幾還朝，復秉鈞軸，即除先生太學博士。已而，忠宣罷政，先生亦丐外，授齊州判官。丁父憂，服闋，調泉州簽判。

徽宗立，召爲監察御史，出知和州。歲餘，管勾南京鴻慶宮。久之，知漢陽軍，以母老丐祠，提點成都府長生觀。丁母憂，服闋，知舒州，移濠州。罷歸，僑歷陽，因家焉。先生自幼不群，讀書一過輒成誦。比壯，益自力，心專目到，儀容詞令，粲然有文，望而知爲成德君子也。其事親無違，交友有信，莅官遇僚吏有恩，人樂自盡。時新法方行，編民困於征斂，所在騷然。先生歷知四郡，處之裕如，即有興建，民若不知而事集，惠政在民，故戴之若父母，去則見思。伊川先生嘗謂龜山曰：「游君德器粹然，問道日進，政事亦絶人遠甚。」其見重如此。宣和五年卒，年七十一，謚文肅。學者稱廣平先生。

所著有《易説》、《詩二南義》、《論語孟子雜解》、《中庸義》及文集十卷。祠在建陽禾平里，即先生舊時倡學處也。嘉熙二年，勅扁「鷹山書院」。弟醇，元祐進士。楊文靖公撰《墓志》。《名儒傳》。《閩書》。

備考

臨川李氏《穆堂識游楊授受考》曰：《朱子大全集》載云，伯謨家所藏《胡文定公帖》云：「昔事定夫先生，未嘗以言色相假。」由此觀之，則文定爲游氏門人也。晁公武《讀書記·題胡文定〈春秋傳〉》謂文定師事伊川，誤矣。胡氏《春秋傳》亦與程《傳》不甚合。然二程子高第弟子稱游、楊、侯、謝，學者謂朱文公得統于程，由楊中立傳羅豫章，豫章傳李愿中，愿中以授文公，是固然矣。不知游定夫傳胡文定，文定傳從子籍溪，籍溪亦以其學授文公。蓋兼承游、楊之統者也。文定又以其學授子五峰宏，宏授張南軒栻。

按：穆堂先生考胡文定公手帖，以文定爲文肅門人。然考《淵源録》載吕氏本中撰文定《墓志》云：「公自謂吾於游、楊、謝諸公，皆義兼師友。宜尊信之。若論其傳授，却自有來歷。據龜山所見在《中庸》，自明道先生所授；吾所聞在《春秋》，自伊川先生所發云云。」據此則前帖所謂事之者，似亦致欽仰尊禮之意爾。再考公本傳云：「某出處自崇寧以來，皆内斷於心。雖定夫、顯道諸丈人行皆不以此謀之。」此亦是前帖事之之意。今姑録此《備考》，大抵當以朱子之言爲斷。朱子嘗言：「文定之學，得之上蔡爲多焉。」又《答汪尚書書》，論周、程受學，曰：「受學之語，見於吕與叔所記二先生語中，云昔受學於周茂叔，故據以爲説。從遊，蓋所尊敬而不爲師弟子之辭，故范内翰之於二先生，胡文定之於三君子，某皆用此字。」讀此，則朱子評訂文定於游、楊、謝三君子，端的有在矣。

《建寧郡志》。

文定胡武夷先生安國別見本學派❶

進士陳復之先生侁以下門人

陳侁，字復之，長樂人。擢進士第。娶吴人林旦女。與陳了翁交從甚密。了翁謫廉州，侁以書賀之，至千餘言，由此得罪。又從游定夫先生學，得治氣養心、行己接物之要。《三山新志》。

簡肅黄通老先生中別見邵武黄氏家學❷

游執中先生復以下家學

游復，字執中，建陽人。定夫先生之族父。性資孝愛，總角，强學砥礪。竭力養親，家乏經月之儲，而親意未嘗不怡。既壯，學富行修，鄉里旁郡見服，聞者悦而信之，遣子弟從遊者，遠近相屬。其學以中庸爲宗，誠意爲主，閑邪、寡欲爲入德之途。晝驗之妻子，夜考之夢寐。其與人謀，不啻自

❶ 此條原無，據文津本補。
❷ 此條原無，據文津本補。

己；其教人禁切其不善而開其善，不啻如其父兄。亦或以忠誨成懟憾，復終不改，曰：「寧人負我，我毋負人。」蓋直道不苟如此。以故鄉曲之士，嘗受經其門者，往往率德自好，讀書亦求心到自得，以善其身。其成就人才，蓋非碌碌口耳之習也。少不事舉業，晚徇親意，一舉於有司，不第而止。年六十有五卒，龜山楊文靖公志其墓。楊文靖公撰《墓志》。

奉議大夫游質夫先生醇

游醇，字質夫，建陽人，執中猶子。醇夙以文行知名，所交皆天下士。從弟定夫得遊程門，與楊中立先生倡道閩南。而醇私淑家庭，上下議論，參考互訂，文章理學，一時推重。仕至奉議大夫。《建寧志·儒林傳》。

少監游定齋先生操

游操，字存誠，醇之子。少爲定夫先生奇愛，長工於文。紹興中，與潘良能、沈介、黄景伯俱爲秘書省正字，同日赴館職。自秘書少監權禮部侍郎。僑居盱江，奉祠。晚號定齋居士。

上舍游子蒙先生開

游開，字子蒙，操季子。同上舍出身。從朱文公遊，編集《中庸》。文公嘗答張孟遠書，云：「友人游子蒙，定夫先生從孫。議論、文學優贍，可與晤語者，計當自識之。」《建寧郡志·儒林傳》。

文靖游默齋先生九言

游九言，字誠之，初名九思，文肅三世孫也。嘗於武夷重搆水雲寮爲繼述之所。九言開爽慷慨，方十歲，即爲文詆秦檜。及長，鋭志當世，熟南北事。初筮古田尉，入監文思院，被旨視行在。諸邑災傷，歸白都堂，放苗八分以上。孝廟攢宫，有司妄費希賞，九言上書極諫。張栻帥廣西，辟幕下。栻弟杓帥金陵，復辟撫幹。時禁方嚴，九言記上元縣明道祠，痛譏之。調全椒令。開禧初，爲淮西安撫機宜。尋知光化軍，充荆鄂宣撫參謀官，卒。端平中，特贈直龍圖閣，謚文靖。九言始學于栻，栻教以求放心，久之有得。嘗序《太極圖》曰：「周子以無極加太極，何也？方其寂然無思，萬善未發，是無極也。雖云未發，而此心昭然，靈源不昧，是太極也。欲知太極，先識吾心。」讀者稱之，號點齋。弟九功。《閩書》。《武夷山志》。

文清游受齋先生九功

游九功，字勉之，一字禹成。用蔭補官，累遷咸寧令，辟充荆鄂宣撫司。時德安遣戍兵，潰歸，有反意。九功即絶江撫諭，衆皆帖服。嘉定中，興元失利，九功知金州，州無城，以便宜遣兵備禦，收復鄰疆。除河北運判，知鄂州。被論，予祠，起爲兵部郎。入見，首言：「守邊必先結人心。今征役無藝，以資苞苴囊橐，而民心失；將帥朘削，功賞不以時下，而軍心失；倚重諛佞，護疾忌醫，而士大夫之心失。」出知泉州，在郡有清嚴之稱。

端平初，召爲司郎少卿，疏論姦貪多佚罰，諸賢或號召未至，又論沿邊夫役之弊。兼樞密副都承旨，出知慶元府，以循吏稱。入權刑部侍郎，丐祠。再調，不赴。除待制，加寶謨直學士。卒。九功清慎廉恪，與兄九言自爲師友，講明理學。平生真體實踐，出於誠意，及門之士皆心服之，學者稱受齋先生。寶祐中，謚文清。《道南源委》。《建寧郡志》。

學正游子善先生應翔

游應翔，字子善，酢七世孫也。值宋、元兵革未靖，結屋武夷澄川之上，畊隱自晦，人稱其操履端方，無媿先世。後繇武夷直學遷學正。《建寧府志》。

邑令江處中先生側 以下交友

江側，字處中，建陽人。性純一，以儒學教授其鄉。熙寧中，以學究出身。嘗與游定夫、施景明、葉祖洽講肄於邑之石壁山。官將作監主簿，歷饒、信、洪三邑令。與族子汝舟號二先生。

朝奉王信伯先生蘋學派

按：葉文忠公《福清縣學記》略曰：「建溪之業，肇自道南，同時及門，實推信伯。信伯再傳而亦之，又再傳而希逸，星辰没矣。」又考楊文靖公當時爲程門先進，嘗曰：「同門後來成就，莫踰信伯者矣。」今録其門徒可考者，著於篇。

朝奉王信伯先生蘋

王先生蘋，字信伯，福清人。自其考徙平江。先生資稟清粹，充養純固，爲程門高弟。平居恂恂儒者，及語當世之務，民俗利病，若習於從政者。然不邀名譽，世罕知之。紹興間，知府事孫祐列先生學行於朝，召見，賜進士出身，除祕書省正字。上言曰：「人心廣大無垠，萬善皆備，盛德大業由此而成。故欲傳堯、舜、禹、湯、文、武之道，擴充是心焉爾。帝王之學與儒生異尚，儒生從事章句文義，帝王務得其要，措之事業。蓋聖人經世大法，備在方册，苟得其要，舉而行之，無難也。」未幾，兼史館校勘，遷著作郎。丐外，補通判常州，主管台州崇道觀，致仕。官至左朝奉郎。時中書舍人朱公震、寶文閣直學士胡公安國、徽猷閣待制尹公焞，皆舉先生自代，胡公薦尤力，謂先生學有師承，識通世務，使司獻納，必有補於聖時。楊龜山常曰：「同門後來成就，莫踰吾信伯矣。」紹興二十三年五月卒，年七十二。葬於胡州長興縣茅栗山。所著有《論語集解》及著作集。《墓誌》。《道南源委》。

吴氏《瑞登諸儒述概》云：「所記有《春秋録拾遺》。」

教授陳齊之先生長方

陳長方，字齊之，長樂人。父侁，見游氏學派。長方長外家，從王信伯蘋遊。紹興中，舉進士，授江陰教授。尋歸，居吴中步里，終日閉户，研窮經史。著書名《步里客談》及《春秋禮記尚書傳》、《漢唐論》，俱行世，學者稱唯室先生。弟少方，字同之。亦端慧不群。孝宗朝爲東宫講官，號二陳。《三山新志》。

閩中理學淵源考卷三

廣平府知府李清馥撰

武彝胡氏家世學派

國家當郅隆盛治之時，其英俊多萃于一家一門，相與左右，後先而出，以翼衛道脈，其盛衰升降，與國運相爲終始。閩中武彝胡氏，自其先公淵已有孝德聞，其家本深末茂，得中州教澤，又師友於龜山先生。世傳家學，發《春秋》、《大易》之旨，論者謂渡江以來，儒者進退合義，以文定及尹公爲稱首云。馥嘗聞之先訓云：「魯論八士者一家之瑞耳，而繫之周者以見盛，時風流篤茂，其英才皆萃而生者也。胡氏父子叔姪闡發經旨，紹述儒學，世以五賢並稱。厥後，蔡氏九儒、劉氏五忠繼之，亦以見間世之英，並時而出，謂非世運之所肇基而覆育者哉！」

再按，南軒張氏撰《廣仲墓志》言：「胡氏至文定公始大，其上世皆在建州崇安里中，文定宦遊荊楚，歲久。父澤之先生淵歿，葬於荊門。紹興初，因徙家衡嶽之下，於是二弟實從焉。」間嘗考胡氏論性之旨。《朱子語類》言：「胡季隨主其家學。即文定孫，五峰之子。說性不可以善言。

本然之善，本自無對，才説善時，便與那惡對矣；才説善惡，便非本然之性矣。本然之性是上面一個，其尊無比。善是下面底，才説善時，便與惡對，非本然之性矣。孟子道性善，只是贊歎之辭，説好個性，如佛言『善哉』。某嘗辨之云：『本然之性固渾然至善，不與惡對，此天之賦予我者然也。然行之在人，則有善有惡，做得是者爲善，做得不是者爲惡。豈可謂善者非本然之性？只行得善，便是那本然之性也。若言有本然之善，又有善惡相對之善，則是有二性矣。』此文定之説，故其子孫皆主其説，而致堂、五峰以來，其説益差，遂成有兩性。然文定實得於龜山，龜山得之東林常總。總，龜山鄉人，後往廬山東林。總極聰明，深通佛書，有道行。龜山問：『孟子道性善，説得是否？』總曰：『是。』又問：『性豈可以善惡言？』總曰：『本然之性不與惡對。』此語流傳自他，然總之言本亦未有病。蓋本然之性是本無惡。及至文定，遂以性善爲贊歎之辭。到得致堂、五峰，遂分成兩截，説善底不是性，若善底非本然之性，却那處得這善來，既曰贊歎性好之辭，便是性本善矣。若非性善，何贊歎之有？二蘇論性亦是如此。蘇氏論性説，自上古聖人以來，至孔子不得已而命之曰『一』，寄之曰『中』，未嘗以善惡言也。自孟子道性善，而『中』與『一』始支矣。諸胡之説亦然。」

按：此段先公《朱子語類四纂》録在「師友淵源」類中，見武彝胡氏論性與程、朱有差别處，惟時湖湘學者崇尚《知言》，大抵多祖是説，故朱子極力而明辨之，今《語類》中講論數條皆是也。朱子又言：「某嘗爲敬夫辨析，甚諱之，渠當初倡道湖南，偶無人能與辨論者。」又説：「湖南學先體察，云不知古人是先學洒掃應對爲復先體察。」按南軒傳五峰之學者，觀朱子所詳論辨析，箴規救正，皆是論道微言，尤學者所當盡心熟玩云。乾隆辛未四月十八日乙酉書。

中大夫胡澤之先生淵

胡淵，字澤之，崇安人。少聰穎能文，長益務强識。熙寧初，以親老家貧，授學浙江。每歲終，度父母所須力能致者，盡市歸以獻。後以母末疾，不復遠遊，即里閈教生徒，晨夕歸省。每諸生饋食，有甘脆，必持歸佐匕箸，而自甘蔬水。初，同里有吴羨門者，號仙州居士，以六經教授，淵往從之。羨門閱淵所寫《論語》、《尚書》，終帙一無差舛，遂妻以女，是生安國。及安國入官，淵盡斥其俸，以贍兄弟之子，又取而教之。以宣教郎致仕。卒，游氏酢銘其墓。後以安國追贈中大夫。《閩書》。《建寧府志》。

通判胡先生安止

胡安止，父淵，臨訣，以安止與其弟安老授安國，命嚴敕之。安國誓不忍撻，乃撫而教焉。皆感奮力學，俱以經術行義著稱。以兄安國蔭，累官朝奉郎、岳州通判。政先撫字，不爲鈎距，民安樂之。子實。《閩書》。《建寧府志·胄蔭目録》。

州守胡康年先生安老

胡安老，字康年。恬簡澹默，喜周人急。用安國蔭補官。嘗知宜春、羅江二縣，終知袁州。子憲。《閩書》。朱子撰《籍溪行狀》。

按：朱子撰《籍溪先生行狀》云：「先生諱憲，字原仲。文定公從父兄之子也。祖聳，父淳，皆不仕。」考《閩書》及《道南源委》，皆以籍溪爲安老之子，考《行狀》爲淳之子，似當從《行狀》。今此傳仍舊本，《籍溪傳》則改從《行狀》。

文忠胡致堂先生寅

胡寅，字明仲。本文定弟淳之子。初生，弟婦以多男不舉，文定取而子之。少桀黠難制，閉之空閣，閣上有雜木，盡刻爲人形。文定曰：「當有以移其心。」置書數千卷其上，歲餘成誦。長從河東侯師聖遊，十九入辟雍。宣和三年，登進士第，除校書郎。楊龜山爲祭酒，復稟學焉。遷司門員外郎。金人陷京師，議立異姓。先生與張魏公浚、趙忠簡鼎逃太學中，不書議狀。張邦昌僭立，先生棄官歸。建炎三年，高宗幸建康，以張魏公薦，爲駕部郎。尋擢起居郎。金人南侵，詔議移蹕，先生上書，乞按行淮、襄，絕和議以圖中原，不宜退保吴、越。又言：「必務實效，去虚文，任君子，斥小人。」反覆萬言。宰執吕頤浩惡其切直，除管江州太平觀。會應詔上十事，曰：修政事，備邊陲，治軍旅，用人才，除盜賊，信賞罰，理財用，核名實，屏諛佞，去奸慝。不報，命知永州，復召起居郎。紹興五年，累遷給事中。時議遣使講和，先生援《春秋》大義，❶以復讎爲請。高宗嘉納，降詔奬諭。既而張魏公自江上還，言遣使爲兵家機權。竟反前旨，先生力言無益者十事，不納。乞便郡就養。除徽猷閣待制，改知嚴州，又知永州。徽宗寧德皇后訃至，朝議欲用故事，以日易月。先生上疏言：「禮，讎不復則不除，願詔服喪三年，衣墨臨戎，以化天下。」尋除禮部侍郎，兼侍講直學士院。丁父憂，免喪。時秦檜當國，❷除徽猷閣直學士，奉祠，俄許致仕，檜憾不已。坐與李光書譏訕朝政，右正言章厦劾先生不持本生母服，不孝；諫通鄰好，不忠。遂落職新州安置。檜死，詔自便，復其官。卒年五十九，謚文忠。

先生志節豪邁，初擢第，張邦昌欲妻以女，不許。文定頗重秦檜靖康之節，及檜擅國，先生遂與絶。新州之謫，即日就道。在謫所著《讀史管見》數十萬言及《論語詳說》、《崇正辨》，皆行于世。又有《斐然集》三十卷。學者稱爲致堂先生。《道南源委》。《宏簡録》。

---

❶ 「援」，丁氏抄本作「授」。

❷ 「當」，丁氏抄本作「憾」。

寺丞胡茆堂先生寧

胡寧，字和仲。文定季子也。用蔭補官。秦檜當國，留意名家子弟。貽書明仲，問寧何不通書？寧勉陳數事，及奏乞二程、邵、張從祀。既召試館職，除敕令所删定官。會秦禧拜元樞，檜問曰：「禧近除，外議何如？」答曰：「外議以相公必不爲蔡京之所爲也。」遷太常寺丞祠部郎。寧以父兄故召用。及兄與檜忤，言者希意論寧兄弟阿附趙忠簡，出爲夔路安撫司參議官，除知澧州，不赴，奉祀歸。文定之傳《春秋》也，修纂檢討，多出寧手。又著《春秋通旨》以羽翼之。稱茆堂先生。《道南源委》。《閩書》。

主簿胡廣仲先生實

胡實，字廣仲。朝奉郎安止子。生晚，不及親受文定之教。自幼氣識異於常兒，年甫十五，從家塾習辭藝。從兄五峰先生察其質之美，從容告之曰：「文章一小技，於道未爲尊。所謂道者，人之所以生，而聖賢得之所以爲聖賢也。吾家文定之業，子知之乎？」實由是所見日以開明。五峰没，實獨念前賢淪落，且懼緒業荒墜，慨然發憤，見於辭色，孜孜訪友，惟恐不逮。其居家雍睦而有制，閨門内外，無不敬愛之。朝奉公没時，幼子寓僅垂髫，實撫育教訓之，至族姻間不能自振者，實區處調護非一，而其好善疾惡，亦本於天資。平時誦習文定公《春秋》之説，尤患末俗統系殽亂，每舉莒人滅鄫之義，言意深切，其操心主於忠厚，爲學謹於人倫，貴日用而恥空言，行事之可見者，大抵如此。早以門蔭補將仕郎，殆將二紀，約居恬然，不急仕進。後始就廣西銓選，得欽州靈山縣主簿，未上，卒。其殁也，張南軒先生爲之墓誌，言與實交幾十五年，志氣相合，歲時會遇與夫尺書往來，無非以講學切磋爲事，稱其務實趨本，自反於卑近，而虚中求益，不私其故常，所造未可量云。子大同、大有。《道南源委》。《閩書》。南軒撰墓志。

僉判胡伯誠先生大正

胡大正，初名慥，字伯誠。用季父寅郊恩補官，調興化尉。鄭僑以疑訟繫於官，大正奇其人，力爲辨白，且勉以遠業。僑感奮，卒以大魁爲時名輔。再調南康軍司法，史浩、劉珙薦其賢明清介，改秩僉判。泉州劇賊羅動天者，逼漳州甚急，泉爲鄰郡，忽近郊有荷斧者四五十人，兵捕以聞。時郡守政尚勇決，同幕希意，請肆諸城下，大正不書牘，曰：「賊欲攻城，乃無戎裝、攻具、長兵耶？」詢之，果採山菌者，皆釋之，同幕慚服。郡爲蕃商之會，每舶至，驗視者得利不貲，大正秋毫無取焉。

胡伯逢先生大原

胡大原，字伯逢。五峰從子。按《朱子文集》答書第四首，略曰：「《知言》之書，用意深遠，析理精微，豈末學所敢輕議？向輒疑之，自知已犯不韙之罪矣。兹承誨喻，尤切愧悚。但鄙意終有未釋然者。知行先後，已具所答晦叔書中，其説詳矣。乞試取觀，可見得失矣。至於性無善惡之説，則前後論辨，不爲不詳。近又有一書與廣仲論此，尤詳於前。此外蓋已無復可言者矣。然恐蒙垂論，反復思之，似亦尚有一説。蓋孟子所謂性善者，以其本體言之，仁義禮智之未發者是也。原註：程子曰：「人之生也，其本真而静，其未發也，五性具焉，曰：仁、義、禮、智、信。」❶所謂可以爲善者，以其用處言之，四端之情發而中節是也。蓋性之與情雖有未發、已發之不同，然其所謂善者，則血脈貫通，初未嘗有不同也。此孟子道性善之本意，伊、洛之所傳而未之有改者也。《知言》固非以性爲爲不善者，竊原其意，蓋欲極其高遠以言性，而不知夫名言之失，反陷性於淫蕩恣睢、駁雜不純之地云。」

再按張南軒先生答書略曰：「垂諭性善之説，詳程子之言，謂『人生而静，以上更不容説。讒説性時便已不是性』，繼之曰『凡人説性，只是説繼之者善也，孟子言性善是也』。但請詳味此語，意自可見，大抵性固難言，而惟善可得而名之。此孟子之言所以爲有根柢也。但所謂善者，要人能名之耳。若曰難言而遂不可言；曰不容説而遂不可説，却恐渺茫而無所止也。《知言》之説，究極精微，固是要發明向上事，第恐未免有弊，不若程子之言爲完全的確也。某所恨在先生門闌之日甚少，兹焉不得以所疑從容質扣於前，追悵何極？然吾曹往返論辨，不爲苟同，尚先生平日之志哉！」

按：胡氏論性，蓋其家學立論如此。朱子與南軒辨析詳矣。今未得伯逢事實，惟附二先生答書，亦可想見

---

❶「信」，原脱。上文言「五性具焉」，據補。

當日論學之砥柱也。馥嘗欲輯《乾淳論學往復考》，以備伊、洛之夾輔，姑存所志而未逮也。

胡季隨先生大時附季立、季履

胡大時，字季隨。五峰季子。師事張敬夫，後從學於晦菴，問答甚多，載《大全集》。再按，《南軒集》有《與季立書》，《朱子集》有《與季履書》，皆講切問學，事實莫考矣。季履，名大壯。季立未詳。按文公《答季隨》論延平先生灑落一條云：「灑落二字本是黄太史語，後來延平先生拈出，亦是且要學者識個深造自得底氣象，以自考其自得之淺深，不謂不一再傳，而其弊乃至於此。此古之聖賢所以只教人於下學處用力，至於此等則未之嘗言也。」又云：「顔、曾以上都無此等語，子思、孟子以下乃頗有之，亦有所不得已云。」《朱子文集》。《南軒文集》。《閩書》。

進士胡武宗先生師徐

胡師徐，字武宗。於文定爲疏屬。博學通經，尤長於《詩》。紹興第進士。幼失怙，事母盡孝，朱子稱之。母喪，廬墓三年。以禄不逮養，竟不仕，卒。

文定胡康侯先生安國學派

按：武彝胡文定公，雖未及二程之門，而師友於游、楊、謝諸公，諸公亦皆以斯文之任期許之。其著書立言，前哲論之詳矣。其學大抵得之上蔡爲多，平日所以治身訓家，尤在踐履上著力。文公稱其《傳家録》「議論極有力，可以律貪起懦」是也。公嘗言曰：「世間事如浮雲流水，不足留意，隨所寓而安也。寅近年却於正路上有個見處，所以立朝便不碌碌，與往日全不同。」觀此則公平昔所以訓勉家庭者，尤嚴且正。卒之，明仲兄弟皆能不屈於秦，却其招不往，所以持家聲而勵臣節者大矣。公之諸子皆能衍述父學。五峰之學傳之南軒，與紫陽相夾輔，所謂湖南一派者，皆其緒餘也。至乾、淳間，文孫季隨切磋於紫陽、南軒、象山之門，其與文公講論家學，再三明辨，尤學者所當詳考云。乾隆丁卯六月望後一日書

文定胡康侯先生安國

胡先生安國，字康侯。少長入太學，晝夜刻勵，同舍有潁昌靳裁之得程氏學，先生從之講論，自是益進。紹聖四年登第。策問大要，欲復熙、豐之政。先生推言《大學》格致誠正之道，以漸復三代爲對。考官定爲第一，宰執以策中無詆元祐語，降其等。哲宗命再讀之，稱善者數，親擢第三，除荆南教授，遷太學博士。足不躡權門，蔡京惡之。俄提舉湖南學事。詔舉遺逸，先生以永州布衣王繪、鄧璋薦，二人乃范純仁客也。零陵簿李良輔希京意，誣爲鄒浩請托，京命湖南提刑置獄推治，獄未成，移北路再鞫，訖不得請託之狀，直除先生名勒停。湖南帥臣曾孝廣謂人曰：「胡康侯當患難而聲色不動，賢於人遠矣。」先生退居荆門漳水之上，定省外經籍自娱，家人皆忘其貧，而親心適焉。

既而良輔以他罪發覺，臺臣乃辨明前事。有旨，復官，改正元斷，然先生仕意益薄矣。

政和元年，除成都路學事。二年，丁内艱。移江東，父歿。終喪，謂子弟曰：「吾昔爲親而仕，今雖有禄萬鍾，將何所施？」遂稱疾掛冠，買田瑩傍，築室勤耕，將終身焉。宣和末，侍臣合薦先生經學可用，齒髮未衰，除尚書屯田員外郎，先生入謝，且辭。靖康元年，除太常少卿，再除起居郎，三辭，不允。乃至京師，方以疾在告。一日方午，欽宗急召，坐後殿以俟。先生入見，奏曰：「臣聞明君以務學爲急，聖學以正心爲要，願擇名儒，明於治平之本者，虚懷訪問。」又云：「陛下御極越半年，紀綱尚紊，風俗益衰，大臣争競，而朋黨之患開，百執窺覦，而浸潤之姦作，用人失當，而名器愈輕，出令數更，而士民不信。若不掃除更張，竊恐大勢一傾，不可復正。」除中書舍人，屢辭不受。時門下侍郎耿南仲倚攀附之，舊凡與己不合者，皆指爲朋黨。見奏，怒形詞色，言於欽宗曰：「安國往者不事上皇，今又不事陛下，可謂不臣矣。」欽宗不納。一日問中丞許翰：「識安國否？」對曰：「自蔡京得政，天下士大夫無不受其籠絡。超然遠迹者，惟安國一人。」欽宗稱異，勉令受職，除中書舍人，賜三品服。南仲知上意不可回，乃諷臺諫犄角，言其稽慢不恭，宜從黜削。欽宗終不許。中書侍郎何栗建議分置四道都總管，先生奏曰：「内外之勢適平則安，偏重則危。今州郡太輕，理宜通變。然一旦遽以數百州之地，分爲四道則權復太重，萬一抗衡跋扈，號召不至，何以待之？若但委諸路帥臣專治軍旅，每歲一案察其部内，或有警急，京城戒嚴，則各率所屬應援。如此，則既有擁衛京師之勢，又無尾大不掉之虞。」栗方得欽宗心，密説京師若不可守則出幸山南，可以入蜀。其意欲當南道之任，又於先生嘗有推挽之力，必無駁異，至是駭曰：「康侯乃以異議爲高，古人言山林之士不可用，信然。」不得已，於四總管之地各削其遠近州縣而已。及後京師被圍，西道王襄領所部兵翱翔漢上，不復北顧，果如先生所言矣。吏部侍郎馮澥言：「劉珏行李綱責辭，實爲綱遊説。」珏坐貶，先生論澥越職，封還詞頭，且言：「陛下欲復祖宗善政，而澥言祖宗未必全是，熙寧未必全非。陰崇王氏之學，再挾紹述之議。」於是耿南仲大怒，宰相唐恪、何栗從而擠之，遂除右文殿修撰、知通州，行至襄陽，而北騎已薄都城矣。欽宗命召還，旨竟不達。

高宗即位，召爲給事中。黄潛善方專政，意欲斥逐忠賢，訪給事中康執權論其託疾，罷之。建炎二年，以樞密使張浚薦，再起給事中。先生子寅時修起居注，高宗賜手札曰：「卿父未到，可諭朕旨，催促前來。」先生行至池州，聞駕幸吴、越，遂引疾，提舉洞霄宫。紹興元年，除中書舍人兼侍講，再辭，不允，遂行。獻《時政論》二十一篇，復除給事中。高宗知先生深於《春秋》，出《左氏傳》，令點句正音。先生奏：「《春秋》乃仲尼親筆，實經世大典，見諸行事，非空言比。方今思濟艱難，❶《左氏》繁碎，不宜虚費光陰。」高宗稱善，除兼侍講，專以《春秋》進講。先生以學未卒業，乞在外編集，未允。會故相朱勝非同都督江、淮、荆、浙諸軍事，先生奏：「勝非與黄潛善、汪伯彦同在政府，緘默附會，馴致渡江，尊用張邦昌，結好金國，淪滅三綱，不顧君父，恐不足倚仗。」詔勝非改除侍讀。先

❶「方今」，《宋史》卷四三五作「今方」。

生羞與同列，卧家不出。是時秦檜雖奸，故深相知，而故相吕頤浩自都督江上還朝，欲傾秦檜，未知所出，或曰：「目爲朋黨可矣。但黨魁在鎖闥，當先去。」頤浩大喜，力引勝非爲助，言先生偃蹇朝命，遂落職提舉仙都觀。是夕彗出東南，檜三上章乞留，不報，解印去。諫官江躋、吴表臣懇留，頤浩即黜躋等二十餘人，以應星變。臺省一空，勝非遂相。先生歸休于衡嶽之下，作書堂數間，頹然當世之念矣。初王安石獨用己意，著《三經新説》，稱爲道德性命之學，於《春秋》聖人行事之實，漫不能曉，則詆爲「斷爛朝報」，直廢棄之。崇寧間，防禁益密。先生自少年即有服膺之志，嘗曰：「六籍惟此書出先聖之手，乃使人主不得聞，講説學士不得相傳習，亂倫滅理，殆由是乎！」於是潛心刻意採拾辨正，準則之以《語》、《孟》，權衡之以五經，據證之以歷代之史，研玩沉酣者三十年。及得程伊川所作傳，其間精義十餘條，若合符節，益以自信，探索愈勤。至是年六十一而書始就。歎曰：「此傳心要典也，蓋於克己修德之方，尊君父、討亂賊、存天理、正人心之術，未嘗不屢書而致詳焉。」

紹興五年，除徽猷閣待制，知永州，不拜。差提舉江州太平觀，令纂修所著《春秋傳》進入，書成奏御，高宗屢對群臣稱善，除提舉萬壽觀兼侍讀，委所在守臣以禮津遣，先生以疾未行。會諫官陳公輔乞禁程頤學，先生奏曰：「孔、孟之道，不傳久矣。自頤兄弟始發明之，然後知其可學，而至今使學者師孔、孟，而禁不從頤學，是入室而不由户也。本朝自嘉祐以來，西都有邵雍、程顥及其弟頤，關中有張載，皆以道德名世，望乞加封爵，載在祀典。仍詔館閣裒其遺書，較正頒行。」奏入，公輔與御史中丞周秘、侍御史石公揆論先生學術頗僻，行義不修。復除永州，提舉太平觀。久之，高宗念先生訓經納諫之忠，特除寶文閣直學士。

紹興八年卒，年六十有五。謚文定。賜田十頃恤其孤。累贈至中大夫。先生負傑出絶異之資，見善必爲，知惡必去。自幼少時已有出塵之趣。登科後，同年宴集，飲酒過量，是後終身不復醉。嘗好奕棋，先令人責之曰：「得一第，德業竟耶？」是後不復奕。在長沙日，按行屬部過衡嶽，愛其雄秀，欲一登覽，已戒行矣，俄而思曰：「非職事所在也。」即止。晚居山下五年，竟亦不出也。罷官，荆南僚舊餞行於渚宫，呼樂戲以俟其交代。龜山楊公時具朝膳留先生，鮭菜蕭然，引觴徐酌，置《語》、《孟》案間，清坐講論，不覺日晷雲暮也。壬子赴闕，過上饒，有從臣家居者，治饌延先生，飾姬妾，請令出，奉卮酒爲壽，先生蹙然曰：「二帝蒙塵，國步阢隉，豈吾徒爲宴樂之日？敢辭。」其人赧赧而止。

先生風度凝遠，蕭然塵表，視天下無一物足以攖其心者。辭受取捨，一介之微必度於義。飢不可得而食，寒不可得而衣也。恬静簡默，寡於言動。雖在燕閒獨處，未嘗有怠容慢色。《語》、《孟》、五經諸史，周而復始，至老未嘗釋手。每晨昏子弟定省，必問何所業。有矜意，則曰「士當志於聖人，勿臨深以爲高」。見怠慢不虔，必頻蹙曰「流光可惜，將爲小人之歸矣」。子弟或近出燕集，雖夜已深，猶未寢，必俟其歸，驗其醉否，且問其所集何客，所論何事，有益無益，以是爲常。士子有自遠來學者，先生隨其資性接之，大抵以立志爲先，忠信爲本，以致知爲窮理之漸，以敬爲持養之要。每誦曾子之言，曰：「君子之愛人也以德，小人之愛人也以姑息。」故不以辭色假借子弟，及學者，亦未嘗降志遜言，苟爲唯諾，以祈人之悦也。

于出處言行，由道據義，以心之所安爲主，志在康濟時艱。見中原淪没，常若痛切於身，自登第逮休致凡四十年，其在實歷之日，不登六載，雖數以罪去，而愛君憂國之志遠而彌篤。每被召，即置家事不問，或通夕不寢，思所以告君者。然宦情如寄，所好不在焉。嘗語學者曰：「知至故能知言，意誠故能養氣。」又曰：「豈有見理已明，而不能處事者？」朱震被召，問出處之宜。先生曰：「世間惟講學論政，不可不切切詢究。至於行己、大致去就、語默之幾，如人飲食，其飢飽寒温必自斟酌，不可決之於人，亦非人所能決也。吾平生出處，皆内斷于心，浮世名利，如蠛蠓過前，❶何足道哉！」故渡江以來，儒者進退合義，以先生與尹公焞爲稱首，所與交，惟游公酢、謝公良佐、楊公時，皆程門高弟。先生不及二程之門，而三君子皆以斯文之任期先生。謝公嘗語人曰：「胡康侯正如大冬嚴雪，百草萎死而松柏挺然獨秀也。」先生尚論古人，則以諸葛武侯爲首；于本朝卿相，則以韓忠獻公爲冠。慕用鄉往，言必稱之。性本剛急，及其老也，氣宇粹温，儀貌雍穆，于和樂中有毅然不可犯之象，于嚴正中有薰然可親近之意。年寢高矣，加以疾病而謹飭於禮，無異平時。其於祭也，必沐浴盛服，率子孫諸婦，各執其事。方饗則敬，已祭必哀，濟濟促促如祖考之臨之也。雖在離亂遷次，居處衣食，或有不給，而奉先之禮未嘗或闕。由少至老，食不兼味，家世至貧，轉徙流寓，遂至

❶「蠛」，丁氏抄本作「蠓」。

空乏。然「貧」之一字，于親故間，非惟口所不道，故亦手所不書。嘗戒子弟曰：「對人言貧者，其意將何求？汝曹志之。」

二程門人侯仲良言必稱二程先生，他鮮所許可。後至漳濱，先生館留之。逾年，仲良潛察先生心意，于言笑動止之間，不覺歎服，語人曰：「視不義富貴如浮雲者，當今天下惟公一人耳。」朱晦菴曰：「公傳道伊、洛，志在《春秋》。著書立言，格君垂後，所以明天理、正人心、扶三綱、叙九法者，深切著明。而其正色危言，據經論事，剛大正直之氣，亦無愧于古人。」又曰「文定之學，後來得之上蔡者爲多」云。

所著《春秋傳》若干卷、《資治通鑑舉要補遺》一百卷。初娶李氏、繼室王氏，皆贈令人。子三人：寅、寧、宏。姪憲。葬于潭州湘潭縣龍穴山。明正統間，從祀孔廟。國朝康熙四十五年從學臣沈涵之請，賜御書「霜松雪柏」四大字匾於祠。《道南源委》。《閩書》。《宏簡録》。《伊洛淵源録》。《宋史》。《諸儒述概》。《聖學知統録翼》。

胡文定公文集

窮理盡性，乃聖門事業。物物而察，知之始也；一以貫之，知之至也。來書以五典、四端每事充擴，亦未免物物致察，非一以貫之之要，是欲不舉足而登泰山也。四端固有，非外鑠；五典天叙，不可違。充四端，惇五典，則性成而倫盡矣。釋氏雖有了心之説，然知其未了者，爲其不先窮理，反以理爲障，而於用處不復究竟也。故其説流遁，莫可致詰，接物應事，顛倒差謬，不堪點檢。聖門之學則以致知爲始，窮理爲要。知至理得，不迷本心，如日方中，萬象畢見，則不疑所行，而内外合也。故自修身至於天下國家，無所處而不當矣。來書又謂充良知良能而至於盡，與宗門要妙兩不相妨，何必舍彼而取此？夫良知良能，愛親敬長之本心也。儒者則擴而充之，達於天下，釋氏則以爲前塵，爲妄想，批根拔本而殄滅之，正相反也。而以爲不相妨，何哉？

提刑范伯達先生如圭

范如圭，字伯達，建陽人。少從舅氏胡文定公受春秋學。建炎二年進士，廷對策極論人主正心立志之方，力詆和議宴安之失，言甚壯切。爲考官抑寘乙科，授武安節度推官。始至，帥將斬人，公白其誤，帥曰：「已署矣。」公正色曰：「節下奈何重易一字，輕數命耶？」帥矍然從之。尋以憂去。近臣交薦，召試，除秘書省校書郎。會秦檜力建和議，金使鼎來，其詞悖傲，不可聽從。公與同省十餘人，合議并疏争之。既具草，而駭遽引却者衆，公獨手書詆檜，責其曲學倍師，忘讎辱國。且曰：「公不病狂喪心，奈何一旦爲此，以遺臭萬世？」檜怒。公卒與史官六人上所議草。未幾，金歸河南地以嘗我，檜方自以爲功。公曰：「是亦安能久有？」因輪對，言：「兩京版圖既入，則九廟八陵瞻望咫尺，今朝修之使未遣，何以仰慰神靈，下萃民志？」高宗泫然曰：「非卿，不聞此言。」立命遣使，檜以公不先白己，益怒之。公亦以先墓久寄荆門，乃謁告歸葬故鄉。既即以病告。差主管台州崇道觀，前後三請。杜門讀書，不與人事者十餘年。

尋起通判邵州，又通判荆南府事。檜死，首被命入對。高宗猶記前議，勞問久之，公因進言：「爲治以知人爲先，知人以清心寡慾爲本。」語甚切至。時陳文恭公知政事，亦欲留公朝著，爲檜黨所擠，以直秘閣提舉江西常平茶鹽公事出之。尋改利州提點刑獄公事，復請祠。時宗藩並建，儲位未立，道路竊竊有異言，公雖在遠外，獨深憂之。故嘗裒至和、嘉祐間名臣章奏，合爲一書，至是囊封以獻。高宗感其言，語輔臣歎曰：「如圭可謂愛君矣。」遂留陳公決定大計，即日下詔，進孝宗爲建王，因復起公知泉州。既至，舉大體，盡下情，擇任丞史，蠲屬縣負課，以裁正宗官。被譖，領祠如故。僦舍邵武，門巷蕭然，士大夫益高仰之，遠近學者多從質問經史疑義。屬疾，移書政府舊交，惟以國事爲寄。卒年五十有九。後兩年，孝宗受内禪，而公已不及見，世亦莫知公之嘗有言也。

公爲人篤厚易直，不飾邊幅，忠孝誠實得之於天。其學根於經術，不爲無用之文，有集十卷，皆書疏議論之語。後文公朱子撰公墓碑，末云：「先人爲史官時，實常與公連名奏事，及罷而歸。又與公同日艤舟國門外，其相與期於固窮守死之意，晚而愈篤。先人既没，公所以憐某者亦益厚。至於親爲講畫，反復辨告，蓋惟恐其迷昧没溺，喪失所守，以辱其先人也。此意豈可忘哉！」子念德。見朱子學派。《閩書》。《名臣言行録》。朱子撰《神道碑》。《建寧府志》。

召使胡五峰先生宏學派

先公嘗曰：「胡氏之學，五峰其優乎！故曰性立天下之有，情效天下之動，心妙性情之德。」又曰：「誠者，命之道乎；中者，性之道乎；仁者，心之道乎。」又曰：「立志以端其本，居敬以持其志。志立乎萬物之表，敬行乎事物之内，而後義可精。」此數句公所屢述，以爲昔賢論學質的也。按《知言》一書詳於性命道德之旨，其高弟南軒張成公謂是書言約義精，而先生之意每自以爲未足，逮疾革，猶時有所更定。蓋未及脱藁而先生下世矣，是此書恐亦公尚未定之本耳。朱子曾與胡廣仲書，言：「《知言》中言『善不足以言性，則不知善之所自來』。此等議論與其他好處自相矛盾者極多，惜乎不及供灑掃于五峰之門，而面質之。」先公《榕村講授》中纂此書，次於王氏《中説》、邵氏《觀物外篇》之列，其殆論學者所折衷歟！乾隆辛未四月十四立夏後四日書。

召使胡五峰先生宏

胡宏，字仁仲，文定子也。授學家庭，聞伊、洛之説，欣然心會。年十五，遂自爲《論語説》，編《程氏雅言》，序而藏之，旦夕玩誦。文定懼其果於自用，乃授以所修《通鑑舉要》。於是肆力研究，弱冠遊大學，與樊光遠、張九成師事楊龜山、侯仲良，而卒傳其父文定之學。優游衡山下餘二十年，玩心神明，不舍晝夜，張敬夫師事之。紹興間，上書論復讎大義，累數千言。有曰：「二帝遠適窮荒，辛苦墊隘，其願望陛下加兵敵國，猶饑渴之於飲食，庶幾父子、兄弟生得相見，引領東望，九年於此。在廷之人不能對颺天心，充陛下仁孝之志，反以天子之尊北面讎敵，陛下自念，以此事親，何如也？陛下御位以來，中正邪佞更進更退，無堅定不易之誠，陳東以直諫死於前，馬伸以正論死於後，而未聞誅一奸邪、黜一諛佞。雖當時輔相之罪，然中正之士，陛下腹心耳目也，奈何以天子之威，握億兆之命，乃不能保全以自輔助，顧令奸邪得而殺之？竊傷陛下威權之不在己也。」司業高閌請幸太學，先生見其表，作書責其欺天罔人，言當此忘讎滅理、北面敵國之時，既不能建大論、明天人之理以正君心，乃阿諛柄臣，希合風旨，求舉縟節，粉飾太平。聞者歎服。初以蔭補官，不調。秦檜當國，意欲用之，貽書其兄明仲，言二弟何不通問。先生作書，辭氣甚厲，示以不可召之意。時四方從學者甚衆，一隨其高下誘進之，而汲汲乎理欲之辨、仁敬之説。檜死，侍臣交薦，被召，竟以病辭，卒於家。

所著書曰《知言》，門人張敬夫稱其言約義精，實道學之樞要，制治之蓍龜。尚有詩文五卷，《皇王大紀》八十卷，學者稱五峰先生。《道南源委》。《建寧府志》。《宏簡録》。

縣尉詹應之先生慥

詹慥，字應之，崇安人。素與胡五峰、劉屏山諸公遊。少時甘貧力學，砥節礪行。弱冠首薦鄉書，試南宫，弗售，遂爲鄉學師，多所造就。爲文涉筆立成，人謂腹藁。晚調信豐尉。會金人渝盟，往見張浚，論滅金秘計。浚辟爲屬，裨贊居多。嘗渡桐江弔子陵，詩云：「光武親征血戰回，舉朝誰識渭川才。熊羆果有周王卜，未必先生戀釣臺。」其慨然有用世之志如此。有文集二十卷行世。子，體仁。見朱子學派。《閩書》。

吴晦叔先生翊

吴翊，字晦叔，建陽人。師胡五峰。五峰没，又與其弟廣仲、子伯逢就張敬夫論學。翊生平忠信，撫幼孤，曲有恩義。與人交，表裏殫竭，心所不安者，告語切至而不失其和，故朋儕多受益而樂親之。葉衡山稱其賢，妻之以女。翊因導其子定謁張敬夫受學。定卒爲修士，翊之力也。敬夫門人在衡湘者，日從翊參決所疑，舊有嶽麓書院，設山長教授生徒，尋廢。五峰嘗請復之。乾道初，帥守劉珙始復書院，猶虚山長。後轉運副使蕭之敏以禮聘翊，翊曰：「侯之意美矣！然此吾先師之所不得爲者，豈可以凉德當之哉！」力辭不赴。築室衡山下，有竹林水沼之勝，取程子「澄濁求清」意，榜曰「澄齋」。日與士友講道讀書，翛然自樂。及殁，朱子爲《志狀》。《建寧府志》。

靖肅胡籍溪先生憲學派

按：文公撰先生《行狀》，言先生從文定公學，始得聞河南程氏之説。尋與鄉人白水劉致中受學於涪陵處士譙天授，所與同志惟白水先生，既與俱隱，又得屏山先生，更相切劘。而韋齋先生亦晚而定交焉，此文公託孤所由來也。文公禀學於三君子，後二劉下世，獨事先生爲最久云。

靖肅胡籍溪先生憲

胡憲，字原仲，文定公從父兄之子也。祖聳、父淳皆不仕。《行狀》。先生生而沉静端慤。稍長，從文定公學，始聞河南程氏之説。紹興中，以鄉貢入太學。會元祐學有禁，獨與鄉人白水劉公致中陰誦竊講，既又學《易》于涪陵處士譙公天授。久未有得，天授曰：「是固當然，蓋心爲物漬，故不能有見，惟學乃可明耳。」先生喟然曰：「所謂學者非克己工夫耶！」自是一意下學，不求人知。一旦揖諸生歸隱故山，非其道義一毫不取于人，力田賣藥以養其親。文定稱其有隱君子之操。鄉人士從者益衆，於是近臣折彦質、范沖、朱震、劉子羽、吕祉、吕本中共以其行義聞於朝。被召，以母老辭。及彦質入西府，又言之，趣召愈急，先生固辭。乃授左迪功郎，添差建州教授，先生猶不出。太守魏矼遣行義諸生入里，敦致詔旨，且爲手書力勸，乃勉就職。日進諸生訓以爲己之學，聞者始而笑，終而疑，久而觀其所以修身、事親、接人，無一不如所言，遂翕然悦服。郡人程元以篤行稱，龔何以廉節著，皆迎致之，俾參學政，學者大化。秩滿，復留者再。蓋七年不徙官嗣。以母老不樂居官舍，求監南嶽廟以歸。

久之，起爲福建路安撫司屬官，時帥張宗元榷鹽急，私販銖兩亦重坐，先生告以爲政大體。帥不悦，遂請祠去。會秦檜用事，天地閉塞幾二十年。先生已泊然無復當世之念。及檜死，召大理司直，未行，改秘書省正字。人謂先生必不復起，而先生一拜即受，雖門人弟子莫不疑之。會次當奏事，病不能朝，即草疏，言：「金人大治汴京宫室，勢必敗盟，今元臣宿將惟張浚、劉錡在，願亟起之。」時兩人皆爲積毁所傷，未有敢顯言當用者，先生獨首言之。疏入，即求去，諸公留之不得，上亦感其言，以爲左宣教郎，主管崇道觀，使歸而食其禄。先生每極論天下事，至於慷慨洒涕，其以館職召，適秦檜諱言之，後獨與王十朋、馮方、查籥、李浩相繼論事，太學生爲《五賢詩》以歌之。在位僅半年，人惜其不究云。紹興中卒，年七十七。謚靖肅。

先生質本恬澹，而培養深固，平居危坐植立，時然後言，望之楞然，如槁木之枝，而即之温然。雖當倉卒，不見其有疾言遽色。人或犯之，未嘗校也。其讀書不務多爲訓説，獨嘗纂《論語》説數十家，復抄取其要，附以己説，與他文草藁藏於家。平生與劉公致中同志，既與俱隱，又得劉公子翬與之遊，更相切磨，以就其學。而朱公松亦晚而定交焉。朱公既病且没，遂因以屬其子晦菴於先生及致中、子翬之門，而晦菴事先生爲最久。吕祖謙、林之奇、魏掞之、熊克、曾逢皆其門人。學者稱籍溪先生。《閩書》。《考亭淵源録》。《行狀》。

直閣魏艮齋先生掞之

魏掞之，字子實，故名挺之，字元履，建陽人。少師事胡籍溪先生憲，已，遍從鄉儒先長者遊，又適四方，盡交其先達名士，聞見日廣，聲稱日以大。嘗客衢守章傑家，故相趙鼎以謫死，歸葬常山。

傑雅怨鼎，又希秦檜意，逮繫其家人，劾治甚急。掞之作書誚讓傑，長揖歸。兩以鄉舉試禮部，不第。閩帥汪應辰、建守陳正同相與論薦於朝，時相尼之，又不得召。後數歲，詔舉遺逸，部刺史芮煜帥其寮與帥守六人共言掞之行誼，有詔特徵之。辭謝不獲，以布衣入見，極論當世之務。孝宗獎歎開納，勞問移時，遂詔賜同進士出身，授左迪功郎，守太學録。既就職，日進諸生教誨之。釋奠孔子祠，先事白宰相陳俊卿，請言於上，廢安石父子勿祀，而追爵程氏兄弟使從食。又言：「太學之教宜先德行經術，其次尤當使之通習世務，以備官使。今一以空言浮説取人，非是。」至他政事有係安危治亂之機，宰相不能正，臺諫、侍從不敢言者，無不抗疏盡言至三四，上並不見納，則移病杜門。曾覿召還，掞之移書與時宰，責其不能救止。時宰雅招徠掞之，至是見其書詞峻切，亦不能平，而掞之前已數求去矣，遂以迎親予告使歸。行數日，罷爲台州學教授。

掞之自少有志于當世，晚而遇主，然其仕不能半歲而不合以歸。先是榜其書室曰「艮齋」，至是日處其間，條理舊學，以益求其所未至。平生於學無不講，而尤詳於前代治亂興廢存亡之説，以至本朝故事之實。爲文章長於議論，善談説，聽者悚然。居家謹喪祭，重禮法，恤親舊，雖貧不懈。遇歲饑，爲粥以食饑者，且請于官爲之移粟，閭里賴之。鄉人有不葬其親者，爲白於官，請富與之期，貧與之費，賴以掩者，亦以千計。其與人交，嘉善救失如不及。後進以禮來者，苟有一長，汲汲推挽之。嘗有病其太過者，笑曰：「不猶愈于横目自營者耶！」既卒，孝宗嗟悼久之，即下詔曰：「朝廷不可無直諫之士，掞之雖死，其以宣教郎直秘閣告其第。」掞之素與文公朱先生遊，乾道中，文公被召，將行，聞拯之去國，遂止。子應仲。見朱子學派。張南軒撰《墓表》。《閩書》。《宏簡録》。

縣令邵秀山先生景之

邵景之，字秀山，古田人。從父整著《春秋元經》，以家學相友。景之早負文才，事繼母至孝。登乾道壬辰進士，攝教建寧，受業籍溪胡憲之門。官至莆田令，教授常百餘人。著有《玉坡集》。

按《閩書》：邵整，字宋舉，自號蒙谷遺老。與族人景之以家學自相友。此傳本《道南源委》稱整爲景之從父。待再考。

閩中理學淵源考卷四

廣平府知府李清馥撰

文質羅豫章先生從彦學派

嘗考史傳，先生從楊文靖公問學，既而築室山中，絶意仕進。終日端坐，間謁楊公將樂溪上，吟咏而歸，恒充然自得。又考延平先生屏退山田，結茅水竹之間，謝絶世故餘四十年，簞瓢屢空，怡然自適。然後知二公安貧守道，優游樂天，守孔、顔家法，私心向往，不禁超然寓懷於塵坌之外矣。豫章之從學，史載年四十餘，後相從尚二十年，所講貫切磨，服膺終身。文公嘗言：「龜山門徒千餘，然語其潛思力行，任重詣極，蓋羅公一人而已。其爲學大旨，嘗令學者於静坐中看『喜怒哀樂未發之謂中』，未發時作何氣象。」蓋其所重在涵養操存，以身體之，以心驗之。此非獨楊、羅、李、朱遞傳之學的，即程門二先生學的也。後世於心性根源隔膜異視，本體不明，反己功疏，故二先生闡發此義，羅、李遞傳，守此尤謹。當日程子所謂須静坐始能收斂者，蓋收斂方見本體。《易》言「利貞者，性情也」；《本義》言利貞是收斂歸本體處，於此可見性情之實。在天道，於穆不已者，四時不息之運，而收斂翕聚爲造化生物之本；在人身，爲歸根復命之時。伊川程子又恐人鄰於攝心坐禪，只管静去，與事物不相交涉，故説只用敬不用静。蘇氏季明於《師門問答》備詳其義。

朱子於延平没後，與南軒講論中和之旨，反復數年始定其説，無非此也。雖曰静曰敬，義有偏全，然其體認大本，涵養本源，學者求端性善於人生而静以上之初，於静字似有端的。伊川解静專，云不專一則不能直遂，正是此意。則静中工夫，固是養動之根矣。朱子遠宗伊川，謂觀未發之説，終是少偏，亦是救彼時偏重之弊耳。竊謂論探索之原，而静之義爲切；求體用兼備，而敬之説爲長。蓋敬統其全，而静極其本。羅、李工夫，朱子累述之，要之皆並行不悖矣。溯厥淵源，如顔氏之四勿，曾氏之動容貌、正顔色，孟氏之存夜氣，以及周、程之主静、定性，無非殊條而共貫也。嗚呼！求道者捨此亦無所用其力矣。乾隆丁卯六月十日。

文質羅豫章先生從彦

羅先生，諱從彦，字仲素。先代自豫章徙劍浦，世稱爲豫章先生。祖、父皆隱身不仕。先生自幼穎悟，不爲言語文字之學。及長，嚴毅清苦，篤志求道。初從審律吴國華遊，已而聞楊龜山得伊、洛之學，遂往從焉。初見三日，驚汗浹背，曰：「不至是，幾枉過一生矣。」嘗論《易》至乾九四一爻，龜山曰：「曩日，聞伊川説甚善。」先生遂鬻田走洛，見伊川，問之，所聞亦不外龜山之説。於是歸而卒業龜山之門。龜山與語云：「今之學者只爲不知爲學之方，又不知學成要何用，此事體大，須曾着力來。」先生受命益力，既而築室山中，絶意仕進。終日端坐，間謁龜山將樂溪上，吟咏而歸，恒充然自得，自是摳衣侍席二十餘載。初，龜山以《孟子》「饑者甘食」章令先生思索，先生曰：「飲食必有正味，饑渴害之，則不得正味而甘之，猶學者必有正道，不説於小道而適正焉，則堯、舜人皆可爲矣。」龜山曰：「此説甚善，更於心害上一着猛省，則可以入道矣。」先生服膺此語，凡世所嗜好，一切禁止，故學問日新，尤不可及。然其晦跡求志，人鮮知者。沙縣陳默堂淵每詣先生，竟日乃還，謂人曰：「自得仲素，日聞所未聞，奥學清節，南州冠冕也。」先生與默堂亦多往復問辨，嘗與書曰：「承喻聖道甚微，有能於後生中得一個半個可以與聞於此，庶幾傳者愈廣，吾道不孤，又何難之不易也？某聞尊兄此言，尤著意詢訪，近有後生李愿中者，向道甚鋭，曾以書求教，趨向大抵近正云。」由是愿中執弟子禮從之學，時政和六年也。其後新安朱喬年官於延，亦同門受業焉。七年，復從龜山於毗陵授學，經年，盡裒得其書以歸。

靖康元年，《遵堯録》成，歷言宋一祖三宗開基紹述，若舜、禹遵堯，相守一道。見王安石用事，則痛心疾首。紹興二年，以特科授惠州博羅縣主簿，適州學落成，郡守周綰命先生行釋菜禮，與諸生等往復論道，有洙、泗講切氣象。吕舍人以詩叙諸廟壁。其山居有顔樂齋、寄傲軒、濯纓亭諸勝，每賦詩，與默堂諸公相倡和。所著有《春秋指歸》、《毛詩解》、《中庸語孟説》、《議論要語》、《台衡録》、《二程龜山語録》。五年，卒於官，年六十有四。

朱晦菴曰：「龜山先生倡道東南，士之遊其門者甚衆，語其潛思力行、任重詣極如羅公者，蓋一人而已。」又《語類》載道夫言：羅先生教學者靜坐中看「喜怒哀樂未發謂之中」，未發時作何氣象。李先生以爲此意不惟於進學有力，兼亦養心之要，而《遺書》云：「既思則是已發。」昔嘗疑其與前所舉有礙，細思亦甚緊要，不可以不考。直卿云：「此問亦甚切。但程先生剖析毫釐，體用明白，羅先生探索本原，洞見道體。二者皆有大功於世，善觀之，則亦『並行而不相悖』矣。況羅先生於其靜坐觀之，乃其思慮未萌，虛靈不昧，自有以見其氣象，則初不害於未發。蘇季明以『求』字爲問，則非思慮不可，伊川所以力辨其差也。」先生曰：「公雖是如此分解羅先生說，終恐做病。如明道亦說靜坐可以爲學，上蔡亦言多著靜不妨，此說終是小偏。纔偏，便做病。道理自有動時，自有靜時，學者只是『敬以直內，義以方外』。見得世間無處不是道理，雖至微至小處，亦有道理，便以道理處之，不可專要去靜處求。所以伊川謂『只用敬不用靜』，便說得平也。是他經歷多，故說得恁地正而不偏。若以世人紛擾觀之，會靜得固好；如講學則不可有毫髮之偏也。」又曰：「靜坐理會道理，自不妨。只是討要靜坐，則不可。」又曰：「存養之功，不專在靜坐時，須於日用動靜之間無處不下功夫，乃無間斷爾。」按：朱子此段與羅、李講習之初略有出入。真西山嘗言「此朱子發明伊川程子主敬之說而不專主於靜」云。淳祐間，賜謚文質。明萬曆間，從祀孔子廟廷。國朝康熙四十五年從學臣沈涵之請，賜御書「奥學清節」四大字匾於祠。

謹案：豫章先生本傳，《宋史》詳矣，獨其載政和二年壬辰受學龜山於蕭山，年四十一。後之纂録斯傳者，考證似有未合，茲輯此傳從邵氏《宏簡録》、毛氏《豫章事實》、《年譜》、黃氏《宋儒學案》并《龜山集》、《豫章集》、朱子《經義考》諸書輯録而重訂焉。《學案》云：「考龜山丁亥知餘杭，壬辰知蕭山，相去六年，而餘杭所聞已有豫章之問答，則其從學非始於蕭山明矣。其言豫章之見伊川，在見龜山之後。伊川卒於丁亥，若見龜山始於壬辰，則伊川之卒已六年矣，又何從見之乎？」以上所考辨殊有足據，獨《學案》、豫章本傳載：「崇寧初，見龜山於將樂。」余求其所証未得。

考羅氏革《跋豫章師説》云：「族兄仲素從龜山遊，摳衣二十餘載。」就豫章授官博羅主簿之歲，溯上二十九載，當在崇寧三年甲申。按是年以後，龜山皆赴官，非在家也。所云見龜山於將樂者，此則未合。再考《龜山年譜》辛巳春，沙陽陳默堂淵投書問學，以默堂《跋師説》考之，自云「與豫章定交幾四十年」，以豫章卒官之歲，溯至默堂投書問學之年，有三十五年，亦幾四十年矣。又考《龜山年譜》自元符二年己卯歸家，三年庚辰講學於含雲寺，作《勉學詩》以示諸生，中有「學成要何用，奔走利名場」之戒，與《語録》訓豫章語云「今之學者只爲不知爲學之方，又不知學成要何用」之説語意相同。

越一年，辛巳，即屬陳氏淵問學之歲，意彼時龜山學成道尊，群從蔚萃。較其時，考其地，似有足徵。蓋自紹聖四年，伊川先生以黨論送涪州編管。越兩年龜山歸，自瀏陽抵家，正值洛學黨禁之餘。傳中所謂杜門累年，沉浸經書，推廣《師説》者，此其時也。其指示學者大本所在，「以身體之，以心驗之」，即其指訣也。至其高弟默堂陳氏淵投書問學，亦適及講學，是年之上下，默堂所言訂交於先生者，未始不於此相邂逅也。於乎！四賢一脉轉相嬗承，其所維繫誠一縷千鈞之重，斯文其不在兹乎！載籍浸遠，考證莫詳。今將原稟不敢遽下從學何年與受學何處，就前人所考證者，重訂其略，尚有待於博考者正云。乾隆己丑三月望日清馥謹識。

羅豫章先生文集

宣和三年，歲在癸丑之中秋，朱喬年得尤溪尉，常治一室，聚群書，宴坐寢休其間。後知《大學》之淵源，異端之學無所入於其心。自知卞急害道，名其室曰「韋齋」，取古人佩韋之義。泛觀古人有以物爲戒者，有以人爲戒者，所謂佩韋，以物爲戒者也。人之大患在於不知過，知過而思自改，於是有戒焉。非賢者孰能之乎！予始以困擠未能遂志，因作「航齋」，陸海中且思古人所以進此道者，必有由而然。久之，乃喟然嘆曰：自孟軻氏歿，更歷漢、唐，寥寥千載，迄無其人有能自樹立者，不過注心於外，崇尚世儒之語而已。與之遊孔氏之門，入於堯、舜之道，其必不能至矣。夫《中庸》之書，世之學者盡心以知性，躬行以盡性者也，而其始則曰「喜怒哀樂之未發謂之中」，其終則曰：「夫焉有所倚？肫肫其仁！淵淵其淵！浩浩其天！」此言何謂也？差之毫釐，謬以千里。故《大學》之道，在知所止而已。苟知所止，則知學之先後；不知所止，則於學無自而進矣。漆雕開之學曰「吾斯之未能信」，曾點之學曰「異乎三子者之撰」，顏淵之學曰「回雖不敏，請事斯語矣」。而孔子悦開與點，稱顏回以庶幾，蓋許其進也。此予之所嘗自勉者也。故以聖賢則莫學而非道，以俗學則莫學而非物。喬年才高而智明，其剛不屈於俗，其學也方進而未艾。齋成之明年，使人來求記於余。余辭以不能，則非朋友之義；欲蹈襲世儒之語，則非吾心。故以其嘗所自勉者併書之，使人知其在此而不在彼也。《韋齋記》。

延平先生答晦翁云：「承録示《韋齋記》，追往念舊，令人凄然。某中間所舉《中庸》始終之説，元晦以爲『肫肫其仁，淵淵其淵，浩浩其天』，即全體是未發底道理，惟聖人盡性能然。若如此看，即於全體何處不是此氣象？第恐無甚氣味耳。某竊以謂『肫肫其仁』以下三句，乃是體認到此達天德之效處，就喜怒哀樂未發處存養，至此氣象，儘有地位也。」

略曰：五經論其理，《春秋》見之行事。《春秋》，聖人之用也。龜山常告人曰：「《春秋》其事之終與？學者先明五經，然後學《春秋》，則其用利矣！」亦以此也。政和，歲在丁酉，余從龜山先生于毗陵授學經年，盡裒得其書以歸，掇其至當者作《春秋指歸》。《春秋指歸序》。

議論要語

聖人無欲，君子寡欲，衆人多欲。

横渠教人且令留意「神化」二字，「所存者神」，便能「所過者化」，私吝盡無，即渾是道理，即所過自然化矣。

正者，天下之所同好；邪者，天下之所同惡。而聖賢未嘗致憂於其間，蓋邪正已明故也。至於邪正未明，則聖賢憂之。觀少正卯言僞而辨，行僻而堅，孔子則誅之；楊、墨一則爲我，一則兼愛，孟子則闢之。皆邪正未明而惑人者衆，此孔、孟之所以汲汲。

教化者，朝廷之先務；廉恥者，士人之美節；風俗者，天下之大事。朝廷有教化，則士人有廉恥；士人有廉恥，則天下有風俗。或朝廷不務教化，而責士人之廉恥，士人不尚廉恥，而望風俗之美，其可得乎！

君子在朝，則天下必治。蓋君子進則常有亂世之言，使人主多憂而善心生，故天下所以必治。小人在朝，天下必亂。蓋小人進則常有治世之言，使人主多樂而怠心生，故天下所以必亂。

朝廷大姦不可容，朋友小過不可不容。若容大姦，必亂天下；不容小過，必無全人。

立朝之士，當愛君如愛父，愛國如愛家，愛民如愛子，然三者未嘗不相賴也。凡人愛君則必愛國，愛國則必愛民，未有以君爲心而不以民爲心者，故范希文謂「居廟堂之上則憂其民，處江湖之遠則憂其君」，諒哉！

君明，君之福；臣忠，臣之福。君明臣忠則朝廷治安，得不謂之福乎？父慈，父之福；子孝，子之福。父慈子孝則家道隆盛，得不謂之福乎？俗人以富貴爲福，陋哉！

名器之貴賤以其人。何則？授於君子則貴，授於小人則賤。名器之所貴，則君子勇於行道，而小人甘於下僚；名器之所賤，則小人勇於浮競，而君子恥於求進。以此觀之，人主之名器可輕授人哉？

祖宗法度不可廢，德澤不可恃。廢法度，則變亂之事起；恃德澤，則驕佚之心生。自古德澤最厚，莫若唐、虞，向使子孫可恃，則堯、舜必傳其子；至於法度，莫若周家之最明，向使子孫世守，則歷年至今猶存，可也。

王者富民，霸者富國。富民，三代之世是也；富國，齊、晉是也。至漢文帝行王者之道，欲富民而告戒不嚴，民反至於奢；武帝行霸者之道，欲富國而費用無節，國乃至於耗。

西漢人才可與適道，東漢人才可與立，三國人才可與權。杜欽、谷永可與適道，而不可與立，故附王氏。陳蕃、竇武可與立，而不可與權，故困於宦官。至於諸葛孔明，然後可與權，夫人才至可與權，則不可以有加。張良近太公之材略，諸葛亮近伊尹之出處。❶然良佐高祖，論其時則宜，論其德則合。亮處三國，則才大任小，惜哉！

士之立朝，要以正直忠厚爲本。正直則朝廷無過失，忠厚則天下無嗟怨，二者不可偏也。一於正直而不忠厚，則漸入於刻；一於忠厚而不正直，則流入於懦。汲黯正直，所以闢張湯之殘刻。武帝享國五十五年，其臣之賢獨此一人而已，武帝反不用，其君可知。

中人之性，由於所習。見其善則習於爲善，見其惡則習於爲惡。習於爲善則舉世相率而爲善，而不知善之爲是，東漢黨錮之士與夫太學生是也；習於爲惡則舉世相率而爲惡，而不知惡之爲非，五代君臣是也。

《老子》曰：「禍兮福所倚，福兮禍所伏。」指國家而言，故晉武平吴，何曾知其將亂？隋文平

❶「尹」，原作「伊」，據文津本改。

陳，❶房喬陳其不久。禍福倚伏者，其在兹乎！人之立身，可常行者在德，不可常行者在威。蓋德則感人也深，而百世不忘；威則格人也淺，而一時所畏。然德與威不可偏廢也，常使德勝威，則不失其爲忠厚之士；苟威勝德，則未免爲鍜鍊之流。觀羊祜與杜預俱守襄陽，後人思祜之深，而思預之淺者，豈祜尚德而預尚威乎？

石守道採摭《唐史》中女后、姦臣、宦官事，各以其類作三卷，目之曰《唐鑑》，而言曰：「巍巍巨唐，女后亂之於前，姦臣壞之於中，宦官覆之於後。」考其所論，可爲萬世鑑。惜乎不推其本而言之，故人主欲懲三者之患，其本不過有二：以內則清心，以外則知人。能清心則女后不能亂之；能知人則姦臣不能壞之，宦官不能覆之。請借明皇一君而論。開元能清心矣，能知人矣，武氏、惠妃、蕭嵩、楊思勉豈能易其志？及天寶之際，不能清心矣，不能知人矣，而楊貴妃、李林甫、高力士遂亂其心。清心知人，其人主致治之本歟！

姦邪之人亂國政，李林甫是也；庸鄙之士弱國勢，張禹是也。荀子曰「權出於一者强」，謂權出於一，則主勢不分而君道尊矣。後世宰相侵君之權，而不令終者多，如李文饒尚不能免此，况李林甫之徒哉！爲人臣者，當視此以爲戒。

人世讀經則師其意，讀史則師其迹。然讀經以《尚書》爲先，讀史以《唐書》爲首。蓋《尚書》論

❶「文」，原作「平」，據文津本改。

人主善惡爲多，唐史論朝廷變故最盛。

詩

觀書有感

静處觀心塵不染，閒中稽古意尤深。周誠程敬應粗會，奥理休從此外尋。

自警

性地栽培恐易蕪，是非理欲謹於初。孔顔樂地非難造，好讀誠明静定書。

示書生

知行蹊徑固非艱，每在操存養性間。此道悟來隨寓見，一毫物欲敢相關。

顔樂齋

山染嵐光帶日黄，蕭然茅屋枕池塘。自知寡與真堪笑，賴有顔瓢一味長。

邀月臺

矮作垣墻小作臺，時邀明月寫襟懷。夜深獨有長庚伴，不許庸人取次來。

延平先生云：「羅先生《山居詩》侗記不全，今只據追思得録去。《邀月臺》詩云云，侗見先生出此語，後兩句不甚愜人意，嘗妄意云：『先生可改，下兩句不甚渾然。』先生改云：『也知鄰鬬非吾事，且把行藏付酒杯。』蓋作此數絶詩，正靖康間也。」

勉李愿中五首愿中以書求道甚力，作詩五首以勉其意。然借視聽於聾盲，未知是否。

聖道由來自坦夷，休迷佛學惑他岐。死灰槁木渾無用，緣置心官不肯思。學道以思爲上。《孟子》曰「心之官則思」，《書》曰「思曰睿，睿作聖」，「惟狂克念作聖」。佛法一切反是。

不聞雞犬鬧桑麻，仁宅安居是我家。耕種情田勤禮義，眼前風物任繁華。

今古乾坤共此身，安身須是且安民。臨深履薄緣何事，祇恐操心近矢人。外吾聖人之學，申、韓、佛、老皆有書，在決擇也。

彩筆畫空空不染，利刀割水水無痕。人心但得如空水，與物自然無怨恩。吾道當無疑於物。

權門來往絶行蹤，一片閒雲過九峰。不似在家貧亦好，水邊林下養疏慵。

顔樂亭用陳默堂韻

平時仰止在高山，要以亭名樂内顔。顛倒一生渾是夢，尋思百計不如閒。心齋肯與塵污染，陋巷寧容俗往還。堅守簞瓢心不改，恐流乞祭向墦間。

寄傲軒用陳默堂韻

自嗟踽踽復涼涼，餬口安能仰四方。目送歸鴻心自遠，門堪羅雀日偏長。家徒四壁樽仍緑，侯户千頭橘又黄。我醉欲眠卿且去，肯陪俗客語羲皇。

備　考

金華胡氏翰撰《羅文質公集叙》曰：尚論人物者，功業易見，學術易知，而道德爲難。顔子之不違仁，必孔子而後知之；有若之似聖人，必曾子而後辨之。一時之門弟子非不賢也，日與之處也，猶不能致察於斯，而况庸常之人方之聖賢，才智相百十也。將探其所蘊之精微，孰從而得之乎？而况世之相去又遠也。將極所至之高妙，孰從而得之乎？揚子雲曰：「存則人，亡則書。將必於其書而知之而得之。」羅文質公之在宋，仕不登於朝，化不行於國。紹興之末，言任斯道之重者，必屬之先生焉。先生受學於龜山楊文靖公，因文靖而見伊川程正公，則固及程氏之門矣。當是時，若李籲之才器，謝良佐之力學，張繹之高識，尹焞之篤行，未嘗不與其進。而道南之歎，明道獨於龜山發之。及論《西銘》，猶不能無疑。伊川以理一分殊喻之，道之難明也如此。先生聞《易》於龜山，與其聞於伊川者無間，則固會而爲一矣。嘗謂漢、唐儒者能自樹立，不過注心於外，與之遊仲尼之門，入堯、舜之道，必不能至此，其志爲何如哉？由是性明行完，擴之以廣大，體之以仁恕，有如李延平之書；潛思力行，任重詣極，有如朱晦菴之言，其所造又何如哉？李籲輩未聞有以是與之者，今欲以其近似而窺測之，固學者之所惑也。獨不考之先生之遺書乎？蓋博古通今，務以文章爲學者，非先生之學也；忠信愿慤，不爲非義而自守者，非先生之學也。二者不同，而俱失之先生之學。静而求之「喜怒哀樂未發之中」，擴而極夫「肫肫其仁，淵淵其淵」，則達天德之妙矣。舉而措之行事，施於有政則莫非達道之用矣。故先生退而隱居，而志常存乎天下；遭世多故，而義不忘乎朝廷。其言類皆切於時弊，達於治體，其言既足以懲熙寧創殘之失，其授受之際，又足以啟淳熙理學之正。觀是集者，雖不能盡知先生因文以求義、因迹以求用，庶亦得其緒餘乎！余喜遂不墜其家學，以寡聞陋見論前人之道德，其亦過矣。仲尼之門，顔子交一臂而失之，而况其遠者，其亦難言矣。姑存其大要焉。

毛氏念恃撰《豫章羅先生事實節略》曰：先生清介絶俗，里人知之者尚少，惟郡人李愿中、新安朱喬年聞先生得伊、洛之學於龜山之門，遂執弟子禮從之遊。愿中以書謁先生云：「先生性明而修，行全而潔，充之以廣大，體之以仁恕，精深微妙，多極其至，漢、唐諸儒無近似者。至於不言而飲人以和，與人並立而使人化，如春風發物，蓋亦莫知其所以然也。故讀聖賢之書，稍有見識者，皆願授經門下，以質所疑。」其愿中之所以心服於先生，而善爲形容與？凡從先生學問者，終日相對端坐，解説文字，未嘗一及雜語。晚年以特奏，中下科，授惠州博羅縣主簿，或曰博羅尉。紹興二年壬子八月上丁，延平郡守周綰命之領袖、諸生行釋菜禮，有洙、泗齗齗氣象焉。蓋先生之道，上得之楊龜山，再上則得之河南程夫子。一傳而爲李延平，再傳而爲朱紫陽，則先生其繼往開來之人哉！其山居有顔樂齋、寄傲軒、邀月臺、獨寐軒、白雲亭。又池畔有亭曰「濯纓」。每自賦詩默堂，諸公皆有唱和。

嘗曰：「士之立朝，要以正直忠厚爲本，正直則朝廷無過失，忠厚則天下無怨嗟。」又曰：「朝廷大奸，不可容；朋友小過，不可不容。若容大奸，必亂天下；不容小過，則無全人。」又云：「教化者朝廷之先務，廉恥者士人之美節，風俗者天下之大事。朝廷有教化則士人有廉恥，士人有廉恥則天下有風俗，或朝廷不務教化，而責士人之廉恥，士人不尚廉恥，而望風俗之美，其可得乎？」又曰：「君子在朝則天下必治，蓋君子進，則常有亂世之言使人主多憂而善心生，故天下所以治；小人在朝天下必亂，蓋小人進，則常有治世之言使人主多樂而怠心生，故天下所以亂。」先生之言其體用兼該如此。

所著《詩春秋語孟解説釋例》，今多不傳。其著《遵堯録》八卷，歷言宋之祖宗紹述，綱舉目張，無漢、唐雜霸之末醇，君聖臣賢若舜、禹遵堯而不變。迨乎熙寧之間，王安石用事，管心鞅法，甲倡乙和，卒稔禍亂，爲痛心疾首，義激由中，言言剴切，書成未奏。公殁之後七十九年，爲寧宗嘉定癸酉，延平郡守劉允濟上其書於朝，乞宣付史館，錫謚號。至理宗淳祐六年，提刑楊棟請謚羅、李兩先生。七年乃錫謚文質。至正三年，有沙縣知縣曹道振者，輯先生之行實爲《年譜》一卷，事雖不詳，亦可寓景行之一班焉爾。善乎！廬陵劉將孫之跋先生遺稿也，其文曰：《學記》曰：「三王之祭川也，先河而後海。此之謂務本。」至哉言乎！此師友之定論也。

考亭朱子出延平李氏，延平出豫章羅氏，今朱氏之書滿天下，豫章、延平之遺言緒論未有聞者。將孫一來延平，適兵革之後，慨然求之耆舊間，久乃得《延平問答》，其詞語渾樸，皆當以三隅反者。且自謂不能發揮以文。又久之，得豫章家集，所傳者寥寥僅見，又非延平比。益信二先生之所以上接伊、洛，而下開考亭者。或曰：「其簡也若是，道烏乎傳？」余作而言曰：兹道之所以傳也。子曰：「余欲無言。」又曰：「文，莫吾猶人也，躬行君子，則吾未之有得。」言語之道盛，而自得之學隱矣。二先生之自得者，有不能得於言也。其所以傳朱氏者，亦不在於言也。朱氏之得於二先生者，亦有不能言者也。而朱氏之所爲言之長者，其所授者無二朱氏也。朱氏之言，不得已而言者也。而世之求道者，往往必求之言也，則吾爲斯道，慨然於此久矣。此集鳩集勞矣，寶守尤不易，正不必他求而附益之。先生之所以爲先生者，不在此，蓋嘗拜先生之晬容矣，光風霽月，玉色金聲，劍山青青，劍水流清，徘徊瞻極，何往而不聞金石絲竹之音也，是可爲善言道南之學者矣，是可爲善讀豫章先生之集者矣。

閩中理學淵源考卷五

廣平府知府李清馥撰

文靖李延平先生侗學派

按：濂洛元公開主静之宗，又伊、洛二先生訓門人常以静坐嘆其善學，厥後龜山遞傳豫章以及延平，祖述師説，引學者爲入道之根。朱子嘗言：「李先生教人，大抵令於静中體認大本未發時氣象分明，即處事應物，自然中節，此乃龜山門下相傳指訣。然當時親炙之時，貪聽講論，又方好章句訓詁之習，不得盡心於此，至今若存若亡，無一的實見處，辜負教育之意。每一念此，未嘗不愧汗沾衣也。」此文公答何氏叔京書之語。然文公於羅先生静坐論中，又言不可偏求之静。大約在北宋時程門諸公，不無專守静虚之弊，流及南渡，其弊尤深。於是掃去聞見，只求一心。文公見彼時流風偏弊之漸，引伊川「只用敬，不用静」之語，故起而揭出「敬」之一字，以救末流之差。而師門授受之旨，何曾錯誤？後之論學者訾議，且上及濂溪主静之宗，豈不誣哉？嘗考朱子他日《答張南軒書》云：「來教謂言静則溺於虚無，此固所當深慮。然此二字如佛氏之論，誠有此患。若以天理觀之，則動之不能無静，猶静之不能無動也；静之不能無養，猶動之不可不察也。

至静之中，蓋有動之端焉。是乃《易》所謂『見天地之心』，而先王之所以至日閉關，蓋當此之時，則安静以養乎此爾，固非遠事絶物，而偏於静之謂。來教又謂某言以静爲本，不若遂言以敬爲本，此固然也。然『敬』字工夫通貫動静，而必以静爲本，故某向來輒有是語。今遂易爲敬，雖若完全，然却不見敬之所施有先有後，則亦未得爲諦當也。」西山先生論主静一條，録此書與二先生静、敬之義參論。先公纂《文公語類》亦録此書，附後評曰：「朱子此書於敬、静之義盡矣。蓋一動一静，無時不敬，而必以静者爲主。不專一則不能直遂；不翕聚則不能發散。理固如此，且當其動時，亦須先一收斂打疊而後應，豈可以爲動而遽隨之。此皆所謂主静之旨而持敬之要也。」

馥謹按：周子主静之義，考之二先生所論，朱子所辨晰，西山所録，先公所纂述，闡發精確，如此説静，方不入於空寂。《大學》定而後能静，亦是從收斂凝定説起。此洙泗微言，周、程之所以淵源於此者。羅、李、朱遞相授受，後先一轍。朱子後來每説持敬者，救時之弊，而平昔論學亦未嘗擯却静之一字，而指斥其禪宗，惟在學者善觀之。或疑觀未發前氣象，多鄰於空寂者，豈知李先生嘗曰：「默坐澄心，體認天理。」此正用未發前功夫，曰「默坐澄心」即存養，曰「體認天理」即省察，此從事戒懼慎獨之功者也。文公嘗曰：「舊聞李先生曰『人固有無喜怒哀樂之時，然謂之未發，則不可言無主也』。」觀此，則是中有所主，非戒懼慎獨之功不可。又曰：「『先言慎獨，然後及中和』，此意亦嘗言之。」此則戒懼慎獨後，方能養成此中和心體，是又從事大本大原，完養深厚周密。此子朱子所述，見答于林擇之書。國朝栢鄉魏貞菴先生嘗言：「延平平日存養省察之功未有所遺。」正合戒懼慎獨之學。又先公曾言周子主静之義曰：「人言静故無欲，而不知無欲故静也。知静故無欲，則必專其功于静，專其功于静者，釋、老之學也。無欲故静，則必如聖門所謂戒謹恐懼，以完其未發之中而後可，吾儒之學也。」延平先生論學，本旨遞相師授，自有本末，不出戒懼慎獨之義。朱子輓先生詩曰：「河洛傳心後，毫釐復易差。淫辭方眩俗，夫子獨名家。」意彼時流弊已然矣，後世託言心學者，可無辨乎！

文靖李延平先生侗

李先生諱侗，字愿中，南劍州劍浦人。年二十四聞郡人羅公從彦得河、洛之學於龜山楊文靖公之門，以書謁之，遂往師焉。初見時，終日相對静坐，只説文字，未嘗及一雜語。羅公極好静坐，先生退入室中，亦静坐。羅公令静中看喜怒哀樂未發前氣象，而求所謂中者，久之，而知天下之大本真有在乎是也。由是操存益固，涵養益熟，觸處洞然，發必中節。從之累年，授《春秋》、《中庸》、《語》、《孟》之説，既而屏居山田，結廬水竹之間。謝絶世故餘四十年，簞瓢屢空，怡然自適。其事親從兄，有人所難能者，閨門内外，肅穆若無人聲，而衆事自理。生事素薄而處之有道。凡親故鄰里，貧不能婚嫁者，節衣食以賑助之。長者事之盡禮，少者賤者接之盡道。其答問後學，窮晝夜不倦，隨其淺深，必語以反身自得，而可入于聖賢之域。

嘗謂學者曰：「學問不在多言，但默坐澄心，體認天理，則雖一毫私欲之發，亦退聽矣。」又曰：

「學者之病，在於未有灑然冰解凍釋處，縱有力持守，不過苟免顯然尤悔而已。若此者，恐未足道也。」其語《中庸》則曰：「聖賢之所以開悟後學者無遺策矣，而所謂『喜怒哀樂之未發謂之中』者，又一篇之要指也。必也體之於身，實見是理，如顏子之嘆，卓然若有所見，而不違乎心目之間，然後擴充而往，無所不通。」語《春秋》則曰：「《春秋》一事各是發明一例，如觀山水，徙步而形勢不同，不可拘以一法。」又嘗曰：「讀書者，知其所言莫非吾事，而即吾身以求之，則凡聖賢所至而吾所未至者，皆可知矣！若直以文字求之，悦其詞義以資誦説，其不爲玩物喪志者幾希。」以故未嘗爲講解文字，然其辨析精微，毫釐畢察。嘗以黄魯直所稱周濂溪「胸中灑落，如光風霽月」爲善形容有道氣象。學者存此於胸中，庶幾遇事廓然，而義理少進。又云：「講學切在深潛縝密，然後氣味深長，蹊徑不差。若概以理一而不察乎其分之殊，此學者所以流於疑似亂真之説而不知也。」朱韋齋松與先生爲同門友，嘗與沙縣鄧迪語及先生曰：「愿中如冰壺秋月，瑩徹無瑕，非吾曹所及。」遂命朱晦菴往師焉。

後晦菴撰先生《行狀》稱：「先生資稟勁特，氣節豪邁，充養完粹，無復圭角，精純之氣達于面目。色温言厲，神定氣和，語默動静，端詳閑泰，自然之中，若有成法。平居恂恂，於事若無甚可否，及其酬酢事變，斷以義理，則有截然不可犯者。蚤歲聞道，即棄塲屋，超然遠引，若無意於當世。然憂時論事，感激動人，其論治道，必以明天理、正人心、崇節義、勵廉耻爲先。本末具備，可舉而行，異端之學，無所入於其心。然一聞其説，則實知其詖淫邪遁之所以然，而辨之於錙銖毫忽之間。」蓋其德純道備，學術通明，既不求知於世，亦未嘗輕以語人，庶幾乎遯世不見知而不悔者。年七十有一卒，謚文靖。學者稱延平先生。生平不著書，不作文，所傳有《延平問答》及《語録》行世。子友直、信甫，皆舉進士。信甫見家學。理宗朝追贈謚文靖。萬曆四十二年從祀孔廟。國朝康熙四十五年從學臣沈涵之請賜御書「静中氣象」四大字匾于祠。《行狀》。《誌銘》。《宋史》。《道南源委》。《閩書》。

書

初見羅豫章先生書

侗聞之，天下有三本焉：父生之、師教之、君治之。闕其一則本不立。古之聖賢莫不有師，其肄業之勤惰，涉道之淺深，求益之先後，若存若亡，其詳不可得而考。惟洙泗之間，七十二弟子之徒議論問答，具在方册，有足稽焉，是得夫子而益明也。孟氏之後，道失所傳，枝分派别，自立門户，天下真儒不復見於世。其聚徒成群，所以相傳授者，句讀文義而已耳，謂之熄焉可也。恭惟先生鄉丈服膺龜山之講席有年矣。況嘗及伊川先生之門，得不傳於千五百歲之後，性明而修，行完而潔，擴之以廣大，體之以仁恕，精深微妙，各極其至，漢、唐諸儒無近似者，至於不言而飲人以和，與人並立而使人化，如春風發物，蓋亦莫知其所以然也。

凡讀聖賢之書，粗有識見者，孰不願得受經門下，以質所疑，至於異論之人，固當置而勿論也。侗之愚鄙，徒以習舉子業，不得服役於門下。今日拳拳欲求教於先生者，以謂所求有大於利禄也。抑侗聞之，道之可以治心，猶食之充饑、衣之禦寒也。身有迫於饑寒之患者，遑遑焉爲衣食之謀，造次顛沛，未始忘也。至於心之不治，有没世不知慮者，豈愛心不若口體哉？弗思甚矣。侗不量資質之陋，妄意於此，徒以祖父以儒學起家，不忍墜箕裘之業，孳孳矻矻爲利禄之學，兩終星紀，雖知真儒有作，聞風而起，固不若先生親炙之得於動静語默之間，目擊而意會也。今生二十有四歲矣，茫乎未有所止。燭理不明而是非無以辨，宅心不廣而喜怒易以摇，操履不完而悔悋多，精神不克而智巧襲。揀焉而不净，守焉而不敷，朝夕恐懼，不啻猶饑寒切身者，求充饑禦寒之具也。不然，安敢以不肖之身爲先生長者之累哉！

與教授公書

侗塊處山樊，絶無曩昔師友，不聞道義之訓，朝夕兀坐，賴天之靈，尚得以舊學尋繹，以警釋貧憊而已，其他亦何足言。苦於無侶可以縱步，前造齋館，以承近日餘論，臨紙馳情。

又與教授公書

侗塊處山間，絶無過從。賴有經史中古人心迹可以探賾，雖粗能遣釋朝夕，然離群索居，不自知其過者亦多矣，尚何敢疏一二於吾兄者邪？忽得不外指示，所志一一諦思，足見別後造道之深。欽服！欽服！侗文采鄙拙，未嘗輒敢發一語。近爲朋遊見迫，有一二小詩，輒不揆録去求教，取笑而已，非敢以報來辱也。便次有以警誨者，千萬勿惜。至懇，至懇！

與羅博文書

元晦進學甚力，樂善畏義，吾黨鮮有。晚得此人，商量所疑，甚慰。又曰：此人極穎悟，力行可畏，講學極造其微處。某因此追求有所省，渠所論難處，皆是操戈入室，須從原頭體認來，所以好説話。某昔於羅先生得入處，後無朋友，幾放倒了，得渠如此極有益。渠初從源頭善處下工夫來，故皆就裏面體認。今既論難，見儒者路脉，極能指其差誤之處，自見羅先生來，未見有如此者。又云：此人别無他事，一味潛心於此。初講學時，頗爲道理所縛。今漸能融釋於日用處，一意下工夫，若於此漸熟，則體用合矣。此道理全在日用處熟，若静處有而動處無，即非矣。

與劉平甫書

學問之道不在於多言，但默坐澄心，體認天理，若真有所見，雖一毫私欲之發，亦自退聽矣。久久用力於此，庶幾漸明，講學始有力也。

又與劉平甫書

大率有疑處，須静坐體究，人倫必明，天理必察。於日用處著力，可見端緒在，勉之爾。

答問上

丁丑六月二十六日書云：承諭「涵養用力處」，足見近來好學之篤也。甚慰！甚慰！但常存此心，勿爲他事所勝，即欲慮非僻之念，自不作矣。孟子有夜氣之説，更熟味之，當見涵養用力處也。於涵養處着力，正是學者之要。若不如此存養，終不爲己物也。更望勉之。

戊寅七月十七日書云：某村居，一切只如舊，有不可不應接處，又難廢墮，但靳靳度日爾。朝夕無事，齒髮已邁，筋力漸不如昔。所得於師友者，往來於心，求所以脱然處，竟未得力，頗以是懼爾。

《春秋》，且將諸家熟看，以胡文定解爲準，玩味久，必自有會心處，卒看不得也。伊川先生云：「《春秋》大義數十，炳如日星，所易見也。唯微辭奥旨，時措從宜者，所難知爾。」更須詳考其事，又玩味所書抑揚予奪之處，看如何。積道理多，庶漸見之，大率難得，學者無相啓發處，終憒憒不灑落爾。

問：「吾十有五而志于學」一章，横渠先生曰：「常人之學日益，而莫自知也。仲尼行著習察，異于他人，故自十五至於七十，化而知裁，其進德之盛者與？」伊川先生曰：「孔子生而知之，自十五至七十，進德直有許多節次者，聖人未必然，亦只是爲學者立下一法，盈科而後進，不可差次，須是成章乃達。」兩說未知孰是。先生曰：「此一段，二先生之說各發明一義，意思深長。横渠云『化而知裁』，伊川云『盈科而後進，不成章不達』，皆是有力處，更當深體之可爾。某竊以謂聖人之道中庸，立言常以中人爲說，必十年乃一進者。若使困而知學，積十年之久，日孳孳而不倦，是亦可以變化氣質，而必一進也。若以鹵莽滅裂之學而不用心焉，雖十年亦只是如此，則是自暴自棄之人爾。言十年之漸次，所以警乎學者，雖中才，於夫子之道皆可積習勉力而至焉，聖人非不可及也。不知更有此意否？」

問：「或問禘之說」一章。伊川以此章屬之上文，曰：「不知者蓋爲魯諱，知夫子不欲觀之說，則天下萬物各正其名，其治如指諸掌也。」或以爲此魯君所當問而不問，或人不當問而問之，故夫子以爲不知，所以微諷之也。餘如伊川說云。龜山引《禮記》：「『禘嘗之義大矣，治國之本也，不可不知也。明其義者君也，能其事者臣也；不明其義，君道不全，不能其事，爲臣不全』。非或人可得而知也。其爲義大，豈度數云乎哉？蓋有至賾存焉，知此則於天下乎何有！」此數說，不審孰是。先生曰：「詳味『禘自既灌』以下至『指其掌』，看夫子所指意處如何，却將前後數說皆包在其中，似於意思稍盡，又未知然否。」

問：子曰：「參乎！吾道一以貫之。」曾子曰：「唯。」子出，門人問曰：「何謂也？」曾子曰：

「夫子之道，忠恕而已矣。」熹謂：「曾子之學主於誠身，其於聖人之日用，觀省而服習之，蓋已熟矣。惟未能即此以見夫道之全體，則不免疑其有二也。然用力之久而亦將有以自得，故夫子以『一以貫之』之語告之，蓋當其可也。曾子於是默會其旨，故門人有問，而以『忠恕』告之。蓋以夫子之道不離乎日用之間。自其盡己而言，則謂之忠；自其及物而言，則謂之恕。莫非大道之全體，雖變化萬殊，於事爲之末，而所以貫之者，未嘗不一也。然則夫子所以告曾子，曾子所以告其門人，豈有異旨哉！而或者以爲『忠恕』未足以盡一貫之道，曾子姑以『違道不遠』者告其門人，使知入道之端，恐未曾盡曾子之意也。如子思之言『忠恕違道不遠』，乃是示人以入道之端，如孟子之言『行仁義』，曾子之稱夫子乃所謂由仁義行者也。」先生曰：「伊川先生有言曰：『維天之命，於穆不已，忠也；乾道變化，各正性命，恕也。』體會于一人之身，不過只有盡己及物之心而已。曾子於日用處，夫子自有以見之，恐其未必覺此亦是一貫之理，故卒然問曰『參乎！吾道一以貫之』。曾子於是領會而有得焉，輒應之曰『唯』，忘其所以言也。東坡所謂口耳俱喪者，亦佳。至於答門人之問，只是發其心耳，豈有二耶？若以謂聖人『一以貫之』之道，其精微非門人之問所可告，姑以『忠恕』答之，恐聖賢之心不如是之支也。如孟子稱堯、舜之道孝悌而已，人皆足以知之。但合内外之道，使之體用一源，顯微無間，精粗不二，滚同盡是此理，則非聖人不能是也。《中庸》曰『忠恕違道不遠』，特起此以示人相近處，然不能貫之，則『忠恕』自是一忠恕爾。」

十一月十三日書云：吾人大率坐此窘窶，百事驅遣不行，唯於稍易處處之，爲庶幾爾。某村居兀坐，一無所爲，亦以窘迫，遇事窒塞處多。每以古人貧甚極難堪處自體，即啜菽飲水，亦自有餘矣，夫復何言！

來諭以爲人心之既放，如木之既伐。心雖既放，然夜氣所息而平旦之氣生焉，則其好惡，猶與人相近。木雖既伐，然雨露所滋而萌蘖生焉，則猶有木之性也。恐不用如此説。大凡人理義之心何嘗無？唯持守之即在爾，若於旦晝間不至梏亡，則夜氣存矣。夜氣存，則平旦之氣未與物接之時，湛然虚明氣象自可見。此孟子發此夜氣之説，於學者極有力。若欲涵養，須於此持守可爾。恐不須説心既放、木既伐，恐又似隔截爾。如何？如何？

己卯六月二十二日書云：聞不輟留意於經書中，縱未深自得，亦可以驅遣俗累，氣象自安閑也。

己卯長至後三日書云：今學者之病，所患在於未有洒然冰解凍釋處，縱有力持守，不過只是苟免顯然尤悔而已，似此恐皆不足道也。

庚辰五月八日書云：某晚景别無他，唯求道之心甚切。雖間能窺測一二，竟未有洒落處，以此兀坐，殊憒憒不快。昔時朋友絶無人矣，無可告語，安得不至是耶？可歎可懼。示諭夜氣説甚詳，亦只是如此，切不可更生枝節尋求，即恐有差。大率吾輩立志已定，若看文字，心慮一澄然之時，略綽一見，與心會處，便是正理。若更生疑，即恐滯礙。伊川語録中有記明道嘗在一倉中坐，見廊柱多，因默數之，疑以爲未定，屢數愈差，遂至令一人敲柱數之，乃與初默數之數合，正謂此也。夜氣之説所以於學者有力者，須是兼旦晝存養之功，不至梏亡，即夜氣清。若旦晝間不能存養，即夜氣何有！疑此便是「日月至焉」氣象也。

某曩時從羅先生學問，終日相對静坐，只説文字，未嘗及一雜語。先生極好静坐，某時未有知，退入室中，亦只静坐而已。先生令静中看「喜怒哀樂未發之謂中」，未發時作何氣象。此意不唯於進學有力，兼亦是養心之要。元晦偶有心恙，不可思索，更於此一句内求之，静坐，看如何，往往不能無補也。

承惠示濂溪遺文與潁濱《語》、《孟》，❶極荷愛厚，不敢忘，不敢忘。《通書》向亦曾見一二，但不曾得見全本。今乃得一見，殊慰卑抱也。二蘇《語》、《孟》説，儘有可商論處，俟他日見面論之。嘗愛黄魯直作《濂溪詩序》云：「春陵周茂叔，人品甚高。胸中洒落，如光風霽月。」此句形容有道者氣象絶佳。胸中洒落，即作爲盡洒落矣。學者至此，雖甚遠，亦不可不常存此體段在胸中，庶幾遇事廓然，於道理方少進，願更存養如此。

羅先生《山居詩》，某記不全，今只據追思得者録去。《顔樂齋》詩云：「山染嵐光帶日黄，蕭然茅屋枕池塘。自知寡與真堪笑，賴有顔瓢一味長。」《池畔亭曰濯纓》詩云：「擬把冠纓掛墻壁，等閒窺影自相酬。」《邀月臺》詩云：「矮作墻垣小作臺，時邀明月瀉襟懷。夜深獨有長庚伴，不許庸人取

❶「潁」，原作「穎」，據文淵閣《四庫全書》本《延平答問》改。

次來。」又有《獨寐榻》、《白雲亭》詩，皆忘記。白雲亭，坐處望見先生母氏墳，故名。某向日見先生將出此詩，《邀月臺》詩後兩句不甚愜意，嘗妄意云：「先生可改，下兩句不甚渾然。」先生別云：「也知鄰鬬非吾事，且把行藏付酒杯。」蓋當作此數絶時，正靖康間也。

聞召命，不至，復有指揮令來，亦執前説辭之，甚佳。蓋守之已定，自應如此，縱煎迫擾擾，何與我事？若於義可行，便脱然一往，亦可也。某嘗以謂遇事若能無毫髮固滯，便是洒落，即此心廓然大公，無彼己之偏倚，庶幾於道理一貫。若見事不徹，中心未免微有偏倚，即涉固滯，皆不可也。未審元晦以爲如何？爲此説者，非理道明，心與氣合，未易可以言此，不然只是説也。

庚辰七月書云：某自少時從羅先生學問，彼時全不涉世故，未有所入。聞先生之言，便能用心静處尋求。至今澒汩憂患，❶磨滅甚矣。四五十年間，每遇情意不可堪處，即猛省提掇，以故初心未嘗忘廢，非不用力，而迄於今更無進步處，常竊静坐思之，疑於持守及日用儘有未合處，或更有關鍵未能融釋也。向來嘗與夏丈言語間稍無間，因得一次舉此意質之，渠乃以釋氏之語來相淘，終有纖巧打訛處，全不是吾儒氣味，旨意大段各別，當俟他日相見，劇論可知。大率今人與古人學殊不同，如孔門弟子群居終日切磨，又有夫子爲之依歸，日用間相觀感而化者甚多，恐於融釋而脱落處，非言説可及也。不然子貢何以謂夫子之言性與天道不可得而聞耶？元晦更潛心於此，勿以老邁

❶「汩」，原作「泊」，據文淵閣《四庫全書》本《延平答問》改。

爲戒而怠於此道，爲望。

所云見《語録》中有「仁者，渾然與物同體」一句，即認得《西銘》意旨，所見路脉甚正，宜以是推廣求之，然要見一視同仁氣象却不難，須是理會分殊，雖毫髮不可失，方是儒者氣象。

又云：便是「日月至焉氣象」一段，某之意只謂能存養者積久，亦可至此。若比之不違氣象，又迥然别也。今之學者雖能存養，知有此理，然旦晝之間一有懈焉，遇事應接舉處，不覺打發機械，即離間而差矣。雖存養熟，理道明，習氣漸爾，銷鑠道理油然而生，然後可進，亦不易也。來諭以謂能存養者，無時不在，不止日月至焉。若如此時，却似輕看了也，如何？

某兀坐於此，朝無一事，若可以一來，甚佳，致千萬意如此。然又不敢必覬，恐侍旁乏人，老人或不樂，即未可，更須於此審處之。某尋常處事，每值情意迫切處，即以輕重本末處之，似少悔吝，願於出處間，更體此意。

問：「性相近也，習相遠也。」二程先生謂：「此言氣質之性，非性之本。」尹和靖云：「性一也，何以言相近？蓋由習相遠而爲言。」熹按，和靖之意云「性一也」，則正是言性之本，萬物之一源處，所以云近，但對遠而言，非實有異品而相近也。竊謂此説意稍渾全，不知是否。先生曰：「尹和靖之説雖渾全，然却似没話可説，學者無着力處。恐須如二先生謂此言氣質之性，使人思索體認氣質之説道理如何爲有力爾。蓋氣質之性不究本源，又由習而相遠，政要玩此曲折也。」

問：太極動而生陽，先生嘗曰「此只是理，做已發看不得。」熹疑，既言「動而生陽」，即與《復》卦

「一陽生而見天地之心」何異？竊恐「動而生陽」即天地之喜怒哀樂發處，於此即「見天地之心」；「二氣交感，化生萬物」，即人物之喜怒哀樂發處，於此即見人物之心。如此做兩節看，不知得否？先生曰：「太極動而生陽，至理之源，只是動静闔闢，至於終萬物、始萬物，亦只是此理一貫也。到得二氣交感、化生萬物時，又就人物上推，亦只是此理。《中庸》以喜怒哀樂未發已發言之，又就人身上推尋，至於見得大本達道處，又滚同只是此理。此理就人身上推尋，若不於未發已發處看，即何緣知之！蓋就天地之本源與人物上推來，不得不異。此所以於『動而生陽』，難以爲喜怒哀樂已發言之。在天地只是理也。今欲作兩節看，切恐差了。《復》卦『見天地之心』，先儒以爲静『見天地之心』，伊川先生以爲動乃見。此恐便是『動而生陽』之理。然於復卦發出此一段示人，又於初爻以顔子『不遠復』爲言，此只要示人無間斷之意，人與天理一也。就此理上皆收攝來，『與天地合其德，與日月合其明，與四時合其序，與鬼神合其吉凶』，皆其度内爾。妄測度如此，未知元晦以爲如何？有疑，更容他日得見劇論。語言既拙，又無文采，似發脱不出也。元晦可意會，稍詳之，看理道通否？」

辛巳上元日書云：昔嘗得之師友緒餘，以謂學問有未愜適處，只求諸心。若反身而誠，清通和樂之象見，即是自得處，更望勉力以此而已。

承諭近日學履甚適，向所耽戀不洒落處，今已漸融釋。此便是道理進之效，甚善！甚善！思索有窒礙，及於日用動静之間，有拂戾處，便於此致思，求其所以然者，久之自循理爾。

「五十知天命」一句，三先生之説皆不敢輕看。某尋常看此數句，竊以謂人之生也，自少壯至於老耄，血氣盛衰消長自不同。學者若循其理，不爲其所使，則聖人之言自可以馴致。但聖賢所至處，淺深之不同爾。若五十矣，尚昧於所爲，即大不可也。横渠之説，似有此意。試一思索，看如何？

承録示《韋齋記》，追往念舊，令人淒然。某中間所舉《中庸》終始之説，元晦以爲「肫肫其仁，淵淵其淵，浩浩其天」，即全體是未發底道理，惟聖人盡性能然。若如此看，即於全體何處不是此氣象？第此無甚氣味爾。某竊以謂「肫肫其仁」以下三句，乃是體認到此「達天德」之效處，就喜怒哀樂未發處存養，至見此氣象，儘有地位也。某嘗見吕芸閣與伊川論中説，吕以爲「循性而行，無往而非禮義」，伊川以謂氣味殊少，吕復書云云，政謂此爾。大率論文字切在深潛縝密，然後蹊徑不差。釋氏所謂一超直入如來地，恐其失處正坐此，不可不辨。

某衰，晚碌碌只如舊，所恨者中年以來，即爲師友捐棄，獨學無助，又涉世故，沮困殆甚。尚存初心，有端緒之可求，時時見於心目爾。

壬午四月二十二日書云：吾儕在今日，止可於僻寂處，草木衣食，苟度此歲月爲可，他一切置之度外，惟求進此學問爲庶幾耳。若欲進此學，須是盡放棄平日習氣，更鞭策所不及處，使之脱然有自得處，始是道理少進。承諭應接少暇即體究，方知以前皆是低看了道理。此乃知覺之效，更在勉之。有所疑，便中無惜詳及，庶幾彼此得以自警也。

壬午五月十四日書云：承諭處事擾擾，便似内外離絶，不相該貫。此病可於静坐時收攝，將來看是如何，便如此就偏着處理會，久之知覺，即漸漸可就道理矣。更望勉之也。

壬午六月十一日書云：承諭「仁」一字條陳所推測處，足見日來進學之力，甚慰。某嘗以謂「仁」字極難講説，只看天理統體便是。更「心」字亦難指説，唯認取發用處是心。二字須要體認得極分明，方可下工夫。「仁」字難説，《論語》一部只是説與門弟子求仁之方，知所以用心，庶幾私欲沉、天理見，則知仁矣。如顔子、仲弓之問，聖人所以答之之語，皆其要切用力處也。《孟子》曰：「仁，人心也。」心體通有無、貫幽明，無不包括，與人指示於發用處求之也。又曰：「仁者，人也。」人之一體便是天理，無所不備具。若合而言之，人與仁之名亡，則渾是道理也。來諭以謂仁是心之正理，能發能用底一個端緒，❶如胎育包涵其中，生氣無不純備，而流動生發自然之機又無頃刻停息，憤盈發泄，觸處貫通，體用相循，初無間斷。此説推擴得甚好。但又云：「人之所以爲人而異乎禽獸者，以是而已。若犬之性、牛之性，則不得而與焉。」若如此説，恐有礙。蓋天地中所生物，本源則一，雖禽獸草木，生理亦無頃刻停息間斷者。但人得其秀而最靈，五常中和之氣所聚，禽獸得其偏而已，此其所以異也。若謂流動發生自然之機與夫無頃刻停息間斷，即禽獸之體亦自如此，若以爲此理唯人獨得之，即恐推測體認處未精，於他處便有差也。又云「須體認到此純一不雜處，方見渾

❶「一」，原作「二」，據朱熹《延平答問》改。

然與物同體氣象」一段，語却無病。又云：從此推出，分殊合宜處便是義，以下數句，莫不由此，而仁一以貫之。蓋五常百行無往而非仁也。此説大概是，然細推之，却似不曾體認得伊川所謂「理一分殊」。龜山云「知其理一，所以爲仁；知其分殊，所以爲義」之意，蓋全在「知」字上用着力也。《謝上蔡語録》云不仁便是死漢不識痛癢了，仁字只是有知覺了了之體段，若於此不下工夫令透徹，即何緣見得本源毫髮之分殊哉？若於此不了了，即體用不能兼舉矣。此正是本源體用兼舉處，人道之立，正在於此。「仁」之一字，正如四德之元；而「仁義」二字，正如立天道之陰陽、立地道之柔剛，皆包攝在此二字爾。大抵學者多爲私欲所分，故用力不精，不見其效。若欲於此進步，須把斷諸頭路，静坐默識，使之泥滓漸漸消去方可，不然，亦只是説也。更熟思之。

某幸得早從羅先生遊，自少時粗聞端緒，中年一無佽助，爲世事澒汩者甚矣。所幸比年來得吾元晦相與講學，於頹惰中復此激發，恐庶幾於晚境也。何慰如之！

封事熟讀數過，立意甚佳。今日所以不振，立志不定，事功不成者，正坐此以和議爲名爾。書中論之甚善。見前此赦文中有和議處一條，又有「事迫，許便宜從事」之語。蓋皆持兩端，使人心疑也。要之，斷然不可和。自整頓綱紀，以大義斷之，以示天下向背，立爲國是可爾。此處更可引此。又「許便宜從事」處，更下數語以曉之，如何？某不能文，不能下筆也。封事中有少疑處，已用貼紙貼出矣，更詳之。明道語云：「治道在於修己、責任、求賢。」封事中此意皆有之矣，甚善！吾儕雖在山野，憂世之心但無所伸爾，亦可早發去爲佳。

謝上蔡語極好玩味，蓋渠皆是於日用上下工夫。又言語只平說，尤見氣味深長。今已抄得一本矣，謹以奉内，恐亦好看也。

問：熹昨妄謂「仁」之一字，乃人之所以爲人而異乎禽獸者，先生不以爲然。熹因以先生之言思之而得其說，復求正於左右。熹竊謂天地生萬物，本乎一源，人與禽獸草木之生，莫不具有此理。其一體之中，即無絲毫欠剩，其一氣之運，亦無頃刻停息，所謂仁也。先生批云：「有有血氣者，有無血氣者，更體究此處。」但氣有清濁，故禀有偏正。惟人得其正，故能知其本。具此理而存之，而見其爲仁；物得其偏，故雖具此理而不自知，而無以見其爲仁。然則仁之爲仁，人與物不得不同；知人之爲人而存之，人與物不得不異。故伊川夫子既言「理一分殊」，而龜山又有「知其理一」、「知其分殊」之說，而先生以爲全在「知」字上用著力，恐亦是此意也。先生勾出批云：「以上文大概得之，它日更用熟講體認。」不知果是如此否？又詳伊川之語推測之，竊謂「理一而分殊」，此一句言理之本然如此，全在性分之内，本體未發時看。先生抹出批云：「須是兼本體已發未發時看，合内外爲可。」合而言之，則莫非此理，然其中無一物之不該，便自有許多差別。雖散殊錯糅，不可名狀，而纖微之間，同異畢顯，所謂「理一而分殊」也。「知其理一，所以爲仁；知其分殊，所以爲義。」此二句乃是於發用處該攝本體而言，因此端緒而下工夫以推尋之處也。蓋「理一而分殊」一句，正如《孟子》所云「必有事焉」之處；而下文兩句即其所以有事乎！此之謂也。先生抹出批云：恐不須引《孟子》說以證之。《孟子》之說若以微言，恐下工夫處落空，如釋氏。然《孟子》之說亦無隱顯精粗之間。今録謝上蔡一說於後，玩味之，即無時不是此理也。此説極有力。大抵仁字正是天理流動之機，以其包容和粹，涵育融漾，不可名貌，故特謂之仁。其中自然文理密察，各有定體處，便是義。只此二字，包括人道已盡。義固不能出乎仁之外，仁亦不離乎義之内也。然則「理一而分殊」者，乃是本然之仁義。先生勾斷批云：推測到此一段甚密，爲得之。加以涵養，何患不見道也？甚慰！甚慰！前此乃以從此推出分殊合宜處爲義，失之遠矣。又不知如此上所推測，又還是否？更乞指教。先生曰：謝上蔡云：「吾常習忘以養生。明道曰：『施之養則可，於道則有害。習忘可以養生者，以其不留情也，學道則異於是。必有事焉勿正，何謂乎？且出入起居，寧無事者？正心待之，則先事而迎。忘則涉乎去念，助則近於留情。故聖人心如鑑，所以異於釋氏心也。』」上蔡録明道此語，於學者甚有力。蓋尋常於静處體認下工夫，即於鬧處使不著，蓋不曾如此用功也。自非謝先生確實於日用處下工夫，即恐明道此語亦未必引得出來。此語録所以極好玩索。近方看見如此意思顯然。元晦於此更思，看如何？唯於日用處便下工夫，或就事上便下工夫，庶幾漸可合爲己物，不然，只是説也。某輒妄意如此，如何？如何？

問：熹又問《孟子》「養氣」一章，向者雖蒙曲折面誨，而愚意竟未見一總會處。近日求之，頗見大體，只是要得心氣合而已。故説「持其志，無暴其氣」，「必有事焉而勿正，心勿忘，勿助長也」，皆是緊切處。只是要得這裏所存主處分明，則一身之氣，自然一時奔湊翕聚向這裏來，存之不已，及其充積盛滿，睟面盎背，便是塞乎天地氣象，非求之外也。如此則心氣合一，不見其間，心之所向，全氣隨之。雖加齊之卿相得行道焉，亦沛然行其所無事而已，何動心之有？《易》曰：「直方大，不習無不利。」而《文言》曰：「敬義立，而德不孤，則不疑其所行也。」正是此理。不審先生以爲何如？

先生曰：「養氣大概是要得心與氣合，不然，心是心，氣是氣，不見所謂集義處，終不能合一也。」元晦云「睟面盎背，便是塞乎天地氣象」，與下云「亦沛然行其所無事」二處爲得之，見得此理甚好。然心氣合一之象，更用體察，令分曉路陌方是。某尋常覺得於畔援、歆羨之時，未必皆是正理，亦心與氣合，到此若髣髴有此氣象，一差則所失多矣。豈所謂浩然之氣耶？某竊謂孟子所謂養氣者，自有一端緒，須從知言處養來，乃不差，於知言處下工夫，儘用熟也。謝上蔡多謂於田地上面下工夫，此知言之説，乃田地也。先於此體認，令精審認取心與氣合之時，不倚不偏氣象是如何，方可看《易》中所謂「直方大，不習無不利」，然後「不疑其所行」，皆沛然矣。元晦更於此致思，看如何？某率然如此，極不揆是與非，更俟他日面會商量可也。

問：熹近看《中庸》「鬼神」一章，竊謂此章正是發明顯微無間只是一理處。且如鬼神有甚形迹，然人却自然有畏敬之心以承祭祀，便如真有一物在其上下左右。此理亦有甚形迹，然人却自然秉彝之性才存主着這裏，便自見得許多道理。參前倚衡，雖欲頃刻離而遁之而不可得，只爲至誠貫徹，實有是理。無端無方，無二無雜。方其未感，寂然不動，及其既感，無所不通。濂溪翁所謂「静無而動有，至正而明達」者，於此亦可以見之，不審先生以爲何如？先生曰：此段看得甚好，更引濂溪翁所謂「静無而動有」作一貫曉會，尤佳。《中庸》發明顯微之理，於承祭祀時爲言者，只謂於此時鬼神之理昭然易見，令學者有入頭處爾。但更有一説，若看此理，須於四方八面盡皆收入體究來,令有會心處方是。謝上蔡云:「鬼神,横渠説得來别,這個便是天地間妙用,須是將來做個題目入思慮始得,講説不濟事。」又云「鬼神,自家要有便有,要無便無」。更於此數者一併體認,不可滯在一隅也,某偶見如此。如何?如何?

壬午八月九日書云:此個氣味爲上下相咻無不如此者,這個風俗如何得變?某於此有感焉。當今之時,苟有修飭之士,須大段涵養韜晦始得,若一旦齟齬,有所去就,雖去流俗遠矣,然以全體論之,得失未免相半也。使衰世之公子皆信厚,須如文王方得。若未也,恐不若且誦龜山與胡文定《梅花》詩,直是氣味深長也,如何?龜山詩:「欲驅殘臘變春風,只有寒梅作選鋒。莫把疏英輕鬬雪,好藏清艷月明中。」右《渚宫觀梅寄康侯》。韜晦一事嘗驗之,極難。自非大段涵養沉潛,定不能如此,遇事輒發矣,亦不可輕看也。如何?如何?

十月朔日書云:承諭近日看仁一事,頗有見處,但乍喧乍静,乍明乍暗,仔細點檢,儘有勞攘處,詳此足見潛心體認用力之效。蓋須自見得病痛窒礙處,然後可進。因此而修治之,推測自可見,甚慰!甚慰!《孟子》曰:「夫仁亦在乎熟之而已。」乍明乍暗、乍喧乍静,皆未熟之病也。更望勉之。至祝!至祝!

癸未五月二十三日書云:近日涵養,必見應事脱然處否?須就事兼體用下工夫,久久純熟,漸可見渾然氣象矣。勉之!勉之!

答問下

李延平初間也是豪邁底人，到後來也是磨琢之功。在鄉若不異於常人，鄉曲以上底人只道他是個善人，他也略不與人說，待問了方與說。

羅仲素先生，嚴毅清苦，殊可畏。李先生終日危坐，而神彩精朗，略無隤墮之氣。

問：延平先生言行。曰：「他却不曾著書，充養得極好。凡爲學也，不過是恁地涵養將去，初無異議，只是先生睟面盎背，自然不可及。」

明道教人靜坐，李先生亦教人靜坐，看來須是靜坐始能收斂，羅仲素都是著實仔細去理會。李先生氣象好。

熹初爲學全無見成規矩，這邊也去理會尋討，那邊也去理會尋討。後來見李先生較說得有下落，更縝密。

李先生說人心中大段惡念，却易制伏。最是那不大段計利害、乍往乍來底念慮，相續不斷，難爲驅除。今看得來是如此。

或問：近見廖子晦，言今年見先生，問延平先生靜坐之說，先生頗不以爲然，不知如何？曰：「這事難說，靜坐理會道理是不妨，只是討要靜坐則不可，理會得道理明透，自然是靜。今人都是討靜坐以省事則不可。嘗見李先生說，舊見羅先生說《春秋》，某心嘗疑之，以今觀之，是如此。蓋心下熱鬧，如何看得道理出？須静方看得出。所謂静坐，只是打疊得心下無事，則道理始出。道理既出，心下愈明静矣。」

行夫問：李先生謂常存此心，勿爲事物所勝。先生答之云云。頃之，復曰：「李先生涵養得自是别，真所謂不爲事物所勝者。古人云『終日無疾言遽色』，他真個是如此。尋常人去近處必徐行，出遠處行必稍急；先生去近處也如此，出遠處亦只如此。尋常人叫一人，叫之一二聲不至則聲必厲；先生叫之不至，聲不加於前也。又如坐處壁間有字，某每常亦須起頭一看。若先生則不然，方其坐時固不看也，若是欲看，則必起就壁下視之。其不爲事物所勝，大率若此。常聞先生後生時極豪邁，一飲必數十盃，醉則好馳馬，一驟三二十里不迴。後來却收拾得恁地醇粹，所以難及。」

問：先生所作《李先生行狀》云：終日危坐，以驗夫喜怒哀樂之前氣象爲如何，而求所謂「中」者，與伊川之説若不相似。曰：這處是舊日下得語太重，今以伊川之語格之，則其下工夫處亦是有些子偏，只是被李先生静得極了，便自見得是有個覺處，不似别人。今終日危坐，只是且收斂在此，勝如奔馳。若一向如此，又似坐禪入定。

淳問：「延平欲於未發之前觀其氣象，此與楊氏體驗於未發之前者異同如何？」曰：「這個亦有些病，那體驗字是有個思量了，便是已發。若觀時恁著意看，便也是已發。」問：「此體驗是著意觀？只恁平常否？」曰：「此亦是以不觀觀之。」

或問：「延平先生何故驗於喜怒哀樂未發之前，而求所謂中？」曰：「只是要見氣象。」陳後之曰：「持守良久，❶亦可見未發氣象。」曰：「延平即是此意。若一向這裏，又差從釋氏去。李先生云：『舜之所以能使瞽瞍底豫者，盡事親之道，共爲子職，不見父母之非而已。昔羅先生語此二句，只爲天下無不是底父母。』」

不以道得富貴不處，不以道得貧賤不去，是說處這事。「君子去仁，惡乎成名」，是主宰處；終食、造次、顛沛是操存處。李先生說得好。

舊曾問李先生顏子「非助我者」處。李先生云：「顏子於聖人根本有默契處，不假枝葉之助也，如子夏乃枝葉之助。」

問：「灑掃應對是其然，必有所以然者，如何？」曰：「所以然者，亦只是理也。」惟窮理則自知其皆一致，此理惟延平之說在《或問》格物中。與伊川差合，雖不顯言其窮理，而皆體此意。「吾與回言終日」章，《集注》載李先生之說，甚分明。

問：「李先生謂顏子於聖人體段已具，『體段』二字莫只是言個模樣否？」曰：「然。」

《孟子》「養氣」一章，李先生曰：「配是襯貼起來。」又曰：「若說道『襯貼』，却是兩物。氣與道義，只是一滾發出來，後來思之。一滾發出來，說得道理好。『襯貼』字却說得配字極親切。」「必有事焉，而勿正，心勿忘，勿助長。」熹舊日理會道理，亦有此病。後見李先生說病去聖經中求義。遂

❶「守」，原作「字」，據《朱子語類》卷一〇三改。

刻意經學，推見實理，始信前日諸人之誤也。

李先生説，一步是一步。如説「仁者其言也訒」，熹當時爲之語云「聖人如天覆萬物」。云云。李曰：「不要如是廣説，須窮『其言也訒』前頭如何，要得一進步處。」

「必有事焉」，由此可至君子三變。「改過遷善」，由此可至所過者化。李先生説。

熹舊見李先生時，説得無限道理，也曾去學禪。李先生云：「汝恁地懸空理會得許多，而面前事却又理會不得。道亦無幽妙，只在日用間著實做工夫處理會，便自見得。」後來方曉得他説。故今日不至無理會耳。

李先生嘗云：「人之念慮，若是於顯然過惡萌動，此却易見易除，却怕於匹似閒底事爆起來，纏繞思念將去，不能除，此尤害事。」

延平先生嘗言，道理須是日中理會，夜裏却去静坐地思量，方始有得。熹依此説去做，真個是不同。

李先生云：書不要點，看得更好。

李先生言：事雖紛紜，須還我處置。

熹少時亦曾學禪，只李先生極言其不是。後來考究，畢竟佛學無是處。

李先生當時説：學已有許多意思，只爲説敬字不分明，所以許多時無捉摸處。

闢佛者皆以義利辯之，此是第二義。及見李先生之言，初亦信未及，且理會學問看如何，後漸見其非。

李先生說：橫渠說不須看非是不是，只是恐先入了費力。

向時，諸前輩每人各是一般說話，後見李先生較說得有下落，說得較縝密。

仁字、心字，亦須略有分別始得。記得李先生說《孟子》言「仁，人心也」不是將心訓仁字，此說最有味，試思之。

呂與叔論「民可使由之」處，意思極好。昔侍李先生，論近世儒、佛雜學之弊，因引其說，先生亦深然之。凡百但以此等意思存之，便自平實。

李丈，名侗。師事羅仲素先生。羅嘗見伊川，後卒業龜山之門，深見稱許。其棄後學久矣，李丈獨深得其閫奥，經學純明，涵養精粹。延平士人甚尊事之，請以爲郡學正。雖不復應舉，而温謙慤厚，人與之處久而不見其涯，鬱然君子人也。先子與之遊數十年，道誼之契甚深。

中和二字，皆道之體用。舊聞李先生論此最詳，後來所見不同，遂不復致思。今乃知其爲人深切，然恨已不能盡記其曲折矣。如云：「人固有無所喜怒哀樂之時，然謂之未發，則不可言無主也。」又云：「致字，如致師之致。」又如先言慎獨，然後及中和，此意亦嘗言之。但當時既不領略，後來又不深思，遂成蹉過，孤負此翁耳。

熹記，頃年汪端明說：沈元用問尹和靖，伊川先生《易傳》何處最切要？尹云：「體用一源，顯微無間，此是最切要處。」後舉問李先生，先生曰：「尹說固好，然須是看得六十四卦、三百八十四爻都有下落處，方始説得此話。若學者未曾子細理會，便與他如此説，豈不誤他？」余聞之悚然，始知前日空言無實，全不濟事。自此讀書，益加詳細。

熹自延平逝去，學問無分寸之進，汩汩度日，無朋友之助，未知終何所歸宿。《春秋》工夫未及下手，而先生棄去。然嘗略聞其一二：以爲《春秋》一事，各是發明一例，如看風水，移步换形，但以今人之心，求聖人之意，未到聖人灑然處，不能無失耳。此亦可見先生發明之大旨也。

李先生曰：受形天地，各有定數；治亂窮通，斷非人力。惟當守吾之正而已。然而愛身明道，修己俟時，則不可一日忘於心。此聖賢傳心之要法。或者放肆自佚，惟責之人，不責之己，非也。

李先生曰：陰陽之精散，而萬物得之。凡麗於天，附於地，列於天地之兩間，聚有類，分有群，生者形者色者，莫不分繫於陰陽。

又曰：「陽以燥爲性，以奇爲數，以剛爲體，其爲氣炎，其爲形圓，浮而明，動而吐，皆物於陽者也；陰以濕爲性，以耦爲數，以柔爲體，其爲氣凉，其爲形方，沉而晦，静而翕，皆物於陰者也。」

李先生曰：動静、真僞、善惡，皆對而言之，是世之所謂動静、真僞、善惡，非性之所謂動静、真僞、善惡也。惟求静于未始有動之先，而性之静可見矣；求真于未始有僞之先，而性之真可見矣；求善於未始有惡之先，而性之善可見矣。

李先生曰：虚一而静，心方實則物乘之，物乘之則動；心方動則氣乘之，氣乘之則惑。惑斯不一矣，則喜怒哀樂皆不中節矣。

思索義理到紛亂窒塞處，須是一切掃去。放教胸中空蕩蕩地了，却舉起一看，便自覺得有下落處。向見李先生曾如此説來，今日方真實驗得。

舊見李先生説：「理會文字，須令一件融釋了後，方便理會一件。」「融釋」二字下得極好。此亦伊川所謂「今日格一件，明日又格一件，格得多後，自脱然有貫通處」。此亦是他真曾經歷來，便得如此分明。今若一件未能融釋，而又欲理會一件，則第二件又不了，推之萬事，事事不了，何益？

人若著些利害，便不免開口告人，却與不學之人何異？向見李先生説：「若大段排遣不去，只思古人所遭患難，有大不可堪者以自比，則亦可以少安矣。」始者甚卑其説，以爲何至如此。後來臨事，却覺有得力處，不可忽也。

昔聞延平先生之教，以爲「爲學之初，且當常存此心，勿爲他事所勝。凡遇一事，即當且就此事反復推尋，以究其理，待此一事融釋脱落，然後循序少進而别窮一事。如此既久，積累之多，胸中自當有灑然處，非文字言語之所及也」。詳味此言，雖其規模之大，條理之密，若不逮於程子，然其工夫之漸次，意味之深切，則有非他説所能及者。惟嘗實用力於此者，爲能有以識之，未易以口舌争也。格菴趙氏曰：程子言：「若一事窮未得，且别窮一事。」延平則言：「且就一事推尋，待其融釋脱落，然後另窮一事。」其言不同。蓋程子以人心各有明處，有暗處，若就明處推去，則易爲力，非爲一事未窮得，而可貳以二參以三也。若延平則專爲不能主一者之戒。

李先生居處有常，不作費力事。所居狹隘，屋宇卑小。及子弟漸長，逐間接起，又接起廳屋，亦有小書屋。然甚齊整瀟灑，安物皆有常處。其制行不異於人，亦常爲任希純教授延入學作職事，居常無甚異同，頽如也。真得龜山法門，亦嘗議龜山之失。

李先生不著書，不作文，頽然若一田夫野老。

《正蒙》、《知言》，李先生極不要人傳寫及看。舊嘗看《正蒙》，李甚不許。然李終是短於辨論邪正，蓋皆不可無。無之，即是少博學詳説工夫也。

李先生之學云：常在目前。只在戒謹不睹，恐懼不聞，便自然常存，顔子非禮勿視、聽、言、動，正是如此。

熹初師屏山、籍溪，自見於此道未有所得，乃見延平。

熹赴同安任，時年二十四五矣。始見李先生，曾與他説禪，李先生只説不是，却倒疑李先生理會此未得，再三質問。李先生爲人簡重，却不甚會説，只教看聖賢言語。熹意中道，禪亦自在。且將聖人書來讀，日復一日，覺得聖賢言語漸漸有味，回看釋氏之説，漸漸破綻罅漏百出。❶

李先生云：賴天之靈，常在目前。如此安得不進？蓋李先生爲默坐澄心之學，持守得固。龜山之學，以身體之，以心驗之，從容自得於燕閒静一之中。李先生之學出於龜山，源流是如此。

---

❶「罅」，原作「鏬」，據《朱子語類》卷一〇四改。

李先生教學者於静中看喜怒哀樂未發之氣象爲如何，伊川謂：既思即是已發。❶道夫謂：李先生之言主於體認，程先生之言專在涵養，其大要實相表裏。

舊見李先生常説，少從師友，幸有所聞，中間無講習之助，幾成廢墜。然賴天之靈，此個道理只常在心目間，未嘗敢忘。此可見其持守之功矣。然則所見安得而不精？所養安得而不熟邪？

學者須常令胸中通透灑落，恐非延平先生本意。此説甚善，大抵此個地位乃是見識分明，涵養純熟之效，從真實積累功用中來，不是一旦牽强著力做得。「灑落」兩字，本是黄太史語。後來延平先生拈出，亦是且要學者識箇深造自得底氣象，以自考其所得之淺深。

熹蚤從延平李先生學，受《中庸》之書，求喜怒哀樂未發之旨，未達而先生没。聞張敬夫得衡山胡氏學，則往從而問焉。敬夫告余以所聞，亦未之省也。暇日檢故書，得當時往還書藁一編，題曰《中和舊説》。獨恨不得奉而質諸李氏之門，然以先生之所已言者推之，知其所未言者，其或不遠矣。

熹生十有四年，而先君子棄諸孤，遺命來學於籍溪胡公先生，草堂、屏山二劉先生之門。先生飲食教誨之，皆無不至，而屏山獨嘗字而祝之，曰：「木晦於根，春容華敷；❷人晦於身，神明内腴。」

---

❶「既」，原作「即」，據《朱子語類》卷一一五改。

❷「春」，朱熹《晦菴集》卷七八作「春」。下「春容」同。

後事延平李先生，先生所以教熹者，蓋不異乎三先生之説，而其所謂晦者，則猶屏山之志也。《通書》者，濂溪夫子之所作也。熹自蚤歲即幸得其遺編，而伏讀之初，蓋茫然不知其所謂，而甚或不能以句。壯歲獲遊延平先生之門，然後始得聞其説之一二。比年以來，潛玩既久，乃若粗有得焉。

往年誤欲作文，近年頗覺非力所及，遂已罷去，不復留情，其間頗覺省事。講學近見延平李先生，始略窺門户，而疾病乘之，未知終得從事於斯否耳。大概此事以涵養本原爲先，講論經旨，特以輔此而已。

李先生意只是要得學者静中有箇主宰存養處。

李先生教人，大抵令於静中體認大本未發時氣象分明，即處事應物自然中節。此乃龜山門下相傳指訣。

附　録

羅先生《與陳默堂書》曰：承喻聖道甚微，有能於後生中得一箇半箇可以與聞於此，庶幾傳者愈廣，吾道不孤。又何難之不易也？從彦聞尊兄此言，猶著意詢訪，近有後生李愿中者，向道甚鋭，曾以書求教，趨向大抵近正。謾録其書，并從彦所作小詩呈左右，未知以爲然否？《勉李愿中詩》五首，已見《羅豫章先生集》。

陳淵《答李先生書》云：仲素晦迹求志，人罕知者，吾友獨能自拔流俗而師尊之，其爲識慮，豈淺淺者所能窺測？聖學無窮，得其門者或寡，況堂奧乎？孔子之門從遊者三千，獨得顏子爲殆庶，又不幸短命，道之難也如此。

文公彊志博見，凌高厲空，自受學于李先生，退然如將弗勝，於是斂華就實，反博歸約。

文公學靡常師，出入於經傳，泛濫於釋、老。自受學于李先生，洞明道要，頓悟異學之非，專精致誠，剖微窮深，晝夜不懈，至忘寢食，而道統之傳始有所歸矣。

文公常言，自見李先生，爲學始就平實，乃知向日從事於釋、老之説皆非。

延平於韋齋爲同門友，先生歸自同安，不遠數百里，徒步往從之。延平稱之曰：「樂善好義，鮮與倫比。」又曰：「穎悟絶人，力行可畏。其所論難，體認切至。」自是從遊累年，精思實體，而學之所造者益深矣。

羅博文云：延平先生之傳，迺某伯祖仲素先生之道，河洛之學，源流深遠。

陳淵《語孟師説跋》有曰：《孟子》「饑者甘食，渴者甘飲」與「人能無以饑渴之害爲心害，則不及人不爲憂矣」，仲素思之累日，疏其義以呈龜山。龜山云：「此説甚善，但更於心害上一著猛省留意，則可以入道矣。」今日李君愿中以其遺書質予，其格言要論，自爲一家之書，閲其學益進，誦其言益可喜，信乎！自心害而去之也。自仲素之亡，傳此書者絶少。非愿中有志於吾道，其能用心如此專乎！

劉將孫跋豫章藁曰：「考亭朱氏出延平李氏，延平李氏出豫章羅氏。今朱氏之書滿天下，延平豫章之遺言緒論，未有聞者。將孫一來延平，適兵革之後，慨然求之耆舊間。久乃得《延平答問》，其詞語渾樸，皆當以三隅反者，且自謂不能發揮以文。又久之，得《豫章家集》，又非延平比。愚于是益信二先生之所以上接伊、洛而下開考亭者，初不在於言也。」按《豫章集》此跋後有「元貞第二春廿有二日，廬陵後學劉將孫手書」。劉公係延平教授也。

李先生行狀節録

初，龜山先生倡道東南，士之遊其門者甚衆，然語其潛思力行，任重詣極如羅公者，蓋一人而已。先生既從之學，誦講之餘，危坐終日，以驗夫喜怒哀樂未發之前氣象爲何如，而求所謂中者。若是者蓋久之，而知天下之大本真有在乎是也。蓋天下之理，無不由是而出，既得其本，則凡出于此者，雖品節萬殊，曲折萬變，莫不該攝洞貫，以次融釋而各有條理，如川流脉絡之不可亂。大而天地之所以高厚，細而品類之所以化育，以至于經訓之微言，日用之小物，折之於此，無一不得其衷焉。由是操存益固，涵養益熟，精明純一，觸處洞然，泛應曲酬，發必中節。

又嘗曰：「學者之病，在於未有灑然冰解凍釋處，縱有力持守，不過苟免顯然悔尤而已。若此者恐未足道也。」又嘗曰：「今人之學與古人異。如孔門諸子群居終日，交相切磨，又得夫子爲之依歸，日用之間，觀感而化者多矣。恐於融釋而脱落處，非言説所及也。不然，子貢何以言『夫子之言性與天道，不可得而聞也』邪？」

墓誌銘節録

元晦之爲人，應宸所畏也。審於擇善，嚴于衛道，遺佚窮困，而不以外物易其所守之錙銖。其事先生久益不懈，以爲每一見，則所聞必益超絶。蓋其上達不已，日新如此也。應宸守福唐，聞先生之言行于元晦爲詳。他日移書屈致，先生不予鄙，惠然來臨，庶幾聞所未聞焉。至三日，方坐語，忽疾作，而已不救矣。其孫護喪以歸，將以二年八月庚申葬于所居山之左，而以銘見屬。應宸于先生雖不獲從容敬請，以畢其所欲見之志，而其景慕之誠，非苟然者。

祭李延平先生文朱文公撰

道喪千載，兩程勃興。有的其緒，龜山是承。龜山之南，道則與俱。有覺其徒，望門以趨。惟時豫章，傳得其宗。一簞一瓢，凛然高風。猗歟先生，早自得師。身世兩忘，惟道是資。精義造約，窮深極微。凍解冰釋，發於天機。乾端坤倪，鬼秘神彰。風霆之變，日月之光。爰暨山川，草木昆蟲。人倫之正，王道之中。一以貫之，其外無餘。縷析毫差，其分則殊。體用混圓，隱顯昭融。萬變並酬，浮雲太空。仁孝友弟，灑落誠明。清通和樂，展也大成。婆娑丘林，世莫我知。優哉游哉！卒歲以嬉。迨其季年，德盛道尊。有來摳衣，發其蔽昏。侯伯聞風，擁篲以迎。大本大經，是度是程。稅駕云初，講義有端。疾病乘之，醫窮技殫。

又曰：嗟惟聖學，不絕如綫。先生得之，既厚以全。進未獲施，退未及傳。殉身以没，孰云非天。熹也小生，丱角趨拜。恭惟先君，實共源派。誾誾侃侃，斂衽推先。冰壺秋月，謂公則然。施及後人，敢渝斯志。從遊十年，誘掖諄至。春山朝榮，秋堂夜空。即事即理，無幽不窮。相期日深，見勵彌切。蹇步方休，鞭繩已掣。安車暑行，過我衡門。返旆相遭，凉秋已分。熹於此時，適有命召。問所宜言，反覆教詔。最後有言：「吾子勉之。凡兹衆理，子所自知。奉以周旋，幸不失墜。」歸裝朝嚴，訃音夕至。失聲長號，淚落懸泉。何意斯言，而訣終天。

輓李先生詩

河洛傳心後，毫釐復易差。淫辭方眩俗，夫子獨名家。本本初無二，存存自不邪。誰知經濟業，零落舊烟霞。

其　二

聞道無餘事，窮居不計年。簞瓢渾謾興，風月自悠然。灑落濂溪句，從容洛社篇。平生行樂地，今日但新阡。

其　三

歧路分南北，師門數仞高。一言資善誘，十載笑徒勞。斬板今來此，懷經痛所遭。有疑無與析，揮淚首頻搔。

備　考

後學趙氏師夏撰先生文集序曰：延平李先生之學，得之仲素羅先生；羅先生之學，得之龜山楊先生。龜山蓋伊、洛之高弟也。先生不特以得於所傳授者爲學，其心造之妙，蓋有先儒之所未言者。今觀此編，與《行述》之所紀，智者觀之，當見之矣。

始，我文公朱先生之先人吏部公與延平先生俱事羅先生，爲道義之交，故文公先生於延平爲通家子。文公幼孤，從屏山劉公學問，及壯以父執事延平而已。至於論學蓋未之契，而文公每誦其所聞，延平亦莫之許也。文公領簿同安，反復延平之言，若有所得者，於是盡棄所學而師事焉，則此編所録，蓋同安既歸之後也。文公先生嘗謂師夏曰：「余之始學，亦務爲儱侗宏闊之言，好同而惡異，喜大而耻於小。於延平之言則以爲何爲多事若是，天下之理一而已，心疑而不服。同安官餘，以延平之言反覆思之，始知其不我欺矣。」蓋延平之言曰：「吾儒之學所以異於異端者，理一分殊也。理不患其不一，所難者分殊耳。此其要也。」

今文公先生之言行布滿天下，光明俊偉，毫釐必辨，而有以會其同，曲折致詳，而有以全其大。所謂致廣大而盡精微，極高明而道中庸，本末兼舉，細大不遺。而及門之士亦各隨其分量，有所依據而篤守，循序而漸進，無憑虛蹈空之失者，實延平先生一言之緒也。世之學者其尊信文公之道者，則以爲聰明絶世，故其探討之微有不可及。至於不能無疑者，則又以爲其學出於性習之似，得之意好之偏而已，而不知師弟子之間離合從違之際，其難也如此。嗚呼！此蓋爲千古計也，豈容有一毫曲徇苟合，相爲容悦之意哉？北海王耕道舊讀此書而悦之，攝郡姑孰，取之刊之郡齋，以畀學者，其惠宏矣。師夏贊貳于此，因得述其所聞于後，以告同學者。蓋丙辰夏夜之言也，幸貰其僭。嘉定甲戌三月望日後學趙師夏謹識。

黄東發先生《日抄》讀延平先生集曰：「按程門高弟如謝上蔡、楊龜山，末流皆不免略染禪學，惟尹和靖堅守不變，其後龜山幸三傳而得朱文公，始裒萃諸家而辨析之，程門之學因以大明。故愚所讀先儒諸書，始於濂溪，終於文公所傳之勉齋，以究正學之終始焉；次以龜山、上蔡以見其流雖異而源則同焉；又次以和靖以見源雖異而其流有不變者焉；次以横浦、三陸以見其源流之益别焉。然上蔡、龜山，雖均爲略染禪學，而龜山傳之羅仲素，仲素傳之李延平，延平亦主澄心静坐，乃反能救文公之幾陷禪學，一轉爲大中至正之歸。致知之學，豪釐之辨，不可不精，蓋如此。故又次延平於此，以明心學雖易流於禪，而自有心學之正者焉。此書文公所親集，延平之學以涵養爲功夫，以常在心目之間爲效驗，以脱然洒落處爲超詣之地。文公之問多本《論語》，多先孝弟，此皆學者所當熟味。序此書者，廖德明載文公之言，謂先生隱居不仕，燕間體察，默而成之，非他人能及。若夫經綸天下之大經，措諸事業，時有勞逸之殊遇，故二程因發明敬字，合内外，貫動静。敬附録云。」

明蔡松莊元偉《考德録》曰：「喜怒哀樂未發之中，與發而中節之和，是戒懼慎獨後養成心體如此。李延平先生是如此説，朱子章句不從其説，後來累悔不及改正，謂孤負此翁。今當以延平之説爲定。」

國朝孫夏峰奇逢曰：「人固有無喜怒哀樂之時，然中無所主，冥然不靈，與醉夢何異？固不可謂之未發。未發謂中，發而中節謂和，非戒懼慎獨之後，焉能有此中和乎！延平以此指授晦翁，其所陶鑄深矣。」

國朝魏貞菴裔介曰：「後世之學者，蓋亦習於格物窮理之説，主敬修身之言。然於大本之卓然者，未能有見，則沈潛淵默之中，既失所以自養，而浮游怠惰之氣遂無所以勝之，此所以遇物而爲物所乘，處事而爲事所紛，發而不能中節，舛錯叢脞，其端皆起於此也。李延平受學於羅仲素，羅仲素受學於楊龜山，龜山則伊、洛之高弟也，其學問源流，固已有所自矣。至其所謂學者，則惟在静中看喜怒哀樂未發前氣象，而求所謂『中』。嗚呼！中者何？即所謂天命之性也。天命之性不可見，故於喜怒哀樂未發時驗之，此時情欲不萌，思慮未動，而天之所以與我者，固渾然其全備。於此體認涵養主宰，豈語言文字之所及乎？朱元晦曰：先生之學云：『嘗在目前，只是戒謹不睹，恐懼不聞，便自然常存。顏子非禮勿視聽，正是如此。』而又曰：『吾儒之所以異於異端者，理一而分殊也。理不患其不一，所難者分殊耳。』即此二段見先生之學，内而不遺乎外，隱而不遺乎顯，有得於形下形上之一致，道心人心之密幾也。夫以朱元晦豪傑之才，聖賢之質，猶嘗汎濫於諸家，出入於佛、老，而延平有以正之，後來考究乃漸見其非是。元晦之所以爲大儒者，延平成之也。延平之功顧不偉哉？王氏云：『顏子没而聖人之學亡。』夫聖學豈遂亡也？由延平澄心體認天理之説求之，則顏子之不遠復，無祇悔，不遷怒，不貳過之學，或庶幾焉。」

又曰：「佛氏者流著有《心經》，於諸經之中，自尊爲無上妙義，然不過《大易·艮卦·彖辭》『艮其背，不獲其身，行其庭，不見其人』之説，蓋於人心之危者，似已絶其幾矣，而於道心之微者，未嘗有所窺也。人心，情也；道心，性也。惟精惟一，以執厥中，則道心之微者，不雜於人心之危矣。佛氏但言心而不知性，彼防其心之變，則以爲五蘊皆空；聖賢言心而必言性，默察其心之理，則以爲五性皆實。實而未嘗不虚，則『喜怒哀樂之未發謂之中』之謂也；虚而未嘗不實，則『發而皆中節謂之和』之謂也。《易》曰：『天下何思何慮？天下同歸而殊途，一致而百慮。天下何思何慮？』『易無思也，無爲也，寂然不動，感而遂通天下之故。』此可謂善於形容中體者矣。」

李延平之觀「喜怒哀樂未發氣象」，朱元晦以爲龜山門下相傳指訣，夫豈徒觀其氣象而已哉？正觀其天下之大本耳，觀其「上天之載，無聲無臭」者耳。由是以戒懼慎獨、存天理遏人欲，是之謂上達之超詣也，而豈空觀者流哉？或曰延平但言觀未發，子今益之以戒懼慎獨，豈延平之學高而有所遺與？曰：非也。延平答元晦曰：「常存此心，勿爲他事所勝，即欲慮非僻之念，自不作矣。孟子有夜氣之説，更熟味之，當見涵養用力處也。於涵養處著力，正是學者之要。」觀此語則涵養省察之説，延平未有所遺，而元晦之得力於延平，固昭然可考矣。

先文貞公《觀瀾録》曰：「延平學於豫章，豫章學於龜山。屏山、白水、籍溪則韋齋托孤，朱子稟學焉，然其終身誦説師承，列爲七賢，而釋奠於精舍，延平一人而已。誦其詩，讀其書，則諸子高而延平卑也。故道以切近精實爲至。」又《榕村語録》曰：「延平受學羅仲素，仲素受學於龜山，朱子於楊、羅皆有微辭，獨延平無間。然滄洲精舍祀七人，周、程、張、邵、司馬及延平，意可見已。」

承議郎羅宗禮先生博文

羅博文，字宗禮，一字宗約。祖畸，太常博士，從祖爲仲素先生。博文用祖廕補將仕郎、福州司户參軍，再調静江府觀察支使。時秦檜用事，士大夫以忤意竄斥南來，道出府下者，博文皆善遇之，至竭廩奉、鬻衣服，以濟其乏。改知瑞金縣。始至，歲歉，先事儲備，及饑，發粟賑贍，躬親厝置，又推其餘以及旁縣。縣故多盜，計獲渠魁數人，寘諸法。在官餘九月，會張魏公都督江、淮，辟爲幹辦公事。以嗣位恩轉通直郎，賜五品服，使募兵江西。又羅建康，皆有成績，得知和州。未上，而吏部侍郎汪公應辰制置全蜀，辟爲參議官。汪既虚心好問，博文亦推誠啓告，成都之政遂最天下，博文之助爲多。嘗以致遺錢不得辭却，蓄之公帑。取二程遺文與他名臣論奏，纂述之可垂世者，募工鋟板。橫渠張子之家避地流落，貧不自振，爲言汪公，延置府學。士大夫遊宦貧不能歸，或不幸死不克葬者，皆出俸金，以振業之。累遷承議郎。

秩滿，自請奉祠，得管台州崇道觀。卒，朱晦菴爲撰《行狀》曰：「公資稟和粹，沉静寡欲，處己待人，一主誠敬。聞人之善，稱慕如不及，視人患難困乏如切其身，經營周救必盡其力。聞天下士有一言一行之幾乎道，至或千里求之。嘗從同郡李愿中先生遊，聞河、洛所傳之要，多所發明。于是喟然歎曰：『儒、佛之異無他，公私之間耳。』由是沛然自信，其守益堅。其亦受學于李先生之門，先生爲某道公之爲人甚詳。其于從辟江、淮也，喜而言曰：『張公高明，闊大有餘，而宗禮以精密詳練佐之，幕府無過事矣。』時某未識公也，及先生没，乃獲從公遊而得其志行之美，然後益信先生爲知人。然公自是入蜀，相望數千里，日夜望公之還，得復相與講其舊學，而公乃以喪歸。惜其不及大爲時用。又傷吾道不幸而失此人焉。」所編有《延平語録》，黄氏震曰：「此書本名《欽佩録》，然其所載多高深，間又造語如諸子之立論者，視朱文公所編《答問》似不同云。」《朱子文集》。《延平府志》。

御史李先生信甫 以下家學

李信甫，名友諒，以字行，文靖侗次子。同兄友直登紹興二十七年進士第，歷監察御史，出知衢州，善政善教，不忝家學。擢廣東憲，以特立不容，罷去。《閩書》。《延平府志》。

閩中理學淵源考卷六

廣平府知府李清馥撰

崇安劉氏家世學派世住崇安之五夫，號東族。

按：崇安、建陽劉氏合二族，實伯仲分派也。二族以忠名世者得五人，世稱爲五忠云。考是時，劍、建間密邇京室，故家舊俗懷仁思而伸義憤者，惟以三綱不振爲深恥。故其平昔家庭之際，所告戒訓勵者，孰有大於君臣之際乎？忠顯公之使金營，是二帝未北狩之時也，乃能不辱朝廷，卒之。子孫族姓皆能以忠悃翊衛王家，鞠躬臣節。而屏山、草堂二先生又以師資付授紫陽，以聖賢之學相砥礪，此其學問源流所以敻出於儕輩也。今附滕氏祐《五忠堂記》於後，以備參考焉。

劉聖仕先生民先

劉民先，字聖仕，崇安人。屏山先生叙其世譜，略云：劉居建之潭溪九世，餘二百年矣。其初京兆人，唐僖宗時有爲將軍者，歲久名逸。五季亂時，有諱庯者，南遊於此，愛其形勝，因家焉。按：熊勿軒撰《劉氏族譜序》謂庯即金吾上將軍翔所出。今推爲始祖，以其近可考也。蕩拓焚拂，以啟山林，二世而廬室完，三世而田疇闢。庸生光信，光信生玉，玉生文廣，文廣生朝議公太素。於是崇禮文，篤經術，謹遊從，厚風化，識者知其後必大云。民先即朝議公子也，敦謹有行，從安定胡先生受春秋學，晚以累舉得官，歸家教授，學者至數百人。作「一枝堂」潭溪之上，與弟民覺奉母以終餘年，既葬廬墓，日夜哀悲，鄉評尚之。子韐、韡、韞。《閩書》。《劉屏山集》。《朱子文集》。

劉莘材先生民覺

劉民覺，字莘材，朝議次子也。爲人淳樸謙厚，恪紹前修，早自知名，正奉遊學。時普寧暨夫人老矣，民覺嘗留侍，以故不遑科舉之事。夫人年九十六而卒，民覺始終孝養，敬不弛顔，鄉評尚之。耋老聚而請曰：「非公孰爲吾黨指南？」民覺據師席二十餘年，毓英導秀，多所成就。忠顯之守會稽、長樂，嘗迎民覺就養，欲請於朝官之，民覺曰：「衰朽那復有此意。」其恬曠自適，世網莫之能攖也。年八十四卒，後屏山爲表其墓。劉屏山撰《墓表》。

忠顯劉仲偃先生韐

劉韐，字仲偃。紹聖元年進士，調豐城尉。歲饑多盜，他邑率以捕殺希賞。韐曰：「此饑民救死耳。」率豪右賑濟，多所全活。歷陝西轉運使，攝帥鄜延。夏人攻振武，韐出奇兵擣之，解其圍。乞祠。起知越州。方臘陷衢、婺，越大震，官吏悉遁。韐曰：「吾當與城存亡。」寇至城下，擊敗之。

河北盜起，韐守真定，單騎赴鎮，招諭賊首柴宏。時金人方謀南牧，韐諜得實，陰治城守以待變。金人治梯衝設圍，示欲攻擊。韐發强弩射之，金人知不可脅，竟退。欽宗善之，拜資政殿學士，充河北、河東宣撫副使。太原陷，召入爲京城四壁守禦使，宰相沮罷之。初，敵之入真定也，父老號呼，曰："使劉資政在鎮，豈有此敵？"益知韐名。及京城不守，必欲得之。宰相紿以割地，遣韐使金營。金人素知其名，命僕射韓正館之僧舍，正曰："國相知君，今用君矣。"韐曰："偷生以事二姓，死不爲也。"金人退，即手書片紙，召指使持歸報諸子。沐浴更衣，酌巵酒而縊，顏色如生。金人嘆其忠，瘞之壽聖寺西崗上，遍題窗壁，識其處。年六十一。建炎元年，贈資政殿大學士，謚忠顯。

韐莊重寬厚，寡言笑。與人交，謙恭若有所畏，至臨大事，則毅然不可奪。累歷大藩，事無巨細，必親臨之。爲政愛人，出於誠心，求民瘼如去己病。小民犯罪，或越法縱舍；至大奸，則立斷不疑。軍中家報有曰："今日邊鄙多事，只得盡忠死節，餘不足言。"其素如此。靖康死難之臣，蓋韐爲尤著云。

子子羽、子翼、子翬。按，翱之裔孫名頜者，收峒寇有功，謚忠簡。名純者，死邵武寇，立廟封忠烈。韐子子羽，謚忠定。孫珙，謚忠肅。故世號五忠劉氏云。《通志》。《閩書》。

郡守劉仲固先生韞

劉韞，字仲固。以門蔭入仕，歷倅三州、典二郡，皆有聲。後以朝散大夫致仕。築室縣南，有臺榭花木之勝，自號「秀野」。與劉子翬、朱元晦諸賢倡酬甚多，時人謂之「吟龍子」。子翔，丞瀏陽，秩滿，不仕。亦能詩，有父風。時人謂之「詞虎」。

忠定劉彦修先生子羽

劉子羽，字彦修。韐長子，以蔭補官。韐帥浙江，子羽年二十五，佐以主管機宜文字。用羸卒數百，破方臘數十萬衆，全其城。歷知池州，改秦州。未行，高宗召赴行在，除樞密院簡詳文字。建炎三年，大將范瓊擁强兵，跋扈不臣，與樞密院事張浚密謀誅之。浚宣撫川、陜，遂辟爲參議軍事。至秦州立幕府，節度五路諸將，規以五年而後出師。明年，金人窺江、淮甚急，浚欲合五路兵進撓之。子羽諫，不聽，比至富平，與金人戰，敗績。力言當留興州，以安關、蜀，收集散亡，分布險隘，堅壁固壘，觀釁而動，庶幾可以補前愆而贖後悔。浚然之，而諸將無敢行者。子羽即單騎就道，至秦州召諸亡將，諸將聞命大喜，悉來會。命忠州防禦使吴玠栅和尚原，守大散關，而分兵守險。金人知有備，引去。會秦鳳、金房二鎮皆饑，鎮帥吴玠、王彦皆願得子羽守漢中，浚乃承制，拜子羽利州路經略使兼知興元府。既至，通商輸粟，二鎮獲安。除寶文閣直學士。金人復攻金州，彦失守，退保石泉。子羽急移兵守饒風關，馳告玠列營以拒金。金人從間道繞出玠後，玠不能支，遽還漢中，全蜀大震。玠邀子羽俱去，子羽固持不可，留玠先栅定軍山以守，玠不從。子羽不得已，退守三泉，從兵不滿三百，乃築壘於潭毒山上，儲粟十餘萬石，積石數十百萬。數日，候騎報敵軍且至，即下令蓐食。遲明上馬，先至戰地，前當山角，據胡床坐，諸將泣請曰：「此非待制坐處。」子羽慷慨語曰：「將死於此。」諸將皆奮，會敵乏食，亦引去。子羽與玠引兵合擊之，墮溪谷死者，不可勝計。其餘衆不能自拔，降者十數栅，敵之喪失，莫甚於此。

是時，金人主兵用事者，計必取蜀，以窺東南，其選募戰攻，不遺餘力。惟時爲必守計者，惟子羽與浚，協心戮力，毅然以身當兵衝，將士感激争奮，全蜀卒賴以安。四年，坐富平之役，與浚俱罷。尋爲言者所論，責貶單州團練副使白州安置。吴玠始爲裨將，未知名。子羽獨奇之，薦於浚。至是，玠上疏訟子羽功，請納節贖罪。得復原官，提舉江州太平觀，復爲集英殿修撰，知鄂州。未幾，召公赴闕，使諭指西師，且察邊備虚實。子羽還奏：「敵未可圖，宜益治兵，廣營田，以俟機會。」時又方議易置淮西大將，且以其兵屬子羽，子羽復以爲不可，遂以親老乞郡，乃以徽猷閣待制知泉州。已，淮西軍亂，議者反謂子羽實使然，不責，無以係叛將南歸之望，遂以散官安置漳州。十一年，以張浚薦，復原官，知鎮江府兼沿江安撫使。建議清野，徙淮東人於鎮江，撫以恩信，兵民雜居，無敢相侵者。十二年，復待制，進爵子，益封二百户。竟以不附秦檜和議，奉祠歸。卒，贈少傅，謚忠定。

子羽平生慷慨厲節，有忘身徇國之忠。衆人惶惑失措，子羽色愈厲，氣愈勁。遇事立斷，凛不可犯，料敵决勝，雖古名將不能過之。至其爲政，愛民禮士，敦尚教化，摘奸發伏，不畏强禦。而天性孝友，接人樂易，開心見誠，豁然無纖芥滯吝意。好賢樂善，輕財喜施，於姻親舊故，貧病困阸之際，尤孜孜焉。朱文公嘗稱：「子羽在川、陜，雖盛寒必侵晨着單衣汗衫入教場射箭三百，率以爲常。」又言：「幼常侍側，賓客滿座，見其目覽書册，耳聽指授，口供應對，手答書疏，頃刻之間，五官並用，百函俱發，並無差錯，真人傑也。」子珙。《通志》。《建寧府志》。朱子撰《劉公神道碑》。《名臣傳》。

郡守劉彦禮先生子翼

劉子翼，字彦禮。少精敏力學，用蔭補承務郎，調秀州司録。時朝廷割地議和，遣人持詔取河北監司分畫地界。韐鎮真定，稱詔拒之。靖康元年，韐遣子翼入奏事，賜對延和殿。欽宗見子翼進止閒雅，因而受知。未幾，除江西轉運使司歷，轉宣議郎。建州熊志寧、范汝爲相繼叛，有旨除子翼知建州。道路梗塞，或勸子翼從王師航海進，子翼曰：「不可。」乃單車自崇安入。賊方棲山守險，所在屯布。子翼崎嶇行賊營，以誠信諭之曰：「汝輩詿誤及此，今王師且至，若能自新，釋兵歸農，太守能活汝。不然，悔無及。」賊皆曰：「我輩生矣。」羅拜去，王師尋下，多所俘獲。子翼分別善惡縱釋之，賊首逸去，子翼設方略購獲之。尋知南劍州，蠲減科斂，一新郡治。紹興二年，應詔獻言，忤當路，奉祠。俄以薦知撫州，徙信州。爲人開明勤决而本之以恕，所至簡易不擾，甚得民心。《閩書》。《郡志》。

忠肅劉共父先生珙

劉珙，字共父。少長從季父屏山受書，知刻苦自勵，以祖韐死節，恩補承務郎。舉紹興十二年進士，中乙科，累遷禮部郎官、中書舍人。秦檜當國，欲爲其父作謚，珙不亟奉行。檜怒，諷言者論去之。檜死，累遷吏部郎，權秘書少監、中書舍人。金人渝盟，高宗將興兵復讎，一時詔檄多出珙手，詞氣激烈，聞者感奮泣下。從幸建康，兼直學士院。車駕將還臨安，時江、淮軍務未有所付，衆望屬於張浚，而詔乃以楊存中爲宣撫使，珙不書録黄，奏論其不可。高宗怒，顧宰相曰：「劉珙之父爲張浚所知，此奏專爲浚地耳。」宰相召珙喻旨，且曰：「再繳，累且及張公。」珙曰：「珙計國家故，不暇爲張公謀，若爲張公謀，不爲是矣。」再論愈力，存中命乃寢。孝宗隆興元年，除集英殿修撰，知泉州，改衢州，又改潭州兼湖南安撫使。討平宜章寇李金，孝宗賜璽書嘉勞，於是湖南地方數千里姦盜屏跡。三年召還，除翰林學士知制誥兼侍讀，因陳聖王之學，以正心明理爲萬事之綱，上亟稱善。擢拜中大夫同知樞密院事。辭謝，不獲，乃就職。因薦汪應辰、陳良翰、張栻，請召用之，孝宗可其奏。既入西府，日召諸軍將佐，從容訪問，盡得其材器所宜，以待選用。詔兼參知政事，與陳俊卿同心輔政。因奏：「自今聖旨不經三省、密院者，所下之官皆請俟奏審乃得行。」孝宗不悦，罷爲端明殿學士在外宫觀，改知隆興府、江南西路安撫使。明年，除資政殿學士，知荆南、湖北路安撫使。始至，條上荆、襄兵少財匱之狀，詔即委珙措置，珙因行視襄、鄂兵屯並邊形勢，盡得其實，處畫各有條理。明年，遭内艱。八年，免喪，乃復除知潭州，安撫湖南。淳熙二年，除知建康府、安撫江南東路、留守行宫。會歲水旱，珙首奏蠲賦税，設法賑貸，闔境數十萬人無一人捐瘠流徙者。孝宗賜書褒諭，進觀文殿學士。五年，屬疾，請致仕。臨卒，草遺奏千餘言，極言近習用事之禍，且薦陳俊卿、張栻可用。

卒年五十有五，贈光禄大夫，罷朝一日，賜謚忠肅。珙爲人機鑑精明，議論英發，遇事立斷，威不可犯。而居家極其孝慈，内外功緦之戚，必素服以終月。數在官爲罷燕樂，聞同寮有喪者，亦如之。在朝危言正色，直前無避，其忠義奮發，不以死生動心。在荆州時，北敵亦每使諜者詗珙家世，蓋知其忠義之有傳也。所著有文集八卷、奏議十卷、内外制二十卷。以學雅、學裘爲後。

劉平父先生玶

劉玶，字平父。屏山先生嗣子。用門蔭調邵武軍户曹，遂力請復南嶽祠官。玶少有奇質，長事胡籍溪，請問講學之要。天姿孝友，事生母卓氏盡孝，鄉人化之。先廬在屏山之下，玶廣其觀遊，種竹疏泉上下磵谷，爲退隱計。復善修身，悟古人日損日益之意，自號曰「七者翁」，名其齋曰「七者寮」。每與朱文公諸賢倡和，有詩集十卷。子五人，録學古、學博、學箕。朱子撰《墓志》。《閩書》。

縣令劉先生學古

劉學古，玶之子，屏山之孫，文公壻也。嘗爲臨桂縣令。弟學博，俱從文公遊。《考亭淵源録》。

劉先生學箕

劉學箕，恬於仕進，年未五十，即南山之下家焉。扁曰「方是閑堂」。若將終身。爲文高爽閑雅。得其家傳，有《方是閒小藁》行世。《建寧府志》。

劉正之先生學雅

劉學雅，字正之，忠定公之孫。馳騁東西，爲諸侯客。已而以憤世嫉邪，斥辱權要，罷歸田里。弟學裘。

郡守劉傳之先生學裘

劉學裘，字傳之，忠定公之孫。用父蔭補郎，守撫州，移守邕州，有惠政。後以疾，累得郡不赴，終朝散大夫。

建陽劉氏家世學派世住建陽之麻沙，號西族。

按：劉氏東西族二派，已叙述前編矣，此不重述。

忠簡劉子誠先生頜

劉頜，字子誠。建陽人。與韐同祖，翱之七世孫也。頜紹興間爲廣州參謀。盗綦母謹和尚陷三水鎮，帥兵剿捕。後爲淮東提刑。金主亮趨淮東，力戰死之。謚忠簡。弟崇之。《閩書》。

文忠劉瑞樟先生崇之

劉崇之，字智父。淳熙二年進士，授福清簿。梁克家帥三山，檄攝幕，甚器之。與詹體仁等六人同薦於朝，除定詳三司敕令所删定官。遷太府丞，應詔上書，論弭變五説。除秘書省校書郎。光宗内禪，上書請朝重華宫，除行太常寺丞，權兵部郎中。朱文公罷經筵，命從中出。崇之率同列請留之，辭極剴切。僞學禁興，力請外，得荆湖南路常平使者。嘉泰初，起知贛州。言者論周必大，并及崇之，因請祠。久之，除成都路提刑，應詔條上蜀民利害九事。已而，除户部郎中，領四川宣撫兩司節制。未幾，吴曦變作，上表待罪，請師平賊，除荆湖北路提刑。被論，永州安置。開禧中，四川宣撫使安丙表陳崇之不汙之節，詔復原官。崇之天資穎敏，居左塾讀書三十年，未嘗移他所。文章温潤典雅，有光制誥，而用非其長，論者惜之。卒謚文忠，號瑞樟先生。子純。《閩書》。《建寧府志》。

忠烈劉君錫先生純

劉純，字君錫，建陽人。少年喜騎射。以父蔭授沙縣簿。歲大疫，治粥藥存活之，死而無收者，作大塚瘞焉。秩滿，丞分宜，復值歲旱，極力賑救如簿沙時。繼入京監和劑門。紹定己丑，閩寇晏頭陀等嘯聚汀郡，殘破寧化、清流、將樂，陷劍南，犯建寧。純適調湖北帳幹，聞賊迫近其鄉里，即歸，散家財，招唐石義勇千人討之。樵守王遂請於朝，命知邵武縣。俾將所招軍往，立官府，收散亡，軍勢大振。事聞，改宣教郎，詔號其軍曰「忠武」，與招捕使陳韡擊破連城、潭飛漈，諭降其七十餘寨，頭陀計窮伏誅。而邵武盜又有劉安國者，先因民困貪暴，鼓衆而起，官軍不能敵，而又無以招撫之，坐是建寧復騷。建守趙紡夫請於朝，移純軍於縣，命下即行，得賊所募爲首者二人，斬以獻。會盱守遣邑令將兵來援，爲賊所圍，純斬數賊，拔令歸。又入富田剿其渠魁，賊懼，合諸寨攻純。純令統制周喜領淮西軍繞賊後擊其巢，俘獲甚衆，安國就擒。次日純率兵往，招降下瞿賊，爲賊所得，不屈死之。事聞，贈朝散郎，加謚「義壯」。郡人立二廟於邵武麻沙祀之。後賜額「忠烈」。《閩書》。《建寧府志》。

郎中劉潤之先生滋

劉滋，字潤之。景德中，試開封、禮部皆第一，調知無錫縣，通判福州。仁宗時，知南劍州。州北黯淡灘善覆舟，滋別開灘傍，灌疏三巨洲，鑿七盤石，轉山曲二百餘丈，以舒水勢，自是舟行無患。歷典九郡，皆有惠政。官至職方郎中，累贈開府儀同三司、吏部尚書。始滋未貴時，嘗夢神人携印一篚，令吞之。印大小凡百餘顆，滋吞至十四，印文纍纍然見腹間。後更中外十四任，而典郡者九。滋子同，大理寺丞；勳，知臨江軍；照，河陽令。孫元振。曾孫瑋、勉之。瑋有詩名，與劉子翬多所唱酬。勉之別見本學派。《閩書》。

劉君式先生元振

劉元振，字君式。少沉静，有器識。季父照當任子，將屬元振，辭，與其弟既。弱冠遊太學，持身有禮，衆敬憚之。國子先生吕大臨、游酢皆與友善。元豐中，士子方尚文華，元振獨沉涵載籍，深造義理，是以不合有司，遂篤意養親，放情泉石。子勉之。《閩書》。《郡志》。《朱子文集》。

按：朱子撰《聘君劉公墓表》云：公之曾大父諱滋，大父諱照，父諱元振。此傳云「季父照」，疑錯，似當以《朱子文集》爲據。

朝奉劉恒軒先生懋

劉懋，字子勉，白水孫也。博學通經，文辭奇偉。長受學屏山先生，得其論著。繼從胡籍溪遊，始知爲學大旨。自是易象、天文、地理、律曆之奥，無所不通。受迪功郎，任會昌西尉兼學事。秩滿，轉文林郎。奉祠，監衡州南嶽廟，以朝奉大夫致仕。杜門掃軌，仰師聖賢，鄉人子弟多所造就，學者稱恒軒先生。以子爚貴，贈金紫光禄大夫。所著《禮記集説》、《論孟訓解》。子爚、炳、炯。

郎中劉韜仲先生炳

劉炳，字韜仲。與兄爚從文公遊。文公編集《程氏遺書》，炳兄弟研窮誦讀，晨夜不息。舉淳熙五年進士，授迪功郎，知應城縣。好賢禮士，修飾儒學，訪求前令謝良佐遺跡，創上蔡先生祠於講堂東隅，朱文公爲記。再調劍浦丞，專以仁義教化，平易近民。民有訟委曲，訓戒之。後有鬬者愬於官，曰：「何面目復見公耶？」累官兵部郎中、朝散大夫。乞祠。閑居，誦讀不輟，自號「悠然翁」。所著有《睦堂類藁》若干卷、《四書問目》、《綱目要略》、《堂銘故事》，傳於世。子塡。孫應李、銓。《閩書》。

縣令劉季明先生炯

劉炯，字季明。慶元五年進士，授進賢丞，遷固始令。早從文公學，比掛冠，倘佯武夷九曲間，悠然自尋其樂焉。《閩書》。

忠簡劉子時先生欽

劉欽，字子時，伯醇子。幼在襁褓中，或啼哭，示以書帙即嬉笑。甫能言，母梁氏教以古詩，輒成誦不忘。七歲，日受數千言，每夜達旦，母憐而節之，乃匿膏室中，候寢熟復燃。從蔡沈學，精於《易》。以祖蔭補官承事郎，知嵊縣，有政聲。轉朝奉大夫，出知饒、處、邵武、南康。時江汀邵寇竊發，境内騷動，欽募義勇剿捕，誅其首惡，餘悉縱還鄉。事聞，陞殿中侍御史，同知樞密諫院事。歸隱武夷茶洞口，築茶巖小隱堂，爲終焉計。自號冰壺散人，終朝請大夫。謚忠簡。所著有《書經衍義》，文集十卷。《閩書》。《郡志》。

縣令劉子静先生鑑

劉鑑，字子静。以祖澤蔭桂東令。工詩文翰墨，如《題文天祥贊》、《答尹虚齋僚》諸詩，深得風人之旨。鄧光薦稱其一生琢對匠語，❶洗削冶澤。齒牙間纚纚有聲，大率精切得意處，前無古人。至老，皮毛落盡，孤興兀然，雷霹之琴，大成之鏞，❷潮湍激齧之山，皆天然成趣，不繩削而自合。《閩

❶「光」，原作「尤」，據顧嗣立《元詩選》改。
❷「大」，顧嗣立《元詩選》作「火」。

書》。《郡志》。

主簿劉希泌先生應李

劉應李，字希泌，初名棨。謹厚莊重，博習修潔。舉咸淳十年進士，調建陽簿。至元，不仕。與熊禾、胡廷芳講道洪源山，居十有二年。後建化龍書院於莒潭，聚徒講授，厚給課試，悉倣州縣法。《閩書》。

縣尉劉子平先生銓

劉銓，字子平。慶元五年進士。博通《詩》、《禮》，學宗考亭。尉臨川，有聲。尤工吟咏。著《傷時歌》，深悼世人不務本實，穆然有返樸之思焉。《閩書》。

備　考

滕氏祐撰《劉氏五忠堂記》曰：「郡之望曰劉氏，其先仕唐、宋爲顯官者，不知凡幾百人。其功烈炳著，以忠名世者，合二族得五人焉。其所自出，則漢楚元王之裔，由京兆遷入閩。曰翔者，居崇安之五夫；曰翱者，居建陽之麻沙。翔八世孫曰韐，靖康間以資政殿學士使金營，金人欲相之。韐作書與家訣，自縊而死，贈太師，追封魏國公。韐生子羽，宣和間爲徽猷閣待制，與張浚協力拒金人以保全蜀。卒贈少傅，追贈魏國公。子羽生珙，在孝宗朝官至同知樞密院事，立朝臨陣，亡身憂國。卒贈太師，封魯國公。此皆五夫之劉，世曰東族也。翱七世孫曰頜，紹興間爲淮東提刑。金兵入淮，頜死之。又十二世而生純，紹定間知邵武縣，率兵破賊，爲餘寇所執，不屈而死，郡人立廟祀之，贈太尉，謚義壯。此皆麻沙之劉，世謂西族也。

「是五公者，或臨難，或死節，或立朝盡瘁，事有不同，其爲忠一也。故其謚也，韐以忠顯，子羽以忠定，珙以忠肅，頜以忠簡，而純之廟號，賜忠烈。名之稱情，其若是哉！嗚呼，偉矣！人得天地剛大之氣以生養而爲全人，蓄而爲德行，措而爲事業。其在人國也，平時則效誠宣力，而爲翊國之忠；臨難則致命遂志，而守殉國之節。存乎方寸之微，充乎天地之大；行之一時之近，昭乎萬世之遠。使三綱不至於淪斁，人極不至於破壞，而天下後世永有賴焉。蓋如是而後爲全人，如是而後無愧乎天地之生人矣！五公者，其養之厚，蓄之深，其措之而沛然者乎！其足以扶三綱，立人極，位兩間而無愧，得有生而獨全者乎！况忠臣烈士，世不常有，扶輿間氣之所生，非偶然也。今以劉氏一門而爲忠者有五，奇勳大節，高爵鴻名，累數世而迭出，此尤自昔之所罕見，舉世難得者，嗚呼盛哉！

「祐嘗竊怪漢高祖以仁厚得天下，而後世未嘗有大惡如桀、紂，徒以强臣跋扈，至於亡國。今其末流子孫散在天下，生於異代者，猶烈烈間出，爲世偉人，以扶植人極於不墜，則其仁厚之餘澤，詎可誣哉？前此五公未嘗有祠，且以世遠不得與四代之祭。夫有祖宗如此，而子孫乃使之泯然不得與血食，於人心何如也？祐姊壻太學生甌寧劉君澤，韐十三世孫也，以弘治己酉十月，構堂於屏山祠右，設木主而奠焉。牓其額曰『五忠』。蓋崇先德、啟後思，而闡世澤於無窮，其用意也遠矣。堂成，祐喜其事於名教有關，非特可以勵劉氏後也。作文記之。」

文靖劉屏山先生子翬學派

按：屏山先生爲忠顯公季子，家學相承，一門忠節炳著，外此不知師承何人。惟朱子作墓表，言：「公與胡原仲、劉致中爲道義交，相見講學，外無一雜言。」又爲韋齋先生託孤，則其源流亦可考矣。

文靖劉屏山先生子翬

劉子翬，字彦冲，崇安人。贈太師。韐之季子，以父任補承務郎，辟真定府幕屬。韐死靖康之難，先生痛憤，廬墓三年。服除，通判興化軍。寇入閩境，與郡將張當世畫計備衛，如素服戎事者，賊不敢犯。年方三十，自以哀毀致羸疾，不堪吏責，丐閒局，主管冲祐觀以歸，不出者凡十七年。世家屏山下，潭溪之上，有園林水石之勝，俯仰其間，盡棄人事，自號「病翁」。獨居危坐，嗒然竟日夜，意有所得，則筆之於書。至聞人有片言之善，則從容咨叩，必竭兩端。後生來問學，則隨其器識，告語成就，無倦色。間數日輒一走父墓，涕咽，或累日乃返。事繼母吕夫人及兄子羽、子翼極盡孝友。兄子珙幼敏嗜學，先生教之不懈，珙卒有立焉。素與胡原仲、劉致中爲道義交，每相見講學，外無一雜言，所與遊皆當世知名士。

朱韋齋且死，囑晦菴師事之。晦菴將冠，先生命字祝詞。晦菴嘗言：「某蚤以童子獲侍左右，先生始亦但以舉子見期。某竊窺見其自爲與教人者若不相似，暇時僭請焉。」先生嘉其志，乃開示爲學門户，朝夕誨誘不倦。先生深於《易》，家有東、西二齋，東以「復」名，西以「蒙」名。一日，晦菴侍疾，請問先生平昔入道次第，先生欣然告之曰：「吾少未聞道，官莆田時，以疾病始接佛、老之徒，聞其所謂清浄寂滅者而心悦之，以爲道在是矣。比歸，讀吾書而有契焉，然後知吾道之大，其體用之全乃如此，抑吾於《易》，得入道之門焉。所謂『不遠復』者，則吾之三字符也。佩服周旋，罔敢失墜。於是嘗作《復齋銘》、《聖傳論》以見吾志，然吾忘吾言久矣，今乃相與言之，汝尚勉哉！」晦菴頓首受教。

先生妻死，不再娶，以兄子翼、幼子坪爲後。年四十七得微疾，即入謁宗廟，泣别母夫人前，遍以書告訣素所往來者。召其侄珙，付以家事，指示葬處。既已，則與學者論説修身求道之要，作《訓誡》數百言，彈琴賦詩，澹如平日。後兩日而歿。學者稱屏山先生，謚文靖。有文集二十卷。《閩書》。《名臣言行録》。《宏簡録》。《宋史》。朱子撰《墓表》。

聖　傳　論録四首

《易》固多術，或尚其辭，或尚其變，或尚其象，或尚其占，皆用也。盡其本，則用自應。何謂本？「復」是矣。嘗竊爲之説曰：學《易》者必有門户，復卦，《易》之門户也。入室者必自户始，學《易》者必自復始，得是者，其惟顔子乎。不遠而復，稱爲庶幾。蓋本夫子嘗以「復禮爲仁」之説告之矣。顔子躬行允蹈，遂臻其極，一己既克，天下歸仁，復之之功至矣。如何天下歸仁？惟踐履實地，自然洞徹爲一。顔子終日如愚，《論語》所載，惟發二問，一爲仁，一爲邦。夫子答之，皆極天理人事之大者。原《易》之用，内焉惟窮理盡性，外焉惟開物成務，顔子盡之。雖無諸子之著撰，謂之通《易》可也。《文中子》言「九師興，而《易》道微」，九師之前，未有爲《易》之説者，豈《易》道本於踐履，非區區言説所能至耶？是知「復」之一義，爲平白坦易之塗，聖人善誘之上機，學者用心之急務也。

余嘗作《復齋銘》曰：《大易》之旨，微妙難詮。善學《易》者，以「復」爲先。惟人之生，咸具是性。喜怒哀樂，或失其正。視而知復，不蝕其明；聽而知復，不流於聲；言而知復，匪易匪輕；動而知復，悔吝不生。惟是四知，本焉則一。孰覺而存，孰迷而失。勿謂有本，勞思内馳。亦勿謂無，悠悠弗思。廓爾貫通，心冥取舍。既復其初，無復之者。蕩蕩坦坦，周流六虚。昔非不足，今非有餘。伊顔氏子，口不言《易》。庶幾之功，默臻其極。今我仰止，以名斯齋。念兹在兹，其敢怠哉？

《顔子》。

曾子之孝，立身揚名。惟此一節而於聞道最爲超警。生死之際，粲然明白。蓋由始則因孝心而致敬，終則因敬心而成己。驗其平日服膺，念兹在兹而已。啟手足，則見於戰戰兢兢之時；發善言，則存乎容貌辭氣之際，皆敬之謂也。《戴經》所記，奥義甚多。首文三語，已盡其要。學者非弗知也，然皆有愧於曾子者，行之弗至也。恭於昭昭者，孝之名也；謹於昏昏者，孝之實也。求其名，匹夫匹婦能焉；核其實，聖人以爲難矣。曾子曰：「養，可能也，敬爲難；敬，可能也，安爲難；安，可能也，卒爲難。」斯須之敬，人能勉强，至於能安能卒，非確然自信，毅然必爲，未有能樂其常而至其至也。此無他，疑情未除也。學者之害，疑情爲大。彼窮搜博覽，惟恐不聞者，疑情未除也；朝咨夕叩，請益不休者，疑情未除也；博量揣摸，求合乎似者，疑情未除也。情既有疑，則中不安。不安則輕聽而易移，輕聽則不能尊其所聞，易移則不能行其所知。二者交亂其間，方且以禮法爲拘囚，專精爲滯着，求其有始有卒，難矣。曾子遊聖門最爲年少，夫子與之言道，唯諾而已。夫豈有毫髪疑情哉！宜其成就巍巍，度越諸子矣。《曾子》。

唐李翶，自謂得子思中庸之學，著《復性》三篇。會理者稱其卓絶，然差之毫釐，異乎吾所聞矣。其説曰：「人之所以惑其性者，情也。喜怒哀懼愛惡欲，皆情之所爲也。情者，妄也，邪也。妄情息滅，本性清明。」又曰：「循理而動，所以教人忘嗜欲，歸性命之道也。」迹其推衍，大約皆以滅情爲言。其言非不高妙，然非子思中庸之學也。中庸之學，未嘗滅情也。夫情與生俱生，果可滅耶？情可滅，性可滅矣。今持一葉以示嬰兒，與之則笑，奪之則啼，此喜怒哀樂之端也，情之所發也。與生俱生而欲滅之，猶惡水之波而涸之，其源益流；惡木之花而截之，其根浸傷。聖人不過節之、防之、止之，不使其爛熳害性而已。善養性者不汩於情，亦不滅情，不流於喜怒哀樂，亦不去喜怒哀樂。子思所謂「中」也，即喜怒哀樂以爲「中」不可，離喜怒哀樂以爲「中」亦不可，如金石之有聲，如飲食之有味，非合非離，「中」即契焉。故「喜怒哀樂之未發謂之中」。子思姑約此以明「中」，非捨此而「中」可得也。《子思》。

聖人標指，固非一途，前學以是流布，後學以是進修。孟子乃斷然言曰：「君子深造之以道，欲其自得之。」夫以聖賢標指，拳拳服膺，自應有至，何復名自得耶？自得者，得之於心也。心無所得而蹈規守矩，終出勉强，不能從容優入聖域。是學也，父兄至愛不能發其端，師友至密不能進其道。必也靈襟中啟，獨見内融，洞洞然、屬屬然如平昔之傳聞想像，一旦親覩焉，庶乎其可也。夫學者之心，發於憒憒，其見必卓；開於冥冥，其詣必至。故拙魯愚鈍爲道之資，智巧聰明爲性之障。真志立於懦，真習養於徐，真用發於常，真樂生於淡。軒軒之志久必墜，皎皎之習久必疏，揭揭之用久必變，沾沾之樂久必渝，是以學貴終始也。千了萬通，愈失真宗；惟循惟默，乃能自得。回之愚，參之魯，在孔門所得最深，皆用心於無所用，若退而進者也。去聖已遠，自得之學湮没無聞，非唯學者之失也，亦教者之過焉。六經之言，毫髮分辨；聖人之意，極口宣揚。諄諄屑屑，無舉隅善誘之方，將以利之，反以害之。學者亦曰如是足矣，理盡於此矣。拾前人之咳唾，遵舊轍以驅馳。故思學廢於箋解，省學廢於譏議，悟學廢於揣度，通學廢於偏黨，默學廢於領略，敏學廢於疑貳，六學廢而道衰矣，孰以孟子自得之言啟之哉！孟子有自得之言，無自得之迹，但言居之安、資之深，左右逢其源而已，不可以意義形容也。《孟子》。

漢書雜論

班固作《漢書》，惟紀最爲嚴密。事皆詳載於傳，而撮其要書於紀，固自名之曰「春秋考紀」，其言有深意焉。

班固作史贊，非獨詳於紀善也，又重美之；非獨略於紀過也，又婉其辭。其紀善也，雖小善必録；其紀過也，非大過不書。文帝之仁言儉德，贊中總列十數條，嘆曰「嗚呼仁哉」；於景帝贊又曰「至於孝文，加以恭儉」；於武帝贊又曰「文、景務在養民」。非詳於紀善，又重美之乎！武帝之窮兵奢侈，其贊曰「雄才大略，不改文、景之恭儉。《詩》、《書》所稱何以加焉」。非略於記過，又婉其辭乎！元帝之號令温雅，成帝之穆穆之容，皆見稱述者，不以一失廢其他長也。故曰「雖小善必録」。吕后之寵產、禄，景帝之殺晁、周，皆略而不言者，不以小疵玷其全美也。故曰「非大過不書」。史贊諸帝皆稱述，獨高祖贊，推其世系運統而已，無所稱也。蓋以高祖之盛德大業，不假言而自著，亦非一二言可贊也。故贊衛、霍不言征伐之功，贊相如不論文章之美，其他則片善寸長，贊皆言之，有餘易見，不足難知故也。

《朱元晦祝詞》曰：冠而欽名，粤惟古制。朱氏子熹，幼而騰異。交朋尚焉，請祝以字。字以元晦，表名之義。木晦於根，春容華敷；人晦於身，神明内腴。昔者曾子，稱其友曰：有若無，實若虛。不斥厥名，而傳於書。雖百世之遠也，揣其氣象，知顔氏如愚。迹參并游，英馳俊驅。豈無他人，夫誰敢居？自諸子言志，回欲無伐。一宣於聲，終身弗越。陋巷闇然，其光烈烈。從事於兹，惟參也無慚。貫道雖一，省身則三。夾輔孔門，翺翔兩驂。學的欲正，吾知斯之爲指南。惟先吏部，文儒之粹。彪炳育珍，又華其繼。來茲講磨，融融熹熹。真聰開廓，如源之方駛。望洋渺瀰，老我縮氣。古人不云乎，純一不已。悵友道之衰變，切切而唯唯。子德不日新，則時余之恥。勿謂此耳，充之益充。借曰合矣，宜養於蒙。言而思毖，動而思蹟。凛乎惴惴，惟顔、曾是畏。

《遺訓》曰：木稚而曲，其老不舒；人稚不攻，其成必愚，故善學者必謹其初。凡日用間，業業乾乾。散佚必恭，執事必處中。惟不自輕，雖奴隸亦尊。唾地如污，其畏如是。寢則易安，食則知味。頮面奏圊，脱襟屣履。每每存之，斯無過矣。自朝至昏，以一條貫焉。勿謂末也，本實由之。毋悦於新，毋駭於奇。驟得必夸，久而寖微。習而察焉，豈曰無徵？出指於西，底止必秦。其次也，頃刻之功，初若不足。外務奪之，或斷或續。及其至焉，皆其所積。故君子許其進，而惰夫疑以自絶。

文公朱晦庵先生别見本學派❶

黄子厚先生銖

黄銖，字子厚，甌寧人。朱文公年十五六時，與相遇於劉屏山齋中，俱事屏山先生。銖少文公

❶ 本條原無，據文津本補。

一歲，與文公切磋，讀書爲文，略相上下。一日，忽踴躍猛進，出語驚人。文公嘆其超然，不可追逐。其後詩文益工，文公每得其藁，未嘗不賞嘆移日。銖文學太史公，詩學屈、宋，書隸學魏、晉以前。中年不得志於塲屋，遂發憤謝去，杜門讀書，清坐竟日。間輒曳杖，❶行吟田野間。其於騷詞，能以楚聲古韻爲之節族。晚節詩彌高古，其變化開闔，恍惚微妙，又不止於昔日也。《閩書》。《朱子文集》。

運幹歐陽慶嗣先生光祖

歐陽光祖，字慶嗣，崇安人。九歲能文，人稱童瑞。從劉子翬、朱文公講學。子翬甚重之，文公亦遣子師事焉。乾道八年，再舉登第，不赴。趙汝愚、張栻列薦於朝，方欲召用而趙公去國。後爲江西運幹致仕。卜築松坡之上，湛然終老。《閩書》。

劉白水先生勉之學派

先生偕籍溪初學《易》於涪陵譙氏，後從龜山於毗陵。其問業之廣，久而有得，則從元城劉公始，故其成就卓犖，爲韋齋托孤，晦菴師事之，其聲氣感通，豈偶然哉！兹特著其派系附焉。

❶「輒」，原作「軏」，據朱熹《晦菴集》卷七六改。

聘君劉白水先生勉之

劉勉之，字致中，崇安人，父元振。先生自幼强學，日誦數千言，肆筆爲文，滂沛閎闊，凌厲頓挫。踰冠，以鄉舉詣太學。時蔡京用事，禁士挾元祐書，制師生收書連坐，罪至流徙。名爲一道同風，實以鉗天下之口。先生知其非是，陰訪伊洛程氏之傳，得其書，藏去，俟深夜同舍生熟寐，乃探篋燃膏，潛抄默誦。涪陵譙天授嘗從二程遊，兼邃易學，適以事至京，即往叩焉。得其本末，遂棄録牒，揖諸生歸。道南都，見劉元城；過毗陵，見楊龜山，皆從請業。元城尤奇之，留語數十日，告以平生行己、立朝大節，以至方外之學，無不傾盡。先生聽受其言，精思力行，久之若有所得。與劉彦冲及胡籍溪講論切磋爲事，其於當世之務，若不屑焉。亂後，故山室廬荒頓，乃即建陽近郊蕭屯别墅結草爲堂，讀書力穡，無求於世，賢士大夫咸高仰之。

紹興間，中書舍人吕本中與同列曾天游、李似之、張子猷共薦於朝，特詔赴闕，劉屏山作《招劍文》送之。既至，秦檜方主和議，恐觸忌諱，但令對策，不令入見。先生知時不合，即日謝病歸，杜門不復出。平居嚴敬自持，而接物恂恂，色笑可親。臨事財處，不動聲氣。學子造門，隨其材品，爲開説聖賢教學之門，前言往行之懿。故相趙鼎出鎮南州，道出里門，紆轡入謁，坐語移日，彌加歎賞。蚤與朱韋齋先生友善，韋齋臨老，命晦菴師事焉，屬以後事。先生經理其家，愛晦菴如己子，以女妻之。所居有白水，學者稱白水先生。孫懋。《道南源委》。《宏簡録》。《名儒傳》。朱子撰《墓表》。

直閣魏艮齋先生掞之別見本學派❶

文公朱晦庵先生別見家學派❷

光澤李氏家世學派

子朱子撰《特奏名李公墓誌銘》，曰：「邵武軍光澤縣東里，其處曰烏洲。李氏世居，爲郡著姓。其先有贈大理評事者諱鐸。始以文行知名鄉里。生太常博士誥，始發進士第，卒贈朝請大夫。陳忠肅公賢之，稱其率真樂易，有古人風。其仲子深，紹聖間，以論斥時相之姦，與任公伯雨俱入元祐黨籍。季曰處士藩，隱處不仕。其葬也，修撰李公夔實銘之。蓋自其先世所與交遊姻好，盡一時知名士，故其子弟見聞開廓，趣尚高遠，不與世俗同。若特奏府君，諱純德，字得之，則處士之長子也。」按，李氏族系，文公叙述詳矣。上官氏祐稱：「光澤一邑，由西山李先生得道南之緒，大倡斯道。月洲、雲巖教音嗣布，與考亭師友，濟美當世。而過化之澤，浹乎人心。流風餘韻，猶有存云。」兹再備録於編。

❶ 本條原無，據文津本補。

❷ 本條原無，據文津本補。

博士李先生誥

李誥，贈大理評事鐸之後。誥舉進士第，官至太常博士，卒。贈朝請大夫陳忠肅公瓘賢之，稱其率真樂易，有古人風。弟詳，子深，孫純德，曾孫呂，玄孫閎祖。《閩書》。

寺丞李自明先生詳

李詳，字自明。幼警悟，善屬文，議論純正。登嘉祐八年第，知潯州。立學校，革夷俗，官終大理丞。《邵武府志》。

朝散李叔平先生深

李深，字叔平。登熙寧九年進士第，調濟陰簿，歷鄱陽、遂平二縣，以清慎稱。召爲編敕所詳簡役法文字，與蔡京、章惇廷争，奪一官。已，叙復，遷朝散郎。陛辭，以言事論斥時相之姦，與任公伯雨等罷，入元祐黨籍，安置復州。四年，移建昌軍，改青州。五年，復官。有《杭州集》二十卷。弟勉。子階、郁。《閩書》。《邵武府志》。

縣令李安道先生勉

李勉，字安道。舉進士，知尤溪、順昌二縣。素負氣節，多忤於時，遂謝事休致。亦入黨籍。《閩書》。

郡守李進祖先生階

李階字進祖。崇寧二年，禮部第一，特奏名安忱對策言「使黨人之子魁南宫多士，無以示天下」。遂奪階出身，遇赦復官，調鹽城尉。建炎初，攝臨安府比較務，州卒陳通脇叛，階叱之，遂遇害。事聞，贈右承事郎。與一子官。《閩書》。

删定李西山先生郁別見本學派❶

特奏李得之先生純德

李純德，字得之，處士藩之長子。少治《周禮》兼《左氏春秋》，爲文簡古，不逐時好。事親至孝，

❶ 本條原無，據文津本補。

篤友諸弟，遇族黨有恩意。少有忿争，即爲居間，極力平處，不令至官。不幸死喪，則爲經理家事，而任其婚嫁之責。有以惡聲至者，未嘗與較，至周其急，輟衣食不恤也。諸弟嘗問善人之道，答曰：「臨事而無陰據便利之心，斯可矣。」又嘗語人：「事有當爲，力雖未及，亦勉爲之。若必有餘而後爲，則終無時矣。」此其行身及物之本意也。平居方嚴，不妄戲笑。性敦厚質實。發言處事，不以幽顯物我爲間。樂聞人善而務掩其惡，所與交，皆巨人長者。從弟郁嘗面歎曰：「兄於答問，若不經意，而受其言者反覆十思，終無以易。」紹興五年，以特奏恩將入奉廷對，先卒。朱晦菴爲作《墓銘》。子呂。《閩書》。《邵武府志》。《朱子文集》。

李澹軒先生呂

李呂，字濱老，號澹軒，深之從孫。蚤孤，事母孝，育弟妹有成。聚族千指，昕夕序揖致禮，自少至老，不以寒暑少變。幼從學於從父郁，郁學於楊龜山，家傳遠有端緒。淳熙六年，年已晚，見朱文公於廬阜，遂爲講學之友。邑令張訢者，病已無社倉，以其事就呂圖焉，呂爲條畫精明，綜理縝密。文公爲之記。呂學甚富，尤深於《易》，每言《易》在識時，和之以義，苟非真知義之所在，而喜言變通，反害於《易》矣。所著有《周易議説》、《澹軒集》。子閎祖、相祖、壯祖，孫方子，俱見朱子學派。《閩書》。《考亭淵源録》。《邵武郡志》。

縣令李守約先生閎祖弟相祖、壯祖。

李閎祖，字守約，别號綱齋，吕之長子。蚤授庭訓，與其二弟登晦菴先生之門。篤志强力，精思切論。晦菴延之家塾，以訓諸孫，爲編《中庸章句》、《或問輯略》。登嘉定四年進士，廷對，發明所學，不逐時好，調靖江之臨桂簿，提刑方信孺待以國士，漕使陳孔碩引以自輔，兩臺之事咸倚以决。暇日即詣學，訓迪諸生，士習丕變。調福州古田令，終廣西經略安撫司幹官。黄榦、李燔、張洽、陳淳，❶皆敬重之。有《師友問答》十卷。

李相祖，字時可。嘗以晦菴命編《書説》三十餘卷。辨質詳明，用心精切。平居謹飭，雅言矩步，見者爲之肅敬。

李壯祖，字處謙。初以書見朱子求教，朱答書嘉其有志，遂語以爲學之要。後與兄守約同第進士，調閩清尉。真西山薦之，稱爲典型人物。

州牧李公謹先生文子

李文子，字公謹。方子之弟，亦從朱子學。紹熙四年進士，歷知閬、潼二州。吏譽藹然。持麾

---

❶「榦」，原作「幹」，據《宋史》卷四三〇《黄榦傳》改。

蜀中二十年，以道學倡，蜀人宗之。著《蜀鑑》十卷。《道南源委》。《考亭淵源録》。

國禄李公晦先生方子別見本學派❶

李西山先生郁學派

朱子《答李濱老吕書》云：某少時讀程氏書，年二十許，始得西山先生所著《論》、《孟》諸説讀之，又知龜山之學横出此枝而恨不及見也。既而得從何兄叔京遊，乃知足下蓋得其家傳者。是時家居，西距高隱不遠，不得一往質其所疑，徒往來於心，不忘云。

删定李西山先生郁

李郁，字光祖，光澤人。元祐黨人，朝散郎深之子。幼不好玩，坐立必莊。從舅氏陳忠肅公學。逾冠乃見龜山而請業焉。龜山一見奇之，妻以第三女。是時，龜山以程氏説教授東南，一時學者翕然趨之。而龜山每告之曰：「道之所以傳，固不在於文字，而古之聖賢所以爲聖賢者，其用心必有在矣。」及請見於餘杭，則其告之，亦曰：「學者當知古人之學何所用心，學之將以何用。若曰『孔門

❶ 本條原無，據文津本補。

之學仁而已』，則何爲而謂之仁？若曰『仁，人心也』，則何者而謂之人心？」公退求其説不合，因取《論》、《孟》讀之，蚤夜不懈，十有八年，乃涣然有得，龜山蓋深許之。龜山没，以所學淑後進，亦曰：「學者於經，讀之又讀，於無味處益致思焉。至於群疑並興，寢食不置，然後始當驟進耳。」陳默堂稱其學口目俱到，未見其比。遊太學。

紹興中，以遺逸召對，陳當世大務。高宗改容傾聽，補迪功郎，除敕令所删定官。丁憂，服闋，會秦檜用事，自度不能俯仰禄仕，築室於邑西山。家計屢空，曠然不爲意。當世賢大夫益高仰之。辟福建帥府機宜文字，日訪民間利病，告其長而興除之。一日，帥欲毁民居數十爲列肆，酤酒要利。争之不聽，以老病謝歸。帥慚謝强留。卒於官，年六十五。

先生天資粹美，涵養有方，誨人無倦色。自奉甚約，而事親極其厚。承朝散公遺命，爲其叔父庭之後。庭卒，毁瘠如禮，治喪必誠必敬。兄階駡賊死，先生事嫂如母，撫其子女如己出。凡世務人情，官政文法，以至行陣農圃之事，靡不習知。所著有《易傳》、《論孟遺藁》，及遺文數十卷，藏於家。學者稱西山先生。朱晦菴表其墓曰：「聖賢遠矣！然其所以立言垂訓，開示後學，可謂至哉！顧自秦、漢以來，道學不傳，儒者不知反己潛心，而一以記覽誦説爲事，是以有道君子深以爲憂。然亦未嘗遂以束書不讀，坐談空妙爲可以徼幸於有聞也。若龜山之所以教，與西山之所以學，其亦足以觀矣。予是以著之，而并記其行事，後之君子尚有考焉。」《道南源委》。《朱子文集》。

縣令張叔澄先生彥清

張彥清，字淑澄，浦城人。紹興元年進士，初主光澤簿，教授泉州，丞安福。用薦者改秩，知慶元縣。彥清生紹興之季，長於乾道、淳熙間。初從朱文公遊，得其大旨。及仕光澤，與隱君子李濱老吕遊，質疑辨惑，造詣日深。其爲人以孝友忠信爲根本，潔廉勁挺爲質幹。親蚤歿，恨養弗逮，不茹甘服美者終其身。女兄未嫁，捐所有資之。少從鄉先生徐君翙學，徐喜其開敏，欲妻以女，未及而死。既與薦，有富室將女之。彥清曰：「忍負徐公！」仕雖久，家無旬月儲，歲暮貧且迫。不肯苟受。嘗被檄試士三山，時僞學之論方熾，同列以是發策，士子希主司意，爭詆訾先儒，彥清獨取持議不阿者與其選。陳丞相自强嘗校文于建，彥清其所取士也。及自强爲相，屢欲鈎致彥清，彥清弗屑就。及陳敗，衆始歎服有守。其施之政，則自始仕以勤民爲心，慎於治獄。曾被臬司命往鞫疑案，將至，微服徒行，訪得其冤狀。至獄，破械將釋之，吏争不可，弗聽。未幾，真殺人者獲於他邑，彥清亦絶口勿言。吉安峒蠻竊發，燬永新，蹂龍泉，距縣不百里。彥清佐其長聚兵防之，蠻詗知有備，引去。俄傳寇且至，彥清遍諭居人慎勿動，已而傳者果妄。郡檄彥清行視永新，既至，餓民纍纍，請加賑恤，未報，而命彥清督其租。彥清歎曰：「此豈催科時耶？」晚宰慶元，甫至而目眚作。以疾請主管台州崇道觀。真文忠公銘其墓。《閩書》。《建寧府志》。《通志》。

閩中理學淵源考卷七

廣平府知府李清馥撰

延平陳氏家世學派

按：延津楊、羅、李、朱四賢之外，私淑程門而與龜山師友者，忠肅與默堂二先生爲最著。考忠肅先世，乃祖爲光遠先生世卿，父爲君舉先生偁，皆清宦夙學，肇啟後人。讀王忠文公蒞泉時《咏陳公偁祠》詩曰：「九年地主百年祠，民自元豐結去思。善政在人宜有後，堂堂忠肅見公兒。」今録自君舉先生而下著於編。

朝議陳君舉先生偁

陳偁，字君舉。沙縣人。以父任補太廟齋郎，再調羅源令，有惠政。調通判蔡州，力争死獄五人。知惠州，州有豐湖，税民魚，湖廢而税尚存。偁堤湖數里，時蓄泄，魚利歸民，奏免其課錢凡五十餘萬，民建祠祀焉。移治宿州，用嚴爲治，獄空訟息。召知開封府屬，新法行，請外知泉州。未幾，坐開封府陷失青苗錢罷，州人聞之，期三日哀錢五十萬償負，贖留之，改知尉州。築堤十里，以防皖溪之患。元豐五年，再知泉州。歲旱，教民用牛車汲水入東湖溉田。舊法，番商至，必使詣東廣，否則没其貨。偁請立市舶司于泉，哲宗立，詔從其議。以朝議大夫致仕，贈特進。子瑗，汀州推官。珏，校書郎。瓘，見下。璣，知吉州。《延平府志》。

忠肅陳瑩中先生瓘別見本學派❶

宗正陳知默先生淵別見龜山學派❷

忠肅陳瑩中先生瓘學派

按：紫陽先生每以公與元城忠定劉公並論，大抵其志氣相同，其才略亦同也。王龜齡梅溪自云：「丱角讀書，聞先生長者之論，即知欽慕公之爲人。宦遊絶嶠，獨携温公、忠肅二畫像以行。」其爲賢哲所心仰，可想矣。平生學問私淑程門，於龜山在師友之間，一時英賢林立，講習而服行之。其踐履篤實，百折不挫，稱有體有用之學。梅溪列韓、范、司馬十二名臣，以公爲殿後云。再按：龜山先生《題李丞相送陳幾叟序》謂：李公視了翁爲前輩，雖未嘗從遊，而聲氣相求，

---

❶ 本條原無，據文津本補。
❷ 本條原無，據文津本補。

非一日也。問道之勤，見於斯文，惓惓之意厚矣。今特附之交友云。

忠肅陳瑩中先生瓘

陳先生瓘，字瑩中，號了翁，沙縣人，偁之子。少好讀書，不務進取，父母强之，乃應舉。元豐二年甲科第三人，調湖州掌書記。元祐四年，僉書越州判官。時蔡卞爲越州守，察其賢，每事加禮，而先生輒自遠，屢乞歸，章不得上，檄攝通判明州。章惇入相，先生隨衆道謁。惇聞先生名，邀與同舟，問當世務，先生以所乘舟勢偏輕偏重喻之，因問：「今天子待公爲政，公將奚先？」惇曰：「司馬光奸邪，所當先辨耳。」先生曰：「公誤矣，果爾，將失天下之望。」惇厲色曰：「司馬獨執朝柄，不務纘述先烈，大更神考之政，誤國如此，得非奸邪？」先生曰：「不察其心而疑其跡，則不爲無罪；若揭爲奸邪，重復改作，則誤國滋甚。爲今之計，惟當消朋黨，持中道，庶可救弊。」惇意雖忤，然亦驚異之。留先生共飯而別。到闕，召爲太學博士。先生聞其與蔡卞方合，知必害於正論，遂以婚嫁爲辭，久乃赴官。

時群邪得志，卞黨薛昂、林自議毁《資治通鑑》板，先生聞之，因策士題特引神宗《序文》，自驚曰：「此豈神考親製耶？」先生曰：「誰言其非也。」自曰：「亦神考少年之文耳。」先生曰：「聖人之學得之天性，豈有少長之異？」自以告卞，卞乃密令學中置板高閣，不復敢議毁。嘗爲别試所主文，自謂蔡卞曰：「聞陳瓘欲盡取史學，而黜通經之士，意在動摇荆公之學也。」卞怒，謀因此害先生。

先生固預料其如此，乃於前五名悉取用王氏學者，下無以發，然五名之下，往往皆博洽稽古之士。先生嘗曰：「當時若無矯揉，則勢必激壞，故隨時所以救時，不必取快目前也。」遷秘書省校書郎。紹述之説盛行，先生入奏哲宗言：「堯、舜、禹皆以『粤若稽古』爲訓，粤者，考論舊事；若者，順而行之；稽者，詳其當否，所以成帝王之治。帝王之孝，與士大夫異。」帝反覆究問，語遂移時，意甚感悦。令再入見，有變更時事之意。執政聞而憾之，出通判滄州，知衛州。

徽宗即位，以韓忠彦薦，召爲右正言，遷左司諫。蔡京、蔡卞羽翼章惇，京復陰結權貴。徽宗將有大用之意，先生上疏力言，先後凡十上，末疏言：「翰林學士承旨蔡京，當紹聖之初，兄弟在朝，贊導章惇，共作威福。卞則陰爲謀畫，惇則私斷力行，而京則且謀且行。惇之矜伐，卞之乖悖，京實贊之。七年之間，擠陷言官常安民、孫諤、董端逸、陳次升、鄒浩等五人，掩朝廷之耳目，成私門之利勢。言路既絶，人皆鉗默。凡所施行，得以自恣，遂使當日之所行，皆爲今日之所蔽。」遂舉京四事，皆天下所譏議者，爲徽宗言之。徽宗以先生所論不根，罷右司諫，添差揚州糧料院。將出都，并奏所未上四章。尋改知無爲軍。明年還爲著作郎，遷右司員外郎兼權給事中。宰相曾布屢薦先生于徽宗，遣人諭意云「將大用」，先生作書投布，兼以《日録辨》、《國用須知》送布，言布尊私史而厭宗廟，緣邊費而壞先政，二者天下所共知，而聖主不得聞其説，蒙蔽之患莫大於此。布得書大怒，争辨移時，至箕踞誶語。先生色不爲動，徐曰：「昔所論者國事，是非有公議，公未可遽失待士禮。」布矍然改容。先生出，即録所與布書及《日録辨》、《國用須知》，録以狀申三省，乞行竄逐。信宿，出知泰州。

崇寧中，除名，竄袁、廉二州。五年遇赦，移彬州，稍遷宣德郎。以子正彙在杭，告蔡京有動摇東宮之跡，杭守蔡薿執送京師。先飛書告京，事下開封府制獄，并逮先生。京使權尹李孝壽治其獄。獄具，正彙坐流海上，先生安置通州。在通州時，復取前在明州時所著《日録辨》，推而廣之，名《尊堯録》，釐爲八門，合論四十九篇，而爲之序。張商英爲相，獨取其書，既上而商英罷，又徙先生台州。時宰遍令所過州出兵甲遞送至台，每十日一徙，且命凶人石𢙾知州事，執至庭，大陳獄具，將挾以死，先生大呼曰：「今日之事，豈被制旨耶？」𢙾曰：「朝廷令取《尊堯集》耳。」先生曰：「然則何用如此？君知『尊堯』所以立名乎？蓋以神考爲堯，主上爲舜，助舜尊堯，何得爲罪？時相學術粗淺，爲人所愚。君所得幾何，亦不畏公議耶？」𢙾時已窘先生百端，而宰相猶以爲怯而罷之。在台五年，乃得自便。纔復承事郎，徽宗令再叙一官，仍與差遣，執政持不行。卜居江州，復有譖之者。至，不許輒出城。旋令居南康，纔至，又移楚州，使不得一日安處。先生平生論京、卞，皆披摘其處心，發露其情慝，最所忌恨，故得禍最酷。劉安世聞其疾，使人勉以醫藥，曰：「天下將有賴于公，當力加保愛，以待時用。」

宣和六年，卒于楚州，年六十五。靖康初，詔贈諫議大夫，召官其子正彙。紹興中，高宗讀《尊堯録》，謂明君臣大分而是之，賜謚忠肅。先生謙和矜莊，通易數，言國家大事，後多有驗。嘗與校書郎范淳夫同事，淳夫論顔子不遷怒，不貳過，唯伯淳有之。先生驚問爲誰？淳夫默然久之，曰：「不知有程伯淳耶？」先生深以寡陋爲愧，作《責沈文》自責焉。子正彙，官至直秘閣；次子正同，敷文閣待制；從孫淵，見龜山學派。所著有《了齋集》。《通志》。《閩書》。《名臣傳》。《宏簡録》。《名臣言行録》。

教授林商卿先生彖

林彖，字商卿。仙遊人。幼孤，隨母鞠於外祖陳次升家。以故得盡讀六經、百氏之書，多聞元祐名臣出處大節與宋累朝典故。後僑居真州，又得事劉安世、任伯雨、陳瓘諸公，而與任申先、象先兄弟爲忘年友。紹興初，嘗爲簽樞徐俯禮致，而終不受其薦。奉母歸閩，菽水盡歡。母没，終喪。寓居僧舍，不謀婚娶，曰："吾有弟，不至絶先人世。"不問家事，曰："吾以付二弟。"隆興元年春，監司帥臣列薦，召赴行在，力以疾辭。其秋，丞相陳康伯、樞密黄祖舜令監司、郡守敦促之，復引疾不就。於是，陳孝則、林孝澤皆泉莆偉人，適以憲漕會閩中，相繼率數百人以彖名聞。參政周葵爲轉上之。詔再促召，亦不赴。乾道四年，特與進士出身，添差興化軍教授。未一考，卒。年七十。自號萍齋。《閩書》。《仙遊志》。

學士廖用中先生剛 別見龜山學派❶

❶ 本條原無，據文津本補。

秘書林朝彦先生宋卿別見龜山學派❶

教授陳伯嚮先生葵

陳葵，字伯嚮。閩縣人。初入太學，試上舍優等，中南省第三人，❷擢甲科。蔡京籍元符中上書王定等十八人奏乞編置，葵其一也。謫居衡州。三年，雷震元祐黨人碑，得釋還。詔有司許依元考定甲分注官，授樂清尉，再調建州，以陳瓘門人，復爲京黨劾罷。高宗即位，訪求元祐黨人，胡世將、孟庾宣諭福建，以葵應召，授承事郎、將作監丞。尋召對，除諸王官教授。逾年又以趙鼎黨罷歸。葵屢遭蹟蹶，操尚不改，時論高之。《閩書》。

忠定李伯紀先生綱別見邵武李氏家學派❸

❶ 本條原無，據文津本補。
❷「三」，丁氏抄本作「二」。
❸ 本條原無，據文津本補。

直講張聖行先生讀

張讀，字聖行。安溪人。紹聖四年，以上舍生擢第，調潁昌府法曹參軍，除編修《國初會要》。以父年逾九十，求便養，通判本州。後除王府直講。未幾，請郡，知興化軍。時靖康初，士卒驕恣，一日讙趨庭下，乞額外給賜，先生正色叱之，諸卒感服，反告其渠魁，即梟於市，一郡肅然。建炎初，被召，以疾辭，奉祠。性至孝，居喪廬墓，蔬食終制。杜門却掃，所交皆天下士。始與陳瑩中友善，既仕爲趙清獻、范純禮所奬重，後與李方叔、端叔爲蘇、黄門客。子由作《東坡墓銘》，以示先生，先生曰：「斯文妙盡東坡平生，恐仇人復藉此媒孽，不若刮摩之爲愈。使東坡無此銘，萬世之下，其不知有東坡乎！」晚年徙晉江，與李文肅邴過從尤密。善屬文，閩中碑碣多出其手。貲入即分親故之貧者。壽八十卒，李文肅哭以詩，有「累日塵生甑，經年肘見衿」之語。嘉熙中，邑令趙崇粟表其鄉曰「曾子里」。《閩書》。

教授王西室先生伯起

王伯起，字聖時，福清人。曾祖仁續，不受閩王審知僞命，終隱南山。伯起少遊京師，受經于王安石，學文於曾鞏。樞密曾孝寬聞其賢，延館之。奏授將仕郎，試國子監簿，以假承務郎，授嚴州教授，力辭不就，解官歸。題其齋曰「西室」。一時名人若江公望、陳瓘，皆與友。有詩曰《唱道野集》。

卒,贈右宣教郎。《閩書》。《三山新志》。

邵武李氏家世學派

按:龜山楊文靖公撰李公夔墓志,云:「余與公同爲諸生,肄業于上庠,挾策考疑,時相過從。」又與陳公了翁亦最相善。忠定《跋了翁文》云:「余政和乙未歲,自尚書郎謁告,迎親霅溪,時了翁自天台歸通川,與余相遇於姑蘇。一再見,有忘年之契。後四年,當宣和之初,余以左史論事謫沙陽。了翁方居南康,余因序送陳淵幾叟并寓書通殷勤。了翁答書,辭意懇懇,至舉狄梁公及本朝李文靖、王文正二公事業以相勉。余竊怪公相期太過,非所敢當也。又後七年,靖康改元,歲次丙午,余蒙異恩,自奉常不旬日擢參大政,實總軍旅之事。逾月寇退,宗社已安,四方敉寧。叨處樞輔,追感知己,恨公不見及也。」以上録楊、陳二先生語,想見一時英賢碩德,群聚類處,交相期待,非偶然也。因録李氏家世,著之篇端。

龍圖李師和先生夔

李夔,字師和,其先江南人,唐末避亂,徙居邵武。夔幼孤,鞠於外家,成童猶未知書,而穎悟絶人。舅氏資政黄履每器重之,因授以書。凡耳濡目染,過即成誦,自是六經、諸子、百氏之書,下至毛、鄭箋傳,無所不窺,學由是日進。逮居上庠,與龜山楊時最相善。元豐三年登進士第,爲華亭尉。又調松溪尉兼主簿，遷司封員外郎。力請外補，除知蔡州。朝廷惜其去，留爲宗正少卿。訓辭有曰「非清德老儒，曷任兹選」。轉朝請大夫，累官集賢館修撰，知鄧州兼西南路安撫使。夔下車，盡革前弊，紀綱大整。遂以疾請祠，章再上，除提舉杭州洞霄宫。東歸，家於梁溪錫山之傍，日以文字爲娱。子綱，爲鎮江教官，就養子舍。及公爲尚書郎，丐迎養京師，除夔提舉醴泉，轉中大夫，改右文殿修撰，終龍圖閣待制。所著文集二十卷、《禮記義》十卷，藏於家。子四：綱、維、經、綸。年七十五卒，龜山爲撰《墓志》。

忠定李伯紀先生綱

李綱，字伯紀，其先江南人，唐末徙邵武。父夔與楊龜山先生同爲諸生，肄業上庠，相友善。公登政和二年進士及第，積官監察御史，以言事忤權貴，改比部員外郎，遷起居郎。宣和元年，京師大水，疏言「陰氣太盛，當以盜賊外患爲憂」。調監沙縣稅務，七年，爲太常寺少卿。金人渝盟，邊報狎至，朝議欲避敵。公上《禦敵五策》，因語給事中吴敏曰：「皇太子恭儉聞天下，以守宗社可也。」敏曰：「監國可乎？」公曰：「肅宗靈武之事，不建號，❶不足以復邦，而建號之議不出於明皇，後世惜之。」翼日，敏請對，因言「李綱論與臣同」。有旨召公入議，公刺臂血上疏，於是徽宗内禪之議遂决。

❶「建」，原作「逮」，據文津本及《宋史》卷三五八李綱本傳改。

欽宗即位，召對延和殿。時遣李鄴使金，議割地。公奏：「祖宗疆土當以死守，何可尺寸與人！」欽宗嘉納，除兵部侍郎。靖康元年，以吴敏爲行營副使，公爲參謀。金兵渡河，徽宗東幸，宰執議請上暫避敵鋒。太宰白時中謂：「都城不可守。」公曰：「都城，宗廟社稷、百官萬民所在，捨此何之？但當整飭軍馬，固結民心，堅守以待勤王之師。」欽宗問可將者，宰相因推公，即除尚書右丞。又以公爲東京留守。公爲欽宗力陳所以不可去之意，欽宗意頗悟。會内侍奏中宫已行，欽宗變色，倉卒降御榻曰：「朕不能留矣。」公泣拜，以死邀之。欽宗顧公曰：「朕今爲卿勉留，治兵禦敵，專以責卿。」公惶恐受命。未幾，復決意南狩。公趨朝，則禁衛擐甲，乘輿已駕矣。公急呼曰：「爾等願守宗社乎？願從幸乎？」皆曰：「願死守！」公入見曰：「六軍父母妻子皆在都城，願以死守。萬一中道散歸，陛下孰與爲衛？且敵兵已逼，倘知乘輿未遠，健馬疾追，何以禦之？」欽宗感悟，遂命輟行。公傳旨語左右曰：「敢復有言去者斬！」禁衛皆拜伏，呼萬歲。六軍聞之，無不感泣。

命公爲親征行營使，以便宜從事。公治守戰具，不數日畢。敵兵攻城，公身督戰，募壯士縋城下，斬酋長十餘人，衆數千級。❶金人知有備，又聞欽宗已内禪，乃退。求遣大臣至軍中議和，公請行。上遣李棁。公曰：「臣恐棁怯懦，誤國家。」欽宗不聽，竟遣棁往。金人須金幣以千萬計，求割

---

❶「千」，原作「十」，據文津本、丁氏抄本改。

太原、中山、河間地，以親王、宰相爲質。棁不措一辭，還報。公謂：「所需金幣，竭天下且不足，况都城乎？三鎮，國之屏蔽，割之何以立國？至於遣質，即宰相當往，親王不當往。若遣辯士，姑與之議，宿留數日，大兵四集，彼孤軍深入，不得所欲，亦欲速歸。此時與盟，則彼不敢輕中國，而和可久也。」宰執議不合，公不能奪，求去。欽宗慰諭曰：「卿第出治兵，此事當徐議之。」公退，則誓書已行，所求皆與之，以皇弟康王及少保張邦昌爲質。

時朝廷日輸金幣，而金人需求不已，日肆屠掠。四方勤王之師漸有至者，种師道、姚平仲亦以涇原、秦鳳兵來。公奏言：「金人無厭，勢非用師不可。且彼以孤軍入重地，當以計取之。今若扼河津，絶饟道，分兵復畿北諸邑，而以重兵臨敵營，堅壁勿戰。俟其食盡力疲，然後以一檄取誓書，復三鎮，縱其北歸，半渡擊之，此必勝之計也。」欽宗深以爲然，約日舉事。會姚平仲急於要功，先期夜斫敵營，欲生擒斡里雅布及取康王以歸。夜半，中使傳旨諭公速援，公率諸將旦出封丘門，與金人戰，却之。平仲竟以襲敵營不克，懼誅亡去。金使來，宰相李邦彦語之曰：「用兵乃李綱、姚平仲，非朝廷意。」遂罷公，以謝金人。太學生陳東等詣闕，上書明公無罪。軍民集者數十萬，呼聲動地，至殺傷内侍。欽宗亟召公，公入見，泣拜請死。欽宗亦泣，命公復爲尚書右丞，充京城四壁守禦使。公下令能殺敵者厚賞，衆無不奮躍。金人懼，稍稍引却，且得割三鎮詔及親王爲質，乃退師。除公知樞密院事，公奏請如澶淵故事，遣兵護送，且戒諸將可擊則擊之。乃以兵十萬分道並進，將士受命，踴躍以行。宰相咎公盡遣城下兵追敵，恐倉卒無措，急徵還。諸將已追及金人邢、趙間，遽得還師之命，無不扼腕。迨公力争，復追，而將士解體矣。

詔議迎太上皇還京。徽宗還次南都，以書問改革政事之故，且召吴敏及公。公至，具道皇帝仁孝思慕，欲以天下養之，意請陛下早還京師，語多調和兩宫。徽宗感悟，出玉帶、金魚、象簡賜公。時北兵已去，太上還宫，上下恬然。置邊事不問，公獨以爲憂。靖康元年四月，公在密院與同知樞密許翰議調防秋兵。時太原圍未解，种師中戰没，師道病歸，南仲曰：「欲援太原，非綱不可。」乃以公爲河東北宣撫使。公即移疾，乞致仕，且曰：「此必有建議不容臣於朝者。」辭章十餘上，許翰書「杜郵」二字遺公。公惶恐受命，行次懷州，有詔罷減諸路所起兵。公奏：「太原之圍未解，河東之勢甚危。臣出使未幾，朝廷盡改前詔，臣誠不足任此。且以軍法勒諸路起兵，而以寸紙罷之，臣恐後時有所號召，無復應者矣。」疏上，不報。御批日促解太原圍，而諸將承受御畫，事皆專達，宣撫徒有節制之名。俄又以議和止公進兵。每一次詔下，公皆上疏極論之，不報。未幾，徐處仁、吴敏皆罷，而相唐恪，進聶山、陳過庭、李回等。公聞之歎曰：「事無可爲矣！」即上疏丐罷，曰：「自秋以來，沿邊探報，金人日聚兵，爲南牧深入之計；朝廷日罷兵，如太平無事之時，無謂和議之使一遣，便可恃以爲安也。」乃命种師道代公，而召公赴闕。

尋除觀文殿學士知揚州，公奏辭。未幾，以公專主戰議，喪師費財，落職予祠，責授建昌軍安置，再謫江寧。及金兵再至，欽宗始悟和議之非，除公資政殿大學士，領開封府事。公行次長沙，被命，按《行狀》：靖康元年冬都城圍急，朝命始以京尹召公。至次年四月公始聞召命，其辭免開封府事表文云：

「果聞鐵騎再犯金城，號令阻隔者半年，煙火斷絶者千里，雖心馳魏闕之下，常夢清都，而身滯江湖之濱，莫陪義旅。」即率湖南勤王師入援，未至而都城失守矣。高宗即位，拜尚書右僕射兼中書侍郎，趣赴闕。力辭，不許。因上十事以比姚崇：一議國是，二議巡幸，三議赦令，四議僭逆，五議僞命，六議戰，七議守，八議政本，九議久任，十議修德。翌日，頒公議于朝堂，惟僭逆、僞命二事，留中不出。於是公再言：「留中二事，乃今日政刑之大者，陛下欲建中興之業，而尊崇僭逆之臣，何以示四方？不問僞命之污，何以厲時節？」時黄潛善主邦昌甚力。公因泣拜曰：「臣不可與邦昌同列，當以笏擊之。陛下必欲用邦昌，第請罷臣。」高宗頗感動，乃貶邦昌潭州。吴玕、莫儔而下皆遷謫有差。❶公又言：「群臣能仗節死義者，在内惟李若水，在外惟霍安國，願加贈恤。」高宗從之。因詔諸路詢訪死節者以聞。

有旨兼充御營使。入對，奏：「當今之務，非有規模而知先後緩急之序，則不能以成功。所謂規模者：外禦彊敵，内消盜賊；修軍政，變士風；裕邦財，寬民力；改弊法，省冗官；誠號令以感人心，信賞罰以作士氣；擇帥臣以任方面，選監司郡守以奉行新政。俟吾所以自治者，政事已修，然後可迎還二聖。此所謂規模也。至於所當急而先者，則在料理河北、河東。蓋河北、河東者，國之屏蔽也，莫若於河北置招撫司，河東置經制司，擇有才略者爲之使，宣諭天子恩德，所以不忍棄兩河

❶「玕」，原作「并」，據《宋史》卷三五八本傳改。

與敵之意。有能全一州、復一郡者，以爲節度、防禦、團練使，如唐方鎮之制，使自爲守。非惟絶其從敵之心，又可資其禦敵之力，此最今日先務也。」高宗善其言，問誰可任，公薦張所、傅亮，遂以所爲河北招撫使，亮爲河東經制副使。開封守闕，公薦宗澤，高宗從之。時議遣使於金，命草表，奏言：「堯、舜之道，孝悌而已。陛下以二聖遠狩，不甘寢食，此孝悌之至，正宜枕戈嘗膽，使刑政修而中國强，則二帝不俟迎請而自歸。不然，雖冠蓋相望，卑辭厚禮，恐亦無益。」乞降哀痛之詔，以感動天下。又乞省冗員，節浮費。高宗皆從之。

一日論靖康事，高宗曰：「淵聖勤於政事，覽章奏，終夜不寢，何以卒致播遷？」公曰：「人主之職，在知君子、小人而進退之，則大功可成。否則，雖衡石程書，無益。」因勸上以明恕盡人言，以恭儉足國用，以英果斷大事。皆嘉納焉。又奏：「臣嘗言車駕巡幸之所，關中爲上，襄陽次之，建康爲下。陛下縱未能行上策，當且適襄、鄧，示不忘故都，以係天下之心。不然中原非復我有，車駕還闕無期矣。」高宗乃詔諭兩京以還都之意，讀者皆感泣。未幾，有詔欲幸東南避敵，黄潛善、汪伯彦實陰主之。高宗意已決。綱謂：「國之存亡，於是焉分，吾當以去就争之。」即上疏極論其不可。疏上，留中不出。已而，遷公爲尚書左僕射兼門下侍郎。黄潛善除右僕射兼中書侍郎。公奏：「招撫、經制臣所建明；而張所、傅亮，臣所薦用。今潛善沮所與亮，正所以沮臣。」亮竟罷，因再疏求去。先是公嘗具三疏：請募兵、買馬與募民出財助兵，諫議大夫宋齊愈聞而笑其非策，疏論之。未幾，齊愈以議立張邦昌僭逆附僞之罪，坐誅。張浚乃劾公以私意殺侍從，且論其買馬招軍之罪。詔罷爲觀文殿大學士，奉祠。尚書右丞許翰言公忠義，捨之無以佐中興。會高宗召見陳東，東言：「潛善、伯彦不可任，公不可去。」東坐誅，翰遂求退。後有旨奪公職，居鄂州。公爲相僅三月，而張所旋以罪去，傅亮以母病辭歸。招撫、經制二司皆廢。車駕遂東幸，兩河郡縣相繼淪没，金人攻京東西，殘毁關輔，而中原盜賊蠭起矣。

紹興二年，除觀文殿學士、湖廣宣撫使兼知潭州。是年，荆、湖、江、湘盜以萬數，方議屯宿重兵鼎、澧、嶽、鄂、荆南一帶，以圖恢復中原之漸。議未及行，而諫官徐俯、劉裴論劾，復罷，奉祠西京崇福宫，福州居住。四年冬，金人及僞齊來攻，公具防禦三策，詔付樞密院及三省施行。五年，詔問攻戰、守備、措置、綏懷之方，公奏言：「宜於防守既固、軍政既備之後，即議攻討。至於守備之宜，則當料理淮南、荆、襄，以爲東南屏蔽，有守備矣。然後議攻戰之利，分責諸路，因利乘便，收復京畿以及故都，斷以必爲之志，勿失機會。若夫萬乘所居，必擇形勝。建康，江山雄壯，地勢寬博，宜權駐蹕。至於西北之民，其心未嘗一日忘宋，天威震驚，必有結納、願爲内應者，宜給之土田，予以爵賞，優加撫循，使益堅戴宋之心。」因條上六事。高宗賜詔褒諭，除江西安撫制置大使兼知洪州。及張浚以吕祉敗，引咎罷相，言者引漢誅王恢爲比。公言：「浚措置失當，誠爲有罪，然其區區徇國之心，有可矜者。願少寬假，以責來效。」時車駕將幸平江，公以爲平江去建康不遠，徒有退避之名，不宜輕動。八年，朝廷遣王倫使金，還與金使偕來，以「詔諭江南」爲名。公憤懣上疏，言「卑辭厚幣，廢祖宗之業，失生靈之望。願陛下請詔群臣，講明長久之策，擇善而從之」。疏奏雖與衆論不合，高宗曰：「大臣當如此矣！」九年，除知潭州、荆湖南路安撫大使，具奏力辭，遂允其請。十年薨，年五十八。訃聞，朝廷軫悼，遣使賻贈，撫問其家，給喪葬費，贈少師，官其親族十人。孝宗朝謚忠定。公筮仕三朝，負天下之望，以一身用捨爲社稷生民安危。雖身或不用，用又不久，而其忠誠義氣，凛然動乎遠邇。每宋使至燕山，必問李綱、趙鼎安否。《宋史》論當時排和議，以禦敵爲己任者，在廷惟公一人而已。夫公之進退，布衣之士捐生爲白於朝，非忠所動曷能爾？顧反不信於主上，取嫉於同列，至如張浚賢者，亦不免見忌而訾其短。嗚呼！無亦天未悔禍使然耶？

公晚年於《易》尤有所得，著《易傳内篇》十卷、《外篇》十二卷，頗取卦變、互體爲説，動有所稽，異於今世君子所辨釋。又著《論語詳説》十卷，文章、歌詩、奏議百餘卷。又有《靖康傳信録》、《奉迎録》、《建炎時政記》、《建炎進退志》、《建炎制誥表劄集》、《宣撫荆廣記》、《制置江右録》。《宋史》。《名臣傳》。《宏簡録》。

文昭林拙齋先生之奇學派

按：先生學於紫薇吕公本中，本中學於尹公和靖，至吕公伯恭，則先生之門人也。李氏士英《言行録》云：「公自少講學，即聞父祖至論。又從游、楊，力叩微旨，復造劉安世、陳瓘之門請益，公之學問，端緒深遠如此。」吕成公祭公文曰：「昔我伯祖西垣公，即本中先生。躬受中原文獻之傳，載而之南，裴回顧瞻，未得所付，踰嶺入閩，而先生與二李伯仲，實來一見意合，遂定師生之分。於是嵩、洛、關、輔諸儒之源流靡不講，慶曆、元祐群叟之本末靡不咨。以廣大爲心，而陋專門之曖昧；以踐履爲實，而刊繁文之枝葉。致嚴乎辭受出處，而欲其明白無玷；致察乎邪正是非，而欲其毫髮不差。昕夕函丈，聞無不信，信無不行，前望聖賢，大路九軌，自謂以必可至。」

又曰：「里居之良，若方若陸；旁郡之士，若胡若劉。更唱迭和於寂寞之濱，韜積渟蓄。未幾，聲光四出而不可遏。州黨推擇居東面之席，踵門請起，至再三，不得已而臨之。長樂之士，知鄉大學，知尊前輩，知宗正論，則皆先生與二李之力焉。嗚呼！西垣公既不及公道之伸，而二李每皆以布衣老，獨先生甫入東觀，若將有爲，而病輒隨之。中原諸老之規模，迄不得再白於世，其用捨必有所繫矣。❶某未冠，綴弟子之末行，期待之厚，獨出於千萬人之右。❷顧齒髮日衰，業弗加脩，大懼先生之功力爲虚施，每靦然慚、惕然恐也。惟當與二三子尊所聞、行所知，使先生未伸之志，獨有考焉。」今謹撮此大略，著之篇端。

文昭林拙齋先生之奇

林之奇，字少穎，侯官人。紫薇舍人吕公本中入閩，先生甫冠，從之學。鄉舉，赴禮部試，行至

---

❶「捨」，原無，據文淵閣《四庫全書》本《東萊集》補。

❷「萬」，文淵閣《四庫全書》本《東萊集》作「百」。

衢州，以不得事親翻然而歸。向學益力，本中奇之，從學者踵至。登紹興二十一年進士，調莆田簿，改尉長汀，召爲秘書省正字，轉校書郎。時猶用《三經義説》，先生亟請罷斥，上言：「王氏《三經》率爲新法地，晉人以王、何清談罪深桀、紂，本朝靖康禍亂，考其端倪，王氏實負王、何之責，正所謂邪説淫辭之不可訓者。」或傳金人南侵，先生作書抵當路，言：「久和畏戰，人情之常。故彼常以虛聲恫喝，示我以欲戰之意，非果欲戰，所以堅吾和也。吾果欲與之和，宜無憚於戰，則其權常在我矣。」以痺疾乞外，由大宗正丞提舉閩舶。奉祠家居，吕公祖謙因之受學。卒年六十五。有《尚書集解》、《春秋周禮論》、《論語孟子講義》、《楊子解義》、《道山記聞》、《拙齋集》行世。學者稱拙齋先生。謚文昭。從子子冲。《閩書》。《三山新志》。

潘先生滋

潘滋，懷安人。林先生之奇高弟也。黄勉齋嘗學焉。《閩書》。

參軍劉景虞先生世南 别見三山劉氏家學❶

---

❶ 本條原無，據文津本補。

林玉顯先生謨別見本學派❶

縣丞林通卿先生子冲

林子冲，字通卿。學問德業有聲鄉里，從遊者數百人，爲南豐簿。邑民交頌，太守陳岐請修禮樂書，以子冲大儒之後，延以特榻。子冲隨文釋義，補闕訂訛。書成，周必大、楊萬里稱其精密。調將樂丞，未上，留盱，攝郡太學。丁外艱。以哀毁卒。子耕，字畊叟，衡州教授，能傳家學。《閩書》。

朱子《經義考》。

備考

孫畊《後序》曰：畊自兒時，侍先君盱江官舍。郡齋脩刊禮樂書，先君實董其事，與益國周公、誠齋楊先生書問往來，訂正訛舛甚悉。暇日，因與言曰：「吾家先拙齋《書解》，今傳於世者，自《洛誥》以後皆訛。蓋是書初成，門人東萊吕祖謙伯恭取其全本以歸，諸生傳録十無二三，書坊急於鋟梓，不復參訂，訛以傳訛，非一日矣。」先君猶記鄉曲故家，及嘗從先拙齋遊者，録得全文。及歸，方

❶ 本條原無，據文津本補。

尋未獲，不幸此志莫償。畊早孤，稍知讀書，則日夕在念慮間，汩汩科舉業，由鄉選入太學，跋涉困苦，如是者三十餘年。淳祐辛丑，僥倖末第，閒居需次，得理故書，日與抑齋今觀文陳公、虚齋今文昌趙公參考講求，摳趨請益。抑齋出示北山先生手蹟，具言居官娶女日，從東萊先生學，東萊言：「吾少侍親，官於閩，從林少穎先生學，且具知先拙齋授書之由。」時抑齋方閱六經，尤加意於林、呂之學。虚齋亦倣朱文公辨安國書著本旨，畊得互相詰難。其間凡諸家講解，搜訪無遺。一日，友人陳元鳳儀叔攜《書説拾遺》一集示予，蠹蝕其表，蠅頭細書，云「得之宇文故家」。蓋宇文之先曾從拙齋學，親傳之稾也。其集從《康誥》至《君陳》，此後又無之。遂以録本參校，《康誥》、《酒誥》、《梓材》、《召誥》，皆同録本。自《洛誥》至《君陳》與録本異，其詳倍之。至是益信書坊之本誤矣。當令兒輩作大字謄出，以元集歸之，然猶未有他本可以參訂也。又有一朋友云：「建安書坊余氏數年前新刻一本，謂之三山林少穎先生《尚書全解》，此集蓋得其真，刊成僅數月，而書坊火，今板本不存矣。」余亦未之信，因遍索諸鬻書者。乙巳春仲，一老丈鶉衣銜袖，踉蹡入門，喜甚，揖余而言曰：「吾爲君求得青氊矣。」開視，果新板，以《尚書全解》標題，書坊果建安余氏，即倍其價以鬻之。以所謄本參校，自《洛誥》至《君陳》及《顧命》以後至卷終，皆真本。向者麻沙之本，自《洛誥》以後果僞矣。朋友轉相借觀，以爲得所未見。既而畊暫攝鄉校學録，葉君真，里之耆儒，嘗從勉齋遊，其先世亦從拙齋學，與東萊同時。又出家藏寫本林、李二先生《書解》及《詩説》相示。較之，首尾並同。蓋得此本而益有証驗矣。嗟夫！此書先拙齋初著之時，每日誦正經，自首至尾一遍，雖有他務不輟。

貫穿諸家，旁搜遠紹，會而粹之，該括詳盡，不應於《洛誥》以後詳略如出二手。今以諸本參較，真贋曉然，信而有徵，可以傳而無疑矣。《書解》自麻沙初刻，繼而婺女及蜀中皆有本，然承襲舛誤，竟莫能辨。柯山夏氏解，多引林氏説，自《洛誥》以後則略之，僅有一二語，亦從舊本，往往傳訛。東萊解只於《禹貢》引林三山數段，他未之詳。東萊非隱其師之説，蓋拙齋已解者，東萊不復解，而惟條暢其義。嗟夫！《書》自安國而後，不知其幾家。我先拙齋裒集該括，自壯及耄，用心如此之勤，用力如此之深，始克成書，而傳襲謬誤，後學無從考証。我先君家庭授受，中更散亡，極意搜訪，竟無從得。

畊恪遵先志，又二十餘年旁詢博問，❶且疑且信。又得宇文私録，又得余氏新刊《全解》，又得葉氏録家藏寫本，稽驗新故，訂正真贋，參合舊聞，而後釋然以無疑，確然而始定。然則著書傳後，豈易云乎哉！畊既喜先拙齋之書獲全，又喜先君縣丞公之志始遂，顧小子何力之有，抑天不欲墜廢斯文，故久鬱而獲伸歟！不然，何壁藏、汲冢之復出也？淳祐丁未之歲，石鼓冷廳，事力甚微，學廩粗給，當路諸公不賜鄙夷，捐金撥田，悉有所助。三年之間，補葺經創、石鼓兩學，輪奐鼎新，書板舊帙，缺者復全，於是慨然而思曰：「吾先君未償之志，孰有切於此者？吾先世未全之書，豈容緩於此者？實爲子孫之責也。」乃會書院新租，歲久之積，因郡庠憲臺撥鏹之羡，撙學廳清俸公給

❶「二」，文淵閣《四庫全書》本《尚書全解》作「三」。

之餘，計日命工，以此《全書》亟鋟諸梓，字稍加大，匠必用良，板以千計，字以五十萬計，釐爲四十卷，始於乙酉之孟冬，迨明年夏五月而畢。是書之傳也，亦難矣哉！亦豈苟然哉！舊本多訛，畊偕次兒駿伯重加點校，凡是正七千餘字。今爲善本，庶有補於後學。淳祐庚戌夏五，嗣孫迪功郎衡州州學教授兼石鼓書院山長畊謹書。

鄧均曰：觀林君畊叟序述其先王父全書始末，兩世訪求，志亦苦矣。先是抑齋陳先生爲僕言閩學源流開教甚悉，乃知始於紫薇呂公載道而南，而拙齋先生實親承心學。拙齋著書多，而於《尚書》尤注意，即少穎先生《書解》是也。然自《洛誥》以後，傳者失真，世不得其全書爲恨。先生之猶子諱子冲，登癸丑科，爲南豐簿。嘗分教盱江，再轉爲丞。僕頃在庠序，尚及識縣丞公於文席，❶縣丞公在盱，據勘遺文多矣，獨於拙齋全書散佚之餘，訪求而未得，不幸賫志以歿。又數十年，而先生之孫畊，始克摹就。豈其書之泰阨，固自有時耶？拙齋雖不克竟其用，而傳聖賢之心，壽斯文之脉，其功大矣。縣丞公刻志世其學，❷而略不獲施於用，至畊而全書始出以傳。惟拙齋之學卓然光明，久而益昌，何容繪畫？畊字畊叟，暨先生甫三世，其孜孜問學，多識往行，好修者也。君子曰「無忝厥祖」。淳祐十年七月既望。

❶「文」，文淵閣《四庫全書》本《尚書全解》作「丈」。
❷「刻」，文淵閣《四庫全書》本《尚書全解》作「克」。

按：晎叟序中言抑齋今觀文陳公，疑即北山先生之子韡，時爲觀文殿學士，後謚忠肅。言虚齋今文昌趙公者，考《三山·藝文志》，趙公以夫有《虚齋樂府》二卷，疑即此公也。二公淵源正學，宋季士林多推重之。

閩中理學淵源考卷八

廣平府知府李清馥撰

文節林艾軒先生光朝學派

陳正獻公曰："閩中洛學之興，肇自建、劍，而莆儒風之盛，自紹興以來四五十年崇尚洛學，艾軒先生實作成之。"林公希逸曰："自南渡後，洛學中微，朱、張未起，以經行倡東南，使知聖賢心不在訓詁者，自莆南夫子始。"莆南者，艾軒先生也。朱子曰："這道理易晦而難明。某少年過莆，見林謙之與方次雲說一種道理，說得精神爲之踊躍鼓動，退而思之，至忘寢食。後來過莆，二公已往，無有能繼其學者矣。"劉後村曰："以言語文字行世，非先生意也。先生乾、淳間大儒，國人師之。文公於當世之學，間有異同，惟於先生加敬。于時朝野語先生不以姓名，皆曰艾軒。"觀此，則公之從遊陸公子正，淵源程氏之學，其時豈特爲莆所宗仰哉？先生曾與楊次山手札，自言與方次雲論晉代人物，如寒蟬孤潔，不入俗調，心甚樂之，方云："此數人來孔子之門，恐一日着脚不定。"乃悟夫子之門爲人物準的，千歲人物要入得此窠様中，乃爲無愧耳。此又先生與方氏默會孔門親切之訓者也。維時莆之宗派發自艾軒，其平日師友講習多從事於經術行檢，使人知聖賢心不在文字訓詁間也。聖學湮廢，寥寥千載，於孔門德行之科，莫能尋討契合，而不知其體認於學問根柢淵源未易窺也。朱子嘗釋善言德行之説，謂所言皆其自己分上事，故當時惟顏、閔以上從事此工夫。自洛、閩之學興，師弟講切，無非此義，而一發千古之矇，方、林二公得程氏緒餘，殆窺見此旨歟！乾隆辛未四月望後一日書。

文節林艾軒先生光朝

林光朝，字謙之。莆田人。學者稱艾軒先生。少有聲塲屋。再舉禮部不第，不復以得失爲意。聞吴中陸子正學出尹和靖，遂往從之，自是專心聖賢踐履之學，通六經，貫百氏，出入起居，必中規矩。歸莆，設講於東井、紅泉，四方來學者，無慮數百，稱爲「南夫子」。蓋先生之學，一傳爲林亦之，再傳爲陳藻，三傳爲林希逸。其爲教，以身爲律，以道德爲權輿，不專習詞章爲進取計。平生未嘗著書，其於聖賢微旨，有得於師傳者，惟口授學者，使之心通理解。嘗曰：「道之全體存乎太虚，六經既發明之，後世注解固已支離，若復增加，道愈遠矣。」又曰：「日用是根株，言語文字是注脚，學者須求之日用，求之不已則察乎天地。」

隆興元年，年五十，始以進士及第，授袁州司户參軍。乾道三年，龍大淵、曾覿以潛邸恩倖進。

先生與劉朔以名儒薦對，頗及二人罪，❶由是改知永福縣，而大臣論薦不已。召試館職，爲秘書省正字，歷著作郎，進國子司業兼太子侍讀。九年，張説再除簽書樞密院，先生不往賀，遂以顯謨閣出爲廣西提點刑獄。淳熙元年，移廣東，以擊殺茶寇功，拜國子祭酒。四年，孝宗幸國子監，命講《中庸》，大稱善，面賜金紫，除中書舍人兼侍講。時吏部郎謝廓然以曾覿薦，賜同進士出身，除殿中侍御史。命從中出，先生愕然，曰：「是輕臺諫，羞科目也。」立封還詞頭。孝宗度先生必不奉詔，改權工部侍郎。❷請外，遂以集英殿脩撰出知婺州，引疾，提舉江州興國宫。年六十五卒，謚文節。

先生老儒，通達世務，負士望甚重。出使入朝，徇義忘私，無田宅以遺妻子。在後省，久未有建明，吕東萊私謂所知曰：「未知此老若爲收煞及繳駁。」謝廓然除命，乃喜，曰：「此舉過江後未有也。」先生既没，朱文公嘗歎曰：「某少年過莆，見林謙之、方次雲説得道理極精細，爲之踴躍鼓動，退而思之，至忘寢食。後來再過，則二公已没。更無一人能繼其學者矣。」陳正獻公曰：「莆儒風特盛，自紹興以來四五十年，士始知洛學，而以行義脩飭聞於鄉里者，艾軒實作成之也。」

有集二十卷。陳氏宓謂其「森嚴奥美，上參經訓，下視騷辭」。劉氏克莊亦謂「高處迫《檀弓》、《穀梁》，平處與韓並驅」。林氏俊曰：「艾軒不獨道學倡莆，詩亦莆之祖，用字命意無及者，後村雖

---

❶「二」，丁氏抄本作「三」。
❷「權」，丁氏抄本作「釋」。

工，其深厚未至也。」按，先生嘗師事同郡林霆，林公深於象數之學者。所著有《易論》、《詩書語録》、《中庸解》等集。《莆陽文獻》。《閩書》。《朱子語類》。《林貞肅集》。

文　略

《與朱編脩元晦》曰：「前此數得來書，祝耕老有五夫便人去，令來取書，因循如許，言之愧甚。去年過黃亭，只相隔得三二日，所欲道者，亦何數，唯耿耿。比承除書之下，此在公論以爲太遲，不知賢者出處自有時，直道之信，善類增氣。見教恭而安數語，乃是從根株上説過來。別後對此，如一對面語，但所謂與虞仲達及此一節，更記憶不上。是日説數件語，當不止此耳。林用中聞以館舍處之，得質正所聞而求所未聞，甚善。復之到官已三月，偶疾，唾中有血雜出，令人憂懸也。」

《與楊次山》曰：「某授徒三十年，不過爲塲屋舉子之習，學問一事，雖稍涉其涯，而所以作語及所以傳授於人，唯是一律，豈敢輒出塲屋繩尺之外也。某年近二十，未知龜山所遺後來者爲何書。及隨計走都下，此説一歷耳。又二三年中乃得之。是時，有周先生、尹先生，諄諄然八九十歲人，乃文靖公一輩流也。王信伯得之於龜山，施廷先得之於信伯。廷先吾友也，廷先每説洞庭之野有一人吾所畏，當買舟同一見之。不及見此人，廷先死矣。傷哉廷先！每對人道説，必爲之出涕。廷先乃吾亡友方正字次雲之友。某以次雲六兄之故，遂定交。某幼歲聞李太白、石曼卿之爲人，即踴躍道其事。又初讀《晉書》，見一様人物，如寒蟬孤潔，不入俗調，此心甚樂之。一日，對次雲説：

『古人如此，終是不俗。』六兄云：『此數人來孔子之門，恐一日着脚不定。』某乃悟夫子之門，爲人物準的。千歲人物要入得此窠樣中，乃爲無愧耳。」

詩

《送別湖北漕李秘監仁甫》詩曰：「文字眇煙雲，過眼徒浩浩。所有未見書，惜哉吾已老。子雲客長安，陳迹如一掃。同叔向來人，我生苦不早。亦聞青城山，斯翁爲有道。瞿塘不可上，秋夢長顛倒。白日來西崑，一見自應好。縱譚百代前，至境非枯槁。多爲開口笑，明日生懷抱。黄鶴有高樓，恍如事幽討。攬轡逢道州，聽書下下考。《周南》勿留滯，掇拾供史藁。分手重酸辛，璠璵衆所寶。十日不得面，何爲太草草。」

備　考

陳正獻公俊卿撰《艾軒祠堂記》，略曰：淳熙壬寅夏四月，永嘉林仲元來守此邦，以厚風俗、敦教化爲本。闔郡之士咸造於庭曰：「莆雖小壘，儒風特盛。自紹興以來四五十年，士始知洛學，而以行義脩飭聞於鄉里者，艾軒先生實作成之也。先生學通六經，旁貫百代。蚤遊上庠，已而思親，還里，開門教授。四方之摳衣從學者，歲率數百人。其取巍科、登顯仕者甚衆。先生之爲教，以身爲律，以道德爲權輿，不專習詞章爲進取計也。其出入起居，語默問對，無非率禮蹈義。士者化之，閭有經行井邑，而衣冠肅然，有不可犯之色。人雖不識，望之知其爲艾軒弟子也。莆之士風，豈無所自？先生殁已六年，人思其矩範，願得立爲祠宫，春秋薦以苾芬，以慰邦人之思。」太守乃擇南城隙地，爲屋十六楹，丹雘一新，因謀刻歲月，謁記於予。予於艾軒遊四十年，所謂三益之友，其可辭乎？

明貞肅氏俊撰《艾軒文選序》，略曰：吾家艾軒先生崛起南服，專志聖賢。于時，遺儒陸子正、施廷先嘗學和靖、龜山先生，特從指授，以上紹伊、洛之傳，窮博而會之要，絶意著述。東井倡道盡群俊，而朋來之四方。年五十始奏名，十一轉而至中舍。平茶寇，講《中庸》，一再爲孝宗褒奬。坐封還詞頭，改工部侍郎，以集英脩撰知婺州，提舉興國宫以卒。先生長晦翁一十六歲，晦翁商略理道，獨先生意合，嘉其精細，退若有得，請質時見於書。兑澤南軒，於《易》有所異，爲晦翁獨與其皦駁新端也。東萊曰：平生保任，此老不負。謚文節也，君子謂允。

去今三百五十年，祠久圮，墓之田易數姓，稚弱二孫，稀落可念。龍坡之爲仰止書院，馮公行健、雷公孟升意也。俊偕汝華謀曰：「先生嘗同晦翁講道，以齒則兄，以道則友。晦翁固道學淵源，先生亦道學名派，一方而名，天下稱南夫子無異詞，宜並祀。」雷喜，白之馮暨貳暨大巡宣司、監司、督學，議可並祀二先生，侍以莆高弟子，而復梓其文以傳云。

文介林綱山先生亦之別見本學派❶

侍講陳英仲先生士楚以下門人

陳士楚，字英仲，莆田人。從學林公光朝。登乾道八年進士，調臨江户曹，攝新喻縣，政化大洽。改秩，調侯官。丞相周必大薦之以國子監簿，召對，孝宗獎其誠實。紹熙初，除宗正丞兼嘉王府直講。一日，百官已趣班，雪大作，宰相索表稱賀，援筆立就，朝士稱歎。青宫開經筵，講《周書·無逸》章，其解「稼穡艱難」，曰：「百穀麗於土，荄萌既敷，方有實；三農力於田，莠草既除，方有秋。以諷小人妨君子之意。」壽皇傳諭曰：「陳直講説《書》，議論精詳，理致深奥，得師儒之道。」除右侍郎、右史。退葺御書閣，扁「陽春堂」、「揖壺樓」、「觀稼亭」，皆宸筆揮洒。慶元改元，除侍講。林希逸守莆，祠艾軒、綱山、樂軒于穀城山，後人以士楚侑饗云。《莆陽文獻》。《閩書》。

著作劉賓之先生夙別見家學❷

❶ 本條原無，據文津本補。

❷ 本條原無，據文津本補。

正字劉復之先生朔別見家學❶

主簿黄季野先生駉

黄駉，字季野，莆田人。少從林艾軒學，志行高古，自劉夙、劉朔、林亦之而下，皆推讓焉。登紹興二十一年進士第，調懷安簿，未上，卒。二劉葬之，表其墓。《莆陽文獻》。《閩書》。

推官卓進之先生先

卓先，字進之，莆田人。少從林艾軒學。年十五，拔鄉解。紹興四年，年四十，以特科調龍溪主簿。歲旱疫，多所全活。累遷建寧軍節度推官。歲亢旱，松溪、政和、建陽、浦城四邑仰食下流客米，府禁米舟出城。先争曰：「四邑非建民耶？」平生居官廉静，言論據經，與人寡合。陳宓、鄭爚許與特甚，而傅伯成尤敬重之。族孫得慶。《莆陽文獻》。《閩書》。

❶ 本條原無，據文津本補。

魏天隨先生几

魏几，字天隨，福清人。從林艾軒，以「克己復禮」問，艾軒曰：「五湖明月。」因以穎悟。賦《丹霞夾明月》，有「半白在梨花」之句，人以「半白梨花郎」目之。其昆仲有雪堂、天游，亦名士也。《閩書》。《三山郡志》。

林載德先生阿盥

林阿盥，字載德，福清人。林高諸孫也。從林艾軒學，苦六經無所入，至欲投江死。艾軒稱之，謂「魚鹽中膠鬲」。《閩書》。《三山郡志》。

陳先生叔盥

陳叔盥，福清人。少從林艾軒講學。出揖客而容頳。艾軒曰：「心不負人，面無頳容。」叔盥悟而自克，遂以行誼名。《閩書》。《三山郡志》。

傅景初先生蒙

傅蒙，字景初，仙遊人。少從林艾軒學，工詞賦，兼五經。孝宗朝，嘗上萬言書，退而講學龍池，以淑後進。《閩書》。《仙遊邑志》。

林擇之先生用之別見朱子學派[1]

教授林恭之先生肅

林肅，字恭之，仙遊人。淳熙三年進士。少有文名，與傅蒙遊林艾軒之門。試教官科，授臨安教授，卒。《仙遊邑志》。《閩書》。

提舉楊似之先生興宗

楊興宗，字似之，長溪人。祖惇禮，字穆仲。興宗少師事鄭夾漈，後執經林謙之之門。登紹興三十年進士，調鉛山簿。孝宗登極，上封事，末陳以守爲攻之策。時相湯思退主和議，使人要曰：「若登對無立異，當以美職相處。」却之。累書抵東府力争。孝宗嘉其志，除武學博士。丞相陳俊卿舉充館職，條對時弊。歷遷校書郎，與林謙之同校文省殿，擢鄭僑、蔡幼學、陳傅良，時稱得人。修《四朝會要》，歷遷司勳郎。論張説不當與趙汝愚同拜，不報。又駁楊和、王存中封爵太優，忤時相

[1] 本條原無，據文津本補。

虞允文，乞祠，出守處州，大有政聲。除知温州，改嚴州，終湖廣提舉。著有《自觀文集》。《閩書》。

林先生恂如

林恂如，莆田人。少從林艾軒學。嘗傾貲殫力，脩築木蘭坡之南岸堤。祖國鈞，建紅泉學，延族子，艾軒爲師焉。《閩書》。

判官林井伯先生成季以下家學❶

林成季，字井伯。艾軒從子。有學行，從朱子遊，朱子深器重之，所與筆札甚多。趙忠定禮爲上客，每事必咨。仕興國軍判官。《莆陽文獻》。

備　考

劉後村《跋趙忠定公朱文公與林井伯帖》：某爲童子時，受教於先友井伯林丈，初筮主靖安簿，辱授印焉。卷中諸帖，昔皆嘗見，後三十餘年，復從君保陳君見之。蓋先友冢上之木已拱而其家亦益落矣。感今念昔，不勝悲慨。當乾、淳間，艾軒先生與忠定相君同館，井伯丈以艾軒猶子爲忠定

❶ 本條原無，據文津本補。

上客，所交皆當世名人，而於朱、張、吕三君子尤厚。忠定帖雖家事瑣碎，亦謀焉。文公帖如黨論之興，大愚之貶，衡陽之薨，皆當時大變故，士大夫掩耳不敢聞。公獨諄諄然赴告於井伯丈。一太學生未脱韋布，而隱然任世道之隆替，受諸老之付囑，可不謂賢哉！初，餘干縣尹有憾於忠定，讁命下，祖昔人憾萊公、元城故智，張皇特甚。井伯丈適在吴中，先馳書以報，忠定賴以自安。嗚呼！使遇良史筆之，豈減於陳仲弓、郭有道耶？

漕舉吴省齋先生澥 以下交友

正字方次雲先生者 別見方氏家學❶

吴澥，字清臣，龍溪人。兩請鄉舉，❷有聲。又請漕舉及同文館舉。澥著述甚富，援筆立成，皆極精妙。與陳知柔、林光朝諸公爲莫逆交。知柔嘗擊節稱賞，謂其貌古、心古、學古、文古，三山林子晦亦嘆其爲天下奇才。學者師之，稱省齋先生。有《省齋集》行世。《道南源委》。《閩書》。

❶ 本條原無，據文津本補。
❷ 「請」，丁氏抄本作「詣」。

縣令陳元桀先生昭度

陳昭度，字元桀，興化人。紹興五年進士第，爲尤溪主簿。部使者檄令捃摭屬吏細過，昭度憮然拂衣去。閒居讀書著文，十餘年不出，與鄉大夫林迪爲忘年友。艾軒林光朝、次雲方翥、正字劉夙兄弟皆嘗至其家登堂拜母，誼均兄弟。既而教授藤州，藤地鄙遠，俗尚庳陋。昭度勵士以致知謹獨之學，由是士競於學，知所指歸。改知長樂縣，未上，卒。昭度淵源濂、洛，爲文得古法，簡嚴閑淡，理致深遠。艾軒志其墓，謂「不緣師授，視横渠爲同時獨曉者」。《莆陽文獻》。《閩書》。

鄭夾漈先生樵

鄭樵，字漁仲，興化人。父國器，太學生，嘗鬻己田築蘇洋陂，人食其德，没於姑蘇。樵年十六，徒步歸葬。自是謝絶人事，結廬越王山下，閉户誦習。卜築草堂夾漈，居之。久之，出遊名山大川，搜奇訪古，遇藏書家必留借讀。夜則仰觀星象，寒暑寢食爲之都忘。一時名人如李綱、趙鼎、張浚皆器重之。初爲小學經旨、禮樂文字、天文地理、蟲魚草木、方書之學，皆有論辨。紹興十九年，上書曰：「草萊臣鄭樵昧死百拜，獻書皇帝陛下。臣本山林之人，入山結茅，欲讀古今之書，通百家之學，討六藝之文而爲羽翼。忽忽三十年，著述之功，百不償一，不圖晚景獲見太平。松筠之節不改歲寒，葵藿之心難忘日下。恭惟陛下留心聖學，篤志斯文，擢用儒臣，典司東觀内外之藏，治有條理，百代之典燦然可觀。臣伏觀秘書省歲歲求書之勤，臣雖身在草萊，亦欲及時效兹尺寸，謹繕寫十六部百四十卷，恭詣簡院投進。其餘卷帙稍多，望賜睿旨，許臣料理餘續，當上進，得展盡底藴。」詔以其書藏秘府。

歸而益厲所學，從者二百餘人。尋喪母，哀毁廬墓。部使者舉孝廉者三，舉遺逸者二，皆不就。二十七年，以侍講王綸、賀允中薦，應召。明年，上殿奏言：「臣處山林三十餘年，脩書五十種，皆已就。其未成者，臣取歷代之籍，始三皇，卒五季，彙緝爲一，名曰《通志》。體參馬遷，法則稍異，謹摭其要覽十二編，名曰《修史大例》，先上之。」

帝曰：「聞卿名久矣！敷陳古學，自成一家，何相見之晚耶？」授右迪功郎，禮、兵部架閣。爲御史葉義問所劾，力乞還山，改監南嶽。還家論著，閲四年，《通志》就，詣闕請上。會高宗幸建康，命爲樞密院編修官，尋兼攝簡詳諸房文字。因求入秘書省繙閲典籍。詔許於三館假書觀之。陸務觀以爲一時快事。又坐言者寢。及駕歸，繳進《通志》，而樵卒，時年五十九矣。

生平枯淡好施，居鄉累歲，不一詣守令。筆札雖詔從官給，未嘗取也。見人寸善，推譽如有不及。有來質問者，爲之顛倒。數於當路薦林光朝、林彖。學者稱夾漈先生。詩文有《谿西集》五十卷。《莆陽文獻》。《閩書》。

州守蔣元肅先生雝

蔣雝，字元肅，仙遊人。少博學强記，下筆輒數千言，曲盡其妙。鄉先輩宋藻舉經傳扣雝，隨問隨答，每以「南方夫子」稱之。設席郡庠，户履常滿。與林光朝同時十人，俱知名，號「莆陽十先生」。登紹興二十一年進士，教授泉州，守王十朋見其文，大加賞識，雝因作《夢仙賦》以獻，十朋曰：「長卿《大人》、太白《大鵬》之比也。」又撰《時政十議》，十朋歎曰：「此經世之文矣！」後知江陰軍，再知通州。以郡人張次山坐與程明道、邵康節同好惡得罪，及陳瑩中、任德翁嘗遷謫於此，合爲堂祀之，扁曰「三賢」，以厲風俗。秩滿，入覲，首言：「江東鹽課，較之淳熙七年出入之數虧二萬緡，主策者方以衍課增秩。」上矍然曰：「某人欺朕。」因訪本末，雝口誦指畫，應對如響。上曰：「卿材通練，合以蒲郡處卿。」雝拜謝，上目其背方面材也。❶將除贛州，爲宰執所沮。退居樸鄉十餘年，凡四請祠。以壽終。著有《樸齋文集》。子祈。從子有秋。《仙遊邑志》。《閩書》。

徵士方直甫先生秉白

方秉白，字直甫，莆人。隱居教授。林謙之、方次雲、劉賓之、復之諸名士皆其友也。孝宗朝，

❶ 「背」下，鄭嶽《莆陽文獻》有「曰」字，當是。

以孝廉薦，不起。郡守趙彦勵嘗辟脩《莆陽志》。有《草堂文集》。《閩書》。

州守方先生漸

方漸，莆田人。重和元年進士。紹興中，判韶州，知梅湖、南恩，歷官朝散郎。平生清白，無十金之産。所至挾書自隨，積至數千卷，皆手自纂定。就寢不解衣，林謙之質之，答曰：「夜或有尋討，便不懷安。」爲小屋三間，以藏其書。榜曰「富文」，鄭節仲嘗就讀焉。子，林。鄉貢進士。孫，其義。曾孫，應發。《莆陽縣志》。

文介林綱山先生亦之學派

按：先生師事艾軒三十餘年，莆人推先生嗣講席。後先生之學授之陳樂軒藻，亦嗣綱山講席。林氏希逸創三先生祠，奉祀并録其遺文。所謂三先生者，莆南林公光朝、福清林公亦之、陳公藻也。惜三先生之學，至希逸林氏而無傳矣。葉文忠公向高曰：「王信伯再傳而亦之，又再傳而希逸，星辰没矣。源流正學，溯於前脩，固皆同爲洛學淵源也。於乎懿哉！」

文介林綱山先生亦之

林亦之，字學可，閩縣人。盛年挾策遊四方，卒不契。去之紅泉謁林艾軒光朝而師之，左右三十餘年，遂爲高弟。艾軒卒，莆人推亦之嗣講席。艾軒之學一本躬行，亦之户外屨幾半於師矣。或勸其著書，答之詩曰：「講學紅泉不著書，只將心學授生徒。」趙汝愚帥閩，辟入東井書堂，待以賓禮，上其學業於朝，命未下，卒。學者稱「綱山先生」，一曰「魚月先生」。著《論語》、《考工記》、《毛詩》、《綱山詩集》。景定間，林希逸追舉其賢，贈迪功郎。賜謚曰文介。子簡，字綺伯，莆中劉克莊少師之。《閩書》。

文遠陳樂軒先生藻

陳藻，字元潔，福清人。師林亦之，得艾軒經學之傳，爲時通儒，遂嗣亦之講席。藻家貧，篤志於學，不求人知。入則課妻子耕織，出則誘生徒絃誦，登山臨水而已。學者稱「樂軒先生」。所著有《語孟莊子杜詩解》，并詩集。景定間，門人林希逸薦其賢，贈迪功郎。賜謚曰文遠。《閩書》。《三山新志》。

中書林竹溪先生希逸

林希逸，字肅翁，號鬳齋，福清人。師事陳藻。藻之學出於林亦之，亦之出於林光朝，其授受遠有源委。登端平二年進士，爲平海軍節度推官，以清白稱。淳祐中，遷秘書省正字。入對，乞信任給諫，又乞早決大計，以慰人望。理宗皆開納。歷翰林權直學士兼崇政殿説書，以直秘閣知興化軍。下車首詔學者云：「自南渡後，洛學中微，朱、張未起，以經行倡東南，使知聖賢心不在訓詁者，自莆南夫子始。初疑漢儒不達性命，洛學不好文辭，使知性與天道不在文章外者，自福清兩夫子始。學者不可不知信從也。」因立三先生祠祀之，并録其遺文以傳。莆南夫子者，林光朝；兩夫子者，亦之、藻也。景定四年，舉亦之及藻爲有道之士。又舉林公遇幼承父澤，❶奉親不仕，並乞褒崇。詔有司爲三人樹表書謚，並祀之學宫。希逸官司農少卿，終中書舍人。

所著有《易講》、《春秋正附篇》、《考工記解》、《竹溪稿》。子泳，歷興化，倅國子監丞。劉克莊序希逸詩：宋自光朝三傳，至希逸比之于師槁而華矣。明代郭萬程曰：「自道學興，辭命多鄙，光朝之門獨爲斐然。閩自楊氏道南，蓋光朝可接羅、李之宗。惜時儒未深知者，至希逸而亡傳矣。」《閩書》。《莆陽文獻》。《三山新志》。

朝奉嚴坦叔先生粲

嚴粲，字坦叔，一曰明卿，邵武莒溪人。精毛氏詩箋註，嘗自註《詩》曰《嚴氏詩緝》，朱文公《詩傳》多採其説焉。《邵武郡志》。

按：嚴氏粲自序《詩緝》，在理宗淳祐戊申，去朱子捐館之歲已四十八年。林氏希逸撰《嚴氏詩緝序》言：

❶ 「公」，原作「光」，據《宋史》卷四五五改。

「華谷嚴君坦叔早有詩名江湖間。甲辰，余抵京，以同舍生見，時出《詩緝》語我，其説大抵與老艾合。遂求全書而讀之。」今以序詩之年考之，亦後於朱子四十餘年。嚴氏本傳所言「朱子採其説」者，自《邵武郡志》如此。今讀《詩緝》中所引用諸説，凡「朱氏曰」者皆文公朱子之説，嚴氏採朱子之説，而立傳者反謂朱子採其説，相沿承誤，似無可疑。今録原序并林序二篇附後，俟考訂者再詳之。

備　考

嚴氏粲自序《詩緝》曰：二兒初爲《周南》、《召南》，受東萊義，誦之不能習，余爲緝諸家説，句析其訓，章括其旨，使之瞭然易見。既而友朋訓其子若弟者，競傳寫之，困於筆劄，胥命鋟之木，此書便童習耳。《詩》之興，幾千年於此矣。古今性情一也。人能會孟氏説《詩》之法，涵泳三百篇之性情，則悠然見詩人言外之趣，毛、鄭以下且束之高閣，此書覆瓿可也。淳祐戊申夏五月，華谷嚴粲序。

林氏希逸《詩緝序》曰：六經皆厄於傳疏，《詩》爲甚。我朝歐、蘇、王、劉諸鉅儒，雖罷落毛、鄭舊説，争出新意，而得失互有之。東萊吕氏始集百家所長，極意條理，頗見詩人趣味，然疏缺涣散，要未爲全書。蓋《詩》於人，學自爲一宗，筆墨蹊徑，或不可尋逐，非若他經。然其流既爲《騷》、爲《選》、爲唐古律，而吾聖人所謂可以「興、觀、群、怨」，孟子所謂「以意逆志」者，悉付之明經家。艾軒林先生嘗曰：「鄭康成以《三禮》之學箋傳古詩，難與論言外之旨矣。」艾軒終身不著書，遺言間得於前一輩鄉長老，客遊二十年未有印此語者。華谷嚴君坦叔早有詩名江湖間。甲辰，余抵京，以同舍生見時，出《詩緝》語我，其説大抵與老艾合，且曰：「吾用於此有年，非敢有以臆决，摭諸家而求其是，要以發昔人優柔温厚之意而已。」余既竦然起敬，遂就求全書而讀之，乃知其鈎貫根葉，疏析條緒，或會其旨於數章，或發其微於一字，出入窮其機綜，排布截其幅尺，辭錯而理，意曲而通，逆求情性於數千載之上，而興寄所在，若見其人而得之。至於音訓疑似，名物異同，時代之後前，制度之纖悉，訂證精密，開卷瞭然。嗚呼！《詩》於是乎盡之矣！《易》盡於伊川，《春秋》盡於文定，《中庸》、《大學》、《語》、《孟》盡於考亭，繼自今，吾知此書與並行也。然則華谷何以度越諸子若是哉？余嘗得其舊藁五七言，幽深夭矯，意具言外。蓋嘗窮諸家閫奥而獨得風雅餘味，故能以《詩》言《詩》，此箋傳所以瞠若乎其後也。余曰：「艾軒惜不見子。」君曰：「子又豈容遺艾軒之言？」故不自揆，而爲之叙云爾。是年十有二月，竹溪鬳齋林希逸書。

閩中理學淵源考卷九

廣平府知府李清馥撰

莆田劉氏家世學派

彭從吾先生曰：「莆壤土褊小，至宋始成郡，而文獻特盛，忠惠蔡襄、文節林光朝、正獻陳俊卿三五公爲之冠冕。最後，後村劉先生起而繼之，文章流布，事業兼備，論者謂三五公而下，一人而已。蓋劉自著作夙、正字朔二先生師事文節公，道同行偕，齊名乾淳間，蔚然爲文章家。著作之子吏部侍郎彌正，與群從又皆以行義名世。吏部之子則後村先生資禀既異，濡染亦深，壯而益學，以至於成。加以壽數之高，位遇之顯，遂以文事紹先聞於天下。當世大儒真文忠公辟帥參，且以『學貫古今，文追騷雅』薦於朝。晚乃薦，歷工部尚書，以龍圖閣學士致仕，年八十三而没。

著作劉賓之先生夙

劉夙，字賓之，莆田人。與弟朔師事林艾軒，得其傳。紹興二十一年登第，歷臨安教授。以弟朔爲温州司户，迎母就養，因乞與温州教授莫沖兩易，以便親，從之。作養人材，多所成就。陳傅良以諸生見，夙賞重之，果以文名。孝宗即位，召除樞密院編脩，以親老求去。無何，兼國史院編脩，力辭不就。除著作佐郎，所對館職策言薦舉之弊，曰：「此執政大臣爲惠而不爲政致之也。陳執中、章子厚，人知其小人也，然能不以官私其親。今將告執政大臣曰：『子爲子厚乎？子爲執中乎？』則艴然怒矣。至其行事，則有爲子厚、執中所不爲者矣。」又上封事曰：「陛下與曾覿、龍大淵輩觴詠倡酬，字而不名。罷宰相，易大將，待其言乃決。嚴法守，裁僥倖，當自宫掖近侍始。」所請凡六事。丐外，除荆湖北路安撫司參議。

乾道元年，以親老丐祠，主台州崇道觀。三年，差知衢州。期年，政平訟簡，郡人祠之。會曾覿副賀金正旦，道衢入謁，弗納。復求去，徙温州，禱雨，全家淡食八十餘日。明年引疾歸。率鄉人救荒，訴莆之剩米斛於朝，盡蠲之。又明年卒。是歲，王龜齡、芮司業皆先夙卒。吕東萊悼以詩云：「諸老收身盡，佳城又到公。蒼天那可問，吾道竟成窮。」林謙之亦云：「賓之愛君均於愛親，憂國過於憂身。古有遺直，今難其人。」真西山《書二公誌銘後》云：「『紹興末迄淳熙中，名儒十餘人言論同，出處偕，如立直木於通達之衢，後生有所望而趨。』讀之，令人慨歎不已。二公在當時名論最高，惜皆弗究於用云。」所著有《春秋解義》。弟朔。子彌正、彌劭。《莆陽文獻》。《道南源委》。《黄氏日抄》。真西山《題跋》。

正字劉復之先生朔

劉朔，字復之。紹興三十年試禮部第一，廷試甲科，調温州司户參軍。計口受禄，以其餘救饑疫，飼棄兒。孝宗初立，與林光朝同召，對曰：「陛下何不延納憤激敢言之士而聽訐直難堪之言，因以自考察成敗得失。」且及曾覿、龍大淵罪狀。改宣議郎，知福清縣。以至誠待民，聽訟，使兩詞自詣；市食，掛錢於門。會病作，請祠歸。再召入對，時虞允文贊孝宗恢復，士多嚮之。朔極諫，以爲宜選兵將、廣儲峙，責成於端重堪事者，從容以待其變，不可憑虚蹈空，過爲指料，決天下於一擲。孝宗竦然。除秘書省正字。以疾丐外，除福建安撫司參議。朔與兄賓之，皆爲時望所推，學者輻輳其門。兄性挺特，不以色假人，朔則濟以和易。至輕禄位而重出處，厚名義而薄勢利，盡言於朝，盡心於官，飭廉隅，公是非，殆不相讓云。著《春秋紀年》。二子起晦、起世。《莆陽志》。《道南源委》。《閩書》。

侍郎劉先生彌正

劉彌正，夙之子。淳熙八年進士。嘉泰初，以承議郎知臨川縣，入爲諸司糧料院。時韓侂胄爲相，兵禍萌芽。召使如兩淮議鐵錢，實欲付以邊事。彌正還，言：「無故而先發，天理不順；無豫而輕舉，人謀弗從。」侂胄怒。嘉定初，爲考功郎，覆朱子謚，議曰：「謚，古也。復謚，非古也。《謚法》曰：『謚生於行者也。』苟當於其行，一字足矣。奚復哉！」故侍講朱公没於爵，未得謚。上以公道德可謚，下有司議所以謚，謹獻議曰：

「六經，聖人載道之文也。孔氏没，子思、孟軻更述其遺言以持斯世，文幸未墜。漢末諸儒採掇以資文墨，鄭司農、王輔嗣輩又老死訓詁，謂聖人之心真在句讀而已。隋、唐間，河、汾講學，已不涉聖賢閫奥。韓愈氏復出，特其文近道爾。蓋孔氏之道，賴子思、孟軻而明。子思、孟軻之死，明者復晦。由漢而下闇如也，及本朝而又明，濂溪、横渠剖其幽，二程子宿其光，程氏之徒嘘其焰。至公，聖道粲然矣。公之學，以誠持中，敬持外。其於書，尊六籍，則諸子曲説不得干其思。其於道，不敢深索也，恐入乎幽；不敢過求也，恐汩其説。讀書初貫穿百氏，終也縮以聖人之格言，自近而入微，由博而歸約。原心於眇忽，析理於錙銖；采衆説之精，而遺其粗；集諸儒之粹，而去其駁。嗚呼，醇矣哉！孟氏以來不多有也。

「公中科第猶少也，薄遊徑隱，閉門潛思。朝廷每以好官召公，莫能屈，不得已而出，惟恐去之不早。自官簿書考者九，而閒居者四十餘年。山林之日長，問學之功深也。平居與其徒磨切講貫，皆道德性命之言，忠敬孝愛之事。由公學者，必行己莊，與人信，居則安貧而樂道，仕則尊君而憂民。重名節而愛出處，合於古而背於時。若此者，真公之學也。嗚呼！師友道喪，人各自是。公力扶聖緒，本末宏闊，而弄筆墨小技者以爲迂；癯於山澤，與世無競，而汩没朝市者以爲矯；自童至耄，動以禮法，而跅弛於繩墨者姗以爲誕。世嘗以是病孔孟矣。公何恨焉！初，太常議以文忠謚公，按公在朝之日淺，正主庇民之學鬱而不施，而著書立言之功大暢於後，合文與忠謚公，似矣而非也。有功於斯文而謂之文，簡矣而實也。本朝歐、蘇不得謚文，而得者乃楊大年、王介甫。介甫經學非醇也，其事業亦有可恨；楊公正復文士爾，文乎文乎，豈是之謂乎？世多評韓愈爲文，而非也，《原道》謂軻之死，不得其傳，斯言也，程子與之。公晚爲韓文立《考異》一書，豈其心亦有合歟？請以韓子之謚謚公。謹議。」終吏部侍郎。林侶之建臨川三賢祠于學宫，祀黄勉齋、文丞相，而彌正與焉。弟，彌劭。子，克莊。

處士劉習静先生彌劭

劉彌劭，字壽翁。素性狷介，早孤，遺書數厨，晨夕抄纂，考論古今，斷制義理，一以洙、泗、濂、洛爲宗。嘗質經於陳宓，評史於鄭寅，問《易》於蔡淵。郡守楊棟創「尊德堂」於學宫以處之，及棟提點福建刑獄，復論薦於朝，未報。卒，年八十二。彌劭平生爲學專務實踐，自幼至老，確然不移者。有《易藁漢考》、《讀書日記》諸書，學者稱習静先生。子烖，寶慶二年進士，歷羅源、青田令，爲政以風俗教化爲本。《道南源委》。《莆田邑志》。

文定劉後村先生克莊克遜。克剛。

劉克莊，字潛夫，夙之孫，莆田人。嘉定二年，以郊恩補將仕郎，調靖安簿，以宣教郎知建陽縣。

新考亭祠，祀朱、范、劉、魏四賢於學。羅賑糶倉二千斛方，以邑最聞，而言官李知孝、梁成大箋其所詠《落梅》，有朱三鄭五之句，以謗訕摭其罪，鄭清力爲之辨釋，得通判潮州，改吉州。真德秀辟爲帥參，且以學貫古今，文追騷雅，薦於朝。與祠，未幾，漸致從班，遂除樞密院編脩官兼權右侍郎，輪對，言：「服天下莫若公，今失之私；鎮天下莫若重，今失之輕。」又言：「權臣壞朝綱，開邊釁，兵驕楮賤，貪饕僥倖之俗不可回。諸賢起而當之，天人未應。願堅凝初意，無使邪説淫奪正論。」又拳拳於濟王苕川之獄「雖復其爵，未雪其冤」，皆人所難言。尋除知漳州。嘉熙元年，改知袁州。坐先言濟王事，爲御史蔣峴所劾，與方大琮、王邁同罷。既與祠，擢廣東提舉，就升漕攝舶，俸給、例券皆却不受。買田二十畝，爲南仕歸喪之費。

淳祐四年，除將作監，改直華文閣，因舊任。六年，令赴行在奏事。道除大府少卿。既至，面對三劄。御劄：「劉克莊文名久著，史學尤精，可特賜同進士出身。」除秘書少監兼中書舍人。史嵩之服闋，御筆除職予祠，令克莊行詞。克莊奏：「嵩之有無父之罪四，無君之罪七。舊相致仕，合有誥詞。今臣行嵩之之詞，未知爲褒爲貶。」論奏不已，爲殿中侍御史章琰劾罷。尋依舊職知漳州。就除秘閣脩撰福建提刑以便養。甫及月，丁内艱。方禫，除崇政殿説書、史館同脩撰。時事多内出，克莊言：「祖宗盛時，内降絶少，今中外除授不由大臣啟擬，求者、與者、奉行者，習以爲常。臣竊惜之。」忤當國意，尋除起居舍人。進言愈切，力奏不草史宇之答。詔除右文殿脩撰，知建寧府，改福建轉運使。以鄭發疏褫職，寢新命，提舉明道宫。景定元年，賈似道還朝，歷遷權工部尚書兼侍講。

以年迫，堅乞納禄。除焕章閣學士，守本官致仕。咸淳四年，特除龍圖閣學士，致仕仍舊。年八十三卒，謚文定。

所居後村，人因稱爲後村先生。彭韶《祠堂記》曰：「維莆至宋，文獻特盛，蔡忠惠、林文節、陳正獻三五公爲冠冕。最後先生起而繼之，文章流布，事業兼備。論者謂：『三五公而下，一人而已。』賈似道當國，貪收德望，以慰人心，公爲之出，蓋賈蹈蔡氏用龜山之故智云。」所著有《後村》前、後、續、新四集。

弟克遜。以父任補官，調古田令，累遷知邵武軍，除劇盜，興教化。改潮州，移泉州。以疾奉祠。一生清貧。工於詩，葉適、趙汝談皆稱之。

克剛爲泉州録參，真文忠薦，知沙縣。寶祐二年，知惠州。清約多才，修弊起廢。建豐湖書院祀羅豫章，闢四齋以居生徒，擇州學博士兼山長領之，并增學舍惠人，始知伊、洛之學。《莆陽文獻》。《閩書》。

教授劉建翁先生起晦起世。希仁。

劉起晦，字建翁。擢淳熙五年第，知貴溪縣。召試秘書省正字，歷益王府教授。蔚有時望材行，不忝其父，而言官指爲僞學，劾罷之。弟起世，擢慶元二年第，南海尉。

子希仁。希仁，擢嘉定四年第，因郊有雷雹之異，摭七事應詔，尤於人材致意焉。又曰：「論事之臣，惟知攻上躬；任事之臣，惟知舉權要。」所言皆劘切貴近，時論壯之。在仕途六十年，閑散時多。所薦士，如徐鹿卿、皮龍榮等，多貴達，而希仁屢以謗退，官止中大夫。顧每遇遷擢，必有論建，身雖屏處，猶上箴闕失，惓惓忠愛，畎畝不忘云。《莆陽文獻》。《閩書》。

備　考

《黄氏日抄》曰：「愚觀水心誌陳君墓寂寥歉然。今二劉官不爲顯，文無行於世者，而所載言行煒然耀人。蓋所誌諸公貴人，皆無及此者，故節録特備。」節録中遺事已録入本傳，此不具録。

又曰：「劉彌正，劉夙子也。幼率諸弟勤苦緝故業，貧不能得膏火，旁嫗夜績者，光射公牖，輒携書就之。後皆中第。其在朝，丞相陳自强惡其不附己。開禧，敵入寇，遂用公提淮鹽。蓋以陷之危地。自兵起，鹽商不行，公盡通鹽利，就爲運判，後爲浙漕，北使自淮至浙，凡送迎之事，皆公裁定爲成式，其爲浙漕也，不與内臣相見。官至吏部侍郎。」

真氏西山《書二劉公誌銘後》曰：永嘉葉公之文於近世爲最，銘墓之作於它文又爲最。著作、正字二劉同爲一銘，筆勢雄拔如太史公，歎咏悠長如歐陽子，於他文又爲最。嗚呼！二劉公不可復見矣。若永嘉之文，亦豈易得哉？其言「紹興末迄淳熙中，名儒十餘人，言論同，出處偕，如立直木於通達之衢，後生有所望而趨」。讀之，令人慨歎不已。夫「言論同，出處偕」，世之所指爲朋者也。「名儒十餘人」，既爲一朋，望而趨者，不知幾千百，又爲一大朋，則士之相朋，莫斯時若也。然適是以增淳熙之盛，其功及於紹熙、慶元間。至韓氏用事，惡其朋而盡錮之，其患有不可勝言者，乃知皋陵規摹誠可爲萬世法，而歐陽子信爲知言也。二劉在當時名論最高，惜皆弗究於用。今建陽大夫克莊昆弟方以文學材猷自奮，其尚有以成前人之志云。

又《書著作〈春秋講義〉後》曰：「昌黎公《寄玉川子》詩有『《春秋》三傳束高閣』之語，學者疑之，謂『未有舍傳而可求經者』。今觀著作劉公《講義》一以聖筆爲據依，其論秦穆公以人從死者，晉文公之召王，宋襄公之用人於社，皆以經證傳之失，所謂偉然者也。昔歐陽子患僞説之亂經，著爲《論辨》，自謂時雖不同，千歲之後必有予同者。曾未二百年，而劉公之論《春秋》，蓋與之合，公而有知，當不恨後世之無子雲矣。所講纔十有二條，麟經大指，略盡於此。其言曰：『吾聞法吏以一字輕重矣，未聞聖人以一字輕重《春秋》也。』旨哉言乎！足以破世儒之陋學者，其深味之。」

又《跋劉彌劭〈讀書小記〉》曰：「莆陽劉隱君以《讀書小記》示予，予讀之，嘆曰：『懿哉劉君，可謂知學問之本矣。』孔門獨一顏子爲好學，顏子所問，前曰爲仁，後曰爲邦，舍是無他學也。蓋爲仁者成己之極，而爲邦者成物之極，體用本末究乎此矣。顏子所以亞於聖人，而孟子期之以禹、稷之事業，豈非内聖外王之學已備故邪？漢以後，學者始多端，記問綜古今，文章妙機軸，號爲儒者極摯。然以成己則不足，以成人則甚難，其亦何貴乎學？予屏居八年，呻吟蠹簡，未有云獲。獨嘗竊謂士之於學，窮理致用而已。理必達於用，用必原於理，又非二事也。朝思夜索，惟此是求。間以語諸人，鮮不憮然者。蓋後世之學，言理或遺用，其病爲空虚；言用或遺理，其弊爲麤淺。

不知理即用，用即理，非渾融貫通，不足以語學之成。今觀劉君之書，内不遺理，外不遺物，乃深有契於予心。雖然道無窮，學無止，以劉君之静且篤，懋懋而弗捨，庸知不詣其極乎！故識於末編以待。」

劉克莊《書季父易藁序》曰：易學有二：數也，理也。漢儒如京房、費直諸人，皆捨章句而談陰陽災異，往往揆之前聖而不合，推之當世而少驗。至王輔嗣出，始研尋經旨，一掃漢學，然其弊流而爲玄虚矣。本朝數學，有華山陳氏、河南邵氏。今邵氏之書雖存，通者極少。理學有伊川程氏、新安朱氏，舉世誦習，衆説幾廢。余嘗恨程、邵同時，不相折衷，曰《傳》，曰《皇極經世圖譜》，遂判爲二書而不可合。天下豈有難通之書，亦豈有理外之數哉？噫！《易》更三聖，説《易》者非一家。程氏排臨川之學者，及教人讀《易》，必先輔嗣、介甫；朱氏尊伊川之言者，至《本義》則多程子所未發。議論以疑難問答而詳，義理以講貫切磋而精，此季父《易藁》之所爲作也。初，余爲建陽令，季父訪余縣齋，因質《易》疑於蔡隱君伯静。後二十餘年而書成，大旨由朱、程以求周、孔，由周、孔，以求羲、文。其篤守師説，雖譙天授、袁道潔無以加，視世之高談先天，徑造微妙，彼虚而此實矣。季父名彌劭，字壽翁。中歲棄科舉，閉門著書，動必由禮，爲鄉先生。家貧，食於學，晚捨去，并學俸却之。太守眉山楊侯棟、郡博士括蒼俞君來，即學爲堂，示舍蓋之意，季父僅一至焉。後楊侯使本道，又論薦於朝，不報。卒年八十二。俞君乃取昔所却俸爲刊《易藁》，而授簡其猶子克莊序之。

莆陽方氏家世學派

按：莆陽方氏本徽之歙人，自廷範先生分支六派，以仁字行，相宅於莆之刺桐巷，奕葉繁衍，曰龍圖公儀一派，即仁岳之後也。曰開府公慎言，及郎中公慎從者，即仁載之後也。二支科名顯仕，儒流濟美。又有司理公峻、大常公嶠者，亦仁字分派，遷住於白社，淵源所漸又盛。考峻官潤州，識程公珦。其子道輔先生元寀少與二程同遊，得聞伊洛之學。至次雲先生翥，即景通先生之曾孫也。杜門誦讀，不求干進，與林公艾軒同學，又與鹽官施氏廷先遊最久。而廷先之學得之信伯王氏，爲程門的傳。子朱子嘗少年過莆，見林謙之、方次雲，稱其講説道理極精細，爲之踴躍鼓動，忘寢食焉。至嶠之子仲宇，學於安定先生，尤其最初者也。噫！方氏一門祖孫父子得聞程、胡諸賢之旨，厥後次雲先生又與紫陽上下議論，至次雲之孫輩禾、耒、壬與履齋、伯謨諸公雲集，執經於紫陽之門，至忠惠又薰炙于西山、鶴山二老。是方氏家學，自宋初至季世，儒業勳名，指不勝屈，得於師友傳習考證深矣。述其家世大略，著之篇首。

著作方先生儀

方儀，其先本歙人，至廷範歷知長溪、古田、長樂三縣，居莆刺桐巷。六子皆仕閩王氏：仁逸，檢校水部員外郎；仁岳，秘書少監；仁瑞，著作郎；仁遜，大理司直；仁載，禮部郎中；仁遠，秘書正字。儀，仁岳季子也。咸平三年，與從子慎言同登第。初，興化軍未有學，儀伏闕上書，乞建軍學，立夫子廟。得旨賜地，儀入貲助成之。復與弟能及慎言奏請脩三禮堂步廊、崇閣及學制之未備者，由是莆之學校日盛。歷官大理寺丞，遷著作佐郎。卒，郡學繪其象祀焉。《閩書》。《莆陽文獻》。

提刑方孚若先生信孺

方信孺，字孚若，興化人。儀七世孫。父崧卿，擢隆興元年進士，歷官政績茂著。家藏書四萬卷，皆手自校讎。信孺少有雋材，未冠能文，周必大、楊萬里咸器之。以父蔭補番禺尉，轉蕭山丞。時朝廷悔侂胄啟邊釁，金亦厭兵，時方議和。開禧三年，近臣薦信孺爲樞密院參謀官使金，至濠州，金帥紇石烈子仁，止信孺獄中，露刃環守之，要以五事，信孺曰：「反俘歸幣可也，縛送首謀，古無是事；稱藩割地，則非臣子所忍言。」子仁怒曰：「若不望生還耶？」答曰：「將命出國門，已置生死度外矣。」至汴見左丞相完顏宗浩，反覆辯折，不少詘，自春至秋三往還。言敵所欲者五事：割兩淮一，增歲幣二，犒軍三，索歸正等人四，諱其五不敢言。侂胄再三問，至厲聲詰之，徐曰：「欲得太師頭耳。」侂胄大怒，奪三秩，羈管臨江軍。年纔三十。

歸，營居室巖竇，自放於詩酒。已而，王柟定議增幣、函首，皆信孺所持不可者。柟歸，具言金人每問信孺安在，乃起通判肇慶府。峒寇竊發，被旨同廖德明措置收捕，就命知韶州。至郡，即封崇張九齡、余靖墓，擒赤水峒賊首戮之。尋提點廣東刑獄，奏縱不決之獄數千人。遷淮東轉運判，知真州。即北山匱水，築石堤袤二十里，人莫知其所爲。後金兵薄儀真，守將決水匱以退敵，城賴以全。山東初内附，信孺請選威望重臣，將精兵數萬，往開幕，以主制客，以重馭輕，可以固江北，瞰兩河。坐責，降三秩，再奉祠，卒。《閩省通志》。《莆陽文獻》。

郎中方先生龜年

方龜年，景祐元年進士。與蘇緘齊名，仕至屯田郎中。所著有《經史解題》、《群書新語》。卒葬姑蘇。子惟深，舉進士不第，晚爲興化軍。王安石最愛其詩精詣警絶，謂「元、白、皮、陸有不到處」。《莆陽志》。

提刑方公美先生廷實

方廷實，字公美。父監，紹聖四年，與曾從祖旬、從子天若三人同榜，官至廣東提舉。廷實政和五年賜進士出身，累遷御史臺簡法官。秦檜方主和議，金使適至，廷實疏言：「金使以江南詔諭爲名，或傳陛下欲屈膝受詔。夫陛下縱未能克復神州，尚可保守江左，何至遽爾貶尊？」除監察御史，尋以宗正少卿被旨宣諭三京、淮北。廷實至京西，伏謁陵寢，見永昌諸陵皆驚犯，而泰陵暴露，解衣覆之。北還，檜預使戒曰：「幸見上，無言及。」且約以美除。廷實曰：「欺君之事，吾不忍爲。」既見，爲高宗涕泣歷道，遂力求補外，不許。請益力，除直徽猷閣提點福建獄。至則首請解官贖胡銓罪，檜益銜之。時海寇竊發，廷實謂當以盜禦盜，有習歷風濤心懷歸正者，即可用之。有鄭廣輩故谿此塗得武官，廷實不以往事遇之，延問方略，廣感激自效，盜相繼遁去。復奏除鋪例免行錢，發常平米賑泉州饑。尋改知泉州，未上，丁内艱，歸。服闋，除廣南東路提刑。有挾檜勢爲威福者，廷實廉得其實，案之。章再上，不下，遂上章納禄，未報。卒官。廷實負才識，善鑒裁。平生薦士如林安宅、龔茂良、何大圭、傅自得、林孝澤、吴逵、宋藻、黄濬，皆一時之選也。工詩律，有集行世。《莆陽文獻》。《閩書》。

朝請方應之先生慎言

方慎言，字應之，仁載孫，儀再從侄。咸平三年進士，知信豐、蘭谿二縣。祥符初，以殿中丞擢屯田員外郎。仁宗即位，改侍御史屬。丁謂得罪，遣慎言籍其家，得士大夫干請書，悉焚之，人稱長者。後請便郡，知泉州，歲饑，大發官廩貸民，奏免其丁税，父老感泣，生子多以方名。歷兩浙轉運使。錢塘江决數十里，慎言庀工授財，疊石立柱，以殺潮勢，賜璽書褒美。改知潭州。潭人像祀之。入爲諫議大夫。會擇重臣鎮南越，遂以朝請大夫知廣州。卒，贈開府儀同三司。

孫通。熙寧六年進士，歷官知睦州。坐子軫上書論列蔡京，謫官，以朝請大夫老於家。通子軫，以父任太廟齋郎，極論蔡京過惡，所疏凡千餘言，詔罷父通職，敕軫貸命，追毁出身以來文字，編管嶺南。尋放歸。靖康元年，與父通復收叙原官。後遷鄞縣令。貧不能歸，寓於慈谿。至今子孫繁盛。《莆陽文獻》。《通志》。《閩書》。

郎中方惟之先生慎從

方慎從，字惟之。景德二年進士，知弋陽、導江等縣，歷潮、漳、嘉三州，再知漳州，改都官郎中。以老歸，卒。慎從所至有德於民。在導江時，有楠木連理、嘉禾九穗之祥，璽書褒異。守漳之日，適慎言守泉，旌麾相望，二州榮之。及再至漳，漳人夾道歡呼，曰：「吾父復來矣。」《通志》。

忠惠方德潤先生大琮

方大琮，字德潤，慎從七世孫也。祖萬，擢紹興三十年進士。大琮以詞賦爲開禧元年省試第三人，授南劍州學教授。爲江西轉運司參議官，决獄平允，改知將樂縣，式楊時廬，祀八賢於學。丁外艱，服除，知永福縣。值兵饑，守隘立栅，禁港發廩，無虚日。時延名士講論文義。丁内艱，起復，累遷太府寺丞，歷秘書郎、著作郎。除右正言，疏論天下大勢，適理宗不御殿，封上之。逾月，入對。復言：「理亂安危自君心始，格其非者在大臣，救其源者在諫臣。」又以女寵侈費爲戒。遷起居舍人兼實録院檢討官，奏乞還魏了翁以重朝廷。先是，有諫言綱常者，竄謫相望。及理宗親政，大琮敢言，復故王爵，召用諸老，於是言路稍開。殿中侍御史蔣峴惡之，疏劾王邁、劉克莊等，以大琮爲魁傑，請置重辟。大琮遂罷去，予祠，尋改集英殿脩撰，知廣州廣東經略。淳祐四年，加寶章閣待制，進直學士，因舊任。大琮在廣五年，百度具舉，以禮義化人，期盡變其故俗。改知隆興府，命下，卒。謚忠惠，贈寶謨閣學士，依尚書例致仕。大琮内温和，而外方嚴，平居抑畏，言不出口。至立殿陛，争是非可否，雖賁育不能奪。祖尚晦翁，沾溉醇馥于真西山、魏鶴山，而追慕劉元城之爲烈。與劉後村同時，著述甚謹，尺楮片翰，刊落陳言，辨博雖間不及後村，而粹縝過之。有奏議、外制、雜著若干卷。子演孫，侍父，未嘗跬步離側，爲政以表勵風俗爲急。《通志》。《莆陽文獻》。

林貞肅俊撰《方忠惠公文集序》曰：「宋自晦翁朱夫子起建安，以上集四儒之成，四方學士師宗之，閩爲盛。莆又宗之，方爲盛，履齋、若水、伯謨，尤著者也。迨尚書忠惠公祖尚真源，沾溉醇馥于西山、鶴山二大老，而追慕元城公爲烈，『鐵庵』之號見志也。公弱冠擢南宫詞賦第三人。不祈速化，沉鬱下僚者餘三十年，亦遺材矣。端平初，鄭性之當國，搜名進士，拔致諫垣。危言正論，選親賢，遠聲色，杜佞幸。以襄之失、蜀之敗爲恥，荆、淮之擾爲懼。及繳駁數事，尤忠讜所難言，公無諱焉。申大義以雪濟邸之冤，追罪奸相之彌遠，屢言之。臨安火，又言之。爲其黨蔣峴所中，予祠鴻禧。噫！是無遺直者與？公終寶章學士，廣東安撫使。爲治尚風化，崇正學，表先賢，薄官征，恤民隱。參行晦翁《家禮》、社倉諸法，利關人國，爲之力無阻。以故生有祠，殁致薦享，舉扶插竹以奠，請贈謚，而梓行其遺文，皆廣人德公之報也。噫！是無遺愛者與？公殁淳祐丁未。至是二百六十有七年，公族孫雪筠良節嗣響家學，大參廣藩，因舊本輯之爲若干卷，復梓以傳盛舉也。公，後村同時人，平時著述甚謹，尺楮片翰，刊落陳言，辨博雖不及後村，而粹縝過之。命詞運意，以心術爲根柢，氣節爲枝幹，義理爲華實，名賢爲標格。澄潤豐潔，而丰神自適，争先覩之爲快，亦名作矣。

「太常謚議謂源流晦翁，徐驗之，晦翁及公仕籍俱四十年，晦翁在朝不滿四十日，公亦僅一年幾半，其出處概自相類。莆先正自端明蔡公謚忠惠，繼之亦僅公一人而已。端明慶曆四諫、温陵海橋之聲蹟，天壤俱敝可也，而胤嗣凉落，遺文晦蝕，逮之今無幾。公舊本無恙，兹復焕然一新，梓行又適在廣，是固德門子姓錫類之賢，文獻足賴，抑公之精神在廣與？故民相糾結不涣散，以默運之今耶？不能不爲德名幸也。俊鄉閈晚出，前哲景行。序文大參之請，抑亦俊之責也。公諱大琮，字德潤，累贈銀青光禄大夫。」

方履之先生大壯

方大壯，字履之，莆田人。少穎悟，操筆成章，艾軒、二劉咸推重之。年長，不事塲屋，專心求道。朱子至莆，大壯舉所學就正，日與同志講明，自號履齋。性至孝，執父喪三年不出户。臨没，戒衣冠束帶而逝。學者稱履齋先生。子東叔。孫澄孫。曾孫公權。《閩書》。《莆陽文獻》。

通判方子約先生苻

方苻，字子約，大壯兄子。少授學於叔父，以鄉試上春官，道考亭，拜朱文公於精舍，留語累夕，爲作《字説》。第慶元己未進士。文公以書賀大壯，云：「苻清苦自勵，窮達得喪，惟命之安。」歷潤、衢二州教授，知瀏陽縣，通判徽州。未上，卒。《通志》。《閩書》。《莆陽文獻》。

秘書方蒙仲先生澄孫

方澄孫，名蒙仲，以字行。淳祐七年，廷對萬言，大約欲聚君子、明公論，以續國脉，强精神。又「請立涪陵後，錮秦檜子孫，竄史嵩之以謝天下」。擢甲科，爲邵武軍教授，賓禮耆宿，作成俊乂，置貢士莊。秩滿，監激賞所酒庫，以憂去。入爲國子監庫官，校藝南宫。坐商論去取，不能下氣，出通判泉州。辟淮西制置司參議官。適元兵渡江，治法征謀，悉見咨訪。元兵退，知邵武軍，表倡儒術。著《女教》一書，以崇風化。請立樵川書院，祠李忠定，以廣教學。郡最聞，增一秩。尋以秘書丞召，卒。澄孫高才，能文有氣節，一時諸賢如方大琮、王邁、劉克莊，皆與爲友。初以文字爲賈似道所知，及似道相，澄孫獨求補外，終其身。所著有《通鑑表微》、《洞齋集》。子，公權。

主簿方立道先生公權

方公權，字立道。學有淵源，尤粹於理。以父澄孫蔭補將仕郎，擢咸淳元年第，歷廣州教授、太常主簿以歸。有氣節，宋亡不仕，人稱石巖先生。著《古易義》、《尚書審是》。

司理方景通先生峻

方峻，字景通。廷範之後，有名衡者，與其弟彬始居白社。峻，衡之子也。天聖八年進士，爲建安簿。景祐初，試秘書郎福州司理。嘉祐中，請老，分司南京。居家聚徒講學，榜所居曰「植德堂」。嘗於舍傍鑿井及泉，禱曰：「願子孫居官清白如此水。」初，峻官潤州，識程大中珦。及卒，伊川先生頤爲狀其行，又托范祖禹爲撰神道碑，其見重如此。弟嶠，子士寧、子容、元寀。

士寧，字彦昌。少聰敏强學，時方習尚詩賦，士寧推究經史，尤工古文詞。凡四上鄉書，第慶曆六年進士。嘗爲劍浦，有治績。三司使蔡襄薦其才，從而薦者十餘人。官至都官郎中。

子容，字南圭。皇祐五年甲科，歷守惠州。蘇東坡謫惠日，相與倡和。東坡嘗爲點勘六經及書峻神道碑額。官終朝請大夫。

子絢。篤學力行，好古文辭。晚以八行舉，辭不就。隱於西山草堂，門人稱濯錦先生。孫蘭輿，官教授，以致知慎獨教學者。《莆陽文獻》。《閩書》。

推官方道輔先生元寀

方元寀，字道輔。元祐六年特科出身，官終威武軍節度推官。少與程伊川先生同遊潤學，至老書問不絕。家藏伊川手跡十餘紙，曰：❶比得二書，皆有「與世背馳，求合古聖賢」之語。足下非混俗之流，其志道之士乎？願足下精心致志，期於至而後已。聖人之道，坦如大路，學者病不得其門耳。求入其門，不繇經乎？今之治經者衆矣，誦其言辭，解其訓詁，無用之糟粕耳。覬足下繇經以求道，勉之又勉。異日見卓爾於前，然後不知手之舞之，足之蹈之，將不加勉而自不能止矣。

朱文公《書帖後》云：「伊川先生德盛言重，不輕與人接。今觀其眷眷如此，則方公之賢可知也。」孫翥。《莆陽文獻》。《閩書》。

正字方次雲先生翥

方翥，字次雲，元寀之孫，畲之子。從《莆陽文獻》底本。幼孤，多所通解，書過目即貫穿，下筆有軼語。其從兄略作萬卷樓，儲書千二百笥。語先生曰：「次雲才性，不出户十年，可移吾書入肝膈矣。」登紹興八年進士，調閩清尉。到官未一載，歸。閉户十八年，盡讀其書，無干進意。有旨召對，除秘書省正字，凡九月，以風聞論事，聽外補，卒於家。先生道古，非緣章句，而終不肯著書。有吟寫，多出偶然。群處無羈束，有寒蟬野鶴蕭然出俗之度。初，艾軒幼時，喜李白、石曼卿之爲人，又喜晉人風度，不入俗調。先生曰：「此數人來孔門，恐一日着脚不得。」艾軒遂悟，以先生爲先聞道，

❶ 「曰」，原作「有」，據陳道《（弘治）八閩通志》卷八七改。

兄事焉。蓋龜山之學傳之王信伯，信伯傳之鹽官施廷先。先生與廷先居最久，而與林艾軒、陸子正友善。及歸，益與艾軒講明道理，以淑後進。曾孫耒、壬。《莆陽志》。《道南源委》。《閩書》。《莆陽文獻》。

縣令方耕道先生耒 弟禾。

方耒，字耕道，莆田人。元寀曾孫。《閩書》、《莆陽志》作仲宇曾孫。今從《莆陽文獻》作元寀曾孫。少孤苦學，其弟于、來、禾，皆自教之，家貧奉母，典衣不足，繼以鬻田。兄弟杜門力學，已而見文公于建陽。乾道二年登第，調善化尉，歷知潭州攸縣。邑有茅將軍祠，愚民歲取人子女殺以祭，名曰「樂神」。耒始至，牒諸保聚藁於祠中，遣吏酹以文而焚之，其害遂絶。復因文公謁張南軒，南軒深器之，謂其「可與共死生，同禍福」。後南軒帥荆南，辟耒及游九言爲屬，曰：「是二人者能攻吾過。」耒感激知己，遇事無隱。終宣教郎，知連江縣。

禾，字耕叟。亦登文公之門，文公告以改過修己之方，莫切於《論語》「弟子入則孝」一章。禾佩服之。《考亭淵源録》。《閩書》。《莆陽文獻》。

主簿方若水先生壬

方壬，字若水。淳熙中，遊太學，往謁朱文公，以進退之説爲請。十四年擢第，除長泰主簿。會文公守漳，請壬主學事。壬條上講説、課試、差補等十事，文公命屬邑皆倣之。會朱子召還，出《大學章句》付壬，俾刻示學者。明年，龍巖有蠻卒殺人，獄吏逼同行者誣伏；漳浦有僧死於佃，而鞫驗者皆曰飲鴆。壬皆閲實抵罪。文公聞之，與壬書曰：「龍巖之行，使無罪者不冤，有罪者莫逃，此非細事。」秩滿，知寧鄉縣，未上，卒。壬性孝友，與弟申始終無間。家人議析先世田廬，既具草，壬流涕不忍視而止。孫之泰。紹定五年第進士。見洪文毅天錫交友。

縣令方子實先生泳之

方泳之，初名芹之，字子實，莆田人，元寀曾孫，《莆陽志》。亦與文公遊。廉介好學，不肯俛仰于世。登淳熙第，教授衡州，改知南豐縣，撙節浮費，抑罷科斂。知巴陵縣，撫摩甚至，縣中稱治。《閩書》。《莆陽志》。

通判方嚴仲先生之泰

方之泰，字嚴仲，壬之孫。《莆陽志》。紹定初進士，歷英德府教授，用中州法課試，陋士變習。方大琮爲閩漕，辟幕府，與洪天錫、徐明叔號幕中三賢。遷知長溪縣，以邑前輩楊楫、楊復及師儒黄榦並祠，汰庠序冗職，增弟子員，蠲民間取例錢。終袁州通判。《閩書》。《莆陽志》。《通志》。

光禄方次山先生嶠

方嶠，字次山。景祐元年進士，初調平陽尉，改福州司理參軍，遷秘書省著作郎，知山陽縣，移知循州，改秘書丞，就遷太常博士，知潮州。潮與循鄰，民熟知其治，行不待教而服。兩州皆爲立祠，而潮以配韓愈。累遷屯田員外郎，通判淄、濰二州，權密州。撫循有方，密人德之。故相龐籍、學士孫沔交薦可用，余靖、韓宗彦又舉才行遺逸。會遣使寬恤諸路民力，乃以嶠使福建，嶠詢訪利病，條上，多見施行。

英宗即位，改職方員外郎，通判吉州，遷屯田都官郎中，守汀州。汀、虔鹽寇剽刼，至，悉討平之。汀有巡檢與賊戰死，部卒懼失主帥并誅，遂謀爲亂。嶠諜知，取其首謀三人斬之，餘悉奏免，所活數百人。遷司封郎中，改太常寺卿。卒，與兄峻並贈金紫光禄大夫，莆人稱「白社二金紫」。子伯騫、仲宇、叔完、宙。

縣令方先生仲宇

方仲宇，嶠之子。治平四年進士。少穎悟，日誦數千言。年十二，從胡安定學，諸生嘗千餘人較藝，屢居上列。官終知南安縣。

方立之先生審權

方審權，字立之，嶠之玄孫。曾祖宙，舉進士，除司農丞。章惇、蔡確、蔡京交薦，將處以臺閣，宙恥之，力請外補。父銓以詩名，有《真窖翁集》。審權少從伯父鎬宦遊江湖，所至交其豪傑。及歸，慨然罷舉業。先世積書甚富，環所居田若干畝，曰：「吾耕讀于此，了一生矣。」與王邁、方蒙仲、劉克莊友善。平生志業，率於詩發之。有《聽蛙集》。

方伯謨先生士繇

方士繇，字伯謨，莆田人，會之曾孫也。父豐之，工詩。士繇少孤，依母家邵武吕氏。已而從崇安，從文公遊，遂棄去舉業，直以學古爲事，薰陶涵養，日進高明。不數年，遂稱高弟，六經皆通，尤長於《易》。聰明絶人而持之以謙厚，利禄貲産絶不介意。其氣貌簡遠，涉世若甚疏者，至講明治道，援古斷今，瞭然明白。紹熙間，文公之門人有至行在者，公卿延致惟恐後。士繇在遠聞之曰：「異時必學者禍。」未幾，學禁果作矣。又嘗勸文公少著書，以文公教人讀《集注》爲未然，其憂深思遠，多類此云。所著有《遠菴詩集》。子豳父，一作丕父，見黄勉齋學派。《莆陽文獻》。《考亭淵源録》。《閩書》。

按：文公與伯謨書問最多，其跋伯謨家藏《胡文定公帖》，在乾道八年壬辰，時朱子四十三，應是早歲及門者。

閩中理學淵源考卷十

廣平府知府李清馥撰

海濱四先生學派

海濱四先生者，忠文陳公襄、助教周公希孟、祭酒鄭公宏中、教授陳公季慈，同時倡學於閩者也。閩自唐歐陽四門開人文之先，海濱四先生繼之。先哲嘗述宋初安定、徂徠、泰山三先生倡學於周、程未起之先，功不可忘。若四先生在閩倡學於楊、羅、李、朱未起之日，功亦豈可没哉？

按，楊文靖公撰《浦城學記》曰：「國家慶曆中，詔天下郡縣立學。是時陳先生襄以經術德義爲一時儒宗，適主縣簿，孜孜以教育人材爲務。」又朱子曾言：「安定胡氏規模雖稍疏，然却廣大著實，如孫明復《春秋》雖過當，然占得氣象好，如陳古靈文字尤好。嘗過台州，見一豐碑説孔子之道甚佳，此亦是時世漸好，故此等人出，有『魯一變』氣象，其後遂有二先生。若當時稍加信重，把二先生義理繼之，則可以一變，而乃爲王氏所壞，亦是氣數使然。」觀此，則古靈與孫、胡諸先生同時羽翼明道，而先哲共以儒宗追許之也。

又按：蔣氏垣叙閩學源流曰：「四先生倡明道學，德動朝廷。遂召陳季慈爲國子直講，厥後道南勃興，劉修撰藻、林文昭之奇、黄勉齋榦諸公繼之，儒道盛行。故吕東萊詩云：『路逢十客九青衿，半是同窗舊弟兄。最憶市橋燈火静，巷南巷北讀書聲。』朱子見當時諸儒輩出，大書『海濱鄒魯』四大字扁於西關譙樓。則海濱四先生實操道化之始，以丕變舊俗云。」今備列伊、洛諸學派，而繼之以宋初海濱四先生者，蓋溯閩學興廢所自，其漸有因，尚論啟迪開倡之功，其淵源豈可誣哉？」

再按：陳氏襄、劉氏彝、陳氏祥道兄弟，闡述經説，至今言禮者因之，所謂「代用其書，垂諸國胄」者也。後之欲擬議陳請經師進於俎豆者，似當倣古者樂祖祭於瞽宗之義歟！謹述以俟採擇。乾隆庚午九月十四日書。

忠文陳古靈先生襄

陳先生襄，字述古，侯官人。少孤自立，出遊鄉校，與鄭穆、周希孟、陳烈爲友。一時學者沉溺彫琢之文，所謂知天盡性之説，皆迂闊之而莫之講。先生與三人者始相與倡之海濱，聞者始皆驚笑。四人者不爲變，守之益堅，躬行於家，達於州閭，久之信從者衆，由是，閩中士人宗之，稱爲海濱四先生。先生舉慶曆二年進士，調簿浦城，攝令事。縣多世族，以請托脇持爲常。先生欲革其俗，每聽訟，召數黠吏前立，私謁者不得發，老奸縮手。

慶曆中，詔天下郡縣立學。是時，先生以經術德義爲一時儒宗，孜孜以教育人材爲務，遂繕學舍，學成，使邑之子弟造焉。先生爲入學講説不斁，士風翕然。知河陽縣，留意教化。時富弼爲郡守，一見即禮遇之。至和二年，富公入相，首以文學政事薦公。召試秘閣校理、判祠部，出知常州，濬導蘇、常二州積水之患，民害以除。郡庠下窄，公更爲經始。晨入其中，授諸生經義，旁決郡事。由是興學造士，請顧臨秘校主教事，毘陵學者盛於二浙。將行，閲公帑雜收無名錢，輸償無力官逋。入爲開封府推官、鹽鐵判官。神宗立，奉使契丹，以設席小異，不即坐。契丹移檄疆吏，坐出知明州。熙寧元年，還鄉省松楸。是冬被召，二年夏到闕，遷尚書刑部郎中，同脩《起居注》，知諫院，改侍御史，上殿劄子，進誠明説。上學校貢舉劄子。又論青苗法不便，乞貶王安石、吕惠卿，以謝天下。又乞罷韓絳政府，以杜大臣争利而進者。不聽。召試知制誥，先生以言不行，辭，乞補外。上惜其去，留修《起居注》。復懇辭。諭以手詔，乃就職。安石累擠之，上不許。逾年，擢知制誥，尋直學士院。益爲安石所忌，摘其書詔小失，出知陳州，徙杭州，入爲樞密直學士，知通進銀臺司兼侍讀，判尚書都省。

元豐三年卒，年六十四。贈少師，謚忠文。家居古靈，時稱古靈先生。先生蒞官，所至務興學校，講求民生利病。在經筵，上顧遇甚厚。訪以人才，舉司馬光、吕公著、韓維，可備心膂，不宜久外。鄭俠愚直敢言，願乞生還。又薦范純仁、程顥、張載、蘇軾、蘇轍等三十三人，上不能盡用。葉氏祖洽撰《行狀》，門人孫覺撰《墓誌》，劉氏彝撰先生《祠堂記》略曰：「先生於學，志在考古，以治其性爲本，事君以建其忠爲業。始與里人陳烈、周希孟、鄭穆友善，同志於道，比仕則彝也。又以經術政事更相磨琢，而鋭於經綸天下大務。尤能受盡言，樂聞己過，喜於爲善，而夙夜弗忘者《詩》與《易》也。故其鈎考皆得姬孔幾微之藴，傳注所至，弗迨其藩籬矣。度量淵廣，長於包荒，樂於教民。其職精於治體，其政先於變俗，其仁勤於濟衆，其交貴於謙光。故其出入中外，裕裕然弗以進退榮辱動其心焉。每曰『惟大人爲能格君心之非，吾徒之事也。其講求賢才，以永基祚，莫若興起學校，教之經術，用其德行之爲要云』。故常州之學，人材輩出，世以其功比安定胡公焉。」其記文，元祐八年延平陳了翁先生瓘爲之書，刊于碑石云。

所著《易講義》一卷、《中庸講義》一卷、《郊廟奉祀禮文》三十卷、《古靈集》二十五卷。孫宇，累官知州。曾孫塏，官終端明殿學士，謚清毅，皆有聞於時。《宋史》。《閩書》。《陳古靈先生集》。

與陸學士説❶

天下士儒，惟言泉、福、建、興化諸郡爲盛，其間中高第、歷顯官、福吾天子之民者爲不少。然而守是土者，奉天子詔令外，興學養士，無如此急也。泉之學興久矣，養士之資與器莫不備具，但未有能舉之者。執事之去是邦，士儒之望固如何？宜舉之也。然興學之本要在得士，得士之要在於擇守長，守長賢則上下服，上下服則舉所有之士，莫不備至矣。某嘗聞州之進士，有蔡黄庭、楊舒、辛

❶「説」，文淵閣《四庫全書》本《古靈集》作「書」。

維、莊覃、王實、李翼者，皆善講説，而黄庭、維、覃尤有行檢。黄庭通三《傳》，不善臨幹學事，但可講授耳。舒有老學，然困於貧窮，時不能固陳從古，蓋長者。若崔虞臣、郭堪、陳説者，皆有材行文學，可使爲之長，而堪通講群經，❶呂鑑、許蕃、柯適、柯述、柯迪，皆雋邁有詞學。蕃作事近古，有節概，適、述、迪皆有志於古而勇於道。一學之中，若盡得此十數人者，同居而和，相厲以道，而執事政有餘閒之時，不憚煩勞，日往臨之，俾有宗主。有賢行者尊寵之，有才美者長育之，有不能招來者以身下之，有貧窮難安者以資養之，有不能長者以禮退之，有不能群者以義導之，有過缺未至者以道厲之，有不率教者以法移之。如此行之數月，則舉郡之士，皆必興於學矣。賢人事業，未必不由此而光大也。某之所聞，蓋得於士大夫間，未必盡詳，抑猶有不知者，尚在執事求而擇之也。士患有其道而無其位與其地耳。既有其道，又得其位與地，然而不爲之者，真可惜也。伏惟執事留意焉！

與福州蔡學士書

某聞有道之士不假言辭而後通，非有道之士，言辭雖亟通，而其志愈辱而窮。長樂，小人父母之邦也；太守，長民也，治其土以保安先人之墳墓而已，又爲之氓。《詩》曰：「維桑與梓，必恭敬止。」假使至者絶庸常人，苟不一候其起居，通其言辭，尚爲廢禮，矧遇執事，禮宜如何？今反箝口

❶「群」，原作「郡」，據文淵閣《四庫全書》本《古靈集》改。

默默，無一字以通左右，豈無説焉？竊念古人之相待，苟其心相通，其道相同，雖去之千百年，立言行事，和合如一，况生而同俗，學而同道，仕而同時哉？則其所相待者宜愈昵也。

夫道者，所以冒天下而非私於一身。先進之於人，與己同道，雖往者呼之；不與己同道，雖來者拒之，固不必言而後通，不言而後以爲不同也。至於後進亦然，與己同道則合而不求；不與己同道雖求而不合，亦不必言而後從，不言而後爲不恭也。小人之待執事，持此説焉。二者又自患乎己之道未有所立，非進取之時，言之無益，兹固弗言，皆所以懈執事也。方欲引退林壑，求其二三友生，終始力學以成志，其庶幾得朝夕繼見，執事爲之師資，可進而後進焉。今兹尚縻於官，不得即去。言念君子，憂心不遑。歲晏，伏惟起居萬福，謹先奉書以聞左右，伏冀憐察。

常州請顧臨祕校主學書

某竊以東南之學廢而不振也已久。安定先生之去吴興，蓋十餘年。天下學者之興，較之當時，固已寖盛，而東南之士又常倍之。然而，魁奇特起之才，禮樂愷悌之風，反不如吴興昔時之盛，何也？豈非庠序之教所由廢興也歟？某之不肖，領郡于兹，雖不敢以斯道爲己任，然常患近世之士溺於章句之學而不知先王禮義之大。上自王公，下逮士人，其取人也莫不以善辭章者爲能，守經行者爲迂闊，而士之榮辱亦從而應之。以是天下之士習非舍是，固已塗聵其耳目而莫之能正矣。某自涖事以來，惟日汲汲以興學養士爲先務，以明經篤行爲首選，其心如是，直將以待夫有志之士焉耳。彼州人之子弟，與夫四方之學者，輕千里而至，其亦有望於茲也。雖然，德薄任重，知不足以獨當其責，思得先生老成之士爲之表率而未能也。伏惟足下才足以宰制於人，義足以矯厲於時，其所爲文，又有以驚動時人之耳目。今將表一學之生徒，而教之以德行、道藝之術，所宜無讓也。謹遣諸生躬詣門下以請。

答周公闢書

某前月領書及將公儀詩序，其文與韓退之相比，甚善甚善！續承教命，予字曰述古者，使之慎取堯、舜、周、孔之作而侈大之，甚非余敢當也。抑嘗聞字者，朋友之職，大體有激勸，則不敢有辭讓云。比辱書勸諭諄誨，以古聖人經籍大旨爲之依歸，又見吾黨於平生交遊中所補者大。近予亦以閒燕之隙，觀《詩》及《書》，以稱道堯、舜、文、武之德而慎簡之。自餘三《禮》書紀綱文章、《易》、《春秋》天人之説，猶所未至，蓋力不足故也。予觀唐室若子厚輩，皆有名於當時，至於韓文公，未始以一言稱譽其道者，豈非駁而不純者乎？自秦、漢以來，去聖日遠，聃、周、楊、墨、釋子之説，衣被天下。故後之習孔子者，多聞見則易，慎擇之則難。

自予來居西山，窮且病，吾道無一相往來，獨混然與浮屠居，幸望其少過，蓋亦難矣。足下近以予不助二教者，心誠有之，亦嘗患今之人不若古，故予未易言之。前日，豫章公來此，篤信他道，予亦以言排之。自時復有書相往來，俱以理勝，且未嘗屈己之道以從彼之欲，此足下知予心所處者如何耳！孔子曰：「攻乎異端，斯害也已。」《孟子》曰：「生於其心，害於其事；作於其事，害於其政。」此之謂也。雖然，亦豈謂登泰山之高，不測東海之深哉？大抵知名教有歸耳。昔人有言曰：「摧枯朽者易爲力，拔深根者難爲功。」自唐韓退之擯二氏，當時蓋六百年有餘矣，迨今歷世寖遠，枝葉延蔓，後復有爲退之者，雖持獨智，豈易爲力哉？知季甫比日於吾儒有功。鄭第晦居菌山，抑有遠志，冀足下慎而折衷之。天其意者，將以有爲也。《詩》云：「庶幾夙夜，以永終譽。」願二三故人勉旃。❶足下比眼疾安否？盛夏炎燠，善自愛。某無力，書不能多云。

天台縣孔子廟記皇祐元年

孔子，聖人之大備者也，使得百里之國，以爲政於天下，雖堯、舜不可及已。爲天子者，不以有己，聽命以治其天下；爲諸侯者，不以有己，聽命以治其國，則必期月而爲東周矣。惜乎天民之不遇，命也。自唐以來，天下郡縣始立孔子廟，追尊王爵，春秋釋奠，天子以下皆執弟子禮，世以爲尊用孔子之道如是，豈其然耶？生而有盛德於民，死以祭禮報之，如曰尊用其道，則未也。天下之文弊久矣，自周至於今，宜黜浮僞、尚忠厚；百物或有失職者，宜正名；王澤或有壅滯者，宜任大臣；遠近官政或有冗濫者，宜能官人。賢者以政，不賢者以禄。教或有未至者，宜興學校、隆師儒；禮

❶「願」，原作「在」，據文淵閣《四庫全書》本《古靈集》改。

或有未修者，宜教民冠婚喪祭；樂或有未作者，宜考五聲、十二律，放鄭、衛；豪傑或有未出者，宜拔賢才、舉逸民；鰥寡孤獨或有未養者，宜弛力捨禁，授田以制，取財以節；民之蠹或有未去者，宜黜佛、老；戎、狄之患或有未備者，宜足兵。孔子之道，用必先於此數者。夫能立廟以守其祭祀，尚無得禮者，而況於用乎？

天台縣有孔子廟不脩，縣令石牧之始至，歲十月，相縣之城南隅，大作新廟屋，總六十有二楹。先樹正殿，塑孔子，南向，左右十哲，曾子自餘弟子六十有一人與諸儒傳經者二十有一人，皆圖諸壁間，皆以其所追爵等降，如周之服冕、圭璧，惟孟軻、荀卿、楊雄、韓愈氏服儒服焉。中樹講堂，圖古之儒服、禮樂之器於其兩壁。後又設學舍，生師講習，咸有位序。祭器在西房，庖厨在東房，周迴門廊，環以墻宇。又考古器，作籩豆、簠簋、樽罍、俎爵之屬。十二月廟成，明年春秋釋奠，入而行禮，生徒與事。品物如制，像圖尊嚴，籩俎新嘉，神明燕喜，人物觀化。先，兹邑民不識儒學，又故廟湫隘，與民雜居，侮慢不尊。至是耳目間覺，始有學者。嗟乎，石君可謂有志矣！區區小邑而能爲孔子立廟，制度以禮，春秋以時祀之，俾民不忘，是已無愧於心。如其欲用孔子，則天也，非力之所能及也。天其不欲以斯道覺斯民也，則其已矣乎！如欲以斯道覺斯民也，石君之志，其必有遇矣。

備　考

忠肅陳氏瑩中詩曰：迺翁德望如丘山，北斗以南誰可班。熙寧天子自拔擢，報君常以人所難。

忠誠皎皎落諫疏，史臣編綴不敢删。當年十語九十用，真譽聞隨公議還。三十三公半台輔，經筵薦墨猶未乾。雖然年位俱不極，却得千載聲名完。薦賢之家門必大，來者繩繩知可觀。

右司諫陳氏公輔跋云：公輔爲兒童時，聞陳密學先生名，今四十年，始遇其長嗣中散來官臨海，得公遺文而觀焉。方熙寧間新法用事，大臣以權利籠取天下士，而一時沽榮希進之徒争相傾附。公獨忠憤激發，忘身許國，與君實、獻可諸公出力排之，公有《青苗疏》，論尤詳，知此法一行，騷動天下，胎禍之端自此始。使當時從其言，豈復有今日事哉？建炎二年九月。

縣令黄仲實先生穎

黄穎，字仲實，莆田人。嘗從陳襄學於毘陵，質疑於孫莘老，爲襄、莘老所愛重。元祐間，舉經明行修，不就。時天下弗就舉者二人，而穎其一。適莘老爲中丞，因哲宗問及，條其學行以對，詔降袍笏即家起之。更三期，母促之行。始調清溪尉，歷知長泰縣、劍浦簿。郡守方全道以改官薦，力辭，請畀同列。知長泰縣，晨興治事，日中與諸生講肄，有職田穀三百餘石，悉與耕民。尋權龍溪尉，卒。二縣士民齎賻金帛，其子公坦，一無所受。公坦舉進士，官終通直郎。《莆田邑志》。《閩書》。

少師傅元通先生楫

傅楫，字元通，仙遊人。少自刻勵，從孫覺、陳襄學。襄女妻之。治平四年登進士，調揚州司户參軍。揚守遇僚屬厲甚，檝遇事未嘗希守意，至捕其從者寘法，守内不能平，欲以煩劇困之。檄攝天長令，發摘隱伏，姦猾屏跡。轉福清丞帥，曾鞏知其人，與鈞禮。歷大谷令，則鞏弟布爲帥，曰：「是吾兄所重者。」卒部使交薦，改知龍泉。孫覺爲御史中丞，語之曰：「君盍少留，朝廷且用君。」檝曰：「仕宦所樂居中者，免外臺督責耳。今俯首權門，與外臺奚擇？」遂去不顧，道除太學博士。居四年，未嘗一跡大臣門。既滿，徑赴銓曹。檝嘗受知曾鞏，及是布方執政，薦爲太常博士。徽宗爲端王，就學資善堂，升檝記室參軍，進侍講、翊善。時官僚多與中人涖事者狎，檝獨穆然不可親，一府嚴憚之，五年不遷。鄒浩得罪貶，檝以贐行免官。徽宗即位，召爲司封員外郎，歷監察御史、國子監司業、起居郎，拜中書舍人。曾布自以於檝有汲引恩，冀爲之用，檝持正，略無所傾下。凡命令有不當，用人有未厭，悉極論之，布大失望。徽宗以舊學故，多所延訪。檝每以遵祖宗法度，安静自然爲言。歸則削稿，雖至親莫得而聞。他日，李清臣勸徽宗清心省事，徽宗曰：「近臣中惟傅檝嘗道此。」然後人始知其所以啟迪君心者，切至如此。在朝歲餘，見時事寖異，竊歎曰：「禍始此乎！」遂上疏丐去，以龍圖待制知亳州，卒，年六十一。徽宗念其藩邸舊臣，賜絹三百匹。子諒友、謙受、義夫。《仙遊志》。《閩書》。

助教周公闢先生希孟

周先生希孟，字公闢，侯官人。通五經，尤邃於《易》，知州劉夔、曹穎叔、蔡襄皆親至學舍，質問經義。部使相繼論薦，詔賜粟帛，授將仕郎，試國子監四門助教，充本州學教授。三表力辭，不許。卒。門人曾伉等七百人相與塑像，祀之於五福寺。所著有《易義》、《詩義》、《春秋義》、雜文等書。《閩書》。《通志》。《三山舊志》。

劉先生康夫別見家學❶

忠惠蔡君謨先生襄別見家學❷

曾先生伉傳闕❸

侍郎劉道元先生夔

劉夔，字道元，崇安人。大中祥符八年進士，累遷屯田員外郎，權侍御史。會李昭改製大樂鐘、磬，夔奏：「樂之大本與政化通，不當輕易其器。願擇博學之士以補卿丞，凡四方獻妄説以要進者，請一切罷之。」帝善其言，歷三司户部判官、直史館，知陝西，改太常少卿，知廣州，所至有廉名。桂

❶ 本條原無，據文津本補。
❷ 本條原無，據文津本補。
❸ 本條原無，據文津本補。

陽盜起，夔以右諫議大夫、龍圖閣直學士知潭州兼湖南安撫使。❶初至，遣人諭降，不從，乃舉兵擊敗之，境内獲安。河北大水，民流爲盜。詔諭京東守備，進夔給事中、樞密直學士以往，至即發廩賑饑，全活甚衆，盜賊衰息。上賜書褒諭。大臣議欲復河故道，夔極言不可，遂罷。遷工部侍郎、知福州。嘗親至周希孟學舍質問經義，以户部侍郎致仕，歸武夷山。嘗遇隱者，得養生術。蔬食獨居，退居一閣，家人罕見其面。至老，手足耳目强明，如少壯時。不治財産，所收私田餘穀以賑鄉里貧人。英宗即位，改吏部侍郎。前數日自作遺表。卒，年八十三。富文定公弼稱其「天賦絶識」，孫公沔稱其「進爲卿相，退爲神仙」，范文正公仲淹稱其「高風孤躅，賀監以後一人」，其見重於名流如此。

《閩書》。《閩學源流》。《宏簡録》。

曹先生穎叔傳闕❷

祭酒鄭閎中先生穆

鄭先生穆，字閎中，侯官人。好學深造，心仁氣正，勇於爲義。進退容止，動依禮經，門人從學

---

❶「潭」，原作「漳」，據《宋史》卷二九八劉夔本傳改。

❷本條原無，據文津本補。

以千數，四冠鄉書，遂登皇祐五年進士第，主簿壽安。召爲國子監直講，積官太常博士，乞納一秩，先南郊追封考妣，從之。改集賢校理，求外補，通判汾州。熙寧三年，召爲岐王侍講。嘉王出閣，改諸王侍講。府僚闕員，御史陳襄請擇人，神宗曰：「如鄭穆德行乃宜左右。」凡居館閣三十年，而在王邸一紀，非公事未嘗及執政之門。講説有法，岐、嘉二王咸敬禮焉。元豐三年，加朝散大夫，出知越州，奏免鑑湖連年水溢民逋官租萬緡。元祐初，除直集賢院，拜國子祭酒。每諸生請益，無間寒暑，雖童子必朝服延接，以禮送迎。諸生皆尊事其經術，服其教訓。俄兼荆、揚二府侍講，揚、徐二府翊善，拜給事中兼祭酒。五年，除寶文閣待制，仍祭酒。六年，請老，提舉洞霄宫。公卿大夫各爲詩贈行，空學出祖汴東門外，都人觀者如堵。明年卒，年七十五。子瓘，事推官。《閩書》。《宏簡録》。

州牧余景召先生祖奭

余祖奭，字景召，莆田人。初名祖禹。唐校書鎬之後。未冠補太學生，爲學官鄭穆、范祖禹及同舍生胡安國、宗澤所器愛。登元符三年進士，通判建州。鄉人林學淵母老，遠倅邠，慨然請易之。自邠移蘭，會地大震，公私廬舍陷折，祖奭若有神護置隙地者。迺亟拯傷殘，活數百人，瘞死賑饑，恩恤備至，蘭人德之。代還，主管福建轉運司文字。屬葉儂叛，挺身諭賊，以功轉南恩州。海寇卓全高沿海焚掠，祖奭内嚴控制，外示間暇，賊不敢犯。召對，指陳時弊，忤秦檜意，引疾乞祠。歸，封文安縣開國男。祖奭性至孝，居母喪，廬墓；父喪，過時猶毁瘠。甘露降於塋林者兩月，因名其墳菴曰「甘露城」。子武弼、武揚。《莆陽文獻》。《閩書》。

教授陳季慈先生烈

陳先生烈，字季慈，侯官人。性孝友。居親喪，勺飲不入口者五日，自壯及老，奉事如生。學行端飭，動據禮文，里中賢父兄以訓子弟，必舉先生言行示之。冠婚喪祭，請而後行，從學者常數百。鄉薦，試京師，不遇，遂絶意仕進。仁宗屢詔，不起，曰：「吾學未成也。」公卿、郡守、鄉老交章稱賢。嘉祐中，以爲本州教授。歐陽修、司馬光等言於朝，召爲國子直講，❶皆不就。陳襄薦：「先生心仁氣剛，才智篤越。學聖人之言而踐其實，稽先王之法而適於時。博通群經，尤明典禮。文章淵源浩博，肆筆而成。求之今日，鮮有倫儷。安貧力學，積四十年，著書數萬言，未見其止。累降召命，辭謝不至。世以烈爲潔身獨行之士，非知烈者也。烈學師孔、孟，足興事業。伏望陛下以禮特聘，賜對清閑，使陳二帝三王之術、六經四子之要，當世之務，必有以上稱尊賢重德之舉。」❷元祐初，部使者復申薦之，詔從其尚，以宣德郎致仕。明年，復教授本州。在職不受廩俸，鄉里遺問，絲毫無所納。卒，年七十六。《宋史》。《閩書》。

❶ 「召」，原作「右」，據文津本改。

❷ 「尊賢」上，陳襄《古靈先生文集》卷五有「陛下」二字。

三山劉氏家世學派

馬恭敏撰《鳳岡劉氏諸賢祠記》曰：「劉氏諸賢祠祀宋名儒劉公彝、康夫、藻、砥、礪五先生，尚遺其三，初議或未之考耶！」馥按：三賢者樂昌令嘉譽、迪功郎世南并子玠也。再按：《閩書》劉氏之初，其先泉人，後徙居閩。至若虚先生舉進士，仕至尚書屯田員外郎，知邵武軍。有進退大節，通五經大要。又欲措之脩身治官之用，不爲空言，宜其家學樸茂，代有聞人也。夫當洛學未開之先，彝從胡安定學，康夫從周希孟學，皆能傳述經旨根柢，道德彬彬乎「魯一變」之風。迨秘閣修撰藻、樂昌令嘉譽從羅、李遞傳中州派的，至孫曾等又出紫陽、拙齋、勉齋諸公之門，信乎家多異才也。夫山川炳靈，代不世有，況乎萃一門之英潛心大業！是淑於家庭者，淵源有自，稟之師訓者，啟迪尤深也。

再按：《閩書》劉氏彝、康夫、藻三先生屬閩縣，劉氏嘉譽、世南、砥、礪、子玠五先生屬長樂。似分派兩支，但恭敏祠記稱諸賢並生一門，而巡撫龐惺菴與監察雙江曾暨華表，題曰「一門道學」。觀此，則諸先生雖分兩派，而皆係一族無疑。況恭敏屬三山舊獻，其撰述似不至差訛，故今仍舊記，列爲家學云。

尚書郎劉叔揚先生若虚

劉若虚，字叔揚。其先泉人，徙居閩縣。父甫，仕錢吴越，鄉閭稱廉孝。若虚舉咸平五年進士，以大理評事知永嘉縣。還，上所爲文章，真宗召試，就遷寺丞，知温泉縣，移通判保定軍，再遷太常博士，通判洪州，改尚書屯田員外郎，知邵武軍。卒，蔡襄銘其墓。若虚嚴明有大略，通五經大旨，摘其旨義，以爲脩身治官之用，不苟爲利禄學。丁謂爲宰相，私天下士，士必歸我乃得進。聞若虚名，欲屈見之，若虚辭不往。居家事親，親有疾，不食酒肉。居親側，雖大暑中，夕必嚴衣冠。其莅官敏於決疑，静於臨劇，初若不更意慮，及施下皆當理要。守法不貸，而民不敢怨。子奕、异。孫康夫。侄彝。《閩書》。

通判劉象伯先生奕

劉奕，字象伯。天聖八年進士，歷知滎陽縣。慶曆間用兵，韓魏公爲經略使，辟奕鳳翔府判官，兵民事劇，多倚辦集。時連年兵敗民窮，奕上書朝廷，言兵所以敗，民所以窮之狀，格不報。歷通判漳州、潤州。漳浦縣有虔民四百餘人入縣買官所賣鹽，令捕之，民因鬬拒。令遂鞫其私販，窮治之。其法應死，囚久繫，瘦殍相屬。奕爲察其非私販而出其不鬬拒者，坐法數十人而已。卒於潤州。斂無新衣，囊無餘貲，民集錢二百千以賻，奕妻辭却之。奕於文章，要以道理爲的，不苟爲聲律。其論性情，推明孔子之法，力教於人，開曉其路，從之學者，咸以吾道自處。《閩書》。

評事劉成伯先生异

劉异，字成伯。隱居不仕，鄉人號曰「隱君」。後以州郡薦强起，授將仕郎、大理評事。按《選舉志》載天聖八年進士。《閩書》。

教授劉公南先生康夫

劉康夫，字公南。幼聰敏，不嬉玩，名奇童。父奕，卒潤州，僚佐憐而厚賻之。康夫尚幼，謂母曰：「勿污吾父。」却不受。服除，就府學庠。周先生希孟門人數百，而康夫獨見推重。其居家嚴憚，遇親族有恩，故鄉人師其孝悌仁愛，而康夫亦以敦厚風俗、崇獎名教爲己任。主鄉校者三十餘載，從遊千餘人。部刺史張伯、王元絳、程師孟皆優禮之。治平中，舉孝廉，本道以康夫應詔，坐後時罷。熙寧中，廣東人乞請主番禺學，朝廷下其事，索所爲文，進《志述》二十七篇，竟以未仕不合格止。異日，大臣有言於天子，曰：「劉康夫天下士，惜其幾老不得用。」將有特詔，事遂成寢。復主温陵，學士之精敏勤勵者，必見推許；而荒慢怠遊者，必見斥罰。其引經質問，雖終日不倦。泉人蔡彰録其温陵教授之功，以傳諸人。初，康夫不爲詞賦，莆陽蔡公襄勉使爲之，一試而魁中，由是屢薦。至元祐中，以特奏名舉，前未唱名二日，卒。

鄭俠表其墓，謂：康夫性純孝，居喪盡禮，蓋年未弱冠而所以慎終大事者，成人有所不逮。蓋其事親事長，與夫恤窮撫稚，訓養豪雋，成就才哲，發於誠心，施於行事，無不可以勒金石、感鬼神。爲文下筆千百言，若不繇思慮，而羽翼《詩》《書》，根柢仁義，雖素構無以過之。所著有《經訓》若干卷，雜文及古律詩若干卷。其在熙寧苗役之役，康夫嘗狀其事，爲之圖籍以獻，竟不報。又嘗擬《乙丑廷策》，其略云：「去冬今春，積陰常寒，陽氣不達，恐有以臣議君、以子改父者，乃致斯譴。」因具言更張所宜，而未嘗示人。既亡，而遺藁在笥，見者始知公之憂其君與民爲何如。門人諷誦緒餘，遵承規矱，皆可以致主安民，垂之文字而示後之學者云。《閩書》。《省志》。鄭俠《西塘文集》撰《墓表》。

徵士劉孟潛先生涣

劉涣，字孟潛。太子洗馬仲甫之孫。隱釣北溪之上，歌詩自娱。元祐中，鄉人千餘薦之。郡守許懋乞應逸民之詔，懋聞于朝，涣力辭不就。子達夫。《閩書》。

光禄劉執中先生彝 别見本學派❶

❶ 本條原無，據文津本補。

教授劉宣子先生達夫

劉達夫，字宣子。元豐中入太學，以父涣年老，歲一歸省。父卒，遂無仕進意，隱居北山數十年。崇寧中，舉遺逸，有司以應詔，授松江簿，擢温陵教授。有薦于朝者，召見，將仕以中都官，辭曰：「非志也。」遷越州教授，卒。按《選舉志》載政和二年進士。《閩書》。

修撰劉先生藻

劉藻，懷安縣人。按馬氏森撰《鳳岡劉氏諸賢祠碑記》云：「秘閣修撰藻從羅豫章學，以孝聞於朝，賜粟帛并名其里爲『錫類』。」著《禮書》、《易解》。

按：《閩書·福州英舊傳》遍考未得此公名字，只《韋布傳》云：「劉藻，字昭信，閩縣人。與王普、任文薦同以《禮》學稱。」朱子所謂「三山前輩有明禮者」，此三人是也。其傳中改易數語，見《朱子語類》，乃與朱子答問之説。但《閩書》劉藻入韋布，閩縣人，乃未入官者。今考馬氏《鳳岡劉氏碑記》有劉藻者，係秘閣修撰，似登仕籍而非韋布矣。惟著《禮書》、《易解》二書似相近。又考《閩書·英舊選舉目録》内，懷安故縣紹興五年乙卯有劉藻，係劉偁侄。是懷安與閩縣不相符，但馬氏《碑記》中言懷安故縣即諸劉故里，似即此劉氏耳。

再考《新福州府志·選舉》内，亦是紹興五年乙卯，附《王普傳》屬懷安縣人。竊疑劉公藻或以朱子表章《禮》學，後人立傳，只載朱子《問答》往復之語，而他細事或不致詳，亦未可知。然據馬恭敏稱爲羅豫章門徒，又以孝德著聞於朝，以名其里，官至秘閣修撰。則當時乃表著人物，相去數百載，名公鉅儒採志乘者，豈有不詳考立傳？似不宜有闕漏也。今將馬氏《祠記》附諸劉之後待考，并撮其語爲傳。

再按，黄氏海《道南統緒》辨正諸人出處之訛，謂紹興之進士、禮部員外郎劉藻訛爲布衣，意即其人，但其歷官與馬恭敏《祠記》未符，待考證之。

縣令劉德稱先生嘉譽

劉嘉譽，字德稱，一名岡，長樂人。官至樂昌尉。嘗受業李延平。子世南。孫砥、礪。

司理劉景虞先生世南

劉世南，字景虞。受業林之奇，與吕祖謙相友善。秉禮蹈義，鄉邦敬仰。官至吉州司理參軍。

劉履之先生砥

劉砥，字履之，别號存菴。六歲時，日誦千言，至覽忠孝大節，輒激憤感慨。十歲，通九經傳記，綴詞賦，與其弟礪舉乾道二年童子科。嘗讀《錫老詩》，歎曰：「此不足習。」乃治舉子業，又歎曰：「此不宜專習。」因遍取伊、洛諸書讀之。偕弟礪往受業於朱文公，文公授之《先天太極圖傳》，充然有得。文公晚收禮書，砥預編次，以時方攻道學，益無復仕進意。年四十五卒。爲文醇雅宏博，詩不加琢而能達其意。著《論語解》、《孟子解》、《王朝禮編》。弟礪。

劉用之先生礪

劉礪，字用之，别號在軒。幼穎悟孝弟，與黄勉齋最善。朱子《答陳才卿書》曰：「《禮》書得直卿、用之，漸可整頓。」又曰：「二劉到此，并手料理，方有汗青之日。」僞學禁興，志尚愈篤。蔡西山竄道州，礪兄弟饋贐特厚。子子玠。

劉君錫先生子玠

劉子玠，字君錫。礪子。從黄勉齋學，非名士不交，非義理之書不存。平居退讓若無有，及其見義，必爲不類流俗，則尤人所難者。以上《閩書》。參《三山郡志》。

備　考

明馬氏森《鳳岡劉氏諸賢祠碑記》曰：劉氏諸賢祠祀宋名儒劉公彝、康夫、藻、砥、礪五先生也。永樂間，當路肇建於懷安邑鄉之八都，豈以近里居而追崇表章，樹之風聲哉？初扁名「賢祠」，督學潘樸溪公改名「諸賢祠」。宋陽山公、二山公、龍灣公僉議著之祀典，每春秋次丁，委官致祭，蓋自萬曆二年始也。夫聖賢之生弗偶，五百年必有王者興，其間必有名世者。唐、虞、三代，氣運隆升，應期而出，至孔子，時降世異，故不得位，而但與三千之徒大明其道以詔後世。孟子没而學絶。周濂溪崛起，得不傳之緒於遺經，以授二程。吾閩楊龜山載道而南，其一脉所宗者，羅豫章、李延平視當時諸賢較著。朱晦翁則集諸儒之大成，濂、洛、關、閩並稱天下，萬世宗之，固鄒、魯乎？濱海者也，楊、羅、李、朱皆延、建産也。其在福則有劉氏諸賢。銀青光禄大夫彝從胡安定學，居官多治績，召對以正學啟沃，著《七經中義》百七十卷，《明善集》、《居易集》各三十卷，《水經》四卷及《註禮記大全》。奉議郎康夫從周希孟學，著《志述》二十七卷。秘閣修撰藻從羅豫章學，以孝聞於朝，賜粟帛并名其里爲「錫類」，著《禮書》、《易解》。樂昌令嘉譽從李延平學。迪功郎世南從林拙齋學，與吕東萊相友善，父子潛心問學，蹈義秉禮，爲鄉邦敬仰。砥、礪中神童科，從朱晦菴學，嘉其篤志，授《先天太極圖傳》，嘗言「履之兄弟可與進德」，以時禁僞學，弗仕，著《王朝禮》、《論語孟子解》。子玠，從黄勉齋學，克承父志。是皆賢人也，而並生於一門，世豈有盛於此哉！是宜祠而祀之，然所祀止五賢，尚遺其三。初議或未之考耶！

程叔子謂：「無善治士，猶得以明乎善治之道，以淑諸人而傳之後。無真儒，則天下貿貿然莫知所之。」是可見澤在當時，終不若繼往開來爲扶世功大也。若劉氏諸賢，究其所學，皆足以羽翼夫道統，則固不可謂之非真儒也。是故既崇之學宫，列之道南書院，又專祠特舉秩文祀典如此其詳悉，有以哉！今撫龎惺菴公因前監察臺雙江公曾竪華表，題曰「一門道學」。既兵火，復申題之，屬予爲之記云。

明蔣氏以忠《龍峰巖記》略曰：長樂之北有龍峰，去縣治十里許。里先輩劉砥者與其弟礪，當宋乾道間，嘗築室讀書其上。屬晦翁朱子南遊至邑，二公從講學，留斯巖最久。又翁在巖時，曾作「讀書處」三大字勒於巖，今隱隱滅。無乃鄭司寇環浦復補書之，余爲琢石刻諸門内，以見朱子之所留，而又以明此山非黄冠緇流之所得而有也。是爲記。

光禄劉執中先生彝學派

按：宋初三山劉執中與陳古靈、周希孟諸先生皆以經學爲邑人倡。其時，周、程尚隱濂、洛，三山前輩之學以經鳴者，皆淵源于四先生及先生云。

光禄劉執中先生彝

劉彝，字執中，閩縣人。若虚從子。從胡安定學，安定謂其善治水，凡所立綱紀規式，先生力居多。慶曆六年進士，爲邵武尉，調高郵簿，移朐山令。邑人紀其事，目曰「治範」。熙寧初，爲制置三司條例官屬，以言新法非便罷。神宗擇治水官，除先生都水丞，爲兩浙轉運判官。知虔州，著《正俗方》，訓斥尚鬼之俗，使易巫爲醫。加直史館，知桂州。禁與交人互市。交阯陷欽、廉、邕三州，坐貶均州團練副使，安置隨州。又除名爲民，編隸涪州，徙襄州。元祐初，復以都水丞召還。病卒。贈銀青光禄大夫。

先生故明胡瑗學，神宗熙寧三年，召問：「從學何人？」對曰：「臣少從學於安定胡瑗。」神宗曰：「某人文章與王安石孰優？」先生曰：「胡瑗以道德仁義教東南諸生時，王安石方在塲屋修進士業。臣聞聖人之道，有體、有用、有文。君臣父子、仁義禮樂，歷世不可變者，其體也；《詩》、《書》、史傳，垂法後世者，文也；舉而措之天下，能潤澤其民歸於皇極者，其用也。國家累朝取士，不以體用爲本，而尚其聲律浮華之詞，是以風俗偷薄。臣師瑗當寶元、明道間，尤病其失，遂明體用之學，以授諸生。夙夜勤瘁，二十餘年專功學校。始自蘇、湖，終於太學，出于門者，無慮二千餘人。故今學者明夫聖人體用以爲政教之本，皆臣師之功也。」

神宗曰：「其門人今在朝爲誰？」對曰：「若錢藻之淵篤，孫覺之純明，范純仁之直温，錢公輔之簡諒，皆陛下所知也。其在外明體適用教於民者，迨數十輩。其餘政事、文學粗出於人者不可勝數。此天下四方所共知而歎美之不足者也。」神宗悦。

所著有《周禮中義》十卷、《古禮經傳續通解》二十九卷、《洪範解》六卷、《七經中義》一百七十卷，又有《明善集》、《居易集》、《水經注》、《禮記大全》等書。

縣令鄒堯叟先生棐

鄒棐，字堯叟，邵武泰寧人。嘉祐中進士，調淮陽軍司理參軍。丁父憂。服除，再調南劍州劍浦縣主簿，移福州閩清令。用薦者改宣德郎，知宣城令。少有文名，工詞賦。壯遊四方，從中山劉先生彝爲學，浸灌六經，貫穿百氏，各得其宗。棐爲人重厚寡言，雖家人，未嘗見其喜愠，貌温氣和，遇事堅正，不可以非義回屈。初在淮陽，卒有受杖不服而肆言，守怒，欲斬之，議不决，以其事付棐。棐以爲事在有司則有常法，執之不移，士論韙之。其蒞官臨民，雖冗職必盡力，故所至有風績。雖當繁劇，手未嘗廢書也。故其用志益深，學之所造者遠矣。龜山先生嘗曰：「余自垂髫，誦先生之文，及長，聞其名藉益甚。元豐初，家居，始獲從先生遊焉。」其卒也，龜山爲志其墓，并爲文祭之。

三山王氏家世學派

按：曾南豐氏序公文集，略曰：「當先王之跡熄，六藝殘缺，道術衰微，天下學者無所折衷。深甫於是奮然獨起，因先王之遺文以求其意，得之於心，行之於己，其動止語默必考於法度，而窮達得喪不易其志也。文集二十卷，其辭反覆辨達，有所開闡，非世之别集而已。」

又按：西麓周氏曰：「王深甫學於歐陽公，與王介甫、曾子固、劉原甫遊。其文出歐陽體而尤純淡，序事曲折不窮，特壯偉不及也。至於摘經傳語以爲賦，詞短而意深，有味其言哉！」又南豐撰深甫之弟容季墓銘曰：「容季孝弟純篤，尤刻意學問，言行出處，常擇義而動。容季之伯兄回深甫，以道義文章退而家居，學者所宗。而仲兄向子直亦以文學器識名聞當世，容季又所立如此。學士大夫以謂此三人者皆世不常有，未有同時並出於一家如此之盛」云。馬氏貴與《文獻通考》云：「侯官三王之文，蓋宗師歐陽公者也。其大家正氣，當與曾、蘇相上下，故南豐折服其文而深悲其早世。然晁、陳二家書録並不收入，《四朝國史・藝文志》僅有《王深甫集》，纔十卷，則止有曾序所言之半，而子直、容季之文無傳焉，亦不能知其卷帙之多少，可惜也。」今備録諸考論，著之於編。

推官王深甫先生回

王回，字深甫。父平，仕御史，見《閩書》，平卒，葬潁州，即家焉。回敦友孝行，質直平恕，造次必稽古人。舉嘉祐二年進士，爲衛真簿。有不合，稱病自免。久之，在廷多薦者，治平中以爲忠武軍節度推官，知南頓縣。命下，卒。王氏安石誌其墓曰：「吾友深甫，書足以致其言，言足以遂其志，志欲以聖人之道爲己任，蓋非至於命弗止也。故不以小廉曲謹以投衆人耳目，而取舍、進退、去就必度於仁義。世皆稱其學問文章治行。然真知其人者不多，❶而多見謂迂闊不足趣時合變。嗟乎！是乃所以爲深甫也。令深甫而有以合乎彼，則必無以同乎此矣。」曾鞏序其文曰：「回當六藝殘缺，道術衰微之後，奮然獨起，因先王遺文以求其意，得之於心，行之於己。作爲文詞，反覆辨達，有所開闡，其卒蓋將歸於簡也。其破去百家傳註，推散缺不全之經，以明聖人之道於千載之後、振斯文於將墜，回學者於既溺，可謂道德之要言，非世之別集而已。」弟向、冏。《閩書》。

---

❶「者不多」，原脱，據文淵閣《四庫全書》本《臨川文集》補。

主簿王子直先生向弟冏

王向，字子直。與回同舉進士，仕縣主簿。爲文故有英氣，而能力自蟠屈以就法度。自其少時則已著數萬言，馳騁上下，偉麗可喜。晚自爲不足而悔其少作，更欲窮探力取，極聖人之旨要。大行則欲發而見之事業，窮居則欲推而托之文章，將與《詩》、《書》之作者並，而未知其孰後先也。

冏，字容季。孝弟純篤。自少能爲文章，長於叙事。所爲文，出輒驚人。其爲人自重，不馳騁衒鬻，亦不孑孑取名。日與其兄講唐、虞、孔子之道，以求其内，言行出處，擇義而動。其磨礱灌養而不止者，方未量其所至，而皆不幸蚤卒。向、冏與兄回之文章，皆宗歐陽修，正氣大家，欲與曾、蘇上下。曾鞏序向之文，誌冏之墓，深推服而悲其蚤世。《閩書》。

三山陳氏家世學派

按：三山陳氏祥道，以禮學名於元祐間，而弟暘著《樂書》在紹聖之代，二書當時皆鈔録進御，纂緝禮制者多折衷之，所謂「代用其書，垂諸國胄」者也。朱子言：三山前輩明禮者三人，王氏普、劉氏藻、任氏文薦，而祐之兄弟其嚆矢者矣。再，祐之先生從弟剛中，以志節著。朱子時，此公已載《長樂志》，遺厥歷官謫死事，後朱子叩其鄉人，表章之，見《朱子文集》。今考本傳，已詳及之矣。兹録其家學載於編。

秘書陳祐之先生祥道

陳祥道，字祐之，閩清人。治平四年進士。嘗著《禮書》百五十卷。近臣以聞，哲宗詔尚書給筆札抄録。除國子監直講，遷館閣校勘兼太常博士，終秘書省正字。祥道爲《禮書序》曰：

「先王之治，❶以禮爲本。其宫室、衣服、車旗、械用有等，其冠婚、喪祭、朝聘、射御有儀。即器觀理，無非法象之所寓；即文觀義，無非道義之所藏。使人思之知所以教，守之知所以禁，奢者不得騁無度之心，儉者不得就苟難之節，奇不得亂常，邪不得害正。此上下所以辨，民志所以定也。

「晚周而下，道散於異政，法亡於殊俗；君子不得以行禮，小人得以行非禮。兩觀大路，朱干玉磬，天子之禮在諸侯；塞門反坫，素衣朱襮，諸侯之禮在大夫。繇是先王之制浸以掃地，天下學者亦失其傳。故隨武子不知殽烝，孟僖子不知相禮，范獻子不知問諱，曾子不知奠方，魯不知尚羔，衛不知立市，則時之知禮者，蓋亦鮮矣。

「漢興，叔孫通之綿蕝，徒規當時之近功，法失於太卑；齊、魯二生論禮樂，必期百年後興，言失於太高。賈誼有修禮之志而困於絳、灌，曹褒有定禮之議而沮於酺、敏，傅咸極論于晉而誚于流俗，劉蕡發策於唐而棄於一時。繇漢以來，千有餘載，其間欲起禮法於上者非一君，欲成禮法于下者非

❶ 「先王」，原作「先生」，據宋章如愚《群書考索》卷二三引文改。

一臣。有是君而下不足副之，則禮法終不明；有是臣而上不能任之，則禮事終不行。此龐政薄俗所以繼作，唐、虞三代之治不復見也。

「今上有願治隆禮之君，下有博古明禮之臣，都俞賡歌于廟堂交奧之間，四方萬里涵泳德化，制作之盛，在此時矣。臣嘗考六藝百家之文，以究先王禮樂之迹，凡寓於刑名度數者，必辨其志；凡藏於道德仁義者，必發其藴。發憤二十年，著成《禮書》，總一百五十卷。其於歷代諸儒之論，近世聶崇義之圖，或正所失，或補所闕，庶幾古人之髣髴，可以類推。藏諸巾衍，非敢以施當代。豈謂伏蒙太皇太后陛下、皇帝陛下曲加采聽，特給筆札，俾寫上進。臣自惟淺陋，不足備甄録，姑用塞明詔。」

又有《論語句解》，與《禮書》並行於世。弟暘。姪剛中，登第。《閩書》。

侍郎陳晉之先生暘

陳暘，字晉之。紹聖制科，授順昌軍節度推官。徽宗初，進《迓衡集》以勸導紹述，得太學博士、秘書省正字。所著有《樂書》二百卷。禮部侍郎趙挺之言其貫穿明備，乞援其兄祥道進《禮書》故事，給筆札。書成，爲序上之，其文曰：

「臣聞先天下而治者在禮樂，後天下而治者在刑政。三代而上，以禮樂勝刑政，而民德厚；三代而下，以刑政勝禮樂，而民風偷。恭惟神宗皇帝超然遠覽，獨觀昭曠之道，本之爲禮樂，末之爲刑政。凡所以綱維治具者，靡不交修畢振，典章文物，一何焕然。臣先兄祥道是時直經束序，慨然興思，求以上副神考修禮正樂之意，既就《禮書》一百五十卷。哲宗皇帝祇遹先猷，詔給筆札，繕寫以進，有旨下議太常。臣兄且喜且懼。一日語臣：『禮樂，治道急務，帝王極功。比籠絡今昔，逮及成書，固亦已勤，乃寤寐在樂而情力不逮，汝勉成之。』臣蒙先帝擢寘上庠，陛下陞之文館，編修論次積年，于兹著成《樂書》二百卷。曲被誤恩，俾録上進，臣兄弟得以區區所聞，補聖朝萬一，制作討論，榮幸何如。

「臣竊謂古樂之發，中則和，過則戾。涵三之道，參和爲沖氣；五六之數，一貫爲中合。故沖氣運而三宫臣焉，參兩合而五聲形焉，參五合而八音生焉，二六合而十二律成焉。數度雖有不同，要之會歸中聲而已。過此，則衛、鄭哇淫而不合於古也。樂之有宫也，與其有黄鍾也，尊而無上者也。五聲十二律，樂之正也；二變以變宫爲君，四清以黄鍾清爲君，樂之蠹也。夫事以時作，固可變也，而君不可變；太簇、大宫、夾鍾，或可分也，而黄鍾不可分。既有宫矣，又有變宫焉；既有黄鍾矣，又有黄鍾清焉，是兩之也。爲是説者，古無有也，聖人弗論也，漢、唐諸儒之所傅會歟！存之則傷教而害道，削之則律正而聲和。臣是敢辭而闢之也，志在華國，義在尊君，庶幾不失仲尼放鄭聲、惡亂雅之意也。循其序，君子以成焉；明其義，天下以寧焉。樂之時用，顧不大哉！」既上，遷太常丞，進駕部員外郎，爲講議司參詳禮樂官。《閩書》。

縣令陳彦柔先生剛中

陳剛中，字彦柔。建炎進士。性慷慨，有志事功。官迪功郎。紹興初，上書言：「民力凋瘵，國用匱乏，願罷冗食，去虚文以足邦用。」遷太府寺丞。應詔上封事，主議恢復，忤秦檜意。胡銓以言貶韶州，剛中作啟賀行，有云：「屈膝請和，知廟堂禦侮之無策；張膽論事，喜樞庭經遠之有人。」又云：「知無不言，願借上方之劍；不遇故去，聊乘下澤之車。」檜尤憾之，遂與張九成等七人同謫，差知安遠縣。至縣，適有嶺寇來擾，究心招撫。感瘴而没。其妻子扶柩，葬於杭州龍井山風篁嶺之沙盆塢。《新三山郡志》。《朱子文集》。

閩中理學淵源考卷十一

廣平府知府李清馥撰

浦城楊氏家世學派

真氏西山曰：「國朝南方人物之盛，自浦城始；浦城人物之盛，自文莊公及文公始。」再考，史稱：「宋一海内，文治日起，楊文公首以辭章擅天下，爲時所宗。」蓋其清忠鯁亮之氣，未卒大施。仁宗嘗稱其有君子大節，特贈其官，謚以文。蓋有由來也。文莊爲文公從父，史稱「其純厚清介，尚名教，非道干進，尤所痛嫉」，蓋亦卓然儒者程榘矣。兹録二公，著其家世源流所自焉。

文莊楊仲猷先生徽之

楊徽之，字仲猷，一名儀之。浦城人。❶祖郜，仕閩，爲義軍校。家世尚武，父澄獨折節爲儒，終浦城令。徽之甫冠，通群經，尤刻意於《詩》，與邑人江文蔚、江爲齊名。嘗肄業廬山白鹿洞。時

❶「人」，原作「之」，據文淵閣《四庫全書》本曾鞏《隆平集》改。

李氏據有江表，徽之恥官僞廷，乃潛服至汴洛，以文投竇儀、王朴，深賞遇之。周顯德中舉進士，歷著作佐郎、右拾遺。力言太祖人望所歸，不宜典禁兵。太祖既得天下，將因事誅之。晉王諫曰：「周室忠臣也。」乾德初，出爲大興令。開寶中，遷左拾遺、右補闕，寖以登用。太宗尤深器之，時青宮初建，命爲首僚，寄之羽翼。因索其所著書，徽之以數百篇奏御，復獻詩爲謝。太宗稱賞，遷侍御史權判刑部，轉庫部員外郎。奉詔彙編《文苑英華》。歷遷刑、兵二部郎中。

端拱初，拜左諫議大夫，出知許州。入判史館事，加修撰。因次對，上言：「陛下嗣統鴻圖，闡揚文治，廢墜修舉，儒學嚮臻。❶然擅文章者多超遷，明經業者罕除用。向非振舉，曷勸專勤？師法不傳，祖述安在？且京師四方之會，太學首善之地，今五經博士並闕其員，非所以崇教化、奬人材、由内及外之道也。望發明詔，博求通經之士，簡之朝著，拔自草萊，增置員數，分教胄子，隨其所業，授以廩稍，且優加旌別，使淹貫經士皆蒙厚賞，則天下知所勸矣。」太宗嘉納，謂宰相曰：「徽之儒雅，操履無玷，宜置館閣。」未幾，改判集賢院。坐漏泄張洎語，出爲山南東道行軍司馬，改鎮安軍。真宗咸平初，加禮部侍郎，以足疾請告。真宗駐蹕大名，特降手詔存諭。明年春，車駕還，遣使臨問。卒，年八十，贈兵部尚書，賜其家錢五十萬，絹五百疋。無子，録其外孫宋綬太常寺太祝。姪孫偃、集，並同學究出身。

---

❶「嚮」，原作「響」，據文淵閣《四庫全書》本《東都事略》改。

徽之純厚清介，多識典故。守規矩，尚名教，非道干進，尤所痛嫉。嘗言：「温仲舒、寇準用搏擊取貴位，使後輩務習趨競，禮俗寖薄。」世謂其知言。寡諧於俗，惟李昉、王祐深所推服。石熙載、李穆、賈黄中則與爲文義友。既没，有集二十卷留於家。真宗令夏侯嶠取以進。後徽之妻卒，及葬，❶復以縉帛賜其家。景祐間，賜太子太師，謚文莊。祀白鹿洞。從孫億。《閩書》。真西山撰《文莊公書堂記》。《宏簡録》。

文公楊大年先生億

楊億，字大年，浦城人。天資穎悟，七歲，對客談論，爲文揮翰不輟，有老成風。雍熙初，年十一，博覽强記。太宗聞其名，詔江南轉運使張法華就試詞藝，送闕下。連三日，得對試詩賦五篇，下筆立成。太宗深加賞歎，即授秘書省正字。俄丁外艱。服除，會徽之知許州，億往依之。晝夜務學不息，徽之歎曰：「興吾門者汝矣。」淳化中，改太常寺奉禮郎，仍令讀書秘閣。獻《二京賦》，命試翰林，賜進士第，遷光禄寺丞、直集賢院。表求歸鄉里，賜錢十五萬。至道二年，遷著作佐郎。帝知其貧，屢頒霑賚，每有奏頌，時時稱善。真宗即位，超拜左正言。詔錢若水修《太宗實録》，奏億參預，凡八十卷，億獨草五十六卷。書成，乞外補就養，知處州。真宗知其才長史學，留不遣，固請，乃許

❶「及」，原作「乃」，據文淵閣《四庫全書》本《續資治通鑑長編》改。

之。召還，拜左司諫知制誥，賜金紫。

咸平中，西鄙未寧，詔近臣議靈州棄守之事。億上疏言：「存有大害，棄有大利。」灑灑千餘言。景德初，以家貧，乞典郡江左，詔令知通進銀臺司兼門下封駁事。俄判史館。❶會修《册府元龜》，與王欽若同總其事。序次體制皆億所定，群僚分撰篇序，詔經億竄改乃用。三年，召爲翰林學士。又同修國史，凡變例皆出億手。大中祥符初，加兵部員外郎、户部郎中。五年，以疾在告，遣中使致太醫視之，億拜章謝，上作詩批紙尾，有「副予前席待名賢」之句。以久疾，求解近職，優詔不許，但權免朝直。

億剛介寡合，在書局，惟與李繼、路振、刁衎、陳越、劉筠輩厚善。❷當時文士，咸賴其品題，或被貶議者，退多怨謗。王欽若驟貴，億素薄其人，欽若銜之，屢抉其失。陳彭年方以文史售進，忌億名出其右，相與毁訾，真宗皆不惑其説。天禧二年冬，拜工部侍郎。四年復爲翰林學士。卒，年五十七。初，真宗欲立德妃爲后，欲得億草詔，使丁謂諭旨，億卒不草。及卒，仁宗令議追贈，有司言：「故事，非曾任二府及事東宫，法不應贈。」仁宗曰：「億有君子大節，可贈禮部尚書。」謚曰文。億文格雄健，才思敏捷，精密有規裁，尤長典章制度。喜誨誘後進，以成名者甚衆。人有片詞可紀，

❶「判」，原作「伴」，據《宋史》卷三〇五《楊億傳》改。

❷「越」，原作「鉞」，據《宋史》卷四四一《陳越傳》改。

必爲諷誦，一時學者翕然宗之。手集當世述作數千篇，爲《筆苑時文録》。性耿介，重交遊，尚名節，多周給親友，故所得禄俸亦隨而盡。所著《括蒼》、《武彝》、《潁陰》、《韓城》、《退居》、《汝陽》、《蓬山》、《冠鼇》等集、《内外制刀筆》共一百九十四卷。立從子紘爲後，❶録爲奉禮郎。《閩書》。《宏簡録》。《通志》。

備　考

范文正公《贊楊文公畫像》曰：公以命世之才，其位不充，故天下知公之文，而未知公之道也。昔王文正公居宰府僅二十年，未嘗見愛惡之迹，天下謂之大雅；萊公當國，❷真宗有澶淵之幸，而能左右天子，如山不動，却戎狄保宗社，天下謂之大忠；樞密扶風馬公慷慨立朝，有犯無隱，天下謂之大直。此三君子者，一代之偉人也。公與三君子深相交許，情如金石，則公之道其正可知矣。

王沂國文正公曾嘗語曰：「昔楊文公有言，『人之操履，無若誠實』。吾每欽佩斯言，苟執之不渝，夷險可以一致。楊文公在翰林，以讒佯狂去職，然聖眷之不衰，聞疾愈即起爲郡。未幾，復以判秘監召。既到闕，以詩賜之曰：『瑣闥往年司制誥，共嘉藻思類相如。蓬山今日詮墳史，還仰多聞

❶「紘」，原作「絃」，據《宋史》卷三〇五改。
❷「萊」，原作「菜」，據後文改。

過仲舒。報政列城歸覲後，疏恩高閣拜恩初。諸生濟濟彌瞻望，鉛槧諮詢辨魯魚。』祖宗愛惜人材，保全忠賢之意如此。文公後卒與寇萊公力排宫闈，協定大策，功雖不終，其盡力於國者，亦可以無愧也。」《石林詩話》。

真文忠公德秀撰《楊文莊公書堂記》曰：「浦城夢筆山等覺院，邑人禮部侍郎楊公澄爲本縣令日所建也。侍郎之子文莊公少讀書於此山，既去，以文學節義擅聲中朝，爲薦紳標式。後人即其處爲書堂，繪公父子祠之。按公名徽之，字仲猷。甫冠通群經，尤刻意於詩，得騷人之趣。時李氏王江表，公恥官僞廷，杖策走中原。以周顯德三年登第，入文館，升諫垣。嘗論：『太祖有人望，不可典禁兵。』國初，出司征於方城，繼爲大興、峨眉二縣令。開寶中，召還，寖以登用。太宗尤深器之。世謂帝以能詩知公，而不知公之受知聖明者不專在是也。當公之去國也，一遷而楚，再徙而秦，又再轉而蜀，山川益寥遠，而公嘉陽諸詠，皆翛然自得，亡秋毫隕穫意，胸中所存，其亦遠矣。入侍禁中，新承聖眷，至摘其詩雋語，筆之御屏中，辭章翰墨，同時豈乏其人？而公獨得此者，非重其詩，重其節也。晚事定陵，尤被寵渥。初置翰林講讀學士，公與邢昺首與其選，雖未及大用以終，而平生所立，凛凛玉雪，無一節可疵。從孫文公億，少依公以學，既皆以文章名天下，而清風雅操，奕奕相望。浦城人物之盛，自二公始。紹定改元，七世孫震榮將新其書堂之舊，謂某盍爲之記。藐是晚出，匪工於辭，獨念前輩風流相去日遠，後生小子鮮或聞知，故爲推迹本末，刻之堂中，使吾黨之士聞而慕之。平居講學，以淬磨志行自期；有位於時，以扶植世道自許，則公之遺風庶幾復見，而吾邦之人物，其亦有興乎！若夫卑陬澳涊，志於榮寵，利事温飽而已，豈惟重桑梓之羞，過公之堂，當必有泚其顙者矣。

浦城章氏家世學派

按：志乘稱浦城甲族盛矣，蓋楊起於文莊，章肇自郇公。蓋練夫人、孫夫人陰德，世多傳焉。今約録楊、章二家爲宋代閩中文獻所始，餘未得概及云。

文簡章希言先生得象

章得象，字希言，世家泉州。高祖仔鈞以戰、攻、守三策投王審知，審知命爲將，戍浦城，遂家焉。咸平五年進士及第，爲大理評事，知玉山縣，遷大理寺丞。歷知台州、南雄州，徙洪州。楊億以公輔器薦之。未幾，召試，爲直史館、❶安撫京東權三司度支判官，累遷尚書刑部郎中，使契丹，遂以兵部郎中知制誥。逾年，爲翰林學士，遷右諫議大夫，以給事中爲群牧使，累遷户部侍郎，遂拜同中書門下平章事、集賢殿大學士。仁宗謂曰：「向者太后臨朝，群臣邪正，朕皆默識之。卿清忠無所干附，今日用卿職此也。」

❶「直」，原脱，據《宋史》卷三一一補。

陝西用兵，加中書侍郎兼工部尚書兼樞密使，辭所加官。明年以工部尚書爲昭文館大學士。慶曆五年，拜鎮安軍節度使同平章事，封郇國公，徙判河南府守司空，致仕，卒。贈大尉兼侍郎，謚文憲。皇祐中，改謚文簡。得象在翰林十二年，憲章太后臨朝，宦官方熾，太后每遣内侍至學士院，得象正色待之，或不交一言。在中書八年，宗黨親戚，一切抑而不進，以厚重鎮止浮競而已。❶他無所建明，至其渾厚有容，喜薦拔人，天下終以爲長者。《閩書》。

朝奉章端叔先生甫

章甫，字端叔。年十四，辭親求師友，薄遊江淮間，殆十年，卒以名聞。熙寧三年進士，調臨州尉。邑有盗獄，株連至不可詰訊，甫按實抵三人於法，餘悉不問。哲宗即位，轉承議郎，通判宿州。先是，南京押綱，侍禁史士宗侵耗官米數百石，反訟倉官交納不公，獄久不决。朝廷以委甫，甫至以片言折之。士宗雖坐流竄，自以爲不寃。兩遷爲朝散郎。繼丁親憂。累遷至太府寺丞。召對稱旨，除府界提舉常平等事。鄢陵舊有雙洎河，數溢爲民害，爲增濬河外故道。是歲，河朔饑，甫召而廩給之，因以用其力興築。堤成，民不告病，饑者得全活。徽宗立，轉朝奉大夫。未幾，除知處州。時承平日久，年穀屢豐，天下諱言災傷。甫還朝，首言：「淮甸歲凶，宜加賑恤。」朝命遣使大發倉

❶「厚」，原作「簡」，據文淵閣《四庫全書》本《歸田録》改。

廪，民賴以濟。崇寧初，黨論復興，甫除郎官，得旨陛對，抗言：「元祐臣僚削秩投荒，皆緣國事。陛下即位，稍令内徙，道路交慶。今復刻言著籍，禁錮其子孫，恐非陛下本意。」由是與時論不合。尋知泰州，遂掛冠退居吴門。未幾，特旨落致仕，❶復知泰州。之官數月，乞宫祠，卒。甫莊重簡默，接人以和，行己涖官，一本於誠。其論天下事，不苟不隨，期當理。讀書萬卷，增校精至。有文集二十卷、《孟子解義》十四卷。《閩書》。《通志》。

州守章榮之先生授

章授，字榮之，得象從孫。少從得象遊京師，學擅辭場。紹聖四年，省試第一。元符中，陳瓘薦其賢，除知海州。《閩書》。

章表民先生望之

章望之，字表民，浦城人。以伯父得象蔭，除秘書省校書郎，監杭州茶庫。逾年辭疾去。上書論時政，凡萬餘言，不報。兄拱之知晉江縣，忤其守，得罪。望之號訴於朝，拱之竟得脱。歐陽修、韓絳、吴奎、劉敞、范鎮同薦其才，除簽書建康軍節制判官，又除知烏程縣，俱不赴。遂以光禄寺丞

❶「特」，原作「時」，據文淵閣《四庫全書》本《龜山集》卷三五改。

致仕，卒。望之喜議論，宗孟軻言性善，排斥荀卿、揚雄、韓愈、李翺之説，著《救性》七篇。歐陽修論魏、梁爲正統，望之以爲非，著《明統》三篇。李覯謂仁、義、禮、知、信、樂、政、刑，皆出於禮。望之著《禮論》一篇，以訂其説。又有歌詩、雜文數百篇，集爲三十卷。

莆陽蔡氏家世學派

按：公當時與歐陽文忠犯顔廷諍，培沃朝廷正直忠厚之風，與歐陽、徂徠、尹公並稱四君子。惜其設施措畫未盡著廟廊，而多布在列郡。歐公撰《墓志》言：往時閩人多好學，而專用賦以應科舉，公得先生周希孟以經術教授學者，親至學舍，執經講問，爲諸生率。又尊禮陳氏烈、陳氏襄、鄭氏穆，一時人士感奮。是公與海濱四先生同時倡學於閩，而後學尚有未及詳考者也。其涖温陵，造建萬安橋，樹植松陰七百餘里。兩至斯郡，惠澤尤深。王忠文公十朋踵公後者，道泉人稱太守之賢者，必以公爲首云。

馥嘗往來莆之楓亭，蓋公故里也，遺風八百餘年，訪求舊跡，莫可追尋。拜仰公之墳塋，逼近行路，墓木蕹然，而後嗣亦式微播遷，莫可考矣，不禁低徊嗟歎。夫公之功烈德誼，列郡後嗣尚有追祀馨香者，何獨故邦寂然衰落至此耶！因輯公家世學派而重興感云。乾隆丙子十月下澣書。

忠惠蔡君謨先生襄

蔡襄，字君謨，仙遊人。年十八，天聖八年舉進士，調西京留守推官，改著作佐郎、館閣校勘。范仲淹以言事忤丞相吕夷簡，落職知饒州。余靖論救之，尹洙請與同貶，歐陽修移書責司諫高若訥不言，由是三人者皆坐譴。公作《四賢一不肖》詩以識其事，詩成，都人士争相傳寫。契丹使者至，買歸，張於幽州之館，一時稱重。慶曆初，天下無事，士大夫寬弛久安，仁宗慨然思正百度以修太平，排群議，進退二三大臣，親擢靖、修及王素三人爲諫官，使拾遺補闕。公又以詩賀三人者，以其詩聞仁宗，亦命公知諫院兼修《起居注》，遇之甚寵。公值事感激，無所迴避，權倖畏斂，不敢撓法干政。而仁宗益與大臣圖議，屢下詔書，勸農桑，興學校，革弊修廢，天下悚然知其鋭於治。於此之時，言事之臣無日不進，公補益尤多。四年，以右正言直史館，出知福州，以便親，遂爲福建路轉運使，復古五塘以溉民田，奏減五代時丁口税之半。丁父憂。服除，復入修《起居注》，進知制誥兼判流内銓。❶御史吕景初、吴中復、馬遵坐論梁丞相適罷臺職，除他官，公封還辭頭，不草制。其後屢有除授非當者，必皆封還，而仁宗遇公益厚，曰：「有子如此，其母之賢可知。」命特賜冠被以寵之。

❶「流」，原作「注」，據《宋史》卷一六三《職官志》改。

至和元年，遷龍圖閣直學士知開封府。三年，以樞密直學士知福州。未幾，復知泉州。公在福州，禮其士之賢者，以勸學興善，而變民之故俗，除所甚害。往時閩人專用賦以應科舉，公得鄉先生周希孟以經術傳授學者，常至數百人，公爲親至學舍，執經講問，爲諸生率。延見處士陳烈，尊以師禮，而陳襄、鄭穆輩，其德行著稱，公皆折節下之，以風教生徒。又作《五戒》以教民，若浮屠、巫覡、蓄蠱之害，一切禁止。其在泉州，距州二十里萬安橋絶海而濟，行旅苦其險。公立石爲梁，長三百六十丈，種蠣於礎以固梁基。又植松數十里，蔭芘涂行，至今賴焉。嘉祐五年，召拜翰林院學士、權三司使。三司開封，世稱省府爲難治。公居之，談笑無留事，破姦發隱，吏不能欺。至商確財利，則較天下盈虚出入，量力制用，必使下完上給，剗剔蠹弊，簿書紀綱，皆有法程。

英宗即位，以母老，求知杭州，即拜端明殿學士。治平三年，丁母憂。卒年五十有六。贈吏部侍郎。公文章清遒粹美，工於書，而仁宗尤愛稱之，詔書御製元舅隴西王碑。其後，命學士撰温成皇后碑文，又敕公書，則辭不肯，曰：「待詔，職也。」於朋友尚信義。聞其喪，不御酒肉，爲位哭，盡哀乃止。公三子，匀、旬皆早世。朝廷録季子旻及旬子傳。乾道中，孫伸請於朝，賜謚忠惠。有《莆陽居士集》行於世。

特進蔡伸道先生伸

蔡伸，字伸道，襄子旻之子也。與兄佃、佃入太學，俱有聲，時號「三蔡」。佃，崇寧二年進士，方廷對時，從祖京當軸，使謂曰：「能過我，第一人可得。」佃不屈。及揭卷，佃舉首，京詭辭曰：「陛下不以佃不肖而使冠多士，恐天下以陛下私臣。」上以爲誠，乃置第二。會星異，上疏論宰相非人，宜舉漢汲黯故事以應天變。責監温州稅，官至朝奉郎直龍圖閣。伷，大觀三年進士，官至徽猷閣待制。伸，政和五年進士，累遷通判徐、楚、饒、真四州。在徐州時，禁卒謀亂，約夜半舉火。伸聞，密爲之備，故緩更籌以誤之。比舉火則黎明矣，叛卒盡就擒。在真州日，值火災，民露處雪中。伸措置有方，且欲發常平廩以賑，守者不可。伸曰：「此國家所以備非常也，如得咎，請獨當之。」事聞，釋不問。改知徐、德、安、和四州。初，伸與秦檜同舍，又同年。後伸以趙鼎黨丐祠者累年，檜一日訪伸，叙舊好，伸不應。出爲浙東帥司參謀官。建炎、紹興間，盜賊蠭起，伸嘗曰：「國步多艱，中原未復，豈能以書生餘技取爵禄耶？」時戚方既降而叛，伸單騎至其麾下説之，就招州民以寧。官至左中大夫。卒，贈特進。子洸，以父任歷官尚書學士，自有傳。從孫戡，進士。僑居毘陵，歷官寶謨閣直學士。著《定齊集》四十卷。

朝請蔡子應先生樞

蔡樞，字子應，傳仲子。政和五年，同從父伸登第，歷官西京提舉學司主管文字。御史常安民在黨籍，人多疏之，樞獨事以師禮。提舉湖南學事，時殿中侍御史張所教授潭州，未知名，會所白事，樞問曰：「時事如此，度今誰可任國事者？」所舉劉安世，樞瞿然曰：「自崇觀來，禁錮元祐之學，文字言語稍涉疑似者，必置之法。子爲教官，乃敢伸公論若是耶？」即薦所，後果知名，年四十五，慨然嘆曰：「先公掛冠之年，吾已遇之，時方多事，其可無功冒寵乎？」致仕去。榜所居堂曰「世隱」。宣和末，興燕雲之師，主兵者欲引樞爲謀議官，樞以書止之。累官朝散郎，守職方員外郎。贈朝請大夫。子頔，進士，宣教郎、知寧德縣。孫師言、敷言，皆登第。

備考

明成化六年，巡撫滕昭修墓，建祠，立碑，每歲重陽，令有司遣官致祭。郡人柯潛記略曰：成化六年春，四方多以災沴奏聞，當宁選大臣巡行天下，凡民間利病可興可罷者，皆許便宜行之。庶幾格天心，召和氣，以康惠億兆民。而都察院右副都御史滕自明公在選中，乃奉璽書建節以來吾閩。首訪百司，吏以貪殘著聞，及衰耄庸懦不事事者，皆斥去，而褒奬廉勤愼厚者，使益修其政，興太平之治。既又巡行諸郡，過興化仙遊之楓亭，見道傍有巨碑，刻云「宋端明殿學士忠惠蔡公神道」，悚然曰：「此非嘗爲《四賢一不肖》詩，世稱直臣者耶？」遂下馬周視，其墓蒙翳榛莽中，亟發從吏馳諭分巡按察司僉事周君謨，亟俾督所司修之。乃以夏六月始事，先封填頹塘，次作享堂，刻歐陽文忠公所撰《墓誌》，立於堂中。以冬十月畢工。方其經始也，或謂公墓在赤湖焦坑，而此爲非是。按《墓誌》載，公葬於莆田將軍山，當時豈地屬莆田，後又屬仙遊，因此近有將軍墓，故名曰將軍山。今俗人又呼爲蔡山。則因公姓而得名。又況有碑石題識可據，則此爲公墓無疑。赤湖焦坑去此六七里，則其爲父母之墓。文忠公亦嘗銘之，所謂「其里慈孝，其岡平井」，即其地也。歷歲既久，地里紛更，爲子孫者尚亦遺忘，况鄉里之人得於傳聞者，安得不謬誤哉？任其事而考視詳審者，知府蔣君雲漢；協力而成者，同知習君襄、推官李君俊、莆田縣王君玉。既成，合言屬余記云。

閩中理學淵源考卷十二

廣平府知府李清馥撰

温陵陳氏家世學派

按：陳休齋知柔撰《九日山墨妙堂記》云：「國朝進士顯名繇大諫錢公，曾楚公、龍學公踵之。」大諫者錢公熙，楚公者曾公會，龍學公即休齋伯祖龍圖學士陳公從易也，諸公爲泉南人物一時之倡。公起家以清德文學知名。景德後，文士雕靡相尚，公力挽頹風，與楊公大雅共矯其弊。《清源文獻》載《六一詩話》曰：「陳舍人當時文方盛之時，獨以醇儒古學見稱，其詩多類白樂天云。」

再按：休齋雖繫籍永春，《閩書》録入晉江，附龍圖之後，其家世源流，信有本焉。次崖林氏贊休齋「如雲鴻野鶴飛翔於千仞九霄之表」。其贊後嗣曰：「中行開邊之策，足以定國是，端行江中之語，足以懾遠人，介行經學之優，景魏治才之美，皆能世振箕裘，無玷家聲者矣。」今録其世系載於篇。

龍圖陳簡夫先生從易

陳從易，字簡夫，晉江人。端拱二年進士及第，初調彭州軍事推官。王均盜據成都，陷綿、漢諸郡，彭人謀殺都監以應。從易攝州事，擒誅首惡，戒將吏嚴城守，積薪舍後，戒家僮曰：「守而不支，薪焚我矣。」賊聞有備，去。召爲秘書省著作佐郎，遷太常博士。出知邵武軍，專務德化。改監察御史，召對便殿，命賦《瑞雪》詩，援筆立就。真宗嘉獎。遷侍御史、直史館，知虔州、吉州，改福州。未行，遭父喪，服除，出湖南轉運使，歷太常少卿、直昭文館。後知廣州，遠俗安靖，璽書褒美，加三品服。北還，不蓄南物。仁宗聞之，擢知制誥，飛白書「清」字賜之。初，景德以後，文士雕靡相尚，一時學者向之。及從易知制誥，與楊大雅同官相善，皆好古篤行，獨守不變。適朝廷方矯文章之敝，故並進二人以風天下。兼史館修撰，遷左諫議大夫，以老辭。請補郡，進龍圖閣直學士、知杭州，卒。從易嗜學强記，激直少容，喜别白是非，多面折人，或尤其過，終不改。元豐中，神宗問：「頌卿母誰氏？」頌以從易對，上曰：「天聖間學士邪？」頌因言從易知廣州，不蓄南物。上曰：「清節過馬援矣。」先是宰相寇凖惡從易疏己，除從易吉州。及凖貶道州，丁謂語從易曰：「盧陵之事可以釋憾矣。」從易曰：「當以故相之禮待之。」謂有愧色，其志行多類此。所著《泉山集》二十卷、《中書制誥》五卷、《西清奏議》三卷。孫孝則。《閩書》。《萬曆志》。《通志》。

提刑陳永仲先生孝則

陳孝則，字永仲，晉江人。舉宣和進士，調東筦尉，以薦改秩，通判潮州，知英州。代還，奏罷涵口税場。除廣南東路提點刑獄，出舶商於死獄。居家十餘年，舶商至泉中，望廬瞻拜。念祖父之風，結屋城隅，以清名室。守王十朋贈之詩：「我來聚星地，喜見此老成。公清不自言，藹然著鄉評。」時尋訪其室，鄙吝不敢萌。如覿任棠水，似濯滄浪纓。」其殁也，復哭以詩，有「心勞撫字陽司業，獄喜平反雋不疑。頭白不忘文字樂，❶室清宜作子孫規」之語。子穎，弟知柔。

州守陳休齋先生知柔 別見本學派❷

州守陳中行先生模❸

陳模，字中行。材氣高邁，貫穿經史。開門受徒，户屨常滿。登慶元二年進士，宰執以學行薦，

---

❶ 「樂」，原作「示」，據文淵本《梅溪集》後集卷二〇一《陳提刑挽詞》改。

❷ 本條原無，據文津本補。

❸ 「模」，原作「謨」，據文津本改。正文同，不再出校。

除國子正。開禧初，召試館職，時議開邊，模對策謂：「王恢首謀之，戮不足以贖僵尸百萬之冤。」參政李壁讀之歎曰：「真館職也！」除秘書省正字、校書郎，通判鎮江府，平鹽鈔法，公私俱便。知梅州，多惠政，民爲立祠。改汀州，民以綵旗迎於界上，有曰：「忻迎鄞水新賢守，知是梅州舊使君。」居五月，卒。號可軒，門人多名士達宦。有《經史管窺》行於世。子晉接，紹定壬辰進士，仕國子司業、宗正卿。《泉州府志》。《永春邑志》。《閩書》。

安撫陳端行先生樸

陳樸，字端行。知柔從子。乾道二年進士，歷知漳州，節浮費五萬，爲民代輸身丁。以左司郎接伴金使，舟行大江中流，風暴作，金使駭汗，樸笑傲自若，曰：「此天之所以限南北者。守疆息民，則天福之，江有神，不可欺也。」使者悚然。擢太常卿，除知廣州兼廣東安撫。革弊例帑羨受代儲錢數十萬，上於朝。《閩書》。

陳介行先生機

陳機，字介行。學問該貫，尤長於詩，寫情咏物，若不經思，往往出人意表。嘗有《讀易詩》云：「從此不除窗外草，要觀天地發生心。」又曰：「須信生生是真易，疏籬依舊竹生孫。」其深於經而語意之到如此。《泉州府志》。

郡守陳先生景魏

陳景魏，知柔從孫。以郊恩補信州鉛山簿，歷監贛州會昌倉。石城寇竊發，景魏請乘機掩捕，郡守然其計，破賊寨，擒其酋，餘黨悉平。辟廣州新會丞，改知潮陽縣。歲輸丁銀，郡守督拘錠頭錢，盡械邑吏，景魏曰：「吾寧以罪去，決不阿奉，貽害無窮。」守不能奪。由提轄文思院改知惠州。郡有疑獄久弗決，景魏讞出之，重正胥魁之罪。惠經兵燬，痛自樽節，起學宫、官廨，仍以餘力葺白鶴故居、合江樓、六如亭。歲大饑，上言民瘵未瘳，減惠陽糴米三之一。擢知潮州，後知英德，卒。洪天錫狀其行，謂「其少不倨，老不惰，病不昏，化不怛，信善人」云。❶《閩書》。《泉郡志》。

按：《閩書》云：陳知柔而下，舊入《永春志》，但知柔與孝則親兄弟，不宜分屬，故並載晉江云。

州守陳休齋先生知柔學派

按：永春志乘，次崖林先生曾總厥事，其表章前哲，載於志書及集中特詳，而陳氏一門尤數見者矣。志稱陳自南宋入明，合族以居，歷世十二，内外雍睦。公盛年從仕，以不附秦檜，即矢志歸，自號休齋居士。前後四奉祠，户外屨滿。又考《王忠文公年譜》并《文集》，乾道四年八月，知

---

❶「信」下，丁氏抄本有「爲」字。

泉州，是冬莅泉。六年某月移知台州。在泉時贈公詩云：「儒先賀州守，正氣超等倫。」又曰：「門下有高弟，廟堂手經綸。房、魏方得君，詎肯忘河、汾。」計彼時泉之在廟堂者，同里有梁公克家。考《宋宰輔年表》，乾道五年四月壬辰，梁公自端明殿學士兼參知政事。但梁公受業師，志乘載永春陳諱光者，見陳光本傳，而忠文之詩所言「門下有高弟」而未指出其人，歷稽志乘，莫有及之者。然考之忠文年譜、文集，按之《宋宰輔年表》，❶爲梁公似無可疑。再考陳氏光與休齋同邑爲交友，而蔡氏兹與休齋同登第，梁公當軸時，曾經薦除蔡公爲廣憲，是梁公平日師友盡在於永，則其講授於二陳，切磨於蔡公，往復講論淵源，似有由來也。惜休齋諸公著述已殘缺久湮，賴忠文詩章猶可顯證。謹志所疑，登録梁公，載入休齋學派，俟博考者訂之。

再按：公平生與紫陽文公極厚，其經學最顯著，惜亦多佚。嘗自言曰：「學者要論當世尚友，考其行事，以無愧於天地間足矣。」次崖林氏稱公「如雲鴻野鶴飛翔於千霄九仞之表」，諒哉！

又按：蔣氏亘曰：「泉郡如陳體仁、崇禮、晦翁傳述經書，與黄景傳巖孫之潛究周、張，蔡白石廷傑之嚴絶浮屠，張子文巽之理辨精微。又如永春蔡光烈兹主貢舉，特拔晦翁，可稱知人。數公皆邃於理學，宜建特祠。」按蔣公所論，後之欲表章泉南人文之倡者，必有取焉。

❶「年」，原無，據本篇前文「宋宰輔年表」語補。

州守陳休齋先生知柔

陳先生知柔，字體仁，永春人。性超邁聰穎，刻志墳籍。紹興十二年進士，授台州判官，辨釋冤盜四十餘人。教授建州、汀州，兩奉祠，歷知循州，徙賀州。先生與秦檜子熺同榜，檜當軸，一時前列十餘人俱以攀援致通顯，先生獨不阿附，以故齟齬。盛年從仕，即有歸志，自號休齋居士。雅好山水，在天台奉安，遍遊名山，歸至會稽，耽其巇壑，留二年。罷賀州。留惠陽三年，暇日泛豐湖，登白鶴峰，和東坡詩，羅浮風物，陶寫殆盡。還，參議福建幕。前後四奉祠，諸生從之，户屨常滿。寓僧房，四壁蕭然，豪氣不少衰。遇名勝輒置酒賦詩，相與談論經旨。

所著有《易本旨》十六卷、《易大傳》二卷、《易圖》一卷、《春秋義例》十二卷、《古學》并圖二卷、《詩聲譜》二卷、《論語後傳》十卷、《詩話》五卷。又有《梅青傳》、詩騷、古賦、雜著，毋慮千百篇，皆行於世。王氏龜齡贈詩云：「我來守清源，德星識二陳。大陳如金玉，一室清無塵。厭世不肯留，至今里稱仁。儒先賀州守，正氣超等倫。胸中包古今，筆下真有神。唾手取巍科，齒髮方青春。聲名滿天下，文字驚縉紳。勞人暫州縣，平步當要津。蹉跎忽至今，此志猶未伸。真人奉香火，蕭寺含悲辛。講席延諸生，黄卷呵古人。異端斥佛老，吾道鳴孟、荀。聊藉束脩禮，少資囊橐貧。我忝二千石，二年牧斯民。不能助玉川，恥與韓公均。贈我詩與文，字字皆可珍。寵褒恨太過，感激難具論。願公少自愛，行矣當致身。門下有高弟，廟堂手經綸。房、魏方得君，詎肯忘河、汾？」知柔卒，朱文公於淳熙十一年三月祭之文：

熹少日遊宦，獲從公遊泉、漳間，蒙公愛予，誘掖良厚。其後别去，幾三十年。去歲之冬，復見公，相與開懷握手，如平生歡。公雖老矣，意氣不衰。爲我置酒，談論經義。篇什間作，亹亹不休。相與追遊蓮華、九日、涼峰、鳳凰、雲臺之間。晝則聯車，夜則對榻。視公起居食飲，叫呼談噱，有非後生所能及者，謂公壽考未艾也。及熹之還，公復載酒，餞我洛陽，則操袂分攜，潸然不樂，久而不能平也。不謂未及兩月，公訃遽來。嗚呼痛哉！公於諸經，皆有論述，許以寄我，相與考評，而今而後，不復遂此願矣。《閩書》。《永春志》。《郡志》。《王梅溪文集》。《朱子文集》。

通判陳又之先生一新

陳一新，字又之，永春人。少受學陳休齋知柔。文章志行，迥出流輩。登紹興元年進士，條對剴切，爲時所稱。教授汀州。慶元四年，較藝漕闈。時韓侂胄用事，一新發策，以「谷永攻君而黨王氏，劉蕡言直而有司不取」爲問，同列請易之，一新堅執不聽，果激韓侂胄怒，將以爲罪，侍臣力救得免。累遷國子博士，輪對，深論權倖。以劾免，通判婺州，知邵武軍，却互送，簡供饋，以廉平稱，卒於官。初，言者請下漕官索考官不習僞學狀，一新曰：「吾寧不爲考官，決不書也。」其守義如此。所著有奏劄、講義、詩詞、雜文，藏於家。《閩書》。《永春縣志》。

同安蘇氏家世學派

昔朱子筮仕同安，爲公建祠，每歎後生晚學不復講聞前賢風節、學問源流，是致士風日就凋弊。顧念公之道德純懿，即邑人族家子弗克究知，而追惜聞見單淺爲風俗之陋。嗟乎！宋於斯時，正際國運昌明，而遐陬僻邑文獻未彰，亦蹈習乎耳目之近者耳。自朱子表揚倡教之後，泉南風氣日開，踵後起者於是知功烈之盛必本於道德。大賢之澤，其過化有如此者。

考魏公之父已遷移外徙，然讀朱子《祠記》云「有族家子」，則尚有族派在同者。再考邑乘，公之弟衮，慶曆六年進士。懷忠公緘之弟結，皇祐元年進士。公之子駉，元豐二年進士。公孫象先，元祐六年進士。公之四世孫漢，慶元二年進士，皆宋世科目，見於《閩書》、邑乘。至明嘉靖，鄉薦有蘇氏瀾，爲公裔孫，精《春秋》學，官至縣令，年九十終。其後嗣登鄉薦文學而名載於鄉賢者尚多。國朝裔孫蘇氏峨寄寓臺灣，登康熙丁卯鄉薦，爲臺科目之始，則公雖遷於外，而苗裔留閩者，尚未艾也。尚有在粤，見志邑乘、蘇氏祠記，未及備述。

蘇先生光誨

蘇光誨，父益。自光州固始隨王潮入閩，誅叛將黄紹頗，留從效，表爲漳州刺史。陳洪進憚之，計召至同安，爲大第，留不遣，密使人之漳奪其任，遂爲同安人。陳氏納土。後盜起遊洋，光誨夕殪盜魁十餘人，送首級於州將喬維岳。太宗召，赴闕。遷左衛將軍。子仲昌，天聖二年殿試，被勳致三班官，歷任荊湖南、北路提點刑獄，知宜、邵、復三州，終左屯將軍。子孫累世貴盛。

正簡蘇子容先生頌

蘇頌，字子容，同安人。父紳。葬潤州丹陽，因徙家焉。公登慶曆二年進士第，歷宿州觀察推官、知江寧。建業承李氏後，版圖無藝，征斂高下出吏手。公因他事互詰丁産，詳其隱蔽，剗剔夙蠹，簡而易行，諸令視以爲法。調南京留守推官，留守歐陽修委以政曰：「子容處事精審，一經閱覽，吾可不復省矣。」時杜衍退老睢陽，見公，深器之，曰：「如君，真不可得而親疏者。」悉語以入官至侍從、宰執所以設施處置曰：「老夫非自矜，以子相知，且知異日必爲此官耳！」公後履歷亦略似衍。皇祐五年，召試館閣校勘，同知太常禮院。至和中，有司請建大臣家廟，下太常。公議謂：「禮，大夫、士有田則祭，無田則薦。今若參今古制爲之差等，錫以土田，然後廟制可行。不然，時雖建立，子孫無爵無土，制亦易廢。請考按唐賢寢堂祠饗儀，止用燕器常食而已。」嘉祐中，議立郭后神御殿事，謂：「郭后無可廢之事，仁宗有不當廢之悔。請附郭后於後廟，加一懷、哀、愍之謚，以成追復之道，庶盡之矣。」曾公亮深歎服之。遷集賢校理。富弼與韓琦爲相，同表其廉退，以知潁州。

歷擢知制誥。時王安石用事，以李定爲御史，宋敏求知制誥，封還詞頭。復下，公當制，公報奏，不具草次。至李大臨，亦封還。於是并落知制誥，歸工部郎中班，時稱「熙寧三舍人」。歲餘，出知婺州。方泝桐廬，江水暴迅，舟横欲覆，母在舟中，公哀號祈籲，舟忽自正。母甫及岸，舟覆，人謂孝感。尋加集賢殿學士，知應天府。吕惠卿語人曰：「子容，吾鄉先進，苟一詣我，執政可得也。」公聞之，笑而不應。凡更三赦，得授秘書監、知通進銀臺司。吴越饑，選知杭州。公宴客有美堂，或告將兵將亂，公密使捕渠領十輩，荷校付獄中，迨夕會散，坐客不知也。及修兩朝正史，轉右諫議大夫。使契丹，遇冬至，其國曆後宋曆一日，北人問：「孰是？」對曰：「曆家算術不同，時刻小異，或先或後，各從其曆可也。」使還，帝善其對。

元豐初，權知開封府，尋貶秘書監、知濠州，改知滄州。召判尚書吏部兼詳定官制。唐制，吏部主文選，兵部主武選。帝謂三代、兩漢本無文、武之别，議者不知所處。公言：「唐制，吏部有三銓法，分品秩掌選事。今欲文、武一歸吏部，則宜分左右曹掌之，每選更以品秩分治。」自是吏部始有四選法。又問，宗子主祭承重之義。對曰：「古者貴賤不同，諸侯、卿大夫皆世爵，故有大宗小宗主祭承重之義，匹夫庶人初無與焉。近代不世爵，宗廟因而不立尊卑，亦無所統，其長子孫與衆子孫亦無以異。今五服，嫡孫爲祖、父爲長子斬衰三年。世俗論爲承重，不知爲承大宗之重也。臣聞慶曆中，朝廷議百僚應任子者，長子與長孫差優與官，餘皆降殺，亦近古立宗之意。請詔禮官、博士參議禮律，合承重者，酌古今收族主祭之禮，立爲宗子以繼祖禰，異於衆子孫。士庶人不當同用一律，使人知尊祖不違禮教也。」除吏部侍郎，遷光禄大夫。遭母喪，中使唁勞，賜金。

元祐初，拜刑部尚書兼侍讀。奏言：「國朝典章，沿襲唐舊，乞採新、舊《唐書》中君臣所行，日進數事，以備聖覽。」因詔經筵官，遇非講讀日，進漢、唐故事二條。公所進可爲規戒，有裨時事者，必述己意，反復言之。每進讀至弭兵息民，必援引古今以動人主之意。嘗奏言：「陛下聰明，不可有所偏向，有所偏向則爲患大矣。今守成之際，應之以無心則無不治。」遷吏部尚書，前後掌四選五年。由翰林學士承旨擢尚書左丞，行樞密院事。七年，拜右僕射兼中書門下侍郎。在位務奉行故事，使百官守法遵職，量能授任，杜絶徼倖之原，深戒疆埸之臣邀功生事。論議有未安者，毅然力争之。故當母后垂簾之秋，能使元祐之治比隆嘉祐。時群臣奏事，但取后旨，帝有言，或無對者。惟公奏太后，已，必稟帝命。有宣諭，必命諸臣聽聖語。及后崩，章惇用事，周秩劾之。帝曰：「頌知君臣之義，無輕議此老。」乃免。以論賈易事，爲楊畏等所劾，遂上章辭位，罷爲觀文殿大學士、集禧觀使，出知揚州，徙河南，辭不行。告老，以中太一宫使居京口。紹聖四年，加太子少師致仕。徽宗立，進太子太保，爵趙郡公。建中靖國元年薨，年八十二。詔輟朝，贈司空。理宗朝賜謚正簡。

公器局宏遠，不與人較短長，以禮法自持。雖貴，自奉如寒士。事祖母及母，養姑姊妹與外族數十人，甘旨怡悦，婚嫁以時。妻子衣食，或反不給，晏如也。富弼嘗稱爲「古君子」。潁州通判趙志忠自言己雖生長邊徼，然見義則慕，平生心服者，惟公與魏公耳。自書契以來，凡經史、九流、百家之説，至於圖緯、律吕、星官、算法、山經、本草，無所不通。尤邃律曆，常請别製渾儀，即命提舉，法度精密，占候不差，前此未有也。深明典故，喜爲人言，亹亹不絶。朝廷有所制作，必就而正焉。嘗議學校，欲博士分經課試諸生，以行藝爲升俊之路；議貢舉，欲先行實而後文藝，去彌封、謄録之法。有司參考其素行之，自州縣始，庶幾復鄉貢里選之遺範，論者韙之。按徐氏《却掃編》載：「公之子京，字世美，嘗爲許州觀察判官。時韓黄門特用知州事，甚器愛之，薦於朝，曰『竊見某讀書知義理，臨事有風力』」云。《宏簡録》。《府志》。《閩書》。徐氏《却掃編》。

按：明林貞肅公俊撰《泉州府志敘》稱公爲忠簡，考《同安邑志》，宋理宗朝，邑人吴燧在臺，請謚正簡，並録之，待訂。

懷忠蘇宣甫先生緘

蘇緘，字宣甫，紳從弟也。素有俠負，慕古忠臣義士之蹟。寶元五年登進士第，初授河南簿，再調陽武尉。緘本儒者，嘗馳馬手斬劇盜送府，府尹賈昌期驚曰：「儒生乃能爾耶！」累遷秘書丞、知英州。儂智高圍廣州，緘奮曰：「廣去吾州近，危而不救，非義也。」即募士數千人，委印於提點刑獄鮑軻，夜行赴難。廣人有黄師宓者，爲賊謀主，緘擒斬其父，復捕殺不逞者六十餘人，招其詿誤者六千餘人，使復業。賊勢阻，將解去。緘分兵先扼其歸路，摧傷甚衆。奏至，仁宗語執政曰：「南事淹時，戰將未聞有功，蘇緘儒生，乃能奮勇如此。」優授供備庫副使，充廣南西道兵馬都監，遣中使賜朝衣、金帶以寵之。後以邕大將陳曙失律誅，緘亦坐貶。英宗即位，大臣論薦，始還副使、知廉州。

熙寧初，進加京使、廣東鈐轄。四年，交阯謀入寇，以緘充皇城使、知邕州。八年，交寇陷欽、廉，乘勢迫邕。閱郡，得羸卒二千八百人，分城拒守。民驚震四出，緘悉出官帑及私藏示之曰：「賊已薄城，宜固守以遲外援，若一人舉足，則群心摇矣。幸聽吾言，敢越佚則孥戮汝。」大校翟績潛出，斬以徇，由是上下脇息。緘晝夜行勞士卒，發神臂弓射賊，所殪甚衆。會劉彝所遣將張守節來救者，猝遇賊皆覆，蠻獲北軍，使爲雲梯，又爲攻濠洞，蒙以華布，緘悉焚之，蠻計窮將引去，或教賊囊土傅城者，頃刻高數丈，蟻附而登，城遂陷。緘猶領傷卒馳驅，戰愈厲，而力不敵，乃曰：「吾義不死賊手。」亟還州治，殺其家三十六人，藏於坎，乃縱火自焚。城中人五萬八千餘口，感其義，無一人降者，蠻遂盡屠其民。緘憤沈起、劉彝致寇，又不救患。欲上疏論之，屬道梗不通，乃榜其罪於市，冀朝廷得聞焉。神宗聞緘死，嗟悼，贈奉國軍節度使，謚忠勇，賜都城甲第一區，鄉里上田十頃，❶官其子子元。子元爲閤門祗候，召對，謂之曰：「邕州賴卿父守禦，倘如欽、廉即破，則寇乘勝奔突，桂、象皆不可保矣。昔張巡、許遠以睢陽蔽江淮，❷較之卿父未爲遠過。」改授殿中丞，通判邕州。次子明、子正及諸孫同死，皆褒贈焉。起與劉彝皆坐謫官。後交人謀寇桂州，行數舍，見大兵從北來，呼曰：「蘇城隍領兵來報怨。」懼而引歸。邕人祠之，賜額「懷忠」。黄萬頃贊曰：「昔守邕州，交寇馮陵。戰厲力窮，義氣猶横。合家自刃，肯污羶腥。千秋萬歲，烈烈風聲。」

《閩書》原按曰：緘傳出《宋史》。又按：《江西志》載緘嘗令崇仁、南城二縣，其令崇仁，民喜争田，有數十年

❶「上」，原作「土」，據《宋史》卷四四六蘇頌本傳改。

❷「睢」，原作「雎」，據《宋史》卷四四六蘇頌本傳改。

不决者，緘一斷以法，未半歲庭無留訟。治寶塘堤，冶鐵爲纜以作梁。其令南城，歲凶，民藏粟者，固閉待價。緘籍得其數，先發常平穀，定中價糶於民，揭榜於道曰：「某家有粟幾何，令民用官價糴，有勒不出及出不如數者，撻於市。」以是民無艱食。子元嘗知横州，以恩信得民。

備　考

朱子《請立蘇丞相祠堂申縣狀》曰：右某等伏覩故觀文殿大學士、太子太保致仕贈司空趙郡蘇公道德博聞，號稱賢相，立朝一節，終始不虧。自其高曾世居此縣。比因遊宦，始寓丹陽。今忠義、榮義二坊故宅基址宛然尚在，而後生晚學不復講聞前賢風節、學問源流，是致士風日就凋弊。某等今欲乞改榮義坊爲丞相坊，仍於縣學空間地架造祠堂一所，不惟增脩故事，永前烈之風聲，庶以激勵將來，俾後生之竦飭。謹具狀申縣。

《奉安蘇公祠文》曰：泉人衣冠之盛，自國初以至於今，其間顯人或至公卿者多矣，然而始終大節可考而知，則未有若公之盛者也。惟公著節於熙寧，登庸於元祐，而幅巾謝事，偃仰婆娑於紹聖、元符之間。然則公之所自任於進退出處之間者，可謂無所苟矣。蓋將以比古之所謂大臣者，豈獨泉人數公而已哉！今以邑人之意祠公於學，即事之始，敢布其衷。尚饗！

《蘇丞相祠記》曰：熹少從先生長者遊，聞其道故相蘇公之爲人，以爲博洽古今，通知典故，偉然君子長者也。熙寧中，掌外制，時王丞相用事，嘗欲有所引拔，公以其人不可用且非故事，封上之。用此罷歸，不自悔，守益堅。當世高其節，與李才元、宋次道並稱「三舍人」云。後得毗陵鄒公所撰公《行狀》，又知公始終大節，蓋章章如是，以是心每慕其爲人。屬來爲吏同安。同安，公邑里也，以公所爲問縣人，雖其族家子，不能言，而泉人往往反喜道曾宣靖、蔡新州、吕太尉事以爲盛。予不能識其何説也，然嘗伏思之，士患不學耳，而世之學者，或有所怵於外則眩而失其守。如公學至矣，又能守之，終其身一不變，此士君子之所難，而學者所宜師也。因爲之立祠於學，歲時與學官弟子拜祠焉，而記其意如此，以示邑人云。

陳氏傅良《跋魏公百韻詩稿後》曰：余嘗慕魏公之爲人，今見晚所自叙《百咏遺稿》，非獨其人品殊絶，蓋其及見故老與師友淵源所漸盛矣。余於是知慶曆、嘉祐之際人物之偉。嗚呼！城門之軌，豈兩馬之力哉！自《三經》之學行，士以師心自賢，不能降以相從，而風俗日壞，其流弊何可勝道？追想前輩，高山仰止。龍圖陳公諱從易，曾、胡、田、楊四公者，諱公亮、宿、况、偉也，楊以慶曆八年，曾、田以皇祐三年，胡以五年，相繼爲學士云。

明永新劉氏定之《重建蘇丞相祠堂碑》略曰：公名頌，字子容。當王安石執政，欲擢憸黨李定公掌外制，堅不肯摛辭，卒就貶謫，可謂文見用而不輕用焉。既以是忤王，而繼王操柄，能致士霄漢者吕惠卿使來告曰：「公吾鄉丈，苟能從吾言，便可同升。」公笑而不答。平生合志者，廬陵永叔嘗爲寮曰：「公處事精審，吾可不復省閲。」眉山子瞻嘗爲寮曰：「見公文德殿，爲三舍人之冠；陪公邇英殿，爲五學士之首。雖凌厲高躅，不敢言同，而出處大節無甚相異，可謂時不合而合於賢焉。」公之先君紳箎迹玉堂，而公踵武，然公尤操行潔特，學問該博。蓋頙之獻替逾於其父環，軾之波瀾弘於其父洵，蘇有宗風，子光乃考，公豈不爲孝乎？公拜相以元祐壬申夏，其罷以明歲癸酉春，逾年而紹聖紀元，新法復用，群奸起，衆正仆，然則公進焉匡朝寧邦，退焉先幾知止，公豈不爲忠乎？凡是四者，公皆有之，可謂君子也。昔者紫陽朱文公簿同安，嘗飭公祠廢不復存。余見公邑士族裔，每問其遺跡，莫能知，爲之歎息。今其邑貳令永新劉珣器謀欲重構之，珣器由賢良舉，明練政務，既脩文公舊所居高士軒，乃及兹，良可嘉也。予爲之記，而繫以楚詞，使供祠香火者歌以祀公。

文靖梁叔子先生克家家世學派

按：宋南渡後，講學論道之盛，必曰炎、興、乾、淳。余考吾郡士風家法，亦於是時最著。蓋諸儒承北宋流風餘槩。至靖康時，寖微寖晦矣。龜山楊文靖公載道南來，渡江後，巋然仔肩道脉。於時閩之分派者，多屬上游。至是漸遍海澨。蓋風氣日趨於南，人物亦猶是也。紹興之季，文靖梁公首以淳品魁多士，而同郡留忠宣公亦同時聯第，史稱梁「才優識遠，謀國盡忠」，留亦以相業著，二公先後秉軸。考其時所師友者，陳公知柔、陳公光，而知柔休齋氏尤爲一時士類所宗，户外屨滿，梁公其一也。此見王梅溪贈陳氏知柔詩可考。然其所薰炙師資，殆有所本爾。考泉之學派，自陳氏好、曾氏恬衍龜山之學，而游文肅公酢又通判於泉，程學至是萌芽矣。迨政和間，韋齋朱獻靖公首以河洛之學掌教石井，亦開倡之始也。紹興間，朱子涖同安，遂彰明其學，而派繫始盛。休齋斯時與朱子特厚，而蔡公兹與朱子有場屋之知，故其聲氣感通，非偶然也。其時，莅兹土者亦多績學名家，而王公龜齡於乾道五年涖泉，尤爲特出，故當時爲政者倡明於上，在野者講述於里，薰蒸洋溢。至慶元、寶慶，泉之人文極著矣。今録梁公家世并及吾郡風教源流大略云。惟梁公子億克世其家，其從祖梁氏熙志，崇寧間進士；梁氏熙載，大觀間進士，皆無本傳可考。惟郡志載：「梁氏克俊，字叔明，晉江人。歷官知循州。州人多其功，祠之。」未詳其出身始末。又雍正九年《新志稿》載「梁公弟克明與公同登紹興二十三年鄉薦第一」云。

文靖梁叔子先生克家

梁克家，字叔子，泉州晉江人。幼聰敏絶人，紹興三十年廷試第一，授平江僉判。金主亮死，衆皆言乘機進取，克家獨移書陳俊卿，謂：「敵雖遁，吾兵力未振，恐有後悔。」俊卿歸以白丞相陳康伯，歎其遠慮。孝宗即位，召爲秘書省正字，遷著作佐郎。災異數見，克家奏「宜下詔求言」。既得旨，遂條六事，語甚切直。累遷中書舍人。使金，以中朝進士第一，敬待之。金人來賀慶會節，克家奏金使入朝由南門，百官由北門，從者毋輒至殿門外，以肅朝儀。詔著爲令。郊祀雷震，復條六事。遷給事中，凡三年，遇事不當，執奏無隱。嘗言：「陛下欲用實才，不喜空言，固知無益。然以空言爲懲，則諫争之路遂塞，願有以開導之。」上欣納，因命條具風俗之弊，乃列四條曰：欺罔、苟且、循默、奔競。上奬諭。

乾道五年二月，拜端明殿學士、簽書樞密院事。明年，除參知政事。又明年，同知樞密院事。在政府與虞允文可否相濟，不苟爲同。皇太子初立，請選置官屬，增講讀員。遂以王十朋、陳良翰爲詹事，中外稱其得人。初，上命選諫官，允文以李彦穎、林光朝、王質對，不報，克家與允文共争之。允文主恢復，朝臣多迎合；克家密諫，數不合，力丐去。上曰：「兵終不可用乎？」對曰：「兵事以財用爲先，今用度不足，何以聚事？」上改容曰：「朕將思之。」詰朝，面諭曰：「朕終夜思卿言，至當，無庸去。」

八年，拜右丞相兼樞密使。一日，上謂宰執曰：「近過德壽宫，太上頤養愈勝，天顔悦懌，朕不勝喜。」克家奏：「堯未得舜，以爲己憂；既得舜，固宜甚樂。」允文奏：「堯獨高五帝之壽以此。」上曰：「然。」屬允文罷相，克家獨秉政。雖近戚權倖，不少假借，而外濟以和。張説入樞府，怒公議不與，謀中傷士大夫。克家悉力調護，善類賴之。又奏：「前除樞密院編脩朱熹屢召不起，宜乞褒録。」上從之。俄議金使朝見授書儀，時欲移文對境以正其禮，克家議不合，求去。九年十月，以觀文殿大學士知建寧府。陛辭，上以治效爲問，克家勸上無求奇功。既而三省、密院卒移牒泗州，敵不從，遣泛使來，舉朝震駭。後二年，湯邦彦坐使事貶，天下益服其謀國之忠。丁内艱，歸。有言其當軸除吏之戾者，落觀文殿大學士。服闋，提舉臨安府洞霄宫。

久之，淳熙六年，起知福州，綽有治績，得陳傅良通判福州，喜甚，委以俾贊郡事，强禦者不得售其私。九年，復右丞相，封儀國公。逾月而疾。十三年，進封鄭國，命與内祠兼侍讀，賜第行在，存問不絶。明年疾愈，入謝，御製詩賜之，有「真儒良臣」之褒。十四年六月薨，年六十。手書遺奏，上爲之垂涕，賜少師，謚文靖。初唱第時，孝宗由建邸入侍，愛其風度峻整，及躋政府，眷寵尤渥。爲文渾厚明白，自成一家，辭命尤温雅，多行於世。弟克明與克家同登紹興二十三年鄉薦第一。子億，以孝稱。孫汲，爲運管。見《劉後村詩集》。《舊郡志》。《新郡志》。《宋史》。《閩書》。

按：《宋史》，公「淳熙八年，起知福州」。今考《福州府志》本傳及《職官志》，皆云：「淳熙六年，以資政殿大學士知福州。」再按，樓公鑰撰《陳止齋神道碑》云：「陳公通判福州，帥相梁公克家得公，喜甚，以政委之。公亦悉心俾贊，不事形跡。卒以專擅論罷。時淳熙七年也。」按此，則梁公知福州在七年以前，《三山志》似不錯誤，今照《三山志》改作六年。

又按《宋史》本傳，「罷觀文殿大學士，知建康府」，《通鑑綱目》載「知建寧府」，《宋史·宰輔表》亦載「知建寧府」。再按《建寧府志》，「公乾道間知建寧府」。朱子於淳熙元年撰《建寧府社倉記》亦言「丞相清源公出鎮兹土，入境問俗，子與諸君因得其所爲條約者迎白於公」云。再攷《國朝一統志》，建康名宦亦有公名。並録待考。

通判梁伯安先生億

梁億，字伯安。以父任補官，累遷主管西外睦宗院通判福州。襟度夷粹，母秦國夫人剛嚴，奉使無違，博親師友，講學不倦。嘗著《論語集解》上之，進官一秩。孫均，通判信州。

備考

陳止齋《上閩帥梁丞相生日二十二韻》詩曰：

炎正維中葉，皇圖再造年。天潢流少海，星緯粲台躔。臣主常難並，乾坤豈偶然。千齡開曆數，一氣付陶甄。黄屋傳神器，彤庭領衆仙。風雲從此會，日月更誰先。昔者求侵地，何人賦《甫田》。吴兒咸抵掌，噲等欲差肩。廟論惟多士，戎功不在邊。一麾分赤社，萬事屬青編。吾道誠難用，諸儒亦自偏。才名多濩落，經行失拘攣。洛、蜀何嗟及，熙、豐竟禍延。旁羅兼雁木，平步忽貂蟬。甚矣知當宁，凄其望濟川。年來群老行，公在萬民懸。定作鹽梅夢，行歌《杕杜》還。滄溟宗衆濫，衡嶽倚蒼元。要使垂身後，無爲慰眼前。管絃無算爵，桃李未央天。魯、燕雖堪頌，閩山不足鐫。中原康濟事，彝鼎願聯翩。

又《祭梁丞相文》曰：麟鳳不摯，帝王瑞之。木德爲春，萬物善時。維皇龍潛，公爲舉首。天授之相，有司之手。維皇至聖，維天之仁。維相休休，嘉靖此民。澤農欲晴，山農欲雨。公在相位，高粳下黍。彼有言戰，此有言守。公在相位，兵不掛口。人亦有言，誰怨誰德。公曰刑賞，其在三尺。人亦有言，匪同斯異。公何適莫，靡立一意。乾道經略，淳熙無爲。從容其間，不競不隨。上之咎言，下之觖望。弗及其身，人自得喪。公疾未劇，公歸已決。帝曰如何，咨爾同列。至於領祠，至於賜第。宿留經帷，愈好勿替。我觀自昔，蕭、曹、周、召。經史云云，如公特少。方舜命禹，宜師宜保。薄海有恨，公不壽考。公不壽考，薄海恨之。矧如傅良，辱愛辱知。屬官窮楚，遭歲之繆。爰及祥琴，文始克就。太常有誄，太史有傳。廼如斯文，聊以哭奠。

朱子《挽梁文靖公》詩曰：擢第初龍首，登庸再鳳池。心期詎温飽，身任必安危。昔歲調飢政，今年殄瘁詩。恭惟衮斂意，不盡鑒亡悲。疏寵無前比，騰章又夙心。極知求士切，端爲愛君深。鹵簿寒笳遠，塵埃斷稿侵。空令郗公掾，衰涕滿寒襟。

《癸辛雜識》云：沈夏，德清人。爲版曹貳卿。一日登對，上問：「版曹財用幾何？虧額幾何？」夏一一奏對訖，於所佩夾袋中取小册進呈，無毫髮差。上大喜。次日問宰臣曰：「侍郎有過政府例否？」梁克家奏云：「陛下用人，何以例爲？」遂特除簽書樞密院事。

永春黃維之先生偉家世學派

按：黃維之先生與朱子相友善，朱子稱其《西銘》、《太極》諸説皆積數十年之功。當官事蹟，尤多可紀。晚歲巋然典型，爲鄉邦模楷。朱子於淳熙十年冬，重至温陵，公與休齋陳公年皆無恙。朱子贈休齋詩云：「一官避世今頭白，萬卷收功久汗青。」又云：「歸歟吾黨又千里，老矣心期但一丘。珍重休齋書滿屋，可無三宿爲君留。」答黃叔張詩曰：「衆流争靡靡，一柱獨亭亭。只恐追鋒急，那容晝掩扃。」一時舊友會合，重逢歲晏，所相期許者，古道照千載矣。

提學黄維之先生偉

黄偉，字維之，後即爲名，更號叔張。弱冠，從兄巽之入太學，屢試占首，與黄槐同時，人稱二黄。紹興二十七年第進士，除太學録，遷國子監簿。轉對，進所撰《太祖政要》，論愛名器，厲廉恥，因及銓試冒名代筆。其後任子覆試，議自偉發之。時孝宗鋭意恢復，方講武事，獻議者乞立武賢良科，下館學集議。維之謂：「賢良求文武全材，不宜復立科事。」遂寢。除大理寺丞，時少卿欲奏獄空，維之以所隸有獄未竟，不敢書名，寺削去維之名銜以聞，維之白執政：「有官守者不得其職則去。」力求外補。差知邵武軍，陛辭，賜對，論選用大臣當如王素對仁宗，宦官宫妾不識名者，可充其選。又論《乾道新書》不當删減，内侍不得干預朝政等事。孝宗面加褒諭。翌日出劄子付敕局，復舊法。後歷官江西提學。維之爲小官，恥於求舉。及更麾節，所薦引多寒士，其挾貴而來者，未嘗舉一人，敭歷中外，直道而行。居閑十年，手不釋卷。嘗與朱子論學，後進以鄉先生事之。維之亦喜接引，傅内翰伯壽、顧郎中咸出其門，自號「竹坡居士」。年七十九。卒之日夕，猶與諸子講論至夜分。子以寧、以簡、以大，猶子以翼。

通判黄宗一先生以寧

黄以寧，字宗一。分教惠陽，指授有法。擢太學録，差淮西漕司幹官，幕畫明辨，漕使憚之。會淮甸大歉，部使者檄以寧循行賑貸，區畫有方。通判建寧，守史彌堅，彌遠介弟，喜事尚威。關決有不可，引誼力争。守積不能平，嗾臺臣劾罷之，父老遮留數千，歸家，杜門食祠，延接後進，講論忘倦。或有不善，面加誚責。郡守樂咨以政，毫無私答。端平親政，忤權臣者皆召，人惜其先卒。弟以簡，知永福縣。以大，知循州。

黄宗台先生以翼

黄以翼，字宗台，維之從子也。嘗受業陳北溪、蔡白石之門。莊毅有立，析理精詣。晚年記問益富。所著有《周易》、《禮説》。《道南源委》。《郡志》。

備　考

朱子《答黄叔張》曰：「示及三書，感感。誠通、誠立之論，誠如尊諭，不敢多遜。竊意自有此書，無人與之思索至此。《西銘》、《太極》諸説，亦皆積數十年之功，無一字出私意。釋氏以胸襟流出爲極則，以今觀之，天地之間，自有一定不易之理，要當見得不假毫髪意思安排、不著毫髪意見夾雜，自然先聖後聖如合符節，方是究竟處也。

閩中理學淵源考卷十三

廣平府知府李清馥撰

清漳黄氏家世學派

按：叔燦先生寬緩死獄，論者謂有陰德，知其後必大者也。今考諸子，世濟其美，斌斌乎儒雅之林矣。漳浦文勤蔡公纂《漳郡志》，獨列公爲世學，餘莫並焉。可知其淵源遠矣。

少師黄叔燦先生彦臣

黄彦臣，字叔燦，龍溪人。弱冠，登治平四年進士，初授南寧簿、宿州録參，歷知長汀、南安二縣，倅泉、廣二州，守莆、汀、劍、建四郡，官至朝散大夫，累贈少師。彦臣倅郡時，獄鞫强盗，守欲亟寘之法，彦臣疑其冤，故緩之，果獲真盜。時鹽禁甚嚴，私販者至百斤，論死。在汀日，有販鹽被捕至者，計斤當死。彦臣置鹽郡庭不問，久之鹽化爲滷，斤隨減百，得以不死論。劍、建舊俗苦丁錢，有生子不舉者，後丁錢奏免，以口食艱，仍不舉。彦臣乃令保正月報數於官，給錢贍之，後爲定式。彦臣教子甚篤，嘗慮宦養壞性，每之官，不令侍行。諸子皆奮，爲閩人。長子頴，尉晉江時，造一肩輿以奉彦臣。彦臣惡其侈，焚之。貽書切責，云候歸日，當夏楚之。願覽書皇汗，若無所容，其清嚴類此。有文集二十卷、雜文數卷行世。子七人，願以世賞入官，碩、預、頖、穎連登進士，頴、顯并累薦免省。姪孫渙。曾孫樵仲、杰、櫄，皆踵世科，各有傳。《清漳郡志》。

朝散黄若冲先生碩

黄碩，字若冲，彦臣第二子。大觀三年以上舍生與弟預同登進士，初調建昌教授。外臺交薦，自江寧刑曹累官至朝散大夫。年五十，恬於仕進，奉祠里居，教授生徒，筆《周禮講義》。時遷學不利，碩請復舊，捐祠俸以倡之。及卒，郡守李彌遜祭以文曰：「隱居好學，遠近慕之。其陽亢宗之流乎！不慕官榮，優游卒歲。其馬少游之儔乎。」時以爲知言。

提點黄秀實先生穎

黄穎，字秀實，彦臣第五子。年二十四，以上舍免省赴廷試。時彗星見，穎指陳時政，無少諱忌。及廷，唱言彗不爲災者，皆寘前列，穎附第四甲，抑殿丙科，調秀川崇德簿，改應天府户曹。未幾，改吉水教授。官累遷至著作佐郎，繼兄願爲樞密院編脩官兼符寶郎。❶時兄願爲卿，預入臺，

❶「願」，原作「穎」，據黄錫蕃《閩中書畫録》卷三改。

三人同朝，奉魯國太夫人崔氏侍養，時論榮之。俄遷中書舍人，方拜命，有忌其才者，出爲提點江州太平觀。穎温恭廉介，尤工書隸。嘗書題名碑，人争摹焉。有《周禮解義》、《春秋左氏事類》行於世。

録參黄道夫先生樵仲

黄樵仲，字道夫。預之孫，彦臣之曾孫也。淳熙五年，與弟杰同登進士，弟櫄亦以是年補入太學。樵仲初調永福尉，再調漳州録參，俱有善蹟。俸外添支，一無所受。自書屏云：「俸薄儉亦足，官卑清自尊。」謝事歸。每晨興，率子弟衣冠見家廟，退而默坐，或至終日，飲食衣服，不求鮮美，曰：「無過吾分。」居喪三年，無笑容。鄉里有爲非者，惟恐樵仲知之也。鄧司諫守漳，闢郡學，行鄉飲，皆請樵仲主之。朱文公守漳，禮請入學，牒文稱其「氣質渾厚，操履端方。杜門讀書，不交權利。若屈居教導，必能使諸生感化興起」。及講《小學》書，文公每稱善。奉檄校文漕闈，撤棘，疾作，卒之日，神采自若。文公遺倅經紀後事。有《禮記解》、《小學口義》行世。❶

❶「解」，原脱，據文淵閣《四庫全書》本《福建通志》卷四六《黄樵仲傳》補。

宣教郎黄實夫先生櫄

黄櫄，字實夫，預之孫，彦臣之曾孫也。未冠，賦《南浦歌》，膾炙人口。淳熙中，補入太學，未升上舍，丁内艱，歸。服除，參告，隨中舍選，以平等釋褐。願對大廷，尋遷舉，録獻十論於相王淮。丁未，升進士丙科，❶臚唱之日，朝士皆求識其面。櫄家居及在太學，受業常數百人，由浙至廣，名士多出其門。初調南劍教官，篤意教導，日以龜山、了翁勉勵諸生。又闢貢院，請諸臺闢以助其役。嘉泰壬戌，預考南宫，尚書木公謂人曰：「經義非黄架閣不收，詩三魁皆櫄所取。」衆賀得人。金壇王遂卷已被黜，櫄得之，批云：「此必博洽奇特之士。」王與收，謝曰：「遂終身何敢負先生！」時將有召試之命，而櫄逝矣。官止宣教郎。有《詩解》行世。有《中庸語孟解》、文集十餘卷，未刊，士紳多藏之。

邵武上官氏家世學派

考樵川《和平里志序》曰：「邵武縣之南鄉，里有危氏、上官氏、黄氏，萃於一里，而上官氏尤盛。自景祐至嘉定，此三姓擢進士第者二十餘人，歷官顯宦，而傳子孫爲世家，榜籍迭書，衣冠襲

❶「丙」，原作「内」，據陳道《（弘治）八閩通志》卷六八改。

起者，不可以數計也。然以科目、官職、世家定榮瘁盛衰，蓋近世俗人之論。吾聞古之君子所謂没而不朽者，不在是也。上官氏對策熙寧，不附新法，晚入元祐黨籍，其子留守汴都，不屈而死。二公所立如此，近於天下之善士矣，豈特足以重其里哉！」按斯序爲後村劉氏克莊筆，其闡發所以世其家之義者，警俗厚矣。余採録其所述，載之篇端。

龍圖上官彦衡先生均

上官均，字彦衡，邵武人，凝之子。爲兒時，莊重静默，不苟笑語。少長，好學，務知體要，不爲章句，造次必以禮，士友敬憚之。熙寧三年，神宗初革聲律，崇尚經術，命以策試士。均入對數千言，援引古今，無所顧忌。知制誥吕大臨、直史館蘇軾擬均第一，以策中論新法，忤王安石意，遂置第二，授承奉郎、大理評事、北京留守推官。大臣薦均經學通明，授國子監直講。元豐間，賜對垂拱殿，以「察理明是非，審官辨邪正」爲對。尋改監察御史裏行。時蔡確引猜險吏，窮治相州富人獄，誣法官竇莘等受賕，❶無敢明其冤。均是時方以確薦爲御史，奏乞移司根治，未報。明日又奏言：「確持刑刻深，所辟官皆險薄，請以獄事詔廷臣等參治。」疏入，坐謫知光澤縣。還，監都進奏院，擢開封推官。

❶「莘」，原作「萃」，據《宋史》卷三五五改。「賕」，丁氏抄本作「賄」。

元祐初，再除監察御史。時言者請兼用詩賦試士，宰臣遂欲盡黜經義。均言：「經術以理爲主，詩賦以文爲主，先帝去數百年之弊，不爲不難。陛下臨馭之初，正宜奬經術以堅學者之志，進誼以勵士大夫之操。今遽厭經術，崇奬詩賦，逐華而遺實，徇末而忘本，固非細累。請令學者各占三經，雜以《論語》、《孟子》，不必專用《新義》。試策以二：一問歷代，一問時務。」章三上，經術得不廢。故事，左右僕射入省閲訴牒，多至數百，又常程細務無不關白。均奏言：位高者宜逸，不逸不足以謀天下之大務；位卑者宜勞，不勞不足以理天下之庶務。宰相位尊任重，天下之事無所不總。然所該者衆，則力有不逮；致詳於小，則大有不及。請以省中事務類分輕重，尚書可以覽決者，不必關二丞；二丞可以覽決者，不必關僕射。」又言：「治天下二道，寬與猛而已。熙寧以來，諸路監司不能深明朝廷之意，務爲慘核刻深之法，此傷猛之弊也。陛下臨馭，務從寬大。比聞諸道監司又不能明陛下之美意，一切以苟簡縱弛爲事。願明詔四方以寬不縱惡、恩不傷惠之意。」詔下其疏，布告諸路。時蔡確弟軍器少監碩，盗貸官錢以萬計，獄具。均請并正確罪，以勵百官。就遷殿中侍御史。久之，力乞罷臺職，除尚書禮部員外郎。

元祐五年，再授殿中侍御史。中書傅堯俞、左丞許將、同樞韓忠彦因論事同異，俱求罷。均言：「大臣誼同休戚，廟堂之上，當務協和，使中外之人泯然不知有嫌疑之迹。若悻悻講論，不顧事體，何以觀視百僚？」有詔令就職。會中丞蘇轍黨吕大防排許將。均言：「吕大防堅强自任，每有差除，同列不敢爲異。惟許將時有異同。轍素善大防，盡力排將，期於必勝。臣恐綱紀法令自此敗壞，乞加蘇轍妄言之咎。」章四上，不報，遂居第待罪。詔以均補外，大臣指均爲朋黨，當黜。宣仁太后曰：「上官均無罪。」遂出知廣德軍。紹聖初，召拜左正言。是時大防、轍已罷政。均疏大防六罪，章再上，大防遂斥。宰相章惇欲專政柄，陰去異己者。出吏部尚書彭汝礪知成都府，而召朱服爲中書舍人。均上疏力争，忤惇意，汝礪降職，知江州。均提點京東西路刑獄，徙淮南東路刑獄，遷梓州路轉運副使、知越州。徽宗即位，拜起居郎。入對，陳「治道四要」。建中靖國元年，累遷給事中。上疏忤旨。未幾，紹述説興，均復不從，忤執政意，遂以龍圖閣待制出知永興軍，徙知襄州。尋入元祐黨籍，奪職，主管江寧府崇禧觀。政和間，復龍圖閣待制，抗章告老，遷朝請大夫，以待制致仕。卒年七十八。贈通議大夫。詔揚州給葬事，累贈特進。

均天資剛方，以忠義爲己任。四爲御史，一在言省，三以言黜，恬不爲愠。家庭循循孝友，自奉清約，闔門百口，忻忻如也。崇寧初，以宫祠廢居淮南幾二十年，處之夷然。杜門無他嗜，獨寓志於書，寒暑未嘗釋手，學博而知要，非聖哲之書弗好也。爲文簡古精詣，晚年詩益閑放，有陶、謝風格。既卒，家無餘貲，待親朋之賻始克斂，待朝廷之恩賜始克葬。平生著述亦多，所著有《曲禮講義》二卷、奏議十卷、《廣陵文集》五十卷。子四：愐、憺、愔、悟。《閩書》。《邵武府志》。《宏簡録》。

州守上官仲雍先生愔

上官愔，字仲雍，均次子。政和二年進士，累官大學正。高宗即位，改宣教郎。召至行都，差充提舉，巡行事務所幹辦公事。二帝北狩，愔上書相府，請勸車駕入京，欵謁廟社，慰安士民；遴選統帥，蒐簡士卒，以圖興復。又上相府書，論朝廷之宜。建炎中，累除吏部員外郎，以親老丐祠。紹興五年，除知南劍州。九年召赴行在，以親老，力丐祠。轉朝請，賜五品服。尋卒。愔剛介有聲，其守延平，去鄉不遠，親故莫或敢詣。代還，抵家，俸用已罄矣。爲文清簡，援筆立就；尤工於詩，典雅遒逸。有《尚書小傳》、《論語孟子略解》及《史統》、《史旨》。

中大夫上官閎中先生恢

上官恢，字閎中，均再從子也。勵志學問。累知南劍州，移徽州。州當兵燹後，瘡痍未起，恢專以仁愛爲治，多所寬貸。晚丐祠里居，有過其里者，指以相示曰：「此熙、豐名儒也。」胡安國上書宰相言：「恢諳歷世務，端重有守。」與楊龜山時同薦於朝，積官中大夫，封歷陽縣開國男，食邑三百户。子模、棁。曾孫涣酉、涣然、基。從曾孫損。《閩書》。《郡志》。

脩撰上官仲達先生悟

上官悟，字仲達，均季子。以父蔭累官轉運使。建炎三年，留守東京。劉豫叛降金，金以豫節制京東兵馬，遣人説悟使降，悟斬其使。豫賂左右説降，悟復斬之。金兵攻東京益急，力不能支，城陷，死焉。贈朝散大夫、右文殿脩撰。官其後五人。

司農丞上官文之先生涣然

上官涣然，字文之。早有文名，尤留意性學，首悟太極之旨，分解圖畫以授同志。紹定六年，以涣酉禋霈補將仕郎，就授迪功郎，調鄞縣尉。不畏强禦，務直民枉，爲權門所擠。後爲無爲軍録參。淳熙元年擢進士，就辟，准備差遣。元兵圍安豐，制閫委涣然巡視江南，犒師上流。圍解，進階。尋辟河東幕。督運吴門僅閲月，運米六十萬石。右丞相趙葵、制使吴淵皆一見偉之，累遷戎簿。陛對，首言正君心，明君道，培善類，以壯君子之脉，容直言，以申公道之氣；次言邊事，深以玩敵爲戒，條陳守邊三策以獻。改胄監簿，尋轉朝奉大夫。未幾，與祠。歲餘，差知邵武軍，以鄉井乞迴避。除司農丞，遷右司郎，旋主管建康府崇禧觀，卒。涣然孝友剛方，入仕三十餘年，家無餘財。

提點上官仲立先生基

上官基，字仲立，恢曾孫。乾道間，以父蔭監建康倉，調興國丞。會歲歉，當賑，令欲候報。基曰：「民難久待，有譴，身當之。」即計口賑給，遠近皆得就糴。調衡州推官。丞相趙汝愚謫零陵，道經衡陽，卒。時韓侂胄用事，沿途迓送者皆獲譴，臺司略不敢爲汝愚營辦，基毅然獨經紀其喪，悉如禮制。郡守錢鍪上其治行，除四川茶馬。又欲辟基爲屬，不就。遷提點鑄錢檢討官。卒於官。葬時汝愚子崇度適來守邵武，遂臨穴哭奠。子銓，好學能文。郎中趙崇憲以忠定登槐恩，奏授登仕郎。《通志》。《郡志》。

推官上官安國先生謐

上官謐，字安國。爲學務求義理，不事章句。既而從朱子遊，益加涵養。以祖蔭授會昌尉，調永州推官。簡易不深刻，永人懷之。遷四會令。《通志》。《邵武府志》。

邵武黄氏家世學派

按：簡肅黄公德望忠規，一時朝野企重。朱子往長沙時，造門晉謁。至，納拜，願爲弟子之列。考其家世，積學相承，而母太君游氏爲文肅定夫先生從妹，文肅乃程門高弟，爲學者所宗。太夫人每語公等曰：「視乃舅而師法之，足以爲良士矣！」故公未冠時，文肅特愛其厚重，手書爲夫人賀。是公之淵源所漸，固有本末可考者也。

再按：文肅游先生卒於宣和五年，朱子於文肅《墓誌》，簡肅是年已二十有八。又考《朱子語類》李閎祖録云：「游定夫有《論語要旨》，黄簡肅親見其手筆。」觀此，則簡肅於文肅親承緒論，非一日矣。餘已詳游氏學派矣，兹著簡肅家世焉。

簡肅黄通老先生中

黄中，字通老，邵武人。幼穎悟端重，少長受書，不過一再讀，退輒默然危坐竟日，問之，則皆已成誦矣。未冠，從舅御史先生游定夫愛其厚重，手書爲夫人賀。逾冠，入太學。汴城失守，張邦昌受僞命，公即日出居於外。既邦昌果遣學官致僞詔藥物勞問諸生，公以前出，故獨無所污。建炎再造，補修職郎、御營使司幹辦公事。紹興五年，舉進士。對策，極論孝弟之意，冀以感動上心。高宗異其言，擢第二，授保寧軍節度推官，改宣議郎、主管南外敦宗院，❶代還，秦檜用事，察其不附己，遣通判建州。罹外艱，服除，復差通判紹興。時公登第二十餘年矣，轉徙外服，泊如也。檜死，高宗記公姓名，召爲秘書省校書郎兼實録院簡討官。❷累遷司封員外郎兼權國子司業。歲滿，爲真。

紹興二十八年，充賀金國生辰使，與賀正使、秘書少監沈介相先後。明年還。獨言：「金作治汴宫，役夫萬計，此必欲徙居見迫，不可不早爲計。」時約和既久，中外解弛，高宗聞公言瞿然，而宰相皆不悦。顧詰公曰：「沈監之歸，屬耳不聞此言，中安得獨爲此？」逾月，公復往扣之，且曰：「即不信鄙言，請治罪。」又皆憮然莫應，而右相湯思退怒甚，至以語侵公。公不爲動，已乃除沈吏部侍

❶「敦」，原作「郭」，據《晦庵集》卷九一改。

❷「實」，原作「寶」，據《晦庵集》卷九一改。

郎，而徙公秘書少監以抑之。公猶以邊備爲言，不聽，則請補外，高宗不許。除起居郎，逾月，兼權中書舍人，尋差同知三十年貢舉，權工部侍郎。金人來賀天申節，充接伴使。故事，賜宴，使者謝於庭中。至是，辭以方暑，請拜宇下。公持不可，乃如故事。遂爲送伴使，還。金使復以天申來賀，方引見，遽以欽宗訃聞，且多出不遜語。諸公怪駭，不知所爲，至謂上不可以凶服見使者，欲俟其去乃發喪。公聞，馳白宰相：「此國家大事，臣子至痛之節，一有失禮，謂天下後世何？且使人或問故，將何以對？」於是始議行禮。公又率諸同列請對，論決策用兵事，莫有同者，乃獨陳備禦方略。蓋公自使還三年，每進對，未嘗不以金事爲言。至是，高宗始入其説，然不數月而金已擁衆渡淮矣。遷擢禮部侍郎。敵騎至江壖，朝臣震怖，争遣家逃匿，公與左相陳康伯獨自如。比敵退，衆慚服。俄兼給事中。明年，天申上壽，議者以欽宗服除，將復用樂事，下禮曹。公奏：「《春秋》君弑，賊不討，則雖葬不書。以明臣子之罪。況今欽宗實未葬也，而遽作樂，不亦失禮違經之甚乎！」事亦寢。内侍某等遷官不應法，諫官劉度坐論近習龍大淵忤旨，罷去，皆不書讀。繳奏以聞，左右已深忌之。尹穡希意，詆爲浚黨，竟以去國。

乾道改元，公年適七十，即引年告老。除集英殿修撰致仕，進敷文閣待制。久之，孝宗因御講筵，顧侍臣曰：「黄某老儒，今居何許？年幾何矣？筋力强否？」於是，召公赴闕。公辭謝不獲，明年乃起。公以老成宿望，直道正言，去國七年，至是復來，觀者如堵。入對内閣，問勞甚寵。復以爲兵部尚書兼侍讀。每當入直，孝宗常遣人候視，至則又召入，坐語從容。如是數月，月必一再見。

公知無不言，其大者則迎請欽廟梓宫，罷天申錫宴。中書舍人范成大被詔使金，以山陵爲請。公奏：「陛下聖孝及此，天下幸甚！然置欽廟梓宫不問，則有所未盡於人心。」孝宗善其言而不及用，金果肆嫚言，人乃服公論之正而識之卓也。久之，又以言不盡用，乞歸。除顯謨閣學士、提舉州太平興國宫，遂以龍圖閣學士致仕。

淳熙元年，孝宗手書，遣使詣公，訪以天下利害、朝政闕失。進職端明殿學士，且以銀絹將之。公受詔感激，拜疏以謝，略曰：「朝廷之闕失多矣，其尤大者，君子在野，小人在位，政出多門，言路壅塞，廉耻道喪，貨賂公行也；天下之利害多矣，其尤害民者，官吏貪墨、賦斂煩重、財用竭匱、盜賊多有、獄訟不理、政以賄成也。臣願進君子，退小人，精選諸道部使者以察州縣，則朝政有經，民不告病矣。」公復歸。又七年，雖身安田里，然其心未嘗一日忘朝廷。迨屬疾，手草遺表，又以山陵境土、欽廟梓宫爲言。七年卒，年八十有五。累封江夏郡開國侯，食邑千五百户。贈少師，謚簡肅。

公莊重恭信，坐立語默，有常節。仕州縣，奉法循理，崇尚風教；立朝，據經守正，上雅敬重，屢有大用意，而卒不少貶以求合。孝宗即位，首以正心誠意、致知格物爲説，未嘗少及功利。再召赴闕，復以前説精言之。在王府時，龍大淵爲内知己親幸，他教授或與過從觴咏，公獨未嘗與之坐，朝夕見則揖而退。其後，他教授多蒙其力，公獨不徙官。尤喜薦士，王詹事十朋、張舍人震，皆公所引。張忠獻浚、劉太尉錡之復用，公力爲多。然未嘗以告人，諸公或不之知也。朱晦菴裁書請見，曰：「今日之來，將拜堂下。惟公坐而受之，俾進於門人弟子之列，則某志也。」迨没後，爲志其墓。

有《奏議》十卷。子瀚，司農卿。孫棨。

員外郎黄肅甫先生棨

黄棨，字肅甫。中之孫。父瀚，官至司農卿。棨第嘉泰二年進士。家世清約。知萬安縣，判靖州，即州學傍建書院，取《書》「作新民」之義，扁曰「作新」。暇則講學授徒其中，明教化，作學則，訓誘開喻，夷僚感悟。除工部員外郎。子熙，守高州，亦有聲。《邵武郡志》。

汀州羅氏家世學派

按：汀州宋代著姓者，有羅氏、伍氏、雷氏、邱氏、賴氏，世有賢才。《閩書》所謂羅、伍、邱、雷，亦世其户者也。今考《選舉志》，羅氏彧，太平興國三年進士；羅氏祝，元祐中明經；羅氏烈，建炎二年進士。而羅氏祝，閉户窮經，儒術尤著。今本《閩書》録出，参之志乘，但未知是一家之學否？姑附列之，俟再詳訂。

推官羅叔和先生祝

羅祝，字叔和，長汀人。元祐間，行十科，祝以明經中第，調漳州法曹。嘗手釋六經及注《唐書》，尤精律數，終明州觀察推官。

縣令羅子剛先生烈

羅烈，字子剛，長汀人。建炎二年進士，調同安尉。時寇楊勍自南劍趨泉，烈勒兵捍捕，邑恃無恐。再調興寧令，會群盜出没，烈率千餘人擣其巢，皆潰走，得所掠子女三百餘人，遣歸家。終宣教郎，知廬陵縣。著有《約文新説》十卷、《古文類証》數萬言，《註杜詩事類》千餘條行世。

汀州雷氏家世學派

按：寧化雷氏，宋元豐以後，族派科第踵出，彦一先生尤以易學知名。至靖康間，雷諱觀者爲太學生，金兵渡河，公上書憤激，言：「張邦昌輔相無狀，即罷去已晚。」時朝廷雖不聽，尚嘉其議論忠讜，以公與陳公東、尹公焞、鄧公肅皆特賜出身。後金人僞立張邦昌，其言悉驗。今考其表著載焉。

教授雷彦一先生協

雷協，字彦一，充貢上庠，以易學知名。雖僻書雜傳，涉獵通遍。登政和二年進士，調上饒縣尉，遷上由縣丞、古田令，終宣教郎、興化軍教授。

太學生雷先生觀

雷觀，靖康太學生。時金兵已渡河，上皇出幸，帝亦將幸襄，賴李綱以死留之而止。金人既抵城下，朝廷乃罷白時中，而以李邦彦爲太宰。既又罷邦彦，以張邦昌爲太宰。觀憤然曰：「此何等時？不拔擢豪傑而例遷貴臣耶？」乃上書，略曰：「方今大敵内侵，國祚瀕危，支壞扶傾，全在宰相。前日以白時中庇庸悖謬，從公屏斥，朝野快心。不謂今日宣麻乃用邦昌，士民失望，咸謂邦昌前朝輔相之最無狀者，即令罷去已爲晚矣。今又相之，將焉用哉？陳龜有言：『三辰不軌，擢士爲相；四裔不共，❶拔卒爲將。』❷今金戈指闕，鐵騎飲汴，豈但不共而已？至於熒惑入斗，兩日相摩，赤光溢散，昏翳四塞，其不軌又甚。曾不聞宣猶考相，弭變迎祥，而徒進尸位冒寵之倫，以塞賢路。譬庸醫療疾，而疾已危篤，猶躭視貨賄，不忍辭去，坐待病者之淪没而後已，豈不殆哉！」其激切如此。上雖不聽，然新政懲蔽塞，凡行義有聞、議論忠讜者，悉加賜以示好惡，於是觀與陳東、尹焞、鄧肅皆特賜出身，而天下稍知所尚。次年二帝蒙塵，金人遂僞立張邦昌，而觀言竟驗。

---

❶「裔」，丁氏抄本作「夷」。

❷「卒」，丁氏抄本作「萃」。

閩中理學淵源考卷十四

廣平府知府李清馥撰

蔡貞白先生蒙叟學派

蔡公以宿儒倡教於國初，傳稱其學博古通今，里中達官顯仕皆北面焉，蓋亦一時人師也。

助教蔡貞白先生蒙叟

蔡蒙叟，閩縣人。博古通今，隱居教授，弟子從遠方至者常滿。諫議陳從易洎里中顯達者十餘人，皆北面焉。郡守李欣薦授本州助教。年八十餘卒。號貞白子。著《繩子》三卷，凡五十七篇。

學士陳簡夫先生從易 別見家學❶

❶ 本條原無，據文津本補。

博士吴儀之先生千仞

吴千仞，字儀之，侯官人。師事蔡蒙叟，爲高弟，文雅風流，鄉邦仰之。累官太常博士、知虔州，卒。

丘憲古先生程學派

《經義考》云：少海鄭氏「自言其學出於富沙丘先生」。按：丘氏之學莫可考，惟馬公廷鸞稱少海所著《易卦疑難圖》，「讀之時有會心，必宿儒所著」。觀此，亦可溯其師説之源流也。鄭氏傳之潘冠英。潘籍貫未詳，待考。

進士丘憲古先生程

丘程，字憲古。政和二年進士。建陽人。按朱氏《經義考》，馮椅曰：「憲古之學傳鄭東卿，東卿之學傳潘冠英。潘説在十三卦處内象極當，而少海所撰無之，蓋聞之鄉人于公梁國輔，于親授之於潘也。」沙隨程迥可久曰：「丘先生嘗有詩曰：『易理分明在畫中，誰知易道盡難窮。不知畫意空箋註，何異丹青欲畫風。』其學傳之東卿云。」朱竹垞《經義考》。《建寧府志·選舉目》。

主簿鄭少海先生東卿

鄭東卿，字少海，侯官人。紹興二十七年，特奏名爲永嘉簿。所著有《易卦疑難圖》。按朱氏《經義考》，陳振孫曰：「其書以六十四卦爲圖，外及六位皇極、先天、卦氣等圖，各附一論説，末有《繫辭解》，自言其學出於富沙丘先生，以爲易理皆在畫中。於是日畫一卦，週而復始，久而後有所入。」又馬廷鸞曰：「此書本五行卦氣之説，而象數、義理出焉，無朱子發之瑣碎、❶戴師愈之矯僞，讀之時有會心者。」又董真卿曰：「東卿自稱合沙漁父。《大易約解》九卷、《易説》二卷，《宋志》及馮氏作《周易疑難圖》三十卷。紹興丁巳自爲序。」朱氏《經義考》。《郡志·選舉目》。

邵宋舉先生整別見本學派❷

邵宋舉先生整學派

按，邵彦明先生清傳關西之學，子宋舉先生整從合沙鄭少海學。又，整偕從子秀山景之從籍

❶ 「之」下，原衍一「之」字，據朱彝尊《經義考》卷二五删。
❷ 本條原無，據文津本補。

溪胡先生學，箕裘厥有由來矣。再按，《閩書》：「邵整，字宋舉，古田人，自稱蒙谷遺老。」考《道南源委》及閩中諸志乘俱同，獨邵氏《宏簡録》作劉整，入在元儒。詳考其傳，劉整，字宋舉，古田人，亦稱「蒙谷遺老」，其餘俱符，疑是錯誤。且整之父，在北宋時從關西遊，則整南宋以後人物也。或别有劉姓亦未可知。但不應籍貫俱同，獨姓氏異耳。

再按合沙爲三山舊名云。

邵宋舉先生整

邵整，字宋舉，古田人。自號「蒙谷遺老」。與族人景之以家學自相友，教授生徒百餘人。少從合沙鄭少海學《易傳六十四卦圖説》及《春秋元經》，其纂集圖序，甫訖而卒。《道南統緒》謂整及景之亦胡籍溪學派。《閩書》。《道南統緒》。

州守蘇顒之先生大璋

蘇大璋，字顒之，古田人。父鴻，以陰德聞。大璋少穎悟，年十餘，通《周易》大義。事母孝。慶元進士。嘉泰中，邑大水，墊溺，饑饉。大璋方舉進士，上章乞常平使者，躬爲賑濟，民賴存活。司教道州，闡揚正學。召試館職，除秘書正字，累遷著作郎。轉對，力言禁錮僞學之非，忤大臣意，累乞外，知吉州。子士穆，知福安縣。《閩書》。《新三山志》。

陳世德先生光學派

按，永春桃源志乘載，朱子曾至其處，至今尚有留墨。意其時蔡氏玆鑒識朱子，有場屋之知，陳氏光、蘇氏升又與朱子同登進士第，而陳氏知柔又友誼最篤者，必經過訪無疑也。公與休齋、文靖義兼師友，皆爲一時典型之望。稽文獻者，於此邦尤惓惓焉。

僉判陳世德先生光

陳光，字世德。家永春民蘇里之碧溪。妙齡力學，潛隱幽僻，閉户讀書，手不釋卷。歲首則裹糧從師，歲暮方歸侍。赴鄉試，榜黜，無慍色，即就市鬻紙歸。同行詢之，云欲備抄寫。同行不覺嗤笑，❶光答曰：「後三歲復大比。」後果登紹興戊辰進士第，與朱子同年。嘗進經筵講解。丞相梁克家舊從受業，休齋陳知柔與之爲友。手抄《六經解》，一字差誤即毀其板，復手抄之，其誠敬學問如此。尤工爲古文，所居之山，人以文章名之。官封州僉判，權知新州。

❶「嗤」，原訛爲「嗤」。

陳休齋先生知柔交友。別見本學派❶

文靖梁子先生克家別見本學派❷

承務郎高東溪先生登學派

漳江之學，至北溪得紫陽之傳而遞衍繁盛，然在靖康間，時有東溪高先生者以忠言志節著聲。朱子涖漳，曾新其祠宇，又爲之記，言：「先生學博行高，志節卓然，有頑廉懦立之操。其有功於世教，豈可與隱忍回護以濟其私而自託於孔子之中行者同日語哉！」按東溪之學，亦一時倡起之師也。

承務郎高東溪先生登

高登，字彥先，漳浦人。少孤，力學，刻志勵行。宣和間爲太學生。金人犯京師，與陳東等上書，乞斬蔡京、童貫、王黼、梁師成、李邦彥、朱勔等六賊以謝天下。廷臣復建和議，割三鎮，奪种師

❶ 本條原無，據文津本補。

❷ 本條原無，據文津本補。

道、李綱兵柄。公與東再抱書詣闕，軍民不期而會者數十萬。❶帥臣王時雍縱兵，欲盡殲之。公與十人屹立不動。欽宗即位，擢吳敏、張邦昌爲相。敏白李邦彦無辜，乞復用。公上言：「陛下以東宮踐祚，人人跂足以觀新政，奈何相吳敏、張邦昌？復再納邦彦，大失天下之望，人心自此離矣。」自是章凡五上，皆不報。因謀南歸。初，金人至，六館諸生將遁去，公與林邁等請隨駕。金人退師，敏遂諷學官羅織公等屏斥還鄉。

紹興二年，廷對，極意盡言，無所顧忌。有司惡其直，授下州文學，尋有旨附第五甲，乃授廣東富川主簿。憲臣董棻聞其名，檄讞六郡獄，復命兼賀州學事。公請復學舍舊田，又抵囚於法。秩滿，士民乞留不獲。歸至廣，新興大饑，帥連南夫曰：「撫彫瘵者，莫如高主簿。」遂檄往發廩賑貸，全活萬計，因奏辟終其任。紹興八年，赴政事堂審察，遂上疏萬言，作《蔽主》、《蠹國》、《害民》各上下二篇上之，高宗稱善，下中書。秦檜惡其譏己，格之。授静江府古縣令。至静江，廣西帥沈晦問：「公何以治縣？」公條十餘事。晦曰：「此古人之政，今人詐疑，❷不可行也。」對曰：「忠信可行蠻貊，患誠不至耳。」豪民秦琥武斷鄉曲，持吏短長。公白置之法，一郡稱快。古縣，秦檜父舊治，檜實生此。帥胡舜陟謂公祠之，公曰：「檜爲相無狀，曷以祠爲？」舜陟怒，移荔浦丞康寧代公，適公亦以母病

---

❶「十」，原無，今補，詳本書卷一《文靖楊龜山先生時》校記。

❷「人」，原作「日」，據《宋史》卷三九九《高登傳》改。

乞去。舜陟遂創檜祠而自爲記，且摭秦琥事，誣以專殺罪，逮捕詣獄。適舜陟先以事下獄死矣。事卒白。

敕還家，至廣，漕帥鄭鬲、趙不棄辟公攝歸善令，委考試潮州，公摘經史要語命題，策閩、浙水災所由。皆屬意時事。時丞相趙鼎在潮謂曰：「天下主文多矣，未有如公忠誠愛君者。」留語終日。郡守季仲文馳達檜，檜怒，坐以舜陟所奏，取旨編管容州。省符下漳州。公適歸舊隱，與學者講論。州遣使臣謝大作持示之，公讀畢，即上馬，大作曰：「少入告家人，無害也。」公曰：「君命敢稽耶！」大作愕然。比夜，巡檢領百卒挾兵刃至，公曰：「若賜死，亦當拜敕乃就法。」大作感公忠義，爲泣下。奮劍叱巡檢曰：「汝欲何爲？省符在我手，無他語也！吾當以死捍之。」公至謫所，授徒自給，種植蔬竹爲終焉之計。聞朝廷政事少失，輒顰蹙不樂，大則慟哭隨之。容本窮陬，聞公至，執經從者數百人，爲講《大學》、《中庸》之旨。教方行而疾作。臨卒，所言皆天下大計。公事母至孝，嘗奉母舟行，阻風，方念乏晨羞，忽有白魚躍入。其學以慎獨爲本，所著有《家論》等篇及《東溪集》。後二十年，丞相梁克家以其事聞，追復迪功郎。胡銓爲作《忠辨》。後五十年，朱子守漳，爲作《祠堂記》，奏加褒贈。《閩書》。《宏簡録》。《名臣傳》。

主簿林實夫先生宗臣

林宗臣，字實夫，龍溪人。乾道二年進士。受業高東溪登之門。官至主簿。一見陳安卿淳，心異之，謂曰：「子所習科舉耳，聖賢大業則不在是。」因授以朱文公所編《近思録》，安卿卒爲儒宗，實夫啟之也。

陳和仲先生景肅 别見本學派[1]

户曹黄葉叔先生京

黄京，字葉叔，龍溪人。紹興二年進士。初在郡學，與高登相友善，至是又同舉進士，登調桂嶺簿，京調連州户曹，並以清白稱。秩滿，歸里，聞登以直言斥，恬無仕進意，時年未四十。性樂施予，所識闕乏者，厚賙之，鄉里稱爲長者。

縣令楊彦侯先生汝南 别見李康成學派[2]

縣令李康成先生則學派

按：《清漳志》稱先生等聚徒講學，文章行誼各有可觀，列之儒林。其徒如楊彦侯諸公，皆其

---

[1] 本條原無，據文津本補。

[2] 本條原無，據文津本補。

卓然者也。今附於後。

縣令李康成先生則

李則，字康成，龍溪人。少孤，力學，試太學不得志，浩然東歸。教授生徒至百餘人，如楊汝南、李恂諸公皆師事之。累薦鄉書前列。紹興十二年，以特科授桂嶺簿，攝富川令，調德化令，所至皆有惠政。轉通直郎致仕。公學兼得之蘇、程二家，其教人必以仁義爲本，自號「益壯翁」。

縣令楊彦侯先生汝南

楊汝南，字彦侯，龍溪人。擢紹興十五年進士。郡守李彌遜奇其材，勉就宏詞科，中書以其文崛奇不署，至是登第。初調贛州教授，改廣州教授，摭《詩》、《春秋》、《中庸》要語著《經説》三十篇以授學者，乃進表於朝。祭酒楊椿覽之，曰：「真今之師範也。」即薦，改秩知福州古田縣。以廉平公勤自警，尤以教化爲先務，修學舍、置學田，俾諸生質疑問難，亹亹不倦。又造安福橋，長六十丈，以濟涉者。與廬陵楊萬里以節義相勉，與高登尤相友善，扁其所居堂曰「不欺」，自號「快然居士」。鄉居講學，户外屨常滿焉。其文章語意清新，有騷人典則云。

縣令李顧言先生恂

李恂，字顧言，龍溪人。性敏好學，舉進士，任縣尉。以捕盜賞，改知晉江縣，後知邵武軍，以宮觀致仕。初，恂登第，與史浩同甲。及浩當軸，累召不起，時論高之。子必直、必正皆廕補官。必直任興化軍。

郡守葉嗣忠先生廷珪學派

按：嗣忠先生爲一時名彦，在泉郡，治績綽有政聲。志乘載，公知泉州，清静簡易。時通淮門之河塞。通淮門者，水門也。郡城諸水，故趨巽方，環學宫而東之，未有汲潮汐引之入者。紹興十六年，守葉公闢通淮門，引入舟檝，直抵學宫前，語人曰：「十年後當有大魁。」至期，梁文靖克家應之，後去官，郡人祠於清源下洞。其爲宰時，不拜張邦昌僞詔，大節尤卓然。平昔與朱公喬年相友善，在温陵與傅公安道相往復。其門徒如陳正獻諸公，皆爲一時碩彦。今列其學派著於篇。

郡守葉翠巖先生廷珪

葉廷珪，字嗣忠，號翠巖，甌寧人。少嗜書，貧無可讀。其曾祖以差役至京，傾槖市歸，因得盡讀之。政和五年，累除武邑丞。時興燕山之役，廷珪三部軍餉，一粒不食。轉知德興縣。張邦昌僞詔至，不肯拜。中興後，差知福清縣。縣瀕海，民困鬻鹽。廷珪創增鹽錢，稍獲其便。又有《煮鹽利害圖》及書，州縣往往遵用之。召爲太常寺丞，輪對，乞搜訪遺書，補中秘府。高宗嘗問方今禮樂之事，廷珪以兵革未息，禮樂未遑爲對。秦檜聞之不説。未幾，出知泉、漳二州。

廷珪性喜讀書，肄業郡學，升貢上庠，登名桂籍，入仕四十餘年，未嘗一日去手。每聞士大夫家有異書，無不借讀，讀無不終卷。嘗恨無貲，不能盡寫，作數十大册，擇其可用者手抄之，名曰《海録》。文多者爲《海録雜事》，細碎者爲《海録碎事》，其未知故事所出者爲《海録未見事》，其事物興造之原爲《海録事始》，其詩人佳句曾經前輩稱道者爲《海録警句圖》，其有事跡著見作詩之繇爲《海録本事詩》。獨《碎事》文字最多，初謂之《一四録》，言其自一至四字，有可取者皆録之，後改爲《碎事》。每讀文字見可録者，信手録之。既知泉州，公餘無事，因取類之，爲門七十五，爲卷二十有二。事多新奇未經前人引用者。

復好爲詩，與吏部員外郎朱喬年以詩相善，喬年議論少許可，獨喜稱廷珪詩。在泉中與傅自得一見如平生，會即談詩。一日，誦其所作《郡齋羅漢堂》詩示自得，❶末句云：「幾多雁鶩行間吏，衙退頻來禮釋迦。」自得謂廷珪：「予每讀韋蘇州詩『今朝郡齋閒，欲問楞迦字』，未嘗不廢卷太息，想

---

❶「堂」，原脱，據文淵閣《四庫全書》本《海録碎事》卷末傅自得《後序》補。

像蘇州之風流藴藉，而知其當時之政。泉故劇郡，公使吏輩優游如此，此可觀公。」廷珪欣然以爲會心之友。按《續文獻通考》載，廷珪篤學醇雅，葉顒、陳俊卿、黄祖舜皆出其門云。《郡志》。《續文獻通考》。

正簡葉子昂先生顒

葉顒，字子昂，顗弟。紹興二年進士，由南海簿累遷司農丞。以薦召對，除將作監簿。出知處州。青田令獻羡錢百萬，顒詰令何從得羡，命以代本縣民户輸納夏租。歷陞右司諫。孝宗即位，擢吏部侍郎、權尚書。論典選一途，衣冠之所從出，而吏胥得權其柄，是使入銓曹與吏爲市，出銓曹與民爲市也，乃編上《七司條例》一書。孝宗悦，著爲令。乾道初，召對便殿，問：「卿當官何先？」對曰：「清廉臣分，公忠實要。」孝宗曰：「卿無忘此言。」除端明殿學士，拜參知政事兼同知樞密院事。武臣梁俊彦請税沙田、蘆塲，奏罷。户部侍郎請兩淮行鐵錢，力持不可。尋進尚書左僕射兼樞密使，引薦汪應辰、王十朋、陳良瀚等十人，可備執政、禁從、臺諫之選。又極論龍大淵、曾覿竊弄威福，二人俱斥去。會冬至，郊雷雨作。孝宗手詔飭大臣，顒引漢故事，上印綬，即日出關抵家。卒，贈少師。謚正簡。《福建通志》。

正獻陳應求先生俊卿別見家學❶

莊定黃繼道先生祖舜

黄祖舜，字繼道，福清人。宣和六年進士，累任至軍器監丞。入對，言：「縣令付銓曹專用資格，曷若委郡守汰其尤無良者。」上然之。權守尚書屯田員外郎，徙吏部員外郎，出通判泉州。將行，言：「抱道懷德之士，不應讀書干禄，乞自科舉後，有學行修明，孝友純篤者，縣薦之州，州延之庠序，以表率多士，其卓行尤異者，州以名聞，亦鄉舉里選之意。」下其奏禮部，遂留爲倉部郎中，遷左司郎中、權刑部侍郎兼詳定勅令司兼侍講。進《論語講義》，上命金安節校勘，安節言其書詞義明粹，乃令國子監板行。

故資政殿學士楊愿家乞遺表恩，祖舜言：「愿陰濟秦檜，中傷善類。」因寢其命。秦熺卒，贈太傅，祖舜言：「熺預其父檜議，今不宜贈帝傅之秩。」追奪之。遷同知樞密院事。金主亮侵淮，劉汜敗，王權走，上將誅權以厲其餘，祖舜言：「權罪當誅，汜不容貸。劉錡有大功，聞其病已殆，權、汜誅，錡必愧忿以死，是國家一敗兵而殺三將，得無快於敵乎？」上嘉納。薨於官。謚莊定。所著有

❶ 本條原無，據文津本補。

《易説》、《國風小雅説》、《禮記説》、《歷代史義》及遺文十五卷。《新郡志》。

按：《朱子語類》卷一百一内載，五峰説「區以别矣」，用《禮記》勾萌字音。林少穎亦曾説與黄祖舜來如此。是祖舜亦似從少穎講論者，其受學未詳，待考。

閩中理學淵源考卷十五

廣平府知府李清馥撰

獻靖朱韋齋先生閩中家世學派

夫仰蒼鬱者，必出於蟠根之大；覽溟渤者，貴溯乎星宿之初。蓋其本源遠也。況大賢毓英啟秀，積厚流光，而爲往聖繼絶學、開太平，以衍洙、泗之傳者乎！考獻靖公自筮仕入閩，初任建之政和，再任延之尤溪，而晦菴夫子生焉。夫以蕞爾之土，山川靈異，鍾爲人傑，龜山、豫章、延平不數百里，同時同地講道嗣音，而又篤生紫陽以集其成，豈非千數年間氣所鍾應貞元會合之期哉？先公《詠武夷精舍》詩曰：「宋家南狩西山西，光移婺女開賢聖。」信乎，東遷、南渡如同一轍也！今謹録其在閩支派著于編。乾隆壬申三月上巳日。

獻靖朱韋齋先生松

朱先生，諱松，字喬年，徽之婺源人。曾祖振。祖絢。父森，贈承事郎。常曰：「吾家五世積德，業儒當有達者。」先生政和八年同上舍出身登第，授迪功郎、建州政和縣尉。丁外艱，服除，更調南劍州尤溪縣尉，監泉州石井鎮。靖康之變，先生在尤溪，方與同僚燕集，忽有以北狩之問來諗者。先生聞之震駭，投袂而起，大慟幾絶。自是奔走卑冗，假禄養親，無仕進意。建炎再造，王室漂揺。紹興初，御史胡世將撫諭東南，先生因謁見，説之曰：「聞之不取關中，中原不可復；不取荆、淮，東南不可保。唐惟不失關中，故更三亡，不失舊物，而吴孫氏東攻新城，西攻襄、漢，乃所以保建業。其後，桓温、劉裕雖能以江、漢舟艫西入河、渭，然既得之而不能守，則亦僅足以保東南而已。然則天下之大勢可知已。今進不能以六師之重通道荆、襄，赴興元，結夏人，控引五路，東嚮争中原；退又不能移蹕建康，北争荆、淮，以爲固守之計。奈何局促一方，徒費日月竟將何爲？」世將奇其言，歸即以聞于朝。會前執政謝克家守泉，亦露章薦先生學行，不宜滯管庫，遂召試館職。策問「中興難易」，先生乞順人心、任賢才、正紀綱，累數千言。高宗嘉賞，除秘書省正字。趙忠簡鼎以元樞都督諸路軍馬，約先生入幕，先生以親疾辭。尋丁母憂。七年，服闋，上已進都金陵。九月，再召對，先生因論「自古中興之君，惟漢之光武勤勞不怠，身濟大業，可以爲法；晋之元帝，唐之肅宗，志趣卑近，功烈不終，可以爲戒」。反覆切至，上對輔臣稱善，除校書郎。八年遷著作佐郎。御史中丞常同薦先生，復賜對。除尚書度支員外郎兼史館校勘，刊脩蔡卞所改《哲宗實録》，先生用力爲多。歷司勳及吏部員外郎。秦檜當國，決意講和，先生與史官胡珵、凌景夏、常明、范如圭會奏，極言其不可。檜怒，諷御史論先生懷異自賢。十年，出知饒州，未赴，遂自請爲祠官，屏居建溪之上，日以討尋舊學爲事。祠滿，再任命下。十三年三月，卒於建州城南之寓舍，時年四十七。

初，先生自爲兒時，出語已驚人。少長，游學校，爲舉子文，即清新灑落，無當時陳腐卑弱之氣。及去場屋，始放意爲詩文。其詩不事彫飾，天然秀發，一時前輩以詩名者交口譽之。其文汪洋渾浩，不見涯涘。然自謂於道爲遠，益取經史子傳，考其興衰治亂，欲應時合變見之事業者。既又得浦城蕭顗子莊、劍浦羅從彦仲素與之遊，則聞龜山楊文靖公所傳河洛之學獨得古先聖賢不傳之遺意，於是益自刻勵，痛刮浮華以趨本實。日誦《大學》、《中庸》之書，以用力於致知誠意之地。自謂卞急害道，因取古人「佩韋」之意，以名其齋以自警。性至孝友，重然諾，不以死生窮達易其志。誘進後學，揚人之善。凡邪佞、嵬瑣、簡賢、附勢之流，與己異趣，則鄙而遠之。屬疾革，自爲書，以家事屬少傅劉子羽，而訣於籍溪胡憲原仲、白水劉勉之致中、屏山劉子翬彦沖。且顧謂元晦曰：「此三人者，吾友也，學有淵源，汝往父事之。」及没，朱子年甫十四，即稟學於三君子之門。明年，卜葬崇安縣西塔山，後遷於武彝鄉上梅里之寂歷山。所著有《韋齋集》十二卷、《外集》十卷。子熹。《行狀》。《神道碑》。《聖門禮樂統》。

附遺文

《答莊德燦書》曰：某頓首：昨屈車馬寵顧，區區未能欵扣所聞，辱惠書，禮盛志謙。雖不敢當，然近世《大學》之道蕪廢，士無貴賤，徇世相師，千百一範，莫知孰使陶之者，不自量其愚不肖，竊有憐之之意。頃來尤溪甫兩月，雖獲拜邑士而未詳也，索居深惟小人之歸是憂。乃有識明志高，傑然自拔於俗如吾友者，其爲欣幸，未易具道。夫仕而忘學，如農夫快一朝之飽而釋終身之耕，殍於溝中，可立而竢。然則仕而忘學，猶飽而釋耕，亦不足道。抑聞之先生長者，《禮記》多魯諸儒之雜説，獨《中庸》出於孔氏家學。《大學》一篇乃入道之門。其道以爲欲明明德於天下者，在致知格物以正心誠意而已。其説與今世士大夫之學大不相近，蓋此學之廢久矣！自周衰，楊、墨雖得罪聖人，然乃學仁義而失之者。至申、韓、儀、秦之説勝，而士始決裂聖人之籓籬，以徇流俗之所好。至漢文、景之盛未衰也，以至於今。蓋嘗有以斯文爲己任者起而倡之，然世方嬰於俗學以自强，屹乎其不可攻也。松方急於禄養，未能往究其所學，是以獲聞吾友之言，凜然敬歎。若居夷而聞樂，雖未詳其節奏之工，然卓然於吴歌楚謡之中而不可亂也。《書》曰：「知之非艱。」夫問塗而之瞽，則知亦豈易哉？以吾友之明，苟以德爲車，而志氣御之，則朝發軔乎仁義之塗，夕將入《大學》之門，以躪《中庸》之庭也。如松之駑，憂且追後乘而莫及，其何以相吾子？勉之而已。君捨此而問塗，則今之學士大夫皆知津矣。即辰陽復，惟爲道自愛是望。

《送程復亨序》曰：廣平程某復亨爲余外兄，從余遊於閩者二年。余語以安逸憂患，知之詳矣。將歸省其母及其祖母，其可以無言？司徒文子問於子思曰：「親喪三年未葬，則何服？」子思曰：「三年而未葬，則服不除也。」故告之一曰，葬吾舅而後加吉服。夫子失魯司寇，將之荆，先之以子夏，申之以冉有，曰喪不欲其速貧。古之君子以失位于諸侯曰喪。喪不欲其速貧，若是其急也。故告之二曰，葺爾居以寧爾親。逢生麻中，不扶自直；植之榛莽，則與之靡然。故告之三曰，非爾父之類者勿親也。江出岷山，自荆之楚，汪洋千里而至於海者，大川三百，小川三千，以爲之助也。故告之四曰，廣學問以資見聞。《傳》曰：「宴安鴆毒，不可懷也。」君子非獨惡懷安之敗名，惡其敗性也。故告之五曰，勿懷安。《禮》曰：「男子生，則以桑弧蓬矢射天地四方，示志也。」夫不資之軀，豈其浮沈鄉里而名不稱？故告之六曰，無忘四方之志。夫齊之善味者，淄、澠之合能辨之。淄、澠之合均是水也。予歸矣，他日執經而來問予，能入于常流而不變其味乎？尚能爲君辨之。

文公朱晦庵先生熹❶

中散朱受之先生塾

朱塾，字受之。文公長子，用蔭補將仕郎。紹熙辛亥，年三十九卒，贈中散大夫。文公嘗題其詩卷曰：「大兒自幼開爽，不類常兒。予恐其墜于靡浮之習，不敢教以詩文。」又請陳同父作《墓誌》，其書曰：「此子自幼秀慧，生一兩月見文書，即喜笑咿嗚，如誦讀狀。小兒戲事，見必學，學必能，然已能輒棄去。後來得親師友，意甚望之。」陳同父《祭文》略曰：「少有俊聲而能自克，長讀父書而能默會。義理以厭飫其心，藝業以游泳其外。學者之高下、淺深，俯仰以接之，而不暴其從

❶ 本條原無，據文津本補。

違；天下之賢不肖，一見而識之，而不輕於向背。其才豈不直一官？乃以韋布而早没；其志豈不慕古人？乃以賢子弟而終晦耶。」

朝奉朱文之先生埜

朱埜，字文之，文公仲子。淳祐間，以蔭補迪功郎，監湖州德清縣户部贍軍酒庫。後文公十一年卒，黄勉齋誄之曰：「在昔夫子，性嚴氣剛。規矩準繩，動止有常。君承其顔，惟恐或傷。在昔夫子，朝圖暮書。遑恤其家，孰有孰無。君服其勞，使若有餘。内睦姻親，外交朋友。歲時享祀，殽核清酒。囊篋瑣碎，俾無遺漏。非君之賢，孰左孰右。榦之從遊，餘三十年。四海兄弟，兩世姻婭。於君事親，知君之賢。人之百行，非孝孰先。」讀此可想見其爲人矣。贈朝奉大夫。

侍郎朱叔敬先生在

朱在，字叔敬，一字敬之，文公季子。受業家庭，又從黄勉齋學。公遇明堂大禮赦恩，奏補承務郎。嘉定初，除籍田令。亢旱，應詔上封事。歷將作司農簿，遷丞。十年，以大理正知南康軍，改知衡州、湖州，俱不赴。奉祠。既起知信州，入對，以「進學問、振紀綱、求放心」爲言。除提舉浙西常平茶鹽公事，加右曹郎兼知嘉興府，召爲司農少卿，充樞密副都承旨，出爲兩浙轉運副使。寶慶丙戌，除工部侍郎。進對，奏人主學問之要。理宗曰：「卿先卿《中庸序》言之甚詳。」因奏：「閔、損以下九人並封一字公爵，獨曾參封郕侯，乞與並封。楊雄、王雱，乞去其像。國家有程頤、程顥、張載得孔、孟以來不傳之緒，若使之從祀廟庭，斯文幸甚。」又言：「先臣《四書》印本所在不同。」理宗回顧宣諭曰：「卿先卿《四書注解》有補治道，朕讀之不釋手，恨不與之同時。」除吏部右侍郎。紹定三年，乞外，除朝議大夫、寶謨閣待制，知平江府。明年，改煥章閣待制、知袁州。奉祠。卒，贈銀青光禄大夫。

奉直朱子明先生鑑

朱鑑，字子明，文公嫡長孫也。蔭補迪功郎，累遷奉直大夫、湖廣總領。寶慶間，隨季父在遷居建安之紫霞州，建文公祠于所居左。子孫入建安，自鑑始。

侍郎朱深源先生浚

朱浚，字深源，鑑之子。少負奇節，以進士累官兩浙轉運使兼吏部侍郎。尚理宗公主。元兵入建寧，王積翁棄城遁，浚與公主入福州，誓與知府王綱中死守。迨元阿剌罕侵福安，剛中以城降，浚與公主仰天大哭曰：「君帝室王姬，吾大儒世胄，義不可辱。」遂飲藥死。贈朝散大夫。孫林，字文茂，深源長子；彬，字均之，深源次子，皆進士。《紫陽書院志》。《閩書》。

山長朱泳道先生沂

朱沂，字泳道，文公曾孫。累薦遺逸，不起。與謝枋得遊，枋得稱其「論古今人物高下，國家興廢，善類仕止久速之故，脱盡華葉，獨存根株。文公之後世濟其美者，泳道一人耳。」晚歲，授考亭書院山長。

知事朱先生彬

朱彬，文公四世孫。讀書有文，克紹家學，士子從遊者甚衆。至正間，爲延平路知事。

判官朱文魯先生泗

朱泗，字文魯，建安人，文公八世孫。除壽州判官，改徐州。值歲饑，白督運留京運以賑民。民有被誣殺人者，廉得真殺人者，釋之。言當道，以黄榦、蔡沈、劉爚、真德秀配文公祠，爲請於朝，得行。

劉先生文伯

劉文伯，建陽人。從韋齋先生遊。構一室，榜曰「清軒」。讀書徜徉，與客論文其間，悠然不知日之夕也。劉屏山寄詩有「中郎言語妙天下,得非遊世厭營營」。其稱許如此。

監廟謝綽中先生譽子東卿

謝譽,字綽中,政和人。朱韋齋尉政和時,以公事行鄉落間,聞田舍中有誦書聲屬耳,頗異。亟下車入其舍,則一少年書生方對案危坐,吟誦自若。韋齋前揖問:「讀何書?」起對曰:「《儀禮》也。」是時,士方專治王氏學,非《三經》、《字説》、老、莊之書不讀,而其業乃如此,韋齋奇之。與語,酬應敏給,使出其文,詞氣亦不凡。問其姓名,大喜,與歸,日授以經史百家之言,而勉其所未至。未幾,記誦益廣,文字益工,韋齋益歎重之。中紹興二年進士,調泰寧主簿。歸,領祠官。年四十六卒,韋齋深惜。後文公朱子爲撰《文集序》稱:「君性耿介,與世俗多不合,居家極孝友。既得官,盡以先疇奉其兄。娶妻,得田自隨,一旦亦舉而歸之。還自泰寧,自以不能隨俗俯仰,慨然願領祠就閒秩,以便親養。然君之所以自許與先君子所以期君者,蓋未嘗不以經綸之業爲言也,則其志豈自以爲止於此而已哉!君没之年,先君子亦棄諸孤。後四十三年,考係淳熙乙巳。而君之子東卿乃以君之遺文一篇過某於武夷精舍。某讀其書,得其志,既歎君之不幸,又念先君子之門人賓客如君者蓋無幾人,今亦無復存者。相與太息流涕。既而東卿請序其文,遂書其本末如此。」

光禄鄭義齋先生乾道《尤溪志》作鄭安道。

鄭乾道，號義齋，尤溪人。熙寧六年進士，官至金紫光禄大夫。歷著治績，而文名尤見重於韋齋，因相與友善。時共講學，假館以處。韋齋爲南溪書院，其賀韋齋《舉男詩》載《南溪志》。

進士莊德燦先生光

莊光，字德燦，尤溪人。建炎二年進士，筮仕州幕。矢志節介，直道不容，遂致政歸。與韋齋同講學，韋齋稱其識明志高，傑然自拔於流俗。從父誼、諶、訢，皆登進士。《尤溪志》。《閩書》。

傅金溪先生自得❶

進士盧定之先生安邦

盧安邦，字定之，尤溪人。宣和辛丑進士。少穎異，書一再讀即成誦，博學，攻古文辭。與尉朱喬年友善。官曹郎。爲時所重。《尤溪志》。

❶ 本條原無，據文津本補。

闗中理學淵源考卷十六

廣平府知府李清馥撰

文公朱晦菴先生學派

按：周、程、張、朱五子從祀，定於宋理宗淳祐元年。自此之後，國無異論，士無異習。《宋史》言：「後世有以理學復古帝王之治者，考論匡直輔翼之功，實自理宗始。」自元迄明，宗仰專師，風同道一，迨我朝推崇特厚，至表章朱子，典禮尤超越前代。康熙五十二年，《御纂朱子全書》告竣，刊布天下。先公承修編校，上表文有曰：「發凡起例，無非禀聖心之裁成；提要刊繁，逐一經御筆之親定。沍寒蒸暑，未嘗輟誦於萬幾之餘；夜漏晨壺，不聞停披於寸晷之暫。是用規模畫一，條理分明。自《小學》、《大學》以開端，漸及四書六藝；合道德性命而一貫，極於聖統王功。」又曰：「頒諸宇内，使儒林有入聖之階梯；布在學宫，凡來者得窮經之指要。」嗚呼，聖祖崇重紫陽之學至矣！世宗憲皇帝及我皇上又頒發各省，家絃户誦，百餘年來儒術統一，道教脩明，實列聖尊經崇儒之效。培萬年有道之長，端有在矣，因敘述學派而敬書之。至朱子之學，内聖外王之要，全體大用之詳，前賢述之備矣。謹録之評論中，可攷焉。

文公朱晦菴先生熹

朱文公諱熹，字元晦，後更仲晦。父韋齋公因仕入閩，尉尤溪。以建炎四年庚戌九月十五日午時，生先生於溪南鄭氏館舍。後寓崇安，又徙建陽之考亭而家焉。先生幼穎悟莊重，甫能言，韋齋公指天示之，曰：「天也。」問曰：「天之上何物？」韋齋公異之。八歲，示以《孝經》，一閲題其上曰：「不若是，非人也。」嘗從群兒戲沙上，獨端坐以指畫沙作八卦。十一歲受學於家庭。時韋齋公爲吏部郎，以不附和議，請祠在家。十三年，韋齋公病革，以後事囑忠定劉公子羽，謂先生曰：「籍溪胡原仲、白水劉致中、屏山劉彦沖三人，吾友也，學有淵源，汝往父事之。」後忠定爲築室於其里，奉母祝夫人以居。白水妻以女，籍溪、屏山撫教如子姪。既冠，屏山爲祝辭，命字曰「元晦」。紹興十七年，年十八，貢於鄉。十八年，舉進士第。二十一年，銓授泉州府同安縣主簿。二十三年夏，始受學延平李先生之門。秋七月，赴同安任。涖事勤敏，職兼學事，整飭風教，選邑之秀民充弟子員，厲以誠敬，開以義理，遠近人士皆悚而尊師之。舉柯翰、徐應中、王賓爲學中表率。二十六年秋七月，秩滿，冬，奉檄留安溪按事。集中有《安溪書事詩》。二十七年，還同安，候代不至。許升之、徐元聘等從學。二十八年，見李先生於延平，論忠恕一貫之旨。以養親請祠。差監潭州南嶽廟。二十九年，詔赴行在，以執政陳俊卿薦。會言路有託抑奔競以沮之者，遂以疾辭。是歲，蔡季通師事先生。劉應李撰《蔡氏言行録》云：「季通見先生於崇安，遂師事焉。」

三十二年六月，孝宗即位，詔求直言。八月，先生應詔，上封事。首言：「帝王之學不可不熟講。夫記誦辭藻，非所以探淵源而出治道；虚無寂滅，非所以貫本末而立大中。必先格物致知，使義理所存，纖悉畢照，則自然意誠心正，而可以應天下之務矣。」次言：「今日之計所不時定者，由講和之説疑之也。」請罷和議爲修復之計。再次言：「四海利病，係斯民之休戚；斯民之休戚，係守令之賢否。監司者，守令之綱；朝廷者，監司之本。欲斯民之得所，本原之地，亦在朝廷而已。」是冬，與程允夫書。略曰：近見延平李先生，始略窺門户。大概此事以涵養本源爲先，講論經旨特以輔此而已。向來泛濫出入，無所適從，名爲學問，而實何有？如今不須雜博，却不濟事，無收拾也。若果如此有味，則世間一種無要緊文字，自無功夫看得矣。隆興初元三月，再召，辭，不許。十月，入對垂拱殿。先是將趨召命，問所宜言於延平，遂首用其説。所奏凡三劄，所陳不出封事之意而加剴切焉。首言《大學》之道，平治之效；次言君父之讐，不共戴天；三言古聖王制馭之道，其本不在强威而在德業，其任不在邊疆而在朝廷，其具不在兵食而在紀綱。時宰臣湯思退力主和議，不悦其言，除武學博士，拜命遂歸。十月，延平先生卒。

乾道元年，趣就職，既至而洪适爲相，復主和議。不合，請監南嶽廟以歸。六月，讀魏元履《戊午讜議》，爲之流淚，因序之。時汪玉山知福州，未幾，升敷文閣待制，舉先生自代。二年，林擇之用中從學。答何叔京鎬書。略曰：李先生教人，大抵令於静中體認大本未發時氣象分明，即處事應物，自然中節。此乃龜山門下相傳指訣。然當時親炙之時貪聽講論，又方竊好章句訓詁之習，不得盡心於此。三年八月，訪張敬夫於長沙，論《中庸》未發之旨。道經邵武，謁端明黄通老，請納再拜之禮而見之。十二月，除樞密院編修，用執政陳俊卿、劉珙薦。四年，崇安饑，貸粟於府賑之。上王龜齡書。時王公自夔郡移湖州，書末言「欲待公歸，方敢前進」。時汪玉山、陳正獻、梁文靖、龔參政及王公皆與先生志同道合，故先生書末寓濟時行道之志，特惓惓焉。

五年，三促就職。會魏掞之以布衣召爲國子録，因論曾覿而去，遂力辭。先生常兩進絶和議、抑佞幸之戒。言既不行，雖擢用不敢苟就，出處之義，凛然不可易。是歲，與蔡季通辨中和説。又與張南軒、林擇之并湖南諸公書，皆論中和之旨，互相往復。九月，丁母祝孺人憂。六年正月，葬祝孺人。七月，遷吏部公墓。冬，胡銓薦，復召，以未終喪辭。八年，既免喪，復召，以禄不及養辭。八月，作《中和舊説序》。略曰：余蚤從延平先生學，求喜怒哀樂未發之旨未達而先生没。聞張欽夫得衡山胡氏學，則往從而問焉。欽夫告予以所聞，退而沉思。一日，喟然嘆曰：「人自嬰兒以至老死，雖語默動静之不同，然其大體莫非已發，特其未發者爲未嘗發耳。」自此不復有疑。乾道己丑之春，爲友人蔡季通言之，問辨之餘，予忽自疑。復取程氏書，虚心平氣而徐讀之。未及數行，凍解冰釋，然後知情性之本然，聖賢之微旨，其平正明白乃如此。而前日讀之不詳，妄生穿穴，適足以自誤而已。暇日料檢故書，得當時往還書稿一編，輒序其所以而題之曰《中和舊説》。獨恨不得奉而質諸李氏之門，然以先生之所已言者推之，知其所未言者其或不遠矣。九年，梁克家爲相，奏先生屢辭不出，宜蒙褒録，有旨言朱某「安貧守道，廉退可嘉」。特改秩宫觀。先生以求退得進，於義未安，辭。

淳熙二年四月，吕東萊訪先生於寒泉精舍，編次《近思録》。及歸，先生送至信州鵝湖寺，與陸子壽、子静共講所聞，議論不合而罷。七月，作晦菴於廬峰之雲谷，自爲記。三年春，黄直卿榦，因劉子澄拜文公於屏山受業焉。六月，龔茂良行丞相事，薦先生，除秘書郎，先生力辭。會有言虚名之士不可用者，故再辭益力，即從其請，改主武夷山沖祐觀。與吕東萊書。言：道間與季通講論，因悟向來涵養工夫全少，而講説又多强探必取、尋流逐末之弊。恍然自失，似有頓進之功，然非如近日諸賢所謂頓悟之機云。十一月，令人劉氏卒。五年，史浩相，除知南康軍事，辭者四，始受命。先生自同安歸，奉祠於家幾二十年，間關貧困，不以累心。

六年三月，始受命，至南康，首下教三條，興利除害，尤以厚彝常、美教化爲首務。訪白鹿洞書院遺址，奏復其舊，約聖賢教學大端爲《學規》。每休沐，輒詣學與諸生質疑問難，風教大行。七年二月，張南軒訃至，罷宴，爲位哭之。四月，應詔上封事。略曰：天下之務莫大於恤民，而恤民之本，在人君正心術以立紀綱。今宰相、臺省、師傅、賓友、諫諍之臣皆失其職，而陛下所與親密謀議者，不過一二近習之臣。使陛下不信先王之大道，而悦於功利之卑説；不樂莊士之讜言，而安於私褻之鄙態。交通貨賂，所盗者皆陛下之財；命卿置將，所竊者皆陛下之柄。莫大之禍，必至之憂，近在旦夕，而陛下獨未之知。疏入，上讀之大怒，命先生分析。宰相趙雄救解乃已。先是，大旱，以人户逃移自劾，不報。至是措置備荒之政，多所全活。八年二月，陸子静來訪，先生率僚友、諸生與俱至白鹿洞書院，請登講席，尋以講義刻石。七月，以修舉荒政，民無流殍，除直秘閣，凡三辭。吕東萊訃至，爲位哭之。會浙東大饑，改除提舉浙東常平茶鹽事，遂拜命，不敢辭。即日單車就道，且乞奏事之任。十一月，入對延和殿，極陳災異之由與夫修德任人之説，凡七事。上深納之。方拜命，即移檄旁郡，募米商，蠲其征，及至，客舟之米已輻輳。按行境内，鈎訪民隱，拊問存恤。郡縣官吏憚其風采，所部肅然。大抵措畫悉如南康時，而用心尤苦。

九年，上謂宰相王淮曰：「朱某政事却有可觀。」夏，詔捕蝗，復奏疏言事。略曰：爲今之計，獨有斷自聖心，沛然發號，責躬求言，然後君臣相戒，痛自省改。詔宰臣沙汰被災路分州軍監司、守臣之無狀者，遴選賢能，責以荒政，庶幾猶足下結人心，消其乘時作亂之意。不然，臣恐所憂者不止於饑殍，而將在於盜賊；蒙其害者不止於官吏，而上及於國家也。得旨，頒行社倉法於諸郡，復奏諸州利病。首言紹興和買之弊，欲乞痛減歲額，然後用貫頭均紐，仍用高下等第均敷，而免下户出錢，使得相乘除以優之。次言台州丁絹錢有抑納倍輸之患，奏乞每丁納半錢半絹。次言諸郡義役之法，請令民均出義田，罷去役首，免排役次，官差保正副長輸收義田，仍令上户兼充户長。次言本路沿海四州産鹽法，乞倣福建下四州産鹽法行之。次言諸郡酒坊，亦乞改照處州萬户酒法。移文永嘉，毁秦檜祠。行部至台，前知台州唐仲友爲其民所訟，先生按得其實，劾之。仲友與宰相王淮同里，爲姻婭，已除江西提刑，未行，而先生論之，淮匿其奏，不以聞。先生疏十上，愈力，淮不得已，奪仲友新命以授先生，先生謂「是蹊田而奪之牛」，辭不拜。淮因銜之。御史陳賈、鄭丙希淮意，上疏毁程氏學以陰沮先生，遂奉祠。

十年，差主台州崇道觀。先生守南康、使浙東，始得行其所學，已試之效卓然，而卒不果用。及是知道難行，退而奉祠，杜門不出，學者尊信益衆。是歲，年五十四。四月武夷精舍成。是冬，重到温陵，與陳休齋、黄維之、傅伯成兄弟遊山倡詠。先生還自浙東，見其士習馳騖於外，每語學者，且觀《孟子》「道性善」及「求放心」兩章，務收斂凝定，以致克己求仁之功，而深斥其所學之誤，以爲捨六經、《語》、《孟》而尊史遷，捨窮理盡性而談世變，捨治心修身而喜事功，大爲學者心術之害，極力爲吕祖儉、潘景愈、孫應時輩言之。由是奉祠五年。時周必大爲相，上諭之曰：「朱某久閒，可與監司。」除提點江西刑獄公事，先生以疾辭，不許。

十五年正月，且趣入對，遂拜命。會淮罷相，力疾入奏，首言州縣近年刑獄失當，有涉綱常風化之重者，有司亦從流宥輕之失宜，卒乃拳拳以謹察天理人欲爲説。有要之於路，以「正心誠意」上所厭聞，戒以勿言者。先生曰：「吾平生所學只有此四字，豈可隱默以欺君乎？」及奏，上未嘗不稱善，曰：「久不見卿，浙東之事，朕自知之，今當處卿清要，不復以州縣爲煩也。」除兵部郎官，以足疾丐祠。兵部侍郎林栗嘗與先生論《易》、《西銘》，不合，遂劾先生欺慢。會太常博士葉適、侍御史胡晉臣先後劾栗狠愎自用、欺罔無實，乃貶栗知泉州，而先生亦除賓文閣，奉祠嵩山崇福宫。時廟堂知上眷厚，憚先生復入，故爲兩罷之策。上悟，復召先生受職，先生以爲遷官進職，皆許其閒退，方竊難進易退之褒，復爲彈冠結綬之計，則其爲世觀笑，不但往來屑屑之譏也。又促召，再辭，遂併具封事投匭以進。凡數千言，大要言天下大本在陛下一心，而其急務則輔翼太子、選任大臣、振舉綱維、變化風俗、愛養民力、修明軍政六者是已。疏入，夜漏下七刻，上已就寢，亟起秉燭，讀之終篇。明日，除主管太乙宫，兼崇政殿説書，辭。改秘閣修撰，又辭。先生當孝宗朝，陛對者三，上封事者三。其初，固以講學窮理爲出治之大原，其後則直指天理人欲之分、精一克復之義。其初，固以當世急務一二爲言。其後，封事之上，則心術、宮禁、時政、風俗，披肝瀝膽，極其忠鯁。蓋所望於君父愈深而其言愈切，故於封事之末有曰：「臣之得事陛下，於今二十七年，而其間得見陛下者，數不過三。自其始見於隆興之初，固嘗輒以近習爲言矣。辛丑再見，又嘗論之。今歲三見，而其所言又不過此。自頃年以來，日月逾邁，如川之流，一往而不可復。不惟臣之蒼顔白髮已迫遲暮，而竊仰天顔，亦覺非昔時矣。」忠誠懇惻。至今讀者猶爲之涕下。先生進疏雖切，孝宗亦開懷容納。先生之盡忠，孝宗之受盡言，亦未爲不遇也。然先生痛詆大臣近習，而孝宗之眷愈厚，嫉者愈深，是以不能一日安其身於朝廷之上，而孝宗内禪矣。是年，始出《太極通書》、《西銘解》以授學者。與陸氏兄弟辨無極、太極亦在斯時。

十六年二月，光宗即位，再辭職名，許之，降詔奬諭，改江東運副。十一月，改知漳州，再辭，不允。以光宗初政，遂不敢辭，始拜命。

紹熙元年之漳州任，以節民力、易風俗爲首務。先奏除屬縣無名之賦七百萬，減經總制錢四百萬。以俗未知禮，揭示古喪葬嫁娶之儀，并命父老解説，以教子弟。訪察俗尚，男女聚佛廬爲傳經會，及女不嫁而私創爲菴舍以處者，嚴禁之，俗爲一變。時詣學訓迪諸生，薦知學録趙師虙，又牒延郡士黄樵仲、施允壽、石洪慶、李唐資等數人入學表率。陳北溪淳亦與焉。淳於時初從學於先生也。又奏乞褒旌忠節高氏登。續刻五經、四書於郡。適朝議欲行漳、泉、汀三州經界，先生乃訪事宜、擇人物及丈量諸法上之，後不果行。明年，以子喪請祠。時史浩入見，請收天下人望，乃除秘閣修撰，主管南京鴻慶宮。先生再辭。詔：「論撰之職，以寵名儒。」乃拜命。四月，去郡。頃之，除荆湖南路轉運副使。四辭。

二年春，與永嘉陳君舉論學，是年，南康李敬子燔受業。三年，復請補祠職。始築室於建陽之考亭，從韋齋公日記所擇也。永康陳同甫來訪先生，往歲曾與書往復，箴其義利雙行、王霸並用，嘗曰：「海内學術之弊不過兩端：江西頓悟，永康事功。若不極力明辨，此道無由得明。」是冬，除知静江府，辭。四年，乃差知潭州、荆湖南路安撫，辭，不許。是冬，使者至金，還，金人問：「南朝朱先生安在？」答以見擢用。歸白廟堂，遂有是除。會長沙有峒僚之擾，即拜命。

五年五月，至鎮。至則諭以禍福，皆降之。乃申飭屬郡，令嚴武備、戢奸豪、興學校。湖湘士子素知向學，爲之崇奬教厲。改建嶽麓書院，多訓以切己務實工夫。六月，孝宗升遐，先生慟不自勝。又聞上不任執喪，中外洶洶，益憂懼，乞歸田里。未幾，趙汝愚以太皇太后詔尊上爲太上皇，而奉嘉王即位主喪，是爲寧宗。於是汝愚爲相，首薦先生，有旨召赴行在。初，上在潛邸，聞先生名，每恨不得先生爲講官，至是首召奏事。八月，除焕章閣待制、侍講。先生行且辭，於道聞南内朝禮尚闕，近習已有用事者，遂因辭章微辭以諷諫。疏再上，不許。十月朔，乃乞帶原官奏事。首言：天運艱難，國有大咎，然有可諉者，陛下前日未嘗有求位之心，今日未嘗忘思親之懷而已。夫充未嘗求位之心，可以盡負罪引慝之誠；充未嘗忘親之懷，可以致溫清定省之禮。次言：爲學莫先於窮理，窮理必在於讀書；讀書之法，莫貴於循序而致精；致精之本，又在於居敬而持志。既對，面辭職名，不許。翌日，又辭待制，乞改説書，上報以手札，乃拜命。會有旨集議孝宗山陵，先生上議狀。略曰：壽皇聖德神功，宜得吉土以奉衣冠之藏。當廣求術士，博訪名山，不宜偏信臺史罔上誤國之言，固執紹興坐南向北之説，委之水泉砂礫之中，殘破浮淺之地。受詔進講《大學》。先生每以所講編次成帙以進，務積誠意，以感悟上心。上亦開懷容納。時太上意未釋然，上未即還大内，將葺東宫居之。先生於講筵留身奏四事，略曰：願陛下首罷修葺東宫之役，而以其工料回就慈福、重華之間，草創寢殿一二十間，使粗可居。若夫過宫之計，則臣又願陛下下詔自責，減省輿衛，入宫之後，暫變服色，如唐肅宗之改服紫袍、執控馬前者，以伸負罪引慝之誠。至若朝廷之紀綱，則臣又願陛下深詔左右勿預朝政，而凡號令之弛張，人才之進退，則委之二三大臣，使之反復較量，勿循己見。若夫山陵之卜，則願黜臺史之説，❶別求草澤以營新宫，使壽皇之遺體得安於内，而宗社生靈皆蒙福於外矣。以諫，不報。他日講至《盤銘》「日新」，因編述成湯有《盤銘》、武王有《丹書》，皆人主憂勤警戒之意，奏勸上於日用之間，以求放心爲本，而於玩經史、親儒學益用力焉。數召大臣切劘治道，俾陳今日要務，略如仁祖開天章閣故事。又講奏禮律，乞遵行孝宗通喪之禮，謂壽皇至性自天，易月之外，朝衣朝冠皆以大布，超越千古，宜著方册爲世法程。又上廟祧議，時孝宗將祔廟，詔集議宗廟迭毁之次。初，太祖尊僖、順、翼、宣四祖之廟，寔奉僖祖爲始祖。治平間，議者以僖祖無功德，世數寖遠，遷於

---

❶ 「黜臺史」，丁氏抄本作「省」。

夾室。未數年，王安石復之。是時，趙汝愚雅不以熙寧中復祀僖祖爲然，❶復議祧之，而奉太祖爲始祖。先生入議，以僖祖乃始祖，不宜祧。復奏疏論之，謂：「今日基本啟自僖祖。」狀上，宰相持不以聞。上頗聞先生有狀，召問内殿，先生具劄，及圖以進。上再三稱善，命即榻前撰内批直罷其事。時先生方懲内批之弊，因乞再令集議。上然之。先生退，即以上意諭廟堂，則聞已毁四祖廟而徑創别廟以奉四祖。先生再與汝愚書，妄議毁撤之罪，丞相寔任其責也。始，寧宗之立，丞相趙汝愚密與知閤門事韓侂胄謀之，侂胄于太皇太后爲親屬，因得通中外之言，自謂有定策功，居中用事。汝愚既相，方收召四方知名之士，中外引領望治。先生獨惕然以侂胄爲慮。既屢言於上，又約吏部侍郎彭龜年請共論之。龜年出護使客，侂胄益得志。先生又數以手書密白汝愚，宜酬以厚賞，勿使預政。汝愚不以爲意。先生乃因講筵畢，奏疏極言之。甫退，即降内批云：「憫卿耆艾，恐難立講，除卿宫觀。」汝愚袖御筆還上，且拜且諫。内侍王德謙徑以御筆付先生，先生遂行。臺諫爭留，不可，樓鑰、陳傅良旋封還録黄，劉光祖、鄧驛封章交上，皆不報。乃除寶文閣待制、知江陵府。先生辭，且乞追還新舊職名。詔仍焕章閣待制，予祠。及龜年出護客回，而先生已去國矣。龜年即上疏攻侂胄，云：「止緣陛下近日逐朱某太暴，故亦欲陛下亟去此小人。」既而侂胄聲勢益張，群憸附和，並疑及丞相，視正士如深仇。衣冠之禍，蓋始此云。是冬，竹林精舍成，先生率諸生行釋菜禮於先賢，

❶「祀」，原作「祖」，據《勉齋集》卷三六《朝奉大夫文華閣待制贈寶謨閣學士通議大夫謚文朱先生行狀》改。

復更名曰「滄洲精舍」。

慶元元年，先生又乞追還舊職，不許。是年，作《學校貢舉私議》，又草奏《欲乞修三禮劄子》。略曰：《周官》一書，固爲禮之綱領，至其議法度數，則《儀禮》乃其本經，而《禮記·郊特牲》、《冠義》等篇乃其義説耳。自王安石廢罷《儀禮》而獨存《禮記》之科，棄經任傳，其失已甚。頃在山林，嘗與一二學者考訂其説，欲以《儀禮》爲經，而取《禮記》及諸經史雜書所載有及於禮者，皆附於本經之下，具列注疏、諸儒之説，略有端緒。而私家無書，檢閲無人，望聖明特詔有司，許臣就秘書省假借禮樂諸書，自行招致舊日學徒數十人，令其編類，可以興起廢墜，異時爲聖朝制作之助。會去國，不及上。初，韓侂胄即欲并逐趙丞相而難其辭，及是誣以不軌，謫永州，而朝廷大權悉歸侂胄矣。先生自念身雖閑退，尚帶侍從職名，不敢自默，乃草疏萬言，極論奸邪蔽主，因以明汝愚之冤。詞旨痛切，諸生交諫，不從。蔡元定請以筮決之，遇「遯」之「同人」，先生默然退，取諫稿焚之，自號「遯翁」。因六辭職名，詔仍秘閣修撰。是時侂胄勢益張，鄙夫憸人迎合其意，以學爲僞。劉德秀仕長沙，不爲張敬夫之徒所禮，及爲諫官，首論留正引僞學之罪，「僞學」之稱自此始。科舉取士稍涉經訓者悉見排黜，文章議論根於理義者並行除毀，六經、《語》、《孟》爲世大禁，繩趨尺步，稍以儒名者無所容其身。於是從遊之士，特立不顧者屏伏丘壑，依阿巽懦者更名他師，甚者變易衣冠，狎遊市肆，以自別其非黨。臺諫争承風旨，排詆萬端，而胡紘遂與沈繼祖輩共誣先生十罪，詔落職罷祠，門人蔡元定亦送道州編管。省劄至，先生方與諸生講論，有以小報書來者，先生略起視之，復坐講論如初。或勸先生謝絶生徒者，笑而不答。

五年，以年屆，懸車致仕，始以野服接賓客。六年三月，寢疾，猶日爲諸生講《太極》、《西銘》及爲學之要。辛酉，訂《大學》「誠意」章句。癸亥，諸生入問疾，先生曰：「誤諸君遠來，然道理亦只是如此，但相率下堅苦功夫，牢固著足，方有進步處。」諸生退，乃作三書，與子在及門人黄榦、范念德，拳拳勉學及修正遺書爲言。甲子移寢中堂，諸生因請曰：「夫子之疾革矣，萬一不諱，當用《書儀》乎？」不允。「用《儀禮》乎？」亦不允。「然則參用之乎？」乃頷之。遂正坐，整衣冠而逝。是日，大風拔木，洪流崩岸。時年七十一。十一月壬申葬於建陽縣唐石里之大林谷。嘉泰初，學禁稍弛，侂胄伏誅。詔賜先生遺表恩澤，謚曰文。尋贈中大夫，特贈寶謨閣直學士。理宗朝，贈太師，封信國公，改徽國公。

先生平居惓惓，無一念不在於國。聞時政之缺失，則戚然有不豫之色；語及國勢之未振，則感慨以至泣下。然謹難進之禮，則一官之拜必抗章而力辭；厲易退之節，則一語不合必奉身而亟去。其事君也，不貶道以求售；其愛民也，不徇俗以苟安，故其與世動輒齟齬。自筮仕至屬纊五十年間，歷事四朝，仕於外者僅九考，立於朝者四十日，道之難行也如此。然紹道統、立人極、爲萬世宗師，則不以用舍爲加損也。初，韋齋公得中原文獻之傳，聞河洛之學推明聖賢遺意，日誦《大學》、《中庸》，以用力於致知誠意之地。先生蚤歲已知其説而心好之，及韋齋公托孤於三先生，屏山、白水、籍溪，已見上。先生奉而稟學焉，時年十有四，慨然有求道之志，博求之經傳，遍交當世有識之士，雖釋、老之書亦必究其歸趣，訂其是非。其後二劉下世，籍溪尚在，先生自見於此道未有所得，乃見延平。蓋延平李氏學於豫章羅氏，羅氏學於龜山楊氏，延平於韋齋爲同門友。先生歸自同安，不遠數百里再見李先生，往復問學。秩滿，丐祠奉母，兩被召不赴。嘗云：「自見李先生後，爲學始就平實，乃知向日從事釋、老之説皆非。」其爲學也，窮理以致其知，反躬以踐其實，而以居敬爲主。謂致知不以敬，則昏惑紛擾，無以察義理之歸；躬行不以敬，則怠惰放肆，無以致義理之實。持敬之方，莫先主一。既爲之箴以自警，又筆之書，以爲小學、大學皆本於此。終日儼然，端坐一室，討論典訓，未嘗少輟。周、程、張、邵之書，所以繼孔、孟道統之傳，歷時未久，微言大義鬱而不彰，先生爲之裒集發明，而後得以盛行於世。《太極》、《先天》二圖精微廣博，不可涯涘，爲之解剥條畫，而後天地本原、聖賢藴奥不至於泯没。從遊之士迭誦所習，以質其疑，意有未喻則委曲告之而未嘗倦，問有未切則反覆戒之而未嘗隱。務學篤則喜見於言，進道難則憂形於色。講論經典，商略古今，率至夜半。雖疾病支離，至諸生問辨，則脱然沈疴之去體。一日不講學，則惕然常以爲憂。摳衣而來，遠自川蜀；文詞之傳，流及海外，至於絶域，亦知慕其道，竊問其起居。窮鄉晚出，家藏其書，私淑諸人者不可勝數。

所著有《論語要義》、《論語訓蒙口義》，隆興元年成。《程氏遺書》，乾道四年成。《家禮》，乾道六年成。《論孟精義》，初名《要義》，又改《精義》，最後改《集義》。《資治通鑑綱目》、《宋名臣言行録》，乾道八年成。《西銘解義》，乾道八年成。《太極圖説》、《通書解義》、《程子外書》，乾道九年成。《近思録》，淳熙二年成。《易本義》、《蓍卦考誤》，淳熙四年成。《詩集傳》，淳熙四年成。《論語孟子集注》《或問》，淳熙四年成。《易學啟蒙》、《孝經刊誤》，淳熙十三年成。《小學書》，淳熙十四年成。《大學中庸章句》，又著《或問》及《中庸輯略》，淳熙十六年序《大學》、《中庸》二書，定著已久，時加改竄，至是始序之。《楚辭集注》《辨證》，慶元元年成。《韓文考異》，慶元二年成。皆行於世。

先生没，朝廷以其《大學語孟訓説》立於學宫，又有《儀禮經傳通解》未脱稿，亦在學宫。平生爲文凡一百卷，《生徒問答》凡八十卷，《别録》十卷。按《宋史》立《道學傳》，論曰：「道學盛於宋，宋弗究於用，甚至有厲禁焉。後之時君世主欲復天德王道之治，必來取法矣。」門人黄氏榦曰：「道之正統，待人而後傳。自周以來，任傳道之責者不過數人，而能使斯道章章較著者，一二人而止耳。由孔子而後，曾子、子思繼其微，至孟子而始著；由孟子而後，周、程、張子繼其絶，至先生而始著。」識者以爲知言。子在紹定中爲侍郎。理宗寶慶三年，贈太師，追封信國公，改徽國公。淳祐元年正月，上視學，手詔以周、張、二程及先生從祀孔子廟廷。四年，詔改滄洲精舍爲考亭書院，理宗御書額扁賜之。國朝康熙五十一年壬辰，聖祖仁皇帝特旨詔升入大成殿配享，位列十哲之次。

備　考

果齋李氏曰：先生之道之至，原其所以臻斯閫者無他焉，亦曰主敬以立其本，窮理以致其知，反躬以踐其實。而敬者又貫通乎三者之間，所以成始而成終也。故其主敬也，一其内以制乎外，齊其外以養其内。内則無二無適，寂然不動，以爲酬酢萬變之主；外則儼然肅然，終日若對神明，而有以保固其中心之所存。及其久也，静虚動直，中一外融，而人不見其持守之力，則篤敬之驗也。其窮理也，虚其心，平其氣，字求其訓，句索其旨，未得乎前則不敢求乎後，未通乎此則不敢志乎彼。使之意定理明，而無躁易凌躐之患；心專慮一，而無貪多欲速之蔽。始以熟讀，使其言皆若出於吾之口；繼以精思，使其意皆若出於吾之心。必若先儒所謂沛然若河海之浸，膏澤之潤，焕然冰釋，怡然理順，而後爲有得焉。若乃立論以驅率聖言，鑿説以妄求新意，或援引以相糾紛，若假借以相混惑，麄心浮氣，意象匆匆，常若有所迫逐，而未嘗徘徊顧戀如不忍去，以待其浹洽貫通之功，深以爲學者之大病，不痛絶乎此，則終無入德之期。蓋自孔、孟以降千五百年之間，讀書者衆矣，未有窮理若此其精者也。先生天資英邁，視世之所屑者不啻如草芥，翛然獨與道俱，卓然獨與道立，固已迥出庶物之表。及夫理明義精，養深積盛，充而爲德行，發而爲事業，人之視之，但見其渾灝磅礴不可涯涘，而莫知爲之者。

又曰：先生以訂正群書，立爲準則。使學者先讀《大學》以立其規模，次及《語》、《孟》，以盡其藴奥，而後會其歸於《中庸》。尺度權衡之既定，由是以窮諸經、訂群史以及百氏之書，則將無理之不可精，無事之不可處矣。又嘗集《小學》，使學者得以先正其操履；集《近思録》，使學者得以先識其門庭，羽翼四子，以相左右。蓋此六書者，學者之飲食裘葛、準繩規矩，不可須臾離也。若夫析世學之謬，辨異教之非，擣其巢穴，砭其隱微，使學者由於大中至正之則，而不躓於荆棘擭阱之途，摧陷肅清之功，固非近世諸儒所能髣髴其萬一也。自周衰教失，禮樂養德之具一切盡廢，所以維持此心者，惟有書耳。謂可躪躒經傳，遽指爲糟粕而不觀乎？要在以心體之，以身踐之，而勿以空言視之而已矣。以是存心，以是克己，仁豈遠乎哉？至於晚歲，德尊言立，猶以義理無窮、歲月有限，慊然有不足之意，洙、泗以還，博文約禮，兩極其至者，先生一人而已。先生教人，規模廣大而科級甚嚴，循循有序，不容躐等凌節而進。至於切己務實、辨別義利，毋自欺、謹其獨之戒，未嘗不丁寧懇到，提耳而極言之。晚見諸生繳繞於文義之間，深慮斯道之無傳，始頗指示本體，使深思而自得之，其望於學者益切矣。合濂溪之正傳，紹魯、鄒之墜緒，前聖後賢之道該遍全備，其亦可謂盛矣。夫子之經得先生而正，夫子之道得先生而明，起斯文於將墜，覺來裔於無窮，雖與天壤俱敝可也。

鶴山魏氏曰：天生斯民，必有出乎其類者爲之君師，以任先覺之責。然而非一人所能自爲也，必並生錯出，交修互發，然後道章而化成。是故有堯、舜則有禹，皋陶，有湯、文則有伊尹、萊朱、太公望、散宜生，各當其世，觀其會通以盡其所當爲之分，然後天衷以位，人極以立，萬世之標準以定。雖氣數詘信之不齊，而天之愛人，閲千古如一日也。自比閭接授之法壞，飲射讀法之禮無所於行，君師之材移於孔子，則又有冉、閔、顔、曾群弟子左右羽翼之，微言大義，天開日揭，萬物咸覩。自孔子没，則諸子已有不能盡得其傳者，於是子思、孟子又爲闡幽明微，著嫌辨似，而後孔氏之道歷萬古而無弊。嗚呼！是不曰天之所命而誰爲之？秦、漢以來，諸儒生於籍去書焚，師異指殊之後，不惟孔道晦蝕，孟氏之説亦鮮知之。千數百年間，何可謂無人，則往往孤立寡儔，唱焉莫之和也，絶焉莫之續也。乃至國朝之盛，南自湖湘，北至河洛，西極闗輔，地之相去何啻千餘里，而大儒輩出，聲應氣求，若合符節。曰極、曰誠、曰仁、曰道、曰忠、曰恕、曰性命、曰氣質、曰天理人欲、曰陰陽鬼神，若此等類，凡皆聖門講學之樞要，而千數百年習浮踵陋莫知其説者，至是脱然如沈痾之開、大寐之醒。至於吕、謝、游、楊、尹、張、侯、胡諸儒，切磋究之，分别白之，亦幾無餘藴矣。然而絶之久而復之難，傳者寡而咻者衆也。

朱文公先生始以彊志博見，凌高厲空，自受學延平李先生，退然如將弗勝，於是斂華就實，反博歸約。迨其蓄久而思渾，資深而行熟，則貫精粗、合内外，群獻之精藴、百家之異指，毫分縷析，如示諸掌。張宣公、吕成公同心協力，以嫺先聖之道，而僅及中身，論述靡竟。惟先生巍然獨存，中更學禁，自信益篤。蓋自《易》、《詩》、《中庸》、《大學》、《論語》、《孟子》悉爲之推明演繹，以至三《禮》、《孝經》，下迨屈、韓之文，周、程、張、邵之書，司馬氏之史，先正之言行亦各爲之論著，然後帝王經世之規，聖賢新民之學燦然中興。學者習其讀，推其義，則知三才之本，道器一致。幽探乎無極、太極之妙，而實不離乎匹夫匹婦之所知；大至於位天地、育萬物，而實不外乎暗室屋漏之無愧。蓋至近而遠，至顯而微，非若棄倫絶學者之慕乎高而譁然取寵者之安於卑也。猗其盛歟！嗚呼，帝王不作而洙、泗之教興，微孟子，吾不知大道之與異端果孰爲勝負也。聖賢既熄，而關、洛之學興，微朱子，亦未知聖傳之與俗學果孰爲顯晦也。韓子謂孟子之功不在禹下，予謂朱子之功不在孟子下。

《黄氏日抄》曰：六經之文皆道，秦、漢以後之文，鮮復關於道，甚者害道。韓文公始復古文，而猶未必盡純於道。我朝諸儒始明古道，而又未嘗盡廢於文。至晦菴先生表章四書，開示後學，復作

《易本義》，作《詩傳》面授，作《書傳》分授，作《禮經疏義》，且謂《春秋》本魯史舊文，於是明聖人正大本心，以破後世穿鑿。凡例謂《周禮》周公未必盡行於是，教學者非所宜先，於身事一句無預，提絜綱維，疏别緩急，無一不使復還古初。六經之道賴之而昭昭乎如揭中天之日月，其爲文也孰大於是，宜不必復以文集爲矣。然其天才卓絶，學力宏肆，落筆成章，殆於天造。其剖析性理之精微，則日精月明；其窮詰邪説之隱遁，則神搜霆擊；其感慨忠義，發明《離騷》，則苦雨凄風之變態；其泛應人事，遊戲翰墨，則行雲流水之自然。究而言之，皆此道之流行，猶化工之妙造也。程夫子有言：「觀萬物而後盡化工之妙。」愚故一一伏讀之，而抄記如右。

又曰：孔子，元氣也；孟子，泰山巖巖氣象也。故孟子於議論排闢之間，亦有隨時而異者。而晦菴先生似之，如荆公誤國，東坡忠讜，先生平日蓋所屢言。及汪玉山主張蘇學太過，先生則又寧以荆公爲賢。故讀先生之書者，其别有三：如《語類》則門人之所記也，如書翰則一時之所發也，如論著則平生之所審定也。《語類》之所記，或遺其本旨，則有書翰之詳説在；書翰之所説，或異於平日，則有著述之定説在，然議論固至著述而定。若其欲復肉刑，恐亦不可不審。蓋天下之義理無窮，先生未嘗自足，學者所當參考而謹思。咸淳八年五月十一日，後學黄震再書於臨川郡齋。

又曰：愚苦多忘，凡讀書必略記所見，至讀《朱子語類》，則如仰觀造化之大，莫知所措辭。然嘗詳之夫子作六經，後來者溺於詁訓，未害也。濂、洛言道學，後來者借以談禪，則其害深矣。此無他，凡近者猶可進而至於高明，一流於高空則恐無復可返之期，誤人未央也。乃今朱子解剥濂溪之

《圖象》，裒列二程之《遺書》，以明道學之正傳者如此；窮極釋氏之作用爲性，辨詰諸老之流入禪學，以明其徒之似是而非者如彼。使學道之源不差，而夫子之道復明，此其有功天下萬世，教之施於用世者，撥亂反正，豈足喻勞烈之萬分一哉！至若謂《易》本卜筮，《詩》非美刺，謂《春秋》初不以一字爲褒貶，皆曠世未聞之高論，而實皆追復古始之正説。乍見駭然，熟輒心靡。卓識雄辨，萬古莫儔，而世俗猶以一時異論之士對言之，何耶？嗚呼，此固難與世俗言也。

又曰：門人所記，或主静坐，或以静坐爲非；或主博覽，或以博覽爲雜，均一朱子之言，而相反類如此，蓋隨其人之病而藥之耳。要之静而可施之動，博而必求其要，此中持其衡之説，觀者謹毋執其一爲據。其間亦有門人記録之太過者，又當參以朱子平日自著之言。

文公遺文

與汪尚書

諭及二程之於濂溪，亦若横渠之於范文正耳。先覺相傳之秘，非後世所能窺測。誦其詩，讀其書，則周、范之造詣固殊，程、張之契悟亦異。如曰仲尼、顔子所樂，吟風弄月以歸，皆是當時口傳心授的當親切處。後來二先生舉似後學，亦不將作第二義看。然則行狀所謂反求之六經而後得之者，特語夫功夫之大全耳。至其入處則自濂溪不可誣也。若横渠之於文正則異於是，蓋當時粗發其端而已。受學乃先生自言，此豈自誣者耶？

答汪尚書

程、邵之學固不同，然二先生所以推尊康節者至矣，蓋以其信道不惑，不雜異端，班於温公、横渠之間，則亦未可以其道不同而遽貶之也。抑康節之學，摘抉窈微，與佛、老之言豈無一二相似？而卓然自信，無所污染，此其所見必有端的處。比之温公欲護名教而不言者，又有間矣。

答鄭自明

吾人所立已如此，使天無意於右宋則已，若有此意，異日之事豈得而辭其責哉？然則吾人今日之進德修業，乃是異時國家撥亂反正之所繫，惟高明深念之。向來一番前輩，少日粗有時望，晚年出來，往往不滿人意，正坐講學不精，不見聖門廣大規模，少有所立，即自以爲事業止此，不求長進。荆公所謂末俗易高，險塗難盡者，亦可念也。人材衰少，風俗頹壞之時，士有一善，即當扶接導誘以就其器業，此亦吾輩將來切身利害。蓋士不素養，臨事倉卒乃求，非所以爲國遠慮而能無失於委任之間也。

答張欽夫

儒者之學，大要以窮理爲先。然後心之所發，輕重長短，各有準則。《書》謂「天敘」、「天秩」、「天命」、「天討」，孟子所謂「物皆然，心爲甚」。若不於此先致其知，泛然無所準則，則其所存所發，亦何自而中於理乎？且如釋氏之説非不見心，非不識心，而卒不可與入堯、舜之道。前輩有言：「聖人本天，釋氏本心。」蓋謂此也。

來示又謂心無時不虛，熹以爲心之本體固然，然而人欲己私汩没久矣。故聖人必曰正心，而正心必先誠意，誠意必先致知，然後可以得心之正而復本體之虛，非一日矣。今曰無時不虛，又曰既識此心則用無不利。若儒者之言，則必也精義入神，而後用無不利可得而語矣。孟子「存亡出入」之説，欲學者操而存之，似不爲識心發也。夫能操而存者，顔子以上方可言此。今又曰「識則能守」，則僕亦恐其言之易也。明道先生曰：「既能體之而樂，則亦不患不能守矣。」須似此言，方絶滲漏、無病敗。高明之意，大抵於施爲運用求之，而優游涵泳之功未甚留意。是以求之太迫而得之若驚，資之不深而發之太露，《易》謂「寬以居之」，正不如此，不知高明以爲何如？

答張欽夫

某窮居如昨，無足言者。但遠去師友之益，兀兀度日，讀書反己，固不無警省處，終是旁無彊輔，因循汩没，尋復失之。近日一種向外走作、心悦之而不能自止者，皆準止酒戒而絶之。此前輩所謂「下士晚聞道，聊以拙自修」者，若充擴不已，補復前非，庶其有日。舊讀《中庸》「慎獨」、《大學》「誠意」、「毋自欺」處，常若求之太過。近日乃覺其非，此正是切近分明處，乃捨而談空於冥漠之間，其亦誤矣。方竊以此意痛自檢勒，凛然度日，惟恐有怠而失之也。至於文字之間，亦覺向來病痛不少。蓋平日解經最爲守章句者，然亦多是推衍，自作一片文字，非惟意味淡薄，且使觀者將註與經作兩段功夫，下梢支離，本旨全不相照。方知漢儒可謂善説經者，不過只説訓詁，使人以此玩索經文，訓詁、經文不相離異，一道看去，直是意味深長也。

近又讀《易》，見一意思，聖人作《易》，本爲使人卜筮以決可否，而因以教人爲善，如嚴君平所謂「與子言依於孝，與臣言依於忠」。故卦爻之辭，只是因依象類，虚設於此，以待扣而決者，使以所值之辭決所疑之事。然必有是理而後有是辭，理無不正，故其丁寧告戒之辭皆依於正。天下之動，所以正夫一而不繆於所之也。此説乍聞之必未以爲然，然且置之，勿以示人也。

子壽兄弟氣象甚好，其病却是盡廢講學而專務踐履，却於踐履之中要人提撕省察，悟得本心，此爲病之大者。要其操持謹質，表裏不二，實有以過人者。惜乎自信太過，規模窄狹，不復取人之善，將流於異學，而不自知耳。

答張欽夫論仁説

謹按，程子言仁，本末甚備。今撮其大要，不過數言，蓋曰：仁者生之性也，而愛其情也，孝弟其用也。公者所以體仁，猶言克己復禮爲仁也。學者於前三言可以識仁之義，於後一言可以知用力之方矣。今不深考其本末指意，但見其分別性、情之異，便謂愛之與仁了無干涉。見其以公爲近仁，便謂直指仁體最爲深切。殊不知仁乃性之德而愛之本，因其性之有仁，是以其情能愛。但或蔽於私，則不能盡其體用之妙。惟克己復禮，廓然大公，然後體用昭著，血脈貫通爾。由漢以來，以愛言仁之弊，正謂不察性、情之辨，而遂以情爲性。今矯其弊，反使泛然無所歸宿，而性、情遂至於不相管，其弊將使學者終日言仁，而實未嘗識其名義，且與天地之心、性情之德而昧焉。程子之意，必不如此。

答張欽夫

來教謂言静則溺於虚無，此固所當深慮。然此二字如佛氏之論，誠有此患。若以天理觀之，則動之不能無静，猶静之不能無動也；静之不能無養，猶動之不可不察也。至静之中，蓋有動之端焉，是乃所謂見天地之心，而先王之所以至日閉關，蓋當此之時，則安静以養乎此爾，固非遠事絶物，而偏於静之謂。

來教又謂熹言以静爲本，不若遂言以敬爲本，此固然也。然「敬」字工夫通貫動静，而必以静爲本，故熹向來輒有是語。今遂易爲「敬」，雖若完全，然却不見敬之所施有先有後，則亦未得爲諦當也。

答吕伯恭

持養斂藏之誨，敢不服膺！然有所不得已者。世衰道微，邪詖交作，他紛紛者固所不論，而賢如吾伯恭者，亦尚安於習熟見聞之地，見人之詭經誣聖、肆爲異説而不甚以爲非，則如熹者，誠亦何心安於獨善而不爲極言覈論，以曉一世之昏昏也？使世有任其責者，熹亦何苦而譊譊若是耶？設使顔子之時，上無孔子，則彼所以明道救世亦必有道，決不退然安坐陋巷、獨善其身而已。惟孟子見此道理，如楊子雲之徒，蓋未免以顔子爲塊然自守者。近世則又甚焉，其論顔子，幾於釋、老之空寂矣。觀伊川先生十八歲時上書論顔子、武侯所以不同，及上蔡論韶、武異處，可見聖賢心無私意，畏天命、循天理而已。此義與近日内脩外攘之説亦相貫。夫吾之所以自治者，雖或未足，豈可以是而遽廢其討賊之心哉！

答吕伯恭

讀《易》之法，竊疑卦爻之詞本爲卜筮者斷吉凶，而因以訓戒。至《彖》、《象》、《文言》之作，始因其吉凶訓戒之意而推説其義理以明之。後人但見孔子所説義理，而不復推本文王、周公之意，因鄙卜筮爲不足言；而所以言《易》者，類皆牽合委曲，偏主一事而言，無復包含該貫、曲暢旁通之妙。若但如此，則聖人當時自可別作一書，明言義理以詔後世，何用假托卦象，爲此艱深隱晦之辭乎？故今欲凡讀一卦一爻，便知占筮所得，虛心以求其辭義之所指，考其象、求其理而推之於事，使上自王公，下至民庶，所以脩身治國皆有可用。私竊以爲如此求之，似得三聖之遺意。

答呂伯恭

昨見奇卿，敬扣之以比日講授次第，聞只令諸生讀《左氏》及諸賢奏疏，至於諸經、《論》、《孟》，則恐學者徒務空言而不以告也。不知是否？若果如此，則恐未安。蓋爲學之序，爲己而後可以及人，達理而後可以制事。故程夫子教人先讀《論》、《孟》，次及諸經，然後看史，其序不可亂也。若恐其徒務空言，但當就《論》、《孟》、經書中教以躬行之意，庶不相遠。至於《左氏》、奏疏之言，則皆時事利害，而非學者切身之急務也。其爲空言，亦益甚矣，而欲使之從事其間而得躬行之實，不亦背馳之甚乎？愚見如此，不敢不獻所疑。

答陸子静

來書云云。「極」是名此理之至極，「中」是狀此理之不偏。雖然同是此理，然其名義各有攸當。

雖聖賢言之，亦未嘗有所差互也。若「皇極」之「極」，「民極」之「極」，乃爲標準之意。猶曰立於此而示於彼，使有所向望取正焉爾，非以其中而命之也。「中者，天下之大本」，乃以未發，渾然無所偏倚而言。太極固無偏倚而爲萬化之本，然其得名自爲「至極」之「極」，而兼有標準之義，初不以「中」而得名也。

來書云云。若以陰陽爲形而上者，則形而下者復是何物？更請見教。若熹愚見與其所聞，則曰凡有形象皆器也，其所以爲是器之理則道也。如是，則來書所謂始終、晦明、奇偶之屬，皆陰陽所爲之器；獨其所以爲是之理，乃爲道耳。如此分別，似差明白，不知尊意以爲何如？

來書云云。周子言「中」而以「和」字釋之。又曰「中節」，又曰「達道」。彼非不識字者，而其言顯與《中庸》相戾，則必有説矣。蓋此「中」字是就氣禀發用而言，非直指本體無所偏倚者而言也。豈可以此而訓「極」爲「中」也哉？來書引經必盡全章，雖煩不厭，而所引《通書》乃獨截自「中焉止矣」而下，此安得爲不誤？

來書云云。無極而太極，其意若曰非如皇極、民極、屋極之有方所形象，而但有此理之至極耳。若曉此意，則於聖門有何違叛而不肯道乎？「上天之載」，是就有中説無；「無極太極」，是從無中説有。若實見得，即説有説無、或先或後都無妨礙。今必如此强生分別，曾謂不尚空言，專務事實，而反如此乎？

來書云云。太極固未嘗隱於人，然人之識太極者少矣。往往只是於禪學中認得昭昭靈靈能作用者，謂是太極，而不知所謂太極乃天地萬物本然之理，亘古亘今者也。今曰「私其説以自神妙而又秘之」，又曰「寄此以神其姦」，又曰「繫絆多少好氣質學者」，則恐世間自有此人可當此語。熹雖無狀，自省得與此語不相似也。

子美尊兄，質實重厚，見理未盡，自信太過，遂不可回。見雖有病，意實無他。老兄乃是先立一説，務在突過有若、子貢以上，更不數近世周、程諸公。正使説之無病，此意已非，况不能無病乎？夫子之學，固非以多學得之。然觀其好古敏求，實未嘗不多學，但其中自有一以貫之處耳。顔、曾獨得聖學之傳，正爲博文約禮，足目俱到，亦不但空疏杜撰而已。子貢雖未得承道統，然其所知不在今人之下。周、程之生，時世雖後，其道則有不約而合者。

反覆來書，竊恐老兄於其所言多有未解，未可遽以顔、曾自處而輕之也。顔子以能問於不能，以多問於寡，有若無，實若虚，犯而不校。曾子三省其身，惟恐謀之不忠、交之不信、傳之不習，豈有一毫滿足、强辨取勝之心乎？來書之意，所以見教甚至，區區鄙見亦不敢不爲老兄傾倒也。不審尊意以爲何如？如曰未然，則「我日斯邁，而月斯征」，各尊所聞、各行所知亦可矣，無復可望於必同也。言及於此，悚息之深，千萬幸察。

答陳同甫

天理、人欲二字，不必求之古來王霸之迹，但反之於吾心義利邪正之間。察之愈密，則見之愈明；持之愈嚴，則發之愈勇。孟子所謂「浩然之氣」者，蓋斂然於規矩準繩之中而其自任以天下之重者，雖賁育莫能奪也。此豈才能血氣之所爲哉？漢高帝、唐太宗直以其能假仁借義以行其私，而當時與之争者，才能知術既出其下，又不知有仁義之可借，是以彼善於此，得成其功。若以其能建立國家、傳世久遠，便謂其得天理之正，此正以成敗論是非，但取其獲禽之多而不羞其詭遇。千五百年之間，正坐如此。其間雖或不無小康，而堯、舜、三王、周、孔所傳之道，未嘗一日得行於天地之間也。若論道之常存，又初非人所能預。雖千五百年被人作壞，終殄滅他不得耳。漢、唐所謂賢君又何嘗有一分氣力扶助耶？老兄人物奇偉英特，恐不但今日所未見。向來得失短長，正自不須更挂齒牙，向人分説。但鄙意更欲賢者百尺竿頭進取一步，將來不作三代以下人物，省得氣力爲漢、唐分疏，即更脱灑磊落。李、孔、霍、張，則吾豈敢？然夷吾、景略之事，亦不敢爲同父願之也。

答陳同甫

三才固未嘗有二道，然天地無心而人有欲，是以天地之運行無窮，而在人者有時而不相似。蓋義理之心頃刻不存則人道息，人道息則天地之用雖未嘗已，而其在我者固即此而不行矣。不可但見其穹然、頽然，便以爲人道無時不立，天地賴之以存之驗也。蓋道未嘗息而人自息之，「非道亡也，幽、厲不由也」。惟聖盡倫，惟王盡制，固非常人所及。然立心之本，當以盡者爲法，而不當以不盡者爲準。故曰：「不以舜之所以事堯事君，不敬其君者也；不以堯之所以治民治民，賊其民者也。」況謂其非盡欺人以爲倫，非盡罔世以爲制，是雖以來書之辨，固不謂其絶無欺罔之心矣。欺人者人亦欺之，罔人者人亦罔之。此漢、唐之治所以雖極其盛而人不心服，終不能無愧於三代之盛時也。今必欲撤去限隔，無古無今，則莫若深考堯、舜相傳之意，湯、武反之之功，以爲準的而求諸身。却就漢祖、唐宗心術微處痛加繩削，取其合而察其所自來，黜其悖而究其所從起，庶幾天地之經，古今之義有以得之。不當坐譚既往之迹，追飾已然之非，指其偶同者爲全體，而謂其真不異於聖賢也。蓋後之觀者，於根本功夫，自有欠闕，故不知其非而以爲無害於理，抑或以爲雖害於理，而不害其獲禽之多。

觀所謂學成人而不必於儒，攪金、銀、銅、鐵爲一器而主於適用，則亦見其立心之本在於功利，有非辨説所能文者矣。夫成人之道，以儒者之學求之，則夫子所謂成人也。不以儒者之學求之，吾恐其畔繩墨，略規矩，進不得爲君子，退不得爲小人。正如攪金、銀、銅、鐵爲一器，不惟壞却金、銀，而銅、鐵亦不得盡其銅、鐵之用也。竊恐後生傳聞輕相習染，使義、利之别不明，舜、蹠之塗不分，眩流俗之觀聽，壞學者之心術。此熹之所深憂而甚懼者，故敢極言以求定論。

答林黄中

邵氏先天之説，以鄙見窺之，如井蛙之議滄海。而高明直以不知而作斥之，則小大之不同量，有不可同年語者。示喻邵氏本以發明易道，而於《易》無所發明。熹則以爲《易》之與道非有異也，道既明，則《易》之爲書，卦爻象數皆在其中，豈曰道明而書不白乎？熹請以邵氏之淺近疎略者言之，蓋一圖之内，生出次第、位置行列不待安排而粲然有序。比之并累三陽以爲乾，連疊三陰以爲坤，然後以意交錯而成六子，旋相加而後得爲六十四者，其出於天理之自然，與人爲之造作蓋不同矣。況其高深閎闊、精密微妙有非熹之所能言者。今不之察，而遽以不知而作詆之，熹恐後之議今猶今之議昔，是以竊爲門下惜之。

答韓無咎

誨諭儒、釋之異在乎分合之間，既聞命矣。頃見蘇子由、張子韶書皆以佛學有得於形而上者而不可以治世，嘗竊笑之。是豈知天命之性而敘秩命討已粲然無所不具於其中乎？彼其所以分者，亦未嘗真有得於斯耳。不審高明以爲何如？

答陳體仁

來教謂詩本爲樂而作，故今學者必以聲求之，則知其不苟作矣。此論善矣，然愚意有不能無疑者。蓋以《虞書》考之，則詩之作，言志而已。方其詩也，未有歌也；方其歌也，未有樂也。以聲依永，以律和聲，則樂乃爲詩而作，非詩爲樂而作也。三代之時，禮樂用於朝廷，達於閭巷，學者諷誦其言以求其志，詠其聲，執其器，舞蹈其節，以涵養其心，則聲樂之所助於詩者爲多。然猶曰「興於詩，成於樂」，其求之固有序矣。是以聖賢言詩，主於聲者少，而發其義者多。仲尼所謂「思無邪」，孟子所謂「以意逆志」，得其志而不得其聲者有矣，未有不得其志而能通其聲者也。就使得之，止其鐘鼓之鏗訇而已，豈聖人「樂云樂云」之意哉？況今千有餘年，古樂散亡，無復可考，而欲以聲求詩，則未知古樂遺聲今皆已推而得之乎？三百五篇皆可協之音律、被之絃歌已乎？誠既得之，則所助於詩多矣，然未得爲詩之本也。況未必可得，則今之所講，得無有畫餠之譏乎？❶

愚意竊以爲詩出乎志者也，樂出乎詩者也。然則志者詩之本，樂者其末也。末雖亡，不害本之存，顧所得之淺深如何耳。有舜之文德，❷則聲爲律而身爲度，《簫韶》、《二南》之聲不患其不作，此雖未易言，然其理蓋不誣也。二《南》之「應」，似亦不可專以樂聲之應爲言。蓋必有理存乎其間，豈有無事之理、無理之事哉？

答袁機仲

以《河圖》、《洛書》爲不足信，自歐公以來已有是説，然《顧命》、《繫辭》、《論語》皆有是言，而諸

❶ 「譏」，原作「饑」，據《晦庵集》卷三七《答陳體仁》改。

❷ 「之文」，原作「文之」，據《晦庵集》卷三七《答陳體仁》改。

儒所傳二圖之數，雖有交互而無乖戾，順數逆推，縱横曲直，皆有明法，不可得而破除也。至如《河圖》與《易》之天一至地十者合而載天地五十有五之數，則固《易》之所自出也。《洛書》與《洪範》初一至次九者合，則固《洪範》之所自出也。《繫辭》雖不言受《圖》作《易》，然安知觀察求取，《圖》非其中之一事耶？至卦畫之説，孔子而後，千載不傳，至康節先生始得之，然猶不肯容易輕説，非偶然也。横圖乃是今日以意爲之，寫出奇偶相生次第，令人易曉。於此有得，則知六十四卦天理自然，不用一毫智力添助。及至卦成之後，逆順縱横，都成義理，千般萬種，其妙無窮。雖若各不相資，而實未嘗相悖。蓋自未有畫時至於六畫，邵子所謂先天之學也。卦成之後，各因一義推説，邵子所謂後天之學也。當日諸儒既失其傳，而方外之流陰相付受，以爲丹竈之術。至希夷、康節，乃反之於易，而後其説始得復明於世。然與今《周易》次第行列多不同者，故聞者創見，多不能曉而莫之信，只據見行《周易》緣文生義，穿鑿破碎，此《啟蒙》之書所爲作也。若其習聞易曉，則又何必更著此書哉！更願高明無以爲熹之説而忽之。

答袁機仲

來諭以東南之温厚爲仁，西北之嚴凝爲義，此《鄉飲酒義》之言也。雖無陰陽剛柔之别，但其後復有陽氣發於東方之説，則固以仁爲陽，而義之陰從可推矣。乃不察此，而欲以仁爲柔，以義爲剛。又病夫柔之不可爲陽，剛之不可爲陰也。於是移北之陰以就南，而使主乎仁之柔；移南之陽以就北，而使主乎義之剛。其於方位、氣候悉反易之，又使東北之爲陽，西南之爲陰，亦皆得其半而失其半。北方雖曰嚴凝，而東方已爲温厚。南方雖曰温厚，而西方已爲嚴凝也。蓋嘗論之，進而息者其氣强，退而消者其氣弱，此陰陽之所以爲柔剛也。陽剛温厚居東南，而以作長爲事；陰柔嚴凝居西北，而以斂藏爲事，此剛柔之所以爲仁義也。以此觀之，陰陽、剛柔、仁義之位豈不曉然？彼楊子雲所謂「於仁也柔，於義也剛」，乃自其用處末流言之。蓋所謂陰中之陽，陽中之陰，不妨自爲一義，但不可以雜而論之爾。誠翻然改正「仁義」二字，却將陰陽、剛柔一切發回原處。如熹新圖之位，則易簡圓成，不費詞説，而三才五行、天理人事已各得其所矣。既未蒙省察，執之愈堅，區區之愚尚復何説？竊意兩家之論，各自爲家，不若自此閉口不談，以俟羲、文而正焉。然以高明自信之篤，竊恐羲、文復生，亦未肯信其説也。世間事，吾人身在閒處，言之無益，此正可從容講論，以慰窮愁。而枘鑿之不合又如此，是亦深可歎者，而信乎其道之窮矣。

答趙提舉

《易》之書本爲卜筮而作，故其詞必根於象數，而非聖人己意之所爲。其所勸戒，亦以施諸筮得此卦此爻之人，而非反以戒夫卦爻者。近世言《易》者殊不知此，其説雖有義理而無情意，雖大儒先生有所不免。比因玩索，偶幸及此，私竊自慶，以爲天啟其衷，而以語人，人亦未見有深曉者。

答林巒

辱示書及所爲文三篇，若以是質於熹者。熹少不喜辭，長復懶廢，無以副足下意。然嘗聞之，學之道非汲汲乎辭也，必其心有以自得之，則其見乎辭者非得已也。是以古之立言者其辭粹然，不期以異於世俗，而後之讀之者卓然知其非世俗之士也。今足下之辭富矣，其主意立説高矣，然類多採摭先儒數家之説以就之耳。足下之所以自得者何如哉？夫子所謂德之棄者，蓋傷此也。足下改之，甚善。示喻推所聞以講學閭里間，亦甚善。《記》曰：「教然後知困，知困則知所以自强矣。」

答柯國材

觀聖賢之學與近世諸先生長者之論，所謂高遠者，蓋不在乎創意立説之間。伊川云：「吾年二十時，解釋經義與今無異。然思今日意味，覺與少時自別。」尹和靖門人稱尹公於經書不爲講解，而耳順心得，如誦己言，此豈必以創意立説爲高哉？今吾輩望此地位甚遠。大概讀書且因先儒之説，通其文義而玩味之，使之浹洽於心，自見意味可也。如舊説不通，不妨偶自見得意思，但必欲於傳註之外别求所謂自得者而務立新説，則用心愈勞而去道愈遠，非學問之本意也。且謂之「自得」，則是自然而得，豈可强求也哉？今人多是認作「獨自」之「自」，故不安於他人之説，而必己出耳。

答范伯崇

前書所詢「民可使由之」一段，熹竊謂兩説似不相妨。蓋民但可使由之耳，至於知之，必待其自覺，非可使也。由之而不知，不害其爲循理。及其自覺此理而知之，則沛然矣。必使之知，則人求知之心勝，而由之不安，甚者遂不復由，而惟知之爲務，其害豈可勝言？釋氏之學是已。大抵由之而自知，則隨其淺深，自有安處；使之知，則知之必不至，至者亦過之，而與不及者無以異。此機心惑志所以生也。

答何叔京

子莫執中與舜、禹、湯之執中不同。蓋聖人義精仁熟，非有意於執中，而自然無過不及。故有執中之名，而實未嘗有所執也。以其無時不中，故又曰時中。若學未至、理未明而徒欲求所謂中者執之，則所謂中果何形狀而可執也？殆愈執而愈失矣，子莫是也。既不識中，乃慕夫時中者而欲隨時以爲中，吾恐失之彌遠，未必不流爲小人之無忌憚也。《中庸》但言擇善，不言擇中，其曰「擇乎中庸」，亦必繼之曰「得一善」，豈不以善端可求，中體難識乎？夫惟明善，則中可得而識矣。

答何叔京

龜山「人欲非性」之語自好，昨來胡氏深非之。來教謂「不知自何而有人欲」，此問甚緊切，熹竊以謂人欲云者，正天理之反耳。謂因天理而有人欲則可，謂人欲亦是天理則不可。蓋天理中本無人欲，惟其流之有差，而人欲生焉。程子謂善惡皆天理，此句若甚可駭。謂之惡者本非惡，此句便都轉了。但過與不及便如此，自何而有人欲之問，此句答了。所引「惡亦不可不謂之性」，意亦如此。

答程允夫

「能持敬則欲自寡」，此語甚當。但紙尾之意以爲須先有所見，方有下手用心處，則又未然。夫持敬之功，伊川言之詳矣。只云：「但莊整齊肅，則心便一，一則自無，非僻之干。」又云：「動容貌、整思慮，則自然生敬，此便是下手用功處，不待先有所見而後能也。須是如此，方能窮理而有所見。惟其有所見，則自然樂於從事，欲罷不能，而敬日躋矣。」伊川又言：「涵養須用敬，進學則在致知。」又言：「入道莫如敬，未有致知而不在敬者。」考之聖賢之言，如此類者亦衆，是知聖門之學別無要妙，徹頭徹尾只是一「敬」而已。

答胡廣仲

天下事物之理，亭當均平，無無對者，惟道爲無對。然以形而上下論之，則亦未嘗不有對也。所謂對者，或以左右，或以上下，或以前後，或以多寡，或以類而對，或以反而對。反覆推之，天地之間真無一物兀然孤立者。此程子所以中夜以思，不知手舞而足蹈也。究觀來教，條目固多，而其意常主於別有一物之無對。故凡以左右而對者，則扶起其一邊；以前後而對者，則截去其一段。既强加所貴者以無對之名，而於所賤而有對者，又不免別立一位以配之，於是左右偏枯，首尾斷絶，位置重疊，條理交并。凡天下理勢，一切畸零贅剩、側峻尖斜，更無齊整平正之處。凡所論陰陽、動静、善惡、仁義等説，皆此一模中脱出也。

此書前文甚多，中論性一條云：「性善」之「善」，不與惡對，此本龜山所聞於浮屠常總者。宛轉説來，似亦無病。然謂性之爲善未有惡之可對則可，謂終無對則不可。蓋性一而已，既曰無有不善，則性之中無復有惡與善爲對，亦不待言而可知。若善所以得名，是乃對惡而言。天理、人欲，雖非同時並有之物，然自其反而言之，亦不得不爲對也。今必別謂有無對之善，此又熹之所疑者也。此一段尤關係，故録。

答吴晦叔

泛論知行之理而就一事觀之，則知先行後，無可疑者。然合夫知之淺深、行之大小而言，則非先成乎小，亦將何以馴致乎大哉？蓋古人之教，自其孩幼而教之以孝悌誠敬之實，少長而博之以《詩》、《書》、《禮》、樂之文，皆使之即事物之間知義理之所在，而致涵養踐履之功焉。及其學於大學，則所以涵養踐履略已小成，於是不離乎此而教之以格物致知，因其所已知，推而致之，以及其所未知，然後爲知之至。而所謂誠、正、脩、齊、治、平至是而無所不盡其道焉。故《大學》之書，雖以格物致知爲用力之始，然非初不涵養踐履而直從事於此也；又非物未格、知未至，則意可以不誠、心可以不正、身可以不修、家可以不齊也。蓋以爲必知之至，然後修己、治人，始有以盡其道。若曰必俟知至而後行，則夫事親從兄、奉上接下，乃人生所不能一日廢，豈謂吾知未至而暫輟，以俟其至而後行哉？

答李伯諫

來書云，儒、佛見處既無二理，其設教何異也？蓋儒教本人事，釋教本死生。本人事，故緩於見性；本死生，故急於見性。熹謂既謂之本，則此上無復有物矣。今既二本，不知所同者何事，而所謂儒本人事、緩見性者，亦殊無理。三聖作《易》，首曰：「乾，元亨利貞。」子思作《中庸》，首曰：

「天命之謂性。」孔子言「性與天道」，而孟子道「性善」。此爲本於人事乎？本於天道乎？緩於性乎？急於性乎？俗儒正坐不知天理之大，故爲異説所迷，反謂聖學知人事而不知死生，豈不誤哉？聖賢教人盡心以知性，躬行以盡性，始終本末，自有次第，一皆本諸天理。緩也緩不得，急也急不得，直是盡性至命方是極則，非如見性之説，一見之而遂已也。上蔡云：「釋氏之論性，猶儒者之論心；釋氏之論心，猶儒者之論意。」此語剖析極精，細思之，如何？

來書所謂發明西洛諸公所未言者，即其過處也。嘗聞之師曰：「二蘇聰明過人，所説《語》、《孟》儘有好處，蓋天地道理不過如此。有時便見得到，皆聰明之發也。但見到處却有病，若欲窮理，不可不論也。」「見到處却有病」，此語極有味。試一思之，不可以爲平常而忽之也。

答吴公濟

來書云：「儒、釋之道本同末異。」熹謂：本同則末必不異，末異則本必不同。一木之根，無緣却生兩木之實。來書云：「夫子專言人事生理，而佛氏則兼人鬼、生死言之。不知死生、人鬼爲一乎？爲二乎？若以爲一，則專言人事生理者兼之矣，不待兼之而後兼也；若須别作一頭窮究曉會，則是始終幽明，却有間隔。」

答林擇之

程子言：「敬必以整齊嚴肅、正衣冠、尊瞻視爲先。」又言：「未有箕踞而心不慢者。」如此乃是至論。先聖言「克己復禮」，尋常講説，於「禮」字每不快意，必訓「理」而後已。今乃知其精微縝密，非常情所及爾。近略整頓《孟子》説，見得此老真把得定，常放到極險處，方一斡轉，便見天理人欲直是判然。非有命世之才，見道分明，不能如此。然此便是英氣害事，便是才高無可依據，學者亦不可不知也。

答林擇之

前日「中和」之説，看得如何？數日來，玩味此意，日用間極覺得力，乃知目前所以若有若亡，不能純熟，氣象浮淺、易得動摇，其病皆在此。近看南軒文字，大抵都無前面一截功夫也。大抵心體通有無、該動静，故功夫亦通有無、該動静，方無透漏。若必待其發而後察，察而後存，則所不至多矣。惟涵養於未發之前，則其發也自然中節者多、不中節者少，體察之際，亦甚明審，易爲著力，與異時無本可據之説大不同矣。

答胡伯逢

男女居室，人事之至近，而道行乎其間，此君子之道所以費而隱也。然幽闇之中、衽席之上，人或褻而慢之，則天命有所不行矣。此君子之道，所以造端乎夫婦之微密而語其極，則察乎天地之高深也。然非知幾、慎獨之君子，其孰能體之？《易》首於乾、坤而中於咸、恒，《禮》謹大昏而《詩》以《二南》爲正始之道，其以此與？《知言》亦曰：「道存乎飲食男女之事，而溺於流者不知其精。」又曰：「接而知有禮焉，交而知有道焉，惟敬者能守而不失耳。」亦此意也。

答黄直卿

《先天》乃伏羲本圖，非康節所自作，雖無言語，而所該甚廣。《易》中一字一義，無不自其中流出者。《太極》乃濂溪自作，發明《易》中大概綱領意思而已。規模不同，而《太極》終在《先天》範圍之内，又不若彼之自然，不待思慮安排也。

答吕子約

示喻縷縷，備見篤學力行之意，然未免較計務獲之病，横此意方寸間，日夕擾擾，非所以進於日新也。所讀書亦太多，如人大病在牀，而衆醫雜進，百藥交下，決無見效之理。不若盡力一書，令其反覆通透而復易一書之爲愈。蓋不惟專力易見功夫，且是心定不雜，於涵養功夫亦有助也。又謂不欲但爲聞見之知，固善，然聞見之知要得正當，亦非易事，誠未可輕厭而躐等也。

答王子合

致生之者，如「事死如事生，事亡如事存」是也；致死之者，如「絶地天通」、「廢撤淫祀」之類是也。若於所當祭者疑其有又疑其無，則誠意不至矣，是不得不致生之也。於所不當祭者疑其無又疑其有，則不能無恐懼畏怯矣，是不得不致死之也。人以爲神是致生之，以爲不神是致死之。然亦當見道理實處，不是私意造作。不然者，即是「觀法界性，一切心造」之説矣。

答吴伯豐

所論看《大學》曲折，則未然。如看《大學》，當且專看，若不知有他書者，逐字逐句，一一推窮，逐章反覆，觀其血脈，全篇反覆，觀其次第，終而復始，莫論遍數，通貫浹洽，顛倒熟爛，然後別觀他書。今方觀《大學》一句，便説向《中庸》上，支離蔓衍，彼此迷暗，互相連累。況所比校，初無補於用力之意，徒然枉費心力。間立議論，語言轉多，而於自家分上，轉無交涉，不可不察也。元來道學不明，不是上面欠闕功夫，乃是下面原無根脚。若信得及，脚踏實地如此做去，良心自然不放，踐履自然純熟，不但讀書一事而已。

答劉公度

講學不厭其詳，凡天下事物之理、方册聖賢之言，皆當反覆究竟。至於持守，其事無多。若覺未安，惟有默自加功，著力向前爾。今聞廢書不講，而反以持守之事爲誦説之資，是乃兩失其宜。至謂彼中朋友，只有季章一人可望，此未論許與之當否，而言之發亦太輕矣。向見伯恭説孔子順答魏王問天下之高士而曰「世無其人」，此言非是孔氏家法。此語有味，試思之，如何？

答項平甫

所論「義襲」，猶未離乎舊見。告子之病，蓋不知心之慊處即是義之所安，其不慊者乃是不合於義，故直以義爲外而不求。今人因孟子之言，固有見得此意而識義之在内者，然又不知心之慊與不慊，亦有不待講學省察而後能得其精微者。故於學聚問辨之所得，皆指爲外而以爲非義之所在，遂一切棄置而不爲。此與告子之言，雖若小異，然其實五十、百步之間耳。以此相笑，是同浴而譏裸裎也。

孟子之意，須從上文看。「其爲氣也，配義與道，無是餒也；是集義所生者，非義襲而取之也。」上三句説「氣」，下兩句「是」字與「非」字爲對，❶「襲」字與「生」字爲對。蓋曰此氣乃集義而自生於

❶「兩」，原作「三」，據朱熹《晦庵集》卷五四改。

中，非行義而襲取之於外云爾，非謂義不是外襲也。今人讀書不精細，將聖賢言語錯看，又復將此草本立一切法，横説豎説、狂嘑衆生，恐其罪不止如范寧之議王弼而已。

答王季和

學者之志，固不可不以遠大自期，然觀孔門之教，則其所從言之者至爲卑近，不過孝悌忠信、持守誦習之間，而於學問之全體，初不察察言之也。若其高第弟子，多亦僅得其一體。夫以夫子之聖、諸子之賢，其於道之全體，豈不能一言盡之以相授納，而顧爲是拘拘者以狹道之傳、畫人之志，何哉？蓋所謂道之全體雖高且大，而其實未嘗不貫乎日用細微切近之間，苟悦其高而忽於近，慕於大而略於細，則無漸次經由之實，而徒有懸想跂望之勞，亦終不能以自達矣。故聖人之教，循循有序，不過使人反而求之至近至小之中，博之以文，以開其講學之端，約之以禮，以嚴其踐履之實，使之得寸則守其寸，得尺則守其尺。如是久之，日滋月益，然後道之全體乃有所鄉望而漸可識，有所循習而漸可能。自是而往，俛焉孳孳，斃而後已。而其所造之淺深，所説之廣狹，亦非可以必詣而預期也。故夫子嘗謂先難後獲爲仁，又以先事後得爲崇德。蓋於此小差，則心失其正，雖有鑽堅仰高之志，而反爲計功謀利之私矣，仁何自而得，德何自而崇哉？

答陳抑之

年歲以來，私家多故，不獲以聲問先自通於隸人，兹承枉書，感愧無量。顧陳義高遠，雖古之賢人君子，懼不足以堪足下之意，而熹之愚何敢當之？然曩亦嘗有聞於先生長者矣，勤勞半世，汩没於章句訓詁之間，黽勉於規矩繩約之内，卒無高奇深渺之見可以驚世而駭俗者，獨幸年來於聖賢遺訓，粗若見其坦易明白之不妄而必可行者。私竊以爲儻得當世明達秀穎之士相與講之，抑彼之過，强此之不及，吾道庶其明且行乎？三復來書，果若有意於此，幸甚！幸甚！竄伏窮山，未知見日，繼此書疏之往來，猶足以見區區也。

答陳正己

示喻爲學大致及别紙數條，皆已深悉，但區區有不能無疑者。蓋上爲靈明之空見所持，而不得從事於學問思辨之實，下爲俊傑之豪氣所動，而不暇用力於格致誠正之間。是以所論常有厭平實而趨高妙、輕道義而喜功名之心，絶不類聖門學者氣象，不知向來伯恭亦嘗以是相規否也？熹自十四五時，即嘗有志於此，中間非不用力，而所見終未端的，所幸内無空寂之誘、外無功利之貪，全此純愚以至今日，反覆舊聞而有得焉。

答林德久

《易象説》似未條暢，熹所論别紙録去，然其大意不過欲姑存而未論耳。後書所疑，不知後來看得曉然未耶？熹嘗愛韓子説所以爲性者五，而今之言性者皆雜佛、老而言之，所以不能不異，在諸子中最爲近理。蓋如吾儒之言，則性之本體即仁義禮智之實。如老、佛之言，則先有虚空之性，而後有此四者，不然亦謂性爲虚空之物，而可以包乎四者爾。不知性之爲體，不離四者，而四者又非有形象方所，但於渾然一理之中似有界限，而實亦非有遮欄間隔也。然此處極難言，故孟子只於發處言之。

答歐陽希遜

程子曰：「四德之元，猶五常之仁，偏言則一事，專言則包四者。」惻隱之類，偏言之也；克己之類，專言之也。然即此一事，便包四者，蓋亦非二物也。《論語集註》云：「仁者，心之德，愛之理也。」此言有味，可更思之，不可謂孟子之言不如孔子之周偏。孟子亦有專言之者，「仁，人心」是也。孔子亦有偏言之者，「愛人」是也。又謂孟子以世人好殺而言惻隱，尤非也。孔子雖不以「義」對「仁」，然每以「智」對「仁」，更宜思之。

答黎季忱

示及兩卷，各已批注封還，幸細考之。《語》、《孟》，更須寬心遊意看，令通徹。《易》則恐未易讀，如此穿鑿，枉費心力也。蓋《易》本卜筮之書，故先王設官，掌於太卜，而不列於學校。學校所教，《詩》、《書》、《禮》、樂而已。至孔子乃於其中推出所以設卦、觀象、繫辭之意，而因以識夫吉凶、進退、存亡之道。蓋聖人當時已曉占筮之法及其詞意所在，故就其間推出義理。若在今日，則已不得其法，又不曉其詞，而暗中摸索，横起私意，竊恐聖賢復生，亦未易通曉。與其虚費心力於此，不若且從事於《詩》、《書》、《禮》、樂之爲易知也，《大學》、《論》、《孟》、《中庸》又在四者之先，尤須理會透徹。

與湖南諸公論中和第一書

《中庸》已發、未發之義，前此認得此心流行之體，又因程子「凡言心者，皆指已發而言」，遂目心爲已發，性爲未發。然觀程子之書，多所不合，因復思之，乃知前日之説，非惟心、性之名命之不當，而日用功夫全無本領，蓋所失者不獨文義之間而已。按《文集》、《遺書》諸説，似皆以思慮未萌、事物未至之時，爲喜怒哀樂之未發。當此之時，即是此心寂然之體，而天命之性具焉。以其不偏不倚，故謂之中。及其感通天下之故，則喜怒哀樂發焉，而心之用可見。以其無不中節，故謂之和。

此人心之正，情性之德然也。然而未發之前不可尋覓，已覺之後不容安排，但平日莊敬涵養之功至，而無人欲之私亂之，則其未發也，鏡明水止，而其發也，必中節矣。此是日用本領功夫。至於隨事省察，即物推明，亦必以是爲本。而於已發之際觀之，則其具於未發之前者，固可默識。向來講論思索，直以心爲已發，而日用之間，亦止以察識端倪爲下手處，以故闕平日涵養一段功夫，使人胸中擾擾，無深潛純一之味，發之言語事爲，亦常急迫浮露，無雍容沈厚之風。蓋所見一差，其害如此。程子所謂「凡言心者皆指已發而言」，此蓋指赤子之心，而謂「凡言心者」，則其爲説之誤，故自以爲未當，而復正之。固不可執其已改之言，而盡疑諸説也。不審諸君子以爲何如？

元亨利貞説

元、亨、利、貞，性也；生、長、收、藏，情也；以元生，以亨長，以利收，以貞藏者，心也。仁、義、禮、智，性也；惻隱、羞惡、辭讓、是非，情也；以仁愛，以義惡，以禮讓，以智知者，心也。性者，心之理也；情者，心之用也；心者，性情之主也。程子曰：「其體則謂之易，其理則謂之道，其用則謂之神。」又曰：「言天之自然者，謂之天道；言天之付與萬物者，謂之天命。」又曰：「天地以生物爲心。」皆謂此也。

程子養觀説

程子曰：「存養於未發之前則可。」又曰：「善觀者却於已發之際觀之。」何也？曰：「此持敬之功貫通乎動静之間者也。就程子此章論之，方其未發，必有事焉，是乃所謂静中之知覺，《復》之所以『見天地之心』也。及其已發，隨事觀省，是乃所謂動上求静，《艮》之所以『止其所』也。然則静中之動，非敬其孰能形之；動中之静，非敬其孰能察之。故又曰：『學者莫若先理會敬，則自知此矣。』然則學者豈可捨是而他求哉！」

太極説

動静無端，陰陽無始，天道也；始於陽，成於陰，本於静，流於動者，人道也。然陽復本於陰，静復根於動。其動静亦無端，其陰陽亦無始，則人蓋未始離乎天，而天亦未始離乎人也。

元、亨，誠之通，動也；利、貞，誠之復，静也。元者，動之端也，本乎静；貞者，静之質也，著乎動。一動一静，循環無窮。而貞也者，萬物之所以成終而成始者也。故曰雖不能不動，而立人極者必主乎静。惟立乎静，則其著乎動也無不中節，而不失其本然之静矣。

静者，性之所以立也；動者，命之所以行也。然其實則静亦動之息耳。故一動一静皆命之行，而行乎動、静者乃性之真也。故曰「天命之謂性」。

情之未發者，性也，是乃所謂中也，天下之大本也；性之已發者情也，其皆中節則所謂和也，天下之達道也，皆天理之自然也。妙性情之德者，心也，所以致中和，而立大本，行達道者也，天理之主宰也。

知明道先生所謂「天理」二字却是自家體貼出來者，真不妄也。静而無不該者，❶性之所以爲中也，寂然不動者也；動而無不中者，情之發而得其正也，感而遂通者也。静而常覺，動而常止者，心之妙也，寂而感，感而寂者也。

答鄭子上

《易》之爲書，本爲卜筮而作，然其義理廣大精微，不可以一法論。蓋有此理則有此象，有此象則有此數，各隨問者意所感通。如「利涉大川」，或是渡江，或是濟險，不可預爲定説。但其本指即是渡江，而推類旁通，則各隨其事。《論易傳》。此書從前爲人説得太高，更不細推文意，若詳讀而深味之，其條理脈絡曉然可見。非是固欲剖析，自是合并不聚。以此知古人文字關鍵深密，直不草草。如庖丁眼中，自是不容有全牛也。請更詳之。《論中庸》。

❶「静而無不該者」一段，原載下文《答黄道夫》條末，今據《晦庵集》卷六七《太極説》移正。

答黄道夫

天地之間，有理有氣。理也者，形而上之道也，生物之本也；氣也者，形而下之器也，生物之具也。是以人物之生，必禀此理，然後有性；必禀此氣，然後有形。其性其形雖不外乎一身，然其道器之間，分際甚明，不可亂也。若劉康公所謂「天地之中所謂命」者，理也，非氣也。所謂「人受以生」，所謂「動作威儀之則」者，性也，非形也。今不審此，而以魂魄鬼神解之，則是指氣爲理而索性於形矣，豈不誤哉！所引《禮運》之言，本亦自有分别。其曰「天地之德」者，理也；其曰「陰陽之交，鬼神之會」者，氣也。今乃一之，亦不審之誤也。《詩》曰：「天生烝民，有物有則。」周子曰：「無極之真，二五之精，妙合而凝。」所謂真者，理也；所謂精者，氣也；所謂則者，性也；所謂物者，形也。上下千有餘年之間，❶言者非一人，記者非一筆，而其説之同如合符契，非能牽聯配合而强使之齊也。此義理之原，不可不察。

定性説

定性者，存養之功至，而得性之本然也。性定，則動静如一，而内外無間矣。天地之所以爲天

❶「上下千有餘年」至段末四十八字，原在前文《答陳正己》條末，今據《晦庵集》卷五八《答黄道夫》移正。

地,聖人之所以爲聖人,不以其定乎? 君子之學,亦以求定而已矣。故擴然而大公者,仁之所以爲體也;物來而順應者,義之所以爲用也。仁立義行,則性定而天下之動一矣,所謂貞也。夫豈急於外誘之除,而反爲是憧憧哉! 然常人之所以不定者,非其性之本然也,自私以賊夫仁,用智以害夫義,是以情有所蔽,而憧憧耳。不知自反以去其所蔽,顧以惡外物累心而反求照於無物之地,亦見夫用力愈勞而燭理愈昧,益以憧憧而不自知也。「艮其背」,則不自私矣;行無事,則不用智矣。內外兩忘,非忘也,一循於理,不是內而非外也。不是內而非外,則大公而順應,尚何事物之爲累哉! 聖人之喜怒,大公而順應,天理之極也;衆人之喜怒,自私而用智,人欲之盛也。忘怒則公,觀理則順,二者所以爲自反而去蔽之方也。夫張子之於道,固非後學所敢議,然意其彊探力取之意多,涵泳完養之功少,故不能無疑於此。程子以是發之,其旨深哉!

讀吕氏詩紀《桑中》篇

詩體不同,固有鋪陳其事而意自見者,《清人》之詩是已。至於「桑間」、「洧外」之篇,則雅人莊士蓋難言之。孔子之稱「思無邪」也,必曰彼以無邪之思鋪陳淫亂之事,曷若曰彼以有邪之思作之,而我必以無邪之思讀之耶? 若夫雅、鄭、衛之説,雅則《小雅》、《大雅》是已,鄭則《鄭風》是已,衛則《邶》、《鄘》、《衛風》是已。是則自衛反魯以來,未之有改。《桑中·小序》「政散民流而不可止」,其文與《樂記》合,則是詩之爲「桑間」,又不爲無據。今曰三百篇皆雅,而大、小《雅》不獨爲雅,《鄭風》

不爲鄭，《邶》、《鄘》、《衛風》不爲衛，《桑中》不爲「桑間」，篇帙混亂，邪正錯糅，非復孔子之舊矣。夫二《南》正風，房中之樂也，鄉樂也；二《雅》之正，朝廷之樂也；《商》、《周》之頌，宗廟之樂也。是見於《序》義、傳記，皆有可考。至變雅，固已無施於事，而變風者，又特里巷之謳謡，其領在樂官，以爲可以識俗變、知土風，而賢於四夷之樂爾。今曰三百篇者皆祭祀朝聘之用，則未知《桑中》、《溱洧》之詩，當以薦何鬼神，奉何賓客耶？古者天子巡狩，陳詩以觀民風，固不問其美惡，悉陳以觀也；既已陳之，固不問其美惡，悉存以訓也。然與《雅》、《頌》之正，篇帙不同，施用亦異，固不嫌於龐雜也。今於雅、鄭之實察之不詳，龐雜之名畏之太甚，引風刺之美説，文浮放之鄙詞，而置諸先王《雅》、《頌》之列，是反爲龐雜之甚而不自知也。

記程門諸子論學同異

熹讀程門諸子之書，見其所論爲學之方有不同者，因以程子之言質之，而竊記之如左：

胡氏曰：「物物致察，宛轉歸己。」楊氏曰：「物不可勝窮也，反身而誠，則舉天下之物在我矣。」程子曰：「所謂窮理者，非必盡窮天下之物，又非止窮一物而衆理皆通，但要積累多後，脱然有貫通處。」又曰：「物我一理，纔明彼即曉此，不必言因見物而反求諸身也。然語其大，至天地之所以高厚；語其小，至一物之所以然，學者皆當理會。」

胡氏曰：「只於已發處用功，却不枉費心力。」楊氏曰：「未發之際，以心體之，則中之體自見。執而勿失，無人欲之私焉，發必中節矣。」程子曰：「思於未發之前求中，即是已發，但言存養於未發之時則可。惟涵養久，則喜怒哀樂之發自中節矣。學者莫若先理會敬，能敬則自知此矣。」

謝氏曰：「明道先生先使學者有所知識，却從敬入。」又曰：「既有知識，窮得物理，却從敬上涵養出來，自然是別。正容謹節，外面威儀，非禮之本。」尹氏曰：「先生教人，只是專令用『敬以直內』，習之既久，自然有所得也。」程子曰：「入道莫如敬，未有能致知而不在敬者。」又曰：「動容貌、整思慮，則自然生敬。存此久之，則自然天理明。」又曰：「涵養須用敬，進學則在致知。」又曰：「敬只是涵養一事，必有事焉，須當集義。只知用敬不知集義，却是都無事也。」

右諸説之不同者，以程子之言質之，唯尹氏之言爲近。所少者，致知集義之功耳。不知其言之序有未及耶！抑其意果盡於此也？然大本既立，則亦不患於無地以崇其德矣。故愚於此竊願盡心焉，因書其後，以自詔云。

記論性答稿後

此篇出於論定之初，徒以一時之見，驟正累年之失，向背出入之際，猶有未服習者。又持孤論以當衆賢，心不自安，故自今讀之，尚多遺恨。如廣仲之言，既以静爲天性之妙，又論性不可以真妄動静言，是《知言》所謂歎美之善，而不與惡對者云爾。應之宜曰：「善惡、真妄、動静皆以對待而得名者也。不與惡對，不名爲善；不與動對，不名爲静。既非妄，又非真，則亦無物之可指矣。今不知性之善而未始有惡也，真而未始有妄也，主乎静而涵乎動也。顧曰凡有對者，皆不可以言性，而別有無對之善與静焉，然後可以形容天性之妙，不亦異乎？」當時酬對既不出此，他所自言亦多曠闕。如論性無不該，不可專以静言，此固是也。然其説當云：「性之分雖屬乎静，而其藴則該動静而不偏。故《樂記》以静言性則可，廣仲以静形容天性之妙則不可。」如此，則語意圓矣。如論程子真静之説，以真爲本體，静爲未感，此亦是也。然當云：「下文所謂未發，即静之謂也。所謂五性，即真之謂也。然則仁、義、禮、智、信乃所謂未發之藴，而性之真也與？」如此則文義備矣。

論語課會説

古之學者潛心乎六藝之文，退而考諸日用，有疑則問，問之弗得，弗措也。古所謂傳道、授業、解惑者，如此而已。後世設師弟子員，立學校以群之，❶師之所講，不待弟子之問；而弟子之聽於師，亦非其心之所疑也，泛然相與，以具一時之文。學問之道，豈止此哉？秦、漢迄今千有餘年，所謂師弟子不過如此，此聖人之緒言餘旨所以不白於後世，後世之風流習尚所以不及於古人也與？學者將求古人之所至，不可以不務古人之所爲。今將以《論語》之書與諸君相從學，而惟今之所謂

❶「立」，原脱，據朱熹《晦庵先生朱文公文集》卷七四補。

講者不足事也。是以不敢以區區薄陋所聞告諸君，其因先儒之説以逆聖人之志，孜孜焉蚤夜精思，考諸日用，必將有以得之而以幸教熹也。其有不合，熹得爲諸君言之。諸君其無勢利之急而盡心於此，一有得焉，守之以善其身，不爲有餘；推之一鄉一國而至天下，不爲不足。熹不肖，不敢以是欺諸君也。

講禮記序説

學者博學乎先王六藝之文，誦焉以識其辭，講焉以通其意，而無以約之，非學也。故曰：「博學而詳説之，將以反説約也。」何謂約？禮是也。禮者，履也，謂昔之詳説者，至是可踐履也。故夫子曰：「博學於文，約之以禮。」顔氏之稱夫子，亦曰：「博我以文，約我以禮。」禮之義不其大哉！然古禮非必有經。蓋先王之世，上自朝廷，達於閭巷，其儀品有章，動作有節，故曰：「禮儀三百，威儀三千，待其人而後行」，則豈必簡册而傳哉！其後禮廢，儒者惜之，乃始論著，以傳於世。今《禮記》四十九篇，則其遺説，已學而求所以約，不可以莫之習也。今柯君直學，將爲諸君誦其説而講明之，諸君其聽之毋忽。《易》曰：「知崇禮卑。」禮以極卑爲事，故自飲食居處，灑掃咳唾之間，皆有儀節。聞之若可厭，行之若瑣碎而不綱。然惟愈卑故愈約，與所謂極崇之智，殆未可以差殊觀也。夫如是，故成性存存而道義出矣。此造約之極功也，諸君其聽之毋忽。

諭諸生

古之學者，八歲而入小學，學六甲、五方、書計之事。十五而入大學，學先聖之禮樂焉，非獨教之，固有以養之也。蓋理義以養其心，聲音以養其耳，采色以養其目，舞蹈、降登、疾徐、俯仰以養其血脈，左右起居、盤盂几杖、有銘有戒，養之之具，可謂備至爾矣。夫是故學者有成材，而庠序有實用。自學絶而道喪，至今千有餘年。學校之官有教養之名而無教之養之之實。學者挾策相嬉其間，有傑然者乃知以干禄蹈利爲事，至語聖賢之緒旨，究學問之本原，罔乎莫知所以用其心者。其規爲動息，無以異於凡民而有甚者焉。嗚呼！此教者過也，而豈學者之罪哉！然君子以爲亦有罪焉爾，夫今所異於古，特聲音采色之盛，舞蹈、降登、疾徐、俯仰之容，左右起居、盤盂几杖之戒，至推其本，則理義之養心者固在也。諸君日相與誦而傳之，顧不察耳，此之不爲而彼之久爲，又豈非學者之罪哉！

補試榜諭

君子之學以誠其身，非直爲觀聽之美而已。古之君子行之其身，推之教其子弟，莫不由此，此其風俗所以醇厚而德業所以崇高與？近世之俗不然，自父母所以教使之，假手程文，以欺罔有司而已。新學小生自爲兒童時，習見其父兄之誨如此，因恬不知愧，而安受無實之名，内以傲其父兄，外以驕其閭里，終身不知自力，以至卒就小人之歸，未必不由此也。故今勸諭縣之父兄，有愛其子弟之心者，其爲求明師賢友，使之究義理之指歸，而習爲孝弟馴謹之行，禄爵之不至，名譽之不聞，非所憂也。何必使之汲汲俯心下首，因人成事，幸一朝之得，貽終己之羞乎？今兹試補縣學弟子員，屬熹典領，故兹勸諭。

論語訓蒙口義序

書所以作，取便於童子之習而已，故名之曰《訓蒙口義》。嗚呼！小子來前。予幼承父師之訓，從事於此二十餘年，材資不敏，未能有得。今乃妄意採掇先儒，有所取捨，度德量力，夫豈所宜？然施之汝曹，取其易曉，本非述作，以是庶幾無罪。夫其訓釋之詳且明也，日講焉則無不通矣；義理之精且約也，日誦焉則無不識矣。通者已知而時習，識者未解而勿忘，予之始學，亦若斯而已矣。嗚呼！小子其懋敬之哉！汲汲焉毋欲速也，循循然毋敢惰也。毋牽於俗學而以爲迂且淡也，毋惑於異端而以爲近且卑也。窮理盡性，修身齊家，蓋取諸此，亦終吾身而已矣。嗚呼！小子其懋敬之哉！

語孟集義序❶

二程先生出，然後斯道之傳有繼。其於孔、孟之心，蓋異世同符也。其所以發明二書之説，言雖近而索之無窮，指雖遠而操之有要。讀者非徒可得其言，而又可得其意；非徒可得其意，而又可并其所以進於是者得之。可謂至矣。間嘗蒐輯條疏，以附本章之次，既又取横渠張公、范氏、二吕氏、謝氏、游氏、楊氏、侯氏、尹氏，凡九家之説，附之名曰《論孟精義》，以備觀省。抑嘗論之，《論語》之言，無所不包，而所以示人者，莫非操存涵養之要；七篇之指無所不究，而所以示人者，類多體驗充擴之端。夫聖賢之分不同，然而體用一源也，顯微無間也，非夫先生之學之至，其孰能知之？張公之於先生，論其所至，其猶伯夷、伊尹之於孔子，而一時及門之士又未知孰爲孔氏之顔、曾也。今録其言，亦曰大者既同，則淺深疏密，毫釐之間，正學者所宜盡心焉。至於近歲以來，學於先生之門人者，又或出其書，則意者源遠末分，醇醨異味而不敢載矣。

江州重建濂溪先生書堂記

道之在天下者未嘗亡，惟其託於人者或絶或續，故其行於世者有明有晦，是皆天命之所爲，非

❶「語孟」，原作「孟子」，據《晦庵集》卷七五改。

人智力之所能及也。夫天高地下，而二氣五行紛綸錯糅，升降往來於其間，其造化發育，品物散殊，莫不各有固然之理，而最其大者，則仁、義、禮、智之性，君臣、父子、昆弟、夫婦、朋友之倫是已。是其周流充塞，無所虧間。夫豈以古今治亂爲存亡者哉！然氣之運也，則有醇醨判合之不齊；人之稟也，則有清濁昏明之或異。是以道之所以託於人而行於世者，惟天所畀，乃得與焉。《河圖》出而八卦畫，《洛書》呈而九疇敘，而孔子於斯文之興喪，亦未嘗不推之於天，聖人於此其不我欺也，審矣！若濂溪先生者，其天之所畀，而得乎斯道之傳者與？不然，何其絶之久而續之易，晦之甚而明之亟也？蓋自周衰，孟軻氏没，而此道之傳不屬，更秦及漢，歷晉、隋、唐，以至於我有宋。聖祖受命，五星集奎，實開文明之運，然後氣之漓者醇，判者合，清明之稟，得以全付乎人。而先生出焉。不由師傳，默契道體，建《圖》屬《書》，根極領要，當時見而知之有程氏者，遂擴大而推明之，使夫天理之微、人倫之著、事物之衆、鬼神之幽，莫不洞然畢貫於一，而周公、孔子、孟氏之傳，焕然復明於當世。有志之士，得以探討服行而不失其正，如出於三代之前者。嗚呼盛哉！非天所畀，其孰能與於此。

北京大學《儒藏》編纂與研究中心 編

《儒藏》精華編選刊

閩中理學淵源考（中）

〔清〕李清馥 撰
陳秉才 校點

北京大學出版社
PEKING UNIVERSITY PRESS

閩中理學淵源考卷十七

廣平府知府李清馥撰

朱子福州門人并交友

按：三山宋初諸賢踵起，於時「海濱四先生」爲之倡，而劉氏執中、陳氏祥道亦皆以經學名家，嗣是洛學興。王氏信伯親承指授，林氏少穎亦師溯同源，至紫陽文公丕振道南統緒，共推及門高弟者，勉齋黄氏一人而已。至若陳北溪、潘瓜山、林正卿、林子武諸公，皆粹然正學淵源。由是師法遞習，家傳户誦，步仰宗風，燦日月而沛江河矣。

文清鄭景紹先生昭先

鄭昭先，字景紹，閩縣人。淳熙十四年進士，初授浦城主簿。自以未嘗學問，乃遊朱子之門。居官有惠政，秩滿，之京謁丞相葛邲，邲曰：「君浦城鄭主簿耶？擊賊不受賞，吾聞君名久矣。」擢知歸安，邑民愛之。累官諫議大夫，知樞密院事兼參知政事，進右丞相，辭，不拜。卒之夕，有大星墜於故室，謚曰文清。昭先立朝，累有奏疏，言皆切直，在政府沈厚鎮静，以愛護人才、振拔淹滯爲己任。景獻太子薨，議建儲，昭先請以仁宗爲法，上意乃決。會旱災求言，同列有欲罪上書過直者，昭先曰：「以直言求人，乃以言直而罪之耶？」所著有《日湖遺稿》五十卷，真西山序其文，曰：「公天資寬洪，而養以静厚，平居怡然自適，未嘗見忿厲之容。於書無所不讀，而又喜聞義理之説，故其文章不事刻畫，而敷腴豐衍，似其爲人。開禧初，某將試詞學科，見遺以詩，所期甚遠，蓋其辱知也舊矣。」《通志》。《道南源委》。《真文忠公集》。

文肅黄勉齋先生榦別見本學派❶

修撰陳北山先生孔碩兄孔夙

陳孔碩，字膚仲，侯官人。祖禧，父衡，皆爲朱子所推重。孔碩刻志力學，好古道，以聖賢自期。嘗從張南軒、吕東萊遊。東萊死，心喪。三年後，復偕其兄孔夙從學朱子於武夷，甚見器重。蓋孔碩能於心性上致力，故朱子嘗貽書云：「婺州朋友專事聞見，而於自己身心全無功夫。彼陸學固有似禪處，每勸學者兼取其善云。」又朱子《答孔碩書》云：「所謂涵養也，只要應事接物，處之不失此心，各得其理而已，亦即學規之意，蓋勖之也。」登淳熙二年進士，歷處州教授。以所聞於三先生者，

❶ 本條原無，據文津本補。

誘進後學，多所成就。知邵武、瑞金二縣，除吏部駕閣，累遷將作監丞、禮部郎中，知惠州，提舉淮東常平，所至有古良吏風。嘉定間，金人來襲，遣子韓募死士，合監軍擊破之。移曹廣西，後丐祠，主千秋鴻禧觀。累召不起，進秘閣修撰。年幾八十，以眉壽終。以子韓貴，贈太子太師。孔碩素性嚴毅，沈静有守，利禄不動其心，出入中外垂二十年，不肯少變所守。在朝數忤史彌遠，而與楊澹軒、葉水心友善。著有《中庸大學解》、《北山集》三十卷，行於世。學者稱北山先生，西山真氏跋其帖，稱其辭章翰墨爲近世第一。兄孔夙，慶元五年進士。

按：吕東萊先生在淳熙八年没時，朱子年五十二矣。北山從學於吕，方從朱門，疑在八年後，是爲中歲後及門者。又朱子《與陳膚仲》第三書，論科舉之學，謂：「近年翻弄得鬼怪百出，都無誠實正當意思，一味穿穴旁支曲徑，以爲新奇。最是永嘉浮僞纖巧，不美尤甚，而後生輩多宗師之，此是今日莫大之弊。今欲革之，莫若取三十年前渾厚純正、明白俊偉之文誦以爲法，此亦正人心、作士氣之一事也。」又云：「《大學》近修得益精密平實，《易啟蒙》、《太極》、《西銘》、《通書解義》、《學記》諸書各一本。」云云。考之《年譜》，淳熙十五年始出《太極》、《通書》、《西銘解義》，以授學者，則此書論科舉之弊，年正五十九，已是暮年，而彼時運會士風亦遞變矣。《道南源委》。

林擇之先生用中弟允中

林用中，字擇之，號東屏，古田人。始從林艾軒光朝學，後登文公之門，與建安蔡季通齊名。文公每稱爲「畏友」，嘗與何叔京書曰：「擇之在此討論，其人操履甚謹，思索愈精，大有所益。」張敬夫帥湖南，文公偕用中往訪之，聚首年餘，有《南嶽倡酬集》。用中早厭科舉業，不求仕進。石𥗋宰尤溪，延掌學政，僅爲一往，士民率化，而頑傲者亦莫不翕服。趙汝愚帥閩，日過其門，訪以政事。邑宰洪天錫表其門曰「通德」。學者稱草堂先生。著有《草堂集》。

林允中，字擴之。用中弟，亦受業朱子之門，文公稱其「外晦内明，外樸内敏」。《三山新志》。《閩書》。

按：黄氏海《道南統緒辨正》，林用中爲慶元之特科。考《三山選舉志》亦同。再按：《朱子大全集》於乾道二年撰，林用中擇之字序，似初見先生者。時朱子年方三十七。三年，往長沙，即令侍行。是時延平先生初没，文公方討論中和之旨，集中前後與擇之往復，并《別集》數札，多闡道微言。再按：朱子《與林師魯書》云：「去年林擇之不鄙過門，以講學爲事，怪其温厚警敏，知所用心，皆如老於學者。因扣其師友淵源所自，則得三人者焉，曰程深父，曰林熙之，而其一人則芸齋公之子師魯」云。又《與擇之書》云：「某奉養粗安，舊學不敢廢，得擴之朝夕議論，相助爲多。」又曰：「某憂苦如昨，至節復不遠，痛割不自堪。幸朋友不鄙棄，責以講習，忽忽度日，且復支持耳。擴之來此相聚，極有益。其專志苦學，非流輩所及。但於展拓處，終未甚滿人意耳。」又曰：「講學之功，比舊却覺稍有寸進，以此知初學得些静中工夫亦爲助不少，尚恨未免泛然，應接不得專一於此耳。」讀數札似乾道間往復者。又《與何叔京書》云：「今年有古田林君擇之者在此相與講學，大有所益，區區稍知復加激厲，此公之力爲多也。」數書皆有「奉親遺日」之語，疑在乾道五年以前之札，擇之及門與何叔京皆相先後。

林魯山先生師魯

林師魯，別字魯山，古田人。朱子門人。其父與韋齋公友善。朱子跋其遺文云：「先君子志尚高潔，不妄與人交。蓋嘗避地福之古田，得芸齋林公而與之遊，愛其學識行誼有以過人，而惜其且將湮没無聞於世也。及仕於朝，爲之延譽甚力。然竟不及試用，識者恨之。某侍側，久聞大略。近得其臨終手書數十百言，戒其家無用浮屠法。然後知其所學之純，所守之固，見於死生之際又如此」云。師魯品行純篤，講學得朱子遺規，林用中師事之。

按：芸齋爲師魯先生父別號也，其名未詳。芸谷似爲師魯號。嘗考朱子《别集》，乾道五年《祭林芸谷師魯文》云：「昔先君與芸齋先生遊，而吾師魯又不鄙其愚，嘗不遠數百里過我於潭溪之上。蓋將從容講學以進於斯道」云。又朱子跋《芸齋遺文》稱師魯爲魯山。又《與林熙之書》曰：「惜師魯美才高志，未克有成，朋從零落，道學寡助」云。

林公度先生卿別見本學派❶

❶ 本條原無，據文津本補。

林丕顯先生蓍

林蓍，字丕顯，連江人。始與吕東萊師事林之奇，爲同舍生，而年又長於東萊。及東萊講學授徒，蓍竟屈首受業。東萊曰：「此閩中瑞物也。」後參謁朱子，以乏資且老，❶不得時見。聞鄉人有從朱子學者，輒造門扣問，無論晚輩。郡文學以禮延致之，數日而歸，曰：「向者違親而赴金華，爲道故也。今又安能舍親爲人耶？」凡訓誨諸生，必舉其立志用力者勉焉。《道南源委》。

余占之先生隅

余隅，字占之，古田人。朱文公高弟，學問警敏，與林用中齊名。吕東萊、黄勉齋相與往來，講明義理。著有《克齋文集》。

按：朱子《别集·答林擇之書》云：「二余在此日久，占之警敏，彝孫淳静，皆可喜，但亦未敢與説向上去，恐别生病」云。又書中有云：《尤溪學記》及《克齋記》按年月在乾道八年、九年，撰時文公年方四十三四，此書自是九年以後，則屬淳熙改元之歲矣，二人似早及門者。

❶「且」，丁氏抄本作「見」。

林熙之先生大春

林大春，字熙之，古田人。朱子門人。嘗題十六字云：「仲尼再思，曾子三省，予何人也，敢不修整！」號慥齋。家世宗尚理學，子孫以文行世其家。朱子曾贈之詩曰：「君行往返一千里，過我屏山山下村。濁酒寒燈静相對，論心直欲到忘言。仁體難明君所疑，欲求直截轉支離。聖言妙藴無窮意，涵泳從容只自知。天理生來本不窮，要從知覺驗流通。若知體用元無間，始笑前來説異同。十年燈火與君同，誰道年來西復東。不學世情雲雨手，從教人事馬牛風。」《三山新志》。《朱子大全集》。

司法蔣彦禮先生康國

蔣康國，字彦禮，古田人。紹興三十七年進士。嘗從朱文公講論。文公《楚詞集解》多資之，官饒州司法。學者稱鼎山先生。《道南源委》。

助教鄭惟任先生申之

鄭申之，字惟任，長樂人。乾道五年進士，國子監助教。朱子避僞學禁至長樂，申之從之遊。教授於鄉，及門甚衆。立文、行、忠、信四齋以處之。朱子扁其所居樓曰「聚遠」。《三山新志》。

文定鄭信之先生性之

鄭性之，字信之，侯官人。弱冠，遊朱文公之門。嘉定元年進士第一，授平江軍節度判官。召對，以聖學教太子爲先。除秘書正字，輪對，乞强國勢宜專大帥之權，久邊守之任，至萬餘言。累遷知袁州。召入，言：「執政出一言，侍從之臣間有忠憤不然者，則立中傷之，使人人箝口，此非國勢之福。」時東宫虚位，乞早定大計，寧宗嘉其請。後知贛州，改知隆興府，以寳章閣待制提舉玉隆萬壽宫，進文華閣待制提舉上清太平宫，進敷文閣待制、知建寧府。端平元年，召爲吏部侍郎。入對，言：「陛下比者大開言路，以通塞蔽。諸臣心苟愛君，誰不欲言？言不切直，何能感動？譬如積水，久壅一決，其勢必盛，其聲必激。故言者多，則易於取厭；言之激，則難於樂受。若少有厭倦動於詞色，則讒諂乘間或不自知。」所奏凡二千餘言。擢左諫議大夫，言：「臺臣交章互詆，願陛下鑑古今天下安危之變、君子小人消長之機，公以處之。若有關國體、有補治道、有益主德，言之過激，夫亦何傷？」拜端明殿學士、簽書樞密院事，累知樞密院事兼參知政事，加觀文殿學士致仕。寳祐二年卒，謚文定。性之所至，爲民去害就利，尤務崇化厚俗。民有骨肉争訟者，輒曉諭諄切，不事刑威。立朝正直忠厚，無所附麗。有《端平奏議》及與陳均同修《宋編年備要》行於世。《閩書》。《考亭淵源録》。《通志》。《三山新志》。

曾誠叟先生逢震

曾逢震，字誠叟，閩縣人。幼讀書過目成誦，慨然有求道志，與鄭性之俱從朱文公學，恥爲塲屋之文，胸中涣然，洞見道體，經史百家無不窺究。隱居道山，家事有無不問也。❶嘗自編録其詩文，名《月林醜鏡》。《閩書》。《三山新志》。

陳自修先生枅

陳枅，字自修，福州長樂人。祖宋霖爲同安令，與文公爲僚友，枅因從遊，有《所録問答》。《道南源委》。

劉履之先生砥別見三山劉氏家學❷

潘立之先生植

潘植，字立之，福州懷安人。父滋，爲林拙齋門徒。素務學，至老不倦。聞鄉閭之善士，輒折輩

---

❶ 「有」下，丁氏抄本有「求道」二字。

❷ 本條原無，據文津本補。

行，率其子從之遊。後聞晦菴講道武夷，遂命植往師事之。植遂與其弟柄不遠千里從於武夷。植少穎悟，讀書不數過輒成誦。爲文語意雄健，流輩推先。尤嗜史學。自載籍以來，上下數千年反覆耽玩，其於興亡治亂、是非得失之故，貫穿出入，如指諸掌。時方交馳於射策決科之習，而植與其弟皆以弱冠摳衣有道，厲志前修，回視故習，若將浼己。儕輩至有高談性理，下視程文之誚，不顧也。家居，日以濂、洛諸書磨礱浸灌，暇則徜徉林壑間以觴咏，自娱閨庭之間，怡怡如也。弟，柄。見本學派。《考亭淵源録》。

縣尉林子武先生夔孫

林夔孫，字子武，古田人。從朱文公遊。文公曰：「子武是有思量的。」命作堂長，嘗與講論「一陰一陽之謂道」及「繼善成性」之説。又與同邑余隅、程若中爲心友。黨禁起，學者懼禍，更事他師，獨夔孫與傅定從文公講論不輟。文公易簀之際，謂之曰：「道理只是如此，且須做堅苦功夫。」嘉定中特奏名，爲縣尉。有《書本義》、《中庸章句》并《蒙谷集》行世。丞相江萬里嘗從學，爲序之。《閩書》。《道南源委》。《考亭淵源録》。

潘謙之先生柄別見本學派❶

貢士鄭成叔先生文遹

鄭文遹，字成叔，閩縣人。嘉泰甲子貢士。幼而聰慧，少長刻苦爲學，口誦手抄，昏夜寒暑不輟。初治《春秋》，心悟經旨，操筆成文。自謂：「文詞記問，未足以爲事業。」及得周、程、張子之書，玩之有得，怡然自適。聞黄榦得文公之傳，遂受業焉。榦稱「文遹襟度夷曠，知識闓爽」，愛而敬之，盡告以所聞。嘗語曰：「成叔苟非其義，雖禄之萬鍾而不受。」人以爲信。後遂與俱登文公之門，交遊皆當世善士。文公晚年編集《儀禮經傳》，分界門人，而以《喪禮》委文遹，乃爲考經證傳，旁通子史，引比條律，綱目凡例纖悉。文公見之，大喜曰：「直卿稱成叔之賢且好學，今果然。」文公殁，榦以汲引後學爲己任，貽書云：「鄉閭朋友漸知義理者多，更賴成叔振拔，激昂之，使師傳不廢，莫大之幸也。」與同志共立規約，大要欲明義利，謹操守，以厚風俗。其事多文遹所定，以其素行足以勵衆也。文遹深觀默養，玩索益精。讀書有未解者，危坐終日以思，至忘寢食，及既得之，猶沈潛反覆，必極其趣而後已。嘗觀周子《太極圖》而悟孟子「性善」之旨本於大《易》「繼善成性」之説，曰：

---

❶ 本條原無，據文津本補。

「荀、楊之徒，妄生異論，豈知性哉？」所著有《易學啓蒙或問》、《禮記集解》、《喪禮長編》，有《庸齋集》、遺書凡五十卷。《考亭淵源録》。《閩書》。

程寶石先生若中

程若中，字寶石，古田人。嘉定十六年特奏名。從文公學，躬行無僞，禮度不遺，子孫侍側，冠服肅然。著有《槃澗集》。《道南源委》。

山長林正卿先生學蒙弟學履

林學蒙，字正卿，一名羽，永福人。初從朱子遊，後卒業於黄勉齋。僞學禁起，築室龍門菴下，講明性命之旨。陳師復守延平，作道南書院，聘爲堂長。朔望設講席，執經座下者數百人。及師復去任，學蒙亦浩然引歸，諸生挽留之不可。生平識趣高明，文足以發義理，行足以激貪懦。凡所講論《易》説，朱子皆然之。著《梅塢集》。弟學履，字安卿，亦朱子門人。《道南源委》。《閩書》。

按：《朱子語録·姓氏》，林正卿録文公語，在紹熙五年甲寅以後所聞，時朱子年六十五，此爲晚歲從遊所聞者。其弟學履録語在己未所聞，朱子年已七十矣。至及門年歲早暮未詳，待考。再按：真文忠公請三士入尊行堂，有雲山鄭先生、梅塢林先生、信齋楊先生。梅塢疑即正卿先生也，信齋已見本學派，雲山鄭公待考。

許幼度先生儉

許儉，字幼度，閩清人。朱子門人。以孝友教家，三世不分異。丞相鄭性之書「孝友」扁其堂，林羽爲之記。《閩書》。

黄仁卿先生東

黄東，字仁卿，閩縣人。按朱子《與仁卿書》略云：「所示《春秋大旨》甚善，此經固當以類例相通，然亦先須隨事觀理，反復涵泳，令胸次開闊，義理貫通，方有意味。若便一向如此排定説殺，正使在彼分上斷得十分的當，却於自己分上都不見得個從容活絡受用，則亦何益於事邪？大抵不論看書與日用功夫，皆要放開心胸，令其平易廣闊，方可徐徐旋看道理，浸灌培養。切忌合下便立己意，把捉得太緊了，即氣象急迫，田地陿隘，無處著功夫也。此非獨是讀書法，亦是仁卿分上變化氣質底道理也。然看《春秋》外，更誦《論》、《孟》及看《近思録》等書，以助其趣乃佳，若只如此，實恐枯燥，難見功耳。」

按：黄仁卿先生以下諸賢未詳事實，今就《大全集·問答》録出，亦略得當日求師問學大概耳，餘一二未得全録。

陳與叔先生夢良

陳夢良，字與叔，長樂人。按《朱子大全集》，夢良問云：「子在川上曰：『逝者如斯夫，不舍晝夜！』程子曰：『自漢以來，儒者皆不識此義。此見聖人之心純亦不已也。純亦不已乃天德也，有天德便可語王道，其要只在謹獨。』竊意其要在謹獨，莫是功夫無間斷否？」答曰：「川流不息，天運也；純亦不已，聖人之心也；謹獨，所以爲不已，學者之事也。」又問云：「『夫仁者，已欲立而立人，已欲達而達人。能近取譬，可謂仁之方也已』。《集注》以上一截説仁之體，下一截説仁之術，而程子於此二截乃合而言曰：『欲令如是觀仁，可以得仁之體。』」答云：「程子合而言之，上下句似不相應，不若分做兩截看。然惟其仁者之心如此，故求仁之術必如此也。」《朱子大全集》。

余彝孫先生範

余範，字彝孫，古田人。按《朱子大全集》，範問云：「有憂有懼者，志不勝氣，氣反動其心。若志立，則氣定矣。故曰：『内省不疚，夫何憂何懼？』」答曰：「有憂有懼者，内有所慊也。自省其内而無所病，則心廣體胖，而何憂何懼之有？夫子之語，固已明白完備，今以志立氣定爲言，則是未嘗熟復本文而別生枝節也。」又問曰：「《文中子》曰：『仁義，教之本，先王以是繼道德。』❶此先道德而後仁義之説也。」❷答曰：「此説得之。」《朱子大全集》。

黄升卿先生杲

黄杲，字升卿，閩縣人。有《辛亥問答》。

唐　先　生

唐曄，閩縣人。

蕭先生長夫

蕭長夫，閩縣人。

❶「王」，原作「生」，據朱熹《晦庵先生朱文公文集》卷六〇及王通《中説》卷六改。

❷「後」，丁氏抄本作「有」。

林先生充之

林充之，古田人。

林先生好古

林好古，古田人。

程先生深父

程深父，古田人。

林先生仁實

林仁實，永福人。

陳彦忠先生士直

陳士直，字彦忠，閩清人。

按：彦忠先生爲朱子門徒，僅見《姓氏》。馥家藏先公所遺《朱子墨蹟》一軸，書贈人詩一首，後云：「考亭朱某題贈門人彦忠、彦孝昆玉同榜登第。」其詩云：「秋闈春榜兩同年，昆玉連登豈偶然。青領乍辭芹泮路，緑袍新醉鳳池筵。東南文運今方盛，《虞典》人才古獨先。忝我師儒真不負，長歌喜極爲重編。」此書爲贈彦忠，彦孝昆玉二人登第，而不繫姓。考閩中只《三山志》有陳正直，字彦忠，又不列選舉，且彦孝亦不著姓名。至他省諸門徒無從尋訪，今姑附陳氏士直姓氏籍貫下。至其詩之真否，待共訂之。其字蹟筆畫用草筆寫就，與文公平昔刻本翰墨似若一轍。謹識疑於後云。再考《朱子大全續集》，有與葉彦忠一札，三段論《易傳》，并屬校學，疑亦門人之列，未知孰是，待再考。

秘監陳元雱先生宋霖以下交友

陳宋霖，字元雱，一字元滂，長樂人。登紹興五年進士。知同安日，適朱子爲簿，日與講明經義，朱子稱其能躬行實踐。後陞秘監，書問往來不絶。孫枅受業朱子之門，當時爲朱子所友者，又有古田程伯榮、沈有開、傅子淵。《三山新志》。

縣丞鄧楚材先生林

鄧林，字楚材，福清人。年十五以詩義魁鄉校。淳熙五年進士登第，調太和簿。一時如陳止齋、朱晦菴、吕東萊、戴少望皆與之遊。凡三上書，極陳朝政，時議欲授以中都幹官。或曰：「鄧林若在中都，此謗議之府也。」遂改石城丞，有《虚齋文集》行世。《閩書》。《三山新志》。

沈有開傅子淵❶

程良弼先生伯榮

程伯榮，字良弼，古田人。與同邑蘇龜齡、沈有開、傅子淵皆友於朱子。《閩書》。《三山新志》。

著作郎鄭自明先生鑑

鄭鑑，字自明，連江人。乾道間，補太學生，扣閽言鞠毬事。❷淳熙初，釋褐，除太學正。入對，孝宗謂龔茂良曰：「鄭鑑議論甚切。」召試館職，對策，論大臣權倖干政，孝宗復深嘉之。除校書郎，遷著作郎權郎官。屢引對言時政，爲時相所惡，遂乞外出知台州。陛辭，劄七上，孝宗爲改容，及辭，東宮太子語之曰：「前後講論，無如侍講直切。」後卒，朱文公祭之文，有云：「偉哉！自明凛乎有古争臣之風，求之近臣，則措之鄒、陳之間，而無怍者也。」《閩書》。

❶ 本條原無，據文津本補。

❷ 「扣」，丁氏抄本作「叩」。

按：《經義考》，❶鄭思孝曰：先高祖諱鑑，字自明，號植齋。贅於丞相陳正獻之家，遂家於莆。事孝宗朝忠蓋極諫，當時晦菴、南軒、東萊諸賢深敬之。三十歲釋褐，三十八歲即世，今所存者，惟《易經》一部。

❶「義」，原作「籍」，此處按語引自朱彝尊《經義考》卷三二，據改。

閩中理學淵源考卷十八

廣平府知府李清馥撰

朱子泉州門人并交友

泉自唐歐陽四門先生開閩學之先，迨五季俗敝波靡。宋興，此邦人文漸著，賢哲踵生。惟時周、程派系多屬上游，至子朱子臨莅同安，闡明聖學，崇奬名教，泉之學士斌斌嚮風矣。厥後，陳後之、劉叔文、楊至之、許順之親承言論，蔡白石、陳北溪遞衍師説，與吕樸鄉、丘吉甫後先輩出，時謂之清源别派。志乘載考亭道脉傳入温陵，所著録者二十餘人，若傅氏竹隱父子、陳氏知柔、黄氏維之與公知契尤篤。至末造吕、丘諸賢或隱身明志，或守義不辱。嗚呼！豈特其亮節可風哉，亦平昔辨志居業爲有本也。夫泉之習尚在嘉祐、治平之際，猶以勳業名位爲烜赫，迨至朱子啟發講明，風氣一變。重以王梅溪、真西山漸摩德化，禮教大明。尚論者知朱、真諸大儒之澤矣，而遞續師傳，羽翼斯義，諸君子亦皆持道化之盛也。回溯風猷，寧能忘崇仰哉！

柯國材先生翰

柯翰，字國材，同安人。孝謹誠慤，自守介然，及門授經，人以百數。文公朱子簿同安，屬治學事，引翰自助。翰内行峻潔，衆嚴憚之，久皆化服。葺廬以居，取楊子所謂「三年通一經者」以名其堂。文公爲作《一經堂記》。

按：紫陽文公門徒，惟同安諸生受業最早，有柯國材翰、許順之升、陳氏齋仲、徐氏元聘諸先生。考文公《與國材書》云：「戴、陳二生趣向文辭皆可觀，固知其所自矣。有友如此，足以爲仁，敢以爲足下賀，而僕亦將有賴焉。」又云：「某自延平逝去，學問無分寸之進，汩汩度日，無朋友之助，未知終何所歸宿」云云。又曰：「李君好學禮賢，其志可嘉。國材想亦推誠與之講論，有可采處。若得同爲此來，真寡陋之幸。」又曰：「石文相聚所談何事？其篤誠好學已不易得，而議論明快，想講論之際少所凝滯也。」又云：「前此以陳、許二友好爲高奇，喜立新説，往往過於義理之中正，故常因書箴之。蓋因其病而藥之，非以爲凡講學者皆當畫於淺近而遂止也。」又云：「凡此皆石文書中未及盡布者，或因講論之次，間爲及之。并以呈齋仲、順之，不知如此卑説還可高意否？二公更不及別書也。」

徐文惠書云：「有疑難數板，却未見之，豈封書時遺之邪？」觀書中諸人，陳、許二友似指齋仲、順之，徐文未知是元聘否？李君并戴、陳二生未詳。石文疑是同安丞石𡼏子重。朱子與往復書甚多，係會稽人。

又按：淳熙四年二月，文公祭國材文曰：「余少之時，承吏君里。實始識君，敬慕興起。致君序室，以表後生。講誦洋洋，德義振聲。」又曰：「惟君之德，剛毅近仁。望之可畏，即之可親」云云。《道南源委》。《郡志》。《邑志》。《朱子大全集》。

許順之先生升

許升，字順之，别號存齋，同安人。生長華宗，視紛華勢利無足動心，獨有志聖賢之道。朱子簿同安，公年十三，即從講學淬勵。五年，秩滿，復從北歸，覃思研精，學力大究。朱子稱其學專用心於内，嘗書「存齋」二大字授之，使扁書院，復爲之記。臨别，宿雲際寺，朱子送以詩曰：「薄暮投花縣，聯車入翠微。長林生缺月，永夜照寒扉。清話欣無斁，離懷悵有違。勉焉彊毅力，千里要同歸。」又云：「門前三徑長蒿萊，愧子殷勤千里來。校罷遺書却歸去，此心原自不曾灰。」至家，朱子兩與書，微示養氣、修齊之意。在衰絰之年，動閑禮度，擬古自裁。朱子嘉之，令校《程氏語録》，公曲折訂正論量，朱子答書甚悉。居家偕同志陳齋仲肄業浄隱寺，又與石子重、徐元聘、柯國材、陳汝器、王近思等友善。後遍交四方之士，若范伯崇、廖德明、林擇之、許敬之等，或相過從，或往來書問，論道肄業。朱子稱其恬淡静退，無物欲之累。所著有《孟子説》、《禮記文解》、《易解》等書，並湮滅無傳。

按：文公《與王近思札》云：「汝器諸友相聚，日所講者何事？」即傳中陳汝器否？又《朱子大全集》門人姓氏録有「林汝器，同安人」，未知孰是。《舊志》。《新志稾》。《閩書》。

陳先生齊仲

陳齊仲，同安人。從文公遊，文公勉其務實。

徐先生元聘

徐元聘，同安人，號芸齋。名未詳。文公曾爲作《芸齋記》，附文公《與順之書》曰：「國材、元聘爲況何如？昨寄得疑難來，又是一般説話。大抵齋仲、順之失之太幽深，順之尤甚。而三公失之太執著。執著者有時而通，幽深者蕩而不返矣。中間一條平坦官路却無人行著，只管上山下水，是甚意思？因書可録此意及二序送之，爲致不及書之意。范伯崇學大進，劉德明者亦稍識理趣，皆可喜耳。伯崇去年春間得書，問《論語》數段，其説甚高妙，因以呈李先生，李先生以爲不然，令其慤實做功夫，後來便别。此亦是一格也。然其當時高妙之説，亦只是依諸先生説而推言之過當處耳，非如順之所示，硬將文義拗横説却也。切宜速改，至祝！至祝！」

按：文公《與許順之書》言：「國材、元聘爲況何如？」書中又言李先生，則諸人皆在孝宗隆興以前及門者，故列在前云。

忠簡傅景初先生伯成別見傅氏家學❶

直閣傅仲孚先生康仝上❷

縣丞陳後之先生易

陳易，字後之，永春人。從朱子遊。朱子嘗稱後之及安卿「爲學頗得蹊徑次第」。又《與楊至書》云：「彼中朋友，後之講論可師。」或問：「延平驗中於未發之前，是何氣象？」易曰：「持守良久，亦自可見。」蔡和恒請質焉。淳熙四年，以明經登鄉薦。慶元二年進士，仕終福州懷安丞。居喪參酌古禮，不用浮屠，鄉閭化之。著有《語孟解》。《新郡志藁》。

劉叔光先生鏡

劉鏡，字叔光，惠安人。厭科舉之習。淳熙間，從朱子學，主於涵養體察，稱高弟。

❶ 本條原無，據文津本補。

❷ 本條原無，據文津本補。

附

劉叔文先生

劉叔文，名未詳。朱子《與楊至之書》云：「彼中朋友，後之講論可師，叔文持守可法。諸友若能頻與切磋，必有益也。」又《與李亢宗書》云：「陳後之持守見識皆不易得，劉叔文守得亦好，但未知後來所見如何耳。」

按：二公爲師門稱許如此，其爲高弟無疑。再按朱子稱「彼中朋友，後之講論可師，叔文持守可法」，後之，陳易字，則叔文亦劉之字也。所云「彼中朋友」似均屬泉人。

再按：劉鏡，字叔光，惠安人。其學主涵養體察，稱高弟。朱子集中，泉郡諸門徒多掛及其姓氏，即往復書中亦多及之，獨遺劉叔光鏡，或疑叔光、叔文字畫相近，或傳寫差訛，或別有其人。謹將叔文録附叔光傳後，待考焉。

備　考

朱子《答劉叔文書》曰：「所謂理與氣，決是二物。但在物上看，則二物渾淪，不可分開各在一處，然不害二物之各爲一物也；若在理上看，則雖未有物而已有物之理，然亦但有其理而已，未嘗實有是物也。大凡看此等處須認得分明，又兼始終，方是不錯。只看《太極圖》熹所解第一段，便見意思矣。若未會得，且虚心平看，未要硬便主張，久之自有見處，不費許多閑説話也。如此虚心理會不得時，却守取舊來所見，未爲晚耳。如或未然，且放下此一説，别看他處，道理尚多，或恐别因一事透著此理，亦不可知，不必守此膠漆之盆枉費心力也。」

又曰：細詳來喻，依舊辨别「性氣」兩字不出。須知未有此氣已有此性，氣有不存，性却常在。雖其方在氣中，然氣自氣，性自性，亦自不相夾雜。至論其徧體於物，無處不在，則又不論氣之精粗而莫不有是理焉。不當以氣之精者爲性、性之粗者爲氣也。來説雖多，只以此意思之，便見得失。如云精而又精，不可名狀，所以不得已而强名之曰「太極」，又曰氣愈精而理存焉，皆是指氣爲性之誤。又引《通書解》云云，亦是不察「陰陽」二字是形而下者，便指爲誠。不知此是誠之流行歸宿處，不可便指爲誠也。又引無極之真，以爲真固是理，然必有其氣，是以可與二五妙合而凝，此尤無理矣。夫真者理也，精者氣也，理與氣合，故能成形。豈有理自有氣，又與氣合之理乎？其間瑣細，不暇一一辨論，但更看《太極圖解》第一段初兩三行，便見理之與氣各有去著，不待如此紛紜矣。

楊至之先生至

楊至，字至之，晉江人。遊文公之門，蔡元定奇之，妻以女焉。著《天道至德》、《天道至教》二圖，以發明「爲士希聖，盡人合天」大旨。記所聞於朱子者，爲《語録》二卷。

按：文公《答楊至之書》略曰：「向嘗面説至之有膚淺之病，不知曾究其所以然而加濬治之功否？後之歸永春後，曾復來否？子順、子能爲學復何如？彼中朋友，後之講論可師，叔文持守可法。諸友若能頻與切磋，必有益也。漳州朱飛卿近到此，病作，未得細講。陳淳者書來甚進，異日未可量也。」讀此書，知泉、漳彼時學徒次第，尋學派者即此可想見大略。此書在知漳州以後之札中，言後之，即陳易。叔文詳見《叔文補傳》。

楊子順先生履正

楊履正，字子順，晉江人。朱子門人。朱子稱其爲學細密。有生徒數百人。

按：文公《答子順書》云：「學雖以躬行力踐爲極，然未有不由講學窮理而後至。」又曰：「來書所論爲學，大意似已得之，但賢者本自會説，説得相似却不爲難，只恐體之未實，即此所説皆是空言，不濟事耳。」又曰：「至之粗疏，不如子順細密云。」

王近思先生力行

王力行，字近思，同安人。與陳易、楊至、楊履正、劉鏡，淳熙間皆遊朱文公之門。公謂其「明敏有餘而少持重」，因勉以爲己功夫，自是苦學善問，深得旨趣。所著有《朱氏傳授支派圖》、《文公語録》一卷。《大全集》載其問答甚多。

按：《朱子語録·姓氏》載，王近思録文公語在紹興二年辛亥所聞，時文公年六十二，在知漳州後也。其受業文公年歲，傳中載在淳熙間。再按：文公《與許順之書》云「徐、柯二文及汝器、近思諸友相聚説何等話」云云。徐似指徐元聘，柯似指柯國材。考文公淳熙四年有《祭柯國材文》，則此公當在淳熙四年以前及門，無疑也。

李子能先生亢宗

李亢宗，字子能，泉州南安人。刻志問學，服習儉素，儼然一儒生，無貴介氣習。文公稱之。

按：文公《答李子能書》略曰：「累承喻及爲學之意，甚善。但如此用力，頭緒太多，令人紛擾無進步處。故程先生説『涵養須是敬，進學則在致知』。」

張子文先生巽

張巽，字子文，一字深道。五代漳州刺史清溪之裔，父寓，奉議郎，知臨江軍，嘗與張南軒共學。淳熙中，南軒講學長沙城南書院，寓遣子巽從之遊，及歸，贈以二詩，指示爲學根本且致屬望之意。其詩曰：「秋風木葉落，送客麗樵東。豈懷兒女戀，愛此趣味同。至理無轍迹，妙在日用中。聞言有不信，渠自馬牛風。吾子實所畏，立志高冥鴻。卓然遊聖門，不受異説訌。切磋豈不樂，愧非斲鼻工。於皇太極藴，精微浩無窮。願言終玩繹，默參元化工。」又曰：「人言底杜險，❶袖手不敢邇。孰知人心危，毫釐千萬里。由來事物繁，酬酢無披靡。雖云應不難，要且辨真僞。良知本易直，❷天機驗所起。涵濡自日新，日新乃無蔽。聖學非空言，要領故在此。吾子端發源，所進渺涯涘。我雖念不敏，詎敢忘所止！後會儻有時，深功同舉似。」南軒之教，使人先察天理、人欲之分，而培養擴充以復其性。其於聖賢微言，多以所自得義理爲之解説，明透灑落，人人易曉。巽既受師傳以歸，杜門玩養，寡交於人，人亦鮮知之者。是時，晦菴之學盛行於泉，謂之清源別派，其學者如楊至至之、陳易後之輩，持守講論多可觀。惠安有劉鏡叔光者，稱爲高弟。巽間從之遊，因得所聞於晦菴者，未能釋然，曰：「恐晦菴之教不止此也。」乃走武夷謁晦菴。晦菴以所嘗與南軒講論中和之旨告之曰：「此某與南軒晚年晝一功夫也。」臨別，又請教，晦菴曰：「南軒記嶽麓，某記石鼓，合而觀之，知所用力矣。」巽退而喜曰：「吾固謂其不止是也。」既歸，日從事於涵養體察，久益明静。人或勸其著述，對曰：「尊其所聞則高明矣，行其所知則光大矣。吾於所聞、所知尚未能加意，安敢妄作！」有草堂在錦溪之上，學者稱爲錦溪先生。《惠安邑志》。

按：文公撰《衡州石鼓書院記》在淳熙十四年丁未夏四月，時文公年五十八，子文在作記後從學，自屬晚年矣。

❶「底」，丁氏抄本作「砥」。

❷「本易直」，文津本作「本不易」。

郎中高穎叔先生禾

高禾，字穎叔，泉州晉江人。淳熙八年進士，歷福清、仙遊令，知惠州，除將作監丞、大理寺正、兵部郎中。奉祠卒。陳宓作《墓誌》，其略曰：「公端方而重，和易以莊，色夷氣清，可畏而愛。始微有知，則知學問，月開日益，❶卓然早茂。叔伉倅臨漳，朱文公時綰郡符，公執子侄門弟子禮卑以恭，文公深器之。義利之間，辨析杳微，非所當得，一介不取。待人接物，宛若處子，或意外干以私，正色拒絶，雖賁育不能抗。」歷州縣，持使節，閩、廣之人至今頌之。

林先生巒

林巒，晉江人。文公門人。能推所聞，以講學閭里。

按：先生曾以所爲文三篇以質文公，公答書略曰：「學之道非汲汲乎辭，必其心有以自得之，則其見乎辭者非得已也。今足下類多採摭先儒數家之説以就之，所以自得者何如哉？足下改之甚善。」又答書論《中庸》「喜怒哀樂未發」數章，末云：「讀書且虛心看此一處文義，令語意分明，趣味浹洽乃佳。切不可妄引他處言語來相雜，非惟不相似，且是亂了此中正意血脉也。」

❶「月」，原作「日」，據文津本、丁氏抄本改。

黄先生謙

黄謙，南安人。父命之入郡學習舉業，謙棄去，從學於文公。公曰：「既是父命習舉業，何不習郡學？舉業與理學不相妨，如拂父之命，則父子相夷矣，何以學爲？」

徐先生應中 王賓

徐應中，同安人。王賓，晉江人。俱進士。按，朱子爲同安簿，請徐、王二先生充學賓，申縣劄曰：「縣學教集生徒，漸成次第，但職事員數既少，❶又皆頗有分職，以此不得專意教導。竊見本縣進士徐應中留意講學，議論純正；進士王賓天資樸茂，操履堅慤，❷求之流輩，未見其比。乞從縣司行下本學，具禮敦請赴學，特給厨饌，待以賓客之禮。不惟使生徒覩其言行，得以矜式，庶幾士民向風，有所興勸云。」

按：朱子申請本縣徐應中、王賓以充學賓，俱稱「進士」。考《閩書》諸志，登科年分無可考，疑是遺録。今當以朱子申請爲據，入之學派中。蓋平昔必經薰炙無疑也。

---

❶ 「少」，原作「多」，據《晦庵集》卷二〇《請徐王二生充學賓申縣劄子》改。

❷ 「履」，原作「理」，據《晦庵集》卷二〇《請徐王二生充學賓申縣劄子》改。

許子春先生景陽

許景陽，字子春，同安人。從文公遊，文公稱其「説話意趣儘好，恨不得欵曲議論」。《閩書》。

按：《朱子大全·文集》卷七《詩編》内有《山北紀行詩》，詩末自註同行諸人云：盧陵許子春景陽、温陵吴兼善仲達。又考《大全·别集》朱子題《折桂院行記》在淳熙八年辛丑，内有温陵許景陽，則景陽又屬温陵人，俱不可曉。又考《黄勉齋先生集·與余瞻之書》云：「盧陵書信遞去良久，旦夕雖有回訊，當得尋便納往。景陽書何説？比亦收書，看《周禮》甚有味，亦作書挽其歸，恐遂爲盧陵人，未可知也。」按此或是温陵遷寓盧陵耳。再按羅氏大經《鶴林玉露》載，朱文公帖稱景陽姓許，字子春；季章姓劉，名黼，皆盧陵醇儒，從文公學。羅亦盧陵人云。

諸葛先生廷瑞

按朱子文籍并傅氏撰行狀皆未叙及，朱子之門惟《閩書》及此。❶

縣令黄景傅先生巘孫

私淑❷

黄巘孫，字景傅，惠安人。寶祐四年進士，授仙谿尉。興學校，修邑志，治梁橋水利。一以義理

---

❶ 本條原無，據丁氏抄本補。

❷ 「私淑」，原無，據丁氏抄本補。

之學爲政。作思賢堂以祀前尉段全、凌景陽二公，并作《堂記》。咸、淳間，令尤溪。重新南溪書院，建四齋及講堂以棲學者。復作夫子燕居堂。録朱子所作《太極》、《通書》、《西銘》三書解及與門人問答、書疏散見《文集》、《語類》中者，及後儒之説有發明者，申以己意，薈萃成篇，倫類通貫，名曰《輯解》，刊於書院。未幾，通守福州。又校刊《西山讀書記》，皆行於世。

州守體仁先生知柔別見本學派❶

寺丞黄叙張先生維之別見家學❷

郡守曾泰之先生秘以下交友

曾秘，字泰之，同安人。乾道五年進士，與朱子友善，薦授國子監丞，知惠州。繕亭驛，增冷泉、叱馭、秀麓等菴以濟行者。後知漳州，卒。

按：朱子於淳熙十年撰《漳州龍巖縣學記》，曾言：「温陵曾君秘來嗣其丞職。」❸又曰：「嘗從吾友石、許諸

---

❶ 本條原無，據文津本補。

❷ 本條原無，據文津本補。

❸ 「其」，原作「具」，據朱熹《晦庵先生朱文公文集》卷七九改。

君遊，是必能誦其所聞以先後之者。」意曾公在同安時與朱子相識。石、許疑是石子重、許順之否，待考。

提舉趙彦忠先生悰

趙悰，字彦忠。父思誠爲泉州守，因居晉江。悰與朱子友善。爲福建運管，以鹽法病民，請恤竈户，均敷額，歲衍鹽百萬斤。知惠州，覈吏欺弊，得米七千斛、錢五萬緡，公入既充，斥其餘以惠民，政以最聞。歷提舉常平，卒於官。子誼，聚書萬卷，知富陽縣；説，守南恩州。《郡志》。

州守儲行之先生用

儲用，字行之，晉江人。淳熙十一年進士，知建陽，有惠政。朱子亟稱之。會黨禁起，罷去。後道縣治，民擁車大呼曰：「此好官長，我輩共思之。」起知襄陽。鄧民樊快明率衆來附，制司欲勒之，用爭於朝，復力言於制閫，大恚之，罷用歸。時海寇犯泉境，與守真德秀合謀，抵海島，擒其酋，餘黨遁去。後直文華閣、知惠州。未上，卒。子耀，知雷州。《郡志》。

州守蔡光烈先生兹以下知舊

蔡兹，字光烈，永春人。問學有聲，從遊甚衆。蚤以明經領鄉薦，復以詞賦第紹興十二年進士。仕至南恩守，秩滿，雅有林泉之想。丞相梁克家當軸，除兹廣德憲，控辭甚力，遂掛冠歸。築室東偏，扁曰「燕堂」。後取邵康節「齒髮既衰，非昔日林泉能老是長春」之句，復改其堂曰「長春」，日與賓友觴咏其間。兹嘗於紹興二年爲建州貢院考官，謂人曰：「吾取中一後生，讀其三策，皆欲爲朝廷措置大事，他日必非常人。」乃朱熹也。其巨眼如此。

按：傳中稱紹興二年爲建州貢院考官，取中朱子。考《紫陽年譜》，朱子生於建炎四年庚戌，至紹興二年壬子，方三歲，其年分傳寫錯誤無疑。蔡公於紹興十二年登第，朱子於紹興十七年貢於鄉，十八年登第，意蔡公自是登第後爲建州考官否？謹識之待考。查《永春舊志》、《泉郡舊志》、《閩書》諸書相沿皆作紹興二年，疑皆承誤。

閩中理學淵源考卷十九

廣平府知府李清馥撰

朱子興化門人并交友

按：莆儒風之盛，得中州派的先於七閩者，始於方景通先生峻，與其子元寀交識程大中公，薰炙於二程之學深矣。艾軒林氏亦聞其風而興起者，至朱子之學興，宗仰偏於海隅，若陳、若方受學彌勵。厥後習尚醇篤，忠節林立，其士風家法盛衰興廢之變，昭然可覩矣。嗚呼，君子之澤豈獨五世而斬哉！

通判余景思先生元一

余元一，字景思，興化軍仙遊人。娶三山黄御史瑀之女，遂與瑀子榦師事文公。始見之日，以仁、義、禮、智、信分作五論，及自著文爲贄。間與榦講論有異同，輒以質諸文公，嘗有《答余景思書》，見文公《别集》。淳熙五年登第，歷奉議郎、知泉州同安縣。嘗立蘇緘祠於其故居，文公甚喜之，爲縣以清嚴稱，終池州通判。弟宗龜，同登進士。《考亭淵源録》。《莆陽文獻》。

按：文公少年時過莆，即獲交林謙之、方次雲，後與陳正獻魏公、龔大參公又極厚。莆中傳朱子之學者，方、陳二家子弟最盛，其餘諸賢亦多彬彬林立，見於集中往復書札可考。文公《與景思書》云：「魯叔兄弟幾人，今皆年幾何？莫亦能自卓立否？欲作書慰之，以病未能，當俟後便也。」按，魯叔爲朱魯叔也，其兄弟事實未詳。朱子《别集》曾載有答書，録姓氏見後。

林若時先生得遇

林得遇，字若時，興化仙遊人。一日發憤，鬻産裹糧，至武夷參拜文公。文公令日講《論語集註》，頓悟，明理能文。及文公殁，復往會葬。暮年，與同縣陳沂相友善。

黄子洪先生士毅

黄士毅，字子洪。自興化徙吴中。士毅自幼嗜學，知向上爲聖賢事業。慶元中，學禁方嚴，徒步入閩，❶遵朱子命，日觀一書。夜叩所見，告以静坐勿雜，唤醒勿昏。居數月，授以《大學章句》而歸。終其身從事於斯，號稱有得。

著述甚多，撰次《朱子書説》七卷、文集一百五十卷、《語類》一百三十八卷。又嘗類注《儀禮》，

❶「閩」，丁氏抄本作「山」。

未克成書。知府王遂爲買宅以居，稱爲「考亭名士」，同郡名儒黄邃又謂之「有道君子」云。興化有壺公山，以「壺山」自號。

將作監陳思中先生守別見本學派❶

承事郎陳師德先生定仝上

龍圖陳師復先生宓仝上

太常卿陳允初先生宇仝上

承事郎陳廉夫先生址仝上

縣令方耕道先生來別見家學

方耕叟先生禾仝上

❶ 本條原無，據文津本補。下十二條同。

縣令方若水先生壬仝上

方伯謨先生繇仝上

縣令方子實先生泳之仝上

方履齋先生大壯仝上

通判方子約先生符仝上

方平叔先生銓仝上

文學鄭子上先生可學

鄭可學，字子上，莆田人。幼而文，冠而孤。力學好修，累舉進士不第，裹糧千里從學於朱先生。先生一見，恨相遇之晚，握手評議如夙友焉，道同氣合。率終歲一歸，歸則以書質所疑，有問斯答，皆聖賢所未發之旨。朱先生守臨漳，虚子弟之師席，俾之西向而坐。既歸，則又以書招之，且致諸子弟慕向不忘之意。四方學者至，即有問，必使子上正之；而仕之來南者，命必見子上而後行。

諸公名人皆欲招致子上，不可得，吕祖謙、李命傳、詹徽之、廖德明皆加敬愛。與人交，氣和而清，竟日端坐，不見怠容，誠信温恭，其所誨誘皆爲名士，前後三奉大對。嘉定辛未，敕授忠州文學。是歲冬，廖德明爲廣帥，招致郡齋。明年壬申秋，親友勉子上調選，方信儒時守春陵，與之偕行。至豫章，卒於豐城，年六十二。

所著有《春秋博議》十卷、《三朝北盟舉要》一卷、《師説》十卷、詩數百篇。子上不喜爲詩，遇時感發，時出一二，不多作。學禁興，登朱門者畏避退縮，子上獨相從於寂寞之濱。《考亭淵源録》。

按：《朱子語録·姓氏》鄭子上録文公語在紹興二年辛亥所聞，時文公年六十二。其從學另考。

判官林井伯先生成季 别見家學❶

博士傅至叔先生誠

傅誠，字至叔，仙遊人。汶淇從子。幼知讀書，有雋聲。年十九，以書見泉之鄉先生黄維之，大奇之。後淳熙八年登進士第。誠生平自讀書外無他嗜好，所與語者悉皆好學清介之士，非此弗與之交。初調永春尉，辨陳介珪之冤，與上官忤，因納告敕於憲臺求去。介珪卒得直。侍郎黄艾被旨

❶ 本條原無，據文津本補。

使北，壯誠有守，奏辟以行。歸，除廣東賢幹，改知青陽縣，尋除提轄文思院。時參政張巖開府於京口，奏辟戴溪與誠同幕，凡著述皆出其手。後歸朝，不一跡權門，累循常調，遷太常博士。真德秀時爲正字，每數日輒相過，談論古今事，移晷方去。寧宗朝，輪對，其略曰：「臣觀自古常有披草莽而立朝廷者，况今陛下承中興以來三聖相承之業乎？假如渡江初年，幸未有定止，荆吴、陜、蜀三方不相聞知，陛下將不能有所運動乎？古昔王者微弱如東晉，重鎮擁兵上流，朝廷奔命，故不得已而姑息。今陛下之所駕馭，又非有奸雄桀黠之才，微寸效可紀，何所牽制而寬假至是乎？假有如中興二三大將軍校號爲某家人恃功驕蹇，陛下將有所號令之乎？」又曰：「今日之事，奄奄如氣息僅續之人，略無一朝奮起之勢，浸有百年消削之憂。或有聞而嘆息，或有聞而竊笑者。嘆息者有憂朝廷之心，竊笑者有輕朝廷之意。良由縉紳風俗之不振，脂韋留連富貴之心有餘，而感慨自立、以身許國之意不足。顧光景而計升沈，風迹淪胥，人心輕玩。其弊固至此也。」

縣令林同叔先生澧

林澧，字同叔，仙遊人。爲建州幕，廉勤自持。朱文公嘉其操行，書問往復，相期甚厚。知崇安縣，清静不擾，縣圃産芝，池蓮雙花並蒂，歲以大稔。縣丞楊霓爲記其事，民立祠曰「林長官」。《閩書》。

朱先生浣

朱浣，仙遊人。與弟涓、溉俱遊文公門。

朱先生魯叔

朱魯叔。

傅夢良先生公弼

傅公弼，字夢良。

傅先生敬子

傅敬子。

傅先生毅誠

傅毅誠。

方次雲先生翥別見家學❶

方盈之先生萬❷

侍郎黄伯耆先生艾

黄艾，字伯耆，莆田人。乾道八年廷對第二人。朱子知漳州，奏行經界，朝議未定，公言：「天下之大，公卿、百官之衆，議一經界三年不成，若更有大事，將若之何？」乃詔行之。寧宗即位，爲右正言兼侍講。及朱子罷講筵，公因進講問故。寧宗曰：「始除熹經筵耳，今乃事事欲聞。」公懇請再三，不聽。除中書舍人，改刑部侍郎。以侍詔終。著《尚書講義》。

❶ 本條原無，據文津本補。
❷ 本條原無，據文津本補。

閩中理學淵源考卷二十

廣平府知府李清馥撰

朱子建寧門人并交友

按：宋初楊文公以文章、節義倡南方人物之始，厥後遊廣平，胡文定述中州學派之源。至朱子遷寓建陽，學徒雲集，親承指要者，蔡氏父子爲盛。若崇安建陽劉氏一門忠節彪炳，儒術尤章。至末造，西山真氏補苴張皇，其登第之年皆在慶元之代。時學禁方嚴，未及門墻，後與詹元善、蔡節齋諸公互相往復，殆私淑諸人者與？

通判葉晦叔先生文炳

葉文炳，字晦叔，建安人。舉進士，調晉江簿。遲次家居，致書請益於朱文公。及至官，文公告以居官臨民之法。時顔師魯爲守，事多咨之決。汀州境上豪民相仇敵，帥張忠定選官撫諭，衆皆憚行，文炳獨請往。既至，折之以理，諸豪皆伏。再攝獄、攝舶，拒絶苞苴，不還就公卿貴人請。師魯以與徐誼、陳傅良並舉於朝。秩滿，調劍浦令，改閩縣丞。未上，服母喪。既闋，調筠州録參。前後兩太守，寬嚴不同，文炳視其所偏資助之。嘗言獄事至重，當顧理是非，不敢徇喜怒。獄有巨援，文炳争守入之；守有所欲入，文炳故緩其事，待其自覺露。既，前後守多愧以服。邊事作，調兵於州，營卒憚行，頗洶洶。文炳諭以國家豢養厚恩，使奮前戮力，復白州優賞之，皆聽命。改秩，知仙遊。決累年滯訟，出死獄，增廩養士，像故相葉正簡公於學。富室有不便民者，累政不能奪，聞部使者窮治之。差役久爲平民害，勸立義役，均産通差。故例，建工役，責之僧刹，文炳絲毫無所甹配。每與同官語曰：「貪污自多欲尚侈始。小官俸廩幾何，百爾皆欲如意，不受賂，安從得？清心寡欲，正本澄源，乃吾儒功用。」秩滿，造朝，會有旨許曾作縣人言事，文炳條便宜三事以獻。通判和州。將之官，服父喪。尋卒。《閩書》。

縣令范伯崇先生念德

范念德，字伯崇，建安人。如圭之子。娶劉聘君女，與文公之配兄弟也。初簿廬陵，不小其官，遇事無所苟，遂以幹敏聞。就辟吉州從事。廬陵民素嚚訟，念德致中求情，廉勤逮於下，悃愊伸於上，於是小冤必白，奸無倖免。因葺其問事之堂，榜曰「盡心」，大書噬嗑卦於屏上。闢堂後爲方丈，以會文講學，而朱文公爲之記。受學朱門，他日侍文公訪張南軒於長沙，同登衡嶽，多所倡和。文公疾革，囑其子在與念德、黄榦修正禮書，拳拳勉學。遷朝奉郎江東帥機宜，仕終宜黄令。《道南源委》。《閩書》。

按：范伯崇從文公學最早，文公《與許順之書》云：「將伯崇《論語》數段呈李先生。」疑在孝宗隆興以前及門者。

縣令楊子權先生與立

楊與立，字子權，建安人。受業朱文公之門。知遂昌縣，因家蘭谿。學者宗之，稱船山先生。所輯有《朱子語略》二十卷。《閩書》。

教授李伯諫先生宗思

李宗思，字伯諫，建安人。從朱子學，朱子稱其「教深好修，篤志問學」。登隆興元年進士，爲蘄州教授，專以古人爲己之學教人。《道南源委》。

童蜚卿先生伯羽

童伯羽，字蜚卿，甌寧人。沈默寡言，好讀書，詣雲谷師事朱文公，充然有得。時學禁方厲，遂不求仕進，創樓讀書其中。文公嘗造訪之，名其樓曰「醉經」，堂曰「敬義」。由是伯羽以道自任，日以敬義之道化行鄉里，趨向彌衆。時人以敬義先生稱之。所著有《四書集成》、《孝經衍義》、❶《群經訓解》、❷《晦菴語録》。《閩書》。《考亭淵源録》。

縣令葉子是先生湜

葉湜，字子是，甌寧人。舉進士，以父任調新化簿。遭母喪，服闋，從江淮宣司辟，以論軍事不合去。尉贛之寧都。改承事郎，丞惠安縣，時守泉者真文忠公。文忠公嘗言：❸「僚佐之賢者數人，而湜與昭武李方子公晦其最。公晦學邃氣平，本經術，明世用。子是堅强介直，遇事無難意，處劇無倦容，他人所不能爲與所不敢爲者，吾盡舉屬之。二人勁易不同，同歸於是。」文忠既得二人之助，二人亦相得甚歡也。湜仕終安仁令。壯歲遊朱文公之門，得「直養」之説，故其爲人磊落明白，無所回隱。每自謂：「生平與賓客言者，皆可語妻子。」

文節蔡西山先生元定 別見蔡氏家學❹

❶ 「孝」，原作「學」，據《四庫全書總目》卷九五改。
❷ 「經」，原無，據《四庫全書總目》卷九五補。
❸ 「忠」，原脱，據《西山文集》卷四四《葉安仁墓誌銘》補。
❹ 本條原無，據文津本補。下九條同，不一一出校。

蔡節齋先生淵仝上

蔡復齋先生沆仝上

文正蔡九峰先生沈仝上

文節蔡覺軒先生模仝上

文簡劉晦伯先生爚別見建陽劉氏家學

文節蔡仲節先生杭仝上

劉郎中韜仲先生炳仝上

縣令劉季明先生炯仝上

縣尉劉子平先生銓仝上

學士劉圻夫先生子寰

劉子寰，字圻夫，建陽人。嘉定十年進士。蚤登文公之門，能詩文，與同邑劉清父齊名。官至觀文殿學士。自號「篁㟤翁」。劉克莊爲序其集。《閩書》。《道南源委》。

進士劉叔通先生淮

劉淮，字叔通，建陽人。紹興二年進士。博學能文，爲詩不事雕刻纂組而平易從容，最有餘味。朱子嘗當風雪寒夜擁爐讀淮詩，而跋之曰：「予見叔通詩多矣，獨不見此卷，豈予所好者乃叔通大不得意者耶？」吴稚作《感秋》詩，初發深省，其末寄意欲逃之麴蘗之間。淮以碩果不食者勵之。朱子曰：「如叔通，可謂得朋友之職矣。」《道南源委》。

主簿熊先生以寧

熊以寧，建陽人。少從文公遊。舉進士，授光澤簿。剛直正大，一介不妄取予。嘗曰：「學顔子之學，志伊尹之志，分内事也。」有《大學釋義》、《中庸續説》行世。《閩書》。

丘子服先生膺

丘膺，字子服。從朱文公遊，稱爲老友，吟句多佳，輒酬和之，時與往返論辨。蔡元定謫春陵，膺載俎遠郊，涕泣而别，群儕皆爲感動。《閩書》。

進士陳仲明先生旦

陳旦，字仲明，建陽人。登進士，與朱文公同榜。嘗偕張敬夫從文公遊，未幾夭喪。文公誌其祖徽猷公墓，深慨惜之。《閩書》。

宣教郎周居晦先生明仲弟明作

周明仲，字居晦，建陽人。官宣教郎、常平使者。宋若水聞其風節，以魏元履所立長灘社倉事屬之。明仲力爲振葺，兼朱子夏貸冬斂、收息什一之法，三年所收，溢於元額。弟明作，字元興，亦從朱子學。著有《壬子問答語録》。《通志》。

州牧馬次辛先生壬仲

馬壬仲，字次辛，本建陽人。從朱子遊，擢紹熙元年進士乙科。寓東陽，遂爲東陽人。歷仕州縣，以廉能稱。嘗知古郢，撫循兵民，捍禦邊寇，郡賴以安。尋上祠請歸。壬仲議論典型，詩章嫻雅。所著有《得齋集》。孫世潁、世綸，皆以壬仲恩入仕。《通志》。

推官吴温父先生居仁

吴居仁，字温父。父睿，知侯官縣，有廉聲。居仁以特科歷古田尉、攸縣丞、融州節度推官，所至以儒飾吏，聽訟必以人倫大誼斷曲直，部使者下其所斷爲州縣式。居官奉法，無妄取。朱文公稱爲「真廉吏」。

吴和中先生稚 一作吴權，字仲和。未知是兩人否。待考。

吴稚，字和中，一作仲。建陽人。從朱子遊。所著有《朱子問答》。朱子卜居考亭，鄉人作聚星亭，欲畫荀、陳遺事於屏，無從得本，稚考究車服制度，時稱博雅。

州牧吕秀克先生勝己

吕勝己，字秀克，其先建陽人。父尚書祉，❶死義，敕葬邵武，因家焉。從張南軒、朱子講道，朱

❶「祉」，原作「祉」，據《宋史》卷三七〇《吕祉傳》改。

子爲和《東堂九詠》詩。工隸書，得漢法。仕湖南幹官，歷倅江州，知杭州，官至朝請大夫。自號渭川居士。《道南源委》。

進士魏孝伯先生應仲

魏應仲，字孝伯，建陽人。元履之子。舉進士，文公貽之書，勉其力學，以副親庭責望之意，因教以起居坐立、出入步趨、處己待人。

魏元壽先生椿

魏椿，字元壽，建陽人。從朱子遊。有《戊申語録》。

黄德美先生卓

黄卓，字德美，建陽人。博學工文，尤長於詩。嘗與朱文公遊，時稱「騷壇元白」。《閩書》。

縣尉陳朝瑞先生總龜

陳總龜，字朝瑞，建陽人。居與朱文公鄰，壯老相從。文公嘗與書勉之，問答不下百餘章。登紹熙四年進士，授永豐尉，未赴，卒。著《論語解》、《大學儒行編》。《道南源委》。《閩書》。

劉實之先生學博別見崇安家學❶

户曹劉平父先生坪仝上

縣令劉先生古仝上

劉正之先生學雅仝上

中散劉傳之先生學裘仝上

翁粹翁先生易别見蔡氏學派❷

縣令江德功先生默

江默，字德功，崇安人。祖灝，歷知郴、象二州，郡民繪像祠之，以廉吏薦，進朝散大夫。默登乾道五年進士，調安溪尉。丁外艱，歸，詣武夷從朱子講學。因携所著《易訓解》、《四書訓詁》以質，朱

❶ 本條原無，據文津本補。下五條同。

❷ 「蔡」，原缺，案本書卷二五，翁易列在「蔡元定學派」條下，據補。

子曰：「此先聖未發精奥也。」每以一意經史，無他嗜好，德行君子稱之。嘗輯本朝典故，撰爲綱策，上於朝，略云：「伊尹告太甲，上述成、湯之事；周公弼成王，近陳文、武之模。敢獻一得之愚，用衍萬年之慶。」孝宗降璽褒美，賜緋魚袋。後歷宰光澤、建寧，皆有異政。卒於官，邑人祠之。弟，點，爲郢州録參，有聲。從子，塤。見真西山學派。《道南源委》。

監院詹景憲先生淵

詹淵，字景憲，崇安人。朱子門人。慶元進士，授臨江户掾。江西俗嚚於訟，❶案牘有數十年不決者，淵一閲皆得其情，凡所予奪，人皆無異論。部使者知其才，檄致幕下，監行在車輅院。真西山誌其墓。《通志》。

縣丞陳朝弼先生範

陳範，字朝弼，崇安人。從朱文公學。舉嘉定進士，調婺源尉。有大辟疑讞，範察其不當死，令佐受賕文致之，範以去就力争焉。後發覺，令佐坐削，人服其明。秩滿，調崇仁丞。縣令羅必元，豫章先生後也，日與講論，政化大行。一日疾作，曰：「不可尸素。」解官歸。《道南源委》。《閩書》。《考

---

❶「訟」，原脱，據《西山文集》卷四五《監車輅院詹君墓誌》補。

亭淵源録》。

丁復之先生堯

丁堯，字復之，崇安人。篤厚慈良，有志爲己之學。從文公遊，而與蔡季通友善。早卒，文公記其墓。《考亭淵源録》。

胡季履先生大壯別見胡氏家學❶

胡季隨先生大時仝上

胡氏廣季先生運幹　**歐陽先生光祖**

楊子昂先生驤

楊驤，字子昂，崇安人。從學文公，有《己酉甲寅問答》。族弟，道夫。

❶ 本條原無，據文津本補。下二條同。

楊與立先生黼

楊黼，字與立，崇安人。

楊仲思先生道夫子若海

楊道夫，字仲思，崇安人。與從兄與立、子昂同時受學於朱子。朱子答書云：「所論『仁』字，大意得之，更宜仔細玩味，就實加功。」子若海，遊文公之門。有《語録》。

縣令熊端操先生節別見熊氏家學❶

文修葉先生味道

葉味道，初名賀孫，❷以字行，更名知道。其先括蒼人，後居建陽，與弟任道俱師事朱子。試禮部第一。僞學禁行，味道對策率本程氏。知舉胡紘曰：「必僞徒也。」遂落第，復從朱子於武夷山。

❶ 本條原無，據文津本補。
❷ 「孫」，原無，據《宋史》卷四三八《葉味道傳》補。

學禁開，登嘉定庚辰進士，除鄂州教授。理宗訪問朱子門人及所著書，❶部使者以味道聞，差主管三省架閣文字，遷宗學諭。❷輪對，言：「人主務學，天下之福也。必堅志氣以守之，謹幾微以驗之，正綱常以勵之，用忠言以充之。」至口奏，又述帝王傳心之要，與四代作歌作銘之旨。授太學博士兼崇政殿説書。故事，説書之職，止講《通鑑》。味道請先《論語》，從之。帝忽問鬼神，疑伯有之事涉誕。味道對曰：「伯有得罪而死，其氣不散，爲妖爲厲，國人爲之不寧，子産立子泄以奉其後，寧神之義也。」

三京用師，廷臣邊閫交進機會之説，味道言：「開邊浸闊，應援倍難，科配日繁，餽餉日迫，民不堪命，寵勳、黄巢之禍立見。」時稱見微慮遠。凡經筵奏事，無不開導引翼，求切君身，推致於治道。遷秘書著作郎，卒。帝聞訃震悼，出内帑銀帛賻喪，謚文修，升一官，故事未有也。與蔡仲默、黄惠卿、劉韶仲、童伯羽、真西山、張洽諸君子友善。

著有《四書説》、《大學講義》、《易會通》、《祭法宗廟廟享郊社外傳》、《經筵口奏故事講義》。子采，見蔡節齋學派。《道南源委》。

---

❶「及所」，原作「所及」，據《道南源委》改。

❷「諭」，原脱，據《道南源委》補。

迪功郎祝和甫先生穆

祝穆，字和甫，其先新安人。曾祖確，名士，朱文公外祖也。父康國，始從文公居崇安，穆少名丙，與弟癸同事文公，遂以儒名。性温行醇，文章富贍。常著《事文類聚》、《方輿勝覽》。諸司宰執程元鳳、蔡杭薦其賢，兼録所著書以進。除迪功郎。子洙。

山長祝先生洙

祝洙，景定中爲興化軍涵江書院山長。舊在家庭，講論精密。比來涵江，闡揚師訓，發明經旨。知軍徐直諒薦其學行於朝，方欲擢用，拂袖歸。《閩書》。

縣令張叔澄先生彦清❶

范益之先生元裕

范元裕，字益之。

❶ 本條原無，據文津本補。

游和之先生倪

游倪，字和之。從文公遊。著有《癸丑問答》。

曹先生晉叔

曹晉叔，從文公遊。《閩書》。

王先生春卿

王春卿。

按：《朱子文集》卷七有《山北紀行》詩，自註：同行諸人「有建安王朝春卿」，疑即此公。

李秉文先生德之

李德之，字秉文。

劉先生子晉

劉子晉。

劉先生定夫

劉定夫。

劉先生叔文

劉叔文。

劉先生季文

劉季文。

劉先生確

劉確。

劉先生淳叟

劉淳叟。

魏元作先生恪

魏恪，字元作。

劉先生瑾

劉瑾。建陽。

劉先生子禮

劉子禮。

江先生文卿

江文卿。

主簿吴公濟先生楫以下交友❶

吴楫，字公濟，崇安人。幼自雄其才，謂功名可立取。紹興末，試鄉省不第，遂主盟林壑，絶心仕進。與朱文公、吴郁研窮理學。嘗言：「逐日應接事物之中，須得一時寧静以養精神；要使事愈繁而心愈暇，彼不足而我有餘。」文公遣子師事之。晚年，以特恩調桂林簿。《閩書》。

詹勝甫先生鍿

詹鍿，字勝甫，崇安人。恬於榮利，與朱文公、蔡元定、江必大諸賢講伊洛之學。築涌翠亭，聚書千餘卷，吟咏其間。

丘道濟先生義

丘義，字道濟，建陽人。隱居不仕，與朱子友善。所著有《易説》、《論語纂訓》傳於世。從弟，膺，從朱子學，已見上。

❶「以下交友」，原無，據文津本補。

參議劉明遠先生如愚

劉如愚，字明遠，崇安人。有才幹，善屬文，尤善吟咏。居鄉，日與朱子唱酬。從子，珙，與同登第，調海鹽尉，終江西帥司參議官。《建寧郡志》。

劉嶽卿先生甫

劉甫，字嶽卿，崇安人。衡子，事親至孝。武夷山北有水簾洞，其棲隱處也。劉珙將奏以官，甫不願。朱子與蔡季通每過其廬，惟相與講義理，不及利禄。嘗約朱子結廬武夷。未幾，卒。朱子有詩挽之。《建寧郡志》。

閩中理學淵源考卷二十一

廣平府知府李清馥撰

朱子漳州門人并交友

按：閩中自道南以來，泉、漳學者未甚顯著，至清、漳又閩之益南矣。靖康中，高氏登、黄氏碩、楊氏汝南皆以名儒直節稱。至朱子守郡，教化大明，風俗一變，而北溪、東湖諸賢皆以夙學後先摳衣升堂，然則斯郡兹時其人文初開之始乎！大賢之澤，百世其昌，雖莅政僅及一期，而遺風餘桀於今猶未艾也。尋學脉者，能無慨係於兹邦？

曹郎王東湖先生遇

王遇，字子合，龍溪人。父羽儀，紹興十二年進士。遇閑居，不遠千里從遊於朱晦菴、張南軒、吕東萊之門，而與廖德明、黄榦、陳淳友善。舉乾道八年進士，調臨江教授，再調處、蘄二州。在蘄，日與諸生講説，漏二十刻，猶徘徊學舍。注懷安丞，閩帥詹體仁、鄭僑延諸幕府，裨贊甚多。丞相趙汝愚聞其賢，將擢用之，而僞學之禍起矣。久之，以薦知長樂縣，撙節浮費，大修水利。轉贛州通判，薦章交上，時韓侂胄當國，遇不少貶以求合。侂胄敗，召爲太學博士，未幾，除諸王宮教授。適毘陵大旱，命爲之守，力講荒政，民被實惠。浙東大饑，詔以提舉浙東常平。入對，請齋戒以飭躬，剛大以進德；急聞直言以救闕失，樂從公議以扶正道；當斷絶斜封墨敕之原，常存視民如傷之念。至官，留心賑濟，一如毘陵時。除大宗正，遷右曹郎中。

嘉定四年，校策殿廬，事畢而卒，年七十。遇居官，所至介然，招之不來，撼之不動。朱晦菴稱其純篤。吕東萊譽其篤信嗜學，❶爲人務實。黄勉齋狀其行，稱其學識之精，義利之明，拔出流俗之表。學者稱東湖先生。著《論孟講義》、《兩漢博義》。子仲訥，以蔭官羅源令。《通志》。《漳郡志》。《閩書》。

按：東湖從文公遊在北溪之前，文公答書中有云：「前月末送伯恭至鵝湖，陸子壽兄弟來會。」又云：「伯恭奉祠已久，亦每談志行之美也。」鵝湖之會，在淳熙二年乙未，味此札，似淳熙二年前後及門者。

又按：東萊於癸巳、甲午間《與汪公端明書》云：「新臨江教授王遇篤信嗜學，爲人殊務實，願得親謦咳」云云。又似從遊於吕，先於朱門矣。

---

❶ 「譽」，原作「與」，據文淵閣《四庫全書》本《東萊集·別集》卷七《與汪端明》改。

推察黄習之先生學皋

黄學皋，字習之，龍溪人。父珙，紹熙中以《禮記》兩薦於鄉。學皋博通經史，尤長於《詩》、《書》、《春秋》。文公守漳，皋與宋聞禮俱以稚年論講。慶元間，預鄉薦，入試南宫，策問三舍法弊，皋謂：「愚獨愛伊川，請改試爲課及制尊賢堂、待賓齋。」與時論不合。有司大書曰：「此必僞學之流。」黜之。嘉定十六年始登第，仕番禺簿。趙帥師楷每事必資之，尤爲丞相崔菊坡、料院虞衡所器重。再轉爲鄱陽丞，待制李性傳延入郡齋，校勘朱文公《續語録》。因薦之，調泉州察推。需次於家，郡守方來，屈居學職，裒《論》、《孟》義利數章，辨析界限以訓諸生。温陵西墅劉克遜以廉吏科薦之。年七十餘，丐祠歸。手不釋卷。所著有《評古》一册。

縣令宋叔履先生聞禮

宋聞禮，字叔履，龍溪人。登嘉泰二年進士，爲敘州教授，再調化州，知海陽縣。有《易禮記詩解》行世。《道南源委》。

李堯卿先生唐咨石洪慶、施允壽、林易簡。

李唐咨，字堯卿，龍溪人。與貢士州學士石洪慶，字子餘。林易簡，字一之。施允壽字伯和。皆以旦評推重。朱文公守郡日，延之於學，爲諸生楷式，載之公牒，各有品題，云：李唐咨、林易簡，或究索淵微，或持循雅飭，察其言行，久益可觀。施允壽、石洪慶皆以耆艾之年進學不倦，强毅方正，衆所嚴憚。《漳郡志》。

按：明周瑛曰：「四子學行，即此牒可考矣。」若《陳北溪文集》有祭子餘文，《朱子語類》有子餘語録，及《朱子文集》有堯卿與朱子問答語。而一之與伯和僅見於學牒，他無考。謹掇拾梗概，而爲此一傳。

朱先生飛卿

朱飛卿，龍溪人。受學朱門，自言窮理而事物紛紜，未能灑樂處，唯見得富貴果不可求，貧賤果不可逃耳。《大全集》載其問答甚多。《閩書》。《郡志》。

陳退之先生思謙

陳思謙，字退之，龍溪人。學問該博，教授後學，嘗魁鄉薦。著《春秋三傳會同》及《列國類編》。朱文公喜之，以語其門人李唐咨，以女妻之。

縣丞楊尹叔先生士訓又見陳景肅學派❶

楊士訓，字尹叔，漳浦人今詔安。父成大，鄉貢士。早世事母至孝，廬墓三年，哀毁慘切，鬚髮爲白。訓性醇静警敏，刻厲自持。嘗從學於陳景肅。及文公守漳，置「賓賢齋」，擇士之志學者處之，訓年最少，預焉，稱其學已知方。郎中王遇見而異之，妻以女。所居號盤菴，學者不遠數百里從之。慶元二年，擢進士，調古田尉，再調海陽丞。政尚寬和，訟者以禮義曉譬，多釋争而去。後遷永福令。永福俗險健，訓推誠以待之，留意學校，更定祭器，修立壇壝，人士多頌其德。有曰：德量汪乎如不撓之波，接人温乎如可愛之日；潛心可質之上帝，操行不欺乎暗室。諸臺亦以慈祥豈弟、聽訟平允薦之。會湖廣總領請於朝，願得廉靖吏以董軍餉，遂差鄂州糧料院，荆、襄兩路軍儲皆屬焉。未踰月，卒於官。平生好赒人急，而自奉甚約，囊橐蕭然。卒之日，無以爲斂，總帥率所屬周旋其喪，以歸葬於官陂之南。勉齋黄榦爲銘。厚其根，❷其實不蕃。流之長，不如其源。天命靡常，定理則存。浚其源，毋伐其根。不在其身，在其子孫。弟，士謹。登嘉定第，任博羅尉，與士訓同稱七賢云。

---

❶「又見陳景肅學派」，原無，據文津本補。

❷「厚」，原作「小」，據《勉齋集》卷三八《楊料院墓誌銘》改。

閩中理學淵源考卷二十二

廣平府知府李清馥撰

朱子延平門人并交友

延平，蕞爾土也。自龜山先生載道而南，一時從遊若吴國華、陳了翁、陳知默諸賢同時講明正學。迨羅豫章、李文靖一脉相傳，至朱子續楊、羅、李之宗，恢大其統緒。及門之彦，若余氏大雅、廖氏德明，其較著者也。夫一郡英賢後先倡學盛矣，而四賢者同時同郡，仔肩往聖道脉，抑又盛焉。後之至斯土者，如登東魯廟堂，高山景慕，低回不能去云。

山長鄧先生邦老

鄧邦老，以字行，將樂人。朱子門人陳宓守延日，以邦老道德隆重而且耆年，延入書院，與李燔、林羽、蔡念成、楊復、余道夫、李伯武、趙師恕爲堂長。《道南源委》。

鄧衛老先生絅

鄧絅，字衛老，將樂人。與其兄邦老同遊朱子之門。著有《近思録問答》。《考亭淵源録》。

按：《近思録問答》一條，問：「昔受學於周茂叔，每令尋仲尼、顔子樂處，所樂何事？」絅謂：「孔、顔之所樂者，循理而已矣。」朱子答云：「此等處未易一言斷，且宜虚心玩味，兼考聖賢爲學用力處實下功夫，方自見得。如此硬説，無益於事也。」竊謂前哲求此義多矣，莫如熟復文公數語爲切要，間嘗三復《易通》中論顔子「一簞食」一節，曰不愛不求，曰見其大而忘其小，曰見其大則心泰，心泰則無不足，無不足則富貴貧賤處之一。此元公述顔子之樂之處最爲親切，且孔、顔之樂似當就孔、顔當身境遇、憂樂相尋處體認尤切，似難一蹴而可立。談者紛紛，推析繪畫，乾坤之容恐未能肖似也。

郎官廖子晦先生明德別見本學派❶

余正叔先生大雅弟大猷

余大雅，字正叔，順昌人。父良弼，博學明經，爲政知大體，每以教化爲先，聚書數萬卷。官廣

❶ 本條原無，據文津本補。

西經略。大雅與劍浦游敬仲，同時從朱文公，每見必告以簡約切實工夫歸於「求放心」一言。兩領鄉薦，省試不遇。有《朱子語録》一卷。

余大猷，字方叔。亦從文公遊，文公稱其看得道理，儘穩實。《道南源委》。《朱子大全》。

按：文公《答正叔書》云：所論正爲敬義工夫不可偏廢。彼專務集義，而不知主敬者，固有虚驕急迫之病，而所謂義者，或非其義；然專言主敬，而不知就日用間念慮起處分别其公私義利之所在，而決取舍之幾焉，則恐亦未免於昏憒雜擾，而所謂敬者有非其敬矣。且所謂集義，正是要得看破那邊物欲之私，却來這下認得天理之正，事事物物，頭頭處處，無不如此體察，觸手便作兩片，則天理日見分明，所謂物欲之誘，亦不待痛加遏絶而自然破矣。若其本領則固當以敬爲主，但更得集義之功以袪利欲之蔽，則於敬益有助，蓋不待著意安排而無昏憒雜擾之病。上蔡所謂「去却不合做底事」，則於用敬有功」，恐其意亦謂此也。又曰：前者所論，未嘗欲專求息念，但以爲不可一向專靠書册，故稍稍放教虚閑，務要親切自己，然其無事之時，尤是本根所在，不可昏憒雜擾，故又欲就此便加持養，立個主宰。其實只是一個提撕警策，通貫動静。但是無事時，只是一直如此持養，有時便有是非取捨，所以有直内方外之别，非以動静真爲判然二物也。上蔡之説便是如此，亦甚要切，但如此警覺，久遠須得力爾。千萬且於日用間及《論語》中著力，令有個會通處，即他書亦不難讀爾。

再按：傳中正叔與游敬仲同時從文公遊。按《朱子語録》考之姓氏，録文公語淳熙五年戊戌以後所聞者。從遊俟再考。

再按：陸稼書先生《讀朱隨筆》論後一條按云：「凡朱子所言内外動静處，可見其未嘗有所偏矣。果齋李氏所謂晚見諸生繳繞於文義之間，始頗指示本體者，亦是此意，而豈如姚江所謂晚年定論也哉！」

宋先生宰

宋宰字闕。沙縣人。

張敬之先生顯父

張顯父，字敬之，順昌人。

游連叔先生敬仲

游敬仲，字連叔，南劍人。

閩中理學淵源考卷二十三

廣平府知府李清馥撰

朱子邵武汀州門人并交友

按：邵武人文舊號「小鄒魯」，唐以前尚矣。宋初，游氏烈從胡安定講學，以經術爲郡人之倡，厥後鄒堯叟、李西山、盧奎、何兑、朱震皆受學於劉執中、楊文靖、馬東平、胡武夷諸賢，至若嚴氏粲之經説，李氏忠定之偉略，皆爲學者所宗仰。迨朱子接道南統緒，其執經問業者尤多。於時修文授經，砥名立行，後先炳蔚，與建安諸郡未易優劣也。至長汀一郡，如徐氏守忠，宋初時受知於歐陽文忠、胡安定、李太伯諸賢，而清修佚德亦皆有人。然彼時聲氣未孚，紹述者尚寥寥有幾，至及朱子之門者只楊氏子直一人而已，蓋亦風氣初開之始也。今併附焉。

縣令何叔京先生鎬

何鎬，字叔京，邵武人。父兑，始仕爲左朝奉郎、通判辰州。生鎬，孝謹有器識，既出就傅，暮歸則不復去親側。誦書日數千言，爲文敏而有思，趣尚高遠，識者奇之。辰州嘗受程氏《中庸》之學於東平馬公伸，服行不怠。又以其忠節事狀移書太史，忤秦檜，下吏竄南方，扼死不恨，間復悉以其所聞者語鎬。既受其説，則益務貫穿經史，取友四方，博考旁資，以相參伍。久而自信，於是一意操存，杜門終日，澹然無營。至其論説古今，指陳得失，則又明白慷慨，可舉而行。平居崇德義，厲廉節，絶口未嘗及功利。至於收族恤孤，興事濟衆，則懇惻憂勞，如己嗜欲。言行相循，没身不懈。由此南州之爲程學者，始又知有馬氏之傳焉。

始用辰州致仕恩補官，授泉州安溪主簿，未赴，再調汀州上杭丞。數行縣事，專用寬簡爲治。白罷税外無名之賦，人便安之。部使者鄭伯熊行部，❶顧郡事不理，因繫或累歲月不得釋，檄鎬佐其守，悉取文書閲視，具得其情決遣之，旬日皆盡。又以田税不均，貧弱受病，所以均之甚備，守顧不悦，鎬即謝去。一時學士寮友推其學行，多師尊之，而當路鮮識之者。調潭州善化令，將行而卒，年四十八。朱子撰《墓碣》稱：「鎬爲人清夷恬曠，廉直惠和，談經論事，簡易條暢。所著書有《易論語説》、❷史論詩文數十卷，❸其言多可傳者。築書堂所居南坂上，名以『高遠』，用見己志。」素與朱子友善，嘗與書曰：「執事家學淵源之正，而才資敏鋭，絶出等夷，其深造默識，固有超然非誦説見

---

❶「鄭」，原作「鄧」，據《晦庵集》卷九一《何叔京墓碣銘》改。

❷「説」，原脱，據《晦庵集》卷九一《何叔京墓碣銘》補。

❸「詩」，原作「諸」，據《晦庵集》卷九一改。

聞之所及也。而其口講心潛、躬行力踐已非一日之積。詞旨奥博，反覆通貫，三復竦然，有以仰見其所存之妙云。」

按：朱子撰《墓碣》，叔京在淳熙二年没，曾與何叔京第一書在李先生歿後，自是隆興二年以後。書中有「杜門奉親」，則在乾道五年以前之札。與蔡季通先生受業相先後者。又與書曰：「李先生教人大抵令於静中體認大本未發時氣象分明，即處事應物自然中節。此乃龜山門下相傳指訣。然當時親炙之事，貪聽講論，又方竊好章句訓詁之習，不得盡心於此，至今若存若亡，無一的實見處，辜負教育之意。每一念此，未嘗不愧汗沾衣也。脱然之語，乃李先生稱道之過。今日猶如掛鈎之魚，當時寧有是耶！然學者一時偶有所見，其初皆自悦懌，以爲真有所自得矣。及其久也，漸次昏暗淡泊。又久則遂泯滅，而頑然如初無所睹。此無他，其所見者非卓然真見道體之全，特因聞見揣度而知故耳。竊意當時日聞至言、觀懿行，其心固必有不知所以然者。洎失其所依歸，而又加以歲月之久，汨没浸漬。今則猶然爲庸人矣。此亦無足怪者，因下問之及，不覺悵然。」《閩書》。《考亭淵源録》。《朱子大全集》。

州牧趙佐卿先生善佐

趙善佐，字佐卿，邵武人。受學張敬夫，又從朱子遊。以宗室子試授將樂丞，累知秦州、常德、贛州。奉法愛民，以勤儉自約飭，在贛逾年，卒，民哀思之。著《易疑問答》。《道南源委》。

梁文叔先生琢

梁琢，字文叔，邵武人。從遊朱子，刻志勵學。所論爲學工夫及體氣、魂魄、鬼神之説，朱子多許可之。又輯《朱子語録》、《澹臺石刻》。

按：文公《答文叔書》云：「日用功夫如此，甚善。然須實下功夫，只是説得，不濟事也。李先生意只是要得學者静中有個主宰存養處。然一向如此，又不得也。」觀文公答問此數句，即想見延平心傳，文叔必從事於斯者，公故以此告之。

吴大年先生壽昌

吴壽昌，字大年，邵武人。初謁浮屠疏山，喜談禪。後遊朱門。著《問答録》。嘗論：張栻、吕祖謙，以南軒非壽昌所敢知；東萊博學多識則有之，守約恐未也。朱子深然之。《通志》。《道南源委》。

教授吴茂實先生英

吴英，字茂實，邵武人。從朱子學。有《論語問答略》。登紹興三十年進士，仕至泉州路教授。

按：文公《與茂實書》云：「近來自覺向時工夫止是講論文義，以爲積集義理，久當自有得力處，却於日用工夫全少點檢。諸朋友往往亦只如此做工夫，所以多不得力。今方深省而痛懲之，亦願與諸同志勉焉。幸老兄偏以告之也。陸子壽兄弟近日議論與前大不同，却方要理會講學。其徒有曹立之、萬正淳者來相見，氣象皆儘好，却是先於性情持守上用力。此意自好，但不合自主張太過，又要得省發覺悟，故流於怪異耳。去其所短、集其所長，自不害爲入德之門也。然其徒亦多有主先入不肯捨棄者。萬、曹二君却無此病也。」觀書中及陸子壽兄弟，子壽卒在淳熙七年，時朱子年五十一，則此書在五十一歲前所寄。

馮作肅先生允中

馮允中，字作肅，邵武人。從朱子學，朱子名其齋曰「見齋」。所論懲創後生妄作之弊，朱子善之。又云：「情本於性，故與性對。心則有知覺，而能爲之統御者也。未動而無以統之，則空寂而已；已動而無以統之，則放肆而已。」朱子深以爲然。《道南源委》。

按：文公《與作肅書》云：「欲立人、欲達人之説，令其更白叔京兄，質其可否，復以見諭。」自在淳熙二年以前及門者，是時邵武叔京從遊，而作肅、嵩卿諸賢相踵勃起矣。

葉直翁先生寅

葉寅，字直翁，邵武人。少飄蕩豪爽，方士繇語之曰：「以子才俊，何善不可爲，乃甘心里巷以辱其身耶？」寅感泣，問：「過可改否？」曰：「惟狂克念作聖。」於是，奮勵修飭，俛就朱子之門而問學焉。謹言慎行，以求精詣，鄉人敬歎之。《考亭淵源録》。

州牧俞夢達先生聞中

俞聞中，字夢達，邵武人。從學朱子。淳熙八年進士，知黎州，悉意撫字，民夷感德。《通志》。《閩書》。

宣獻任伯起先生希夷

任希夷，字伯起。其先眉州人，四世祖伯雨爲諫議大夫，其後仕閩，因家邵武。希夷少刻意問學，爲文精苦。登淳熙三年進士第，調建寧府浦城簿。從朱文公學，篤信力行，文公器之，曰：「伯起開濟士也。」開禧初，主太常寺簿，奏：「紹熙以來，禮書未經編次，歲月滋久，恐或散亡，乞下本寺修纂。」從之，遷禮部尚書兼給事中，謂周惇頤、程顥、程頤爲百代絶學之倡，乞定議賜謚。其後惇頤謚元，顥謚純，頤謚正，皆希夷發之。進端明殿學士，僉書樞密院事兼權參知政事。史彌遠柄國久，執政皆具員，議者頗譏其拱默。尋提舉臨安府洞霄宫。卒，贈少師，謚宣獻。著《經解》、《經筵故事》、《奏議》、《表箋》、《内外制集》。《考亭淵源録》。《道南源委》。

縣令李子賢先生東

李東，字子賢，忠定公族孫也。受學朱子。紹熙中登第，簿廬陵。秩滿，周必大餞以詩云：「地跨江南秀氣兼，玉成界尺直方廉。西曹久處習鑿齒，高士惟知孫子嚴。」遷知萬安。黄榦薦於漕使，稱其精敏，楊楫乞委以事，而觀其能。《道南源委》。《閩書》。《考亭淵源録》。

修撰葉成之先生武子

葉武子，字成之，邵武人。初遊鄉學，學《周禮》於永嘉徐元德，既與李方子友，同受學朱門。後補太學生，時議函韓侂胄首和金，武子曰：「奸臣首固不足惜，如國體何？」率同舍力争。嘉定中，擢甲科，注岳州教授。有貧而母老者，名在其下，亟遜之。久之，授郴州，累陞知處州。拊循民瘼，奏除苛取之弊。麗水盗發，郡發兵討捕，而里正執讐民以歸。武子問實，得三人斬以徇，餘釋之。民大服，盗亦息。入爲宗學博士，以福建保長催科害民，陛對論罷之。請老歸，屬召不起。尋落致仕籍，除直秘閣。嘉熙間，進直寶謨閣奉祠，仍乞致仕。淳祐三年，以其雅志恬退，掛冠日久，賜詔褒美，特陞直龍圖閣。五年，進秘閣修撰。六年，卒。武子之學，所得於《易》爲多，其言曰：「易道莫大於時，時有二義，有在外之時，有在我之時，士君子出處須先論在我之時。」嘗戒子弟謂身後毋作《行狀》，葬無銘誌。唯劉克莊誌吴炎墓，稱炎與武子爲古君子。《閩書》。《考亭淵源録》。

縣令饒廷老先生幹

饒幹，字廷老，邵武人。自幼孝謹篤學。登進士第，調吉水尉，轉知長沙。適朱文公爲守，遂受業焉。夙興治事，暇入聽講。後知懷安軍，卒。有爲之銘曰：「能琢磨而器吾之玉乎，則心皇皇如不足；能烜赫而丹吾之轂乎，則足縮縮如不欲。故樂也不加若性，而污也不懼其辱。是謂善學朱氏者，蓋不惟其名而實之篤。」《閩書》。

縣丞劉德言先生剛中

劉剛中，字德言，光澤人。少讀書，詞義有契，輒爲之贊。從學於文公，公問：「平日讀何書？」剛中說：「看《語》、《孟》、《荀》、《揚》、《莊》、《老》諸書。」公云：「須看《語》、《孟》，若《荀》、《揚》乃誤人之書，《莊》、《老》乃壞人之書。」剛中遂專聽公言。公爲易其字曰「近仁」。與黄榦友善。舉嘉定四年進士，調漢陽縣主簿，轉婺州蘭溪縣丞。後歸，築室以居，名曰「琴軒」。從學者甚衆，述有《師友問答》一卷。《考亭淵源録》。

縣令李守約先生閎祖別見家學❶

縣尉李處謙先生壯祖仝上

李時可先生相祖仝上

州牧李公謹先生文子仝上

國録李公晦先生方子別見本學派

丘玉甫先生珏

丘珏，字玉甫。從朱子學，有《主敬問答》。學禁嚴，遂謝場屋。一作邵武❷

❶ 本條原無，據文津本補。下四條同。

❷ 「一作邵武」，原無，據文津本補。

黄令裕先生孝恭

黄孝恭，字令裕。從朱子學。治家嚴整，論著確實。

黄仲本先生瀚

黄瀚，字仲本。從朱子學。嘗作《朋友説》。朱子爲跋。

黄德柄先生謙

黄謙，字德柄。

按：文公《與方伯謨書》云：「某近嘗一至雲谷，留十餘日。朋友來集，隨分有少講論，大率追正舊説之太高者也。克明、德柄皆未及書，煩爲致意。」考書中云「在雲谷」，疑在淳熙初年，意是中歲及門者。

劉潛夫先生炎

劉炎，字潛夫。

饒先生克明

饒克明，邵武人。

連嵩卿先生崧

連崧，字嵩卿。

按：文公《與何叔京書》述及嵩卿，考叔京在淳熙二年没，嵩卿自在淳熙二年以前及門者。

閩中理學淵源考卷二十四

廣平府知府李清馥撰

朱子福寧門人并交友

按：宋寧宗時，黨禁方嚴，朱子曾避跡是邦，相其山川靈異，謂：「五十年後必有人出，能盡讀天下書。」考其時，從學者黄尚質幹、楊志仁復、林正甫湜，此外尚多其選。及至末造，義豐師氏主盟教席，英髦不衰。至元代，石堂陳氏、伯循韓氏輔翼友教者數十年，朱門之學賴以不墜。公之言，於是信而有徵矣。

朝散郎楊通老先生楫楊方、楊簡❶

楊楫，字通老，長溪人。剛介不苟合，與楊方、楊簡俱朱門高弟，號三楊。舉淳熙五年進士，調莆田尉。閩帥程叔達移縣括逃田，楫歷疏不便。帥大怒，楫徐對，無所屈，罷去。漕使林沂曰：「尉

❶「楊方楊簡」，原無，據丁氏抄本補。

敢格帥，大是奇事。」遂薦之，累官司農寺簿，奏劄論：「進君子，退小人，勿徇左右之請，以重中書之權；飭執政之臣，可否相濟以任憂時之責、獎廉隅之操、絶奔競之風。」除國子博士，轉少卿。臺臣或干以私，答曰：「臺省紀綱，學者規矩，當各守職，無相侵越。」尋出知安慶，移湖南，提刑江西運判，終朝散郎。嘉定六年卒。著有《奏議》及《悦堂文集》。人稱爲悦堂先生。《閩書》。《考亭淵源録》。

龍圖林正甫先生湜

林湜，字正甫，福寧長溪人。紹興三十年進士，調富陽尉，改知晉江判。南劍州太守議官自賣酒，湜力争不可。守自爲奏，朝廷視無通判署，疑之，守奏遂格。除監察御史，疏言：「陛下托股肱於宰執，而所授皆小人；寄耳目於臺諫，而彈擊皆君子。治亂之大，無過於是。」爲殿試詳定官，某士對策剴切，湜擬第一，朝廷不用。及侍御史劉光祖下遷，湜曰：「可以行矣。」再論静江知府錢之望，出爲江西轉運判官。歷太府司農卿，充孝宗遺留，使金國通名。金以服賜湜，湜揮擲之，曰：「宋正統相承，服視其品。今易左衽，有死而已！」金不能屈。復命，光宗迎謂曰：「卿守禮甚堅，國體不失。」韓侂胄讐逐正士，吕祖儉上書争之，貶嶺外。湜見余丞相曰：「吕子約南行，執奏收回，大臣責也。」力請外，除湖北轉運副使。進直龍圖閣致仕。

湜性泊淡散朗，雖爲政精敏，遇事立斷，而平居但教諸生誦説，若不涉世故者。於善惡賢不肖明白，而又護惜善類。世所謂善人君子，常欲以一身同其榮悴去留，故議論多激發，見忌於人，是以齟齬廢斥而終不悔。朱文公被斥，士皆遠嫌，湜獨執弟子禮不變，未没前數月，猶馳書問疑義。著《槃隱集》。

按：先生與文公平昔相嚮慕，在師友之間，疑是文公晚歲因楊通老致書而稟學者。觀朱子答書云：「仰慕高風，固非一日。」又稱其「所學之深，所守之正，其所蘊蓄，蓋已施之朝廷而見於議論之實」。其推許可想已。《考亭淵源録》。《閩書》。

直學士黄尚質先生幹

黄幹，字尚質，福寧人。師朱子，著述甚富。餘干、饒魯、寧德、李鑑皆師之。所著有《梅鑑語》、《五經講義》、《四書紀聞》。官至直學士。

教授高國楹先生松

高松，字國楹，福寧人。少遊陳止齋之門，又從朱子受學。登紹熙元年進士，授台州教授。啓迪有方，一時州縉紳皆出其門。故例，撰講章，據案抗聲讀，名曰「講書」。松曰：「是何所發明耶？」令更進迭問，疑難交發，滿意而退，士人歡服。葉水心銘其墓。

縣丞進士陳敏仲先生駿子成父

陳駿，字敏仲，寧德人。乾道進士，爲大冶丞。遊朱子之門，爲鄭師孟諸賢所宗，號仁齋先生。所著有《論語孟子筆義》，又著《毛詩筆義》，未就而卒。子成父，字美玉。能守家學，以立誠爲本，行己皆有法度。辛棄疾知福州，聞其名，羅致賓席。著《近思録》、《律曆志解》、《默齋集》等書。

龔曇伯先生剡

龔剡，字曇伯，寧德人。曾祖允昌，有學行。嘗著《家訓》，以反身修德爲主。祖必俞，以行稱。剡早從朱子學，不務口耳。晚與同門楊信齋復論辨理氣先後之説，甚有造詣。有詩文集數卷。自號南峰居士。《閩書》。《通志》。

鄭齊卿先生師孟

鄭師孟，字齊卿，福安人。安貧力學，六經註疏，手自抄録。受業文公之門。黄直卿妻以女。嘗著《洪範講義》以發明文公《皇極辨》之藴。號存齋先生。《通志》。《閩書》。《考亭淵源録》。

張潛夫先生泳

張泳，字潛夫，福安人。蚤志濂洛之學。家居教授，多有顯達。慶元中，僞學禁興。大比，試天下之言性論，有司讀其文，驚異爲壓塲。策問僞學，泳抵排異端，力主朱子之傳，學者稱墨莊先生。著有《一得録》、《禮記遺説》、《左氏纂類會粹》、《古今事類》二百卷，集關、洛諸儒語，爲《傳心直指》十卷、《四愚齋類藁》。《道南源委》。《閩書》。

孫和卿先生調

孫調，字和卿，福寧人。其學得朱子之傳，以排擯佛老、推明聖經爲本。著有《策府》五十卷，《易詩書解》、《中庸發題》共五十卷，《浩齋稿》三卷。學者稱龍坡先生。

林守一先生守道

林守道，字守一，又字艾隱，福建福寧人。自孩提已嶷然不群，恥與群兒弄。十歲失怙恃，卓有大志，刻苦讀書，蚤工詩賦，年十五，即歎曰：「破碎非吾學也。」改學經，又歎曰：「破碎猶吾前日詩賦也。」改從晦菴先生遊，願聞大道之要，裹糧束書，至中途聞晦庵訃而返。慨然閉户力學，精思實踐，如及考亭之門焉。性剛直，每面折人過，鄉閭多畏憚，不敢爲非。吟筆天成，輒出人意表。家貧僅終伏臘，而賦佃租特寬，不擇美惡燥濕輒概入，鄉父兄以此德之。桂發捧鄉書至讙，以爲積德之報，而不知此於先生未足窺毫末也。先生遺槀甚多，散落不存。晚猶嗜《易》，積十年精通卦義。至晚尚吟誦不輟。子男三人，宗旦、如坦，皆有文名；桂發，受業晦菴之門人信齋楊公復，以繼先志，登淳祐丁未進士第。黄氏東發撰《墓誌略》。

閩中理學淵源考卷二十五

廣平府知府李清馥撰

建陽蔡氏家世學派

考劍、建間，斯時儒術昌明，風流世篤，人材多萃乎一家一門。閩中武夷胡氏，而後蔡氏，以九儒著。蓋得父師之教，根源遠矣。

國録蔡守信先生諒

蔡諒，字守信，家建陽，其先弋陽人。唐昭宗時，八世祖爐從王潮入閩，爲建陽長官，卜居麻沙鎮。累傳至伯禧，宋真宗時，以神童授春官伴讀，賜詩褒美。弟伯充生諒。紹聖四年，繇鄉貢入太學。除大名司訓，擢太學録。崇寧間，表勸徽宗以剛仁勤儉。又語蔡京曰：「清慎正直，宰臣之度。司馬光、吕公著何等人品，而目爲奸邪，且鐫之石也。」京大怒，即棄官歸，寄傲雲谷西山間，自號「首陽居士」。子發。孫元定。曾孫淵、沆、沈。玄孫格、模、杭、權。自牧堂先生發至静軒先生權，皆潔行績學，詮經衛道，世稱蔡氏九儒云。《閩書》。《蔡氏九儒書》。《名儒傳》。

處士蔡牧堂先生發

蔡發，字神與。博達古今，深究治道，清修苦節，世人賢之。承國録君嚴訓，有志當世，而復秉執剛毅，不能與世俗相俯仰，因去遊四方，見聞益廣。邃於易象、天文、地理三式之説，無所不通，而皆能訂其得失。中年乃歸，築室於武夷之陽，其間屢遭盜賊、水火之變，履危蹈險，而浩然不以屑意。雖一介之微不取，杜門掃軌，專以讀書教子爲事，晚號「牧堂老人」。元定在娠時，先生嘗以聖賢像設別室，使妻詹氏日夕瞻仰，以踵太任胎教之風，故元定生而穎悟。十歲，即教使讀《西銘》。稍長遂以程氏《語録》、邵氏《經世》、張氏《正蒙》授，曰：「此孔、孟正脉也。」文公朱先生謂公平生所以教其子者，不干利禄，而開之以聖賢之學，其志識高遠，非世人所及云。所著有《地理發微》、《天文星象》諸書。子元定。《九儒書》。《閩書》。

運幹蔡復齋先生沆

蔡沆，字復之。西山次子。承父《春秋》之屬，未得要領。一日讀《易》，悟曰：「《易》一卦一爻，爲義各異，謂《春秋》以一例該衆事，可乎？」讀書至道心、人心，則歎云：「春秋二百四十餘年間，諸侯、大夫行事發於道心者無幾，聖人於賵仲子、納郜鼎，皆據大義，以止私欲，一書綱領在此矣。」作《春秋五論》，而自爲之序。初遵父命，嗣表伯虞氏，更名知方。及父謫舂陵，領鄉舉，從母命歸宗，以季子梓後虞氏。嘗教學者以「敬」爲入德門户，「義」爲一身主宰，「復」爲學者遷善改過之幾。又講明「復」卦，言當以「不遠復」爲法，以「頻復」爲戒。官至兩浙運幹。學者稱復齋先生。子楠、欄。《閩書》。《九儒書》。

處士蔡素軒先生格

蔡格，字伯至，節齋先生長子。性質沖澹，躬耕不仕，與從弟覺軒、久軒、静軒自相師友，由始至終，未嘗少懈。時有以佛、老之教惑亂衆聽者，格與學者講明《孟子》「盡心章」，以力詆之，作《至書》以警之。又著《廣仁説》以自勵，其衛道甚嚴。年七十卒。學者稱素軒先生。《九儒書》。

文肅蔡久軒先生杭

蔡杭，字仲節，號久軒，九峰先生次子。紹定二年進士，歷諸王宫大小學教授，遷校書郎，奏對，論正心及内降斜封之弊。又言：「權奸不可復用，國本不可不早定。」理宗嘉納其言。淳祐中，任浙東提刑，遇事立斷，人不敢干以私。召爲國子司業兼資善堂翊贊，續以試國子祭酒，歷遷工部侍郎，權吏部尚書，除端明殿學士、同知樞密院事。

寶祐四年，拜參知政事。落職，張磻具奏：「蔡杭精通經術，忠直敢言，同僚罕及，請復其祠禄以勵清節。」逾年，復端明殿學士，予祠致仕。卒，謚文簡。以犯祖諱，更謚文肅。嘗論劾參知政事劉之傑黨于史嵩，不叶物議。又論京尹余晦凌辱三學及奏權奸丁全不可用。即不待報，去。在州郡，所至，祀先儒、旌忠節、舉遺逸、表行義。寶祐中，奉敕建西山精舍，後復奉敕建廬峰書院，前後頒賜御書大字。先生致政家居，皆敬刻本山之石崖，修明先聖先賢及先世祀事。平生孝友，出於天性，四時祭祀，仍遵伯父節齋遺制，遇期功緦麻之喪，必素衣以終月，數及治喪毋得用浮屠法。子公亮，大理司直。《墓志》。《閩書》。《九儒書》。

山長蔡静軒先生權

蔡權，字仲平。九峰先生季子。聰明英毅，孝弟忠信，儀刑子孫。肄業於家庭，兄弟聯席，自相師友。以兄恩補承務郎，授廬山書院山長，教授鄉閭，講明義理。一日拜龜山先生祠，士友請正席皋比，因取龜山楊文靖公《求仁齋記》與諸生講明，極其詳密，上下咸稱其得家學心傳焉。著《參同契論》，以斥二氏，衍三問說，以自省戒。平生講讀之外，視富貴利達若將浼之者。天性高潔，有祖父風。獨處静室幽軒，終日怡怡，學者稱静軒先生。《九儒書》。

文節蔡西山先生元定學派

按：西山先生之學得之晦菴文公，相從講授閱四十年。真文忠公撰《九峰墓表》云：「聘君以師事文公，而文公顧曰：『季通，吾老友也。』凡性與天道之妙，他弟子不得聞者，必以語季通焉。異篇奧傳、微辭邃義，多先令討究而後親折衷之，故嘗輯其問答之辭曰《翁季録》者，蓋引以自匹也。」此端平二年真公所述，後十四年爲淳祐九年，公之孫杭作《朱子語録》後序，亦言：「先師嘗有親自刪定晚歲與先大父西山講論之語，及性與天道之妙，名曰《翁季録》者，久未得出以流行於世，豈斯文之顯晦，固有時乎？」是此書在宋季已莫可尋覓矣。先文貞公曾言：「國朝浙西某家購得是書，秘藏多年，後經播遷，復散佚。豈斯文終不傳於世也耶？」然先生之遺書微義今尚有考，前哲謂：大者如《河圖》、《洪範》之説，《太極經世》之旨，所以輔益於朱子者不少，其高深要妙處，後學亦未能卒讀也。文公嘗曰：「季通平生學問多謙讓，皆寓於某集中。」是則讀文公集者，尤得尋玩其大略一二，則是書雖亡，謂之存可也。噫！西山、雲谷，兩燈相望，今去五百載，想象芳規者，猶如瞻日月而摩星斗矣。

文節蔡西山先生元定

蔡元定，字季通。生而穎異，八歲能詩，十歲日記千百言。牧堂示以二程、邵、張之書，曰：「此孔、孟正脈也。」先生深涵其義，辨析益精。讀書西山絶頂，忍饑啖薺。乾道間，見文公朱子於崇安，遂師事焉。文公扣其學，大驚曰：「此吾老友也，不當在弟子之列。」凡講論諸經奥義，諸弟子所不得聞者，必以語先生。四方來學者，必俾先從先生討論，而後折衷之。文公嘗論《中庸》已發、未發之旨，謂：「人自嬰兒至老死，雖語默動静之不同，然大體莫非已發。」先生不以爲然，謂：「未發之時，要涵養一節功夫。」引程子「敬而無失便是喜怒哀樂未發謂之中」。後二年，文公再與辨論，始悟其説而悉反之，由是益奇先生。故先生每至，必留講數日，往往通夕對牀，不暇假寐。諸從文公遊者，歸必過先生之家，聽其言論不忍去，去皆充然有所得。

淳熙戊申，太常卿尤袤、祕書少監楊萬里薦於朝，特召，辭以疾，鄉人稱爲「聘君」。築室西山，將老焉。韓侂胄擅政，設學禁，以空善類，一時臺諫承風排擊，先生知不免，謂學者劉礪曰：「化性去僞，惡得無罪！」及沈繼祖、劉三傑爲言官，連疏譏詆文公，并及先生，遂坐謫道州。州縣捕甚急，不辭家而行，或曰：「姑緩之。」先生曰：「獲罪於天，天可逃乎？」文公與從遊者數百人餞別蕭寺中，坐客有興嗟泣下者，文公微視先生，不異平時，因喟然曰：「朋友相愛之情，季通不挫之志，可謂兩得之矣。」而先生亦賦詩云：「執手笑相別，無爲兒女悲。」與其子沈行三千里，脚爲流血，既至，諸州士子從遊者日衆，有名士挾才簡傲、非笑前修者，亦心服謁拜，執弟子禮。人爲語曰：「初不敬，今納命。」愛先生者謂宜謝遣生徒，先生曰：「彼以學來，何忍拒之？若有禍患，豈閉户所得免乎？」貽書訓子曰：「獨寢不愧衾，獨行不愧影。庶可傳之子孫，勿以余得罪故而遂懈焉。」一日謂沈曰：「吾欲安静，還造化舊物，可謝客。」閲三日卒。時慶元四年也，年六十四。葬建陽縣崇泰里翠嵐之山。先生卒，文公哭之慟，誄之曰：「精詣之識，卓越之才；不可屈之志，不可窮之辨。不可復得而見矣。天之生是人也，果何爲耶？」嘉定三年，侂胄既誅，贈迪功郎，賜謚「文節」。

先生與文公遊最久，精識博聞，同輩皆不能及。義理洞見大原，尤長於天文、地理、樂律、曆數、兵陣之説。凡古書奇辭奥義，過目輒解。文公嘗曰：「人讀易書難，季通讀難書易。」又曰：「造化微妙，惟深於理者能識之，吾與季通言而不厭。」因自輯所與先生問答者號曰《翁季録》，蓋引以自匹也。先生居家，以孝弟忠信儀型子孫，而教人以性與天道爲先，自本而支，自源而流，聞者莫不興起。嘗言：「文公教人以訓詁文字爲先，下學上達，固是常事。然世衰道微，邪説交作，學者未知本源，未必不惑於異端之説也。」故文公晚年，接引後學亦無隱然者。文公疏釋四書及諸經、《通鑑綱目》、《近思録》，與先生多所參訂。《啓蒙》一書，則屬先生起稾。至論《易》、推本《河圖》、《洛書》、邵氏《皇極經世書》、《先天圖》，往往與先生往復而有發焉。平生問學，多寓於文公集中。

所著書有《大衍詳説》、《律吕新書》、《燕樂源辨》、《皇極經世》、《太乙潛虚指要》、《洪範解》、❶《八陣圖説》、《陰符經解》及詩柬、雜説若干卷。學者稱西山先生。

明嘉靖間從祀啟聖公祠。國朝康熙四十五年從學臣沈涵之請，賜御書「紫陽羽翼」四大字匾於祠。子三：淵、沆、沈，皆能紹父之學。《道南源委》。《名臣言行外録》。《蔡氏九儒書》。《名儒傳》。

翁竹林先生易

翁易，字粹翁，建陽人。通六經，尤長《春秋》。嘗與計偕從劉爚遊，因得登朱文公、蔡西山之

❶「解」，原脱，據《宋史》卷四三四補。

門，遂不介心青紫，講明奥義，往返辨難，悉得旨歸。晚歲授徒竹林精舍，學者稱竹林先生。子甫，字景山。寶慶二年進士。既仕後，尤勵志讀書。薦知西安縣，除直講太常博士，累官太傅少卿，出知江西轉運使兼守豫章，改知泉州。未赴，卒。以忠悃著聲。所著有《蜀漢書》、《浩堂類稾》、《讀書壁記》。

丘子陵先生崈

丘崈，字子陵。按：《西山集》言丘子陵才學優長，相隨謫所，辛勤不懈其志。餘俟考。再按：《建寧選舉志》載：丘崈，甌寧人。紹興十八年進士。未知即此公否。

處士蔡節齋先生淵學派

劉氏爚撰《蔡西山先生墓志》曰：「先生居家以孝悌忠信儀刑子孫，而教人也以性與天道爲先，自本而支，自源而流，聞者莫不興起。嘗言文公教人以訓詁文字爲先，下學上達，固是常事。然世衰道微，邪説交作，學者未知本原，未必不惑於異端之説也。故文公晚年接引後學，亦無隱然者。」按，節齋爲西山先生長子，稟學家庭，授易學宗旨，又深探無極、太極之妙。所著有《易學訓解》、《太極圖解》等書，其從事學問本原者，蓋家學之標的也。前儒嘗論文公《近思録》首編《太極》、《道體》諸篇，名爲近思，而實遠思，似非初學階梯。竊嘗妄議宋世周、程、張諸儒所以繼絶學者,在闡發道體本原,而《太極》一篇即論學之統體也。子思子《中庸》首篇首發性道之旨,萬世宗之。《近思》之録,其亦祖述《中庸》之意歟!西山先生所謂「文公接引後學」之苦心,意在斯乎!

再按,公所著《易》説甚多,其《太極圖解》一篇,草廬吴氏嘗譏之。先儒闡析微言,非後學所敢輕議。謹敘述其説,與同志訂厥疑焉。其云:「易有太極。易,變易也,夫子所謂無體之易也。太極,至極也。言變易無體而有至極之理也。先儒皆以『太極』二字便爲萬化之原,而於易之一字,但目爲《易》書。故《太極圖》特以無極而太極,發明『易有太極』之旨。其所謂無極而太極者,蓋亦言其無體之易,而有至極之理也。以其無樞紐根柢之形,實爲天下之大樞紐、大根柢也。而『太極本無極』者,以其爲天下之大樞紐、大根柢,而初非有樞紐根柢之形也。聖人謂之太極者,所以指夫天地萬物之理也。周子謂之『無極』者,所以著夫無聲無臭之妙也。是以無極之説,實有得於太極之一言,或以爲周子妄加者,謬也。」按此條,吴氏草廬嘗議蔡氏謂:「周子於『太極』之上加『無極』,正是解夫子『易有太極』之『易』字,而其解『易』字,亦曰:『易,變易也。』澄謂:變易屬乎陰陽,豈可以言無極?蔡氏自知其説之病,乃引『易無體』之説以救之,而曰『變易無體之中,有至極之理也』。朱子以易爲陰陽之變,易有太極者,言陰陽變易之中有至理以爲主宰也。蔡氏既以變易無體爲理矣,而又曰『中有至極之理』,然則理中復有一理乎?『變易無體』已是言理,而又曰『有至極之理』,可乎?又曰:『流行乎乾坤中之易,非易有太極之易也。』果有二等易乎?又曰『陰陽動静之間,是流行中之太極,與夫子所言太極降一等』。果有降一等之太極乎?

蔡氏所解卦爻、彖、象，多有發明朱子未到處，澄《纂言》中亦取其説，但《易解》後别有《大傳易説》一卷，主於破其師『太極在陰陽中』之説，於道之大本大原差了，故有此兩般易、兩般太極之謬談云云。」

按，節齋所著《易解》數種及《太極通旨》諸書，今皆佚而存者少矣。吴氏所論，或《易解》中及《太極通旨》之論耳。若就現今《九儒書》中所存《太極圖解》一篇，其解「易有太極」「易」字，謂「變易無體而有至極之理」，亦言其生生不已、變動不居、無動静、無方體而有至理焉耳。《朱子語類》曾言「易有太極，是生兩儀」，即所謂易也。但先倒説此一句，故曰「易有太極」。細玩朱子所論，正涵程夫子「動静無端，陰陽無始」之意。蔡氏解「易有太極」似與朱夫子之言不異，但以「易有太極」，欲合「無極而太極」之旨，語意似乎不同，蓋「易有太極」之易字，指氣而言，而「無極」二字，言其無方所、無紀極，泛言其無形狀而有此道理耳。故朱子曰：「周子之言『有無』，以有無爲一也。」蔡氏原未説到是理，至論流行乾坤中之「易」，非「易有太極」之「易」，此在蔡氏《易》書中之論有疵處。朱門如陳北溪先生亦曾指摘《易説》大概依《本義》，而大義與《本義》不同，多涉玄妙，此不具録云。

再按，朱子言：「無體者，或自陰而陽，或自陽而陰，無確定底，故云無體也。」此交易、變易之義也。至論「其體則謂之易」，《語類》云：「與『易無體』句不同，各自説一個道理而已。其理則謂之道，則是太極矣。」又朱子《答吴晦叔》曰：「夫易，變易，兼指一動一静、已發未發而言之也。太極者，性情之妙也，乃一動一静、未發已發之理也。故曰『易有太極』，言即其動静闔闢而皆有是理也。若以『易』字專指已發爲言，是又以心爲已發之説也。此固未當，程先生言之明矣。」此數句解「易有太極」，極得其要領。按，此則節齋之論「易有太極」之旨，似與朱子合，欲以「易有太極」之義合於無極，則誠如草廬先生所辨摘者矣。乾隆壬申二月書。

處士蔡節齋先生淵

蔡淵，字伯静，西山先生長子也。清修苦節，有父風，與弟沈躬耕不仕，内學於父，外師事晦菴文公。西山嘗曰：「淵宜紹吾易學，沈宜演吾皇極數，而《春秋》則以屬知方焉。」西山舂陵之謫，仲默從侍，先生奉母家居。文公曰：「季通素患難，行乎患難；伯静艱貞，近之道。」訃音聞，先生哀毁骨立，一以文公《家禮》爲準，廬於墓側，泣血三年，與當世絶。丁母憂，年及耳順，哀毁踰禮。文公高弟黄榦、廖德明、張洽、萬人傑、輔廣、陳孔碩既折年輩以從之遊，學徒包揚、陳文蔚、潘柄、楊復、李燔、林夔孫、李閎祖、李方子、葉采、沈僩、戴蒙、劉彌劭皆執經抱疑以質其學。真德秀、陳宓、陳韡、黄自然、王埜莫不曲巷過門以問出處之實、理亂之由。真公參大政，欲以《大學》爲對，先生以爲實之以事，則理有據而言之易入，不然無益。真公深敬服。西山留意宗法，先生繹先志而修明之，建祠堂，立儀約，規條整然，其謹於禮有如此者。

先生平生於《易》、《中庸》、《太極説》最所加意，更定數四，嘗謂：「周子『無極而太極』之説，得於『易有太極』之一言。易者變易無體，即無極之義。」著《太極圖解》一篇，發明此旨，見門人翁西所序及郡守王氏遂所撰《墓志》。至先生之教，知行不偏，敬義兼備，内主於敬而發之以直，行之以恕，言之有常，而動之可則，嘗曰：「屋漏不愧，暗室不欺；獨行不愧影，獨寢不愧衾。皆先世之訓。服而行之，雖妻孥之言，未有不可告人者，亦未有不可告於天者。」暴慢鄙悖之人一見先生，尊敬斂衽，蓋素履之懿有以動其秉彝好德之良心焉。

所著有《易傳訓解》、《易象意言》、《卦爻辭旨》、《古易協韻》、《大傳易説》、《象數餘論》、《太極通旨》、《化原聞辨》、《中庸通旨》、《大學思問》、《論孟思問》、《讀詩思問》、《體仁擬議》、《性情機要》等書。學者稱爲節齋先生。端平三年卒，年八十一。子四：格、柄、植、棟。《九儒書》。《閩書》。

處士熊竹谷先生慶胄 別見建陽熊氏家學❶

忠簡劉子時先生欽 仝上

翁思齋先生泳

翁泳，字永叔。始祖郜，唐昭宗朝謫次從王潮入閩。泳篤志好學，從蔡節齋遊，與熊竹谷、蔡覺

❶ 本條原無，據文津本補。下條同。

軒爲同門友。注釋《河洛運行講義》。學者稱思齋先生。《閩書》。

侍講葉仲圭先生采

葉采，字仲圭。初從蔡節齋受易學。又嘗從李果齋、陳安卿游，安卿以其好高妙、少循序，屢折而痛砭之。自是屏斂鋒芒，駸趨著實，構漁隱精舍，問學日進。淳祐元年，登進士第，授邵武尉，歷景獻府教授，遷祕書監。論郡守貪刻。遷樞密檢討、知邵武軍，作郡乘，築祠郡泮以祀朱子，復置田若干頃，祀朱子於光澤，以果齋配。累官翰林侍講，乞歸。所著《近思録》，嘗以進呈，理宗稱善。又著《解集西銘性理》等書。《閩書》。《道南源委》。

處士劉羽静先生彌劭 別見莆陽劉氏家學❶

進士翁先生酉

翁酉，別號思齋，崇安人。紹定五年進士。《九儒書》。

---

❶ 本條原無，據文津本補。

山長徐進齋先生幾別見本學派❶

詹先生樞

詹樞，崇安人。好學粹文，不苟仕進。邑令陳樵子重建武夷精舍，延樞與熊蒙正爲士人講説，後輩欣然從遊。此公俟再考。

文正蔡九峰先生沈學派

按：先生於《尚書》及《洪範》數禀學於家庭，卒之書成垂世，不愧父師之託。蓋一門潛心大業，推本於牧堂西山貽謀者遠矣。余嘗向慕彼時師友林立，講磨切究，其扶翼正學，淵源爲可稽也。西山真先生嘗言：「某之生也後，不及拜聘君床下。復得與先生昆季及公晦諸公遊，比年退處，念一相從於廬峰幔亭間，迄不可得，而坐中客如先生與公晦父皆不復存，然後知一日之會爲千載之訣，其亦可悲也。」夫觀此，想見當時英賢一時聚散，皆爲正學顯晦所關。噫！自文公之後，勉齋黄氏、節齋九峰蔡氏、雲莊劉氏、果齋李氏諸高弟維持者數十年，其後獨西山與鶴山私淑

---

❶ 本條原無，據文津本補。

之餘仔肩道脈，朱、蔡之學賴以不墜，師友從遊，啟迪之功，其所繫豈小哉？

文正蔡九峰先生沈

蔡沈，字仲默，西山先生季子也。與伯兄淵、次兄沆皆從文公遊。先生年僅三十即屏去舉子業，一以聖賢爲師。及西山坐謫舂陵，先生隨侍從行，繭足走三千里。至則父子相對，以禮義相怡悦。西山卒，護喪歸，於道有遺金義不可受者，固却之曰：「吾寧隨所止而殯，不以累吾親也。」初，西山以《洪範》之數久失其傳，獨心得之，未及論著，曰：「成吾書者，沈也。」文公晚年訓傳諸經略備，獨《書》未及爲整，環視及門求可付者，遂以囑先生。先生既受父師之託，凜凜常若有負。蓋沈潛反復數十年，然後克就，其序《書》，略曰：「二帝三王之治本於道，二帝三王之道本於心，得其心則道與治可得而言矣。後世人主有志於二帝三王之治，不可不求其道；有志於二帝三王之道，不可不求其心。求心之要，捨是書何以哉！」晚卜居九峰，雖當世名卿物色訪求，不屑就也。平居仰觀俯察，默坐終日，瞭然有見於天地之心、萬物之情，反求諸躬，衆理具備，信前聖之言不予欺也。西山嘗著《律吕新書》、《八陣圖》，皆爲文公所歎重，然學者鮮窮其微。間以叩先生，無不毫分縷解者。

真公文忠撰先生《墓誌》云：「某生也後，不及拜聘君牀下，而喜觀其書。嘉定中，始見君后山。未幾，過余于洪都之郡齋，留止數月，暇則相從質問，得所未悟。後三年，將之潭，詣諸君以别，户庭幽潔，竹樹茂美，如適君平子陵之居，伯仲聯席，衣冠偉然，若圖繪中見古人物。會李公晦、蔡元思繼至，引觴命爵，名論迭發，雜以辨争，竟日散去，未知離别之可重也。比年退，念一相從廬峰幔亭間，迄不可得，而坐中客如君與公晦皆無復存，然後知一日之會爲千載之訣，其亦可悲也夫！君承家學，淵源河、洛，由祖概孫，後先一轍，言學之有本者必推焉。」紹定三年卒，年六十四，謚文正。學者稱爲九峰先生。子模、杭、權。《九儒書》。真文忠撰《墓誌》。

推官陳伯澡先生沂 別見陳北溪學派❶

忠簡劉子時先生欽 別見建陽劉氏學派❷

侍郎黄元輔先生自然

黄自然，字元輔，甌寧人。嘉定末，教授郡學，以理學誨諸生。齋宿問辨，率至夜分。及漕廣西，猶捐俸餘助修禮殿。官至吏部侍郎。《郡志》。

---

❶ 本條原無，據文津本補。

❷ 本條原無，據文津本補。

教授蔡覺軒先生學派

按：宋季山長教席，多爲名賢栖託之處，蓋當時遺逸傳經之儒視此職者爲重，其在朝廷之上者，亦以此職慎擇其選而待之不輕。余讀揆席范、謝諸公交薦覺軒先生之奏牘可考焉，其曰：「布衣蔡某承累世之心，學有經濟之大才，自考亭師友散亡之後，如某者未見其比，是淳祐間有學有守之儒也。」曰：「處以學職必能倡率士類知所嚮，方是欲責成於秉鐸者，作養人才之事也夫！」推許在大賢之列，而量才爲學校之官。當時選授教職，由揆席薦舉，其鄭重如此。故一代人才萃蔚，由此道也。延及元代，儒宗文師，此席尚磊落相望。溯學脈、稽文獻者，不禁憮然於諸賢。

教授蔡覺軒先生模

蔡模，字仲覺，九峰先生長子。操行高潔，風度夷坦，隱居篤學，一以聖賢爲師。王埜創建安書院，請任席長。淳祐中，太守王遂薦之於朝，堅以疾辭。後宰相謝方叔等薦，乞表異以勸後學。詔補迪功郎，添差本州教授。令有司録所著書，并訪以所欲言。模疏言：「敬、義爲萬世帝王心學大旨，价人、大師等六者爲國家守邦要道。」及請頒《白鹿洞學規》於天下。嘗輯文公之書爲《續近思録》及《易傳集解》、《河洛探賾》、《大學衍論》、《語孟集疏》等書。學者稱覺軒先生。《九儒書》。

教授熊古溪先生剛大

熊剛大，建陽人。嘉定七年進士。少穎敏，從蔡節齋、黄勉齋遊，問學精專，操行篤至。爲建安教授。所著有《詩經注解》、《性理小學集解》。學者稱古溪先生。《性理大全》。《閩書》。蔡氏《九儒書》。

按：蔡氏《九儒書》載先生撰《牧堂地理發微序》自言：「初受業於覺軒先生之門。」蓋皆得蔡氏一家師承所自矣。今總附之覺軒學派焉。

侍講翁丹山先生合

翁合，字叔備，崇安人。七歲能文，辟童選，登嘉禧二年進士。歷官有聲。賈似道謫建州，合上言：「建實文公朱子闕里，三尺童子亦知向善，聞似道名，咸欲嘔吐，况見其面乎？乞投荒裔，以禦魑魅。」似道坐責授高州團練副使，循州安置。景定中，擢侍講。號丹山。所著有《丹山集》。《建陽郡志》。

備　考

《蔡氏九賢著述書名紀略》曰：「蔡氏九賢著述甚富，惜今無全，而文公敘述伊、洛諸儒遺言，季通之力爲多。」真西山先生撰《九峰墓誌》云：「文公顧曰：季通，吾老友也。凡性與天道之妙，他弟子不得聞者，必以語季通焉。異篇奥傳，微辭邃旨，多先令尋討而後親折衷之，故嘗輯其問答之辭曰《翁季録》者，蓋引以自匹也。」而翁易行實述又云：「《易學啟蒙》一書，季通研精覃思屢年，而後就晦菴復删潤之，始克成書。他如《近思録》之所討論，《伊洛淵源録》之所類集，《通鑑綱目》之所草定，《太極通書》、《西銘》之所講辨，季通靡不盡心，故每稱其考訂精密。」又云：「季通平生著述多謙讓，寄寓於某書集中云。」見《九儒書》。

《蔡氏書堂實跡》曰：南山草堂在崇安縣武夷二曲兜眉峰下，牧堂公創書堂三間，爲游息之所。嘉定戊辰，公孫淵、沈兄弟復構書堂於舊址，相與講學其中。後文肅公杭因祖父之舊而堂構焉，故曰「咏歸堂」。

又，顯慶堂在建陽永忠里麻沙鎮北象岩晴雪山下。紹興間，牧堂公創書堂三間，教其子元定公讀書之所。

又，西山精舍在建陽崇泰里西山，與雲谷對峙，四面壁立，山頂平曠，有前湖、後湖兩水歸内。淳熙乙未，元定公築室結廬，建石門城圍，與雲谷文公兩燈相望，往來講道。理宗朝，御書「西山」二大字頒賜，文肅公杭刻於本山之西南崖。

又，大明堂在建陽崇泰里雲谷廬峰之下。慶元間，九峰公沈受文公之命作《書集傳》，創書堂二棟五楹。寶祐三年，理宗御書「廬峰」二大字頒賜，文肅公杭刻於本山之岩。

何氏喬遷《潭陽文獻·蔡氏》卷引略曰：蔡氏爐，弋陽郡人，生唐宣宗大中中，拜鳳翔節度使，再授東昌刺史。昭宗朝謫次，從王潮入閩，爲建陽長官，同劉少府翺、節度使翁郜同時入閩。而長官後卜居麻沙鎮水北，四世出九賢者。孫名梅，實爲西山先生之派祖，梅四傳至伯禧。宋真宗朝以神童授春官伴讀，賜詩。伯禧之弟伯充，爲西山先生曾祖。伯充之子，名諒，字守信，由太學授國論。伯充之叔名琇，生子襄，字君謨，隨父居興化之莆田。伯充之孫名發，號牧堂。子元定，謚文節。厥後，朱文公自五夫遷居考亭，築書堂於雲谷，而文節亦自麻沙卜居後山，築室西山，所謂「疑難堂」，懸兩燈相望，因號西山。

閩中理學淵源考卷二十六

廣平府知府李清馥撰

文肅黄勉齋先生榦學派❶

慈溪黄氏震曰：「乾淳之盛，晦菴、南軒、東萊稱三先生，獨晦菴得年最高，講學最久，爲集大成。晦菴既没，門人如閩中則潘謙之、楊志仁、林正卿、林子武、李守約、李公晦，江西則甘吉父、黄去私、張元德，江東則李敬子、胡伯量、蔡元思，浙中則葉味道、潘子善、黄子洪，皆號高弟。獨勉齋先生强毅自立，足任負荷。」

又，勿軒熊氏禾撰《考亭書院記》云：「公祠以文肅黄氏榦配，舊典也；從以文節蔡氏元定、文簡劉氏爚、文忠真氏德秀，建安武夷例也。我文公體用之學，黄氏其庶幾乎，餘皆守公之道不二。」

又，貢氏師泰撰《勉齋先生書院記》曰：「文公門人弟子聰明卓越固不爲少，然求其始終不

❶「榦」，原作「幹」，據《宋史》卷四三〇黄榦本傳改。下同。

渝、老而彌篤者，先生一人而已。先生因劉子澄一拜文公於屏山，之後既慨然以斯道自任。」又曰：「聖賢墜緒非文公無以明，文公遺書非先生無以成，則斯文吾道，確乎其有所歸矣。」

又先生嘗曰：「年來學者但見古人有格物窮理之説，便馳心於辨析講論之間，而不務持養省察之實，所以辨析講論者，又不原切問近思之意。天之所以與我，與我之所以全乎天者，大本大原，漫不加省，而尋行數墨，入耳出口，以爲即此便是學問。退而察其胸中之所存與夫應事接物，無一不相背馳。聖人教人，決不若是。」觀此，則文公捐館後，諸門徒師法漸訛，不但微言既絶，而大義亦乖，勉齋數言，實救當時流弊，信乎朱門的傳也。

考朱子門徒在閩中者二百餘，在吴越江右楚黔者亦二百餘。惟勉齋黄氏之傳獨遠，流及元代，在閩如勿軒熊氏、石堂陳氏。明代虚齋蔡氏、剩夫陳氏、翠渠周氏，皆能衍翼宗派，崇守家法，要皆謹紫陽、勉齋、北溪、瓜山、西山諸遺榘。其在今日，閩海派别，宗風墜緒，尤可尋遡。論者謂國朝先文貞公之學，淵源所漸，實鄉國之接武云。至金華四子，則又勉齋先生一派單傳，流及明代如章楓山、國朝如陸清獻公，皆是餘風所及者。馥曾過金華仰止先賢，詩云：「鼓棹歸閩路，揚帆過越年。澄波來活水，佳氣起蒼煙。文獻渡江後，謂朱、吕、張講學及金華四子。忠良靖難前。謂宋文憲諸公。只疑學派在，猶自隔山川。」乾隆辛未五月念七日。

文肅黃勉齋先生榦

黃榦，字直卿，閩縣人。父瑀，以篤行直道聞，爲饒州司户，歷官侍御史，所至有聲。父殁，先生往見清江劉清之，清之奇之，曰：「時學非所以處子也，今洛陽正傳則在朱仲晦矣，盍往學焉？」即以書爲容見之。先生歸白母，即日行。時方大雪，既至，見文公，晝夜勵學，不設榻，不解帶，倦則微坐一椅，或至達曙。文公語人曰：「直卿志堅思苦，與之處甚有益。」嘗詣東萊呂氏，以所聞於文公者相質正。及廣漢張敬夫亡，文公《與直卿書》曰：「吾道益孤，朋友亦難得十分可指擬者，直卿明睿端莊，造詣甚篤，斯道有望於直卿者不輕。」後遂以女妻之。寧宗即位，文公奏授先生將仕郎，而銓中授迪功郎，監台州酒務。丁母憂，學者聽講於墓廬。文公作竹林精舍成，遺以書，有「他時便可代即講席」之語。及編《禮書》，獨屬以《喪》、《祭》二編，稿成，文公見而喜曰：「所立規模次第，縝密有條理。他日取家鄉、邦國、王朝禮，倣此更定之。」病革，以深衣及所著書授之，手書與訣曰：「吾道之托在此。」文公殁，先生持心喪三年，畢，調監嘉興府石門酒庫。遷知臨川縣，改調新淦縣，差通判安豐軍，尋知漢陽軍。即於郡治後立周、程、游、朱四先生祠，别爲屋以館四方之士。以病乞祠，主管武夷沖祐觀。未幾，起知安慶府，至則金人犯光山。安慶去光山不遠，民情震恐。先生爲守禦計，請城於朝，不待報下，即日興工。計田出役，法均費省。城既完，後二年，金人破黃州、沙窩諸關，淮東、西皆震，獨安慶按堵如故。時李珏往維揚視師，與偕行，榦言：「金欲以十六縣之衆，四月攻浮光，侵五關。五關失守，則蘄、黄決不可保；蘄黄不保，則江南危。尚書聞此亦已數日，乃不聞有所施行，何耶？」珏不能用，厥後光、黄、蘄失，果如其言。遂立辭去。請祠不已。俄再命知安慶，不就，入廬山訪友人李燔、陳宓，盤旋玉淵、三峽間，俯仰文公舊跡，講「乾」、「坤」二卦於白鹿書院，山南、北之士皆來集。未幾，召赴行在所奏事，除大理寺丞，不拜，爲御史李楠所劾，遂罷歸。初，先生在臨川時，金華何伯熭爲臨川邑丞，令其子基師事焉。先生告以必有真實心地、刻苦功夫，而後可，基受命。又以其學傳同郡王柏，柏傳金履祥，履祥傳許謙，而道益著。學者推原統緒，以爲文公之世，適實皆淵源於先生云。

先生剛介洪毅，於師傳盡心致知之學，身體之無遺力。當官不避難，不憚事，撫摩凋瘵，如護肢體；鋤强暴，投機制變，與衆絶慮營畫；守邊備禦，籌閫外事，如宿將嘗試也。比歸老，終窶且貧，煙火時不繼，蔬食餉客，危坐講切徹旦夜，編禮著書不輟。堅壯之志，終老彌勵，雖暮齡宿疾，未嘗倦怠也。當時出朱門號高弟者至衆，獨先生强毅有力，足任負荷。歸而弟子益進，巴、蜀江、湖之士皆來質疑、請益如文公時。俄命知潮州，辭。踰月，乞致仕，特授承議郎。殁後數年，以門人請謚，特贈朝奉郎，與一子下州文學，謚文肅。學者稱勉齋先生。貢氏師泰曰：「南渡後，文公集諸儒之大成，於時門人弟子聰明卓越固爲不少。然求其始終不渝、老而彌篤者，先生一人而已。蓋先生有意斯文，以陸沈下官，不能大行其學，固可深慨。然聖賢墜緒非文公無以明，文公遺書非先生無以成，則斯文吾道，確乎其有所歸矣。先生殁，其傳之著者，在閩則宓齋陳氏、信齋楊氏，在浙則北山何氏，江以西則臨川黄氏，江以東則雙峰饒氏；其久而益著者，則西山真氏《衍義》諸書。凡今經幃進講，成均典教，皆出先生講論之餘云。」

所著《書説》十卷、《六經講義》三十卷、《禮記集註》十四卷、《論語通釋》十卷、《論語意原》一卷及《勉齋集》行世。兄東，字仁卿。見上文公學派。《閩書》。《名儒傳》。《理學宗傳》。《貢氏勉齋書院記》。《宋史》。《理學正宗》。

侍郎黄子敬先生師雍

黄師雍，字子敬，閩清人。少從黄勉齋學。寶慶二年進士，爲楚州官屬。時李全反狀已露，師雍密結忠義軍别部都統時青圖之，謀泄，青被殺，時雍不爲動。秩滿，朝議賢之，師雍恥出史彌遠門，不往見之。調婺州教授，學政一以吕祖謙爲法。慕徐僑有清望，欲謁之。會僑有召命，則不往。僑聞賢之，至闕，以其學最聞。而李宗勉、趙必愿、趙汝談等亦先後交薦，丞相喬行簡許以朝除矣。師雍入見，勸其歸老，行簡不説，遂出知龍溪。行簡罷，史嵩之繼相，遷糧料院，❶延至私室謂曰：「糧料院密邇相府，所以處君。」師雍不顧。故與博士劉應起相善，應起論嵩之，嵩之疑師雍左右之，諷御史梅杞彈師雍，差知邵武。久之，遷宗正簿，拜監察御史，論嵩之，罷之。理宗欲以師雍爲侍御

---

❶「糧料院」，原作「糧料科」，據《宋史》卷一六二、卷四二四改。下「糧料科」同。

史，丞相鄭清之沮之，曰：「如此則臣不可留。」遷起居舍人兼侍講，即力乞去。清之猶冀其少貶，師雍曰：「吾欲爲全人。」終不屈。數月，卒被劾罷。久之，以直寶文閣奉祀。起爲左史，改江西轉運使，遷禮部侍郎。命下，卒於江西官舍。師雍爲人簡淡寡欲，靖厚有守，言若不出口，而於邪正之辨甚明，視外物輕甚，故博採公論，當官而行，愛護名節，無愧師友云。《閩書》。《宋史》。《通志》。

提管鄭中實先生鼎新

鄭鼎新，字中實，仙遊人。嘉定十六年進士，知晉江縣。建問政堂，輯《論語》繫於政者二十四章書之堂壁。建縣學文宣王廟，闢一堂，扁以「尊道」。時真西山守泉，殊敬重之。尋通判處州，監右藏東庫，遷國子書庫，授都大提管，卒。鼎新少受業黄勉齋之門，問答甚詳，而與楊信齋遊。嘗考究禮書成編，名曰《禮學舉要》。又撰《禮樂從宜集》。居家好義，有家塾義莊，西山真氏嘗爲之記。其卒也，遺命治喪一以《儀禮》從事。《閩書》。《仙遊志》。

貢士鄭成叔先生交適❶

❶ 本條原無，據文津本補。

教授陳日昭先生如晦子覺伯。

陳如晦，字日昭，長樂人。從黄勉齋遊。嘗讀西山真氏《夜氣箴》，作曰：「須見得冬爲四時之夜，夜乃一日之冬，便是自家嚮晦入息處；又見得造化發育之妙，便是自家事物周旋處。於此敬義夾持，動静交養，則兩得之矣。」遂次其韻爲《生意箴》。西山得之，亟加稱賞，一時耆德鉅公樂與爲道誼交。以趙汝騰薦，充經筵，不果，授本州教授，卒。所著有《論語問答》及講義、文集。子覺伯，字宗尹。咸淳七年進士，授泉州教授，以古道迪士。幼主航海，次泉州港，覺伯率同列表起居。尋命攝州倅，扈從入廣，拜福建提刑。數月罷歸。聞厓山師潰，憤惋不食。且卒，命其子曰：「吾宋臣也，題吾墓，則係吾於宋。」《閩書》。

劉君錫先生子价別見三山劉氏家學❶

提舉李汝明先生鑑

李鑑，字汝明，寧德人。嘉定元年進士，官終廣東提舉。初從黄勉齋、楊信齋遊，得聞敬義之

❶ 本條原無，據文津本補。

旨。歸，與龔焌創「六經講社」，推明師説，誘掖後進。居官平易近民，尤曉兵事，嘗督捕贛寇，提兵親入梅州界擒陳、羅二賊。後梅寇猖獗，授以州符，賊憚鑑威名，遁去。及莅廣西，值西浙大饑，鑑運米千艘，全活甚衆。《閩書》。

方先生幽父（一作丕父）別見方氏家學派❶

葉先生真

葉真，字未詳，三山人。《經義考·林氏耕〈尚書集解後序〉》曰：「耕暫攝鄉校，學録葉君真，里之耆儒，嘗從勉齋遊，其先世亦從拙齋學，與東萊同時。又出家藏寫本林、李二先生《書解》及《詩説》相示，較之首尾並同云。」

按：耕叟謂：「葉君真，里之耆儒，嘗從勉齋遊，其先世亦從拙齋學。」意其人必卓然者，且溯其家世，學有淵源，惜未得紀述可詳。姑録其概，待考。《經義考》林氏耕《尚書集解後序》。

❶ 本條原無，據文津本補。

葉雲叟先生士龍

葉士龍，號雲叟。名與事實、籍貫未詳待考。

按：劉後村《送葉士龍歸竹林精舍》詩曰：「侍講開塾館，三間不至奢。少曾居北面，老只住東家。野筍庖尤美，深衣衮未華。何時尋舊路，去謁玉川茶。」

按：此詩後劉公小註云：「勉齋依文公以居，雲叟，勉齋高弟云。」

閩中理學淵源考卷二十七

廣平府知府李清馥撰

文簡劉晦伯先生爚學派❶

按：真西山先生撰公神道碑略曰：「公平生大節，雖未易以一善名，然溯其學問源流與夫見諸謀謨事業，則惟正之一言足以蔽之。蓋公顯考銀青府君，即恒軒先生懋。蚤受學於屏山劉先生、籍溪胡先生，盡得義理精微之藴。公幼在家庭，耳濡目染。朱文公以道德爲學者師，公出入其門，切磨講貫者數十年，視他從遊之士爲最久。」又曰：「公天資厚重而不浮，純一而不雜。又嘗用力於致知力行之地，每於夜間斂衽默坐，虚心省察。嘗曰：『不於定静時體察，則應事接物或至有差。』嘗取節孝徐先生帖教子弟，其言曰：『日入之後至於夜中，事物俱静，志氣俱定，是君子思慮經綸之時，晝之所行，夜之所思也。』至其立朝大節，在乞罷僞學之禁，以正人心、息邪説。又嘗言：『舍法兼取行藝，今但考其藝而略其行，請以朱某《白鹿洞書院學規》頒下兩學，爲諸生

❶「爚」，原作「鑰」，據《宋史》卷四〇一改。下「爚」同。

齋規，與舊學規並行。』又取朱文公《集注》刊行胄監，一時太學諸生稍務以道義相勉，而知窮理居敬之説。」至講筵講論，每援師説，其奮忠陳謀、察微慮遠，於啟沃君心有獨至者。今撮其大略著於篇。

文簡劉晦伯先生爚

劉爚，字晦伯，懋子。乾道八年進士，歷官連城令，蠲無名征斂，新學宮，教諸生入德之方。改知閩縣，清簡爲治，與民有信，大族貴宦，頑庶奸胥，莫敢撓法。諸臺府合詞列薦，先生自謂與趙丞相汝愚有連，避嫌，乞通判潭州以歸。寧宗受内禪，先生寓書丞相，曰：「前日之事如病寒熱，一旦解散，即無所苦。至於蠱毒中人，初不自覺，觸物而發，則殆矣。」蓋指韓侂胄，而丞相不能用。丁父艱。學禁方嚴，從朱子於講學武夷，築雲莊山房爲終老計。寧宗初，知德慶府，興學校，練軍實。入對，請恐懼修省，開言路，進人才，飭邊備。執政議欲留先生，宰臣陳自强曰：「斯人閩縣之政，吾知之，然真僞學也。」侂胄誅，自强逐，遂以先生提舉廣東常平茶鹽。

嘉定二年，召對，帝嘉獎，除吏部郎中，輪對，請開張聖聽，於經筵講讀、大臣奏對反覆問難，以采義理之當否、政事之是非。乞外，除浙西提點刑獄，所劾不避權要，所舉不受干求。召國子司業，言：「治道原於士風，士風本於學術。藝祖干戈甫定，召處士王昭素講《易》禁中，累聖相承，以爲先務，治教休明，儒宗間出。然後六經遺旨，孔、孟微言，復明於千載之後。天下學者誦而習之，以《論語》、《孟子》、《大學》、《中庸》爲準，故其事父則孝，事君則忠，世之所謂道學也。慶元以來，權佞當國，惡人議己，指道爲僞，屏其人，禁其書。十餘年間，學者無所依向，義利不明，趨向污下，望其立名節，修職業，胡可得也？乞降明詔，罷僞學之禁，息邪説，正人心，宗社之福。」又言：「舍法兼取行藝，今但考其藝而略其行。故侍講朱某白鹿洞揭示學規，皆聖賢教人大旨，謹録以進，請頒下兩學，與舊學規並行。」從之。嘗言於丞相史彌遠，請以朱子所著《論語》、《中庸》、《大學》、《孟子》之説，以備勸講。後先生在成均，遂以數書鋟於胄監，俾學者誦習焉。除權刑部侍郎兼祭酒左諭德同修撰。時群臣争務容默，先生疏請：「崇奬忠讜以作士氣，深戒諛佞以肅百僚。固藩籬，選將帥，尤今日不可緩者。」除刑部侍郎，權工部尚書兼右庶子，仍兼講讀於東宫。每講論至經史，所陳聲色嗜慾之戒，輒懇切敷陳。以年過七十乞休，疏凡二十餘上，許之。積階大中大夫，以通奉大夫致仕。遺表聞，贈光禄大夫，官其後，賜謚文簡。

先生爲人簡質端重，而天性孝友。少習家訓，長得名師如張宣公、吕成公，皆前修鉅儒，相與往復講論。其學以不欺爲主，其接物夷易。與人言，心平氣和，語簡而當，聽者心服。稱人之善無溢美，其惡惡亦無深疾。每病學者空談無實，嘗爲《天台學四先生學記》曰：「學者當窮理以致其知，反躬以踐其實，若趨其名以爲高，入耳而出乎口，皆四先生之罪人也。」其平生所素戒在此。每夜斂衽默坐，虚心省察。嘗取徐節孝帖教子弟，其言曰：「日入之後，至於夜中，事物俱静，志氣俱定，是君子思慮經綸之時。」晚號雲莊居士。

著有奏議、《史稾》、《經筵故事》、《東宮詩解》、《易經説》、《禮記解》、《講堂故事》、《雲莊外稾》《續稾》若干卷。子㙾。《道南源委》。《閩書》。西山撰《神道碑》。

翁先生易別見蔡西山學派❶

司農詹元善先生體仁學派

按：西山真先生敘公《行狀》詳矣，但舊傳俱載西山從遊於公，而《行狀》並未敘及。及讀祭文有云：「若某之不才，顧何足以語上，而公獨以爲可教，每更以留連。」讀此，似平昔曾親炙論説，非同及門受業者。不然，《行狀》獨無一語敘及耶？今仍採舊傳録出，以待考訂。

再按：先生之父詹公慥與胡公宏、劉公子翬遊，而先生又出紫陽之門，其於當世名臣如梁公克家、趙公汝愚、周公必大皆與往復人才，商論國是。而蔡西山被謫時，留在邑中，甚得公調護之力。真公稱其「立朝當官，自信所學，於辭受出處之概，尤不苟」云。

❶ 本條原無，據文津本補。

司農詹元善先生體仁

詹體仁，字元善，建寧崇安人。父慥，與胡五峰、劉屏山遊。先生登隆興元年進士第，調饒州浮梁尉。郡上先生獲盜功狀，當賞，謝不就。爲泉州晉江丞。程尚書大昌、司馬侍郎汲相繼爲守，賞待特異。郡有疑獄，必諮焉。宰相梁克家，泉人也，始知先生，薦於朝。入爲太學録，遷太學博士，尋遷太常博士。時高宗廟謚或謂宜稱「堯宗」。先生言：「謚法雖有之，於古無據，且大行功莫盛於中興，請比殷武丁，謚爲『高』。」議遂決。累官太常少卿。時上以積疑成疾，久不過重華宫，先生陸對，首陳父子至恩，引《易》「睽孤」之説以開廣聖意。孝宗崩，先生率同列抗疏，請駕詣重華宫親臨祥祭。時趙汝愚將定大策，外庭無預謀者，密令先生及左司郎官徐誼達意少保吴琚，請憲聖太后垂簾爲援立計。

寧宗登極，天下晏然。先生密贊汝愚之力也。時議大行皇帝謚，先生言：「壽皇帝事德壽二十餘年，極天下之養，諒陰三年不御常服，漢唐以來未之有，宜謚曰孝。」卒用其言。先生深於禮，故前後定兩朝廟謚，異論莫能奪，議者韙之。孝宗將復土，先生言：「永阜陵地勢卑下，非所以妥安神靈。」與宰相異議。除太府卿。尋直龍圖閣、知福州，言者竟以前論山陵事罷之。屏處者八年，退居雪川，日以經史自娱，人莫窺其際。始復直龍圖閣，知静江府，移守鄂州，除司農卿，復總湖廣餉事。時歲凶艱食，即以便宜發廩賑救而後以聞。侂胄議開邊，一時争談兵以規進用。先生移書廟堂，言兵不可輕動。皇甫斌自以將家子，好言兵，先生語僚屬，謂斌必敗，已而果然。開禧二年卒，年六十四。

先生天姿超邁，志守卓然。自擢第歸，即從朱先生遊，講質疑義。其學以存誠慎獨爲主，患世儒論經多失本旨，曰：「『惟皇上帝，降衷於下民，若有恒性，克綏厥猷惟后』，此即『天命之謂性，率性之謂道，修道之謂教』也。人能知此，則知觀書之要，而無穿鑿之患矣。」博覽群書，自天文地理、卜筮醫藥、百氏雜説靡不通，於渾儀、漏刻俱自親製，以測驗皆合。趙涣造新曆以獻，先生爲作序。中書舍人黄裳一見嗟異，因以定交。爲文若不經意而明白暢遂，悉根於理致。神識恬暢，喜論説古今，遇佳士良友，窮日夜語不厭。立朝當官，自信所學，於辭受出處之際尤不苟。周公必大當國，先生嘗疏薦三十餘人，皆當世知名士，後多所收擢。郡人真公德秀早從之遊。嘗問居官莅民之法，先生曰：「盡心平心而已，盡心則無愧，平心則不偏。」世服其確論云。所著《象數總義》、《曆學啟蒙》、《莊子解》諸書。真西山撰《行狀》。《閩書》。

文忠真西山先生德秀別見本學派❶

❶ 本條原無，據文津本補。

吳先生宗萬傳闕❶

吏部廖子晦先生德明學派

按：《考亭淵源録》載德明所問，朱子所答，皆論學的要。如論敬之該貫動静、變化氣質須是勉强講論文字，不可與自家身心都無干涉。又言閒散不是真樂，論「前輩諸賢多是略綽見得個道理便休，少有苦心理會」。又論太極，朱子答書曰：「來諭一一皆契鄙懷，足見精敏。」又文公嘗稱曰：「德明學有根據，爲政能舉先王已墜之典，以活中路無告之人，固學道愛人之君子所樂聞而願爲者。」觀此，可知先生造詣爲師門所心許者矣。

吏部廖子晦先生德明

廖德明，字子晦，南劍州人。少學釋氏，及得龜山楊氏書，讀之大悟，遂受業朱子。登乾道中進士第，知莆田縣。民有奉淫祠者，罪之，沈像於江。會有顯者，欲取邑地廣其居，先生堅持不可。累官至潯州，有聲，諸司交薦之。先生曰：「今老矣，况以道徇人乎？」固辭不受。遷廣東提點刑獄，

❶ 本條原無，據文津本補。

彈劾不避權要。歲當薦士，朝貴多以書託之，先生曰：「此國家公器也。」悉不啓，封還之。有鄉人爲主簿，先生聞其能，薦之。會先生行縣，簿感其知己，置酒延之，悉假富人，觴豆甚盛。先生怒曰：「一主簿乃若是侈耶？必貪也。」於是追還薦章，其公嚴類此。時盜陷桂陽，迫韶。韶人懼，先生燕笑自如，遣將馳擊而親持小麾督戰，大敗之。乃分戍守，遠斥堠，明審賞罰，宣布威信，韶晏然如平時。徙知廣州，遷吏部左選郎官。奉祠，卒。先生初爲潯州教授，爲學者講明聖賢心學之要，手植三柏於學，潯士愛敬之如甘棠。在南粤時，立「師悟堂」，刻朱子《家禮》及程氏諸書。公餘，延僚屬及諸生親爲講説，遠近化之。嘗語人以仕學之要，曰：「德明自始仕以至爲郡，惟用『三代直道而行』一句而已。」所著有《朱子語録》、《春秋會要》、《槎溪集》諸書。

按：《朱子語録》姓氏廖子晦先生録語在乾道九年癸巳以後所聞，時朱子年四十四，此爲早歲及門者。再按：黄勉齋《答李貫之書》論《語録》以所記年月爲序，以爲未安。又稱記録之人如子晦文、漢卿文之類絶少。今閲現今所刊《語録》姓氏以廖子晦、輔漢卿爲首，或本勉齋所答之語所更訂耳。《考亭淵源録》。《道南源委》。《閩書》。

提刑鄒先生應博

鄒應博，泰寧人。受學於廖公德明。寶慶中，監行在都進奏院，奏對引《書》「危微精一」，以朱子之説進。嘗知婺州、蘇州，提點江南西路刑獄，爲真公德秀所薦。

鄭先生師尹

鄭師尹，字未詳。按，建安郡守王氏遂撰《建安書院記》言：「前守王公埜以廖公德明之門人鄭師尹爲賢，而開館迎之，尤以蔡公元定之孫模爲賢而移書致之。會書院成，請蔡君典教事，適公入覲，鄭以故歸，蔡亦憂去，士不能不觖望云。」考蔡先生模已見蔡氏家學，鄭先生師尹未詳，疑是延建人，必當時表著者。今附之廖公學派待考。

王氏遂撰《建寧府書院記》言：「淳祐三年夏，前建安守王埜陛辭，理宗命之曰：『游、胡、朱、真流風未泯，表宅里以善其民，則予汝懌。』埜再拜稽首。奉命至郡，以游、胡舊嘗有祠，乃創建安書院，祠朱子，而又以真西山配享。請於朝，許之。」

按：是時理宗淳祐元年方幸學，從祀周、程、張、朱五子，并求訪遺書，而於郡守到官之日訓辭復及之，故所在興起書院獨多。蓋自端平初，召用正人，時稱「小元祐」。自是數年崇奬正學，一時師席類多名儒耆彥，爲紫陽文公派澤，故鄭氏師尹、蔡氏模自皆一時之選也。

再按：王氏埜、王氏遂亦皆宗仰朱子之學，王埜爲金華人，王遂爲金壇人。王埜曾友教於蔡節齋父子。王遂號潛軒，曾撰《節齋墓志序》，述學派源流，闡發特詳。二公宦學皆卓然者也。附此備考。

提刑楊澹軒先生方學派

按：長汀斯時惟澹軒先生及紫陽之門，外此寥寥，亦風氣初開之始也。傳稱其清修篤孝，行己拔俗，到官操履剛正廉介，不可干以私。至論學之詳，朱子集中往復諸書可檢也。

提刑楊澹軒先生方

楊方，字子直，長沙人。清修篤孝，行己拔俗。隆興元年登進士，調弋陽尉。還，特取道崇安參謁朱子，面受所傳。未赴。改清遠簿，廣廉憲姚孝資檄攝曲江，以廉介剛直聞。改武寧丞，秩滿。趙公汝愚帥蜀，辟管機宜。尋薦於朝，召對，擢宗正寺簿。❶乞外，通判吉州。淳熙末，知建昌軍，召爲樞密院編修官。首疏乞朝重華宫，辭甚懇切。寧宗立，除秘書郎，出知吉州。僞學禁興，坐汝愚、朱子黨，罷居贛州，閉户讀書。學禁稍弛，起知攝州。至官未數月，乞祠以歸。嘉定更化，召爲右侍郎官，進考功郎官。操履剛正，終與時忤，尋復去國。越二年，以鯁介老成，除直寶謨閣，提刑廣西。循歷屬部，發摘奸貪，官吏重足而立。至桂嶺，卒。所居植淡竹，自號淡軒老叟。學者稱爲澹軒先生。所著有《寒泉語録》。

按：《朱子語録》姓氏楊澹軒先生録語在乾道六年庚寅所聞，時朱子年四十一，此爲早歲及門記語録之最早者。

---

❶「寺」，丁氏抄本作「字」。

縣令丘啓潛先生鱗 丘方附

丘鱗，字啓潛，連城人。少師事楊澹軒方。嘉定十三年特奏名，調贛縣尉，有廉聲。歸，值紹定寇發，檄攝連城令，畫計禦寇，率民登東田石，全活甚衆。招捕使陳韡奏其功，辟知建寧縣。侄丘方，字正叔。寶慶二年進士，任寧都縣丞。興學課士，有政聲。同受業於澹軒先生。《閩書》。黎氏撰《丘先生書院記》。❶《汀郡選舉志》。

備考

黎氏士宏撰《丘氏二先生書院記》略曰：「連城踞萬山中，重巒疊峙，覽奇者目不暇給，矧東田數片石屹立一方。石之麓爲宋儒丘二先生讀書舍，後人即其遺址祠以祀之。」按郡縣志，丘鱗，字啟潛，嘉定十三年進士；侄丘方，字正叔，寶慶二年進士，同受業楊澹軒先生。澹軒先生爲朱門高弟，其時同學諸子罕出其右。及學成，歸鄞江，考道問德，與朱子往復辨論，折衷至當。載在《語録》者，章章可考。二先生從之學，盡得其傳。至啓潛先生禦寇有功，辟知邵武軍建寧縣承直郎，日與劉德言、梁文叔、馮作肅、吴大年、葉直翁、吴仲玉諸先儒切磋友善，講道不倦。遡其所從，皆朱門嫡

❶「丘」，原作「邱」，依上下文改。

傳也。

又曰：「吾獨慨閩自龜山道南後，群英萃興，號爲鄒、魯名邦。汀距延咫尺間，何從學者寥寥？唯楊先生謁朱子，受所傳於前，二先生從楊學，紹所聞於後，倡明聖道，引誘善類，汀人始知《詩》、《書》、《禮》、樂之學。是先生德業未顯於當時，教化尚留於後世，自是士子争自濯磨，敦倫紀勵，名節稱先，則古代有聞人，孰非二先生教澤之所遺耶？」

林存齋先生憲卿學派

《黄氏日抄》言：晦菴先生没後，公亦在高弟之列。勉齋祭先生文稱：「栗山之陽無百室之聚，家絃誦而人縫掖，又皆知義理之訓，公之教也。」又曰：「吾鄉之士遊晦菴之門晚歲能自守者，不過三數人，如公之醇厚質直、樂善不倦，則又朋友之所敬愛云。」

林存齋先生憲卿

林憲卿，字公度，福州懷安人。居大山長谷之中，與世異趨。不妄交遊，慎擇師友，醇厚質直，樂善不倦。從晦菴先生遊，知所自守，以忠信見稱於師門，以義理化導乎鄉里。年七十猶嗜學不衰，學者稱爲存齋先生。及卒，黄勉齋誌其墓。其徒吴宗萬、林士蒙皆知名。《考亭淵源録》。《閩書》。

潘瓜山先生柄學派

朱子《答謙之書》曰：「所示問目，如伊川亦有時教人静坐，然孔、孟以上却無此説。要須從上推尋，見得静坐與觀理兩不相妨，乃爲的當耳。」按：謙之在朱門爲高弟，其所問心性分别與夫静坐及存養數條，俱爲涵養本原切己功夫。慈溪黄氏嘗言：「晦菴没後，閩中門人如潘謙之、楊志仁、林正卿、林子武、李守約、李公晦，皆在高弟之列。」以此知其選矣。又按：公之父滋從林先生之奇遊，聞晦菴講道武夷，遂命公兄弟從遊，皆以弱冠摳衣有道，厲志前修，蓋貽謀有自來矣。

林子立先生士蒙闕傳❶

潘瓜山先生柄

潘柄，字謙之，懷安人。父滋，林公之奇高弟也，黄勉齋嘗受業焉。兄植，字立之。工於文，不赴塲屋，勵志潛修，專以務實爲本。兄弟承父命，俱往事文公於武夷。公稱曰：「立之有説得到處。」先生年十六即有志於道，文公悉以所學授之，遂取聖賢格言爲訓，又以《吕氏鄉約》隱括繼其

❶ 本條原無，據文津本補。

後。凡存心養性之道，律己治人之功，條目具列，終身所行不出於此。著《易解》、《尚書解》。學者稱瓜山先生。

按：《朱子語録》姓氏，潘瓜山先生録語在淳熙十年癸卯以後所聞，時朱子年已五十四，此爲中歲及門者。

《閩書》。《考亭淵源録》。《道南源委》。

山長黄德遠先生績別見本學派❶

監簿黄四如先生仲元別見本學派❷

蘇先生國台

蘇國台，其先德化人。曾祖欽遷於仙遊。父權，從祖總龜，皆爲名儒。國台從瓜山潘公學。

楊信齋先生復學派

考公平昔多講貫於制度典章之學，文公没後，又從勉齋黄氏遊，稱朱門高弟。西山真氏莅官

❶ 本條原無，據文津本補。

❷ 本條原無，據文津本補。

至閩，於三山築「尊德堂」以待之。是時，公年已老，所造有更超然者矣。

楊信齋先生復

楊復，字志仁，福州長溪人。朱子門人，後又受業於黄勉齋。勁特通敏，考索最精，見者無不歎服。陳師復稱其學問精深，服膺拳拳。真西山知福州，即郡學，創「貴德堂」以處之。著《祭禮圖》十四卷、《儀禮圖解》十七卷，又有《家禮雜説附注》二卷。學者稱信齋先生。《道南源委》。《考亭淵源録》。《閩書》。

林先生桂發

林桂發，福寧人。父艾隱先生志晦菴之學。子三：宗旦、如坦，皆有文名；桂發受業晦菴之門人信齋楊公復，以繼先志云。東發黄氏震撰公父《墓誌》略曰：「寶祐乙卯歲，余應鄉書，聞有高才卓識，持衡風簾間者，是爲林公桂發，而未果識也。余既竊第歸，君來從事府幕，一見如平生歡，而未由欵誨益也。後四三年，再會君吴門，與語夜參半，君衮衮談古今，析義理，如傾河漢不可休。知其學必有自來，而未能悉也。自是每見閩之士，必問君家世，皆言君艾隱先生之子。艾隱古學古心，超然不與世接，君亦刻厲先志，坐是偃蹇於世。余於是益敬之慕之。❶又十年，余歸自江西，君適從事沿海制司之幕。秩滿赴班，因得請問艾隱先生詳委。君乃愀然言曰：『宦遊日久，先君墓猶未銘，正欲屬之子。』余謝不能再三，明日，以其狀來，又辭至再三，皆不獲，乃敬爲敘其事而次之。」

朝奉李公晦先生方子學派

文公嘗言：「公晦資禀自是寡過，然開闊中又須縝密，寬緩中又須謹嚴。」先生曾與真文忠公爲僚於泉山。文忠公言：「公晦學邃而氣平，本經術，明世用。事之大者，余必咨而後行。」其撰《清源文集序》言：「公晦仕泉時，爲郡守程公所囑，輯《清源文集》七百餘篇，集成而某至。」又爲先生子祝辭，贊先生爲朱門高弟。觀此，知先生其有體有用之學者歟！又虞卲菴撰《雲巖書院記》，其言曰：「先生祖、子、孫三世受學朱子之門。當是時，閩之學者比於鄒魯。余得先生所爲《年譜序》，知其於朱氏之學確守而不變，所謂毫分縷析，致知力行，蓋終身焉。」雲巖即先生講學故處也。今録其梗概著於編。

❶「慕」，原作「後」，據文淵閣《四庫全書》本《黄氏日抄》卷九七《艾隱先生林君墓誌銘》改。

朝奉李公晦先生方子

李方子，字公晦。吕之孫。少博學能文，爲人端謹純篤。初見朱子，謂曰：「觀公爲人，自是寡過，但寬大中要規矩，和緩中要果決。」遂以「果」名齋。長遊太學，學官李道傳折官位輩行，具刺就謁。嘉定七年登進士，廷對第三人，調泉州觀察推官。真西山爲守，稱其學邃氣平，本經術，明世用。每有大事，必咨決而行。暇則辨論經訓，至夜分不倦。故事，秩滿必先通書廟堂乃除。先生曰：「是求也，可乎哉？」丞相史彌遠怒之。踰年，始除國子録。將選入官僚，不少貶以希合。或告彌遠曰：「此真德秀黨也。」使臺臣劾罷之。既歸，從遊者盈門，竟日危坐，未始傾側，對賓客一語不妄發，雖奴隸亦不加詬詈，然皆嚴憚之。其學得諸心傳，親切超詣。嘗語人曰：「吾問學未能周盡，幸於大本有見，此心常覺泰然，不爲物欲所漬。若得真實務學之人發明綱領，斯道庶幾不墜爾！」起辰州通判，尋卒。著有《朱子行狀》、《傳道精語》等書。又有《禹貢解》，朱子嘗稱許之。寶慶二年，真公德秀官樞密，與尚書袁甫進於朝。特旨授朝奉郎致仕，與一子恩澤。弟文子。

按：《朱子語録》姓氏李公晦先生録語在淳熙十五年戊申以後所聞。時朱子年已五十九，此爲晚歲及門者。

《閩書》。《道南源委》。《歷代名儒傳》。

侍講葉仲圭先生采別見本學派❶

泉南人文之盛，自紫陽文公倡興同安，繼以白石蔡先生、北溪陳先生宗主文公家法，而士習翕然嚮風，由是，濂、洛、關、閩之書家絃户誦，號爲「紫陽別宗」。其時王梅溪、真西山諸賢後先莅官至止，主盟斯道，人文愈著。五百年來，知朱、真諸大儒之澤矣，而白石、北溪輔翼踵起之功，未有表章者。三山蔣氏《閩學源流》有議公及黄氏巖孫、張氏巽郡中宜建以特祠者，後之君子折衷詳考，必有取焉。乾隆十三年戊辰七月初六日書。

蔡白石先生學派

蔡白石先生和

蔡先生和，字廷傑，晉江人。願從朱文公遊，以親老不能去，勉友人陳易往受業，數以書從易請質，無虚日。居白石村，喪祭酌古禮，鄉閭化之。真西山守郡，李果齋以文公弟子佐幕，議創書院於東湖，延和爲堂長。會易鎮，不果。同時有北溪陳淳往來道泉，學者勉留講授，一時如同邑蘇思恭、

❶ 本條原無，據文津本補。

王次傳、王雋、黄必昌，安溪鄭思忱、思永，惠安江與權，永春卓琮、黄以翼皆從先生與淳學。先是，郡士專經者泥章句，業文者競浮華，析理者騖玄虚。自文公導其源，白石、北溪濬其流，條理明備，講論平實。由是關、洛、考亭之書家誦人習，理學之盛號爲「紫陽别宗」。居白石村，學者稱爲白石先生。著有《易説》。

監院鄭景千先生思忱

鄭思忱，字景千，安溪人。授《尚書》於西溪李季辨，解析精詣，生徒常百數。嘉定三年，以詞賦領鄉薦第一。中第，爲新興令，除遺利錢三百萬。再知崇安縣，以譖左遷浦城丞，謁真文忠公，與語，知其賢，言於太守，得復任。知南恩州，歷浙東參議。雷變，上封事，言：「士溺苞苴，習久難化。民坐困且盜，宜去貪恤人，節用蓄力。」除監登聞鼓院。卒，年七十二。公少年豪爽，晚而和粹，凝然有守君子也。著有《詩書釋》。按，先生與景修先生思永皆從蔡公和與陳公淳學，時稱「紫陽别宗」。清溪傳入朱門派繫，自二先生始。

鄭景修先生思永

鄭思永，字景修，安溪人。好學篤行。蔡白石愛其樸粹，妻以女，從學終身。著有《易説》。《閩書》。

王嵒父先生次傳

王次傳，字嵒父，晉江人。善講析指，授生徒多貴顯。再預薦，不第。

黄宗臺先生以翼以下别見北溪學派❶

黄先生必昌

卓先生琮

江先生與權

王先生雋

教授蘇欽甫先生思恭

❶ 本條原無，據文津本補。下五條同。

閩中理學淵源考卷二十八

廣平府知府李清馥撰

主簿陳北溪先生淳學派

按：紫陽先生莅漳時，北溪方始受業，由是漳之人士翕然師尊之。維時漳士尚未著顯，惟鄰郡泉、莆間信向相從講貫者爲多，此見於先生答黄寺丞直卿之書可考也。晚歲曾與陳復齋宓、江德功默先後莅安溪令簿，惜未至官而卒。然三先生皆得紫陽緒餘，流風所被，其澤未泯，山川炳耀，學派開先。然則泉郡之俎豆，先生當與黄巖孫、蔡白石諸公並請百世祀，宜哉！至其爲學有所得，不遠千里質之晦翁，晦翁有喟然「與點」之歎，則又告之曰：「當大作下學之功，勿遽求上達之見。」臨川吴氏言：「朱門惟勉齋黄直卿識理本原，其次北溪陳安卿於細碎字義亦不差」云。

主簿陳北溪先生淳

陳先生淳，字安卿，龍溪人。少習舉子業。林宗臣見而奇之，謂曰：「此非聖賢之學也。」授以《近思録》。先生由是盡棄所業，益求濂、洛遺書讀之，曰：「若是與吾心會，蓋真得洙、泗之傳者。

循墻闖門，未身其奧，吾心亟焉。」及聞朱子講道武夷，欲往從而無資。會朱子來守漳州，袖所作《自警》詩爲贄。朱子讀之，恨相見晚；與語，知其用功深且久，直以上達之理發之。先生聞語深思，益求所未至。朱子每語人曰：「南來，吾道得一安卿爲喜。」朱子自漳歸且十年，先生復至，自述所得。朱子曰：「已見本原矣，所闕者下學之功爾。」自是所聞皆切要語，凡三月，而朱子卒。先生歸，追思師訓，痛自裁抑，無書不讀，無物不格，日積月累，義理貫通，洞見條緒。凡經傳子史所載紀綱法度、禮樂刑政、衰興治亂之原、得失利害之幾，與夫異端邪説似是之非、淺深疏密難明之辨，無不周詳究勘，徹上徹下，而於朱子之所以教無復遺恨矣。先生僻處陬澨，曩時同門諸老皆已零落，後來者率累於科舉，習於見聞，惟鄰郡莆、泉間有相信從者。

嘉定九年，以待試寓中都，❶四方友皆來叩質，朝士大夫争館迎焉。嚴州守鄭之悌聞其至，率僚屬延講郡庠。時有竊似亂真自立門庭者，教人默坐求心，謂可一蹴而至，而以致知格物爲支離，認人心爲道心，而是非理欲之所在皆置不聞。後生晚出，喜奇便簡，群然和之。先生極力排之。所以發明正學，以求指歸，則有《道學體統》等四篇；所以排觝異端，中其膏肓，則有《似道似學二辨》。既歸，泉人士師事益衆，先生與講解率至夜分，惟恐聽者之勞，而在己曾無倦色；惟慮人無以受之，而不憚傾倒所有以告。於是，門人隨其口授筆之於書，《大學》、《論》、《孟》、《中庸》，則有《口義》；

❶「待」，原作「特」，據《宋史》卷四三〇改。

仁義禮智、心意性情之類，隨事剖析，則有《字義詳講》。仙谿陳沂久往來門下，輯一時問答之言爲《筠谷所聞》二卷，其深切著明者也。先生家故貧，事母孝，身雖未用，而憂時論事，感激動人。道至晚益尊，行著於鄉，德形於言。胸中明瑩若太空無雲，而其辨説條暢，浩乎水涌而山出；其推己及人之心，甚於饑渴嗜慾，不能自遏。嘉定十六年，授迪功郎，主安溪簿。泉南諸儒竊自幸有以終教。將行，竟卒，時年六十五矣。學者稱北溪先生。

子榘。能讀父書，銓次其家集爲五十卷，有《道學體統》、《師友淵源》、《用功節目》、《讀書次序》四篇，《似道似學辨》、《大學中庸論孟口義》、《字義詳講》、《詩禮女學》等書。《道南源委》。《宏簡録》。《名儒傳》。《閩書》。《北溪文集》。《考亭淵源録》。

嚴陵學校講義

淳恭承判府寺丞鄭公之悌，偕諸廣文先生領邦之群賢衆俊會於學校，謂淳從遊晦菴先生之門，俾講明大義，以開後進。區區淺陋，辭不獲命，輒吐爲説四篇：一曰《道學體統》，二曰《師友淵源》，三曰《用功節目》，四曰《讀書次序》，以爲賢侯作成人材之助，願諸同志共切磋之。

道學體統

聖賢所謂道學者，初非有至幽難窮之理，甚高難行之事也，亦不外乎人生日用之常耳。蓋道原於天命之奥，而實行乎日用之間。在心而言，則其體有仁、義、禮、智之性，其用有惻隱、羞惡、辭讓、是非之情；在身而言，則其所具有耳、目、口、鼻、四肢之用，其所與有君臣、父子、夫婦、兄弟、朋友之倫；在人事而言，則處而修身、齊家、應事、接物，出而莅官、理國、牧民、御衆，微而起居、言動、衣服、飲食，大而禮樂、刑政、財賦、軍師。凡千條萬緒，莫不各有當然一定不易之則，皆天理自然流行著見，而非人之所强爲者。自一本而萬殊，而體用一原也；合萬殊而一統，而顯微無間也。上帝所降之衷，即降乎此也；生民所秉之彝，即秉乎此也。以人之所同得乎此而虚靈不昧，則謂之明德；以人之所共由乎此而無所不通，則謂之達道。堯、舜與塗人同一稟也，孔子與十室均一賦也。聖人之所以爲聖，生知安行乎此也；學者之所以爲學，講求踐履乎此也。謂其君不能，賊其君者也；謂其民不能，賊其民者也；自謂其身不能，自賊者也。操之則存，捨之則亡，迪之則吉，悖之則凶。蓋皎然易知，坦然易行也。是豈有離乎日用常行之外别自爲一物，至幽而難窮、甚高而難行也哉？如或外此而他求，則皆非大中至正之道，聖賢所不道也。

師友淵源

粤自羲皇作《易》，首闢渾淪，神農、黄帝相與繼天立極，而宗統之傳有自來矣。堯、舜、禹、湯、文、武更相授受，中天地爲三綱五常之主；臯陶、伊、傅、周、召又相與輔相，施諸天下，爲文明之治。

孔子不得行道之位，乃集群聖之法，作六經爲萬世師，❶而回、參、伋、軻實傳之。上下數千年無二説也。軻之後失其傳，天下騖於俗學，蓋千四百餘年昏昏冥冥，醉生夢死，不自覺也。

及我宋之興，明聖相承，太平日久，天地真元之氣復會，於是濂溪先生與河南二程先生卓然以先知先覺之資相繼而出。濂溪不由師傳，獨得於天，提綱啓鑰，其妙具在《太極》一圖；而《通書》四十章，又以發圖之所未盡，上與羲皇之《易》相表裏，而下振孔、孟不傳之墜緒。所謂再闢渾淪。二程親授其旨，又從而光大之，故天理之微、人倫之著、事物之衆、鬼神之幽與凡造道入德之方、修己治人之術，莫不秩然有條理，備見於《易傳》、《遺書》，使斯世之英才志士得以探討服行而不失其所歸。河、洛之間，斯文洋洋，與洙、泗並聞而知者。有朱文公又即其微言遺旨，益精明而瑩白之，上以達群聖之心，下以統百家而會於一。蓋所謂集諸儒之大成而嗣周、程之嫡統，粹乎洙、泗、濂、洛之淵源。必以是爲迷塗之指南，庶乎有所取正而不差。苟或捨是而他求，則茫然無定準，終不得其門而入矣。既不由是門而入，而曰吾能真有得乎聖人心傳之正，萬無是理也。

用工節目

道之浩浩，何處下手？聖門用工節目，其大要亦不過曰致知與力行而已。致者，推之而至其

❶「六」，原無，據文淵閣《四庫全書》本《嚴陵講義》補。

極之謂；致其知者，所以明萬理於一心而使之無所疑也。力者，勉焉而不敢怠之謂；力其行者，所以復萬善於己而使之無不備也。知不致，則真是真非無以辨，其行將何所適從？必有錯認人欲作天理而不自覺者也。行不力，則雖精義入神亦徒爲空言，而盛德至善竟何有於我哉！此《大學》明明德之功，必以格物致知爲先，而誠意、正心、修身繼其後。《中庸》擇善固執之目，必自夫博學、審問、慎思、明辨而篤行之。而顔子稱夫子「循循善誘人」，亦惟在於「博我以文，約我以禮」而已，無他説也。然此二者亦非截然判先後爲二事，猶之行者目視足履動輒相應，蓋亦交進而互相發也。故知之明則行愈達，而行之力則所知又益精矣。其所以爲致知、力行之地者，必以敬爲主。敬者，主一無適之謂。所以提撕警省此心，使之惺惺，乃心之生道，而聖學之所以貫動静、徹終始之功也。能敬則中有涵養，而大本清明。由是而致知，則心與理相涵而無顛冥之患；由是而力行，則身與事相安而亦不復有扞格之病矣。雖然，人性均善，均可以適道，而鮮有能從事於斯者。由其有二病：一則病於安常習故，而不能奮然立志以求自拔；二則病於偏執私主，而不能豁然虚心以求實見。蓋必如孟子以舜爲法於天下，而我猶未免爲鄉人者爲憂，必期如舜而後已，然後爲能立志；必如顔子以能問於不能，以多問於寡，有若無，實若虚，然後爲能虚其心。既能立志而不肯自棄，又能虚心而不敢自是，然後聖門用工節目循序而進，日日有惟新之益，能升堂入室，惟吾之所欲而無所阻矣。此又學者所當深自警也。

讀書次序

書所以載道，固不可以不讀，而聖賢所以垂訓者不一，又自有先後緩急之序，而不容以躐進。程子曰：「《大學》，孔氏之遺書，而初學入德之門也。於今可見古人爲學次第者，獨賴此篇之存，而《論》、《孟》次之。學者必由是而學焉，則庶乎其不差矣。」蓋《大學》者，古之大人所以爲學之法也，其大要曰「明明德」，曰「新民」，曰「止至善」三者而已，於三者之中，又分而爲格物、致知、誠意、正心、修身以至於齊家、治國、平天下者，凡八條。大抵規模廣大而本末不遺，節目詳明而始終不紊，實群經之綱紀，而學者所當最先難講明者也。其次，則《論語》二十篇，皆聖師言行之要所萃，於是而學焉，則有以識操存涵養之實。又其次，則《孟子》七篇，皆諄諄乎王道仁義之談，於是而學焉，則有以爲體驗充廣之端。至於《中庸》一書，則聖門傳授心法，程子以爲其味無窮，善讀者味此而有得焉，則終身用之有不能盡者矣。然其爲言大概上達之意多，而下學之意少，非初學者所可驟語，又必《大學》、《論》、《孟》之既通，然後可以及乎此，而始有以灼知其皆爲實學，無所疑也。蓋不先諸《大學》，則無以提挈綱領而盡《論》、《孟》之精微；不參諸《論》、《孟》，則無以發揮蘊奥而極《中庸》之歸趣；若不會其極於《中庸》，則又何以建立天下之大本而經綸天下之大經哉！是則欲求道者，誠不可不急於讀四書，而讀四書之法，毋過求，毋巧鑿，毋旁搜，毋曲引，亦惟平心以玩其旨歸，而切己以察其實用而已爾。果能於是四者融會貫通，而理義昭明、胸襟灑落，則在我有權衡尺度，由是而進諸經與凡讀天下之書、論天下之事皆莫不冰融凍釋，而輕重長短截然一定，自不復有錙銖分寸之或紊矣。嗚呼！至是而後，可與言内聖外王之道，而致開物成務之功用也歟！

似道之辨

或曰：「今世所謂老佛之道，與聖賢之道何如？」曰：似道而非道也。蓋老氏之道以無爲宗，其要歸事清浄，令學者修真煉氣以復嬰兒，誠爲反人理之常。世固有脱事物、遊方外以事其學者，然其説未甚熾，固不待論。若佛氏之教，則充盈乎中華，入人骨髓，自王公大人至野夫賤隸、深閨婦女，無不傾心信向之，而其所以爲説者，大概有二：一則下談死生罪福之説以誑愚衆，然非明識者莫能決；一則上談性命道德之説以惑高明，亦非常情所易辨也。夫死生無二理，能原其始而知所以生，則反其終而知所以死矣。蓋無極之真，二五之精，妙合而凝，乾道成男，坤道成女，二氣交感，化生萬物，此天地所以生人物之始也。人得是至精之氣而生，氣盡則死。得是至真之理所賦，其存也順吾事，則其没也安死而無愧，始終生死如此而已。自未生之前，是理氣爲天地間公共之物，非我所得與。既凝而生之後，始爲我所主，而有萬化之妙。及氣盡而死，則理亦隨之一付之大化，又非我所能專有，而常存不滅於冥漠之間也。今佛者曰：「未生之前，所謂我者固已具；既死之後，所謂我者未嘗亡。所以輪回生生，於千萬億劫而無有窮已。」則是形潰而反於原，既屈之氣，有復爲方伸之理，與造化消息闢闔之情殊不相合。且謂天堂地獄明證昭昭，則是天地間别有一種不虚不實之田地，可以載其境；别有一種不虚不實之磚瓦材木，可以結其居，與萬物有無虚實之性又不相符。況其爲福可以禱而得，爲罪可以賂而免，則是所以主宰乎幽隱者，尤爲私意之甚，❶抑非福善禍淫、大公至正、神明之道也。觀乎此，則死生罪福之説，真是真非瞭然，愚者可以不必惑，而明智者亦可以自决矣。

夫未有天地之先，只自然之理而已。有是理則有是氣，有動之理則動而生陽，有静之理則静而生陰。陰陽動静，流行化育。其自然之理從而賦予於物者爲命，人得是所賦之理以生而具於心者爲性。理不外乎氣，理與氣合而爲心之靈，凡有血氣均也，而人通物塞，通則理與氣融，塞則理爲氣隔。今就人者言之，心之虚靈知覺一而已。其所以爲虚靈知覺，由形氣而發者，以形氣爲主，而謂之人心；由理義而發者，以理義爲主，而謂之道心。若目能視，耳能聽，口能言，四肢能動，飢思食，渴思飲，冬思裘、夏思葛等類，其所發皆本於形氣之私，而人心之謂也。非禮勿視，而視必思明；非禮勿聽，而聽必思聰；非禮勿言，而言必思忠；非禮勿動，而動必思義。食必以禮而無流歠，飲必有節而不及亂，寒不敢襲，暑無褰裳等類，其所發皆原於理義之正，而道心之謂也。二者固有脈絡，粲然於方寸之間而不相亂。然人心易危殆而不安，道心至隱微而難見，以堯、舜、禹相傳，猶致其精於二者之間而一守夫道心之本。自告子以生爲性，則已指氣爲理，而不復有别矣。今佛者以作用

❶「尤」，原作「元」，據文淵閣《四庫全書》本《北溪大全集》卷一五改。

是性，以蠢動含靈皆有佛性，運水搬柴無非妙用，專指人心之虚靈知覺者而作弄之。明此爲明心，而不復知其爲形氣之心；見此爲見性，而不復知性之爲理；悟此爲悟道，而不復别出道心之妙，乃至甘苦食淡，停思絶想、嚴防痛抑，堅持力制。或有用功至於心如秋月碧潭清潔者，遂交贊以爲造到。業儒者見之，自顧有穢浄之殊，反爲之欣慕，捨己學以從之，而不思聖門傳授心法，固自有克己爲仁，瑩浄之境與所謂江、漢之濯，秋陽之曝，及如光風霽月者，皆其胸中輝光潔白之時，乃此心純是天理之公，而絶無一毫人欲之私之謂。若彼之所謂月潭清潔云者，特不過萬理俱空而百念不生爾，是固相似而實不同也。心之體所具者惟萬理，彼以理爲障礙而悉欲空之，則所存者特形氣之知覺爾，此最是至精至微第一節差錯處。至於無君臣、父子等大倫，乃其後截人事粗迹之悖繆至顯處。其爲理之發端，實是大原中已絶之心，本是活物，如何使之絶念不生？所謂念者，惟有正不正耳，必欲絶之不生，須死而後能。假如至死之境果無邪心，但其不合正理，是乃所以爲邪而非豁然大公之體也。程子以爲佛家有个覺之理，可敬以直内矣，而無義以方外，然所直内者亦非是，正謂此也。觀乎此，則性命道德之説真是真非瞭然，高明者可以不必惑，而常情亦可以能辨矣。而近世儒者乃有竊其形氣之靈者以爲道心，屏去「道問學」一節工夫，屹然自立一家，專使人終日默坐以求之，稍有意見，則證印以爲大悟，謂真有得乎群聖千古不傳之秘，意氣洋洋，不復自覺其爲非。故凡聖門高明廣大底境界更不復覩，而精微嚴密等工夫更不復從事，良亦可哀也哉！嗚呼，有志於學者，其戒之謹之！

似學之辨

或曰：今世所謂科舉之學與聖賢之學何如？曰：似學而非學也。同是經也，同是子史也，而爲科舉者讀之，徒獵涉皮膚以爲綴緝時文之用，而未嘗及其中之蘊；止求影像髣髴，略略通解，可以達吾之詞則已，而未嘗求爲真是真非之識。窮日夜旁搜博覽，吟哦記臆，惟鋪排駢儷無根之是習，而未嘗有一言及理義之實。自垂髫至白首，一惟虛名之是計，而未嘗有一念關身心之切。蓋其徒知舉子蹊逕之爲美，而不知聖門堂宇高明廣大之爲可樂；徒知取青紫伎倆之爲美，而不知潛心大業趣味無窮之爲可嗜。凡天命民彝、大經大法、人生日用所當然而不容闕者，悉置之度外，不少接心目。一或扣及之，則解頤而莫喻，於修己治人、齊家理國之道，未嘗試一講明其梗概。及一旦躐高科，躡要津，當任天下國家之責，而其中枵然無片字之可施，不過直行己意之私而已。若是者，雖萬卷填胸，錦心繡口，號曰富學，何足以爲學？峩冠博帶，文雅醞藉，號曰名儒，何足以爲儒？假若胸臆歐、蘇，才氣韓、柳，謂之未曾讀書，亦可也。然則科舉之學視聖賢之學，正猶枘鑿之相反而不足以相通歟？曰：科舉程度固有害乎聖賢之旨，而聖賢學問未嘗有妨於科舉之文。理義明，則文字議論益有精神光采。躬行心得者有素，則形之商訂時事、敷陳治體，莫非溢中肆外之餘，自有以當人情，中物理，藹然仁義道德之言，一一皆可用之實。而有司明眼者得之，即爲國家有用之器，非止一名一第而已也。況其氣局高宏，功力至到，造道成德之大全者，所謂伊、傅、周、召，王佐規模具焉。

躋至道之域，又斯世之所不能捨也。但時王立科目之法，專指三日之文爲名，而素行不與。在學者讀書而言，則以聖師孔子爲祖者也。吾夫子平日之所以教，群弟子之所以學，淵源節目，昭昭方册，固有定法，正學者所當終身鑽仰，斃而後已，非可隨人遷變者。矧自聖朝列祖以至今日，已有尊崇之道，而荆、蜀、江、浙、閩、廣及中都之士，復多以此爲習尚，則亦此理在萬世不容泯没，其輕重緩急固有辨也。或曰：生斯世也，非能絶意於斯世而捨彼就此也。曰：時王之法，何可捨也？假使孔、孟復生於今，亦不能捨科目而遠去，則亦但不過以吾之學應之而已，焉能爲吾之累也？然則抱天地之性，負萬物之靈，而貴爲斯人者，盍亦審其輕重緩急而無甘於自暴自棄也哉！

告子論性之説五

告子論性之説有五，而「生之謂性」一句乃其抉本者。蓋性者，人所得於天之理，若仁義禮智者是也，而視物爲獨全；生者，人所得於天之氣，若知覺運動者是也，而與物爲不異。告子不知性之爲理，而指氣以當之，故以知覺運動不異也爲解，而斷爲一定之理。謂凡有生者皆同是一性，更無差别，是立个大底意以包之。而餘之四説則又就其中推演，如食色、無善不善二説，則正與此同。蓋一由其能知覺運動，故能甘食悦色也；一由其知覺運動之無所異，故無善無不善也。如杞柳、湍水二説，則亦不外乎此。蓋一由知覺運動之或偏於惡，故必待矯揉而後成也；一由知覺運動之或混於善惡，故之東之西而無所定也。夫既以甘食悦色爲仁，生乎内矣，而又反之以爲惡；既曰無善無不善矣，而又反之以爲善惡混。展轉縱橫，支離繆戾，要之皆只説著氣而非性之謂也。夫既以氣爲性，則仁義禮智之粹然者，將與知覺運動之蠢然者相爲混亂，無人獸之别，而且不復識天理人欲所從判之幾矣。其爲害豈淺鮮哉？

告子與程張説氣不同

告子説氣與程、張説氣不同。嘗推之，氣一也。告子生之説，所謂知覺運動者，是統指夫氣之流行爲用者而言；程子才稟與張子氣質之性，所謂清濁剛柔者，是分指夫氣之凝定成體者而言。自知覺運動者統言，可包得清濁剛柔，而清濁剛柔者分言，其中亦各具知覺運動。但告子之説乃即是以爲本性，而大爲包含之意，渾無分别，如無星之秤，無寸之尺。而程、張之説則是於本性之外發此，以别白其所未盡，如大明中閲物象瞭然，更無隱漏矣。如杞柳、湍水之説，亦氣質意也。但程、張分明斷作氣質，則自不亂此性之本，便爲精確不易之論。告子雖於杞柳説著意之惡、湍水説著氣之混，而意不認作氣質，只專作本性看，所以不可同日語也。

初見晦菴先生書

十一月吉日，學生鄉貢進士陳某謹齋沐裁書百拜，請備灑掃之禮於判府寶文侍講先生門下。某竊嘗謂道必真有人而後傳，學必親炙真任道之人而後有以質疑辨惑而不差。自孔、孟没，天下貿於俗學蓋千四百餘年，得濂溪周子、河南二程子者出，然後斯道有傳，而正學始有宗主。自程子至今，又百餘年矣，見知聞知，代不乏人，然淵源純粹精極，真可以當程氏之嫡嗣而無愧者，當今之世，捨先生其誰哉！而天下學士有志於古，欲就有道而正之者，非先生亦誰與歸哉？某窮鄉晚生，愚魯遲鈍，居於僻左，無明師良友，不蚤聞儒先君子之名。自兒童執卷，而世儒俗學已蠱其中，窮年兀兀，初不識聖賢門户爲何如。年至二十有二矣，始得先生所集《近思録》讀之，始知有濂溪，有明道，有伊川爲近世大儒，而於今有先生，然猶未詳也。自是稍稍訪尋其書，間一二年、三四年，又得《語孟精義》、《河南遺書》及《文集》、《易傳》、《通書》與夫先生所著定《語》、《孟》、《中庸》、《大學》、《太極》、《西銘》等傳，吟哦諷誦，反諸身，驗諸心，於是始慨然敬歎當時師友淵源之盛，抽關啓鑰如此之至而重自愧覺此身大爲孔、顔罪人！而且益仰先生道巍而德尊，義精而仁熟，立言平正温潤，精切的實，明人心，洞天理，達群哲，會百聖，粹乎洙、泗、伊、洛之旨。凡曩時有發端而未竟者，今悉該且備；凡曩時有疑辨而未瑩者，今益信且白。宏綱大義，如指諸掌，掃千百年之謬誤，爲後學一定不易之準則，辭約而理盡，旨明而味深，而其心度澄朗，瑩無渣滓，工夫縝密，渾無隙漏，尤可想見於辭氣間。故孔、孟、周、程之道至先生而益明，所謂主盟斯世，獨惟先生一人而已。然求於書未如親炙之爲浹洽；徒言之誦，未若講訂服行之爲實益。故愚生竊不自量，嘗欲盡屏世學，奔趨席隅，面領其梗概，然後退而結茅於清泉茂林以畢其業而終吾樂，獨奈何事與心違，家窮空甚，無千里裹糧之資，而二親臞繭，又日奪於仰事不給之憂，汩没乎科舉干禄之累。而於此第竊有志焉，不克實下手專研而精究，今三十有二矣。十年之間，但粗獵涉，悠悠蹉跎，若存若亡，枉逾夫子而立之年，未免曹交徒食之計。良心蕪没，百無一就，駸駸下流，甚懼甚恐。去年秋賦，夤緣有臨安之役，自謂是行也，此累了未了。其歸也，道武夷，當徑走五夫，職洒掃於墻仞之下，以紓其所素願。不謂命也天窮，舊累依然，而先生又此來矣。某始聞之，歡欣鼓舞，謂：「向者十年願見而不可得，今乃得親覩儀刑於州閭之近，殆天之賜歟！」既而又自疑曰：「先生，郡侯也；某，郡之一賤氓也。貴賤之分有等，且侯門如海，府吏森嚴如戟，問學若之何而通，請益若之何而便，講論若之何而欵？」故又遲遲者累月，屢進而屢趦趄，然是學不可一日廢，而見賢之心油然動於中，終有不容遏。且人生聚散不可期，幸與賢者並世而生，而邂逅又如此其密邇，人未有拒我之形，我逆爲之辭以自止，是果於自暴自棄者也。况先生以道學爲天下宗師，既不得盛行於時，猶當私淑於後，樂育善誘，循循不倦。夫豈以鄙夫互童而遽棄之？然公庭不敢私請，輒冒昧先此導意，併録舊日《自警》之章，列於别幅以爲贄。先生儻以爲可教而進之，俾獲預鑪錘之末，稍不失爲君子之歸，是所願望。若不遇焉，則亦命也。安愚分，退守窮廬，只遥望門墻以自考而已。敬恭俟命，不備。

與黄寺丞直卿

某僻處南陬，與同門朋友聲問不相接，孤陋寡聞，惟謹守師訓而已。鄉閭諸老在師門者，皆已零落。在後進輩又絶無此志可誘掖以嗣音。惟鄰郡泉、莆間，却稍有信向相從講貫者，庶幾或有一二可望。去歲，以特試來中都，四方才俊所萃，有平昔同門未相識者，多得會面。然亦所造不齊，難得見明而守剛者。既而趙計院季仁拉宿書院近三月日，頗得與諸友會聚。及道嚴陵，又爲鄭寺丞留郡庠，與諸生切磨兩月而歸。大抵世上一派禪學，年來頗旺於江、浙間，士夫之有志者多墮其中，而嚴尤甚。及聽某講説旬月後，士方多有警發，知聖門實學之所以然，而覺邪正二路之由分。亦有一二後進，未雜可教。❶ 茲因參注再至中染，未必果能涣然一於改聽易慮，則此道在天地間，誠可謂凛凛孤立，而邪説詖行之惑人心乃如彼其昌熾，識者深爲之隱憂。何時得天開日明，然則挽回狂瀾而注之東者，獨惟吾兄是賴。聞在安慶頗得行志，繼聞與時扞格而歸。世道之至微，在君子自是難於有行，且退處里閭，爲一世之師範。蓋隨其才質而成就之，使師道之傳得以有光，然亦未必爲無補也。

與朱寺正敬之

某春間，經仙里，少欵誨諭，不勝欣慰。别後，途中節被脚子撓，竟不克入三山與黄寺丞相聚。二月末抵家，幸爾善適，皆庇之及。繼得潮陽郭子從寄示先生行狀，後段印本不書姓名，想是直卿之筆。鋪敘得大意頗出，甚穩貼，然亦有小小造語立字未安處，不知前段如何？又不得本子。如

❶「教」，原作「敬」，據文淵閣四庫全書本《北溪大全集》卷二三改。

云「正統有歸」，恐只宜作「全體有在」；又如「秋霜」處，恐尚欠「温和」一節；又如「有功天下後世」處，恐欠「集諸儒大成」底意；又如天文地理、樂律兵機等類，皆吾道中之事，自己本分著工夫，❶所以「明明德，體用之全；止至善，精微之極」底意思所係，不可得而精粗者，今乃結上文以「道德光明俊偉如此」，却分析此節，離爲二截，似出道德之外，不相管屬。大抵先生之教所喫緊爲人至切至要處，最是就下學上極著工夫。凡上達底妙道精義，須從人事千條萬緒中串過來，極是著實，更無一點懸空底意，極是縝密，亦無一點疏闊底意。恐不必如此分開了，失其旨矣。又如碑記等文，多亦只是發明此理，不可與騷賦等文別作一等看。蓋理明義精，詣極造到，自無所往而不通，無所發而不當，非可拘拘以常迹分別也。凡此類文，當修刮純粹無病，方爲盡善盡美。不審台意以爲何如？

推官陳伯澡先生沂

陳沂，字伯澡，仙遊人。曾祖吉老，通《春秋》三傳，學孫吴兵法，累有戰功，卒陷陣死，詔褒忠節。祖希造，年十六被虜至北庭，後乘間歸，侍父官臨汀，亦以戰没，贈承事郎。父光祖，少而篤學，以明理力行爲務，北溪陳淳每稱曰：「世德，吾益友也。」以父死事補官，知英德縣，德行政事皆有尺律，積官朝奉郎。沂以父蔭補官，調新州推官，與太守争死獄，竟獲譴，罷去。自弱冠侍父官南遊，

❶ 「著」下，陳淳《北溪大全集》卷二三有「實」字。

始篤志文公之學，徧參劉爚、廖德明、李方子、楊至諸先生之門，而陳淳又沂終身所卒業者。凡一時及門之士，皆推沂爲嫡嗣。繼復受《書》、《易》於蔡淵、蔡沈，若陳宓、潘柄、蔡和、劉彌劭、蔡模皆其交遊也。平日以禮法自將，喪祭一遵朱子《家禮》。淳嘗名其書室曰「貫齋」，爲之記云：「曾氏父子之學，參也，由貫以達一；點也，游心於一而不必實以貫。伯澡始慕點，名沂，今復以『貫』名齋，以上達爲高，覺點之病，而欲參之下學以實之。予嘉其立志之審而用功之有序也。」《道南源委》載光祖師事陳北溪，黄氏《海道南統緒》辨之謂：「光祖與北溪友，子沂師事北溪。」今從黄氏改本。《仙遊志》。《閩書》。《道南統緒》。

州判黄京父先生必昌

黄必昌，字京父，晉江人。嘉定十年進士，判循州。故從陳淳學，又切磋於陳宓、潘柄二賢。有《中庸大學講稾》。《閩書》。

鄉貢江先生與權

江與權，惠安人。與黄以翼從學蔡和及陳淳。爲文古雅，兩預鄉貢。

卓廷瑞先生琮

卓琮，字廷瑞，同安人。郡志作永春人。從陳北溪遊，嗜學堅苦，以累成功。凡所講論，能暢北溪之旨。

黄宗台先生以翼

黄以翼，字宗台，永春人。嘗受業陳北溪、蔡白石之門。莊毅有立，析理精詣。暮年記問益富。所著有《周易禮説》。《道南源委》。

進士王先生稼

王稼，晉江人。《清源文獻》載：「公端平二年進士，從遊北溪之門。」其敘《北溪字義》云：「郡庠刊《西山讀書記》成，學者争誦之，博士葉君病其條目浩穰，後進無所從入也。曰：『使西山猶在，能無如司馬公作《舉要》以振《通鑑》綱領乎？』稼因以北溪先生《字義》爲告，君喜，即鋟梓以傳同志。初，先生講道於稼家塾，誨人以辨析名義爲急，候其體認精實，然後隨扣大小，從容盡其義。此書蓋心法也。族父雋筆授而成。後十年，蘇君思恭始出以諗復齋陳公爲之敘，時讀書行於印圈，契合出於一人，學者有能即是以求道之指要，使吾胸中衡尺不亂，然後從一以會萬，詳説而反約。《讀書記》一篇貫串無餘藴矣，此二先生之盛心，而葉君惠教之志也夫！《河圖》八卦、《洛書》九章相爲表裏經緯，理之自然，固不相謀而相合哉！芒芒禹甸，將皆車轍馬跡，問津前塗，獨不賴司南之車乎？覽者其深味之。」《清源文獻》。《北溪字義序》。

漕舉蔡國賢先生逢甲

蔡逢甲，字國賢，臨漳人。父希稷，兵部侍郎，居官廉慎。公受業陳安卿之門，嘗與安卿辨論《河圖》、《洛書》同異及《太極圖》、《西銘》之相發明處。安卿稱其有特見。登咸淳進士，詔主廣東漕舉。值宋亡，不仕，自號棄夫。作悟道書院於玳瑁山下，以終隱焉。時高其誼，謂之「故宋使公」，鍵户不出，臨没，自題墓碑曰「前宋進士蔡逢甲墓」。著《使公講録》。明儒周公一陽評論同郡先輩謂：「如公之孤標，去首陽不遠，而惜其沈冥草澤間，世莫有知者。」子自成，以學行名。

王迪父先生雋

王雋，字迪父，晉江人。精敏絶人。館陳北溪於家，筆授《字義》行世。

王潛軒先生昭 別見本學派❶

❶ 本條原無，據文津本補。

教授蘇欽父先生思恭

蘇思恭，字欽父，晉江人。祖，尊己，以學行著於鄉。公嘉定元年禮部奏名，候廷對，聞期戚，亟歸，至辛未始賜第。嘗從陳北溪、蔡定傑遊。篤志朱學，踐履堅確，除興化軍教授，以禮義之實革詞藻之華。陳師復諸賢皆推重之。調韶州教授。有《省齋文稿》。

別駕諸葛珏別見諸葛氏家學❶

特奏潘叔允先生武以下交友

潘武，字叔允，龍溪人。嘉定庚辰特奏名。履行端方，於書無所不讀。與陳北溪爲道義交，鄉子弟多執經從遊。進士趙希流、吴仲修皆出其門。

❶ 本條原無，據文津本補。

閩中理學淵源考卷二十九

廣平府知府李清馥撰

莆陽陳氏家世學派

西山真氏曰：「丞相正獻陳公道德風烈，爲阜陵名相第一。舊傳公築第既成，有訝其門太庳者，公曰：『異時，使竈婢、乳媪可開，迺佳耳。』縉紳傳誦，以配太祝齋郎廳事語。其《示二子》詩曰：『興來文字三盃酒，老去生涯萬卷書。遺汝子孫清白在，不須夏屋太渠渠。』此正落成時所賦也。太史公有言：『使晏子而在，予雖爲之執鞭，所欣慕焉。』僕之於公亦云。」

馥嘗按：紫陽文公於公尤極嚮慕，其没也，越境祭之。今觀公貽謀之雅，傳訓之嚴，宜乎家珍輩出。厥後，文龍忠肅公并從叔忠武以祚移殉難，與文、謝諸賢先後同節，其家學原本於忠孝者歟！

正獻陳福公先生俊卿

陳俊卿，字應求，莆田人。紹興八年進士，授泉州觀察推官。秩滿，秦檜察其不附己，抑之。累官殿中侍御史。湯思退專政，首疏罷之。時災異數見，金人侵軼之勢已成，❶公爲張浚辨讒，有旨移浚守建康。内侍張去爲陰阻用兵，且陳避敵計以揺成算，公請按軍法，高宗稱爲「仁者之勇」。除權兵部侍郎。金主亮渡淮，公受詔整浙西水軍，李寶因之遂有膠西之捷。孝宗受禪，有志恢復，屬張浚閫外事，以公沈静有謀，命爲中書舍人，充江、淮宣撫判官。會和議方堅，召還，除禮部侍郎參贊軍事。初，浚謀大舉北伐，公以爲未可。已而邵宏淵兵潰，思退議罷浚都督。公奏復之，因爲思退所擠，累疏請罪，以寶文閣待制知泉州，奉祠。及思退既竄，太學諸生伏闕下乞召還公。乾道元年，入對，極論朋黨之弊。除吏部侍郎同修國史。錢端禮起戚里爲參政，窺相位。公進讀《寶訓》，因言：「本朝家法，外戚不宜預政。」端禮銜之。尋出知建寧。逾年，擢吏部尚書，拜同知樞密院事，面奏曾覿、龍大淵怙恩竊柄。孝宗爲出二人，中外稱快，遂以公參知政事。先是，禁中密旨，直下諸軍。宰相多不預聞。公奏：「自今百司承御筆處分事，須奏審方行。」從之。樞副劉珙進對忤旨，詔降奉祠。公奏請留，乃命珙帥江西。

四年，授尚書右僕射，同門下平章事兼樞密使，以用人爲己任，時虞允文宣撫四川，公薦其才堪大用，孝宗即召允文以爲右相。既而帝意頗向允文，公亦數求去，遂以觀文殿學士知福州。陛辭，勸上遠佞親賢、修政攘敵。淳熙二年，起判建康兼江東安撫。召對垂拱殿，命坐賜茶，從容爲孝宗

❶「人」，原作「陵」，據文津本、丁氏抄本改。

言，曰：「臣去國十年，見都城轂賤人安，惟朝士奔走權門，公然趨附，無復顧忌，廉恥道喪矣。」上命二府飲餞浙江亭，公再至建康，八上章告老，後以少師魏國公致仕。十三年卒，年七十四。上聞嗟悼，輟朝，贈太保，謚正獻。公孝友忠敬，得於天資，清嚴好禮，終日無惰容。平居恂恂，若不出口。在朝正色危言，分别邪正，勢無顧避。所奏請皆關治亂安危之大者。雅善汪應辰、李燾，尤敬朱子，屢嘗論薦。其薨也，朱子不遠千里哭之，爲狀其行。有集二十卷。子守、定、宓，俱從朱子受學焉。朱子撰《行狀》。《莆陽文獻》。《閩書》。

將作監陳師中先生守

陳守，字師中。正獻公次子。正獻嘗館朱子於白湖仰止堂，使子弟受業焉。守寬宏剛直。用蔭歷工部員外郎，凡六授郡符，三持使節，俱以廉介稱。除奉直大夫，晚爲將作監，卒。《閩書》。《道南源委》。

承奉陳師德先生定

陳定，字師德。正獻公第三子。人品甚高，年十二三已知爲己之學，每每欲見古人歸宿處。林光朝與之特厚。既長，與其兄守、弟宓等俱從學朱文公，文公告以聖賢之學必自近而易者始，遂反求之。平生未嘗應舉，以父任爲承奉郎。卒年三十五。文公銘其墓。

按：師德没在淳熙元年甲午，其受業於文公，以正獻公命，因托吴耕老以書先道其志，計年歲在甲午以前。

少卿陳允初先生宇

陳宇，字允初。守、定、宓之群從。文公爲同安簿，宇往師之。過一年，年四十，始以正獻郊霈恩授承務郎。以詞賦魁吏部，調監泉州鹽税，改宣教郎，遷秘書丞，知仁和縣，歷太常寺丞、三司判户司部判官，改大理正，賜服金紫，知梧州軍。歲旱，手寫救荒十餘事行之屬縣，米商四集，❶人以不饑。建炎盗起，增額且半，累疏，仍舊。流徙來歸，傜、僚帖然以安。轉太常少卿，入奏事，引疾歸。積階朝議大夫。忠宣留公正撰《墓志》曰：「君入杭，先與予交，色斂然恭，氣退然卑，予謂賢公子習使人親近然爾。徐而親切反覆，即平日之近，驗事物之遠，寒士之深造處詣有不能逮。其後道行名立，公相鄉里，多談允初賢，亟圖用之，則老至而歸，不復出矣。蓋君從晦菴朱公學，及於主敬行恕之訓則守之，不忽孝禮，清忠亮直，乃其家教然也。」留忠宣撰《墓志》。《考亭淵源録》。

承事郎陳廉夫先生址

陳址，字廉夫。厚重明敏，自幼即有志於學。以祖正獻公蔭授承事郎，監泉州南安縣鹽税。卒

---

❶「商」，原作「適」，據金鉷修《（雍正）廣西通志》卷六五改。

年二十八。嘗學於文公，公悲其賢而不克就其志也，爲之誌其壙。《考亭淵源録》。

忠肅陳君賁先生文龍附忠武先生瓚❶

陳文龍，字君賁。高祖宋卿與丞相俊卿爲初從兄弟，陳氏至俊卿始大，公濡染先訓，厲志殖學，工文詞，負氣節。咸淳四年，廷對第一。初名子龍，度宗爲易今名。公雅爲丞相賈似道禮重，由鎮東節度判官，歷監察御史。先是臺中凡有建白，皆呈稟似道，公獨不呈。襄陽久被圍，似道日恣淫樂，陽且督師，而陰使其黨留己，竟失襄陽。公上疏極言其失。范文虎總師無功，似道庇之，以知安慶，又除趙溍知建康，黄萬石知臨安。公皆極論之，似道大怒，黜知撫州，旋又使大臣季可劾罷之。❷未幾，元兵東下，文虎首迎降，似道兵潰魯港，溍最先遁，上悔不用公言。起爲左司諫，尋遷侍御史。時邊事棘，王爚與陳宜中不能畫一策，而日坐朝堂争私意。公疏曰：「《書》曰『三后協心，同底於道』。今北兵今日取某城，明日築某堡，而我以文相遜，以迹相疑，譬猶拯溺救焚而爲安步徐行之儀也。請召大臣同心圖治，無滋虚議。」其後宜中與爚終不相能而去。累遷公至參知政事。於是，張世傑、文天祥師俱敗，元兵已至杭北關，公請身督殿旅，合江下義丁決一死，議不合。世傑等

---

❶ 「附忠武先生瓚」，原無，據文津本補。

❷ 「季」，原作「李」，據《宋史》卷四五一改。

遂以益王、廣王趨閩。衆議降元，公乃上章乞歸養。既出國門而悔，復上疏求還，不報，乃歸。

德祐丙子五月，益王即位福州，改元景炎，復以公參知政事。八月漳州叛，以公爲閩、廣宣撫使討之。公辟前守黄恮招撫，民皆頓首謝罪。興化石手軍叛，復命公爲知軍平之。十一月，元將董文炳、阿喇哈等以兵至福州，益王趨廣州，命公依前官充閩、廣宣撫大使。於是殫家財募萬兵，即興化軍開閫。已而降將王世强復導元兵入廣，建寧、泉、福皆降元。知福州王剛中遣使徇興化，公斬之而縱其副以還，使持書責世强、剛中負國。遂發民兵自守。時城中兵不滿千，元兵來攻，不克，使其姻家持書招降之，公焚書，斬其使。乃使林華偵伺境上，華即降，且導兵至城下，通判曹澄孫開門降，執公與其家人至文炳軍中，不屈，左右凌挫之。公指其腹曰：「此皆節義文章也，可相逼邪！」尋命左右引就館，元帥索多往來諭意，且以母老子幼感動之。公曰：「宋無失德，三宫北狩，二邸深入瘴烟，何必窮兵至此！我家世受國恩，萬萬無降理。母老且死，先皇三子歧分南北，我子何足關念！」情詞慷慨，索多愀然改容。乃械繫送杭州。公去興化即不食，至杭謁岳武穆廟，大慟幾絶，語監者曰：「吾病矣。」留宿廟下，以其夕卒，時年四十六。葬西湖智果寺。其母繫福州尼寺中，聞之曰：「吾與吾兒同死，又何恨哉！」亦死。訃聞，詔謚忠肅，賜廟號昭忠。

元至正間，朝廷特遣宣使李文虎至郡訪求公子孫，將録用，無有應之者。郡人鄭鉞，號舒堂，公門客也。嘗著公《遺事》，略曰：公負六館盛名，魁天下士，不八年，超登政府。時事且急，惟以上所賜馬自隨，每控轡，輒於邑淚下。及被執薨，馬亦尋斃。公爲人敦信義。初授蔭補，不以澤其子，而以澤其弟；繼執政推恩，不以恩其門館，而以恩其故人。即之謙謙若甚懦，及當事乃更不草草，亦天性自爾。景炎，公入覲，督相文公天祥自金陵來會，相與慟哭國事。首議分重臣出督，不報；既而北警傳至，即報可，而國事去矣。公竟不屈死杭，文公不屈死燕。宋三百年，其末造也，江、閩兩大魁出，俱以節死。嗚呼，公死國，予負公，予負公！因記憶述公遺事如右，使予幾年不死，假有物色前代逸史者，使我遺事得白公大節，吾不死，又何待哉？

公從叔瓚，寺丞宓之孫也。景炎二年，以兵攻叛將林華、陳淵與通判曹澄孫等，誅之，復興化軍，以其首告於祖廟，遂獻於朝。端宗嘉其忠義，命以通判權守興化，且令乘勝與張世傑掎角，復福、泉二郡，凡八月。元將索多復破城，死之。事聞，贈兵部侍郎，謚忠武。餘詳志乘。《莆陽文獻》。《莆陽志》。《閩書》。《宏簡録》。

陳平甫先生均❶

龍圖陳復齋先生宓學派

黄勉齋先生嘗與李敬子書云：「近得真景元書，嗜學之志甚至，得陳師復書亦然。此二公

---

❶ 本條原無，據文津本補。

者，異日所就又當卓然。先師没，今賴有此耳。」又真西山先生《跋復齋詩卷》曰：「某乙丑春，嘗爲《自箴》曰：『學未若臨卭之邃，量未若南海之寬。制行劣於莆田之懿，處貧愧於義烏之安。』莆田者，指予師復而言也。某與復齋平生故人，而每歎其不可及。」

又按先生嘉定三年，曾任安溪令，志乘載：「公盡心所及，盡力所爲，惠政甚多。安溪士民稱先生不以令名，而尊曰復齋先生。」惟時斯邑僻處山谷，讀公所書《令丞主簿廳壁記》及《惠民藥局記》、《安養院記》，蓋先施之惠養之政，而於禮樂或有未遑乎？

嘗考紫陽文公曾往安溪按事，相傳爲先儒過化之處，後公復蒞兹土，又北溪陳氏最後亦蒞於斯，未到官而没。是安溪荒僻幽遐，至紫陽師弟始開人文之先者也。讀公《梅堂詩》有曰「春風祗在襟懷裏，試問藍溪吏隱家」，仰見滿腔惻隱，知存心濟物厚矣。

再考余鄉湖山安之屬里，其翠屏山之陰有曰名教堂，説者謂紫陽門徒所栖止，其姓氏不著。是時，學紫陽之學者，恐儘有人，惜姓氏莫考。余聞之故友王尚卿，得之吾族侄廣文延拱云。乾隆辛未五月十三日書。

龍圖陳復齋先生宓

陳宓，字師復。丞相正獻公第四子。少事朱子，朱子器異之。長從黄勉齋遊，稱其「胸懷坦然，無一毫私欲之累」。嘗與書曰：「忽聞執事志道之篤，立行之高乃如此，喜躍不能自勝。先生九原之下亦當爲之擊節，幸吾道之有傳也。」以父任歷知安溪，立安養院，以處窮民，取廢寺粟若干粥之，病則醫藥之，死則棺葬之。邑有例錢，却之，良久，曰：「此一『例』字，壞許多賢士大夫。」安邑士民不名爲令，而曰復齋先生。嘉定七年，入監。因大旱，進奏言：「宮中飲宴，或至無節；非時賜予，爲數浩繁；大臣所用，非親即故。貪吏靡不得志，廉士動招怨尤。若能交飭内外，一正紀綱，天且不雨，臣請伏面謾之罪。」奏入，丞相史彌遠不樂。而中宮慶壽，三牙獻遺，至是爲之罷却。遷軍器監簿。轉對言：「人主之德貴乎明，大臣之心貴乎公，臺諫之言貴乎直。」指陳弊事，視前疏尤爲剴切。勉齋見而歎曰：「使臣子皆如此，國其有不興乎？」尋請罷歸。擢大府丞，不拜，出知南康軍。歲大祲，奏蠲田賦，使流民築江隄而給其食。造白鹿洞與諸生講解。改知南劍州，又大旱疫，蠲逋賦十數萬，且弛新輸三之一，躬率僚吏持錢粟藥餌户給之。創延平書院，悉倣白鹿洞規。知漳州，未行。聞寧宗崩，嗚咽累日。無何，請致仕。

寶慶二年，提點廣東刑獄，章復三上，迄不就。以直秘閣管崇禧觀，拜祠命而辭職名，得進職一等致仕。三學諸生，以起公爲請，而公没矣。公天性剛毅，信道尤篤。自言居官必如顔真卿，居家必如陶潛，而深愛諸葛亮身死家無餘財、庫無餘帛，庶乎能蹈其語者。端平初，殿中侍御史王遂首言：「公事先帝有論諫之直，而不及俟聖化之更，宜褒身後。」詔贈直龍圖閣。所著有《論語注義問答》、《春秋三傳抄讀》、《通鑑綱目》、《唐史贅疣》、文稾數十卷。《道南源委》。《考亭淵源録》。

閩中理學淵源考卷三十

廣平府知府李清馥撰

文忠真西山先生德秀學派

《榕村語録》論孟子敘道統曰：「見知，聞知，道豈不貴行？ 而云知者，正派要緊。 如領路人領差了，行更有害，當下不覺，到歸宿處便大壞。」嗚呼！ 公值宋季之時，紫陽門徒次第零落矣。如楊慈湖諸公遞有異論，楊没後，公辭《行狀》之作，爲之别識。 觀其平昔所學所守，不爲依違遷就而確乎篤信師傳。 公於慶元五年登第。❶ 於時，學禁議起。 越五年而晦翁没，公雖未親承指授，然尚及私淑其高弟如詹元善、蔡節齋兄弟、陳復齋、李果齋諸前輩切磋講論。 至黄勉齋晚歲《與李敬子書》云：「真景元、陳師復二公異日所就又當卓然，先師没，今賴有此耳。」又《與李公晦書》云：「真文所刊《近思》、《小學》皆已得之，《後語》亦得拜讀。」觀此則西山先生與勉齋諸公當日扶持學脈，風流相接。 厥後與魏鶴山身任斯道之責，步履程、朱正路，絲毫不差。 一代斯文，於

❶ 「五年」，原作「元年」，據《宋史》卷四三七真德秀本傳改。

茲未墜。噫！若先生於紫陽，誠所謂見而知之者矣。

文忠真西山先生德秀

真先生名德秀，字景元，後更希元，❶浦城人。慶元五年進士，授南劍州判官。繼試中博學宏詞科，入閩帥幕，❷召爲太學正。嘉定元年，遷博士。時韓侂胄已誅，入對言：「侂胄自知不爲清議所貸，至誠憂國之士則名以好異，於是忠良之士斥；正心誠意之學則誣以好名，於是僞學之論興。今日改絃更張，正當褒崇名節，明示好尚。」召試學士院，改秘書省正字。二年，遷校書郎。❸四年，遷著作佐郎兼禮部郎，上疏言：「金有必亡之勢，然金亡則上恬下嬉，憂不在敵而在我，多事之端恐自此始。」

六年，遷起居舍人，奏：「權奸擅政，嘉泰之失已深於慶元。往者朱熹、彭龜年以抗論逐，呂祖儉、周端朝以上書斥，當時近臣猶有争者。其後呂祖泰之貶，非惟近臣莫敢言，而臺諫且出力擠之。更化之初，群賢皆得自奮。未幾，傅伯成、蔡幼學、鄒應龍、許奕諸人相繼以論事去，繇是人務自全，

---

❶「希元」，原作「景希」，據《宋史》卷四三七改。

❷「幕」，原作「募」，據《宋史》卷四三七改。

❸「校」，原作「秘」，據《宋史》卷四三七改。

一辭不措。設有大安危、大利害，豈不殆哉！」尋兼太常少卿，充金國賀登位使，至盱眙，聞金人内變而還，言於朝曰：「臣自揚之楚，自楚之盱眙，沃壤無際，陂湖相連，民皆堅悍强忍，足爲大江屏障。若大修墾田之政，領以專官，數年之後，積儲充實，邊民父子自保，因其什伍，勒以兵法，不待糧饟，皆爲精兵矣。」時史彌遠以爵禄縻天下士，先生慨然謂劉晦伯曰：「吾徒須急引去，使廟堂知世亦有不苟爲從官之人。」遂力請外，出爲秘閣修撰、江東轉運副使。江東方傷旱蝗，廣德、太平爲甚，先生遂與留守、憲司分所部九郡，大講荒政，而自領廣德、太平，親至廣德，與太守魏峴同以便宜發廪，使教授林庠賑給，竣事而還。百姓數千人送之郊外，指道旁叢冢泣曰：「此皆往歲餓死。微公，我輩已相隨入此矣。」以右文殿修撰知泉州，泉通外國，自洋舶畏苛征，至者歲不三四，先生首寬之，驟增至三十六艘。輸租令民自概，聽訟惟揭示姓名，聽人自詣。海賊作亂，將逼城，官軍敗衄。先生祭死事者，親授方略，擒之。巡歷海濱，增屯要害，以備不虞。十二年，以集英殿修撰知隆興府。承寬弛之後，乃稍濟以嚴，尤留意軍政。以母憂，歸。

十五年，以寶謨閣待制、湖南安撫使知潭州。以「廉仁公勤」四字勵僚屬，以周濂溪、胡文定、朱考亭、張南軒學術源流勉其士。罷榷酤，除斛面米，申免和糴，立惠民倉、慈幼倉、社倉以甦其民。月試諸軍射，捐其回易之利及官田租。凡營中病者、死未葬者、孕者、嫁娶者，贍給有差。理宗即位，召爲中書舍人，尋擢禮部侍郎、直學士院。入見，奏：「三綱五常，扶持宇宙之棟幹，奠安生民之柱石。我朝立國，先正名分。陛下不幸處人倫之變，流聞四方，所損非淺。霅川之變，非濟王本志，前有避匿之跡，後聞討捕之謀，情狀本末，燭然可考。願討論雍熙追封秦邸故事。濟王未有子息，亦惟陛下興滅繼絶。」理宗曰：「朝廷待濟王亦至矣。」先生曰：「人主當以二帝、三王爲法，觀舜之所以處象，則陛下不及明甚。」理宗曰：「一時倉卒耳。」先生曰：「此已往之咎，惟願陛下知有此失而益講學進德。」次言：「雪川之獄未聞參聽于公朝，淮、蜀二閫乃出於僉論所期之外。天下之事非一家之私，何惜不與衆共之？」且言：「乾道、淳熙間，有位于朝者以饋送及門爲恥，受任於外者以苞苴入都爲羞。今饋賂公行，薰染成風，恬不知怪。廷臣敏鋭者多於老成，雖嘗以耆艾褒傅伯成、楊簡，以儒學褒柴中行，以恬退用趙蕃、劉宰；至忠亮敢言如陳宓、徐僑，未蒙録用。」理宗問廉吏，先生以知袁州趙篯夫對，擢爲監司。具手劄入謝，因言：「崔與之帥蜀、楊長孺帥閩，皆有廉聲，乞廣加咨訪。」

理宗初御清暑殿，因侍經筵，進曰：「此高、孝二祖儲神燕閒之地，仰瞻楹桷，當如二祖實臨其上。惟學可以明此心，惟敬可以存此心，惟親君子可以維持此心。」因極陳古者居喪之法，與先帝視朝之勤。寧宗小祥，詔群臣服純吉，先生争之曰：「自漢文帝率情變古，惟我孝宗衰服三年，朝衣朝冠皆以大布，惜當時不并定臣下執喪之禮，此千載無窮之憾。孝宗崩，從臣羅點等議，令群臣易月之後，未釋衰服，惟朝會治事權用黑帶公服，時序仍喪服臨慰，至大祥始除。侂胄柄政，始以小祥從吉。且帶不以金，鞓不以紅，佩不以魚，鞍轎不以文繡。此於群臣何損？朝儀何傷？」議遂格。先生屢進鯁言，理宗皆虚心開納，而彌遠益嚴憚之，謀所以相撼，畏公議，未敢發。給事中王塈、❶盛章始駁先生所主濟王贈典，繼而殿中侍御史莫澤劾之，遂以焕章閣待制提舉玉隆宫。諫議大夫朱端常又劾之，落職罷祠。監察御史梁成大又劾之，請加竄殛。理宗曰：「仲尼不爲已甚。」乃止。既歸，修《讀書記》，語門人曰：「此人君爲治之門，如有用我者，執此以往。」

紹定四年，改職與祠。五年，進徽猷閣，再知泉州。迎者塞路，深村百歲老人亦扶杖出，城中歡聲動地。諸邑二稅嘗豫借至六七年，先生入境，首禁之。諸邑有累月不解一錢者，郡計無出，或咎寬恤太驟，先生謂民困如此，寧身代其苦。決訟自卯至申未已，曰：「郡邑凋弊，僅有政平、訟理可以惠民。」建炎初，置南外宗政司于泉中，公族僅三百人而已，至先生時增至二千三百餘人，郡坐是愈不可爲。先生請於朝，詔給度牒以足之。尋以顯謨閣待制知福州，時彌遠死，上始親政，赫然有爲。鄭清之亦慨然以天下爲己任，收召賢才擢之，於是御史洪咨夔、王遂等力請召崔與之、魏了翁、真德秀入朝。是時，聞金亡，京、湖帥奉露布欲進取潼關，先生因上封事諫止。召爲户部尚書，入見，理宗迎謂曰：「卿去國十年，每切思賢。」先生以《大學衍義》進，復陳祈天永命之説，謂：「敬者，德之聚。儀狄之酒，南威之色，盤遊弋射之娱，禽獸狗馬之玩，有一於兹，皆足害敬。」理宗欣然嘉納，改翰林院學士、知制誥，時政多所論建。逾年，知貢舉，已得疾，拜參知政事，同編修勅令《經武

❶「王塈」，原作「王概」，據《宋史》卷四三七改。

要略》。三乞祠禄，理宗不得已，進資政殿學士、提舉萬壽觀兼侍講，❶辭。疾亟，冠帶起坐，迄謝事，❷猶神爽不亂，時端平二年也。遺表聞，理宗震悼，輟朝，贈銀青光禄大夫，謚曰文忠。學者稱西山先生。

先生長身廣額，容貌如玉，望之者無不以公輔期之。立朝不滿十年，奏疏凡數十萬言，皆切當世務，四方人士想見其風采。宦遊所至，惠政深洽，不愧其言，由是中外交頌。都城人不時驚傳先生將至，傾擁出關，咸切快覩。時相益以此忌之，輒擯不用。及歸朝，則既衰矣。自侂胄立僞學之禁以錮善類，凡近世大儒之書顯被禁絶。先生晚出，獨慨然以斯文自任，講習服行。黨禁既開，而正學遂明於天下後世，多其力也。

所著有《大學衍義》、《讀書記》、《文章正宗》、《西山甲乙藁》等書。子志道，户部侍郎。明正統間，從祀孔廟。成化三年，追封浦城伯。國朝康熙四十五年，准學臣沈涵之請，賜御書「力明正學」四大字匾於祠。《宋史》。《宏簡録》。《閩書》。《道南源委》。《聖學知統録翼》。《聖門禮樂統》。《歷代名儒傳》。

❶ 「壽」，原作「事」，據《宋史》卷四三七改。
❷ 「迄」，原作「乞」，據《宋史》卷四三七改。

西山真先生文

洪　範

武王克商之初，未皇他事，首以彝倫之敘訪於亡國之臣，訪云者，不敢召而就問之也。彝倫者，治天下之常理，先後本末，各有自然次第，非人之所爲，乃天之所設也。天之於民，既默陟之於善，又助合厥攸居，然君師治教之責，則於我乎屬。我乃未知常理之次敘焉，此所以問於箕子也。堯憂洪水，使鯀治之。鯀不能因性順導，顧乃堤而塞之，以激其勢，水既失性，火、木、金、土從而汩亂。蓋水者，五行之首，一行亂則五者皆亂矣。五行，天之道，鯀汩而亂之，則逆乎天矣，故天動威怒，而不與以大法《九疇》。鯀以死，禹繼而興，隨山濬川，行所無事，而水患以平，天乃以大法《九疇》與之。神龜負文出於洛水，龜所負者數耳。大禹聖人，心與天通，見其數而知其理，因次之以爲九類，即今《九疇》是也。初一至次九，即所謂彝倫也。五行者，天之所生以養乎人者也。其氣運乎天而不息，其材用於世而不匱，以天道言，莫大於此，故居《九疇》之首。五事者，天之所賦而具乎人者也。貌之恭、言之從、視之明、聽之聰、思之睿，皆性之本然也。必以敬用之，則能保其本然之性；不以敬用之，則貌必至於嫚，言必至於悖。以視聽，則昏且窒，以思慮，則粗且淺，而本然之性喪矣。五者治身治心之要，以人事而言，莫切於此，故居五行之次。身心既治，然後可施之有政。食貨，生民之本，衣食既足，不可忘本，故有祀焉。司空居民既得其安矣，又有司徒之教焉。教之而不從者，又有司寇之刑焉。接遠人以禮，而威天下以兵。凡此皆所以厚民生，故曰「農用八政」。民政既舉，則欽天授人有不可後，於是繼以歲月日時、星辰曆數之紀，推步占驗，必求以合乎天，故曰「協用五紀」。皇者，君之稱；極者，極至之義。標準之名位乎中，而四方所取則也。故居人君之位者，由一身而至萬事，莫不盡至而後可以爲民之極。建者，立之於此而形之於彼之謂，故曰「建用皇極」。至於正直剛柔之施，又必視時之治否，因俗之强弱。君當攬權，無使威福之移乎下；臣當循法，無使顓恣而僭乎上。爲治之道，無越乎此，故曰「乂用三德」。國有事必先詳慮於己，而後謀之於人。人不能決，則又諏之卜筮以決之於天，天人相參，事無過舉，故曰「明用稽疑」。五事之得失，極之所以建不建也，然何從而驗之？觀諸天而已。雨、暘、寒、燠、風，皆以其時，則建極之驗也。五者常而無節，則不極之驗也。天人相應，若影響然，人君所當念念而致察也，故曰「念用庶徵」。皇極建則舉世之人皆被其澤，而五福應之，故堯、舜之民無不仁且壽者，此人君之所當嚮慕也，故曰「嚮用五福」。皇極不建，則舉世之人皆蒙其禍而六極隨之，故桀、紂之民無不鄙且夭者，此人之所當畏懼也，故曰「威用六極」。《洪範·九疇》六十有五字耳，而天道、人事無不該焉。原其本，皆自人君一身始。此武王之問、箕子之對，所以爲萬世蓍龜也。

丹書

武王之始克商也，訪《洪範》於箕子；其始踐祚也，問《丹書》於太公，可謂急於聞道者矣。而太公望所告不出敬與義之二者。蓋敬則萬善俱生，怠則萬事俱廢；義則理爲之主，欲則物爲之主，吉凶存亡之所由分。上古聖人已致謹於此矣。武王聞之，惕若戒懼，而名之器物以自警焉。蓋恐斯須不存，而怠與欲得乘其隙也。其後孔子贊《易》於《坤》之六二曰：「敬以直内，義以方外。」先儒釋之曰：「敬立而内直，義形而外方。」蓋敬則此心無私邪之累，内之所以直也；義則事事物物各當其分，外之所以方也。自黄帝而武王、孔子其皆一道與。

説命

傅説言：「爲學之要，惟在遜志時敏。」遜志者，卑遜其心，雖有如未嘗有也。時敏者，進修及時，日新而又新也。凡人之害於學者，驕與怠而已。驕則志盈，善不可入；怠則志惰，功不可進。遜則不驕，敏則不怠，所修之道，自將源源而來，如井之泉，愈汲愈有。夫人孰不知此？然體之不誠，則雖得易失。惟信之深，念之篤，然後道積於厥躬。積，猶積善之積。今日造一理，明日又造一理；今日進一善，明日又進一善。持久不替，則道積於身。身即道，道即身，渾然無間矣。「學」之一字，前此未經見也。高宗與説始言之，遂開萬世聖學之原，厥功大哉！

周頌敬之

成王即位之初，群臣進戒，首以《敬之》。《敬之》爲言，成王則謂：「予小子不聰，而未能敬，方期日有所就，月有所進，其道何由？惟學而已。」蓋學則有緝熙光明之功。凡人之性，本自光明，《大學》所謂「明德」是也。惟其學力弗繼，是以本然之光明日以闇昧。今當從事於學，猶婦功之績接續而不已，以廣吾本性之光明。然輔弼吾，使能當此負任，則群臣之責也。願示我以顯明之德行，使曉然知用力之方。蓋成王慮學之難成，望於群臣者如此。成王之學，惟欲充其性之光明，進其身之德行，豈後世務外者比哉！

湯誥

成湯可謂知君師之職矣！蓋天能予人以至善之性，而不能使之全其性。能使人全其性者，君師之任也。衷即中也。天之生民，莫不各賦以仁、義、禮、智之德，渾然全具，無所偏倚，所謂中也。自天所降則謂之衷，自人所受則謂之性。天之降於人者，初無智愚之間；而人之受於天者，清濁粹駁隨所禀而不同。必賴君師之作，順其有常之性而開迪之。虞之徽五典，周之教六德六行，皆其事也。性本至善，因而教之，是之謂順；若其本惡，而强教以善則是逆之而非順之也。然則人性之善可知矣。猷者，道也。道即性也，以體言則曰性，以用言則曰道，其實一也。順其性，使安其道，非君不能。何謂安？父安於慈，子安於孝，知其自然而不可易，與其當然而不容已，然後爲安。成湯有天下之初，即以此自任，故曰可謂知君師之職矣。厥後，秉彝受中之言相繼而發，至於孔、孟，性善之理益明，而開其源，則自成湯始。嗚呼，聖哉！

易大傳繼善成性

按程子曰：「陰陽，氣也；所以陰陽者，道也。」朱子亦曰：「陰陽迭運者，氣也，而其理則所謂道。」蓋陰陽二氣，流行於天地之間，來往循環，終古不息。是孰使之然哉？理也。理之與氣，未嘗相離，繼繼而出，莫非至善，成之在人則曰性焉。理無不善，性豈有不善哉？性善之理，蓋至孟子而益明，然其源實出乎此。

大雅抑

此衛武公自警之詩也。十有二章之中，言及「威儀」者，凡五六，「抑抑」云者，密而又密也。觀威儀之嚴密，則可知其德之嚴密，猶見隅角之方正，可知其宮庭之方正也。有諸中必形於外，其可掩也哉？民視儀而動，聽倡而應者也。上能敬慎其威儀，則可以爲民之法矣；上能淑慎其容止，不愆於儀形，無僭差、無暴亂，則民鮮不以爲法矣。温者，和易之意。築室者，以基爲固；修身者，以敬爲先。故此温温恭謹之人，有五德之基也。首章曰德之隅，後章曰德之基。熟味其辭，武公作聖之功於是焉在。

明道先生書堂記

堯之授舜曰中而已。舜之授禹加三言焉：其曰人心，人欲之謂也；其曰道心，天理之謂也；擇之精，守之一，而後中可執也。《大學》、《論語》、孟氏指言義利之分，未嘗以天理言。獨見於《樂記》曰「不能反躬，天理滅矣」，「物至而人化物也者，滅天理而窮人欲者也」。世謂《禮記》之書類出漢儒。漢儒之言，傳者多矣，有及於是者乎？自時厥後，道日晦冥，更千餘年以及我朝，治教休明，風氣醲厚。於是始有濂溪周子獨得不傳之妙，明道先生見而知之，闡幽發微，益明益章。今觀《遺書》所載，先生論學必以達天德爲本，論治必以行王道爲宗，天人内外一以貫之。故嘗語學者曰：「吾學雖有所受，然『天理』二字自吾體驗而表出之。」嗚呼至哉！維天之命，於穆不已，品物流行而理賦焉。仁、義、禮、智之性，惻隱、辭遜、羞惡、是非之情，耳、目、口、鼻、四肢、百骸之爲用，君臣、父子、兄弟、夫婦、朋友之爲倫，何莫而非天也？人知人之人而不知人之天，物欲肆行，義理汩喪，於禽獸奚擇焉？知人之天，而後知性善，知性善然後能窮理，能窮理然後能誠意以修其身，推之於治國、平天下，無非順帝之則也。自有載籍而天理之云僅一見於《樂記》，先生始發揮之，其説大明，學者得以用其力焉。所以開千古之秘，而覺萬世之迷，其有功斯道盛矣。

袁州濂溪昌黎二先生祠記

昔者，聖人言道必及器，言器必及道。自清浄寂滅之教行，乃始以日用爲糠秕，天倫爲疣綴。韓子憂之，於是《原道》諸篇相繼而作。其語道德也必本於仁義，而其分不離父子君臣之間，其法不過禮樂刑政之際，飲食裘葛即正理所存，斗斛權衡亦至教所寓。道之大用，粲然復明者，韓子之功也。自《湯誥》論降衷、詩人賦物則，人知性之出於天，而未知其爲善也。繼善成性，見於繫《易》；性無不善，述於七篇。人知性之善而未知所以善也。周子因群聖之已言，而推其所未言者，於《圖》發無極二五之妙，於《書》闡誠源誠立之指。昔也，太極自爲太極，今知吾身有太極矣；昔也，乾元自爲乾元，今知吾身即乾元矣。有一性，則有五常；有五常，則有百善。循源而流，不假人力，道之全體焕然益明者，周子之功也。二子之學所造不同，而其扶持天常，植立人極，要皆有功於百世。

南雄州學四先生祠堂記

道之大原出於天，其用在天下，其傳在聖賢。此子思子之《中庸》所以有性道教之别也。蓋性者，智愚所同得；道者，今古之共由。而明道闡教以覺斯人，則非聖賢莫能與。故自堯、舜至於孔子，率五百歲而聖人出。孔子既没，曾子、子思與鄒孟子復先後而推明之。百有餘歲之間，一聖三賢，更相授受，然後堯、舜、禹、湯、文、武、周公之所以開天常、立人紀者，粲然昭陳，垂示罔極。然則天之生聖賢也，夫豈苟然哉？ 不幸戰國、嬴秦以後，學術泮散，無所統盟。 雖以董相、韓文公之賢相望於漢、唐，而於淵源之正、體用之全，猶有未究其極者，故僅能著衛道之功於一時，而無以任傳道之責於萬世。

天啟聖朝，文治休洽，於是天禧、明道以來，迄於中興之世，大儒繼出，以主張斯文爲己任。 蓋孔、孟之道至周子而復明，周子之道至二程子而益明，二程之道至朱子而大明，其視曾子、子思、鄒孟氏之傳若合符節，豈人所能爲也哉？ 天也。 然四先生之學，豈若世之立奇見、尚新説、求出乎前人所未及耶？ 凡亦因乎天而已。 蓋自荀、楊氏以惡與混爲性，而不知天命之本然；老、莊氏以虚無爲道，而不知天理之至實；佛氏以剗滅彝倫爲教，而不知天叙之不可易。 周子生乎絶學之後，乃獨深探本原，闡發幽秘，二程子見而知之，朱子又聞而知之，述作相承，本末具備。 自是人知性不外乎仁、義、禮、智，而惡與混非性也；道不離乎日用事物，而虚無非道也；教必本於君臣、父子、夫婦、昆弟，而剗滅彝倫非教也。 闡聖學之户庭，祛世人之矇瞶，千載相傳之正統，其不在兹乎？ 嗚呼，天之幸斯文也，其亦至矣！

南雄爲郡，邈在嶠南，士習視中州，號稱近厚。 夫以近厚之資，迪之以至正之學，必將有俛焉自力者。 然陳君之所望於學者，果焉屬耶？ 天之命我，萬善具全，一毫有虧，是曠天職。 昔之君子凛然淵冰，没世弗懈者，凡以全吾所受焉耳，嗟後之學何其與古戾也！ 利欲之風深入肺腑，理義之習目爲闊迂，己之良貴棄置如弁髦，而軒裳外物則決性命以求之弗捨也。 吁，是可不謂之大惑乎！

志於道者其將奚所用力乎？緬觀往昔，百聖相傳，敬之一言，實其心法。蓋天下之理，惟中爲至正，惟誠爲至極。然敬所以中，不敬則無以爲中也；敬而後能誠，非敬則無以爲誠也。氣之决驟軼於奔駟，敬則其御轡也；情之横放甚於潰川，敬則其堤防也。故周子主静之言，程子主一之訓，皆其爲人最切者，而子朱子又丁寧反復之。學者儻於是而知勉焉，思慮未萌，必戒必懼；事物既接，必恭必欽。動静相因，無所間斷，則天德全而人欲泯。大本之所以立，達道之所以行，其不由此歟！

送全永叔序

陳良，楚産也，而北學於中國；近世游、楊二先生亦自閩徂洛，受業於程夫子之門。昔之君子崇德廣業，不安於耳目之近，大抵若此。使良之徒不中變於許行之學，則傳周、孔之道於南方必陳氏也。龜山先生終身宗其師説，故能得斯道而南，卒啟延平、紫陽之緒。使其僅守鄉黨之舊聞，而以間關河路爲憚，顧安有是哉？世習日陋，後生小子所志不越簪裳之末，所玩不逾程試之文，百金謁書肆，閉門而誦之，曰吾業足矣。明師良友近在州里，且弗暇過而問焉，况遠乎？今全君永叔乃獨慨然思廣其所聞，束書辭親，將北之信、饒，西之浙，求師友以自益，其志篤矣。然士之於學，寡聞固易以陋，多聞亦易以雜。夫並耕之説至淺也，陳相且悦而從之，况今之譚者有侈於是乎？吾州子朱子之學，萬世之學也，然其功循序而不躐，其言平淡而無奇，其守据正而不偷。吾子概嘗聞之，而未知篤信否也。一朝出門，衆説交進，子能不爲變遷也乎？吾懼其不得爲游、楊而且將爲陳相也。子往矣。嗚呼，其亦謹所擇哉！

送周天驥序

上饒周君天驥篤志於學，願聞爲學之要，終其身而可行者。予之於學也，涉獵而未醇，觕淺而弗精，將何以告子！雖然，亦嘗聞其略矣，以聖賢大道爲必當繇，異端邪徑爲不可蹈，此明趨嚮之要也。非義之富貴，遠之如垢污；不幸而貧賤，甘之如飴蜜；志道而遺利，重内而輕外，此審取舍之要也。欲進此二者，非學不能。學必讀書，然書不可以泛讀，先《大學》，次《論》、《孟》，而終之以《中庸》，經既明，然後可觀史，此其序也。沉潛乎訓義，反覆乎句讀，以身體之，以心驗之，循序而漸進，熟讀而精思，此其法也。然所以維持此心而爲讀書之地者，豈無要乎？亦曰敬而已矣。子程子所謂「主一無適」者，敬之存乎中者也；「整齊嚴肅」者，敬之形於外者也。平居齊慄，如對神明，言動酬酢，不失尺寸，則心有定主而理義可入矣。蓋操存固則知識明，知識明則操存愈固。子朱子之所以教人，大略如此。

心經贊

舜、禹授受，十有六言。萬世心學，此其淵源。人心伊何？生於形氣。有好有樂，有忿有懥。

惟慾易流，是之謂危。須臾或放，衆慝從之。道心伊何？根於性命。曰義曰仁，曰中曰正。惟理無形，是之謂微。毫芒或失，其存幾希。二者之間，曾弗容隙。察之必精，如辨白黑。知及仁守，相爲始終。惟精惟一，惟一故中。聖賢迭興，體姚法姒。持綱挈維，昭示來世。戒懼謹獨，閑邪存誠。曰忿曰慾，必窒必懲。上帝實臨，其敢或貳。屋漏雖隱，寧使有愧。四非當克，如敵斯攻。四端既發，皆擴而充。意必之萌，雲捲席撤。子諒之生，春噓物茁。雞犬之放，欲知其求。牛羊之牧，濯濯是憂。一指肩背，孰貴孰賤。簞食萬鍾，辭受必辨。克治存養，交致其功。舜何人哉？期與之同。維此道心，萬善之主。天之與我，此其大者。斂之方寸，太極在躬。散之萬事，其用弗窮。若寶靈龜，若奉拱璧。念兹在兹，其可弗力。相告先民，以敬相傳。操約施博，孰此爲先。我來作州，茅塞是懼。爰輯格言，以滌肺腑。明窗棐几，清晝爐熏。開卷肅然，事我天君。

夜氣箴

子盍觀夫冬之爲氣乎？木歸其根，蟄坯其封，凝然寂然，不見兆朕，而造化發育之妙，實胚胎乎其中。蓋闔者闢之基，正者元之本，而艮所以爲物之始終。夫一晝一夜者三百六旬之積，故冬爲四時之夜，而夜乃一日之冬。天壤之間，群動具闃，窈乎如未判之鴻濛。維人之身，嚮晦宴息，亦當以造物而爲宗。必齊其心，必肅其躬，不敢弛然自放於床簀之工，使慢易非辟得以賊吾之衷。雖終日乾乾，靡容一息之間斷，而昏冥易忽之際，尤當致戒謹之功。蓋安其身，所以爲朝聽晝訪之地，而夜氣深厚，則仁義之心亦浩乎其不窮。本既立矣，而又致察於事物周旋之頃，敬義夾持，動靜交養，則人欲無隙之可入，天理皦乎其昭融。然知及之而仁弗能守之，亦空言其奚庸？爰作箴以自砭，❶常凜凜而瘝恫。

問答

問新民章

朱文公言：「洗濯其心以去惡，猶沐浴其身以去垢。」斯言盡矣！蓋身之有垢，特形骸之礙耳。❷然人猶知沐浴以去之，惟恐塵垢存則其體污穢。至於心者，神明之府，乃甘心爲利欲所溺以昏蔽之，甚如積糞壤，如聚蟯蚘，而不肯一用其力以去之，是以形體爲重，以心性爲輕也，豈不謬哉！唐人有《櫛銘》曰：「人之有髮，朝朝思理。有身有心，胡不如是？」深得成湯銘盤之意。禪家亦有所謂「身似菩提樹，心如明鏡臺。時時勤拂拭，莫遣著塵埃」之句。雖云異端，然此言亦自可取也。《禮記·儒行篇》云「儒有澡身而浴德」，謂洗濯其身，沐浴其德，亦《盤銘》之義。

---

❶「作」，原作「見」，據明正德刊本《西山文集》卷三三改。

❷「礙」，原作「凝」，據文津本改。

問格物致知

物，謂事物也，自吾一身以至於萬事萬物，皆各各有個道理，須要逐件窮究。且如此一身是從何來？須是知天地賦我以此形，與我以此性，形既與禽獸不同，性亦與禽獸絶異。何謂性？仁、義、禮、智、信是也。唯其有此五者所以方名爲人，我便當力行此五者，以不負天之所與。而所謂仁者是如何？義者是如何？禮、智、信又是如何？一一須要理會得分曉，此乃窮一心之理。其次則我爲人之子，事親當如何？爲人之弟，事兄當如何？爲人之幼，事長當如何？逐件理會。如事親須知冬便須温，夏便須清，出便用告，反便用面。如《曲禮》、《内則》等書所載事親説話都要曉得。以至事兄事長等事，一一如此窮究。此則窮一身之理也。心之於身乃是最切要處。其他世間事物皆用以漸考究，令其一一分明，皆所謂格物也。格訓至，言於事物之理窮究到極至處也。窮理既到至處，則吾心之知識日明一日，既久且熟，則於天下之理無不通曉，故曰物格而後知至也。此一段聖人教人最緊要處，蓋緣天下之理能知得方能行得，若知得一分只是行得一分，知得十分方能行得十分，所以用逐事窮竟也。今學者窮理之要全在讀書，如讀此一書，須窮此一書道理，一字一句都用考究。如未曉了，即須咨問師友，求其指歸。且如讀《大學》，自頭至尾都窮究過。既曉得此一書了，又讀《論語》、《孟子》，亦自頭至尾窮究過。理會既多，自然通悟。若泛泛讀過便以爲了，何緣知得義理透徹？義理既不透徹，胸中見識亦無由能進。雖窮理不止於讀書，而其大要却以讀書爲本，不可不知也。

萬物各具一理，萬物同出一原。所謂萬物一原者，太極也。太極者，乃萬物總會之名，有理即有氣，分而二則爲陰陽，分而五則爲五行，萬事萬物皆原於此。人與物得之則爲性。性者，即太極也；仁、義，即陰陽也；仁、義、禮、智、信，即五行也。萬物各具一理，是物物一太極也；萬理同出一原，是萬物統體一太極也。太極非有形有器之物，只是理之至者而已，故曰「無極而太極」。

問其所當然而不容已與其所以然而不容易

所當然如爲君當仁，爲臣當敬，爲子當孝，爲父當慈，與國人交當信之類，此乃道理合當如此，不如此則不可，故曰所當然也。然仁敬孝慈信之屬，非是人力强爲，有生之初，即禀此理，是乃天之所與也。故曰「所以然」。所當然是知性，知其理當如此也。所以然是知天。謂知其理所自來也。

問人之所以爲學心與理而已《或問》中語。

存心、窮理，二者當表裏用功。蓋知窮理而不知存心，則思慮紛擾，物欲交攻，此心既昏且亂，如何窮得義理？但知存心而不務窮理，雖能執持静定，亦不過如禪家之空寂而已。故必二者交進，則心無不正而理無不通，學之大端，唯此而已。

問端莊静一乃存養工夫《語録》中語。下同。

端莊主容貌而言，静一主心而言，蓋表裏交正之義。合而言之則敬而已矣。

問學問思辨乃窮理工夫

程子曰：「涵養須用敬，進學則在致知。」欲窮理而不知持敬以養心，則於義理必無所得。知持敬以養心矣，而不知窮理，則此心雖清明虚静，而無許多義理以爲之主，其於應事接物，必不能皆當，釋氏禪學正是如此。故必以敬涵養，而又講學審問，慎思明辨，以致其知，其静則湛然寂然而有未發之中，其動則泛應曲當而爲中節之和。天下義理，學者工夫，無以加於此者。自伊川發出而文公又從而闡明之，《中庸》尊德性、道問學章，皆同此意也。

問大學只説格物不説窮理

器者，有形之物也；道者，無形之理也。明道先生曰：「道即器，器即道，兩者未嘗相離。」蓋凡天下之物，有形有象者皆器也，其理便在其中。大而天地，亦形而下者，乾坤乃形而上者。天地以形體言，乾坤以性情言。乾，健也；坤，順也。即天地之理。日月星辰、風雨霜露，亦形而下者。曰性、曰心之理，乃形而上者。至於一物一器，莫不皆然。且如燈燭者，器也；其所以能照物，形而上之理也。

且如床桌，器也；而其用，理也。天下未嘗有無理之器、無器之理。即器以求之，則理在其中。如即天地則有健順之理，即形體則有性情之理，精粗本末，初不相離。若捨器而求理，未有不蹈於空虛之地，非吾儒之實學也。所以《大學》教人以格物致知，蓋即物而理在焉，庶幾學者有着實用功之地，不至馳心於虛無之境也。

問誠意數條

自慊是爲己。言己之所以爲善者，乃是我合當如此，若不爲善，此心自不快足，自不能安，非是爲他人而爲善也。自欺是爲人。本無實意爲善，但外面略假借以欺人，欲人稱好而已。殊不知人心之靈，昭如日月，何可欺也？只是自欺而已。

自慊是誠，誠則一。自欺是僞。僞則二。

問正心修身章

問：「聖人恐無怒容否？」朱子曰：「當怒時亦必形於色，如治人之罪却爲笑容，則不可。」曰：「如此則恐涉忿厲之氣否？」曰：「天之怒，雷霆亦震，但當怒而怒便中節，事過便消了，更不積。」問：「古人喜怒不形於色，是正否？」曰：「此是養得胸中和粹，故雖中有喜怒而不形於色，此正是涵養之效，安得謂之不正！」又問：「古人憂國至於白首，怒敵至於裂眥，此正否？」曰：「憂國、怒敵，憂與怒之正者，雖若太過，然亦是不失其爲正。但此乃志義之士所爲，若聖人則未必然，必如是觀之，乃盡。」

問體用二字

大凡有體而後有用，如天地造化，發生於春、夏，元、亨。而斂藏於秋、冬。利、貞。發生是用，斂藏是體。自十月純坤，陽氣既盡，不知者謂生意已熄，不知斂藏者乃所以爲發生之根。自此霜雪凝沍，草木凋落，蟲蛇伏藏，微陽雖生於下，隱而未露，一年造化實基於此。惟冬間斂藏凝固，然後春來發生有力，所以冬暖無霜雪，則來歲五穀不登，正以陽氣發泄之故也。人之一心，亦是如此。須是平居湛然虛静，如秋、冬之閉藏，皆不發露，渾然一理，無所偏倚，然後應事之時方不差錯，如春、夏之發生，物物得所。若静時先已紛擾，則動時豈能中節？故周子以主静爲本，程子以主敬爲本，皆此理也。動、静皆道，而周子乃以主静爲本者，蓋静時養得虛明，然後動而不失其時。故《中庸》於喜怒哀樂未發之時，須要戒謹恐懼，以養本然之中，然後發而爲中節之和。程子主敬之説，即《中庸》之意也。

問仁字之義此下並《論語》。

仁之一字，從古無訓，且如義訓宜，禮訓理，又訓履，智訓知，皆可以一字名其義，唯仁不可以一字訓。孟子曰：「仁者，人也。」亦只是言仁者乃人之所以爲人之理，亦不是以人訓仁。蓋緣仁之道大，包五常，貫萬善，所以不可以一言盡之。自漢以後，儒者只將愛字説仁，殊不知仁固主乎愛，然愛不足以盡仁。孟子曰：「惻隱之心，仁之端也。」惻隱者，此心惻然有隱，即所謂愛也，然只是仁之發端而已。韓文公言：「博愛之謂仁。」程先生非之，以爲仁自是性，愛自是情，以愛爲仁，是以情爲性也。至哉言乎！朱文公先生始以「愛之理、心之德」六字形容之。所謂「愛之理」者，言仁非止乎愛，乃愛之理也。蓋以體言之，則仁之道大，無所不包，發而爲用，則主乎愛。仁者，愛之體也；愛者，仁之用也。愛者，如見赤子入井而惻然欲有以救之，以至矜憐憫惜、慈祥恩惠，愛之謂也。性中既有仁矣，發出來便是愛。仁如根上發出苗，以苗爲出於根則可，以苗便爲根則不可。以愛出於仁則可，以愛便作仁則不可。故文公以「愛之理」三字言之，方説得盡。又曰「心之德」，何也？蓋心者此身之主，而其理則得於天，仁、義、禮、智皆此心之德。而仁又爲五常之本。如元、亨、利、貞，皆乾之德，而元獨爲四德之首，天之元即人之仁也。元爲天之全德，故仁亦爲人心之全德。然仁之所以爲心之德者，正以主乎愛故也。仁所以能愛者，蓋天地以生物爲心而人得之以爲心，是以主乎愛也。「愛之理、心之德」六字之義，乃先儒所未發，而文公始發之，其有功於學者至矣，豈可不深味之乎！

問過化存神温良注。

「過化存神」，此四字本出《孟子》。過化，謂聖人凡所經歷處，人皆化之；存神，謂其中所存神妙，正意只是如此。至横渠先生乃謂：「性性，爲能存神；物物，爲過化。」下「性」字指本然者而言，上「性」字是謂我能存其性，而不爲情所蕩而失其性，則其所存者神妙而不可測。下「物」字指事物而言，上「物」字指我之應物而言，謂物物各自有理，我隨其理以應之，物各付物，不以己之私意參乎其間，則事過弗留，如冰之釋，如風之休。後來諸老先生多本其説，獨文公不以爲然者，蓋孟子之意未説到如此深故也。文公解經，每務平實如此，然横渠先生之説亦不可不知也。

問禮樂「用和爲貴」章。

敬者，禮之本；制度威儀，禮之文。和者，樂之本；鐘鼓管磬，樂之文。禮樂二者，闕一不可。《記》曰：「樂由陽來，禮由陰作。」天高地下，萬物散殊，而禮制行焉。天尊於上，地卑於下，萬物散殊，有大有小，此即制之所由起，蓋禮主乎別故也。流而不息，合同而化，而樂興焉。陰陽二氣流行於天地之間，未嘗止息，二氣和合而化生萬物，此樂之所由興，蓋樂主乎和故也。所謂陰陽二氣者，日月雷霆風雨寒暑之類皆是，二氣和合方能生成萬物。故禮屬陰，凡天地間道理一定而不可易者，皆屬陰。樂屬陽，凡天地間流行運轉者，皆屬陽。禮樂之不可闕一，如陰陽之不可偏勝。一歲之間，寒暑之相易，雨露霜雪之相濟，方能氣候和平，物遂其生。陽太勝則亢而爲旱，陰太勝則溢而爲水；有陰無陽則物不生，有陽無陰則生而不成。禮勝則離，以其太嚴而不通乎人情，故離而難合。樂勝則流，以其太和，而無所限節，則流蕩忘返。所以有禮須用有樂，有樂須用有禮，此禮樂只是就性情上説。然精粗本末，亦初無二理，禮中有樂，言嚴肅之中有自然之和，此即是禮中之樂。樂中有禮。言和樂之中有自然之節，此即是樂中之禮。朱文公謂：「嚴而泰，此即禮中有樂。❶和而節。此即樂中有禮。」

問仁字「人而不仁」章。

凡天下至微之物，皆有個心，發生皆從此出。緣是稟受之初，皆得天地發生之心以爲心，故其心無不發生者。一物有一心，自心中發出生意，又成無限物。且如蓮實之中有所謂么荷者，便儼然如一根之荷，他物亦莫不如是。故上蔡先生論仁，以桃仁、杏仁比之，謂其中有生意，才種便生故也。惟人受中以生，全具天地之理，故其爲心又最靈於物，故其所蘊生意纔發出，則近而親親，推而仁民，又推而愛物，無所不可，以至於覆冒四海，惠利百世，亦自此而推之爾。此人心之大，所以與天地同量也。然一爲利欲所汩，則私意橫生，遂流而爲殘忍，爲刻薄，則生意消亡，頑如鐵石，便與禽獸相去不遠，豈不可畏也哉？今爲學之要，須要常存此心，平居省察，覺得胸中盎然有慈祥惻怛之意，無忮忍刻害之私，此即所謂本心，便當存之養之，使之不失，則萬善皆從此而生。

❶「中」，原作「禮」，依上文「禮中有樂」句改。

問理明誠格「問禘」章。

蓋凡人於世之近者，如考妣、祖考妣。則意其精神未散，或嘗逮事而記其聲容，必起哀敬之心而不敢忽。若世之遠者，相去已久，精神之存與否不可得而知，人素不識其聲容，則有易忽之意。故禘禮非極其仁孝、極其誠敬者，不能知其禮，不能行其事。惟仁孝之深者能知此身之所自來，惟誠敬之至者能知我之精神即祖考之精神。苟能知此理矣，至難知者，鬼神之理。則其他事物之理又何難知之有？苟能感格矣，則推而格天地者，此誠而已，推而感人心，亦此誠而已。故曰理無不明，誠無不格，於治天下何難矣！

問終食不違仁

此章當作三節看。處富貴貧賤之間而不苟，此一節猶是麤底工夫。至終食不違，又是一節，乃是存心養性細密底工夫，然猶是平居暇日之事，可以勉而至者。至於造次急遽之時，患難傾覆之際，若非平時存養已熟，至此鮮有不失其存心者。到此而猶不違，乃是至細至密工夫，其去安仁地位已不遠矣。然此三節乃進德之始終，若無麤底工夫作根脚基址，豈有能進於細密之地者？故必以審富貴、安貧賤爲本，然後能進於終食不違之地。能終食不違矣，然後能進於造次顛沛不違之地。用工之序蓋如此，正與前章無諂無驕、樂與好禮相似，當考參而熟玩也。

問志氣「晝寢」章。

孟子曰：「志者，氣之帥也。」蓋志强則氣亦强，志惰則氣亦惰，如將勇則士亦勇，將惰則士亦惰也。學者欲去昏惰之病，必以立志爲先。

問文章性與天道

夫子平時以身教人，凡形於威儀容止、語嘿動静，自然成文、自然有章者，皆所以教學者，所謂「吾無行而不與二三子」、「吾無隱乎爾」者是也。學者即其近者求之，用功既久，自然可到精微之地。若遽以性命之理告之，則恐其億度料想，馳心玄妙，反無所益，故於性與天道罕嘗言之，學者不可得而聞。其於《論語》僅有「性相近」一語，❶亦只是言氣質之性，非指性之本。至於《易·乾》卦，然後曰：「乾道變化，各正性命。」《大傳》曰：「一陰一陽之謂道，繼之者善也，成之者性也。」此二條又是正説性與天道，亦可謂罕言矣。

❶「性」，原脱，據明正德刊本《西山文集》卷三一補。

問敬字「敬簡」章。

伊川先生言「主一之謂敬」，又恐人未曉「一」字之義，又曰「無適之謂一」。適，往也。主於此事則不移於他事，是之謂無適也。主者，存主之義。伊川又云：「主一之謂敬，一者之謂誠。」主則有意在，學者用功須當主於一。主者，念念守此，而不離之意也。及其涵養既熟，此心湛然，自然無二無雜，則不待主而自一矣。不待而自一，即所謂誠也。敬是人事之本，學者用功之要，至於誠則達乎天道矣。此又誠、敬之分也。

問不違仁

心者，指知覺而言也；仁者，指心所具之理而言也。蓋圓外竅中者是心之體，虛靈知覺者是心之靈，仁、義、禮、智、信是心之理。知覺屬氣，凡能識痛痒、識利害、識義理者皆是也。若仁、義、禮、智、信，則純是義理，人能克去私欲，則所知覺者皆義理，不能克去私欲，則所知覺者物我利害之私而已。純是理即是不違仁，雜以私欲，便是違仁。

問手足不仁「博施」章。

手足民物之比也，風邪私意之比也。人無私意之害，則民物之休戚自然相關，一見赤子入井，則此心爲之怵惕。無風邪之病，則手足之痒痾，亦自然相關，雖小小疾苦，此心亦爲之痛楚。當如此玩味，方曉程子「痿痺不仁」之意。

問色舉翔集

色斯舉矣，去之速也。衛靈公問陳而孔子行，魯受女樂而孔子去，即此義也。翔而後集者，就之遲也。伊尹俟湯三聘而後幡然以起，太公伯夷聞文王善養老而後出，即此義也。古人所謂三揖而進，一辭而退，雖相見聚會之間猶必如此，况仕止久速之際乎？賈誼賦所謂「鳳縹縹而高逝兮，夫固自引而遠去」，此即「色斯舉矣」之意。又曰「鳳凰翔于千仞兮，覽德輝而下之」，此即「翔而後集」之意。後世如漢穆生以楚王戊不設醴而去，諸葛武侯必待先主三顧而後從之，皆有得乎此者也。

問太極中庸之義南雍李教授問，今附此。

下問太極、中庸二條，自顧淺陋，何足以辱，姑即平時所讀朱文公先生之書及嘗見所窺者略陳一二。夫所謂無極而太極者，豈太極之上別有所謂無極哉？特不過謂無形無象而至理存焉耳。蓋極者，至極之理也，窮天下之物可尊可貴，孰有加於此者，故曰太極也。世之人以北辰爲天極，以屋脊爲屋極，此皆有形而可見者。周子恐人亦以太極爲一物，故以無極二字加於其上，猶言本無一物，只有此理也。自陰陽以下，則麗乎形氣矣，陰陽未動之前，只是此理，豈有物之可名耶？即吾一心而觀之，方喜怒哀樂之未發也，渾然一性而已，無形無象之中，萬理畢具，豈非所謂「無極而太極」乎？以是而言，則思過半矣。

喜怒哀樂之未發，即寂然不動之時，思慮一萌則已動矣。故程子以思爲已發，此至論也。來諭謂思是已發，則致知格物亦是已發，此則未然，蓋格物致知自屬窮理工夫。大凡講論義理，最忌交雜，今方論喜怒哀樂之發未發，而以致知格物雜之，則愈混雜而不明矣。來諭又恐懸空無用力處，此亦未然，蓋未發之時則當戒謹恐懼，其將發之時則當謹其獨，逐時逐節皆有用功之地。惟其未發也，戒懼而不敢忘；將發也，謹獨而不敢肆，則其發自然中節矣。聖賢之學所以無弊者，正緣句句着實，未嘗説懸空道理。且如《中庸》始言天命之性，終言無聲無臭，宜若高妙矣。然曰戒謹，曰恐懼，曰謹獨，曰篤恭，則皆示人以用力之方。蓋必戒懼謹獨而後能全天性之善，必篤恭而後能造無聲無臭之境，未嘗使人馳心窈冥而不踐其實也。《太極圖説》亦然，首言無極太極，次言陰陽五行，亦可謂高且遠矣，要其歸宿只在「中正仁義而主静」之一語，其與《中庸》「戒懼謹獨」之云若合符節。

總而言之，惟敬之一字可以該也。蓋戒懼謹獨者敬也，主静亦敬也。學者儻能居敬以立其本，而又窮理以致其知，則學問之道無餘藴矣。大率此理自文公盡發其秘，以洞然無疑。所慮學者欲自立一等新奇之論，而於文公之言反致疑焉，不知此老先生是用幾年之功，沉潛反覆，參貫融液，然後發出以示人。今讀其書未能究竟底藴，已先疑其説之未盡，所以愈惑亂而無所明也。故區區常勸朋友間且將文公《四書》朝夕涵咏，既深達其旨矣，然後以次及於《太極》、《西銘解》、《近思録》諸書，如此作數年工夫，則於義理之精微不患其無所見矣。又必合所知所行爲一致，講貫乎此則必踐履乎此，而不墮於空談無實之病，庶乎其可耳。此平時拙論如此，故因垂問及之，更望詳加鐫曉，以補昏愚之所不逮。幸甚！

論主静

周子嘗謂「聖人定之以中正仁義而主静」，要人静定其心，自作主宰。程子又恐只管「静」去，與事物不相交涉，却説個「敬」。有問：「周先生説『静』與程先生説『敬』義同而意異否？」曰：程子是怕人不得他「静」字意，便似入禪坐定。周子之説只是無欲故静，其意大抵以静爲主。朱子發明二先生意如此，至其爲論有云：「明道教人静坐，李先生亦教人静坐，須静坐始能收斂。」又云：「始學工夫須是静坐，則本原定。」又云：「心於未遇事時須是静，臨事方用便有氣力。如當静時不静，思慮散亂，及至臨事，已先倦了。伊川解静專處云『不專一則不能直遂』，閒時須是收斂，做事便有精神。」又云：「心要精一，方静時便湛然在此，不得困頓，如鏡樣，遇事時方好。」又云：「爲學工夫須要静，静多不妨，才静，事都見得，然總是一個敬。」又云：「主静所以養其動。」又云：「静者養動之根。」又云：「主静，夜氣一章可見。」❶以上數條蓋祖周子主静之根也。至其門人以静坐工夫與役役應接不同爲問，則答之云不必如此，反成坐馳，但收斂勿令放逸，到窮理精後，自然思量，不至妄動。凡所云爲，莫非至理，亦何必兀然静坐然後爲持敬。」又云：「明道説静坐可以爲學，上蔡亦言多著静不妨，此説終是少偏。才偏，便做病。道理自有動時，自有静時。學者只是『敬以直内，義以方外』。見得世間無處不是道理，不必專於静處求。所以伊川謂『只用敬不用静』，便説得平。」又云：「不可特地將静坐做一件工夫，但著一『敬』字，通貫動静，則於二者之間自無間斷矣。」又云：「存養之功，不專在静坐時，須於日用動静之間無處不下工夫，乃無間斷爾。」又云：「無事静坐，有事應酬，隨時隨處，無非自己身心運用，但常自提撕，勿與俱往，便是工夫。事物之來，豈以漠然不應爲是耶？」其《答南軒書》云：「來教謂言『静則溺於虚無』，然此二字如佛、老之論則誠有此患。若以天理觀之，則物之不能無静，猶静之不能無動也。静之不可不養，猶動之不可不察也。但見得一動一静互爲其根，敬義夾持，不容間斷之意，則雖下『静』字，元非死物，至静之中自有動之端焉。是乃所以見天地之心者。而先王之所以至日閉關，蓋當此之時，則安静以養乎此爾，固非遠事絶物，閉目兀坐而偏於静之謂。但未接物時便有敬以主乎其中，則事至物來，善端昭著，所以察之者益精明爾。來教又謂某言以静爲本，不若遂言以敬爲本，此固然也。然『敬』工夫通貫動静，而必以静爲

---

❶ 「夜」上，《朱子語類》卷九四有一「看」字。

本，今若遂易爲『敬』，雖若完全，然却不見敬之所施有先有後，則亦未得爲的當也。至於來教所謂『要須静以涵動之所本，察夫動以見静之所存，動静相須，體用不離，而後爲無滲漏也』，此數言卓然，意語俱到，謹以書之左席，出入觀省。」以上數條，則又本程子主敬之説，而不專主於静也。

論定性

定性者，理定於中而事不能惑也。理定之中，則當静之時固定也，動之時亦未嘗不定也。不隨物而往，不先物而動，故曰「無將迎」。理自内出而周於事，事自外來而應以理，理即事也，事即理也，故曰「無内外」。夫能定能應，有寂有感，心之妙也。所以然者，性也。若以定與寂爲是，而應與感爲非，則是以性爲有内外也。事物之來，以理應之，猶鑑懸於此而形不能遁也。鑑未嘗隨物而照，性其可謂隨物而在外乎？故事物未接，如鑑之本空者，性也；事物既接，如鑑之有形者，亦性也，内外曷嘗有二本哉？知此則知事物不能累吾之性，雖酬酢萬變，未嘗不定也。

備考

勉齋黄氏曰：「西山在朝，屢進危言，力扶大義，公論藉以開明，善類爲之踴躍。」

邵菴虞氏曰：「先生《大學衍義》之書，本諸聖賢之學，以明帝王之治；據已往之跡，以待方來之事。慮周乎天下，憂及乎後世，君人之軌範，蓋莫備斯焉。」

敬齋胡氏曰：「自孟子後千四百年，無人見得此道分明。董子見其大意，孔明天資有暗合處，韓退之揣見仿佛。至程、朱方見得盡。自朱子後，無人理會得透徹，真西山庶幾。」

先文貞公《觀瀾録》曰：「朱子之後，在宋，魏之華不如真之實也；在元，吴之僻不如許之醇也；在明，則薛、蔡守師傳而陳、王立異户，考其師友淵源所漸，若猶慚于真、許焉。」又《榕村語録》曰：「朱子後，儒者真西山、許魯齋氣象最好，真醇正，許篤實。」

郡守江叔文先生塤

江塤，字叔文，崇安人。貌肅氣和，學於真西山。嘉定元年進士，歷官靖州通判，以廉白簡易稱。遷知南平軍，綏御有法，四境帖然。嘗條奏五事，皆熟察民隱。帥臣上績，改知開州，未任，卒。公自幼至老，惟事問學。在靖州日，魏公了翁以言事謫，至築鶴山書院居之，茆簷竹几間，青燈濁酒，旦夕談論。令其子鉌師事焉。魏公稱之曰：「叔文表裏如一，當於古人中求之。」子燧，字華叔，篤學有志操，歷官臨安判。鎔，字成叔，穎敏特立，歷知福清縣。各有政聲。鉌見魏鶴山學派。

文定劉後村先生克莊別見家學❶

❶ 本條原無，據文津本補。

監院詹景憲先生淵

詹淵，字景憲，崇安人。慶元進士，授臨江户掾。江西俗嚚於訟，案牘有數十年不决者，淵一閱皆得其情，凡所予奪，人皆無異論。部使者知其材，檄致幕下。後監行在車輅院。

山長徐子與先生幾別見本學派❶

學士林以道先生存

林存，字以道，閩縣人。受業真西山之門。舉嘉熙二年詞科，累官吏部侍郎、中書舍人兼直學士院兼侍講。時朝廷以參知政事蔡抗擅去國，勉留不還，詔除職予祠，存繳進奏，寢其命。寶祐五年秋，明堂執綏備顧問稱旨，除禮部尚書兼侍讀，提綱史事，累遷同知樞密院事兼參知政事。後以資政殿學士知建寧府，不赴。遂提舉洞霄宮。復起爲湖南安撫使，知潭州。《閩書》。《新三山志》。

❶ 本條原無，據文津本補。

處士熊竹谷先生慶胄別見家學❶

少卿王實之先生邁

王邁，字實之，自號臞軒，仙遊人。既冠，以文謁鄉先正傅誠，誠嗟異，謂他日必以文名世。嘉定十年進士第四人，爲潭州觀察推官。丁内艱。調浙西安撫司幹官，會廷試，詳定官王元春欲私所親置高第，邁顯摘其繆，元春怒，嗾諫官李知孝誣邁在殿廬聲高，免官。調南外睦宗院教授。真德秀方守福州，邁竭忠裨郡政。赴都堂審察，丞相鄭清之曰：「學官掌故不足浼君。」俄召試學士院，策以楮幣，邁援據古今，考究本末，謂：「國貧楮多，弊始於兵。議者徒患楮窮，弗懲兵禍。今當以核軍實、窒邊釁爲救楮弊第一義。」又言：「修内司廣營繕，内帑宣索多，厚施緇黄，濫予嬪御。未見裁撙，徒聞有括田、榷鹽之議。向使二事可行，故相行之久矣。」又因楮以及時事，言：「君子之類雖進而道未行，小人之迹雖屏而心未服。」真德秀在告，聞邁對，善之。帝再相喬行簡。或傳史嵩之復用。邁言：「舊相姦險刻薄，天下所知，復用，則君子空於一網矣。」邁由疏遠見上，空臆無隱，上爲之改容。言者劾邁論邊事過實。魏了翁在經筵爲理宗言「惜邁去」。改通判漳州。禋祀雷雨，應詔

❶ 本條原無，據文津本補。

言：「天與寧考之怒久矣。麴蘗致疾，妖冶伐性，初秋逾旬，曠不視事，道路憂疑，天與寧考所以怒也。隱、刺覆絶，攸、熺尊寵，綱淪法斁，上行下效，京卒外兵，狂悖迭起，天與寧考所以怒也。陛下不是之思，方用漢災異免三公故事，環顧在廷，莫知所付。遥相崔與之，臣恐與之不至，政柄必他有所屬，此世道否泰，君子小人進退之機。」於是，臺官李大同言邁交結德秀、了翁及洪咨夔以收虚譽，削一秩免。蔣峴劾邁前疏妄論倫紀，請坐以非所宜言之罪，削二秩。久之，復通判贛州，改福州、建康府、信州，皆不行。淳祐改元，通判吉州。右正言江萬里袖疏榻前曰：「邁才可惜，不即召，將有老不及用之歎。」理宗方然。忽有尼者，祗除知邵武軍。以亢旱應詔，驛奏七事，復以立濟王後爲先。鄭清之再相，以左司郎官召，力辭。以直秘閣提點廣東刑獄，亦辭。改右侍郎官，諫官焦炳炎論罷。予祠，卒，贈司農少卿。邁本以學問詞章發身，尤練世務。李宗勉嘗論邁，然邁獨評宗勉爲近世賢相。徐清叟與邁有違言，邁應詔謂：「清叟有人望，可用。」故世服其公。《宏簡録》。《莆陽文獻》。

鄭先生寧

鄭寧。按，劉後村《題鄭寧文卷詩》云：「昔侍西山講習時，頗於函丈得精微。書如《逐客》猶遭絀，辭取横汾亦恐非。争笛豈能諳雅樂，綺紈原未識深衣。嗟余老矣君方少，勤向師門叩指歸。」又小注後云：「西山先生編《文章正宗》，如《逐客書》之類，只作小字附見。内《詩歌》一門，初委予哀輯，余取《秋風辭》，西山欲去之。蓋其議論森嚴如此。鄭君試以此意求之可也。」按：此跋語自注云「西山作跋」，考《西山集》中未得。再，鄭君或即後村門士，未可知也。録此待考。

直閣鄭子敬先生寅

鄭寅，字子敬，永福人。以父任補官，歷知吉州。召對，言濟邸冤狀，指斥權臣，坐罷。端平初，調爲左司郎中兼權樞密院副都承旨。又請爲濟邸立廟，具言三邊無備，宿患未除，宜正紀綱，抑僥幸，裁濫賞，汰冗兵以張國勢。竟出知漳州。除直寶章閣致仕，卒。寅静重博洽，多識典故，家所藏書分爲七略：曰經、曰史、曰子、曰藝、曰方伎、曰文、曰類。真德秀、李燔、陳宓，皆與爲友。燔嘗疏薦海内名士十二人，寅其一云。《閩書》。

宗教詹叔簡先生師文

詹師文，字叔簡，崇安人。舉慶元二年進士。刻意好學。調婺源尉，捕盗有功，不欲上以希賞。再調江西憲司檢法官，讞獄無冤，後授西外宗教以歸。與真德秀、鄒應龍交遊，有《幔亭遺稾》及《通典編要》。《建寧府志》。

閩中理學淵源考卷三十一

廣平府知府李清馥撰

温陵曾氏家世學派

嘗考曾氏家世，自集賢曾公會暨魯公公亮父子繼起，偉望碩德，奕世相承。《宋史》論魯公以「静重鎮浮，練達老成」歸之。《行狀》載：「公居家謹嚴，雖在高位，常屈己下士。自布衣至公相，以清約自持。其家率公之教，修廉隅、力學問如寒士。」觀此，其積厚流光，自有本也。其後嗣賢碩輩出，如天隱先生恬嘗從龜山楊文靖、上蔡謝顯道諸先生講切問學，有《上蔡語録》一本。秦檜當國時，不爲詘。至南渡後，公之從孫從龍，歷官參知政事，不附史彌遠，以節概顯著。其家運盛衰與國運相爲終始。

宋亡，蒲壽庚附元爲中書左丞，辟宋故臣之在泉者，復其官，維時秉節不赴者甚夥，而曾氏一門與莊氏、留氏、傅氏時稱「四府」，確守臣軌。説者謂曾氏謀舉義兵，後族姓爲壽庚所殺，多半逃徙。莊、留諸裔亦不受其官，皆節概之卓卓者。故共録之，以著家世源流之遠云。

宗丞曾天隱先生恬

曾恬，字天隱，魯公公亮玄孫，少從楊龜山、謝上蔡、陳了翁、劉元城諸賢遊，爲存心養性之學。紹興中，仕至大宗正丞。秦檜當國，守正不爲詘，求外祠，得主管台州崇道觀。有《上蔡語録》二卷。《新郡志》。《閩書》。

少師曾君錫先生從龍

曾從龍，字君錫，晉江人，魯公公亮四世從孫。初名一龍。慶元五年進士第一，寧宗爲改今名。授簽書奉國軍節度判官，累官起居舍人兼太子右諭德。使金還，轉官。疏言：「州郡累月闕守，而以次官權攝，彼自知非久，何暇盡心？幸而除授，民望其至，如渴仰飲。足未履境，又復他罷矣。郡帑所入，歲有常數，而每易一守，供帳借請，少當不下萬緡。然則輕於易置，公私俱受其病。欲望明詔二三大臣，郡守有闕，即時進擬。求避憚行者，悉杜絶之。」開禧間，丐外，知信州。戍卒行掠境內，從龍寘于法，索得婦人衣，命梟於市，聞者肅然。嘉定初，召還，以右史攝西掖，論駁剴切，訓辭典嚴。遷禮部侍郎，充金國生辰使，執禮不撓，還，爲刑部尚書。嘉定六年秋，陰雨，召對，乞放繫囚，修德政，畜人材，飭邊備。寧宗善其言。七年，拜禮部尚書，知貢舉。疏奏：「比來循習成風，文氣不振。學不務根柢，辭不尚體要。涉獵未精，議論疏陋。綴緝雖繁，氣象萎薾。」詔下其疏，風勵中外。進端明殿學士，簽書樞密院事。

十二年，參知政事，疾胡粲檢壬、排沮正論，奏陳其罪。粲嗾言者劾，罷。奉祠。既而起知建寧府。丁内艱，服除，改湖南安撫使，厚重鎮俗，清明監物，峒僚讐殺，嚴兵壓境，示以威信。在鎮二年，節正費，却私例，創平糶倉，新廟立學以養士，湘人勒石紀德。改知隆興府，復請祠。端平元年，授資政殿大學士，累遷參知政事兼同知樞密院事。時有三京之役，❶極論南兵輕進易退，未幾言驗。進知樞密院兼參知政事。明年冬，敵窺襄、淮，警報沓至，遂以樞密院使督視江淮、荆襄軍馬。疏言：「邊面遼遠，聲援不接，請並建二閫。」詔許，專督江淮，以荆襄屬魏了翁。既而朝論患邊用不給，遲其行，有旨留之樞管，命了翁并領督府。未幾，了翁亦罷。從龍以始志不遂，憂悒致疾，卒。理宗震悼，輟朝，遣使臨奠，贈少師。從龍秉心忠實，有特操。當史彌遠用事時，絶不相附，士論尤歸焉。真文忠曰：「公以慶元掄魁，嘗陪輔先帝大政，令名粹德，薦紳宗之。」弟用虎、天麟、治鳳，皆爲顯仕。《萬曆郡志》。《新郡志》。《宋史》。《真文忠公集》。

備　考

真西山先生《潭州重修大成殿記》略曰：資政殿學士清源曾公以廊廟之舊作牧於星沙，厚重鎮

❶「三京」，原作「二京」，據《宋史》卷四一九曾從龍本傳改。

俗，如嶽之弗摇；清明鑒物，如湘之不波。歲未期而百度脩，衆志服，環九郡五十城，既帖帖無事，則思所以驅其人於禮樂之域者。顧瞻黌序，先賢先師之位在焉，而廟殿規模大類浮屠氏。公爲蹙然弗寧，乃屬郡學職，詒書于南宮舍人鍾君震，考辟雍制度，爲圖以來，命掾吏之才者視其役，撤去陪厦，敞爲新宫，凡二十有六楹。昔之闇鬱，倏焉亢爽，於嚴奉祀事爲宜。於是宫墻外内，巍然奂然。州學正迪功郎鍾景仁等以書來諗曰：「自侯之蒞吾土也，嘗一新其學矣，而斯獨未之及，意者其有待乎？今雖成於公，固亦侯之志，願有以識之。」某惟疇昔之役，蓋嘗自謂盡矣，而堂皇門闔之易見者，皆莫之察，而重以累公，况於休戚情僞之窈微，其不屬耳目者何限！某於是竊有感焉，而又以自愧也，故不復辭而書其事。然惟公之斯舉也，徒以儒者之宫而類浮屠之制，猶思所以正之，况今之世華居而貊道、儒名而墨行者，滔滔皆是，其可熟視而莫之救乎？推公之志，使一日盡行其學於天下，必將息邪距詖，而楊、墨賊仁義、無君父之教不得騁也，必將尊王黜伯，而管、商、申、韓矜權智、騖功利之説不得施也。儒者之功，必至於是，而後有以爲天常人紀之重，非公孰任之！公以慶元掄魁，嘗陪輔先帝大政，令名粹德，薦紳宗之。其治潭之政多可書，今皆不書，獨書所以幸乎潭之士者。

温陵留氏家世學派

按：宋寧宗時，僞學禁起，時以周公必大、趙公汝愚、王公藺與忠宣留公四人爲首。後趙公罷相，竄永州，朱子落職，蔡季通竄道州，周公貶秩，而公亦落職罷祠，貶邵州居住，與諸賢一時同爲進退矣。《朱子語類》載公曾以書問《詩集傳》數處，文公以書示學者曰：「他官做到這地位，又年齒之高如此，雖在貶所，亦不曾閒度日，公等豈可不惜寸陰？」又朱子集中與公往復書問，皆極推許焉。林氏次崖稱：「公出入三朝，一時相業，建儲之議，視趙忠定爲是。邵陽之貶，適表平生，非不幸也。賢子賢孫萃於一門，天之福善，久而未艾云。」今録其著者載於篇。

忠宣留仲至先生正

留正，字仲至，從效六世孫。紹興三十年第進士，授南恩州陽江縣尉。用番禺守龔茂良薦，赴都堂審察。宰相虞允文奇之，薦於上。召對，公言：「國家右文略武，祖宗以天下全力困於西夏，承平日久，邊不爲備。今當改轍，使文武並用。」孝宗嘉歎久之。知循州，陛辭，言：「士大夫名節不立，國家緩急無所倚仗。靖康之難，死義者少，因亂謀利者多。今欲恢復，當崇尚名節。」上益喜，明日諭輔臣：「留正奏事，議論耿耿，可與京秩。」除軍器監簿，累官考功郎中。擢起居舍人，尋權中書舍人。光宗自東宫朝，顧見公，謂左右曰：「修整如此，其人可知。」迺請於上，兼太子左諭德。公言：「本朝記注進御，非設官本意，乞自今免奏。」御詔從之。除中書舍人兼侍講。

淳熙元年，權兵部侍郎，六月，除給事中。時諸路水災，公抗疏，以克謹天戒，感召和氣，導迎景福爲言，而又願加察於君子、小人之辨。疏入，上動容稱歎。是冬，兼權吏部尚書，公言：「用人莫先論相。陛下意在恢復，而任相位者未能稱塞，望精選人才，與圖大計。」時相不樂，會浙東謀帥，以顯謨閣直學士知紹興府。尋進龍圖閣直學士、四川制置兼知成都府。公平羌酋之亂，以簡素化民。及詔，赴行在，歸裝僅書數篚，人服其清。除端明殿學士，參知政事，同知樞密院事。孝宗密諭內禪，意拜右丞相。一日奏事，皇太子參決侍立，上顧謂太子曰：「留正純誠可託。」光宗禪，主管左右春坊姜特立以隨龍恩擢知閤門，聲勢浸張。公列其招權預政狀，乞賜斥逐。孝宗聞之曰：「真宰相也。」

紹熙元年，進左丞相。時嘉王感疾，公言：「陛下僅一皇子，隔宮墻外非便宜，蚤正儲位，入居東宮。」又疏，言之甚懇。再月不報。檢《漢文帝紀》及本朝真、仁二朝典故并呂誨、張方平兩疏，節其要語繳奏，上不豫，外議洶洶，公與同列間至福寧殿奏事，處分得宜，人情以安。進封申國公。上疾浸平，公乞歸政，不許。《壽皇聖政録》成，進少保，封衛國公。李端友以椒房親，手詔除郎，公繳還不納，復執奏曰：「昔館陶公主爲子求郎，明帝不許。今端友依憑內援，恐累聖德。」姜特立除浙東副總管。尋召赴行在，公引唐憲宗召吐突承璀事奏言：「臣與特立勢難兩立，乞罷相。」上批：「成命已行，朕無反汗，卿宜自處。」公即待罪六和塔，又奏：「近年不知何人進把定之説，遂至每事堅執，不顧是非。言路塞則萬幾壞，非所以愛宗社。」繳進前後錫賚及告敕，待罪范村，乞歸田里，不許。會冬至，將上壽聖太后尊號册寶，以公爲禮儀使。上遣左司徐誼諭旨，公復入都堂視事。禮成，拜少傅，封魯國公，公力辭。

五年正月，孝宗疾革，公數請車駕過宫。一日，上拂衣起，公引裾泣諫，隨至福寧殿門。退上疏，言極激切。孝宗崩，光宗以疾未能執喪，公率同列屢奏，乞蚤正嘉王儲位。忽手詔：「朕歷事歲久，念欲退閒。」公得之，駭懼，因朝，佯仆于庭，謂同列曰：「奉請本意，只乞建儲，今未蒙批依降詔，忽奉廢疾之札，此豈臣下所敢聞！」請對，復。不報。即出國門，上表請老，表入，而趙汝愚遂以内禪請於憲聖，公謂：「建儲詔未下，而遽及禪位，他日兩宫間必有難處者。」議與汝愚異，以肩輿五鼓逃去。及寧宗立，召還，以公爲大行攢宫總護使。入賀，請車駕一出，慰安人心，及定壽康宫於南内，撤去新增禁旅。詔悉從之。進少保，公力辭不拜，言：「陛下勉徇群情以登大寶，當示天下以不得已之意，實非頒爵之時。」上從公請，於是貴近欲論功者始不悦。韓侂胄浸謀預政，數詣都堂，公使省吏諭之曰：「此非知閤日往來之地。」侂胄怒而退，亟謀去公。會公以事失上意，侂胄從而間之。八月，手詔罷公，以少師、觀文殿大學士判建康府。尋又以張淑椿言，落職。慶元元年，上知公力請建儲，得大臣體，御批復職。二年，以劉德秀言又罷。初劉德秀自重慶入朝，未爲公所知，謁主客范仲黼請爲先容。公薄其爲人，除大理簿，德秀憾之。至是爲諫議大夫，論公四大罪，褫職，自是彈劾無虚歲。張釜又言之，責授中大夫、光禄卿，分司西京邵州居住。尋詔與量移南劍州，許自便。以次復原官致仕。

嘉泰元年，進封魏國公。二年，復少保、觀文殿大學士。開禧二年七月薨，年七十八。贈太師。寶慶三年謚忠宣。

公德器端重，操守凝固，出入中外五十餘年，屢典大藩，率以清素。周公必大貽公書，以趙清獻之清、張忠定之定擬之。孝宗晚始察公忠誠，及内禪，付屬光宗。光宗在御三年，公爲相，持法度，愛名器，甄别人品。首引趙汝愚共政，用黄裳爲翊善，號稱得人。公退，門庭肅然，無敢干以私者。素嗜書，垂白不倦。黄勉齋《與陳師復書》曰：❶「留丞相晚年，日課朱先生《詩傳》，朱先生每對人輒稱服。」而朱子與留公書亦云：「質疑請益，乃有十年之遲，不能不慨然其間云。」所著有詩文、奏議、外制二十卷行於世。子恭、丙、䇲、碩。孫元英、元剛。《郡志》。《永春志》。《閩書》。《宏簡録》。《留氏家乘紀略》。

學士留端父先生䇲

留䇲，字端父，正第三子。端厚有度，正諸子，䇲最賢。歷知邵州。奏蠲和糴。入爲司農寺丞。使金，察其勢必亡。歸陳備邊五策。除度支郎，提點湖南、江西刑獄。移知廣州，請鬻鈔以弭鹽寇。端平中，除直龍圖閣，奉祠，卒。初，侄元剛嘗欲建義塾，不遂，後䇲輟其遺業三之一建義莊，贍鄂公直下諸孫之貧者。《泉州府志》。

❶「師」，原作「書」，據《勉齋集》卷一五《復陳師復寺丞》改。

知州留茂潛先生元剛

留元剛，字茂潛。博聞强記，爲文奇峭。開禧三年，試博學宏詞科，與真西山同選。有司書西山卷曰：「宏而不博」，書元剛卷曰：「博而不宏。」寧宗善其文，並置異等。除國子録。嘉定初，遷秘閣校理，累遷直學士院。嘗言：「今日有貧國貧民，而無貧士夫。」遷軍器少監，權起居舍人，言：「國朝左右史立御座後，今乃在朶殿東，乞復侍立，修明舊法。」嘉定更化以後，大臣寖謀固位，元剛慨然有振刷斯世之志，會以内艱去。起知温州，勤恤民隱，百廢皆修，發奸摘伏，人服精敏。移知贛州，罷。元剛早負盛名，自擬大用，已乃鬱鬱不適，築圃北山，號雲麓，吟唱其間。有《雲麓集》。《閩書》。

推官留純仁先生東

留東，字純仁。登鄉舉，入國學。景炎丙子，以兩登極恩賜同進士出身，授肇慶司法參軍。廉勤有聲，陞從事郎、清海軍節度推官。未幾，改帶行國子編較、平海軍節度推官。宋亡，杜門不仕。至元辛卯，録宋故臣，授桂陽縣丞及乳泉縣尹，俱辭不就。子，伯惠，授將仕郎。孫，天錫，授泉州路儒學教授，亦不赴。明初，進士何德舉贊東有「身元心宋，爲古逸民」之語。《閩書》。

留玉卿先生瑞

留瑞，字玉卿。精《春秋》，爲經學師。同時精《春秋》者有顔桂叔芳，精《周禮》者有鄭華君實。《閩書》。

備　考

朱子《答留丞相書》曰：李通判歸，出示所賜手教，拜領伏讀，慰幸已深。至於垂喻諄複勤懇，則又竊仰德盛禮恭、樂取諸人、不難捨己之意，蓋有一介布衣之士所不易者。歎慕感激，所得多矣。前此偶因垂問，率易呈獻，亦以姑備燕申餘暇遮眼止睡之須，不謂乃蒙親賜點閲，日有程課，以及終篇。而斟酌取予，詳審精切，又有專門名家所不逮者。此周公執贄還贄之心，畢公克勤小物之意，此所以爲聖賢之盛節，而非近世諸公所及也。熹雖凡陋，然其用力於此，不爲不久，而歷選平生講磨論説，其得此於人蓋鮮。不意臨老乃有遇於明公也。更有他書，欲遂傾困倒廪，進於几下，而私居乏人，艱於繕寫，少假歲月，當遂此心。儻得一一悉蒙印證，則亦足以自信而無憾於方來矣。顧所不能無恨者，猶以登門之晚，而其質疑請益，乃有十年之遲。伏想明公於此，亦不能不慨然其間也。謹因李倅還，便奏記叙謝。目昏不得謹好，尤以皇懼，并乞矜察。

温陵莊氏家世學派

林氏次崖曰：「莊少師學問足以名世，議論足以經國，才猷足以立政。天子傾心，鼎鉉可待，當軸一忤，脱輻隨之，自古權臣之可畏若是哉！」彌邵兄弟立朝，儘有可觀，宋祚既遷，掛冠。元武詩曰：「無念爾祖，聿修厥德。其斯人與，其斯人與。」按：少師在南渡爲一時名臣，史稱「負其有爲之才」。卒奉祠去國。志乘及《道南源委》俱編入儒林之列。元、明以來，後嗣踵起者多其培根抑厚矣。今録其要者著於編。

少師莊藻齋先生夏

莊夏，字子禮，永春人。家貧早孤，從兄晦學。弱冠，習《禮》經。郡博士張叔椿奇其文，勉入上庠。歲乙未，入太學，俞侍郎烈嘗執經焉。登淳熙八年進士，授興國縣。慶元六年，大旱。詔求言。夏上封事曰：「君者，陽也；臣者，君之陰也。今威福下移，此陰勝也，積陰之極，陽氣散亂而不收，其弊爲火災、爲旱蝗，願陛下體陽剛之德，使後宫戚里、内省黄門思不出位，此抑陰助陽之術也。」召爲太常博士，言：「比年分藩持節，詔墨未乾而改除，坐席未温而易地，一人而歲三易節，一歲而郡四易守，民力何由而裕？」開禧二年，遷國子博士。首陳邊釁不可妄開，議者難之。嘉定更化，歲薦饑，以著作佐郎提舉擢江東常平倉。發廩賑流民，多所全活。除轉運判官。適年，入爲尚書郎，遷軍器監、太府少卿，出知漳州，尋以宗正少卿召，兼國史東宫官、直學士院兼太子侍讀。時流民來歸，復言：「荆襄、兩淮多不耕之田，計口授地，貸以廬屋、牛具，吾乘其始至可以得其欲；彼乘其不死，可以忘其勞。兵民可合屯田，可成萬世一時也。」試中書舍人兼太子庶子、左諭德，訓詞華潤，論奏明切，封還尤多。又言：「今戰守不成，❶規模不定，則和好之説，得乘間入。今日之患，莫大兵冗。乞行下將帥，令老弱自陳，得以子若弟强壯者代其名糧。」寧宗是之。除兵部侍郎。時宰相諱言邊事，廟謨秘密，人莫得聞。夏言：「西蜀潰卒宜討宜招，江淮制閫宜分宜合，山東忠義宜刺宜汰。乞詔侍從、兩省、臺諫與二三大臣爲議狀以聞。」忤柄國者意，累疏乞閒，以寶謨閣待制奉祠，進焕章閣待制，自號「藻齋老人」。嘉定十二年封永春縣開國男，食邑三百户。所居在蓬萊山。寧宗賜第府城，始自永春徙居晉江。卒，贈少師。寧宗贊其像云：「天生美質，學業逍遥。堅冰志操，歷仕三朝。忠言逆耳，書史所表。宗祀繁衍，百世不祧。」其被遇如此。夏邃於經學，平生薦引多名士，洪咨夔、范鍾皆其客也。

所著有《禮記解》，又有遺文二十卷、《國史大事記》十帙、《典故備志》五帙。子夢閣，新城宰。夢序，進士，歷太常簿、朝請大夫。孫七人：彌劭，軍器監；彌堅，登進士，爲編修官；彌大，刑部郎中；彌明，進士。按：黄文簡公田亭草撰《莊陽山國楨墓志》稱公爲「少師忠敏」，公似謚忠敏矣。志乘未見，録

❶「今」，原作「金」，據《宋史》卷三九五莊夏本傳改。

之待考。《閩書》。《永春舊志》。

監丞莊德修先生彌劭弟彌大

莊彌劭，字德修。以父序蔭補承務郎，監福州水口鎮，擢臨安府通判。討平天目山寇，以功權知安吉州，有惠愛。除軍器監丞。輪對，首以進德修業爲言，且謂：「大廷之對，禮貌親而情意疏；細旃之講，誦説多而推行少。」上嘉納之。立朝多所論諫。與弟彌大刑部郎中咸有聲。宋亡，棄官歸田里。時蒲壽庚降元爲中書丞，辟宋故臣之在泉者復其官。彌劭、彌大改各路治中，皆不赴。《閩書》。《永春志》。

温陵傅氏家世學派

按：傅氏自獻簡公堯俞以諫諍有聲，家於濟源之上。猶子察，靖康時奉使以忠義死國，謚忠肅。累贈少師。安道先生自得爲忠肅公子也，隨母南遷，家於泉。其後子孫踵起，多從朱子學，最著者爲忠簡公伯成，晚歲與李公訦、楊公炳維持風教，爲温陵三大老。考南渡後，李文肅公邴寄寓於泉，其文推爲中興第一。訦，其後嗣也，能傳家學，見西山撰《墓志》。文肅爲傅公外舅，故竹隱父子文章師法多根源於此云。

提刑傅至樂先生自得

傅自得，字安道，其先濟源人。父忠肅公察遭靖康之難，以忠義死國事。公幼穎悟，讀書不數過輒成誦，有至性。生十年，而忠肅公薨，哀號思慕若成人，事母愛敬飭備。遭亂離，遇父友陳公與義，奇愛之，撫其頂曰：「長必以文名天下。」年十四，賦《玉界尺詩》，語意警拔。李公邴大驚異之，因許歸以女。既乃從母定家於泉州，爲晉江人。家貧，夜燃薪與兄弟讀書，或至達旦。遂博通六經、諸史、百家，下筆爲文，輒數千言。初用父蔭補承務郎，三監潭州南嶽廟，乃爲福建路提點刑獄。時安撫司、檄憲司以漳浦兵所捕賊黨悉斬之。公力争，乃命械繫諸縣分鞫。獄成，以法誅其首數人，蓋全活數百人。丐祠，秩滿，通判漳州，改判泉州，尋差知興化軍。剖决無滯訟，發姦摘伏，猾吏束手。暇日延禮邦人士大夫之賢者，郡以大治。以不附秦檜，力請老母便郡歸養。檜怒，授興化軍，旋命以體究泉守趙令衿納賄事，被劾，罷歸。後兩年，諫官挾舊怨復以前事爲言，遂奪公官，徙融州爲民。至融，杜門讀書，而中州人士官其土者亦皆以文字求指教。居四年，會黄公祖舜給事東省，知公前事首末，力言於丞相陳康伯以聞，得内徙潮州。未幾，復聽自便。

孝宗登極，復故官。未幾，樞密林安宅又力薦於上，除知漳州，旋以少傅陳公俊卿薦，遂再除知興化軍。陛辭，論尉利捕盜之賞，妄執平民，有至論死而不能自明者。語未竟，上遽曰：「今之儒者例以不殺爲仁，然殺人者死。」公徐對曰：「皋陶稱大舜之德曰：『與其殺不辜，寧失不經。』」上意亦悟，即連稱曰：「不幸則不可。」公退以語宰相。時朝廷方議重强盗之法，以公言而止。逮至興化，治郡如前時。會丁母憂，歸。公性至孝，以奉母故，仕宦未嘗出閩中。服闋，再除知漳州，奏事稱旨，留爲吏部郎中。然公素以吏事自喜，而銓曹守格法，無所施爲，遂力乞外。除直秘閣、福建路轉運副使。陛辭。上云：「素知卿有風力，閩中多贓吏，故命卿往。」公即奏：「治道去泰甚，閩中去朝廷遠，吏不知奉法，然取其甚者一二人治之，亦足以勵其餘。」上首肯之。至，治略如前奏語，然其候視極精明，風采可畏，愛吏亦不敢犯也。尋知建寧、寧國二郡，復爲福建路轉運副使。臨安闕帥，上命執政選有風力不阿權貴者爲之，執政擬二人以進。上獨指公以爲可，亟命召之，除兩浙西路提點刑獄，時年已六十餘矣。自度性本剛介，多與物忤，不能俯仰於俗，乃上章乞閒，不允。得移浙東，乃復求爲祠官，得主管武夷山冲佑觀。秩滿，復知寧國府事。以言者追論前體究事，予祠，罷歸。

公性高簡，不妄與人交，家於泉五十年，杜門自守讀書，奉親外無他爲。州太守之賢者如宋之才、王十朋、周葵皆高仰之，待以異禮，而公月不過一詣郡，每留語，談説道誼而已。居閒無事，唯讀書不輟，客至，觴酒論文，道説古今。蒼頭白髮，意氣偉然。一日，忽召所善前昭武守黄君維之、新安守石君起宗，置酒卧内與訣。既而劇談詼笑，歌呼如常時。翌日，遂不起，時淳熙十年秋八月也，年六十有八。積官朝奉大夫。公於書無不讀，少治《春秋》，中年讀《詩》，至《鴛鴦》之二章，因悟比興之體，間爲子弟論説，多得詩人本意。故太常丞吴棫來官泉州，公聞其博通古學，著書甚富，相與往復不倦。吴公悦之，請序其《論語十説》。謫居讀《易》，數日一周。手書《程氏傳》一通，玩繹久之，紙爲之弊。其於子、史、百氏之書，嘗過目者皆略成誦也，識慮高遠，機警絶人。少時聞朝廷奪劉光世軍，更遣儒臣代將，歎曰：「是必且敗事矣。」未幾，而酈瓊等果叛。曾覿自福州召還，公移書丞相陳福公，爲言覿入必留，留必爲善人正論之害。其後亦皆驗。少從外舅李草堂邴學，爲文得其指授微意。既長，刮磨灌溉，其氣骨雄健而關鍵謹嚴，波瀾浩溔而語意精切。朱公韋齋及張公浚、葉公夢得、汪公藻、張公嵲得其文，皆愛重之，汪公尤歎賞，謂曰：「今世綴文之士雖多，往往昧於體製，惟吾子爲獨得之，不懈，古人可及也。」公晚歲始自次輯其文，定爲三十有二卷，爲《至樂齋文集》，藏於家。嘗爲韋齋先生文序曰：「某少時學詩，以作詩之要扣公，公不以晚輩相遇而許從遊。念自少至老，遊南康父子間爲最久，相知爲最深。」其卒也，文公爲狀其行事，西山真氏曰：「傅氏自獻簡公堯俞以高文正學爲元祐正臣，一傳而爲忠肅，再傳而爲至樂，又再傳而樞密、大坡之兄弟，文章籙前後相望。然傅氏之學雖本於獻簡，而草堂李公漢老又其外家也。草堂之文爲中興第一，至樂父子實獲其傳，而大坡蚤歲執經於父友紫陽先生之門，淵源所漸，則又出於伊、洛，顧不遠哉！」朱子撰《行狀》。《新郡志稾》。《朱韋齋先生文集序》。《真西山文集》。

附遺文

《韋齋先生文集序》曰：文章之工拙繫乎人，時命之通塞存乎天，天人之適相合也爲甚難。是以古今負文章之名者，未必得貴仕；而都公卿之位者，又未必以文章顯也。故吏部員外郎韋齋先生朱公，建炎、紹興間詩聲滿天下，一時名公鉅卿交口稱薦，詞人墨客傳寫諷誦如不及。予少時學詩，嘗以作詩之要扣公，公不以晚輩遇我而許從遊，間宿於閩部憲臺從事官舍之東軒，夜對榻語，蟬聯不休，比晨起則積雨初霽，西風凄然，公因爲予舉簡齋「開門知有雨，老樹半身濕」及韋蘇州「諸生時列坐，共愛風滿林」之句，且言古之詩人貴衝口直致，蓋與彭澤「把菊東籬下，悠然見南山」同一關鍵。三人者出處窮達雖不同，誦此詩則可見其人之蕭散清遠，此殆太史公所謂「難與俗人言」者。予時心開神會，自是始知爲詩之趣。别去未幾而公下世。予既爲詩以哭公，因求其遺編，伏而讀之，愛其詩高遠而幽潔，其文温婉而典裁，至表疏、書奏，又皆中於理而切事情。廼喟然歎曰：「公之於詩文，可謂至矣！今世能言之士非不多也，然淺則及俚，華則少實，是無他，徒從事於末而不知其本之過也。」

公幼小喜讀書綴文，冠而擢第，未嘗一日捨筆硯。年二十七八，聞河南二程先生之遺論，皆先賢未發之奥，始捐舊習，朝夕從事於其間。既久，而所得益深，故發於詩文，自然臻此，非有意於求其工也。使其得通顯於朝廷，施諸潤色而見於事業，必有大過絶人者，不幸位不媲德。雖兩入東觀，一爲尚書郎，卒不以其所長發抒，又不得年而没。天人之難合也如此，可不太息也哉！雖然，人定亦能勝天，故公之嗣子今南康太守熹能紹公之訓，早踐世科而益篤志於伊洛之學，安貧守道深山窮谷之中者三十餘年。明天子用寵嘉之，即其家拜二千石，君懇辭不獲命，强起視郡事，逾年而政成訟簡。一旦走介二千里，書抵予曰：「熹先人遺文，江西遂將刊行，而未有序引冠篇首。先友盡矣，不孤之惠，誠有望於門下，敢以爲請。」予覽書悚然，追思東軒之集，恍如隔世，而緒言歷歷猶在。公之木既拱，而予蒼顏白髮攉然，其亦老矣。愴歲月之不留，懍餘年其無幾，爲之感慨不寐者通夕，而病憊廢書，筆力衰退，文不逮意。獨念自少至老，遊南康父子間爲最久，相知爲最深，得其父子之賢爲悉，故不敢以不能爲辭。若夫公之詩文，自足以行後而傳遠，豈待區區之鄙言？顧予蚤歲承誨，迨老無所成，得挂名集端，以托不朽，其愧且幸爲何如哉？公名松，字喬年，韋齋，蓋自號云。淳熙七年夏四月既望，河陽傅自得序。

忠簡傅景初先生伯成

傅伯成，字景初，自得子。少從朱子學。隆興元年，與兄伯壽同登進士第，調連江尉。授明州教授，改知閩清縣。淳熙十年，丁父艱，服除，知連江縣。疏築水利，溉田三千餘頃，民蒙其利。慶元初，爲大府寺丞。進言呂祖儉不當以上書貶，朱熹大儒，不當目以僞學。又言朋黨之敝起於人主好惡之偏。與權臣意不合，出知漳州。律己愛民，悉推朱子遺意而遵行之。累遷工部侍郎。時韓侂胄方議開邊，語尚秘。伯成言：「天下之勢，譬如乘舟，中興且八十年矣，外而望之，舟若堅緻，歲月既久，罅漏寖多，苟安旦夕，猶恐覆敗，況可傲倖以圖所難。」相府災，同列相率往唁，或謂偶然。伯成正色曰：「天意如此，官師相規時也。」遂陳三事：「一曰失民心，二曰隳軍政，三曰啟邊釁。」言甚痛切。進右司郎官，出爲湖廣總領。朝議欲納金人之叛降者，伯成言：「不宜輕棄信誓，乞戒將帥毋使生事。」御史中丞鄧友龍遂劾伯成，罷之。

嘉定元年，召對，面論：「前日失於戰，今日失於和。策雖主和，尤宜修戰守之備。」進權户部侍郎，拜左諫議大夫。在職五十餘日，抗疏十有三，皆軍國大義。史彌遠與左相不叶，或致彌遠意，欲使有所彈劾，謂將引以共政，謝之曰：「吾豈傾人以爲利哉！」疏奏乞詔「大臣以公滅私」。左遷權吏部侍郎。以集英殿修撰知建昌府，訴蔡元定冤，俾得歸葬。進寶謨閣待制，知鎮江府。全活饑民，瘞藏野殍無數。廉得圖山寨兵，素結海盜，捕鞫無一逸者，獄具，貸死，黥隸諸軍。嘉定八年，召赴闕，以病乞休。除寶謨閣直學士、通奉大夫，致仕。理宗即位以先朝元老與楊簡同召賜金帶爲太子竑廢進昭明天常、扶持人極之説。彌遠甚惡之。尋加寶文閣學士、提舉佑神觀，奉朝請。聞大理評事胡夢昱坐論事貶，戚然語所親曰：「向吕祖儉之謫，吾爲小臣，猶嘗抗論。今蒙國恩，叨竊至此，安忍無言？」遂抗疏曰：「方今内無良吏，田里怨咨；外無名將，邊陲危急；廉耻道喪，風俗益偷；賄賂流行，公私俱困。正宜君臣上下，憂邊恤民，以彌禍亂，奈何以共工、驩兜之罪加之言事之臣？今廷臣無一人論救，萬一貶者死於瘴癘，陛下有殺諫臣之謗，史册書之，有累聖治。」不報。明年，加龍圖閣學士，提舉鴻慶宫。復辭不受。疾革，手草遺奏，朝服端坐而逝，年八十有四。贈開府儀同三司。端平三年，謚忠簡。

伯成純實無妄，表裏洞達，每稱人善，不啻口出；語及奸人誤國，邪類害正，詞色俱厲。真文忠德秀序其兄子度文云：「予昔徜徉盤谷、竹隱間，聆公餘論，❶蓋濟岱典型之舊、伊洛源流之正萃於公矣。」所著有《竹隱居士集》三十卷、奏議十卷、《鼇至》六卷。子壅、康。壅知漳州，能行父政。康知南劍州。《考亭淵源録》。《弘簡録》。《郡志》。

按：文公紹興丙子與安道先生遊九日山，時文公年二十七，至忠簡兄弟從遊，文公其年莫詳，待考。

直閣傅仲孚先生康

傅康，字仲孚，晉江人。少受學孟父伯壽，爲文贍典。用父任知古田縣，猾胥匿簿書，賦入日少。康籍胥家出所匿，按覈得實，邑計以饒。召爲司農丞，知汀州，徙南劍。創祠堂祀周敦頤、張載、程灝、程頤、司馬光、陳瓘、楊時、羅從彦、李侗、朱熹、廖德明、黄榦諸君子，籍廢寺田入書院，以贍生徒。端平中，累遷司農少卿兼右司諫。習熟典章，理宗甚材之。督府挾重權，多難從之請，引誼拒却，朝倚爲重。晚知袁州，直徽猷閣，致仕。《閩書》。

文肅李草堂先生學派

按：濟岱李氏移家泉南，數傳濟美。志乘列雲龕之子四：曰縝，曰維，曰紀，曰綸，見於傳者

---

❶「聆」，原作「傾」，據明正德刊本《西山文集》卷二七《傅景裴文編序》改。

縝、綸二公而已。孫只訦一人。真氏西山爲撰《墓碣》。今考訦之同輩，尚有誼，爲建康通守，嘗以雲龕之遺文囑文公爲序。文公逡巡謝却，後通守之弟訦又以爲請，文公於是受其書而爲之序。此見文公撰《雲龕文集序》末。今述雲龕閩中家學，謹録忠文贈運幹宜之詩附後，待考。

文肅李草堂先生邴

李邴，字漢老，濟州鉅野人。崇寧五年進士，累官起居、中書二舍人，除給事中、同脩國史直學士院。遷翰林學士。未幾，坐言者罷，奉宫祠。欽宗立，除徽猷閣待制，知越州，再落職予祠。高宗初元，復舊職。逾年，召爲兵部侍郎兼直學士院。苗、劉反，露刃宫門，上登樓撫諭，邴亟趨前叱二兇，兇焰稍息。又諭殿帥王元擊賊，元唯唯。邴扣宰相朱勝非問計策，傅等皆在，邴反覆究詰，人爲之危，邴無懼色。退，勸勝非密引外援制賊。又以大義責賊王世修。太后垂簾旬餘，朱勝非遂奏：「變故以來，從官能助朝廷者惟邴及鄭瑴，協心於内，誦言於外。」乃除邴翰林院學士，尋除端明殿學士、同簽書樞密院，遷尚書左丞。未幾，參知政事，與吕頤浩論不合，乞罷奉祠。寓泉州幾二十年，因家焉。邴天資高明，積學深至，早歷清要，號稱文士。猝遇國難，大節凛然。罷政十七年，避時相，不復出。

讀書作文，雖病不廢。延納後進，教誘無倦。稱人之善，覆護所短。若親舊行己未至，則質問再三，使歸之正。奉養簡薄，振恤宗族，治家嚴而恕。每愛徐孺子、申屠子龍、陶淵明之爲人，晚棄世故，深造以道。累贈太師，謚文敏，後改謚文肅。有《草堂後集》一百卷。號雲龕先生。其事蹟詳《宋史》。子：縝、維、紀、綸。孫訦。

按：文公朱子曰：「公之家自少傅之第四子樂静先生諱昭玘者，學於高郵孫公覺、眉山蘇公軾之門，至太師公遂以文字行中朝，有重名於政、宣之間。及參大政，又以忠節爲詔所褒。退而老於江海之上餘二十年。當世益高仰之。」文公爲撰《雲龕文集序》，另録備考於後云。

備　考

朱子撰《雲龕李公文集序》曰：士君子所以立於斯世者，不難於文，而難於實；不難於小，而難於大，此吾所以每竊有感於參知政事隴西文敏李公之文，而病世之所以知公者殊淺也。蓋自我宋之興，百有餘年，累聖相承，專以文治，而其盛極於崇、觀、政、宣之間，一時學士大夫執簡秉筆，專以文字相高。其所以歌詠泰平、藻飾治具者，雜然並出，如金石互奏，宫徵相宣，未有能優劣之者。而李公以傑出之材，雍容其間，發大詔令，草大牋奏，富贍雄特，精能華妙，愈出而愈無窮，直將闗衆俊之口而奪之氣，斯已奇矣。然使公之所立，獨恃此而無其實，或徒規規然務爲小廉曲謹，以投世俗之耳目，而其大者無稱焉，則亦何足以名於一世而垂無窮哉？而公扈蹕臨安，適遭己酉三月五日之變，當是之時，一旦猝然事出非意，群公愕眙，不知所以爲策。公獨挺身赴難，神采毅然，折兇渠，喻以大義。退而陰贊宰府，爲所以離貳逆黨、尊復明辟之計者甚悉。是以平賊之功，雖由外濟，而高宗皇帝察公之忠，首擢以爲尚書左丞，而又賜之手札，至有「萬衆動色，具臣靦顔」之語。嗚呼！天地之間，理義之實，孰有大於君臣之際者？而公於是乃能竭其股肱之力，以有成功，是其所立，豈獨以其文而已哉！然公功成不居，退而老於江海之上，杜門終日，絶口不道前事，雖所以告其子弟者，亦常飲然退託，如有不足之意。是以世之君子鮮或知之。其所可考而必信者，獨賴聖謨神翰，炳若日星，是以天下之公論，至於久而後定耳。以是觀之，則世之獨以文字知公者，豈非淺哉！

頃年，公孫故建康通守誼嘗以公之遺文屬熹爲序，熹以不文，謹謝不敢。今年通守之弟齊安使君詵又以爲請，且曰：「詵之請非有他，獨願得一言，以發明公之大節，使後世之知公者，不獨以其文而已爾。」熹於是乃敢拜受其書而三復焉。因竊論其所感者如此，以附篇後。蓋公嘗受學於其世父右史樂静先生，而樂静之學又得之高郵孫中丞、眉山蘇承旨，其丁寧付授之意，今略見公所撰《樂静文集後語》中，有本者固如是也。

朝請李伯玉先生縝弟綸

李縝，字伯玉，濟川巨野人。隨父邴寓泉州，因家晉江。縝生有異質，年十二三賦《盆池》詩，爲故相何栗所賞。既長，益自植立，務記覽，爲詞章，其言奥雅靚深，而深自閉匿。以父任補承務郎、監南嶽廟，除福建漕幕。至官，竟不一歲，兩易主管敦宗院，以便養親。未幾，丁内外艱。服除，連乞宗官舊秩，爲崇道祠官。退處於家，不復有仕進意。方是時，秦檜當國，猜暴匪測，故家大族，一羅飛語，無不糜碎。縝雖棲遲冗散，猶懼不得脱，於是益務潛晦，息絶交遊，買園結廬，自號萬如居士而爲之傳。其詞曰：「居士少知讀書，通訓詁，不能浹洽如當世儒者，然亦無所不讀。其於授受必以義，接物必以誠。逕情直行，不屑毁譽。雖仕宦連蹇不遂，視一時儕輩官尊禄厚而不肯一動其心。爲敦宗凡三十年官不易，而家益貧。嘗誦其先訓曰：『與其有求於人，曷若無欲於己；與其使人可賤，不若以賤自安。』以是當官及家食，未嘗求人知，而人之知之者常出於意外。性懶甚，不喜爲文，酒酣興發，時爲詩以舒懷，至其行意，擊節慷慨，自以爲未後於古人。性謹密而胸次蕭然，無所適莫，顧不喜與俗子語。」其胸懷本趣如此。檜既死，衆賢稍稍登用。丞相陳魯公雅知縝，推挽甚力而不能致，乃白以爲通判福州事，連帥汪公應辰亦知縝賢，禮敬之，且不欲煩以事。縝曰：「食焉而怠其事，豈吾心哉？」力請得復奉祠歸。二年而卒，時年五十有六。有集十卷、《梅百詠》一篇藏於家。

文公撰墓謁曰：「某之先君子太史公嘗獲從太師公遊而辱知焉，及某試吏泉之屬邑，又得拜公函丈。每白事府下，退輒詣公，公必爲置酒，留連竟日，論説古今，商略文字。下至吏道物情，利病纖悉，亦無不盡。至於有所難言，則其悼歎閔惻之情，未嘗不鬱然見於眉睫之間。某是以知公非真無意於世云。」

弟，綸，以父蔭授官，所至有清操。

運幹李宜之先生誼

李誼，字宜之。詵之兄。按文公朱子撰《雲龕文集序》，❶述誼爲建康通守，時以雲龕之遺文囑序，文公謙讓却之。後其弟詵又請，文公受其書，始爲之。再按，王忠文公龜齡《贈運幹李宜之誼》詩曰：「謫仙苗裔自非凡，家學端能嗣大參。一見便知空冀北，三年長嘯滯周南。宜之家食甚久。絶畦翰墨僕騷可，請試言詞倚馬堪。莫道南來槖無寶，一編傳得小雲龕。」讀其詩，殆謹守家學者歟。謹録附考。

待制李誠之先生詵

李詵，字誠之，號臞菴。文肅公邴之孫。文肅避地於泉，因家焉。詵幼年逮事文肅，寖長，務博覽書史，爲文下筆輒千言。以文肅休致恩補承務郎。既冠，監潭州南嶽廟，調興化軍仙遊丞。年少有能聲，諸臺委以事，多建白。史文惠當軸，陳正獻、梁文靖咸以書薦詵可用。詵以親養不樂遠去，求通判漳州佐郡，有治績。旋擢知黄州。宰相初以姓名聞，既對，首論邊郡數易之弊，乞放漢制令郡守兼領武事，遵祖宗久任邊將之法。上意甚悦。到郡，會歲饑，遂以官錢募飢民，開内澳六百丈，

❶「序」，原脱，據下文文義補。

民不告病，而商客以濟。改知袁州，蓄米二萬石，名之曰「州濟倉」，以備凶儉，如常平法。遷夔路提點刑獄。未幾，除轉運判官，約束郡縣，省追胥，理冤枉，禁苛暴。累遷大理寺卿，修斷獄例，以麗死而獲生者，以示好生之仁；以生比而論死者，存止殺之義，遂著爲令。權户部侍郎。再閲月，起帥廣西，一以寬厚廉靖爲本。除集英殿修撰，繼陞寶謨閣待制。力求出外，遂以敷文閣待制知建寧府。下車後，諭民明長幼上下之分以解紛争，俾知有禮，一切行所無事。甃官道百二十里以避灘梗。旋奉祠歸。既退於家，始買地臨河，築樓東偏，扁其下曰「臞庵」。嘉定十三年十月卒，年七十有七。傅公撰《行狀》，真文忠公誌其墓曰：

「某昔假守温陵，時公與寶謨閣直學士楊公炳、顯謨閣直學士傅公伯成以法從耆德居里社，年皆垂八十矣，泉人號『三大老』。歲時宴集，龐眉華髮，奕奕相照。某以後進從之遊。蓋公生中原名族，能以文學政事世其家，而清白廉介之節終其身不少變，世之稱公者以是而已。至乃立朝正色，能言人之所不敢言，則世或未之知也。開禧初元，公自湖北召對，首論建事立政必廣詢博採，因言：人言未同，人心未一，苟不謀於衆而遽欲革焉，殆恐發之易而收之難。時韓侂冑用事，欲弄兵倖勝，人情洶懼。鄧友龍輩以從臾傅會據要路，帷幄近臣不敢發一語。公新從遠方來，顧抗論如此，識者韙其忠。迨進貳版曹，居獻納之地。既兵敗於外，公移書侂冑，乞正鄧友龍、蘇師旦罪，以示天下。士大夫以公言爲難。嗚呼！公可謂剛正篤實之士矣。」

初，公以伯父縝授所校《西漢書》，朝夕諷誦。其學雖不顓名一家，獨謂二程先生發明聖道之傳實先於黄，遂於黄立生祠，且求朱文公先生之文以記之，以示學者趨嚮。文肅公初謚文敏。公謂：「建炎叱折兇渠，褒詔具在，叶謀復辟，忠烈嶢然，既登朝，請改之。」遂更用奉常考功之議，易「敏」以「肅」。又以文肅遺稾錄本於黄，朱文公實爲之序云。所著有文稾七十卷、《續通鑑長編分類》二十八卷、《談叢》七卷，藏於家。子洪宗，謹守有家法。《述志》。

按：泉郡舊志載朱文公與公友善，爲銘其墓。考公卒於寧宗嘉定十三年，時文公已没廿年矣。公之《墓志》爲真文忠公所撰，見《西山集》。今纂其略附此。舊志相沿疑誤。

閩中理學淵源考卷三十二

廣平府知府李清馥撰

清漳陳氏家世學派

按：廉獻陳氏出東溪高公之門，亦以直節著聲者。曾知制誥，以秦檜故，不拜，旋外補。乞歸，講學於漸山。厥後，孫植學於世父安卿先生，格以節見。一門忠孝儒宗，其淵源卓矣。

廉獻陳和仲先生景肅

陳景肅，字和仲，漳浦人。唐將軍元光裔孫也。師事高登，有學行。嘗同秦檜出使燕、趙，歸，表爲祈請使，不拜。歸，講學於仙人峰下。登紹興進士，令仙遊。旌孝義，剿宿盜，多美政。尋提舉湖南，除知南恩州。詔入，知制詔誥，以秦檜故，不拜，出知台、湖等州。以題詠多譏刺，檜黨惡之。乞歸，與門人楊仕訓、吴大成等講學漸山。檜死，議均役，復知制詔誥，致仕，時已八十餘矣。適南恩州叛服不常，擇使宣慰，朝議非景肅不可，持節往嶺南，嶺南遂平。卒，贈光禄大夫、資政殿大學士,謚廉獻。所著有《擷翠集》若干卷。❶ 有孫曰植,登淳祐進士;格,爲海濱監簿,俱見家學。

主簿陳北溪先生淳別見本學派❷

進士陳寥立先生植以下家學

陳寥立,名植,以字行,漳浦人。公幼,學於世父安卿。十八,以祖澤補太學生,調龍溪令,轉漳州司理。淳祐四年,登進士,提督嶺南海路兵馬。帝昺浮海,公提嶺海舟,見事危,斷維出港,自以六舟泊海嶺,收亡命,馳檄諸閩,圖立宋後。聞張公世傑覆舟,元人索捕急,遂變姓名匿于大芹、白華、九侯間。臨終,命葬海濱,南望崖山。弟格,爲舟監簿,從容殉節,忠義形於六詠。今漳浦人並祀之。《閩書》。《道南源委》。

楊國光先生耿以下學派

楊耿,字國光。紹興中,在太學與吴大成、鄭柔、薛京齊名。秦檜柄國,耿等相率乞歸,從陳景

❶「擷」,原作「拮」,據《福建通志·藝文志》卷六八改。

❷ 本條原無,據文津本補。

肅講學漸山石屏書院。闢精一堂於修竹里，講明經術。從子士訓、士謙皆從之。所著詩多寓言，而忠愛之意，宛然如見。

吴子集先生大成

吴大成，字子集，漳浦人。聞陳景肅師事高登，學有淵源，往受業焉。嘗遊太學，論舊相張浚清忠，與秦檜忤。及廷對，語多侵時宰，檜益惡之，落第。自以終不能爲檜屈，歸隱漸山石榴洞，講明正學。乾道中，奉檄湖、湘，往還京、浙。著有《梅月詩集》，又有《筆義經疑傳稿》藏于家。

薛宗汴先生京

薛京，字宗汴。與鄭柔俱師事陳景肅。肅與秦檜忤，辭知台州，京亦乞歸省，檜以其爲景肅黨銜之。歸，與吴、鄭、諸楊講學漸山、九侯間，賦詩自樂。終檜之世，屏跡不仕。

建陽熊氏家世學派

按：熊氏世家建陽鰲峰之陽，自雨錢公衮入閩，卜宅於此。子孫世業於儒，《詩》、《書》、《禮》、《樂》之澤相踵，其家學得於朱、蔡之傳爲多。今考《勿軒集》中族系所及者録之，餘宗派莫詳，尚俟考訂。再，勿軒先生生于宋季，猶及朱子之派系私淑，咸淳十年登第，宋社既屋，遂退隱雲谷，創鰲峰書院，扶樹教道、講學著書，其傳習門人學派多在元初。今將本傳録於本學派，以存碩果之義云爾。

處士熊意誠先生知至

熊知至，字意誠，建陽人。衮四世孫。博學工詩。天聖中，五舉不第，歸隱鰲峰。有《鰲峰隱人集》。劉文簡贊之曰：「鄉言善士，世號儒宗。止而不第，歸隱鰲峰。研精蠹簡，彈拊絲桐。愧無冰鑑，誰識卧龍。」《閩書》。

縣令熊端操先生節

熊節，字端操，建陽人。朱子門人。甫十歲，讀《易》，日誦二卦，即知問難，至通曉而後止。慶元己未，廷對，值僞學之禁，以納諫、行仁、求賢對。知舉黄由以其不迎合時好，特置前列，且爲奏御。仕終通直郎、知福州閩清縣。著《性理群書》二十三卷、《中庸解》三卷、《知仁堂稿》十卷。

處士熊竹谷先生慶冑

熊慶冑，字竹谷，建陽人。少受業於蔡節齋，與徐進齋、蔡覺軒、詹敬齋、翁思齋爲同門友，後遊真西山及劉静齋之門。所著有《三禮通義》、《春秋約説》、《中興三朝通略》。平生用力最久；又有

《學庸緒言》、《易經集傳》、❶《采詩小紀》、❷《史學提綱》，悉毁丙子兵難；其雜著有《敬思齋》、《直方齋稿》，兵後壁藏僅存耳。慶冑少以《禮記》决科，於《禮》學尤精博，嘗謂國家設科當以《儀禮》，不當以《禮記》。其著《通義》一書，蓋本朱文公義例，而《春秋約説》亦本文公所論大旨。丞相遊克齋、左史牟存齋皆欲以慶冑經學薦聞，貽書辭不就。慶冑壯歲即棄科舉，潛心問學，不求知聞，所造既深，自任之意彌篤。性極孝友，於族姻鄉黨情義尤厚，歲收不上三百石，捐其半創敬思齋，以訓後進，立孝永莊以賑饑貧。人士有嚮學者，諄諄誨誘，冠昏喪祭，必謹於古禮云。熊勿齋撰《竹谷文集序》。

備考

熊勿齋書《竹谷文集跋》曰：右從伯父竹谷先生熊公所作，公平生所爲文極多，其雜著有《敬思齋小稿》，則居竹谷時作也；《直方齋小稿》，則居平山時作也。此二卷題曰《直方齋小稿》，蓋兵後壁藏，僅有此耳，真所謂存什一於千百者歟！公平生精力，於《三禮通義》、《春秋約説》、《中興三朝通略》，用功最久；又有《大學中庸緒言》、《易經集傳》、《采詩小紀》、《史學提綱》等編，悉燬於丙子兵難。《三朝通略》蓋欲續從祖左史公《九朝通略》，以成一家言。庸齋趙公在史館時，嘗以上聞，有

---

❶ 「經」，原作「傳」，據下文《備考》改。
❷ 「采詩」，原無，據下文《備考》補。

旨下本部抄寫，且薦公由布衣入館同預史事，公力辭不就。公少以《禮記》決科，於《禮》學尤精博，嘗謂國家設科當以《儀禮》，不當以《禮記》。其著《通義》一書，蓋本文公先生義例，而《春秋約説》亦本文公所論大旨，此二書於學者蓋不無小補也。丞相克齋游公、左史存齋牟公皆欲以公經學薦聞，公又貽書辭不就。蓋公平生潛心問學，不求知聞。蚤受學於節齋蔡先生，與進齋徐公、覺軒蔡公、敬齋詹公、思齋翁公爲同門友，所造既深，自任之意彌篤。後登西山真先生、静齋劉先生之門，尤見器重。壯歲即棄科舉，一意通經博史之學。惜乎書藁甫脱，而公竟抱志以没，可勝惜哉！

嗚呼！公之學進雖不得用於其時，退猶足以善於其鄉。公奉先極其孝敬，待兄弟極其友愛。至於族姻鄉黨，情義尤篤，歲收不上三百石，捐其半創敬思齋以訓後進，立孝永莊以賑饑貧。後居平山甥館，歲必一歸故居，歸必會集族中長稚，宴飲餽遺，渠渠欵欵，各盡其歡。見後進有嚮學者，必諄諄誨誘不倦，蓋忠厚愷弟人也。最謹於禮節，冠昏喪祭必用古禮。舊居竹谷與雲谷相望，才能學行聲稱甚著，遠方士友登其門，必竭力館穀之，雖屢空不顧也。禾年六歲，就傅于敬思齋，已蒙公器許。今年久無聞，壯志銷落，重惟我族自始祖尚書郭門公於唐中和間，由豫章入建，詩書之澤，四百年矣。前輩凋落，後進渺然，未有甚於斯時者也。公之學，其誰能傳之？公之志其孰能知之？癸巳秋，從弟敬歸自江東，來相存問，聚首旬日，重整舊編，相與感慨者良久。重念甲戌侍族叔父復齋先生歸自行都，因論公遺事，憮然興念，求所以嗣成公志者，規模未就，而復齋又没矣。時事日殊，年運已往，力不逮念，又未知能成就二父之志乎否也？并書此以識。

進士熊勿軒先生禾別見元代本學派❶

崇安翁氏家世學派

按：翁氏家崇安之白水鄉，自濟可先生嘉祐間仕籍，父子相繼，皆以名臣顯。厥後文章之彦，斌斌輩出，儒學忠節，世爲羽儀。楊文靖公撰行簡先生墓誌，朱子撰蒙之先生墓誌，極表章其概。今列其略著于篇。

朝奉翁濟可先生仲通

翁仲通，字濟可，崇安人。嘉祐二年進士，爲山陰尉，疏水利。遷鄞縣，移武平令。召赴闕，求便養親，改簽書興化軍。通相地徙築，人號太平陂。後知黄巖縣，濬河流，民獲利。丁内艱，喪除，以親不在，遂不出。卒，贈銀青光禄大夫。有子三人，彦約、彦深、彦國。按：龜山楊文靖公撰彦約墓誌云：「仲通先生以文行爲東南儒宗，學者咸尊師之。仕至朝奉郎，累贈銀青光禄大夫。」《通志》。《龜山文集》。

❶ 本條原無，據文津本補。

奉常翁行簡先生彥約

翁彥約，字行簡。仲通長子。天資穎悟絕人，自幼學已能屬文。既冠，博總經傳，尤深於《禮》學。元豐末，遊上庠，銀青贈公，外除造朝，欲候彥約策名，而後告老。彥約以謂：「用是緩吾親歸休計，非便也，請以世禄之恩授仲弟。」❶銀青不許，力請而後從。已而兄弟更相推遜，聞於朝，事雖不行，縉紳義之。彥約既不第，愈自奮勵，術業愈加進。建之舉進士者無慮五六十輩，彥約再舉，皆中首選，從而受業者常數十百人。元符二年，應詔上《格言》二十篇。政和二年，擢進士第，調汝州龍興尉，改常州刑曹。會江淮發運使入奏事，上問所部人材，首以彥約對。驛召爲詳定《九域圖志》編官。累遷太常博士，與修因革禮，❷還奉議郎。歲餘，乞補外。除提舉河北西路學事，及陛對，建言：「朝廷更八行，復試以文，與立法初意異，請俱與廷對，以示詳行略文之意。」至河北，薦拔人才，訪問疾苦，講求實邊制勝之策。除知高郵軍。郡當江淮孔道，茶鹽私貿之禁最嚴，顧有告者，亟決之。吏習故欲以枝辭蔓其獄，彥約曰：「兩獄充斥，若等尚恨少耶！」吏𥉻眙失對。於是一郡知彥約以民爲念，吏不得倚法爲奸。歲大旱，以禱祠，積勞得疾。或以尤之，曰：「民甦而吾病，無憾

---

❶「仲弟」，原作「中第」，據楊時《龜山集》卷三二改。

❷「修因」，原作「因修」，據楊時《龜山集》卷三二改。

矣。」疾亟，乞休，章未報，❶卒。彦約性孝友，遇人無賢否，一以誠意。延平陳公瓘晚居淮南，見彦約，喜語人曰：「翁奉常静恪有謀，使得志，殆能濟物。」其爲名流推重如此。彦約爲文精緻潤縟，得作者之體，尤長于詩，有集十卷。子挺、抗。挺另有傳。

少卿翁養源先生彦深

翁彦深，字養源。登紹聖二年乙科，調福州侯官簿。宣和初，遷右司員外郎。入對，極論讞獄之弊。已而，以弟彦國入臺，引嫌，改秘書少監。請訪國朝以來諸儒論纂可傳者上之。盜起睦州，東南大震。彦深言：「民有疾苦，不得上聞，宜下詔求直言，則下情通而盜可弭。」又言：「羽書還至，諸路騷然，宜亟求忠臣義士列于諫垣。」其後賊平，南軍凱旋，即議北征。復力言出師沮盟之害，以書白宰相，言：「與金人夾攻契丹非策。」召見，除國子祭酒。時蔡翛爲禮部尚書，譖彦深爲元祐學。彦深笑曰：「彼亦知有元祐學耶？」徙秘書監。宦者梁師成提舉秘書省，彦深以爲不可納交熏腐以辱天子館閣，不肯造謁。未幾，降兩官，知濟南府，改婺州。召爲太常少卿。從幸揚州，力陳維揚無險要，宜蚤渡江以定基業。歸老以卒。

所著有《皇朝昭信録》及文集各十五卷、《忠義列傳》二卷、《唐史評》一卷、《鍾離子自録》一卷。

---

❶ 「章」，原作「辛」，據楊時《龜山集》卷三二改。

弟彦國，見志乘，待考。子揆，密州司士曹事，亦以文行知名，早卒。孫蒙之。

監丞翁五峰先生挺

翁挺，字士特，彦約子。政和中，用季父彦國恩補官，調宜章尉，改侯官簿。朝臣交薦，詔赴闕下。所陳皆朝廷急務，奏對移時，徽宗喜曰：「何見卿晚！」改授少府監丞。時相怒其不附己，逐之。遂不復出。號五峰居士。有集二十卷。李忠定稱：「其文雄深雅健，淵源浩博。詩凌厲奮發，絶去筆墨畦徑。」及卒，劉子翬奠以文曰：「羅萬象於筆端，焕丹青於胸臆。」《閩書》。《郡志》。

寺丞翁子功先生蒙之

翁蒙之，字子功。彦深孫。以蔭補官，調常山尉。紹興中，趙忠簡鼎謫死，喪過常山。郡守章傑者，惇諸孫，怨鼎嘗治惇罪，又希秦檜旨，陽檄蒙之護其喪，忽遺書蒙之，以趙氏私爲酒飲役夫，宜亟捕寘之法，而陰喻使并搜鼎知舊往來書疏，欲敗趙氏，快私憾且以媚檜。蒙之不可。啗以利，又不可。復脇以威，往反再三。蒙之度傑意不可回，或囑他吏，則事有不可爲者，即密告趙氏，使取文書悉焚之。既搜無所得，傑怒。又廉知蒙之女弟適胡寅，實當時草詔罪狀惇者，益怒，乃誣以他罪劾之。會胡公弟寧爲尚書郎，具以其事白檜。檜悟爲傑所賣，移蒙之蘭溪尉，趙氏亦竟得無他，而傑遂廢不復用。孝宗即位，近臣以其事聞，嘉歎其節，再三召，監登聞鼓院。尋復補外。後以龔茂良論薦，召爲司農寺丞。卒，年五十。《郡志》。《朱子文集》。

浦城徐氏家世學派

按：《宋史》論：「宋自嘉定以來，在相位者賢否不同，故執政者各以其氣類而用之，因其所就而後世得以考其人焉。」因列史彌遠、史嵩之之腹心羽翼數人。其論陳貴誼、曾從龍、鄭性之、李性傳諸賢，以爲皆無所附麗，而謂徐氏榮叟父子兄弟皆爲名臣。其不與權勢推移，所立卓矣。今列其家世學派著于篇。

文肅徐亢叔先生應龍

徐應龍，字亢叔，浦城人。累調湖憲司簡法官。與提刑盧彦德争劫盜獄，獄盜獲生。改知高安縣。吕祖儉以言事忤韓侂胄，謫死。經紀其喪，爲文誄之。有勸之避禍者，應龍曰：「吕，吾所敬，緣此譴死，無所恨。」遷知南恩州。秩滿，陳自强當國，故與應龍同舍，諭欲留之，應龍不答，丐雷州而去。部使者交章上最，召監行在都進奏院，累遷國子祭酒兼崇政殿説書。天旱，上言請烹桑弘羊乃雨。除秘書監，累遷刑部尚書兼侍讀。屢指陳時政，一日讀吴起爲卒吮疽事，奏曰：「起卒如此，故能得其死力。今將軍得以賄遷，專事掊剋，安望濟乎？」理宗驚曰：「債帥之風猶未除耶？」宰相史彌遠聞而惡之，改兼太子詹事，力乞奉祠。逮歸，奏乞立皇子，曰：「高宗謂太祖艱難得天下，而子孫不得居天位，遂以孝宗繼大統。三傳至陛下，皆太祖子孫，今陛下當於太祖後擇人。」徙吏部尚書，以焕章閣學士提舉嵩山崇福宫，卒。贈開府儀同三司，謚文肅，累贈太師、魏國公。子榮叟、清叟。《閩書》。

文靖徐茂翁先生榮叟

徐榮叟，字茂翁。與弟清叟同舉嘉定七年進士，歷永康令。以賑饑得民心，召爲太常博士兼崇政殿説書。嘉熙中，由左司諫拜左諫議大夫。入對，大略言：「内而京師楮幣不通，物價倍長，米運多阻，粒食孔艱；外而郡邑苛征横斂，無所不有，嚴刑峻罪，靡所不施，甚者巨家武斷鄉閭，豪宗侵凌民庶，此皆民怨所由。」又言：「朝廷當以節義勵士大夫，則緩急必無求生害仁之事。」遷權禮部尚書兼吏部，拜端明殿學士、簽書樞密院事。淳祐二年，參知政事李韶與宰相議不得，求去。榮叟發憤争之，不合，因求俱去。除資政殿大學士，奉祠。御書「橘坡」二大字賜之。卒，贈金紫光禄大夫，謚文靖。所著有《緝熙講議》、《諫垣存藁》、《西掖代言》、《南宫表牋》、《橘坡雜著》。《閩書》。《建寧府志》。

忠簡徐直翁先生清叟

徐清叟，字直翁。調太平教授。金人侵宣化，制司令州禁采石渡。清叟曰：「敵今未至，奈何先自推赤子魚腹中？」守從之，淮民得渡者三萬餘。紹定初，遷籍田令。應詔抗章。乞爲濟王置後。遷太常博士。復請厚人倫以釋群惑，惜名器以示正義，因人望以進人材。蓋欲復濟王爵邑，抑史彌遠恤典，召用真德秀、魏了翁也。端平二年，除殿中侍御史。疏論三漸，尤爲痛激。改太常少卿兼户部侍郎，改工部，除廣西經略、福建安撫。福州饑，貸南劍常平米七千石，招廣、浙米詣諸州賑饑，全活甚衆。累遷端明殿學士、簽書樞密院事、參知政事。余玠專制全蜀，理宗欲召還之，未決。清叟奏云：「陛下何不出不意徑召之？」且奏：「玠素失士心，召之必不敢不來。」理宗遂召玠，遣余晦代之。制下，清叟復奏：「晦素無行檢，不堪重任，乞收回成命。」不聽。清叟乞罷政，不許，竟不押晦誥勅。寶祐三年，令民自實田畝。清叟争曰：「此秦法，不可用，如福建、二廣、湖北尤當少寬。」既而江、浙民胥言不便，理宗竟不果行。尋以資政殿學士奉祠。開慶初，召提舉佑神觀兼侍讀，出知泉州。景定中致仕。卒，贈少師，謚忠簡。清叟與其父兄皆以品節相尚，立朝風采著於班行之間。獨其劾罷袁甫，少貶於公論。《閩書》。

進士張坎翁先生翰學派

按：福寧流派楊似之先生早從林艾軒講論，自得洛學餘緒矣。坎翁先生奮然特起，與及門高、余二公爲一時師儒之表。考坎翁登第在乾道初，其時道南之派尚未遍訖，厥後人文遞興，宗朱子之學者已著列邑。逮宋末元初，此邦學脈未艾，賡續繼志，遞有傳人，其淵源遠矣哉。

進士張坎翁先生翰

張翰，字雲卿，别號坎翁，寧德人。以學行爲鄉先生，高頤、余復皆其門弟也。登乾道二年進士，居官涖民，所至有聲，致政，歸田。著《觀過録》三十四章。《閩書》。

縣令高元齡先生頤

高頤，字元齡，寧德人。祖確嘗與陸游爲詩友，稱善士。頤經明行修，從遊者幾千人。以《禮記》魁鄉薦，登慶元二年進士，知永州東安縣。居官臨民，卓然有聲。其學以《大學》、《中庸》爲宗，治身行事，一主誠實。嘗曰：「吾身任大責重，無天地生物之功而有其心，無經國子民之位而有其志。」又曰：「學者學爲聖賢，非止讀書作文求仕進而已。」著《雞窗叢覽》百五十卷、《詩集傳》《解》各三十卷、詩文五百餘篇。子伯壎，嘗魁漕舉，學行醇正。有《會萃古今事類》二百卷，集關、洛諸公語爲《傳心直指》十卷及《一得録》、《愚齋類藁》等書。

檢討余子叔先生復

余復，字子叔，寧德人。少從張翰學，精於《周官》。紹興元年，對策大廷，光宗稱其「直而不訐」，拔置第一，賜之詩。寧宗即位，詔入史館兼實録檢討。歸，擇邑南佳勝，辟園構軒，觴咏其間。

著《禮記類説》、《左氏纂類》。

福寧楊氏家世學派

按：楊似之先生早從艾軒林公、夾漈鄭公講論，厥後諸儒遞興，確守紫陽遺緒，希風伊、雒，而多淳厚篤實。探討群經，其遷流異説者少，風教所趨，卓乎尚矣。兹録楊氏之系著于篇。

朝請楊穆仲先生惇禮

楊惇禮，字穆仲。舉進士，調興國軍司法，改陜、彭、泉、宿四州教授，轉太學録、太學博士。時與鄉人黄薦可、林介卿並命，有「北鄉三博」之語。乞外，出判秀州，丐休。建炎元年，以司勳員外郎召，以疾謝。逾年，再以監察御史召，力辭，得旨以朝請郎守本官致仕，許在家言事，時年未六十。衆稱惇禮有三奇：有田不買，有官不做，有子不蔭。孫興宗、楫。

提舉楊似之先生興宗

楊興宗，字似之。少師鄭夾漈，後從宦莆田，執經林光朝。舉進士，調鉛山簿。孝宗登極，上封事，末陳以守爲攻之策。有旨召赴都臺審察，時湯思退主和議，使御史尹穡要曰：「登對願無立異，當以美職相處。」却之，連書抵東府争和議非便，思退大怒。孝宗嘉其志，除武學博士。既而陳俊卿舉充館職，召試條對，言兵冗，切中時弊。除秘書正字，遷校書郎，與林光朝同校文省殿。擢鄭僑、蔡幼學、陳傅良，時稱得人。修《四朝會要》，轉宣教郎，擢尚書司勳郎。論張説不當與趙汝愚同除拜，不報。又駁楊和、王存中封爵太優，堅不書勳，忤虞相允文。乞祠，出守處州，政甚有聲。除知温州，以親嫌改嚴州，除湖廣提舉。有《自觀文集》。

朝散楊通老先生楫

楊楫，字通老。剛介不苟合，與楊方、楊簡俱朱門高弟，號「三楊」。舉進士，調莆田尉。閩帥程叔達移縣括逃田。楫歷疏不便，忤帥意。秩滿，上府，叔達怒曰：「尉格帥命乎？」楫徐條對，無所屈，罷去。漕使林祈曰：「尉敢格帥，大是奇事。」遂薦之。累官司農寺簿。劄論進君子，退小人；獎廉靖之操，絶奔競之風。除國子博士，轉少卿。臺臣或干以私，荅曰：「臺省紀綱，學者規矩，當各守職，無相侵越。」尋出知安慶，移湖南，提刑江西運判。終朝散郎。著奏議、《悦堂集》。

進士黄由仲先生宙學派

按：泉南彼時陳休齋門徒爲著，公與休齋後先輩出。公之徒亦有從文公學者，至石氏起宗，名蹟尤卓。然石與傅公竹隱深相交契，一時師友皆爲人物標準。訪録遺編，不禁斂衽，追述不置。

進士黄由仲先生宙

黄宙，字由仲，晉江人。乾道五年進士。居鄉講授，學者從之遊多名士，石起宗其一也。有《論孟解》、詩文、雜著藏于家。《舊郡志》。

吏部石似之先生起宗

石起宗，字似之，先同安人，徙晉江。乾道五年進士第二人，由敕局删定官召試館職。條對時務，辭義卓然，上覽奏稱善。除秘書省正字，再遷權倉部郎官。會當輪對，上言君子小人之情狀，與天下治亂安危之機。又言：「安啓外釁以開兵端，不可不戒。」通判漳州，知徽州，除提舉浙西常平。入爲尚書吏部員外郎，引對，奏言：「德雖聖人所能躬修，治非聖人所能獨致，願詔大臣盡公任責，破徇私偷惰之習。」又奏乞取仁宗《洪範政鑒》與《敬天圖》列置座右。上嘉嘆久之，命秘書省繕録以進。後以考較類試，卒于院。

按：乾道五年，南宫揭榜，温陵得人爲盛，新第先歸者五人。王公龜齡時爲泉守，故事燕於黄堂，王公酒半，啜茶於忠獻堂，持杯以勸，即席贈詩，曰：「四海英才入網羅，清源龍虎姓名多。經魁蘭省得人傑，策射楓庭收甲科。奎宿呈祥前未見，緯星還舍首相過。一杯忠獻堂中酒，名節相期要不磨。」集中尚有贈第二人石察判詩，末句「試觀忠獻堂中像，亦是當時第二人」。集中注云：「即起宗石公也。」讀此疑當時第二人似即今之榜眼否？

閩中理學淵源考卷三十三

廣平府知府李清馥撰

文毅洪陽巖先生天錫學派

按：先生以開濟偉略爲廟堂倚重，同郡邱氏葵早志考亭之學，遊先生之門者最久。又同時有徐擇齋先生明叔者，亦與公同學齊名。考泉南九日山石刻舊題，寶祐六年，公嘗從徐公明叔、梁公椿選、吕公中、方公澄孫、王公廣翁同遊紀盛，故梁、吕、方俱列之交友焉。王廣翁未詳，待考。再按，南軒門人蘇氏國台從孫三英亦登公與擇齋之門，可知洪、徐二公爲一時典型物望，宋季學派賴以維持，淵源所漸盛矣。

文毅洪陽巖先生天錫

洪天錫，字君疇，號陽巖，晉江人。寶慶二年進士，授廣州司法，歷知古田縣。剖決無留，按誅倚藩邸勢殺人者。調通判建寧郡。大水，擅發常平倉賑之。擢諸司糧料院，拜監察御史兼崇政殿説書。理宗寶祐間，宦寺肆横外閫，朝紳多出門下，廟堂不敢言。天錫來自孤遠，首疏以正心格君爲説，且曰：「臣職在憲府，不惟不能奉承大臣風旨，亦不敢奉承陛下風旨。」朝端耳目，一時聳動。次月，囊封申劾宦官董宋臣、外戚謝堂知、慶元府厲文翁不法狀。疏上，理宗力護之，令大臣吴燧宣諭再三，天錫力争，謂：「貴倖作姦犯科，根柢蟠固，異日勢焰愈張，雖欲活之，不可得已。」理宗俾天錫易疏，欲自戒飭之。天錫言：「自古姦人外雖憑怙，心未嘗不畏人主之知，苟知之而止戒飭，則憑怙愈張，反不若未知之爲愈。」章五上，出關待罪。有詔謝堂、厲文翁已改命，宋臣續處。天錫言：「臣義不與宋臣共留。」會天雨土，天錫奏：「其異爲蒙，爲不辨君子小人所致。」又言：「今蜀中地震，浙、閩大水，上下困窮，遠近怨疾，獨貴戚巨閹，安享富貴，不知陛下能獨與數十人者共天下乎？」值宋臣復奪民田，天錫申劾之，上猶力護，天錫又言：「修内司祇供繕修，比年動稱『御前』，故凡姦贓老吏、積捕凶渠皆竄名其間，有司不得舉首，❶小民展轉受害，恐使後日史臣書曰『内司之横自今日始』。」不報，疏至六七上，最後請還御史印，謂：「朝廷輕給舍臺諫、百司庶府，而獨重北司，倉卒之際，臣實懼焉。」言雖不果行，然終帝之世，閹人不至大竊威福，蓋天錫有力云。御筆改大理少卿，遷太常，皆不拜。

明年，起知潭州兼湖南安撫使。至則戢盜賊，尊先賢，逾年大治。遷直寶謨閣，廣東運判，決疑獄，劾貪吏，治財賦，皆有法則。召爲秘書監侍講，以瞶辭，升秘閣修撰，福建轉運副使，又辭。度宗

❶「首」，《宋史》卷四二四洪天錫本傳作「手」。

即位，以侍御史兼侍讀累召，辭，不許，乃疏所欲對病民五事：曰公田、曰會子、❶曰銀綱、曰鹽鈔、曰賦役。又言：「在廷無嚴憚之士，何以寢姦謀？遇事無敢諍之臣，何以臨大節？人物稀疏，精采銷愞，❷隱情惜己者多，忘身殉國者少。」擢工部侍郎兼直學士院，加顯文閣待制，湖南安撫使、知潭州，改漳州，皆力辭。又明年，改福建安撫使，力辭，不許。至官，首罷亭户買鹽之累，止荔枝貢。召爲刑部尚書，進顯文閣直學士。五辭召命，特改華文閣奉祠，轉端明殿學士致仕。咸淳八年，卒。疾革，草遺表以規君相。上震悼，贈正議大夫，謚文毅。天錫動有準繩，居官清介，臨事是非，不憚面折。

所著奏議、《經筵講義》、《通禮輯略》、《味言發墨》、《陽巖文集》。宋周密曰：近世敢言之士，雖間有之，其終始一節，明目張膽，言人所難，絶無僅有，惟温陵洪公一人。《閩書》。參《宋史》。

秘書吕時可先生中以下交友

吕中，字時可，晉江人。淳祐七年進士，歷沂靖惠王府諸王宫大、小學教授。輪對，言：「當去小人之根，革贓吏之弊。」遷國子監丞兼崇政殿説書，奏乞晚輪二員説書，夜輪講官直宿，以備顧問。

---

❶「會子」，《宋史》卷四二四洪天錫本傳作「關子」。

❷「愞」，丁氏抄本作「耎」。

又言：「進講經史，乞依正文，進讀不宜節貼避忌，不惟可察古今治亂，亦以革臣下謟諛之習。」又言：「人能正心，則事不足爲；君能正心，則天下不足治。」尋以兄卒無後，請假歸葬。明年，以秘書郎召，丁大全忌其直，徙汀州。在汀朞年，演《易》爲十圖。景定中，復舊官。卒。著《皇朝大事記》、《治迹要略》、《論語講義》。《閩書》。

正守梁壽卿先生椿選

梁椿選，字壽卿，晉江人。淳祐元年，以省試經魁登第，有文學之譽，歷官通正守。寓在安溪來蘇里，作湖山書院，學士多從之遊，亦寓賢也。再考《安溪清水寺志》，景定四年，梁公曾爲承議郎行監察御史、崇政殿説書，有記文可考云。

按：梁公椿選倡學湖山之來蘓里，其遺蹤往迹，莫得詳矣。嘗讀《清源文獻》，公於咸淳元年季春撰《安溪大成殿記》略曰：「夫子之道，固不以廟興廢爲存亡，然示學者之依歸，尊正傳之宗主，賴有此爾。今爲吏者，惟知簿書期會之間，上以督責爲功，下以趨避爲能，至有漠然視學校如傳舍者，聖賢之居，頹弊摧壓，慢不之恤，風俗日卑，人材日陋，莫有知其故者。鍾侯國秀，於邑焦熬，不憚撙節，興此鉅役，是則可書也已。」觀此，知公之崇奬名教，挽回風俗，所以規警爲吏者至深切，洵爲清溪一時興學之倡。欲俎豆湖山師席者，能無溯厥淵源哉？

再按：梁公事跡，《安溪舊邑志》只載在《奠方》内，未曾立傳，謂公係寓賢也。因志乘缺「寓賢」一類，附見之此爾。後之欲修葺邑乘者，似當增補此門目，奉文公朱子爲寓賢之首。蓋文公之簿同安時，奉檄往來安溪，愛其山川清淑，是公開人文之先，其始基之矣。謹識之以待考訂。乾隆丁丑六月初十日。

丁丑六月，本《閩書》紀此傳之後，因挾兒輩及黄甥等赴郡應試，念一日舟行九日山，是日於延福寺午餐，扶杖登山麓，摩挲石刻。大概宋、元間碑蹟最盛，未得遍觀。因讀宋寶祐六年三月，徐仲晦諸公與公同遊九日山之勝，乃知公與諸賢同時往復，自是一時之選。因與甥輩、兒輩考同，記憶石刻，取筆録歸。今并附載備考。

寶祐六年三月甲戌，徐明叔仲晦、洪天錫君疇、方澄孫蒙仲、王廣翁居安、梁椿選壽卿同登懷古寺，酌菩薩泉瀹茶，觀石像，訪姜秦舊蹟，小飲聚秀，摩挲明翰墨，探韻賦詩，抵暮期而不至，吕中時可。

乾隆三十一年丙戌六月十四日，以旱暵踏勘田畝，是晚，上清水巖宿，尋訪《清水志》。僧因取出舊刻底本數帙，爲明季邑令許公自表所葺者，内載《蓬萊山清水寺興造記》一篇，爲有宋徐公明叔記，知安邑事黄裳篆。蓋承議郎行監察御史、崇政殿説書梁椿選立石，其記之年爲景定四年四月吉日。讀此，則梁公曾爲監察御史、崇政殿説書，而本傳寥寥莫詳，只叙歷官通正守。今增入本傳，録此附考。《閩書》。《清源文獻》。《安溪邑志·奠方類》。《清水巖志》。

備　考

洪氏天錫序趙《四書纂疏》曰：或問尹和靖讀《易傳》之法，和靖曰：「體用一源，顯微無間。」李延平聞之曰：「此語固好，然學者須理會六十四卦三百八十四爻皆有歸著，方可及此。」二先生豈異旨哉？言各有當也。蓋學不可以徒博，亦不可以徑約，徒博則雜，徑約則孤，此約禮必先之以博文，而詳說乃所以反約也。文公朱子之於《論》、《孟》既成《集義》，又作《詳說》，既約其精者爲《集注》，又疏其所以去取之意爲《或問》。其後《集注》删改日以精密，而《或問》遂不復修。文公自謂《集注》乃《集義》之精細，一字稱輕等重，不可增減，讀《論》、《孟》者，取是書焉可也。格庵趙公復取文公口授及門人高弟退而私淑與《集注》相發者，纂而疏之，間以所聞附於其後，使讀之者如侍考亭師友之側，所問非一人，所答非一日，一開卷盡得之，博哉書乎！然非約之外有所謂博也。人莫不飲食也，知味者鮮，文公一生精力多在此書，一章之旨，一字之義，或數年更易而後定，或終夜思索而未安，學者以易心讀之，豈能得聖賢之意哉！如援先儒與諸家之說，有隨文直解、不以先後爲高下者，有二說俱通終以前說爲正者，有二說相須其義始備，不可分先後者。設非親聞，未易意逆，此《纂疏》所以有功於後學也。僕晚未聞道，加以衰聵廢學，公不鄙辱教，且命之曰序以屬予。竊惟《論》、《孟》二書，文公凡幾序矣。僕於《要義》而得熟讀深思、優游涵泳之說，於《訓蒙》而得本末精粗無敢偏廢之說，又於《集義》而得操存涵養、體驗充廣之說，終身受持，猶懼不莤，何敢復措一辭！抑文公曾有言曰：「《大學》一書，有正經，有《注解》，有《或問》，看來看去，不用《或問》，只《注解》足矣。久之，不用《注解》，只正經足矣。又久之，自有一部《大學》在吾胸中，正經亦不用矣。」此文公喫緊教人處也，僕於《集注》、《纂疏》亦云。

方蒙仲先生澄孫別見莆陽方氏家學❶

侍郎徐擇齋先生明叔學派

按：公爲西山真文忠公所鑒識指授，與陽巖洪公齊名，余氏謙一述綦詳矣。

侍郎徐擇齋先生明叔

徐明叔，字仲晦，晉江人。父伯嵩，理宗紹定五年進士，辟江淮制幕。秩滿，幹辦廣漕，清節益勵。除太學録，通判漳州，以廉聞。知英德府，徭寇不敢犯。召爲國子監丞。潮寇起，命知潮州，捕戮渠魁。除直秘閣、江右憲，歲歉，發義倉賑民。遷户部侍郎，改兵部。會元兵南下，憂憤卒。明叔學有源委，與洪天錫齊名，人稱擇齋先生。《閩書》。《莆陽文獻》。

備　考

余氏謙一序《徐擇齋文集》曰：往歲，莆有後村劉公、福有竹溪林公，泉南有擇齋徐公、陽巖洪

❶ 本條原無，據文津本補。

公，皆吾閩文章宗匠。《竹溪》《後村集》既板行，家藏而人誦之矣。陽巖、擇齋後卒，不幸與壞劫會，嗣子、門生伏匿奔踣不暇，遺集久之莫克會萃，有志於斯文者歎息焉。一日，擇齋之子籌老奉先集以授門人余謙一，俾爲之序。開編伏讀，則公年耆老、官顯榮之日所作。蓋公平生藁就輒棄，嗣子少長，始從旁抄録得之，兹特太山之毫芒耳。謙一既喜於成編，而又懼不敢當序筆，辭不獲，乃稽首而言曰：昔之人論著多矣！少壯之氣鋭，而老則衰，窮苦之辭工，而貴則墮，吕紫薇、周平園猶未免此病。而公年益老，官益高，作爲文章，略無一毫頹墮衰竭之態，此其故何哉？蓋不以老壯窮達爲進退者，氣實爲之。天地間有所謂至剛至大者，是爲浩然之氣，故孟氏之學以養氣爲先。是氣也，賁、育失其勇，儀、秦失其辯，良、平失其智。眉山蘇氏亦以是稱昌黎公，然後知孟子、韓子之文純粹明白，汪洋而大肆者，氣之所充也。豈特韓、孟爲然？蘇氏之文亦然。故欲論公之文者，不于其文而于其氣。公爲人剛方嚴峻，一介不以取予人，意所不可，雖當路有權勢者，不肯以辭色假借之。開口論時事，若不知有諱忌，以故憚黯疾固者多。入輒斥，❶召輒寢，所謂諫書、講卷、綸言、史筆皆公所宜擅，曾不得一出其所長。山林歲月之外，麾節弓鈇，竟展轉外服以老。德祐初元，嘗以第一人起之，而公老且病矣。

今觀公之論著，文與詩，大抵尚妥律不尚奇怪，尚典雅不尚纖巧。陽巖每稱仲晦之文最宜臺

❶「入」，原作「人」，據明萬曆刻本《莆陽文獻列傳》卷九改。

閣，人以爲知言。公於書無所不讀，料飽而思敏，每下筆，娓娓千百語不能休。西山真公之守泉也，公以翰墨受知，遂付以斯文之事，淵源所漸，有本固如是夫！因竊歎西山爲南渡歐、蘇，門人經指授者多以文名于世，四十年來凋零殆盡，巋然靈光，獨東澗與公耳。二公殁，文章之統紀遂絶，而奎運終焉。嗚呼，斯文興廢，豈非天邪！讀斯編者，將必掩卷而流涕矣。

州守余子同先生謙一

余謙一，字子同，莆田人。祖奭之玄孫，師魯之子也。與弟士明連中江西漕試，而謙一第咸淳元年進士，調泉州石井書院山長，召爲國子監書庫官，除太學博士，改宗正寺簿，差知化州。宋亡不仕，好爲古學，辭語渾成警切，名文章家。著述數十藁，兵後多散佚。士明亦以進士得官，知南安縣。

蘇先生三奠別見本學派❶

附　録

《書文安公帖後》曰：右先文安公遺墨一紙，於里巷學童剪截故紙中得之，雖不甚完，猶得五十

❶ 本條原無，據文津本補。

八字，蓋宦遊他鄉，與母家延陵所作也。方承平時，公之真蹟，懸金莫能致，况兵火後乎？冷笏舊氊，誠吾家至寶。此紙爲家書内幅，不過候問彝恭耳。然篤實忠厚，藹然見於情文，自其本求之，孝之所推也；端方嚴重，凛然見於翰墨，由其内觀之，敬之所形也。書法，心法也；心法，家法也。艾軒先生論公父子，嘗媲之萬石君家。一言以蔽之，亦曰孝謹而已。烏乎，後之人其勿替之哉！

《寄軒記》曰：文章宗師，曰歐、蘇氏。歐自瀧岡竣事，一迹不至家林，守潁，樂其風土，遂爲終焉之計。蘇亦出蜀不復歸，既欲歸嵩、洛，又欲居廬山，甚者以蒜山房客自詭，末年竟歸陽羨以死。委先廬，樂僑寓，捨故鄉，留他國，詎非通人一蔽歟？丁丑寇作，吾族之甍連棟接者，化而爲烟爲埃，族之人往往流徙奔竄。近稍還集，顯伯弟於故居一牛鳴地得三間墼屋，攜妻子以居，一軒明快，遂以「寄」名，蓋曰吾先人之廬，吾力未能復，而心未嘗忘，寄於此，非敢安於此。昔重耳以晉難故奔於狄十二年，一朝至齊，即懷其安，不復以反國爲意。向微子犯，悔其可追乎？兹名所以識也。夫不更宅，左氏所書；能復宇，周公所頌，予聞其言而有取焉。莊、列之論，以身世爲逆旅，以宅居爲傳舍。此論行，能使人厭檢束而事猖狂，舍真實而崇幻妄。余又慮夫末流之弊，寄而至於偷也。故君子於此不敢一日廢吾學。伯鸞之於吴，貧而寄者也，春廡之下，禮敬行焉；臺卿之於北海，急而寄者也，複壁之中訓義出焉。乃若遭世亂離，少陵翁于夔、于襄、于成都，所寄無定。在詩，自夔州以後，鏗鍧蹈厲，端可上媲《風》、《雅》。循其所寄之跡，考其歲月，而論其爲人學問功夫，誠有不可誣者。今顯伯之寄於斯，非他州異縣也，非傍人籬落也，其視二三子之困厄，窮亦足以爲安矣。人之情，當厭亂之餘，則喜聞放達之論；處幸安之境，則易忘兢畏之心。顯伯勉諸，此學之所以不可已也。顯伯爲余言，將求扁額二大字於石巖方子，予恐未悉其所以名，故爲之記如此，以著其心，而又使覽觀自省焉。

教授徐進齋先生幾學派

按：先生與何文定公基同以布衣被召，其學出自紫陽、西山之傳。宋之末造，宗朱學者儘多，其人往往託跡山長，晦匿海濱，未得與金華四子並傳者亦多矣。尋源溯派，望若晨星，余不能不憮然慨慕。

教授徐進齋先生幾

徐幾，字子與，號進齋，崇安人。嘗與詹琦築静可書堂於武夷。博通經史，尤精於《易》，自晦翁之後，理學之傳，能臻其奥。景定間，廷臣交薦，與何基同以布衣召對，授崇政説書，上甚器重之。詔補迪功郎，遷建寧府教授兼典建安書院山長。撰《經義》以訓多士，宇内尊之，稱曰進齋先生。其撰《静可書堂記》曰：

余愛武夷佳山水，且有佳友，晚歲徙居焉。詹兄琦景韓久從余遊，知其爲人孝悌忠信，天資近道，聞詩書仁義之名，言躍如也。一日語余曰：某愛程子云「性静可以爲學」，因名讀書之室曰「静可」。惟吾子一言以發之，是爲幸。余因進而語之曰：「學者於道，能於其性之所近以求從入之門，於道可至。子性静，有志於學，誰曰不可？」今夫利欲鬭進，躁競馳逐者去道日遠，苟能收斂此心，鞭逼向裏，勿爲外物所動，則其本立矣。故濂溪、明道二先生發明爲學之要必言静者，以大本所當先也。然伊川先生教人又用敬不用静者，以敬貫動静，該體用。若只用静，恐都無事了，又失大本當先之意。故曰：「敬則自静虚。」又曰：「静中須有物，始得必如是，乃可言静。」謂之「可」者亦僅可，而有所未盡之辭。程伯子言云「且以開學者從入之門耳」。會其歸，要其至，則動静無端，陰陽無始，聖人之於天道吻合無間然也。《大學》之經曰：「知止而后有定，定而后能静，静而后能安，安而后能慮，慮而后能得。」此古昔聖賢道學相傳之要旨，請以主敬窮理爲吾子勉。他日隱屏有人曰静可，學者顧不羡美歟！

詹景韓先生琦

詹琦，字景韓。慕韓魏公爲人，故名琦。宋末隱武夷山南，築静可書堂，與徐幾日以聖學相勵。幾稱其「孝悌忠信，金石君子也」。有《滄浪集》。

朝請劉静齋先生垕學派

按：晦翁没後，門徒高弟次第凋落，其緒言遺論亦稍墜矣。公接守家學，獨與蔡九峰、真西山相友善。其子忠簡先生欽又從九峰學，一時師友彙征，爲典型之望。乾淳之後，稱再盛云。

朝請劉靜齋先生垕

劉垕，字伯醇，晦伯子。寶慶三年，知江寧。爲政愷悌，不擾而辨，制閫以賢能薦，俾兼幕府。以收李全功，轉朝請大夫，知常州、衡州，移南劍州，辭疾不赴。素與蔡九峰、真西山相友善，與學徒熊竹谷輩講道終身。學者尊爲靜齋先生。著有《毛詩解》、《家禮集注》。子欽。

遺佚熊竹谷先生慶冑已見建陽熊氏家學❶

王潛軒先生昭學派

按：《南安邑志·呂氏大圭傳》云：「大圭少學於鄉先生潛軒王昭。昭師陳北溪安卿，安卿師朱文公。」又泉郡萬曆間舊志《呂大圭傳》云：「大圭少學於陳北溪門人王昭，已復盡屏詞章，專務理學。」是邑志與郡志名字相符矣。獨《閩書·呂大圭傳》載：「圭叔少嗜學，師事王昭復，昭復之學得之陳淳，陳淳之學得之朱文公。」《同安志》亦與《閩書》同。伏考圭叔先生，《南安志》載爲

❶ 本條原無，據文津本補。

邑之樸兜鄉人，則少時師事王氏昭亦其鄉之人也。今從《南安志》、郡志爲據，而以《閩書》、《同安志》附考焉，再《閩書》有《陳景温傳》，載景温與同郡王昭復、成之等同時知名。考景温在淳熙間，時内舍生王氏昭復與之同時，或別有王昭復其人歟？待再考。

王潛軒先生昭

王昭，號潛軒。按《南安邑志·吕大圭傳》：「大圭少學於鄉先生潛軒王昭，昭師陳北溪安卿，安卿師朱文公。號爲『温陵截派』云。」《邑志》、《舊郡志》、《新郡志》俱作王昭，《閩書》、《同安志》作王昭復。《南安邑志》。

侍郎吕樸鄉先生大圭學派

按：先生之學淵源於紫陽文公，世號「温陵截派」者也。宋祚運移，先生大節不奪，門徒丘氏葵贊之詳矣。胡氏一桂稱其《易學管見》發明多好。所著《春秋或問》，何氏夢申《跋後》曰：「廣文吕先生加惠潮士，諸士有以《春秋》請問者，先生出《五論》示之，咸駭未聞，因并求全藁。先生又出《集傳》、《或問》二書，蓋本文公之説而發明之。有《五論》以開其端，有《集説》以詳其義，又有《或問》以極其辨難之指歸，而《春秋》之旨昭白矣。夢申預聞指教，不敢私秘，與朋友謀而鋟諸梓，以廣其傳焉。」今考《春秋或問》二十卷、《五論》一卷、《易學管見》、《論語孟子解》以傳在學者得存。然《管見》諸書皆不可見，見者又僅此云。詳見《通志堂經解原序》，今節録載之篇端。

侍郎吕樸鄉先生大圭

吕大圭，字圭叔，南安人。少學於鄉先生潛軒王昭，昭師陳北溪安卿，安卿師朱文公，世號「温陵截派」。居家授徒數百人。登淳祐七年進士，授潮州教授，累遷簡討崇政殿説書、吏部侍郎。以操南音出知興化軍，以俸錢代輸中户以下賦。著《莆陽拙政録》。德祐初元，轉知漳州軍、節制左翼屯戍軍馬，未行。屬蒲壽庚率知州田子真降元，捕大圭至，令署降表，大圭不署，將殺之。適門弟子有爲管軍總管者扶出，至家。以平生所著書泥封一室，變服逃入海島。壽庚遣兵追之，將授以官，不從，被害，年四十九。其泥封室盡毁于賊，獨其門人所傳《易經集解》、《春秋或問》二十卷、《春秋五論》一卷、《論語孟子集解》、《學易管見》行于世。所居樸兜鄉，人稱樸鄉先生。元孔公俊建大同書院，祠朱文公，以大圭配。門人丘葵贊曰：「泉南名賢，紫陽高弟。造詣既深，踐履復至。致身事君，舍生取義。所學所守，於公奚愧。」按：黄氏《道南統緒辨正》謂：「吕氏大圭爲淳祐間進士，歷官侍郎，出知興化軍。」《南安邑志》、《舊郡志》、《同安志》、《莆陽志》皆同，獨《新郡志》本之《閩書》稍異。今從黄氏本改正。《南安邑志》。《舊郡志》。《道南統緒》。朱氏《經義考》。《閩書》。《泉郡新志稾》。

徵士丘釣磯先生學派

按：《釣磯先生傳》稱，師於吕樸鄉、洪陽巖之門最久，當時師門講授無從可考。所著諸經説及文篇亦無傳，僅存者惟《周禮補亡》及其詩集耳。《周禮》泉南尚有遺刻，詩集其家有寫本，同安林氏子濩鈔得之。明季遺老盧牧洲若騰爲之訂正。國朝康熙癸巳歲，潯江施平園世騋重刻之云。按，其本即盧牧洲及子濩所手校者。詩多失次，後與輪山阮氏重訂之云。以五百年沉埋之詩，一旦遂傳于世，然非其家子孫謹于藏弆，諸公前後之勤於搜索，殆不及此云。子濩，名藿，同安人。

馥按，詩篇所存酬答諸賢，僅存别號，俱闕其名。今詳詩中所許於斯文者録出，附之師友中，以備尚論者考訂。其一二有可考者，録傳附之。并附張氏、林氏《訪釣磯故址記》于後云。

徵士丘釣磯先生葵

丘葵，字吉甫，同安人。家海嶼中，因自號釣磯。蚤有志考亭之學，初從辛介甫，繼從信州吴平甫授《春秋》，親炙吕大圭、洪天錫之門最久。風度端凝，如鶴立振鷺。宋末科舉廢，杜門勵學，不求人知。元世祖聞其名，遣御史馬伯庸與達嚕噶齊奉幣徵聘，不出，賦詩見志。所著有《易解義》、《書解》、《詩口義》、《春秋通義》、《四書日講》、《經世書聲音》、《既濟圖》、《周禮補亡》等書。年八十餘卒。元時，倭寇至其宅，他無所犯，惟取遺書以去。故其著述多無傳，僅存《周禮補亡》及詩集四卷行世。《周禮補亡》今存，論者謂其參訂詳確云。其詩尚有《八十四歲吟》。阮氏旻錫曰：「先生八十四歲猶在，卒之年月不載，其子孫歲時祭祀必知之，當候考。《周禮序》作於泰定甲子歲，時年八十一，泰定於元世祖歷五朝矣，則却聘時，當七十餘歲也。」

再考徵士與熊勿軒先生禾交善，其《贈熊勿軒》詩曰：「穆穆朱夫子，於道集大成。嗟予亦私淑，奥義終難明。退翁獨何幸，而乃同鄉生。雖後百餘載，玄機若親承。斯文幸未墜，載道來桐城。平生疑惑處，喜得相考訂。秋風吹庭樹，忽作離别聲。吾儕各衰老，何時重合并？願言且少住，勿棄斯文盟。聖賢千萬語，只在知與行。前修何可企，勖哉共修程。」門人吕椿。《閩書》。《熊勿軒集》。新舊郡志。《宏簡録》。

備　考

滄浯盧氏若騰序詩集曰：吾邑丘釣磯先生品著於宋末元初，論定於昭代，既列祀鄉先賢，且配享朱文公祠矣。《八閩通志》列之《儒林傳》中，以其曾著《四書日講》、《易解疑》、《書直講》、《詩口義》、《春秋通義》、《禮記解》、《經世書聲音》、《既濟圖》、《周禮補亡》等書，爲大有功於經傳。然其書今已無傳，僅存者惟《周禮補亡》及其詩集耳。學士家每用惋惜，而要之先生所以取重後世者，不專在是。夫爲學莫急於明理，明理莫大於維倫。先生倫完理愜，行誼堪爲後學楷模。即不著書立言，固足以當學宫之俎豆而無愧。矧其窮究天人，洞徹性命，晚年吟咏篇什，足以見其大概，又何必以諸書亡失爲先生致惜也？先生一抔土，不立碑碣。萬曆年間或利其地形之勝，遂指其祖兆而争之，官爲勘驗，斸地得誌銘，乃加封而表識焉。馬鬣、漁磯俱歸然後天地老矣。先生不求身後名，而名卒不可掩；無意於僥天之報，而天卒昌厥後。士生亂世，其可不擇所以自處也哉！《周禮補亡》，余曾見梓本。詩集則惟其家有寫本，林子濩鈔得之，喜而示予。讀之，苦多亥豕，稍爲訂正，擬俟時平梓行，非徒表彰吾邑人物，亦欲使後學知所興起也夫。庚子春正月下弦日，同邑後學滄浯盧若騰手題於與耕堂。

晉江施氏世騋序詩集曰：余「論經軒」中藏有《周禮補亡》梓本，讀其序即知吾鄉有丘釣磯先生。而海濱耆老及童孺往往誦先生《却聘》詩所謂「皇帝書徵老秀才，秀才懶下讀書臺」者，即知先生工於詩，必有集，而無從搜訪也。阮輪山爲予言：「先生家小登，其子孫藏有先生詩集，不借人。欲鈔者，具紙筆就其家鈔之。意同邑學士大夫家必傳有鈔本。」歲乙酉林君子濩館於予，携有手訂删本。予與輪山略一借閲，適歲暮，子濩即取回。明年子濩復來泉，未幾物故，其殘書多散矣。予亟屬吴君，石門馳札，就其令嗣借取，久之，絶無回信，倏經三載而竟茫然。今春，子濩令嗣以事至泉石門，面徵之，云：「鈔本爲人所借，今撿得所存舊本，隨即致上。」余按其本乃盧牧洲先生及子濩所手較者，本極醜惡，詩多失次，字復差訛，兼以敗楮壞爛，更苦蟲蛀，瞪目視之，莫可辨識。然的係全集，如玉在璞，未經剖破，殊可喜也。予即付輪山從新訂定，白峰細閲重鈔。余再加較正，而授之梓。噫！以五百年沉埋之詩，一旦遂傳於世，豐城寶劍躍出龍津，豈不稱快！然非其家子孫之謹於藏弆，諸公前後之勤於搜索，殆不及此。因思古來志士仁人，遭時否塞，其胸中鬱勃不平之氣發而爲詩，必有一段光芒不可磨滅之處。經千百年後有人焉，曠世相感，爲之表彰而不至湮没，如函之于蓋，不期合而自合其所遇，亦云奇矣。然此非志士仁人所遇之奇，而表彰者之人所遇之奇也。何也？獨行則不離跬步，附驥則一日千里。附前賢以不朽，豈易遘哉！余因歎斯人所遇之奇，心竊嚮往而深愧予固非其人也。康熙癸巳歲二月朔日，後學晉江施世騋謹序。

輪山阮氏旻錫書先生《却聘》詩辨正曰：考《堯山堂外紀》載，楊鐵崖不赴召，有述詩，中有「商山肯爲秦嬰出」之句。明太祖曰：「老蠻子欲吾殺之以成名耳。」遂放回。此乃世俗流傳之誤也。詩係吾鄉丘釣磯作，見本集題云：「御史馬伯庸、達嚕噶齊徵幣，不出，有述，至今海邊童叟咸知誦之。」其相傳久矣。按宋濳溪撰《楊鐵崖墓誌》云：洪武二年，召諸儒纂修禮樂書。上以前朝老文學，思一遺翰林詹同文奉幣詣門，謝不至。明年，又遣松江别駕追趣，賦《老客婦》詞進御。上賜安車，詣闕，留百有十日。禮文畢，史統定，即以白衣乞骸骨。上成其志，仍給安車還山。蓋丘釣磯爲宋秀才，不赴元世祖之徵；楊鐵崖爲元進士，不受明太祖之職，其志節大抵相類，故遂以《却聘》詩冒入鐵崖集中。鐵崖詩名滿東南，而釣磯僻居孤嶼，詩集不傳，人多口誦，遂致字句略有不同耳。今悉注之以備覽。

堯山堂本云：「天子來徵老秀才，《鐵崖集》作「皇帝書徵老秀才」。秀才懶下讀書臺。「懶下」一作

「不下」。商山肯爲秦嬰出，黄石終從孺子來。《鐵崖集》作「子房本爲韓仇出，諸葛應知漢祚開」。一本作「商山本爲儲君出，黄石終期孺子來」。又一作「諸葛應從漢祚來」。太守免勞堂下拜，使臣且向日邊回。《鐵崖集》「免勞」作「枉於」，一作「殷勤承上命」，「且向」，《鐵崖集》作「空向」，一作「繾綣日邊回」。袖中一管《春秋》筆，不爲傍人取次裁。」《鐵崖集》作「老夫一管《春秋》筆，留向胸中取次裁」，「袖中」一作「袖藏」。其大略如此。夫一首之詩甚微，而所關人品則甚重。余故不可以不辨此詩爲鐵崖所久假已經五百年。今釣磯之集出，而趙璧復完，則詩之隨時爲顯晦，其亦有數哉！予固不禁爲之歡顏而破涕也。癸巳仲春上弦，後學八十七叟輪山阮旻錫書於類村之迴清亭。

林氏霍《訪丘釣磯先生故址記》曰：同邑遵海而南，巨島錯列，小登於諸島若漚浮海上，最渺也。而五百鍾靈宋丘釣磯先生獨產其上。先生後朱考亭百餘年，而道學獨祖考亭，運當陽九，斂德自全。蓋自讀書論世，知有先生久矣。蔡虚臺公重修邑乘，獨高先生之風，而予居去先生一水，不能詳言其遺宅故墟。予病焉，乃於季夏之八日，戒小舟約王茂才諸君指小登訪焉。舟行而東，過石虎寨之前，旋及懸崖，崖下白沙數武，有泉出沙之三石間，瀅澈而甘，即《泉郡志》所載「仙人井」者。於是緣崖西南行，多石，或峭或圓，有方石周幾尺許，鐫爲象馬嬉局，而於中分一道，則鐫「萬機分子路，一著笑顏回」十字，已遭琢没，「萬機分子」四字完明可摹草，甚工，蓋先生手筆云。輪局步漸西，❶

❶「輪」，丘葵《釣磯詩集》附《訪丘釣磯先生故居記》作「由」。

則先生釣石在焉。從此東行半里許爲鐘山之南，有寺曰章法，肇於宋；而北則先生之所宅址，不半畝，黍秀離離。蓋自明高帝以倭故徙登民，一嶼皆虚；成化初乃復舊籍，丘氏俱望鐘山之麓列屋，而先生之舊址竟廢。予與諸君撫景低徊，就先生之裔朝準君别業休焉。君因出所藏先生詩一編，讀之，先生之洞天人，徹性命，觸發皆真，而爲生人明大義，爲天地辨大分，考亭統緒存以不墜，則先生之功誠大矣。然先生之高蹤逸韻，亦今而後知其詳，則豈非有數也哉？既歸釋楫，遂記之。萬曆四十年壬子季夏望後三日，後學張日益書於雲海館。後六十一年壬子，後學林霍再删訂，時仲夏廿日書於欖園。

吕之壽先生椿

吕椿，字之壽，晉江人。幼從丘釣磯學《書》，過目成誦，作文立就。貧隱授徒。所著有《春秋精義》、《詩書直解》、《禮記解》。所爲詩，自成一家。《閩書》。

莊容齋先生圭復

莊圭復，字生道，號容齋，思齊之子，晉江青陽人。篤志勵行，以文學名。少從遊於丘葵，值宋季流亂，手未嘗釋卷。誠信孝友，建祠宇，立祭田。入元，隱於青陽，吟咏自如。至順間，福建閩海道知事清江范椁以圭學行聞於朝，詔書屢下，終不起。年九十一，卒於家。何鏡山撰《莊氏族譜序》。

《新志》。節《張芀墓志》。

教授楊敬在先生相孫

楊相孫，字敬在。其先本董姓，餘杭人。至祖君選爲元從事郎、潮陽縣尹。幼孤，從母鞠於楊，從楊姓，家於泉，遂爲晉江人。父伯淵爲泉州蒙古字學正。相孫以諸生爲泉庠直學，再補石井書院，能公出納，斥貪鄙，以嚴正自持。陞仙游教諭，攝縣事，轉長泰教諭。諸政績多可紀，朔望講義，諄乎身心之學。遷莆田學正。上陳參政陳忠肅文龍死事，請旌於朝。錄莆先正《劉後村文集》。又舉攝德化縣。時邑多盜，躬造其巢，諭降之。授漳州教授。郡再被兵，學廟莾爲儲胥，禮樂之器散壞，相孫請於大將，移兵他所，亟補弊苴缺，稍復舊規。年七十，卒於家。相孫自童年已有文譽，及遊丘釣磯之門，盡去凡近，篤志理學，户屨常滿。爲文平實古雅，務以理勝。天性孝謹質諒，父母喪，哀毁逾禮，廬墓三年。所著文集若干卷。《泉郡新志略》。

處士陳樂所先生必敬

陳必敬，號樂所，同安之陽翟人。少穎悟，通五經、諸子百家。在宋末，一舉不遇，遂不復出。嘗與丘吉甫講明濂、洛遺學。所著有詩聯遺文。《同安邑志·隱佚》。

教授劉秋圃先生志學

劉志學，字師孔，同安人。少與兄璧齊名。咸淳七年進士，教授台州，以親老歸省。未幾，元兵南下，杜門娱親，下帷講誦，四方學者從之如雲。暮年與同輩論譚，淋漓翰墨。種菊數十本，號秋圃，以陶潛、韓渥自方。蒲壽庚欲羅致門下，固避之。按：先生詩集《贈劉秋圃先生》：「十年江上理絲綸，此日桐城喜見君。造化由來最我輩，俗儒安得與斯文。」餘詳集中。再按：先生咸淳七年辛未，與兄璧同上舍釋褐云。《閩書》。《通志》。

詹野渡先生

詹先生，名未詳，别字野渡，南劍人。丘先生寄之詩，曰：「聖哲已往古，吾儕空自今。六經尋斷脈，千里遇知音。莫笑因緣淺，相期造道深。可憐山海隔，無路盍朋簪。」按：釣磯先生詩集云：「寄南劍詹野渡先生。」考之南劍志乘未得其人，録此待考。

矩齋先生

矩齋先生，姓名、籍貫未詳。先生輓之詩曰：「蚤悟官爲祟，晚將家付兒。公今返真矣，僕尚是人猗。柿葉收遺墨，梅花憶贈詩。自嫌聞道暮，有淚哭先師。」按：先生詩末語及先師，疑是師友于此公者。再按：莆陽林氏應成，號矩軒，疑先後同時。未知是否。録出待考。

蘇仲質先生

蘇仲質，名、籍貫未詳。先生次韻寄之詩，曰：「十年前事付流水，清夢悠悠何處尋。老去誰憐三刖足，生來不受四知金。窮途賴有雷陳友，大雅應殊鄭、衛音。俗士紛紛敗人意，何時握手再論心。」按：仲質疑應舉未售，而與公同志節，爲宋之遺民，故云當此窮途，尚賴有雷陳之友，共扶大雅之音，俗士紛紛，皆非知心之侶矣。

張尚友先生

張尚友，名、籍貫未詳。先生呈之詩，曰：「秋風匹馬柳江邊，芹泮相逢意浩然。吏部文章懸日月，龍門《史記》在山川。輸君何啻百籌上，期我曾言千載前。造物無情吾輩老，後生誰可囑遺編。」按：詩中所相期許者，皆欲希風千載之上，與公同輩行也。嘆老囑遺編，皆暮年志事。名、籍貫待考。

陳萬石呂潛心二先生

陳萬石、呂潛心，名、籍貫俱未詳。録集中分韻詩一首，題云：「臘月二十九日，陳萬石、石室、呂潛心三兄相訪夜坐。分韻得年字。」賦二首，今録一首。詩曰：「二十年前舊師友，一燈相對坐談玄。爐香茗碗不須睡，惟有今宵是舊年。」按：詩中有舊師友之云，故録出待考。

玉巖先生

玉巖，名姓、籍貫俱未詳。按集中贈詩，題云：「懷玉巖先生謫廣州，忽自古杭有書至。」贈詩曰：「十二年前舊師友，書來欲拆淚成行。幾回相憶人千里，往事追思夢一場。琴劍知辭南國久，干戈尚任北方强。傷心吾道秋容冷，遥憶師門數仞墻。」按：詩末云「遥憶師門數仞墻」，疑師門即玉巖也。考丘公本傳，釣磯早志考亭之學，初從辛介甫，繼從信州吴平甫，授《春秋》，親炙吕大圭、洪天錫之門最久。其號「玉巖」者，未知屬誰。俟考訂增入。以上諸先生，與丘公或師或友，皆彼時共扶教道，而非區區以文術相高者。惜志乘殘闕，而詩集中又隱其名，未得猝考。今並録出，以待博考者訂正。

泉南諸葛氏家世學派

按：何鏡山先生撰《諸葛氏世譜序》，云：「諸葛之姓，蓋漢司隸校尉諱豐、丞相武鄉侯亮之後，其家於泉爲鼻祖者，則宋轉運判，諱安節，由浙仕閩，貧不能歸葬，即家於南安。五傳而爲尚書兵部侍郎少保公，以柱史使弔於金人，求丹鞓墨帶之服往，正色嚴辭，顧盼折争於刀戟之間，凝然不動。其爲諄諄家訓者，不出忠孝之一言。諸葛氏之祖所以遺其子孫者如此。」

清馥三復其譜牒所載者，自少保之後，人物輩生。宋社既屋，一門忠孝，尤著其志，皆欲扶國祚而終臣節，其事皆可揭日月而昭天漢，要皆忠武之遺風餘烈也。今録自宋以前家學，載於編端，至元、明以後，則有本編可考焉。

諸葛先生季文

諸葛季文，南安人。以行誼、文學聞於時。家貧，授徒以養。嘗著《六經諸子解》，有益後學。樂道人善，如己有之。子廷瑞。《清源文獻》。傅氏伯成撰《諸葛廷瑞神道碑》。

少保諸葛麟之先生廷瑞

諸葛廷瑞，字麟之，南安人。父季文，以行誼、文學聞於時。家貧，授徒以養。嘗著《六經諸子解》，有益後學。樂道人善，如己有之。廷瑞穎悟博學，擢紹興二十七年進士，授龍溪尉，改知崇安。時朱文公家食，廷瑞每造詣。以趙清獻嘗爲崇安宰，而胡文定邑人也，訪求遺像，因新學立祠，請文公爲記。歲歉，屬書文公請於郡，倅得粟賑饑。守王淮與轉運使者，具以政績聞，擢主管官告院。奏對稱旨，即日擢起居舍人。光宗嗣位，會金人有大喪，命充弔祭使。至敵境，伴使以三節人衣帶服飾爲非，請易之，争辨甚厲。廷瑞徐折之不爲動，金不能奪，爲之加禮。使還，兼權吏部侍郎，即進起居郎。疏言：「兩淮藩籬不固，乞詔侍從臺諫於文武臣中各舉所知可爲沿邊監司郡守者，以待選用。」詔付三省施行，拜中書舍人，與留正有連避，改兵部侍郎。歲餘，以疾授朝散大夫、守權兵部侍郎致仕。卒，贈大中大夫。蔭子二人。按：《朱子文集》并傅氏撰《行狀》皆未叙及朱子之門，惟《道南統緒》録之，俟再考。《清源文獻》。《舊郡志》。《新郡志》。《閩書》。

郡守諸葛子嚴先生直清

諸葛直清，字子嚴。以父任歷海口鎮，主管南外睦宗院，知海陽縣，通判廣州。海陽多水患，直清堤之以捍田，民名其田曰「諸葛田」。祠官凡十二任，仕終奉直大夫、知臨安府事。封開國男，食南安縣三百户。子珏、琰。珏知南安軍。

郡守諸葛先生珏

諸葛珏，南安人。祖廷瑞，父直清。直清子二：珏、琰。珏知南安軍。按：李昂英跋北溪陳氏《中庸大學講義》曰：《大學》、《中庸》之微旨，朱夫子發揮備矣。北溪翁從之遊久，以所得鳴漳、泉間。泉之士有志者相率延之往教，翁指畫口授，不求工於文采，務切當於義理，諸生隨所聞，筆之成帙。韶州別駕諸葛君，當時席下士之一也。廣其傳梓，嘉與後學，共使之由北溪之流，溯紫陽之源，而窺聖涯，不徒口耳，且必用力於實踐，則曰：希聖希賢工夫，可循循而詣矣。予過曲江，得見所未見，茅塞豁然。尹番禺而始創黌舍者，此諸葛君也，珏其名。朱氏《經義考》。

僉判諸葛桂隱先生琰

諸葛琰，字如晦，號桂隱，直清季子，爲李臞庵之婿。宋紹定三年，以任子累官邵武軍、光澤縣尉。閩寇弄兵山谷，州縣騷動，琰提兵轉鬬，以身士卒，不旬日授首，黎庶得安田畝。真西山喜琰忠勤，上其事於朝，進階儒林郎，官至信州令書判官，致政歸。琰賦性豪邁，有學術，在官清貧，與白玉蟾相善。蟾詩中所謂桂隱者，即琰也。

再按：《譜牒》載宋少主南下，琰之群季，韶州公、參政公、進士公倡義開北城迎駕，闔家同死蒲壽庚之難。獨琰知宋臘不再，遠識幾先，率其子隱武夷山中得免，後乃屏居於城西之古榕。今所傳者，獨琰一派耳。按：《宋詩鈔》石屏戴氏復古詩中有《久寓泉南，待一故人消息。桂隱諸葛如晦謂客舍不可住，借一園亭安下，即事。凡有十首》讀此，諸葛桂隱似字如晦。

進士諸葛先生寅

諸葛寅，直清第五子璋之子。嘉定十六年進士。景炎丁丑，蒲壽庚拒命閉城，寅首倡義開北門，應張世傑之師。不濟，爲壽庚所害。年六十九。三子俱被害，而史綱逸其事，可歎也！又按《諸葛譜牒》，同時被難者甚夥，詳見後《備考》內《諸葛譜牒事略》。

備　考

諸葛，宋世入泉州，《譜牒事略》：入泉一世諱安節公，四世諱季文，篤學好古，洞見大原，嘗著《六經諸子解》。接授後學，循循不倦，當時人士多宗之。家貧，晏如也。子三，長曰廷瑞，尚書少保。餘無録。

五世諱廷瑞，字麟之，季文長子。登紹興二十七年進士，累官兵部侍郎守尚書。卒于官。贈太子少保。子三，長直清，主管華州雲臺觀。次曰禮，未仕而没。三曰應祥，提舉常平幹辦公事。

六世諱直清，字子嚴，少保長子。以父任歷官知臨安府事，封開國男。子五：長玠，補承事郎。二曰珏，韶州府知府。三曰琰，信州僉書判官。四曰琳。五曰璋。

七世諱珏，直清次子。歷官至廣東韶州府知府。男一，曰洪。

諱琰，直清第三子，徙家古榕之始祖也。以任子恩，歷官至信州僉書判官。致政歸，卜遷於古榕。與白玉蟾交善，白有贈詩，見本傳。琰知宋臘不再，率其子隱於武夷山中。未幾，公之群季果以倡義，一門數百口同死蒲氏之難。今之傳者，獨公一派耳。子一，曰巽，兩淮制置司提幹。

諱琳，直清第四子。子一，曰坤。

諱璋，直清第五子。子二，曰震，曰寅。

諱璉，應祥長子。子二，曰甲孫，曰葵孫。

諱璹，應祥次子，授職税院。男一，曰仲孫。

八世諱觀，承事郎，諱玠之子。

諱洪，諱珏之子。授廣東常平司幹。子某，倡義，爲蒲壽庚所害。

諱巽，信州僉判，諱琰之子。歷官兩淮制置司提幹。子二，長曰復。次曰元中，松江府同知。

諱坤，琳公之子。年三十四。子一，曰應老。景炎丁丑年，倡義，爲蒲壽庚所害。子，應老，年二十，亦被害。

諱震，璋公之長子。景炎二年，倡義，爲蒲壽庚所害。其子亦被害。

諱寅，璋公次子。寧宗嘉定十六年癸未進士。景炎丁丑年，蒲壽庚拒命閉城，寅首倡義舉，開北門應張世傑之師，不濟，爲壽庚所害。時年六十九。三子俱被害，而史綱逸其事，可嘆也。詳見《諸葛譜牒・忠節孝義》篇。

諱甲孫，璉公次子。補登仕郎。子二：曰湜，曰廉。俱殤不略。又云：景炎二年丁丑秋八月，蒲壽庚閉城拒命，公倡義開北門迎張世傑，不克，爲蒲壽庚所害。詳見《忠節譜牒・孝義》篇。

諱葵孫，璉公第三子。官至廣西參知政事。男一，曰潛。殤，不略。又云：景炎丁丑，同死蒲壽庚之難。

諱仲孫，璹公之子。景炎丁丑年，倡義迎張世傑，爲蒲壽庚所害。配黄氏，俱盡節。

九世諱復。巽公長子。注：出繼王氏。

諱元中，巽公次子。歷官松江府同知，有傳。子四：長曰泰，明溪巡檢。次曰晉，中書省檢校。三曰謙。諱泰、諱晉二公，見《元代師友淵源考》。

閩中理學淵源考卷三十四

廣平府知府李清馥撰

莆陽林氏家世學派

按：林氏九牧著於唐室，至宋季，積仁之後爲矩軒公應成，師友於黄氏績。林貞肅又言：矩軒、松湖親事潘瓜山、陳復齋，傳考亭之學。與本傳稍異。父子祖孫相繼，衍東湖仰止之傳。歷元代，其孫子泉氏以辨，子木氏以順講明正學不衰。入明，復聯世其美，風雲景從，玉井、子木二派亦有起者，獨瑞安州慎齋之裔特盛，其詳載明代林氏家學焉。

宗正林矩軒先生應成

林應成，字汝夫，❶號矩軒，莆田人。唐邵州公藴之後。宋兩請進士，得之公之子。嚴重平粹，嘗受學於黄績，又親事潘柄、陳宓，更友其子仲元。循仰止規約，續講東湖，得文公淵源之懿，遂見

❶「夫」，林俊《見素集》卷二五作「大」。

卓識，爲一時道學推宗。咸淳中，與子楝同登第，歷官宗正寺簿，宣撫司機宜。宋亡，不仕，年七十二，卒。明裔孫刑部尚書謚貞肅俊贊曰：「莆興道學，艾軒始之，復齋繼之。復齋、瓜山，偕事文公。公事二公，獲聞文公。咸淳之間，父子進士。不利于施，乃見其志。東湖講道，戢景逃虚。一時相推，則有四如。文公過吾家，題曰：『門對小壺山，樓接尊經閣。四時趣興清，萬代詩書樂。』斷墨猶存。相傳公逮事焉，今考文公卒慶元庚申，去公咸淳辛未登第尚六十年，豈題述在公祖貢元父兩請時耶？」林見素集撰《宗正寺簿公贊》。

邑令林松湖先生楝

林楝，字用可，號松湖，應成長子。父子師事潘瓜山、陳復齋，講道東湖。最後，楝又事黄氏績，友其子仲元。與父同登咸淳辛未進士，歷知同安縣事，有廉直高古之聲。慨宋社云：「屋托興迷途，尋焦光舊隱之處。講明道學以淑諸人。文公之澤注東湖，而演迤以盛，楝父子達之也。」裔孫俊贊曰：「公事陳潘，又事于黄。父子師友，金玉其章。建水有泚，日遠彌長。瀦之東湖，臨視泱泱。孰利于涉，公也其航。載遡之源，載漱之芳。有開道先，永裔之慶。」林見素集撰《同安公贊》。

州守林慎齋先生岡孫

林岡孫，字于高，號慎齋，楝仲子。文公講道東湖，復齋、瓜山傳其學，岡孫之祖若父逮事焉。

四如與矩軒續東湖之講，岡孫偕伯兄教授于野，又逮事焉。傳介父弟，山長子泉、同知子木，父子兄弟四進士，退而益修文公之學，型冶所就世林門，❶文章世林筆。位遇雖不逮關西，而物品殆類。岡孫終瑞安州知州，事狀遺失，所附見與子木並廉名。明裔孫俊贊曰：「漢有荀、陳，宋有胡、蔡。建陽大成，儒宗允賴。紫氣停焰，脈焉如帶。孰引而長，以滈以大。業維經承，巧乃冥會。三葉弗辰，爰有遺愛。綠槐蔭庭，久而未艾。星流日翔，碑板光怪。」林見素集撰《知州公贊》。

山長林玉井先生以辨

林以辨，字子泉，號玉井。父栖，贈曲陶郡伯。以辨通《易》、《書》、《春秋》，尤善説《詩》。皇慶中，詔以科目取士，以辨不苟求合，究心程、朱之學，福、泉之士争聘爲師云。《郡志》。《閩書》。

黄德遠先生績學派

按：德遠先生從遊朱門高弟，同時學者，如長樂趙公以夫諸賢，皆相與上下議論。至其子四如先生，又勵志前修，能衍其家學云。

---

❶「冶」，原作「治」，據明萬曆本《見素集》卷二五《知州公贊》改。

黄德遠先生績

黄績，字德遠，莆田人。滔之裔。兄縝，寶慶二年進士。績少凝重，稍長，慨然有志求道。始遊淮、浙，徧參諸老。中年還里，聞陳師復、潘瓜山得朱子之學于黄勉齋，遂師事之。集同志十餘人于陳氏仰止堂，旬日一講。及師復、瓜山繼卒，遂築東湖書堂，請田于官，春秋祀焉。聚講一如平時，向之同門友皆於績質正矣。先是，郡守楊棟即學宫建尊德堂以處劉壽翁彌劭，劉卒，無敢居之者。至是邦人推績繼之。涵江書院始賜額，又以績兼其山長。晚聞趙以夫作《易通》，與之上下其議論，以夫稱爲益友。年七十一，卒。前夕有星隕于書樓之西，是日又大雷雨，衆皆驚異。蓋績雖布衣，爲鄉先生三十年，門人著籙牒以數十百計，郡邑守令咸加敬禮。兄弟皆與劉克莊善，克莊目兄曰愛友，績曰畏友。績有齋名「獨不懼」。克莊爲記。生平不喜作韻語，偶有感興，亦得風人之趣。著有《四書遺説》等書。子仲元。《閩書》。《莆陽文獻》。《莆邑志》。

寺簿林汝先生應成 別見林氏家學❶

❶ 本條原無，據文津本補。下二條同。

林玉井先生以辨別見林氏家學

蘇先生國台別見家學

推官鄭帝臣先生獻翁

鄭獻翁，字帝臣，莆田人，伯玉裔孫。少從鄉先生黄績學。第咸淳初進士，終漳州推官。宋亡，至元不仕。方是時，前輩舊德多已淪謝，後生頗染習俗。翁獨以所學傳諸人故家，子弟猶賴之不墜其業。顧長卿兄弟皆出其門，復以績之子仲元及其徒林應承倡仰止之學，續東湖之祀，鬻田數十畝，爲春秋釋奠費。年七十餘終。

鄭彝白先生鉞

鄭鉞，一名少偉，字彝白，號舒堂，莆田人，露裔。咸淳十年，特奏名，與黄仲元、郭隚俱閩中之望。陳忠肅公文龍守興化軍，鉞其門客也。記忠肅遺事，其言痛憤激烈。至元不仕。嘗與陳子修讐校《通志略》，盡復夾漈聯比詮次之舊，詳見《陳旅傳》。又著《孔子年譜》，仲元序之謂：「是譜首以陬大夫二事壓卷，前書所未有。謂儀封人請見，爲由魯適衛時；謂魯公問政及答季康子數問，皆歸魯以來事，此見又確。謂夫子未嘗師郯子；謂『行乎季孫，三月不違』斯言非知夫子者，此論又高。」所著有《雲我文集》，亦仲元爲序。《莆陽文獻》。縣志。

黄四如先生仲元

黄仲元，字善甫，號四如，績之子，莆田人。少刻意周、程、張、朱、吕、真、魏及父所傳潘柄、陳宓之書，以其餘力抄唐、宋名文二百餘家，文學爲一時推重。咸淳七年，中省闈第五。廷對，以直言忤時宰。賜同進士出身，調監瑞安府比較務。需次，食貧，陳忠肅文龍延仲元於二劉祠堂，一月兩講，爲學者師。九年，捧檄考類試。歸，過劍州。時江萬頃爲劍州守，留之郡齋。未幾，萬頃兄萬里招致芝山。十年，請假歸省。明年德祐改元，始之官。守相陳山泉屈致幕下，深喜得人。又明年春，端明陸秀夫至自平江，偶同邸舍，一見褒歎，飲食必俱，炙燭對酌，劇談達曙。及聞杭陷，挑包辭歸，資送仲元，又留行橐。夏，五趣仲元赴行都，充益王府撰述官兼處置使司幹辦公事。

景炎元年，改刑工部架閣，以通直郎陞武學諭，遂轉朝奉郎、國子監簿兼福建路招捕使，司都參議官。仲元雖受知諸公，屢膺超擢，然未嘗供一日職，升斗不批券歷，曰：「斯時何時，穀而耻也！」秀夫拜樞使，將有異除。仲元力辭母老。崖山破，秀夫盡驅妻、子赴海。仲元爲詩哭之，遂更名淵，字天叟。怡然窮居，深入理奥，學文必《檀弓》、《穀梁》，學詩必《三百篇》、陶、韋、柳州。推廣先志，凡其口講心授，莫非仰止傳習之懿。而尤嚴東湖之祠，晨必謁，朔望必參，二仲釋菜。暇則課守者洒掃，風雨則視其蓋障，雖老不少廢。年八十二卒。仲元説經，間與先儒異同，其爲文亦類艱深，至於奇古處殆不可句云。有《四書講稿》等書藏于家。明宋濂、歐陽德、羅洪先序其集。《閩書》。《莆邑志》。《莆陽文獻》。

林淑恭先生立之學派

考仙遊志乘，如林公立之、林公磻、游公彬、王公夢錤，皆一時經生家所頌法者也。原其所立，皆以道德學術足爲師表。今録其派，繫可考者著于篇。

林淑恭先生立之

林立之，字淑恭，仙遊人。通六經，以《禮記》三魁鄉書。聚徒縣庠，如日選、丘獻、林從周、林志之、林灝、李夢龍、蘇國蘭、黄君任、洪天賦諸先達，皆出其門。仙遊經學之盛，自立之始。

司直丘渭夫先生獻

丘獻，字渭夫，仙遊人。少嗜讀書，尤明《周禮》。由鄉舉補太學。寶慶二年進士，調昭慶軍節度掌書，再調江東提刑司幹官。諸公交薦其賢，除太學録，尋除大理寺司直。爲人長厚，與同列無間言，鄉人葉大有尤敬重之。官至奉議郎終。

通判洪先生天賦

洪天賦，仙遊人。祖中，元祐六年進士。歷河南府少尹、國子司業，勇退不仕。天賦幼敏，悟通六經，應童子科，登寶慶二年進士，歷知陽江、古田、連江三縣通判。循州聽訟，不施鞭朴，諄諭理道，民胥向化，以循良稱。從弟處厚。《閩書》。《仙遊志》。

附缺傳

林日選，嘉定七年進士。

林從周，磻從侄，寶慶二年進士。

林志之，磻弟。紹定二年進士。

林灝。

李夢龍，嘉定七年進士，《仙遊志》入《儒林傳》。

蘇國蘭，欽之孫。侄孫，總龜。寶慶二年進士。

黄君任，端平二年進士。

縣尉林豈獻先生磻學派

按：《仙遊志》列先生在《儒林》。又《傳》稱其通習五經，然考《藝文》，於經術，未見有發明者。所著有《典故鉤玄》之書行于世。

縣尉林豈獻先生磻

林磻，字豈獻。嘉定十三年登進士第。少負雋聲，從遊者衆。王邁嘗師事之，官止海陽縣尉。有《典故鉤玄》六十卷行於世。

王先生邁已見真西山學派❶

主簿游淑文先生彬學派

按：先生本傳稱先生工於詩賦。又朱氏《經義考》載先生有《讀易》四卷。《興化志》載端平中，特奏名。

❶ 本條原無，據文津本補。

主簿游淑文先生彬

游彬，字淑文，仙遊人。家貧苦學，工詞賦，有聲。一時名士，如林澧特延爲館賓，葉棠、王邁皆與爲友，陳立伯、塤伯、傅澄皆師事之。端明二年，特奏名。終真陽主簿。《仙遊志》。

附　缺　傳

陳立伯，寶慶二年進士。寵之孫，次升曾侄孫。

陳塤伯，次升五世孫。

傅澄。

張紹卿先生應辰學派

按：先生門徒鄭氏起東在明初尚存，則公亦宋、元間遺德也。餘俟考。

張紹卿先生應辰

張應辰，字紹卿，德化人。該通經史，一時名流黄霆發、徐雷開、林汝作、鄭起東，皆出其門。有《禮記集解》。

鄭先生起東

鄭起東，字子震，德化人。明初入太學，爲文人。明經鄉校，師範蔚然。

黄先生霆發

黄霆發，德化人。嘉定七年進士。

徐先生雷開

徐雷開，德化人。寶慶二年進士。

林先生汝作

林汝作，德化人。淳祐七年進士。

閩中理學淵源考卷三十五

廣平府知府李清馥撰

三山郭梅西諸先生學派

按：元代去宋季未遠，其時，師資講習，此邦淵源，回溯尤近。今讀郭氏梅西、歐陽氏以大、陳氏希説、陳氏奎甫諸先生傳，記述簡册渺無師資源流可考，只著其略而已。惟時勉齋、瓜山、正卿、子武諸賢相去百年未遠，故家文獻之餘，豈無一二可推而得其端緒？何至傳中援証，迄無一辭及之而私淑其一二耶？然考傳中四先生師道甚立，則彼時傳習之徒亦必多有可紀，惜載籍浸湮，無從考證耳。今録四先生著之篇首，存其師範，以待他日考訂增入云。

純德郭梅西先生陛

郭陛，字德基，長樂人。父正子，號存齋，宋紹定中進士，教授廉州，著《春秋傳論》十卷。陛幼孤，弱冠，已爲人師。至元中，舉遺逸，授泉山書院山長。遷興化路教授，改吴江州，再調興化，未行，卒。學者私謚曰「純德」。先生爲人疏通慷慨，謹直簡易，爲子以孝，爲父以慈。與人交，彌久而乎。談經明白統貫，不刻鑿爲異。於四書、《易》皆有述概。詩若文，和平而沉深。著有《梅西集》二十卷。《閩書》。

按《福州府·選舉志》，郭正子，字養正。紹定五年壬辰進士，登徐元杰榜。本州解元，廉州教授。《閩書·英舊》、《選舉》目次載亦同。及檢閲朱氏《經義考·春秋彙》載《郭氏陞小傳》云：「《長樂縣志》：郭陞，字德基。宋紹定進士。至元中，泉山書院山長云云。」竟遺却父郭正子名字，以紹定進士屬之其子矣。蓋郭正子，宋人也；郭陞，元人也。未知《經義考》引用時傳寫脱落，抑《長樂志》本屬脱誤？因恐讀《經義考》者不詳郭公陞出處大節，謹標出以待考訂者審之。乾隆戊子四月上澣，清馥謹書。

歐陽以大先生侊

歐陽侊，字以大，長樂人。隱居著述，動循禮法，學者師焉。著《四書釋疑》、《五經旨要》、《性理字辨》、《格物啟蒙》、《忠孝大訓》、《女範》、《幼學》等書。子潮，舉莆田教諭，通五經，稱五經先生。《道南源委》。

陳希説先生有霖

陳有霖，字希説，長樂人。至正中，築鄉約堂於藍田書院之旁，中祀先聖，以朱、吕二先生配。朔望舉行藍田鄉約，使隣里子弟講學於中。嘗與歐陽侊往來論道。尚書貢師泰爲作《義士記》。

《三山新志》。

陳奎甫先生仲文

陳仲文，字奎甫，長樂人。隱居山林，性嗜學，敦孝友。與族子潔建書堂于藍橋林壑中，以程、朱正學倡鄉人，課其文行，名爲義學。《閩書》。《通志》。

林文敏諸先生學派

余讀林氏《清源大同書院記》，知彼時私淑於考亭者深矣。傳中載與盧氏琦、陳氏旅、林氏以順稱「閩中文學」。考諸君子秉道立德，師資可藉，皆互有發明。陳氏旅後從虞公邵菴卒業，晚歲所造，殆未可以文士而輕置之也。元代紀載不備，多失紀録，其於潛德之英，湮没多矣。故今亦就《元史·文學》、《隱逸》中並採可進於道德者録出，如陳氏旅、楊氏載、鄭氏東起、林氏泉生皆不得而闕遺之也。兹緝其大略著于篇。

文敏林清源先生泉生

林泉生，字清源，永福人。與盧琦、陳旅、林以順稱「閩中文學」。天曆庚午進士，授福清州同知。適山海寇充斥，以計殲之，轉泉州經歷。民負酒税，繫者多瘐死，悉破械出之，令船商私釀者代償。歷漳州推官。畬洞相戒勿犯。擢知福清州。會紅巾寇連江，帥府檄泉生禦之，乃創保甲，置屯柵，立誅鹽丁謀亂者七人，捕殺長樂謀内應者三十餘人，先發制之，賊遂驚潰。福清俗好殺孤幼，誣訟求賄，泉生立連逮親鄰法，民不敢犯。除翰林待制，以母老辭，累遷行省郎中。汀寇負固，久不下，往招撫，得渠帥歸。召爲翰林直學士、知制誥。卒，謚文敏。泉生邃於《春秋》，工詩文。多權略，有將才，屢建武功。然以志略自負，不能下人，以此多得謗者。後稍自晦抑，署其齋曰「謙牧」。晚益折節，更號「覺是軒」。爲文宏健雅肆，詩豪宕遒逸。所著有《春秋論斷》及《覺是集》二十卷。《三山新志》。閩過齋撰《墓志》。

學諭鄭子經先生杓

鄭杓，字子經，永福人。宋鄭富曾孫。泰定中，辟南安學諭。與陳旅爲文字友。嘗著《春秋解義》、《覽古編次》、《夾漈餘聲樂府》。又有《衍極》五篇、《衍極記載》三篇。其書自蒼頡迄蒙古，凡古文籀隸以極書法之變，皆有論定，陶鎔歷代之偏駁，會歸一藝之純粹。福建宣撫使齊伯亨採而上之。即城東第宅作「衍極堂」，以藏其書。吴聘君與弼稱其考論最正，宋端儀又謂：「其書中若九德、若正邪、若四時餘閏之屬，又其所自得者。」《閩書》。《莆陽文獻》。

鍾元長先生耆德

鍾耆德，字元長，閩縣人。博極群書，詩文渾雄嚴整。家貧不娶，授徒養親。晚經至正之亂，舊業蕩盡，恨缺甘旨。親没，哀毁幾滅。處二弟順德、明德，怡怡如也。有《自省録》、《養正集》等書。明德清詞懿行，與兄齊名。《閩書》。

林以寧先生清

林清，字以寧，長樂人。經明行修。泰定間年七十餘，屢辟不就。賜號梅隱處士。又有林清，閩縣人。宋亡不仕，匿跡山寺，變姓名。能詩。孫志，見明代學派。《閩書》。

鄭先生東起

鄭東起，福清人，舊名震龍。家居教授常百餘人。爲文章有氣魄。元憲使程鉅夫名其集曰《自然機籟》。亦善字書，學者多寶愛之。《閩書》。

教授敖君善先生繼公

敖繼公，字君善，長樂人。後寓家吴興，築一小樓，坐卧其中，冬不爐，夏不扇，出入進止皆有常度。日從事經史，吴下名士多從之遊。初仕定成尉，以父任當補京官，讓於弟。尋擢進士，對策忤時相，遂不仕。益精討經學，而尤長於三《禮》。嘗以魯高堂生傳《士禮》十七篇，即今《儀禮》也。生之傳既不存，而王肅、袁準、陳銓、蔡超宗、田僧紹諸家注亦未流傳於世。鄭康成舊注《儀禮》疵多醇少，學者不察，因復删定，取賈疏及先儒之説補其闕文，附以己見，名曰《儀禮集説》，凡十七卷。成宗大德中，以浙江平章高彦敬薦，擢信州教授，未任，卒。趙孟頫、倪淵皆師事之。《宏簡録》。《閩書》。《三山志》。

鄭叔起先生震 子所南

鄭震，後更名起，字叔起，號菊山，連江人。道學君子，早年塲屋不遇，客京師三十餘年。晚爲安定、和靖二書院山長，又開講於平江、無錫。伏闕論史嵩之。淳祐丁未，鄭清之再相，震登其門，駡曰：「端平敗相，何堪再壞天下！」被執，與子女俱下獄。京尹趙與籌縱之，鄭罷相乃免。與林獻齋、周伯弱爲行輩。詩有《倦遊藁》，仇山村選四十首，爲清雋。子所南作《家傳》云「得詩十五篇」，此蓋流落交遊間者，所南未之見也。《宋詩抄》。《三山志·忠義》。

鄭所南，字憶翁，一名思肖。以太學生應博學宏詞。會元兵南下，所南猶叩闕上書。元之人争物色之，遂變名曰思肖。❶ 僑寓吴下，時時望臨安舊都，野哭若狂，終身誓不見朝士。有「鐵函經」

---

❶ 「肖」，丁氏抄本作「僑」。

藏蘇州承天寺古井中，以久旱浚井，得一函，錮之再重，中有書一卷，名曰《心史》。其藏書之日爲德祐元年，明崇禎庚辰始出，人異之。《福州通志》。《蘇州府志》。

藍仲晦先生光

藍光，字仲晦，原江西臨川人。受業吴澄，與危素爲同門友。素薦引之，適仲謙參政江西，辟光從事，以功授南安路知事，轉閩照磨，尋陞檢校，綜理閩清邑事，改行省都事。因家於閩。後素復爲明侍從官，薦光，光謝病不起。深衣幅巾，家居教授五十餘載，以節終，年九十九。葬賢沙。《通志》。

莆陽劉原範諸先生學派

余讀原範先生《衍極書》，知考道問學者深矣。惟時莆中淵源最正，艾軒之遺栞、紫陽之流徽、正獻忠肅之家學萃集斯土，故有元一代授學傳經之儒託跡於斯，未易一二數也。再，方氏伯載出陳忠肅公文龍之門，似應附忠肅，宋季遺民，故不及録云。

劉原範先生有定

劉有定，字能静，莆田人。其先與夙、朔同出元豐進士。佖遠孫。少貧，性剛直，不嗜榮進，沉潛志學。嘗著《衍極書》五篇，又《原範吟》三十七章，司業吴源謂：「其推闡《圖》、《書》之秘，發揮象畫之妙，究極前後體用之所以然，一部全《易》也。」學者稱原範先生。

陳浮丘先生紹叔

陳紹叔，字克甫，莆田人。幼好學，終日危坐一室，俯讀仰思。嘗爲學者講論璣衡，遂揉木爲儀象以示之，既而鑄銅倣古制。又別制器象天體，虚其中而縣之，列周天度數而以鈿螺填之，揭南北二極。凡天河星宿皆列其名，使夜視之，與天象合。圍四尺五寸有奇，名曰小天。至於《河圖》、《洛書》、《太極通書》、律曆制度，靡不研究。有外集百餘卷，題曰《浮丘集》。學者稱浮丘先生。按：黄氏海《道南統緒》入元儒，今從之。

黄潛崗先生方子

黄方子，字潛崗，莆田人。著《論語講義》。按：《道南源委》列之著書目内，其事實待考。

教授顧子元先生長卿

顧長卿，字子元，莆田人。以薦歷福州路教授，嘗移書助教陳旅，責其不作宋、遼、金三史，旅以書示學士虞集，曰：「江南有此秀才，大不易得。」及謁選京師，會開局修三史，長卿即以所自著《史藁》上中書，得辟史局。以議不合，移疾去。《通志》。

總管朱原道先生文霆

朱文霆，字原道，莆田人。泰定中進士，由甌寧縣尹至泉州路總管致仕。博學洽聞，宋文憲濂稱「其文言醇而理彰」。著有《葵山集》。《宏簡録》。

教諭林先生重器

林重器，莆田人。爲教諭，開明聖賢藴奥，循循善誘。著《四書典要》、《詩經意説》。見《三山·流寓》。《三山志》。

林子泉先生以辨 弟以順

林以辨，字子泉，莆田人，祖應成，見宋潘炳學派。以辨通《易》、《書》、《春秋》，尤善説《詩》。皇慶中，詔以科目取士，以辨不苟求進，究心程、朱之學。弟以順，字子睦。元至治進士，累官同知福州總管府事。

縣丞方遂初先生德至

方德至，字遂初，宋公權之孫。幼能讀先世書，長而求諸三古四聖人及宋程、朱二氏之經之傳，沉潛厭飫，豁然以通。至正間登第，授永嘉丞。家貧，授徒養親，與其婦廖相安羈窮淡苦中。後廖雙盲，德至永嘉代歸，父母堅欲其別娶，德至婉辭，邑人義之。《閩書》。

山長林先生善同

林善同，宋福州守枅四世孫。好學，工詞賦。授泉山書院長。元亡不仕。明初，以賢良官召起，以祖母年老辭。既復起之，行至建州，寄所作《顧氏義妾》詩，有「有妾猶知遵禮義，此身那肯負綱常」之句。竟死于道。《閩書》。

閩中理學淵源考卷三十六

廣平府知府李清馥撰

温陵傅季謨先生定保學派

按：宋、元間學術派別棼如，惟文公之學遞傳不失。元代趙公仁甫并姚、許、竇、劉諸公倡明於燕北，何、王、金、許衍派於金華，二胡、一桂、炳文。定宇陳櫟。纂述於新安，熊、禾。陳、普。林、以辨。丘、葵。傳薪於閩海。外此，若郭公隚、歐陽公侁、傅公定保、盧公琦、黄公清老、丘公富國、鄭公獻翁、鄭公杓、黄公鎮成、練公未、李公學遜、吴公海亦皆晦跡甌閩，或優游教席，或避世杜門，確守師説，是奮是程。若湖湘之際，真氏常言：「淵源最正。」考仁甫趙公以遺俘北行，餘亦寥寥式微矣。四明之學，南渡後宗陸説者多，其崇朱子之學者獨黄氏震、史氏蒙卿。迨元，程氏端學、端禮亦篤信朱説，江右之學如熊氏朋來、熊氏良輔、董氏真卿，亦朱門派的。至草廬先生，早歲謹守朱學，晚年兼通陸説，叙襲朱子捨短集長之論，尚非如近世黨同伐異之爲也。然考公繼魯齋之後爲國子師，朝議以爲非朱學正的，有沮之者，可見當時持論尤嚴，閑道尤謹也。噫！聖學湮晦，毫釐易差，諸君子天稟皆出乎等夷，而立論稍涉游移者，世猶或譏之，則夫迥然立異鳴高，與前賢顯豎巇敵，又諸君子所爲戒矣。今考元一代，諸儒學術大抵宗程、朱取捨之意，雖文學、政事各有旨歸，而要皆原本於道德，不謬師承者矣。今録其著者載于篇。乾隆戊辰七月望後三日書。四明之學，黄氏溍嘗言祖陸氏而宗楊、袁，其言朱子之學者，自黄氏震、史氏蒙卿始。按《寧波府志·史蒙卿傳》云：先淳熙四君子俱接陸氏象山之傳，故四明後學皆以陸氏爲宗。自黄文潔力崇考亭之訓，而蒙卿又能遠接其緒以啟迪後進。由是朱子之學盛行於四明。

教授傅季謨先生定保

傅定保，字季謨，號古直，晉江人。宋咸淳中，禮部奏賦第四，知貢舉，方逢辰見之，驚喜曰：「閱試文意，老於文場者，乃英妙若是。」時相賈似道沮抑新進，未令赴廷試。定保歸，益力學。未幾，杭都不守。德祐、景炎間，屢有諷以仕者，皆辭。大德初，提學吴濤薦，授漳州路學正。首以《太極圖》、《西銘》合而講之，聽者悦服。改三山書院山長。閲三月，辭歸，授徒養母。初，環城冢墓皆發於兵，傅氏族最蕃，定保無論親疏，悉封之。年五十後，始得三子。母年九十，見諸孫長大。至治中，以平江路儒學教授致仕。其講解能守先儒成説，爲文温潤典裁。定保神暢氣怡，與物無競，未嘗以非義干人，不爲矯厲奇絶之行。大曆中，開奎章閣，聘用儒雅學士。虞邵菴集將薦之，以老疾不可强起中止。著有《四書講藁》及詩文若干卷。《舊郡志》。參《新郡志》。

監丞陳衆仲先生旅

陳旅，字衆仲，莆田人。父子彦、兄震皆一時名士。旅幼孤，資禀穎異，其外大父趙氏學有源委，旅得所依，於書無所不讀。稍長，負笈至温陵，從鄉先生傅公定保遊，聲名日著。用薦，爲閩海儒學官。適中丞馬祖常使泉南，一見奇之，謂旅曰：「子館閣器也。」因相勉遊京師，既至，學士虞邵菴集見所爲文，慨然曰：「此所謂我老將休，付子斯文者矣。」即延之館中，朝夕相講習，自謂得友。嘗言曰：「自衆仲來，凡問學修己之事有益於愚陋多矣。」諸廷臣力薦，咸以旅博學多聞，宜處師範之選。除國子助教。滿考，諸生爲請於朝，乞再任。元統二年，出爲江浙儒學副提舉。至元四年，入爲翰林應奉文字。至正元年，遷國子監丞。又二年，卒。有《安雅堂集》十三卷，虞集爲序。林泉生稱其學博而通，識高而敏；使之裁繁理劇，有兼人之能；處患制變，有濟時之智云。《閩書》。《道南源委》。《弘簡録》。

趙先生必曄

趙必曄，宋宗室，家泉州。與傅公定保爲友。其文章議論，淵懿浩博，爲閩南碩儒。

按：泉郡舊志：「趙必曅，字伯曄。」傳末云：「又有必曅，亦宋宗室，與傅公定保爲友。」今將必曄録出，附傅公交友之後。

州守盧希韓先生琦學派

按：先生在元與一時名彦相切劘，曾師余氏子賢。余稱其經學該貫，爲人簡重，相從十餘年無惰容，其所得者深矣。先生之經術著作未見，《藝文志》載有《圭峰集》，亦未見。余氏子賢疑是三山人，俟再考增入。

州守盧希韓先生琦

盧琦，字希韓，惠安人。至正二年進士，稍遷知永春縣。語具《郡志・宦跡》。琦在元末與陳旅、林以順、林泉生皆以文學爲閩中名士。少受學於余子賢，子賢每語其友人三山陳忠曰：「盧希韓經學該貫，爲人簡重，在吾門十餘年不見其有惰容，真畏友也。」及從子賢試浙省，子賢道病卒，琦不顧試期，與其友陳彦博經營大事以歸。迨得禄，視子賢家如師在時，載其弟之官，與分廩而食。琦僅少忠一歲，每别去見，必納拜，曰「是吾師行」，君子稱其厚誼。嘗以事赴京，中道遽還，人問其故，琦歎曰：「中原板蕩矣。」因太息不已。晚以近臣薦，除守平陽州，命下，未至而没。子杲、昺。洪武中，舉人材得官。《泉郡志》。

訓導蔡先生復初

蔡復初，福清人。舉明經，爲書院訓導。少從龍江林梅所、余大車學《易》受《書》，又從惠安盧公琦學《詩》。孝友力義，琦卒，心喪三年。所著有《詩銘訓集》。子仕實，見明代科第。纂《閩書》。

陳先生中立

陳中立，字誠中，莆田人。受經於惠安盧公琦。以文學著稱。作廟建學，以教鄉人，祀艾軒、晦菴、夾漈三先生，奉盧公主配之。日陳經傳，爲學者剖析。宋文憲濂銘其墓曰：「維古之世不以位，世降俗偷位斯貴。貴而無能冠狗彘，豈若夫君賤爲庶。居家孝友推以義，闢廬建學躬訓蒞。鄉髦如雲聆且肄，少長齗齗類洙泗。化嚚爲良暴更懿，醇儒爲功斯小試。」

陳子信諸先生學派

温陵在元初，忠義道德之英遭蒲賊之難，澌滅盡矣，然世家舊學，抱所藴而托處山澤者，尚有可考。自延祐後，科目方行，衣冠襲起，克自振勵者亦多，晦迹於山長一席。溯其秉禮守義之規，風流世守，出處進退，皆足以光史册而炳日星。今類次諸賢，如莊氏圭復之在元，諸葛氏晉、王氏彙之在明，誠確乎其不可拔者矣。

貞士陳子信先生士麟

陳士麟，字子信，南安人。性喜學，多所周通，老宿弗逮。每取諸葛武侯「吾心如秤，不能爲人輕重」之言以自儆。所居在縣之烏石山，種稻盈郊，樹桑環宅，市書課兒，釀酒延客。或適意漁獵，放浪藪澤間。病革，囑其子同曰：「平生慕古，今且不起，喪事依禮，慎毋用二氏。非親知，不受弔。」逾月而葬，題云「有元貞士烏石陳公之墓」。《閩書》。

訓導莊元振先生震孫

莊震孫，字元振，晉江人。莊夏之玄孫。元末，薦授郡訓導。《清源文録》。

徵士莊容齋先生圭復

莊圭復，字生道，號容齋，思齊之子，晉江青陽人。篤志勵行，以文學名。少從遊於丘葵。值宋季流亂，手未嘗釋卷。誠信孝友，建祠宇，立祭田。宋亡，隱於青陽，吟咏自如。至順間，福建閩海道知事清江范梈，以圭學行聞於朝，詔書屢下，終不起。年九十一，卒於家。何鏡山撰《莊氏族譜序》。《新志》節張廷芳撰《墓志》。

蒲先生仲昭

蒲仲昭，晉江人。祖心泉，故梅州守。察宋國危，遂隱身讀書。遺詩若干卷，劉克莊序之。丘釣磯有《輓心泉蒲處士》詩。仲昭既世其業，而遊居于泉，以詩鳴者。陳衆仲、阮信道、王元翰，仲昭或師或友，皆兼所長。

參政王先生彙

王彙，邵陽人。曾祖元，爲元翰林學士，卒贈潞公。彙登至正庚辰進士，歷貴州行省參政。順帝時，言天下群盗蜂起，直諫内廷之非。權臣阿實克布哈讚以忤旨取譴。入泉，與學士稍講經義，朝野交薦，固辭不往，遂家於泉中。《閩書》。

檢校諸葛仲昭先生晉

諸葛晉，字仲昭，晉江人。以明經授福建行省檢校。兵興，省檄分治尤溪縣。鋤艾豪强，有廉能稱，境賴保障。邑有朱子毓秀舊址，後爲書院，年久没入豪家。晉訪復之，既成書院，池中産瑞蓮二、芝草五。明興，徵聘不仕，坐以前代故官謫徙潁上，遂卒於潁，年七十六。子寶，杜門養志，娱心經史。

學正許豹山先生汝翊

許汝翊，號豹山，晉江人。大德十一年，鄉舉，經術湛深，文學該貫。授本州學正，士服其教。年八十，致仕。所著有《孝經析義》、《訓辭全書》。《泉郡新志·文苑》。

清漳諸先生學派

按：清漳爲閩山川之極南，清淑之氣鍾焉。自朱子過化之後，王東湖、陳北溪親承旨授，講習而丕振之，始焉崇尚佛、老，即變爲禮樂之區，故朱子有「五百年逃墨歸儒」之語也。元代，明卿諸賢一時斌斌儒林之選，其隱身岩穴，或以薦舉而膺師儒之任者比比矣。兹擇其著者載於篇。

經歷林明卿先生廣發

林廣發，字明卿，龍溪人，別號三溪。嘗謂：「陳安卿號北溪、高彦先號東溪、蔡汝作號南溪，而已號三溪，將兼而匹焉。」生平孝友，規言矩行，通貫六籍，融會百氏。郡學三聘爲諸生師，以部使薦，授安溪學職，邑僚師事之。會寇作，奉府檄招降，授以縣主簿，仍謀軍府事。每俘至，委訊，輒曰：「此平民也。」府帥問：「曷辨？」曰：「獲於巢穴者爲賊，捕於井里者爲民，此皆自井里得之。」自是俘至多免死。陞福建屯田萬户府經歷。所著有《三溪集》傳世。子唐臣，見明代，後改民弼。《閩書》。《通志》。

學正王先生吉才

王吉才，龍溪人。篤志古道，尤明典禮。郡守延爲弟子師，後爲泉州學正。吉才親終，皆及期耄，而已老矣，哀慕痛毁，有如早喪。雖在家庭，亦冠衣斂容，人未嘗見其遽言怒色。學者稱爲益齋先生。《閩書》。

學正黄君翊先生元淵

黄元淵，字君翊，龍溪人。父進，本縣學諭。元淵至正中，薦知漳州路學録。秩滿，陞泉州路學正，卒。郡有朱文公祠，宋守方耒所建。至元，其地爲寺，元淵自出私錢買城東北隅地別建之，作大成殿以祀先聖先賢，作祀堂祀文公，以黄榦、陳淳配，別作講堂齋舍處師弟子。天曆四年告成。至順三年，國子助教陳旅告學士虞集曰：「捐家業以爲浮屠、老子之宫，求福利益者世不勝數。元淵觀鄉邦之寥寂，慨斯文之泯墜，節衣食之資以成義舉。書院成而家已貧矣。君子其有取於斯乎！公其爲之記。」《閩書》。

文學周于一先生祐

周祐，字于一，龍溪人。能古文詞。有僉事左姓者，督師漳南，祐作《邊臣近鑑》以獻。左曰：

「史才也。」薦爲同安文學，進其書于朝，以備國史編録。至正七年，與門人林弼同舉省闈，祐第一。

楊宗璉先生稷

楊稷，字宗璉，長泰人。資性高雅，好古慕學，隱遯不仕。至正間，邑庠缺官，令林榦爾聘攝學事。振文風，變習尚，以義理行誼爲教，士習一新。所著有《田家樂歌》傳于世。歌曰：「田家樂，田家樂，樂在堯天事耕鑿。大兒北壠種白雲，小兒南澗飲黄犢。婦姑辛苦課蠶桑，深夜寒機響茅屋。衣食餘饒税早輸，吏不到門犬睡足。有時客至問起居，啄黍雞肥新釀熟。三杯酒後更高歌，盡是田家太平曲。」

延平曹伯大諸先生學派

元代科目至仁宗延祐間始酌舊制行之，諸賢或以科第顯，或以隱佚終，砥行立名，皆有足稱。溯之羅、李前徽，淵源尤可接云。兹録其概著于篇。

判官曹伯大先生道振

曹道振，字伯大，沙縣人。進士第，除福州路判官。博學通經。至正間嘗編次《羅仲素文集》，爲十八卷。《延平府志》。

處士郭先生居敬

郭居敬，尤溪人。博學，事親歡順，親没，哀毁盡禮。嘗摭虞舜而下二十四人孝行之概，序而繫之以詩，用訓童蒙。時虞集、歐陽元欲薦于朝，居敬牢讓不起，終身隱于小村，以處士卒。

判官張在中先生本

張本，字在中，將樂人。元統元年會試，以《蒲輪賦》得高選。登進士第，官至寧都州判官。《延平府志》。

虞先生真翁

虞真翁，尤溪人。至正間隱南溪山，樂道自守，不求聞達。客非其類不與接，遇知書者，相對竟日，參訂所疑。縣尹許惟敬深加禮重。邑志。

閩中理學淵源考卷三十七

廣平府知府李清馥撰

建寧熊勿軒先生禾學派

按：勿軒熊氏禾，史載從浙東輔漢卿先生學，石堂陳氏普又從輔氏門人浙東韓維則學，輔氏則又朱門高弟也。熊氏師於輔氏，年歲按之可疑，另有辨，附後。熊、陳二公爲有元一代大儒，閩海憲使許公序熊集有「立綱常，關世教，紹統緒」之稱。此許公疑爲魯齋公之後。辨見下。史稱陳氏尊聞紹言，屹然爲朱門嫡派，其出處高風，與劉静修、文文山、謝疊山、胡庭芳同出一轍也。閩中元代之學，二公爲首倡之。再，熊公勿軒。諸前哲叙述多繫之宋，考邵氏《續宏簡録》補列在元儒，蓋諸老彫謝，而先生如存碩果，且一代風教必有一二師表爲典型倡率，雖宋之遺民而實元之文獻也，故特表而出之。至丘氏富國亦從學輔氏，同爲宋世之遺民云。

再，余輯閩中元代學派，惟熊、陳、丘氏得輔氏之學，以衍其緒。今續考熊公自述，受業浙中劉敬堂。考劉敬堂即金仁山先生，是熊公亦承金華三子之傳也。莆中林氏以辨父子亦皆遞承瓜山潘氏、復齋陳氏派别，朱門一綫之傳賴以不墜。又，泉南有傅定保、盧琦數公。一時師席，外此寥落無聞，何耶？蓋剛正直方之氣折於僞學黨錮之餘，而秉道抱德之徒所以長往山林，韜光晦匿，即有授徒講藝，亦荒略姓氏而不著，豈當時操簡敘述者多缺而不書乎？抑學術升降盛衰之候有絶有續，固有時耶？嗟乎！公生季祚，去文公之時百有餘歲矣，老成彫謝，典型獨守。鼎革後，抱道空山，修明六經，毅然以斯文自任。至今仰洪源書堂，巋然與滄洲雲谷蔚峙而長存也。

公平生著作，悉稟文公家法，於《易》、《詩》、《書》、《春秋》、《小學》、四書皆有集義，又有《三禮通解》。其撰《三山五賢祠記》，確尊五先生，位置諸賢而進退之，持論堅卓，不涉游移，尤見閑道之謹。又論孔庭祀典，至今多行其説。其撰《文公書院記》，致詳於全體大用之學，而推求晚年充養於大本大原之地，追遡延平李氏喜怒哀樂未發前體驗真切功夫，而終之以敬貫動静之旨，以爲聖人復起，不易斯言。嗚呼！先生敘述文公之學，即先生精詣造道之學也。

公師承確有淵源，數十年不求聞達，其扶世立教，繼往表微之功遠矣。嘗讀公《送胡庭芳序言》：「曩遊浙中，因受業於敬堂劉先生，得聞文公晚年所以與勉齋黄先生、潛室陳先生論學之旨，然後乃知文公之學，與世之所言者不同也。」觀此，則公於劉公授受之際，淵源卓矣。劉公已詳考本末，另記附後。

再按，公雅志紹先，不在魯齋、草廬、白雲諸公下，今許、吴、白雲已從祀廟庭。竊撿遺史，如公與胡公一桂、胡公炳文、陳公櫟、熊公朋來、吕公大圭、丘公葵出處，皆有本末，其纂述有關於名教，補苴有功於經學，似皆祀典不可缺之人，尚有待於表章之後賢云。

熊勿軒先生禾

熊禾，字去非，號勿軒，又號退齋，建陽人，雨錢公十六世孫。世居鰲峰之陽，總角能文，志濂、洛、關、閩之學，訪朱子門人輔氏而從遊焉。登宋度宗咸淳十年進士，授寧武州司户參軍。宋亡不仕，束書入山，築洪源書堂，從學者數百，一時多士若胡庭芳、劉省軒、詹君履皆從之遊。日以周、孔之説相磨礲，於朱子諸書是信是行。後歸故山，復創鰲峰書堂，以周、程、朱、張五賢爲道統正派祀之，以配先師，而邵、馬不與焉。初，謝疊山聞先生名，自江右來訪，及會，共訴宋亡之痛，抱持而哭，因相與講論夫子之道。而胡公庭芳素明易學，自江西挾道相訪，相講切者十有七年。嘗謂：「秦、漢以下，天下所以無善治者，儒者無正學也。儒者所以無正學者，六經無全書也。考亭朱子集正學大成，生平精力在《易》、四書。《詩》僅完藁。《書》開端，未及竟，雖九峰蔡氏猶未大暢厥旨。三《禮》雖有《通解》，缺而未補尚多。至勉齋黄氏、信齋楊氏粗完《喪》、《祭》二書，而授受損益，精意竟無能續。若《春秋》，則不過發其大義而已，豈無所俟於來學乎？兵難之餘，學徒解散，文集燬亡。早歲成《春秋通解》一書，又厄于火，兼以齒髮向衰，《易》、《詩》、《書》，僅得就緒，《春秋》更加重纂，則皇帝王霸之道亦或粗備。惟三《禮》乃文公與門人三世未了之書，且《周官》六典原不缺，當復其舊，而《儀禮》十七篇，且欲各附《禮記》傳義以爲之兆。庭芳當分任此責，以畢吾志。」其後竟修《儀禮》，未及成書，卒。福寧陳益方足而成之，以爲《禮編》。

嘗取朱子諸書擇其至精且要者爲一編，名曰《文公要語》，而以邵氏、張、吕及朱氏門人之説爲附録。又爲《小學集疏》、《大學尚書口義》凡三十卷。今行于世者，有《春秋通解》、《大學廣義》、《易講義》、《書説》、《四書標題》、《三禮考異》、《經序學解》。先生嘗修考亭書院而爲之記。及後有求《考亭書院記》於草廬吴公者，因聞先生所作，則以手加額曰：「江南有人矣，予奚置喙！」其論孔廟祀典，後世多行其言云。《閩書》。《道南源委》。《歷代名儒傳》。《續宏簡録》。《家傳》。《行狀》。

熊勿軒先生文

《考亭書院記》曰：周東遷而夫子出，宋南渡而文公生。世運升降之會，天必擬大聖大賢以當之者，三綱五常之道所寄也。道有統，羲、軒邈矣，陶、唐氏迄今六十二甲辰，孟氏歷叙道統之傳，爲帝爲王者千五百餘歲，則堯、舜、禹之於冀也，湯、尹之於伊、亳也，文、武、周公之於岐、豐也。自是以下，爲霸爲强者二千餘歲，而所寄僅若此，儒者幾無以藉口於來世。嗚呼！微夫子六經，則五帝三王之道不傳；微文公四書，則夫子之道不著。人心無所以主，利欲持世，庸有極乎？「七篇」之終，所以近聖人之居，而尚論其世，其獨無所感乎？嗚呼！由文公以來，又百餘歲矣。建考亭，視魯闕里，初名竹林精舍，後更滄州。宋理宗表章公學，以公從祀廟庭，始錫書院額，諸生世守其學。重惟文公之學，聖人全體大用之學也。本之身心則爲德行，措之國家天下則爲事業。其體則有健順、仁義、中正之性，其用則有治教、農禮、兵刑之具，其文則有《小學》、《大學》、《語》、《孟》、《中庸》、

《易》、《詩》、《書》、《春秋》、三《禮》、《孝經》、《圖》、《書》、《西銘傳義》及《通鑑綱目》、《近思録》等書，學者學此而已。今但知誦習公之文，而體用之學曾莫之究，其得謂之善學乎？矧曰體其全而用其大者乎？公之在考亭也，門人蔡氏淵嘗言：「其晚年閒居，於大本大原之地充養敦厚，人有不得窺其際者。蓋其喜怒哀樂之未發，蚤聞師説於延平李先生，體驗已熟。雖其語學者非止一端，而敬貫動静之旨，聖人復起，不易斯言矣。」嗚呼！此古人授受心法也，世之溺口耳之學，何足以窺其微哉？

公之修三《禮》，自家鄉至邦國王朝，大綱小紀，詳法略則，悉以屬之門人黄氏榦，且曰：「如用之，固當盡天地之變，酌古今之宜，而又通乎南北風氣，損文就質，以求其中可也。」使公之志克遂，有王者作，必來取法矣。嗚呼！古人爲治之大經大法，平居既無素習，一旦臨事，惟小功近利是視，生民亦何日蒙至治之澤乎？秦人絶學之後，六經無完書。若井田，若學校，凡古人經理人道之具盡廢。漢猶近古，其大機已失之矣。當今治宇一統，京師首善之地，立胄學，興文教，文公四書方爲世大用，此又非世運方升之一機乎！邵氏觀化，所謂善變之，則帝王之道可興者，以時考之可矣。誠能於此推原義，軒以來之統，大明夫子祖述憲章之志，上自辟雍，下逮庠序，祀典教法一惟我文公之訓是式，古人全體大用之學復行于天下，其不自兹始乎？

今公祠以文肅黄氏榦配，舊典也，從以文節蔡氏、元定文簡、劉氏爚、文忠真氏德秀、建安武夷例也。我文公體用之學，黄氏其庶幾乎！餘皆守公之道不貳，其侑公也甚宜。公以建炎庚戌生於劍之南溪，父吏部韋齋先生之仕國也。公藴經世大業，屬權奸相繼用事，鬱鬱不得展，道學爲世大禁，公與門人益務堅苦泊如也。

慶元庚申殁於考亭。後十年庚午，疆埸事起，又六十七年丙子，宋亡，公之曾孫浚以死節著。嗚呼！大聖大賢之生，其有關於天地之化、盛衰之運者豈可以淺言哉？夫子之六經不得行於再世，而公之四書乃得彰於當代。公之身雖詘於當時，而公之道卒信於其後者，天也。過江來，中州文獻欲盡，自左丞覃懷許公衡倡明公學，家誦其書，人尊其道，凡所以啟沃君心，栽培相業以開治平之原者，皆公餘澤也。

《三山郡泮五賢祠記》曰：僕於雲谷之陽，鰲峰之下創小精舍，中爲夫子燕居，配以顔、曾、思、孟，次以周、程、張、朱。或曰：「文公竹林精舍以六君子從祀，先朝取其法，行之太學，達於郡縣。今邵、馬二賢不與，無乃非文公初意邪？」曰：「從祀之典，凡先儒之有功德於聖門者咸在。若夫配食先聖，非其道德功言足以得夫聖統之正傳者，不足以與此也。此五先生吾無間然者矣。若夫邵、馬、張、吕諸賢，固已秩在從祀矣，非去之也。文公贊六君子，乃一時景行先哲之盛心，而竹林之祠增延平先生爲七賢，又以致其平生尊敬師傳之意，是固各有攸當，非可以此爲疑也。」歲在癸卯之夏，三山郡泮議創新祠，郡博士東武劉叔敬諗予曰：「泮舊有道立堂，按舊碑，蓋取『師道立，善人多』之義。自濂溪而下，凡十有五人。首六君子，次廣平游氏、龜山楊氏、豫章羅氏、延平李氏，次晦庵朱氏、南軒張氏、東萊吕氏、西山蔡氏、勉齋黄氏。丙子兵戈之後，司文臺、典教職者又益以北山陳氏、信齋楊氏、毅齋鄭氏、説齋楊氏、庸齋趙氏，凡五人，皆學於文公，亦所以昭是邦文物之懿也。但考之郡志，西山真氏帥三山時，嘗創尊道閣祀文公，但以勉齋配。道立堂舊祠亦止於勉齋。今廉臺之長恪齋嚴公更創新祠，欲復尊道之舊，而議者言人人殊，子其有以教之。」僕曰：「是祠若仍『道立』之名，則爲隆師道而設，姑仍其舊可也。但師弟子不應皆北坐南向。勉齋以下，北山、信齋諸賢皆北面受經於文公者，乃侈然並居南面之列，此則有不可不正者。若更尊道之名則爲隆道統而設，其祠固當止於五先生，他有不得而與焉。邵、馬、張、吕諸賢，自有從祀彝典，廣平、龜山、豫章、延平、西山諸賢，則建、劍、鄰郡各有專祠。稽之《禮經》，國無先師則合於鄰國。勉齋爲朱門道統單傳，又不但三山一邦之望，莫若正西向侑食之位，雖不合於鄰國可也。西山尊道初意亦正如此。」時盱江德臣李君亦曰：「饒之石洞亦以夫子居中，配以顔、曾、思、孟，周、程、張、朱五賢，勉齋繼之。」時曲阜孔君申卿實主其議，遂白之嚴公，首以爲允，於是繪像立祠，更扁「尊道」。又以僕嘗與聞斯義，且屬爲記。適莆陽史侯有刊修《禮書》之約，遂不得竟其事。繼會莆陽博士永嘉宋蜀翁議創先賢祠，亦以下問。僕援此答之，皆以爲允。但有以程、張坐次爲疑者。蓋横渠於二程爲表叔，端平從祀之典，張先於程，竹林七賢之祠與六君子之贊則程先於張，二者不同，議卒靡定。僕曰：「横渠之學得於二程，臯比之撤與夫平居議論歷歷可考，聞道在先，固有所受也。但當以竹林之祠爲正，此乃學校之公，不得與家庭之私例論矣。」於是莆之新祠位置遂定。會孔君以三山士友之請屬記於史侯，深言尊道之祠止於五賢，不及邵、馬者，乃萬世道統所係，惟當以此爲定。孔君又言：「曲阜舊有五賢祠，乃祀荀、楊諸賢，今祠已毁，歸當請之衍聖公，更議以此五賢易之。此不惟大明洙泗之正傳，亦以一洗漢、唐之陋習，扶世立教，抑邪崇正之功宏矣。」因其行也，力贊勉之。私竊自謂山中一時綿蕝之禮，或者因莆、福二郡以爲之兆，亦區區之志也。忽三山朋友以書來詰，謂：「舊祠邵、馬以下凡十有四人皆從改撤，公議之戈莫不倒指於首議之人，子當何以解之？且賢牧、鄉賢二祠亦聞有所建白。若其果然，慎勿復言可也。」余蓋深歎世衰道微之餘，學校無公論迺至於此，自可忘辨。然斯道所關，則亦不可以不直者，輒申其義，或者倘有察焉，亦學校風化之一助也。

《敬齋銘箴跋》曰：按南軒張子《敬齋銘》專以「敬」爲宅心之要。蓋心存則衆理具，而萬事之綱舉矣，非心存之外别有所謂敬也。朱子之箴不過發其未盡之藴。程子曰：「制於外，所以養其中。」吾未見外貌之肆而中心之存者，故所貴乎動静弗違，表裏交正也。後之學者見箴不見銘，但有矜持拘迫而無從容涵養之功，甚者以擎跽曲拳爲敬，看得「敬」字多死而不活。嗟夫，聖賢之學不講，人心失其所爲主，理乖事謬，世道隨之，豈小故哉！《南軒集》中《敬齋記》有曰：「萬事具萬理，萬理在萬事，而其妙著於人心，一物不體則一理息，一理息則一事廢。敬者，貫萬事、統萬理，而爲萬物之主宰者也。致知，所以明是心也。敬者，所以存是心而勿失也。」又曰：「心生生不窮者，道也。敬則生矣，生則惡可已也；怠焉則放，放則死矣。」此千古聖賢傳授心法之妙，學者深體而屢省之哉！

《送胡庭芳序》曰：宋南渡初，武夷文定胡公造行都，有以程氏之學盛行爲言者，公輒愀然曰：

「吾方以程氏之學不行爲懼，何謂盛行耶？豈誦習其説者皆可以言程氏之學耶？」余讀書武夷山中，有胡君庭芳自新安攜一編書來訪。究其業，蓋自朱氏，而尤粹於《易》。留山中三閱月，相與考訂，推象數之源，極義理之歸。書成，余已爲繫語其後矣。又復相與推究文公所論他經大旨，重惟《詩》、《書》二經訓義已具，獨《三禮通解》猶未完書，而《春秋》則僅發其旨要。白鹿、臨漳所刊，尚有望於後之人，余知非其任而竊有志焉。《春秋》一經，蓋竭精力者九年，而稿本燼於丙子之厄。俯仰十載，學植荒落。余交遊多矣，論經説理鮮有如君者，何幸得因切磋究之，相與纂述以成一家言。胡君曰：「諾，歸將考隸一經焉。明年春，當賫糧武夷山中，以畢斯業。」臨行，且求一言爲别。余深有感於文定胡公之言而告之曰：「前所云，亦誦習其言而已。文公殁，且百年，門人傳習，寖益失真。余以爲文公之學不行，文公之道不傳也。曩遊浙中，嘗因受業於敬堂劉先生，得聞文公晚年所以與勉齋黄先生、潛室陳先生論學之要旨，然後乃知文公之學，其體全體，其用大用，與世之所言第以資誦説者，固不同也。蓋必有以出乎其外者乎！因我同志，輒發其端。君之學源於盤礀董先生，江東文獻風流猶有足證。其以予言參之，殆有合乎，否耶？且以告江東士君子之學自朱氏者。」

識熊勿軒先生傳後

嘗聞之，治經者必守家法，講學者必歸踐行。要其派别，必本於師傳友授，此古人博習親師，論學取友，其淵源不可誣也。余自壬戌歸里後，蒐輯閩中師友，累年考訂，墜緒莫尋。竊念海濱載籍荒落，殘闕湮没者多矣，况欲網羅列代，尚友千載，搜討於離索之餘，抑又難已。因得之名家著作可補一二者，如宋初莆陽蔡君謨執經於三山周公闢，邵武黄簡肅中早薰炙於舅氏游定夫先生，晉江梁文靖克家實爲永春陳休齊知柔門人，温陵劉叔文爲朱子之高弟，晉江梁壽卿椿選設教於安溪來蘇，建立書院，實友於吕時可中、洪陽巖天錫諸公，俱於《師友考》中詳之矣，獨建陽熊氏勿軒先生未見確然可據者。今讀先生《行狀》載，友於胡一桂庭芳，其本傳載，訪文公之門人輔氏而從焉。《行狀》爲建寧府訓導天台李讓撰。本傳書前翰林偰處約述二篇，未詳所作年月先後，獨傳中詳載公生於宋理宗淳祐七年丁未，卒於元仁宗皇慶元年十月，葬於鰲峰之横瀝。今讀《熊公文集》，師於輔氏未見叙述一語，惟《送胡氏庭芳序》有曰：「曩遊浙中，嘗因受業於敬堂劉先生，得聞文公晚年所以與勉齋黄先生、潛室陳先生論學之要旨，然後乃知文公之學，其體全體，其用大用，與世之所言第以資誦説者固不同也。因我同志，輒發其端。」又云：「吾子之學源於盤礀董先生，江東文獻風流猶有足證，其以余言參之，殆有合乎！」按此，則公之受業於敬堂者所得必深，而發端於同志。欲兩證其所學，此其師承根柢有在矣。而傳言輔氏者絶無及焉，累年蓄疑莫釋。

自戊辰七月，輯公傳藁，無從考證。逮乾隆壬午，往浙歸途，於蘭邑書坊中購得《金氏履祥先生文集》鈔本，共三卷，卷一首帙書「後學喻良能香山校」，下列刊刻門人十人，首曰熊鉌、熊瑞、林景熙、方逢辰、汪夢斗、陳淳、鄧虎、張偘、許棐、羅願，捧讀再四，竊疑熊公師於仁山，本集中全無叙及，其疑與師輔氏同。且陳氏淳疑閩中北溪名氏，已是勉齋一輩人年歲已久，不應在弟子之列。歸里來忽忽六載，於今歲閏七月間雨窗重閲仁山先生本傳及張氏祖年《金華正學編》，乃知金公本姓劉，因避錢武肅王嫌，故以金易劉，遂恍然公所述聞之於師者恐即金公也。且又述勉齋、潛室二公所以發明文公晚年所造，元元本本，自非金華的傳，其能如此斷制耶？其曰：「敬堂」者，考金公字吉甫，晚歲卜築仁山，因以爲號，又號次農。所謂「敬堂」，未有顯證。然考魯齋王氏栢受學於北山何氏基時，北山授以立志居敬之旨，遂著《敬齋箴》，畫出一「敬」字爲日用躬行之則。及讀金仁山《祭北山文定公文》曰：「甲寅季秋，時始受學。『截斷爲人』，一語夢覺。謂古聖賢，一敬畏心。曾子終身，臨淵履冰。然所謂敬，匪拘匪懾，常以爲重，則罔或越。」又《祭魯齋王文憲公文》曰：「卒於北山，師資就正。有的其傳，立志居敬。」讀此，知公於何、王二公反覆授受於「敬」之一言，實溯洛、閩心法，與程門尹公以「敬」爲入門之要者一脈實相吻合。縱未得「敬堂」爲仁山稱號確證。然彼時任重詣極、恪佩師訓、用力於敬者，非異人任矣。再按，熊公《送胡氏序》作於宋端宗景炎丙子，後十年，適當元世祖至元乙酉之歲，蓋世祖一統至此已六年矣。公，宋代遺民，避榜名未定，書「鉌」字，或稱其師舍改姓而從舊姓，抑亦寓勝國君臣之義云爾。或尚有敬堂其人，亦未可知。惜金華諸名集無從搜訪，尚俟博考者訂正之。

再考輔氏漢卿，雖朱子晚歲所得門徒，然考漢卿本傳，初事吕東萊，後卒業於晦翁。即《朱子語録》亦云：向在臨安相聚，見伯恭門徒無及之者。伯恭於淳熙八年卒，先朱子卒二十年，則輔氏從學於朱子之門，年亦非壯矣。及考魏氏鶴山《跋朱文公所與輔漢卿帖》云「先友漢卿端方而沉碩，文公深所許，與往來書帖，當不止此」云云，此則漢卿身後鶴山所述之語也。鶴山卒於嘉熙元年後十一年，勿軒方生，則偰氏叙「勿軒訪文公之門人輔氏而從遊」一語似無可據矣。偰氏叙述於勿軒音容未遠之初，而余謬訂於勿軒已往四百五十餘年之後，是檢前人之愆，不禁爽然失矣。嗟乎！師友道遠，末世托名標榜、互相依傍者多，然在昔高自位置、恥學於師者亦有之，昔河汾門人多有顯達，迨修《隋史》而遺其師不立傳，以致千載若明若昧，是師友所係匪淺矣。今考仁山之集，校者喻氏良能著《忠義傳》二十卷、文集數十卷，兄弟皆宋季遺民，一時名德，則校訂繫名豈苟哉？至刊刻數公姓氏，亦皆表表千載可以傳信者也。夫金公當日之文，固不藉數公而顯，而數公亦非藉金公之文以傳也。予固感金、熊二公傳習本末，皆關彼時斯道絶續之交、碩果之會也，故不禁娓娓具述焉。乾隆丁亥閏七月望後一日丁未，清馥謹識。

教授李士則先生文

李文，字士則，崇安人。聰敏篤學，遊熊勿軒之門。與杜本友善，談議間一以講學爲事，聲聞四馳，學者群然取正。皇慶初，舉爲蘇州學教授。

教授虞善繼先生光祖

虞光祖，字善繼，崇安人。幼受學於熊勿軒。博綜經史，爲文有跌宕氣。官邵武學教授。

安子仁先生實

安實，字子仁，崇安人，哀長吉曾孫也。以哀爲嫌，遂易今姓。師事熊勿軒，聚徒講學，其憂憤鬱滮之氣往往發之文章。及卒，建安翁植誄之曰：「子仁氣激乎鯨海，學傳於鰲峰。絶塵險詞，拔神牙而破鬼膽。鈎玄幽思，出月脇而穿天心。」

迪教郎江繼祖先生志

江志，字繼祖。事熊勿軒，私淑文公，刻意精詣。士從遊者，隨材質高下皆有所得。延祐中，歲大侵，至殺人相食。志毁家賑恤，邑令夾谷山壽列薦省劄，授迪教郎。

陳先生蒙正

陳蒙正，未詳其鄉里。考陳公《送熊先生東歸序》有曰：「癸卯之冬，退齋熊先生至，某往就學焉。」亦受業其門者。又曰：「書之可通，足跡之可至。」疑是閩邦之士也，俟再考。

學正詹先生君履

詹君履，邵武人。按：熊先生《送詹君履學正序》略云：「記甲申歲，世祖某年。余始卜居武夷之南，邑里秀俊相與遊，從者固不乏人，而穎異成材者，指亦未易多屈。當路崇植儒官，獎引士類，惟儒官一途爲捷徑，於是年盛力强欲藉以奮身者胥出焉。隱屏之下，曲溪之濱，歲歲作贈語，餞友朋，散出郡邑，蓋不少矣。樵居閩上遊，往年拔其尤一人爲之正，❶曰劉某；今年拔其尤一人爲之録，曰詹君履，皆武夷舊游也。君履行有日，同舍各致贈言之義。余將何以告子，則謂之曰『當路遴選儒官一途，非但可資以進身也，涵養德器，修礪學業，正在此時』云。」全文詳著述，後不具録。

邱鈎磯先生葵❷

劉希泌先生應李 以下交友

劉應李，字希泌，初名棨。韜仲孫。謹厚莊重，博習修潔。舉咸淳十年進士，調建陽簿。宋亡，不仕，與熊勿軒、胡廷芳講道洪源山，居十有二年。後建化龍書院，與莒潭聚徒講授，厚給課試，悉倣州縣法。

---

❶「往年」，原作「往往」，據文淵閣《四庫全書》本《勿軒集》卷一改。

❷ 本條原無，據文津本補。

林先生若存陳子芳

林若存，福清人。陳子芳，寧德人。按：熊先生《祀典議略》曰：「遵道之祠只及周、程、張、朱五先生而不及司馬、邵氏。嘗以此求正於鄉先生福清林若存。謂此論直可質無疑而俟不惑，且謂康節作《長曆》，書建成、元吉作亂，秦王世民誅之，可與温公作《通鑑》，書諸葛入寇同科，此亦一證。寧德陳子芳謂此説已是，程子亦曰：『堯夫直是不恭。』又曰：『堯夫根本不帖帖地，其不滿温公處亦多。』更以此參之，當益明矣。」觀此，則林、陳二公皆當時耆德與勿軒先生相切劘者。本傳未得，俟再考增入。

魏先生夢斗

魏夢斗，見熊先生《考亭書院記》，與公分教大、小學者。未詳籍貫，俟詳考增入。

劉先生邊

劉邊，建安人。與熊勿軒友善。工詩文。所著有《讀史摭言》行世。

閩中理學淵源考卷三十八

廣平府知府李清馥撰

丘行可先生富國學派

按：先生登宋淳祐七年進士，後文公數十年，黄氏海辨正之，謂：「《道南源委》作朱子門人爲非，蓋亦從公之門人輔氏學耳。」今從黄氏本。

丘行可先生富國

丘富國，字行可，建安人。受學朱子之門人輔氏漢卿。淳祐七年進士，爲端陽僉判。宋亡，不仕。著《周易輯解》十卷、《經世補遺》三卷、《易學説約》五篇，發明朱氏宗旨。《閩書》。

鄭翠屏先生儀孫

鄭儀孫，號翠屏，建安人。從丘氏富國學《易》。咸淳癸酉應賢良舉。又明年，少帝北行。儀孫退而著《書易圖説解》、《大學中庸章句》、《史學蒙求箋注》、《性理字訓》。郡守吴某率幕屬迎于學，師事之。《閩書》。

知事張伯陽先生復

張復，字伯陽，建安人。泰定元年進士，仕建寧路知事。師事鄭儀孫學《易》，得丘氏之傳。嘗輯諸儒論議，編《性理遺書》。《閩書》。

應奉張子京先生諒弟貢

張諒，字子京，建安人。與弟貢學《易》於丘富國。著《經史事類》并《書澤》三十卷。後賜秩翰林應奉文字。《閩書》。

建安雷氏家世學派

按：雷氏龍濟先生以殉國難，其子志澤先生以邃於《易》，傳之後嗣，皆以《易》名家，彥舟先生後亦以殉節著。平昔尤以朱、程爲學的，立論先德行，而後文藝。其倡建義士莊以濟士類，信乎一命之士，存心愛物，必有所濟，其貽謀保艾者遠矣。

教授雷志澤先生德潤

雷德潤，字志澤，一名逢辰，建安人。父龍濟，宋鄉貢進士，以殉國難。德潤學邃于《易》，旁通諸子及律曆、術數。舉明經，除福州路教授。積學庚之餘，買田三百餘畝以給貧士婚喪老疾者，號義士莊。人爲建祠學宫。調長樂簿，卒。德潤爲學先德行，而後文藝，講論必以朱、程爲主，教人必以聖賢爲法。子機、棋、杭。《閩書》。

待制雷子樞先生機

雷機，字子樞。延祐進士，授古田丞，遷延平總管府知事，改邵武經歷。邵長官有怙勢撓政者，機每命吏抱案牘與庭辨，不爲屈，郡政以平。調興化尹。察知邑中賦役不均，機令民首實而品第之，日更一吏主牘，賦以大均，民呼爲雷神。丁内艱，服闋，轉湖廣儒學副提舉。月書季考，具有成法。擢延平總管府推官。順昌、尤溪、沙溪、南平數縣疑獄株連累歲，悉得解釋。建義學，延鄉貢進士陳竑願教之。俄，羅天鱗反。汀界上立堡栅，集丁壯，盗不敢犯。陞惠安尹，究心學政，以興禮讓之俗，三歲最諸邑。代還，民立祠樹碑，鄉井幾遍。除汀州總管府推官，築城開濠以實保障。中屠駉僉事閩部，行郡至汀，稔知機賢，悉委訟牒。已，不俟引年，遽上休致。朝廷嘉其廉退，陞翰林院待制，階朝散大夫。機軀幹魁梧，方面美髯。居官尤盡心獄事，夜參半孤燈熒熒，繙閱成案不休，曰：「人命至重。」爲人嚴而不苟，和而不流。所著文辭森嚴演迤，有《龍津》、《龍山》、《鄞川》、《環中》、《黄鶴磯》、《梅易齋》、《碧玉環》七稿。子燧、燦。《閩書》。

縣尉雷君實先生栱

雷栱，字君實。興化縣尉，以公廉正直稱。壬辰歲，因羅天鱗亂，委守海口，卒于官。亦通於《易》。

州守雷彦舟先生杭

雷杭，字彦舟，建安人。與兄機、栱俱以《易》鳴於時，嘗著《周易注解》行世，時稱《雷氏易》。舉浙江鄉試第一，登癸酉進士，授浙江儒學提舉，遷武平縣尹，調潮陽。以死事贈奉化州知州。官其子煜爲同知。《閩書》。《通志》。

魏菊莊諸先生學派

元代建安之派，去游、胡、劉、朱之遺未遠也，其流風餘矩，猶有傳人。然考其時多潛身草澤，或托儒官一途以自奮，而志業弗究其用者多矣。今搜録數十家，次其懿行，或承之家學，或得之私淑，或以文學知名，或以附聲大雅，原委所漸，尚有可稽云。

魏菊莊先生慶之

魏慶之，字醇甫，建陽人。師於王晟，得考亭學。中歲留情詩賦，種菊盈籬，詠觴自適，號菊莊翁。手編《詩人玉屑》若干卷，而尤以施捨稱。《閩書》。

學正游子善先生應翔

游應翔，字子善，崇安人。酢七世孫也。值宋、元兵革未靖，結屋武夷澄川之上，耕隱自晦。人稱其操履端方，無愧先世。後繇武夷直學遷學正。

山長陳良材先生楠老

陳楠老，字良材，政和人。至元元年，以鄉貢進士，授興化路涵江書院山長，轉建陽雲莊書院山長。至正間，棄官歸。嘗過萬竹菴，題詩曰：「青山迴望合，萬竹淨娟娟。寶殿晴光冷，瑤階翠色妍。龍吟明月夜，鶴舞早秋天。坐聽凉風發，軒櫺響澗泉。」《建寧府志·文苑》。

江菊隱先生應隆

江應隆，自號菊隱，建安人。求學於謝疊山。疊山字之曰「仲龍」，蓋取孔明長嘯隆中而時人以伏龍待之。

周先生震一

周震一，建安人。家在城府，不妄交一人。謝疊山枋得客建寧，震一獨與相厚。疊山稱其忠厚篤敬，言不妄發，行不妄動，翛然出塵埃之外而可與神遊八極之表。子持敬，亦修真慕道，爲謝疊山所稱。

山長朱泳道先生沂

朱沂，字泳道，建陽人。文公三世孫。累薦遺逸，不赴。與謝枋得遊，枋得稱「其論古今人物高下、國家興廢、善類仕止久速之故，掃盡華葉，獨存根株。文公之後，濟其美者，泳道一人耳」。晚歲，授考亭書院山長。

趙順之先生若

趙若，字順之，崇安人，號澗邊。蒙古岱丞相入閩，一見重之，薦授同安縣尹，不就。隱於家，有園池亭榭之勝以供嘯咏。高丞相開閩省，三使人來聘之，强爲一見，勸之仕，不從。長于詩，年六十四終。有《澗邊集》二十卷。

蘇明遠先生照

蘇照，字明遠，建安人。工詩文，尚儒術，後進多師之。至正間，以明經薦至京，預纂修事。欲授以官，以親老辭。卒，年八十。子伯厚，見《選舉》。

推官楊仲宏先生載

楊載，字仲宏，浦城人，徙家洪州。少孤，博極群書，年四十不仕。以賈國英薦，召爲國史院編修官，與修《武宗實録》。延祐初，舉進士，歷寧國路推官。卒。載爲文有跌宕氣，博而敏，直而不肆，自成一家言。而於詩尤有體，嘗語學者曰：「詩當取裁於漢、魏，而音節則以唐爲宗。」自其詩出，一洗宋季之陋，與虞集、范椁、揭傒斯齊名，時號「虞楊范揭」。有詩集行于世。《建寧府志》。

彭元亮先生炳

彭炳，字元亮。詩倣陶、柳，游齊、秦、都下，聞昌平隱者何得之，遂往謁之。駙馬烏克遜事以師禮，朝野自是知名。至正中，徵爲端本堂説書，不就。有集一卷。《閩書》。

教授鄒文祥先生天瑞

鄒天瑞，字文祥，建安人。任建寧路教授。元季風化凌夷，天瑞首唱文學，諄諄以忠孝廉節開士，士爲振起。《閩書》。

司訓鄒季和先生文慧

鄒文慧，字季和，建寧人。任司訓。元末，謝職服。柴桑巾服，講明朱學，本郡理學推文慧爲首。《郡志》。

張先生以仁

張以仁，政和人。元季隱築蓮花峰下，與魏伯堅、謝坤、孫蘊、余應相友善，旦夜講論經史，至忘饑渴。後俱以文行知名，而以仁、伯堅終隱不仕，卒。《郡志》。

閩中理學淵源考卷三十九

廣平府知府李清馥撰

邵武黄存齋諸先生學派

邵武諸賢，學派源委，卓乎可述，而以經學、詩學專門名家者，尤可尚已。黄氏鎮成之篤志聖學，陳氏士元之隱節，黄氏清老之通經，李氏應龍之師表，李氏學遜之易學，黄氏元實之凝重嗜學、致命遂志，黄氏大昌父子之隱德，危氏德華之不慕榮達，嚴氏儀卿之精深詩學，皆表表爲世羽儀。兹特録其著者，列之篇端。

貞文黄存齋先生鎮成

黄鎮成，字元鎮，邵武人。年弱冠，即厭棄榮利，慨然以聖賢道學自勵。號存齋，學者稱存齋先生。延祐間，科目行，再試有司，不合，遂築室城南，名「南田耕舍」。作詩寫懷曰：「白日不停馭，頹波竟東馳。忽忽年歲改，念此將安歸？我欲驅車行，太行路嶮巇。我欲駕方舟，滄海無津涯。豈不顧行邁，出門慎所之。有田南山下，可以供盛粢。中廬在中田，可以談詩書。上探羲皇際，下及商周時。聖賢尚淪落，微生亦何疑？懷哉羨門子，千載以爲期。」部使者聞其賢，相繼論薦，不應。後以執政薦，授江西路儒學提舉，命下而卒。集賢定謚曰貞文處士。所著有《尚書通考》、《周易通義》、《中庸章旨》、《性理發蒙》、《秋聲集》。《閩書》。《通志》。《弘簡録》。

著述

先生《尚書通考叙》曰：《書》載二帝三王之政。政者，心與事之所形也，是故道德仁聖統乎心，制作名物達於事，内外之道合，而帝王之政備矣。然統乎心者，先後古今吻合無二；達於事者，儀章器物因革無存。故求帝王之心易，而考帝王之事難。矧後儒稽古，不過以周爲據，而秦人滅學，周典亦多殘缺，迺欲以不完之文，上徵隆古之舊，斯益難矣。昔紫陽之教，每語學者謂：「如《堯》《舜典》、曆象、日月、星辰、律度量衡、五禮六樂、《禹貢》山川、《洪範》九疇之類，須一一理會令透。」蓋讀書窮理，即器會道，乃學者之當務也。余方授兒輩以《書》，間或有問，不容立答，則取關涉考究者會萃抄撮，或不可言曉者規畫爲圖，以示之。至衆家之説有所不通，則間述己見以附於下。如舊圖舊説已備者，不復贅出；其有未盡，則隨條辨析焉。歲月積累，寖成卷帙，乃次其顛末以便考尋，名曰《尚書通考》。竊謂學有本末，道無精粗，禮樂官名，聖人猶問，則讀是經者安得不求其故哉？方將就正於博洽君子，然後退授於家，俾爲格致之助，亦庶乎紫陽夫子之教云爾。

陳暘谷先生士元

陳士元，邵武人。與黄鎮成同時，以文爲友，隱居不仕。有《武陽志略》、《武陽耆舊詩宗》。學者號暘谷先生。黄氏鎮成撰《武陽耆舊宗唐詩集序》曰：《宗唐詩》者，武陽耆舊之所作也。詩以唐爲宗，詩至唐而備也。蓋自唐、虞賡歌爲《雅》、《頌》之正，至《五子之歌》有風人之旨，《三百篇》源流在是，下至《楚》、《騷》、漢、魏，而流於六朝，至唐復起，開元、天寶之間極盛矣。一本温柔敦厚，雄渾悲壯，而忠臣孝子之情，傷今懷古之意，隱然見於言外，可以諷誦而得之矣。宋諸大家務自出機軸，而以辨博迫切爲詩，去《風》、《雅》、《頌》反遠矣。及其弊也，復有一類衰陋破碎之辭，相尚爲奇，豈不爲詩之厄哉？吾鄉自滄浪嚴氏奮臂特起，折衷古今，凡所論辨，有前輩所未及者。一時同志之士，更唱迭和，以唐爲宗，而詩道復昌矣。是時家各有集，惜行世未久，海田换代，六丁取將。暘谷陳君士元網羅放失，得數十家，大懼湮没，俾鎮成芟取十一，刊刻傳遠，一以見一代詩宗之盛，一以見吾邦文物之懿。陳君是心，可不謂賢者？我朝文治復古，諸名家傑作，齊驅盛唐。是編之行，適其逢也。敢述卷端。

提舉黄子肅先生清老

黄清老，字子肅，邵武人，黄五經之後也。通經博文。元泰定四年進士，累應奉翰林文字、同知制誥國史院編修官，遷奉訓大夫，出爲湖廣行省儒學提舉。學者自遠從之，率多成就，稱樵水先生。著《春秋經旨》、《四書一貫》數十卷，詩存者數千篇。有盛唐之風。蘇天爵爲作碑云。《閩書》。《經義考》。

李玉林先生應龍

李應龍，字玉林，光澤人，西山先生郁之後。博學有節操，爲時師表。至元間，薦爲白鹿洞書院山長及漳州路教授，俱不赴。所著有《春秋纂例》、《孝經集注》、《四書講義》。《閩書》。

李先生學遜

李學遜，邵武人，忠定公九世孫也。博學洽聞，善天文，尤邃於《易》。爲文典雅有法。所著有《易精解》、《中星儀象》等圖。《閩書》。

文學黄延美先生元實

黄元實，字延美，邵武人。少酷嗜學，性凝重寡言，終日危坐，不少傾倚。天曆初，試浙闈中式，授郡文學。以剡薦，未授而歸。邑有妖民爲亂，令延元實議討賊，賊奄至，遂遇害。《通志》。

黄退圃先生大昌子公紹

黄大昌，字退圃，邵武人，黄永存之孫。隱德不仕。所著有《兼山語録》。子公紹，字直翁。宋咸淳元年進士。所著有《韻會》。《閩書》。《邵武郡志》。《通志》。

危先生德華

危德華，光澤人。博覽經史，不慕榮達，善屬文，精於詩。按志乘，邑令金川姚伯和叙《德華詩集》略曰：予來宰是邦，得卓行之士一人曰危德華者，孤介特立，隱居北溪，以學業教授諸生，不求聞達。值元季喪亂，草竊暴横，奔走竄伏，靡有寧日。故其發言興懷，未免悲憤激烈。其所以嫉奸邪、崇節義、尊君親上之心，炳然著見於言意之表。噫！先生家貧矣，而其志益貞；年艾矣，而其詩益豪，自非養之有素者，其能若是耶！《邵武郡·藝文志》。《閩書》。

嚴儀卿先生羽

嚴羽，字丹丘，一字儀卿，邵武莒溪人，自號滄浪逋客。其爲人粹温中有奇氣。嘗問學於包克堂。自《風》、《騷》而下講究深到，即雜出古人之詩，隱其姓名，舉以相試，悉能辨别其世代門户。自號「滄浪逋客」，有《滄浪集》二卷。同族有嚴仁，好古博學；嚴參，號「三休居士」，俱高尚，世號「三嚴」云。羽詩雖祖唐人，然其體裁匀密，詞調清壯，無一語軼繩尺之外，同時台人戴石屏深加奬重。其子鳳山、鳳山子子野、半山邑人、上官閬風、吴潛夫、朱力菴、吴半山、黄則山，盛傳宗派，殆與黄山谷江西詩派無異。《閩書》。《郡志》。

按：志乘載，與滄浪論詩者同里有：吴陵，字景先；上官偉長，號閬風山人；吴夢易，字潛夫；朱正中，字叔大，號力菴；黄裳，號則山；正中子汝賢，字志學，俱以詩鳴。傳中所謂「盛傳宗派」者，此數人。餘俟考。

閩中理學淵源考卷四十

廣平府知府李清馥撰

福寧陳石堂先生普學派

按：《經義考》，閔氏文振作傳曰：「石堂先生聞恂齋韓氏倡道浙東，負笈之會稽從之遊。韓之學出慶源輔氏，朱門高弟也。淵源所自，屹爲嫡派，故其學甚正。嘗曰：『聆韓先生夜誦四書，如奏《九韶》，令人不知肉味。』故其用功本諸四書，四書通，然後求之六經云。」又張清恪公《困學録》曰：「石堂學求自得，其用功，求之六經，不貴文辭，不急利禄，惟真知實踐，求無愧于聖賢。」馥嘗考先生在莆十八年，受徒講學，晚年所造益高，出其門者，皆能衍續其緒餘。讀《字義》諸編，可見源流所本矣。

陳石堂先生普

陳普，字尚德，别號懼齋，寧德之石塘人。所居有石堂山，學者稱石堂先生。初，淳熙間，朱文公過石塘，異其風土，曰：「後數十年，此中當出儒者，能讀天下書十八九。」普生當理宗淳祐甲辰，鸕鳹百數繞屋。稍長，入鄉塾，有大人志。聞韓翼甫倡道浙東，負笈從遊。韓之學出慶源輔氏。輔，朱門高弟也。宋鼎既移，决意卷藏。朝廷三使辟爲本省教授，不起。開門授徒，翕然以斯道自任，四方及門歲數百人，舘里之仁峰僧舍，至不能容。建州劉純父聘主雲莊書院，熊勿軒留講鼇峰。丞相劉文簡屬修黄、楊二家《喪》《祭禮》，因并晦庵所纂爲三十卷。尋講饒、廣，在德興初庵書院尤久，嘗與游翁山、范天碧、謝子詳極論太極之旨。晚在莆中十有八年，造就益衆，出其門者如韓信同、楊琬、余載、黄裳輩並以正學爲時所宗。嘗曰：「性命、道德、五常、誠敬等字，在四書、六經中，如斗極列宿之在天，五嶽四瀆之在地。捨此不求，更學何事？」少壯時，鋭然有經世志，謂：「三代之治，莫善井田。」

作書數千言，欲上於朝，屬不仕而止。著《字義》一卷，凡百五十三字，出授門人，識者謂：「比之程正思、陳安卿，詳略適中，而立義措辭爲尤精。」又有《四書句解鈐鍵》、《學庸旨要》、《孟子纂圖》、《周易解》、《尚書補微》、《四書六經講義》、《渾天儀論》、《天象賦》、《詠史詩斷》，凡數百卷。元延祐乙卯，卒於家，年七十二。

論　著

《叙禮論略》曰：某年十五六讀《曲禮·少儀》，知愛之，而淪於時俗科舉之習。三十、四十始脱時文，而患難屢遭，東西奔走，頗聞熊去非自少用心禮樂，而貧踪賤武，合并良難。丁酉歲，受平山劉純父之招，始見去非於山中。書册填坐，屢空晏如，覽記浩博。會欲求輔於朋友，備書册，闢室堂，廣談論，取晦翁、黄、楊之書修補以示方來而未就也。顧余雖志求古而未嘗涉晦翁、黄、楊之藩，輒用去非成規，更爲求要質鬼神，告白知友，共取十七篇注疏及晦翁所釐三十五卷，勉齋、信齋《喪》、《祭》二禮及圖，循去非熟路，詳加考訂，重爲比類云。

楊先生琬

楊琬，未詳，待考。

黄先生裳

黄裳，未詳，待考。

丘先生和仲

丘和仲，按石堂先生《字義序》中略云：「乙巳歲，樵丘叔文之仲子和仲，年十七，從余學。每講説遇此等字，必爲之深論而多言之。和仲每聞輒悚然，察其貌，若有以真契默會而自得於問答之外者。雖蒙其家學源流端的浹洽，是亦其所受於天者，清厚與等夷異故也。」讀序中，知和仲屬邵武人，其家學源流待考。餘詳《字義》原文。

余先生載

余載，按余氏載《石堂字義序識後》云：「先師舊學於浙，維則韓氏翼甫，韓氏學於朱門之輔氏。蓋問學淵源，厥有自來。嘗語云：『疇昔予聆韓先生夜旦莊誦朱子四書，如奏九成《簫韶》，令人不知肉味。』又云：『性命、道德、五常、誠敬等字在六經、四書中，如斗極列宿之在天，五嶽四瀆之在地，非深於知道者，未易爲斯言。』又嘗述《字義》一卷以授學者云。」後繫云：「泰定乙丑八月戊寅，門人合沙余載謹識。」讀余氏此序，知先生爲三山人，其事跡待考。餘詳余氏載原《識後》。

韓伯循先生信同學派

宋季老成凋落，一二典型抱道深山，如存碩果，求有教席聲應之雅，不可以多數也。福寧僻在濱海，鼎革之後，絃誦不衰，諸賢猶能公其道以傳其人，以是知大賢過化之澤，所貽遠矣。

韓伯循先生信同

韓信同，字伯循，福寧州人。幼穎悟，工詩文。既壯，受業陳石堂，遂刊落華藻，究心濂、洛、關、閩之學，陳歎曰：「吾耄矣，得斯人飲水俟命，復何恨哉？」延祐四年，應江浙舉，不合，歸即杜門不出。自是四方書幣日至，弟子請業者户外屨滿。著《四書標注》、《書經疏文》、《三禮易經旁注》、《書解》、《集史類纂》及詩文十卷。《閩書》。《道南源委》。

鄭先生犧

鄭犧，字子乘，福寧人。總角時，即與林珙受業於韓公信同。韓公嘗稱曰：「福寧二君可續吾閩五賢理學。」韓卒，二君俱心喪三年。著有詩文集。《閩書》。《道南源委》。

訓導林仲恭先生珙

林珙，字仲恭，福寧人。少從韓公信同遊，篤信力行，爲文以理勝。舉明經，不受，强補本州訓導。未半載，以疾辭。晚年授生徒，以開來學爲己任。《閩書》。《道南源委》。

黄吉甫諸先生學派

按：吉甫諸賢，或以文學該博，志學精專，或以礪行修名，託志風雅。如謝氏皋羽父子、鄭氏邦壽皆名教中卓然有立者歟！欲以詩人嘯咏觀之，殆未可同年語矣。餘皆出處凛然，可以扶持教道者。今録其著者載於篇。

黄吉甫先生履翁

黄履翁，字吉甫，寧德人。學問該博，以林駉所著《源流至論》未備，復爲彙纂别集一十卷。《閩書》。

進士孫先生駪

孫駪，寧德人。少入太學，同舍生俞晰善經學，駪師事之。既登進士，官浙中，猶造晰廬考業。既老，務學如年少。至正三十年，掌本縣教事。《閩書》。

進士林景和先生仲節

林仲節，字景和，福寧人。少聰敏，領解浙江，舉泰定進士。有《書經義》、《四靈賦》行世。

陳貢父先生自新

陳自新，字貢父，號敬齋，福寧州人。通五經，精《易》本傳義而推衍以《皇極經世》，從遊者甚衆。著有《起興集》等書行世。《道南源委》。

靖節鄭邦壽先生君孝

鄭君孝，字邦壽，福寧人。年十七，舉咸淳進士，朝士交薦，竟不起。家庭孝謹，内外無間言，後進多師之。及卒，學者私謚之曰「靖節先生」。著《五經解疑》、《梅壑集》。《通志》。

黄洵饒先生寬

黄寬，字洵饒，福寧人。力學古文，耿介自重，能怡其親。世亂避兵。歸。益貧，父母兄嫂四喪不能葬，以憂感卒。無後。袁天禄并其四喪，葬之於石潭，宣城貢師泰爲誌銘。所著有《四書附纂》、《時事直紀》。《閩書》。

鄭伯直先生忠

鄭忠，字伯直。雅好經術，或勸之仕，曰：「山林、朝市其趨一也。」著《家訓》略曰：「讀書修德以清白爲世規，力田務農以勤儉爲家法。」《閩書》。

謝君啟先生鑰子翺

謝鑰，字君啟，福寧人。性至孝，居父母喪，哀毁廬墓，終身不仕。方氏鳳曰：「謝君臯羽其父鑰，以《春秋》學爲婦翁繆正字烈所器重。」嘗著《春秋衍義》十卷、《左氏辨證》六卷，藏於家。子翱，別有傳。《道南源委》。《閩書》。《經義考》。

謝翱，字皋羽，福寧之長溪人，後徙建之浦城。父鑰，性至孝。著《春秋衍義》、《左氏辨證》傳於時。翱世其學。咸淳初，試進士不第。慨然求諸古，以文章名家，落魄漳、泉二州間。信公文天祥逾海至閩，開府延平，檄州郡大舉勤王之師。翱傾家貲，率鄉兵數百人赴難，長揖軍門，遂參軍事。聲動梁、楚。已，別去。宋亡，天祥被執，翱匿民間，流離久之。間行抵勾越，多閥閱故大族，而王監簿諸人方延致遊士，日以賦詠相娱樂。翱時出所長，諸公見者皆自以爲不及，不知其爲天祥客也。然終不自明，且念久不去，人將虞我矣，乃去而之越之南鄙，依浦陽江方鳳。時永康吴思齊亦依鳳居，三人無變志，又皆高年，遂俱客吴氏里中，得其餘日以自適，一不問當世事。翱嘗上會稽，循山左右，窺祏、思諸陵，西走吴會，東入鄞，過蛟門，臨大海，所至歔欷流涕。

晚愛睦州山水，浮七里瀨，登嚴子陵釣臺，設天祥主，北向舉酒，再拜號哭，以竹如意擊石，歌曰：「魂朝往兮何極，暮歸來兮關水黑，化爲朱鳥兮有咮焉食。」歌已，竹石俱碎，失聲哭。人莫詰其誰何，惟鳳與思齊深悲之。初，江端友、吕居仁、朱翌辟地白雲源，源故方干所居，在釣臺之南。翱率其徒遊焉，願即此爲葬地，作《許劍録》。及翱居錢唐，至元乙未，病革，語其妻劉曰：「我死，必以骨歸方鳳，葬我許劍之地。」鳳聞訃，訖如其言，與吴思齊、方幼學、方濤、馮桂芳、翁登、登弟衡葬翱子陵臺南，以文稾殉，伐石表之曰：「粤謝翱墓。」方鳳，字韶卿。由太學生授容州教授。治《毛氏詩》。同郡黄溍、柳貫皆出其門。吴思齊，字子善。其學本之外祖陳亮。用蔭補官，攝嘉興丞。數以書干宋臣用事者。遇事不以富移，不以貧屈，自號全歸子。」翱素慕屈平託遠遊，自號「晞髮子」。每執筆時，瞑目遐思，身與天地俱忘。語人曰：「用志不分，鬼神將避之。」明胡氏仲申稱其論著之文辭隱指微，大要類其行事。《閩書》，何氏鏡山撰，稱其詩直溯盛唐以上，卓有風人之餘；文嶄拔峭勁，雷電恍惚出入風雨中。婺、睦人士翕然從之。至元甲午，去家武林西浙。乙未卒，年四十七。《閩書》。明胡仲申撰傳《宋詩抄》。

撫漕繆允成先生烈

繆烈，字允成，福安人。嗜學，孝親。上舍省試皆第一，舉進士，添差福州教授，日率子弟講明正學。遷正字，授撫漕侍郎。著《春秋講義》、《仲山集》。《閩書》。

林先生天書

林天書，名詔，以字行，福寧人。勵行濟貧。咸淳四年，授晉江尉，思尼父不入危邦之訓，以疾乞歸。後八年，宋亡。元初，屢薦不起。《閩書》。

閩中理學淵源考卷四十一

廣平府知府李清馥撰

三山明初諸先生學派

嘗聞三山前輩言：「晉安襟帶列郡，數世枌榆，百年桑梓，流風善政，猶有存者。自李氏椅、常氏袞而後，若蔡忠惠、李忠定、梁文靖諸公，遺教未泯，而一時閩産遞有碩彦大賢接踵繼起。山川啟運，人傑挺生，章章如是。」今考自洪、永以降，風氣初開，諸儒説經考道，尚有典型。《三山舊志》曾言：「明初諸子，其學多以濂、洛爲宗，正、嘉間，新進後起，一唱百和。晉安諸先正不敢倍其師説，蓋自鄭氏景初而下，闡明道術，演繹聖真，修己誨人，篤學力行，庶幾升洙、泗之堂，尊博約之訓矣。」兹録國初諸儒本傳，其門徒尚待考訂。至正、嘉以後，迄於隆、萬而下，按時世分録之。大抵世道升降消長，學術之淳漓繫之矣。尚論者溯厥源流，尚有可稽焉。乾隆丙子九月望日。

司訓鄭景初先生旭

鄭旭，字景初，閩縣人。居家孝友，有信義。其學主以五經，旁獵子史。與王偁、林志友善。以學行辟爲國子掌儀。太祖選德望十人傅東宫，旭名第二。後以蜚語謫吏雲南，餘二十年。建文中，薦起爲高安訓導。所著有《詩經總旨》、《初學提綱》、《咏竹稿》等書。《閩書》。《道南源委》。《分省人物考》。

編修陳先生景著

陳景著，名湜，以字行，閩縣人。舉永樂十三年進士第三人，授翰林院編修，預修五經、四書、《性理大全》，以母老，乞便養。改福州教授，生徒多所造就。《閩書》。

御史游伯方先生義生

游義生，字伯方，連江人。洪武二十一年進士，仕御史，議論慷慨。太祖欲撤亞聖配享，義生極諫，忤旨，繫獄死。《道南源委》。

參議孫庭秀先生芝

孫芝，字庭秀，連江人。洪武中，以歲貢授慶都知縣，陞沔陽知州。太祖從劉三吾之議，欲削《孟子》書，如「視君寇讐」、「聞誅獨夫」等語，共八十五條，不以命題取士。芝上疏極論，以爲不可，其議遂息。歷官山西參議。乞歸。《道南源委》。《閩書》。

參政鄭先生居貞

鄭居貞，侯官人。洪武中，舉明經，歷河南左參政。與方正學孝孺友善。孝孺教授漢中，居貞作《鳳雛行》贈之。孝孺難作，居貞亦坐死。所著有《閩南》、《關隴》、《歸來》、《檜庭》諸稿。孫垍，亦能詩。《閩書》。

學正鄭先生濟

鄭濟，閩縣人。任嘉定教諭、儋州學正。日進諸生與啟迪。所著《四書書經講解》行世。《閩書》。

按察洪遵道先生順

洪順，字遵道，懷安人。永樂二年進士，時初選翰林庶吉士二十八人，以比二十八宿，順與焉。

引見，上勉以立志進學。久之，授刑部主事。有李將軍者詐取囚金，反誣吏張緣受之。同列畏李之强，皆欲坐緣，順曰：「李固可畏，緣不可憐耶！」竟坐李。仁宗監國，稱其廉潔持法，賜敕褒嘉。未幾，左遷行人，尋命與修五經、四書、《性理大全》諸書。丁艱，起復陞山東按察僉事。時山東遭唐賽兒之亂，順至，剗理冤抑，撫循凋瘵。青州有趙訓導年老無僕妾，諸生爲娶一婦，時時酗酒詈趙。諸生張剛惡婦無禮，殺之。尋逃去。婦家訟趙抵罪，獄已具。順讞，獨心疑，召諸生詢之，惟剛三月不至齋舍。退而訊之，剛自伏曰：「公神人也。諸生娶此婦以事吾師，而背戾若此，恐師老命懸此人，是以殺之。今師存剛死，固所甘心。」順義其所爲，請於朝，趙得釋而剛亦免死。歲旱蝗，發賑倉儲數萬，不待上報。尋陞按察使。命下而卒。從弟英。《閩書》。

遺佚鄧子静先生定

鄧定，字子静，閩縣人。洪武初，與兄誠並徵遺佚，誠應聘，定獨不出，削跡東郊，結廬竹嶼。同時名士如王恭、陳亮、鄧誠、陳申相與詠賡。有《畊隱》二卷。《閩書》。

侍郎薩廷圭先生琦

薩琦，字廷圭，閩縣人。舉宣德五年進士，選翰林庶吉士，授編修，預修《仁廟實録》。陞禮部右侍郎、詹事府少詹事。爲人狷潔不苟合，學有源委。《閩書》。

主事鄭汝明先生亮

鄭亮，字汝明，閩縣人。宣德八年進士，仕户部主事。有文名。家居，學徒造門問業。孫伯和。《閩書》。

訓導游汝哲先生宣

游宣，字汝哲，連江人。天順中恩貢，授博羅訓導。成化初，上疏以宋熊禾闡明儒教，表章經旨，宜隨楊、羅諸儒後從祀廟庭。下廷議，大學士彭時言：「禾原籍建陽，立祠致祭爲宜。」從之。以父老乞歸養，禮部言：「宣年力未衰，教職修明，乞宣年俸一半着原籍支領，代養其親，庶臣職、子道兩無虧缺。」此特典也，士林榮之。《通志》。

孝廉高秦仲先生淮

高淮，字秦仲，長樂人。永樂丁酉舉人。貫通三《禮》。嘗代邑令作《諭俗文》，爲時所稱。以鄉舉入都，時同里姻舊多居要地，淮自守嚴正，不往謁。居國學數歲，以祖母、父母春秋高乞歸養，自稱「竹所老人」。著書三十餘卷，解縉、馬鐸爲之序。《新福州府志》。

教諭曾先生師孔

曾師孔，懷安人。景泰癸酉鄉薦，初授嘉善諭，再補合肥。師孔宅心嚴正，問學有淵源，勢利聲華，未嘗一涉胸臆。諸生貧者，往往捐常禄助之，兩地弟子交稱爲良師。

閩中理學淵源考卷四十二

廣平府知府李清馥撰

吴聞過先生海學派

邵氏銅撰《聞過齋集序》略曰：「閩自陳述古、季慈、鄭閎中、周公闢、劉執中五先生倡道於前，繼而楊龜山、羅仲素、李延平三先生出，至朱夫子集群賢之大成，益講明於後，道德入人之深，世號海濱鄒魯。又如胡文定、致堂、五峰、籍溪、蔡西山父子、劉白水、屏山、黄勉齋、陳北溪、真西山、潘瓜山、熊勿軒諸賢，彬彬輩出，文行表表，皆可師法。故閩之士習，不以浮文勝質爲先，而以躬行實踐爲急。俗尚之淳，清修苦節，有東漢名賢之風。」

又曰：「先生氣質剛明，學識醇正，平日踐履篤實。生元季繹騷之時，邁德於身，自蔽於不耀之地，髮髮乎不知老之將至，此其可惜云。」

按：邵公叙述先生繫於諸儒學派之後，以先生實元代遺民，維道脉之緒者也。余繫之明者，蓋一代之興，必有耆儒夙學爲邦典型，如存碩果，以繼前修而啟來學。顧守先待後之責寄焉耳。熊氏勿軒之繫於元，吴氏聞過之繫於明，皆一轍也。今考其派系載於篇。乾隆丁丑四月下澣書。

吴聞過先生海

吴海，字朝宗，閩縣人。元季，四方盜起，隱居不仕。學周、程、張、朱之學，一時名人如貢師泰、林泉生、藍晦、王翰皆雅重之。翰嘗仕元，海數勵之。至翰卒，以節著。海教養其子偁，底於成立焉。明初，部使者欲薦於朝，力辭免。既而徵詣史局，復力辭。居家採摭古今孝子順孫、節婦烈女與兄弟之相友愛、娣姒之能和睦者，附以感應禍福以教鄉里。又著書言：「楊、墨、佛、老爲六經之賊，管、商、申、韓爲治道之賊，遺事外傳爲史氏之賊，蕪辭荒説爲文章之賊，皆足惑人，欲上之人悉取其書而禁絶之，使天下曉然知正道，慕鄒、魯之風。」平生虚懷樂善，有規過者，欣然立改，因顏其齋曰「聞過」。爲文嚴整雅奥，咸有矩程，而一歸諸理，後學咸宗仰之。著《聞過齋集》八卷，學者稱聞過先生。《道南源委》。《明史》。《分省人物考》。

簡討王孟敭先生偁

王偁，字孟敭，永福人。父翰仕元，元亡，棄官，匿永福山中，遂家焉。後以節著偁。少孤，其母手疏先人之蹟與古今豪傑大略教之。從父友吴海學，於書無所不通。弱冠領鄉薦。乞歸養母，母没，廬墓六年。永樂初，以薦授翰林院簡討，進講經筵。修《永樂大典》，時内外儒臣及四方韋布麕集閣下，惟偁學博思深。解縉第偁人品，當在蘇子瞻之列，其文亦相類，詩則力追漢、唐。每擬薦以自代。顧其爲人，氣節英邁，議論爽發，常有壁立千仞、抗舉浮雲之志。遇知己，與談吐，凌駕超越，視餘子瑣瑣不啻卧之地下。以此名譽雖彰，謗亦隨之。尋坐事謫交阯，從總兵張輔幕下。時解縉出爲交阯參議，督餉化州，言偁於輔，携以自隨。偁與縉因共往廣東，觀其山川，言其可鑿贛江，通南北道。具草入奏。會車駕北征，縉見東宫還，漢庶人怒縉且欲陷東宫，遂言於上。上怒縉滋事勞民，并偁皆逮獄，相繼死獄中。所著有《虚舟集》。子振，以祖、父死非命，屏跡不仕，有司屢薦不起，亦能詩。《閩書》。《新福州府志》。

侍讀林尚默先生誌

林誌，閩縣人。年十四歲從王偁學，日記數千言，時出論辨見鋒鋩，以折長者。偁曰：「此非所以求益」，爲字曰尚默。因痛自克治，沉潛學問，涵浸淳蓄，久而益富。永樂中，鄉會試皆舉第一，殿試一甲第二名，授翰林院編修，預編《性理》及《四書》《五經大全》諸書。陞修撰，歷官右諭德兼侍讀。宣德元年，預修《兩朝實録》。卒。誌於學，無不研究，後學多從質問經義，性恬於世利。蚤失父，事母孝。宗族有貧而依異姓者，悉歸而撫之。與人交，必誠必信。每公退，輒閉一室，以詩文自娱。所著有《周易集説》、《蔀齋集》。《通志》。《道南源委》。《分省人物考》。

博士林志仁先生慈學派

按：先生在明初力學稽古，其徒姚氏忠又以篤學稱。餘事實未詳，兹特録其派繫焉。

博士林志仁先生慈

林慈，字志仁，長樂人。力學稽古，嫻於文詞。洪武間，以明經薦，任本縣訓導，歷國子博士。有詩集。《通志》。

姚用恕先生忠

姚忠，字用恕，懷安人。師事國子博士林志仁慈，朝夕講誦。久之，明理篤學，深得聖賢之旨。節儉恬淡，雅好山水，不樂仕進。自號耕雲山人。《閩書》。

訓導林于野先生同學派

林于野先生以力學稱，後遊寓同安，故三山學派無可考者。兹特録之。

訓導林于野先生同

林同，字于野，閩縣人。博學力行，安貧樂道。居家教授，後進日踵其門。洪武中，寓居同安，户部郎李文郁師事之，力薦於朝，授同安訓導。至官二日，卒。所著有《銅魚集》。《閩書》。

長樂陳氏家世學派

潘氏稼堂序《陳氏詩系》曰：「閩中詩人陳伯騶示余以先代之詩，曰《四朝詩系》。其稱詩也，自《香草堂集》以下四十餘家；其叙系也，自信州公以下二十餘世。終明之代，成進士及舉於鄉者百有餘人，凡兩尚書、一侍郎、禁近方面若干人。又多賢而能文，幾於人人有集。考其淵源，則三忠實始基之。」所謂「三忠」者，宋景炎中，陳氏之祖曰榮者率子弟起義兵，以行軍司馬知福新縣，與元兵力戰而敗。榮及其子宗傳、侄吉成皆死之，陳氏之族死者一百七十七人。其後多隱居教授，不仕，躬修於家，至有五世同居者。至明初，仲進首膺薦辟，仲完繼入翰林，浸昌浸大。至明季，甲科乃絶，家運與國祚相爲盛衰如此。按，陳氏二百餘年科名爵禄蟬聯弗替，而不知其根本皆由於一門貞忠炳蔚，其後世子孫尤能韜晦潛隱，歷百年而後興。天之所以祚忠孝者如此，其遠且大也。今録其著者載於篇。

縣令陳伯康先生仲進

陳仲進，字伯康，長樂人。耿介尚氣節。洪武六年，以儒士授宜陽丞。攝孟津，最。調韓城。久之，擢令江山，上特旨褒其惠政。後坐勘災忤旨被逮，仲進曰：「吾以一身活萬命，含笑地下矣。」既而釋之，而仲進已卒，歸櫬，經江山，父老泣留衣冠葬之，子孫遂家江山。弟仲完。子登、全。從子洵仁。《閩書》。《通志》。《新郡志》。

掌坊陳先生仲完

陳仲完，名完，以字行。洪武十八年進士，授延平訓導，改寧國縣。永樂初，用薦擢翰林編修，尋陞左春坊左贊善，奉命授皇孫經。貌恭氣和，詞意懇欵，多所補益。其持身恭慎，平居言如不出，至討論古今，據理是非，確不可奪。仁宗在東宫，嘗問其所長，對曰：「職所當爲，不敢苟有畏避。」仁宗甚重之。歷官廿年不遷，怡然自足。仁宗恒言：「春坊如仲完者，不易得也。」及即位，仲完前一年卒。楊文貞士奇爲傳，惜之。《通志》。《閩書》。

中書陳思孝先生登

陳登，字思孝。洪武三十年，以儒士授羅田丞，調蘭谿、浮梁，皆有治績。永樂中，以薦召入翰林預修國史，授中書舍人。爲人諒直。博涉經史，自三代、秦、漢以降，鐘鼎、金石、劚冢、刻石靡不默識。既入中書，凡國家有大制作，篆籀之文皆出登手，且負直不媕婭，於所交遊，面舉過失，《國史》、《實録》稱爲剛正之士。《閩書》。

侍講陳果之先生全

陳全，字果之。授翰林編脩，修《大典》書，召赴行在，與修《四書五經性理大全》，擢侍講，署翰林院事。公勤篤慎。所著有《蒙菴集》。子陵，領鄉薦。本字叔鹵，耿介好古，有詩文若干卷。《閩書》。《蔣氏閩學源流》。

羅宗讓先生泰學派

按：黄未軒先生撰《羅氏繹墓誌》曰：「羅繹父泰以學問文章重一時，雖未嘗仕進，然其弟澤登永樂甲辰進士，爲名御史。繹與兄紋同領永樂丁酉鄉薦，爲名師儒，其他及門之士躋巍登膴者不可勝數，皆教澤所及。」

再考林尚默先生撰《羅處士泰麗澤軒記》述其師曰林友從，其友曰鄭介叔，意必當時表著者，其詳莫得考矣。然觀黄公未軒所贊、林公尚默所記，其一時師資庭訓，俱可追述。兹録傳中所及姓氏，并附著其家學，載於篇。

羅宗讓先生泰

羅泰，字宗讓，福清人。少從鄉先生宋瑜受《春秋經》，既卒業於訓導林友從，潛心《易》旨，故其學精於《易》、《春秋》。一時同遊如進士鄭澄初、主事鄭介叔、知縣鄭彦韜、文學鄭廷玉、鄭希晦、林範伯輩咸與切磋講明，鄉後學皆師尊之。隱居教授凡四十餘年，與諭德林誌、侍郎薩琦尤友善，勵行至老不衰。宣德壬子，應天尹聘司文衡，泰辭曰：「布衣也，以一鄉之善淑一鄉之人則可，敢去取畿甸士哉！」平生好古遵禮，輕財達生。母喪，家貧，數年不能葬。語及，未嘗不泣下也。年四十，妻死，不娶，曰：「吾有子矣。」有《覺非集》行世。建安楊文敏榮志其墓。弟澤，舉進士。子紋、繹，俱領鄉薦。《閩書》。《通志》。

進士鄭澄初先生塋❶

主事鄭先生介叔

❶ 本條原無，據文津本、丁氏抄本補。以下九條同，不一一出校。

知縣鄭先生彦韜

文學鄭先生廷玉

文學鄭先生希晦

文學林先生範伯

御史羅先生澤

鄉薦羅先生紋

鄉薦羅先生繹

侍讀林尚默先生誌

鄭先生宣學派

按：長樂瀕倚海壖，朱子當日爲學禁時，曾避跡是邦，其高第弟子如黄文肅勉齋，劉履之、用之皆此邦産也。明代名人輩出，陳氏仲進、鄭氏世威諸公已別録矣。至馬氏鐸、李氏琪以魏科並著，而馬公本傳稱其「初受《禮》於鄭氏宣，遂旁通《易》、《詩》、《書》、子、史百家」，故特録之。

鄭先生宣傳闕

修撰馬彦聲先生鐸

馬鐸，字彦聲，其先樂平人。宋宰相廷鸞之弟廷龍者自樂平來徙家。廷龍之後有弟兄三人：曰隆，曰傑，曰鈞，皆舉進士。鐸初受《禮》於先輩鄭宣，遂旁通《易》、《詩》、《書》、子、史百家，爲文援筆立就。永樂十年廷試，與閩縣林誌俱在及第之列。成祖知其同郡，試之對，曰：「風吹不響鈴兒草。」鐸應聲：「雨打無聲鼓子花。」見誌對遲成，遂以爲第一。鐸對蓋出夢語，故響答如是。既授翰林修撰。成祖一再幸北京，命獻陵監國，鐸與諸臣侍，勞艱不避，獨任不辭。獻陵屢顧學士楊士奇，曰：「馬鐸可謂質實無二。」自是翰林學士、國子祭酒司業有公務出，皆命鐸署攝。鐸耿介伉直，表裏一致，處事平恕而臨義執言。自奉儉約，與人交盡誠，遇危難，急濟之。閒暇，鼓琴讀書，名其書室曰「梅巖」。《閩書》。

閩中理學淵源考卷四十三

廣平府知府李清馥撰

副使林廷珍先生玭學派

按：明初學者多屬朱門派緒，其傳習説經，猶存宋、元間諸儒家法。三山林氏以易學倡教東南，虚齋時弱冠，爲諸生，以僉憲臨江周公虚白命得登其門，卒之經學大明，爲有明一代經師之首，海内宗之。厥後，陳紫峰、林次崖、蘇紫溪遞衍其緒，以易學成一家言，於是泉南習《易》者家絃户誦。虚齋嘗言：「閩中易學獨盛於東南，視他經倍蓰，蓋推本先生倡明之功爲多也。」又虚齋撰公《墓志》，載：「公以進士侍親，家庭昆季七人，一門子姓負經術，名士林者亦數十人。歸休後，杜門教子孫讀書，告戒使循理安分，不得席勢凌物。故子弟勤約隱忍，無一毫浮艷氣習。」又曰：「先生幼穎敏出群，而沉篤嗜學，讀書率至夜分。又能以身體之，以心驗之，最得聖賢遺趣。其紬繹造言襯貼之義以闡發學者。❶自閩中及江寧、兩浙之士及門受業者，殆不可計數焉。」今

❶「造」，蔡清《蔡文莊公集》卷五作「遺」。

録學派并著其家學載於篇。

副使林廷珍先生玭

林玭，字廷珍，侯官人。天順八年進士，甫釋褐，以親老乞終養。家居十有七年，以易學倡教東南，從遊者屨滿，蔡文莊清亦往師焉。既終大事，赴京，授刑部主事，陞浙江按察僉事。弘治庚戌，景寧賊嘯聚剽掠，旁及閩中、政和、浦城諸邑。衆議屬玭剿捕，玭發屬縣兵分駐要害，以精鋭千餘人直臨其穴，破之。遁入，據松溪險隘。衆難之，玭曰：「賊勢已蹙，攻之必下。」遂追逐，得其渠魁，斬戮數百人。餘黨尚有散匿山谷者，衆請盡殲，玭恐濫及無辜，出示准其投降。又有遂昌、黄岩等賊聚衆至萬人，聞之膽寒，玭又預爲形勢疑之，皆自解散。陞雲南副使。憫舊俗獉狉，爲别名分，重禮教，風俗一更。以年老乞休，許之。玭行誼政治本自過人，而文學復優。所至，上下翕然歸重。其卒也，自有位以至鄉民，咸痛惜之。《道南源委》。《閩書》。

督學林廷玉先生瑭

林瑭，字廷玉，侯官人。貌古沖晦，葆有於無。舉於鄉，十年不赴。後登成化辛丑進士，授行人。遷御史，言「慎名器、厚國本」七事，爲上所嘉納。後出巡雲南，言：「孟密不當立安撫，階亂事出萬學士乖違，程尚書依附，馬序班受賕。」鎮守所漁利，十汰八九，狐鼠薫灌殆盡。代者心不樂，然敬憚之，曰：「吾閲御史多矣，無如林者。」參將縱麾下私於崖奪印殺人。瑭覈實論罪，降調數官，參將坐落職閒住。安乃者，土官子，土官坐事死獄中，通把利其田，言：「乃謀叛。」普顯者，土官弟，嫂氏虞争官，誣以通黑脚夷三千入寇，皆繫獄十餘年，被累死者百計。土人懼其出，則飛語讙呶，無敢白者。瑭駁曰：「乃叛，從者何人？寇何鄉？黑脚夷至三千，時當有飛報征調事，豈得自默？」乃、顯得安置四川。轉督學南畿，一時學者相慶得師。卒於官。人稱之曰「林道學」。南畿以瑭同真西山德秀列祀學宫。《閩書》。

陳氏家世學派

按：陳氏叔剛，父仲昌，世家榮繡里。林默齋先生嘗撰其《筠軒記》稱：「仲昌耕讀自樂，不求聞知於人。四子皆玉立夙成，而長叔剛尤穎異。」再考讀本傳，皆講治經學，卓然有立，故著其家學焉。再按：叔剛先生傳，少從訓導劉氏九疇受《春秋》，從諭德林誌學古文。九疇先生未詳。林氏誌已別見，不另録云。

陳仲昌先生週

陳週，字仲昌，閩縣人。嗜學問，通《春秋》，好爲詩。所居石潭之上，種竹萬箇，結亭棲隱。嘗倚竹而歌，曰：「修竹兮青青，中虚兮外直。素節兮貞姿，寒暑兮一色。泠泠風兮朝夕，余捨之兮焉適。」子叔剛、叔紹，孫煒。

侍讀陳先生叔剛

陳叔剛，名桭，以字行，閩縣人。少從訓導劉九疇受《春秋》。永樂十九年舉進士。依親讀書，從諭德林誌學古文。宣德初，召擢監察御史，預修成、仁二廟《實録》，遷翰林院修撰，篤學，勤官守。丁母憂，廬墓終喪，復故職。纂修《宣廟實録》。上初御，經筵選儒臣充講，叔剛與焉。後陞侍讀。聞父病，乞歸省，居一年，得疾。遭父喪，疾益甚，竟卒，年四十七。叔剛温雅潔慤，出言行事皆有思裁，爲文亦復如是。見人過，密規而疏覆之。遇良時，飲酒賦詩，襟懷洒如也。與安福劉忠愍球最善。弟叔紹，子煒。《閩書》。《通志》。

副使陳先生叔紹

陳叔紹，以字行。精《春秋》學。少無宦情，有司欲以明經辟，弗就也。劉忠愍雅善叔剛，故聞叔紹名，以屬督學者令補弟子員。時年三十餘矣，於是始有仕進意，舉正統十年進士。選監察御史。景泰初，朝廷多故，臺中建白彈擊，皆叔紹率先。陞湖廣按察副使。卒。叔紹有孝行，母病，嘗糞驗差劇。叔剛没，孤煒甫十歲，叔紹撫成之。《閩書》。《通志》。

布政陳文耀先生煒

陳煒，字文耀，閩縣人。天順四年進士。成化初，選監察御史，出按南畿，尋命督北畿學。爲人操履清正，學問該博。所至以表名賢、正風俗爲務。在臺中，號敢言。錦衣衛門達者自英廟時恃寵竊權，屢興大獄，莫誰何。煒疏達諸奸利狀，詔投嶺表，中外快之。南京給事中王徽以疏語稍侵閣臣，外遷。煒復爲申救，由是陳御史直聲震朝廷。遷江西副使，歷按察使，晉右布政使。江右俗素多訟，煒屢折疑獄，善爲鉤距，以得其情。然煒雖號明察，而用意甚厚，惟恐濫。時盜越獄，有欲罪守卒故縱，當死三十七人。煒不可，逸一盜而死者三十七人，非法之平也，竟從減論。弋陽、樂平二邑人争陂，久不決。煒爲權其利，樂平民得決水溉田萬餘畝，而代弋陽輸賦若干。二邑便之。其知大體、周物情多此類。尚書彭韶嘗稱煒「有澄不清，撓不濁之量」云。晉浙江左布政使，卒於官。

《越章録》。

閩中理學淵源考卷四十四

廣平府知府李清馥撰

林浦林氏家世學派

國家當元氣毓和之候，耆儒碩德群出，以茂贊鴻猷，弼成治平之世。若林公者，英彦萃於一門，尤所希有。先公《續語録》中亦載其家之風流篤厚，可爲師法，與有宋中州吕氏並述。蓋推本於門祚昌明，邦家盛事耳。文安忠清碩德，大節皎然，一時朝端儒舊如章楓山、王三原、王文恪俱極推許。而康懿、文僖、文恪諸公皆培蘊家聲，史稱其内行修潔，淵源夐乎尚矣。嘗讀蔣氏垣述其先訓曰：「林浦林氏文安公一門父子孫兄弟，五登八座尚書，相繼者百有餘年，代稱儒臣。居恒率以《家禮》、《小學》訓誨子弟，故子弟出鮮僕從，衣惟布素，未嘗以門第自視。即概觀當時先達，皆遵儒教於不墜，其餘風吾猶及見。邇來儒道寖廢，習尚侈肆，爾曹不復見昔時秉禮樸雅之遺，爲可歎耳。」此見於蔣氏《閩學源流》，因并録之，以爲培德修學，鄉國風規云。

文安林亨甫先生瀚

林瀚，字亨甫，閩縣人。父元美，永樂末進士，歷官撫州知府。公廉持大體，吴聘君與弼贈「金井水、玉壺冰」六字以況其清。瀚登成化二年進士，選庶吉士，授編修。太宰王恕薦以學行醇正，累遷至國子祭酒。九年，陞禮部右侍郎，仍掌監事。在國子十年，有恩而嚴。膳金之餘，鬻置署舍。屢與章懋講論，爲懋所重。上疏請開科貢以進人才。十二年，陞吏部右侍郎，再陞南京吏部尚書。鎮定不揺，人倚爲重。會災異，率僚屬陳言，皆切時政。時御史王獻臣被逮，疏乞寬宥，以全風憲之職。儒士孫伯堅等夤緣爲中書舍人，疏乞收回成命，以杜倖進之門。忤旨，自劾，不報。十六年，復疏請培植根本、佑啟皇儲、撫綏百姓、增進賢才數事。時與莆田林俊、金華章懋、浮梁張敷華號「留京四君子」云。

正德初，太宰缺，丘俊、石玠等交章薦瀚剛方廉介，改兵部尚書參贊機務。又疏勸武宗割私任公，不改先帝舊人，不易先帝舊政，遠近習，裁貴戚。爲逆瑾所深嫉。會大學士劉健、謝遷致仕，瀚閱報嘆息。御史薄彦徽等上疏請留，兼言上晏朝廢事，日與新進佞倖遊飲射獵，上大怒，械繫彦徽，下鎮撫司獄鞫之。詞連瀚，出爲浙江右參政，致仕。瑾後矯旨列瀚與健、遷、劉大夏等爲奸黨。瑾誅。御史凌相、汪正等言：「瀚德尊望重。」詔復舊銜，時年逾七十，命有司給人夫、月廪，時加存問。瀚年八十，子庭棉爲雲南參政，請去官侍養。卒年八十六，贈太子太保，謚文安。瀚居家潔修，而賓客過門必極欵洽。里居時，年雖高邁而泛應周旋，禮意勤懇，簡答題封，皆手自治。爲人内柔外温，至方若圓，至勇若怯，無卑賤愚不肖，處之若一。獨非意相干者即之，始知其不可犯也。章懋嘗言：「瀚有《秦誓》大臣之容，又有柳下惠之介。」子九人，五子登科第，諸孫多貴顯，兩世之内位至尚書者五，世稱「五尚書林氏」。子庭㭿、庭機。

康懿林小泉先生庭㭿

林庭㭿，字利瞻，號小泉，瀚次子。弘治己未進士，授兵部主事。歷郎中，以持正不阿出守蘇州。陞雲南參政，乞終養。服闋，起江西參政，歷布政使，以都御史巡撫保定。嘉靖初，與張孚敬不合，歸。未幾，起南兵部侍郎，轉工部，尋拜大司空。時世宗方稽古禮文，創九廟，建兩宫，庭㭿規畫盡善。嘗召見，世宗顧左右，奇其狀。明日，庭㭿疏「節財用，省營建」二事。世宗曰：「朕方顧若，若乃言我，若非林俊子耶？」左右對：「其父亦尚書，非俊子也。」他日，世宗又出御製《憶邊士》七言詩，令和以進。明年，廟工成，加太子太保。又明年，以疾乞歸。庭㭿穎悟絶人，儀表竦秀，雅善清談，風流爲一時之冠。歷官内外，厚下愛人。蘇州七邑大水，都御史不肯以聞，庭㭿上疏請蠲其税。雲南武弁財賦不給，民無所出，庭㭿令牛馬布帛雜物俱得充，不旬而辦。晚蒙知遇，家食而眷不衰。卒，贈少保，賜祭葬，謚康懿。《通志》。《分省人物考》。

文僖林肖泉先生庭機

林庭機，字利仁，號肖泉，瀚季子，庭棉弟。嘉靖乙未進士，選庶吉士，授檢討，遷國子司業。嚴嵩用事，士争附其門，庭機寓與隣，未嘗私謁。歷南祭酒、太常卿、工、禮二部侍郎。在南十年，銓部每有推轂，嵩輒擠之。嵩罷，始晉南工部尚書。滿考，改禮部。穆宗即位，上疏乞骸骨，得請，歸。先是振武營兵變，戕殺兵部侍郎黄懋官，人心洶洶。庭機時爲工侍攝篆，持大體，不苛細，餉以時給，亂遂弭。工部歲供，内府費鉅萬計，裁其濫溢，中貴人斂手。庭機廉静不近名，内行修飭，自奉如寒士。姚江孫文恪嘗曰「不忮不求，惟吾友爲然」。莆田康司空同在史局，額其齋曰「學林」。其爲賢者所崇仰如是。卒，年七十六，贈太子少保，賜祭葬，謚文僖。有《世翰堂稿》若干卷。兄庭杓，字利高，以蔭入太學，歷官慶遠知府。子爌、烴，俱官尚書；光官户部郎中。父子祖孫，並以清忠品節見推於世云。《通志》。《分省人物考》。

文恪林對山先生爌

林爌，字貞恒，庭機長子。嘉靖丁未進士，選庶吉士，授檢討。是時庭機尚未選官，父子一時爲檢討，詞林榮之。久之，充景恭王講讀官。時嚴嵩專軸，爌不與通。會景恭王之國，嵩欲改爌長史，遣人諭意，爌弗顧。嵩敗，累擢洗馬兼侍講，校理《永樂大典》，纂修《承天大志》，陞祭酒。書成，加太常卿，仍管國子事，轉禮部右侍郎兼學士、經筵講官。中官奏修九陵，爌奉旨往勘，還奏惟長陵應修。省費數萬。屬邊警，條上强本七事。改吏部右侍郎，仍日講，前後經筵，多所規諷。首相徐階甚倚重之。俄調贊南銓計部，署禮篆，魏國公徐鵬舉昵少子邦寧，欲易嫡。爌不許，竟封其長邦瑞。萬曆改元，進南工部尚書。明年，改禮部。以母喪歸。爌立朝議論，風采傾一時，與張居正同爲上所知。及居正在政府，謝不見，爲居正所擠。衣布蔬食，齋居一室，問業之屨常滿户前。卒，贈太子少保，賜祭葬，謚文恪。所著有《學士集》、《經筵講章》。子世言，字天迪，官户部員外。詩詞清麗，有《叢桂堂集》。世勤，見《通志·孝義部》。《通志》。

尚書林貞耀先生烴

林烴，字貞耀，庭機子，爌弟。嘉靖壬戌進士，授户部主事，轉員外郎。嚴嵩執政，請告里居者數載。隆慶初，補駕部員外郎，去烙馬之弊。遷庫部郎，出守盱江，加意撫循，屬邑輸賦以縣封識，轉文解省，不覔一錢，聽斷敏決，郡中謂之「林一升」。以母艱，歸。補蘇州知府。時張居正奪情，迎母之京，道出姑熟，烴不爲禮，入覲未嘗至其門。尋遷粤西臬副，值兄爌訃至，遂棄官歸養。久之，起兵備三衢，轉參粤藩，所至有聲。擢冏貳。因災異極陳礦税之害及諸逮繫掩獄千餘言。隨請假回籍。起南冏卿，轉大理，遷刑部侍郎，晉南工部尚書，累疏乞骸歸。烴爲人襟度高曠而持正不阿，有難進易退之節，孝友之行通於神明。家世詞臣，文學冠冕海内而博綜不倦。雖奕葉貴顯，清約不異韋布。年七十七，卒。所著有《覆瓿》諸集。《通志》。

王氏家世學派

按：中美先生以文章氣誼一時推重，而立朝汲引士類，懿德可風。其後嗣出處，皆能有立，懋復諸公尤講明正學，能振續學派於頹瀾之餘，爲三山先正師表，抑又尚已。

紀善王中美先生褒

王褒，字中美，侯官人。孝友重氣誼，故與林鴻諸人稱詩閩中，號十才子。洪武中，鄉薦，歷瑞州、長沙兩學教授，遷永豐知縣。均平傜役，課士親講授。蝗爲災，禱城隍而殪。永樂中，與修《高廟實録》。陞翰林修撰，修《永樂大典》，爲總裁官，改漢府紀善。時海内無事，每遇禎祥或令節，輒命從臣賦詩。褒應制，多稱旨。褒性孝友剛直，好汲引士類，同郡陳仲完、高廷禮、王恭皆因褒以進。所著有《養静齋集》行世。子肇，以文學屢徵不起。五世孫應鐘。《閩書》。《新福州府志》。

王開若先生肇

王肇，字開若，侯官人。父褒。少業於陳郊，學《詩》林鴻，學《書》王偁，學畫高棅。永樂、宣德間，以文學屢徵不起。所著有《蒙齋集》。《閩書》。《通志》。

王懋宣先生應山

王應山，字懋宣，侯官人。讀書博覽。以《春秋》教授生徒，烏石、武夷問從者如雲。其詩宗大曆，婉而多致。監司、守令常式其廬，食貧篤行無所干謁。林宗伯燫纂修郡志，多所裁定。晚年苦心編摩，著作甚富，有《經術源流》，又有《閩大記》三十三卷，以識閩中文獻之盛。《閩書》。《通志》。《道南源委》。《新郡志》。

參政王懋復先生應鐘

王應鐘，字懋復，侯官人。嘉靖二十年進士，授庶吉士，改浙江道監察御史，巡鹽長蘆。東廠太監馬廣貪而虐，應鐘疏論之，詔切責廣，一時中貴斂跡。按順天，糾郡縣不職者三十餘人。嚴嵩柄國，十監錦衣妄指奸細，誣殺人。應鐘立白其冤。守備昌平，太監王敏朘削軍士，應鐘數其罪，世宗爲逐敏。河套事起，應鐘以前與議逮詔獄，十監錦衣修前隙，幾斃杖下。按浙江，所至，墨吏解綬去。入掌河南道，會大計吏，嵩欲蔽其私人，應鐘弗許。出督學河南。宗室有凌辱諸生者，必繩以法。轉山東參政，竟爲嵩所中，罷歸。環堵蕭然，講明正學，學使者宋儀望爲建書院於道山，從遊者雲集。應鐘性端毅，居官以嚴見憚，於鄉黨，則謙恭樂易。引掖後進，常若不及。年九十，卒。《通志》。《閩書》。《新郡志》。

林氏家世學派

按：叔魯先生後以禮學世其家，故特録焉。餘俟再考。

教諭林叔魯先生鈍

林鈍，字叔魯，閩縣人。永樂中，領鄉薦，會試乙榜，授常山學訓導。端莊嚴重，動遵矩矱，訓迪講論，或至夜分。陞江西興國教諭，亦多所造就。《禮經》有傳，自鈍始。既卒，門人悲慕，祠祀之。所著有《説鈴餘響》等集。三子：曰清源，曰泮，曰濬淵，俱登進士第。《閩書》。《分省人物考》。

主事林用清先生清源

林清源，字用清。天順四年進士，官終南京工部主事。耿介有父風。泮、濬淵皆從受學。《閩書》。

尚書林用養先生泮

林泮，字用養，閩縣人。父鈍，永樂中舉人，司訓常山，遷興國教諭，所至諸生懷之。泮遊太學時，有誣奏祭酒陳鑑者，泮伏闕抗疏直之。成化八年第進士，授南京大理評事。歷寺正，讞獄矜恤，多所平反。遷知廣州府，忠義節烈多所表章。嘗刻石庢門，曰「宋太傅樞密院使張世傑死節於此」。藍冀諸山峒蠻叛服不常，泮親帥兵攻之，擒其渠魁。又豐湖堡賊劉庚作亂，單車造壘諭降之。擢廣西參政、江西左右布政。自以家世《禮經》，言陳澔所著《禮記集説》已列學宫，而未得與從祀之列，請舉行之，不果用。入尹順天，進户部右侍郎總儲務，權倖斂手。正德三年，拜南京户部尚書。逆瑾嫉之，矯旨令致仕，復吹求其江西罪，罰米二百石輸邊。泮家貧素，又先被火。既歸，寄寓山寺者數十年，布衣疏食，談經不輟。齒宿望重，謙抑自牧，鄉人敬愛。卒賜祭葬。《通志》。《閩書》。

僉事林用淵先生濬淵

林濬淵，字用淵。成化八年進士，初授刑部主事，持法不阿，官終浙江按察僉事。《閩書》。

林氏家世學派

按：德敷先生深邃《禮經》，學者多北面受業。今未得遍考其學派，姑列著其家學，以備參稽。蓋公素遊羅整菴、吕涇野二先生之門，其所學所守，綽有本末可考。且壽考康强百年之多，而子孫又眉壽逢吉，信乎得天者厚矣！再按，公與鄭公善夫諸賢相友善，善夫晚歲嗜學勵志，儒宗豈得以詞華置之哉？故特志之，附交友中待考焉。

郡守林德敷先生春澤

林春澤，字德敷，侯官人。登正德九年進士，授户部主事，司榷臨清。❶屬武宗南巡，諫者皆廷杖，罰跪午門。春澤抗疏千餘言救之，得免。邊帥江彬扈從，擅威福，春澤持正不阿，彬爲氣奪。坐謫寧州丞，移倅吉州，遷肇慶府同知。島寇掠高州，檄攝府篆，春澤習知傜兵害民，悉罷遣之，代以土著，諸寇次第就擒。擢南刑部郎，出知程番府，擇耆德文學之士分布諸寨爲童子師。時卧龍、金石二司暨通州寨屢年失地，春澤與指揮協謀平復。功未上，爲忌者所中，以候調歸。春澤邃於《禮經》，學者多北面受業，其詩詞宏偉，與鄭善夫、方豪、何景明相倡和。在吉州，與羅太宰欽順講學。其在南曹，復遊吕宗伯柟之門，究極旨奥。年百有四歲，卒。所著有《禮記筌蹄》二十卷、《瑞集》十餘卷。子應亮，户部侍郎；孫如楚，工部侍郎，各享眉壽。《道南源委》。《通志》。

侍郎林熙載先生應亮

林應亮，字熙載，春澤子。嘉靖壬辰進士，初令潁上，調秀水，皆有廉聲。守常德，榮王官校挾勢爲害，應亮剗梟獷，植善良，縛諸不法者署諸理。值大祲，治糜賑藥，全活者衆。歷廣西、江西藩

---

❶「榷」，丁氏抄本作「權」。

臯，晉南户部右侍郎。請告歸，奉父杖履，幾二十年。時父春澤以程番太守家居。子如楚，弱冠登進士。三世萊彩，傳爲盛事。應亮少好稱詩，爲古文詞，與西蜀任少海、温陵王道思、吴興蔡子木、長洲皇甫子安最相善，徒以雅志經世，不究其業云。《通志》。《閩書》。

侍郎林道茂先生如楚

林如楚，字道茂，應亮子。弱冠，登嘉靖乙丑進士，歷刑部郎中。善決獄，歲減重辟十二人。由督學任至少司空。時陵寢、宫殿工役并興，如楚殫力供事，以績著。生平好學，有恬退之節，經書皆手録。著有奏議六卷、《碧麓堂詩文集》十二卷。《通志》。《閩書》。

郎中鄭繼之先生善夫附交友

鄭善夫，字繼之，閩縣人。弘治十八年進士。連遭内外艱。正德六年，始爲户部主事，榷税滸墅。以清操聞。時劉瑾雖誅，嬖倖用事。力告歸，築少谷草堂金鼇峰，作「遲清亭」，曰：「俟天下之清也。」巖居六載，交遊寡絶，日晏未炊，欣然自適。有司勸駕奪起，改禮部主事員外郎。武宗將南狩，善夫約諸曹郎伏闕上疏。上怒，杖之，罰跪闕門。跪時别作諫草置懷中，囑其僚方豪曰：「死，爲我出之。」幸不死，居頃之，歎曰：「世道如此，何可爲計哉？」復乞告歸。徘徊越山水，探天台、雁蕩者。久之，入武夷山中，雖尫羸善病而遊覽不廢。嘉靖改元，薦起吏部驗封司郎中，道病卒，年三十九。閩中國初有十才子，至善夫而始振風雅之道。晚乃厲志聖賢，曰：「任重者，身也；途畏者，口也；致遠者，道也。邪行亡乎體，違言不存口，要諸遠矣。」善夫交遊盡海内名人。其詩規仿少陵，兼目時變，故寓幽憂，雖才韻弗克，古色精言，高映霞表。與山人孫一元、衢州方豪、鳳陽殷雲霄最相善。善夫没後，閩守汪文盛爲營葬，梓其集行世。《閩書》。《明史》。《通志》。

閩中理學淵源考卷四十五

廣平府知府李清馥撰

恭敏馬孔養先生森學派

三山學派傳習，源流尚矣。王信伯開洛學之先，林少穎續紫陽之緒，厥後黄勉齋肩紫陽學統，遞有傳人。至今稱朱門派的者，曰何、王、金、許，萃於金華。然而閩之派别，薪傳未艾也。元、明以來，遞相祖述，至成化以後，人材輩出矣。自吴聞過、林尚默、羅宗讓、林德敷而後如恭敏馬公、恭介鄭公尤篤守師説，典型屹峙。今著其師友派系載於篇。再按，朱氏《經義考》謂恭敏亦守心學之説，與朱、蔡有違言者，而本傳稱其究心程、朱之學。今以本傳爲據。

恭敏馬孔養先生森

馬森，字孔養，懷安人。嘉靖十四年進士，授户部主事，榷九江關，以廉能著。歷知太平府，雪冤獄、裁中璫，减供億，治行甲江南。轉江西副使，進按察使，尋轉左布政使、副都御史，巡撫其地。森久歷江右，多惠政。時創三殿，疏請南糧改折，省民間數萬金。召爲刑部侍郎，尋改户部，坐累徙大理卿。與刑部尚書鄭曉、左都御史周延得時稱「貫城三平」。遷右都御史、户部尚書，以疾乞休。穆宗登極，起爲户部。上令太監崔敏取户部銀六萬兩買金進用，森言：「先帝時買金二千，日積月累，僅能足數。尋詔停止，以此金暫貯太倉。今於數日内得滿一萬，臣知不能也。且祖宗時，御札皆下閣臣，轉示各部院，無司禮徑傳者。更望率由舊章。」上乃止。旋以母老乞終養，賜馳驛歸。服除，屢薦不起。初，森爲考官時，夏言壻出其門，欲介之見言，謝不往。嚴嵩聞而悦之，森亦不附。其爲爲徐階所重，遂引用之。居恒講明理學，與歐陽德、鄒守益、羅洪先相質正，要以程、朱爲宗。其爲侍郎歸，值閩卒兩倡亂，森角巾野服出諭之，隨解散。臨武劉堯誨撫閩，議復夫甲庫役法，森備陳其害，議遂寢。繼撫閩者南海龐尚鵬欲行條鞭法，森力贊決。其卒也，賜祭葬。贈太子少保，謚恭敏。郡人立報功祠於九仙山祀之。

所著有《四書口義》、《書經敷言》、《周易説義》、《春秋伸義辨疑》、《地理正宗》、文集、奏議若干卷。

子熒、歘。熒，字用昭，以父蔭爲南京都督府都事，雅善文辭；歘貢士，能詩。《閩書》。《明史》。《通志》。

郭建初先生造卿

郭造卿，字建初。父，萬程，見《縉紳》。母氏見《閨閤》。造卿爲諸生，器於父友馬恭敏森，今受業羅文恭洪先之門。閩中倭起，客遊吴越，胡少保宗憲、李襄敏遂禮致之，新安汪司馬道昆撫閩，一見奇其文而高其行，禮爲上客，而戚都護繼光在閩有平寇功，枉車騎於造卿，甚委心焉。大司馬葉夢熊起家爲其邑令，欲延造卿署中，度不能屈，乃館之蕭寺，訂盟莫逆。夢熊去，而夢熊之侄名春及者，爲惠安令，邀定其政書。葉氏二公交造卿，惟恐不及也。造卿廪諸生，例尚不及計偕。會徐中行子與攝閩學，强遣計偕，爲儀郎所格。造卿謂：「郎執例固當。」郎亦素聞造卿名，更過從，相稱慕。久之，卒業北雍。王文肅錫爵時爲祭酒，臨其舍，遇以博士。或邀造卿試中書，不從，文肅大稱善。居頃之，中行以閩觀察使入覲，而戚繼光鎮薊門，交辟造卿爲客。造卿曰：「徐公於我厚，厚在吾親，蓋俎豆我父，旌表我母，我不可不往。」則之徐。既至，徐不久卒，造卿爲治喪立後，傳其遺文。去之其故所守汀郡，哭徐公祠下，繪像樹碑，復爲請祠於其鄉，乃曰：「吾於徐公盡矣。」

束裝見戚於薊門，戚爲造卿督築館漢莊，請草《燕史》，未竟，戚去，造卿曰：「吾不可廢成勞，令後世無復知有戚將軍。」遂留竣事，官廪之，造卿不受也。其時夢熊正分部盧龍塞，從班荆道中，而維揚顧養謙者以中丞鎮薊，爲造卿治其館所樂飲，造卿爲養謙畫海漕，活遼人以十餘萬計。造卿名僅籍太學，所知交盡當世名卿、賢士、大夫。擘畫成敗，論古今得失源委，九邊、三輔、列藩阨塞夷險，攻守所宜，如列眉觀火。行不齎書，問以典故疑義及奇事僻語，莫有能難者。久於塞上，人親附之，欲留之不得。晚歸故山，婆娑麟巖、石竺、靈源間，輒命酒叫呼，人莫窺其意。

恭介鄭環浦先生世威

鄭世威，字中孚，號環浦，福建長安人。幼凝重寡言笑。年十三即惡流俗紛華。題其齋曰：「志樂顔瓢，貧甘范甑。」弱冠，舉於鄉。嘉靖八年成進士。會臺臣闕，詔從諸進士推擇，衆競趨之，世威曰：「纔脱章句，躐司耳目耶！」獨不赴銓，除户部主事。一日忽心動，疏請改南以便父養，未得命而訃至。免喪，補刑部，晉員外郎。恤刑秦中，釋冤獄九十六人。擢爲廣西按察僉事。尋改廣東。丁内艱，復，除江西。

貴溪夏言再召入相，諸司往賀，開角門延入，世威便却退，呼閽者，曰：「相國尊，然奈何令邦大夫縮縮旁趨？還吾刺，去爾！」閽者開中門，乃入。言未子也，巡撫汪元錫偕言有事上清宫，以祝釐爲名，實爲相祈子。世威從諸司往拜，前視祝詞，乃知之，遂不拜，出。轉浙江布政參議。言再相，世威復不與諸司郊迓。轉江西按察副使。時分宜嚴嵩代夏相，勢强甚，族黨暴横，莫敢問。世威輒用三尺繩治，有抵重法者，獄具矣，傳巡撫撼於嚴，將改論，世威持不能奪。熊憲副者，嚴姻也，以輕直占廢寺田千餘畝。世威鬻以賑饑，熊持相手書求救，不得。遷四川參政。念嵩終螯己，投檄歸。歸而薪粲不贍，耕鋤自力，怡然安之。懸車十六年而嵩敗，中外交薦，起湖廣參政、南京右通政。

隆慶初，擢都察院右僉都御史、左副都御史。華亭相徐階爲王守仁學，廷議有舉守仁從祀者。世威廼疏言：「王守仁當世豪傑，參之名臣無愧，謂其紹周、程，宗孔、孟，則平生庸德有不足矣。且其率天下徑趨直行，使聖門講學明理之功屏棄不用，將有毫釐差而千里失者。與守仁同時講學者泰和羅欽順、惠安張岳，世稱賢大夫，兩嘗指擊其謬，守仁辨不能絀。蓋守仁以名勝，欽順、岳以實勝，實之與名相去遠矣。」文貞不是也。顧其事亦寢。時新建學方盛行，諸貴人見其疏，弗善也，廼以爲南吏部侍郎，名雖擢而實遠之。歲餘，乃召入刑部。未幾，有詔採合浦珠及滇南珍石。世威疏請上納忠諫，崇節儉。不報。江陵爲政厲威權，以屬禮頤使九卿。世威行意自若，一無所阿承，時時歎曰：「吾方壯時，迕貴溪、分宜，幾陷虎口。今老矣，安能以僅免之身而便辟唯諾新貴人前哉？」遂堅意乞休，得旨致仕。歸而耕鋤如故，里中不知侍郎云。

生平以慎獨爲要，力行爲宗。與人交，久要不忘，一切脂韋緣飾語、籠罩欵曲狀，不獨有所恥而不肯爲，亦其性有所執而不能爲者。其學一以濂、洛爲宗，取六籍及儒先語日誦繹之，録其精者，獨證於心，曰：「直諒爲友，嚴師爲師。展也宋儒，實獲我私。」年八十二卒，賜祭墓，贈尚書，謚曰恭介。禮官言其歷官權貴之鄉，媚竈是恥；辭榮寂寞之野，杜門自高。晉江黄恭肅銘其墓謂：「中孚有一介不取之廉，然飲人以和，弗爲谿刻。其學不立門户，而淵源可紹真儒之統。」所著有《四書問答》、《長樂乘》、《岱陽彙稿》藏於家。《閩書》。《越章録》。

通判林世獻先生廷琛

林廷琛，字世獻，懷安人。嘉靖十四年進士，授户部主事。四奉命督税，大著廉名。朝中爲之語，曰：「林主事，何稜稜！官理所至一片冰。」歷郎中。監崇文税缺人，部尚書梁材復使綰之，曰：「必君乃可。」有倚勢觸禁者，廷琛置不顧。會朝正後，諸後至者率向閹人爲好語，廷琛不能也。坐謫判鎮江，兩院交薦，有南寧之命。會權奸別有所擠，持旨未下。有欲爲廷琛私營賂者，廷琛知而峻止之，曰：「此豈林世獻平生！」遂棄官歸。原憲懸鶉，子桑濕突，晏如也。司徒馬森曰：「余海内知交稱廉介者，汶上吴嶽、南雄譚太初，吾閩則鄭世威、林廷琛其最矣。」

閩中理學淵源考卷四十六

廣平府知府李清馥撰

成化以後諸先生學派

明代成化以後，師席踵起，是時一術專師，家無異説，一代人才，於斯爲盛。嘗讀顧氏《日知録》論科舉業云：

林文恪《福州府志》曰：余好問長老前輩時事，或爲余言：林尚默誌方遊鄉序，爲弟子員，即自負其才當冠海内士云。林誌，永樂壬辰進士，鄉試會試皆第一，殿試一甲第二。然考其時，試諸生者，則楊文貞、金文靖二公也。夫尚默當時所習，特舉子業耳，而楊、金二學士皆文章宿老，蔚爲儒宗，尚默乃能必之二公若合符節，何哉？當是時也，學出於一，上以是取之，下以是習之，譬作車者不出門，而知適四方之合轍也。正德末，異説者起，以利誘後生，使從其學，毁儒先，詆傳注，殆不啻弁髦矣。由是學者倀倀然，莫知所從，欲從其舊説，則恐或主新説，從其新説則又不忍遽棄傳注也。己不能自必，況於人乎？嗚呼，士之懷瑾握瑜，範馳驅而不遇者，可勝道哉！是故射無定鵠，則羿不能巧；學無定論，則游、夏不能工。欲道德一，風俗同，其必自大人不倡遊言始。

按此段論科舉之學，實關風氣盛衰。今録附此，見彼時趨嚮，端的人文向盛，由此道耳。綴其大略，附之篇端。

郡守許履夫先生坦

許坦，字履夫，閩縣人。宋許將之裔。成化十四年進士，仕大理知府。居官才敏著稱，精《易》學，門下多所造就。有《平齋雜稿》。子繹，温州教授，繼南安知府。孫嗣宗，歷官郎中。其先知新建、崇仁二縣。實心實政，百姓德之。《閩書》。《新郡志》。

縣令鄭德輝先生藴中

鄭藴中，字德輝，閩縣人。成化十六年鄉薦，授石首教諭。學邃《春秋》，多所造就。文章德行，後進仰止。擢貴池令，與上司議獄不合，拂衣歸。家居，夫婦織席爲食。有門下以御史按閩，屢候，弗見也。一指揮防海，欲得善地，持厚賄乞關説。歎曰：「胡爲及我？」再三懇之，藴中呼里人欲執詣官，指揮跪請曰：「御史念公貧，藉此爲餽耳。」終不納。年九十餘終。《閩書》。《通志》。

長史陳先生克震

陳克震，懷安人。少貧，耕於野，以舟載糞艤石橋側。時月夜，諸生方聚講《中庸》，克震戟手傍聽，竊竊笑之。諸生怒曰：「傭也何知？」克震曰：「嘗學而聞之，異乎諸君之説也。」遂爲講解其義，諸生歎服改容。舉成化七年鄉薦，授慈谿訓導。振作師道，門下以明經舉者甚衆。官終長史。弟坡，子京。《閩書》。

同知葉叔理先生性

葉性，字叔理，閩縣人。弘治二年鄉薦，官終慶遠同知。慈祥愛人，以理學誨士，一時翕然宗之。《閩書》。

教諭陳時勉先生德懋

陳德懋，字時勉，侯官人。弘治十四年鄉薦，任平陽教諭。善講解，於經書要旨多獨詣，常集諸生於齋舍督課學業，察勤惰，每至丙夜不輟。賑貧却饋，多士相慶得師。《通志》。

長史鄭節之先生伯和

鄭伯和，字節之，閩縣人。弘治十四年鄉薦，授無爲州學正，轉國子博士。秩滿，當遷，吏部郎薛蕙，其門人也，欲援之，伯和固求散地，乃以爲壽府長史。久之，致仕歸。伯和坦夷長厚，未第時，以《禮經》授，門下士甚衆。及拜官爲教職，不樂他徙，歸後，猶誨誘後進不倦。聞人之善，若己有之；見人子弟力學有得辟舉者，若己子弟得之也。天性至孝，嫡母林，幼撫有恩，遇忌日必哀慕。年逾耳順，祭猶泣下。親黨貧者，隨多寡周給，力雖不足，而意每有餘。鄉人咸敬服其德焉。萬曆《府志》。

縣令洪繼明先生晅

洪晅，字繼明，懷安人。弘治十四年鄉薦，知郯城縣。謹厚有文，精《禮經》，多所教授。子世文、世遷。

主事黄叔和先生鏗

黄鏗，字叔和，閩縣人。正德二年鄉薦，歷工部主事。精於易學，受業甚衆。孫功懋。

郎中王維周先生希旦

王希旦，字維周，侯官人。正德八年鄉薦。早有文名，以文見知於汪太宰鋐，以爲其部司務。歷禮部郎中。以憂歸，尋卒。希旦在禮曹時，御史請以薛文清瑄從祀，下部會議。時薛學未尊，諸公尚有可有否，獨希旦以爲求士於六經章句之後，則躬行爲急。瑄之學實自敬始，從祀爲宜。希旦甘於貧，其歸也，環堵畝宫，至不能舉火，處之漠然。《閩書》。《通志》。

奉常林質夫先生公黼

林公黼，字質夫，號石峰，長樂人。正德十二年進士，授大理評事。時江彬、錢寧導武宗南巡，群臣有諫者，彬輩每勸武宗杖之。公黼約同官以疏諫，武宗震怒，命鎖項、械手足，暴庭中五日。復繫詔獄，一杖獄中，再杖闕下。舁至旅舍，卒。公黼居常，恂恂雅飭，薦紳知者謂其清修善人而已，及其勇於赴義，臨死生而志不懾、氣不餒，浩然有烈丈夫之風。少沉敏力學，閉處一室，端默誦習，飲食不關其家人者三年，故其學精通經、傳、子、史，旁及訓詁、韻切、篆籀諸書。性孝友，居父母喪，哀毁蔬粥三年，跬步未嘗遠几筵，事其二兄甚謹。平生所爲，可質鬼神，敬獄明讞，不以一字喜怒於人。當公黼下獄，而郎黄鞏及行人張岳並在繫中，鞏與公黼交素淺，比熟其行，乃私謂岳，曰：「吾取友幾遍天下，而乃近遺林質夫。」嘉靖初，贈太常丞，予祭，録其子逢春爲太學生。逢春歷推官、通判、榮府長史，所至有廉能聲。以養母，疏歸。《通志》。《越章録》。《分省人物考》。

少卿謝維盛先生蕡

謝蕡，字維盛，閩縣人。正德十六年進士，選禮科給事中，敢言事。肅皇初御極，虚懷求諫，而楊廷和爲首輔，擁掖言者。每言官上封事，率優詔答之。時有乳媪濫封爵賞，具疏諫，因勸上節恩澤、戢内侍。已，又論救翰林吕柟等。上懽然聽納。嘉靖三年，大禮議起，張璁時方爲主事，與相廷和論不合，蕡同諸給舍力争，上怒，詔杖闕下。無何，復論璁、桂萼輩險邪不可用，復奪俸三月。其明年，使粤東西，蕡疾在外諸司刑慘酷，非上好生意，具疏乞戒止。天子感焉，爲下詔，榜諭天下。其尋擢太平守，未上，卒於途。蕡在言路，號知大體。隆慶改元，録世廟言事諸臣，贈太常寺少卿。《越章録》。

按察李在中先生士文

李士文，字在中，連江人。正德十一年鄉薦，授高明教諭。寡默宏博，本經義以訓諸生。當道薦嶺南師範第一。以父喪歸，聚徒講學於九龍山之麓。服滿，補嘉魚教諭。登嘉靖己丑進士，除南京工科給事中。會星變，疏陳六事。世宗嘉納之。累官都給事中，終浙江按察使。家居，布衣蔬食，徒步里中。按，閩使者白賁憐其貧，欲爲營室，力辭不受。所著有《易明心》、《學庸正義》。《新福州府志》。

通判徐汝澤先生灌

徐灌，字汝澤，懷安人。嘉靖元年鄉薦。文學雅邃，深明易理。終金華通判。《閩書》。

司訓張伯時先生世宜

張世宜，字伯時，懷安人。祖潛，教諭。父孟敬，安吉州學正，以多聞稱一時。世宜嘉靖四年鄉薦，司訓祁門。清穆和易，博綜三《禮》，士多質正，贄饋未嘗及其門。一時譽髦之盛皆其造就。《新福州府志》。《閩書》。

通判鄭用行先生守道

鄭守道，字用行，懷安人。嘉靖七年鄉薦。於書無所不窺，而學務窮理，嘗主白鹿洞教事。著《太極圖説意》并《易乾坤上下繫辭解》、《大學講章》。深思精詣，能闡周、程之秘。令夏津扶弱抑强，風節凛介，復建書院，與諸生講晰，一時文學之士詵詵興起。擢徽州通判，徽人亦服其多聞。《閩書》。

學正王汝旦先生應槐

王應槐，字汝旦，閩縣人。嘉靖七年鄉薦，初授高唐州學正。服闋，補太倉。敦尚氣節，一以方正率士。太倉州守廷辱士，應槐叱守，白其冤，即拂衣歸，年三十餘耳。歸以《尚書》教授子弟。家徒四壁，窮約終身。《閩書》。

郡守廖師文先生世魁

廖世魁，字師文，懷安人。嘉靖十四年進士，官終瓊州知府。精《易》學，門下教授多所造就。《閩書》。

教諭許先生興繇

許興繇，閩縣人。選貢嘉靖中，任奉化教諭。閒居，衣冠不懈。令士子讀書，必反之身心，深以迎合時好爲恥。奉化人稱其範模。《閩書》。

州守陳道從先生址

陳址，字道從，連江人。嘉靖十九年舉人，知臨高縣。臨俗婚姻多寒盟，址著《正始編》以矯之，邑於是無婚姻之訟。遷知嘉定州。旋歿於瓊州。海上士民思之，與胡銓並祀二賢祠。所著有《易經摘説》、《春早集》。《通志》。

同知林學静先生資深

林資深，字學静，福清人。嘉靖二十五年舉人，授羅雄知州，改補崖州。黎蠻雜處，民多失業。乃相地濬溝，引南北水合注平壤，溉田數萬畝。黎寇與多港構難，撫諭有方，境内敉寧，民碑而祀之。遷高州府，同知化州。州多火患，教民易茅以瓦。會讞大獄，與監司牴牾，掛冠歸。所著有《五經精言》。弟資瀾，嘉靖甲子舉人，知孝豐，未任，卒。《通志》。

中允陳德言先生謹

陳謹，字德言，閩縣人。爲文温厚平實，指言時事，不激不阿。徐文貞階爲考官，深器之。嘉靖三十二年廷對，世宗親擢第一，授翰林修撰。文貞留與語，見其於天理人欲、君子小人之際，辯之晰而持甚堅。已，察其所爲，自朝謁外，閉門讀書，不輕交接、妄取與，益重之。後三年，遣使册封藩府，以拜命後期，出爲惠州推官。居一年，改南京太僕寺丞，尋改尚寶寺丞。又三年，轉南京國子司業，考績入都，留爲中允。逾年，丁父憂，守制家居。謹夙有才名，又温潤醇雅，晉接不倦，士人快覩樂從，造門請業，殆無虚晷。居一載，會其家人與兵卒相毆，謹出解之，要絰在身，無威儀，遂爲亂梃所傷，卧病月餘，卒。事聞京師，給事中岑用賓劾閩撫汪道昆威令不行於士卒，養成桀悍之氣，白晝大都賊虐近臣，恬不爲怪，宜亟罷道昆，然後按治諸驕卒，以正法紀。疏入，上罷道昆回籍聽調，令巡按御史陳萬言捕首惡把總曹一麒等，萬言以屬監軍副使金淛。淛恐生變，白萬言：「待一麒護客兵歸日捕之。」一麒等乘間亡去。萬言以聞，淛坐奪俸一月。蓋嘉靖之季，閩寇甫定，客兵驕悍，法紀玩愒矣。所著有《内制集》、詩文稿藏於家。子一愚。《閩書》。《通志》。

遊擊陳季立先生第

陳第，字季立，連江人。少博極群書，文名甚著，倜儻自負，喜談兵。嘉靖四十一年，戚繼光征倭至連，第與定平倭策。俞大猷應召，聘與俱隨。以邊事上書大司馬譚綸，奇而薦之。起家京營，守古北口。歷遊擊將軍。屢有戰功，以忤巡撫吴兑拂衣歸。時年近五十，絶意仕進，惟以著述自任。作《伏羲圖贊》，一筆圓成，不待奇耦離析，而萬千五百二十之策悉出自然。又作《毛詩古音考》、《尚書疏衍》、《麟經直指》、《屈宋音義》，皆考古證今，理解精醇。金陵焦竑老年好學，第聞之，裹糧至白門與相辨析。竑歎服，自謂弗如。晚出遊五岳，足跡幾遍天下。閩巡撫屢行薦辟，皆不就。卒，年七十七。門人彙集其所著《詞賦漫題》、《松軒講義》、《意言》、《謬言》、《寄心集》、《書札燼存》、《薊門兵事》、《防海事宜》、《東番記》、《塞曲》、《粵草》等書並刻行世。

閩中理學淵源考卷四十七

廣平府知府李清馥撰

隆萬以後諸先生學派

前輩嘗言：古人罷黜百家，獨尊孔氏之旨者，欲其道術之一也。明之中葉，喜新立論，詆譏前儒，漸趨詭僻，士習由是多歧。其始蓋由一二聰明才辯之徒厭先儒敬義誠明、窮理格物之説，樂簡便而畏繩束。説者謂其端肇於南宋之季，朱子彼時曾痛切言之，謂此事實關世變。明之末造，得無類是乎？三山先正如葉氏朝榮、翁氏興賢、盧氏一誠諸公於波靡俗弊之餘，獨屹然爲師表，指南維持，終不墜《易》之碩果，《詩》之典型，蓋近之矣。

郡守盧誠之先生一誠

盧一誠，字誠之，福清人。萬曆八年進士，授行人，歷遷南京户部郎。江右守臣爲南昌、新建二邑請改折，❶時邑多貴人，莫敢難。一誠曰：「南都根本重地，四方多故，兵食日增，虛廩庾以自弱，非計之得。」力格之。白下士大夫俎豆王新建，招一誠入社講學。謝不往，曰：「吾不能口誦程、朱而心叛之也。」出知潮州，毫無染指。有黠僚管郡榷，乾没多，以其餘遺一誠，一誠怒斥之。臺使知其廉，欲并屬以榷事，一誠曰：「奈何奪丞、倅職無已？請爲稽覈可耳。」凝操峻行，爲守郡僅見。晚歲居道山麓，有朱子石室「清隱齋」，杜門謝客。手著《四書講述》，學者奉爲指南云。《通志》。《道南源委》。

副使鄧汝高先生原岳

鄧原岳，字汝高，閩縣人。萬曆二十年進士，由户部郎出督滇學，陞湖廣參議，晉副使，卒。原岳巖巖岳岳，所至以强直稱。在滇時，税璫虐焰，縱爪牙笞辱諸生。原岳捕治之，囊以三木，璫遜謝乃解。葉向高銘原岳墓，稱閩自國初林子羽、王孟敭輩，以詩名，號「十才子」。其後則有鄭吏部繼之。吏部殁，絶響矣。年來才士蔚起，復修明其業，而鄧公爲之鼓舞其間，風雅大振云。《閩書》。《通志》。

---

❶「請」，原作「諸」，據葉向高《蒼霞草》卷一七《明中順大夫潮州知府盧公墓志銘》改。

員外郎王永啟先生宇

王宇，字永啟，閩縣人。萬曆三十八年進士，歷南兵部武選員外郎。嘗有德於南部武弁，衆建祠雨花臺祀之。後擢山東督學參議，又轉北户部員外郎。著有詩文集及《經書説》行世。

王穆仲先生夢褀

王夢褀，字穆仲，古田人。鄉舉不第，試太學，補第一。聚徒鄉校，學者師之。《閩書》。

貢士李士殷先生仕黼

李仕黼，字士殷，長樂人。表望學校，四方名士多出其門。家貧，却諸生贄禮，教人以孝悌修身爲本。兄弟四人，養葬父母，皆出其手。著《五經纂要》。及貢而卒。《閩書》。

陳五雲先生名世

陳名世，字五雲，福清諸生。母林患脾痛，號呼不堪。名世嚙指分痛，至老左手兩甲猶脱。娶王氏，奩厚。名世承母志，分給兄弟之貧者。父母卒，哀毁幾失明，終身孺慕不衰。所著有《雜記》二十四卷、《禮記彙》二百餘卷。卒年七十四。《通志》。

推官林穉虚先生茂槐

林茂槐，字穉虚，福清人。萬曆二十三年進士，授梧州推官，治有異蹟。著有《音韻訂訛》、《字學書考》、《四書經史決疑》等書。《通志》。

侍郎董崇相先生應舉

董應舉，字崇相，閩縣人。萬曆二十六年進士，初任廣州教授。税璫李鳳恃威寵，欲得學宫閒地馳射。應舉率諸生群斥之，璫氣奪。又禁璫繫馬宫墻。召爲南博士，轉南吏部，改北，歷四司。所舉高攀龍、鄭三俊、劉宗周等皆得召用。遷太常少卿，疏請安插流民，開墾屯田。詔拜都察院右副都御史。奉命至天津買荒葦地開屯，自涿州、武清、寶坻、保定、青縣、三河延袤千里，所屯種一十八萬畝有奇。募人開河治閘，以便海道，歲兑運四萬八千三百餘石。複請葛估屯兵，以所入抵餉，無轉輸和糴之費。書數十上，皆得旨。崔、魏忌之，目爲黨人，因格其議。以所屯隸州縣，遂無成功。復遷户部侍郎，督理錢法，條陳鑿鑿，爲附璫者誣奏，奪職。居鄉，建築附海城堡及疏水利，修學校，置社倉、義田，議官糴，嚴海禁，論澳課，皆造福桑梓。暇與諸生講學，老而不倦。著有《崇相集》十七卷。卒年八十三。《通志》。

紀事林行甫先生子勉

林子勉，字行甫，閩縣人。萬曆恩貢，選長泰訓導，教士先實行。時廉其貧者，周之。轉泉州府教授。相國李廷機每稱爲「金玉君子」，擢益府紀事。歸，著有《易經説》四卷、《蓬草》五卷、《石溪集》八卷。子，應典，字儀廷，以貢選雲和訓導。著有《經史要》二十卷、《古今奇觀》十卷、《宦遊草》二卷、《龍門集》六卷。長孫贄卿，善詩文。有《傳硯堂集》三十卷。季孫，榮芬，順治辛卯舉人，翰林待詔。工詞翰。有《如蘭稿》。《新福州府志》。

北京大學《儒藏》編纂與研究中心 編

《儒藏》精華編選刊

閩中理學淵源考（下）

〔清〕李清馥 撰
陳秉才 校點

北京大學出版社
PEKING UNIVERSITY PRESS

閩中理學淵源考卷四十八

廣平府知府李清馥撰

福清葉氏家世學派

福清在宋，王信伯先生開河、洛宗派，厥後傳之綱山陳氏亦之、陳氏藻、林氏希逸，是此邦實文獻之區也。明代，葉良時先生以師儒夙學啟迪後嗣，爲一代元勳碩德。其立論持躬，誘掖後進，蓋祖洛、閩而確守鄉先正之遺者。明季，彼時學術波靡，文忠實負荷其責，其培植善類，扶持正學，與吾郡李文節、何鏡山諸公相往復，實一時中流砥柱矣。

贈公葉良時先生朝榮

葉朝榮，字良時，福清人。應隆慶改元恩貢，授九江通判。潔己恤民，負逋畢登，佐榷關，秋毫不染，免商緡無算。臺使者賢之，令攝瑞昌令，有疏河功，再攝彭澤，有修城功，擢知養利州。築城建學，鑿塘墾田。暇則與諸生談說經術，州俗一新。卒之日，書卷數函，衣裳數襲而已。士民立祠祀之。生平淡薄勤苦，惟讀書窮理爲務。四書、五經、《性理》、《綱鑑》默誦如流，至老無一字遺忘。

尤精於《詩》，自言：「吾説《詩》不在文字，於治亂興衰之故，燦若指掌，五經奥義具在其中。苟有用我，舉此可行也。」四方執經者如雲。所著有《詩經存固》、《四書述訓》、《芝堂藁》行世。子向高。《通志》。《閩書》。《道南源委》。

文忠葉進卿先生向高

葉向高，字進卿，福清人，朝榮子。萬曆十一年進士，選庶吉士，授編修。遷南京國子司業，旋領祭酒事，士類咸服。二十六年，召爲左庶子，充皇長子侍班官。礦税横行，民不堪命，向高上疏引東漢西邸聚錢事爲鑑，不報。尋擢南京禮部右侍郎。久之，改吏部。再陳礦税之害，又請罷税監高淮，語皆切至。妖書獄興，移書沈一貫，力諫。一貫不悦，以故滯南京九年。後一貫罷，沈鯉亦去，朱賡獨當國。神宗命增閣臣。三十五年，擢禮部尚書兼東閣大學士，與王錫爵、于慎行、李廷機並命。十一月，向高入朝，慎行已先卒，錫爵堅辭不出。明年，首輔賡卒，次輔廷機爲人所論劾，久杜門不入直，向高遂獨相者八年。當是時，神宗在位日久，倦勤，朝事多廢弛，大寮或空署，士大夫推擇遷轉之命往往不下，上下乖隔。謫籍永錮，邊餉靳發。廷臣部黨勢漸成，而中貴人榷税、開礦四出，大爲民害。向高用宿望居相位，憂國奉公，每事執争效忠藎。帝心重向高，禮貌優厚，然其言大抵格不用，所救正十二三而已。其大者，鄭貴妃嬖生福王，已受封，久不之國，而光宗日在危疑。京師奸人王日乾與亡賴人孔學訟刑部，因訐奏孔學受鄭貴妃旨咀咒聖母、皇上，擁戴福王，謀害東宫。

向高聞之，具密揭言：「貴妃賢明，福王賢孝，萬萬無此，乃奸人所爲，當静處之，一爲所動，即中外紛擾，其禍將大。」神宗初覽日乾疏，拍案震怒，沉吟曰：「有此大事，如何閣臣無一言？」左右乃以向高揭進。神宗始寬霽。次日，向高復勸：「無發此疏，發則上驚聖母，下怖東宫。貴妃、福王皆不自安。須速定福王之國吉期，以息群喙。」又爲宛轉撑拄，承間勸行。久之，福王始之國，皇太子益安。向高力也。

向高嘗上疏言：「今天下必亂必危之道，蓋有數端，而災傷寇盜、物怪人妖不與焉。廊廟空虚，一也。上下否隔，二也。士大夫好勝喜争，三也。多藏厚積，必有悖出之釁，四也。風聲氣習日趨日下，莫可挽回，五也。非陛下奮然振作，簡任老成，布列朝署，取積年廢弛政事，一舉新之，恐宗社之憂，即在廟堂之上。」其言痛切，神宗知其忠愛，不能行。向高又言：「臣屢求去，輒蒙恩諭留。顧臣不在一身去留，而在國家治亂。今天下所在災傷死亡，畿輔、中州、齊、魯流移載道，加中外空虚，人才俱盡。一旦禍作，天下必不罪他人，而專罪臣，臣何可不去？且陛下用臣，則當行其言。今章奏不發，大僚不補，起廢不行，臣微誠不能上達，留何益誠？用臣言，不徒縻臣身，臣溘先朝露，有餘幸矣。」上不省。京師大水，四方多奏水旱。向高又言：「自閣臣至九卿臺省，曹署皆空，南都九卿亦止存其二。天下方面大吏，去秋至今，未嘗用一人。今人心洶洶思亂，特未發耳。陛下萬事俱不理，以爲天下長如此，臣恐一發不可收也。」上亦不省。

神宗在位四十年之春，向高以歷代帝王享國四十年以上者，自三代迄今止十君，勸上力行新政。因復以用人行政請，亦不報。向高志不行，無月不求去。神宗輒優旨勉留。向高復言：「臣進退可置不問，而百僚必不可盡空，臺諫必不可盡廢，諸方巡按必不可不代。中外離心，輦轂肘腋間怨聲憤盈，禍幾不測。臣方憂陛下孤危，而陛下閉塞愈深。務與臣下隔絕。帷幄不得關其忠，六曹不得舉其職，舉天下無一可信之人。臣恐自古聖帝明王無此法也。四十二年二月，皇太后崩。向高乞歸益數，章十餘上，神宗勉從之。加少師兼太子太師遣行人護歸。向高在相位務調劑群情，輯和異同。然其時黨論已大起。未幾，又争李三才之事，黨勢乃成。向高嘗右東林，時目爲黨魁云。向高歸里六年，神宗崩，光宗立，特詔召還。未幾，熹宗立，復賜勑趣之，屢辭不得命。天啟元年十月，還朝，復爲首輔。熹宗初政，群賢滿朝，天下欣欣望治。然熹宗不能辨忠佞，魏忠賢、客氏漸竊威福。時左都御史鄒元標、副都御史馮從吾以書院講學爲兩給事所訐，帝傳諭欲毁書院者屢。向高言：「講學之禁從古未有。言者動謂『宗室禍敗皆由講學』。不思有宋盛時，正以濂、洛、關、閩講明學術，比及王淮、韓侂胄、陳賈輩始立僞學名目，構陷朱熹諸賢，而宋祚遂終。太祖設科取士，一本宋儒。成祖又令儒臣採輯宋儒論學之書，爲《性理大全》，頒行學宫，二百六十餘年，一道同風，一切決裂、防維之事皆有所忌憚而不敢爲。皇上何輕聽二臣之言，而有道學之禁？臣爲執政而諸儒臣聯翩去國，天下後世清議謂何？且將與王淮輩同被惡名。乞與元標從吾同去。」熹宗不許。

向高爲人光明忠厚，有德量，好扶植善類。再入相，事冲主。奄人逞煬竈奸，時事日非。向高亦稍刓方爲圓，不能謇直如神宗時，然猶數有匡救。其後，都御史楊漣劾忠賢二十四大罪。向高謂事且決裂，深以爲非。廷臣相繼抗章至數十上，或勸向高下其事，可決勝也。向高念忠賢未易除，閹臣從中挽回，猶冀無大禍。乃具奏稱朝廷寵待忠賢厚，盛滿難居，宜解事權，聽歸私第，保全終始。忠賢不悦，猶以外廷勢盛，未敢加害。其黨有導以興大獄者，意遂決。内竊國柄，日廷杖諸臣。而向高以時事不可爲，求去决矣。上不得已從之，加恩以行。蓋此時求去之疏，又先後二十餘上也，❶是爲天啟五年。

向高既去，韓爌、朱國禎相繼爲首輔，未久皆罷。居政府者皆小人，清流無所依倚。忠賢首誣殺漣、光斗等，次第戮辱貶削朝士之異己者，善類爲之一空。向高坦直夷易，在朝不以城府待士大夫，所建言無非欲破士大夫黨比之習。家居布衣徒步，與田夫樵牧相應答。爲文明白條暢，遇佳山水，意興勃生，神韻散朗，一似神仙中人。平生見講學之人皆空談無實，故絶口不道，而心實嚮慕之。嘗與鄒公元標言：「公講學必講孔、孟，而余第講閻羅。」鄒問故，向高曰：「不佞老矣，填溝壑日近，若有欺君傷人害物等事，於閻羅殿前對勘不過，皆不敢爲。」鄒曰：「如此，則何公之非孔、孟也？」天啟六年卒，年六十有九。崇禎初，謚文忠。《明史》。《閩書》。《通志》。《明臣言行録》。

❶「二」，原作「六」，據《明史》卷二四〇改。

翁氏家世學派

按：明季三山派系翁氏懋卿、葉氏良時皆以正學倡教，啟佑後人，其最表著者。餘俟再考訂續補焉。

運判翁懋卿先生興賢

翁興賢，字懋卿，侯官人。萬曆初，以貢司訓建陽。歷延平教授，與諸生談經講業，一稟宋儒傳註。遷兩浙運判。乞歸。著有《易經理解》十二卷。《通志·文苑》。

文簡翁兆震先生正春

翁正春，字兆震，侯官人。父興賢，以貢士起家，建陽教諭，歷兩浙運判。粹於易學。正春久不得志於會塲，已謁，授龍溪教諭矣。大比之年，郡太守夢明歲狀元出龍溪，勸駕焉。萬曆壬辰廷對第一。明代狀元及第，典史則曹公鼐，廣文則正春，無兩也。授翰林修撰。分校會闈，主試京省，得士最多。歷官禮部尚書。會都御史楊漣疏論閹璫魏忠賢，正春率詹事府僚彈治之，辭甚激烈。璫矯旨切責，正春隨乞終養歸。天啟末，起原官，尋卒。崇禎初，謚文簡。正春方毅嚴重，不妄言笑。與人談，終日無一狎語。爲人瞻麗典重，朝端式其風采，知其渠律君子也。《閩書》。《通志》。

方汝典先生仲夔學派

方汝典先生仲夔

方仲夔，字汝典，侯官人。勤修力學，教授生徒。同時有諸生莊修字治三、葉履春字端卿、鄭大紳字近吾、李時建字行甫、趙鐸字孟覺、何斌字德觀、楊玉樹字承謨、戴穆夫字古度、孝廉鄧壽朋字戒從、學博王叔俊字升之、鄧景卿字叔表，俱閩縣人。諸生洪勳字孟功、郭宗禹字不伐、陳秉誠字心源，俱侯官縣人，皆積學砥行，北面授經。後多貴顯云。《通志》。

天啟以後諸先生學派

副使曹能始先生學佺

曹學佺，字能始，侯官人。弱冠舉萬曆二十三年進士，授户部主事。中察典，調南京添注大理左寺正。居冗散七年，肆力於學。累遷南京户部郎中，四川右參政、按察使。蜀府毁於火，估修資七十萬金，學佺以《宗藩條例》却之。又中察典，議調。天啟二年，起廣西右參議。初，梃擊獄興，劉廷元輩主瘋癲。學佺著《野史紀略》，直書事本末。至六年秋，學佺遷陝西副使，未行，而廷元附魏忠賢大幸，乃劾學佺私撰野史，淆亂國章，遂削籍，毁所鏤版。巡按御史王政新，以嘗薦學佺，亦勒閒住。廣西大吏揣學佺必得重禍，羈留以待。已，知忠賢無意殺之，乃得釋還。崇禎初，起廣西副使，力辭不就。家居二十年，著書所居石倉園中，爲《石倉十二代詩選》，盛行於世。子白，字子章，爲經生，以經學名。《明史》。

縣令林元圃先生先春

林先春，字元圃，閩縣人。天啟五年進士，令嘉善。狷介自持，無一毫苟取。任三年，撫按交薦廉能，擢科員。丁艱歸。先是嘉善民顧朝衡以不孝聞，先春捕治之，朝衡脱身至京師投權璫。又因籍没魏大中一案，先春多忤權璫意，遂嗾其黨考功吏以死注册。服闋，赴補，知爲所陷。或勸之自白，先春不辨而歸。先春居家聚徒講學，布衣蔬食，杜門不出。年八十餘，終。著有《易象參》、《洪範孝經解》、《孟略》等書。《通志》。

縣令黄維章先生文焕

黄文焕，字維章，永福人。天啟五年進士。爲文淹博無涯涘。歷知海陽、番禺、山陽三縣，皆有聲。崇禎召試，擢翰林院編修。時黄道周以論楊嗣昌、陳新甲得罪，逮問，詞連文焕，遂與道周同下詔獄。獄中箋註《楚詞聽直》八卷、《陶詩析義》二卷。既釋獄，乞身歸里。著有《四書詩經琅環》、

《毛詩箋》、《易釋》、《書繹》、《老莊註》、《陶杜詩註》、《秦漢文評》、《漢詩審索》、《詩經考》。《通志》。

齊望子先生莊

齊莊，字望子，閩縣人。居齊坑。嗜學，家貧，爲人夜舂，手足操作而置書其旁注視之，遂通會曉悉無遺，以五經爲諸生。當萬曆末年，閩中文體漸尚軋茁，天啟初愈甚。莊原本六經，不稍雜縱橫家言，每出筆，根極理要，情文亹然。衡文者無不以國士相賞。從遊嘗數百人，經指示，輒掇科第而去。而莊栖遲窮巷，自甘貧賤者三十年，無幾微無聊不平之況在其意中。著有《史論》、《白湖集》。《新福州府志》。

舍人鄭敬生先生羽儀

鄭羽儀，字敬生，閩縣人。崇禎十六年進士，授中書舍人，典試粤中。著有《戴禮新旨》行世。《通志》。

進士嚴白海先生通

嚴通，字白海，福清人。父蚤喪，其母令負布縷帛行鬻市中。民部鄭廷楫時爲塾師，一見異之。令白其母就學。後登崇禎癸未進士。著有《白漁集》、《藍閣逸纂》、《春秋箋》十餘卷。《通志》。

閩中理學淵源考卷四十九

廣平府知府李清馥撰

莆陽明初諸先生學派

按：莆陽諸先正當明代開創之初，吴公即膺選，擢輔導。依日月之光，其抱遺經而晦草澤者，或秉鐸序庠，或師資閭里，各著隱見之跡，其風流及乎苗裔遠矣。兹録其著者，載于篇端。

司業吴性傳先生源

吴源，字性傳，莆田人。源蚤孤，力學通經，尤深於《易》，惇禮好義。洪武三年，授興化府教授。十三年，以林廷綱薦，召赴闕。綱，源門人也。既召見，首以得賢才，敦教化，養黎元爲對。時太祖方立四輔官兼太子賓客，位列公侯都府之次。源與杜斆、龔斆、李祐、趙民望同膺其選。太祖遊東苑，命源與斆等應制聯句，恩禮優洽。尋以老乞歸。明年，上念源賢，復賜詔召之曰：「朕選公侯子弟入國子學，司業員缺，卿爲朕一來講道授經，無筋力之勞，而有成就後學之益，亦儒者素志也。」源復赴京，授司業。未幾，卒官。有文集二十卷、《莆陽名公事述》二編。《閩書》。《莆陽志》。

學正鄭用舟先生濟

鄭濟，字用舟，莆田人。永樂六年鄉薦，爲儋州學正。

按：彭惠安公《與郡守岳公書》曰：「故學正鄭濟著《書經大學中庸講説》，至今學者遵之。」《彭惠安集》。《莆陽選舉志》。

教諭陳廷傑先生賢

陳賢，字廷傑，靖之後。治《春秋經》。結廬西山巖瀑間，以耕以學。洪武末，舉儒士，爲興化訓導。秩滿，遷南康教諭。永樂中，召入館閣，預修《大典》。改任湖口，致仕。賢爲人嚴毅方直，安貧好古，其學以躬行爲先，雅志恤物，勤心職事。及門弟子成就者衆，號爲「古道先生」。湖人塑像於學，没，因以祀之。泰和楊文貞士奇爲表墓，稱其「士行可質於神明」，蓋實録云。子淮，以孝行稱。《莆陽文獻》。《閩書》。

御史陳孔昭先生道潛

陳道潛，字孔昭，莆田人。建文庚辰進士，授給事中。與楊文敏榮同修《國史》，文敏時稱其學行。又著有《拙齋存稿》。永樂初，謫判夷陵，起監察御史，預修《性理大全》諸書。于時纂修諸儒即翰林春坊多不得預，道潛行己恭慎，學問該博，故得在選。時閩縣陳景著、長樂陳全、莆田黄約仲、陳用亦皆預修。《道南源委》。

教授曾先生景修

曾景修，名生，以字行，莆田人。學尚躬行，好深沉之思，持辨博之論。永樂間，貢入太學，歷官德安教授。與諸生處，情同家人，答問講解，終日不倦。出其門者，才質高下，各有成立。著《大學中庸詳説》。《道南源委》。

布政吴思周先生繹思

吴繹思，字思周，莆田人。天順元年進士，令饒之德興，遷瑞州府同知，俱有惠政。陞惠州知府。屬邑有巨蠹，怙勢虐民。繹思以法繩之。守禦軍政爲上官所更張，卒伍忿其不便，將爲變。繹思諭之禍福，皆羅拜。丁内艱，起復，除潮州。海寇竊發。躬率吏民，激以忠義，遂殲之。陞浙江參政，尋轉右布政使。繹思丰神秀整，孝敬樂易，接鄉隣子弟，雖困倦，未嘗不衣冠。早以經學名，及門多所造就。若户部尚書周經、工部郎張憲、都御史汪奎，皆終身不忘其教云。《莆陽文獻》《閩書》。

教授鄭拙菴先生立

鄭立，字克豫，號拙菴，莆田人。彭惠安公撰《墓志》略曰：「先生少沉潛穎敏，善記過人。長遊翁司訓長、劉僉憲武之門，翁公優於史學，劉公長於經義，先生從之，皆得其所傳，古今事多通知，於《尚書》，講究精微，大有造詣。故製文字，語新理到，名輩讓之。他經諸子，亦時搜覽。方先輩玭期之甚重。正統甲子鄉薦，授易州學正，改六安州，遷饒州教授。所至與諸生共治經史，情同一家。歲丙子，江西聘爲同考官，鑒裁惟謹，若謝大韶、羅應魁二殿元皆是科所取治《書》士也。後乞老歸，養痾數歲，親朋過從，談論不廢，後學多私淑者。壬寅六月卒。先生氣宇峻整，動止矜嚴，取與不苟。交遊以類，加以學問之充，敦行之實，主學南北，并善舉職，士大夫無識不識，交歎爲名師儒云。」

郡守王士俊先生偉

王偉，字士俊。第永樂十六年進士，授大理寺評事，陞雲南府知府。以仁厚爲政，夷民悦服。常遇歲旱，禱雨有應。兵部尚書王驥征麓川，道經其郡，美以聯句曰：「三旬亢旱黎民悴，一雨滂沱太守功。」鎮守雲南，都督沐昂尤重其爲人。及卒，民哀慕之。偉邃經學，工文辭。宣德、正統間莆諸老在翰林者凋謝已盡，惟偉與陳會元中並以文章擅重一時云。出《景泰志》。

檢討黄先生約仲

黄約仲，名守，以字行。少負才名。永樂初，開館徵天下名儒，應詔至京。成祖試《上林曉鶯詩》、《天馬歌》，擢第一，官翰林典籍，預修《永樂大典》、四書、五經及《性理大全》諸書。書成進檢討。學士曾棨、胡儼更相引重，珥筆西清，扈從北伐，俱有著述。在翰苑二十年，疏乞終養。約仲精楷法，其詩語意清婉，得唐人門徑。《莆田志》。

學士吴汝賢先生希賢

吴希賢，字汝賢。唐屯田員外郎祭之後。希賢幼敏異，精毛氏經。天順甲申進士，改庶吉士。時同年李東陽以敏贍稱，希賢與之齊名。授檢討，預修《英宗實録》。有貴家子寇姓者密以賄，丐希賢致半詞於其父，希賢拒之，曰：「苟如此，他日何以見董狐於地下耶？」進修撰，陞左春坊、左諭德、南京翰林侍讀學士。卒於官。

希賢性豪邁，負奇氣。於人少許可，兩考會試，所得多俊偉士。爲文章意新語壯，有《聽雨亭稿》四卷。曾孫三畏，字曰寅。嘉靖癸卯鄉薦，授寧海教諭，擢嵊縣令。縣故無城，三畏始建議築之城，成而倭至，竟不能犯。遷廣信同知，歸。以子獻台贈江西左布政使。《莆田志》。

侍講陳時顯先生用

陳用，字時顯。永樂癸未鄉試第一。辛卯進士，選庶吉士。時行在開東館，徵天下名儒纂修五經、四書及《性理大全》諸書，用預焉。書成，授檢討，歷侍講。卒。用爲人質實醇厚，言動不苟，身殁無嗣，士類傷之。《莆田志》。

御史丘恒吉先生天祐

丘天祐，字恒吉。成化辛丑進士，授瑞安知縣，改饒平。下車即訪陳獻章於白沙，究性命之學。縣時遭毁，天祐經營締構，不以擾民。有芝産於輿，人以爲德政所致。秩滿，召入，授監察御史，彈劾不避權貴。威寧伯王越附汪直啟釁榆林，已褫爵矣，復附李廣，引復都御史，總制三邊，又綰院篆。天祐率同列抗疏，極言之，略曰：「爵賞予奪，人主之操柄也。公則治，私則亂；出於臺閣則爲公，出於近倖則爲私。」忤旨，廷杖六十，下錦衣獄。尋釋，弗問。又連劾廣恃權縱恣，賍賄狼籍，未報。而清寧宫災，廣飲鴆死，遂與給事中華昶共檢廣貲數十百萬，疏籍没之。差按廣西，又按南北畿郡。故事，江南葦塲歲遣巨璫一人往覈實，多賈怨病民。天祐復疏止之。由是葦塲事權盡歸工部矣。居臺凡十三年，以疾乞歸，卒。曾孫憲周，萬曆乙酉舉人。文章行誼見重於時，而厥施未竟，人咸惜之。《莆田志》。

教授李乾遂先生文利

李文利，字乾遂。元弟。成化庚子鄉薦，授桂陽教諭，陞思南教授。家傳理學，行己清修。著書有《律吕元聲圖解》，蓋據《吕氏春秋》并《隋志》、劉恕《通鑑外紀》所載伶倫制律三寸九分爲黄鍾之宫，因而詳加考證，以三寸九分正司馬遷「黄鍾九寸」之誤；以太極陰陽五行由一生二，由少及多，見「黄鍾數少極清」，正「宫聲爲極濁」之誤；以「左右對待，各得一百二十九分」，正「三分損益，上生、下生至仲吕而窮」之誤；以正徵循環無窮，正「隔八相生，往而不還」之誤。畫圖立説，凡六卷。楊月湖廉稱其「天授獨見」。門人范輅爲序而刻傳之。厥後有蔡于穀者，字虞璧，由歲貢入太學，授湖廣行都司經歷。修行積學，博通古今。在國子時，禮曹鄭善夫疏薦其明習理數，請召擢以正司天之謬，不果用。嘗輯《開國事略》十卷，有抄其稿者，久而易名曰《龍飛紀略》刊布，人不知其出于穀也。時論以于穀之學與文利頡頏云。《莆田志》。

參政陳三渠先生仁

陳仁，字子居，號三渠。少從其從父兄翰林庶吉士邦瑞治《書經》，多所通解。任提學彦常按莆試士，摘史命題。時莆人專治經，通史者尚少。仁援據精博，議論層出。任公得之大驚。成化癸卯，發解第一。丁未，第二甲進士，授户部主事，歷江西司郎中。在部久，明習條格，部堂有大事輒與咨議。洪洞韓公文尤倚任之，屬陝西，邊餉繁急，因奏調仁爲陝西司郎中。未幾，逆璫劉瑾擅政，深忌韓公，因摘其屬官細過，仁坐降鈞州同知，轉汝州知州，遷南京兵部員外郎，掌武學事。瑾誅，擢浙江提學副使。浙俗喜生謗，仁按試，不以吏胥從，手自披閱，去取惟公，士論大服。轉本省參政，以疾乞休。吏部奏言：「本官久歷中外，學行有聞，例應加秩。」詔進本司右布政使，准致仕。命未下而仁卒矣。仁質重沉敏，議論剛正。嘗疏止給事中林廷玉外謫，追復御史彭程官。闕里及禮部災，條陳時弊，言多剴切。政暇輒討習文事，晚年造詣益深，文章奥美有機軸，時譽歸之。陳氏自邦瑞舉進士，以經學擅名。弟邦器亦舉進士，官至雲南副使。仁之子懋，舉鄉薦。

布政黃汝器先生璉

黃璉，字汝器，別號求我。第成化二年進士，授南京户科給事中。丁外艱，服闋，改南京禮科。滿九載，陞浙江布政司右參議，巡視温、處銀場。弘治五年，上慮各處銀場礦脉或微或絶，歲課未免取盈於民，乃詔所司體究裁豁。凡官爲是設者，俱調別用。璉於是改雲南，其屬衛糧儲多，衛僚攬之，輸不以時。巡撫大臣乃以屬璉，因嚴設禁限，桀驁者置之於法。自是七八年，逋負悉輸納。轉貴州參政。璉以其地夷僚雜居，鎮以簡静。撫按交章，以操履端方，政事修舉薦之。陞本司右布政使，尋轉左屬。普安夷叛，朝命大臣率兵征剿，特委璉總督糧儲。璉處置有方，饋餉賴以不乏。賊平，方將論功，而璉以疾卒于官。

璉天性淳實且有量。在浙時，年勞當遷。適巡按御史張文意不滿於璉，叙考有貶辭，遂不果遷。後璉在貴州，文以他事謫本司照磨，璉不介意，且薦其才於當道，識者多之。所居里東南諸村落土田，歲常苦旱，璉乃白諸郡邑，發民鑿渠，由金墩抵巖沁數里，引木蘭、延壽餘水溉之，遂變磽瘠爲膏腴，鄉人德之。居官三十餘年，不以生産爲念，自奉極儉約。死之日家無餘貲。遺孤奔官所扶柩歸，未免稱貸於人，庶幾清白之遺云。出《府志》。

教諭茅常清先生陽

茅陽，字常清，仙遊人。穎敏簡樸。成化中以貢入京。聞河東閻氏禹錫得薛文清之傳，遂往師之。授新城訓導，陞河源教諭。所至以師道自尊。嘗疏時弊十條，詞旨愷切，皆中旨施行。所著有《勉齋稿》。

閩中理學淵源考卷五十

廣平府知府李清馥撰

簡討黃行中先生壽生學派

按：莆中諸名儒碩彦，其問學大都不僅屑屑章句，維時俗化樸茂，諸公蓋承明初風氣之始者。莆自艾軒先生開派，以質行爲先，至季世節概愈著。宋、元之際，諸儒如存碩果，然公其道以私淑諸人者，所在講席尚多。故明代英才蔚起，士風家法，遞有師授。今録自黄氏行中先生而下其派繫可考者著於篇。

簡討黄行中先生壽生

黄壽生，字行中，莆田人。滔十五世孫。壽生洪武末與兄同舉鄉薦，以親老求歸侍養。水南諸賢率從之遊。若會元陳中、進士徐資用皆門下士也。親終，入太學。永樂六年，再試京闈第一。九年，登進士，選翰林庶吉士，預修《性理大全》諸書。既成，授簡討。九載，將滿考，試禮闈，得疾卒。壽生莊重孝友，通史百家，尤邃於《詩》。莆之詩學以壽生爲初祖。子子嘉，亦以孝聞。子嘉長子深、次子仲昭，見家學。《莆陽文獻》。《閩書》。

副郎陳舜用先生中

陳中，字舜用，莆田人。永樂十八年，鄉試第二。明年會試第一。資性簡率，才思豐贍，文章健直，類其爲人。正統初，自南京户部主事，就留史館，預修文廟《仁宗實録》，成，陞本部員外郎。滿九載，無意榮宦，遂致仕。幽巷貧居，吟咏自樂，公門關節，終身未嘗及之。卒年八十三。

縣令徐先生資用

徐資用，莆田人。永樂戊戌進士，令揭陽。博洽有才，舉動端謹，興學訓士，有良吏聲。疾作，辭歸。與弟資茹講行《禮》學，以肅家教。鄉人稱爲二徐。

吴時耕先生稔

吴稔，字時耕，水南人，叔告之後。性穎悟，嘗賦《廬山瀑布》詩，有「入雲聲作雨，映地色涵秋」之句。初從黄檢討行中學《詩經》，復從廬縣尹質中學《書經》。講習之下，皆能逆意而解。嘗試鄉闈不利，遂不復應舉。後進延以爲師，舉業詩課，立爲改定，諸生以其學取科第者甚衆。中年，以知者兩薦爲訓導，以母老，辭不就。

僉事黄未軒先生仲昭

黄仲昭，名潛，以字行，莆田人。性端謹，年十五六即有志正學。舉成化二年進士，與羅倫、章懋、賀欽、莊昶等同榜，以名節相激勵。逾年，以庶吉士除編修，與懋同官，而昶官除檢討。是冬，命詞臣預撰《明歲元夕烟火花燈》詩，且出舊製，令擬述以進。先生以其詞多鄙俚近俳優，非儒臣所宜爲，與同官章懋、檢討莊昶共疏論之。忤旨，廷杖。於是先生調湘潭知縣，懋臨武知縣，昶桂陽州判官，未行。明年正月刑科給事中毛弘等言三臣初出草茅，敢言直諫，實盛世事，乞復其職。特旨改先生右評事，懋南京大理寺左評事，昶南京行人司左司副。蓋是時，先生除官纔四十日耳。京師稱「三君子」。而羅倫以編修論學士李賢坐譴，又通稱「翰林四諫」云。先生氣岸屹立，思致安詳。既改南大理，清守執法。連居父母憂，却去葷酒，不離苫塊者四年，遂辭疾乞休。家居十年。弘治元年，以御史姜浩薦，起爲江西提學僉事，誨士先行檢而後文藝，以身倡率之。宦家子弟未嘗假借，識拔皆名士，如羅欽順、劉玉、汪偉、陳鳳梧是也。弘治丙辰，再疏乞致仕。先生前後所居官不滿三考，家居之日最久。儒雅藴藉，爲鄉邦儀表。嘗與陳獻章、周翠渠往來議論，凡聖賢一言一行，惟求踐履之實。

平生刻苦爲學，務究道德性命之原，羽翼程、朱，而精於校閱。嘗辨《易》卦「未濟」、《春秋》褒貶、《雅》、《風》陞降，及編次《或問》，裁定《通鑑》，証異《書法》，咸有發明。又刊布冠、婚、喪、祭之儀，以示後學。所修有《八閩通志》、延平、邵武府、南平縣志，又與周瑛共修《興化府志》。有《未軒集》若干卷。正德戊辰卒，年七十有四，學者稱未軒先生。豐城楊廉採其學行入理學。而子孫多以科第顯。《閩書》。《莆陽文獻》。

縣令林先生廷芳學派

按：先生爲宋林氏沖之之裔。彭惠安公稱其負重望，爲學者師。考志乘，柯氏潛、丘氏山，其學徒也。丘之派有朱氏悌，鄭氏繼。今附識之。

縣令林先生廷芳

林廷芳，先世福清人。父震，徙居莆之横塘。廷芳永樂十六年進士，知新會縣。罷歸。敦樸能詩，尤善《選》體。柯殿元潛早從之學。侄桀，天順元年進士，終廣東僉事。子敷，成化二年進士，終韶州知府。

少詹事柯竹巖先生潛

柯潛，字孟時，號竹巖，莆田人。弱冠，領正統鄉薦。當赴春試，未忍離親，隨師入蓮峰僧舍，講讀不輟。景泰二年，廷對第一，授翰林修撰。益自淬勵，學行日以進。明年，陞右春坊右中允兼修撰，預修《歷代君鑒》、《寰宇通志》。既成，陞司經局洗馬，仍兼修撰。英廟復辟，授尚寶少卿，兼職如故。憲廟嗣位，以隨侍恩陞翰林院學士，奉旨教習庶吉士李東陽等一十八人。纂修《英宗實録》。成化改元，再奉旨教習庶吉士林瀚等二十四人，命掌翰林院印。三年，《實録》成，陞詹事府少詹事兼翰林院學士。四年，命日侍經筵講讀。未幾，丁父憂。逾年復丁母憂。詔起復爲祭酒，疏乞終制。服闋，卒於家。

潛質貌俊偉，容止雅飭，文章妥整有法，詩尤清婉，接人外若樂易，而内實狷介。鄰郡有中貴人寵冠一時，士大夫欲求薦拔者争趨其門，潛獨不往。供職之暇，時偕二三知己覽勝賦詩，襟度豁如，至於遇事感發，言論侃侃。在庶僚時，已繫天下之望。位日通顯，雖嘗以聖賢之學啟沃聖心，平生藴蓄未及少施於天下。其殁也，士大夫多傷之。潛院中所構亭旁植二栢，後進慕其風采，謂之柯亭、柯栢。所著有《竹巖稾》。玄孫維祺，别見。《閩書》。《莆田志》。

副使丘安重先生山

丘山，字安重。知瑞安縣，捕治老猾豪，置之法。嚴禁溺女，教以婚嫁之宜，以革奢風。以旌異擢監察御史，奉勅清理兩廣軍政。遠惡州郡，無不身涉，從容逮踐，根究始卒，親與定奪，軍民交口稱便。巡按應天，被璽書恤刑，並寬嚴得中，獄無冤濫。滿九載，擢雲南按察副使，致仕。山少慕元儒盧齊韓之爲人，諷其遺編甚習，有所吟作，類其格調，而興致尤遠。雅妙書法，刻石崖州大忠祠，一時重之。子茂槙，❶教諭德平。嘗上革弊安民疏，仕淳安知縣。孫茂中，正德進士，至河南右布政使。凝重簡默，涖事詳慎。曾孫秉文。從侄泰。

❶「子」，據《彭惠安集·雲南丘副使拙菴公墓表》，當作「孫」。

閩中理學淵源考卷五十一

廣平府知府李清馥撰

九牧林氏家世學派

貞肅林公俊曰：「林自矩軒、應成。松湖、楝。于野、慎齋、岡孫。玉井、以辨。子木、以順。三復，圭。世以道學名。敬齋公宗，莊重古質而尤名經學，遠邇及門，往往榮顯。仕天官卿尹公旻尤顯者。」按：貞肅所叙此一派爲九牧邵州公蘊之後，源流最夥，曰三復諱圭者，正學道風爲時推首，所指授弟子數十名輩皆一時偉望。其餘端州公葦之後，有林氏環、林氏富、林氏文、林氏堯俞、林氏雲同。江陵公藻之後，有林氏廷綱、林氏瀾、林氏巖、林氏大輅，皆卓然鴻碩之彦，典型表著可爲世法者也。今録其要者載於篇端。

教諭林三復先生圭別見本學派❶

❶ 本條原無，據丁氏抄本補。

教授林敬齋先生宗

林宗，字存敬，號敬齋，德齋公子。林自矩軒、松湖、于野、慎齋、玉井、子木、三復，世以道學名。宗莊重古質而尤名經學，遠邇及門，往往榮顯。仕天官卿尹公旻尤顯者。嘗發解首，爲忌者所落。後鄉薦，授寧海學正，改蘄州，至揚州教授，以養老母。公在官，正身率物，督士成材，風爲之盛。蘄祠之學，主考山東，王察使越尚浮藻，宗務以理勝，榜稱得人。寧海之歸，無力北上揚，歸。始葺先祠故宇，量周其三族。晚得末疾，孝敬不衰，日數數省母，母間不樂，拳跽請過，悦然後起。祠墓之祭，扶拜匍匐，淚油油下。岳閣老蒙泉爲郡守，廉其貧，助以河南關之地，辭焉。

孫俊贊曰：「于泮之濱，于鳳之趾。一脉東湖，言世孫子。經學垂聞，猶取淵委。師嚴道尊，名無虚士。微禄逮親，厥有繩軌。歸羅轍涸，言活升水。爲周爲辭，義適彼己。後儐于天，考祥視履。」林見素集撰《敬齋公贊》。

襄敏林澹軒先生文

林文，字恒簡，號澹軒。與環同出九牧葦之後。宣德五年，廷對第三人，授翰林院編修。正統初，預修《宣廟實録》。成，轉修撰。景泰三年，遷右春坊左諭德兼翰林院侍讀。四年，修《歷代君鑒》，成。七年，修《寰宇通志》。成，陞庶子，仍兼侍讀。英宗復位，罷景泰中宫僚，改尚寳司卿，仍兼侍讀。時翰林應博學士者七人，上疑其多。兵部尚書陳汝言進曰：「唐有十八學士，是不爲多。」遂拜學士。四年，請老。上諭李文達賢曰：「林文老成忠厚，不可令去，仍留供職。」

八年，憲廟登極，褒進舊學。遷太常寺少卿兼侍讀學士。未幾，復懇辭歸老。學者稱爲上林先生。年八十七卒。贈禮部左侍郎，謚襄敏。文神觀清爽，酬應安詳。暮年神色安康，賓祭惟謹，大小不慢，人盡服其耆德。黎文僖語彭惠安曰：「翰苑中，古意時流，時時相半，若林先生，醇乎醇者也。」李文達亦稱其「德性堅確而不移，氣質沉静而不躁。處心平易，操行潔修。臞然若不勝衣，而志不懾，氣不餒」。其爲時推重如此。曾孫渠、希範。玄孫焜、章。《閩書》。《莆陽文獻》。《莆田志》。

簡討林子道先生大猷

林大猷，字子道，莆田人。天順己卯鄉薦，授新建教諭，遷國子學録，轉監丞，再轉翰林簡討，陞徵仕郎，監丞如故。贍博，善考禮儀。桀矱嚴而内冲晦懇欵，館中執經以五六百輩，齋舍至不能容，輪番聽講。又約日通集，謂之普講。所以處諸生，貧者授衣，病者給藥，死者躬詣哭殮，或屬其鄉人扶喪歸，或捐俸以葬，力弗能給，又以疏告於好義君子。滿九載，陞翰林簡討，仍掌監丞事。以疾卒官。大猷志行端謹，學問該博，獎與後進。卒之日，六館諸生咸哀悼之。林見素銘其墓，謂其「秩則卑，而其品在彭惠安、陳康懿之間」。子夔，户部員外郎，有雋才。《閩書》。《莆陽志》。

貞肅林見素先生俊

林俊，字待用，福建莆田人。成化十四年進士，授刑部主事，遷員外郎。性侃直，不隨俗浮沉。事屬權貴，尚書林聰輒屬俊治之。陳獻章以薦至京，日與講學，大有所得。時妖僧繼曉挾近倖梁芳以秘術進，得被殊眷，發内帑銀數十萬營建其寺。俊疏極論之，請斬繼曉而黜梁芳，言甚激烈，憲宗怒，尋下詔獄加刑，對益厲。後府經歷張黻上疏論救，併下獄，謫遠方。俊得姚州判官。時言路久塞，二人直聲振海内。王恕在留都，疏乞還之，以勵忠節。會元日星變，憲宗感悟，叙復南部。孝宗踐祚，廷臣交薦之，擢雲南按察副使。俗崇釋信鬼。鶴慶元化寺稱有活佛。歲時，士女會集動數萬，争以金泥其面。俊按鶴慶，命焚之，得金數百鎰，悉輸之官，代民償逋，毁邊方諸淫祠三百六十餘區，所在學宫頹敝，撤其材新之。弘治四年，用薦擢按察使，調湖廣。風儀整肅，屬吏斂，不敢犯。會境内雨雪災異，上疏觸時忌，引疾乞休歸。已而，言官交薦。

十三年，拜南京右僉都御史，督操江。❶正月朔，陝西地震，水涌。上疏謂：「變不虚生，必有其應。」述漢、晉以來宫闈内寺、柄臣之禍，陳時政八事。又請豫教皇儲，因薦侍郎謝鐸、少卿儲瓘、楊廉、致仕副使曹時中堪居宫僚，處士劉閔可布衣入侍東宫。旋江西盗起，勑俊巡視江西。寧庶人貪

❶「督」，原脱，據《明史》卷一九四補。

譎忮害，倍取禄米，官校侵牟民利。俊悉裁抑，具奏乞斷大義，特垂善處，毋涉吴王几杖之賜、叔段京鄙之求。時濠雖横，逆萌未著，或以爲過，後卒如所言，人服其先見云。

武宗即位，起巡撫江西，遭父憂，不果。正德四年，改撫四川。時藍鄢之寇方劇，至即宣布聖恩，勦撫並行，屢以捷聞。會誅劉瑾，俊疏賀，且言：「瑾雖誅，權又在近倖，安知後無有如瑾者出？請召用先朝舊臣劉健、謝遷、林瀚、王鏊等以修復舊政，并請擇取宗室育之宫中。」用事者滋不悦，屬俊致仕，許之。命下，朝論大駭，科道交留，不果。未幾，而兩川之寇復作矣。世宗在藩邸久知名，及入繼大統，召起爲刑部尚書。未入覲，上疏乞親近儒臣，與商可否，以臻至治。且言：「新詔之革，所謂壞極而不得不革者也。然貴近之臣或稱不便，圖有變更，未宜壞天下公議。」時近倖寖有用事者，故疏及之。既莅任，命侍經筵，會暑罷講。上疏言：「學貴緝熙，禹惜分陰，不宜輒罷。」屢上親大臣、勤聖學、闢異端疏。太監崔文寵擅一時，其私人李陽鳳犯法，事下刑部，文賁緣内降，改付鎮撫司問理。俊據法執奏，不遣。有旨還送鎮撫司。俊又奏言：「奉詔則違法，守法則違詔；臣能違詔，不敢違法。」上怒，雖不罪俊，而陽鳳迄改錦衣獄，❶俊以不得其職，乃上疏乞致仕。章八上乃允。詔加太子太保，給驛還鄉。令有司給米、輿夫，歲時存問，時嘉靖二年也。俊嘗偕楊廷和數争大禮，大禮議定，得罪者或杖死。

❶「迄」，原作「乞」，據徐咸《皇明名臣言行録》卷九改。

四年秋，俊即家上書言：「古者鞭扑之刑，辱之而已，非欲糜爛其體膚而致之死也。又非所以加於士大夫也。成化時，臣及見廷杖二三臣，率容厚綿底衣，重氊疊裹，然且沉卧久乃得痊。正德朝逆瑾竊權，始令去衣，致末年多杖死。臣又見成化、弘治時惟叛逆、妖言、劫盜，下詔獄，始命打問，他犯但言送問而已。今一概打問，亦非故事。臣又見自去歲舊臣斥逐殆盡，朝署爲空，乞聖明留念，既去者禮致，未去者慰留。碩德重望如羅欽順、王守仁、吕柟、魯鐸輩，宜置左右。臣衰病待盡，無復他望，不勝懸結。」不報。又明年，疾革，復草遺表勸上懋學隆孝，任賢納諫，保躬導和，且預辭身後恤典。遂卒，年七十六。時嘉靖六年也。

後一年，《明倫大典》成，追論俊附和廷和，削其官。其子達以士禮葬之。俊歷事四朝，抗辭敢諫，以禮進退，始終一節。性簡儉，好讀書，慎交遊。接引後進，惟恐不及。士大夫論當世人物，推俊於韓、范、富、歐間。隆慶初，復官，贈少保，謚貞肅。《理學備考》。《通志》。《明史》。《閩書》。

閩中理學淵源考卷五十二

廣平府知府李清馥撰

林三復林絅齋顧在軒三先生學派

按：林三復、林絅齋、顧在軒三先生皆當時宿望，稽經核行，具有師承。澹軒本其家學，又能師資有道，《詩》、《禮》龐厚之澤之所滙萃，豈非草昧初開，人文一時哉？

教諭林三復先生圭

林圭，字信玉，又號三復，學者稱三復先生。曾祖棟與其父應成同登宋咸淳進士，父師説，蔭授縣尉。圭洪武初薦明經，爲莆邑訓導，陞寧國教諭。永樂間，應召修《大典》，以老請，賜冠帶致仕。圭天性孝友。元季兵亂相尋，幼支門户，治堂從婚嫁。又葬其父族七喪，妻族四喪，修其祖祠與高、曾而下祖墓。從父家大疫，藥疾殯死無忌畏。路遇疾者，挈共載，或偕舍館而食。一布袍四十年。正學道風，爲時推首。凡六典文衡，所指授殿元林環、探花黄暘、庶吉士楊慈、郎中顧孟喬數十名輩皆其弟子。有三世門下者。圭治經有師法，工古文詞。達官至莆者，必禮其廬鄉，後進多問業焉。年九十四，卒。所著《三復集》幾百卷，百不存一。宗孫俊贊曰：「龍起淮甸，雲風景從。卓彼鴻碩，爲世儒宗。藏聲處下，一教始終。完中粹行，式其章縫。維道其南，維易其東。徂徠明復，我公其逢。」林見素集撰《三復公贊》。

侍講林絅齋先生環

林環，字崇璧，莆田人，唐九牧葦之裔。幼聰慧過人，閱書多成誦，尤精伏氏經。方在澤宫時，文章已爲人所重。永樂四年，廷試第一，授翰林修撰。明年，陞侍講，預修《永樂大典》。兩考會試，聲名籍甚。十三年，扈從巡幸。卒於北京，年四十。環負材曉世務，特爲成祖所器，一時儒碩亦厚重之，没，無不悼惜焉。所著有《絅齋集》二十二卷。

教諭顧在軒先生文

顧文，字在中，别號在軒。幼穎敏，日記四五千言。及長，該貫經史。時稱博學，爲文章簡朗秀整。洪武中，以儒士薦，爲興化訓導。秩滿，遷教諭，歷任將樂、金華、九江三邑。典文衡於江西、湖廣，皆名得士。宣德初，致仕。正統間，卒。祭酒李時勉爲作小傳。族子孟喬。

參議黄澹軒先生常祖

黄常祖，字邦經，莆田人。父震，號梅東，精易學，爲莆士師。常祖少習之，始遊郡庠。又從顧在軒、林三復二先生治《尚書》學，復卒業殿元林絅齋之門。修詞知名，遠出流輩。永樂壬辰進士，授刑部主事員外。嘗有進天書者，五日不得報，懼而自刎。詔旨疑有他冤，鞫其居停婦，將抵死。常祖原實平反。丁内艱，服闋。工部尚書吴中董營建，奏爲其屬，採木於山西、湖廣，時督促嚴急，常祖爲上爲下，悉心殫智。有周御史者共事不法，入劾，罷之。事竣歸省。以楊文敏薦，陞山西布政參議。招徠流亡，民悉復業。平陽界有盗，聚千人爲害，推誠諭之，皆降附。尋致仕。年八十六，卒。彭韶志常祖墓言：「韶入郡學，獲見前輩風致及其時禮俗，大概老成樸素，遠浮蕩驕奢之習。時若會元陳公舜用、郡守方公廷訓、鄭公季述及澹軒黄公，皆朝野鉅望。公於居室不增一椽，尤謂舊俗繁重。」澹軒，常祖號也。《閩書》。

庶常楊惠叔先生慈

楊慈，字惠叔。少孤，母鄭守節撫之。性穎悟，粹於經學。永樂戊子鄉試第一。明年會試第二。辛卯廷對二甲第一，選翰林庶吉士。是年七月卒，年才三十。慈軀幹豐偉，志氣軒昂，恒以科第文詞爲儒者末事，人惜其早夭。有文集五卷。《莆田志》。

郎中顧玉湖先生孟喬學派

按：先生在當時遠近皆造門。《受業志》稱其經學得傳及門多士，今未得編考。惟彭惠安公送先生之子《文潛之任廣州序》有曰：「某晚從顧先生受學。」則惠安亦曾經問業者。今列之學派焉。

郎中顧玉湖先生孟喬

顧孟喬，莆田人。正統七年進士。引疾告歸。善治經，遠近皆造門受業。七年，方赴廷試，意在急流。占官録，增年至十餘歲，授刑部主事，改南京刑部郎致仕。孟喬在官雖處刑名錢穀，不廢傳習。經其指教，多所成就。若歷城太宰尹公旻，乃侍其先公閩中游宦日受業者。士大夫咸仰其善教云。《閩書》。《彭惠安集》。

尚書彭從吾先生韶

彭韶，字鳳儀，莆田人。天順元年進士，授刑部主事。成化初，爲員外郎。疏論僉都御史張岐不稱風紀，請召用王竑、李秉、葉盛。忤旨，下錦衣獄，得釋。尋進郎中。外戚周彧與畿内民争田，上使韶往勘，韶歸，劾奏之。疏入，詔以田歸民，而責韶等方命，復下詔獄，科道官交章救，得釋。當是時，韶與何喬新同官，並有重名，一時稱「何彭」。遷四川副使，安岳扈氏焚滅劉姓一家二十一人，定遠曹氏殺其兄一家十有二人，皆以疑獄久淹。韶一訊得實，咸伏辜。十一年，陞本司按察使，鎮守雲南。太監錢能進金燈，擾道路，韶劾之，不報。十四年，陞廣東左布政使，疏薦陳獻章於朝。時朝廷屢遣中官採辦土物，韶屢有陳奏，復以論太監梁芳事忤旨，調貴州。吏部尚書尹旻屢薦韶可大用，尋擢右副都御史，巡撫蘇、松、嘉、湖等處。二十一年，以星變求言。韶應詔，陳言條上「漸不見終四事」，言：「内臣貢獻皇妃，加於嫡后，陛下褒賞其家，幾與先帝后家等，一也。内臣日增，數至萬計，利源兵柄盡付其手，作奸犯科，一切不問，二也。四方貢物通番航海，科擾百姓，驚動四夷，三也。六卿大臣並加師保，諸寺監卿兼領高官，及其休去，月廩歲輿，遍施凡鄙，四也。」時已召爲大理卿，及是疏上，道改右副都御史，巡撫順天等處，兼整飭薊北軍務。韶復累有建白。

孝宗即位，臣僚交薦，韶與王恕等人望所屬，召爲刑部右侍郎。元年，嘉興百户陳輔爲亂，陷府城，大掠，遁入太湖。遣韶巡視，韶追敗輔衆，殲其渠魁。因劾罷守臣一人，事遂定，留治浙。韶請鹽課有宿逋者，酌其年歲久近，量蠲與減。復減處州及泰順縣礦課歲萬八百有奇，事竣，還朝。圖進竈户窮苦之狀凡八，復條陳六事。户部覆議，通行爲例從之。明年轉吏部左侍郎。與尚書王恕甄人才，覈功實，仕路爲清。其冬，彗星見，詔問群臣時政得失、軍民利病。韶復疏言：「宦官太盛，不可不亟裁損。」❶又請「午朝無循故事，凡時政得失、軍國重情，乞令臣僚就御前面議取旨」。並見嘉納。其年陞刑部尚書。安遠侯柳景鎮守兩廣，都御史秦紘發其贓以萬計，有旨逮問，詔抵景於法。又皇親張巒塋墳逾制，韶皆抗疏極論，但下所司而已。韶涖部三年，昌言正色，秉節無私，與王恕及喬新稱「三大老」。而爲貴戚近習所疾，大學士劉吉、徐溥亦不善之。韶志不能盡行，連疏乞

❶ 「亟」，原作「早」，據《明史》卷一八三改。

休，上勉留再三，乃允。命乘傳歸，有司給月米、歲夫如制。明年南京地震，御史宗彝等言：「韶、喬新、張珍、謝鐸、陳獻章、章懋、彭程，俱宜召用。」不報。又明年，卒，年六十六。溥猶當國，僅予謚惠安，贈太子少保。

韶平生孝友誠敬，暮年名德益尊。正德初，林俊爲江西都御史，爲請謚，因言：「臣聞韶、喬新少隸刑曹，並名時選，積官俱至尚書。韶忠亮懿醇，喬新貞方恭慎，儒術、吏事兩所精究，共學古人之清，同任天下之重。韶没，贈謚備加，仰見聖天子優寵至意。但文正忠節，韶皆足當，不審何取惠安之義！不類韶平生，無以服世信。」後乞下議，更謚事雖不行，士論當焉。韶所著有《國朝名臣贊》及《莆陽成都志》、《政訓》等書。子濬，舉人。族子，甫。《明史》。《通志》。《閩書》。《吾學編》。

行人方柳東先生瀚學派

莆之名族如方如、林英傑踵生，載之志書，傳爲盛事。抑由累世績學，敦行爲有本歟。然年代寖遠，即師友所漸遺緒，亦寥寥莫考。方柳東先生以禮學著於時，號稱耆宿，溯其家學尚矣。

行人方柳東先生瀚

方瀚，字源深，莆田人，宋仁岳之後。正統四年進士，授行人。年五十餘矣，隱然老儒，猶執經講説不已，扣問者紛如，酬告罔倦。平生尤邃禮學，動止語默不少苟。嘗歎文公《家禮》，雖經諸儒註釋，而去取或晦，朝代遷改，而冠服不同，於是作《家禮旁附》，書首列圖而條析於下。其高弟柯潛嘗序行之。未六十，求致仕。歸，抱經固窮，未嘗輕入城府。學者稱爲柳東先生。莆俗自水南徐資茹先生家冠婚喪祭依約《家禮》，至澥又篤是書，鄉人多化之。卒年八十三。孫岳，有文名，以南御史言事，左遷泰州判官，陞常德府。同知柯氏潛《祭文》略曰：「猗歟先生，吾儒之琛。持行純正，積學宏深。」又曰：「考德問業，邦人偕來。時雨所化，罔不爲才。至於遐方，亦沾膏馥。瞻仰斗山，委心而服。年餘八十，進德彌隆。俯仰無怍，以壽考終。」《莆陽文獻》。《閩書》。《柯竹巖集》。

朱體光先生煜學派

朱體光先生煜

朱煜，字體光。始育而聲嗄，及長，自分不堪世用，❶乃閉户讀書，以修身行善爲事。年十七輒爲鄉人師。少保翁世資、學士吴希賢、布政周瑛、參議朱文環、副使丘山、僉事楊琅，皆出其門。里嘗有疑獄，太守潘本愚以書請曰：「先生盛德厭人心，願得一言而決。」煜陳説無隱情，潘守深然之，繼復有請，竟以疾辭。後二子愷、悌，俱進士。煜累贈南京户部郎中。《莆田志》。

❶「分」，丁氏抄本作「問」。

少傅翁資甫先生世資

翁世資，字資甫。父瑛，翰林檢討，掌國子助教事。樂易喜酒，姻黨皆親。資舉進士，授户部主事。政暇輒繙閱舊案，究其利弊。涉獵廣記，因而明習典故，條例因革，悉所諳練，大爲部堂諸卿佐所重。丁外艱，歸。景泰改元，尚書金濂奏起復之。固辭，終制。服闋，復除舊官，遂委典各司章奏。未幾，陞署郎中。適江南水災，屬世資勘驗。因奏免應天、太平、寧國、安慶、廬州等府及建陽、宣城等衛税糧五十萬餘石，芻束倍之，且檄所司賑恤。

英宗復位之元年，大臣多罷，上識世資可大用，遂擢工部右侍郎。三年，内織染局言：「蘇、杭五府織造上供文綺七千疋，未就，合別遣督，又賞賜不足，宜加造七千疋。」世資謂：「東南水潦，民苦艱食。朝廷宜樽節之。」因與尚書趙榮、左侍郎霍瑄議減其半，榮、瑄皆有難色。世資曰：「倘得罪，某請以父子三人當之。」疏請，上疑其要譽，推主議者下世資錦衣獄，貶知衡州，至則決疑獄，新廟學，修石鼓書院，立便民倉，百廢具舉。衡衛帥有戾法者，世資稍抑之，遂誣其怨望，逮至京。上不直衛帥，復世資官。成化元年，陞江西布政使。適廣東寇發，王師南下，有議令江西轉餉，計非用十萬人不可。世資令齎銀就廣東糴之，且爲奏蠲民賦百七十餘石。五年，陞都察院右副都御史，巡撫山東。明年秋，東土大饑，發廩勸分遣官賑恤。八年，遷户部侍郎。十三年，奉勑總督京、通等處倉塲。明年，進本部尚書。

世資久處計司，出入劑量，懸合事宜。以年及請老，加太子少保，給驛歸，有司給月米、歲夫。賜勅，曰：「朕聞羲《易》繫『終吉』之辭，《禮經》明『進退』之節。卿累疏求去，蓋得節於《禮經》。朕既允而復陞者，亦欲錫卿『終吉』之福，君臣上下，不各盡與。卿歸，其篤念乎此，優游田里，化導鄉人，俾後賢觀法，風俗淳厚，則足副朕眷遇之懷。」時人榮之。卒贈太子少傅。世資居官四十餘年，謙約和厚，善兄弟，廣交遊，家無餘貲。兄世用，貴州參議，居官廉慎。世用子淕，令太和。御史有事於縣，淕持不可。坐免歸。《閩書》。

僉事楊朝重先生琅

楊琅，字朝重。舉天順鄉試第一，登進士，授監察御史。憲廟登極，詔書停罷鎮守内臣，中外欣悦。既改元，有貢獻希復者。琅極言：「内臣不可預政，倖門不可輕啓。」復與陳恭愍選論，劾兵部尚書馬昂、翰林學士倪謙，請起兵部尚書王竑，召還給事中王徽、修撰羅倫等，俱不報。時號「敢言御史」。出按江、浙二藩，静重不苛。擢山東按察僉事，提調學政。適歲歉，癘疫大作。巡撫大臣以地廣民饑，命琅與藩臬分道出賑。琅精心受事，行至東阿，染疾，既革，自起更衣冠，端坐舟中，乃卒。諸生哀感，醵賻以歸。琅居家孝友，莅官端介，篤學善文，兼工書法。從子國本。《閩書》。

閩中理學淵源考卷五十三

廣平府知府李清馥撰

布政周翠渠先生瑛學派

莆中先正，綽有典型。考公同時有彭從吾、黄未軒諸公論學切磋，皆負一時之望。讀公《題嘉魚李氏大厓義學記》，語夫功夫次第，而箴砭後學共師白沙之失，前輩持守之嚴可見矣。再按，公生漳之鎮海，早歲淵源授受皆得之布衣陳公，故其所學所守，醇然洛閩派的焉。

布政周翠渠先生瑛

周瑛，字梁石。其先莆人，父洪武間自莆田調戍於漳浦之鎮海衛，因家焉。惟時衛所雖建，而學校未興。瑛由邑學生領正統。癸酉鄉薦，不第，乃博覽群籍，鈎深探賾。成化己丑成進士，知廣德州。興文教，絶淫祠，嚴生女不舉者之禁。陞南禮部郎中，出爲撫州知府，調改鎮遠府，秩滿，歸省。弘治初，王端毅恕爲吏部，即家起四川參政，尋轉右布政使。丁内艱。除服，乞致仕。給事中楊廉、吴世中交薦其學行，起用，竟弗赴。瑛未第時，受學於陳布衣真晟，尊嚮而篤信之，及舉進士，與新會陳白沙、遼左賀克恭上下議論，然瑛以居敬窮理爲鵠，白沙之學有所不契，寓書李大厓承箕以辨之曰：

「某聞人心無外，爲有外者非也。聖人静有以立天下之大本，動有以行天下之達道，由體及用，一以貫之，其餘爲學皆由博以反約。博者，萬殊也；約者，一本也。求諸萬殊而後一本可得，一本既得，則所謂萬殊者亦可推此以貫之矣。某請得以言其功程次第。蓋始學之要，以收放心爲先務，收放心，居敬是也。居敬則心存，聰明睿智皆由此出，然後可以窮理。所謂窮理者，非謂静守此心而理自見也，蓋亦推之以極其至焉耳。《孟子》曰：『萬物皆備於我。』此言人心無外也，不即物以窮理，其能盡此心之體乎？故自性情之微以及形骸之粗，自食息之末以及綱常之大，自六經之奥以及天地萬物之廣，皆不可不求其理。求其理謂求其自然與其當然，又於自然、當然求其所以然。積累既多，自然融會貫通，而於一本者亦自得之矣。一本固非學者所易言，然聞之《中庸》有曰：『喜怒哀樂之未發謂之中。』又曰『上天之載，無聲無臭，至矣』。此譬如穀種，雖自塊然，而根苗花實皆聚於此；又如雞卵，雖自渾然，而羽毛嘴角皆具於此。及其發見於行事，在聖人體用一貫，在學者未免差互。蓋在已者有所拘蔽，故所發不無偏重之殊；在外者有所摇奪，故所施不無遷就之異。然而既見本源，則於處善亦安，循理亦樂；至於患難事變，雖以死易生，亦甘心爲之。此聖賢之大略也。今不務此，乃塊然静坐，求畢體用之學，吾見其難矣。」

瑛自得第後歸於莆。所著有《經世管鑰》、《律吕管鑰》、《字書纂要》、《翠渠類藁》、《廣德志》、

《蜀志》、《漳志》等編。嘗與黄仲昭同修《府志》，議論間有不合，自謂「莆陽拗史」云。卒，年八十九。學者稱爲翠渠先生。

縣令鄭文坡先生衷

鄭衷，字世和，龍溪人。自幼向上，學務踐履。嘗遊周翠渠瑛之門，每見稱許。事父及繼母以孝聞。丁繼母憂，念喪母年幼，追服三年。正德癸酉鄉舉，令南康。作興學校，俸給外一毫不取。以不善事上官，謫廣德州學正、提學。顧陽和薦其古行古心，與世殊調，轉揚州教授，陞武陵令，致仕，歸。晚益嗜學，築精舍於文山之坡。鄉人稱文坡先生。《閩書》。《郡志》。

縣令施近甫先生仁

施仁，字近甫，龍溪人。少以聖賢自期，博洽善屬文，顧舉業非其好也。同邑林魁一見奇之。弱冠，負笈遊莆者三載，於黄未軒、周翠渠諸先生，靡不論世尚友。歸而躬行孝悌，父母兄弟間動相規切，期諭諸道。與同時潘鳴時、高則賢、潘桂芳、周一陽稱「五賢」。當道如沈寵、周賢宣、姜寳延致書院以訓多士。嘉靖丙寅，選貢北上，復與貢安國參証異聞。選授紹興司訓。王龍溪譏其邑人也，時過從論説，宗良知之旨。已，轉諭建安，與諸士會水西觀，以實修相砥。所梓有《建安興學録》、《復古議》、《太上感應篇》、《八事圖説》，無非誘翼人心，還古之道。

用薦，擢龍門知縣，政尚清簡，縣趙清獻遺像於退食之堂，焚香告之，曰：「倘有負心，願公示譴。」暇與諸生講論不輟。自縣治至村落，並開立社學、鄉約，課督曉解。改東莞。以内艱，歸不復出。四壁恬然，坐次左右，經史矻矻。誦讀倦，則正襟危坐，凝神定慮。與友人談道，外無他營。其接引後學，提關啓鑰，心口無留隱焉。年八十九，卒。所著有《修正要語》及諸詩文，多根極理要之言。侄三畏，任教諭，好古力行。家庭間自相師友云。《閩書》。《郡志》。

僉事宋立齋先生端儀

宋端儀，字孔時，莆田人。幼嘗侍父助教公校文江右。時御史天台陳選監場屋，因私試以文，深器之。父爲安州學正，每令預堂試，諸生皆歎服以爲弗如也。舉成化辛丑進士，拜禮部主事，歷主客員外郎。凡四裔朝貢之使，以方物贄見，一毫不苟取。其或有所求請，必條舉典故，辨析開諭，使心服而去。久之，遷廣東提學僉事。既至，嚴立教法，務欲以身表率，而痛抑其浮誕奇險之習。在廣五年，列郡之士知所嚮方。年甫五十六卒於官。

端儀居家孝友，動循禮法。自其少時，已有志泛濫群籍，尚友古人。凡鄉之先輩皆考究，而知其邪正賢否。郡守青田潘琴以郡學所祀鄉賢多弗稱典禮，乃發策詢於諸生，惟端儀所對策考論精審，潘大加歡賞。其在禮部，署清務簡，尤留意正學，而於程、朱微言緒論無不究極旨歸。平生不作韻語，間有議論，皆根據義理，關涉世教，不規規麗藻之工而已。

嘗考正《宋史·道學傳》，進程氏門人呂大臨，謂其深潛縝密，當不在劉、李、尹、謝、游、楊之下。又以程氏師友淵源，朱子已有《録》以示後學，而朱子門人亦多哲士，尚未有表著之者。因集黄勉齋以下及私淑有得如真文忠諸公，凡若干人爲《考亭淵源録》。又嘗修《祠部典故》、《廣東通志略》、《宋行朝録》，皆未脱稿。其修《道南三先生遺書》、《朱子事類》、《鄉賢考證》、《莆陽遺事》、《莆陽舊事偶録》、《立齋閒録》、《立齋稿》、《高科考》、《宋氏族譜》等書，藏於家。《洛閩源流録》。《莆陽文獻》。

忠裕黄後峰先生鞏

黄鞏，字伯固，號後峰，莆田人。弘治十八年進士，推官德安府，陞刑部主事，歷兵部郎中。丁内艱，守制，家居三年，不出户庭。鄉前輩如鄭山齋、方松厓、陳時周、周翠渠，咸推重之，與爲忘年友，見素林公尤愛之。戊寅春，服除。將赴部，會武宗北巡，人心危疑，或沮鞏行。鞏題書屋曰：「石田茅屋，爲生太拙。鴟夷馬革，自許何愚！」衆不能沮。竟北上補武選。正德十四年春，上將南巡，時寧庶人久蓄逆謀，蕭敬、朱寧、張鋭在司禮，錦衣東廠與庶人交通，江彬又握勁兵在上左右。中外爲憂，公卿交疏，不聽。

鞏以事由彬，而言者怵彬威鮮指及，乃獨疏六事，其略曰：「陛下臨御以來，祖宗之紀綱法度一壞於逆瑾，再壞於佞倖，又再壞於邊帥。至是，將蕩然無餘矣。天下知有權臣而不知有陛下，寧忤陛下而不敢忤權臣，亂本已生，禍變將起。竊恐陛下知之晚矣，試舉圖治六事，於今爲最急者陳之：

「其一曰，崇正學。臣聞聖人主静，君子慎動。陛下盤遊無度，流連忘反者無乃動之過乎？伏望陛下高拱九重，凝神定慮，屏紛華，斥異端，遠佞人，延故老，訪忠良，可以涵養氣質，薰陶德性，而聖學惟新，聖政自舉。

「其二曰，通言路。言路者，國家之命脈也。言路之通塞，國家之治亂係焉。竊見近時臣僚奏牘間，或言及時政，往往匿不以聞。其或事關權臣，則又留中不出，而中傷以他事。由是，雖有安民長策、謀國至計，無因以達；雖有必亂之事、不軌之臣，陛下無由而知之矣，天下烏得而不亂哉？伏望陛下廣開言路，不責以出位，不加以好名，如此則忠言日進，聰明日廣，雖亂臣賊子亦將有所畏而不敢肆矣。

「其三曰，正名號。陛下近日以來，無故自稱爲威武大將軍太師鎮國公，遠近傳聞，莫不驚疑。夫陛下自稱爲公，誰則爲陛下者？伏望陛下即日削去諸名號，以昭上下之分，以明示天下之人。庶幾體統以正，而朝廷自尊矣。

「其四曰，戒遊幸。陛下始時遊戲，不出大庭，馳逐止於南内。既而幸宣府，幸大同，幸太原，幸陝西榆林諸處，所至費財動衆，郡縣騷然，至使民間一夫一婦不能相保。陛下爲民父母，何忍使民至此？近者復有南巡之命。南方之民争先挈妻子避去者，流離奔踣，敢怨而不敢言。即今江淮之饑，父子兄弟相食。天時人事如此，加以休息愛養，尤恐不支，况又重以蹷之，其何不流而爲盗賊也？奸雄窺伺，待時而發。變生在内，則欲歸無路；變生在外，則望救無及，陛下斯時悔之晚矣。彼居位大臣、用事中官，親暱群小皆欲陛下遠出，而後得以擅權自恣，乘機爲利也。其不然，則亦袖手旁觀，如秦人視越人，休戚不相涉也。伏望陛下翻然悔悟，下哀痛罪己之詔。罷南巡，撤宣府行宮，示不復出。發内帑以賑江淮，散邊軍以歸卒伍。雪既往之謬舉，收既失之人心。如是，則尚可爲也。

「其五曰，去小人。自古小人用事，未有不亡國而喪身者也。謹按今之小人簸弄威權，貪圖富貴者，實繁有徒。至於首開邊事，以兵爲戲，使陛下勞天下之力，竭四海之財，傷百姓之心者，則江彬之爲也。彬本行伍庸流，兇狠傲誕，無人臣禮。臣等但見其有可誅之罪，不見其有可賞之功。今乃賜以國姓，封以伯爵，託以心腹，付以京營之寄，此養亂之道也。天下切齒唾罵，皆欲食彬之肉。陛下亦何惜一彬以謝天下哉？

「其六曰，建儲貳。陛下春秋漸高，前星未耀，祖宗社稷之託懸懸無所寄。方且遠事遊觀，屢犯不測，收置義子，布滿左右，獨不能豫建親賢以承大業。臣以爲陛下殆倒置也。❶伏望陛下將近時群臣建儲章疏付在廷文武大臣共圖大議，即於宗室中遴選親賢一人養於宫中，以繫四海之望。待他日誕生皇子之後，俾其出就外藩，實宗社無疆之休也。」

❶「殆」，原作「太」，據《明史》卷一八九改。

車駕員外郎陸震見公疏，即碎己疏草，曰：「願同署名進。」疏入，上怒甚，下詔獄，鉗校於廷，五日三訊，杖百餘。坐繫逾月，除名。鞏體最羸，衆咸謂必死，乃死得甦。震竟死。當是時，海内盛傳其疏。歸後，杜門著述。家素貧，客至留飯，或至日中未舉火，貸米隣家，恬不屑意。嘉靖改元，召爲南京大理寺丞。疏請「稽古正學，敬天勤民，取則堯、舜，保全君子，辨别小人」。明年入賀，卒於京師，年只四十三。無子。素翁山齋謀以弟布之子爲其後。行人張凈峰岳訟其直節，贈大理少卿。天啓初，謚忠裕。鞏嘗曰：「人生仕宦，至公卿大都三四十年。惟立身行道，斯千載不朽。世之人顧以彼易此，何耶？」鞏沉敏好學，雖疾病支離，手不釋卷，詩文清粹和婉，自成一家。所著有《後峰文集》，又有《讀書録》、《山居筆記》諸作，皆未成書。《吾學編》。

張先生元紳

張元紳，莆田人，以字行。與吴繹思、魏時敏諸人結社，放情世外。性坦易，自稱坦齋山人。嘗預修《八閩通志》。又與方伯周翠渠、編修黄未軒共修《郡志》。郡多韋布獨行之士，往林貞肅以名節高一世，於時雲蒸躍起，不獨冠紳，即如處士張元紳、劉文暘、方在源、陳壽徵輩，咸鞠躬質行。貞肅居恒，數招邀此數人，獎引甚至，以故更相淬礪，以成一時之盛。

縣令吴淳夫先生仲珠學派

按：吴公亦留心經學者。

縣令吴淳夫先生仲珠

吴仲珠，字淳夫，莆田人。少精學業，疎於世故。登成化乙未進士，授義烏知縣。以公錢助喪，爲御史所按，歎曰：「士何往不自得哉！」遂拂衣歸。家居授徒，分晰經傳奥語，以訓後學。著有《四書詩經講説》。《道南源委》。

閩中理學淵源考卷五十四

廣平府知府李清馥撰

恭清陳時周先生茂烈學派

按：白沙之學，明代諸公共議之，謂其近於禪學，然其高風素節，亦可追已。時周先生師事白沙，其省身克己之録，未知與師門宗旨如何。考之林公見素誌公墓曰：「隱衷粹行，對天地而質鬼神，其人品在黄憲、管寧之右。」當時莆中諸公推許亦無異詞，其操履可想矣。

恭清陳時周先生茂烈

陳茂烈，字時周，莆田人也。先世瑞安人，曾大父以軍功隸興化衛總旗，於是遂爲莆人。茂烈方髫年，繼父戍役，厲志不與群兒伍，晝入署，夜歸則讀書。祖母憐其孱弱，亟止之，乃覆燈，默誦不輟。年十八，慨然歎曰：「善學聖人者，莫如顔、曾。顔之克己，曾之省身，夫非學之法歟！」作《省克録》自考。弘治九年第進士。嘗使廣東，一切饋贐悉却之。是時，新會陳獻章以理學倡東南，茂烈則往執弟子禮，語累日。獻章甚喜，告以學須静一。於是退作《静思録》，佩其言終身。爲吉安理官十餘年，入爲監察御史，袍服樸素，騎一牝馬，身若無官，顧獨繫風紀之重。有尚書侶子受賂，而崔志端者亦爲尚書，故道流也，皆以内援蟠結不能去。茂烈再劾侶，罷之。崔仍留。茂烈意未得，而會其母張年七十有七，老矣，遂疏乞終養去。

家居，身自治畦，一奚奴拾薪，服食粗糲，夜卧不能具一帷，短牀敝席，漠如也。太守以其作苦，遣二力助之。三日，白守曰：「是使野人多事，且溢口食也。」遣還。茂烈雖不究於仕，然故具經濟才，其在吉安持大體，開至誠，迪以民彝，上下信服。有婦嫠家富，族人利其貲，誣婦且别適，特爲白之，令終所至。民有嫁妾者，妾娠，緣妻悍，去之。比生子，歸承父業，族群争不决，乃驗以女兄特類，争者遂服。時守張嚴鷙，而茂烈以寬佐之。當道或深文，皆徐爲申釋，明允公恕。既去，而有遺思。力耕養母者若而歲。銓部稔其行清苦，奏改晉江教諭，以資養。辭。既而守臣復上其孝行貧苦狀，武宗嘉之，詔視侍郎潘禮故事，月給米三石，茂烈復辭：「古人行傭負米，皆以爲親。臣即貧，應未至此。且母年八十有六，來日無多，願以身力作，報母艱勞，不願當廩賜。」上不允。間四歲，母卒。茂烈抱疾强起，號泣寢地，疾遂亟。未幾，亦卒，所産惟一女，以身後屬司寇林俊。俊爲治其喪，立族子遠揚爲後。海内大夫士聞而傷之，御史王應鵬以狀聞，謂：「茂烈廉如石守道而所養獨純，孝如徐仲車而所處尤困。」天子悼焉，詔所司表宅里曰「孝廉」，仍恤其家。

茂烈嚮道甚蚤，比聞新會之教，契悟亦深。安貧樂志，泰然自足。日坐斗室，究極五經、四書之旨，以身體驗，隨得隨録。嘗曰：「儒有向上工夫，詩文特土苴耳。」嘗與友人論學書曰：「承示胡敬齋書，日不釋手。議論精切，用心良苦。假所修如之，當於吾道中求之也。恨生晚而未考其世焉。至於論白沙、一峰二先生與丘文莊、張東白，頗有抑揚。蓋一時之言，而非蓋棺之論也。文莊二公，吾不及知。一峰之志節尚矣。白沙之學而疑其禪，非真知白沙者也。人一心也，其用一耳。士以記誦辭章競科名，日趨於下矣。向上將誰主耶？世方以是相率，任道者憂之，故曰『古人棄糟粕，糟粕非真傳』，又曰『莫笑世間無著述，真儒不是鄭康成』。正懼其功倍於小學，而妨此大道也。白沙之初見康齋而歸也，閉户窮盡古今典籍。又築臺静坐，不出閾外者數年。深潛静思，真積力久，心悟理融，而自得之妙非人所能知也。敬齋亦學於康齋同門者也，諒未及面而資麗澤之益，又未知其發言之由，無怪乎其作疑也。自今考之，敬齋懼學者舍下學而躐於上達，若白沙則懼學者逐口耳而忘乎身心也。竊嘗細玩『尊德性道問學』一章，學聖賢之法備矣。然人之氣禀不一，清者知之勝，淳者行之勝，無偏廢焉。所入異而所造一矣，安得起敬齋於九原相與細詳？」

又曰：「萬物備於我。反而求之於心，身無限欠缺，無限病痛，至於中之欺慊，冷煖自知，若夫愧影愧衾，嚴切之功，無踰於此。烈雖鄙薄，每自檢點，勉循規矩。今事至教，先以治病爲急，若病去藥除，則終身之訓也。」

其持論如此。林貞肅俊曰：「時周領悟既深，而充養益熟，隱衷粹行，對天地而質鬼神，第其人品，當在黄憲、管寧之右焉。」天啓辛酉謚恭清。《越章録》。《莆陽文獻》。

教諭郭約之先生克一

郭克一，字約之，惠安人。爲人坦夷，有志趣。嘗講學於莆，以弟子禮見如賓陳先生，先生語以「爲學當涵養本原，不在枝葉繁辭」。克一深佩服之。領正德癸酉鄉薦，癸未試春官乙榜，授歸善教諭。歸善學在郭外，殿宇敝壞，諸生徒寄空籍於學，分齋肄業之規弛甚。克一慨然振而興之，倡率諸尚義者，鳩材募功，重新學舍，俾士有歸息，而嚴立條教以約束之。躬爲講説經旨，士心竦然。諸司行部至惠州者，莫不歎賞。居三年，丁母憂，歸。卒於家。《邑志》。

侍郎鄭山齋先生岳

鄭岳，字汝華，號山齋，莆人。南湖先生露之裔。七歲而孤，賴母林兄嵎食貧而撫教之。逾弱冠，登弘治六年進士，授刑部主事。論囚東市，錦衣千户張福恃勢越坐。岳奏論語涉中貴，旨下詔獄。堂官疏救，得釋。轉員外郎，湖廣按察僉事。宗藩侵民田，累奏不決。岳竟歸之民。荆、岳歲饑，設法賑活甚衆。常德守刑貨黷濫，捕其左右，置之法，守解印綬去。南臺會薦天下方面官十七人，岳與焉。正德初，擢廣西兵備副使。征黑松洞，奏捷。調廣東，尋擢江西按察使。振揚風紀，爲逆濠所忌，連擢其地左右布政使。濠横奪民田億萬計，民設寨聚守，濠諷總制剿以兵，岳力沮之。副使李夢陽、御史江萬實相訐，奏下藩臬會勘。岳欲平其理，而夢陽務求勝，濠從而嗾之，執岳憲司舊役考掠，誣岳用公堂銀文致送濠，禁錮。事聞，下鎮巡勘報，濠左右夾持成獄。臺省暨江西撫臣交疏其枉，遣大理寺卿燕忠、給事中黎奭覆勘，竟爲濠所陷，自誣服罷。後濠反，伏誅。起四川左布政使，以母喪未終制，不赴。

嘉靖初，陞右副都御史，巡撫江西。至則民擁道聚觀，手額相慶。岳奏賑恤受兵郡縣、定討逆功及贈祀死事之臣，皆報可。甫三月，擢大理寺卿。輔臣以擁立世宗功，議封伯。岳遺書内閣，所厚蔣冕勸其辭避。林俊以司寇召至，協衷守法，一無所假。勘事陜西，正總兵官李隆罪，前後凡四上疏，皆切時政，陞兵部侍郎。大同兵變，赦而復叛，岳密令總兵桂勇斬首惡數人，事遂定。已而，勘報及大璫弟侄名，岳駁正之，權倖側目。又以議禮忤旨，奪俸。言官風聞，媒蘖其短。因力請致仕，歸。凡十五年，卒於家。

岳嚴毅端諒，好禮勤書，老猶不懈，尤喜獎掖後進。事寡母甚孝，念兄鞠哀恩，罄官俸以報。構蒲坂祖祠，益祭田治先世諸墓。至於開渠、造橋、建社，有利於鄉族者，概不惜費。所著有《山齋浄藁》、《吟藁》、《奏議駁藁》、《莆陽文獻》、《莆陽志略》等書。享年七十二。子泓，字士流。初爲逆濠所陷，謫戍，赦回。蔭授詹事府録事。疏歸終養。《莆陽縣志》。柯維騏撰本傳。《閩書》。

閩中理學淵源考卷五十五

廣平府知府李清馥撰

訓導劉子賢先生閔學派

按：劉先生閔在成化、弘治間，一時師友極盛，而與鄭公紀切磋最篤者也。考《鄭東園遺事》，謂：「鄭公與劉子賢先生隱雲洞山中，玩《易》考禮，主静慎動，以求至道，一時名士翕然歸仰。泉南陳剩夫每來，留閱月。自言得見鄭子，方覺荒疎。修撰羅一峰謫官泉州，往返必約鄭氏於風亭僧舍，講論數宿，曰東園學問，心得爲多。」又考虚齋蔡文莊亦寓書子賢，皆企其實踐工夫，儒效修著，非空言者。於時諸公皆一代之英，並世而起。其出也，有鳳翔千仞之概；其處也，有潛龍不拔之貞。詳考所立，皆涵養深淳，原本經術，追溯乎乾、淳講學之盛，無愧也。迨後新説繁興，講席互設，而窮經實踐之意微。嗚嘑，師友傳述盛衰之運可以觀矣！

訓導劉子賢先生閔

劉閔，字子賢，莆田人。幼有至性。少長，知學，即絶意科舉。凡禔躬訓家，必以聖賢爲法；祭祀奠獻，一遵《禮經》。以父柩及祖母柩未葬，遂斷酒肉，遠房室。雖授館鄰邑，而朔望必歸哭殯所。如是者三年。鄰族憐之，爲之助葬。婦失愛於母，出之，終身不復娶。温凊定省，疾不解衣；母或有怒，則竟夕跪牀下。副使羅璟立社學，延閔爲師。提學周韋菴孟中捐銀助養。太守王弼每遇祭祀，必延致齋所，曰：「此人能消鄙吝，豈減黄叔度耶？」亦置田資之。閔并受不却。及母卒，即送田還官。廬墓三年。歲凶，弟婦求分異，闔户自撾，感悟復合。弘治中，林貞肅俊言「其恭慎醇粹，孝友高古，德宇道風，自覺難比。願禮致入侍東宫，必能涵煦薰育，有所裨益」。不報。正德元年，詔授儒學訓導。所著有《家禮考註》、《昭穆圖》、《宗子説》、《五倫啓蒙》、《孝經刊誤》等書。温陵蔡文莊曾寄書，略曰：

「觀先生所自待，斷斷然實地根本工夫，一掃却許多煩冗枝葉。愚意今日大勢如此，匡治之計須是先生輩出身也。然雖未即出，《易》之《損》九二曰：『利貞，弗損益之。』蓋言雖未爲時用，然其『弗損』所守如此，則所以益於上者亦既多矣。而况又有所謂子弟從之，則孝悌忠信者乎。小兒存畏，今年九歲矣，家父母留在膝下，去先生纔百餘里，而未能即時遣詣門下，以供灑掃，途中徒爲念之耳。」《道南源委》。《蔡文莊集》。

司徒鄭廷綱先生紀

鄭紀，字廷綱，仙遊人。南湖淑之後。舉天順庚辰進士，爲翰林庶吉士，授檢討。與謝一夔、劉健、周經、張元禎諸公講性理之學，以經濟相許。其爲文章，披奇剔怪，瀾立星回，深博藴藉，益探以有。憲宗登極，上太平十策。以親老引病歸養。父没，哀毁骨立。知府以金助葬，謝不受。喪畢，廬墓讀書，與孝子劉閔、泉南陳剩夫相往來。修撰羅倫謫官泉州，亦時會聚講論。仿《義門家規》、《藍田鄉約》、朱子義倉以濟族睦鄉，家食二十餘年。再起供職，遷浙江提學副使。令諸生兼讀五經白文，行鄉射，革浮屠，毁淫祠。

孝宗登極，上疏勸御經筵、近儒臣、論聖學，以正心爲要。言甚切至，有旨嘉納。召爲國子祭酒，監規嚴正，師生凛然。國學有膳餘銀千兩，典簿以常例奉，紀曰：「膳爲監生，何與祭酒？」悉歸官。同官謂紀形其短，銜之。紀固以前輩自處，遇科道官不能折節爲禮。因相與攟摭其事，論劾之。孝宗謂：「紀任未久，何遽有此令？條析以聞！」改南京通政司左通政。七年陞南京太常卿。

武宗在東宫，行冠禮，紀采古今帝王嘉言善行，凡百條，各繪圖作贊，名曰：《聖功圖》，表啓以進。且言：「皇太子當近正人，聞正言，不可與儇薄内侍遊。」上優答之。陞南京户部侍郎，適南畿災，紀以漕米權宜水兑，積出餘米二十餘萬石賑濟。又將月糧放支本色，以平米價。奏革京儲冗食，鹽鈔攬納之弊，皆有惠利及人。然竟以前論踵襲，言者不已，紀亦屢疏乞休。十七年，進南户部尚書，致仕。卒年七十六。遺命請劉閔治喪，勿乞葬祭。訃聞，賜葬如故事。有奏議四卷，《聖功圖》十卷，《歸田録》八卷，文集前、後、續、别五十卷。子主敬、主忠。主忠蔭補壽州同知，守官飭簠簋，而歸田好施，祀鄉賢。《閩書》。《莆陽文獻》。

主事柯希齋先生維祺學派❶

主事柯希齋先生維祺

柯維祺，字奇純，號希齋，莆田人。幼靈穎，希慕古哲。林貞肅、陳孝廉雅重之。弱冠，領鄉薦，登嘉靖癸未進士。出黃文裕佐之門，文裕語人曰：「異時無忝鴻儒，柯氏子也。」授南户部主事，時年二十六，即移疾歸烏石山中。聚舊業而紬繹之，別淆亂，訂是非，會萬於一。及門之士先後至四百餘人，傳授靡倦，要以躬行爲先。慨近世學者樂徑悟而憚積累，竊禪家之説以掩孤陋，作左右二銘明其意。著《講纂》二卷，以辨心術、端趣向爲實志，以存敬畏、密操履爲實功，而其極以宰理人物、成能天地爲實用。至於爲學次第，懇懇致意於「誠」之一字。謂心與理一之謂「誠」，言與行一之謂「誠」，終與始一之謂「誠」，蓋允蹈之也。

録所答問釐爲《心解》、《學解》、《經解》、《上下傳解》、《史解》六卷，多儒先所未發。著《宋史新編》共二百卷，閱二十載而成書。作《史記考要》十卷，凡司馬之譏評爽實、班氏之增損乖義、少孫之補綴亂真、諸儒之紀載異同，胥辨正之，而天文曆律發明尤詳。又以《莆陽文獻》自嘉靖以來屢經兵

❶「祺」，《明史》卷二八七作「騏」。

火，懼其遂湮，乃撰次爲二十卷，以接山齋鄭岳之筆，曰《續莆陽文獻志》，與《宋史新編》俱以三品論人，謂求道德之士於三代之下，必欲如古聖賢，難矣。但能忠信廉潔，以禮義爲進退，以名節自砥礪，此其根本也。根本既立，雖乏功業文章，不足爲病。根本既喪，即富貴功名，鄙庸人耳，何足取哉？別著詩文集十卷、續集四卷、雜著二卷。居常絶迹不入官府，矢志清修，力耕節用，躬韋布之素，有餘則推以佐親黨。遇倭亂，廬毁於寇，鬻田以築小室，日危坐其中，接人無戲言，無苟笑。聞人之短，蹙然必爲之諱。期功不與飲燕，口惟蔬食菜羹而已。卒年七十八。學者稱希齋先生。《雒閩源流録》。《明名臣言行録》。《閩書》。《興化府志》。

主事卓起巖先生居傳學派

考之志乘，林貞肅公獎藉人才最盛，其一時説經諸師席，公皆勤懇而親炙之，爲鄉邦倡率，爲後進典型。其風俗醇篤，有由來已。

主事卓起巖先生居傳

卓居傳，字起巖，莆田人。精於經學，開館鳳山，執經問難者前後數百人。以鄉薦，授金華訓導，教迪有方，青衿競奮。登正德十二年進士，賜歸省，一時士類競趨其門。林貞肅俊、方簡肅良永時過講堂，與之談榷文義。所著有《書經四書臆説》，學者宗之。終刑部主事。門人太守鄭弼爲之起墳。《道南源委》。《莆陽志》。

郡守鄭諧甫先生弼

鄭弼，字諧甫，莆田人。嘉靖癸未進士，歷工部郎中，出賑江南，全活甚衆。榷税蕪湖，廉平有體。遷雲南知府，釋江洋株連之辟，平木邦宣撫之亂。年四十，以親老致仕。至九十三卒。《莆陽·選舉志》。

簡肅方壽卿先生良永

方良永，字壽卿，莆田人。弘治三年進士。督逋兩廣，峻却饋遺，爲布政使劉大夏所器。還授刑部主事。進員外郎，擢廣東僉事。瓊州賊符南蛇爲亂，大夏時爲總督，檄攝海南兵備，會師討平之。御史坐良永失利，大夏已入爲本兵，爲白於朝，賚銀幣。正德初，父喪除，待銓闕下。外官朝見畢，必謁劉瑾。鴻臚導良永詣左順門，叩頭畢，令東向揖瑾，良永竟出。或勸詣瑾家，良永不可。及吏部除良永河南撫民僉事，中旨勒致仕。既去，瑾怒未已，欲假海南殺人事中之。刑部郎中周敏力持，乃不坐。瑾誅，起湖廣副使。尋擢廣西按察使。發巡按御史朱志榮罪至謫戍。遷山東右布政使。旋調浙江，改左。錢寧以鈔二萬鬻於浙。良永上疏曰：「四方甫平，瘡痍未瘳，浙東西雨雹。寧廝養賤流，假義子名，躋公侯之列。賜予無算，納賄不貲，乃敢攫民財，戕邦本。有司奉行，急於詔旨。胥吏緣爲奸，椎膚剥髓，民不堪命。鎮守太監王堂、劉璟畏寧威，受役使。臣何敢愛一死，不以聞？乞陛下下寧詔獄，明正典刑，並治其黨，以謝百姓。」寧懼，留疏不下。謀遣校尉捕假勢粥鈔者，以自飾於帝，而請以鈔直還之民，陰召還前所遣使。寧初欲散鈔徧天下，先行之浙江、山東。山東爲巡撫趙璜所格，而良永白發其奸，寧自是不敢粥鈔矣。寧方得志，公卿、臺諫無敢出一語。而良永以外僚訟言誅之，聞者震悚。良永念母老，恐中禍，三疏乞休，去。

世宗即位，中外交薦。拜右副都御史，撫治鄖陽，以母老再疏，乞終養。都御史姚鏌請破格褒寵，尚書喬宇、孫交言：「良永家無贏貲，宜用侍郎潘禮、御史陳茂烈故事，賜廩米。」詔月給三石。未久之，母卒，詔賜祭葬，皆異數也。服除，以故官巡撫應天，即家賜敕。至衢州疾作，連疏乞致仕，未報。遽歸，卒。卒後有南京刑部尚書之命。暨訃聞，賜恤如制，謚簡肅。良永侍父疾，衣不解帶者三月。母病，良永年六十餘矣。手進湯藥無少怠。居倚廬，哀毁，稱純孝焉。素善王守仁，而論學與之異。嘗語人曰：「近世專言心學，自謂超悟獨到，推其説以自附於象山，而上達於孔子。目賢聖教人次第爲小子無用之學，程、朱而下無不受擯，而不知其入於妄。」弟良節，官廣東左布政使，亦有治行。子重杰，舉於鄉，以孝聞。

學正林致之先生學道學派

按：明代莆陽諸前輩多治《尚書》，致之林公精熟是經，嘉靖乙酉，督學邵公鋭延請於三山主教，恭敏馬公實師承其説焉。時三山鮮習是經，故邵公特延致之。余考之《經籍考》，馬恭敏之子歘序《尚書敷言》云，再考公從學於蔡、王二先生，其平日爲學大旨，未知如何。至恭敏馬公之學，《閩書》并蔣氏《閩學源流》，皆以爲宗程、朱之學者。

學正林致之先生學道

林學道，字致之，莆田人。體不勝衣，言不出口，而向道甚勇，義利之辨甚嚴。終日正襟危坐，非寢不脱巾履。初從蔡文莊受學，復之江西從王文成訂良知之説。嘗遊吴下，有僉事某者延至其家，既而聞其居喪宴會，曰：「非吾徒也。」遂去之。督學邵鋭選取閩中，於會城書院分經擇師，學道與焉。司徒馬森其及門士也。徐文貞階謫延平，願請一見，竟不造門。至嘉靖間，以貢授都昌訓導，文貞亦督學江西，喜曰：「吾今得見林致之矣。」爲題像曰：「顔勤閔孝，柴愚參魯。若在聖門，依稀參伍。」終無爲州學正。卒，學者私謚曰貞修先生。所著有《原教録》二卷。《道南源委》。《莆田志》。

王侃齋先生學派

王侃齋先生闕

陳碩飛先生鳶

陳鳶，海澄人，字碩飛。幼讀書，與兄英及中表林浩相友。聞莆陽王侃齋以道德淑人，相與負笈從之。既歸，以禮自閑，築室家廟之旁，非弔喪問疾不出。倦時，或散步郊原，悠然自賞。藝圃必正，樹菓木必直而方。對夫婦如嚴賓，延納士流，温和可掬，時以正言格論誘人。所交林克諧夫婦染疫暴卒，無敢至者，鳶奔往經紀其喪。嘉靖丁巳，寇掠月港，焚毁悉盡，惟鳶居無恙。郡丞許鑰聞其名，饋餉，不受。海憲周賢宣至澄訪之，鳶使家人辭曰：「某隸居編民，有公事召，無相見禮。不敢見。」疾革，命弟子以喪禮，危坐而逝。

閩中理學淵源考卷五十六

廣平府知府李清馥撰

莆陽嘉隆以後諸先生學派

縣令歐須静先生志學

歐志學，字須静，莆田人。淹貫經傳，以貢入南雍，海内交重之，吴中諸文學争延爲師。領嘉靖乙酉鄉薦，知潮陽縣，興學育才，人文遂盛。歲餘乞歸，當道留之不可。既歸，開五經講席，四方負笈者相踵。所著有《四書淵源》、《毛詩小見》、《衍義補要》等書。《道南源委》。《閩書》。

縣令阮先生琳

阮琳，字廷佩，莆田人。嘉靖庚子舉人，除金谿教諭，爲諸生講明正學。擢知恩平，勤撫字，興學校，文學吏治，一時推獎。以老丐歸。結境真會，誘誨後進。所著有《書經講義》、《性理》、《儀禮》、《律曆注解》、《圖書記愚》諸集。《道南源委》。

縣令陳立夫先生繼芳

陳繼芳，字立夫。少穎敏勤學，通五經，爲文詞多有理解，同輩咸推讓之。嘉靖丙戌進士，授金華知縣。廉介自持，奸徒屏迹。甫七月，以病疏歸養。家貧，甘旨乏供，乃設帳嘉禾，因而負篋從遊者甚衆。所著有《書經精講》，至今以《尚書》起家者，咸宗焉。

郡守林廷彬先生華

林華，字廷彬。蚤孤，家貧，奮志讀書。嘉靖壬辰進士，授南京户部主事，改北刑部，轉員外郎。皇親張鶴齡繫刑部獄，華坐累，謫六安州同知。巡按及督學檄爲諸生師，建岳麓書院，令主之。著《岳麓口義》十卷。量移長沙同知。尋擢鎮江知府。公暇講學如岳麓時，與徐問、唐順之往還議論。爲守五年，多政績。最大者，平民群訴豪家擅洲田，久不決。華斷爲公庄，收其租，以省民需。富民毆殺人，獄以賄停，華立斷論死。時宰夏言以獄託，華不從，嗾巡按御史誣華激變，逮繫詔獄，發鎮江。哭而送者幾萬人，擁傳車不得行。逮者愕眙，且笑曰：「是可以爲激變矣。」華至京，上奏自辨。世宗疑之，而臺省亦多言其枉，於是薄華罪，罷爲民。家居十七載，不入公府。性簡静，寡合鮮交。晚年蔬食，不與飲讌。年六十七卒。《莆田志》。

參議黄以約先生文炳

黄文炳，字以約。父敬甫，明經修行，里人敬之，稱曰木齋先生。文炳嘉靖乙未進士，授南户曹郎，度支會計惟謹。榷北新關，務除細苛，所入稅金下仁、錢兩縣典出納，關吏不得染指。又以羡餘牒計司助餉，商民感惠。歷江西僉事參議。文炳在江西久，於分宜相無夤緣，竟以罷免。人稱其有守。《莆田志》。

縣令宋斯齋先生效周

宋效周，字肇斯，莆田人。領嘉靖辛酉鄉薦，由海陽教諭陞和平知縣。以德化民，群盜解散。時制府徵令煩苛，效周移書規諷，遂被論劾，致仕。歸家絶跡公門，教人以經書、小學爲常課，謂：「嚮往須擇中守正，造詣須積漸至精，工夫須循常務實。」所著有《悾悾子》、《踽踽言》、《日格子》、《正俗編》等書。學者稱斯齋先生。

副使陳士仁先生祥麟

陳祥麟，字士仁。嘉靖丙戌進士，授東安知縣。東安地狹隣邊。時詔徵土兵討田州，所過騷掠。祥麟搜剔弊蠹，犒餉具而民不擾。嘗修學宫，作社學，毀淫祠，改諸佛刹爲書院。以廉能調麻城。足疾，疏改湖州教授。主江西文衡，所得多名士。遷南京刑部主事。常提獄，命人洒濯囹圄，不深錮諸囚，囚甚德之。歷員外郎中，出守姚安郡，雜夷難治，祥麟約以威信，靡不輯服。母喪，服闋，補南安，或有諷祥麟稍稍爲子孫計者，祥麟艴然曰：「昔人遺後世以安，吾豈欲置之危哉？」嘗自言：「吾自筮仕以來，未嘗置一人於重辟及謫戍者。」其廉慎仁愛類如此。擢山東提學副使。至則崇禮教，作士氣，每閱諸生文義，必爲之芟削改正。以積勞卒於官，士林傷之。同寅檢行槖蕭然，各捐俸爲賻。所著有《四書詩經正蒙》行世。《莆田志》。

郎中陳宜昌先生言

陳言，字宜昌。觀七世孫。少敏博，精《尚書》。嘉靖丙午鄉薦第八人。明年，會試第四人，肄政禮部。時泰和歐陽德爲宗伯，深器重之，屬吏部補其縣令。言悃愊簡易，奉職循理，不喜矯飾逢迎以媚大吏，大吏有索賄不得深嗛之者，遂乞改學職，得湖州教授。二年，遷國子博士，轉禮部儀制司主事，教習駙馬都尉。故事，都尉率驕貴，易其師，師取具員而已。言抗顔臯席，人咸重焉。越明年，太宰李默被讒死。言亦坐鄉故，謫郴州同知。已移守泰州，徵拜南京刑部員外，晉郎中。無何，免歸。言性真率，無他腸，不習巧宦。居家以孝友稱，嘗修葺先世祠塋，恤宗戚貧乏而撫其孤寡，行敦本原。所著有《尚書講義》六卷、《怡老堂存稿》四卷、《石溪儷語》二卷。以子經邦貴，進階一級，贈吏部左侍郎兼侍讀學士。《莆田志》。

郡守林孟鳴先生兆珂

林兆珂，字孟鳴。富孫。嘉靖壬戌，倭陷郡城，與兄兆瓚俱被縶。倭刃磨兄頸，兆珂以身翼蔽。倭義釋之。萬曆甲戌進士，授蒙城知縣。改儀封教授，陞國子監助教，轉博士監丞。任成均七年，董宗伯其昌、范少卿允臨皆所取士。陞刑部主事，歷員外郎中，爲大司寇。註《律例》二十卷。出爲廉州太守。丁内外艱。補衡州，又補安慶。十年三典大郡，歸之日，囊無餘貲。先是，祖富總制兩廣，奏罷採珠之令，廉人德之。兆珂至，先以太守行有司祭禮。次日以諸孫行家人祭禮。廉人榮之，因作《採珠行》以歌祖德。所至禮名宿，拔寒畯，然性諒直，不能婉曲事人。

辛丑大計後假歸，遂爲終焉之計。家居二十載，鍵户讀書，丹鉛不輟。所著書《宙合》、《多識》二種，其最著者又有批點《左傳》、《檀弓》、《考工》、《參同契》、《楚辭》、《李杜王摩詰選詩》諸書，刻林艾軒、楊升菴、陳山人諸集，皆行於世。平生篤友誼，故人有鄭某者老而無嗣，兆珂爲營葬於松嶺之麓。歲時祭掃，必率其子姓酌酒酹之。所著書成，恒令布衣人撰序，曰：「古云名譽不聞，朋友之過。吾將以樹其名也。」故一時文士多歸之。《莆田志》。

布政林仲清先生澄源

林澄源，字仲清。嘉靖己未進士，授户部主事，遷員外郎中，出爲貴州參議。屬水西安酋亂，當事者方議用兵，而澄源以蠻夷叛服靡常，剿孰與撫便，已而出兵殺傷過當，卒用其言撫之，事遂定。逾年，晉按察副使，備兵威清，即用前所撫酋，授以方略，寇發輒誘禽之，滇、黔宴然。晉參政，鎮威清如故。鄒進士元標以論劾江陵戍羅施，道由境上，澄源與盤桓彌日。人或危之，澄源曰：「昔徐晦越鄉而別臨賀，後山出境而見子瞻，彼何人哉？吾分已定，即緣此得罪，吾固安之。」因名其菴曰「定菴」。後以廣西按察使覲畢，轉四川右布政，乞終養歸。歸後，言者復摘其馳傳事中之，則猶江陵之爲也。居家孝友恬靜。部使者交章論薦，竟不起。著有《悟往吟》及《經傳講義》。《莆田志》。

林懋勛先生兆恩

林兆恩，字懋勛，富孫。生有異質，年十三，好袖金散給貧人，母詰之，曰：「損有餘補不足，天道也。」既補弟子員，試皆高等。已，遂棄去。鋭心學道，嘗憂正學榛蕪，世趨二氏，謂：「二氏之粗者，吾儒所不屑，精者不出吾道之範圍。」遂合三教而發明之。著書積數百萬言，大要以三綱四業爲本，歸儒宗孔爲急。隨在獎勸，凡士農工賈、緇衣道流，人人厭其意而去。時倭薄郡城，會衆募兵却之。又饑旱洊臻，發粟拯濟，賴全活者甚衆。城陷後，埋胔掩骼，不遺餘力，人尤德焉。天下名流耆宿讀其書者，無不降心北面，願爲弟子。書幣之請，殆無虚歲。其教人先從治病始，以此小試，非其極也。學者稱爲三教先生。《莆田志》。

參政盧鉉卿先生廷選

盧廷選，字鉉卿。萬曆壬辰進士，知滄州。鋤奸擿伏，獄無滯訟。時方興横海，舟師大軍出於滄，供億驛騷，少不給，則立糜。廷選馭應有方，無敢譁者。巨璫挾税柄淩轢州郡，廷選以民艱抗議，詞色從容。璫慚沮而戢。歷工部郎中，出知南昌府。南昌故多才，廷選集士課文，諸生呈藝與爰書並列几案間，剖决品藻，無不各厭人意者。修東西二湖堤，弛漁利以予民。歷江西參政，議減宗禄，就各宗現在之折額以均惠於待封之子孫。時用其策，諸邸悦從，著爲令。尋以蜚語解組去。家居數載，復起爲湖廣參政。修城垣，繕干掫，爲固圉計。盜徐賓逾城剽巨室，輿議以盜伏城中，當排門大索。廷選獨不謂然，密遣邏遠地跡之，盜果獲。卒於官。方病中，檄武昌：「嚴察郡獄，多滯囚，勢將有變。」殁數日，而難作，楚人以爲神云。所著有《四書質義》、《尚書雅言》、《浴碧堂集》。《莆田志》。

劉徵仲先生文暘

劉文暘，字徵仲。讀書秉禮，授徒尚義。與侄正隆交相愛敬，即閫内亦無間言。後正隆領鄉薦，官國子博士。歸，冷署無長物可獻，數以爲言。文暘曰：「青氊故物，正獲我心。」郡守王弼高其行，數造廬請見，旌其門曰「一鄉善士」。卒年八十九。《莆田志》。

劉陶九先生堯章

劉堯章，字陶九。讀書百原山中，因以爲號。少便超超異行輩，爲文沉思入微，幾廢寢食。未幾，閩亂，遂挈家入寒山，僦居何巖之麓，專意聖學，静坐三年。已而入百原，刻意堅苦，理數、象緯靡不推究，而返之躬行。常曰：「涵養工夫全在應事接物上。」簡律一身，不敢自恕。意念間稍有愆違，輒正色危坐終日。會山中寇亂，欲屠兩砦，堯章挺身出見，皆賴以全，衆德之，歸田以謝，堅却之。居家孝友，與兄共爨無間言。時兄有子五人，堯章子二人，及析箸，以所遺産分爲七，五與兄，而自取二焉，曰：「吾不忍令吾兒獨豐也。」人咸義之。性和易近人，及義之所在，毅然爲之。嘗讀《春秋傳註》，頗疑其鑿，後得湛甘泉正傳曰：「此可以知聖人之心矣。」乃下穀城與舊友商訂成書。未就而疾作，將革，命取陳白沙《示門人六絶》吟咏者再，點額而逝。《莆田志》。

副使陳鳴周先生騰鳳

陳騰鳳，字鳴周。萬曆丁未會試第二人，授開州知州。州多巨憝，習弓馬，乘突騎，要截行刼，商旅畏途。騰鳳廉其實，以計誘，得巨魁，立殺之，自是賊徒屏息。澶淵久困水患，騰鳳設法隄防，民得安堵。丁内艱，服闋，補禹州，復調太倉州。屢有隱糧七千五百餘石，或爲田衝蕩，或爲坍漲混者。民困於輸供。騰鳳不避勞怨，逐一洗刷，遺累洒然。陞兵部員外郎，出爲河南提學僉事。秉公矢慎，首拔者悉皆入彀，有《河洛九十元魁卷》鐫行於世。部覆稱最，加銜再任。轉浙江糧儲副使。勤運輓，部推卓異。離任日，却羨金三千，盡充公儲。乞歸養，冢宰趙南星覆疏云：「人方仰其有守而有爲，本官則已知止而知足。」家居二十載，杜門守静。所著有《四書講意》、《尚書要言》及《静虚齋集》。卒年七十二。《莆田志》。

孝廉林燕公先生尊賓

林尊賓，字燕公，莆田人。崇禎壬午舉人，肆力於六經、諸史、百家。著《春秋傳》，於三《傳》外别有發明。又以《禮記》附會成書，乃翻去陳言，著爲評定，復取朱子未成之志，合三《禮》而通之，綴文成類，共得十篇，名曰《古禮當然》。一時倪元璐、張溥、陳子龍、錢肅樂輩，皆折節下之。計偕入都，值闖賊陷京，與從叔説同矢殉國。著有《雁園集》四卷。《莆田志》。

林雨可先生承霖

林承霖，字雨可。幼時爲諸生，即以古人自期。入麥斜巖，潛心理學。家貧，妻子藜藿不飽，絶不爲意。山中人皆呼曰林先生。與同郡謝天駒同彙次《莆陽四編》行世。天駒，字山子。攜家入山，置書數千卷，吟咏編摩，於名利視之漠如也。《莆田志》。

鄭牧仲先生郊

鄭郊，字牧仲。博學能文，幼嗜經史，長以著述自任。家雖困乏，意豁如也。補郡弟子員，爲督學郭之奇、李長倩所賞識，拔置第一。嘗謁銅山黄道周，稱之曰：「鄭牧仲一日千里，未易材也。」雲間夏允彝、徐孚遠皆與定交。已，居壺山之南泉，遂號南泉居士，未嘗一至城市。著書甚多，註《易》十七卷，廬陵知縣于藻爲之刊行。尚有《史統》百四十五卷及《南華十轉》、《冰書》、《折衡》、《偶筆》、《寓騷》、《孝經心箋》及雜詩文若干卷，藏於家。弟郲，邑諸生。好學博識，與郊齊名。督學李長倩首拔食餼。安貧樂道。所著有《皆山集》及《易測》、《詩史》、《和陶廣騷》、《春秋表微》諸書。門人郭鳳喈，字友日，衛庠生，性高潔，工詩，著有《郭子詩草》。《莆田志》。

閩中理學淵源考卷五十七

廣平府知府李清馥撰

泉南明初諸先生學派

泉自朱子過化之後，人才蔚起。明初諸賢大都抱道守義，恬於仕進，而崇尚經説，範圍禮俗，猶然清源别派遺風也。今志乘可考者，張氏廷芳首著《易説》，陳氏道曾精邃易學，趙氏復以禮教倡鄉閭，莊氏逢辰以朱學式後進，其餘或隱身明志，或秉節傳經，各著顯晦之遭，祇求立身之的，要皆根柢乎先民矩度，與遺世絶俗者異矣。迨後蔡文莊先生獨倡宗風，而紫峰、净峰、次崖、紫溪諸公相踵起，紹源濬流，漸摩數世，遂成閩學一代人文之治。回溯當時，清源别派，不更昌大而益光乎！語云：山川之秀，有開必先。則國初諸君子皆有啓迪衛道之功，不可無述也。今并録出以備考訂焉。

張先生廷芳

張廷芳，晉江人，世家城南方山下。父謙齋以文學召爲石井書院司糾。廷芳世其業，以講明理學爲己任。冠、婚、喪、祭一遵朱子《家禮》。自號「退密翁」以見志。嘗著《易經十翼章圖藴義》十卷。未上，卒於家。《泉郡志》。《雒閩源流録》。

趙莊節先生復

趙復，字無疾，晉江人。隱邑之孤山。博通經史，不求仕進。泉俗冠婚之禮率敝於侈靡，喪葬之禮多壞於浮屠，無疾惓惓以古禮爲之倡，人多化之。卒年九十五。門人私謚曰莊節先生。《雒閩源流録》。《舊郡志》。《閩書》。

莊士明先生逢辰

莊逢辰，字士明，晉江人。元季躬耕養母，雖在亂離中，不釋書卷。母卒，喪葬一據朱子《家禮》。洪武初，或勸之仕，不答。日惟教子讀書，後進多師之，稱静齋先生。子琛。《泉郡志》。《閩書》。

州判劉子中先生嵩

劉嵩，字子中，晉江人。博通經史，所爲詩文清新奇古，不俟思索，人謂其有謫仙才。值元季，不仕。磊落不羈，以詩酒自娱。家無宿儲而處之泰然，有知其貧而餽之者，輒正色以謝。或受所可受，即送酒家及賙親友之乏者。洪武初，以賢良方正薦，授廣西賓州判官。卒於官旅，櫬不能歸，州人葬于州之門外。泉之名士多出其門。所著有《中齋集》。《泉郡志》。

學正陳端誠先生道曾

陳道曾，字端誠，晉江人。祖章，應洪武四年進士，以學行聞，歷官禮部主事。道曾性資樸茂，邃於《易》，旁及諸經子史，有文名。操行卓然，不苟徇流俗。登永樂十六年進士，改庶吉士，自陳願授教職。改吴縣教諭，陞瑞州府教授，遷無爲州學正。所至以師道自重，衡文湖廣、浙江、山西，俱以公明稱。卒于官。所著有《吴下集》、《筠陽濡須》等集。《泉郡志》。

陳汝納先生亦言

陳亦言，字汝納，晉江人。元至正間，自古田侍父瓊來官本州鹽場，因家焉。刻苦力學，貫穿經傳子史，於詩賦尤工。洪武初，世路清平，猶不樂仕進，日惟與蕭子玉、趙應嘉、趙仕寬輩相往還，講論吟咏。所著有《潛齋集》。《泉郡志》。《閩書》。

趙應嘉先生士亨

趙士亨，字應嘉，晉江人。元季隱九峰山，杜門讀書，以求聖賢之學。父早喪明，母復老病，奉養周至，湯藥必親，累歲不少懈。父母相繼没，居喪盡禮，廬墓終喪乃歸。教授於鄉。時山寇呂光甫嘯聚剽掠，所至焚毀，獨戒勿犯趙先生閭舍。洪武初，由人材薦，授繁昌縣仲窪河泊官，强赴焉。尋引疾告歸。《泉郡志》。

徵君陳栢崖先生瓛

陳瓛，字徵仲，號栢崖。由福州來家晉江。性孝友，不求聞達，工詩詞。宣德間，累召不起，號爲徵君。

按：徵君爲宣德間隱德，其著述，《藝文志》莫考矣。馥於前歲得徵君送先六世祖樸菴府君之官序文一篇於從祖茂夫先生家，附在《族譜》鈔本後。序末題云：「景泰元年庚午九月吉日閩郡陳瓛序。」序中自云：「與樸菴府君素相知」云。其序文節略載斯編清溪李氏家世學派卷末。乾隆丁丑五月下澣，清馥謹識。

夏西仲先生秦

夏秦，字西仲，晉江人。或云元進士，不知何許人。避亂來泉，先舘涵江，後居青陽。授徒自給，文以行重，諸家志多出其筆。洪武十五年，以儒士召至京師，稱老疾，辭歸。郡守胡器敬重之，每來訪，葱湯麥飯共温飽，而登高眺遠，念及民間之未炊煙者。胡守行，贈以詩曰：「離筵對芳草，去路遶青山。日暮雙旌遠，邦人拭淚看。」得此而守名益顯，都下傳誦之，以爲二十顆珠也。胡後歷官祭酒。至永樂壬辰，西仲猶稱郡庠正賓九十六翁云。李氏叔元撰《青陽五先生贊》曰：「青陽祭於社者五，夏、李、蔡以德，莊以功，餘不乏通顯，瞠乎後矣！」從西仲者，碩士張德亨，里人始知有詩文之學云。李氏叔元撰《青陽五先生傳》。

陳白齋先生

陳白齋，名未詳。按：李氏叔元撰《陳處士約齋公墓誌》云：「陳白齋倡道於石井書院，其弟文齋以行業佐之。」其名并籍貫待考。《李鹿巢先生文集》。

吏部楊先生端儀

楊端儀，晉江人。永樂三年，鄉薦第一。四年，進士，歷官吏部主事。泉郡學《科目題名碑記》云：「朱都憲鑑、楊御史智、蔡文莊清、趙提學寶、楊吏部端儀皆由省元入仕。學識淵源，行檢醇正，有功來學。數君子祠于鄉賢，昭于碑刻，率皆先實後名者，咸可稽焉。」按：楊公事實未詳，今觀《碑記》，側於蔡、趙諸公之列，共稱「學識淵源」，碑立在明正德十六年，郡守無錫葛氏恒、里人留氏志淑、田氏嵓同刻石者。留、田二公皆鄉之望，可見鄉評亦同云。《朱簡齋集》。

侍郎楊松軒先生輿

楊輿，字士載，號松軒，晉江人。父曜宗，經學純正，仕至長史。引年家居，屢以忠君孝親爲鄉後輩言之。爲文温潤典則。輿幼好讀書，未弱冠，能屬文。通五經，尤長於《春秋》，子史百家莫不通究。嘗言場屋制度過嚴，遂與徵士陳瓛、温良、朱鐸、蔡翼、何祐輩爲友。不求聞達，建塾授徒，門人數百。多有學成，亦不應舉。輿召養於學校者，戒之曰：「爾可比樊籠外者耶？」厥後，如林同、莊諫、丘璧皆以科名顯。宣德乙卯，上命進士黄某纂修《實録》，以輿有三長爲郡總裁。《實録》成，郡守蔡錫以輿明《春秋經》薦，授惠安訓導。丁内艱，服除，以學行純篤擢邸府伴讀。

王入繼大統，邸臣皆蒙顯秩，獨輿出爲處州知事。值山寇發，巡撫委輿捕治，設方略連破沐溪、方竹賊巢九處。事聞，召見文華殿，問民情苦樂。對曰：「無苦民事則民不苦。」歷陞南京户部右侍郎。天順改元，謫永州。廣西苗賊滋蔓，輿發策備禦，寇不入境，一時政教畢舉。癸未，入覲。引老乞歸。燕賜甚腆，詔有司加禮焉。家居十四年，與朱簡齋鑑相友。訓迪子孫力學，治家嚴肅，非禮行則不入公門，於烝嘗則嚴潔承祀。有問學者，則條陳本末，人樂近之。所著有《松軒集》。朱簡齋誌其墓。《閩書》。《朱簡齋集》。《郡志》。

博士張先生寬

張寬，晉江人。正統丁卯舉人，四擁臯比，以醇誠博雅爲名博士。所至與諸生講《易》娓娓，皆性體心宗。臺使輒署上考，而甘隱乞休。嘗自題曰：「質不美，皆困學而知；貌不莊，唯正道自持。不敢虚天之賦予，而尚敢較位之崇卑。」有司爲立坊，表曰「翀霄」。《閩書》。

州牧楊思明先生智

楊智，字思明，晉江人。幼有大志，既領鄉薦，聞臨漳林蒙庵有性理學，往從之遊，三年歸。登天順八年進士，擢南京監察御史。成化四年，客星變爲彗星，智上言：「妖彗示變，災異迭至。自非君臣恐懼，旁求直言，改革弊政，進君子而退小人，不足以弭天變。宮闈之事，臣不敢言，望陛下深自省察裁處。其在廷大臣，南京守備成國公朱儀、參贊機務兵部尚書李賓並猥瑣無當，不足膺根本重地；吏部尚書章綸則遣子應元冒貫京衛軍餘，欲覬京闈之薦；刑部侍郎王恕則娶指揮妻旻氏爲繼，而甘偶失節之婦；工部侍郎范理外似樸而内姦貪；大理寺少卿金紳喜徇私而多賣法；應天府尹畢亨夤緣擢用；衍聖公孔宏緒之淫慾驕恣，凡此妨國病民皆足以召致天變。」疏入，遂賈衆怨，朱儀尤惡之。會郊祀，百官赴内府光禄寺點齋，日尚未昃，儀令人早鑰禁門，智不得出，爲内臣邀宿。儀發其事以奏，有旨械京問擬。上以郊祀重事而智不謹，有玷風憲，特降三級，爲廣西布政司照磨。

久之，轉化州知州，卒于官。智歷仕未久，其志節已卓然可稱。黄氏仲昭稱：「智醇厚恭謹，平居春風襲人。義激於中則如秋霜烈日，凛不可犯。歐陽子所謂氣剛色仁，思明有之。」《泉郡舊志》。《閩書》。

縣令鄭懋中先生辞學派

按：明初，泉南傳習派系多無可考，惟《朱簡齋先生年譜》載：鄭懋中、方從善、高顯宗、周太初諸公，皆受簡齋之學者。數公惟鄭氏有傳，餘亦未詳。維時風尚樸厚，人文方興。觀簡齋平生立身本末，以忠孝承家，退身數十年，如趙氏寶、莊氏恭，皆公奬藉在友教之列。論者謂爲一郡風教之倡，不亦宜乎！虚齋先生未發解時，尚及見公，其序簡齋之文謂：「公自幼至老講學弗倦，以明其理，力行匪懈，以踐其實。故能於父子君臣彝常大義，各盡其道。」厥後，王氏宣等爲請祀于鄉。最後，何鏡山、黄石齋、蔡獻臣諸公同揭請謚。雖時議未從，然而一代之公論可審矣。謹備列著之於篇。

縣令鄭懋中先生辞

鄭懋中，名辞，以字行，晉江人。洪武丙子，應天鄉薦，授知程鄉。治先禮義，不尚法律，民謡頌之，程鄉民鮮知學，懋中至，首作新學校，親爲生徒講解，自是始有登第者。一日感疾，戒其子，具湯沐，正衣冠，端坐而逝。民哀慕之，立像於漢令曾芳之祠，合祀焉。朱簡齋祭之文曰：「先生懷忠敬以爲徒，蓄詩書以自娱。踐履篤實，確乎不可以爲迂，宅心孝友，誠哉，所謂君子之儒！」《泉郡志》。《朱簡齋集》。

都憲朱簡齋先生鑑

朱鑑，字用明，晉江人。父則文，以孝著稱。鑑成童，刲股愈父。父竟不愈。哀毁逾常。力貧奉母。常遊鄭懋中、高宗顯、周太初諸先生之門。永樂中，以舉人授蒲圻教諭。宣德初，擢監察御史，巡按湖廣時，副使僉事不行分巡，屬吏殃民無憚，鑑請如故事，周巡所屬以安民察吏，具得施行。梅花峒賊久剿無功，鑑詣諭，皆解散。湖湘風俗，務外貨殖，男女過三十尚無室家。鑑申明洪武禮法，旬月之間，結親者動萬計。考滿代歸。正統初，復命巡按廣東。奉命録囚，多所平反，招撫逋叛甚衆。禁奸戢暴，所至肅然。代還。朝命成國公朱勇簡都指揮等官三百餘員，習《孫吴兵略》、《歷代臣鑑》等書，擇御史有文武材者董其事。右都御史陳智推鑑，鑑乞開設武學以典武科。奏可。遂爲定制。

七年，用薦，擢山西布政司左參政。權璫王振擁大駕北征，鑑上疏懇留，極言敵勢猖獗，北情不測。時大駕已出，不可復止。土木之變，景帝以郕王監國，陞右布政使。尋進右副都御史巡撫山西，保障雁門。鑑垂涕憤恨，以君父之讎不共戴天。上疏言：「額森奸詭百端，殺掠無已。復假和親，往來偵伺。蓋以送駕爲由，則必開關迎接。稍示拒抗，彼必有辭。彼謀既深，我慮宜遠。宜急擇將練兵，暫停中貴監軍，假以生殺賞罰，重整散漫之兵，復募壯勇之士，重懸賞格，厚酬爵禄。再徵勤王之兵夾攻，並進戮力復讎。庶大駕可還，敵兵自退。又切見太監王振毒亂天下，震驚神器。自江南草寇生發，皆以誅振爲名。夫事歸朝廷則治，歸宦官則亂。爲厲之階，莫甚於此。昔高皇帝與群臣議事，必屏去左右，恐泄事機。伏望聖母陛下、郕王殿下，念祖宗開創之艱，將相披卧之苦，急立儲君，選智勇，託忠義，早革内侍之權，再造中興之業。庶雪前恥，以圖後功。」疏入，太后讀之，至於泣下。

及英宗北還，景帝勅邊將出兵掩擊北人。鑑上疏言：「額森慕義請和，送還太上，彼以誠來，我以誠報。彼盟未叛，我兵先出，失信啓釁，深爲未便。」詔嘉納焉。後景帝廢太上皇子，自立其子爲東宫。鑑貽内閣陳循書責之，言：「前者至尊蒙塵，宗社安危，非得長君，人心未定，姬周輔成，故不得已。今鑾輿既歸，曆數有在，委裘而治，亦無不可。太子仁孝，天下共知。在廷文武，群臣共立，不能夾輔，烏可易置？抑僕復有言，陛下於太上皇，論骨肉則當避位以全手足，論尊卑則當固讓以盡君臣。乃藉口防微，反爲幽閉，珍羞節其日膳，雉堞增於宫墻。是可忍也，孰不可忍！」循省書怒甚。鑑亡何，乞致仕歸。英宗復辟，鑑念君父大恩，詣闕上表賀。時石亨以奪門功，荷特眷，銜鑑前劾失機，疑鑑欲復仕，於上前極力排詆。上以籌邊老臣無所闕，仍賜致仕。鑑歷官中外凡三十年，諫疏至數十上。歸里，凡二十餘年。年八十八，卒。賜祭葬。所著有《願學藁》行於世。《明史》。

《年譜》。

備　考

何鏡山先生撰《簡齋朱公年譜序》略曰：某讀史至《司馬温公傳》「平生所爲，未嘗不可對人言」，輒廢書而歎曰：「嗟乎！《詩》稱旦明，傳首慎獨，古昔聖賢於衾影莫知之地，蓋三致意焉。洎自世降而下，學者樂爲致飾，以相競於翕訿詭隨之途，義利攸分，不堪自問，豈復播以示人？苟非詣力精深，卓然天定，鮮有不爲流風習俗所靡者。觀公之自少而長而壯而老，既致身以事父，復力貧以供母。精勤王事，養退引年，效疆埸之孤忠，賦遂初之雅志，若自微而顯者言之，則刲股和粥，露頂籲天，是可質之神，而何不可以示之民？倡議立儲，移書執政，是可以孤行於一時，而何不可共白於後世？故其追叙生平也，大書特書，分年别月，周旋語默，細大靡遺。是非道貫心誠，卓然天定，自慎於衾影莫知之地，曷克及此？」

《名山藏·臣林傳》贊曰：朱鑑時當倥傯，有守邊功，且其意在上皇，而事不詳士大夫之口。予讀其私傳、《家譜》，因爲載之。鑑上循書，足振朝議之靡，不見傳説，而疏名賞金者獨著于世，予得不爲之扼腕耶？

黄氏河清曰：詳公之世，有足陰維社稷，動天地而感鬼神者，惜彭惠安録本朝名臣，於公偶遺之也。余考《吾學編》、《名臣記》、《弇山堂別集·都御史表》，❶亦俱未録，余故備書以俟補録者。詳見《清源文獻》。

王氏宣序公《行實》略曰：土木之變，郕王監國。廷臣皆謂宜承大統，以安人心，而公獨以邊遠孤臣上疏太后，請立儲君，辨大義於狐疑之秋。越易儲詔頒，公雖矢石疆埸間，憤激馳書，切責宰臣，極言廢立之非。且言於上皇：論骨肉則當避位以全手足；論尊卑則當固遜以盡君臣。蹇蹇謂，言當時之所莫敢言，亦言當時之所不可不言。知正綱常，罔恤忌諱；知盡臣職，罔顧身家。當事果欲謀擠，而公以懋動至誠，格於九重，得免于禍云。

縣令李先生紹學派

按：泉自明初永樂間陳氏道會以《易》學名，而立説則自張氏廷芳著《易經十翼圖藴義》爲始。志乘載，先生在正統間以歲貢爲合浦令，邃於《易》，餘事實未詳。今考其門徒傅氏凱亦深於《易》，其侄汝嘉承其家學者，至雁山先生雍，尤以師道自立。林氏龍峰，其門人也。彼時虚齋倡明易學，尚未顯著，而諸先生遞相講明如此，可知泉之經術淵源有漸矣。

❶「堂」，原作「賞」，形近而誤，據改。

縣令李先生紹

李紹，晉江人。按：紹在正統間歲貢，後爲合浦縣令，邃於《易》。

主政傅時舉先生凱

傅凱，字時舉。少年材器拔萃，究心易學。成化十四年進士，授户部主事，提督天津等八衛。督催南畿、浙、福財賦，以賑西北饑旱，事集而民不擾。謝政歸，日與諸士講習，有文譽，四方求文者踵至。子，浚。孫，檝。《泉郡志》。《清源文獻》。

參政李雁山先生雍

李雍，字欽讓，號雁山，晉江人。舉弘治六年進士，未謁選，請告歸養。林龍峰同曾往受學焉。親終，出仕。廷議以雍篤孝清苦，特薦吏部，授驗封主事。時人謂之「赤脚吏部」。轉文選郎，門無私謁。正德初，逆璫煽禍，時時欲樹置其私人，雍介然抑之，爲附瑾者所忌，出爲南寧太守。時在吏部已九年矣。臨行蹇驢敝笥而已。至南寧，因俗爲政，不立赫赫名。值歲艱，請于朝，減民租十之四。瑾誅，清聲暢蔚，擢廣東參政。會枹鼓起，巡撫都御史林廷選手書致之。雍躬履戎行，不遑啓居，遘疾，卒雷白官舍。南寧人祠雍名宦，載之郡志。《閩書》。

參政李菊泉先生汝嘉

李汝嘉，字士美，號菊泉。父松巖，二歲而孤，祖母陳氏苦節鞠育。縉紳大夫若修撰羅一峰先生爲之立傳賦詩。松巖後讀史，知大義，遂爲鄉邦領袖。汝嘉比長就學，乃從叔父合浦令紹，日記經傳數百言，爲文下筆立就。舉天順甲申進士，授户部主事。有貴幸侵民田者，朝命覆之。得實，奪以歸民。榷湖湘商舟，清兩廣財賦，搜剔奸蠹，無敢私干。尋陞金華知府。道聞母喪，歸。服闋，改衢州，修建郡邑二學，均傜役，賑貧乏，葺武備，雪冤滯，建橋梁。衢人頌之。後陞浙江參政，致仕。孫，繼芳，以鄉薦，授六安州學正，擢乳源令。以平賊功，陞刑部主事。歷官貴州僉事，備兵思石。以參議致仕。壽八十餘。繼芳醇深有度，簡静自守。弟，繼華，以鄉薦，知始興縣，有政績。始興載之名宦。所著有《四書日講》。《閩書》。

閩中理學淵源考卷五十八

廣平府知府李清馥撰

學憲趙古愚先生瑶學派

按：古愚趙先生，成化間人物也，爲虚齋先生前輩。其治躬敷政，重名教，尚氣節；洗冤恤患，鞫訊如神。惜遺事湮没者多，而發明經書諸著作，亦散佚無傳矣。鄉先生每三復致慨，有以哉。今考志乘所載，蒞官粤東時，與陳白沙論學辨難。見於白沙往復之書。其在家鄉，惟羅一峰謫泉之時，相與上下議論。羅公累日過從，一盂一豆，日晏忘食，講究不輟。先生故以經術名，而羅公以直節宿學共相淬礪，一郡風教之開，二公蓋亦有助焉，後之人能無遠溯其典型哉？再考，先生門徒莫詳。惟一臞王氏宣集中《書薛文清〈讀書録〉後》曰：「余年二十二，壻吾泉廣東提學僉憲趙先生家，見薛公《讀書録》，若有契於心，遂求於舅而得之以歸云。」考廣東僉憲趙先生即古愚先生也。王公平日必經側聞講論者，姑附學派之列，待考焉。

學憲趙古愚先生珤

趙珤，字德用，晉江人。宋宗室懿王德昭後，丞相趙公汝愚裔孫。生九歲而孤，依女兄適粵人劉簿者，益刻勵爲學，尤尚志節。雖貧窶，不妄納交人。粵有富人介簿求通，先生不應，謂：「不義而厚，行將及矣。」遂自粵歸。亡何，而富人果敗，其先識如此。成化元年，領鄉薦第一。明年，成進士，授刑部主事。先生精於鑒文，能知人富貴、貧賤、壽夭，如券合，無或爽者。嘗校士禮闈，得餘姚謝遷試牘，詫曰：「宰相才也，大廷之對，必袖然舉首。」遂力薦主者。後俱如所鑒。出爲粵東提學僉事。便道過家，適羅一峰謫官泉州，累日相過從，辨論不厭。每旰設食，一蔬一豆，忻忻如也。在廣時，日以學術提醒士心。校士諸州，每卜其器業於文，而引之所嚮，士賴以成就者甚多。又嘗校文瓊州，士第悉下，無與省闈試者。諸生嘩然，有司亦爲之請。先生曰：「若不知也，吾殆以全若。占若等文氣有眚焉。遠涉，其不利乎！」衆不謂然，固以請，乃聽試。當往道海上，漂溺失舟，人始驚歎趙先生神人也。先生故以經術名。顧又精吏治，有粵豪漁食閭里，持吏短長，至姦人婚娶女，吏不敢問，如是者數十年。先生聞，按獄得實而置之法。爲學原於人倫，言論風旨，多足感動人者，尤重禮教。是時，新會陳白沙獻章論道江門，先生嘗訪之，訂以經訓之言。間不合，必移書再四。白沙每論教人「禮非所急」，先生力正之曰：「昔胡餘千不教人習四禮，論者至今以爲疑。流風易移，何輒開斯路乎？」白沙謂德用之心即一峰不欺之心。復書曰：「一峰死，僕哭之慟，以爲今而後無復有如一峰者，不謂於執事見之。」嘗登匡山，見元張弘範勒石，以詩斥之。親固貧，又復早背，諱日不能知，常祭以己之生辰，必涕泣不自禁。在官，嫁族女者三，娶婦者五，殫貲以給，而宦橐固蕭然也。年方强，卒於官。

所著書有《四書管見》、《禮經解疑》、《綱目便覽》、《宋史集要》諸編悉毁。孫子復零替，蓽門蓬户而已，獨其遺言逸事，至今人士喜談而樂道之。丁氏自申曰：「某自束髮以來，即知有先生，輒寤寐向往者久之。間訪其遺文，得所謂《椒軒記》讀之，蓋先生初第時作也。其言耿然，有礪名砥行、矜古振俗之志，而先生立身居官，大節概可想見。至其文字冲雅淵懿，允矣造道之言，惜乎不可多得。聞先生卒官嶺表，飄零以歸，重遭回禄之厄。頃讀其外孫周君所爲傳與某平日所記聞者，尤核且確。自周君之傳出，而學校鳴之，當道旌之，學士大夫群而和之，先生之潛德，久而彌芳矣。顧采風未逮而曠典尚缺，春秋俎豆邈焉未舉。豈非後生者與有責哉？考吾郡在成化間，前有先生，後有虚齋，二先生里居相望，先後發解登第，又相繼爲督學憲臣。蔡先生試士江西，一舉而登首，拔者五十八人，見於交遊書問中。首舉士舒梓溪，即許其魁天下，後無不驗當。先生爲考官，得餘姚謝文正試牘，已物色爲殿元、宰輔。其督學廣東也，於校文中預卜人休咎，其鑒識與蔡先生又同。二先生德學造詣無容置論，乃其品題藻鑒，什不爽一，此其故何哉？趙以愚，蔡以虚，明生於愚，靈生於虚，卒是道也。」《郡志》。《閩書》。《道南源委》。《越章集》。丁氏《三陵集》。

備　考

陳白沙先生復公書曰：來教摘諸聖賢垂世之言，與僕之事參而辯之，大抵愛我深而告我盡也。僕用是知執事之心，一峰明白不欺之心也。一峰死，僕哭之慟，以爲自今而後不復有如一峰者，今乃有執事，幸甚！幸甚！執事爲説，本之經訓，與僕所以爲學，所以語人者同歸而殊途。但僕前簡失之太略，執事見之太明，故疑僕之意異於執事，而實不異也。執事謂浙人以胡先生不教人習四禮爲疑，僕因謂禮文雖不可不講，然非所急，正指四禮言耳，非統論禮也。禮無所不統，有不可須臾離者，克己復禮是也。若横渠以禮教人，蓋亦由事推之，教事事入途轍去，使有所據守耳。若四禮則行之有時，故其説可講而知之。學者進德修業，以造於聖人，緊要却不在此也。程子曰：「且省外事，但明乎善，惟進誠心。」外事與誠心對言，正指文爲度數。若以其至論之，文爲度數亦道之形見非可少者。但求道者有先後緩急之序，故以且省爲辭。省之言略也，謂姑略去不爲害耳。此蓋爲初學未知立心者言之，若以外事爲外物累己，而非此之謂，則當絶去，豈直省之云乎？「不規規於往迹以干譽目前」，僕之此言亦有爲而發。嘗與胡先生言之矣，非諷執事也。此不欲形於筆札，俟面告。執事於僕謂無間者也，苟事有未當，僕得盡言之，豈假諷哉？僕才不逮人，年二十七始發憤從吴聘君學。其于古聖賢垂訓之書，蓋無所不講，然未知入處。比歸白沙，杜門不出，專求所以用力之方。既無師友指引，惟日靠書册尋之，忘寢忘食。如是者亦累年，而卒未得焉。所謂未得，謂吾此心與此理未有湊泊吻合處也。於是捨彼之繁,求吾之約,惟在静坐,久之,然後見吾此心之體隱然呈露,常若有物。日用間種種應酬,隨吾所欲,如馬之御銜勒也。體認物理,稽諸聖訓,各有頭緒來歷,如水之有源委也。於是涣然自信,曰:「作聖之功,其在兹乎。」有學於僕者,輒教之静坐。蓋以吾所經歷粗有實效者告之,非務爲高虚以誤人也。執事知我過胡先生而獨不察此,僕是以盡之。

又

伏讀來諭,執事所以進僕者至矣,所以教僕者亦至矣。僕一顓愚人耳,凡百無所通曉,惟知自守而已。曩日至京師與諸賢士大夫遊,日聽其議論天下之事,亦頗有益。惟是愚憒,終不能少變以同乎俗,是以信己者少,疑己者多也。僕之所深與者皆執事同年,而獨執事之名未聞也。奉附到董給事書,其中稱道盛德不少置,僕私心喜甚,以爲此來當得一見。非子仁,僕無以知執事。然以子仁之言,又未嘗不追恨於京遊之日也。承諭有爲毁僕者,有曰「自立門户者,是流於禪學者」,甚者則曰「妄人率人於僞者」。凡於數者之詆,執事皆不信之,以爲毁人者無所不至,自古聖賢未免見毁于人。甚矣,執事之心異於時人之心也。僕又安敢與之强辯?姑以迹之近似者爲執事陳之。

孔子教人文行忠信,後之學孔氏者則曰:「一爲要。一者,無欲也。無欲則静虚而動直,然後聖可學而至矣。」則所謂「自立門户者」,非此類歟?佛氏教人曰静坐,吾亦曰静坐;曰惺惺,吾亦曰惺惺；調息，近於數息；定力，有似禪定。所謂「流于禪學者」，非此類歟？僕在京師，適當應魁養病之初，前此克恭亦以病去，二公皆能審於進退者也。其行止初無與於僕，亦非僕所能與也。不幸其迹偶與之同，出京之時又同，是以天下之責不仕者輒涉於僕，其責取証於二公。而僕自己丑得病，五六年間自汗時發，母氏加老，是以不能出門耳，則凡責僕以不仕者遂不可解。所謂「妄人率人於僞者」，又非此類歟？僕嘗讀程子之書，有曰：「學者當審己，何如，不可恤浮議。」僕服膺斯言有年矣，安敢争天下之口而浪爲憂喜耶？其晦也不久，則其光也不大；其詘也不甚，則其伸也不長。物理固亦有然者矣，僕或不爲此戚戚也。且僕聞投規於矩，雖工師不能使之合；雜宫於羽，雖師曠不能使之一。何則？方圓之體不同，緩急之聲異也。尚何言哉！尚何言哉！惟執事矜其志而略其迹，取之群咻之中，置之多士之列，則天下之知僕者無如執事矣，幸甚！

何鏡山先生撰公家藏手澤序曰：泉前輩趙古愚先生瑶，成化中以解元登進士，自比部郎出爲嶺南學憲，善以文章卜人貴賤、壽夭，無不得者。其爲郎時，充會試内簾官，得謝文正公文，大奇之，手批曰：「狀元拜相，必此子也。」及視學嶺南，考校海南士，所拔科舉多不足先生意者，曰：「是姑録之，後來受用終不及諸下劣等。」亡何，科舉士過海就大比，盡溺水死；而下劣等者，以不就試無害。泉人以此二事，至今好談先生。先生，宋室苗裔也，其往弔宋厓海之濱，過奇石碑，謁慈元殿址，祭大忠祠，具有文字。其《過奇石碑》詩，嚴切惋恨，尤膾炙人口。人徒以先生忠義慈孝人也，而今讀先生曾孫大紹所輯手澤編，則有《自歎》詩二首以寳鑑喻心，大道喻學，乃知先生平日惕於内省而端於趨向。當時海内名流如陳白沙、羅一峰二公皆與往來切磋，以求斯道真實之境，此則先生所造之精微，自知自進，而歲月之久，著作流落之多，泉人亦未有以窺公之全者也。是編凡十三首，詩居其七，文居其六，而先生遺筆盡在是矣。然皆大紹訪求之四方殘編斷記之中，然後乃能得之。大紹席門窮巷，無旦夕之積。自其少年時，裹糧重繭，絶險以求先生遺文，遍請海内縉紳詠歌先生之德行，以陳告之當道。先生蓋没百餘年而後，綽楔表於里閭，鄉賢崇于祠祀。今大紹年七十餘矣，朝暮必至先生祠下低回護視。其委不佞以是編之序，凡五年而未得應，心不加怒而請愈切。爲人子孫如此，不亦克稱先生之後人，可以愧夫世之無廉恥，嗜飲食，而忘其先德者哉！

按：泉南明初諸先正多確守宋儒榘範，蔡文莊未起時，如莊氏恭與趙公其最著者。莊公能物色文莊於童年，取師友於莆中，如吴淳夫、周翠渠、黄未軒皆是也。趙公則閑道尤謹，嘗規切白沙先生虛妙之旨。白沙欲號海雲，公力正之，謂其近於禪號。在粤，往來辨難，不苟爲同。近世先正評訂白沙諍友如羅一峰、胡敬齋、羅整菴，人皆知之矣，獨公姓氏稍略。細繹白沙復公二書，其心許相物色，似於羅、胡二公之外，不作第二人觀也。顧年未滿志，著述又復湮没，灰燼無存，未得與《居業録》、《困知記》並垂考信，惜哉！吾鄉前輩如丁氏自申、張氏冕、莊氏履豐、何氏鏡山皆汲汲論述，蓋以公實任道之器，流澤桑梓，愾慕無窮也。馥恐載籍日杳，派别愈難尋緒，不禁娓娓詳之。附載白沙二書并何公跋語者，欲以證公所學所守端的。另於《同安志》録公《大同書院記》一首入遺文内，亦吉光片羽矣。吾鄉鄴架藏書者多，如得公文者，幸借鈔録續入，諒有同志，曷勝企望。乾隆丁丑臘月八日書於繞耕舊學家塾。

縣令莊遯菴先生概學派

按：先生爲松厓公琛之子。松厓趾美先德，官終廣西按察司僉事，以仁恕清靖著聞。故先生仕跡亦以清白世其家，其源流遠有端緒。郡志稱其莅官有風概，未曾立傳。今考之文莊蔡虛齋贈送序言稱，先生學博志高，到官貧約如故，所養益不凡，其表揚師門之節，固信而可徵也。兹特録其派系附文莊一人，著於篇端。

縣令莊遯菴先生概

莊概，字世平，晉江人。宋少師藻齋公之後。父松厓公琛，廣西僉事。概成化間歲貢，尹廣西陸川，以考績改任江西信豐縣。虛齋蔡文莊公《送先生尹信豐序》稱：「受業師遯菴莊先生家素貧，用素約，不獨未仕時爲然。前此尹陸川六年，而貧約如故。吾先生之所以爲人者可知。」又曰：「先生博學高志，少年聲光馳八閩，閲世益深，抱負益壯，所養益不凡。其所施爲，不以官之崇卑、地之廣狹限者。」《閩書》載其知信豐縣，有節概云。《蔡文莊文集》。《郡志·歲貢》。

成化以後諸先生學派

泉自成化後風氣淳龐，人物挺生，一時經學之茂，海内宗之。如虛齋蔡先生、紫峰陳先生、次崖林先生、净峰張先生後先倡明正學，風傳響應，興起者多。外此若莊公恭、林公啓、傅公凱、李公雍、郭公克一亦皆師傳友授，綽有典型。至黄公河清諸賢，多講切問學，追慕前修，不苟以世儒自命者。其餘豐功碩德，未能遍録，特舉其師友可溯者載於編。

副使莊拙齋先生恭

莊恭，字儀甫，號拙齋，晋江人。爲諸生時，從莆吴淳夫仲珠學，而與黄未軒仲昭友。成化五年，登進士第，授刑部主事。給事中韓文等以論兩宫事被拷訊，恭首疏廷救之。陞員外郎，出爲江西按察僉事。風采飆發，雷擊斧斷。行部南安，上猶令望風解去。入與試事，得豐城楊廉於落卷，拔擢之。成化丁未，贛寇大哄，禍延閩、楚、粵三省。朝議知恭負文武才，陞爲本司兵備副使，逾月，巨魁授首。建昌瑞州寇復作，勢張甚。恭出奇殲之，前後俘馘無算，餘悉平定安輯。捷聞，璽書嘉勞，賜金幣、寶鈔。南城張昇、廣昌何喬新爲鄉邦計，咸請即本土超擢爲藩使，或觀察使。會丁祖母憂，歸卒。恭孝友無間，先貲悉讓諸弟，俸餘則推贍戚族，善物色後進，獎掖不倦。識蔡文莊於童年，期以大儒。見李文祥，指爲年家錚錚。所交遊來往，惟周翠渠瑛、張東海弼、雍康僖泰數人。當憲宗時，閹王直、幻術李孜省最用事，而孜省江右人也，屢欲得恭爲重。恭絶不與通。年位不滿，世人惜之。孫如愚，新興令；啓愚，肇慶府教授，並有聲。《閩書》。《清源文獻》。

監丞林海峰先生啓

林啓，字仰之，同安人。魁梧軒奕。成化二十二年，鄉薦第一。與蔡文莊相次發解，並以易學倡於鄉。泉人興易學以盛，二門門生也。文莊《易》猶在泉，啓爲安陸州學正，安陸之《易》，啓發之也。仿胡安定法爲教，人士循軌。諸生饋贈無所受，而周其貧者。遷國子監博士，及門如趨。林貞肅俊嘗録啓之名於方石，祭酒謂然。居二年，遷南京國子監監丞。楊吏部攝祭酒，當詣京，或請他攝。楊曰：「仰之在，須他攝何爲？」六舍生群請之吏部爲宜，遂攝祭酒。卒於官。囊無一金，六館書生爭致襚。林貞肅以所自預深衣、方履殮之，爲撰《墓志》曰：「仰之介而容，方而不腐，爲文章有奇氣。」又曰：「予重得士，既晚得仰之，謂銘仰之耶！」嘉靖中，有孫曰天德者以貢歷廉州推官，路南知州，廉人祀之名宦。其玄孫一柱，萬曆庚戌進士，歷官參政。見李衷一學派。《閩書》。張氏《雒閩源流》。林貞肅撰《墓志》。

教諭莊翠峰先生鵬

莊鵬，字萬里，翠峰其號，惠安人。成化丙午鄉薦，就選，授新寧教諭。議經術，考古製器，端文字程式，以變易學者習尚，學者始知所嚮。方福州劉御史遜以言事出知武崗州，復爲藩府所擠。人多斂跡，鵬獨與往來。會有中以飛謗者，遂解職事歸。獨肆力學問，延接後進。處鄉里，是是非非不苟。浄峰張公撰《墓志》云：某生晚，不及先生壯時也，獨記頃年屢以通家子謁拜先生，一室雅靚，圖書筆硯之外無他物。先生終日整襟端坐，點勘書史，雖分注小字亦精細不苟。是時年幾六十矣。與人言，縱横穿貫，舉古今理亂事理物情之變，能使聽者悚然。至聞人有善與義當勇爲者，必咨嗟稱賞，惟恐人不及知。其好學樂善如此！

舉人鄭先生賢

鄭賢，晉江人。成化丙午舉人，以《易經》授徒。其年，同登鄉榜者五十二人，皆其弟子。曾答莆陽陳侍御書曰：「承教以益壯益堅相策。弟不鄙，敬佩繹之。年有老壯，學無作輟。夫子有假我數年之思，而漢霸抱朝聞以爲願，則一義未解，一理未信，有非可以中道廢者。不鄙治《易》，幸附驥尾。竊計猶在强仕之年，豈以春闈弗售而遽餒耶？君子不患名之不成，而患志之不樹。吾儒許多問業，許多工夫，尋向上去，探討古聖源頭，窮年邁韶，不進不休，則益壯之箴，信可銘心。其於益堅所詔，則古人處一之説也。遇不遇，貞於時；堅不堅，由之己。修己俟時，有可挫不可使餒者。兄視不鄙豈靡靡諱窮之夫哉？若小挫而靡，則所謂不愧科名者何人，不愧聖賢者又何人，而甘自汩没之耶？近日朋友來訪者，時以《羲經》相問難，自愧粗心浮氣不能闡揚四聖奥義，謂宜當討論理會，使心即《易》，《易》傳心，而後可。若夫名利一場未嘗掛諸念頭，非直不以窮爲恤，且狂戇不知有窮者。故夫益壯、益堅道理雖未之逮，然鄙心竊意其當如是耳。兹因教音之及請益砥礪之，以不負兄教。」《清源文獻》。

司訓洪汝言先生昌

洪昌，字汝言，南安人。幼失怙，鞠成于母。攻《禮經》。成化十二年歲貢，授常州司訓。經學純正，議論高古，嘉意作人，月有課，歲有會，士子翕然宗之。尤長於詩文，善草書，時流咸推重焉。

通政黄蓮峰先生河清

黄河清，字應期，南安人。弘治十五年舉進士，授吏部文選司主事，歷郎中。慨然以進退人才自任，凡所舉錯，甚稱冢宰楊文襄公一清意。首薦劉大夏、韓文、林瀚、熊繡、王宗彝、朱欽、艾璞、陳壽、王質、萬鏜、程文、程温、艾洪、徐昂、葛嵩、張良弼、吕翀、潘鏜、劉演、蕭乾元、黄昭道、張瑋、邢珣、樊禹、朱廷聲等二十五人。又薦恬退之士四人，曰潘甫、盧格、張詡、祝萃，以風天下。又若董玘、萬鏜、楊果、聞淵、姚繼嵒、夏良勝、章拯、唐龍、周廣、顧珀，皆其所舉。士論翕然歸之，稱典選得人者，前有黄天台，後有黄清源。天台者，黄孔昭；清源則河清也。擢太常少卿，提督四夷館。一日，群立于朝，有一巨璫來，群揖中，惟不識河清。或以姓名示之，璫駭曰：「是彼！是彼！」明日，持雙幣詣謁，河清瞰其亡往返焉。丁父憂，歸。

嘉靖初年，遷南京通政。卒於官。所著有《蓮峰稿》。河清好讀書，遍交當世士，與蔡虚齋、王陽明、湛甘泉、董中峰、何大復、鄭少谷諸公相善，而於三衢棠陵方豪尤契。豪稱其「嗜學如炙，悦士如姝，其氣充充，其心休休，動履必則古稱先」。陳氏道基序公文集曰：「蓮峰先生妙齡舉進士，陟華要，志概不群，尤善著作。閩小泉林公嘗賞其初稿而序之，莆省吾林公擕刻於粤以傳焉。愚嘗受而讀之，仰思國家更造，文章著作至於弘治滋益精醇，猶之淑氣渾噩，品彙涵濡乎其間，莫之遺也。先生於其時，以少年遭際，内承家學，外友天下豪俊，同時若蔡虚齋、王陽明諸公，咸以經術著作有聞於世。先生與之往復議論，道契志孚，故其所得益深，與諸老並稱爲一時之盛。三衢方公固以文名家者，而推崇先生謂所爲文動以先秦爲則，斯非漫語云。」弟淑清、濼清。《閩書》。《清源文獻》。

黄先生淑清

黄淑清，河清弟也，自號曉江漁者。爲諸生，棄之去，入山耕讀。邦君賢大夫禮之，不應也。令顔容端與善，以艱歸，與之書曰：「俗以仕宦丁艱曰放假，蓋謂歷官日多，不能肆縱，只一居喪，當爲暇日。利田便舍，肥肉大酒，言出莫違，意逐群應。入耳驗目，大都如此。昔吕東萊在艱講授，陸象山已議其非。何今古相遠，不啻雲泥？執事學有主腦，定是踏定一步也。」

黄應萃先生濼清

黄濼清，字應萃，别號東水。兩應鄉試不偶，益勵志弗衰。事嫡母，温凊奉養，至老彌篤。莊事諸伯兄，日以經學相質。無何，嫡母没，率先諸侄治窀穸。既襄事，廬墓側者三年。過者莫不曰：「此孝子讀書處也。」瀫清念生母葛氏於父卒後早出，不獲供甘旨，輒陟屺而號，既而歎曰：「古人有捐二千石，間關徒跣，必覯所生而後即安，我獨非人哉？」遂匐匍之道，寢食俱廢。後訪得之某里，遂爲母子如初。人比之雍州云。瀫清嘗謂：「古之學者由源而派，後之學者逐派忘源。古之文如大冶肖形，後之文如掌中花耳。」因證《小序》窮韓、申之業，而一稟之考亭，爲《韻説》十餘卷。已復考班、馬異同，旁及唐、宋諸乘，爲《歷代史評》百餘卷。時而晝有得，夜有書，輒起而識之，爲《觀書目録》十餘卷。其爲文多準東西二京，諸所應舉陳言，輒嚼蠟視之耳。手持一卷，撫二子而歌，令二子和之。復于于嘯曰：「若視吾所獲與千畝孰多？」二子，有樂登賢書，有及爲諸貢籍首。瀫清猶布衣蓬户，日囊故時書，讀之琅然。性故方，不妄色笑。與人語斷斷侃侃，然非公正不發憤。至其雅度汪涵，飲人以和，遇不可意，貌不加遽，詞不加激。門閈諸後進，執經問難，各片言立剖去，令是邦者爭嚴重之，蘇氏濬曰：「憶余初侍先生，乍而望之，機發於踵。久而即之，冲乎若不盈也。殆所稱博學篤行君子耶！」《蘇紫溪先生集》。

黄先生希顔

黄希顔，晉江人。潤之父，其事實未詳。按，何氏《清源文獻》曾登其姓名，兹録之。其著《理氣説》曰：「孔子曰：『太極生陰陽。』邵子曰『道生天地』，是理生乎氣之説也。朱晦翁曰：『有此理而後有此氣。』蔡季通曰『理先而氣後』，是理先乎氣之說也。世之學者往往多以此爲疑，惟恐有理、氣之分，判爲二物耳。殊不知理勝乎氣，氣載乎理，雖不相離而亦不相雜也。善乎，孔子之論道，必以形而上下言之，則理、氣之辨明矣。蓋理虚也，氣實也。虚者常存，而實者迭有也。是以天地未判之初，陰陽未生之始，必有理以主宰之。然後動静有所分，清濁有所别，不然，則成一氣塊耳，何以爲造化之機、生物之本哉？然而伏羲之作《易》，兩儀之上未嘗言太極也，至孔子始言之。仲尼之贊《易》，太極之上未嘗言無極也，至周子始言之，此皆人世之所駭，而聖賢之不得已也。何者？弗烈其聲而聾者弗聞也，不燭其形而昧者弗睹也。如孔子不言太極，則以氣爲理者多矣；周子不言無極，則以道爲氣者衆矣。故聖賢不得已而後有是言也，是豈好爲奇怪之論也哉？愚謂《太極》一圖不出伏羲範圍之外，其曰『太極動而生陽，静而生陰』，即伏羲初畫之兩儀也；其曰『陽變陰合，而生水火木金土』，即伏羲次畫之四象也；其曰『乾道成男，坤道成女』，即三畫之八卦也；其曰『萬物化生』，即因重之六爻也，夫豈有二致哉？蓋天地造化之具，不過陰陽五行而已，而萬物生成之理，不過氣化形化而已。是以伏羲之畫卦，必始於三畫而終於六畫也。《傳》曰：『剛柔相摩，八卦相盪。』此之謂與？若夫邵子『一每生二』之説，亦以見畫卦自然之妙，而變化之無窮耳，是豈伏羲之本旨哉？愚敢著是説以祛世人之惑，觀者恕其狂妄之罪，則幸甚矣！」

《清源文獻》。

參政黄以誠先生潤

黄潤，字以誠，晉江人。正德十六年進士，授武進令。值江南大饑，流移數萬，賑活有方。邑賦重，前巡撫周忱奏：「折布以輕之，疋布抵糧一石。」吴廷舉議「徵價疋銀五錢」。潤曰：「折布固將輕之，若定五錢，是重之也。」乃改徵三錢。擢南刑部主事，改兵部武選。奏立選法。遷車駕郎中，出守松江。丁外艱，去。松人舉前兩賢守以配潤，作三清堂祀之。服闋，補東昌守，陞河南副使，備兵信陽。時章華臺等處劇盜盤踞流劫，潤討平之。擢山西左參政，念母老，乞終養，歸。先是潤在吏部，冢宰欲以科道官潤，使李默喻意，固辭。默曰：「有吏部郎登門送官，而人不受者耶？」潤曰：「有吏部郎登門送人官者耶！」因大笑而去。同年張孚敬用事，時不一見。及三去國，三送之。張欲處以文選，堅謝如前。張净峰岳嘗稱潤當於古人中求之。曾與書曰：「僻居無朋友之助，幾成惰棄，想令眉宇，每切夢寐。官曹清暇，日月新功，必有可以見教者，便中千萬不惜。大抵吾輩年紀漸老大，精力亦無多，切在於要緊處用工，如讀書專治一經，打成片段，儘有受用。向在南宫讀《易》已有次第，後來能不間斷否？此如日用飲食，頃刻不可放下。今人苦苦要去學詩、學字、學文章聲口，真所謂浪費精神，可歎也。」潤家東石時，有「東崖西郭」之號。西郭者，同時同邑清節御史陳蕙也。著有《東石漫稾》十卷、《經濟備考》四十卷。《泉郡志》。《張净峰集》。

教諭郭約之先生克一

郭克一，字約之，惠安人。正德八年鄉薦。少從莆陳茂烈學。嘉靖中，署歸善教諭。捐俸新學舍，復分齋肄業之規，申飭條教，講説經旨，士心悚異。《閩書》。

閩中理學淵源考卷五十九

廣平府知府李清馥撰

東林蔡氏家世學派

按：蔡文莊先生先世家惠安之東林里，至元代，有處士諱惠者始徙晉江，是爲先生始祖。先生嘗自述其高祖大略，謂高祖世安公，諱潤，與朱都憲公爲友。都憲嘗語先生云：「吾及識乃高祖，實一時善士。」曾祖諱輝中，永樂甲午鄉試。祖諱懋德，不仕。父諱觀慧，爲允元公。先生爲《逸樂會記》言：❶「在會凡十七人，而允元公爲之長，一時在列皆鄉之望，文行表表出等夷，而萃爲一會。」則允元公爲鉅人長德，以肇基啓後有以哉！泉南自紫陽而後，人文之盛實倡起於文莊，是文莊先生之家世淵源，尤後學不可不追尋所自焉。

❶「逸樂」，原作「佚老」，乾隆七年本《蔡文莊公集》卷四，本卷正文均作「逸樂」，據改。

蔡允元先生觀慧

蔡觀慧，字允元，晉江人，文莊公清父也。既受文莊封與鄉里耆舊爲「逸樂會」。文莊撰《記》略曰：「志書載吾泉風俗淳厚，人樂爲善。宋時人物最盛，其出而樹勳業、播聲實於當世者，固已班班可考；其在林泉，意亦當有高人逸士志節風流之可以表世而範俗者，而未之有紀也。我朝百餘年來，治教休明，人物復熾然以盛矣。然前此之仕而歸休，與夫不仕而既老者，率亦多匆匆竟日，擾擾卒歲而已，鮮有能自取樂於分内者。間有之，亦未能倡爲是會以同於衆也。」

又曰：「今日逸樂之所以有會，以逸而樂耳。蓋視九老耆英之遺意，而不敢盡同也。在會凡十七人，以齒序則家君爲之長，爵尊而兼齒者，通政致仕張公也，次則封主事黄公暨、循齋黄先生、怡齋賀先生、三陳先生、史、吴、包、翁、留、顧、董、林、楊列位先生皆鄉之望也。文行表表出等夷，而悉萃爲一會。嗚呼，亦盛矣！會之言曰：朋友者，五倫之一；道義者，百行之根。凡我在會之人有善相勸，有過相規，有疑事則相質，其有憂患亦相與爲力也，豈徒逸樂云乎哉？」

又曰：「會之位，惟尚齒，會之儀不尚豐。月必再會，不疏不數也。或於所居、或於所遊之地，惟其所宜也。蓋始於弘治辛亥四月望，至於今十有一年矣，而未嘗有一日之曠。惟值水旱或凶歉則暫輟，此又與衆庶同其憂而不膠於逸樂也。」

又曰：「吾人之會，所以序天倫之樂事，而亦有三益之遺規存焉，不可無以傳之後生輩也。乃合衆議，請張公記之。時各録一通，置之座隅，以遺後之人。而張公辭曰：『此正後生輩所宜用心者。』適某以侍養歸自京師，張公乃屬家君命某爲之。家君遂授以其事如此，并列諸公名于左：張公名苗，黄公名齊，黄先生名績，賀先生名騰，三陳先生名政，名襲，名淮，史先生名隲，吴先生名瑶，包先生名哲，翁先生名裕，留先生名昆，顧先生名美，董先生名鳳儀，林先生名澤，楊先生名溥，家君名某，亦封主事。」《閩書》。《蔡文莊公集》。

舉人蔡先生存畏

蔡存畏，字思危，文莊公長子。生而聰穎，稍長能文。弘治十一年鄉薦。

舉人蔡先生存微

蔡存微，字□□。嘉靖四年鄉薦。

寺丞蔡先生存遠

蔡存遠，字思毅。嘉靖五年進士，累任吉安、松江二府推官，官至太僕寺丞。按朱氏《經義考》，嘉靖八年，存遠在松江府推官任，奏獻進士蔡文莊清《易經蒙引》。後發禮部看詳，遂議行福建提學副使將《易經蒙引》訂証明白，發刊書坊。存遠所著有《周易正説》。

郡守蔡先生如川

蔡如川，字繼之，文莊公曾孫。萬曆元年鄉薦，累官尋甸知府。以礦税抗内監，逮詔獄，廷杖卒，贈光禄寺少卿。

文莊蔡虚齋先生清學派

按：明代盛時，理學大明。前輩言北方之學起自澠池曹氏，河津薛氏，南方之學發自康齋吴氏，而閩中則虚齋先生實倡之先。文貞公撰《虚齋先生祠記》曰：「吾閩僻在天末，自朱子以來，道學之正爲海内宗。至明代成化後，虚齋先生崛起温陵，首以窮經析理爲事，非孔、孟之書不讀，非程、朱之説不講。其於傳注也，句談而字議，務得朱子當日所以發明之精意。蓋有勉齋、北溪諸君子得之口授而訛誤者，而先生是評是訂。故前輩遵巖王氏謂自明興以來，盡心于朱子之學者，虚齋先生一人而已。自時厥後，紫峰陳先生、次崖林先生，按：公初稾尚有净峰張先生。皆以里閈後進受業私淑，泉州經學遂蔚然成一家言。時則姚江之學大行于東南而閩士莫之遵，其掛陽明弟子之録者，閩無一焉。此以知吾閩學者守師説，踐規矩而非虚聲浮焰之所能奪，然非虚齋先生其孰開之哉？今經學久晦，士大夫好尚趨向龐而不純，浮華之徒轉相夸毗，獨至《蒙引》、《存疑》、《淺説》、《通典》諸書則行於海内，家習而人尚之翕如也。故嘗以爲吾閩之學，獨得漢儒遺意，明章句，謹訓詁，專門授業，終身不背其師言者，漢儒之學也。師心任智，滅裂鹵莽者，近代之學也。是二者孰古孰今？孰醇孰漓？後之君子必有辨之者矣。」

讀先公叙述閩學源流，起衰救弊，誠今日學者之律令格式也。兹撮其略著於篇端。

文莊蔡虛齋先生清

蔡先生諱清，字介夫，晉江人。成化十三年福建鄉試第一，晉江之山鳴如玉磬者三日。二十年成進士，即乞假歸。講學水陸僧寺，江南之士多來從遊。事親讀書之外，未嘗急求仕進。他日爲其母寫容，母愀然曰：「吾聞母以子貴，今汝舉進士有年矣，吾猶故巾幗。」先生聞言大傷之，即赴選，得禮部主事。是爲弘治初元。吏部尚書王恕重其學行，奏改爲吏部稽勳主事，時與談論諮訪。先生因上「管見」二劄於恕，言：「今朝廷之患在紀綱廢弛，以至士風日弊，民力日絀，當大有以振作之，乃可銷境内之憂，静疆埸之警。」又薦引名士劉大夏等三十餘人，恕皆納用。庶吉士鄒智論事下獄，罪且不測。先生急白於大司寇何喬新，得疏救，智得謫官嶺南居之。丁内艱。服除，吏部有不悦者，以補禮部祠祭司員外郎，乞便養。陞南吏部文選郎中。一日心動，乞終養。至家兩月，而其父没，人謂孝感。自是家居，授徒不出。每遇親忌，痛哭流涕，終日不御酒肉。宗族内外有貧乏者，恒賙恤之。

正德改元，即家起江西提學副使。時宸濠方圖不軌，凡朔望，藩臬官皆先朝宸濠，次日乃謁孔子廟。先生至，力請僚屬同日行禮，先謁廟，後朝王。宸濠生日，令藩臬官着朝服賀。先生曰：「臣子見君則朝服，無見王者。」去戴而入，宸濠大怒。一日宴藩臬官，宸濠嘲先生曰：「公乃不能作詩。」先生對曰：「某平生於人無私。」蓋私與詩音相近。宸濠益銜之。其後奏求護衛，已得請矣。同官有傾先生者，謂先生獨有後言。宸濠聞之，欲誣以非議詔旨之罪。先生正色對，遂疏乞致仕。宸濠尚陽善挽留之，且欲以女妻其子，先生力辭歸。時劉瑾方專權，駕引名士以掩人心。不數月，復起爲南京國子監祭酒，朝命未至而先生已卒，時正德三年也，年五十六。

先生氣清色和，外簡内辨，始即之，使人忌其鄙吝，及與之久，妄消躁息。與論天下古今，一以禮義折斷，其言剴切精深。嘗曰：「學宜養正性，持正行。」故飭躬約禮，動準古人。以六經爲入門，四子爲標準，四儒爲真派，而反身用力，本之静虚之地。故初時主於静，後主於虚，謂天下之理以虚而入，亦以虚而應。以格物不外讀書，讀書當以「虚心涵泳，切己體察」八字爲要訣。因以虚名其齋。其教人也，以看書思索義理爲先，不獨語言文字。蓋謂聖人作經以明道，學者因傳注以求經，實從體驗身心而洞見道體者。

又曰：「宋儒之道，至朱子始集大成。朱子之學不明，則聖賢之道不著。」故與其徒著《四書蒙引》、《易蒙引》諸書，皆推原朱子之意，以歸聖賢本旨。爲《密箴》五十餘條，皆反身自檢之功。友善寧永貞、林俊、孫交、楊廉、丁璣、江朝東，而師事何喬新。其言《易》則師三山林玭，傳其《易》者則同邑陳氏琛，至今言《易》者皆宗之。弘治間，士大夫理學中輟。永貞、廉、璣、朝東與先生皆起稀曠之後，而先生與廉尤爲獨得。

恭肅黄氏光昇曰：「泉自朱子簿同安之後，私淑雖多，而惟先生爲得其宗。泉南一時人物之盛，皆先生所造就也。雖歷仕未盡儒者之用，而有教人數世之澤焉。」

萬曆中，僉都御史詹公仰庇請易名，謚文莊，大學士李公廷機復請贈禮部侍郎。國朝雍正二年，從祀孔子廟廷。《明史》。《閩書》。《蔡文莊公集》。《明儒學案》。

備　考

羅整菴曰：「蔡介夫《中庸蒙引》論鬼神數段極精，其一生做窮理工夫，且能力行所學，蓋儒林中之傑出者。」

于氏孔兼曰：宋儒語録荆川先生業有梓行，不容復贅。我朝先輩遺言尚缺如也。予於中得其人之純正不雜者以列名，因録其言之精實可傳者以垂訓。若關中薛敬軒、玉峰魏莊渠兩先生其最也。外此而吴康齋、陳白沙、蔡虚齋諸公非後先之頡頏者乎！予身在堂下而此十先生者曹月川、薛敬軒、吴康齋、胡敬齋、陳白沙、蔡虚齋、魏莊渠、吕涇野、尤西川、徐養齋。皆堂上人也。愧學未窺斑，而輒敢次第其言如左。緣考其行，則皆屋漏如斯，大廷亦如斯者也；蚤歲如斯，晚節亦如斯者也。斯之謂躬行君子，予之竊有志未逮者也。此外，名賢非無見道之語，而或其人尚存者不可徑述，議論未定者不可漫述，言足聽聞而中多疵累者又不敢輕述，雖有掀揭之勳名，懸河之才辨，予終不敢雷同而附和之。蓋析理有毫釐之差，謬必千里；論學有邊旁之見，義多滲漏。嚴學派者審之。

楊氏廉贊曰：平生所志，惟在儒術。舉業、理學，會萃爲一。《蒙引》之作，藩垣置筆。辯如江河，守則以訥。朱之於吕，嘗誄其歿。酷類成公，詞寡人吉。閩學中興，公多倡率。

陳琛、林同、蔡閏宗、易時中、田岩、王宣、趙建郁、林福❶

司訓黄先生逵弟正

黄逵，晉江人。爲粤東新興司訓。與弟正皆受《易》於蔡文莊先生之門。舉一子曰闇。闇之子曰衷，以孝稱。衷之子曰喬鏜。弟正，成化十年鄉薦，官推官。《何鏡山集》。

同知張國信先生元璽

張元璽，字國信。其先在宋末屬浦，賊亂，避地於晉江登瀛里。宋亡，隱軒伯玉，終身不仕。祖福。父旺，成化中舉人，孝養二母，推財弟舅。未受官，卒。璽痛先志弗遂，少小即知力學。遊蔡文莊門，以妙悟見稱。與陳紫峰琛、李筠溪墀、王一臞宣，號稱四傑。弘治中，領鄉書，除滄州學正。端軌興文，士習頓化。流賊陷滄州城，閉齋自守，賊相戒勿犯，居民傍學宫者藉以安堵。遷國子監

❶ 本條原無，據文津本補。

學正。擢建昌同知，未任，卒。元璽學有深造，淡於世味。居官貧薄，没後，僅負郭田數畝，士大夫以爲難。《舊郡志》。《閩書》。《李衷一先生集》。

郡守王子鋒先生鏃

王鏃，字子鋒，號辟山，晉江深滬人。天資穎敏。遊蔡文莊之門，篤志勵學。登弘治九年進士第。自是，滬海之士彬彬矣。初試宜興令，均徭役，時賦斂，摘奸蠹，臺使者最其等。陞南京大理寺評事，轉寺正，讞獄明慎。晉惠州知府，政聲嘖嘖。未幾，歸修祠宇，練鄉壯禦賊，以保鄉里，鄉人皆誦其賜云。《顧新山集》。

副使黄潛虚先生天爵

黄天爵，字希仁，南安人。少從蔡文莊受業，誼最篤，因自號潛虚。弘治十二年進士。甫觀政，即以親老乞歸省。旋丁外艱。服闋，授户部主事，歷郎中，陞廣東副使。有滯獄疑於法，爵至，訊服，人稱其神。尤喜獎拔善類，粤人畏而愛之。丁内艱，歸。起補湖廣副使，留心學政、水利，士民勒石頌德，乃堅請致仕。營宅西埔，即蔡文莊所授地，其師弟子古誼蓋如此。歲奉祀事甚謹，待異母兄弟如一。族中老貧幼學咸推槖惠之，愛母家陳尤摯，撫遺孤、嫁女、喪葬、購廬代奉其先焉。性寡言笑，外直内寬。未遇時，嘗同莊恭人歸寧，時襟兄李已貴顯，禮待頗異，莊恭人促歸以激之。及貴，恭人尚留憾，而爵已忌之矣。功任河清，在銓部時常欲推以督學，爵力辭焉，人益服其品行云。《南安志》。

文學黄允静先生明

黄明，字允静，晉江諸生也。潛心易學，弱冠，遊蔡文莊之門，時聶貞襄豹倡學閩中，明從遊，爲高弟。《閩書》。

提舉曾子遜先生大有

曾大有，字子遜，仙遊人。從蔡文莊學。以鄉薦，授德州學正，歷廣東市舶提舉。克著廉聲，乞歸田里，産業多歸之兄弟貧族。嘗著《勸學録》以訓士。又有《資仕》、《蛙見》二録。《閩書》。

同知傅石涯先生浚

傅浚，字汝源，南安人，凱之子。性謹厚。弘治十二年進士，授户部主事。爲逆瑾矯旨削籍。瑾敗，起工部虞衡員外郎，進郎中，理薊州鐵冶，釐革宿弊。改都水司出納，不徇私請。卿長固位賂中官，屢索餘羨，浚不應，爲所排。出爲山東轉運同知，暴卒官舍。其詳見子檝傳。按：陳紫峰《祭文》略曰：「先生闇淡訥訥，未嘗修飾表暴以示諸人。蓋虚齋其師，敬齋其父，古意古心，傳受有素。

加以天資樸實，與道爲鄰，故能茹苦受辛，必由向上路，必作君子人，不肯以其胸中之耿耿者，而自混於流俗之塵。」又曰：「先生之所以取諸父師而成之者如此，可不謂之能後乎？今行人君檝，又將盡述其得諸先生者而大發之，可不謂之有後乎？惟是賢哲凋謝，斯道寥落，而在吾黨則不能以不哀也。」《閩書》。《陳紫峰先生文集》。

縣令尤見齋先生復

尤復，字純卿，號見齋，晉江人。正德庚午舉人。受業蔡文莊公。官石埭知縣，有惠政。《温陵先正姓氏爵里》。

教諭蕭叔岡先生崑

蕭崑，字叔岡，將樂人。從蔡文莊受《易》。正德丁卯舉于鄉，授淳安教諭，尋補績溪。己卯，聘粵闈分試，途次爲濠逆所執，欲降之。崑慷慨言曰：「殿下違祖分，干天命，復欲辱義士乎？」竟不屈死。《道南源委》。

方伯留朋山先生志淑

留志淑，字克全，晉江人。忠宣正之裔。年十八，受業蔡文莊之門，一見，稱其遠器。未弱冠，領鄉薦。弘治十八年，舉進士，授温州府推官。折疑獄，快輿論。擢刑部主事，歷郎中。以才望推守杭州。浙有鎮守太監畢真者，故寧庶人宸濠羽翼也。志淑悉其匪測狀，白臺察監司，陰制之。真一夕搆市人火其居，延燒二千餘家，意欲因而起變，戕殺官吏。志淑閉門不出，第遣地方撲滅，傳報諸衙官毋往看火。數日，濠反。報聞，真將發益急。志淑提民兵伏門外，與諸監司入見。真曰：「知府造我反耶？」志淑曰：「無是也。第府中役從太多，公心跡難白，公宜散遣之。」諸監司競爲言。真倉卒不得已，呼其衆出，民兵盡執而置之獄，奏聞，逮真伏誅。

武宗率師親征宸濠，且道徽州，憲臣以志淑有幹濟才，改守徽使，備行在供億。至郡，止候駕丁夫，罷民間諸所措備，惟令人持直前途，隨方隨時僱募供應。公私晏然，時有執檄從府中門入，稱奉旨擒惡人某者。志淑疑其詐，令傳中醉之，潛發其封，白頭而已，論坐如法。徽郡大治。遷湖廣按察副使，尋轉布政司參政。銅盤嶺洞賊起，志淑先察，擒土民爲藏匿若干人。凡報賊者輒弗令返，繇是聲息不通，乃令集兵以待指麾，分道直逼賊壘。月餘，外給不繼，賊困乃降。

歲大饑，志淑自請行，所活甚衆。屬有腴田數百頃爲水所决，志淑按其地，使人疏導之，築堤植柳爲固，民呼曰「留公堤」。歷補江西按察使。逾月轉浙江右布政使。❶ 數日卒。

志淑才學兼懋，疑獄剖析如流。公暇會諸生學宫，習禮考樂，建尊經閣庋書教士。所至以學爲

❶「政」，原缺，今補。

政，聲績迴異云。子元復，鄉薦，善繼父志。《閩書》。《通志》。《舊郡志》。《新郡志稾》。

教諭吴秉衡先生銓

吴銓，字秉衡，晉江人。從蔡文莊學。嘉靖初貢士，授博羅訓導、陽春教諭。平居嗜學而持身以禮，無惰容，無僞言，無私謁妄求取。爲學官，集士有美質者親爲講授，夜則挈供具行視，皆翕然勸興。以疾歸，咸思慕之。蔡公元偉稱温陵人物，謂朱簡庵鑑、李木齋聰、蔡虚齋清、陳紫峰琛、張净峰岳、黄逸所孟偉、林龍峰同、顧新山珀、林六川性之與銓數公，雖名位不同，皆無愧鄉先生也。按：《閩書·洪富傳》，富爲諸生時，受學蔡文莊之門人若吴銓、林同二公。今從洪傳增入文莊學派。

僉事李筠溪先生墀

李墀，字獻忠，晉江人。正德三年進士，官終僉事。王氏慎中祭之文曰：「肆公之學，鈎深探賾。孔、孟微言，羲、文奥畫。宿師積疑，涣然冰釋。虚齋先正，教人以《易》。公早及門，遂參所得。師承原本，文有法式。師所著書，公廣其刻。傳於西人，施及遐僻。肆公之政，善斷能聽。始評棘寺，讞審衡鏡。色詞有稽，徵以法令。陟爲蜀臬，風裁獨正。繩奸摘隱，不事鉤鉅。❶秉憲持體，與御史諍。坐此失官，既去乃詠。如公之藴，不究其施。人莫不憤，公善自怡。葆光頤和，林泉娱熙。老而益康，介此純禧。從以孫子，實教書詩。桑榆之景，宴樂且宜。壽豈令終，靡有憾遺。」《王遵巖先生集》。

長史楊楓山先生孟洪

楊孟洪，字裕卿，晉江人。少補郡庠弟子員，事虚齋蔡先生講《易》，得其微旨。以《易經》領正德丁卯鄉薦。明年戊辰會試春官，入乙榜，授江西寧州學正。推所聞於師者以授其人，無不信服。丙子，召爲國子助教。甫一年，以懶菴足疾乞歸。侍四年，而懶菴殁。服闋，復爲國子。又六年戊子春，由國子奏補德府右長史。王常聽用其言，府事多所釐正。癸巳，轉左長史。時年六十餘矣，屢求歸，王輒留之至于再三，王度其終不可留，乃聽。始虚齋門下士無慮百十人，顧常愛孟洪言辭容止及論事之長，謂其他日必能爲政。其後所至，皆以温恭詳欵爲人所愛重。事有難處者，爲之剖畫，咸中肯綮，無拂於理而後行。故終其身於事，鮮有敗失。尤仗義，能濟人急。丁卯，赴秋試，漳士有道死而無殯資者，時且鬱熱，人無敢視。孟洪親爲之殯，以己資助而遣之。其在分寧，寧庶人方起獄擠鄭山齋，以南昌教授王某亦莆人也，并擠之，禁絶所與往來。孟洪常使人問視其家，人以

❶ 「不事鉤鉅」，文津本、丁氏抄本作「節剥空鑿」。

是稱孟洪爲長者。晚作別墅於楓山，蓋有終焉之志。嘉靖甲午年卒。按：王遵巖爲雙泉處士。《墓志》云：「蔡虚齋先生高弟數人，楊孟洪其一也。」張净峰先生撰《墓志》。

謝先生弘附高鳳崘

謝弘、高鳳崘，安溪人，受學于蔡文莊，文莊字弘曰汝器，字鳳崘曰瑞周，必其嚮學之士，惜其不名於時。《安溪縣志》。

遺佚蔡鶴峰先生烈

蔡烈，字文繼，龍溪人。少廩於庠，往從晉江蔡文莊學。文莊與語，大悦。比歸，授以蔡氏《太極圖解》。既又從莆田陳氏茂烈遊，語以心體流行于日用間，要常見得參前倚衡氣象，遂大省悟。即辭廩，隱於鶴鳴山之白雲洞，學者稱爲鶴峰先生，時年三十二。郡守勸之仕，對曰：「昔漆雕子自謂未信，若某豈徒未信已哉？實且未見也。」嘉靖癸巳，以遺佚應薦，力辭母老，不赴。御史李元陽檄府爲建書院，又辭不受。忽所居之山如雷鳴者三日，而烈卒。

烈初性剛方，晚年充養和粹，終日危坐，非劇病，無惰容。其學一宗程、朱，以窮理力行爲實，主敬爲要。嘗遊武夷山，寓考亭精舍，數日而歸，曰：「脚根自此定矣。」提學邵鋭聞而訪之，談論終日，蔬食相對。副使柯喬嘗與劇談道體潛天潛地，烈徐應曰：「道固察乎天地，而端則始於夫婦。

若屋漏無愧，則天地自位。」❶邑簿詹道請論心，烈請論事，曰：「孔門求仁，未嘗出事外也。堯、舜之道，孝弟而已矣。夫子之道，忠恕而已矣。」豐學士熙謫戍鎮海，見烈，嘆曰：「先生不言躬行，某心醉矣。」朱提學衡稱曰：「力行好學，老而不倦，漳南又一布衣也。」

所著有《孝經定本》、《大學格物致知傳》、《道南録》、《朱子晚年定論》、《諸儒正論》、《大儒粹言》、《讀書録》等書。《閩書》。《道南源委》。《漳郡志》。

孝廉黄先生鉞

黄鉞，南安人，孝廉也。講學蔡文莊之門，爲東南弟子師。《閩書》。

教授蔡體順先生祐

蔡祐，字體順，晉江人。三歲而孤，其母梁氏艱貞守之。梁㫤《閩書·閨閣志》。祐數歲，哀不見父，掩泣發憤。稍長，讀書敏記深研，抽心繹腑，如絲有緒，循而緝之，丈引尋續。出與人説，証喻參伍，窮極條貫，卒有要倫。從田南山受蔡虚齋易學，既盡得田氏易，復以新得疑義往質。虚齋曰：「我學如是。」最好朱文公《家禮》，講肄行之，其於作堂寢具、器服、物品，貧不能如志，而意常

❶「自」，丁氏抄本作「日」。

合，其造次必于禮度。舉鄉貢，一赴禮部不第，就銓養母，得新寧教諭。母艱。服除，改海寧，遷湖州學教授，致仕。祐所至教士，皆悦附動變。其諭新寧時，上官檄視邑篆，省文書，所宜施行，上聞下施，且行且請，不取邑中一物。會其母病，思笋，有持饋者，遂受之，邑人以爲特事。其自海寧徙湖，士争畫像，乞留衣帶。去湖亦如之。子克廉。《閩書》。

姚德輝先生

姚闕，字德輝，漳浦人。事實未詳。蔡文莊曾與書曰：「古云三十年前好用工。吾人年且三十矣，將奈何？昔項羽之救趙也，既渡河，沉船破釜，持三日糧，示士卒必死無還心。一戰勝之，由此遂霸天下。夫羽無足言也，然能決志用勇，直於死中求生如此，是亦學者所當師其一節，而未可以人廢也。漳浦姚德輝從予遊，將歸，求予言以警其惰。予姑爲借粗喻之。會見陳進忠，其亦以是語之也。」《蔡文莊公集》。

郭文博先生

郭闕，字文博，籍貫、事實未詳。蔡文莊曾與書曰：「承文博書，拳拳欲得京師中好文字議論，以爲進學之助。吾自到京，一向匆匆，未有可以答來意。惟冢宰王公某，舉朝士大夫皆以爲方今第一等人，吾頗辱其教愛，時召至書軒，賜之談論，間及書史，多有可發吾人志意者，因憶數段録寄，録第九段。曰：公問：『今學者滿天下，何故異才難得？』予對言：『是固有由也。上之人所以養之者本未盡其道，下之人又幸際時之昇平而售之急耳。以生所見言之，如生稍知章句訓詁，人便舉而進之於學宫矣。未幾，作經義甫成篇，便得補廩，以爲當然矣。又未幾，作三場文字，纔可讀，便迫迫期中舉、中進士矣。一中進士，則官已到手，或無暇於學，或自謂無用學矣，其仕而能學者無幾，且又或有扞格之患。蓋識見既淺，踐履必薄，規爲必粗，非所謂俟其熟而食之者也。况自幼入小學，而其所學者多非學做人之實事。人才之不如古者以此，故雖有異質者亦不能成異才。生等躬坐此病，今日雖知悔前之失，實蹈扞格之患矣。』公曰：『然。吾兒子承裕今年二十三，丙午年已中舉，然吾未欲其急於仕，且令静覽群書，間閲世務，冀他日得實用耳。』此一段似有益於吾輩，故詳録之。」

按：文博先生傳文莊易學，授之門徒林坦齋文明。林别見郡西林氏家學，不另列學派焉。《蔡文莊公集》。《何鏡山公集》。

洪元達先生

洪闕，字元達。籍貫、事實未詳。蔡文莊曾與書録其三。曰：《春秋胡氏傳》「夏時冠周月」之説，雖非後學所敢輕議，然每讀之，覺其曲折費力，終未能愜然於心。或意經所書「王正月」者，蓋謂時王之正月，明其非夏時、商時所謂正月耳。謂自夏、商以前，便已有三正迭用之事矣，夏啓聲有扈之罪云「怠棄三正」可見矣。故夫子於《春秋》有王正之文歟！想「王正」二字，亦有自來，不必是孔子所立也。録其四。曰:「夏時冠周月」之説,朱子當時又嘗疑之。其説見《春秋大全》註,云:「文定《春秋》説夫子以夏時冠月,以周正紀事,謂如公即位,依舊是十一月,只是孔子改作『春正月』。某便不敢信。據今《周禮》有正月,有正歲,則周實是元改作『春正月』。夫子所謂『行夏之時』,只是爲他不順,欲改從建寅耳。」愚謂據朱子説,則周時之所謂春非夏時之所春亦明矣。此説與今《胡傳》不同。」《蔡文莊公集》。

訓導黄伯馨先生芹

黄芹,字伯馨,龍巖人。喜怒不形,端謹無惰。從學蔡文莊。正德元年,以歲貢授海陽訓導。身教端謹,學者宗之。郡邑有疑事,咸就質焉。以親老乞歸。所著有《易圖識漏》、《易經口訣》、《史圖纂要》、《家禮易行》等書。《閩書》。《漳郡志》。

教授李碩遠先生世浩

李世浩,字碩遠,平和人。敦樸好古,少遊蔡文莊門。創家規,正宗法,修鄉約,建「聚賢堂」,設義倉,惓惓于和鄉睦族。以歲貢歷官寧波府教授,士心悦服。子,文察,字廷謨。精思力學,究心樂律。嘉靖中,以歲貢倅遼州,廉節自持。奏《樂律解章》數萬言。上大悦,令如議酌行。授太常典簿。終思恩同知。《閩書》。

丘省菴先生璦

丘璦，晉江人。受《易》蔡文莊。著《易説》、《皇極管鑰》諸書。學者稱省菴先生。子養浩。官終都御史，以風節著。《閩書》。

林學道、郭楠、鄭仲居、林希元、張岳、江于光、郭文煥、黄綬❶

文學李君佐先生仕弼以下私淑

李仕弼，字君佐，晉江人。善治經，爲諸生祭酒。遠從伊洛，近守文莊，體裁自家，淵源往哲，學者師之。

劉閔、黄河清❷

❶ 本條原無，據文津本補。

❷ 本條原無，據文津本補。

閩中理學淵源考卷六十

廣平府知府李清馥撰

涵江陳氏家世學派

按：丁氏《三陵藁》云：「昔在成化以後迄嘉靖間，泉中人文蓋斌斌然矣。其一門諸父昆弟相爲師友者，則涵江陳氏爲盛。自太守敏菴公以明經起家，時則有微菴先生肩隨衽接，高談周子《太極》之奥。稍後紫峰出，益昌明其學，爲儒者宗。而侍御見吾與南樓並執經授業，翹然稱高弟。諸先生造詣淵醇，追古學者，仕亦有聞。於時微菴雖少一第，而晚歲學成德尊，以其身爲後進矩矱者垂八十年。南樓爲之從子，獨以恂恂謹飭，最得其歡。及紫峰辭官侍養，質齋公父兄子侄朝夕相從嘯咏，其一門行義，孚於家庭，而文學推重，無愧鄒魯矣！」

再按，陳氏先世，家青陽山，元延祐間，碧溪公始遷涵江，今爲涵江陳云。

陳微菴先生洪璧

陳洪璧，號微菴，晉江人。世居涵江之濱。兄洪載公腆，弘治癸丑進士，歷官高州知府。洪璧於腆爲從弟，其文字之雅爲所深器，大司成蔡虚齋先生亦加愛重。蓋其平日刻苦工夫多在於《易》，而於《太極圖》、《參同契》人所難讀之書，務鑽研而入其奥。勤學到老而不得行其志。布衣疏食，安於草茅之下，因以「微」名其菴焉。《紫峰先生集》。《閩書》。

侍御陳見吾先生讓

陳讓，字源禮，號見吾。少從從兄紫峰氏遊，傳其學。紫峰以易學名，讓以《春秋》名，一時學者師之。嘉靖十年，鄉試第一。十一年登進士，授紹興推官。聽獄稱平，暇則進諸生校藝講學，徵爲監察御史。當世宗既立，迎興獻太后入仁壽，張太后仍以藩妃禮遇之，兩宫以此有隙。巨俠劉東山者睥睨兩宫間，將以奇論取富貴，乃令其黨構誣張鶴齡兄弟有逆謀，左道咒詛，詞連宫禁，逮繫無辜數十百人，都城駭動，諸司不敢出一語。讓方視事東城，遂捕東山下獄，究其罪。東山度不可脱，令其黨告變，且誣讓爲張氏羽翼，并下獄。讓從獄中上疏辨，上意稍解，而西曹鞫東山所奏悉無驗，并其黨坐欺謾伏誅。讓得還職，京師晏然。

當是時，微讓，仁壽宫危而人心摇矣。及興獻太后殂，廷議遷興獻帝合葬天壽山。讓以藩王不宜入祔皇陵，乃借言顯陵氣脈不可泄，又重於勞民，請以衮帔交葬便。上初覽奏，怒甚，投疏於地，頃復取視曰：「此言亦是。」於是定不遷之議。而執政從旁擠讓，竟賜罷歸。

里居，日静坐讀書，孜孜學問，口不及當世事。惟地方利病，則亹亹爲上官陳之，期有濟。讓爲人剛方廉介，見者悚憚，然與之久處，談論慷慨，真意溢出，人信慕之。上自承天還，猶問其姓名。臺使者至閩，輒疏薦，而執政多忌之，寘不用。家食十五年而卒。隆慶改元，録先朝諫者，贈光禄少卿。所著有《見吾文集》二十卷、《邵武府志》若干卷，行于世。讓在臺二年，疏屢上，皆侃侃大計。獨處劉東山及議祔葬二事，尤人所不敢出者，特著之篇。《張氏儒林傳》。曾承芳撰《文稿序》。

陳南樓先生

陳某某，字某某；南樓，其别號也。少穎敏，融貫經史百氏，爲文嚼理敷詞，操筆立就。時紫峰先生聚徒講學于紫雲寺，授《淺説》、《通典》諸經。南樓默記疾抄，傳誦于人。尤虚懷奬善，見人文義有會于心者，無論名下，雖下于己者必録。在郡庠，取友以文學意氣相感摩，有岱峰、冠山二郭氏伯仲轡髦，南樓引以爲切磋之助。比部郎林六川未第時，所交慎許可，一叩其學，知有淵源，以其子象川使就學焉。於時横經立堂下者不下數十人，南樓升座肅講，細繹經旨，聲吐洪亮，能使諸生悚然起奮。至評騭文字，一核諸理，必取平易疎暢、不眩奇詭恢張之説，以故及門多所成達。

涵江自敏菴以明經起家，微菴肩隨袨接，高談周子《太極》之奥。紫峰出，益昌明其學，爲儒者宗，而見吾與南樓並執經授業。及紫峰辭官就養，好從杯酒，嘯咏終日。顧獨愛南樓，雅趣與合，然南樓終不以同行，故略師弟之分，雖頻燕見，不異紫雲聽講時也。卒時年四十七。初，弘、正、嘉靖間，泉中人文蔚起，其一門父子兄弟相爲師友者，涵江陳氏爲最盛云。按《紫峰先生年譜》載：「族弟文學良節與侍御讓同受業紫峰。」據友人徐簡之云，閱涵江《陳氏族譜》，良節即南樓云。丁氏《三陵稿》撰本傳。

陳德基先生敦履

陳敦履，字德基，別號静心。紫峰先生子也。生而剛方，嗜學好修。嘗書先儒「主敬窮理」之言，貼於座隅以自省。弱冠，從給事史筍江于光學《易》，推高弟。年二十，補郡諸生，再試不利，以紫峰家食，戀戀膝下歡，絶進取念。菽水事親，志不苟取。友人侍御某曰：「德基至孝天成，言不及勢利，動不踰法則，古心古行，可於塵埃中求耶！」紫峰没後，益以讀書課子爲務。其論學大都專主性命，根極理本，不喜爲時尚詞華之習。嘗語其子復曰：「孔、孟而後，惟周、程、張、朱、真、蔡得其宗，國朝自薛敬軒、陳克菴、胡敬齋、陳布衣、蔡虚齋諸賢之外，鮮有及者。近時種種新説，爲學大蠹，兒輩無惑也，一切佛、老、莊、列之書屏勿視。」而於《紫峰遺集》謂其源虚齋而述朱、程，窮編累帙，字讐句校，壽于梓，即老不少廢。

己未，泉中兵寇後，遷徙靡定。德基恐後世子孫昧其所自，因修譜爲合族計，尋覔祖墳而追祀之。年八十餘，丰神峻整，無論見賓承祭，雖子弟必正衣冠見之。嚴寒威暑，無少頃惰容。子復又以孝聞，學能世其家云。莊氏履豐爲誌其墓曰：「陳氏潁川，代以益貴，人乃稱公慚卿，卿慚長，然則士君子所不墮其家聲者，固不在區區名位間乎。德基好學不厭，好禮不倦，耄耋稱道不亂，無慚乎紫峰子矣。」莊氏履豐撰《墓誌》。

陳及峰先生敦豫

陳敦豫，别號及峰。紫峰先生季子。資禀沉静，少即知學，步履進退，雅有常度。年十七，補弟子員，從何作菴受業。紫峰下世，敦豫逾弱冠，哀毁骨立，至性絶人。彙聚紫峰著作，旁搜遺軼，並編次《年譜》，梓行于世。與諸弟子員告當路，請專建紫峰特祠，以發明羽翼斯道之美。其立祀田，修家譜，撫恤宗黨，水旱荒歉關民疾病者，多方所爲，惟力是視。雖悍夫惡少，望而敬愛之，不義者惟畏其知。晚年充養完粹，春温襲人。嘗曰：「學顧躬行，何如耳？豈必講哉？」

既棄去弟子員，堅卧涵江之湄，名賢述作，朝夕几案，手抄《性理全書》，稍增減之，謂：「蔡虚齋所著《易蒙引》有繭絲牛毛之精，而人病煩；紫峰先生所著《易通典》有渾合未破之天，而人病略，乃以《通典》爲訓箋，採《蒙引》切要爲主意，合名《典引》以藏諸家。」門無俗賓，論文尊酒，輒爲知己留連。雅有豪興，引觴浮白，不以既醉爽度。鄉先生林象川家與相近，時過從爲快，嘗曰：「安得斯人消今世頑懦鄙薄之風云。」何鏡山先生撰本傳。

陳爾身先生欲潤

陳欲潤，字爾身。御史讓子也。刻志聖賢之學，正立危坐，矩言法論，不輟於口。《閩書》。

督學陳紫峰先生琛學派

張陽和元忭曰：「自考亭朱子倡道閩中，一時及門高弟砥行植節者滿郡邑，故閩中之學在有宋孝、寧之世爲最盛。❶迨明以來，朱子之書布四方，家傳而人誦之。然時習其説，以獵取科名，影響剽竊，而朱子之宗旨轉晦。夫自蔡虚齋、陳紫峰兩先生相繼出，乃始一洗俗儒之陋習，獨採朱子之精微，而閩中之學在明正、嘉之間又最盛。再考虚齋之學方顯時，士猶鮮能習其傳，稍後紫峰出，摳衣稱弟子，於是虚齋得紫峰而學益尊。今紫峰《四書淺説》與文莊《蒙引》並傳垂三百年，鄉邦後先遺獻講明紹述、誦仰師法者，皆二先生餘烈也。然則有志先生之學者，慎毋固陋薄淺，牿其心志，如浄峰所謂『務求之身心踐履之實，以進於出處去就之大節』，如是，益見先生孝養之誠，勇退之決，其紀綱乎彝常者厚矣。」李氏叔元嘗言：「前輩有及見文莊者，曰與虚齋先生坐半晷，則胸中半晷聖賢也。有及見紫峰者，曰紫峰表裏洞徹，似青出於藍，其氣象可想矣。先生與浄峰、筍江、次崖並以正德丁丑聯第，其講學論道皆淵源於蔡子，上溯紫陽，不離其宗云。」

再按：曾氏承芳、王氏慎中爲見吾先生門人，見曾氏撰《見吾文集序》及王氏撰《見吾祭文》；林氏一新、丁氏自申爲南樓門人，見丁氏《三陵藁》；莊氏士元爲蔡于省先生門人，見李氏

---

❶ 下「之」，原重，據文津本、丁氏抄本删。

叔元撰《蔡于省傳》，皆附私淑之列焉。

督學陳紫峰先生琛

陳先生琛，字思獻，别號紫峰，晉江人。杜門獨學，不爲苟同。初受業於木齋李聰。一日，蔡文莊得其文于木齋所，嗟異久之，曰：「吾得友此人，足矣。」先生乃介木齋稟學於文莊。文莊曰：「吾所發憤沉潛辛苦而僅得者，以語人，嘗不解，不意子已自得之。今且盡以付子矣。」督學江右，請與偕行，教其二子。歸而設教學宫之傍與郡城之月臺寺，四方從學甚衆。文莊没將十年，先生舉正德丁丑進士。初，考官尹編修襄得其文，以語總考靳公曰：「造詣精深，出舉業谿徑之外。此必陳白沙門人，不則蔡虚齋也。」釋褐，授刑部主事。乞南，得户部，榷淮安舟税，正額既足之後，大開關門，恣商人來往。轉吏部考功郎。會上兩宫徽號，例得封贈，先生曰：「吾持此歸，足以慰吾母矣。」於是，乞終養。

嘉靖七年，大臣有薦先生有用之學，不宜在散地。下詔徵用，辭。又一年，即家起貴州僉事，旋改江西提督學校，並以母老力辭不赴。村居，足跡不入城府，不通達官貴人書問。却掃一室，偃仰其中，静觀天地萬物消長之變，古今興衰治亂之跡，與夫世俗炎凉向背之態。或逌然發笑，或喟然太息。時或縱步阡陌，與農叟談俗叙故爲樂。發爲詩歌，往往自在灑脱，超然物表。爲文層層嶄，發性露光，如危峰矗石，枯條潤葉。文莊没，道德行誼無愧師門者，先生一人而已。初，弘治間，理學中輟，虚齋先生起希曠之後，以深微踐履之學教人，由場屋之業而入於聖賢之道，及門之士率常數十百人。能得其言語者有矣，未必得其精微；或能并精微之意傳之者，其於反躬踐履未必能如其言。至出處去就大節，其能悉合於義，無愧師門者，鮮矣。先生資禀明邁，其爲學先得大旨，宏闊流轉，初若不由階序。而其功夫細密意味悠長，非一經專門之士所能企及。其淵源承授之功，不可誣也。所記述以授弟子，則有《四書》《易經淺説》二書。其族弟御史讓謂：「文莊《蒙引》得聖學精微，間有意到而言或未到，及其所獨到，則可以發文公未發。紫峰《淺説》得聖學之光大，意到則言無不到，及其獨到，又可發文莊未發。」而先生猶自謂此訓詁之屬，更欲門徒得夫勵進退大節，破名利兩關，言峻行古，與之遊塵埃之外，而細論夫顔子所謂彌高彌堅者，是以一時從學之士多有洞視今古、傲睨宇宙之懷。

先生歸養若干年，母吴氏以壽考終，先生年幾六十矣。後十一年，先生卒，時嘉靖二十四年。所居後浦潮汐不至者數日，士大夫聞之相與歎息。有司爲祀之學宫。張襄惠岳誌其墓銘曰：「道宗先覺，學異專門。精詣洞觀，貫于本原。鍾鼎非豐，菽水非貧。求仁而得，時哉屈伸。」又祭之文曰：「嗚呼！紫峰一世人豪，有蟠屈萬古之心胸，有瀉落長江之辨論。有避世之深心而非玩世，無道學之門户而有實學。」世論以爲平當。張净峰撰《墓誌》。王遵巖撰本傳。

備　考

王氏遵巖曰：嗚呼，士敝於塲屋之業而固陋浮淺，牿其心腑，專一經以自業，茫然皓首，尚不能通其義以傳於繩尺之文，又烏知所謂聖賢之學哉！宿輩末生相尋以敝，自虚齋蔡先生出，乃始融釋群疑，張皇新意，推明理性於字析句義之間，以與前儒相統承。夫所謂聖人之學者，其駢拇於條畫，枝指於解訓，要以詳夫場屋之業，而其意則進乎此矣。

虚齋之學方顯，士猶鮮能習其傳，而紫峰陳先生生稍後，自以其意爲前儒文公朱氏之學，未嘗聞虚齋之説也。一日，虚齋得其文於故長史李木齋公所，嗟異久之。於是先生乃介李公禀學於虚齋，請爲師弟子。虚齋得先生而其學益尊。

又云：始丁丑榜得士，吾郡最有名。給事史筍江公于光、今僉事林次崖公希元、中丞張净峰公岳與先生並以經學爲海内巨工，張公尤號爲閎博而傑於文。給事公淡於仕進，與先生同趨好，滯一官以卒。僉事公喜事功，齟齬於世，迭起迭仆，卒無所就。中丞公方據融顯事功，爲一時絶出。然林公悔其顛躓，張公亦以酬俗成務爲多憂，而恨道之難行，未嘗不高先生之決，而慕其清也。某生最晚，猶及侍言於給事公、林公、張公，皆辱俯與爲友，忘其年輩之後也。謬學乖駁，與二公有所往反，二公不以爲是，予猶謬自信，且不揣而思有以易二公也，獨不及事先生而請其説。然以二公推之，知其不予是，而予亦宜無以易先生也。然而知先生之心而能言之者，某則不敢讓也。先生之書，其天趣極詣，神機妙契在於言語文義之外而已。至於言語文義之所存，字謹其訓，句詳其義，顓名一門，粥粥然如恐涉他足而誤塗徑，固與治場屋者設爲如是耳。其超然會心，離去形迹而遺忘物累，庶幾所謂不枝葉於道而全其真者，由是以推先生之大。然則論先生者，不徒有考於其書而論其書者，尚當有以求先生也與！

何氏鏡山撰《陳紫峰先生言行略序》曰：紫峰先生既没，其學尊表於世，祀學宫有年矣！其孫復欲推明而大之，以貽諸後，命喬遠次其生平言行及當世學士大夫所尊重先生者，彙爲一帙而爲之序。

序曰：「聖人之道大矣！包乎天地而不見其玄虚，統乎萬物而不見其繁萃。兼言之未嘗不精，微言之未嘗不該。其深入於性命者，常顯於事物；其博散於事物者，常通乎性命。後世名儒君子得其一指一歸，發揮昌明之，可以淑身而善人。何其大哉！後世之儒，所發揮昌明其一指一歸，以淑身而善人者，非有所擇之也。其性有近焉，其力有入焉，而以至聖人，猶渡津之有筏，適國之有徑，其理未始二也。

「夫三代之世，人共明一道，士共修一學，則既無異同矣。異同生於漢，然所謂膏肓墨守者，特以守其師門訓詁之傳，非聖門安身立命之大端也。而後世乃以膏肓墨守乎訓詁之説者，膏肓墨守乎聖門安身立命之道，夫聖人之道之不能不雜於異端也，猶太空之不能不陰翳，大道之不能不荆榛也。所賴名儒君子羽而翼之，使之垂光於中天，廓清乎四達，以盡後死者之責而已，豈可有彼此之間哉？

「君子之學，動則踐履，静則涵泳。天高地下，萬物散殊，莫非吾心之化工。誠有以盡其廣大高明之量，使之昭暢洞達其内，無纖欲之可留，則其中無一理之不存。仁義禮智以爲徵應，孝悌忠信以爲躬行，皆其必然之效，自至之符。故日用飲食可以盡神化，愚夫愚婦莫不與知能，此聖人之道所以性命事物顯微精粗，一貫無二，而剖析其同異，較論於毫釐者，雖忘言可也。先生之學得之蔡虚齋，虚齋之學宗之朱晦菴，而所歸宿獨詣實在於此。先生固不輕以語人，世之尊先生者徒謂其高潔不滓、光明無累，亦未有得其精微者也。至論先生出處之際，則其肥遯不仕，蓋爲太夫人之養，而非以隱爲高者。令太夫人下世之日，先生暮齡未艾，廟堂一日用先生，則又必有爲世道之光者，非但如斯而已也。某生先生之鄉最後，私有志聖人之道而不敢以語人。間嘗竊取蔡虚齋與先生所著遺書及其平日尚論玩索蓋亦有年。反躬内鑒，不得其髣髴。而先生之孫復以此相命，遂摭掇先生所學之大要與其切近精實者如此。嗚呼，論先生之世，豈特可以祀學而已，以躋有宋諸儒，俎豆聖人之庶可也。」

又《年譜序》略曰：吾泉鄉先輩德行、文章、氣節可謂盛矣，最著莫如蔡虚齋、陳紫峰二先生。虚齋謹密精微，涵而揉之而不見其端；紫峰光霽峻潔，融而超之而莫得其跡。蓋虚齋，聖門曾、閔之徒；而紫峰，琴張、曾皙、牧皮之侣也。聖門而後，其悠然温厚者莫如陶元亮，其脱然瀟灑者莫如邵堯夫，紫峰先生殆欲兼之。先生自其布衣時則已亢自矯厲，入仕三年，世利皭無磷緇，告滿得恩以榮其母，便掛冠歸養，聲名特達。朝命屢下，堅卧不出，卒奉菽水，終厥天年。林居二十餘載，秕垢塵俗，飲酒賦詩，飄然有物表之致，而卒歸之精義正學，可謂風舉雲停，鴻飛鳳立。嗚呼，先生於古人，真豪傑之士矣！先生冢子敦豫，躬行實踐，無愧先生。嘗有志修先生《年譜》而不逮，季嗣敦履屬稿未就，先生冢孫復乃與同志考核論次，又請蘇君民孚、李君叔元重加削訂，復使卒其業。某皓首老大於虛齋，與先生望之不得其津涯，序先生《年譜》，不覺爽然自失也。

郡守黄孟偉先生偉

黄偉，字孟偉，同安人。性敏而慤，貌古心淳。年二十三，領正德庚午鄉薦。自歉未學，不赴春官，更受業陳紫峰琛之門。甲戌成進士，授南刑部主事。所治獄，情法既得，執不可奪。暇則讀道南四先生書，溯潁昌授受微旨以自勵。嘉靖初，應詔陳九事，皆切中治體。出守南雄。明禮教，去淫祠，罷不給之徵，禁晝遊之女，不以升科困羸民，不以官税入私帑，不以非禮阿上官。甫三月，遂疏歸，老稚遮留不得。以薦起，改知松江府。時張孚敬當國，霍韜，偉同年也，造謂曰：「兄向者應詔，疏語嘗及張公。某私爲解，張公亦自知兄矣，宜一謁之。」偉曰：「昨出墮馬，今方病足，未能也。」即投牒歸。家居，食貧養親，日惟講學、正家爲事。丁艱三載，足絶卧内。晨興，率子弟展拜家廟，諸子或晏起，斥跪庭中，須拜畢乃去。冠昏喪祭，盡革舊俗。鄉人顧化，不敢爲不義。值郡歲大饑，臺察請偉尸賑事。偉旦暮區畫，食寢幾廢，及竟，以劇瘁卒。郡守以偉及李源、田嵩立坊以旌之。《閩書》。《舊郡志》。《新郡志》。《清源文獻》。

行人傅廷濟先生檝

傅檝，字廷濟，南安人。正德辛未進士。祖父凱、父浚相繼登第。檝年方冠，有文學，授行人司行人。志尚皭然。時浚爲山東鹺司同知。先是，檝母没，父繼娶王，從之官，私其二蒼頭，浚未及處分而暴死。訃聞，檝疑其遽也，奔至，察所由，則二蒼頭先期遁矣。檝痛憤，秘不言，每哭輒嘔血數升，義不與王共居宅。密求者久之，一人傭匿德化深山巨姓家，微行至其所，謂曰：「聞君家一人力作，可出見之！」奴出。檝曰：「是也！有罪，然不可面數，君幸且入。」則出袖錘破其額立殺之，而其一不可迹。喪葬畢，慟而矢曰：「父讐尚在，曷爲人也？」

迺狂易，出次于外，裂衣冠，屏妻遠子，晝暴烈風日中，夜則寢地以爲常。垢面穢骸，故不爲眥省，冀或致讐而甘心焉。親戚知友見，以爲真狂者也。而侘傺之懷，時發之詩歌及文辭，黏坊市門壁間，若顛若醒，陰自見志云。其遇迅雷爍電，中夜則興，正衣冠拱立。武宗哀詔至，則具衰杖，朝夕臨，終期始釋服。至其子死，不哭也。或問之，則曰：「吾不能子，而敢爲父乎？」諸父不忍其瘁也，屢請歸舍竟不可。既而王氏死，迺歸。又十五歲，卒。蓋自廢、自讁、自創、自罰者三十九年。萬曆己卯，翰林習孔教司理泉州，榜其廬曰「苦節純孝」。《越章録》。

教授蔡于省先生黄卷

蔡黄卷，字于省，晉江人。嘉靖二十年，以貢授睢州訓導，擢汝陽教諭。貧士十脡，悉捐之；薄俸所入，又推與貧者共之。約諸生講《易》，期以昧爽，士争佩習。教汝陽士亦如睢，兩地人文鵲起，南太宰趙賢及吾郡太守孔惟德其最注意者。以唐藩教授歸，爲鄉表正。孔惟德守泉，自笞禮外無他謁。孔朔望及門，且語所知曰：「吾師何無隻字見教？」寄聲曰：「但願君侯愛民如子，老夫聞教已深矣。」永寧城陷，將坐指揮王國瑞重辟，則曰：「法無可貸，情有可矜。」孔乃從末減。指揮齎金謝，愕然曰：「吾爲理，爾爲利耶！」峻麾之。當孔踵門時，請以師道前席，而三僚俱隨太守，小凳隅坐，貳守即周道光。及周代孔守泉，仍敦請爲正賓，衡門忘人之勢，而郡有司亦自忘其勢若此。初，黄卷受《易》於陳紫峰，精詣其旨，善以妙義教誘後進，莊氏士元亦傳其學云。李鹿巢撰本傳。❶《閩書》。

童含山、蔡存微、蔡存遠、洪開、張志發、朱廷彦❷

州守王紫南先生承箕

王承箕，字維肖，别號紫南，南安人。少奇穎。父疇，官廣文，闢小軒，延紫峰陳先生訓督其中。承箕稟學惟謹，授《易》，講解輒了奥義。弱冠，補諸生，讀書以宋箋爲宗，以子史宏覽博極，爲詞人冠。嘉靖十九年領鄉薦。久之，授沅州守，時年已五十餘矣。沅州政多可紀。何公鏡山爲誌其墓，

❶「巢」，文津本作「庵」。

❷本條原無，據文津本補。

稱其約己裕民，庭無暮金。性坦直，不陰附上官意。幾三年，解組歸。家近紫帽之南，故號紫南。壽八十二。子十，有登科目。❶應篤，見何乍菴學派。

御史曾美遇先生承芳以下私淑

曾承芳，字美遇，惠安人。嘉靖丁未進士，授鄞縣令。時倭擾江南海濱，黄岩諸旁邑多被陷，❷而鄞縣獨完。詔賜金幣，擢爲監察御史，烙馬順天，❸行裝三夾而已，時呼夾版御史，以疾歸，卒。

按：《清源文獻》，公撰《陳見吾先生選稿序》云：「吾温陵陳見吾先生以直道節概表重當世，雖厄塞廢退不盡宣其用，而道業文章巋然，一時學士大夫咸亟稱之。余從遊垂十餘年，方欲從公棲遲，相與論文於涵江、紫亭山水之間。比余乙卯謝病歸，温陵公則宛然長往矣。公之子爾身懼其遺緒弗宣，梓其《選稿》凡若干卷，委序於余云。」觀此，則公於見吾在師友之間，故附之紫峰先生私淑之列。

又按：公之弟偉方，號蒼巖，與李孟誠、何鏡山講德論學，亦以志節文章著。見《泉郡述志藁》，不另録焉。

---

❶「目」，或當作「者」。

❷「黄」，原作「若」，據文津本、丁氏抄本改。

❸「烙馬」，文津本作「至」。

郡守丁槐江先生自申

丁自申，字朋嶽，晉江人。嘉靖庚戌進士，授南京工部主事，進郎中，出守順慶。三年調梧州。性嗜書，南中閒曹無事，多購古文奇書，昕夕繙閱；宦遊邸舍，載書自隨，爲文出入歐、曾之間。居官以振救平反爲主。順慶困採木之役，閭里彫敝，緩征寬徭。户有逃亡者，覈除之。歲饑，富人閉糴，夜數十人劫取其粟，官當之劫盜律，其實婣也。自申曰：「是爲親相盜，況閉之糴，固可貰矣。」遂從末減。龍州夷酋争界，相讐殺，奉檄同保寧守訊之。保寧守請具甲胄以從，自申單車抵其壘，酋惶恐，囚服謝罪。及至梧，梧爲督臣開府鎮，百事蝟集，關决於守，應之如流。

會大剿猺寇，將領掠平民爲功。俘至，令妻孥自識别，驗實，縱還諸所，全活無算。自申所至，以循良稱，而性抗直，恥爲婀媕態。某僉事子，上舍生，託省覲來順慶，頗通所屬饋遺。自申弗爲禮，曰：「君子愛人以德耳！」監亭令受賕事發，有力者爲居閒，監司亦陰授意指，自申不爲動，竟按致之法，故於上官多迕云。

歸而杜門讀書，撰述益富，扁所居曰「希鄴」。所著有《三陵稿》。子日近，孫啟濬，見《科目志》。李文節撰公《墓志》云：「吾郡中先輩士大夫田居，讀書慕古，以著作自命，遵巖王先生而後，惠安李抑齋愷、同安洪芳洲朝選，而槐江先生相繼起。」再，先生爲南樓傳，自言「髫年嘗供洒掃之役，過辱與誨」。今附之南樓學派焉。李文節先生撰《墓志》。

郎中莊聘君先生士元别見青陽莊氏家學❶

訓導王閒齋先生疇以下交友

王疇，字體範，號閒齋，南安人。世耕紫帽之陰。弘治中，以貢授常寧訓導，棄官不仕。與陳紫峰友契。其讀書多實體處，王遵巖目爲今之仁人。自幼至老無惰容，與人推誠無猜。其祭紫峰文曰：「大道久荒，正人希闊，談理學者多隱僻而不經，張氣節者每詭異而無實。求純粹無瑕而高明不累如吾先生者，天下鮮矣！先生之未仕也，著書立言，剔髓入神，深而明，微而顯。其既仕也，不爲勢誘，不爲利奪。兩京郎署，各羨清苦之名；再起儒宗，不易終養之孝。論者謂先生有渾雄之文章，不知先生所以開來學者，有出文章之外；謂先生有恬退之高節，不知先生所以立大本者，不專在恬退之間也。蓋先生平日之心，不求人知，惟求天知；不求同俗，惟求同理。故其功名不必大顯天下，而教澤垂後世；其特立不必盡悦當時，而行誼擬前修。」又曰：「先生未遇時，讀書予館，著述三年，蔬粥共歡，如兄如弟。既仕之日，往來書問，以陳情共隱爲教。告歸之後，時常攜手秀林之麓、紫帽之巔，談吐生平。蓋相知者四十年，而吾兒承箕又荷先生教育云。」

---

❶ 本條原無，據文津本補。

閩中理學淵源考卷六十一

廣平府知府李清馥撰

通判蔡東洛先生潤宗學派

何氏《名山藏》言：「虚齋與陳布衣、陳紫峰、羅整菴諸公，皆不立門户，不開講堂，卓然聖人之道，躬修君子也。虚齋身自力學，而教人恒循舉業以入，曰：『不如是，法堂前草深一丈矣。』」今考諸門徒講説踐履，確循榘度，無軼師門宗旨，其篤信好學者歟！

再按：恭肅黄葵峰諸公皆經先生指授，爲世名臣，其爲學卓然儒者準繩。而恭肅於諸經皆有論述，前輩嘗言：「吾鄉自蔡文莊而後，行修學富，必推黄恭肅。」淵源有自來矣。今録其著者載於篇。

通判蔡東洛先生潤宗

蔡潤宗，字克昌，晉江人。好古力學，作止起居，終日嚴肅。受蔡文莊易學，轉授生徒，學者師之，尚書黄光昇、蔡克廉，吏部梁懷仁、傅夏器，其最著也。領嘉靖四年鄉薦，除餘杭令，節約里甲，勸民務孝悌力田。刻所著《四書講章》、《易學正言》以教士。左遷寧國教授，擢南國子博士。以父憂歸。服除，補北京，出爲建昌府通判。尋稱老乞歸。杜門養恬，家無擔石，充然自得，不屑求人，足跡未嘗及郡邑。監司、守令往往造廬加禮，間一出接，終不及門報謝，士大夫益以此重之。《閩書》。《郡志》。《新郡志藁》。

恭肅黄葵峰先生光昇

黄光昇，字明舉，别號葵峰，晉江人。父綬，接蔡文莊學派。光昇登嘉靖八年進士，爲吏部選人，即明法律書數，考論國家掌故。授長興令，理煩治劇，紀綱肅然。擢刑科給事中，以艱歸。服闋，起兵科。以剛介不阿時相，出爲浙江僉事，遷參政。修築海塘，以收水利。歷廣東按察使。時海寇爲患，光昇下令能捕獲者，與所獲財物，寇遂息。安南莫正中與莫浤翼争立，敗而來歸，其酋范氏、潘氏以兵攻欽州，索正中殊急。光昇密授主將俞大猷方略，伏兵挫之，二酋奔浤翼，斬之以獻；尋率其黨聽命，安南以安。已而，復有討定傜、黎，及俘新會賊功。遷右副都御史，巡按四川。疏止採辦丹砂、麩金及匀停水陸郵傳，歲省民財數十萬。會建三殿需巨木，市鬻有法，不須加派。工成，擢兵部侍郎，總四川、湖廣、貴州三省，討叛苗，撫降二十八寨。召入工部，尋進南户部尚書。

嚴嵩竊柄，政以賄成，諸督撫無能徒手保位者。光昇自疏議外，絶不爲私交。時光昇著廉名，且有督木、撫苗功，嵩亦採輿論，以艱鉅相畀，[1]意不能無望也。嵩敗，華亭徐階雅相知，遂力推轂焉，自南京入長司寇。時世宗暮年，譴戮不測，階與光昇斡旋調劑，求生法外，寓生法中，良亦有獨苦者。所讞楊選、嚴世蕃、海瑞三獄，委曲平停，得從寬減。給事中沈束以言事囚繫十六年，光昇疏乞蠲宥，有旨放爲編民。光昇在事久，屢欲告歸，華亭固挽之，曰：「藉公清德，以風庶僚。」比華亭爲高拱擠去，光昇亦請老家居。隆慶四年，召爲南京刑部尚書。高拱以内閣典銓，嗾私人用稽命論劾，竟罷還里。

公賦性剛毅，自縣令至司寇，所至訟獄得平，引大體，達情事。生平論學，一以考亭爲主，重實踐而擯玄虚。故其褆身居官，確有榘矱。筮仕四十餘載，未嘗以寸楮尺帛濡跡權門。先世田廬之外，無所增拓，食不重味，衣不襲帛。里居謙退，約飭宗族，屏絶紛囂。日惟焚香著書，矻矻終老弗懈。卒，年八十一，贈太子少保，謚恭肅。

著有《四書紀聞》、《讀易私記》、《讀書愚卷》、《讀詩蠡測》、《春秋采義》、《歷代紀要》、《昭代典則》、《陶集杜律註解》數百卷，藏于家，而《讀易私記》學者尤尚之。子喬棟，事父至孝，以蔭授臨安知府，有廉名。著《十二經傳習録》、《讀書管見》。按：公爲司寇時所讞三獄，當時衆論未允，而擬海剛峰「子駡父律」，尤貽物議。今細閲《閩書》公本傳云：「海瑞爲户部主事，嘉靖末上疏，直攻上身。上怒甚，讀之至手

[1] 「畀」，丁氏抄本作「卑」。

顗，已感其忠，留中月餘。尋疾甚，逮繫之，下旨内閣。罵瑞詈君不絶口。光昇擬「子罵父律」以進，留中未下。會上崩，得釋。蓋上，天也，而又聖躬疾甚，當其怒時，至不可忍，孰謂先臣而後君？不擬重律進者，上怒瑞，瑞立死矣。寧少安上意，俾就長繫，寬解或有日，蓋其用心之微如此。當光昇之爲刑部也，世廟在位久，雄斷淵衷，群臣無能測嬰鱗之僇，其時三尺未易直伸，而衆喙復難盡置。光昇委曲平停，求生法外，寓生法中，良亦有獨苦者。」此段《閩書》叙述獨詳，可見恭肅之出脱剛峰處在此。傳云：「父有争子，以子原有諫親之義也。」引此以斷，其亦前輩委曲之苦衷乎！論世者自有所考云。《舊郡志》。《閩書》。黄文簡撰《行狀》。《道南源委》。《新郡志》。《通志》。

吏部梁宅之先生懷仁

梁懷仁，字宅之，號學泉，晉江人。宋文靖公克家之裔。九歲而孤。嘉靖四年，年十六舉鄉試。八年登進士。懷仁有異質，敏慧絶群。周歲識字，三歲誦書，四歲善草書、吟詩，至子史經傳無不能讀。時翕然稱曰「神童」。既登名禮部，人視其文章翰墨如璠璵、結緑，一時希覯，片言隻字，必争取珍藏之。初授南京吏部驗封主事，方鍵户讀書，鋭志慕古，閲三月卒，士大夫莫不嗟痛之。所著有《國朝功臣年表》、《讀史日抄》、詩文數百首。《舊郡志》。《清源文獻》。

吏部傅廷璜先生夏器

傅夏器，字廷璜，南安人。年二十三，登嘉靖辛卯亞魁。不第久之，發憤爲舉業之文。歲置甕几下，投所作文，歲終展視，甕爲滿矣。嘉靖庚戌會試，擢名第一。廷對抗直，指切權要，嚴嵩覽而惡之，尋遣人招致門下，拒不可。以此不得入史館。除儀制司主事，徙光禄丞，改吏部稽勳郎中。與其長不合，拂衣歸。即所居坂田之野，灌田以自給，絶跡有司之門。郡人高之。少專心《易》學，既登賢書，沉酣於六籍、百家二十年，制科之文，傳誦海内。卒年八十六。著有文集四卷。《新郡志》。參《墓志》。

提舉黄仰槐先生廷楫

黄廷楫，字才遠，號仰槐，晉江人。少受《易》學於蔡東洛、易愧虚二先生。丙午鄉薦，授浙江處州推官。在郡精心讞獄。歷湖廣均州守。時嘉靖末年，禱祈祀事，薦幣設塲無虚日，廷楫虔躬應之，禮有叙而民不擾。旋左遷貴州斷事，至則兼署郡邑篆，聲績復自裒然。擢雲南提舉。甫及期，遂掛冠。廷楫歷官五邑，以名義自持。性孝友，甫七歲，父槐東公没於齊，聞訃哀踊，識者異之。性好書，晚慕趙特峰家學，假所纂之書録之，至忘年云。《何鏡山集》。

運判林龍峰先生同學派

陳氏儲秀撰公傳，略曰：「東山林公龍峰，余少慕其學，而公已登仕矣。壬辰，始得會公京邸，見其于于然、瞿瞿然若無足，甚異于人。及叩其論吐，領其緒餘，則皆於虚齋易學爲獨得其深。三爲儒官，而志不懈，一任鹽職，輒以沙城之事乞歸。甘心寒氈之薄，而不能一日苟安於利賄之地。公之志，誠有所不爲也。而其不能以大有所爲者，非固薄夫富貴功名而不爲也，蓋欲以道德處於富貴功名之間。故其進也無所求，進而知有所重也；其退也無所利，退而不忘於所守也。顧未能大有作爲而竟其所學，然以身而不失乎出處禮義之中，而足以興頑起懦于時，進無所媚以求用，退而不失義於其鄉。公之學，誠爲有臻于實用矣。」

運判林龍峰先生同

林同，字宜正，晉江人。自言初受學李雁山雍，方知趨向；既隸鄉校，從蔡虛齋學，始知本原。鄉後進若洪新齋、陳訒菴、林六川、陳見吾皆師之。弘治十四年，領鄉薦，授樂陵教諭。丁外艱。服除，補丹徒。復丁内艱。服除，補萬載，擢金華教授。所至，以平生所傳習者爲諸生講明，午前生員，午後俊秀，早晚有常，寒暑不倦。其于廟廡神案，必致清潔，祭祀必極其誠。巡按唐龍、學使邵鋭大加歎賞。邵出視學，同率諸生迎見，長揖不跪。邵甚喜之。召諸生進講，則文義敷暢，知其勤于訓諭。既遷教授，臨别嘆曰：「如公真德，浮于位也。」

典試湖廣、陝西，所得悉知名士，陞兩浙運判，清公自守，不刻不濫，商灶皆悦。嘗解鹽税至太倉，除兑邊外，積羨千餘。吏謂例屬解官，同不納，盡白貯部帑。内閣張孚敬家處海上，亦灶籍也。海上士大夫懼海賊時至，共言孚敬，議即瀕海一帶築沙城二十里，駕言灶丁沙地摧崩，宜築城爲衛者。張以告浙省當事諸公，莫不唯唯。運使問同，同曰：「築沙城，士大夫欲之，若灶丁者未嘗欲也。費且不貲，奈何專之？」於是立案堂下，案具二紙，或願或否，令各畫紙。已而無一畫願者，遂報罷于御史。會張亦罷相，御史如同言。居兩月，張復召入，御史大悔，遂劾落同官，乃張竟不行御史言，而同乞歸矣。

同弱不勝衣，而内養充完，節概健勁；吶不出口，而講論道德性命，極中肯綮。里居薄田自給，課兒孫讀書。約以義方，構祠堂，修譜牒。閭閈有鬭者，質以一言而解。時與野老相聚，談民風農事。卒，年八十六。所著有《正學蒙引》、《龍峰遺集》。龍峰，其别號也。《舊郡志》。《新郡志》。《道南源委》。《閩書》。

推官易愧虚先生時中學派

按：愧虚先生之學，確守文莊椝矱，誠奉一先生之言者。及門王公遵巖，時稱高弟。世有疵議者，謂公亦雜於「良知」之旨。考公去虚齋先生未遠，如净峰、次崖諸先正公皆與往復辨論。其撰《紫峰行狀》，敘述蔡氏淵源，亦無軼師門宗旨。至同時如吕涇野、魏莊渠諸賢公俱與造膝相從，致書願見，皆欲證其平昔所聞以爲端的。曾與莊渠書曰：「自得見君子以來，廓若發矇，始知正學之有所在，而此生之幾於虚過。奉以周旋，時有警省，不敢喪己於流俗之中，溺志於技藝之末耳。」夫涇野、莊渠皆彼時論學所與爲正宗者也。公之心折如此，豈如龍溪諸賢專言超躐徑悟者大決藩籬而不返者哉？附先生於易氏之門者，見鄉邦典型未遠，緒言派别尚有可稽云。

洪富、陳讓、林性之❶

推官易愧虚先生時中

易時中，字嘉會，號愧虚，晉江人。初從蔡文莊學，厠於末席。文莊方講《知言》「養氣」之章，時中舉以詰質，酬應有條理，文莊首領之。年四十舉鄉試，已蔚然爲碩儒，授東流縣教諭，隨材導接，爲諸生開説諄悉。邑人御史宋邦輔强直廢居，條「十二美」贈之，自謂無愧辭。陞夏津知縣。邑故寡訟，時中曰：「吾至將多。」日坐堂上，屏隸偃扑，民有事具來吐實，還以曲直。鞭贖都弛，重者撻遣而已，皆争來言，訟遂多矣。齊東故習州縣吏事中丞、御史、監司，奔伏如輿臺。時中雍容跪起，用下士事上大夫禮。有御史作威，輒忿詬曰：「易某侮我。」或以謂時中，時中曰：「以禮事上爲恭，非禮，侮也。御史自倒其恭侮，吾不誤也。」吏部召試臺諫，以年自實，不就。除順天府推官。都御史胡守中不法下獄，有旨推勘，時中窮竟之。有爲胡釋憾者，謀中以他事。時中方念母，遂乞終養

❶ 本條原無，據丁氏抄本補。

歸。夏津人繪像祠之，林比部瓊實書其石，以宋仙居令陳襄爲比。既終養，道出山東夏津，人聞舊邑公還，牽攜數舍，迎舟曳挽，群持棗栗、脩脯以獻，歡聲載兩涘。至別，有哭失聲者。時金陵王公以旂以中丞赴留臺，聯舟河中，爲之嗟歎，賦詩有「斯民信是同三代，循吏元非拂衆情」之句。至家，築室奉母。母年九十一而終，時中七十矣，毁不勝喪，宗黨稱孝焉。時中形癯神清，温恭而莊，和氣溢於面目，語不華蔓。無悦人之容，而有浸漸醉人之益；無驚世之論，而有篤近扶世之憂，一見知其有道君子也。

時中學專一家，不務該泛。間語王慎中曰：「某以羸疾不得致力於書，甚恨孤陋。」時中誠多疾，其不務博，要以修質反約爲功，殆以微辭訓其徒歟！《閩書》。王遵巖撰《行狀》。

主事尤見洲先生麒

尤麒，字國楨，别號見洲，晉江人。少有大志，篤學力行，初受業易愧虚先生之門。領鄉薦，就選山東武城縣尹，治當孔道，流移轉徙，幾不可爲。麒至，問民疾苦，條罷不經之費，與民休息；抑豪强，治巨猾，一時善良賴以保全。折獄多平反，每事惟存大體，不務苛細，與今所稱能吏善逢迎上官意者不侔矣。以治行優異，行取北上，圖書數篋。選授户部四川司主事，赴官卒。《清源文獻》。《閩書》。

郡守田南山先生學派

按：何公鏡山爲《田氏族譜序》，概采輯志乘者多湮没俊彦，特標出數公，冀後之考論者，有所據依。田南山先生其一也。今尋訪學派附後，并録何公撰《譜序》入備考内，使後人知公闡潛表幽之微旨云。

郡守田南山先生嵩

田嵩，字景瞻，號南山，晉江人。生而俊穎不凡，嘗與顧新山讀書城南精舍。精思默契，深造獨詣，人多有不能及者。時蔡虚齋倡道東南，嵩授《易》最早。成化丙午領鄉薦，明年，上春官落第，卒業成均。司業劉震邃於《易》者，試其文，驚曰：「學有淵源，文以理勝，《易》其深乎！」命諸子弟師事之，一時聞人如徐翰林穆、宋都憲晃相與切劘，學益宏肆，名重京師。登弘治六年進士第，得賜告歸省。與弟均州君崑講學於資壽寺。正以率物，因材施教，凡及門者皆有造，泉士多争師之。初試南京户部主事，権揚州北關，以廉謹著。擢南京吏部驗封郎中，尋陞湖廣寶慶知府。岷藩校卒獷悍，嵩馭之以法，戢戢斂畏。歲大饑，發廩施粥，全活者衆。楚地多間曠，嵩發金鄰郡，糴麥數千斛，教民樹藝，麥秋至，民相語曰：「生我者，田父也。」以親老乞歸養，事父母愉婉篤至。晚復不喜紛華，築室城北，與歐陽石室相望。鑿池植柳，静坐終日，息機養氣如禪定者。鄭司馬山齋嘗謂巡按聶君曰：「吾榜中求道德文章正氣人物如田南山，何可多得？」其爲名流推服如此。在林下二十八載，徐給事文溥等咸疏其行義於朝，屢徵不起。嘉靖戊午，奉詔進階亞中大夫。江南王郡守士俊竪善俗華表，以風鄉人云。《顧新山集》。

郡守林羅峰先生城

林城，字時獻，號羅峰，晉江人。世家陳江之塢。爲人重厚樸茂，言若不能出口，而敏慧内通，於書獨善悟。初從虚齋高弟田南山受《易》學，有聲儒林。虚齋器之曰：「吾泉後進，其在斯乎！」登弘治丙辰進士，試政兵部，乞歸侍養。後就銓，授寧國府推官，政稱平恕。一日忽心動，已而果得父坦夷翁訃，人謂誠孝所感。服除，作堂居第之東，扁曰「萱室」，意終事母。母不悦曰：「人子之孝親，顯親揚名而已。若父未封而没，奚孝？」城乃赴銓，補温州推官。旋丁内艱。服除，銓部以寧國之民思之也，復予寧國。政成，入爲户部主事，轉員外郎。時有宗戚奪民田，構訟二十年不决，部使者莫任。城奉命即訊，歸其田於民。還奏，稱旨。晉陜西司郎中，出知江西饒州府。

適姚源兵戈之後，生理凋悴，公私廢弛，城曰：「今日之治，在德不在刑。」去煩苛，崇寛大，恤疲困，日夜拊循其民而噢休之。加意學校，時以德業課諸生，差其賢否而施勸懲，士益勵進。正德己卯，宸濠叛，宣言過饒，士民洶洶，欲遁去。城曰：「彼以虚聲喝我也，無恐。」戒所部團練義勇嚴備。時僞檄交至，間諜踵於郡邑，弗爲動。已而，賊竟向九江、南京，不犯饒陽。會御史王守仁檄至郡，提兵赴難，克復藩城。奏捷，有金綺之賞。旋有達官干以私，弗可，遂爲中傷去官，無慍色。至家，杜門不入城市。晚移家郡城之東南，作羅峰書舍於宅第之東，以圖書、杖屨侍老。珹深沉有度，喜愠不形，端坐竟日無惰容。親朋群聚，不聞嘲謔之語。性孝友，奉身甚薄，樂周人之急。歷宦二十年，所至留澤惠，去有遺愛，無赫赫之名，去後民常見思。獨立無朋，任真自遂，或以此取尤，置之不校。惟相知久處者，乃知其忠厚正直，可方古君子云。林次崖先生撰本傳。

閩中理學淵源考卷六十二

廣平府知府李清馥撰

孝廉王一臞先生宣趙本學先生建郁林雲衢先生福學派

按：一臞先生爲古愚趙先生婿，而虚齋蔡先生門人也。考本傳并林氏次崖撰《文集序》，皆載其高明之資，能發明師旨，其所心許往復者，林貞肅、黄蓮峰、顧新山、聶雙江，一時名德也。曾爲一峰書院山長，所造士亦多。今考門徒，僅見月洲兄弟，餘寥落矣。李氏杜爲《俞虚江都督行紀》載先生與趙氏建郁、林氏福皆得虚齋《易》學之藴，而俞氏大猷爲三先生門下士，雖以武略顯著，實儒林中之傑然者也。今録附之。

孝廉王一臞先生宣

王宣，字子鍾，晉江人。生而廓落豪邁，薄於勢利。受業蔡文莊之門，持論正大，確守師説，間有所發明。嘗論學者合朱、陸爲一，便非真知。蘇子瞻之文，精神氣骨剛而無餒。其極詆新法，爲小人所忌惡，瀕死不悔，合於孟子養浩然之氣。朱子以蘇、張擬之，未爲確論。領弘治十七年鄉舉，會試不第，遂養親爲志，終身不復應舉。郡守顧可久建羅一峰書院，特延主教事。林次崖稱其「自得之學，不滯於章句；絶俗之行，不混於塵俗」。薦之於朝，不赴，卒。《道南源委》。《舊郡志》。

趙本學先生建郁

趙建郁，字本學，别號虚舟。本宋宗裔，世居晉江。爲蔡文莊高弟。結廬鍵户，悉心著述。著有《周易學庸説》、《杜詩註》、《參同契釋》。且謂昇平日久，人罕知兵，因即《易》演爲陣法，彙集《韜》、《鈐》内外篇，凡七册，解引《孫子》書凡三册。稾就，封識，以俟其人。都督俞大猷往受學焉。《閩書》。

林雲衢先生福

林福，字雲衢，晉江人。事實未詳。按，王氏慎中《祭雲衢文》曰：「披褐而玉在懷，尚絅而錦爲衣。含真藴以内足，胡外物之可希？偉哲人之高尚，豈世網之能羈？藏道德以阨窮，厥心亨而志違。抱遺經以俯仰，每朝哦而夕披。鑽有堅而必入，探無賾之不窺。時發揮於口頰，飄玉屑而泉霏。愚入由之智出，虚往莫不實歸。邁年齡猶不倦，獨懷此其何之？嗟及門之吾黨，辱刮視而提攜。遵所聞之不及力，歲冉冉以漸馳。悵儀型之一失，將日遠而日非。」李氏杜爲《虚江行紀》曰：「泉中一臞王先生宣、雲衢林先生福、虚舟趙先生本學俱一時名師，博雅方正，受《易》蔡虚齋先生者也。王先生常即《易》以論古今治亂興衰之迹，林先生常即《易》以明心性、忠孝、仁義之奥，趙先生常即《易》以衍兵家奇正虚實之權。俞虚江皆師之云。」《王遵巖集》。《清源文獻》。

武襄俞虚江先生大猷

俞大猷，字志輔，别號虚江，晉江人。大猷貌樸辭蹇，忠誠自許，動擬古人。少好讀書，爲諸生時，從王宣、林福、趙本學授《易》，得虚齋之傳。而本學能即《易》衍兵，嘗謂「兵法之數起五，猶人身有五體，雖將百萬之兵，可使合爲一人也」。已，又從李良欽學劍。家貧屢空，意常豁如。父殁，棄諸生，嗣世職。舉嘉靖十四年武會闈第五人。時毛伯温征安南，上書陳方略，請從軍，擢正千户，守禦金門，用儒飭治。二十一年，會敵入山西，詔天下舉武勇士。御史上其名兵部，會伯温爲尚書，送之宣大總督翟鵬所。召見論兵事，大猷屢折鵬，謝曰：「吾不當以武人待子。」下堂禮之，驚一軍。然亦不能大用，大猷辭歸。伯温復爲請，授汀漳守備。涖武平，作「讀易軒」，與秀士講《易》論文，而日教武士擊劍。連破海寇康老等，俘斬三百餘人。陞廣東都司僉書。平新興、陽春、恩平、陽江四縣峒寇。

二十八年閩海寇張甚。巡按朱紈奏遷福建爲備倭都指揮。會安南叛將范子儀入寇欽、廉，兩廣巡撫歐陽必進奏留廣東。臨行，新興人扯衣遮擁奪肩輿，不得發者累日，乃單騎夜半從間去。用舟師邀擊，俘斬千餘級，子儀遁。還，檄莫浤翼捕之，函首以獻。事平，嚴嵩抑其功不叙，但賚銀五十兩而已。是年，瓊州五指山諸黎共反。必進復檄大猷討，而朝議設參將於崖州，即以大猷任之，擒斬賊五千三百有奇，招降者三千七百。大猷言於必進曰：「黎亦人也，率數年一反一征，豈上天生人意？宜建城設市，用漢法雜治之。」必進納其言。大猷乃單騎入峒，與黎定要約，海南遂安。

三十一年，倭寇浙中，諸郡急，遂改浙東參將。提督王忬議招撫，大猷曰：「明公督師滅賊，當堂堂正正爲天下先。」大猷請用閩中樓船爲明公破之。」遂與參將湯克寬入海擊賊，敗之。乃議逐倭當用樓船出海與戰，整捌河船防賊入港，計數年之費爲一大舉，勢可盡絶。忬用樓船屢破倭，而整捌河船之議竟不行。

三十四年，陞南京副總兵。時松江柘林賊盈二萬，連年不能討。總督張經欲急戰，大猷謂：「急擊必不勝，宜調楚、粤兵剿之。」兵未至，朝命侍郎趙文華監軍，怒經不戰，劾其玩寇。頃之兵集，大猷大破賊王江涇。經亦用河船計，多獲賊，復敗賊陸金壩。奏捷未上，文華劾先至。世宗大怒，論經死。大猷奪職。

會倭至日熾，公卿臺諫皆薦大猷可用。明年起爲浙直總兵，連破賊於吴淞江口、營前、沙茶山諸處。移鎮定海，乘雪焚舟山賊巢。進署都督僉事，復署都督同知。海上無警者二年。而世宗怒王直爲倭嚮導，必欲得而殺之。總督胡宗憲使人誘直，直有歸意，求貢市。副總兵盧鏜請許之，兵部郎唐順之主其説，大猷不可。宗憲竟使鏜迎直，既至，下之獄，俟命。倭怒宗憲紿之，其黨焚舟走柯梅，人殊死戰。夜乘船入閩，閩巡按將劾宗憲，宗憲委罪於大猷，旨逮詔獄，軍民大嘩。大猷笑曰：「吾自處在《中庸》之十四章矣。」

至京都，御史周用避正堂館之，諸御史皆來會，曰：「公之功高我輩，當爲上言之。」徐相階亦爲保持，得發大同立功。大猷謂：「倭，東南小醜耳；北敵，乃不決之隄。欲自見生平，而勢位未可爲。」乃陳於總督李文進，製獨輪兵車，止可營，行可陣，推挽上下，强弩神銃能擊堅及遠，而簞筩龍盾，敵弓矢弗能加也。文進試之，用車數十輛，步騎數百人，挫敵數萬於安銀堡，遂以其制聞於朝，京師置兵車營自此始也。會湖廣巡按黄光昇言：「大猷用兵如神，不宜置之散地，乞補臣所部裨將。」詔授鎮筸參將。

四十年，劇盜張璉聚衆數萬攻陷江、閩諸州，詔江、閩、廣三省會征之。用師二十萬，復以爲南贛參將，督兵進剿。時三省尚屬胡宗憲節制，悔前失，一聽大猷之所爲。連戰皆捷，璉就擒，諭散其黨，不戮一人。乘勝攻林朝義，殺賊二千級，論功賜金。陞副總兵，鎮守南贛、汀、漳、惠、潮。尋進總兵、都督同知。大猷請置縣五嶺間，以善後，朝議增置平遠一縣。四十一年閩山海寇無慮數十萬，巡撫游震得請以大猷控制全閩、廣、江、湖數道，命未下。其冬，倭陷興化城。明年春，大猷馳至，與劉顯威、繼光滅之。移鎮惠、潮。時海寇吴平與倭通，諸山寇亦起。詔使閩、廣會征，久之，廣兵不至，平遁去。御史論罷大猷，總督吴桂芳疏言：「大猷可以將別將，別將不能將大猷。」遂得留。乃分兵五道征之，俘斬萬餘。會古田酋韋銀豹、黄朝猛入廣西省城劫藩庫，殺參政。桂芳復請用大猷，詔復都督同知，佩廣西征蠻將軍印，是爲隆慶二年。

時總督兩廣譚綸移鎮薊、遼，上書乞大猷與同練軍破敵，而繼綸者張瀚，復疏留經略海寇。大猷謂：「當造舟募兵於閩。」瀚曰：「舟成賊遁，奈何？」大猷曰：「其勢擁腫，遁將何之？」明年舟成，旬日三捷，賊首曾大本就擒。兩省論功皆居首。乃移征古田，以十萬人分七哨，誅朝猛，擒銀豹，破堅巢百餘。上功於朝，改縣爲州。陞南京都督僉書，旋移鎮福建。會副使鄧之屏撤禦倭兵，以討彭湖，倭突入烽火寨，殺把總。御史論大猷，坐免官，大猷終不言之屏。

時綸入爲兵部尚書，大猷貽書曰：「某生平志在塞北，而見用江南，乖違本素。今年七十餘，老矣。公許我大受，此其時也。」綸疏起爲後軍都督僉書，以大同制車法上之朝，曰：「禦北之法，非車不足以戰。古人制字曰軍，曰陣，曰轅之類，無不用車者。馬隆依八陣作偏廂車。偏，扁也。《詩》曰『小戎俴收』，即車之扁小者，俴而收之也。蓋取其任載不多，而得便旋之用，火器、衣糧之屬，皆可具焉。」時王崇古協理戎政，請專委大猷。訓練三年有成，方欲推之九邊。適綸卒，歎曰：「無同吾志者矣。」亦乞歸，尋卒。賜祭葬，贈左都督。

大猷在軍，風角、占候、遁甲，皆所不信。潛心學問，起基卑邇，以爲實修，當世士大夫深於道者莫及也。至其雅量鎮俗，東晉風流或亦讓焉。輕財好施，同郡待以舉火者數十家。平生推奬歐陽深、鄧城、湯克寬、陳第有國士之風，薦輓不遺餘力。李氏杜曰：「公爲將，未事之先則必周萬全之算，既事之後則每垂悠久之慮。其周萬全之算，以底事成績，則古之名將蓋多有之；其垂悠久之慮，以勘亂興治，則其用心非儒者不能也。公，儒者也，於安南、瓊黎、東倭、北敵、三苗、五嶺皆有善後之策，可百世因之。蓋得《易》『先庚』、『後庚』之意，文王之所以『治蠱』者也。固守宋儒傳註，不爲他説所易，聞佛、老之論，疾之如仇，不與原讞非。若於他無大利害得失者，心雖非之，而口不諍也。直截簡易，洒落快闊，不爲町畦畔岸。卑己而尊人，有容而善忍。視死生若寄，興替若環，横逆不能干，憂患不能入也。重忠信，篤親親，功則稱人，罪則稱己。寧人負己，無己負人。力以忠孝自任，老而彌篤。」譚氏綸嘗與書曰：「節制精明，公不如綸；信賞必罰，公不如戚；精悍馳騁，公不如劉，然此皆小知，而公則堪大受。」又嘗疏薦於朝，曰：「大猷秉仁懷義，篤信好學，老成持重；口不談功，心惟在國；衆言並起，順受不辭；事勢難爲，慷慨獨任，吉甫、方叔、趙充國、郭子儀之流亞也。」世以爲知言。所著有《正氣堂集》及《劍經》行世。子咨皋，官福建總兵。《明史》。《清源文獻》。《閩書》。《新郡志稾》。

閩中理學淵源考卷六十三

廣平府知府李清馥撰

僉事林次崖先生學派

按：先生未及蔡文莊之門，所學皆文莊之學也。正、嘉間，王學紛披，專講良知之旨。先生與浄峰諸公獨守師説，所著朱、陸異同之論可爲後學折衷。至批摘王學，誠不遺餘力矣。其時温陵尚有王氏用汲、三山鄭氏世威、江右羅氏欽順，皆與餘姚枘鑿，而羅公尤與先生往復，稱同志。先生之徒，其著者洪氏朝選、張氏應星，而洪爲先生之婿，鄭汝德謂其得先生之教爲多云。

僉事林次崖先生希元

林希元，字茂貞，號次崖，同安人。正德十二年進士，授南京大理寺評事。世廟登極，條上《新政八要》，大略言：「君道急務在勤正學、親正人，而朝廷大政在息中官機務，罷中官鎮守，所以清政本，塞亂源。」通政司辦事接本進士周祚言：「頃來章奏紛紜，莫有如希元所陳者，乞省覽施行，下所司議。」上優詔嘉納之。其後，天下鎮守内臣悉罷，先生啓之也。

遷寺正，與堂官陳琳執議刑獄，降泗州判。泗大饑，朝廷發内帑賑濟，先生悉心推行。有嘯聚五百人，單車往諭，皆解散。適巡按劉御史醉，而待先生稍倨，即棄官歸。後方獻夫、霍韜薦之，起爲寺正。陞廣東按察僉事，奏《屯鹽欵要》及《荒政叢言》，上可之，通行天下。改提督學校，申明學政，訓士務在闡繹經傳。

劇寇王基作亂，時先生署按察篆，督率府衛兵，指授方略，討平之。陞南大理寺丞，世廟特簡用之。上《王政疏》，爲目二十有一。三載改北京。十三年，大同軍叛，殺主帥，閉城。先生上疏請誅之，朝議竟從撫。明年，遼東兵變，窘辱巡撫，先生復抗疏極言：「往者大同姑息，以生輕侮之弊。」上責其妄，謫知欽州。欽接壤安南，土荒民寡，先生悉心經畫，拊循之。會安南不貢，朝廷方議征討，擢先生海北兵備道，而先生上六疏，主必征之策，與當事所議不合，罷歸。然其後安南惴惴歸命，盡復四峒舊地。論者謂「先生之議，足以奪其魄焉」。

先生慷慨鯁直。讀書遲鈍而刻苦不懈，研理釋文，極其精專。束髮以來，慨然有志當世。一入仕路，執其所學，用之經濟，直以唐、虞、三代可追。晚年退歸，無日不以讀書解經爲事。其學專主程、朱，嘗恨不得及虛齋先生之門，於「良知」新説尤所不喜。晚復參訂諸儒所定《大學》格物致知之説，附以己見，曰《更正大學經傳定本》，并所著《四書》《易經》二《存疑》，疏上之，且乞敕改正頒行，竟以此削籍。然至今《存疑》二書，學者宗尚不廢焉。《行狀》。《舊郡志》。《新郡志》。蔡氏獻臣撰本傳。《閩書》。《道南源委》。

巡撫洪芳洲先生朝選

洪朝選，字舜臣，一作汝尹。同安人。嘉靖二十年進士，除南京户部主事，出榷税北新關。課額既足，便開通津梁，恣往來不復問。事竣，督放倉儲。諸所規畫，皆爲後式。一日，思所學未足，上疏引疾，客毗陵，就唐荆川順之講學，一年始歸。又就王遵巖慎中上下議論，久之，充然有得。起爲南吏部郎，出督學四川。以公嚴校士，素不爲嚴嵩所喜，而徐文貞階深與之。嵩敗，遂以山西參政召入，爲太僕少卿。尋進僉都御史，提督操江。旋加副都御史，巡撫山東。隆慶戊辰，入爲刑部侍郎。

遼王憲㸅者，居國中荒淫亡度，其摧折士類無纓緌貴顯。張居正祖父故爲遼府礬户，嘗被王杖，居正心恨之。及秉政，因私憾，指遼藩有叛，謀議奪其國，屬朝選往勘。朝選還報王貪暴淫虐，事事有之，實未嘗叛，大拂居正意。嗾言者劾朝選歸。朝選性剛介，不能容人過失，好言有司短長，人多憚之者。會中丞耿定向撫閩，素善朝選，每咨以時政，朝選傾心答之，亦無所諱。答中偶及藩司支放邊戍月餉事，左布政勞堪知而深銜之。勞，刻深人也，耿以憂去，勞代之，思泄己憤，以逢權相意。而邑中子某更摭其無情事以報，遂具疏聞。居正從中擬旨，削籍逮訊之，命旋下。勞堪得密報，遂馳戍卒逮朝選下臬獄，不二日，斃之獄中，親屬莫得一跡。晉江士趙日榮排獄門而入，撫屍大慟，收殮之。萬曆壬午春也。堪下興化守某，偕諸司理煅煉獄，誣以通夷接濟諸事。報上，居正大喜，擢堪左副都御史，協理院事。朝選子兢訟冤于朝，居正矯旨杖之八十，仍奪蔭。其夏，居正暴卒，朝紳稍稍誦朝選冤，都諫李廷儀更條上冤狀。部議堪回籍奪職。繼之甲申歲，兢再訟父冤及堪諸酷虐狀。南安人黄御史師顔從中從曳，方有旨下堪部獄，僅謫戍定海，而里中子亦戍邊矣。

未幾，詔復朝選官，致仕。兢補蔭如故。一時阿堪意煅獄，相繼竄逐，士論稍伸，猶以堪戍未盡辜，宜正之典刑，以謝朝選，奈時宰寘不問也。朝選居官廉潔，以名節自砥礪，平生學行政事卓然可稱，其不能含章免禍，亦所短歟。《閩書》。《舊郡志》。《新郡志》。

郡守鄭汝德先生普

鄭普，字汝德，南安人。舉嘉靖十一年進士，授無錫知縣。無錫，大邑也。普初銓時，倉皇周章，若無措置，日惟自檢，不敢有毫髮詭僞。其後，民與官相信，縣門恒虚，遂不覺作縣之苦。秩滿，遷南户部主事，榷舟維揚，用度以節，待商以寬。擢雲南府知府，未赴，以父喪歸。免喪，侍母不忍去，居歲餘，母病卒。服除，赴銓，卒于都下。無錫人聞之，皆相弔。普嘗與林希元論《易》：「蓋君子體《易》，只取其意，不必執定卦義何如。如『常德行，習教事』，何與於坎只取一『重』字意；『獨立不懼，遯世無悶』，何與於《大過》只取一『過』字意；『裒多益寡，稱物平施』，分明是均平天下之道，只取『過』而當損，有『謙』之意耳。理氣道器之論如尊劄所言，更何改評。整菴公尚未肯釋然相從，甚矣，舍己從人之難也。然其説破陽明數語，真痛快可喜。但陽明之學固有偏處，今人動輒排之，亦未爲是。蓋人之爲學，隨其所見，皆足適道，如象山、晦翁二子學本不同，自今觀之，孰是孰非，而二先生亦未嘗明目相擊如今人也。孔門諸子，有侃侃者，有誾誾者，有行行者，有狂者，有狷者，有文學者，有政事者，隨所長而各造其成。今人無諸子毫末，輒昂昂然以聖賢自任，擇古之有名於世者，極力攻排，謂是足以驚人而峻己。就使立論皆是，於性分有何干涉？此今世講學者所以重得罪於世教而自取禍往往不少，説來説去，只是成得個『惟口起羞』四字耳。」其持論如此。《閩書》。

楊敬孚先生朝幹

楊朝幹，别號時齋。弱冠，知力學，慎擇師友。其折衷諸説，率自心得。引進後學，講議文字，往往必求古人精意。作爲文章，務在理到切實，不騁浮靡。其事直叟公，愛慕不衰，孝心純篤，且刻苦奮勵，不以貧撓志，寬仁恭恕，不修邊幅，不言而接人以敬。凡四方賢哲與同邑鄉賢次峰謝崑、逸所黄偉咸相與爲友，又與次崖林公麗澤有年。其餘榮耀儒名者，多所禮於其廬。卒後，友人教諭檢吾楊復謚之曰敬孚。先生所著有《四書詩經集覽》。林次崖撰本傳。

閩中理學淵源考卷六十四

廣平府知府李清馥撰

惠安張氏家世學派

按：净峰張襄惠公家世，馥曾考其本末，淵源遠矣。稽之志乘弗詳，而詳公之自述，爲足徵也。公嘗撰《鎮海衛記》，自言先世有學於周翠渠之門，而得布衣之言論風旨。今集中亦多不詳其事，惟撰《清介叟集序》謂：「叟別號清介，即公曾大父桐廬府君，自明初，以儒術顯。初治《禮記》，復治《毛詩》，其後萍鄉公、英德公並以《詩》學世其家。厥後，惠安一邑黨塾庠序亦多習於詩學。」蓋自元末，盧希韓先生以《詩》學起家，而公之家學繼之，其振興作養，殆有所本而然耳。公後嗣累葉登第仕宦，並以清謹守其家法。兹不具録，特述其家世淵源所自云。

縣丞張敏實先生茂

張茂，字敏實，惠安人。茂自少莊重，舉動如老成人。遊邑庠，初治《小戴禮》，辨析考證，具有成説。復專治《毛詩》，本經據傳，❶參諸儒議論，而精去取之，能得其肯綮，視《禮記》有過無不及焉。常以二經教授學徒。天順壬午，應貢入内廷。辭教職不就。卒業太學。

成化二十一年，謁選桐廬縣丞。初抵任，自爲文誓告城隍，述所以居官之意，慷慨激烈，聞者悚然。在官嚴謹，常以興學作人、明教化、敦禮讓爲務。民有訟至庭，先以禮義諭之，俟其不服，然後斷之以刑，民俗服從。時有猛虎白額當晝噬人，茂曰：「吾豈有苛政而致若是乎？」即移文告城隍，痛自刻責。虎自遁去。

中貴人入閩，陵躒沿道州縣，民懼以告。茂曰：「吾在此，無傷。」及其至，陳義秉法以折之，貴人瘖，不敢出聲，上下交稱其有守。巡按荆茂按部至縣，聞茂名，召之講論經學，曰：「君儒者也，奈何屈于此？」是歲，檄與秋闈，得閲外簾文字。

戊申，以年滿六十，懇乞致仕，遂歸。晚年盡斂平生，而歸諸芳社緑野之間。方且拳拳集古書，立家範。嘗以文公《家禮》教家，是時丘氏《儀節》未出，茂參據《禮經》，酌以土俗，擇其節文易行者著爲書，子孫至今守之。茂爲人清介嚴毅，修容山立，吐音如洪鐘。自少至老，坐立未嘗跛倚。治家嚴整，諸子有過，一毫不假貸，至今聞其風者尚肅然也。卒，年七十九。長子綸。《縣志》。《張净峰先生集》。

❶「據」，原作「標」，據張岳《小山類稿》卷一改。

縣令張仁伯先生綸

張綸，字仁伯。弘治五年鄉薦。事父孝謹，每得父書，必拱手正讀，珍重寶藏如新。平生苦學，達旦不寐。無他嗜好，先世治《詩》，實傳其家學焉。天性孝友篤實，與物無競，而器宇沉静，人莫測其際，容色粹然，望之知爲鉅人長者。有弟六人，出自三母，綸撫愛諸弟均一。與人交，重信義，不苟然諾，至朋友死生急難之際，尤急周旋。雅甘澹泊，雖甚貧窘，閉門端坐，非其人不見。世故多所經練，自朝廷典章至律令算曆皆留心講究，務爲有用。授萍鄉令，未上，卒。《張净峰先生集》。

縣令張公謹先生慎

張慎，字公謹。亦傳《毛詩》學。弘治十七年鄉薦，知英德縣。至誠惻怛，視民之疾苦如疾痛在身，思有以振恤之。尤以興文教、正禮俗爲先。建龍山書院，以祠唐文肅公介。前開講堂，旁列齋舍，擇諸生肄業其中。政暇，爲講論經旨及古人行誼。卒于官。縣人即龍山書院祠之。子岳、峰。《張净峰先生集》。

襄惠張净峰先生岳學派

公之學私淑于蔡文莊，友于紫峰、次崖，而與王文成枘鑿不相入者也。時「良知」之學滿天下，而獨公弗是也。嘗渡江與陽明論學三日，不合，退而輯《聖學正傳》、《載道集》諸編以見志。嘗言：「心該動静，静其本體也，至静而動之理具焉，所謂體用一原也。」又曰：「虚靈知覺，心也。性即心之理也。學先識性，然後可言盡心。若只守個昭昭虚靈之識而諱言窮理，安知無誤人心爲道心，氣質爲天性也。」又曰：「程子『整齊嚴肅』一語，最喫緊於此。信得及，做得是，久久自覺心體明净，德性純固，發揮事業，亦自有餘。」又曰：「仁，人心也。吾夫子論爲仁，曰視聽言動，曰出門使民，曰居處執事，與人則皆就日用親切處指示下手工夫。故曰勿視、勿聽、勿言、勿動，曰見賓承祭，曰恭，曰敬，曰忠，曰認真。如漢法畫一，的有依據。就此安頓身心，行著習察，自然非心惰氣日銷月化，心存理得而不自知，不在別尋一個渾淪之體爲可玩弄，乃名心學也。」

又編《草堂學則》，首以存養之要，繼以動作威儀之節，而求端未發以爲之本，曰：「心纔静即覺清明，學須静多於動，至動而未始不静，庶矣。」其持論精實切近類此。同時，如鄭恭介世威、林文恪熑，皆奏之廟堂，評之鄉國，謂公與羅文莊皆以實勝者，殆確論歟！

又按：耿司馬定力《祠記》略曰：「公之學以戒慎立本而不恃知覺，以窮理居要而不事籠罩，以實踐爲歸宿而不侈講論，本末次第較然不疑焉。」

襄惠張净峰先生岳

張岳，字維喬，號净峰，惠安人。自結髮讀書，即慨然以大儒自期。少善黄氏鞏，每誦鞏警語

「誠自不妄語始，學從求放心來」，曰：「此吾終身符也。」正德八年，鄉薦第一。時省會皆有中官鎮守，舉子例合參謁先生，長揖而已。十二年，第進士，與同郡陳琛、林希元僦居佛寺，閉户講《易》，一時並以經學名。始授官行人。武宗寢疾豹房，獨宦者侍。先生即上疏：「古天子有疾，大臣嘗藥，百官輪直起居，不宜委之宦寺。且上儲宫未備，宜防意外之虞。」中外韙之。車駕南巡，同諸司疏諫。下獄，廷杖，謫南京國子監學正。

世宗嗣位，復行人。吏部欲選爲科道官，不應。丁父憂。服闋，吏部復欲取選如前，又不應。陞右司副。念母老，乞便養，改南京武選員外，復轉祠祭郎中。俄承重祖母及母憂。居家結草堂於縣之净峰，名山心精舍，益讀書其中。服闋，補主客郎中。時世宗方定大禘禮，求始祖所自出。宰相張璁欲遷合當之，先生語侍郎李時曰：「國姓，德祖而上，高皇帝所不能詳也。獨以皇初祖設位，毋實以人爲是。」璁竟以初議上。上不聽，令題皇初祖主如先生言。璁大駭，亟欲致先生以館職，先生謝不應。出爲廣西提學僉事。行部柳州，軍缺餉，大嘩，城閉五日。先生令守城啓門，召詰嘩者予餉去，尋以計擒首惡，置之理。

十一年入賀聖壽，改提學江西，又不謁璁謝。是時，江西人正崇尚王氏學，先生約士守程、朱書，毋得談「良知」。居一年，卒用廣西選貢事，謫廣東鹽課司提舉，轉守廉州。先生省禁令，減繇役，督民種棄地，教以桔槔運水。堂上無事，坐讀書，與諸生爲師友，而廉士皆知學。時安南殺其主自立，久不貢，朝議將討而郡縣之，遣使勘狀。先生言於總督張經，曰：「遠夷相攻殺，無煩出師，勞敝中國，請留勘使毋前。」經不可。知欽州林希元亦上書請決討莫氏，先生貽書止之。後條上不可討六事，爲書貽執政，執政得書不能決。已，毛伯温來視師，先生以撫處之策語伯温，伯温曰：「交事屬子矣。」交人莫登庸亦信向先生。會擢浙江提學副使，尋轉參政。莫福海入欵關言：「往張廉州安在？是欲以恩信撫我，何可忘？」於是參贊毛伯温馳奏留先生。乃改廣東參政，爲畫所以受降之策甚備。登庸乃使其孫福海叩關望闕，稽首獻地。奏上，罷安南爲都統司，以登庸爲都統使。詔賜先生銀幣，陞俸一級。尋以征瓊州叛黎功，陞賜如前。塞上多事，廷臣交章薦先生，伯温言於朝曰：「吾於粤得二臣，張岳可南，翁萬達可北也。」遂擢先生右僉都御史，撫治鄖陽，旋移巡撫江西，特疏稱羅欽順得道學正傳，請遣官以時存問。貴溪相夏言治生家，分宜相嚴嵩奉賜建第，皆飭有司裁抑之。

其年，陞右副都御史，總督兩廣軍務兼巡撫，是爲嘉靖二十三年。兩廣督撫故饒供億，先生素儉，不取用。又不以通遺權貴，檄州縣吏非召不得至轅門，至，不得手一物入門内。明年，討封川及馬平諸蠻，平之。進兵部右侍郎，兼僉都御史。召爲刑部右侍郎，以御史徐南金奏留不果行。又明年，合兵討連山賊，賊渠授首。蒞鎮四年，積年巨寇悉平。召入，爲兵部左侍郎。七月，受代過家。尋陞右都御史，入掌院事。未幾，湖、廣苗亂。初設總督，嚴氏以先生當之。先生單車入楚，熟討苗情，至則斬捕略盡，累奏奇功，皆爲嚴氏所抑。宣慰冉元陰爲苗主，苗平，懼誅，乃嗾龍許保、吴黑苗掠恩州，行金嚴世蕃使罷先生。華亭執不可，止降兵部侍郎。已而生擒龍許保，而吴黑苗尚匿元所。先生劾元，發其通賄事。世蕃愈怒，日傾先生。先生不一貶，復擒黑苗以獻，三省底寧。兵部力請召先生，嚴氏不可。或語先生：「何不稍屈？」先生笑指其髮曰：「種種矣，吾昔少年，張相屢招，不得我一見。今入錢買官乎？」其冬，卒於沅州督府，喪歸，沅人迎哭不絶。已，叙功，復右都御史，贈太子少保，謚襄惠。

李氏愷曰：先生沉默，不苟言笑，禮法自將。其行事磊落光明，當官不計危阻，一意爲國家。讀書不事章句，博通墳典，語古今人物事，貫穿有條理，而筆力雄渾，新意疊現。凡論心性義理一以程、朱爲宗，而遵信傳注。爲行人時，過浙渡江，謁王文成，講明德親民之旨。文成曰：「明德之功只在親民，後人分爲兩事，非也。」先生矍然曰：「戒懼、謹獨，皆是未與親民時工夫。如公言，又須立一親民之本以補之乎？」文成不能屈先生，揖而去之。歸，立學則二十餘條，自勵曰：「居敬窮理，蓋聖賢所指以教人者。王氏諱窮理，任良知，安知非指人心爲道心，認氣質爲天性乎？」其《答尚書聶雙江書》，辨王氏渾淪籠絡之非，而欲其逐一體認於孔門求仁之訓，知行體用、持敬分殊合一之理。證據真的，使人聽之感悟。是時初仕，未有宦責，志欲著書皋比，北面其徒，倡正道於東南。迨入廉州，值安南之役，迺慨然以身當其責，故志爲所掩。嘗論先生四十歲以前，欲爲程、朱之事以蓋生平。四十歲以後，累膺閫寄，馳驅征伐，鞠躬盡瘁，竟以范、韓勳業終焉。先生狀貌峭聳，高奇有威，撼之如山。凡所措注，中有一定之見，不言而酌於衆論，振衣於千仞之岡，動不趨時，故不爲柄臣所喜。終先生仕，相者張璁、嚴嵩、夏言皆秉權得勢，先生頡頏不爲下，獨徐文貞階知而交好之。當嘉靖朝，一時邊臣爲自全計，饋遺相屬。先生獨不通一書，故用兵有功，常薄其賞，微失利，輒被譴。賴上之明，以功名終，故瀕險不危，卒行其志。徐文貞謂先生子曰：「嚴氏擅政二十年，邊督臣不入一錢，而身名俱全者，惟尊公一人而已。」

生平淡於利欲，事親孝友於兄弟。好積書，囊無餘積。不事生産作業，既貴，猶茹糲衣素如寒士，然其至行足式里閭者衆也。

所著有《小山類藁》、《聖學正傳》、《載道集》、《名儒文類》、《更定禮記》、《恭敬大訓》、《惠安志》藏於家。姪宇編梓以傳。弟峰，庚戌進士，有志行，官四川僉事。子宓，慶遠知府，廉正有守，雋領鄉薦。孫迎，萬曆乙未進士。《明儒學案》。《净峰全集》。《閩書》。《清源文獻》。《福建通志》。《明史》。

備　考

前輩事業，類有根本。净峰初第，在京邸，每夕必偕陳紫峰講《易》一卦。凛烈抗疏，三黜不移。不佞邇過柳，謁公像，八拜，❶北面事之，見柳州有傲色，豈非以節邪？曾職方偉芳《西行漫草》。

净峰兩任提學，所至以道帥諸生，不爲空言之教。其在廣右，選貢之法方嚴，不貶心以殉時好；在江右，易簡之説方熾，能正辭以禁時誕。林大理丞希元，見《皇明文粹》。

---

❶「八」，汪森《粤西詩文載》卷五四作「入」。

朝議討安南，廉州守張岳獨言用兵之害，督府蔡經問岳曰：「空言罷兵，亡以塞明詔，子能保無用兵降莫登庸乎？」岳曰：「欲降之，必令納地，令貶號，令匐伏，獻國中圖籍，聽上處分。夫國體不可褻也。」督府曰：「如此能令登庸聽乎？」岳曰：「祇岳一檄足矣。」於是，督府兵事調度一屬之岳，而岳具有成畫。司馬毛伯温至，岳以所論列者告之，輒當伯温意，伯温密謂岳曰：「交事屬子矣。」登庸密輸情於岳，岳初絶，而後要之，登庸惟命。會岳遷浙江督學，尋轉參政。登庸復首鼠兩端。伯温經奏乞還岳廣東。登庸密覘曰：「廉州守安在？」岳至，登庸乃尺帛束頸，候于南關。《廣西通志》。

嚴相當國，賜第，名其閣爲「延恩閣」。所司請估費，公曰：「千金可乎？」所司相顧。公曰：「江右民困矣。諸君誠畏嚴，吾不以累諸君，吾自當之。」批牘予千金。請益，復五百金，又請益，却之。會有行人使江右，嚴相附五百金來言：「上所賜閣費大，吾出上所賜金佐之。」子世蕃迺私囑行人毋發封。行人兩傳嚴氏父子意，所司疑莫敢決，公曰：「豈有没其父之善，而從其子者？以予主者，用之。」會其大奴將入京，乞公批關，公謂元相家奴，無主命而私請關，叱走之。世蕃愈怒，出惡言。有密友告公，公曰：「稜稜寒骨，止少馬革裹尸耳。它吾自分定，毋容念也。」李文節廷機輯《國朝名臣録》。

湖、貴苗猖獗，初設總督，衆顧望莫肯行。嚴氏請岳當之，徐宗伯階報岳曰：「士君子於禍福雖無所擇，然危機在前，冥不知避，亦不可爲智也。」蓋指嚴氏云。岳言：「備國大臣，雖危無所避也。」

單車入楚。出焦太史竑《獻徵録》。

征苗一節，撫臣有不智之譏，宰臣有不必征之辨。憶昔見公奏疏，大意謂往年以賊討賊，故征無功；以賞賂賊，故撫益亂。今日機宜必征之，而後撫可定，守可固也。於是，動調軍兵，分哨以搗穴，開誠以受降。元惡則懸重賞以擒之，脇從則開生路以散之。蓋白公即世，繼之者不煩注措而湖、貴乂。如往之征撫，師未退，盟未乾，而地方已叛。今之經略，擒其酋，散其黨，而地方底寧。昔處之而愈亂，今討之而畢安，是非得失，較然明甚。此可爲智者道。王職方《尚學紉略》。

士大夫有名節易，保終節難。張襄惠公以兩廣總督召入總大中丞，嚴相忌之，出公總督湖、蜀及討平叛苗，猶不内召。或勸公稍通書幣，公曰：「吾三十年守吾志，今老矣，旦暮入地，乃舉平生所守而盡棄之，惡用内召爲哉？」卒于官。見明養定，豈不誠大丈夫哉？《游海夢譚》。

浄峰他事且不論，自入楚以來，不通京師一帕，雖遭訕怒，毅然如初。其自守之節，眼前士大夫真不能到。徐文貞階《與胡巡按宗憲書》，見徐本集。

襄惠公正氣勁節，易名未稱，士大夫迄今歎惋，謂柄臣忌公者實爲之。黄宗伯《鳳翔集》。

公長身玉立，隆準高顴，深目廣顙，眉骨稜稜，望之嶽聳。其德器弘毅淵默，忠信厚重。平居寡言笑，天性孝友，篤於人倫。《泉州府志》。

正德以前，逆閹肆虐。嘉靖中，權奸柄政。詖行淫辭，遊揚其間。吾閩若林文安、彭惠安、林貞肅、方簡肅、朱都憲欽、張襄惠、林端簡數君子者，不怵于暴行，不惑于邪説，卓然有立。狂瀾砥柱，蓋數公謂邪！《全閩大記輯略》。

公爲文章，根據義理，體尚歐陽，卓然成一家言。自負正、嘉二朝文第一，第不以文士自命也。《閩書》并《惠安邑志》。

泰和羅欽順、惠安張岳世稱賢士大夫，皆與王守仁同時講學，兩人嘗指擊其説，蓋守仁以名勝，欽順、岳以實勝。《困知記》、《小山類藁》可考也。鄭恭介世威奏議。

贊曰：其神凝焉而若有跂想，其身飭焉而若有盤桓，其文非不能躋歐、曾之閫奥，而慮其分吾德性學問之功夫；其學非不能趨超悟之時流，而慮其失吾窮理居敬之籬樊。其愛國忠君，雖顛沛流離而有所不顧；其立身行道，遺死生禍福而有以自全。秩雖峻夫正卿，而時浮沉于散吏；身雖列于内臺，而終不得一望夫國門。信乎畜酋，威神苗蠻。德完行鉅，身詘道尊。所謂公家之利，知無不爲，鞠躬盡瘁，死而後已。上世之所謂大臣，聖門之所謂君子歟！何鏡山喬遠撰《像贊》。

藩伯朱于田先生一龍

朱一龍，字于田，惠安人。以鄭姓登嘉靖二十九年進士。初令溧陽，以經術爲政，累薦治行第一。入覲，徒手謁嚴氏父子。遷南刑部郎中，陞廣西僉事。作《撫夷通論》，勦寇有功，遷廣東參議。時柘林叛兵突薄會城下，藩臬官分門守禦，拒避賊者不納。一龍守小南門，曰：「賊近而啓扃以待，示强；民急而開門以納，示仁，閉之何爲？」傳令大開門，日入男婦以萬計，以此存活數萬。遷按察副使。丁艱歸。

隆慶元年，復除廣西分部右江。右江諸蠻自張岳征勦後，久已帖服，至是復叛出劫。一龍登鎮粵樓，酹酒襄惠祠下，謂：「不能滅此朝食，如師承何？」即白制府建「大征」、「鵰勦」二策，分兵四出，因巢爲糧，擒斬八百餘級。又委征右田、七哨，皆平之。捷聞，賜金幣，晉秩，且將大用，爲憾者所阻。遷陝西苑馬卿。丁内艱，歸。先在右江，東行過飛來寺，遇風舟覆，浮沉浪中三十餘里，乃得蜒船援出，傍人見其青蛇遶身云。服除，補遼東，轉江西左布政。以直忤巡撫，被劾，歸。

一龍少受學張襄惠岳，東官寡交接，慎取與，不肯濡足權門，皆服膺襄惠之教。退居林下，著書考義，無少休廢，邑人稱先正者皆歸焉。著有《一統輿圖略》、《歔歷餘稾》、《遊海夢談》。《舊郡志》。《新郡志》。

參議張莊甫先生冕

張冕，字莊甫，晉江人，元璽之姪。爲兒時，即知嚮慕善。嘗讀張净峰所作《羅一峰書院記》「推本於不欲不爲爲得其本心」，輒歎曰：「此正學也。」嘉靖十九年，登鄉薦，念父老所給坊金，悉治具供養，不詣公車。二十六年，成進士，知烏程縣。躬履清素，平賦均役，吏不能欺。聽斷，情僞立得。值倭寇傍邑，冕修城垣，募民兵，分技習之，訓練既久，兵氣大振。會倭賊犯北新關，設伏桑柯林邀擊之，擒斬無數。又躡戰于鶯脰湖，敗之。丙辰夏，以兵千五百人敗賊衆萬餘于烏鎮。備兵使者慮城守單弱，檄冕還，冕曰：「戰即守也。」蓋分兵捕斬其出掠者，賊留四日遁去，湖州人盡頌其功。爲權貴所嫉，遷桂林府。二劇賊張璉焚劫廣東，❶朝廷以冕有偉略，擢廣東兵備僉事，至不三月，連縛潮陽、惠安二酋，擣其巢。總督張臬檄冕兼二哨攻璉，破其丁坑營，璉遂敗。

癸亥，倭圍潮，冕引兵入守。賊百計力攻，冕隨機應之，所當無不摧折。閱五十餘日，有奸人謀應賊，爲隣居首發，按實立誅之，賊旋遁去。潮人謂百萬生靈藉冕全活。擢湖廣參議。前忌者遂以擅殺劾冕，落職，知化州。兩廣寇發，復自化州薦爲廣西撫夷僉事，駐節桂林。明賞罰，肅部伍，編甲授藝，令關自爲守，終任不復有賊警。遷廣西參議，分巡右江。尋報罷。

冕通籍二十餘年，名節自砥，視權門若浼，視污吏如仇。所至養老存孤，設木鐸，行鄉飲酒禮，凡古人教民之具，皆實意推行之。考功注，冕一介不取，百折不回。司空劉麟每貽書必稱孝廉，目爲鐵漢。蓋生平仰止浄峰，故其行事亦略與相類。居家不踐公門，而遇災警，祈籲有司，如身痒痛。泉屢被倭，田荒米貴。先在粵時，勸諭商人運粟踵至，泉賴以甦。共勒碑通衢，紀德焉。孫穰，登河南鄉薦。《舊郡志》。《新郡志》。《閩書》。

---

❶「二」，當爲衍文。

副使李抑齋先生愷

李愷，字克諧，號抑齋，惠安人。宋太師邴之後。嘉靖十一年進士，授番禺令。入爲吏部主事，以稽勳調武部郎。出爲湖廣按察副使。愷治番禺，廉有材名。上官委掣夷税，安静不涅。夷酋歡呼，奉千金爲壽，愷却還之。既晉銓曹，杜私謁，植善類。時周户部天佐上疏，被廷杖，斃獄中。屍出，愷悲壯揮淚，出資而殮之。憲楚六月，罷歸。愷性倜儻扶義。

嘉靖三十七年，倭陷福清，乘勝直走。惠安令方有違言，閉閣不出，署邑者移庫獄於郡城。愷率士民跪泣，擁令出，登陴誓衆，親立矢石，禦賊七晝夜，更爲行金以攜其黨。會郡中援兵至，賊乃解去，惠人德之。愷没，邑送葬者千餘人。愷少以豪傑自命，每讀古忠義傳，感慨欷歔，如將從之。既貴，無所紛華，獨葬親繕祠、置田供祀則不辭費。自諸生時即貧甚，氣嶽嶽不下人，嘗曰：「今卿大夫亢不下士，士當以清風明月、遲日紅花勝之。」所論著蒼然有西京氣骨。有《介山集》行世。

其《贈徐履素分教遂昌序》略曰：

「今上壬寅，鄉先生徐履素計偕至京。明年夏五月，司教遂昌、介山李氏愷贈以言曰：履素君古之經師也，經之不明於天下久矣。國朝懲唐、宋之敝，特罷詩賦，專用經義。成祖繼統命，集儒臣開局纂修《五經》、《四子》，不用古疏箋，翼以濂、洛、關、閩諸説。學校選舉之實，皆以明經不背傳注爲主。及行之既久，入耳浹心，經生學士、老師宿儒争辨横議，死守不貳。其所沉潛訂證者，豈但宏旨微詞乎？朱晦翁平生勤苦，精髓在《學》、《庸》、《語》、《孟》，自謂無遺憾者在《詩》與《易》。解《詩》先爲箋註，多用毛氏；後言樂歌正意，略增減一二字咏歎之，其味深長，躍然以興。假使卜商、曾申、根牟子而今生也，亦不能爲異同。孝廟以前，士人一意本領之學，科目人才皆敦厚正直，寧執滯而少浮華，服習其藝，因以約束其身。《書》云『歸其有極』是矣。後來倡爲一切道學之名，動欲體驗未發之中，而不及於明審篤慎之教。其流幾以六經爲龐贅，傳註爲芻狗，排新安爲支離，取鵝湖爲超卓，肆其奇變，紛然雜出其下，飾以雕繪，構以軋茁，畔經失傳，不識注中何解，《或問》何辨。主者且眩惑，無以勸沮，風俗下矣。

「惠安，小邑也，介於莆、泉。衣冠禮樂之澤，不絕如綫。惟《毛詩》一派，近執其藝以歌《鹿鳴》、刊文以獻者恒不乏人，後生、秀士得魚忘筌，以爲聰明體裁之效。愚謂前輩曾、林、徐、謝四君子講義訓詁，功實倍之。林、謝之門，愷幸竊其緒餘。徐氏之門，鄉人顯者多濡其化。曾體元氏之學，雖淨峰公詔自父師，一變至道，少年亦麗澤其間。予嘗見履素與吾二師友也，發憤鑽研，餐寢俱廢。《集注》、《大全》猶日用飲食，然其所操行修辭一詭於經，則惕然曰非孔、朱法也。今晦於時，老將至矣。自《關雎》以至《殷武》，問之皆能舉其辭，隨大小叩之，咸得其益。遂昌幸獲聆其謦咳，辨難問疑，其所成就，不亦休與。伏生九十歲背《尚書》二十九篇，口授之掌故鼂錯。董仲舒以《春秋》爲博士，災異郊禘盡據經以答。漢時，顓門之學，貫徹精熟，言行以之，故漢治最近古。今日一道德之制，胡爲改其舊乎？予嘗有感於履素之不遇，而因有感於世變也，於是乎贈。」《舊郡志》。《清源文獻》。

給諫史中裕先生于光學派

余讀《越章録》載史公與古愚趙先生珁列傳同論，蓋二公德學大抵相同也。趙公，成化初登第，爲虚齋前輩，亦當時開風教之先者。惜乎門徒莫考，余於一峰交友中詳之矣。公與浄峰爲同年友，其殁也，浄峰祭之文曰：「先生氣寂而顓，貌和而肅，言不妄發，行必擇義。其思湛静而不浮，其守確實而不貳。至于談理必究指歸，論事必引大體，責人不録瑕疵，固有道者也。」今觀其廷議大禮，侃侃直言，引證《禮經》，確有依據。一時明禮者躩之，非有道而執德不回者，能之乎？王氏遵巖嘗言：「正德丁丑榜得士，吾泉最有名，紫峰陳公、浄峰張公、次崖林公及先生四人，並以經學爲海内巨工云。」所著有《易説》、《四書説》、《正蒙解》諸篇，已散佚，惜哉！

給諫史中裕先生于光

史于光，字中裕，晉江人。正德十二年進士，選爲庶吉士，讀中秘書。于光少甚貧，而有志操，恬於榮利。當鄉舉時，二親已殁。歎曰：「仕不逮親，又奚亟爲？」遂不赴公車三載。郡大夫勸駕，乃起，即以是年登第。在中秘未幾，疏疾歸。益閉户讀書，謝絶外事，有終焉之志。凡五載，親知勸之，迺出，受吏科給事中。尋又乞歸，屏居復四載。蓋通籍者十年，什九居家，其真在給舍者，可二年耳。然任職侃侃自稱，凡五上疏，論事剴切動京師，人争傳之。

世宗以藩邸入承大統，意欲考獻皇，未決。進士張璁進説，上心嚮焉。是時，禮官議上獻皇稱號之禮，上久持未下，于光迺上疏曰：

「邇者，禮臣議上興獻王稱號，候命至今，未蒙俞允，群臣惑之。陛下聖明，豈復如此重思未決？是張璁之説中也。夫正統私親，天秩之禮，萬世不可易也。璁之言曰『群臣盡拘執成説，不可用也』。是謂禮之出於天者不必執矣。然則欲人何執哉？且立後之説，死生無二，寧有預養則當爲後，非預養則不當爲後？而妄謂今日典禮與漢哀帝、宋英宗不同，臣不知璁之言出何典記也？即宋程頤有『長子不得爲人後』之説，又獨不曰『禮無明言』乎！夫武宗以所承孝宗之大統，特付之陛下，此爲天下得人之意，天下之大公也。陛下以興獻王長子，不得已而入承大統，此順天應人之心，天下之大順也。以兹典禮實出尋常擬議之外，而猥稱臣民宗子之法，謂『長子不得爲人後』，不亦拘乎？其曰『統與嗣不同，非必父死子立』者亦非通論。夫嗣，正所以嗣其統也，漢孝宣承昭帝之後，時於父行無所承之君，理宜以兄孫繼。孝文承惠帝之後，以弟無後兄之誼，故上而繼高祖。

「陛下今承武宗，亦以弟不後兄而嗣孝廟，則正與漢文嗣統相類也。安得藉彼祖孫之禮，而奪今日父子之禮乎？又欲陛下別立興獻王廟于京師，大小二宗並事，此決不可。昔魯宮災，孔子聞之曰：『其桓、僖乎！』以其非正也。若獻廟果立，在今日則坐朱熹兩廟争較之嫌，在他日則有《春秋》魯僖躋閔之失。又况人情所注，此重則彼輕，大宗之與小宗必不兩存之重也。夫孝宗皇帝深仁厚澤，洽於天下，天下臣民哀慕至今。武宗不禄，陛下入嗣，雖販夫走卒無不鼓舞懽呼，舉手加額，謂吾皇有子矣！何者？誠仁結於心，而天理之不可滅也。璁迺昌言曰：『孝廟之嗣，其不可延，天也。』公然廢絶，稱天以臨之，賊仁棄誼，非人理，不可讀。昔漢光武身復漢祀，猶然上繼元帝所生之親，止曰南頓君立廟鉅鹿，但其稱考，猶有遺憾。今陛下以親則孝宗猶子也，與光武之疏遠不同，以位則親承武宗全盛之業也，與光武之收拾棼亂不同。而璁欲陛下特考獻王立廟京師，若與光武相提而論，又有得失矣。惟陛下嚴大宗之事，察正統之承，仰欽孝廟在天之心，亟下前疏，昭示天下，毋爲險佞所惑。」

奏入，中外韙焉。他論建多類此。曾一分較禮闈，稱得士。以夕郎終。性厭紛囂，自適恬寂，未嘗一造請。有司屬修郡志，必斷之典型，不輕徇貴人指。閒居教授生徒，以書義相劘切，當有得，夜榻寒燈，欣欣然忘食寢也。生計蕭然，無異裋褐。比没，妻子不免饑寒。所著有《易經解》、《四書解》、《正蒙解》行于世。史氏《越章録》。梁宅之撰《墓志》。

黄昇、梁懷仁、徐榮❶

❶ 本條原無，據丁氏抄本補。

教諭張子翼先生應星

張應星，字子翼，號菊水，同安人。應星自幼開敏，喜讀書。晉江史氏于光以翰林庶吉士請告還里，設教生徒於輪山，從學者五十人，應星年十五，爲最少。史公課其文，獨喜。繼又事其邑先輩林氏希元學，盡契所藴蓄。嘉靖戊午，以貢授會昌訓導，揭《白鹿洞規》教士。督學使者徐以德行求士，諸廣文入試，分授片紙，令書無德行之尤者。應星獨不書，學使怪問之。曰：「諸生性質不齊，然皆可自改，苛求之，恐累終身。」學使大喜，因試以「世變江河」詩，又與講學諄切，數日乃别去。都御史周公某以「敏而好學，清不求知」獎之。轉清江教諭，道卒。

應星爲官，懿行修潔，俸入外毫髮無所染緇。重道輕勢，信理信心，不談道學，而事事依道，曰：「日用天則，豈在多言？」平生孝思切至，事兄如父，視兄弟子如子。與人交，無二口，善解人過。所作詩有二章，其一章曰：「實勝未爲恥，名勝不悪而。良賈戒深藏，所貴知者稀。務實不務名，聖賢是階梯。」其一章曰：「公孫儒者爲最下，猶必强起始發駕。古人自重今自輕，我亦胡爲乎營營。」所著有《四書大略》、《易經管窺》、《易經燈影》，詩文若干篇，藏於家。子日益。《閩書》。何司徒撰《墓志》。

閩中理學淵源考卷六十五

廣平府知府李清馥撰

訓導諸葛文敏先生駿學派

按：泉南成化以後，師席踵起，其潛身草澤者，豈碌碌隨世以就講肄之業哉！考文敏先生論文必傳經義，以理勝，其立教也，以德行爲本，舉業爲用。如此則豈有昔人荒功奪志之患耶？師道之立，人才之樹宜已。

訓導諸葛文敏先生駿

諸葛駿，字文敏，晉江人。究心經史，爲文傳經義，以理勝。泉士宗之，陳琛、李源、詹源、顧珀諸公皆出其門。以鄉薦授永嘉訓導。教人以德行爲體，舉業爲用。朝夕程課，鑄冶不懈。永嘉學祠之名宦。駿居家孝友，周窮恤匱，冠、婚、喪、祭一依古禮。所著有《易經集説》、《家訓彙編》。《閩書》。

侍郎顧新山先生珀

顧珀，字載祥，晉江人。少而忠信好義。弘治十二年進士，除知虹縣。丁父憂。服除，正德元年補旌德令，擢守和州。歲大饑，不俟申詳，發倉庫賑恤。時巡按奉檄督逋甚亟，珀計民貧無措，召富商諭以大義，悉代輸貨。秋成，還之。商民兩無所累。坐忤劉瑾，被逮，廷杖四十。瑾敗，乃以治行旌擢南吏部考功郎。丁母憂。服闋，除兵部武庫司。當正德頽綱之日，事多因循。珀秉正執法，凡兵器出納，京衛勾解，極意振刷，宿蠹一清。陞湖廣布政參議。行部至蘄，有妖僧詐稱奉敕往名山掛旛，所在恣横，密發其奸，寘之法。寧藩反南昌，珀扼黄梅，爲池、皖援。會武宗親征，民争逃竄，榜諭安輯之。事平，乞休，不允。

世宗入承大統，以護送聖母勞，賜銀幣。復上疏乞休，遂陞湖廣按察副使，予致仕。都御史秦金、吴廷舉、席書，御史何鰲、唐符、馬紀前後薦聞。而桂文襄公蕚爲縣時，爲珀所知，文襄當國，欲大用之。嘉靖五年，起四川按察副使，整飭威、茂二州。既至，修理城堡墩臺，召募武勇，彈壓羌夷，核歷年賞番虚糜，歲省萬金。土酋入貢，令釋刀易馬乃入，遂爲定規。逾年，陞河南右參政，以薦陞江西左布政。尋擢南京太僕寺卿，陞南京太常寺卿，尋陞南户部右侍郎署篆。疏上便宜十二事，悉蒙嘉納施行。在部五年，清望一時推重。屢行乞休，乃許致仕。年八十六卒。撫按表聞，賜祭葬，贈都察院右都御史。

珀清坦簡諒，恬澹寡慾，歷官未嘗以家累自隨，室中絶媵侍之奉、聲樂之娱。比休官，晚節益堅，罔犯在得之戒，平居燕處如齋，端坐如塑。遇二親諱，素食悲悼，老如一日。教子侄以守法循義。窮民有喪葬不能舉者，竭力周恤。居常絶意干謁，至一方利病則不憚肫切，上説下教，力可爲者即自任之。其於息争諭善，常以懿言代鈇鉞，和色當醴醪，不義者忌珀之知，而衣冠後進望以爲楷。陳琛稱珀「歷仕中外，如凝冰出壑，素月懸秋」。張氏天叙序公《教劄》曰：「公之宦績，收之志傳，勒之碑板，采之實録，天下所共知也。至於鄉行家範，非其鄉人後學受教而知德者，則未易知也。溯公之貴，幾五十年。自少至耄，氣静神閒，筋强骨竦，望之儼然如泰山喬嶽；即之温然如霽月光風。少讀書泰嘉巖，每朔望月考，或值煙雨，衣巾靴屐，自山而下。事竣，即還山。讀《易》每三百遍，如是者十年。其資深邃養，發爲文章，措諸事業，以當大任者，夫豈偶然哉？」《閩書》。《舊郡志》。《清源文獻》。

少卿李竹坡先生源

李源，字士達，别號竹坡，晉江人。弘治十八年進士。初仕户部主事，差監臨清倉儲。倉故置中貴人一人董視之，中貴人數治酒饌爲好會，源每會舉杯，濡唇而已。中貴人恚不得恣所欲，則構兵備趙副使侵撓倉事、擾吏徒。源疏以聞，并劾中貴人罪狀。事下户部，尚書孫九峰交歎爲得職，數稱源於曹中。時逆瑾用事，以源嘗劾中貴人，記其名。遣轉饟遼左，故縮其期，陰欲中以失期。

源晝夜行風雪中，日二百里。竣事以報，瑾不能中也。

是時相楊文襄一清知源，無繇一見，心尤器之。楊與孫並一時名臣，將殊用源，爲逆瑾憾沮，而源亦乞歸養矣。其後，言者屢薦于朝，就家起南京文選司郎中。久之，遷尚寶司少卿，竟不起。源爲文法左氏，其所獨到，斫破規矩，亦自爲方圓。一時銘幽記遠之文，非出源手，皆以爲不得所託。源學行爲時師表，尤不自標特，謙冲下接，好獎誘人材，汲引後進如恐不及。清約自將，自幼學至壯以老，無燕僻之朋。好義遠利，篤於天稟，而修之以不倦。先是，卒業成均，故相楊廷和在翰林，以禮來聘爲其子慎師，曰：「吾求士於都下，非先生莫可屬以此子。」源感其意，終以濡跡貴門爲不樂，辭以疾。自其未遇，不近於榮利已如此。家居前後，薦者凡七章，雖知源有詳略，大指皆以爲廉孝人也。後宅燬於火，貧不能建，郡守王士俊捐貲助之，爲立善俗坊於四達之衢。《閩書》。《新郡志》。王遵巖撰《行狀》。

參政洪新齋先生富學派

按：《閩書》，先生受學蔡虛齋之門人吴氏銓、林氏同，苦心學《易》，因以所得著爲《淺説》，與文莊《蒙引》並行于世。泉中學士多尊師之，蔡松莊其一也。再青陽莊氏，受其業者三人：石山氏一俊、壁崖氏思寬、方塘氏用賓。兹録方塘一人附焉。

參政洪新齋先生富

洪富，字國充，晉江人。嘉靖八年進士。富寬凝簡，重默守，稱長者。初授刑部郎，人謂法律非其任，乃執法求情，侃然不徇阿。有巡按劾某憲副，憲副爲時相私人，時相摭巡按一事，欲抵以重法者，富言於尚書，如法而止，相不能奪。以次受提牢役。冬月囚多凍死，日製薑湯分給之，囚群號爲「彌陀佛」。出守雷州，興學訓士，築海捍潮。有憲司牙卒以賭殺人，富廉知，悉寘之法。憲司以情請，不聽。憲司怒，易他官治之。富以獄成否爲去留，竟論卒抵罪。陞兩浙轉運使。有巡鹽御史示以私意，富不從。或勸之，富曰：「污身以媚人，吾不能也。」御史怒，陰摭其短，無所得。丁内艱。服除，補兩淮運使。半載，陞四川參政。蜀人樂其廉恕，又呼爲「洪佛」焉。會張襄惠岳以督師征蠻，徵餉於雲、貴、湖、川。川撫李香有違議，富與之争。岳又欲調土兵萬人應役，香欲以先年調征之兵應之。富曰：「年遷人易，奈何以紙上虚名應軍前實用乎？」屢與巡撫違忤，遂乞歸。歸十餘年，卒，年七十餘。

富爲諸生時，受學蔡文莊之門人若吴銓、林同二公，苦心易學，因以所得著爲《淺説》，與文莊《蒙引》並行於世，而泉中學士多尊事之。既登鄉薦，讀書國子。時嚴相嵩方爲祭酒，知其深於《易》，延爲其子世蕃師。及嵩爲相，絶不與通。時論重之。孫澄、源，從子猷，别見。《閩書》。《通志》。《新郡志》。

縣令張南溪先生文應學派

按：先生師事林誠齋治《春秋》，義據通深，治三傳者多師之。今考門人只浯溪徐氏一人，餘待考。再，先生子天衢、天敘學行爲一時推重，曾切磋於王一矔、朱荒山二先生，今附家學焉。

縣令張南溪先生文應

張文應，字廷鳳，晉江人。師事林誠齋數輩，治《春秋》學，義據通深，讀三傳者多師之。門人如浯溪輩錚錚有聲。正德二年，舉鄉試第二人。乞瑞安教諭。鄰邑諸生聞其文質競爽，皆來就學。遷樂平知縣。縣當姚源寇甫定之後，民疲兵燹。文應撫摩綏輯，以寬徭息衆爲務。宸濠稱亂，執戈從勤王師。王文成奏功之日，獎賞有加。去官，士民書石紀政。去之七年，百姓復裹糧赴闕乞留。子天衢、天叙。

長史徐浯溪先生榮

徐榮，字仁卿，晉江人。幼篤孝。登嘉靖十一年進士，授嘉善令，丁内艱。服闋，補東明，遷南户部主事。故爲夏文愍所知，及分宜爲相，遂左遷趙府長史。卒。爲人恢宏肅給，磊落開敏。以《春秋》起家。三山王應鐘、郡中王慎中皆事焉。子用賓，孫縉芳。《閩書》。

司訓張月洲先生天衢弟天叙

張天衢，號月洲，晉江人，文應子。仕訓導，以學行見重於時。弟天叙，嘉靖十年鄉薦，官至遂溪縣。政尚廉平，以好學稱。其祭王氏一臞文曰：「叙偕兄衢，亦惟匪肖。濫分半席於退省，披拂數月之春風。先生高揭德行道藝之條，發明大《易》、《學》、《庸》之旨。凌晨而集，肅爾傾聽；薄暮而退，充然容與云。」《清源文獻》。《新郡志·藝文》。《閩書》。

閩中理學淵源考卷六十六

廣平府知府李清馥撰

童含山先生學派

按：先生爲紫峰陳氏高弟，當時以易學鳴。考志乘，未見本傳，僅見何作菴祭先生文，惓惓於師授之旨，而稱述其踐履精純，蓋先正之卓然者。兹録其祭文，著之篇端。尚待補傳焉。

童含山先生

童闕，❶字闕，❷號含山，温陵人。何作菴祭之文曰：「恭惟夫子，天生木鐸。昔在紫雲，脱屨盈幄。嘗升講座，抽關啓鑰。朗然高論，聽者聳服。隨才高下，藝文商榷。所經識取，靡不騰躍。某時在列，年方總丱，莫知端倪，但仰山嶽。言雖諄諄，未嘗領略。高乎堅乎，至今踧踖。追數舊遊，

❶「闕」，丁氏抄本作「倚峰」。

❷「闕」，丁氏抄本作「岫谷」。

後先彫落。爰有蔡生，立雪游酢。手書頌德，如寫衷膜。使其尚存，必有制作。以表丹青，以昭宿昔。眇予小子，自慚寡弱。伏自宦歸，時侍几屬。是歲之春，忽蒙枉泊。示我歌吟，若有所托。夫子逝矣，今何可復？惟是夫子，學問淵澤。授自紫峰，以溯伊、洛。短檠對静，圓木示覺。踐履精純，孝弟有綽。病叟載歌，吁嗟命薄。敬此誄章，以懷棫樸。」

朱荒山先生軫學派

按：泉自明初，諸先正多治《易》，至先生專治《毛詩》，泉人業《詩》者多宗之。維時庠塾間，篤尚經學，諄諄講明，轉相付受，猶不失傳習家法爾。

朱荒山先生軫

朱軫，字朝矩，號荒山，晉江人。祖伯父都憲簡菴公占其命書，喜曰：「兒當大吾宗。」比壯，長身玉立，言笑不苟，動止有容儀。補邑庠弟子員，治《詩經》。是時，蔡虚齋易學盛行於泉，《詩》道幾絶，軫獨與其師友三五人潛心講究，久之有所自得。不爲時文窘束，而於詩人性情及文公傳註融會通貫，自成一派，泉人業《詩》者多從之。屢困塲屋，晚年猶不廢講究。軫襟懷坦夷，與人無城府。居家孝友，燕居必以禮，雖對妻、子、僮僕亦無惰容。尤留心世務，非止於經學專門者。門人張天衢狀其行。張浄峰先生撰《墓志》。

翁比軒、徐泗涯、易愧虚、丘潛軒諸先生學派

按：四先生一時師表也。翁、徐未詳。易氏爲蔡文莊高弟，已別見。丘氏潛軒壽民，住儒林里，與李坦齋鄰而相友善，故一泉稟學焉。

丘潛軒先生壽民

丘壽民，别號潛軒，晉江人。有嵩之父。壽民家故貧，而深於經術，四方争致爲弟子師。設席安平，安平距郡城再舍而遥。

按，衷一李氏曰：「正德中，贈光禄。丘潛軒先生家吾儒林里，與先大父贈公坦菴鄰而相友善。先考主政一泉公稟學於先生之門，先生設皋比安平，先考負笈從之，於師門爲高足云。」節録李衷一先生撰《丘兖泉有嵩行狀》。

推官李一泉先生仁

李仁，字静甫，號一泉。夙慧，七歲日誦百餘言。長習《易》，旁及諸經。貧不能購書，借輒成誦。有欲試其才者，與經幾百，期以片晷歸。仁如期歸之，隨叩隨應，無隻字遺，其善强識如此。仁先受業於翁比軒、易愧虚、徐泗崖、丘潛軒諸公，最後稟學於從父實渠公。時易愧虚倡明蔡虚齋

《易》學，士從遊者無慮百數，而獨器仁尠少可教。年二十，補文學掌故。與石江莊公、韋亭徐公、小洛何公結社東湖之濱，諸公皆一時知名士，獨嚴重仁，每一牘成，人人灑然異也。仁爲文根極於理，不以怪迂相高。戊子，上賢書，久之謁選，授惠州府推官。悉捐宿業，與兄弟無所問。在職嚴刑憲，洗冤獄，却餽遺。三歲，奏最，擢司農郎。值邊急，轉餉如流。一切按法，不可干以私。卒時，撿囊中僅書數十卷而已。

蘇氏濬曰：「余聞之長老曰：『世廟初年，士風未彫，其人類多峭直自遂，純而不緇，蹈必擇地，事不避難。遇權貴人，直藐視之，不與俱上下。』先生其人哉！濬不及侍先生，然與若子光縉遊，即之穆穆，叩之泠泠，❶至臨大事屹然如山，則猶之乎見先生也。」蘇紫溪撰《墓志》。《閩書》。

❶「冷冷」，當爲「泠泠」之訛。

閩中理學淵源考卷六十七

廣平府知府李清馥撰

參政王遵巖先生慎中學派

按：先生受學于易愧虚，而淵源於蔡文莊者。維時「良知」之説方行，先生宦遊南服，與龍溪、雙江相講切，亦契會其宗旨。迨退歸，年甫逾壯耳。後祭愧虚先生文曰：「知向道而不力，顛垂白而悾侗。慨滅質以溺心，誤師傳之正宗。」蓋愧虚於嘉靖戊午年卒，先生時年亦及艾矣，故曰「顛垂白」也。其曰「滅質」、「溺心」、「誤師傳」者，或於王學悔遁，而溯厥師承所自乎。前輩造詣與年俱進，未知所至何如。今觀其出處去就，大節確乎不移。

李氏愷祭文云：「先生爲學，力削浮誇，鞭辟近裏，隱然成德，而所以自期待者甚不凡。當桂洲柄用，恥爲朱穆孤真之節，寧爲所嗔而不入其黨，其操履可想矣。嘗自言其講學教士，以文法悟諸生最多。又自言其文非但以文字觀。又自憾平生學問不足，而文字有餘，正枝葉勝本根之弊。」又《與弟道原書》云：「當使治經之功多于辭華之事，予舊亦誤，至二十七八而始知反。」凡此，皆晚歳有造於道之言也。文節李公嘗曰：「吾鄉虚齋、古愚、净峰、遵巖、紫溪諸先正師道甚立。」於嘑，先生之學，固亦因文而有補於道者哉！

參政王遵巖先生慎中

王慎中，字道思，晉江人。幼稟異質，日誦數千言。年十八，舉嘉靖五年進士，授户部主事。尋改禮部祠祭司。時四方名士唐順之、陳束、李開先、趙時春、任瀚、熊過、屠應峻、華察、陸銓、江以達、曾汴輩咸在部曹，慎中與之講習，學大進。十二年，詔簡部郎爲翰林，衆首擬慎中。大學士張孚敬欲一見，辭不赴。乃稍移吏部爲考功員外郎，進驗封郎中。忌者讒之孚敬，因覆議真人張衍慶請封疏，謫常州通判。稍遷户部主事、禮部員外郎，並在南京。久之，擢山東提學僉事。以古風教爲己任，校文秉公，不徇舊案，得之片牘，券之終身。殷士儋、李攀龍皆所首拔也。年餘，改江西參議，進河南參政。侍郎王杲奉命振荒，以其事委慎中，還朝，薦慎中可重用。會二十年大計，吏部註慎中不及，而大學士夏言先嘗爲禮部尚書，慎中其屬吏也，與相忤，遂内批不謹，落其職。士論駭之。

慎中學博才俊，自視亦高。爲文初主秦、漢，謂東京下無可取。已，悟歐、曾作文之法，乃盡焚舊作，一意師倣，尤得力於南豐。唐順之初不服，久亦變而從之。壯年廢棄，益肆力古文，演迤詳贍，卓然成家，與順之齊名。順之稱其文二百年來當爲中興。李攀龍、王世貞後起，力排之，卒莫能及。居家孝友，好誘進士類，後輩一經品隲，旋即知名。問業者相踵，言文辭者多宗之。年五十一而終。慎中初號遵巖居士。所著《遵巖集》行於世。《明史》。《舊郡志》。《新郡志》。

縣丞詹仕潤先生洧

詹洧，字仕潤，安溪人。嘉靖間，任高要縣丞，與王遵巖慎中講學。晚歲造詣，有得於天機流動，無入不自得之趣。嘗爲何怍菴烔作《洗心精舍》詩：「高人已把塵心洗，精舍乾坤儘廓開。唯有一真含泰宇，更無二念擾靈臺。碧空雲散青天浄，銀漢夜深寶月來。浩浩淵淵神莫測，冰清玉潔絶纖埃。」讀其詩，知其有得於道也。《閩書》。

縣丞黄端叔先生大本

黄大本，字端叔，安溪人。少補弟子員，受學于詹洧，因詹洧以師王慎中，既又與晉江參議尤烈、知縣朱梧、山人江一鯉講學譚詩，皆其父行而名爲長者者也。既入莆中，師事林兆恩，稱高弟，深會脩身繕性之旨。兆恩欲詣闕陳疏，意在婚娶二氏，使各行其教。時朝廷方好方術之士，方術之士上書言事輒得旨。大本即移書止兆恩，謂：「言即得行甚善。顧此時詣闕上書者皆黄緇符篆者流，吾師欲以婚娶二氏易天下，不惟不足以明三教之道，適使人疑夫子。」兆恩因此中輟，而其道益尊。凡郡中學兆恩者多師大本，稱爲極齋先生。平生與人言，必推本孝弟，或時有所叩，不終言之，第曰力行何如耳。仕鴻臚寺序班，終靖江丞趙府典寶正。所著有《紫雲詩集》。

將軍鄧寒松先生城

鄧城，字藩國，别號寒松。嘉靖甲子武闈解元。襲父爵，以功授中軍指揮，累官提督、狼山總兵，召拜閩遊擊將軍。未幾，卒。城狀貌魁傑，有古將帥略。事母孝謹，家貧力學，喜賓客。所著有詩集數卷。少事王參政遵巖講學，與薛南塘、田燕山、史方齋兄弟相從筆研。既長，就明經試，歎曰：「吾固將種也，此舉何足發吾志哉？」因習弓馬韜略，與俞虚江訂交，其氣略亦相類云。子鑣，己丑進士，官南陽太守。餘詳志乘。史方齋撰《墓志略》。《舊郡志》。

李思質先生杜

李杜，字思質，晉江人。棄諸生業，自號雲臺山人。從王遵巖遊，爲文一稟其矩矱，又跌宕喜談兵。俞虚江器之，揚譽於司馬譚綸，禮爲記室。嘗爲大猷作集序，稱其「言學莫非兵，言兵莫非《易》」，可謂知言。後因避地粤西，家陽朔以終焉。嘗爲周氏微撰《明經會記》略曰：

「周衰學廢，士始以學文爲先。及孔子教於洙泗，則皆篤於自脩，雖《詩》、禮亦有棄而不習者。故孔子教伯魚，惓惓于不學之弊，推本《詩》之爲用，其歸在於事父事君。而孟子言禮樂之實，亦以節文夫孝弟而已。自是學者始知夫六經之旨揮發夫事物，事物之繁通貫乎性命。苟有志于復古者，皆可因其言以求其義，由其義以明其教，則豈有義高而猶淺于聞，知深而或失其守之過乎？

「今周君麗峰建堂於家，以祀先聖，題其扁曰『明經』。聚鄉之碩髦以講於其間，而惓惓忠、孝、儉、慎之數言，是亦不越乎致慎於興居、視聽、俯仰、語默、服食之間，以求當乎父子、君臣、兄弟、朋友、夫婦之倫者也，蓋有得於家塾黨庠之意。誠使長治此邦者，率喬家望族而大昌明其教，家建而人習之，如三代建學之隆，則孔、孟之經于以復明，顧不易耶？

「余蹇且拙，不足以當幹局之任，而率先教化以求明聖人之道者，不敢不汲汲也，故於是會也，樂爲之記。然余又有懼焉，蓋道之不明，非不講者之過也。講之而不行，行之而不力，徒攘竊於外以爲高，而好名之士又侈然爲欺以和之。敦實之意微，矯飾之俗盛，則反爲是經之障，不若不講之愈也。劉屏山有云：『學有三，上焉汲汲然，其次懵懵然，其次悠悠然。』周君蓋汲汲然，非徒講者也，是經之明也，可冀矣。」

又撰《沈氏崇正書院記》，論周子無欲之旨通乎一貫，以爲崇正之論，而併舉二氏之無欲所以異於聖人者反覆其説，其論亦皆不詭於正焉。《新郡志》。《清源文獻》。

教授徐希孔先生孟學派

按：文簡黄公撰先生本傳云：「先生業程、朱《易傳》義，得蔡文莊之傳，爲郡人士所宗。」蓋一時鉅宿也。小洛何公爲及門高弟，平生至行亦相類，當時並以孝德著稱。先生去虚齋先生未遠，彼時風教篤茂，鄉後進講習淬勵，未嘗沾沾以沽世眩俗。故一經之士，皆能守師儒繩尺，綽有漢、宋風流，迄今猶可溯先民榘矱云。

教授徐希孔先生孟

徐孟，字希孔，晉江人。嘉靖中爲郡邑博士，業程、朱《易傳》義，得蔡文莊正傳，邑人士翕然宗之，稱之曰徐先生。初授袁州府學訓導，尋遷曲陽教諭，最後教授黄州。不沿例問諸生贄饋，與諸生談經講藝，訓迪不倦。黄故材藪，薰陶造就者甚衆，士亦多顯者。當時上官有古學、古辭、古貌、古心之譽。事繼母孝篤，愛異母弟。自諸生餼以逮俸入，悉分給之。宦歸食貧，僅免凍餒，猶損饔飧以濟焉。

平生長厚，豐推予而自治極嚴。何小洛元述，孟高弟子也，同省試掇科，推宴金爲贐。孟堅弗納曰：「初發軔，何得急此爲？」蓋自爲諸生時，其廉潔已如此。里居，鍵户寡接，惟諄諄課諸孫學，獨坐竟日。親友宴閒，未嘗有夷踞傾欹態，至耄猶然。年八十八卒。邑人黄公鳳翔景慕先生，采摭厥行實爲之傳，而致慨輓近世賢人君子螻屈下位，泥蟠巖穴，不能標不朽之聞施于後世云。黄文簡撰本傳。

副使何小洛先生元述

何元述，字元孝，别號小洛，晉江人。自幼從父學，年稍長受業於孫東溪某、從兄孝廉何洛江某，二公并名士，俱器之。一日張净峰先生見元述於洛江精舍，試其文，大奇之，語洛江曰：「君家有千里駒矣！」時年十三歲。嘉靖四年，學使者邵公試「立志論」，元述分晰道德、富貴、功名之義，而原本於寧静澹泊，學使者異之。

十一年舉進士，疏乞教授惠州，以便迎養。甲午，分校浙闈，得陳善、茅坤、潘季馴諸公，皆爲浙中聞人。擢國子博士，歷監丞，擢南户部主事，出爲廣東僉事，遷湖廣參議。時世宗脩顯陵，以分任勞，賜金幣。中貴人使楚，諸大吏折節爲恭，元述獨行敵禮。鎮守廖斌者傾御史包節，被逮謫戍，其部曲席勢驕恣，元述即捕治之如法，斌無以中。陞廣東按察副使，治海道事。積案累千，株連數千百人。請撫按檢閲，可問問之，久遠不可問者，請決除之，於是宿牘一清。御史行部不至瓊，皆推臬僚代，人憚浮海，莫應者，元述獨請往。還抵化州，次白沙驛，遇黎寇猝至，持刃擬己，知爲河海道，相率羅拜而去。獨以戇直執法，繩兩勢家，責其豪子弟，後爲所擠，罷歸。

元述孝友甚至，官俸之餘，敬上二親，悉均諸弟，自無厚殖。性寬洪坦直，無城府，不知人間有機械，知亦不較。拯人於難，如疴在身。聞有善事，喜動眉宇，見有招失，咨嗟竟日。其自奉淡約，脱粟而食。入里門，必下車，縉紳士類倒屣出迎。雖下隸，必衣冠乃見。林居四十餘年，正家規，廣祠宇，脩祖墳。至耄年，遇歲時禮節拜揖，酬酢不衰。卒年九十。子居魯，舉人，官至承天知府。李文節撰《墓志》。李衷一撰《行狀》。新舊《郡志》。《閩書》。

林允德先生鴻儒學派

清溪之學，在宋時紫陽私淑弟子如鄭氏思忱、思永已具學派矣，至余氏克濟、陳氏子木、陳氏椿壽、黄氏商楫諸公亦以經學著顯。元、明以後，潛德自修者，志乘頗略。至中明時，師席有起，文獻可稽，如林公允德其較著者也。然及門之士亦多載郡國，而深山樸茂者無聞焉，意彼時長材秀民長往山林而不返也耶？

馥嘗考余家《譜牒》，九世祖羅峰府君在弘治間，以明經終老，孝著里閭，其詳已附周公孟中學派矣。其以經學授徒者，則自仍樸先生仕亨以《易》學教授宗黨，族弟栻實師事之，皆有《易説》存藁。迨後在明，先生光龍老於諸生者數十年，至崇禎癸未登第，秉節山中，從遊不乏，而先伯曾祖葆甫公、先曾祖惟念公實受其學焉。顧鄉邦門徒姓氏，亦多佚而無傳矣。夫荒陬遐邑，譜籍殘缺，即志乘亦無可尋。一邑如此，然則巖栖潛隱之彦湮没而不稱者豈少哉？因述林氏學派而并書之。

林允德先生鴻儒

林鴻儒，字允德，安溪人。温恭孝友，博學能文。精治《尚書》，有《書經日録》行世。何氏鏡山撰先生傳略曰：「吾鄉先輩林先生，居駟馬山中。沈精極思，博暢旁會，爲《尚書日録》一書，大抵如宋季夏僎解《書》之意，每篇撮其大義冠於講首，中則採用諸家參以己意。没既有年，尚未出於人間，有竊其説者，已先大行於世。今而後士之習舉子業者，知爲先生説也。吾鄉涉《尚書》顯者多本先生，則有林公雲程、李公載贄、紀公廷譽，皆其門下知名士云。」何司徒撰本傳。《安溪邑志》。

郡守林登卿先生雲程

林雲程，字登卿，晉江人。嘉靖乙丑進士。時王弇州方與李歷下諸公握三尺管，馳驅中原，海内翕然景附，閩中寂無人。雲程自其少年則留意詞賦之業，既紆組綬，交遊諸公間。所從遊詞客，則吴中張伯起、勾章沈明臣、里中黄克晦及諸名流勝選，率以風雅推讓之。好蓄法書名畫，窮其源委，而筆翰大有名於世。人但見其登高作賦，臨池洗墨。雲程一片真誠自將，尤善蒞政以便民，自以爲無瑕釁於人。坐是浮沉州郡郎署間。家居厚德載物，古意宅心，爲鄉邦模楷者五十餘年。壽九十六而終。雲程所歷官，兩爲通、宿知州，兩爲南、北曹郎，兩爲九江、汝寧郡太守。從姪欲廈、肇開闕。

同知蔡松莊先生元偉學派

余嘗過泉南之郊，接紫帽山麓有所謂松莊故里者，其長松蟠鬱，根幹數十圍，至今仰喬木，并想先生之高風偉度也。及觀《考德録》諸篇，愈詳求志之篤，余又爽然自失矣。觀其馳書于黄恭肅司寇，論大臣去就之正，道德功名之辨，并往治周蹟山身後事，何其大節不可奪也。先生服膺程、朱之學，其持躬踐履，可謂克承前烈者矣。平昔論學於本原、心性、工夫，卓有特識，殊非淺學小生所能窺測。嗚呼，賢哉！

同知蔡松莊先生元偉

蔡元偉，字伯瞻，晉江人。宋忠惠襄後。襄兩守泉州，其三世孫樠再莅是邦，四世怛因移家焉。元偉總角受學，則已有孝弟稱。嘗受《易》於童含山、徐泗涯、洪新齋之門。既爲諸生，浙人憲副方豪求《易》師於泉，新山顧珀、朋山留志淑二公以元偉應聘，方延致家塾，爲其子師。夙興夜寐，己自嚴矣。久之，見程端禮家塾日程皆宗晦翁教人之法，歎曰：「學當如是。」即手抄服行，慨然有求道之志。領嘉靖辛卯鄉薦，不干有司，舌耕爲養於漳、泉間者凡十年，始就授羅田教諭。所以教士，即舉業之中默誘之聖賢之域。擢德安令。一以節愛爲本，每退食，取《小學》、《近思録》、《伊洛淵源録》、本朝薛、胡二子《粹言》，揭觀成誦。一時政事真有得於學道愛人之遺，士大夫交口稱之。

遷杭州府通判。入覲，事竣，乞終養。冢宰李默知元偉，命考功懇留。歸署錢塘印一月，民甚稱平。擢撫州同知。下車數日，巡按御史委督樂安逋糧。樂安素稱刁邑。元偉寬命令，去鞭笞，皆相繼輸納。復還府治，耆民送者盈路，謂：「自髫穉至今，目見徵糧官，莫如蔡公。」無何，樂安復有劫庫之變，再被委往。忽流賊數千，焚掠南豐等鄰邑，縣故無城，元偉召鄉民精鋭者，設險扼隘，自著戎衣，演武教場，賊聞不敢近。縣獄久壞，風寒莫蔽，蒸爲癘疫。元偉欲作新獄居之，縱囚歸，命獄成乃至。獄成，囚並如期至。復委署崇仁。崇亦無城，不數日，報賊突至。元偉督兵渡河殺賊數十人，餘皆遁散。丁外艱。喪葬畢，以泉中倭棘，慕建寧有考亭遺風，遂移居之。

元偉學尚程、朱，而重躬行。與紫峰同時講學。其所寘力惟在飲食起居、動静語默、辭受取與之際。其待次詮部時，適同鄉主政周天佐陳言申救楊侍御爵，疏入，上震怒，下詔獄，竟斃杖下。時權奸遣人偵其所以，縉紳嗟噤，莫敢收視。元偉獨慨然往治其殮，且奮筆爲文祭之，復著《七難論》以悲傷其意，人服其勇。黄恭肅爲司寇日，偉貽書勸歸，與言大臣去就之正，道德功名之辨。恭肅深納之，語人曰：「非秉道德、崇風節者不能出此言，讀其書可想見其人矣。」其自治之勤，或至提撕少懈，過失復生，輒撫膺泣下，長跪自罰。作日曆自識生平，名《考德録》，而自序曰：

松莊子少不自揣量，非聖賢書不覯，非孝弟之志不存，非天地古今之運化、英雄豪傑之作用無以入吾思也。氣拘物蔽，鞭策不前，悠悠作輟，出入是懼，於是有是書之作。所云「考德」有二：一則時常省克而時識之，以自稽其理欲分數之多少；一則隨其學之有得，心之有開，即便劄記，以驗器識之高下淺深，以爲進德之助。居常服膺晦翁之言，以爲世間事須臾變滅，皆不足寘胸懷，惟有窮理、修身爲究竟法。賴天之靈，幸有所知。好學性生，至老彌篤。歷官雖久，此心淡然，中屢遭家難，備嘗變故。每自歎所遭之窮，而此志終顛撲不破。晚年閒静之中，咀嚼益旨，行以不息之功，加於未死之年，不有得於今，必有得于古；不有合於人，必有合於天。則所謂不知不愠之地，或可幾萬一焉。

又著有《四書折衷》、《易經聚正》各若干卷。其云「松莊」者，其先祖恒家郡城外十里許，繞宅皆松，王梅溪守泉時，題爲「萬松莊」，元偉取自號也。《閩書》。《舊郡志》。張天叙撰本傳。

備　考

黄恭肅公光昇《書蔡公傳後》云：蔡君元偉居家時，余尚忝秋官卿，方有歸志，君以書招余隱，其略云：「昔向敏中遷僕射，門前寂然，絶無賀客。真宗歎羨，以爲大臣所難。公每歸家，寂静無車馬之喧，不讓於敏中，亦今世所希見者。張忠定公初及第時，以詩遺逸人傅霖云：『當年失足下漁磯，苦戀明時未得歸。寄語巢由莫相笑，此心不是愛輕肥。』後果未老告歸。錢若水之急流勇退，至今爲美談。

「今高壽耳順，與偉同庚。偉精力寖衰，計前途遥遠，而公爲造物所獨厚，必壽登期頤可卜也。但老杜亦有古稀之懼，人生亦當優遊林下二十年，方享真樂。不然，再侵幾年，似與鐘鳴漏盡而夜行不休者無異矣。四時之序，成功者去。若宦成名立，不蚤休退，匪惟有違於大臣之義，不知者僅以爲功名之士。平生之所辛勤以自立者，亦只成就一個功名，而未能深於道德之域，亦輸人一頭地矣。此非相愛之深，欲期公作天下一完人，不敢出此言，亦非公不敢以此言進。惟恕其狂，矜其愚而不加罪，幸甚！偉碌碌無足爲道，惟日求新得，以益舊聞；日攻新惡，以贖舊愆。修身俟死，别無外念。特孤立無助，以兹怏怏。伏望進而教之，使不終爲棄物，恩當如何報也？」余讀其書而歸志愈决，三疏得旨，則蔡君没矣。於乎，滔滔時世，疇不以功名相勸勉，非秉道義、崇風節者，誰肯出此！余故録其書於傳後，觀者亦可以想見其爲人。

僉事王賓之先生宗會

王宗會，字賓之。起家大理評事，轉寺副、寺正。明恕詳讞，每多平反。自其未遇，受知於郡守程秀民。及入仕，秀民身後爲里豪所齮齕，宗會爲直枉。衢有柑橘之饒，宗會捐百金買柑園一區，供程祀，程人名曰「王氏柑」。有權相欲羅致門下，宗會不就，邅回冷署者十餘載，始轉廣東僉憲，尋卒官。《閩書》。

李克奕、李瀾、龔時應❶

王未齋先生國輔

王國輔，字忠甫，號未齋，晉江人。當嘉靖間，蔡松莊與何乍菴同時講《易》，國輔尊之爲師。松

❶ 本條原無，據丁氏抄本補。

莊知之尤深，妻以女。國輔事繼母至孝，畜異母弟至友。蔡松莊久居建州，臨歿無子，作訣書，割田遺國輔，而國輔不受。每朔望具衣冠作禮祖先於寢門之內。誘子弟讀書，作譜垂訓，常欲倣古禮，如河東、義門，須有力行之，而皆不果。讀書寒熱不廢，爲詞章刻苦沈涵。十入棘闈，主司擬中選而卒不與。嘗一遊鄧州，其守滕公請國輔爲鄧中弟子開講，從者百餘人。開封守聞之，即延爲其子師。不久倦遊，遂歸。孫有楝，又從鏡山先生受業焉。何司徒撰本傳。

教諭沈潛吾先生亨學派

按：聖學傳人，惟澹泊明志、寧静致遠者可克負荷，《中庸》「闇然日章」之君子似之。觀先生恬澹著書，不樹聲譽，雖寂寞一時，而異世考論德業者推焉，可見此學在篤實功夫。

洪諧、林應奎、陳師旦、顏若愚、袁文林、陳師曾、洪一泰、張冕❶

教諭沈潛吾先生亨

沈亨，字體敬，一字潛吾，晉江人。少惇篤，言動不苟。潛心《易》學，深契蔡文莊之旨。每讀

---

❶ 本條原無，據丁氏抄本補。

《孝經》、《小學》輒掩卷静思，求所以不愧古人者。教人以孝弟忠信爲先，時方尚講學，亨曰：「學在躬行而已。」嘉靖乙卯，以貢授新會訓導。諄諄以人倫日用爲諸生訓勉，其貧者，捐俸周之。新會士子頌其有師之尊，有父之親。陞宜山教諭，其教一如新會。未幾，致仕。諸生懇留，不忍釋。歸家數年，卒。亨自做秀才時即以古有道自待。孝事二親，與弟友愛備至。嗜學安貧，屢空晏如。其門人張冕嘗讀書一峰書院，朝夕侍側，見其潛心性道，闇然自修。其所學孜孜汲汲，求情質之偏是務，嘗曰：「學莫貴於爲己。志於爲己者，則必求身心性命之益。情質上有一偏曲，即爲心累。本原之地，不能主持，欲其入道也難矣。故學必先定其志，志必務去其偏，以合於道。」其所聞切要語，則云：「心術上要致其光明，氣質上要矯其偏邪。」雖一事之微，必指而示曰：「此吾心之有係累處，不遏其端，則邪心從此滋矣。」凡傲惰、忌嫉、飾觀、逢迎，一切墜于情質之偏者，必諄諄規而正焉。其用心本原之地，不惟自攻其慝，而相與以責其善者，一毫必示底止，務得其本心而後已，其庶幾於切問近思之學者歟！所著有《周易説》、《論孟辨》、《太極解》、《啓蒙疏》，皆心得所發，有功先哲者。《舊郡志》。《清源文獻遺文序》。

閩中理學淵源考卷六十八

廣平府知府李清馥撰

長史李木齋先生家世學派

李氏源曰：「成化之盛，有節概文章，曰木齋李先生。精華煒煒，摩盪雲霄。比郡諸生多歸之，如山之岱焉。蓋先生熟復六經、《性理》諸書，又爲虛齋先生所獎許，其淵源之正，可想矣。」

再按：先生家學遞傳皆能善承不墜。叔元先生嘗言曰：「閩理學濬發自蔡文莊，而紫峰陳先生翼之。叔元竊聞於家嚴曰：『吾祖木齋於文莊，友也；紫峰，師也。木齋以史官在告，紫峰稟學焉，時年二十矣；文莊以銓曹在告，紫峰稟學焉，時年二十五矣。』前輩不立講學門户，而淵源師友非偶然也。紫峰贈文莊詩，則諷以『孤舟野渡』；贈木齋詩，則期以『黄花秋色』。而兩先生出處大節若合符然，前輩師弟子相與氣味何如也。小子謹識之。」

再按：叔元先生謂：「青陽祭於社者五先生，木齋、維徵二公及夏西仲、蔡于省、莊方塘，餘不乏通顯，瞠乎後矣。」

又按：李氏先世自元季由府城東改築青陽，至公數世矣。公以《易》爲泉南推重，而陳氏琛爲其高弟。迨後，侄孫逢期又以《易》授之蘇氏紫溪。至玄孫叔元昆仲踵起，而叔元鹿巢氏論著諸先正尤多所發明。至孫儕，並彬彬文學以科名顯。其所從來者遠矣。吾郡共稱典型，舊獻不亦宜乎！

長史李木齋先生聰

李聰，字敏德，别號木齋，晉江人。器宇巖巖，意遠語核。雖燕處，不聞俚語惰容焉。平生恥言人過，有蹈諸道者，輒首肯之，又從而揚之。讀《易》之外，《詩》、《書》、大小《戴》、胡《傳》、《綱目》、《性理》諸書甚習。微醺景静，琅然《楚》、《騷》數章，時步其體，跌宕凄切。聞言官抗疏不屈，輒中宵起舞，凌寒賦詩。所著有《易經外義》《發凡》《别要》《鑑斷》若干篇，友人蔡虚齋手標之曰：「大眼目也。」虚齋嘗以精敏之識，信謹之行，堅苦正大之志推之。領鄉薦，尋肄國子業。丘文莊濬爲大司成，曰：「可秀才。」《世史正綱》初落藁，遂手授之。登弘治三年進士，賜禮部宴，主司楊守阯特名而賀曰：「塲屋中如公是有數文章。」賜歸省，授翰林檢討，備雍王府書堂，尋出府，拜長史。丁外艱。畢，改吉府。前後啓王以講學、法祖、進賢遠佞。既以母老乞歸，章凡七上。正德初，劉瑾搜尋家居違限，率罷之，聰亦在罷中。尋有詔起用，竟不起，鄉人稱曰「古李先生」。孫逢祥，曾孫芳，玄孫伯元、叔元，從孫逢期。

李逢祥、李逢期❶

文學李翠臺先生芳

李芳，字孟收，號翠臺，晉江青陽人。木齋先生曾孫。少從世父晉峰逢期爲潛心躬行之學。其治經、史，有摘要手抄字，結撰必端音叶律，比旁及《詩》、《騷》。補弟子員，所師事則蔡東洛，所長事則留朋山、王堣齋、莊方塘、林象川、張月洲諸公，皆一時鉅人，長者無不器重之。偃蹇青衿二十餘載，志逾壯，自標署逾高。爲詩若文，結語務益峻。諸子次弟受經，舉所手録付之，誨敕如所受世父時，曰伯而其紹明先人易學，仲可繼予《尚書》，謂《春秋》聖人經世大業，叔而穎可學也。於是三子各占一經。芳爲人篤於根本大節，而周旋造次必以度，視直履莊，自舞勺時習於王父所則然，長乃堅定之，老而彌篤。事王父母如父母，送終追遠，尤毖其心力。切友于之誼，於危難彌篤。營構必先家廟，産業先祭田，首高祖父以及父各若干畝。諸墳完葺一新，凡三十年而一息弗忘。雅負人倫鑒，左司徒郭惟賢未遇時，寠特甚。芳器賞其文，命伯子與友，虀糜共之，卒爲世名卿。與人交，傾洞肺腑，人有過，輒面折不爲隱，然事已輒忘。他如倡新文公祠，疏決渠淤，里人頌之。嘗自題畫像

❶ 本條原無，據丁氏抄本補。

云：「律身如口，出口如肝。三經教子，遺後以安。」子伯元、叔元。晚以叔元主政刑部，封如其官。史文簡撰《墓志》。

知州李端統先生伯元

李伯元，字端統，晉江人。聰玄孫。萬曆戊子舉人。歷官房、真、景三州，皆以循良著績。而在房，抑採榷，中官不得擾民。在景，飛蝗爲災，督捕必盡，尤其卓卓可紀者。居鄉，允洽衆望。歿祀鄉社。著有《青陽志》。雍正間志。

侍郎李鹿巢先生叔元

李叔元，字端和，號鹿巢，晉江人。木齋古先生玄孫。萬曆壬辰登進士第，授刑部主事。洗冤辨誣，不輕動拷訊。轉禮部儀曹。建儲國本，持議先册立，後冠婚，疏凡二十上，得俞旨。又存心校正潢牒婚封典禮，撰有《南宮備考》，簡飭明要。又撰《鼎湖識周》，詳大喪服制。時值分遣中使採榷關防，持不鑄，觸上意。後鑄給，封識牢密。力奏，不許。沿途私折傳諭，諸璫俱遵守，地方賴以肅然。又兩疏，乞罷礦税，忤旨，罰俸。甲辰春，在籍起山東按察司督學副使，培植學校，每以身心性命、忠孝廉讓之學爲勸誡，雅意作養人才。一時人士争自濯磨，文體還淳，所取士稱得人焉。

丙午冬，聞父病，即乞致仕。在途聞訃。丙辰春，起補浙江分守温處道參議。歷參政，陞江西臬使。端風俗，黜奥援，彰癉明允。遷湖廣左布政。時滇、蜀、黔三省羽檄旁午，轉輸騷動，楚中幾變。叔元馳疏十三日至京，得旨豁免派夫，事乃定。會直指興大獄，羅織無辜。叔元曰：「納溝恥若己推，從井智窮救人。」遂毅然力争，掛冠歸。崇禎初，起爲光禄寺卿，管太僕少卿事。己巳，赴補。奉旨禮部議謚，禮部咨訪叔元，惟表章正學，疏舉實才，爲公論砥柱。旋以方正不合，賜閒住，歸里。叔元歷任四朝，授職無瘝曠，宦槖蕭然。自登第後，便以世道爲己任。在浙在楚，積俸餘買學田，優待儒生。

歸田後，屏跡郡邑，動履遵先正。生平簡略，一切浮文不問。時俗羔雁，惟念族黨親朋，置義粟百石，賙恤貧乏。又爲里閭捍患興利，清溝塘，疏灌注，鄉民戴德。幼時從兄伯元習《尚書》，又改習《春秋》，後遂爲《海内麟經指南》，亦嘗從叔祖維徵先生説《易》。平昔論學，扶樹正論，以紫陽爲宗，爲明季鄉邦楷式。所撰述皆有淵源。卒年七十四。後贈刑部侍郎。

所著有《四書春秋傳藁》、《雞肋删》、《三餘存》、《萍踪》、《萍根》諸集。子正培，孫璜，曾孫一鳴，皆鄉薦。其序《紫峰年譜》略曰：「叔元自稍知章句，家君授以陳氏《淺説》諸書，且命之曰：『紫峰先生之學得於吾祖木齋公及蔡虚齋先生，而仰溯乎紫陽，是閩學正派也。』小子臆而問曰：『夫學，天下萬世之學也，奈何系以閩哉？』家君笑而不答。稍長從學士大夫遊，見當世所稱理學者，大率尸祝姚江，土苴紫陽，若對壘然。夫六籍之訓，要使人思而得之，思之愈深，則其得之也愈固。故有由、賜所不聞，而閔、冉聞之矣；閔、冉所不聞，而顔、曾聞之矣；又有終日與回言，而不筆於書者矣。今不揣學力之淺深，不分根器之鈍利，而概哆之以知天知性之學，就使妙契畫前，神遊帝先，總爲玩弄光景而無益乎身心性情之實，矧愈講而愈失其真哉！《淺説》、《通典》諸書具在，繇其淺者而深思之，繇其通者而潛思之，乃知學士大夫果無以加於紫陽，而周禮之果在魯也。即系學以閩，奚不可哉！」

教授李維徵先生逢期學派

按：維徵爲木齋先生之從孫，其學以不欺爲本，以整齊嚴肅爲行。出其門者，亦皆英傑名儒。一門窮經學古，綽有先正風流。其派别如紫溪、文節諸公，以淡泊刻勵相切劘。文莊而後，蘇、李二公所以主持風教者不少。考論先輩典型之懿者，於今尤誦法不衰云。

林𡎺、陳琛❶

教授李維徵先生逢期

李逢期，字維徵，晉江人。聰姪孫。其學以不欺爲標領，以孝弟爲粟帛，整齊嚴肅爲終日步趨。

---

❶ 本條原無，據丁氏抄本補。

門人蘇濬嘗持「乾」、「坤」二卦質之，逢期曰：「『乾』之學，約之誠；『坤』之學，約之敬。誠無不敬，敬即思誠。『乾』道『坤』道一而已。」繇貢士授龍水訓導，擢九江德化教諭，寧波府教授。以禮讓風士，士胥化之。轉鎮海衛學，寧波人奔送百餘里，數日不絶。終吉藩紀善。祀四明名宦。所著有《四書易經隨筆》，其從孫叔元撰《易經隨筆初藁序》云：「晉峰先生之於易學深矣。門弟子得其傳者，莫若君禹濬。凡君禹所著書，淺爲《兒説》，約爲《微言》，精爲《生生篇》，大抵推明師説也。先生遊宦在外，叔元始生，迨歸田，而總角矣。每見先生焚香兀坐，手一編，雖寒暑不輟。丙戌冬，乃進叔元而談《易》。自伏羲畫卦之源，方圓圖之次序位置，陰陽之消長進退，人事之吉凶趨避，一一口授之。而『虧盈益謙，變盈流謙』，數語尤爲猛省，曰：『凡《易》所垂戒者不在衰而在盛，小子識之爾。』最後呼問曰：『《序卦》、《雜卦》孰有味乎？』叔元臆對曰：『《雜卦》乃天地自然之理，《序卦》斷章取義，其理似未圓全也。』先生喜形于色曰：『稚子可教矣。』先生之書名爲《隨筆》，其初卷帙頗瀚，晚乃删舊藁更定。先生卒，君禹攜以入粤，將梓之，屬君禹卒，而此書失傳矣。歲壬子，督學馮公索遺書，乃徧搜蠹簏及諸弟子所記者，伯兄手輯之，而叔元稍加詮定。凡丙戌冬所口授者，書中或載或不載，即君禹《行狀》所稱『濬持乾坤二卦質先生』數語，而今皆不載也，則此書已不盡先生矣，況足以盡《易》乎？因僭題曰《隨筆初藁》云。」《萬曆志》。《閩書》。《鹿巢集》。

處士李集山先生逢祥學派

按：集山爲古李先生文孫，❶亦一時師席模楷，衷一昆仲受其業焉。今録其高弟著于篇。

蘇紫溪先生濬別見本學派❷

處士李集山先生逢祥

李逢祥，字仕熙，别號集山。古李先生聰之孫。終身力學不倦，青衿教授里中，户外屨滿。衷一兄弟，其高弟也。終日整衣冠危坐，無媟褻容。諄諄誨人不倦，明講解，正句讀，往往從洒掃應對間教人以精義妙道及隨行隅坐之節、出告反面之儀，終不令童子速成。晚年就北城隈棲安一室，安貧樂道，不涅不緇，等世態於浮雲，優遊以老，及門之士相與尊曰集山先生。李衷一撰《墓志》。

---

❶ 「李」，原無，前「長史李木齋先生聰」條有「古李先生」語，因補。下「古李先生」同。

❷ 本條原無，據丁氏抄本補。

副郎李心符先生光綬

李光綬，字宗英，别號心符。少受《易》於父奉直公貞。從兄光縉幼孤，貞撫而教之如己出。自勝衣、舞象以至成人，二子無日不相朝夕。光縉資性敏，而光綬則倍苦篤。貞循循施誨，各竭其方。業成，諸執經問業如呂天池納言、李莪明郡伯，咸出其門。壬午，補弟子員。乙酉，鄉薦。越辛丑前後，凡六上公車，皆不遇。二親年益高，迺就銓補長垣邑諭三載。以御史疏薦，擢國子學正，遂晉禮部司務。歷户部員外郎。卒於官。光綬性廓落，與人交傾洞肺腑，然不能奔走周容。自筮仕以至曹郎，清節介操，囊無一絲之積焉。史文簡撰《墓志》。

林蒲石先生忠兄弟學派

按：蒲石先生爲紫溪蘇公受業師也，清隱高懷，一時及門殊多英彥。故特録焉。

林從政先生忠 弟太

林忠，字從政，號蒲石；弟太，字從禮，號見潮，晉江人。蘇氏濬撰本傳曰：「二公俱被服四子，沉浸六籍，不能俯仰世資逐射策之技，則推其餘訓里中子，里中子争以爲名師，余兄弟卒業焉。二公規規摹古，最能抗小學之法。第長公以訓詁勝，每指類罕譬，令蒙者心開。次公以音律勝，屬詞比偶，往往有詩人意。嘗自署云：『甕牖窺光，大塊日高浮野馬；衡門守拙，清宵人静樂梅花。』其幽雅疏越如此。二公與人交，披肝露愫，不作脂澤語，而風神峻潔，不可溷以私家，君子尤嚴重之。每公暇，輒造語移夕，出斗酒相勞，嘲風弄月。時誦經籍詩詞，以佐諧笑。至談及時事，剌剌然，諤諤然，微言隱諷。家君子未嘗不開顔受也。」

蘇紫溪先生堯別見本學派❶

西山林氏家世學派

按：何鏡山先生撰《林氏三世存殁篤行傳》，諄諄奬善，誠足以勸世勵俗。其家學自秋江公肇端啓迪，户部、方伯世爲廉吏，三公皆祀於學宫之賢祠，淵源信有本矣。兹著其家世載于篇，以何公所撰諸傳節略附之備考焉。

明經林秋江先生堯

林堯，號秋江，晉江貢士。與李木齋聰論《易》有得。去之三山，從鄧焲講《禮記》，盡得蘊奥。

❶ 本條原無，據丁氏抄本補。

以授泉士，發爲箴砭，言皆藥石。布衣襜整，澣浣垂敝，辟積如新。同堂子姓，人人垂白，皆愛德不惰。所與遊，盡正直可欽之士，遇田夫野叟，亦端拱酬對。嚴毅方正，以不仕終。子性之，見林龍峰學派；孫一新，見陳南樓學派，皆慈祥敦謹，世爲廉吏。孫尚新，曾孫可宗、豫宗，玄孫茂先，學行俱可紀。《閩書》。《何司徒集》。

郎中林六川先生性之

林性之，字帥吾，晉江人。嘉靖八年進士，授麗水知縣。麗水民俗樸淳，而性之古心質行，施于有政，以哀矜聽獄訟，以撫字理催科，民信愛而謳頌之。歷官户部主事、員外郎中。過家，卒。性之少而精思篤學，要於自得，不以世儒自期待。仕宦十餘年，清素澹約，不異寒士。家居惇睦，割田十畝以給族人不能婚葬者。其存心慈而待物恕以讓，一毫非義之事，不屑爲亦不忍爲。爲弟子員時，以《易》著名。所著有《易經説》、《中庸口義》，家傳而人誦之，有所疑，輒舉性之之説以證云。按《清源文獻》，黄偉序陳氏《四書淺説》，謂：「《論語》下部爲人所湊補，偉取而校正之，別取今户部郎林六川《論語》下部説以足之，命工梓以傳焉。」則公尚有《論語説》，志乘皆未之及。六川，性之別號也。子，一新。《泉州郡志》。《清源文獻》。

方伯林象川先生一新

林一新，字震起，號象川，晉江人。性之子也。性之未第時，所交慎許可，知南樓陳氏學有淵源，使一新就學焉。嘉靖丁未進士，授户部主事，管通州、天津倉。咸寧侯仇鸞提大兵拒北，恃寵自尊重，督餉郎官稍不如期，多危中之。一新戒諸分屬爲期會，走間道，身趣之，餉悉如期至，竟不見咸寧返，咸寧返，亟稱之。轉員外郎，旋陞江西僉事。分宜相當事，家僮犯法，一新直杖繫之。轉雲南參議。東川土官爲梗，開府兵征之，與直指相左，一新獨右開府，直指怒糾開府，誣及一新。事竟白，坐降級。家居七年，起湖廣僉事，累轉江西副使，復以忤虔撫，論調。後調雲南，轉參政。歷廉使，進右布政，皆滇、蜀邊徼地。丁内艱。服除，適江陵秉國，其同年也，素無通問，至則逐隊晉謁，不私詣。江陵惡其遠己，由是以年老被論罷歸。家居蕭然，守先世田廬，饘粥幾不具，蓋林氏世爲清白吏子孫云。子可宗，爲諸生，淹洽史書，事一新最孝。《舊郡志》。《新郡志》。《閩書》。

文學林特起先生尚新

林尚新，字特起。篤志學問，自號猛省子、懷畏子。兄一新。仕在外，常推父兄睦族之愛，拊畜族人。父舊有恤族義田，田所不贍，尚新别爲區處。凡衣食塋葬及流徙失所者，皆爲籌畫。至修葺祠廟，身當其勞。嘉靖之季，寇警，挈家避城，而身守先人廬，倡其鄉人築堡禦寇。平生與人處，有終始。自奉蔬食布衣而已。嘗曰：「人生有姻戚之愛、鄉隣之好、朋友之交，皆與吾身接也。忽漫不親切，是自輕其身。」弱冠，隸文學諸生，年未五十棄之。郡太守聞之，稱爲茂才異等。鄉大夫丁公自申，文學長者也，作誄誄之，敘其孝友恭讓之行，謂之曰「君子」。子豫宗，字和仲。孝友敦摯，念祖户部之宦也，先置族義田，其後欲爲秋江貢士公祭田，力不逮。貢士公竟無祭田，於是別圖埭田海蕩充之，終以田薄爲歉。後使其子茂先走真州，請於從兄八柳，割俸以資之，以竟其志。子茂先，亦有至性，以父命請置貢士公祭田，客死儀真。父豫宗作文誄之。何司徒撰《三世篤行傳略》。

閩中理學淵源考卷六十九

廣平府知府李清馥撰

嘉隆以後諸先生學派

余録明代泉南派系自洪、永、成化以後，約數十家，其無師友可據者，總列以待考訂。外此，遺録者不少。然此數十家者多正、嘉以前守一先生之説者。嘉、隆以後，大抵風氣一變，多與程、朱有違言者矣。如遵巖王公與荆川、雙江諸公切劘其學，亦多「良知」之餘，然其任心廢學之弊，未甚紕繆也。先公嘗曰：「宋、元以來，何、王、金、許也，二胡也，雲峰、雙湖。蔡、陳、林也，皆家承師授，經學一時也。蔡、陳、林其寡過矣乎，謂其規規於師説而不敢背也。」

馥按：姚江王氏之學盛行，學者多趨簡便，宗而和之。惟閩掛弟子之録者甚少。隆、萬以降，風氣漸染，其所趨異矣。然其碩德雅望，在吾郡如蘇紫溪、黄文簡、李文節、王恭質、何鏡山、李衷一諸公，亦尚先民是程，著言立説，猶述舊規。可知一代風氣，自虚齋先生師弟講明倡起，流風數十世未艾，仁賢之遺教遠矣哉。《明史》載閩中一代學術多宗虚齋之學，其來固有漸矣。乾隆戊寅三月望日。

忠愍周蹟山先生天佐

周天佐，字宇弼，號蹟山，晉江人。嘉靖十四年進士，奉旨賜歸娶。家居，菲衣糲食，挾册吟誦，思通達當世務，孜孜如不及，於餘事漠如也。戊戌，拜户部主事，分督草塲。已，又督儲德州，經理嚴密。辛丑，九廟災，有詔諸臣條時政闕失。初，御史楊爵疏陳五事，詔繫獄，數月無敢言者。佐謂此乃時政闕失之大因，上疏曰：

「求言之道，示人以言，不若示人以政。陛下令諸司條奏闕失，此特示人以言耳。御史楊爵之獄未釋，是未示人以政也。夫國家置言官以言爲職，楊爵所犯在於過直，情則可矜。古者帝王求諫，嘗立毀謗之木，毀謗非事君之義矣，然而帝王不諱者，慮下無直言，則上不聞過也。漢至文帝時已治安，而賈誼方奮其痛哭流涕、長太息之譚，彼豈好爲不祥哉？天子之尊，所少者不在唯諾稱頌之滿庭，而在憂治危明之一士。在庭諸臣不負此義者，獨爵耳！聖怒之下，一則曰小人，一則曰囚犯。夫以盡言極諫爲小人，則爲逢迎之君子不難也；以抗疏納諫爲囚犯，又孰不爲容悦寡過之臣哉？言行，君子所以動天地也。人君一喜一怒，上帝臨之。陛下試一思焉，其所以怒爵而罪之者，果合天心否耶？臣願察爵之言，原爵之心，亟從寬釋，仍不吝採行，旌其忠讜，以勸來者。如是而人心悦喜，天道降康。此求言弭災第一義也。」疏聞，詔廷杖，與楊爵同繫獄。越三日斃獄中。隆慶紀元，贈光禄寺少卿，廕一子入監讀書。按：先生《送林次崖知欽州序》曰：

「嘉靖歲乙未，大理寺丞林次崖公以論遼東事觸忌諱，謫欽州。時吾泉士大夫秩於官者惟次崖爲尊。及其出也，或相與語曰：『吾泉其衰乎，列卿獨一次崖，茲且不能容於朝矣。』予歎曰：『不然也。夫人才盛衰，誠不於其秩之崇卑與其分之疏與戚也。吾泉仕者，與朝廷疏遠，天子寵光所不及，天下之所知也。至其爲國家忠謀，不爲爵禄牽繫，而直言以報天子，乃於泉得一人焉，亦天下之所知也。且予聞次崖公奏議方上，雖中官輩有願一見而相語者，曰不識林公何狀。夫人如中官且知慕次崖，則天下之仰慕次崖公者，當何如耶？然則泉其盛乎？』或默而退，予乃戒從策馬造次崖公之廬而謁焉，公適檢點行裝，古書浩瀚，一見而戲予曰：『書其能誤人耶？』予曰：『不然。惟次崖能多讀古書，故能爲今日事。次崖公其不負於書，書其不誤次崖矣。』公欣然而笑，乃告予以必去之意，曰：『平生所學爲何？使今而默默居棘寺，指日可得大中丞，吾本心幾壞盡矣。予不肖，方由秀才被舉，到都下居數月，見士風與時勢相趨，波蕩風靡，鮮有存其初志者，則嘗竊歎曰：今世之官皆壞人心術之具也，不如吾秀才輩，其好惡與人相近也者幾希。』予聞次崖公言甚喜，次崖公能不以官害其心也。古所謂『國有道，不變塞焉，强哉矯』，次崖公其人也歟？公卜日啓行，祖道郊門者皆賢公、卿大夫、名士，行色甚壯。予亦蒙恩賜歸娶，方與公同歸。是歸也，即欲效次崖公之多讀古書，他日即欲效次崖公之敢爲直言，不壞本心。茲予志也，并述以請教次崖公，非敢言贈也。惟公以爲何如？」《舊郡志》。《清源文獻》。

按察王堣齋先生春復

王春復，字學樂，號堣齋，晉江人。嘉靖十七年進士，初令泰和，有惠政。歷南工、户二部郎中，出守贛州。會有大木之役，贛當上游。春復條上數事，視他府費爲省。閩流賊覘督木官積貲，鼓行出石城，越會昌，寖迫雩都，執二指揮以逞。春復提兵出郭，去四十里，民皆來集，賊聞春復出，不敢前，釋二指揮遁去，贛下流諸郡率保無事。擢雲南按察副使。駐劄永昌，慎固關梁，禁民無私入于崖、隴川、南甸三夷地牟利激怨，民夷並安。擢廣西布政參政。駐扎賓州，出繫囚，編保甲，立僮市期。民方賴爲安，春復遽寖疾，迨貴州按察使報至，則不起矣。

春復持重老成，言如不出口，臨事設議，則侃侃擘畫。爲治持大體，不屑屑簿書期會，留心教化，素不立道學之名。遇有講者，與剖析微義，開關啓鑰，聞者詘之。令泰和時，曾質學於羅整菴、歐陽南野二公。所著有《四書周易疑略》，《自序》曰：「儒者誦法孔門，質聖道爲依歸，而言人人殊，莫得一也。夫子之門，聰明莫若子貢，篤實莫若子夏。子貢則以多聞見爲高，子夏則以篤志力行爲實，而皆不若顏、曾獨得其宗。夫其親受業於聖人，所見若斯殊也。道者著於所感，學者止於所知，故雖多聞篤行而莫見其多聞篤行之迹焉。此顏之所謂愚，曾之所謂魯也。至一之機見乎感，故不待於牽合；戒懼之要止於内，故未嘗見其在外也。」按丁氏《三陵藁》云：「堣齋先生之爲是書也，折衷朱説，而反覆義理之所安。不敢於背朱，未嘗徇人之所同信；不必於異朱，未嘗諱己之所獨得。

蓋更數載而後就藁，翻數藁而始成書云。」《閩書》。《萬曆志》。丁氏《三陵藁疑略序》。

布政薛君恪先生天華

薛天華，字君恪，晉江人。嘉靖二十九年進士。以南刑部郎考滿入京，會楊忠愍繼盛以論劾嚴嵩死，天華招同志楊豫孫、董傳策與漳浦朱天球往哭甚哀，治具如禮，一時有「四君子」之稱。竟以此取懟。七年餘，始出爲重慶守。重慶當凋瘵後，民多流移，爲申請蠲税安集之。擢雲南提學副使，晉浙江參政、廣東按察使。隆慶戊辰，舉卓異，晉本省右布政使，卒。

天華講學勵行，所治經術，務究大原。讀《大學》，獨信孔穎達古本；讀《易》，玩先天諸圖；讀《春秋》四傳，常以己意推尋當日事，即合註疏與否，弗論也。居官所至，以清白稱。其文學歐、曾，有《居鄉左戒》、《守官右箴》，尤爲學者所誦。

其《左戒》之詞曰：「毋通要路書，以務養節，則俯仰不瀆；毋預塵紛事，以務養寂，則外内不擾；毋循末俗態，以務養高，則志行不羞；毋受非禮饋，以務養廉，則彼己不失；毋妄結賓從，以務養交，則戚黨不棄而善彙集；毋苟出言語，以務養德，則静躁不爽而口過息；毋逐戀嗜好，以務養神，則天倪不伐而和氣全；毋厭薄遲鈍，以務養重，則機心不熾而真性得；毋譏訕世短，以務養福，則不忮人以見直而鬼責消；毋虛邀時譽，以務養誠，則不恕己以見賢而潛德進；毋妬嫉儁能，以務養才，則不設阱以誣善而有獎藉之功；毋歆羡汰靡，以務養嗇，則不競侈以蠹俗而有由禮之漸。」

其《右箴》之詞曰：「遇暴上，思以禮事之，則不可辱；臨頑民，思以仁悟之，則不爲仇；御群小，思以嚴遠之，則不敵侮；統列屬，思以正率之，則不傷威；寮友有過，思隱規而公掩之，則忠不失厚；庶民有議，思静修而密弭之，則微不悛惡；受纖介之私，思以欺君爲懼，則勤公愈至；叨一命之禄，思以報主爲心，則舉職益謹；怨者，人所易怵，思精白以任之，則廷有分謗之士；難者，人所易避，思委質以殉之，則朝有仗義之臣；即有偏喜，思畏天以奉之，則無溢賓之賞；如有暴怒，思觀理以忘之，則無淫法之罰。」

子應鍾，令桂平，有惠政。《閩書》。《萬曆志》。

主政李東明先生春芳

李春芳，字實夫，號東明，同安人。嘉靖二十九年進士。性警敏，年十二食餼，十六領鄉薦。聞羅達夫倡教，師事之。居官清苦。初試户部，奉命犒大同軍。故事，凡遇部使至，輒具豐儀爲饋，春芳一無所持而去。授刑部主事，執法不阿。恤理江西，有懷金至者，春芳正色拒之。守潮，省訟牒，蠲贖鍰。適有倭患，軍務旁午，春芳峙糗糧，繕器械，募敢死士，激以大義。明紀律，冒矢石，潮得無恙，至今祀之。以母喪歸。著《白鶴遺集》。與郡弟子論道講學，年四十二卒。《同安縣志》。

少參尤思所先生烈

尤烈，字子偉，號思所，晉江人。嘉靖二十九年進士，初授祁門令。治尚純約，耿介自持。擢南京都察院經歷，晉户曹員外，尋郎禮曹，出爲江西僉事。連遭喪。服除，仍補江西。居頃之，自投傳歸。起雲南參議，竟辭不出。烈居官廉，歸益貧甚。然性甘淡薄，不問田宅，飄飄鶴翥，棲遲巖岫間。最後寄傲東禪，藿墻蒿牀，糲餐裂縷，人爲不堪。初亦有病其矯者，久知其廉立，始終不渝。當道守令，高其風，多枉騶過之。初，烈令祁門時，有遺愛，民爲立祠。後不當祠者，去輒遭毁。惟尤公祠久尚存云。所著有《三時私識》。《萬曆志》。雍正間《志》。《温陵藝文》。

參政李序齋先生熙

李熙，字穆之，號序齋，晉江人。隆慶二年進士，選翰林庶吉士。丁外艱。服除，授兵科給事中，上疏乞録世廟時言事諸臣，請蔡虚齋清從祀孔廟，糾中官馮保巨奸當斥逐，旁及戎政互市、賑恤阜財諸疏，皆有建白。世廟升遐，高新鄭相，欲令臺省掊擊諸閹，盡逐先朝舊時左右同列。有受新鄭指者以語熙，熙不可。已，新鄭竟去相，幾陷不測，同列始服。新鄭去則江陵居正代之，偵熙與新鄭忤，諷爲排不附己者，熙復不應。

久之，疏論譚司馬、沐黔國、劉都護不法事。司馬，張私人也，爲所擠，謫南豐丞，怡然就道。既至，直指檄修《江右通志》，棲白鹿洞，召諸青衿與談論名理，一時士子彬彬向風焉。量移寧國令，擢南刑部主事，出守高州，擢廣西備兵副使。所至詢民疾苦，剖斷疑獄，籌畫戎務，風化肅然。遂引疾致仕，道陞雲南參政，舟次惠州，卒。

熙孝友道義，有古人風。一落清華，棲遲海服。爲政以恩信蒞人，精勤任事。每言士大夫立身行己爲要，至於窮通得喪，蓋有命焉。所著有《私警録》、《八戒》及詩文，藏于家。《閩書》。

恭質王麟泉先生用汲

王用汲，字明受，號麟泉，晉江人。隆慶二年進士，授淮安推官，陞常德同知。萬曆丁丑，入爲户部員外郎。時江陵張相奪情柄國，假歸治葬，楚中督撫、藩臬千里外奔赴，獨巡按御史趙應元稱疾不會，馳疏乞休。長臺者希張相旨，以飾疾規避劾罷之。用汲發憤上疏，大略謂：「御史用不會葬忤柄臣，而御史大夫阿意借事糾彈，竊恐憑社煬竈之奸復見今日，謂宜别白忠邪，永戒朋比。」疏入，黜爲民，於是直聲大震。

癸未，張相没，專恣狀露，得重譴。用汲自田中拜刑部員外郎，尋遷廣東按察僉事，遷尚寶卿大理少卿。不二歲，躋九列。所至一意孤行，絶不與時上下，如争王文成學術偏詖，不稱廡祀；都御史胡某銜諸生吳仕期書詆江陵奪情，嗾屬吏捕斃之，宜正辟，不止謫戍，皆與時議異同。疏雖不行，朝議凛焉。丙戌晉順天府尹。丁亥，晉南京副都御史，總督操江。會剿太湖劇盗，殲其魁。捷聞，賜金幣。己丑，晉南京兵部侍郎，改吏部。商丘宋太宰某推轂天下，賢士大夫多所咨詢。辛卯，晉尚書南刑部，以脾疾乞歸。

用汲鯁直廉介，本於天性。爲諸生時，郡困島夷客，兵飽饟餉，不發一矢。即陳書直指言狀。郡守嗔以非書生事，輒抗聲曰：「范希文做秀才時便以天下爲己任，矧鄉井事耶？」佐淮安、常德二郡，囊無長物。當削籍時，僑居郡中，鶉衣藜食，教授生徒自給。及致尚書事，歸，蔬布無改。卒，年六十六，贈太子少保，謚恭質。《舊郡志》。

太僕王尹卿先生任重

王任重，字尹卿，晉江人。隆慶二年進士，授廣州推官。州守與舶司交構，事連任重，竟不自明。陞柳州同知。久之，事白，擢守其府。持法方嚴，豪家忌之。調貴陽，以馳傳左遷維揚同知。年餘，遷雲南曲靖守、按察副使。移陝西，行太僕寺卿，復遷雲南參政、山東按察使，專董漕儲。事竣，遷雲南右布政使，以疾乞歸。予太僕寺卿致仕。

任重自幼慤淳，浮沉邊徼，悉心官理。滇中先後削平逆酋，任重勗勸爲多。爲諸生時，慨然欲紹濂、洛、關、閩之學，常粘《太極圖》、《西銘》于座壁。及守曲靖，值江右李中丞材分憲金騰，遂以學往復相質。顧任重功專實踐，非第於唇吻尋求也。持身重循禮法，終日正襟危坐，誡子孫以孝弟勤儉。夜將就枕，必誦《孝經》、《小學》二章，雖耋不輟，曰：「惟義理可頤性，《詩》、《書》可陶情。」年七十八卒。

任重與王恭質俱南鄉人，爲書生出入相隨，其質行又相類，里人並稱焉。《舊郡志》。《新郡志》。《閩書》。

按察張洞齋先生治具

張治具，字明遇，號洞齋，晉江人。隆慶五年進士，授永淳令，即詢民瘼，爲豁浮賦三百石。有賈人子賂當道，請鑿礦。争之不得，設重税困之，立報罷。移臨海，作《追徵全法考》，民稱便。擢爲御史，巡視倉庫兼河道。持重舉大體，事事治辦。丁内艱。服闋，赴補。扈從神宗謁陵，還過老子宫，具疏請罷逸遊以光盛典。上嘉納之。命按南畿，復按湖廣，旌廉汰貪，鋤豪强，慎聽訟。在臺十一載，三按大都，所至皆有建竪。轉江西副使，遷參政，陞四川按察使。播州民苦楊酋殘暴，避入内地，時議驅之，治具謂：「播人即吾人，方離阱而復納之，非情。」爲設法安戢。會江西巡撫追呰計吏事，請量移，不赴調，歸卒。

治具篤行長者，外坦中嚴，於倫情甚厚，嘗自言：「平生所爲惟此念不欺。」人咸信之，以爲慥慥君子。

所著有《尚書會解》、《四書初説》、《諸儒辨旨》、《初東集》等書，葉文忠銘其墓，李東一撰《行狀》云：「公嘗謂平生惟好賢，一念不能自已，解組歸。或坐竟日，語移時，無疾言遽色。非禮義不以道，非國家事不以及。終日無褻媟之容，一動一止，光縉目擊之而道存云。」子國裳，己卯鄉薦。《萬曆志》。雍正間《志》。《李氏景壁集》。葉相國《蒼霞草》。

長史李南藜先生文纘

李文纘，別字南藜，南安人。嘉靖辛酉鄉薦，銓易州知州，陞常德府同知，轉岷府長史。林下餘三十載，壽八十餘。稽古博文，期以羽翼經傳，下至星卜律曆亦所窮究。篝燈讀誦，至老不衰。所著有《易解》、《禮記庭説》、《書經大指》、《四書口授》，旁及子史、算法、律曆，凡若干卷。又嘗定冠婚喪祭諸禮，而鄉飲儀節參考尤詳。邑人士多就之學。《閩書》。《南安邑志》。

文學王次山先生宗澄

王宗澄，字志濂，晉江人。爲郡學生。天性孝友，操履純固，動有矩度，言恥及利。與兄宗源、宗濬俱以學行重當時。著《易經兒説》，爲世指南，一時名德如蘇氏濬、黄氏一龍、張氏冕並遊其門。按：公有《易經兒説》，門人蘇紫溪亦有《易經兒説》，豈師弟相授不嫌其同耶？闕疑待考。張氏冕撰《墓誌》。王氏《恥躬堂先世乞言》。

同知黄昭卿先生潛

黄潛，字昭卿，晉江人。父泰，令武康。潛爲諸生時，以學廪讓兄。當起貢，辭同廪者貼貢資，同學高其誼。讀書太學。授嵩明州同知。會州守缺，潛署州篆，易土城爲石，可捍却夷酋。徙學宫以興文事。壩普沙河於張家山，時其蓄泄，潤溉田疇，州人永利之。潛在州二載，盡心民事，次第舉行多此類。州人相與祠之。潛刻厲書史，題讀書處曰：「静養一心之神，動觀萬物之變。」又有《四難四要箴》以自警。《四難》曰：「急躁之心難攝，粗浮之心難馭，誇大之言難收，匆遽之事難理。」其《四要》曰：「心要寬綽，氣要和平，言要簡寡，事要尋思。」平昔言動取與，影衾不愧，學者宗之。孫國鼎。《閩書》。《舊郡志》。

通判洪鳳明先生受

洪受，字鳳明，同安人。潛心力學，於經傳多所發明。在庠教授，稱大師。所著有《易經從正録》、《滄海紀》十卷。嘉靖乙丑，以貢歷國子助教、夔州通判。卒于官。《縣志》。《閩書》。

行人孫先生振宗

孫振宗，晉江人。嘉靖四十一年進士，仕行人，卒。深於《易》，有《易學説約》行世。《閩書》。

周命申先生祐

周祐，字命申，同安人。學問該博，隱居教授。傳《易説》於漳郡，漳之《易》學至今宗之。《閩書》。

李先生如玉

李如玉，同安人。纂集《周禮會注》十五卷。嘉靖八年，令其子詣闕進，詔嘉之。如玉究心《禮書》，有司以禮獎勸，給冠帶榮之。《閩書》。

蘇通宏先生鼎實

蘇鼎實，字通宏，晉江人。性警悟，絶意仕進，究心伊洛之學。著《尚書明説》、《四書註補》、《性理約言》、《人物傳評》、《古今鑒略》。《閩書》。

黄參陵先生道焕

黄文焕，後改道焕，字孔成，號參陵。生平博極群書，爲文不落時蹊。教子嚴肅。著有《尚書遺纂集解》。雍正間《郡志》。

文學劉廷純先生録

劉録，字廷純，惠安人。爲文學諸生，纂述疏義，教授生徒。所著有《學庸口義》、《詩經直解》、《讀詩記》，至《易》、《書》、《春秋》、大小《戴》諸篇，各爲輯略。孝事父母，宗戚鄉里處之得宜，人稱型範。《閩書》。

閩中理學淵源考卷七十

廣平府知府李清馥撰

按察蘇紫溪先生濬學派

吾郡自蔡文莊、陳紫峰而後，崇奬後學，開發經旨者，必推先生。其《韋編微言》、《雞鳴偶記》，前輩謂可與虛齋《密箴》並傳，信不誣也。其解《易生生篇》諸解，自謂「補程、朱、蔡、陳之遺」，善乎文節李公之言曰：「先生學宗虛齋，節侔紫峰，其出處相類，其講解足相發明云。」

再按：先生自述先世之著於泉者，自宋司空忠勇公緘始，其後或居清溝，或徙龜湖，又徙郡郭，具在家乘。又敘留耕公自宋鼎革後，長懷高隱，子隱德公砥行匿名，大致相類焉。

按察蘇紫溪先生濬

蘇濬，字君禹，晉江人。宋忠勇緘之後。萬曆元年鄉試，時大司馬郭子章爲建州司理，與試事，夢蔡虛齋出其門，既得濬卷，大奇之，薦爲第一。五年，成進士。會榜制舉之文，出經入史，大變衰薾之習，海内翕然宗之。授南刑部主事。丁外艱。服除，補工部。江陵相張居正有疾，九列爲祝鼇，部尚書以青詞命濬，濬不屬也。癸未，禮闈分校，得士爲多，會元李文節廷機其最著者。尋改禮部，出爲浙江提學僉事。開門試士，士卷未竟，濬閲已遍，冰鑑獨操，剗除常調，士始怪駭，久益信服。

遷陝西參議，領商洛道。衙齋無事，與秦士談經講藝。時屏騶從，行邨落，或登臨山水，悠然自適。父老具園蔬、斗酒來餉，濬酹而嚼之，若親父兄。秦中苦役，白兩臺用條鞭法，民困以蘇。商洛有礦盜數百，列栅拒守，移檄諭之，皆解去。遷廣西按察副使，備兵蒼梧。尋轉參政，領桂林道。政尚簡易，興文化俗。岑溪傜變，起廢將陳遴，以吴廣爲先鋒，身自督戰，平之。擢貴州按察使，辭病歸，有彊留者，曰：「用世如虚舟，存而不繫，過而不留，不以天下爲己有；出世如游魚，游乎江湖，忘乎江湖，不以己爲天下有。」亡何，卒。

門人文節李公廷機曰：「君子之道，始於淡而不厭。淡則欲寡，外不足而内乃有餘。余嘗持是，以觀世之士大夫，賢者必淡，未有爽者，而於吾鄉得紫溪先生。先生才高而學博，科巍而名章，環海之人讀先生制舉之文與所爲《兒説》、《生生篇》諸書，莫不知有紫溪先生者。先生泊然介然，視世之腆膴紛華，一切不以入其靈府。故其視學兩浙，惟知興古學、樹真才，盡謝諸干請，即有謡詠之者，不顧也。其副粤憲、參粤藩時，有門下士爲政，先生移書語某寄語之，第曰『某賢未遷』，『某賢未起』，語不及私也。其致政也，銓部更推擇爲貴州觀察，先生益堅卧不起。蓋先是黄州耿公嘗對某談先生，某曰：『先生忠信孝友，仕不擇官，不擇地；家不求田，不問舍，是其爲人耳！』吾郡有虚齋、紫峰二先生祠，皆特祀，至先生而三先生。學宗虚齋，節侔紫峰，其進退相類，其講解足相發明，而其文詞風雅抑亦軼而上之，乃其味之淡一也。當斯世頹靡，而祀先生以媲紹前修，激勵後死，維持風教，砥柱波流，所關鉅矣。」

所著《四書解》、《醒易冥冥篇》，在粵脩《廣西通志》、《三餘集》等書。又有《雞鳴偶記》，則躬行心得之言，讀者謂與虚齋《密箴》相表裏。學者稱紫溪先生。按：近代先生所傳書有《易經兒説》、《生生篇》、《韋編微言》、《四書兒説》，著《解醒篇》、《雞鳴偶記》、《綱鑑紀要》、《三餘集》等書。《閩書》。《舊郡志》。《新郡志》。

李廷機、李光譜❶

按察王當世先生道顯

王道顯，字當世，同安人。從蘇紫溪濬遊，邃於《易》。萬曆十一年進士，任台州司理，慮囚多平反。署台州府及天台、黄巖、太平三邑，所到常例盡却之。擢御史，疏核兵部尚書王鶚失兵備，請以王遴代。出爲青州僉事，設法擒治響馬賊甚多。遷雲南參議。丁内艱。服闋，補浙東兵備，整肅衛

❶ 本條原無，據丁氏抄本補。

伍，倭不敢犯。陞湖廣按察使。尋歸，杜門著書，卒。《舊郡志》。

少司寇蔡體國先生獻臣

蔡獻臣，字體國，同安人。萬曆十七年進士，授刑曹。時上久不視朝，獻臣抗疏定國儲，忠愛懇切，言人所不敢言。凡所讞理，一歸明允。司寇王元美歎爲「用世才」。調主職方，推補將弁惟才。遷主客郎，四方朝貢，一依典制。再調儀司郎。冬至習儀，臺省争班，獻臣力執舊典。後爲楚藩假子一案忤右宗伯意，宗伯遽罷，深憾獻臣。已，又疏請福藩之國，鄭貴妃恚甚，夜令内使執之，聞者震慄。獻臣不稍屈。及旦，以舊典争於上前。上深嘉其直，遣出轉參政，旋知湖廣按察使。有爲宗伯脩憾者借楚事劾獻臣，罷歸，百姓遮留。獻臣歸，讀書東山，脩邑乘。尋起浙江寧海道，陞浙省督學，擢光禄少卿。所著有《清白堂稿》、《仕學》、《潛學》、講義、筆記等稿行世。年七十九卒，贈少司寇。

按，獻臣爲紫溪先生門徒，其撰紫溪《易經生生篇序》曰：「蘇君禹先生以羲經冠鄉書魁，海内既行其《兒説》，爲經生嚆矢矣，然《兒説》猶帖括家言耳。先生藩臬粤西時，冥思韋編，時發其所獨得，至再三削牘，名《冥冥》，更名《生生》。即先生亦自謂抉羲、文、周、孔之秘，而補程、朱、蔡、陳之遺，在兹篇矣。獻臣初受是經，已，去而受《詩》。然自角丱，即承下風，不意其終茫然也。今讀兹篇，始覺了了，如象非『潛龍』、『見龍』之謂，變非『損來』、『既濟來』之謂，係則『勿用』亦詞，占則『潛龍』亦占，斯言也使考亭復生亦必首肯云。」《同安邑志》。蔡體國撰《生生篇序》。

省元李衷一先生光縉學派

按：衷一先生師事蘇紫溪，又與黄文簡、何鏡山諸公交好，同時誘掖後進，其持論一以紫陽爲宗。時「良知」之説朋興，先生於文莊、紫峰、紫溪屢述淵源，以闡明師旨於不墜，亦一時師表云。

省元李衷一先生光縉

李光縉，字宗謙，號衷一，晉江人，父仁舉。光縉四歲而見背。稍長，受業外傅，寓目輒誦，舉筆成章。爲諸生，厭薄舉子業，閎覽博物，爲古文辭。師事蘇紫溪先生濬，每嘉歎異日必爲閩大儒。萬曆十三年，鄉薦第一。偕計後，不問家人生産，不溷有司，日研經史及朝章民隱，以備經濟，尤喜敘述節烈忠義事。其文章悉嘔心而出，不輕下一語。又痛士之爲制藝者竄入二氏，擯棄紫陽，爲文彀文則以示之的。家居及北上時，就正者盈函席，歸益潛心大業，著書授徒以終。學者稱衷一先生。

所著有《易經潛解》、《四書要旨》、新志作《臆説》。《中庸臆説》及《景璧集》二十餘卷。平生行實，詳所作《獨照醒言》中。卒，年七十五。卒之前十日，爲銘授其子，曰：「文之不用，道之不行。

不處不去，總以成仁。」京山李氏維楨撰《墓志》。《新郡志》。《道南源委》。

參政林璞所先生一柱

林一柱，字廷郢，號璞所，同安人，啓五代孫。萬曆三十八年進士，授揚州司理。歷署三篆，分校南闈。天啟五年，御史卓邁薦，擢御史。疏奏切直，請臨朝，振紀綱；歷陳賣士餉卒，名存實亡之弊；雪幽忠，明功罪，至有「世運當阨，舉國若狂」之句。留都東宫火，請復建文廟號。劾織造監李實，制官虐民，必亂天下。閹黨側目。因請告例，轉廣東參政，拂袖歸隱東山。以仁孝稱。爲李衷一先生門人，曾序衷一《易經潛解》云。《同安邑志》。

縣令蘇子介先生懋祉

蘇懋祉，字子介，晉江人。萬曆三十五年進士，由南召令移寧陵，丁内艱。服除，補歙縣，卒于官。囊橐蕭然，無忝清白。鄭三俊督福建，檄祀懋祉于學宫。懋祺，亦篤于學問。何鏡山撰本傳。李衷一撰《墓志》。《閩書》。

陳千仞先生

陳闕，❶字千仞，三山人。按：聊城鄧秉恒撰三山陳氏夢璧《蔬園小牘序》云：「陳子尊甫千仞先生爲李衷一先生高弟，淵源澄邃云。」餘名字、事實未詳，待考增入。再按，夢璧曾爲莆陽教職，著有《全史比事》。

文學梁吸泉先生朝挺

梁朝挺，字吸泉，安溪人。廩生。受業李衷一先生之門，博涉經史，讀書求奥義，晚益大進。襟懷灑脱，有所觸輒形諸歌咏間。著有《剪江靈應集》。《安溪邑志》。

縣令蘇阜山先生希栻學派

余乾隆乙亥秋九月到郡，從山人徐簡之家借觀《鹿巢李氏叔元集》，得鹿巢撰蘇阜山先生本傳并《賓席詞言》，因撮其略，爲敘其學派焉。按：鹿巢爲阜山之甥，在明季派别不雜他岐，以紫陽爲宗，閱集中表章諸先正緒言甚悉。今考之《南安邑志》謂：「前《壬申志》竟遺阜山之傳，即族

❶「闕」，丁氏抄本作「振衣」。

黨鄉閭亦不得聞其詳，後得之故老私傳，爲增其傳云。」夫晉南耳目之近，阜山又耄年碩德，爲時望人，鹿巢之集亦流布當時，而其鄉其族尚搜羅缺遺如此，則深山崇邑湮没不傳者多矣。非賴有道能文，發潛表述，焉得信而有徵哉？兹撮其本傳大略，并附《賓席文》于後。

縣令蘇阜山先生希栻

蘇希栻，字于欽，號阜山，南安人。初試有司，督學朱衡拔首泉士，所登《答子書策》，有老宿未經見聞者。萬曆二年成進士，上公車，朱督學時爲大司空，御史大夫葛端肅皆遣子受業。希栻雅明經術，先是以諸生設帳，蔣氏時馨從于漳平，楊氏道賓從于紫雲，後所造皆聞人也。初仕許昌，甫數月，清節大著。會直指按部，繩以拜跪之節，遂拂衣歸，時年四十五。後田居之年恰如之。

歸田後，與里中黄文簡、詹司寇諸耆英結社賦詩。老年治菟裘阜陽山之阿，遂斷城市而專山林。修族譜，清理義倉，建始祖祠宇墓寮，葺治梅隴阡、履濡橋。此爲政于宗者。脩霞舒里社，築月半泮水壩，溉田五十頃，❶栽植苦叢，以障曲溪水患。重新雪峰寺名勝，築太湖民堡以豫不虞。此爲政于鄉者。凡所心畫，制樸而詳，費鉅而省，興利除害而可久。至兒曹，則土室衡門，八口不能三餔食。

❶ 「十」，丁氏抄本作「千」。

平生克耐堅苦，老眼昏花，而對書瞭然。自著《管斑存質》、《註莊子》、《註離騷》諸書，又選《詩集解》、《杜詩選註》二部，尤時所傳誦。其根本則在族譜、義倉，設圖立格，條理整然。嘗手簡子姪曰：「凡幹公事如己事，則事無不濟；惜公錢如己錢，則費無不省。吾半生任勞任怨，惟仰不愧祖，俯不愧心而已，爾曹慎之。」卒年九十。附：李氏叔元撰《賓席文》曰：「先生誠心爲質，直道而行。夙抱時名，濟南葛端肅曾遣子受業；雅明經術，宗伯楊文恪曾執贄及門。晚登甲第，出守興州。骨鯁忤上官，彭澤之腰不折；芰荷返初服，衡宇之賦遂成。扃户著書，茹蔬課子。丘園四十載，突煙時斷時續，而建家廟、築墓庭，拳拳以木本水源爲先。宗族五百人，食指如櫛如星，而脩譜牒，揭規條，諄諄以孝友睦姻爲重云。」《南安邑志》。《李鹿巢集》。

閩中理學淵源考卷七十一

廣平府知府李清馥撰

文節李九我先生廷機學派

孟子言：「君子之澤，五世而斬。」後世率以此而論鄉國污隆盛衰之運，溯其流風餘澤以究人物終始，其大致無或爽者。明代成化後，蔡文莊獨倡宗風。隆、萬以降，學術分判，遺澤寖微矣。文節私淑鄉先生之教，以禮律身，以儉範俗，其砥礪廉隅，猶可以風世也。前輩嘗言：「公和氣盎然，無復谿刻，一切科名勳業之盛，澹若高禪，蕭然數椽中，角巾布履，不異儒素。」談及平生事，自授徒至直閣，進退出處之論詳哉。其言之余，讀《燕居録》、《名臣録》、《家訓》諸書，仰見典型風節。學問源流，非僅以茹蘗見長。世有謂公刻而隘者，豈爲確論耶？平昔諄諄於薛文清一人，其所志所學可想矣。余因考彼時風尚波靡，而吾郡故老尚有典型也，故不禁娓娓述之。按：公集中與往復相砥勉者，有楊氏貫齋文恪、黃氏九石諸公，爲後進楷模。貫齋二公已另見，餘附交友中，待考焉。

文節李九我先生廷機

李廷機，字爾張，號九我，晉江人。幼禀氣薄，就塾後猶夜啼，筋浮睛露，鄉父老謂非壽相，父母亦憂之。然沉静寡言，永日不思睡。十歲，從黄默堂先生。一日，以狀元宰相命題，破曰：「名魁天下之選，身近天子之光。」先生喜甚，命同學北面揖之。隆慶四年，順天鄉薦第一。歸，讀書永春山中。再詣公車，張居正延教子，不赴。戊寅，移家授經於毘陵，就館座師申時行者二年。萬曆十一年，會試第一，殿試第二人，授編修。

十四年夏，持節封趙藩，過家，置義田，贍族人，葺先塋，葬族人并友人不能葬者。累官宮坊，侍皇太子講學，每四鼓入長安門，寒暑風雨不輟。二十四年，陞祭酒。以「整齊嚴肅」約士，曰：「此高皇帝之訓，今人不守高皇帝訓，輒遠引『敷教在寬』之文。夫所謂寬者，乃多方勞來輔翼，欲其自得之謂，豈以縱弛哉？」陞南京吏部右侍郎，署部事。

二十七年典京察，無偏私。嘗兼攝户、工二部事，綜理精密。奏行軫恤行户四事，商困大蘇。外城陵垣，多所繕葺，他如皇城、公署、廟祠、牌坊、橋梁，一一脩治，費皆取節縮公帑奇羡，不以煩民。或諷以儒臣不宜親俗事，曰：「有俗人，無俗事。天下國家事，何可言俗也？」

時浙人李文政結交近侍，廷機告御史寘之法。改北禮部左侍郎。在禮部時，妖書事起，捕治甚嚴。時歸德沈鯉、四明沈一貫二相不協，會有言楚王假王者，江夏郭正域爲禮部右侍郎，所見復與四明相左，江夏訐四明，遂成郄。江夏引疾去，四明之人因借江夏以傾歸德。上謂妖書實出江夏手，逮訊江夏從人、乳媪，下多官廷訊，五日不決。上怒甚，詔責會問官，有「朋友情深、君臣義薄」之語。多官計無所出，江夏危甚。廷機獨以身保任江夏，爲之翼護。會緹騎緝得皦生光者，即以坐之。衆在疑信間，猶豫未決，御史沈裕言於廠璫曰：「事不決，縉紳荼毒矣。」廷機是御史言，生光亦慨然承伏，獄上，其事後乃決，而江夏保無恙。署禮部四年，立簡易之條，以便宗室，減外貢入京人數以省邊傳，飭殿試之規以閑進士，定殿試之期以便歲貢。創屋以居官，施衲以活凍。宗藩有所訴請，立爲明白，遂不至賄求胥吏、請托中官，諸宗德之，爲立生祠四區。上雅重廷機，三十二年，朝覲之期，上於禁中謂左右曰：「此時京官正忙，❶惟趙世卿、李廷機不與外吏相接也。」褒以忠慎恭勤。

三十五年，以禮部尚書兼東閣大學士入參機務，廷機三辭始受命謝恩，疏言：「人臣惟知有主，苟可自致於主者無不盡，有益於主者無不爲。不知有身，不知有家，不知有交遊往來，不知有毀譽得喪，必無一念不可與主知，必無一事不可對主言。以是内省，有不可則止之訓焉。」在事九月，言者蠭涌，遂決意求退。上屢詔勉留，且遣鴻臚卿及同官宣諭趣出，堅卧不起。待命首尾五年，乃屏處荒廟，廷臣猶有繁言。至四十年九月，疏已百二十餘上，乃陛辭，出都待命。同官葉向高言：「廷機已行，不可再挽。」乃加太子太保，賜道里費，乘傳，以行人護歸。四十四年卒，年七十五。贈少

❶「正」，原作「不」，據過庭訓《本朝分省人物考》卷七一改。

保，謚文節。

廷機繫閣籍六年，秉政止九月，無大過。平生遇事有執，尤廉潔。自授徒至直閣，蕭然數椽中，角巾布履，不異儒素。平居言論，動稱古人。在詞林，惟禮節事體咨前輩，至行己居官，則曰：「擇善而從可也。」秀才時，館於何憲副元述家，何自道居官朝參之勤，心志之，故仕宦三十年，不敢以憚勞養安、失禮怠事。交遊餽餉一切辭却，第以節約當治生，曰：「《羔羊》之詩，誦大夫節儉正直。夫惟節儉，正直出焉。」雅慕清净畫一之理，欲朝列之間遵令甲、守職掌、省議論，以奉法循理爲先。其時士大夫重氣誼、尚建白，時時軼越所守官，而廷機不喜之，以此攻之者衆且急，卒之清節皦然，不可得而誣也。自言曰：「予在政府九閱月，惟主張四川撤兵，全活黔、蜀生靈，省饟運，俾安疆，臣兄弟不至爲播州之續。此一事差足報國耳。」所著有《四書臆説》、《春秋講章》、《通鑑性理》、《删宋賢事略編》、《大明國史》、《國朝名臣言行録》、《燕居録》、文集二十八卷。學者稱九我先生。九我者，廷機早失父母，取《蓼莪》之章以自號也。《明名臣言行録》。《明史》。新舊《郡志》。《閩書》。蔣八公撰《燕居稿序》。

備　考

蔣氏德璟撰《燕居録序》曰：某少時嘗一再見文節李公於家，蕭然數椽中，角巾布履，不異儒素。而談平生事，自授徒至直閣，進退出處之詳及議代藩、安邊、撫酋諸大政，若以璟爲可教者。

已，出《燕居録》、《性理纂》、《家訓》、《家禮》授之，最後以《宋賢事彙》見遺，曰：「此宋前輩事，可師法。」璟心識之。而先君子亦數言公爲南少宰時，署户、工諸曹，勤於吏職，諸曹郎敬畏之。核倉庫，繕城工，歲省金錢數萬計。南公卿嘗語公曰：「公詞林，旦晚且相，此俗事不足問。」公曰：「有俗人，無俗事。天下國家事，何言俗也？」

世或疑公清而隘，及余以諸生見，則和氣盎然，無復谿刻，一切科名勳業之盛，淡若高禪。其署柱間，用前輩語曰：「見故人而一笑，自有餘歡；念平生之百爲，亦無可恨。晏裘幾敝，白頭辭天子歸與？陶徑就荒，黄菊待主人久矣。」蓋璟一再見而恍然得公之深也。比璟踵入詞林，叨貳春官，見公所釐次《宗藩條例》後人奉若蓍龜。所購官房十八座，可萬餘金，皆節裁部羨蠹爲之。在辟雍，亦各購有官房，其意欲使官各有居以養其廉，而公家數椽，即中人産猶不如也。身爲廉吏，而又能節縮浮費以養人之廉，其非徒清可知。今諸子貧不能供饘粥，而耳視者猶以隘疑之，不亦異乎？公入直纔數月，自擬薛文清嘗抗疏云：「臣學瑄足矣。」及公没，而葉公文忠馳數百里拜墓下，省其家，無一物，歎曰：「真不愧文清也。」嗟乎！令公而盡其用，與文忠相左右，當必有不可量者。璟既與同鄉刻公集，而二雲曾使君復刻公《燕居録》以授公子計部百菴君。璟與計部兄弟遊，見其廉靖有公風，因序所受知於公者，以見前輩下士之誼。而凡讀是録者，時以一通置之座右，其於學亦思過半矣。

縣令王在雲先生雍

王雍，字在雲，德化人。受業李文節，以明經宰浙之雲和。冰蘗著聞，調富沙。歸田二十餘年，爲鄉先生，正直不阿，邑有利病，輒爲别白，邑侯亦著蔡奉之，甚爲時推重。置義租以供宗族祭祀。《德化邑志》。

郡守李大堂先生雲階

李雲階，字大堂，德化人。初負篋從王都易學，繼師李文節。萬曆二十五年，舉北闈，授華容令。建劉忠宣大夏祠，恤黎淳之後，各置祀田若干頃。剖決冤獄，裁抑勢豪，無所回撓。歷四薦，已署部職，竟被多口，量遷吉安同知。郭青螺、鄒南皋兩公皆器重之，數攝府篆。復代榷湖關，却例金五千餘，爲窮民償逋賦。兩臺交薦，以忤當事致仕歸。家居課讀，立社論文，指示不倦。有書數種藏于家。《新郡志》。《邑志》。

通判單巖泉先生輔

單輔，字巖泉，德化人。年少力學，從李文節遊。由恩貢任廣東廉州合浦縣。清介，執法不阿。任六年，不取合浦一珠。遷通判。解綬居鄉，家無臧獲。妻自炊，子自傳茶飯供客。李文節高之，爲舉鄉賢。《邑志》。

庶子黄九石先生國鼎

黄國鼎，字敦柱，號九石。潛之孫。萬曆二十六年進士，選庶常，授編脩。使封楚藩，毫不受遺。會島夷謀互市，璫高寀受賄，國鼎移書撫軍逐之。李文節病卧荒廟中，平昔相善之人多引去，甚至有排擊自明非黨者。國鼎間一日一視，或再，卒以此中蜚語。國鼎不致辨，上疏求去。歷右春坊、右庶子兼侍讀。辭歸，後六年再召，不起，卒。國鼎温良雅度，外若易與，中實難犯。好人之善，不能庇人之過，喜行善事。著有《易經初進》、《四書質問》。

郡佐黄谷谿先生懋中

黄懋中，字有及，南安人，河清之姪。萬曆丁丑選貢，入成均。積資出令粤之封川，革除舊規，遷學廟，復學塘魚租，歲給師生。秩滿，擢判瓊。念親老，不欲渡海，移檄歸養。未幾，父訃至。服闋，補蘇州判，掌織造鹽局。一切常例，毫不苟取。署吴縣，釋久繫冤獄，三載報政，堅意乞休。兩臺登之薦剡，不爲少挽。歸家鍵户著書，有司至厚者弗干以私，自號谷谿子。初年，與蘇紫溪、李文節、温晦吾、柯立臺、劉國徵爲文字交，氣意相勵。年九十三卒。封川士民祀之名宦焉。李文節先生序其《文徵私志》曰：「黄君有及與余爲文字交有年，辛亥，余自内閣賜歸，君時過余山莊，相與談往事，嘗欲借《國朝實録》觀之，予謂君且負良史才，何不取郡邑志雌黄之，以憲今啟後，《實録》不必觀可也。越數時，君書來謂有所脩《南安文徵私志》。蓋邑志久廢，姑脩之，以備野史。以其副投余觀之，屬余爲序云。」《南安邑志》。《文徵私志序》。

閩中理學淵源考卷七十二

廣平府知府李清馥撰

趙氏家世學派

按：吾郡有明以來傳習諸經，惟《易》獨多。净峰張氏嘗言：「彼時蔡虚齋易學盛行于泉，《詩》道幾絶。惟朱氏軫獨與師友潛心講究，由是泉人業《詩》者多從之。《春秋》之學，獨推趙氏家學爲最著。」考宗伯文簡每述海内學士，知吾邑有特峰著《春秋録疑》，與蔡文莊《四書易經蒙引》並爲後學指南，可與漢、唐儒林相頡頏。至《尚書》尚有數家，如林氏鴻儒、黄氏光昇、蘇氏鼎實、黄氏道焕、莊氏奇顯皆著其説。至《三禮》，自元丘氏釣磯之後，成絶學矣。明初，如趙氏珤有《禮經解疑》之書，厥後楊氏道會有《周禮詳節》，鄭氏維嶽有《禮記解》，李氏如玉有《周禮會註》，亦多散佚莫考。竊窺鄉先正敘述經訓，每勤懇備書，可知彼時崇尚實學，有兩漢儒林傳經遺意。蓋欲以一經之士入于繩墨，其學術途轍必出于一，其所以移易耳目、開拓心志以造就黨塾之士者，非無謂也。前哲維持學術，惓惓如此，謹備書之遺漏尚多，偶舉記憶所及者録焉。

郎中趙惟德先生瑺

趙瑺，字惟德，晉江人。少通《春秋》，不務俗學，而得聖人之意。成化丙午領鄉薦。弘治元年進士，授户部主事。歷員外，陞郎中，監薊州、太倉、黄土諸倉，壩上御馬諸廒，臨清鈔關，皆秉正執法，常禄外錙銖不染。在官，手不釋卷。榷關歸，事親盡孝，撫寡姊孤侄甚有恩。環堵蕭然，獨以行誼、經術遺訓子孫。著有《春秋管見》。孫恒。

主事趙用甫先生日新

趙日新，字用甫，恒子。隆慶五年進士。好讀奇書，署其齋曰「潛」，所以矯也。筮仕分宜令，有賢聲。中譏，改教旌德，遷國子博士。歷户部主事。性介特，不屑爲阿匼以媚上官，視貴勢漠如，以故仕路沉淪。後乞歸終養，卒。弟日榮。黄文簡撰《墓志》。

郎中趙因甫先生日崇

趙日崇，字因甫，恒子。萬曆丙子舉人。授南康令。治民如家，疾苦纖細，皆爲區理。遷應天司李，積年滯牘，剖决無餘，請托不行。轉南刑部郎。忌者中之，謫新城令。未幾，以母老告歸。圖書四壁，蕭然自樂，而贖宗女，撫孤甥，義行尤爲鄉里所矜式。《新郡志》。

郡守趙特峰先生恒學派

馥嘗讀鏡山司徒文，稱杵菴公之景慕先生，若趨父兄而奉蓍蔡。而鏡山數過先生問業，實亦以師禮事之爾。及讀《田亭草》，又知文簡黄公亦私淑之列也。觀文簡之言曰：「某自曩受經時，從學士先生訂繹疑義，剖析異同，必曰特峰趙先生云何。」即未及門，實私淑焉。今代遠風微，所著曰《春秋録疑》者，聞郡友人尤氏際坦家有其書，其餘亦多散佚，即當日門徒亦寥寥莫考。謹將文簡并鏡山二先生録附焉。儻後續考有人再備列之。夫前輩流風師表，日久寖湮，而稽經考傳之事，派别益難尋緒矣。先生以經學貽謀，一時多聞，蓄德之士多宗之。而文簡、鏡山二公尤爲隆、萬間儒林典則，傾心景慕，豈僅獻老乞言哉？文簡、鏡山二公之學，另於家世學派敘述，此不具論。

郡守趙特峰先生恒

趙恒，字志正，號特峰，晉江人。祖瑺，弘治元年進士，歷官皆有清望。著《春秋管見》。恒警穎負奇，十三充弟子員。家傳《春秋》學，謂胡氏《春秋》闡素王心法，功令標以録士，而末學穿求崖穴，繁綴枝條，如捕風射影，奮然以推明經術爲己任，著《春秋録疑》。讀書武夷山中，建州士多就問業。嘉靖十七年成進士，乞就教職，得教授袁州。督學使者延主白鹿洞，集諸郡俊乂而師之。遷國子監丞，尋改南都，南中辟雍士請所著《録疑》梓之。居二載，遷南户部主事，尋進郎中。

是時，承平久，四方漕餉率重北而輕南，歲押運，一二縣簿領之，所積負以百萬計。恒謂：「留都根本地，廥庾虚竭，何以應猝？」請之司農陳儒，疏部運之規，令諸省分漕以郡佐，總漕以藩司，各詣部庭稽覈，如輦下例。疏上，得請，後遂載令甲。恒居部署，聲籍甚。第以鯁介無援，遷浙江鹽運司同知。未幾，擢守姚安。姚安俗狃淫僻，恒爲定婚娶之禮，土酋歆然。又嚴鑄銅之禁。居九月，乞養親歸。士民祠之名宦。

里居杜門，寡接邦君，式閭存訪，悉引疾避之。交遊中，以道義相期許者，莫如同安洪司寇朝選。朝選爲權奸所阱，逮繫會城獄，瀕發訣於恒，曰：「兹行也，吾必死之。嵇紹不孤，無煩多囑。」恒呼其仲子日榮，命之曰：「若受洪先生國士知，勉旃以報，毋令魏邵、郭亮千載笑人。」日榮方馳謀槖饘，則虎冠吏已毒斃朝選，諸親故無得近者，日榮撞突而前，殮其尸以歸。人咸稱日榮義士，實稟前訓也。蒞家儼勅，雖燕閒必整冠危坐。對子孫，終日無惰容。或有軼越，譴訶立至。諸子孫聯翩仕路，顧多躓困，又皆不屑營私。恒每談及津津喜曰：「吾道如是。」晚歲築精廬於茂趣山中，足跡不窺城市。覃思著述，秉燭讀書，其文一以歐陽文忠爲宗，近述鄉先生王遵巖之遺論，醇然先正典型。年九十四卒。

所著有《莊子涉筆》、《史記涉筆》與《春秋録疑》，並行于世。其《忠愛堂稿》、《經濟録抄》及文集若干卷，藏于家。子日新、日榮、日崇，孫世典、世徵、世攽等，俱見《科目志》。《舊郡志》。《新郡志》。

黄文簡撰《墓志》。

青陽莊氏家世學派

先文正公撰《方塘先生傳》曰：「泉郡之南，聳起而特秀者爲紫帽山，山之下村落繡錯，巨宗名人輩出相望，往往爲吾郡冠，而青陽莊氏尤擅科甲，人物之盛非諸族所及也。」

馥按：莊之先系出永春桃源，自宋少師藻齋公賜第郡城，因家焉。其侄孫古山復自郡城遷青陽。青陽之有莊，自古山始，傳至方塘十一世矣。考方塘先生用賓，其後爲宫詹際昌羹若氏；奇峰先生偁，其後爲侍郎國楨陽山氏；石山先生一俊，其後爲脩撰履豐梅谷氏。餘派系俱未及詳考。其家世抑由内行脩潔，隱德弗耀，累功積厚而致然歟。其收名蘊發于後，有以哉。今録其表著者載於篇。

太僕莊方塘先生用賓

莊用賓，字君采，號方塘，晉江人。生而卓犖聰穎，邑先達陳紫峰琛聞其名，召試庭，草《交翠論》，嗟異久之。與后峰氏壬春、石山氏一俊同登嘉靖七年進士第，初授行人。使蜀，盡却藩國供饋。給事中劉侃當使琉球，以母老且未子相持泣，用賓奮然曰：「古有以柳易播者，何人哉！願得身代。」未幾，陟司副，遷刑部員外郎。出爲浙江僉事。

用賓爲人木强，又少戇，嘗稱：「士爲知己者用，當昂首伸眉論列天下事，奚取局促效轅下駒爲？」每遇權貴人，直睨之，不能刓方爲圓。而於嫉惡尤甚，不中意，輒面頳怒目，甚或發憤呵叱之，故卒爲時所中。太宰汪鋐生貴甚，嘗以事怒其屬，長跪不解。賓爲不平，愬之永嘉張相所，汪適從直房見之，恚甚，用是出之浙。浙所轄寧、紹、台三郡多權貴人，一繩以法，無敢輒居請者。仕中不廢學，多記覽，益精於文藝。臨歲比，時缺督學，用賓署事，校寧波郡，揭以袁元峰煒爲第一。時煒久困，未知名，即許其文首天下。已而，果如其言。餘姚令顧存仁，以不阿權貴得謗，用賓廉知其賢，特誇奬之，遂得擢黄門，以直諫顯。視事纔八月，理冤獄，静嘩伍，奬拔廉吏，所部肅然。有屬官倚勢貪横，用賓執法治之，拂巡鹽御史意，疏劾用賓。值汪修前憾，遂從中覆罷用賓，時年方三十一。如是家食四十餘載，絶意仕進，宦囊蕭然。居鄉一介取予不苟，孝親睦族，行鄉約，開水利，邑人愛敬，鄉評至今重之。

自嘉靖三十八年，倭寇犯閩中，連歲猖獗，攻入興化府，戕殺民人無數，沿海衞所相繼告陷，而泉之劇賊黄元爵等因機交煽，自郡之内外，所在皇皇，勢且不保。用賓爲當事畫策，浚城濠，部署城中守卒，使各爲營伍，民心遂定，城賴以安。當倭賊突犯時，遠近村民争入城逃生，勢甚急。城門晝閉，避寇者不得入，幾相擁入水中。用賓力請當事，願身守南門，乃操管鑰坐城門外，命開門内之，而身自當賊，所活人以數萬計。時賊野掠無所得，奸民導之，發冢取贖。用賓與其弟用晦募鄉兵，後先殺賊多，賊大恨，乃剜用賓父冢，刦屍去。用賓聞之，拊膺號慟，與用晦徑走賊壘，戰於南安雙溪。賊大潰，連破十三壘，負父骸歸，賊追之，用晦殿，與其僕鬭死。會僉事萬民英、指揮歐陽深以官兵繼至，翼而前，又大破賊。前後斬倭首百有十顆，生擒一十四人，奪回被擄生口二百七十餘人。時嘉靖壬戌五月初二也。倭寇既潰，黄元爵勢窮，遂就撫，泉郡悉平。當道屢上其事，爲冒功者掩抑，久之未敘，而用賓終身不自論列。

萬曆二十二年，倭寇朝鮮，子鳳章乃上言於朝，下其事部議。贈用賓太僕寺少卿，官用晦子百户，世襲，以風勵天下士。蓋去用賓破倭之年且四十載矣。其後曾孫際昌，舉萬曆己未會試第一，廷對復第一。人咸以爲用賓開門活人之報。際昌天啟中，任脩撰，不附魏閹，沉廢數年。愍帝立，起春坊庶子，未幾卒。以風節故，追贈詹事。所著有《周易解意》一編，黄文簡爲之序云。《史館擬筆》。傅錦泉撰《墓志》。先文正公撰本傳。

莊先生鳳章

莊鳳章，晉江青陽人。守闕上書，言其父僉事方塘用賓與其叔父用晦嘉靖中所爲禦寇扞城狀。晚歲有志斯道，遊李見羅先生之門。何鏡山撰《莊孝子述》。

侍郎莊陽山先生國禎

莊國禎，字君祉，晉江人。少奇穎，王遵巖慎中器之，妻以女。舉嘉靖四十一年進士，授會稽令。出諸生趙日新於冤獄，贊直指倡行條鞭法。以卓異徵拜給事中。先後疏論大臣如郭宗皋、游震得、遲鳳翔，皆夤緣有奥援者。出浙江按察僉事，遷江西參議、廣西副使，復改視江西學政。累遷廣東按察使，轉雲南、江西左右布政。丁外艱。服除，補河南。值兩河大祲，白兩臺，請發臨德倉，改折漕糧。三歲，仿趙閲道荒政，選丞倅分地經理之，民藉以全活甚衆。潞邸新開，中貴人莅事，所爲裁經費，汰浮冗，無少假借，事以就緒，而民亦不告疲。以資望擢副都御史，巡撫江西。先一年水，次年大旱，復以河南例，題請改折。計部初猶難之，再疏得請。晉南京刑部右侍郎，旋改户部。以内艱歸。

國禎器度端凝，貌寬和而衷嚴整，有屹然不可奪者。所至守官盡職，循級而登，不屑借譽養交以營速化。性坦夷，樂道人善，非意之加，恬然不掛胸臆，每謂：「昔人理遣情恕兩言，終身誦之可也。」爲文喜典重深厚而厭鉤棘，爲詩喜春容雅渾而薄纖巧，大都得遵巖之指授爲多。歲時伏臘，率宗之子孫敬共祀事。每與人語，好稱引國家典制，往哲節概行誼，祖先以來積功累行之跡，旁及今昔人情善敗，隆污之變，聽者聳然感動。居常所過從，不過一二故人厚善者。當路諸公，及門未嘗峻拒，利病未嘗不以告。里黨有負枉不能直者，語次間爲直之，然不任受德也。卒，年七十有八。子懋華、懋聲，見《科目志》。《舊郡志》。《新郡志》。黄文簡撰《墓志》。

郎中莊仁山先生士元

莊士元，字君聘，晉江青陽里人。自童年，端重不煩父師教詔，而言動盡有繩檢，人稱謂「莊家顏回」。閉户下帷，窮探玩索，庶幾深潛純粹之學。嘉靖三十二年試春官，編脩胡公杰得其文，以白大學士徐公，亟加稱賞。洎揭榜，置名第二。時方試館職，士元以濡迹權門爲恥，竟不入選，授知廣德州。原本經術飾吏，而政尚簡静，輕徭省訟，吏戢民安，尤興學勸禮，垂意作人。廣德自前守歐陽南野而後，州人以士元並稱焉。轉比部員外郎。己未會試，檄入簾，所得皆知名士。給事吴時來抗章劾嚴相嵩，逮治獄。士元爲問官，改擬謫戍，當國怒甚，持卷四日不下，然畏公議，不果駁。吴公得棲遲嶺外，旋復柄用，士元曲全之力爲多。已而轉本部郎中。曹銓預有江西督學之注。會當慮囚，士元得命廣東。行抵家，已有足疾。披閱招移，用是勞勩，疾劇，卒於高之化州。士元寬宏簡默，近於仁者。仁山乃其自號，要其質與行，誠足當之。李氏叔元曰：「敏德爲泉南《易》宗，而陳氏琛其傳心高弟，蔡于省之授莊士元，李維徵之授蘇濬，皆易學淵源云。」《清源文獻》。李叔元《青陽五先生傳贊》。

莊明齋先生龍光

莊龍光，字自昭，别號明齋。用賓冢孫。甫四歲，父没。少負穎質。九歲能屬文。弱冠，補弟子員，嗣是祖父母及母繼没，龍光以嫡冢持服，不與棘試者十年。時以積毁故，遂得疾，病良已，猶理故業。没時年三十有四。龍光篤有至性，内行脩飭。母病，忘食飲，非子手調進不御，日侍匕箸間。間以文事出，必歸上食，食已復赴，日數還往以爲常。母不喜服藥，籲天頌禱，宛轉進之。如是者五年，母賴以坐起。比母没，事二叔父甚恭，所有遺田悉推與之。少時師黄文振先生，經術之外，尤以行誼相慕合。遇友人困厄，鋭身救之，乏者不待告，賑之。王生爲舞文吏所陷，竟得直有司，而金生妻子恒待以舉火。龍光死，交友無不雪涕者，而文振先生與金生各爲之服緦小功，此以知其義矣。子二：夢岳，更名際昌；重岳。史文簡《雲臺藏稿》。

僉事莊羹若先生際昌

莊際昌，字景説，號羹若。曾祖用賓夢張襄惠岳投刺相謁，而際昌生，因名夢岳。以試，更今名。九歲善屬文。十一而孤。萬曆己未，會試、廷試皆第一。泉掄魁天下，自宋己未曾樞密從龍而後五百年始克再覩，邦人士艷傳之。廷對制策，一字偏傍偶誤，被劾，遂乞假歸。天啟元年，授翰林院脩撰，經筵展書，起居注，纂脩《國史》，編葺《六曹章奏》。乙丑，分校禮闈。尋管理誥敕。時魏璫擅權，求爲撰祠記，拒不應。璫銜之。視事數日，奉使趙藩，却諸饋遺無所納，便道抵家。丙寅秋，當復命會脩《三朝要典》，蹙然曰：「是固欲以國史爲刑書者，奈何居詞垣受璫指使哉！」丁卯，天下大比，士論資當衡文兩京。親友勸駕，長安中有促之者，曰：「公速來，可步武三事也。」夷猶不赴。

會部推遷秩，爲魏璫所擠，奪職。崇禎初，璫誅。即家起諭德道，陞左庶子。至京，召對。陞侍讀兼記注官。時懷宗勵精宵旰，五漏入侍，率二鼓方罷。際昌赴召時，途中已得末疾，用是困憊。卒于邸，年五十二。上聞心悼，降旨：「莊際昌起廢詞臣，效勞卒官，贈詹事。」蓋示優異云。際昌胸次坦洞，絶不爲矜倨態，而性峭直。好引掖後進，孝友切至，傷其弟重岳孝廉早卒，撫遺孤如己子。終身茹素，午惟一葷而已。爲文泚筆立就，初若不經思索而天動輒隨。入仕若干年，里居强半。族經倭難，修譜牒，葺祠屋，家居肅飭自將，蒼頭戢戢不敢問户外事，獨好爲德于鄉，嘗與鄉先輩合力築溜石陟門，濬新溪水道，獨捐費二百金，增舊規三之二，四十二鄉咸利之。天啟末，海氛不靖，鄉人將遠竄，爲立約編伍，守望相助，瀕海以安焉。孫延裕，好古鯁亮，有祖風。《新郡志》。史文簡撰《墓志》。《閩書》。林麟禎《補八閩掇名記》。

脩撰莊梅谷先生履豐學派

按：吾郡青陽莊氏世多令德，代有偉人。梅谷先生資禀篤厚，孝友肫至，以文學著稱。傳稱其力護趙公用賢，贈賻洪公朝選。其扶持善類，誠可風世也。再洪公一事，文簡黄公撰《封翁小石公墓志》謂：「公適竣事北上，與相值，頌言出之，且周旋縫賙。或怵太史，是相君所甘心也，而奈何强預人事。封公獨寄聲慰曰：『兒即以此得罪無恨，老父亦無恨矣。』」即此可想見家學之概。餘鏡山先生敘文備詳云。

脩撰莊梅谷先生履豐

莊履豐，字中熙，晉江人。祖一俊，仕浙江參政，有詩才。履豐萬曆五年進士，選庶吉士，授翰林編脩，轉脩撰。尋題注起居，充經筵官。丁外艱。卒。履豐天性至孝，事父望槐，飲食起居，惟恐傷之。弟履朋，舉進士，爲郎。早夭，無嗣。當其病時，度不可起，中夜籲天，願以身代。爲人長厚冲抑，見人一善，若自己出；或聞有過，蓋覆周旋如其自計，惟恐失名而喪位；其他所先容而汲引者，惟恐人知。至其邁往之氣，有時勃發，必奮爲義。常熟趙檢討用賢抗疏忤時相張居正，杖闕下，人多避聲迹，履豐獨左右之。同郡洪司寇朝選爲勞堪陷，斃獄中。適履豐還朝北上，屬所善爲經紀襚賵，乃去。才具敏贍，每有撰屬，當食箸燈，率爾成文，不勞草創，而雋氣飆舉，博達宏闊，川湧嶽停，世人推服之。弟履朋，亦有雋聲。《舊郡志》。何鏡山撰《文集序》。

閩中理學淵源考卷七十三

廣平府知府李清馥撰

文山黄氏家世學派

吾郡隆、萬間耆舊典型於時蔚起，而恬澹清脩，立身本末有進退大節，則共稱文簡黄公也。公之學術宗奉紫陽，鄒氏元標謂其平生服膺蔡文莊，規矩尺寸不逾。考公立朝，建沃忠言，匡持君德，豐采德業，爲世名臣，實無愧於文莊矣。至退歸林下，敦禮耆舊，獎掖後生，闡發潛德，崇厚禮教。敬讀《田亭草》諸製述，仰見正學源流，實有關世教之作。原其家學，皆本于守軒朴齋，溯逸齋而上，積功累德，至公而丕恢前烈。其後嗣踵起者，學使静谷公潤中爲最著。兹特録其先世所以肇基孝悌、敦説《詩》、《書》以貽厥後人者以風世焉。

處士黄逸齋先生賢

黄賢，字彦德，號逸齋，晉江人。元處士天麟公，其初祖也。生五齡，母没，鞠于繼母孫氏。天資純懿孝養，逾於所生。長即知讀書好禮，維持家務，勤儉治生，家用是裕，且樂施予周急。里閈少年不事事者，必喻以爲善，人多化之。長子應，登永樂二年進士。次惠，抱德不仕。《田亭草》。《家譜傳》節録。

黄守軒先生禮

黄禮，字廷文，號守軒。逸齋公曾孫。天性至孝，而尤篤於信義，鄉閭稱之。少孤，父墳湮没後，籲天祈神，大號于隣墳者三日，忽有龐眉老叟指示其處，果得證驗，相傳爲孝感焉。家庭之間，其教不嚴而肅，嘗訓子曰：「惟謹厚可遠怨，惟質實可動人。其識之。」《田亭草》。《家譜傳》節録。

文簡黄儀庭先生鳳翔

黄鳳翔，字鳴周，號儀庭，晚更號止菴，晉江人。少小即警敏絶人，觀書沉潛，經目成誦，笥腹不忘。稍長，習《胡氏春秋》學於學博蔣與泉。鳳翔習其師説，本經據傳，折衷以己意。弱冠，即以善《春秋》聞郡中。時王遵巖慎中方設比論文，誘教後進，得鳳翔藝，造廬訪之。鳳翔以髫年攝衣冠見，不慴不迫，步止從容。遵巖益大奇，與坐語曰：「生年少而文章氣概俱高，異日者必魁天下。」遂致鳳翔爲諸郎文社交。辛酉，鄉薦第四。自是益肆力文章，與臬長張洞齋、藩伯洪心齋對壘角藝。隆慶戊辰成進士，殿試第二人。明泉中及第自鳳翔始。授編脩，教習内書堂，亡何，以疾假，里居。三載，還朝。旋丁外艱，歸。萬曆丙子補故官，與脩《世宗實録》。成，進脩撰，充經筵官。

五年，同考會試。首相張居正奪情起復，取中旨罪諸言臣，怒新進士鄒元標特甚，欲斃之杖下。鳳翔昌言於朝曰：「此孤忠，即不使生，奈天下綱常何？」囑門人多方調護，鄒得不死。頃之，有編管諸言事章奏之役，鳳翔慨然任之，悉編入，無隱諱。庚辰春，居正欲鳳翔再與同考，使次相喻意，望録其二子。鳳翔固辭，不赴，借奉使益藩避去。及壬午秋，以次當主試南畿，少宰王篆亦欲如張相旨，托鄉貴人爲先容，復謝不往。尋遷中允，累陞南京國子祭酒。省母歸，起補北監。時方校刻《十三經注疏》。鳳翔上言：「頃陛下去《貞觀政要》，進講《禮經》，甚善。但讀《曾子》，言孝則當珍護聖躬；講《學記》言學，則當緝熙聖學；察《月令篇》，則當勤勵聖治；繹《世子篇》，則當豫建皇儲。」疏入，上嘉納之。尋擢禮部右侍郎兼侍讀學士。

會洮河告警，疏言：「多事之秋，陛下宜屏遊宴，親政事，以圖安攘。爲今大計，惟用人、理財二端。宋臣有言，『平居無直言敢諫之臣，則臨難無敵愾致命之士』。頃吏部員外郎鄒元標直聲勁節，銓司特擬召用，而聖意頓改于前。建言遷謫諸臣如潘士藻、孫如法亦擬量移，而疏皆中寢。士氣日摧，言路日塞，平居祗懷禄養，臨難孰肯捐軀爲國哉？昔宋藝祖欲積縑二百萬易遼人首，❶太宗移上供物，爲用兵養士之資。今户部歲進二十萬。初非舊額，積爲上供。陛下富有四海，奈何自營私

❶「遼」，原作「敵」，據《明史》卷二一九改。

蓄？又竊見都城寺觀，❶金碧熒煌，歲時齋醮絡繹道路，經費賫予，外廷莫知。與其要福於冥漠之鬼神，孰若廣施於孑遺之民命！况東南財力已竭，西北邊務方殷，誠國民交病之日。」疏入，上不能用。

是時儲位久虛，廷臣屢請册立，久未得命。上意欲國本之定發自宸衷，密諭王家屏以明歲舉行，且無令外廷知之。家屏傳語禮部，鳳翔遂與尚書于慎行、左侍郎李長春具册立儀以請。上怒，各奪俸三月，并責閣臣不密之失。廷臣無敢復言。鳳翔獨抗疏争之，不報。遂乞休歸。壬辰，起禮部左侍郎，旋改吏部。已，復陞南禮部尚書。以母老辭，再疏，乃優詔許之。

甲午，起復原官，更力陳母老，准以新銜在籍候用。母没，遂不復出。甲寅，有旨特起，而鳳翔已卒，年七十有六。訃聞，予恤典，贈太子少保。天啟初，謚文簡。

李氏光縉曰：「公居官耿介自守，所履清班善地，未嘗爲政府私人。華亭、興化，身出其門，一事之以道，史館諸公以文章行誼相引重有之，不能欵布腹心。初抑於江陵，偃蹇郎官十餘年，及進宫僚，淹滯留都，旋歸旋起，屢起屢辭，則公出處之道可知矣。公通籍四十七年，立朝僅十三年。在里居者三十餘年，養晦耽寂，絶無愠色。布衣菲食，匡坐小齋。不蓄古物書畫，亦無園池、臺榭之觀。用器無雕鏤，居室不漆堊。林泉多年，庭可張羅，足跡罕及公門，或時以時事枉直利病公言之。

❶「寺」，原作「市」，據《明史》卷二一九改。

「天性孝友，子孫三十餘人，訓之以禮，悉遵教如之。學術一稟紫陽，務躬行實踐，不設道學之名。官中秘時，退食之暇，惟有楗户讀書，老而家居猶然，故苞孕極富而撰著獨多。嘗自言：『友天下士則不足，尚友古人則有餘。』壬子春，郡守陽公纂脩郡乘，請公爲總裁。同事林省菴、何匪莪、蘇石水、光縉亦涉筆其門，公曰：『先輩行誼可稱，不妨廣爲蒐羅，第勿作過情之譽，則瑕瑜自不相掩。』凡所進退人物，公不自疏。舉以公之共事者，公但受成而已。然每一傳成，必經折衷，或自再著。書成，人或病其太寬，而直道固存矣。公意在寬嚴之間，其硜硜爲公所包容多矣。然有執益堅、持益力者，公亦不難。虛己夫然後知公之心也。」

鄒氏元標謂：「公服膺蔡文莊學，尺寸不逾。數十年出處之正，不緇不磷。」何氏喬遠稱：「公平易忠孝，狷介謹嚴，爲太羹玄酒、布帛菽粟之先正楷範。」信知言也。

所著有《嘉靖大政記》、《大政編年録》、《田亭草》等書。子淳中，門蔭。潤中、顥中等，俱見《科目志》。《閩書》。《明名臣言行録》。新舊《郡志》。李叓一撰本傳。何鏡山撰《行略》。

提學黄静谷先生潤中

黄潤中，字嗣雨，號静谷，文簡公第六子也。少穎敏。崇禎十年進士，初任刑部主事，轉禮部員外郎，旋出督學中州。矢公矢慎，所甄拔皆單寒奇士。是時，烽火相聞，絃誦之聲寂然。潤中多方誘掖，士氣日振。未幾，有廣東惠、潮之命，欣然就道。旋歸里，杜門著書，晚節嗜學。卒時年七十有一。所註《解易義》、《杜律》、《禹貢解》諸編，藏于家。《田亭草》。《家譜志傳録》。

鴻臚史觀吾先生朝賓學派

按：觀吾先生清脩直節，前輩論之詳矣。卭亭詹公在南雍時，嘗稟學於先生，其後與鱗泉王公用汲、愚菴郭公惟賢，並以抗疏直言，先後顯著。洊登九列，爲世名臣云。

鴻臚史觀吾先生朝賓

史朝賓，字應之，別號觀吾。少隨父商崖公宏璉讀書，質遲重，强力苦識，學成，爲文章演漾汪洋。登嘉靖二十六年進士第，授刑部主事。久之，以員外郎署司篆。兵部郎楊繼盛疏論嚴嵩納賄蠹國十大罪。上怒甚，杖繼盛百，下之獄。嘉靖三十二年也。先是，獄未下，嵩子世蕃私以意授其黨李天榮，令預囑朝賓曰：「必得楊甘心焉，即與美擢。」朝賓正色曰：「有高皇帝之律在，何可枉也？吾寧失官，無寧失律。」及議獄時，司寇以下惴惴不知所出。朝賓遂擬傳奏事不實律以進，部尚書何鰲謂曰：「更有一比，盍思之？」翼日，復尚書曰：「有之，則有減於此。」尚書乃自比其律，且云：「傳此，庶得當。」朝賓持不可，獄數日未上。事益急，尚書曰：「急矣！雷霆不測，如君所執誠是，夫固爲俱靡耳，盍以待後解？」而侍郎王學益直曰「司官徇名，予老矣。於是，當以詐傳令旨罪絞」，自爲稾授朝賓。朝賓既争不得，請署奏，末云：「楊繼盛語雖詿誤，心實無他。惟陛下憫其狂愚，謫發遠戍，庶以全好生之仁。」奏入，繼盛竟坐大辟，尚書、侍郎奪俸，而朝賓降三級，外調泰州判。方繼盛下獄時，薦紳相見，脇息不敢語及。繼盛杖瘡甚，同年提獄，禁不許關通獄之上。朝賓自分重譴，與繼盛俱死耳。諸公有入獄勞問繼盛者，繼盛都閉目不言，及朝賓至，瞪視曰：「史應之耶，費心多矣！」朝賓當往泰州，別繼盛書曰：「遇公之事，當以死争，賓不死者，尚冀公不死也。」楊復書曰：「某批奸人腸，恨不即死。公何苦哉？公其珍重。」判泰州三年，量移揚州。久之，遷南户部。以艱歸。服闋，補工部郎，分署張秋鎮，通商惠民。久之，嵩敗，徐文正階當事，乃以河南僉事擢尚寳少卿，尋改南大理丞。旋復徙應天府丞。久之，轉鴻臚卿。卒，詔賜諭祭。

朝賓居常訥訥，至臨大事，決大利害，屹然山立不移。嘗稱：「民生利害之端，非有惻怛忠誠之心，不能體察。吾身利害之端，非有正直剛毅之守，不能鎮定。」故其所至，無論中外，並皭然不滓，卓有樹立。而其最彰明較著者在不屈嚴相與部長，持忠愍獄，士論韙之。殁之日，宦橐蕭然，居屋數椽，不蔽風雨。所著有《觀吾集》及《史氏内範》，藏於家。學者稱曰觀吾先生云。《舊郡志》。《閩書》。李衷一撰本傳。

司訓洪積齋先生猷學派

按：文簡史公撰洪先生《周易翼義敘》云：「余家世受《易》，先君子嘗有撰次未就。稍長，獲遊積齋洪先生之門，而始有會也。先生束髮窮經，老而逾篤。至晚年而後論説始定。」又曰：「邇來士習好異，異説曹興，不獨與文莊、紫峰二先生剌謬，浸尋而操戈紫陽矣。二先生書皆已布之學宫，日爲異論所蝕。予嘗求其書於里塾不得，以爲恨。於是先生子孝廉子愚出其家藏，梓之福安黌舍，俾小子序而行之。先生之説行，即二先生之説行也。先生淵源於蔡、陳而宗朱子之義，故云《翼義》云。」今録其派繫載于篇。

司訓洪積齋先生猷

洪猷，字文振，號積齋。世家晉江錢嶼里。猷性資强毅，厚於彝常，藩身必以禮。遇事尤奮發敢任，斷詞正言，卓有任道之質，而學足以充之。弱冠喪父，奉母并撫諸弟，殫厥心身。家貧不支，以舌耕佐費。一切婚嫁咸取給焉。蚤以學名，從遊之士數舍而至，士相遇講述，鮮不名猷之學者。平昔毅然能尊師重道，其學則繇紫峰、虚齋，以上遡考亭。條分理解，塾師箋析之外，又復推緣傳註，以印合聖賢宗旨。誠意諄諄，顧不自立門户，直於講藝中提掇身心實際，用證聖功。文章絶去華飾，根諸理奥。久之，司訓江右之南安，一如教閩士旨。貧生脩贄，每從謝却，間贍之餼。律人以恥，養人以名，言準履繩。居一載，當道旌爲廣文冠。遽疾，卒。門人史文簡繼偕志其墓。所著有《易經翼義》、《四書説約》。子啟哲，萬曆丁酉鄉薦。纂史文簡撰《墓志》。

方伯洪鏡潭先生澄源

洪澄源，字子定，號鏡潭。富之從孫。萬曆十四年進士，授户部主事，歷郎中。時資深當守郡，而桂林守缺。里人秉銓，或謂可謁銓曹易一名都，毋桂也。澄源笑不答。於是擢守桂林。在郡半年，謁謝不一行，廉仁著聞。擢貴州按察副使，備兵畢節。時宣慰安疆臣地廣兵强，澄源外制以法，内推以心，疆臣畏服。播酋楊應龍爲變，朝廷出師征之，命疆臣出征助戰，中丞郭子章委澄源監其軍。安與楊實相唇齒，内懷觀望，數張皇以撼。澄源不爲動，疆臣乃進兵，攻應龍於大水田，大破之，斬首無算。應龍敗，入海，囤逾月，授首。論功賜金帛，陞貴州按察使，逾年，轉雲南左布政使。未赴，卒。澄源平昔逡巡樂易，及其受脤臨戎，有壯夫弗克爲者，惟不擇利害爲趨舍，蓋自却謁銓圖大郡時預見之矣。故强酋阻夷，莫不歸心，其忠誠有以孚之也。史文簡贊曰：「李文節公不輕許可，而獨稱澄源制安平播，爲仁者之勇，有百世之功。」信然哉。《新郡志》改本。參史文簡撰本傳。

副使許賜山先生學派

按：賜山先生易學，一時推重。文節李公曾撰《墓志》，追述無異辭。其所學所守，固可信者矣。

副使許賜山先生天琦

許天琦，字大正。食廩德化，後歸晉江。其先世有許稷者舉唐貞元進士，賜告歸，讀書清源山中，因顔其讀書處曰「賜恩」，今爲賜恩巖，而天琦號賜山，不忘祖也。嘉靖四十一年進士，歷工科給事中贊署長。疏止鰲山燈費，又疏海防四事。轉刑科給事中，疏刑名弊源六事。既而疏劾兩廣總督，其人倚奥援，中天琦，乃出天琦廣東參議，備兵惠州。年餘，擢滇副憲，備金騰兵。金騰多雜夷，天琦至，以化誨爲務，日進諸生講學，群民庶立鄉約，俾相訓迪，俗稍稍變。方四閲月而嬰疾卒。

天琦有至性，又方嚴無所狎昵，絶不爲人干請。其爲給諫時，某學子介鄉媪持八百金爲壽，天琦叱去之。平生獨喜説《書》講《易》，多自得箋註外，一時學者以爲指南。仕宦所至，英髦秀士執經請業，屨滿户外。所著有《周易管見》、《續宋史斷》行于世。李文節撰公《墓志》言：「每見公説《書》講《易》，多發前人所未發。其議論老誠，識大體，不尚沽激。其操行，斤斤檢押外，不錯寸趾也。既貴，嗇陋儉約蕭然，故諸生時一絹袍十八年云。」纂李文節撰《墓志》。

蔣敬齋先生際春

蔣際春，字君育，别號敬齋。世家於泉之福全濱海，獨以《詩》、《書》絃誦著聞。父赤山公，好行其德，開子姓以儒多彬彬者。子二，際春其仲也。際春讀書質魯而敏悟。王遵巖特奇其文，嘗曰：

「摩空白鶴，非樊中物也。」與兄伯沂泉公稟學于賜山許先生。是時賜山坐皋皮講《易》，邑賢豪争北面，獨賞識于際春。所著有《四書日抄》、《易經記註》，並膾炙人口。惜無年而卒。子光彦，孫德璟。纂《李衷一先生集》。

史氏家世學派

按：黄恭肅撰《史方齋墓志》稱：「史氏先世自寧波入閩，數傳至旌孝公仕傳，以孝行著。成化中，詔旌其門。方齋即仕傳公玄孫，與觀吾、禮齋少受業伯父商崖公，日講四書、《周易》，不襲時師皮膚説，務根極聖賢垂訓本旨。」商崖事實未能詳，然按其家世，亦以見當時父兄之教肅而成之爲多。迨後大鴻臚朝賓有不可奪大節，方齋兄弟以高蹈名德稱，其後嗣踵出，爲世名臣碩輔，皆本于家學云。

訓導史商崖先生宏璉

史宏璉，别號商崖，晉江縣學。嘉靖間，司訓金壇，以子朝賓官贈刑部主事。餘事實未詳。按，觀吾公朝賓、方齋公朝宜、禮齋公朝富皆少受學於商崖公，其家庭牖教大略，詳見《方齋公墓志》。《泉郡萬曆志》。史氏《雲臺稿》。

藩伯史方齋先生朝宜

史朝宜，字直之。黄恭肅撰公《墓誌》曰：公嘗自言少受業於伯父商崖公，日講四書、《周易》，不襲時師皮膚説，務根極聖賢垂訓本旨。翌日答而未悉，必使反而更思索之；復未悉者，責之。既悉，方與續講後章。自是循循孜孜愈久，愈覺意味深長，公讀書之法然也。公既得書意味，遂以身膺而服之。自綱常倫理之大，以至謁見取受一事一物之微，苟有畔於聖賢垂訓義理，僩然不使少加於其身也。弱冠，補弟子員，屢試高等。士慕公者，競學步其舉子業。公曰：「是筌蹄耳。君等遜志聖賢義理，意見既充，詞自足以達之。抑士君子立身天地間，道德功業職分重矣，奚區區舉業效習爲也。」淳菴公患瘡卧牀，公躬理藥餌，時湯粥扶持起居者五餘月，至目不交睫。歿而哀且毀，執喪必如禮制，廬墓讀書者三年。

嘉靖三十二年登進士第，授淮安山陽令。山陽田土多荒而賦額廣，民多流移。當路督計嚴急，催徵艱甚。公以帑藏備賑饑之蓄，遣糴於江南、湖北間，招賑其流移者，而代輸其所逋負，蓋存活淮民莫可計數。是時，倭奴入寇，趙文華視師海上，獵賄郡邑，比過淮，公防守封疆，保定居民，供帳一如常禮，送不出境。趙恚甚，既廉知爲苦節吏，置之。旋丁母憂。服闋，補户部主事。是時，東粤亦病倭，珠厓孤懸海島，守臣率以賄敗，朝議遴公以行。比至，杜絶陋習，撫安疲民，崇風教以正酣淫之俗，肅官箴以剔貪殘之吏，其治狀爲置守以來第一。在郡三載，即拜公廣東按察副使，晉參浙藩，總東粵憲。東粵之民服其威信，不怒而嚴。陞湖廣右布政。楚爲江陵相之鄉，公覘江陵規局，概以刑名慘刻，斫國家元氣，不能婞阿。任職未數月，引疾乞休。楚撫固留，公乃自馳使特疏、再疏司銓者，覆請得旨，回籍調理，且云「病痊之日，撫按具奏，起用」。公歸，治小書室於陋巷，仍讀書其中。時與禮齋廬居雲臺先塋側，以山林泉石爲樂，足跡未嘗及當道之門。時閩撫，楚黄州人也，以理學相雅重，或勸公時致通問，可藉薦起復。公曰：「則如勿止，止而復仕，且援焉，非夫矣。《易》稱『不恒其德，或承之羞』，而欲予以羞自承乎？」竟無隻字往復。蓋公清貞之節，道義之守，終始不易如此。初，淳菴公宏珂方生公時，卜者言「當爲盛世高蹈名儒，非徒功名富貴士也」。信不誣矣。公閱歷仕路二十四年，骯髒直道，自號方齋以見志。享年六十有八。

所著有《易説》及詩文。子繼偕裒輯傳之，凡十二卷。弟朝富，鄉會試同榜，歷官永州守，以清望著聲，亦引疾歸。卒，年九十。鄉人以比漢二疏焉。纂黄恭肅撰《墓志》。

郡守史瑞巖先生朝鉉

史朝鉉，字貫之，號瑞巖，晉江人。隆慶二年進士。父宏詢，歷壽、沅二州知州，朝鉉隨行官邸。自沅歸，從許賜山天琦受《易》，日以所口授者輯而成書，後梓行於武塘官舍。朝鉉爲人性端介，潔修澹尚。初令嘉善，每涖政，容止儼然，人不敢干以私。書座右曰：「公生明，嚴生威。」二者爲官箴要訣。編審按户輕重布之，强家無所假貸，加意作人。授南吏科給事中。盡却例儀。任三載，侃侃多糾繩，而劾大璫申信，疏十罪，南中人德之。萬曆乙亥，復管大計，適同年户垣余懋學者疏時政四，江陵憾爲刺己，内批予削籍，而移忮朝鉉。未幾，而湖州命遂下，朝鉉夷然之任。時方溽暑，至則躬閱繫囚，不待訊，爰書而湔雪寃濫者十餘輩。其處脂不膩，一一如爲令時。後民思之，以配前守黄氏樞并城隍神而三焉。纂史文簡撰《墓志》。

文簡史聯岳先生繼偕

史繼偕，字世程，號聯岳，晉江人。萬曆壬辰進士，殿試第二人，授翰林院編脩。率同官請册立東宫，開館講學，不報。詔使兩粵，盡蠲軍，興諸賦。還陞侍讀，轉中允。未幾，由南司業遷南少宰，兼署户、禮、工三部，力請盤庫盗帑積弊。改詹事。疏請致仕。家居一年，起爲吏部侍郎、東閣大學士。時神宗深居不出，繼偕每會廷臣請視朝，并力陳備兵措餉，不報。旋致政歸。熹宗即位，屢遣行人促入朝。視事甫閲月，以延綏捷，加太子太保，兼文淵閣大學士。爲阮大鋮所忌，從中擠之。引年疏十八上，乃得歸。卒於家。《新郡志》。

閩中理學淵源考卷七十四

廣平府知府李清馥撰

清溪詹氏家世學派

按：黄文簡先生嘗言：「吾郡茂族其纘緒最遠、文獻足徵者，宜莫如安溪詹氏。溯厥肇基之祖，在後周爲清隱公云。」馥嘗讀公《不受王氏袍笏》詩，不應留氏從效之辟，從效不許，乃求監小溪塲，始建議創邑。後遂潔身以隱，樹德保世。迨後宗支繁衍，至司寇慝亭先生，以直聲清節著于明隆、萬間，後先名德踵起。兹録其家世以著吾邑文獻之始焉。

同知詹邦寧先生靖

詹靖，字邦寧，安溪人，縣令敦仁之後。正統六年鄉薦。景泰中，知廣昌縣。縣人有揭姓者，素豪黠。前令不能制。靖至寘諸法，縣境肅然。廉慎之操，六載彌勵。後陞開州同知，卒于官。孫源，曾孫仰庇。《萬曆府志》。舊邑志。

兵備詹企齋先生源

詹源，字士潔，號企齋。母林氏娠九月而父没，林矢志育孤，攜居郡城，使就外傅，源聰穎力學。弘治十八年成進士，授户部主事，榷税河西務。廉正獨持，朝議以其有風憲體，改監察御史。時逆瑾用事，凡拜官者必私謁謝，源獨不往。瑾誅，源名益著，顧以梗直爲柄臣所忌。時母方就養，乃乞恩奉母還。已而，忌者卒擠之，就家。轉貴州按察僉事。貴州直指阿柄臣意，劾源不職。朝議源任未一年，無不職狀，竟不行。尼直指奏不行。

乾清宫災，興大工，採木於貴陽、川、湖，乃留源領其役。會香爐山苗叛，督將卒剿平之。論功，擢雲南按察副使。有墨吏，欲置之法，御史庇之，源執不可。聞於朝，罷其官，源亦坐罷歸。時年甫逾强仕。源既早廢，杜門養母，備殫色養，推祖腴産讓其兄。於官司訊謁、里閈是非，絶無所聞問。嘗疏清溪積水三十里溉田。白葉坂山寇平，白當道，全活良民爲俘者九十餘人。其爲德於鄉類如此。年七十一卒。自題作《墓誌》謂：「平生勉企古人，而卒以褊中負氣，兀傲忤俗云。」《萬曆府志》。

黄文簡公撰《詹氏家廟記》。

司寇詹思亭先生仰庇

詹仰庇，字汝欽，號思亭。清隱公敦仁之後，副憲公源之子。自幼有識量膽力。年十二，而副憲捐館。未幾，遊庠，尋遊南辟雍，受業邑先輩鴻臚卿史公朝賓，學日益進。嘉靖四十四年進士，授南海令。才贍守廉，於上官無所阿承。以卓異徵入爲御史，是爲隆慶二年。在臺兩月餘，數上疏。穆宗命户部購寶石、珍珠諸物，責三日取辦。大司農與諫官諍不能得，仰庇疏言：「珍珠、寶石多藏中貴家，上供日亟，則索價逾倍。今南北多事，財用不給，軍興告匱，將焉用此？乞罷購便。」明年春，内官監辦製烟火進奉，元夕火藥突起，所延燒内房十餘間。復疏言：「逸欲害德，近習僨事，宜嚴懲其不恪者，凜宴逸之戒，杜逾奉之階。」疏入，俱寢不報，而是時陳皇后遷居别宫，寢疾危困。仰庇聞之，復疏言：「皇后殿下乃先帝所擇以配陛下，爲宗廟神人之主者也。竊聞道路流言，坤寧宫曠而弗居，積有歲月。」又云：「睿體抑鬱成疾，陛下略不省問，萬一不諱，其爲聖德累不少。願陛下一聽臣言，還皇后于坤寧宫，時賜問慰。即臣蒙譴，死賢於生。」上覽疏心動，手批曰：「皇后侍朕多年，無子，近且病，移居别宫，冀安適却疾耳。爾不曉宫中事，妄言，姑不究。」初，仰庇疏上，聞者謂：「禍且不測。」及得旨，中外歡傳，稱「主聖臣直，乃今睹之」。然爲仰庇慮者謂：「公今且休矣，批逆鱗而嬰嵎虎，不可爲常。」仰庇奮不顧也。

會奉命巡視監局庫藏，復疏言：「内官監錢糧，動以供御爲名，肆行侵冒。乞命户、工二部及巡視科道等官查覈，以杜奸欺。❶其該監所開工作諸費如鼇山、花欄、金櫃、玉盆之類，❷皆作無益以

---

❶「欺」，丁氏抄本作「弊」。
❷「其」，黄鳳翔《田亭草》卷一二作「今」。

害有益。伏願慎儉德，屏玩好，近侍諸臣或以織造采辦逢迎者，悉屏斥之，以彰聖斷。」疏入，上震怒，責其悖逆狂妄，杖之百，黜爲民。仰庇官臺中八閱月耳，而四上疏，疏多指斥中貴人，其被杖，爲中貴人所齮齕也。神宗登極，起廣東參議。蓋是時江陵張居正與大璫表裏，故特從外轉云。抵任閱月，乞疾歸。徜徉林壑十有三年。逮江陵卒，大璫保逐，同邑郭中丞惟賢徵用，遂疏薦仰庇。於是復起家江西參議，旋轉山東按察副使、南京太僕少卿，晉左僉都御史。諸所振刷論建，如申飭御史出巡事宜，擬定章奏體式，爲蔡文莊請謚，侃侃縷縷，心地磊落。其持論以正綱紀、崇體統爲重，時論翕然歸之。遷刑部右侍郎，甫數月，引疾乞休。連六疏，乃得請。

家居寡接，惟與二三同志譚古道今。布衣筍輿，留連溪山間如囊。興至，必有賦咏，皆超脱工鍊、瀟然物外之思。行部使者、郡國守相旌旄相屬，不獲一望見顔色，顧時時伺其言論爲時政因革。閭閻脈脈蒙覆露，居鄉恂恂，而訓子弟、戢童僕尤爲嚴飭。廳事設二屏，大書君子之道四及博學、審問二節，常在左右以自省。歸里二十餘年而卒，年七十一。賜祭葬，贈刑部尚書。黄文簡言：「公立朝謇諤，百折不回。居鄉使人有所慕而爲善，有所畏而不敢爲不義。」友人潘洙言：「使公立朝，有虎豹在山之勢。」何鏡山言：「公俊偉光明，豪傑之作用，繩檢律操，聖賢之家法焉。」《舊郡志》。《閩書》。黄文簡公撰《墓志》。

東街郭氏家世學派

余讀朱簡齋先生撰《郭氏譜序》，述其初祖於宋建炎間，爲安撫節度使，數傳至伯臺公，授閩省鹽運使，意家於閩在此時歟。居賢先生爲伯臺之孫，莅官以忠孝聞。厥後，玄孫楠以直節顯，族孫文煥又以學行聞。迨弘、正間，有所謂岱峰、冠峰伯仲者，與陳南樓爲友，岱峰疑即郭氏立彦。至恭定先生，特起蟲然，未知與白峰族系如何。然據咏賢水詩有宗賓者中稱賢水先生爲「伯」，稱符甲先生爲「祖」。再考符甲先生讀書恭定祠，則諸公皆同族無疑矣。末造，二公以忠烈並時而著，尤志乘所希覯云。

教諭郭先生居賢

郭居賢，晉江人。弱冠知名，博學有奇節。洪武二十年鄉薦，授臨武教諭。念不得迎養父母，不攜孥之官，日夜思慕泣下，形諸聲詩，無非忠孝懇惻之詞。有《淦川遺稿》。弟宙，精於楷書，選翰林院庶吉士，有時名。玄孫楠。《閩書》。

御史郭世重先生楠

郭楠，字世重，晉江人。講《易》蔡文莊之門。正德九年進士，授浦江令。有廉幹聲，徵入爲監察御史。世宗即位，請召還直臣舒芬、王思、黄鞏、張衍瑞等，從之。嘉靖元年，奉命稽覈兩廣倉帑，參劾藩司方面，無所回撓。尋上章，請退朝之暇延見大臣，如祖宗故事。且言主事陳嘉言忤中官，不宜逮繫。上怒，奪其俸，復巡按雲南。

時議大禮起，大小臣多被杖、謫戍，杖有死者。楠感痛不勝，自恨不得與跪門之列，上疏曰：「陛下入繼大統，以孝宗爲所後之親，自張璁倡爲異議，桂萼、席書、方獻夫輩和之，群臣伏闕呼號，忠情迫切，而置死問罪。璁等排正議，竊美官，上激九重雷霆之威，下貽舉朝縉紳之禍。所議之禮未足慰二帝在天之靈，而號痛之聲已徹九廟之內。臣愚，不意聖明之世屢見以忠諫而獲罪也。乞復學士豐熙等官，優恤死諫之臣，庶以收納人心，全君臣之義。」疏入，上大怒，遣逮繫赴京，廷杖，下詔獄，削籍爲民。六年春，以天變，修省，從吏部議，量與一官，起吉水教諭。尋陞崑山知縣，再遷至南寧守，遂乞歸。家居十有八年，構祠堂，作《家規》、《年譜》，遺示子孫。以壽終。族子文焕。《明史》。《舊郡志》。《新郡志》。《通志》。《閩書》。

訓導郭實峰先生文焕

郭文焕，字仲實，號實峰。以貢授高安訓導，卒於官。文焕自少究心理學，四書、《易經》、《太極圖》、《通書》、《正蒙》，俱有註釋，間或發蔡文莊所未發。讀史別出論斷。《四書學庸口義》成於林次崖《存疑》未出之前，議論多有吻合者。所著有《課程切問》，漳人蔡鶴峰列聘居西塾，刻而傳之。僉事項甌東喬稱：「閩中士子，才敏學充，不爲不多，獨泉士郭某是非不謬於聖人。」而王遵岩讀其文，喜曰：「義理純明，經學精到，不惟進於理而兼於文。讀之忘食，至於家人報食數四不覺也。」按，先生族父楠與蔡鶴峰皆文莊高弟，先生爲蔡鶴峰家塾弟子師，今擬附私淑之列云。

文學郭以相先生元愷

郭元愷，字以相，實峰公文煥之孫。父士登，以《詩經》名於時，元愷繼其業。弱冠，讀書郡城東之靈丘山舍。時鄉先輩參議尤烈棄官歸隱，書齋相近，元愷不一往見。尤公詣問之，賞識其文，延致與其季子相切磨。又與何廷評喬遷交友。元愷治《詩》益有聲，弟子執業屨滿，從延建及楚、粤來者彌衆，館舍至不能容。元愷孝友篤至，勵志問學，爲人不苟然諾。七上棘闈，竟不得舉。僻嗜書史，積箱數十，家徒四壁，不以爲憂。其爲人如此。何鏡山先生撰本傳。

恭定郭愚菴先生惟賢

郭惟賢，字哲卿，號愚菴，晉江人。萬曆二年進士，令清江，以治行擢爲南御史，例應掣鹽，所得贖鍰不貲。惟賢疏言：「户部職錢穀，御史職糾察，各有司存，請令主事掣鹽，御史按季監督。」許之。由是廉名益著。時江陵相已死，言事得罪諸臣，多未復。皇子生，下恩詔。惟賢言：「恩詔雖下，而建言諸臣如吴中行、趙用賢、艾穆、沈思孝、鄒元標、傅應楨、朱鴻謨、余懋學等尚在戍籍，乞行赦宥。」是時，巨璫馮保猶用事，疏入，謫江山丞。逾月，保敗，召復原官。劾左都御史陳炌希權臣指論罷御史趙耀、趙應元，不可總憲紀，炌罷去。又薦海内耆碩之士如王錫爵、孫鑨、孫丕揚、耿定向、曾同亨、蔡國珍、詹仰庇等，皆後先起用，輿論快之。主事董基以諫止内操被謫，惟賢疏救甚力。上怒，調南大理評事，遷户部主事，陞吏部稽勳郎中，改考功。值大計，上書宰相李世達、都御史海瑞二公，請絶請托，斥巨奸，屏私昵。計成，中外咸服。

改尚寶丞，晉通政司參議，轉應天府丞，旋改順天。攝府尹篆數月，中貴干請，一切拒絶。南北臺省交薦可大用。以右僉都御史巡撫湖、廣。至則請定《三楚賦役全書》，以革加派之弊，發泰和山香税，以補宗禄兵餉之缺。分三衛輪戍武崗，并請罷諸衛遠戍柳州，以恤疲軍。禁苗寨贖擄人口，以遏異類。楚故有景藩者，肅宗愛子也，予賦異等諸王。景絶國除，賦額仍在。時潞王之國，上悉以景賦予潞，潞必欲得舊額以聞。上鐫司、道、府、縣官俸，責巡撫報聞甚急。惟賢酌定賦額，請令有司徵送潞府，王無得遣人來徵，以致騷擾。會楚災，復疏「減潞賦額，築黄梅、通城二城，以固桑土」。

又請祀周元公父於啟聖祠，刻元公、二程文爲《三儒集》，屈大夫、諸葛武侯、岳武穆文爲《三忠集》以風示楚人。召入爲左僉都御史，言：「行取不宜久停，言官不宜久繫，臺官不宜久缺。」已，復言：「天下多故，乃自大僚至監司，率有缺不補，政日廢弛，且建言獲譴者不下百餘人，效忠者皆永棄。」上不納。

尋遷左副都御史，請早建皇儲，慎簡輔弼，亟行考選，盡下推舉，諸疏俱不報。自戊戌、己亥兩預計典，佐臺長佑善黜奸，無所嫌避，如南考功時，以丁内艱歸。服除，起爲户部左侍郎。未上，卒。贈左都御史。天啟初，謚恭定。惟賢樸誠直諒，朗豁精密。其念繫乎天下國家之大，而最注意者，人才用捨之間；其神周於器物服用之微，而最慎守者，辭受取與之際。服官三十餘載，宦轍所至，綱挈目張，風清弊絶。世局常遷，自守獨定，海内士大夫無所間然。惟賢本師事大學士李公廷機，其淵源如此。子夢詹，以蔭仕户部郎中。《明史》。《舊郡志》。《新郡志》。《閩書》。葉文忠撰《墓志》。

郭介菴先生符甲

郭符甲，字輔伯，號介菴，晉江人。誕母家謝氏山莊靈鷲山下，山挺衆峰特立。公生而嚴正不阿，有嶽峙偉概。自幼至壯，雖接談宴集，竟日夜端坐，兀然未嘗箕倚。少聰穎，過目成誦，凡天文、地理、星數、醫卜、律劍、琴棋、畫篆、書刻、騎射之藝，皆諳習。精通五經、子、史，垂髫即淹貫。八歲成舉子業。研精于《易》，著有《墨訣》、《易訣》、《大小題筆要八法》行于世。

天啟癸亥，年十九，爲學使周日臺公拔儒士第一。甲子，年二十，登賢書，莆郡司李祁世培公分校所得士。乙丑，下第歸，讀書恭定公祠以自勵。戊辰，下第後，教讀給日用，且供菽水。歷漳、潮、平和、饒平及齊、魯、豐、沛諸郡邑，足跡不肯一踵公門。惟與生徒講論，或娱詩酒，窮山水，搜勝探奇。其在平和也，有僧求公序文作衣鉢計，遇盜欲殺之，搜見其文大奇之，曰：「此郭大人筆也，清操君子，汝獲與遊耶！」釋之。僧袖文來，謝曰：「活我者此也。」因乞題簡末云。齋地在大蓬山頂。公深夜讀書，虎常來窗外伏聽，每有咆哮超躍，聲徹於内。公著《虎聽草》紀之。其在饒平也，邑人黄姓者求公書扁及門對懸掛，後其家失火盡燼，惟扁對巋然僅存，人皆異之。饒令邱金聲，公同里同年友也。居是邑三年，不通一刺、謀一面，邱甚怪之。一日，徒步造訪，公閉齋門不納，只隔扉問答。邱曰：「郭年兄何見拒之深也？」公曰：「爾治爾政，吾讀吾書，公私互無干涉。決於爾治内，終不親覿也。」其狷介類如此。

其在豐、沛也，以地近聖賢，風多淳古。公意欲挈家卜居於此。乃積館俸買闕家園地百六十畝，并構茅屋一所，嗣而值滄桑之變，所志乃不果。公二十年青袍，六上春官。崇禎癸未，年三十九，宫僚春坊周巢軒公同校禮闈，得公卷，大加器賞，曰：「此正氣文字，必真人品也。」亟薦之，以謄硃魚魯，❶待校改乃定，不置前矛。殿試二甲，假歸里。甲申，賊闖犯都門，聞三月十九之變，恨不與難。公爲孝廉時，贈資德大夫辱菴公與贈太夫人謝母布衣疏食，怡然曰：「不可以吾兩人易兒純操。」公之卓行，亦二尊人之遺也。沈公佺期撰傳略。

❶「硃」，丁氏抄本作「殊」。

郭賢水先生承汾

郭承汾，温陵陳氏賓鑰《紀略》曰：公，字懋衮，别號賢水，晉江人。登崇禎癸未進士，初授淮安府推官。涖任八閲月，以才能徵爲浙江道監察御史。公家城東十里之杏宅，鄉族丁以千計。性好任俠，郡有不平事，不憚攘臂爲之。凡有紛難者，必排解之，故人多以「郭解」稱焉。豪族多目懾之，公不顧也。然此少年事耳。其臨大事，百折不回，始信昔日之好俠者皆所云「配義與道」，溢于胸臆而不自禁焉爾。陳緑厓先生賓鑰撰《紀略》。

潯江何氏家世學派

馥按：何氏《譜牒》自元末分派，一郡城，一潯渼，一漳江。其家潯渼者，自小洛先生曾大父始，初住邑之鳳嶼，後移潯渼，故爲潯江何氏。先生少從父毖所公雄禀學，未嘗就外傅。稍長，受業於孫東溪、從兄孝廉洛江，二公並名士，俱器重先生。而張凈峰先生嘗造精廬，試其文藝，特異之。故先生之學，自少小已見知於大賢之門，淵源固已遠矣。考嘉靖間，先生退休閭里，爲時典型，而整率家規，惇正典禮。文節李公曾爲先生延請課子，心特欽慕之。見諸墓銘可考。厥後，蘇紫溪、李衷一諸公爲《行狀》、爲《墓表》，推重無異詞。溯其根源，孝友篤厚，傳之數世，英碩輩出。至季祚，中理先生燮殉流賊之難，其死事與江門並烈。蓋一門忠孝，尤足風世也。今謹緝其事略著于篇。

副使何小洛先生元述

何元述，字元孝，别號小洛，晉江人。自幼從父學，年稍長，受業於孫東溪某、從兄孝廉何洛江某，二公并名士，俱器之。一日，張浄峰先生見元述於洛江精舍，試其文，大奇之，語洛江曰：「君家有千里駒矣。」時年十三歲。嘉靖四年，學使者邵公試「立志論」，元述分晰道德、富貴、功名之義，而原本於寧静澹泊，學使者異之。十一年，舉進士，疏乞教授惠州，以便迎養。甲午，分校浙闈，得陳善、茅坤、潘季馴諸公，皆爲浙中聞人。擢國子博士，歷監丞，擢南户部主事，出爲廣東僉事，遷湖廣參議。

時世宗脩顯陵，以分任勞賜金幣。中貴人使楚，諸大吏折節爲恭，元述獨行敵禮。鎮守廖斌者傾御史包節，被逮謫戍，其部曲席勢驕恣，元述即捕治之如法，斌無以中。陞廣東按察副使，治海道事。積案累千，株連數千百人。請撫按檢閲，可問問之，久遠不可問者請决除之，於是宿牘一清。御史行部不至瓊，皆推臬僚代，人憚浮海，莫應者，元述獨請往。還抵化州，次白沙驛，遇黎寇猝至，持刃擬己，知爲河海道，相率羅拜而去。獨以戆直執法，繩兩勢家，責其豪子弟。後爲所擠，罷歸。

元述孝友甚，至官俸之餘，敬上二親，悉均諸弟，自無厚殖。性寬洪坦直，無城府，不知人間有機械，知亦不較。拯人於難，如疴在身。聞有善事，喜動眉宇，見有過失，咨嗟竟日。其自奉淡約，脱粟而食。入里門，必下車，縉紳士類倒屣出迎。雖下隸，必衣冠乃見。林居四十餘年，正家規，廣祠宇，脩祖墳。至耋年，遇歲時，禮節拜揖，酬酢不衰。卒，年九十。子居魯，舉人，官至承天知府。李文節撰《墓志》。李衷一撰《行狀》。新、舊《郡志》。《閩書》。

孝廉何次洛先生元選

何元選，字元學，别號次洛，晉江人。少穎敏，十歲，家庭授章句，經書傳注，寓目成誦。十三，逸齋公捐館，哀毁執喪如成人。十九，補弟子員。弱冠，遊何乍菴公之門，乍菴目爲奇士。每日講口授畢，退即筆記。閲再歲，手録疏解累十二卷。築精舍於東湖臨江，引曹偶互相切磨，旋卒業成均。嘉靖甲子，舉順天鄉薦。元選爲人倜儻英邁，習於昭代典故，沉毅有大略。善赴人厄窘。友没，子少孤家貧，延歸，解衣授粲，給食館之，其人竟以儒顯。平生慕義多如此。他如議設祭田，營祀屋，建鄉塾，召子姓弟侄耕者受器，讀者受書。家歸三年，漸施有政，而嗜學日篤。隆慶丁卯，束裝且北上，旋卒。李衷一先生撰述《事狀》謂：「公世所稱豪舉士哉，及跡其行事，則恂恂儒者。仁心爲質，引義慷慨。百里頌功，千里頌名。内外無間，是爲難耳。」李衷一先生撰《行狀》。

忠壯何中理先生燮

何燮，字中理，晉江人。萬曆乙卯舉人，任靈川桂東令，陞亳州知州。崇禎中，流寇、土賊交訌，饑癘洊至，百姓十僅存一。燮儲備賑饑，全活甚衆。甫三日，而齊寇、豫寇復東西至，燮統兵力戰於盧家廟，民争致死，擒賊首李忠、常顯吾殺之，刳其腸以示衆。賊潰，隨招撫李龍、房應魁等萬餘衆，河西平。未幾，闖賊轉熾，陷名城數十。燮堅守孤城，擐甲胄，晝夜不懈。賊逼城下，雲梯蟻集，城陷被執，甘言餌降。燮强立不屈，大駡曰：「吾頭可斷，不可辱也。」賊斷其足，駡益疾。復割其胸，旋駡旋割。賊衆有泣下者，歎曰：「好烈漢。」磔死，懸其首於市三日，耳鼻皆動，賊相顧驚愕。

武榮洪氏家世學派

按：黄文簡公撰《洪易齋公墓志》云：「武榮洪氏其子弟多才，其父兄峻督而勤勖之，若穮蔉之俟豐年。以故人材踵起，閥閲稱崇。」今録其先世所以肇端後嗣者載於篇首云。

侍御洪德馨先生庭桂

洪庭桂，字德馨。登嘉靖十七年進士，授行人。奉節盱江，以清介不緇著聞。擢御史，權貴勳戚爲之避驄。會當事者銜臺中抗疏激切，因御史失儀概罰，遂出爲江西按察司知事，旋擢德興令，復以越次驟遷論罷。歸里，恬澹清修，杜門謝客。監司守令，絶不通謁。有以寺租山蕩言者，桂笑而謝之，曰：「吾自有良田，可遺子孫也。」洪族科第著武榮，桂爲開端云。《南安邑志》。

布政洪心齋先生有復

洪有復，字懋純。初銓武陵知縣。時江陵秉國，楚人席氣焰，多以意作使縣官，暴横邑里，有復三尺裁之。席氣焰者議徙有復他去。會相敗，反以得聲。擢工科給事中。中貴人殺人不法，有復疏論抵罪，中貴人走匿，至偕其黨環上泣也。有旨屬刑部。有復再疏論，竟抵罪。歷禮科左給事中。

進士武進人薛敷教疏論大中丞不法，詞連冢宰。部院領之，授有復意彈薛。有復曰：「吾有去耳。」因自求外轉。亡何，補廣東按察副使，備兵肇慶。擢羅定參政。時州邑初建，所撫傜、僮與諸民分籍而處，恃衆喜亂。有復布以威德，久之，皆請隸民籍。粤西岑溪傜叛，攻城，屠士卒。有復從總督陳蕖授便宜部署東三道進剿，入山大破之。上功賜鏹陞俸。遷浙江按察使、湖廣右布政使，尋轉左。礦税不湜，湘潭震動，同官馮應京觸税璫，被逮繫。有復悉力調停，爲民請命。上爲易中使，以礦税屬郡邑吏，而更置巡撫，有復有勞焉。卒于官。

族弟有助，字懋遜。授南安府推官。高潔明敏。嘗攝大庾、南康二邑，清洗宿弊，入爲工部郎。尋守廣州，以艱歸。服除，補徽州。治徽三年，口碑載道，遷廣東副使。方有徽州卓異之旌，而有助卒矣。有助篤倫常，厚故人，當官克持節，而遇親舊不失恩意，物論歸焉。

布政洪爾介先生啓睿

洪啓睿，字爾介，别號訒原。萬曆二十年進士，授禮部主事，職典屬國。首發沈惟敬之奸，疏大司馬石星主和誤國、宋應昌等扶同欺蔽。復上册立東宫，救于孔謙、陳泰來、顧允成等二封事，署儀制郎，大璫以封爵爲請，睿不許，璫銜之。及璫負罪，始擢祠祭郎，視兩浙學政，轉金衢參政，陞按察使。治兵海上，功績最著，四明人建祠祀之。轉右布政，攝符入覲。凡浙吏中蜚語者，抗力昭雪，所全善類甚多。尋轉左屬。浙東饑，浙西澇，睿殫力請蠲賑，咸報可。庚戌，計典竣事，遂決意乞休歸。作《還山十誓》誡子弟，禁僕隸，約里戚，奉法惟謹。郡邑歲時罕所謁見，惟窮交數人時相過從而已。又常以義急人之困，家食淡約，特以榱桷祭器盡孝思追養爲第一義。事兄如事父，友愛性植，晚而彌篤。壽六十一終。子承紱，孫士宏，俱鄉薦。《南安邑志》。

部郎洪爾還先生啓初

洪啓初，字爾還，庭秀之孫。先世由南安徙居晉江。萬曆四十一年進士，授户部主事，出榷滸墅關。故有北關兩税，商困莫支，即疏請罷。諸商懽躍，舟蔽江下，羨金至萬餘，悉籍上之。典試雲南。適貢金騷擾，啓初疏陳其害，遂得免，著爲令。遷兵部郎。丁内艱。歸，不出。與友人蘇庚新相切劘，著書以終焉。雍正間《志》。

閩中理學淵源考卷七十五

廣平府知府李清馥撰

學博何怍菴先生家世學派

按：鏡山先生著《我私志》，志私族也。何氏譜系志遜基公之孫。至元末，兄弟以軍役他移，始分派，一郡城，一潯渼，一漳江。《我私志》録自五世祖諱安字叔恭始。叔恭先生領洪武丙子鄉薦，授開建、江山二縣儒學教諭，通《毛詩》、《春秋》二經。數傳至怍菴先生，專精學《易》，兼治宋儒書，遂開大理、司徒一派，蔚爲儒林楷模。其家學源本，固遠有端緒矣。文簡黄公嘗曰：「怍菴先生於先中允公爲僚婿，先公嘗謂小子某曰：『何先生後學師表也，爾宜以師道事之。』」然則怍菴當日爲吾郡師資典憲，載之名賢碩彦集中，可考也。至其敦《詩》説《禮》，一門父兄子姪自相師友。鼎革後，培所、忠寅諸公歸隱終老，其飭躬範家，典型猶在，至今述舊德者稱家學未艾云。兹録其略載於編。

學博何怍菴先生炯

何炯，字思默，號怍菴，晉江人。專精《易》學，治宋儒書，有名諸生，袖然爲後輩師表，士從遊者以數百人。嘉靖中，應貢試内廷，世宗親擢第一，授安福訓導。立教必本忠孝，擇周、程、張、朱遺言之切於讀書者，刻之學舍，以教生徒。從其邑先生鄒文莊守益講德論業，舉祀鄉賢，申獎節孝，事皆闡實德。雖貴勢，不少徇，所賞識士如傅應楨、劉臺皆以氣節顯。遷靖江教諭。其教一如安邑，士莫不仰其方嚴樸直，以古君子尊之。嘗於學齋召諸生月試之，靖僻邑，諸生爲時義外，史傳朦如。炯試目，必先論策，後經義，以進其才識，邑士遂有達者。

性至孝，早孤，念禄不逮養，孺慕不替衰白。脩《家譜》以識先德，嚴寢堂以肅先祀。編次泉郡先哲之文章，爲《清源文獻》，裒王忠文、真文忠二公守泉之文章政教，爲《温陵留墨》，二書並刻於郡齋。莊氏履豐撰《文集序》，稱其所傳著大指在實學實行，以究乎彝常之極。故其爲文，體物切理，意鑄性鎔，澹然而文，黯然而質，蒼然而老於骨，卓然而高深於裁，蓋絶不爲浮異詭瑰之辭，所謂孝弟之言藹如，仁義之言粹如也。子喬遷、喬遠，别見學派。《舊郡志》。《我私志》。莊氏撰《文集序》。

大理何齊孝先生喬遷孫運亮附

何喬遷，字齊孝，晉江人。與弟司徒喬遠世其尊人廣文公炯學，同習戴氏經。初治博士言，有聲。最後攻古文辭，俊潔典亮，矩矱歐、曾。萬曆丙子舉鄉試第四人，授建陽縣教諭。却贄給貧，以「宗朱」扁其堂，刻《潭陽文獻》於學齋中。擢國子學正、大司成，委校《二十一史》。進大理寺評事，讞獄多所平反。卒於京師。所著有《廷尉集》。孫運亮，字忠寅。崇禎癸未進士，授廣東海康縣知縣。甲申後，與林下諸先達共結詩社，環堵蕭然。嘗稱述先訓以爲家規云。著有《草間集》、《詠史》、《癸甲草》諸編。《舊郡志》。《新郡志》。《何氏家譜》。

庶常何培所先生九雲

何九雲，字舅悌，號培所。鏡山仲子也。萬曆壬子舉于鄉。天啟辛酉，鏡山起用少卿，九雲侍京師。同里相國蔣八公、黄石齋、黄東崖，太史莊羹若、鄭大白，銓部林素菴皆爲文章性命之交，東崖復特薦于朝。丁丑下第，授漳平教諭。端嚴率士，捐俸構布衣陳先生祠。又築講堂於東山寺側，每釋奠，先期親視。捐俸修文廟，刻《宋名臣言行録》，舉先朝未祀鄉賢中允景公暘以下十人。癸未登進士第，授庶常，讀中秘書。不浹旬而際國難，誓死，以父未葬，自賊營逃遁南歸。歸後，扁其軒曰「東湖閒史」，與二三遺老結社山中。順治己丑年卒，年六十。

九雲嗜好經籍，癸丑，北返，過維揚，鹺使者爲鏡山門徒，馳書相問。淮商欲夤緣納賄，九雲叱之曰：「奈何以不肖之行辱我故人？」閣部曾二雲參藩泉州，聞九雲名，造庭下交。九雲不受刺，不庭謁。既成進士，或謂公宜見政府，早爲地。九雲曰：「某平生不敢喪其所守。」其出處大節類此。

所著有《荷野集》。《新郡志》。《漳平邑志》。《何氏家譜》。

户部翁海門先生堯英

翁堯英，字熙采，號海門，晉江人。少警穎，博學强記，善屬文。嘉靖十九年鄉薦。六上春官，謁選，得懷集。平粤賊。三載，報考功，召爲太僕寺丞，歷户部員外郎。旋歸，杜門謝客，捐餘俸構祠堂祭器，讀書於諸史百家靡所不窺，顧獨潛心《易傳》、《太極》諸書。所著有《易傳節解》、《太極圖説》、《教民歌》、《詩文論藁》諸篇，藏于家。卒之十餘年，登懷集循吏邑志。又數年，祠名宦。又數年，祠鄉賢，采公評也。堯英爲何乍菴高弟。

《清源文獻》載其《贈張月洲天衢之洛容序》，略曰：余友月洲張先生分教西粤之洛容，人咸謂遠且陋，非所以處先生。先生怡然喜，以爲吾舊遊之地也，居易俟命，志之所至。即至矣，無所謂險易遠邇也。世稱豪傑之士翔奮君子之林者可多數哉！然或陟據通顯，或投置冷落，或騰茂初年，或收功末路。其途不同，其趨一也。士所遇亦何常之有？余觀漢興，重文學，《爾雅》博士，學官著之功令。維時言《詩》，無如魯申公者，年九十餘矣。其徒王臧、趙綰等力薦於朝。當是時，安車駟馬，弟子傳從，天子爲親問治亂之事。力行一言，何其壯也！今先生《詩》學爲世名家，年未逮申公，而志不讓焉。何有途之險易遠邇哉？先生行矣。申公退居，謝賓客，弟子自遠方受業至者猶以千餘人。先生方銜天子新命，涉萬里以教，出平生之素，變一方之士，夙莫横經，口傳心授，隨材培植之。又以其餘大肆力文章，俾與柳柳州頡頏上下，皆先生夙志，亦餘事也。聖天子壽考作人，嘉惠文學，重儒術制作，以崇化本，庸知不有嘗受先生《詩》如臧、綰輩者，言之于朝，安車蒲輪以迎，令濟濟多士乘軺傳從者相踵耶？夫老驥垂耳於林坰，人將以外閑，下乘視之，然壯心猶在，一試之羊腸太行，顧盼千里。先生勳業毋類是乎！於是先生躍然曰：「《詩》云『周道如坻，其直如矢』。又云『人之好我，示我周行』。吾與子相從筆研之好，有年矣。切磋之功，吾何以報子也？請敬服斯言。」楊文恪撰《墓志》。《清源文獻》。

通判李中藍先生瀾 別見清溪李氏家學❶

少卿李存孝先生纘

李纘，字存孝，晉江人。受經何怍菴之門。嘉靖二十九年進士，授户部主事。丁艱。服除，補禮部，遷祠祭司郎中。迂直不善彌縫，爲嚴嵩所擠，出爲景府長史。景王初之國，從官中貴人勢張甚，所至魚肉小民。纘請王以法繩之，横者乃戢。未幾，王薨，召爲鴻臚少卿，禮儀肅嚴，清節益振。尋罷歸。《新郡志》。何鏡山撰《墓志》。

❶ 本條原無，據丁氏抄本補。

通判沈震卿先生維龍

沈維龍，字震卿，號宗西，晉江人。嘉靖三十七年鄉薦。維龍少孤，事母獨至，又上奉其祖母。其喪父時年方十三。侍父病，隨醫調藥，至廢寢食。父歿，哀毁如成人。至宗中立祠立田，脩墳脩譜，無不獨任。事叔友弟，敦族睦宗尤謹。始仕廣之翁源。革除奸蠹，雅重儒術，置學田贍士。一日，單騎入賊壘，下賊千衆而生擒其譎酋梁忠。既平，餘黨聽撫。歷蕪湖縣。去供應，節省民力，興學教士，視翁源有加。旬月承重祖母憂。服除，補浙之慶元。居五年，遷惠州通判，旋拂衣歸養。杜門讀書，數武之田不展，十畝之桑常閒。與人言，下氣怡辭，而一歸於孝弟忠信之行。嘗自銘以示子孫曰：「予幼而壯，壯而老，有所勉，有所戒，有所教，皆臨深履薄之意云。」何鏡山先生撰本傳。

王先生應篤

王應篤，南安人。承箕子。爲諸生，受業於何怍菴先生。其歿也，怍菴歎曰：「是予之高弟也。」走唁承箕。承箕有十子，應篤其三，獨以孝稱。問所以孝，則凡承箕志與事，咸體而爲之。承箕仕，凡門内賓祭諸政，一以委焉。嘉靖之季，邑中寇賊輒發人冢。應篤募死士與寇爲出入。發大父柩竄，扶之歸，得無恙。倡脩祖祠，爲族人先。事繼母毋怠。伯兄遘疾，奉湯藥，卧起與俱。宗族不能婚喪者，皆助以舉。他如扶人困厄，不遺餘力云。何鏡山先生撰《王孝子傳》。

司徒何鏡山先生喬遠學派

余嘗讀《鏡山公文集》載《王未齋傳》，而知作菴先生與公爲一時典型師表，維挽狂瀾之砥柱也。公生於萬曆之代，至崇禎初年捐館，維時士風譚説異矣。公之言曰：「當嘉靖之時，晉江有蔡松莊先生講《易》，松莊之墅弟子雲從，而吾先子作菴與之相亞。當是時王文成之學方新，學士大夫多議其簡徑，而閩中諸先正去考亭尤近，尊守其致知力行之説，以合於聖門博文約禮之義，不敢一毫離於繩尺。其爲功甚勤，而其踐履甚實。及乎今日，而始講性命以爲高，扣玄虚以爲歸，求之躬行實踐之際，茫然背馳，不見其影響，而去諸先正之學遠矣。」嗚呼，公之言如此，其爲世道慮也，不亦深切著明哉！即此見公之篤信師説，遵主朱學，淵源相紹，確乎不移。後之論公者，亦莫過於公所自述者矣。

公著作宏富，如《名山藏》、《閩書》，包羅涵蓄，列代英賢言行昭然可考，即公之志事，亦具見於是矣。嘗論學曰：「主静莫如居敬，致虚莫若明理。」此尤救明季末流之弊。林氏素菴曰：「泉自紫陽教鐸以後，學脈薪傳，蔡文莊、陳紫峰、何鏡山、家省菴相繼互有發明。」諒哉！

再，公門人林氏如源撰公遺事曰：「《司徒佳話記》云：如源侍公于鏡山，嘗取《名山藏》翻閱。公曰：『此藁猶未定，吾每喜閲者删改。』」按：此乃公暮年之語，詳於《佳話》中。《閩書》亦暮年之作，疑亦未爲定本，今并及之。又按，先生門徒莫得盡詳，有從衷一而從先生者，俱不重載。今據集中所見及校刻公集諸姓氏，録其著者載于篇。

司徒何鏡山先生喬遠

何喬遠，字穉孝，號匪莪。學者稱爲鏡山先生。父烱菴公炯，潛修篤學，爲靖江教諭。子四，季即喬遠。稍長，讀書過目成誦，厭塾師句讀，贈公獨教之。年十四五，即攻古文詞，有志聖賢之學，未肯俛首舉子業以希急售。年十九，與兄大理喬遷同領鄉書。時與楊文恪道賓、莊户部履明、李左相夢麟、山人黄克晦結社，稱「五子」。萬曆十四年成進士，除刑部主事，歷儀制司郎中。時光宗爲皇第一子，十二齡未册立。神宗傳諭禮部，將三皇子并封，以待將來有嫡立嫡，無嫡立長。喬遠上疏，以祖訓無待嫡之條，請行册立。於是并封議寢。考功郎趙南星被斥，陳泰來、顧允成等俱論救，鐫秩。喬遠抗疏極言之。倭攻朝鮮急，大司馬石星闇懦，至爲請封貢。喬遠疏言其以和欺主，因進累朝馭倭故事力阻之。而星堅持己説，疏竟不行。坐累謫廣西布政司經歷，以事假歸。思北山先墓在焉，且爲贈公手植荔園，遂之鏡石結土椽，世傳鏡山是也。里居二十年，中外交薦，不起。光宗即位，即召爲光禄少卿。喬遠以爲大行而得遷，非臣子所忍言。九月光宗崩，熹宗即位。葉文忠、鄒忠介二公先後以書道出處之義。天啟元年，始赴闕，移太僕。王化貞駐兵廣寧，主戰。喬遠畫守禦策，力言不宜輕舉。無何，廣寧竟棄，經、撫繼逃，合疏請并逮治，時傳爲「五少卿疏」。

初喬遠與鄒元標、馮從吾，皆於林居考德爲事，而汪應蛟、楊東明、高攀龍、曹于汴一時同志并起廢籍，因城南建首善書院。科臣朱童蒙劾之。喬遠言：「書院上樑文實出臣手，義當并罷。」再疏，不允，仍用爲光禄卿。上薦舉疏，舉同縣李光縉、永春李開芳、同安黄文照、海澄丁玉明、龍溪張燮及華亭陳繼儒，有旨議覆。蓋薦舉久已不行，喬遠復倡發之。會舊病作，方志乞歸，旋有銀臺之命，言者謂其因病得陞。喬遠聞之，即日出國門，方上辭疏。熹宗以喬遠舊學清脩，起用未久，不許。再堅辭，疏凡五上，乃晉户部右侍郎以歸。入里門，即便道鏡山，作《客位帖》，引太祖戒汪仲魯「告歸，不得輒通郡邑官長」；作《祠堂帖》，引孔子「鄉黨恂恂」，戒子弟不得横取人財，横辱人、箠楚，以慢父母、虐兄弟。會郡守移建朱子祠爲泉山書院，延主教事。魏璫竊柄，屢欲起喬遠以收人望，不赴。益與社中講論切磋躬行之學。戊辰、己巳間，鄭芝龍肆氛海上，喬遠開誠約束，欣然就撫。李魁奇再叛，獨言：「招我，非何侍郎不可！」喬遠毅然親至中座，慷慨諭以禍福，弭耳不敢動，收回巨艦利器，當事因掃平之。

崇禎二年，臺省交薦，特起南京工部右侍郎。具疏引年，甚切。屬有邊警，慨然曰：「此豈臣子高卧時也？」立就道。甫入都，即上疏言：「敵盤踞内地，須日夜撓亂之，毋以塘報爲了事、截殺爲虚名。請開鎮江之練湖以通運道。」懷宗嘉其老成體國，署户、工二部。署事二月，乃乞骸歸。懷宗以清名慰留，再力請，乃許。猶復上開海禁一疏。入閩，至建陽，遍拜考亭諸儒祠墓。崇化里有横渠子孫在焉，爲書《祠記》，以《西銘》一篇括盡仁體而要以完天所生爲主，無常變死生，一以順受天命、還禀天則，發程、朱之旨。既抵家，偕羅一峰書院。於月之三、八日，與鄭孩如、唐見梅、韋衷芹、黄季弢、張玄中率諸門人集講。曾撰講「懲忿」、「窒欲」二解，且言人於一歲之中，循省善念幾多，惡念幾多，庶漸漸有遷善改過、近裏著己之意，語極切至。常題一聯座右，曰：「人心中無私便聖，天理内行事最樂。」海内以喬遠與鄒南皋、馮仲如、趙鶴儕並稱。

崇禎四年卒，年七十四。喬遠終始四朝，後先一節，安貧樂道，鞠躬厲行。平生德容沖粹，與人交，洞見肺腑。自少勵志前脩，既立朝，以文章氣節自砥。里居多年，益加意學問，因人設教，誘迪以躬行語默之常。扁其齋曰「寡過」，又曰「自誓」，取古人誓墓之義。命其堂曰「耻躬」。每與許敬菴、李見蘿、范晞陽、洪桂渚諸公論學，不分别門户，不支離心性，惟欲於庸德庸行中步步繩尺，庶不負終歲讀書求友之意。大學士葉文忠向高問林宗伯欲楫曰：「何稚孝何如人也？」答曰：「文章氣節，人皆知之；其深於道學，人未必知也。」葉曰：「稚孝，吾未嘗見其講學。」林曰：「惟不講學，乃真道學耳！」因具述其平生得力惟「自誓」、「寡過」，不求人知。文忠以是序《閩書》，稱其平生篤學真脩，無愧宋儒云。所著有《釋大學》、《釋武城》、《釋大誥召誥洛誥》。他纂述之作，在刑曹有《獄志》，在禮曹有《膳志》。而大者，輯明十三代遺事爲《名山藏》；❶集一代賢士大夫所論著，擇其雅馴，兼收衆體，爲《皇明文徵》；又纂《閩書》百五十卷。自著詩文百餘卷，有《萬曆》、《泰昌》、《天啟》、《崇

❶「輯」上，丁氏抄本有「於古今典故遠引旁搜靡不該洽」十三字。

禎》等集。壬申七月，福建巡撫鄒維璉以大學士史繼偕等公舉理學名臣，題請特祠祀于學宫之左隅，贈工部尚書，予謚。後未得謚。九年，興泉道曾櫻爲建理學名臣坊。十六年賜祭葬。子九雲，見家學。《明史》。《行略》。《家學》。《新郡志》。

宫贊鄭大白先生之鉉

鄭之鉉，字道圭，號大白，晉江人。博通經史。天啟壬戌進士，選庶常，授簡討，纂脩《神宗實録》。時魏璫竊柄，之鉉浩然求去。丁外艱，哀毁幾殆。居家五載，於後彦多所奬進。旋起授宫贊，册封岷藩。事竣，念母馳歸。至莆，病卒。按：先生曾與何培所九雲、林讓菴胤昌、傅渼溪元初、王何稱之驥、黄石眉日昇、黄東崖景昉同結社爲文，没後，東厓先生爲撰《行狀》。《新郡志》。《通志》。《湘隱堂自識》。

給事李元馭先生焻

李焻，字元馭，晉江人。崇禎甲戌進士，殿試二甲一名，授禮部主事，擢兵科給事中。召對，陳禦敵宜以守爲戰，平賊宜以剿爲撫。上首肯。久之，差封益藩，還遷禮科督餉江西，再往粤東，至武林，病卒。《新郡志》。

給事傅渼溪先生元初

傅元初，字子仁，晉江人。祖道唯，鄉薦，累官按察副使。里居，爲李文節所重。元初，崇禎元年進士，授浮梁令。建議漕運折色。民立祠祀之。直指舉卓異，入部會。丁外艱。服除，擢工科給事中，條議屯政、馬政及閩海利源，悉軍國至計。以劾南吏科，爲所中，罷歸，卒於家。所著有《尚書撮義》四卷，自跋云：「齋頭索居，餘忠耿耿，輒温《尚書》舊聞，參合經史，要求真實經濟，而訓詁經生之習愧未免焉。」林氏胤昌序曰：「吾郡襟江帶海，扁舟上下可以溯洄，然郡士大夫鮮有爲此游具者。渼溪傅子既卜其尊人宅兆於渼溪，復以一葉作江上岵廬，風朝月夕，乘潮往來而省視焉。余問舟中往來所讀何書？渼溪曰：『吾幼從父祖讀《尚書》，開卷見放齊舉胤子爲千古諂媚之祖，驩兜薦共工爲千古朋比之祖。當時未設諫官，知人之哲，獨推聖帝。然四岳舉舜，未嘗論賞；薦鯀不效，未嘗議罪。吾忝諫官，每念二祖列宗用人行政之大，克媲美於典謨。因撮史合經，名爲《撮義》。夫猶是幼從父祖所讀《尚書》也。』

「一日林子攜榼舟中，與渼溪泛遊筍江、浯溪、溜埨諸勝，訪曾子霖寰於法石，曾化龍別號。則《撮義》已成帙，刊傳海内矣。余既羨渼溪之思奇而才敏，志孝而願忠，顧竊歎以其烺烺天球之章，爲坎坎河干之具，因爲朗誦《説命》三篇，拜手颺言曰：『君家傅巖，濟川作楫，亦惟代言納誨，啟沃乃心。今《撮義》稱引古昔，揚扢昭代，閑邪陳義，足爲經筵啟沃之資。當宁側席旁求，吾子其以《尚書》進，爲恭默遜志，稽古訓之一助，巨川之濟，有如此舟，豈獨借岵廬於江上哉？』曾子曰：『善。』請書之。爲《撮義序》。」按：此序林氏《笱堤集》脱漏未刻。雍正間《郡志》。朱氏《經義考》。

林維清先生如源

林如源，字維清，晉江人。五歲而孤，七歲而通文史。年二十餘，舉有司不遇。築室於其所居馬鞍山之旁，名堂曰「五因」，蓋因山因水、因樹因石、因其先人故所遊盤之跡，結而隱焉。讀書其中，老至不知。遍借書籍於人。録其佳話，分爲四科，人倫庶物，靡不攟載。惟所常目，則罷抽揚。星霜七更，藁楮四易。命其兒夢叶、夢甲、夢斗手書之，而名之曰《五因閑抄》。又有《綱目集要》、《史評》、《八閩名山志》、《掇名志》、《何司徒佳話》。順治戊子年卒，年七十三。子四，二爲名諸生，有名於時，季曰麟禎。

比部林先生奇樑

林奇樑，字未詳。按：鏡山先生撰奇樑父東井林公太毓《墓誌》云：「林氏之世，有太平守鉞，賢士大夫也，與吕涇野、顧東橋、屠赤水、張甬川同時而與之遊好，子太毓，受業里中先輩李白齋公及吾先子怍菴公，卒年僅四十有四。太宜人黄氏督比部兄弟讀書兼晨夜，比部歌《鹿鳴》。守澧州，太宜人八十四矣，愀然曰：『爾第爲余作五斗耶！』家人自澧還，問政廉平乎，無他及。三載，秩滿。丁蔡母憂。癸亥，補東牟，得贈公爲奉直大夫，而黄太宜人封母也，此時太宜人九十又一。」比部君居比部，事實未詳，其受業鏡山先生，見《萬曆集》校刻門人，今録出待考。何司徒撰林太毓《墓志》。

御史徐奕開先生縉芳

徐縉芳，字奕開，晉江人。榮之孫，萬曆辛丑進士。

李德御先生登卿

李登卿，字德御。從鏡山先生受業。黄氏季弢云：「吾黨中不可一日無德御。」

黄鳴晉先生

黄鳴晉，名未詳。從鏡山先生受業，與修《閩書》。

黄麗甫先生

黄麗甫，名未詳。林氏素菴曰：「鏡山高弟黄麗甫蚤以《毛詩》登壇。」蓋鏡山早歲得鄭道圭而

《詩》名益顯，晚得黄麗甫而《詩》情益豪。抑麗甫先世竹溪、肖竹二公文章德業爲世所宗，家有衣鉢，又不徒學鏡山者矣。餘事實未詳。《筍堤集》。

郭先生望奎

郭望奎，晉江石湖里人。祖孝義先生始遷郡城中，孝義先生名尚謙，以至孝文學名。見志乘。望奎爲諸生楚楚者，嘗受學於鏡山先生。餘未詳，待考核焉。何公撰《孝義先生傳後》。

縣令潘士雅先生藻

潘藻，字士雅。以明經仕寧德訓導，處諸生如朋友，切磋共之，士皆樂從。遷廣東長樂知縣。視民疾苦如其自身，不取民一錢也。以其兄瀾仕廣憲，迴避改官，歸卒。平生錚錚志古人，臨没，猶與予談曾氏之學，請與必有，正是托孤寄命之根，其卓見如此。《何司徒文集》。

宗伯林平菴先生欲楫學派

按：先生撰鏡山何公志狀云：「某從壬寅歲以文字受知鏡山，遂托門墻，考德問業。溯吾鄉彼時英髦，陶鑄鏡山之門者爲多也。厥後，先生歷官清要，物望巋然，於後輩亦多所獎進。如吾宗餘隱先生光龍，其一也。」再考先生館甥張確菴潛夫，疑在及門之列，今并附之。其餘待考。先生著述今存者《易勺》一書。國朝督學汪公薇及諸前輩序言表章備矣，獨《友清堂文集》未見。馥從乾隆丁丑寓郡齋，託友人從先生家購覓無得。先生舊里在郡之南鄉，其族裔太常林氏洪烈爲吾先公辛未所得士，因是訪先生的系，近頗式微，而篇籍亦荒渺莫問，可勝歎哉！謹識之，尚有待訪求云。己卯四月望前二日書於雲津山館。

宗伯林平菴先生欲楫

林欲楫，字仕濟，號平菴，晉江人。萬曆癸卯鄉薦第一，三十五年成進士，選庶吉士，授編修，假歸。起充廷試掌卷官，使封益藩。還，掌起居注。戊午典浙試，假歸。泰昌初，起左中允。天啟元年，轉右諭德，陞右庶子，擢少詹事，晉禮部右侍郎。六年，遷南吏部。懷宗立，陞禮部尚書，掌詹事。朝議誅毛文龍，力言不可，與閣忤，假歸。三載召脩《實録》。甲戌，充殿試讀卷官，教習館員，引疾去。戊寅，起掌部職。楊相嗣昌議增兵餉，欲楫力言：「三空四盡之秋，以窮民養驕兵，未見其利。」復具《民窮兵荒疏》，力指時弊。不報。差視鍾山陵寢，還至天津，連疏以疾乞休。歸，卒於家。所著有《易勺》、《老子勺》、《日記》、《友清堂集》。雍正年間《郡志》。

進士李餘隱先生光龍別見本學派❶

進士張確庵先生潛夫別見本學派❷

❶ 本條原無，據丁氏抄本補。

❷ 本條原無，據丁氏抄本補。

閩中理學淵源考卷七十六

廣平府知府李清馥撰

郡西林氏家世學派

郡西林氏家學舊矣。何司徒爲《林坦齋先生傳》曰：「有泉先輩之盛，士專一經者，弟子聚而師之，楷其模範而守其訓詁，終身無所改徙。以故師名其家，士名其學，文獻之盛，所由來也。蓋自成化以後，蔡虛齋修明《易》學，士得聆其緒論，轉相授受，其傳浸廣。林先生受《易》於郭公文博，其一也。」又曰：「先生所説書已焚草，今不傳矣。乃質行不愧怍於俯仰。廣文與志，唯君繼述，有道之盛皆先生開之。夫立德君子烏在尚言耶？」兹録其家學著于篇。再，素菴先生稱省菴爲伯祖，未知族派之詳，姑附待考。

文學林坦齋先生文明

林文明，别字坦齋。少受《易》於郭文博，而文博受《易》於蔡文莊公虛齋。文明褒衣博帶，與諸弟子雍容講説。陳紫峰先生與之相重，統會聖真，窮討理窟，旁及詩文，靡不闡究。弱冠爲諸生，教人反復諄切，句析條分，悉盡其誠。而規矩嚴密，無所假借。閲史籍，見忠臣孝子、貞夫義婦遺事，輒掩卷垂涕。得一善言，隨筆劄記。爲人講論，不暢不休，以此得宗仰諸生間。幹質魁梧，與之處，油油若無皂白，至是非義利，嶄然辨毫髮。事父母切至，孝敬不違，伏臘祭祀，洒掃焚香，終老忘倦。邑中饑疫流行，家無宿食，量力推賑於親友，往來恤問，亡少却避。鄉有不平，得一言而退，其篤行如此。所講四書、《易經》，故有《草説》，皆手自訂定。及見紫峰《淺説》、《通典》，曰：「足以傳矣，吾不能有加也。」臨没，取而焚之，《草説》遂廢。子敦忠，孫學曾。

教授林錦山先生敦忠

林敦忠，字恕甫，晉江人。生禀至性，母陳氏蚤殁，權厝叢間，每朔旦輒省視，哀哭如成人。長爲諸生，步趨舉止，折矩準繩。同業生望見，輒目爲有道先生。敦忠生平論學，一以躬行爲主。督學奉新，蔡公國珍嘗集諸生，講學于清源山中，諸生群有問難，敦忠拱手徐前曰：「今之學者，基無尋尺，而臨深爲高，自謂聖賢作用，不知中行難得，若狂若狷，須求一個入頭。狂者，天資洒落，地位儘高。若狷者，痛自刮磨，掃却枝葉，從本源著力，亦自覺有洒落處，此狷之可幾於狂也，所謂踏實地人也。」蔡稱善者久之，其論學如此。應歲貢，授南陵司訓。已，遷諭海澄，教授興化，所至皆立模楷，諸生翕然敬信。接人恂恂，一團和氣，而於義利之關斬如。海澄爲生祠，南陵、莆陽伐石紀德。殁後，三庠並祀名宦，泉祀鄉賢。子學曾，别見；學閔并孫維暹，俱見《科目志》。黄文簡銘其墓曰：「德行恂恂召伯春，居今行古任定祖。史氏傳之標儒林，寥寥千古公爲伍。」《舊郡志》。《墓志》。

司徒林省菴先生學曾學派

林素菴曰：「吾郡自蔡文莊而後，行脩學富，必推黃恭肅光昇；風清塵絶，必推李文節九我。至若居官居鄉，如寒潭秋月，心嚴爲師，老而不倦，則吾伯祖省菴先生一人而已。」

馥按，明自隆、萬以後，異説蠭起，公之學雖兼尚餘姚，然其教授生徒獨稟朱子《小學》教人成法，步趨不失，年耄不衰，其維持風氣，造就髦士之功偉矣。於時會龐雜之日，能獨守典型於不墜，亦一時砥柱中流也。

司徒林省菴先生學曾

林學曾，字志唯，號省菴，晉江人。萬曆二十年進士，授南康司李，擢爲吏部郎，周歷四司。疏陳東南水患，乞遇災思儆，亟簡賢才，共濟時艱。尋引疾歸。甲寅，起爲太常少卿。天啟中，累官户部尚書。致仕歸，問業者屨滿。閩省直指使者張巡撫熊特疏于朝，略云：「林某，孔、孟真詮，周、朱正派，不愧理學名儒。年逾八十，猶朝夕講誦不輟，學者群然宗之，比之蔡文莊。而其厚德雅量，殆類先代文潞公、韓魏公之爲人。宜特加優禮恩錫。」部覆奉旨，命有司遵照存問。閩自司馬林文安瀚至學曾百二十年，僅再見焉。

崇禎甲戌年卒，年八十八。學曾孝友天植，學業庭授。蓋方髫齡，已卜爲有道氣象。生平自誓一字不輕出，一錢不輕入。歷官所任，皆以趙清獻一像自隨，苞苴請託，望風遠却，聞神宗時每呼曰「林秀才」，其以清白受知如此。居恒與李文節相嚮慕，文節被攻時，人勸避之，學曾恬然如故。嘗語人曰：「吾鄉不可一日無文節，使少年後進有所敬憚。」宦三十餘載，未嘗一刺投有司。雖至親，不少假借。室僅蔽風雨，門可羅雀，兒童走卒咸知有林夫子。年逾七十，猶燃夜讀書，或達旦不寐。終日危坐，未嘗跛倚。逢人循循善誘，開陳懇至，曠若發蒙焉。

所著有《史評警語》、《潔身亭説》，皆論學正派。又有《孝經詮解》、《批點小學編》諸書。《新郡志》。《通志》。林氏《筍堤集·跋語》。

銓部林素菴先生孕昌學派

按：素菴先生爲吾郡明季舊獻，視鏡山何公爲前輩，與石齋黄公、八公蔣公爲同年友。《榕檀問答》，公爲之序，皆同時互相觀摩講切。其學本之伯氏省菴司徒。考省菴與公皆談姚江之學，然省菴自授徒至耄年，奉朱子《小學》書爲高曾矩矱，絶無肖似王學者。素菴則平生景慕文清、文成、文莊三先生，纂輯三公遺書，不但誦説其文而已。是時，閩中典型師友，猶有可稽，如莆有「金石社」，漳有「榕檀」，吾泉鏡山何公倡學於「恥躬社」，省菴林公講説於「不二精舍」，布衣季岐黄公栖隱於「昇文社」，而素菴則讀書於笥江「在兹社」。嘗自撰《在兹社序》，曰：「笥江在兹山房，余小子所草構耕隱，鳩子弟讀書其中者也。每慨末俗虚名焦心，正學不講，有言及身心性命之故者，輒指之爲迂，詆之爲僞。而後生、新進粗知章句，便膾炙李秃翁之書，言以翻案爲奇，行以跅弛爲高，釀成輕薄，漸爲世道之憂。思一起而維之，顧余非其人也。」

觀素菴自叙結社之志，可見彼時俗波靡，公蓋維持于不墜者爾。又，公嘗集子弟月三會，講説經義，旁及史學。其門人張拱宸、何承都等緝成，名曰《經史耨義》，又著《周易解義》、《笥堤集》諸書，著作甚夥。今考其門徒姓氏著于編。

銓部林素菴先生孕昌

林孕昌，字爲磐，號素菴，晉江人。祖雲龍，隆慶丁卯舉人，官至運同。晚好讀《易》，手評二程及《易傳》。時與布衣黄季岐論學，必依程、朱、虚齋正派。年九十終。爲諸生時，即志濂、洛、關、閩之學。天啟二年進士，歷官吏部文選司郎中。其秉銓衡，澄叙官方，疏恤直節，薦揚理學諸名臣。後以避璫黨，忤權貴，借他事下詔獄。百日，歸家，立朝僅兩歲。已而三徵不出。里居講學，從遊者屨滿。

所著有《易史象解》、《廣占》、《續小學》、《春秋易義》、《泉山小志》、《經史耨義》、《旦氣箴》、《語録》、《在兹會語》、《笥堤集》。未梓者有《論語耨義》、《尚書三禮》、《三百篇藁前後》、《戊巳自鏡録》、

《雁山集》等書。童氏子煒撰《春秋易義序》。《新郡志》。

林素菴先生《問問録》節鈔

《問問録》小引

學之需問久矣。言博學者，繼以審問。舜大智也，而曰好問，今人迺有學而無問矣。夫子以好學下問稱孔文子，風世也，非爲文子也。學不講，是吾憂，問弗知，又烏能措乎？中州張得一先生來按吾閩，慨然以倡學明道爲己任，巡方事竣，則偕參知曾二雲先生進「筍江社」諸友於羅一峰先生書院而提誨之。已，復出《上問録》三十則見示，若謂滿目皆上也，何處是下，愚拜受讀之，不覺起舞，曰：「有是哉，『學問』兩字復明於今日也。夫《皇華》之詩，諏謀度詢，皆問也。乃察吏安民而外，更爲崇儒横經之舉，則斯問也，不獨振風紀，且勵風化矣。愚不敏，承問宜有所答，而慚未能因抒管見而再申問焉，遂名之曰《問問録》。尚冀有道君子之再有以教予也。」

問：未發之中，解説猶易，尋認甚難。不認得，如何執得？此探本窮源之論也。愚謂：未發，非屬玄虚。人身實實有箇中體，如花之有根，如水之有源。雖發矣，而有未發者存焉；雖不發矣，而有能發者存焉。所謂天命之性，無極而太極，天地之大本是也。人身實實有箇太極，却被私欲蔽錮。憧憧勞擾，未發之中，從何識認？惟日夜所息，至平旦之候，一夢甫終，衆緣未乘，天地清寧之氣來與我接。此時良知好惡，炯炯不昧，已隱具發而中節體段矣。在天爲平旦，在人爲未發，此孟夫子「旦氣」二字，程子謂其大有功於後學也。李延平教人静中觀未發氣象。夫静則孰有静於平旦者？從此尋認，從此下手，用戒慎恐懼工夫，使一日之間無非旦氣之流行，推之應事接物，隨處提醒，隨處迫現，則不獨静可觀未發，動亦可觀未發矣，不知可備蒭採否。

問：致知格物。「格」字即「有耻且格」之「格」，當化字看。此論極是。夫格致之説，紛紛莫定久矣。愚謂：當先繹《大學》本文「明明德於天下」至「先致其知」，工夫已盡，乃不曰先格其物，而曰「在格物」，實無所用工夫矣。蓋「知」即明體，如日月當空，明鏡在懸，著不得一物，無論惡物著不得，即善物亦著不得也。「格」字即「格君心」之「格」。人終日爲物所障，故知體不現。物格而知自致，猶塵去而鏡自空也。看來「格去」與「格化」與陽明「格不正以歸於正」意似相合。不審有當否。

問：子何以孝？臣何以忠？俱莫爲莫致之光景，便是天命之性，此解最爲妙悟。人但知子臣弟友爲庸言庸行，故日用習而不察，不知其所以然處皆天也。静思默想何等奇妙！即如人終日目視耳聽、手持足行，習爲固然，亦安知爲天所命！迨觀盲聾者之無以與於視聽，痿痺者之無以與於持行，然後知天之錫我者奇而厚我者至也。子思子將天命説入庸德，使人不苦玄虚；復將庸德歸到天載，使人不厭平易。

問：吾輩下工夫，一味枯静，終無著落。愚見亦是如此。程子曰：「不哭底孩兒，誰抱不得！」

虚齋先生云：「若是真學問文章，須見於威儀之際與夫日用之常。若是真道德性命，須見於治家之法與夫當官之政。」不則閉門静坐亦虚耳！然先輩每教人静坐，想爲脚跟未定者先下一砭。此法亦可細參否？

問：忠恕是仁字脈絡，歸仁見一貫光景，何以知之？曰：即以「克己」兩字知之也。夫忠爲中心，恕以如心，此己不克，則一團窒礙，到處荆棘。己心不能如人心，人心不能如己心，仁從何歸，一從何貫乎？愚嘗謂「一」字，堯、舜以來相傳之意，而「貫」字爲聖門獨標之宗，「一以貫」三字内，實實有克己工夫。故告淵以「克己」，而授參、賜以「一貫」，其道一也，然否？

問：愛之一途，未足盡仁。仁，性體也。發而爲愛，則情也。仁體不可見，惟惻隱爲仁之端，故以愛字歸之，要亦有不拘拘於愛者。舜舉十六族，而誅四兇，何其愛十六族而不愛四兇耶？總以行吾仁而已。此説可相證否？

問：夫子處處言仁，却不曾露出仁字，抑夫子與諸賢言仁者屢矣，乃以爲罕言仁，何也？夫子所言非求仁之工夫，則爲仁之作用。若仁體渾淪，實口角形容不出，只可静參默會耳，然否？

問：讀書須句句收合自家身上，此是讀書要法。人身自具有太極，具有儀象，具有「姤」、「復」兩卦。但非讀書窮理亦體驗不出，如周子著《太極》之書溯之無極，而其用工夫處，只定之以中正仁義而主静。張子《西銘》本於乾父坤母，而其用工夫處則以不愧屋漏爲「無忝」，存心養性爲「匪懈」。邵伯温謂「乾」、「坤」爲大父母，故能生八卦；「姤」、「復」爲小父母，故能生六十四卦。然「復」之中行，「姤」之含章，皆隱隱示人以處身處世之法，此數者收合自家身上，即他書不讀亦可矣。如何？如何？

問：惟怒難忍，惟過難覺。此兩語，聖賢學脈也。顏子亞聖得力處，惟不遷怒，不貳過。忍則能不遷，覺則能不貳矣。薛文清嘗言：「二十年治一『怒』字，尚不能消磨。」王汝止曰：「心有所向便是欲，有所見便是妄。」如此用功檢點，庶幾無過。然否？

郭承汾、王命岳、張拱震、何承都❶

童先生子煒

童子煒，林氏素菴門人。其序素菴《春秋易義》略曰：煒方髫齡，即炙先生之教，受知特深，日與彙翁世兄同硯席，親承提命，立雪春風者數十載。茲復與彙翁同宦一方，適《易義》一書正在剞劂，煒因得效校讐之役，聊述生平有得於《易義》之旨，以志授受淵源之有自如此。童氏撰林素菴《春秋易義序》。

---

❶ 本條原無，據丁氏抄本補。

王氏家世學派

按：郡先輩楊氏輿撰《彦衡王公銓神道碑》稱：「王氏之門，世篤忠貞，家全孝友。」今考公在靖難時奮身殉節。其孫桓，庠生，早逝。妻李氏，爲吾六世祖樸菴公之女，誓守節，教督其子，是爲東軒公熺。其媵洪氏，不字，從李氏老，世號「雙節」。顧新山先生諸公撰志傳詳矣。東軒首以儒學顯著，其子居南公文昇，孫三揆公鏞、漢治公鍔皆以理學稱。東軒、居南，又以雙孝著，同郡先正王公用汲、何公鏡山、許公宗鎰並娓娓作傳述之。厥後，曾孫某爲寧粤軍門，❶贈東軒、居南爲安東伯。考其家世，累葉濟美，自遜國迄季明，與國咸休無極，此可以觀德矣。兹著其家學，纂録前輩所紀述者，著于編。

司訓王東軒先生熺

王熺，字仕顯，號東軒。曾祖銓，靖難時以忠節著。父桓，郡庠生，早逝。母李氏，安溪旌義李公森之女，矢志守節，督教其子讀書。其媵洪氏不字，以從李氏老，世號「雙節」。熺資稟聰穎，博學多識。事其母以孝聞。父墓患水，熺哀哭幾絶。改葬焉，追服斬衰，蔬粥廬墓。母死，毁瘠治葬，復

❶「曾孫」，原作「孫曾」，據下文《王居南先生文昇》正文「曾孫某」文改。

廬墓三年。正德十三年，以貢授廣東瀧水訓導。瀧水僻陋，士鮮知學，首以明倫敬身爲教，以經義啟迪之。俗尚鬼信機，熺删定《家禮》教之。任官五載，乞休歸。恒言稱母訓。母好施，熺雖貧，每新穀升，必播精遺四鄰。忌日必哀。其生辰，雖年七十，不敢受子弟上壽禮，如忌日。《肇慶郡志》載名宦，顧新山先生志其墓。子文昇，亦以孝稱。顧新山先生撰《墓志》。何鏡山先生撰《王先生父子傳》。

王居南先生文昇

王文昇，字子騰，號居南，熺之季子也。凝定有至性，自少即不爲凡兒嬉戲。十三歲，隨父司鐸於廣。父患疾，祈以身代，躬湯藥。少愈，乞休歸，途疾轉劇，值寇警，旅寓郭外，又有水患。文昇竭力護持，設床褥臥，父床離水僅尺許，文昇立侍水中，三日，父疾愈亦無恙。洎父殤，毀瘠致哀如禮。嫡母陶，繼母李，事之盡歡。生母鄭疾，思荔，非其時，迨荔熟而母逝，則終身弗食焉。公於祀事虔甚，潔修思慕，潸然涕出，感母鄭獨子之言。中年議納妾，初捐金納一女，同安人。既至，詢已許人。蓋儒生也。昇不敢近，亟物色儒生，歸之，不責原金，其重義如此。

生平勤學强識，動遵矩矱，不愧衾影，談吐必稱古人。性和粹莊重，口不出暴戾媟狎之言。每詫兒輩，仕無崇卑，毋以墨敗法。課子雖以舉子業，而視世之繁華靡競、口習行違者弗善也。嘗戒子遺言曰：「吾泉前輩林龍峰、近輩王嵎齋，此二先生者人皆謂之樸實頭學者。正當樸實上用工夫，做到精微細密地位，便是真正聖賢。大抵人品好者都樸實，不好者都不樸實。好人又有幾樣者，全看他學問如何耳。」昇之著述可摭入性理者甚多。許公宗鎰、王公用汲並爲撰志傳。子，鏞、鍔，皆以實行理學著聲。後以曾孫某貴，贈安東伯。許公宗鎰撰本傳。王公用汲撰《墓志》。

孝廉王三揆先生鏞

王鏞，字庚禱，號三揆，旌孝。文昇子。幼醇謹，長有志聖賢之學，覃精會思，手筆識之。萬曆十六年舉于鄉。七上春官不第，無意世途，抱遺經以終老。歲丁未下第歸，遊山東，卒濟南逆旅舍。家僮圖輕裝，取所著書焚之。喪至，其弟鍔驚問其故，大慟而搜家篋中者次之。今見鏡山所撰傳中附載數十條。鏞自少知孝，五歲請父取筆作書，即書「老萊子孝奉二親」七大字。執父喪，每餐二合米，數葉菜，合煑之。陳布衣欲潤題其齋，曰：「今世誰有如王庚禱行古人道？執父喪，蔬粥三年，未嘗一啟齒笑。庚禱真孝子矣！」

鏞沉静堅忍，渾厚洪深，得失不分，喜怒不形。其言訥訥，其貌迂迂，而大義所在，必爲必止，賁育不能奪也。趙撫軍欲求賢師，以囑觀察，觀察求得鏞，而鏞已先受聘甘廣文所，固辭却之。廣文曰：「此吾上官，足下奈何重名義，慢吾上官而使見怪我乎？」不得已，往館三年，未嘗以一事干。其梗節大概類此。

所著有《天彝淑世編》及《語録》諸書。先輩何鏡山先生撰本傳，其言曰：「吾泉理學之盛，自蔡文莊，陳布衣而後，興起者僅僅。其當吾身所見者三人焉：布衣陳欲潤、諸生林甫任、孝廉王鏞云。」後以孫某貴，❶贈安東伯。何鏡山先生撰本傳。

明經王漢治先生鍔

王鍔，字淑甫，號元液。天性孝友，少慧穎。居南公一言，即服之終身，竭力養志，幾微周悉。父殤，毀瘠骨立，喪祭如禮。與兄鏞事嫡母曲盡孝敬，事生母雖孝，然終嫡母世不敢與齒。事兄稟命，步趨惟謹。歲藉教授弟子咿唔自給，操持極嚴介。平生志學，以居敬窮理爲務，讀古人書，卷不去手。雖終老明經，而實以斯文正脈爲己任，言動不苟，後學負笈相踵。自癸巳受學李見羅、徐匡嶽，潛心著述，有《四書五焚存稿》、《易經七削存稿》、《詩經三百大意》及《時習諸説》等書。與林省菴諸公同修《府志》。一時名士如鄭孩如、李衷一、何匪莪諸公並稱許，以爲後學楷式。設教江右，勉諸生實行，與廣文孝廉涂世葉、門人吴文盛講論不輟。獨坐一室，不夜分不寐。卒之前一日，猶以「吾未見剛」章未脱藁，命侄燦記之。學者稱爲漢治先生。林省菴先生撰本傳。

安海黄氏家世學派

馥按：黄氏之先自正德間通判公爲陽春令，其仁澤流徽數世矣。毅菴尊人菊山公又以詩古

❶「孫」上，文津本有一「曾」字。

文辭名，與莊公一俊、王公遵巖相善，王公獨稱其詩與駢語爲長。平昔庭訓皆根本禮教，故毅菴立朝清節，屏斥中涓，書犢出處本末，毅然有執，猶足窺其家學大端也。兹録其家世大略，著於篇首。

同知黄菊山先生伯善

黄伯善，字未詳，號菊山，晉江人。以詩賦古文詞名，與莊一俊、王道思二公相善，王公獨稱其詩與駢語爲長。庭訓根本禮教，不及居積，嘗言曰：「吾行不能矯俗，但自信無一横錢。」又曰：「吾未敢即謂君子，然不敢爲小人。」此足窺行己大端矣。所著有《菊山文集》十卷、《菊山詩集》二十卷、《讀書彙記》八卷、《連枝集》十卷、《詞賦雜體》四卷，藏于家。子憲清。孫汝良。

同知黄以憲先生憲清

黄憲清，字以憲，晉江人。嘉靖甲子舉人。隆慶初，知陽春縣。縣屬萬山中，亡命窟穴，桴鼓數起，官皆挾兵自衛。憲清一意撫循，嘗奉詔清覈民田，盤跚橇楯，跋履皆徧，所至茹糗席蓐，不以供應煩民。五閲月，而田之溢於舊額者幾倍，然惟按舊籍，纔足而止，歲賦十二三，民大便之，立石著爲令。復革奏籍例金。遷廉州同知。珠海故多盜，設有戈船守兵，墨者縱兵入海，諺云：「游徼而陰與爲市。」憲清無寇輒出者罪之。再攝雷廉守篆，並以節愛稱。丁外艱，歸，卒。子汝良。

宗伯黄毅菴先生汝良

黄汝良,字名起,號毅菴,晉江人。萬曆十四年進士,選庶常,授編脩,纂脩《國史》。使趙藩,王簡踞,欲殿外安節,汝良堅執入殿中,禮畢即行,饋贈一無所受。轉南司業,復移北。有監生爲巨璫私人,偃蹇無狀,欲按之,挾巨璫書至,汝良曰:「國學四方觀瞻,且司成無與中涓通書例。」如法責懲。擢東宫日講官。每敷引古今,隨事披陳,東宫喜動顔色。進大司成。天啟初,轉南禮部侍郎,乞歸。乙丑,起禮部尚書,掌詹事。崇禎初,逆奸既殄,首疏抗言:「楊、左諸臣宜加封恤。《要典》一編,亟宜焚毁。」奏入,陛見,陳時務八要,遂致政歸。著有《樂律志》、《冰署筆談》、《野紀朦搜》、《河干集》。子慶華,崇禎舉人。孫光祉,康熙補科舉人,署甌寧教諭。雍正九年《郡志稾》。

閩中理學淵源考卷七十七

廣平府知府李清馥撰

萬曆以後諸先生學派

按：隆、萬後，吾鄉宿望老成接踵相起，惟時學術分離，鄉前輩尤守舊榘界限甚嚴。其扶樹世教，底柱狂瀾，諸家集中可證也。間嘗考當時所推者，如黄氏文簡、李氏文節之清脩碩學；王氏恭質、詹氏咫亭、家太常心湖之謇諤孤忠；王氏尹卿、楊氏貫齋、弟文恪之貞規實踐；蘇氏紫溪、何氏鏡山之紹述前脩；李氏序齋、郭氏恭定之建白忠懇；黄氏毅菴、黄氏襄惠之清毅有執；蔡氏清憲、林氏文穆之負荷大節。外此，若蘇石水之風猷，吕天池之守正，王慕蓼、莊梅谷之砥節，楊日燦、劉台巖之家學，王三揆、朱敬所、林甫任、陳欲潤之儒修，林省菴之夙望，鄭孩如、蘇子白、莊九微之治經，黄季弢、林素菴之講席，王忠孝、盧若騰、何九雲、李光龍、紀文疇、陳履貞等諸公之志節，稽其出處本末，升沉顯晦，各成所學所守，而流風餘範卓然可以待質後世。據其跡而論其心，蓋人物是非，必百年論定，一代川嶽英靈之萃，亦於是而可徵矣。諸公未能備採，爰輯其師友所訂述載於篇。其在隆慶間，及家學學派者已於前編詳云。

同知鄭孩如先生維嶽

鄭維嶽，字申甫，别號孩如，南安人。萬曆丙子經魁，銓遂昌教，轉五河知縣。立方田法，濬淮河，督役平均。陞曲靖府同知。以母老歸養。維嶽究心聖學，兼通禪理，每講經，論辨無窮，又於天文、樂律無不究心。有《知新録》、《四書正脈》、《易經密義》、《意言》、《禮記解》諸書。《閩書》。《南安邑志》。

襄惠黄鍾梅先生克纘

黄克纘，字紹夫，號鍾梅，晉江人。萬曆八年進士，授壽春知州，擢刑部郎，累官山東布政，陞巡撫。時税礦病民，抗疏極論，并劾税監陳增、馬堂不法事，嚴治其黨。蝗旱爲災，復疏發帑賑濟，蠲額外税銀十餘萬。陞南户部尚書。召理京營戎政，改刑部。受神、光兩朝顧命。李選侍移宫，克纘疏論内侍王永福等八人盜案，光宗謂其偏庇李氏，怒責之。乞休，不許。天啟元年冬，加太子太保。明年，復以兵部尚書協理戎政。廷議「紅丸」，克纘述進藥始末，力爲辨析，持議與争「三案」者異，攻擊紛起，自是創《要典》者，率推附之。屢疏移疾，加太子太傅以歸。四年，魏忠賢盡逐東林，召爲工部尚書。視事數月，與忠賢忤，復引疾歸。三殿成，加太子太師。

崇禎初，以薦起南吏部尚書，尋致仕歸。卒，謚襄惠。著有《數馬集》、《杞憂疏藁》、《百氏繩愆》、《性理集解》、《春秋輯要》諸書。按：黄之先有爲宋學士者，崖門之難，去妻子，於海門居焉，人號沙堤黄氏。有山曰梅林山，故公别號曰鍾梅云。子道敬，户部員外郎。道爵，刑部郎中，嘗劾巡撫熊文燦及弁將趙庭貪懦狀。黄公道周稱之。著有《麗矚亭集》。侄道瞻，有風節；道昶，癸未進士。雍正九年《郡志》。王氏志道撰《墓志》。《明史》。

州守楊日燦先生啟新

楊啟新，字日燦，晉江人。萬曆十七年舉人，授海門令。左遷東莞丞，量移武宣令，遷左州守。卒於官。啟新循循朴謹，不求人知。歷官五載，布衣蔬食。没，幾無以殮。漢吏悃幅無華，庶幾近之。左人祀之名宦。著有《易經講義》。子瞿崍，丁未進士，官至江西副使。著有《易經疑叢》、《棲霞山人石室藁》、《黄華讀藁》、《二東藁》。

朱敬所先生一泮

朱一泮，字達宗，晉江人。生而恂遜，嚴重和易。齔歲稱孤。既數年，得其尊甫手書叢籍中，悲涕不止，感動家人。稍長，事母盡孝。晚節母氏病風，先生晝夜起居不怠，志養無方。母殁，哀毁過當，素髮夕改。祭奠之日，精潔必芬，式厥禮儀。子性奡弟，遵而化之。先生少受經書，邃於《春秋》，旁通諸經、子、史。厭應舉俗學，設帳授徒，尊尚誠敬。衣冠危坐，靡間寒暑。雖屋漏之中，了無岸幘跛倚之態。康莊坦逵，肅恭矩步，及至曲巷旁途，亦紆轉方正，不斜側取捷跡。

先生平生非禮之事不接於目，近利之行不邇諸躬。從先生學者儼然尊崇，雖至白首貴倨，猶憚畏如一日。先生之言曰：「一，誠也。主一，敬也。繇敬入誠，四勿是也。」又曰：「道，正氣也。精神，私氣也。吾儒從事於道而葆其精神。釋氏第葆精神而已，其所攝持亦類於敬，遺乎道矣。」先生以言爲塗，以行爲璽。用璽印塗，是以學者稱爲敬所先生。何氏鏡山曰：「士之不能盡於道者，豈非馳慢其外貌哉？夫耳目手足，人所共見也，猶不能矜且攝，况夫人所不見之心。先民有云『繇乎中，以應乎外；制於外，以養其中』。懿哉斯言！先生體之矣。先生無麻之蓬，不滫之芷，卓然自會於聖學，而實究之躬行。惜乎其名僅止於閭巷，吾烏乎敢泯先生哉？」何鏡山撰本傳。

文學林志宏先生甫任

林甫任，字志宏。其先燕人。元末有諱泰者，兄弟皆舉進士，爲泉州路同知，因家泉。泰之孫曰觀，入明爲歸州别駕。别駕之孫曰茂森，喪妻不娶，鄉里多質平焉。三傳爲甫任之父某，以文學爲諸生祭酒，人稱曰春亭先生。甫任幼時，動止異凡兒，稟學於父。父時時稱説古先聖賢、有宋諸儒，甫任輒欣欣嚮焉。弱冠，補弟子員，以家貧授徒，瞿然模範在念，繩趨尺步，弟子無敢以褻見。遂發憤聖賢之學。終日危坐，讀書不輟寒暑，自六經、宋儒以及近世薛、胡諸先生所著，仰思反求，内索外驗，以求其是，而見諸實踐。於是作《四面圖纂》以自記，曰居敬，曰立志，曰進學，曰遠識。而曰：「『敬』之一字，吾持之最堅，白刃弗能奪矣。」夜歸則以日所教者跪正春亭公，父子間自爲淵源。性至孝，二親繼没，悲哀慘惻，蔬食、避内舍者三歲。

平生寤寐經籍，學問多出自得。每念正學精進寡人，朋儕中有虚心願質者，後進有質美願學者，皆樂與誘掖開導。其誠意既足動人，而光霽又易爲親，故從遊最盛，皆以孝弟忠信爲學。其言談舉止，遇之循然有理者，不問，知爲甫任弟子也。年五十三得疾，正冠衾而逝。

所著有《詩經翼傳》、《四書管見》、《易録》、《禮録》、《書傳》、《評性理》、《史評》及《感省集》諸編。素交友有陳氏欲潤、王氏鑄爲最善云。何司徒撰本傳略。

遺佚黄季弢先生文照

黄文照，字麗甫，同安人。參政文炳弟，學者稱爲季弢先生。始爲諸生，數奇，遂棄去。專性命之學，潛心力行，自比陳布衣真晟之儔，日以談道爲事。所著有《道南一脈》、《孝經》、《仁詮》、《太極圖》、《理學經緯》諸書。晚又以《易》學著。隱温陵南臺山中，嘗出遊大江以南，至雲間訪陳氏繼儒論業，大相歡契。平生至老，手不釋卷。性好獎士類，遇人有片善，必極引重。念及朝家宵旰憂勤，内外多故，疎床敝席，不敢自逸，見者皆爲之興感。嘗柬林素菴句云：「天上有人調玉燭，山中許我坐春臺。」又云：「四郊多壘懷司馬，一籌莫展愧仲連。」蓋憫時念國，草茅抱杞憂如此。

崇禎戊寅，南安倉猝之變，走者相望，富家巨室不知所爲。照與監司峽江曾櫻講學於笥江，出片紙開諭之，立散，人服其德化。乙酉，年九十，歸隱故里輪山之北。年九十三卒。林氏孕昌曰：「吾郡自紫陽過化以後，學脈火傳，至蔡文莊師弟薪而揚之。近何司徒倡學於泉山，家省菴開講於不二，又燈而燃之。黄氏季弢，司徒同學友也。司徒與閩直指李公先後曾薦於朝，未及徵，昇文、笥江二社奉爲北斗。先生屏嗜寡慾，絕識去智，以聖賢之書愉其志，以朋友之聚飭其躬，枯坐一室，著述萬卷，八十年來有如一日。嘗有取於朱子晚年定論，其學以未發爲宗，其教以躬行爲本云。」《同安邑志》。林素菴先生《笥堤集》。

縣令蘇子白先生庚申

蘇庚申，字子白。天啟元年舉人，就教易州，負笈從學者甚衆。遷連山令。潔己愛民，卒於官，連人醵金護喪歸。著有《四書翌箋》、《易經管見》。雍正九年郡志。

藩伯潘士鼎先生洙

潘洙，字士鼎，晉江人。萬曆戊子鄉薦第一，聯第進士。教授廬州，陞國學博士，轉工部主事，榷杭州南關税，羨金八千餘，悉貯藩庫。改吏部，歷員外，陞郎中。時神宗惡吏部諸臣，在官、在籍盡逐去，留者僅四人，洙與焉。丁外艱。服除，復補吏部。念母假歸。久之，起爲江西參政，兼理驛傳。丁内艱。服除，補浙江參政，備兵嘉、湖。遷廣西按察，陞江西右布政，轉廣東左布政，卒於官。洙泗官所至，不妄取一錢，家日窘迫，終無改悔。愛國之誠，至没不衰。弟瀾，字士觀，萬曆甲辰進士，授户部主事，改兵部。歷郎官，出爲湖廣參政。著有文集。雍正九年郡志。

司寇蘇石水先生茂相

蘇茂相，字宏家，號石水，晉江人。萬曆二十年進士，歷户部郎，典試貴州，調守彰德，遷河南副使，尋督學江西，晉南尚寶少卿，陞太僕正卿，晉僉都御史。巡撫浙江，請修方正學祠，厚恤其家。詔從之。尋丁艱歸，以薦人，爲趙南星所劾。天啟五年，起爲刑部右侍郎，改户部，總督漕運，晉尚書。七年秋，懷宗立，改刑部。崇禎元年春，回籍。尋卒。雍正九年郡志。

清憲蔡遯菴先生復一

蔡復一，字敬夫，號遯菴，同安人。萬曆二十三年進士，弱冠登第，疏請歸娶。授刑部主事。疏劾石星殺平民冒功狀，御訊處死，中外憚之。歷郎署十七年，始遷湖廣參政，分守湖北，進按察使、右布政使。清介自持，以疾歸。光宗立，起故官，治兵易州。尋遷山西左布政使。

天啟二年，以右副都御史撫治鄖陽。歲大旱，布衣素冠，自繫於獄，遂大雨。黔苗爲亂，貴州巡撫王三善敗没，進復一兵部右侍郎代之。喪亡之餘，兵食盡絀，斗米銀八錢，復一勞來撫循，人心乃定。尋代楊述中總督貴州、雲南、湖廣軍務，兼巡撫貴州。賜上方劍，便宜從事。復一召集諸將吏，申嚴紀律，前後督師，斬馘無算。復請敕鄰省諸郡犄角平賊，上悉可之，因命各省諸鄰郡悉聽復一節制。時復一爲總督，而朱燮元亦以尚書督四川、湖廣、陝西諸軍，以故復一節制不行於境外，而復一所遣魯欽等深入四川、雲南，兵皆不至。復一因論事權不專故敗，遂自劾罷，免聽勘，移境上候代。復一仍拮据兵事，盡瘁不輟，竟卒。軍中訃聞，上嘉其忠勤，贈兵部尚書，謚清憲，任一子官。復一好古博學，善屬文，耿介負大節。既歿，橐無遺貲。有《遯菴全集》行於世。《明史》。雍正九年郡志。

藩伯王慕蓼先生畿

王畿，字翼邑，號慕蓼，晉江人。早失怙恃，家海東，倚依荒郊，備嘗困苦。塾有書聲，壁聽而樂之。時輟耕，竊讀古人書，積久而心靈功深。年幾三十，始蔚然黌序間。萬曆二十二年鄉薦第一，二十六年成進士，授餘干令，不赴，改越州教授，遷國子博士，轉户部主事，督太倉儲。歷吏部，出典蜀試，遷杭州守。濬南湖，工竣，詔賜金勞之。以治行第一，召賜宴光禄。命督學浙江。擢江西參政，晉觀察使、山西右布政，道轉浙江左布政。時邊事孔亟，兵餉驛騷，重以織造之役，縻金錢動百萬計，屢被嚴旨督責。部推太常卿，未下，會有劾其餉缺額者，遂引疾乞歸。

畿平生砥節自勵，宦遊二十餘載，治行卓然。嘗曰：「國家無輕豢虛餌之爵禄，世上無便宜富貴之聖賢。」二語自奮。論學以洛、閩爲派，近世獨服膺薛文清、蔡文莊，而於王陽明衷其曠論。文以韓、歐爲的，近世獨服膺唐應德、王道思，而於王元美衷其材。故時見之文章議論，無非從心性發揮，其榘度可爲後學步趨。即微嬉謔，亦且道存。呂氏圖南撰《樗全集序》，道：「晚年友於幾，最爲得力云。無日不晤，晤輒憂盛危明，惻然於臨深履薄之際，而勉我者慕蓼先生云。」所著有《樗全集》、《四書易經解》，門人施邦曜梓行之。當事采譽言，特祀鄉賢焉。《通志》。雍正九年郡志藁。蔣相國撰《墓志》。呂天池撰《文集序》。

侍郎呂天池先生圖南

呂圖南，字爾搏，別號天池，晉江人。萬曆二十六年進士，授中書舍人，歷禮部郎。擢爲御史，出按粤西、浙江。尋謝病歸。天啟初，起爲南通政使右參議，尋遷左通政使。時璫焰方張，有監生陸萬齡等請祠璫文廟，李映日等請加九錫封王，俱嚴駁不上。懷宗賜敕，有「心事皎然守正不阿」之語，加右都御史，旋改南京户部侍郎，總督糧儲。會江陵饑，軍士聚衆囂誶，變且不測。遂抗疏乞留漕糧二十萬石，不俟俞旨，便宜給發，用是削籍歸。家食十餘年，築藍水利，鄉人賴之。歲時，閉影齋居，跌宕書史，如武榮、清溪諸邑志，俱與邑侯共修焉。卒，年七十有二。所著有《壁觀堂文集》。《新郡志》。《南安邑志》。

司業莊九微先生奇顯

莊奇顯，字允元，晉江人。敏之玄孫。年十九，登萬曆三十四年賢書，四十一年進士，殿試第二人。官至南國子司業。三十五而卒。著有《尚書便覽》行世。雍正九年郡志。

文穆林實甫先生釬

林釬，字實甫，同安人。萬曆四十四年進士，殿試第三人，授翰林院編修。累官祭酒。時璫勢甚張，頌德建祠遍天下。一日，諸生執呈欲立忠賢像於太學，請定判。釬曰：「孔聖，師也，禮有北面之尊。魏公功德雖盛，臣也。若並列上座，他日主上臨雍謁奠，君拜於下，臣偃於上，於心安乎？」即稱疾去。懷宗即位，聞其語歎曰：「危行言順，君子也。」召爲禮部侍郎，拜東閣大學士。卒於官，謚文穆。雍正九年郡志。

巡撫曾霖寰先生化龍

曾化龍，字大雲，號霖寰，晉江人。萬曆四十七年進士，授臨川令，以卓異擢御史。崔呈秀惡謝文錦，以化龍爲所首舉，遂出爲寧國同知。擒斬大盜，陞南户部員外。丁内艱。服除，補兵部郎，督學廣東。衡鑑獨絶，所首拔陳學銓、葉著、謝宗鍹三人，先後俱登解首。攝海道篆，平海寇劉香。陞廣西參議。士民勒石紀績。轉江西副使，再轉糧儲道，兼巡視漕河。擢按察使，時有「曾鐵面」之號。後以原銜督江西糧餉。丁外艱。服除，即家。起僉都御史，巡撫登、萊，移鎮膠州。賊衆十餘萬圍膠，督兵固守，遣降將擊賊，大破之，復東昌等二十七州，擒僞官二十餘人置法。無何，闖賊陷京，棄官歸。卒於家。年六十三。著有《作求堂集》。雍正九年郡志。

宰輔蔣八公先生德璟

蔣德璟，字中葆，號八公，晉江人。父光彦，江西副使。德璟天啟二年進士，選庶常，授編修。崇禎中，歷官少詹事，召對，陳練兵練將法甚備，又上救荒事宜。擢禮部右侍郎。請徹内操，核《要典》，禁伐採濫規，止黄冠陪祝太學。又請正楊嗣昌聚斂之罪，薦侍郎陳子壯、顧錫疇、祭酒倪元璐等，上皆録用。壬午，廷推閣臣，召對，言邊臣須久任。上問：「天變何由弭？」對：「拯百姓即弭天變。近加邊餉千餘萬，練餉七百萬，民何以堪？又增督撫二，總兵六，副將數十人，權不統一，何由制勝？」上然之。首輔周延儒常薦德璟淵博，可備顧問；文體華贍，宜用之代言。遂擢德璟及黄景昉、吴甡爲禮部尚書兼東閣大學士。時延儒、甡皆各樹門户，德璟獨鯁直，無所比。黄道周召用，劉宗周免罪，皆其力也。

開封久被圍，自請馳往督戰，優詔不允。明年進《兵備册》，凡九邊十六鎮、新舊兵食之數及屯、鹽、民運、漕糧、馬價悉具。復進《諸邊撫賞册》及《御覽簡明册》，上深嘉之。諸邊兵馬報户部者，浮兵部者過半，耗糧甚多。因條十事以責部臣。又因召對，言：「文皇設京衛軍四十萬，内府軍二十八萬，又有班軍十六萬，春、秋入京操演，誠得居重馭輕勢，今皆虚冒。願修舊制。」上不能用。甲戌，輔臣請行鈔法，德璟力争得免。先以軍儲不足，歲給直畿輔、山東、河南富户，令買豆米百萬輸天津，民大困。力陳其害，上罷之。

二月，上以賊勢漸逼，令群臣會議奏聞。都御史李邦華密疏云：「輔臣知而不敢言。」翼日，上手其疏問：「何事？」陳演以少詹事項煜東宫南遷議對，上取視，默然。德璟從旁力贊，上不答。給事中光時亨追論練餉之害，德璟擬旨：「向來聚斂小人倡爲練餉，致民窮禍結，誤國良深。」上不悦，詰曰：「聚斂小人，誰也？」德璟不敢斥嗣昌，以故尚書李待問對，上曰：「朕非聚斂，但欲用兵耳。」德璟曰：「所練兵馬何在？徒增餉耳。且新舊練餉，户部雖并爲一，州縣追比，仍是三餉。」上震怒，責以比友。德璟力辨，諸輔臣爲申救。尚書倪元璐以鈔餉乃户部職，自引咎，上意稍解。

明日，德璟具疏引罪。旋罷練餉，而德璟竟以三月二日去位。給事中汪惟效、檢討傅鼎銓等，交章乞留，不聽。德璟聞山西陷，未敢行。及知廷臣留己，即辭朝移寓外城，賊至得亡去。丙戌九月卒。德璟熟前代典章及明朝掌故，邊塞、漕鹽、水利、刑律，莫不究其利弊。文章敏贍，在詞垣，日草二十餘誥敕，見者歎異之。《明史》。雍正九年郡志。

兵備吴竹公先生載鼇

吴載鼇，字大車，號竹公，晉江人。性至孝，母病，衣不解帶。既卒，親負土葬於雒江。風雨夜歸，有神燈翼之。天啟五年成進士，逆璫慕其名，欲以鼎甲許之，不就。戊辰入對，以忤權貴，謫浙臬幕。陞金華司李。平反冤獄馬文紹等九十餘人。嘉湖軍旗之亂，以片言諭止之。後官至兵備僉事。卒於家。所著有《宙書》、《咫聞》十餘種。雍正九年郡志。

主事王愧兩先生忠孝

王忠孝，字長孺，號愧兩，惠安人。崇禎元年進士，授户部主事。時朝議輸通津外儲以實京師，忠孝督運大通橋，催攢有法，日輸三萬石。會薊督咨部，欲得廉慎明决者與共事，部推無如忠孝，遂提督薊儲監督。内官鄧希詔數以難事相窘，欲自置兵設餉，索倉耗羨。忠孝曰：「升斗皆官物，安得耗羨？」希詔曰：「餉司能保無額外徵耶？」忠孝正色曰：「吾戴吾頭來，豈以頭易升斗哉？」希詔大愠，遂拾其未兑濕米疏上之，旨逮下獄。及置對，抗辭不撓。希詔乃羅織成獄以上部堂。薊督皆疏言其冤，都察院王志道復力爲辨，上意稍解，得削籍遣戍。明年，希詔所爲不法事露，論斬，忠孝乃得白，歸。雍正九年郡志。

掌坊賴宇肩先生垓

賴垓，字宇肩，德化人。崇禎元年進士，授平湖令，治行爲兩浙最。召對稱旨，擢翰林院檢討，歷右春坊，以才名著。乞歸養親。居近二十年，卒。雍正九年郡志。

侍郎陳龍甫先生洪謐

陳洪謐，字龍甫，晉江人。宋與桂之裔。崇禎四年進士，授南户部主事。管北新關，盡撤關防；復兑南糧，盡塞出入影耗之竇，遷員外，擢知蘇州。蘇賦幾當天下之半，積逋稠疊。至即奉削級之命，乃下教州縣，盡斥諸羨費，以充正額，終不能，逮坐鐫級至盡。其聽訟，以牒畀訟者，令自攝對，開誠剖析，人皆信服。或不欲終訟，輒銷牒遣之。吴江民變，奉檄單車往諭，皆羅拜伏罪，僅摘爲首一人以報。流賊薄安慶，督撫議撤閶門萬家爲防禦計。洪謐曰：「賊必無越江陵趨蘇州之理，脱有不虞，守請任其咎。」乃止。

嘗閲舊牘，見倡議毁九學書院爲奄祠者擬戍未遣，曰：「罪有大於此者乎？」趣具獄論死。遇童子試，與諸生指授題義，語温温不啻其父師。請囑不行榜發，不限額數，務盡能文者而止。至今吴士語及，猶感涕也。恒言：「天下之亂，皆吏不恤民所致。」故守蘇垂十年，一以仁恕爲政，民號「陳母」，又號「陳佛」，所在肖像祀之。本緣賦不遷，吴人反以爲幸，惟恐其去。庚辰、癸未，雙舉卓異第一，紀名御屏。召赴闕，與清廉宴。陞山東按察副使，備兵登、萊。未抵任，晉太僕寺卿，推兵部右侍郎。歸，卒於家。年六十九。洪謐學行夙優，守蘇循職，爲一時最，與方岳貢齊名。晚方大用，而未竟其措施云。雍正九年郡志。

給事莊任公先生鼇獻

莊鼇獻，字任公，晉江人。崇禎四年進士，授庶吉士，改兵科給事中。上《太平十二策》，首在格君心，開言路，終以折獄用刑。謂：「秦、晉蠢動，以中州爲淵藪，必有跋扈釀亂者。及今不創，禍將靡極。」又謂：「番甲之設，本以緝奸盜，非以網縉紳。中使豈有韜略，何故委以監紀重任？」語多激切。疏入，謫浙藩照磨。黄公道周贈詩云：「當年稽首十二策，我遠不及莊任公。」後歸隱葵山，廬父墓側以終。著有《葵山文集》。雍正九年郡志。

主事盧牧洲先生若騰

盧若騰，字牧洲，同安人。崇禎十三年進士，御試召對，稱旨，授兵部主事。時閣臣楊嗣昌督師湖廣，作佛事祈福。若騰疏參嗣昌「不能討賊，止圖佞佛」。上以新進小臣妄詆元輔，嚴旨切責，時論壯之。後歸隱海濱，卒。同時有沈佺期、許吉燝俱癸未進士，隱居以終。《通志》。

縣令吴宣伯先生韓起

吴韓起，字宣伯，晉江人。崇禎十三年進士，授當塗令。有惠政，文詞古雅，海内稱爲青嶽先生。著有《四書易經説》。雍正九年郡志。

行人陳喬嶽先生履貞

陳履貞，字喬嶽，晉江人。崇禎癸未進士，授行人司。壯歲常遊武夷，見考亭祠宇傾圮，即捐倡脩葺。在安平，復新朱子書院，朝夕禮之惟謹。生平孝友，凡期功之貧不自贍者，悉衣食之。同譜稱貸無吝色，亦無德色。晚節食貧自適，著書課子，而外無他與焉。雍正九年郡志。

文學紀先生文疇子許國

紀文疇，同安人。廩生，博學有名，與子許國並遊黄石齋先生之門，稱高弟。著《復書》、《史勺》等書。卒海島。許國年二十二，舉壬午鄉薦。《同安邑志》。

孝廉曾弗人先生異撰

曾異撰，字弗人，晉江人。移家侯官。少孤，事母至孝。家窶甚，歲飢，採薯葉雜糠粃食之，妻負畚鋤乾草給爨。長史有知其賢，欲爲地者，介然不屑也。久爲諸生，留心經世學。詩詭激有奇氣，南贛巡撫潘曾紘得王維儉《宋史》，招異撰與徐世溥更定，未成而罷。崇禎己卯舉於鄉。癸未歸，卒。著有《紡綬堂集》。雍正九年郡志。

主事林致子先生志遠

林志遠，字致子，同安人。年二十六舉于鄉，力學博聞，勵志弗衰。九上公車，癸未始成進士，授工部主事。假歸，奉慈幃，結茅清溪仙峰嶺，稱陶菴先生。著有《歷代史白》。年七十二卒。雍正九年郡志。

監丞黄明立先生居中

黄居中，字明立，晉江人。萬曆乙酉舉人。博通典籍，得未見書，必手自校録。授上海教諭，遷南國子監丞。僑寓金陵，藏書萬卷，年八十餘，著書不輟。人稱海鶴先生。子虞稷，有才名。國朝康熙己未年以博學宏詞徵。雍正九年郡志。

温陵楊氏家世學派

按：隆、萬間，楊貫齋兄弟以篤學姱脩躋顯仕，爲時碩彥。鏡山先生撰《貫齋傳》稱：「理學文章，庶幾兼之。」撰《文恪傳》，稱：「一代完行名臣。」蓋二公家學一時推重，信有道之儒也。再考公尊人含山公宦歸而貧，其貽謀以光大其家者厥有自矣。今撮先輩論述，敘其家學，著于編。

布政楊貫齋先生道會

楊道會，字惟宗，號貫齋，晉江人。隆慶二年進士，初令黄巖，息訟緩徵。歷工部郎，擢南户部主事。乞省親歸。起補原官。丁内艱。服闋，補工部，尋榷木南關。張居正授指令伺察，不報，受督責。久之，張病，六曹堂官皆爲設齋祈福，大司空出俸金首事。道會謂：「此臣子事君父禮，某不敢預。」聞者爲道會懼，而江陵相自此不起，道會亦未嘗自言。出守安慶。丁外艱。服除，知台州。黄巖，故台治也。將至，民襁負道迎不絶，倭寇不敢犯境。遷廣西按察副使，與巡撫微不合，即投檄歸。

居二年，起爲其省提學使者。會臬僚多缺，悉委署篆。兩平傜亂。既成功，又仰屋歎曰：「傜雖平乎，吏墨而刻，豪蠹而侵，此亂本也。其可勿問？」尋遷湖廣參政，分守荆南道。有香璫久與士大夫爲難，道會至，驚爲神人，轉布政右使。值楚宗獄起，諸司尚日夜治楚獄不休。道會語左使：「楚宗始事者已坐罪，若株連及人人，恐生他變。」左使乃列上罪狀爲數等，得旨施行。又語楚撫：「誅戮之後，宜停楚刑一年，以示寬。」楚撫奏上，報可。道會復時時歎曰：「楚氛之起，國戚幾頓，牽纏斯長，亦因諸公操之太甚。今某在事，當不其然。」亡何，轉左，自親王而下，皆具禮待之，曰：「大家巨族，且厚本支，况天潢乎？」庚戌，因入覲，乞歸，許之。其入覲也，李文節時爲言者所攻，迸居荒廟。道會每過從，譚至夜分。道會爲誦白沙詩「茫茫宇宙人無數，幾個男兒是丈夫」，以壯其志云。

道會貞而不諒，和而不流。生平不齒榮利，未嘗一失足權貴人門。嘗言：「理學盡於《性理》，往往鑑備于《綱目》。」因取《性理》精言採入《程朱全書》、《近思録》爲《性理抄》。修史，依《春秋》、《綱目》例纂成，自作論贊，有《史綱節要》。又有《詩禮二鈔》、《周禮詳節》、《四書商求》等集藏於家。弟道恒、道賓，見蘇阜山學派。《道南源委》。《新郡志》。《林素菴續小學》。《閩書》。《通志》。

文恪楊惟彦先生道賓

楊道賓，字惟彦，晉江人，道會從弟。萬曆十四年廷試，擢及第第二人，授翰林院編修。累遷國子祭酒、少詹事、禮部侍郎，尚書缺，攝篆者。久之，充經筵日講、記注起居。累疏乞歸，不許。奉命有事齋宮，禮未成，以疾擁還，遂没。道賓爲國子祭酒時，疏請東宫行齒胄禮；表進《三國志》、《五代史》論，斥閹豎，公貨財，以古爲鑑，詞切而直；與諸國子按古射儀行之射圃，縣省日之賞，以誘勸之，以推明高皇帝建立射圃學宫之意。其攝尚書禮部，疏陳五事：曰葆清明平旦之氣以澄聖衷，曰召閣部大臣入對以決壅鬱，曰復章奏批發之規以尊主權，曰慎内批中發之旨以杜群疑，曰去形跡體面之套以振事功。上萬壽節，道賓緣華封三祝之意，推而衍之，請上勵精圖治，所以爲受天之壽祝；命東宫諸王出就傅，所以爲受天之多男子祝；捐爵出禄，修廢官，補大僚，所以爲受天之富祝。每遇進講，盥沐焚香，端坐待旦，入視部務。

退邸舍，作《春秋通鑑講章》，隨事發明，借古爲喻。講讀久輟，道賓言：「太子天下本，培養宜厚，諭教宜勤。宋臣程顥有言：『與近習處久熟，便生褻慢；與士大夫處久熟，便生敬愛。』此確論也。宜亟涣玉音，卜期開講。」蒙恤諸大臣謚典久闕。道賓言：「國初大臣議祭、議葬，即與議謚，後因請乞紛紜，乃令會議類奏。今萬曆三十一年以至今日，閲五年矣，物故大臣其人非一，不及此時一爲分别，將來耆舊不存，事跡湮廢，揣摩任意，毁譽失真，豈國家慎重勵世褒賢之大典哉？宜下臣部，以三年或五年爲期。博採公論，酌擬奏聞，著爲成規。」從之。

道賓起家翰林，以至掌部，嘗分試禮闈，兩主鄉試，一主會試，所得皆知名賢士。居家孝友盡誠，與人煦温，引己反躬，靡有繫吝。至乎義所不可，事所當爲，不肯苟爲徇巽。作箴自警，大旨謂：「貴常可賤，富常可貧，須立定根脚。我不必是，人不必非，須剖破藩籬。性命爲輕，名節爲重，須審度權度。名位非求可得，禍患非避可免，當勘破機關。」箴成，遂爲絶筆，時年五十八耳。當朝士大夫皆曰：「楊公達生若是。」立爲請贈謚，得贈禮部尚書，謚文恪。遣使營葬護喪，恤終之典，恩數獨隆。《閩書》。《舊郡志》。《新郡志》。

洛陽劉氏家世學派

按：劉公可先生三世樸學古行，其仕者皆清德恬節，有名於時。而賡台先生尤惓惓家庭訓誡，其秉心砥行，欲與古人相上下。於時會頹靡之日，獨世篤謹厚風規，以爲一時坊表，故特録之。

少卿揚先生惟寅（事實未詳）❶

少卿劉台巖先生弘寶

劉弘寶，字公可，號台巖，晉江人。萬曆十四年進士，選翰林院庶吉士，授户科給事中。首上疏勸上御經筵，召還直言諸臣而糾大璫之横不法者，人以爲得大體。進工科都給事中。察水衡錢數，諸令甲所不急，一意撙省，即中貴人，必執誼力争之。時江西困陶型，三吴困機杼，徐、淮上下瀕河困墊溺。弘寶請陶型無徵奇巧，機杼宜舒其期。河堤亟築亟潰，民困版築，宜厚其僱直而驅諸罷民佐之，責治河大臣折厥衷；諸請復故道及請浚七百餘里陸地别通漕，皆讕甚，宜一切報罷。他所論

❶ 本條原無，據文津本補。

奏平反率類是。會科臣序遷，視資之後先爲内外。弘賓遜同官，自請外補，遂出爲浙江參政，分部台州。會有言水被淮泗祖陵者，上切責治河大臣，部覆波及，坐謫潮陽典史。以謫籍，卒於家。後以登極恩，贈太常寺少卿。

弘賓清介仁厚，蔬糲終身，所居不蔽風雨。其端棨正範，雖夜分盛暑必衣冠。與人交，毋問少長，惻怛至到，望之知爲有德君子也。嘗手抄薛文清《讀書録》，躬行一稟之。在惠、潮時，訪李見羅、楊復所二公相切劘。居常逡巡韜抑，不露意氣，而遇事必言，輒復委婉，曲盡事情。公卿間尤以此多之，於是公望蔚然。所著有《尚書説》、《諫垣遺槀》。子廷焜。雍正九年郡志。史文簡先生撰《墓志》。

文學劉賡台先生廷焜

劉廷焜，字子曦，號賡台，台巖之子。有名諸生，間籲於庠。奉父母至孝，友恭於兄弟，篤古質愨，無一毫流俗之氣。其方嚴勤儉，出於天性。酷嗜書史，矻矻孜孜，留心古今治亂興亡之大機，及聖賢學問、經濟可以裨身心、救世務者。手記目識，無虚日月。即之而介，久之，欵欵中孚如金石，其臨事袛慎，不敢造次。其於「敬」之一字，被服終身，以求無愧家學。其誡鱗長之言曰：「汝也當官，若稍懈偷，從不自愛護來也。」又曰：「處不競之地，避緇染之塗，可以讀書，可以修身，可以承先世之風節。」又曰：「爾其請教於老成練士。」又曰：「聖人處事，每從忠厚，戒刻薄。兒綜覈甚善，吾慮兒之爲怨府也。」又曰：「儕輩之交，宜謙和静定，斂藏鋒鍔。吾慮兒處同事，自恃直道，未能降心相從也。」又曰：「京師遊客附聲射利，多有窺瞰，往來宜慎。吾子念之。」又曰：「弊役衙蠹，剪除固當。乃吾視吾子，若不能頃刻容者，發之太驟，恐施之過當，吾願吾子之審處熟思也。」又曰：「少年臨事接物，易入輕率恍惚。吾子念之。」凡累言爾爾，莫非義方云。何司徒撰《墓志》。

參議劉孟龍先生鱗長

劉鱗長，字孟龍，晉江人，弘賓之孫。垂髫時，受學於何公鏡山。萬曆四十七年進士。天啟初，授工部主事。時有皋門及浚湟之役，中官馬誠揭開工費三十萬，鱗長僅以六千金竣事。誠怒，欲中以禍。會丁外艱。服除，補街道廳。大璫估保橋運石費四十萬，鱗長核用萬金，大忤魏璫，削職。懷宗立，起原官，司節慎庫。以臺省擅行支放事累逮詔獄，謫倅毘陵。適大宗伯孫公慎行倡學東南，鱗長師事焉。轉南户部，視學兩浙。歷官至四川參議。時張獻忠破雲南，賊黨率衆寇蜀。鱗長毅然以恢復爲己任，屢與賊戰，有功，復夔、慶等郡。會闖賊陷京，棄官歸，卒于家。《新郡志》。

閩中理學淵源考卷七十八

廣平府知府李清馥撰

清溪李氏家世學派

嘗讀曾祖伯漁仲先生《叙族譜繫》略云：余家世相傳，系出李唐江王之後。曩甲午見族人參軍孔文於延平，手家乘相示，自武陽流移之後，數世昭穆具存，其散處他州者，記次甚有序，謂余爲其宗人，蓋灼灼也。歸檢舊譜，讀樸祖《自序》稱：「先世家尤溪，尤爲延屬邑。」竊意孔文爲不謬，夙聞奉常曾經田陽，奉羊豕，登絶巘，祭所謂先廟者。子孫村樸業樵漁，所居里名翰林崎，在大田縣治之東十里。大田未建，昔隸尤溪。嗣後在明，檢討亦過而拜焉，問其高年，具稱一支徙湖頭，在季元之世。然則樸祖距前祖未遠，所聞有據。合諸斯言，殆不誣也。

清馥謹按，漁仲先生所叙皆係始祖以上者，今據舊譜，斷自君達公爲始祖。君達公，感化里河洋保人。元泰定二年，置田莊貫常樂里，而住在清溪藍湖之感化里。其溪據湖之端，水流而下，其色藍，故曰藍湖也。二世祖名號無傳，惟舊木主題千五位。三世祖玉山公，行善好施，老而彌篤。至六世祖旌義樸菴府君，力行仁義，家聲始大。再世而第二子南豐令公煜，舉景泰庚午鄉薦，受《書》於户部主事莆陽黄公聲仲，刻志問學，《詩》、《書》之澤已顯。迨萬曆庚辰，公之五世孫心湖先生懋檜始登甲科，由是人文踵起，遂稱安溪名族。

嘗考正、嘉以前，時潛修亮節之士亦有應述者，如紀善先生亮清風夙學，望著鄉閭，載在志乘。至前修所品待如九世祖羅峰府君，受知於周公孟中；中藍先生瀾受學於蔡公元偉、何公炯；瑞峰先生鳴陽，從遊於莊公履豐，其親師問學，皆有派别可尋，已附見之學派矣。今録自樸菴府君而下并諸前輩派繫，逮隆、萬以降心湖諸公。蓋心湖先生立朝忠讜清修，有進退大節。仍樸先生仕亨、懷藍先生栻以易學相師授，而幹宇先生楨有循聲亮節，與李公衷一相友善。若吾高祖念次府君卓犖好義，敦説《詩》、《書》，有樸祖遺風，其樹義尤宏遠矣。若餘隱先生，明季遺獻，實曾祖伯漁仲公先曾祖，惟念公受業之師也。家世隱德，未能詳述，敬附其大略待考焉。念次府君及漁仲府君、惟念府君本傳别見國朝編録。

旌義李樸菴先生森

李公，諱森，字俊茂，號樸菴。先世肇於唐江王元祥之後，遷江南，分居於泉之安溪感化里。高、曾皆隱德。大父則成公，洪武初應詔舉孝廉，授將仕郎，判大名府内黄縣簿。父宗江公，修身慎行，不樂仕進，扩拓田廬，以遺安於子孫。公少慷慨，有志向，早歲從師獵涉經史，事親奉公，式由其道。二親謝人間事，禮儀畢備，追慕未嘗頃刻忘也。公席先世遺産，復自居積日起。輕財重義，賙窮恤匱。凡遇假貸貧不能償者，悉焚券契；喪不能舉者，終不能斂者，即助以貲，捨藥以資貧病。一日，道經邑之劍口川，見負擔者涉水被溺，其心惻然。詢諸故舊，曰：「是路正當延、汀、漳、泉要衝，何不作輿梁以濟之？」衆皆以無力辭。公遂發心捐貲造橋，至再不就，間忽逢老人有言曰：「此溪險急，難成。長者欲造此橋，須先造石塔以鎮之。」言訖不見。公依言表浮圖數級，而橋告成。又往莆造江口大石橋，本邑復造龍津、鳳池等二十五橋，事具邑乘。正統間，協造本府黄堂及本邑琴堂，又修郡庠黌門及本邑大成殿，以至東嶽五帝殿、玄妙觀及一應神祠、聖像，莫不助資理妝飾。

正統中，遭歲饑荒，應詔出粟五千石賑濟，又慕義輸邊三千石。有司具名以聞。以上參陳公巘《送公之官序》、朱公撰《墓志》、陳公紹功撰本傳及縣志。詔旌義民，詣闕謝復，拜賜贈帛酒饌。由是聞望顒昂，聲譽益彰。方嶽郡邑循例交薦，授官保障鄉邦。疏累上覈，實命未下。適沙、尤寇發，公以旌義奉檄統鄉之義勇子弟數千剿殄。總兵官具功次奏聞，授清漳九龍嶺巡檢。輿論咸以爲未足以償其敵愾之績，而公處之泰然，且曰：「三世荷列聖子惠洪恩，兹值梗化陸梁，當捐軀戮力服勤皇家，不避艱險，衝冒矢石，固分内事也，豈可計資秩之崇卑哉？苟能盡職萬一，則銓衡自有公論。」聞者莫不壯其志，而期於遠大也。瀕行，薇垣名卿、守令、將帥咸以禮餞，旌其折衝防禦之勞，晉江親舊友契供帳於石筍江之滸。時處士陳氏巘素知公者，撰序以華其行，景泰元年庚午九月也。以上見陳氏巘《送公之官序》。三年，從安溪耆民請，調公源口渡。至則建廳事、修房舍，以綏兵卒。永春、德化前後缺令，監司命公攝其篆。公所至多惠績，二邑咸謳頌之。已，攝安溪，則修公館，整儀門，以安吏民。數年之間，邑政具舉，凡百廢墜，焕然一新。

天順癸未，暑雨彌月，大浸稽天，公所建劍口及龍津三大橋圮。公冒雨省視，太息曰：「百年之功，盡於此乎？」由是民復病涉。公因之抑鬱成疾，遂至不起。見朱公撰《墓志》及陳氏紹功撰本傳。公自微有官，迄白首大都，折節爲義，矜已諾，其急人之困先於己。公事既畢，然後乃嘗酒食。人以是嚴重之。計五十年無曠時虚歲，公其性命於功德者乎！里中人視公猶父，望公家若庫庾，尊之不名，稱樸菴長者。即有競，不從邑令訊，而信李長者之言。化逮其弟俊德，咸騈爲義。

公生洪武三十一年戊寅二月，卒天順七年癸未八月，享年六十有六。娶黄氏，本邑感德處士黄氏胄之女，有賢行。子五人。公既不得志於儒，别立書塾，置書田，積書萬卷，課諸子。五子皆賦質超穎，凡異卓犖，咸有衣冠。長烜，義官，先逝。仲煜，受《書》於户部主事莆陽黄聲仲，刻志學問，應庚午鄉試中式。見陳氏紹功撰本傳及陳氏瓛《送公之官序》。後爲南豐令。炳，承事郎。烱，散官，不就。焯，貢太學，爲南雄司理。十世孫清馥謹述。

按：公事實見於邑郡志、《清源文獻》、陳氏紹功撰本傳，詳哉其言之矣。《家譜》中《家傳》之外，亦陳公紹功所撰傳爲詳，而都憲朱簡齋所撰《墓志》，譜中未及録刻，只有公及妣黄氏《遷墓記》。而處士陳氏瓛所撰《公之官序》亦未及登載。二藁藏於從祖茂夫先生家，前歲於從弟清柱處持出鈔録。蓋陳瓛先生，字微仲，號栢崖，爲明初高士。性孝友，不求聞達。宣德間，累召不起，號爲徵君。載在志乘。要其人爲不苟作者，且此公筆札殊少，亦吉光片羽也。簡齋朱公當日負碩望，其所志皆精覈。今此藁集中亦未載。兹就陳紹功先生藁本及郡縣志之外，再節録朱、陳二先生曩時撰述，略補本傳所未登載云爾。

再按：朱簡齋先生《願學藁》，天順七年十月十六日，往湖頭祭公詩曰：「乘興相邀弔故人，不辭艱險不辭辛。湖頭紅日湖間雨，林外青山林下津」云云。又題云：「同寺丞蔡公翼、太守楊公輿、知州陳惠、提舉賀文、通判陳睿往安溪湖頭弔祭樸菴李公。」讀此，知公當時所交契者皆碩彦舊德，志乘俱有傳。表表而一時氣類之同，遠從弔唁，仰見公之德誼所孚矣。清馥謹識。

縣令李勤齋先生煜

李煜，字秉常，樸菴次子。時清溪科第寥如，公獨自奮發，號勤齋以見志。用壁經舉景泰庚午鄉試，甲戌春闈副榜，署福州羅源縣諭。一切謝諸生常禮，以大成殿、明倫堂暨東西廡之圮也，慨然笈家貲重建之。成化六年，移諭江西建昌之南城，其庀堂齋饌堂如教羅源時。十三年，江右直指保陞南豐令，下車詢民利病，爲之興除。邑城依江，旦夕假舟楫，渡人不便，即躧址鳩工，築通濟橋，延袤數百步。人德公甚，立石于橋左頌焉。已，復建山川社稷壇壝，立曾子固先生書院，設鋪舍，建臯安亭。政績詳載太史青齋劉公、太常卿廣平程公碑暨《太學生興造記》中。時豸繡屢以最聞，擢有日矣，顧公非其好也，致政歸。爲鄉名德，凡若而年。今名宦、鄉賢並祀之。平生慷慨好施，不事家人生産，自博士至牧長二十餘年，所至以清白稱。宦遊資用，悉從家輦致。獨喜營建，造福於民，宛然先公遺意焉。

紀善李東皋先生亮

李亮，字文誠。家貧，植品嗜學，事親盡孝，邑令以「孝友」大書于旌善亭。見邑志。由明經教潮陽，調任四明，陞淮王府紀善。正德間，致政歸。老進階長史。淮王賜之詩云：「論道經邦得老成，年華驚見鬢絲盈。丘園思切三章疏，魚水難禁十載情。酒熟山中應索醉，鷗閒海上可無盟。明朝遣問須經對，莫使江都獨擅名。」公之爲紀善也，傅王世子。一日，戲捋公鬚，公正色拂袖，引疾抗辭。王數慰留，不可。居家，絶跡公門，士論高之。督學高公，委官存問。嘉靖癸巳冬，侄婦林陷賊，投水死。公年八十又一矣，爲詩三章以弔之，如古風，人之長言嗟歎。公生平不隱惡，不虛美，其節概有如此者。壽八十五終，祀鄉賢名宦。

文學李羅峰先生鏜

李公諱鏜，字時和，號羅峰。事繼母張盡孝，愛諸弟，養而教之，無同異。少俊穎。督學周公孟忠行部延平，過湖，夜宿清溪宫，奇湖中山水，曰：「是必有俊彦。」數顧問此間佳子弟，盍與俱來？公年十三，長未四尺，踊於叢而觀貴人。周從高望見一少小衣服媚雅，傳呼以入。公躡級及堂，拜起有儀，試一題，即其旁立成，呈畢出，周曰：「雖其齒未也，作養則有餘。」立與附庠。既去，留題宫壁曰：「迢遞漳平四日程，清溪夜卧到天明。年豐已喜民安堵，村静不聞犬吠聲。自是山川留過客，却教風雨阻行旌。搜求俊彦充庠序，從此湖頭多顯名。」爲公作也。題在嘉靖癸卯。後三十餘年，奉常成進士。族中累登科第，蹻班行踵相接，爲達官卿相。先正篤學清修，精爽不二，言若持券，可謂先覺。公治家嚴肅，祭先必豐潔，簋有常物，晚稍耗。當祀，少一鵝，恚累旬不自懌。蓋至性之厚，鄉里推重，此其一端也。清溪《李氏家譜·傳》。

附文貞公識詩後

明嘉靖季，學使者周公取道吾鄉，阻雨信宿。群兒聚觀，因試以文，拔二人入泮，高祖與焉。臨行，留此詩，署曰：「木鐸道人」題。時鄉族間發解者纔一二。自後科第遂盛，今四十餘人矣。長老以爲詩讖，故勒石所駐山限，不忘其志也。玄孫光地謹識。

通判李中藍先生瀾

李瀾，字子觀，别號中藍。自幼警敏刻勵。嘉靖丙午鄉薦，凡九上春官弗售，至隆慶辛未年，望艾矣，遂謁銓爲衢州府通判。仁心爲質，上下信之。嘗攝郡篆，又嘗假令於龍游、常山、江山、開化諸邑，諄諄曉諭，無煩鈎鉅，獄訟衰息，政教流行。倅掌錢穀，瀾矢心冰蘗，毫無緇染。性樸吶，不能與世俗低昂，適當事者媒蘖之，瀾方送織造留都，聞其萌芽，即拂衣歸里。杜門謝客。居五載，而子栻生。

瀾志行敦篤，事父母至孝，每先形聲，迎志意，曲當其歡心。居喪號擗，如不欲生。兄没，諸子未長，瀾子之平生所爲，在倡義舉，恤貧乏，割私田，以充公祀，時時捐槖金，佐族衆婚嫁死喪之不贍給者。郡饑，出粟數百斛賑救，郡人德之。文簡黄公鳳翔嘗曰：「公里居，嘗招余與詹司寇飲，儀制君即心湖先生。之封君在焉。公縷譚今古，間一舉觴，封君侑以壺榼代勸酬，而公泊如也。若不知人間有引滿浮白事者，其真樸類如此。」又云：「某嘗過衢郵邸，問郵卒：『李使君昔日治衢何如？』卒曰：『清甚。』宗伯曰：『使君故有家，無藉衢爲肥也。』卒曰：『公見肥人不喫酒炙乎？恨不兼人啖耳。』宗伯笑頷之，歎曰：『李公李公，當於古人中求之矣。』」鏡山何公又云：「公所居在喧湫闤闠中，以道自高，漻然如深山大谷，寡接於世，無競於物，而其無名之樸，自足鎮俗而維風，可謂先進君子矣。公仕本非好出，見人之求致高官大爵者，真不覺如埜人畸客見夥頤之爲沉沉者爾。」先生受學予先子。有子栻，舉進士。卒年八十九。崇祀鄉賢。黄文簡公撰《墓志》。《閩書》。《縣志》。何鏡山先生撰本傳。

太常李心湖先生懋檜

李懋檜，字克蒼，號心湖，安溪人。旌義樸菴公六世孫。總角馳文譽，才擅一時。萬曆八年進士，除六安知州，以愷悌稱。入爲刑部員外郎，長貳舒公、耿公雅相慕嚮。懋檜一日抗顔而前，言讞獄非是者三：其一謂中官與兵馬司詔獄失出，可慮。一則臨江守錢若賡罪逮，父老詣闕誦冤者年俱近百，並謫口外，可矜。一則侍郎洪朝選以勘遼藩忤江陵相指，閩撫勞堪希相意窘死之獄中，莫爲申理者，最後司寇僅當勞近戍，其假旨及擅殺大臣，法皆不蔽罪，可恨。懋檜言之激切，二公斂容謝之，舒竟致其事去，緣是負伉直聲。

會詔求言，懋檜上疏陳九事以應，曰：「保聖躬，安宮闈，節内供，御近習，開言路，議蠲賑，慎刑罰，重舉赦，制限田。」纚纚千百言，皆切中利病。其中「安宮闈，御近習」二事，尤聞者縮頸噤舌。大略謂：「上近封貴妃爲皇貴妃矣，而恭妃尚仍故秩，臣願亟行册封如皇貴妃之例。何者？貴妃以皇子得封，乃恭妃則誕元子者。元子，國之本，恭妃異日爲國之母。夫使國母位次皇貴妃下，臣有以知皇貴妃之必不安也。寧惟貴妃，即皇上心亦必不安也。臣不揣，自今以往，恭妃見皇貴妃禮能如前日乎？能無跼蹐自疑乎？夫使儲君、國母兩懷自疑，恐非皇貴妃之福。臣以爲，宜益封恭妃位在皇貴妃上。即不然，亦當使與貴妃徽號同。恭妃安，則國本安矣。而左右暬御宜準《周禮・冢宰》之制，三載别其淑慝而去留之。」是時上意淵深，無人敢涉國本事，獨懋檜與部郎劉復初顯指貴妃言之。同日章並上，上怒，欲加重譴，言者猶不已，閣臣請上詔諸曹建言止及所司職掌，以慰解上意。居數日，上亦霽威，諸疏皆留中。而懋檜所條餘七事，亦寢不行。

會邵庶上疏請禁各官非言責者毋輒言，又欲令各堂官禁其屬言。懋檜上言：「庶因世延條奏，波及言者，欲概絶之。『防人之口，甚於防川』，庶豈不聞斯語哉？今天下民窮財殫，所在饑饉，山、陜、河南婦子仳離，僵仆滿道，疾苦危急之狀，蓋有鄭俠所不能圖者，陛下不得聞且見也。邇者，雷擊日壇，星墜如斗，天變示儆於上；輦轂之間，子弑父，僕弑主，人情乖離於下。庶以爲海内盡無可言，群臣盡可依違淟涊、默默固位已乎？夫在廷之臣，其爲言官者，十僅一二，言官不必皆智，不爲言官者不必皆愚也。無論往事，即如邇歲馮保、張居正交通亂政，其連章保留，頌功詡德，若陳三謨、曾士楚者並出臺垣，而請劍引裾、杖謫以去者，非庶僚則新進書生也。果若庶言，天下幸無事則可，脱有不虞之變，陛下何從而知？庶復以堂上官禁止司屬爲得計，伏覩《大明律》，百工技藝之人若有可言之事，直至御前奏聞，但有阻遏者斬。《大明會典》及皇祖《卧碑》亦屢言之。百工技藝之人，有言尚不敢阻，况諸司百執事乎？庶言一出，志士解體，善言日壅，主上不得聞其過，群下無所獻其忠，禍天下必自庶始。陛下必欲重百官越職之禁，不若嚴言官失職之罰。當言不言，坐以負君誤國之罪，輕則記過，重則褫官。科道當遷，一視其章奏多寡得失爲殿最，則言官無不直言，庶官無事可言，出位之禁無庸，太平之效自致矣。」上責其沽名，命貶一秩。科道合救，不允。庶偕同列胡時麟、梅國樓、郭顯忠復交章論劾，乃再降一秩，爲湖廣按察司經歷。懋檜雖放斥外幕，而忠益勵，氣益奮。至謫所，聞邊警，復郵奏安邊之策宜，用馬端肅、俞武襄車制禦邊，而薦趙文毅有文武才，大將則舉朱先、郭成、黎國耀等。疏再上，不報。久之，量移南通政司經歷，歷禮部主事。丁外艱，歸。服除，赴補。牘數上，不獲命。旅食京師者三年而不知。已，疏名御屏，錮不用矣，乃告歸。自是里居者二十年，當道屢薦無虚月。神宗晚廉其忠，丙辰，即家，起南兵部主事。懋檜念母老，乞養歸。遂轉員外郎。尋丁内艱。光宗立，録舊臣，起禮部郎中，遷光禄少卿，轉太僕少卿。一歲三改命，已，復不調者三年。天啟四年，以北太常召，而懋檜已於是歲卒，時年七十有一。

懋檜爲人見事，敏審機豫。方蚤歲，即已留神世務，練習朝章，而精心密理，足以運之。藉令循循任職，拾級而上，亦足以致功，而夷然不屑，繇其謇諤之素，遇觸必發，蓋根於天性然也。居家，篤根本，落戍籍，構宗祠，表揚祖德，縑緗捆載。平生廓落無町畦，無賢不肖，咸以爲親已。素所交遊如鄒吉水、姜丹陽、吕竇陵、魏南樂、顧錫山、許東陽、蔡龍巖等，皆號知交。然時相規正，有不與俱靡焉者。衡文取士，則李長庚、魏説、李若愚、陳所藴、何慶元、宋之禎，亦當世名卿。其直言敢諫，安邑自詹仰庇而後，僅見懋檜一人耳。《明史》。《邑志》。《家傳》。《墓誌》。

李仍樸先生仕亨

李仕亨，字克濬，號仍樸。生性樸厚。少清苦，讀書淹究經史。早有文名。天啟二年成進士，年已五十九矣。初授户部主事，監大通橋。丙寅，督餉山西，革招買蠹規，商人懽悦。時二閹至，頗有忤言，然終敬其清白，莫能涅也。戊辰，出守嘉興三載。政簡刑清，凡父母子弟相爲訟，俱不譴訶，而使自化。其《自誌》云：「不取一虧心錢，不受一無處餽。」覲後，即引疾歸。

著書課讀，修葺《宗譜》，皆崇厚力本之事。閉户絶應接。復自號迂叟。仕亨爲諸生時，力學傳教，名輩多出其門。族叔中藍公延請教其子栻，孫日曄，皆積年受業。所著有《四書注翼》、《易本義翼》、《四書解》、《易解》，《雜著迂言編》，皆以「迂」名焉。崇禎丙子年卒。《郡志》。《邑志》。《家傳》。

臬長李懷藍先生栻

李栻，字克儼，號懷藍，安溪人。父瀾，鄉榜，官別駕，有清望，見蔡松莊學派。栻，萬曆庚子鄉書，癸丑進士。授刑部主事，多所平反。出守維揚，加意恤民，治漕理鹽，善政猶傳。舊有織造稅例，一切革除之。丁艱。補潮陽。潮故多盜。至則立里保，嚴警衛。自是盜患寢熄。有巨猾勢厚，黨劇播惡，莫敢忤視。栻剪除，惟亟需時屬托千函，悉委于焰。既甃，而懽歌者比户，時擬之除人鱷焉。注意作士，譽髦鵲起。潮人衣冠之盛，則自栻作牧始。轉陞高肇副使，七載緝盜安民，聲績顯著。晉大參，分鉞端州道，威望益隆。最爲百世利者，造太平驛通濟橋，爲文記之。廣人士誦德。歲餘，陞雲南按察使。值土酋跳樑。栻承委督餉，鞅掌匪遑，卒於官。栻受《易》學於族兄仍樸先生。自齠齔至登第，無二師。凡承《易》旨皆集而演之，刻趨對編。栻守先世田廬，退不營山海之利，進不取公帑之餘。以經術垂訓。子曰曄，天啟五年進士。由中書歷官至廣東副使。《郡志》。《邑志》。《家傳》。

審理李幹宇先生楨

李楨，字克輔，別號幹宇，安溪人。萬曆丙子舉人，授安化令。時萬曆之季，海内蓋有開採之役，瑠陳鳳指縣有硃砂礦，剋期興役，上官莫敢議。楨曲奉而陰阻之，事得寢。陞茶陵州知州。鋤奸剔蠹，視安化有加。以不能結奉上官，再調臨高縣。因地震，請罷税礦，一郡俱席其庇。遷王府審理。歸卒，年七十有四。

何鏡山先生撰《墓志》略曰：「公椎魯狷介，一似木强人，而中懷潔白。先哲自將，心常在國家，意常係斯民。第不能修上官之名譽而候其顔色。所以三仕不失令，三令不能得美遷者乎。公三調剳開採之役，其大者矣，其他省訟、絶饋、興學、慎獄、緩征歛、重符信、鋤奸梗，以公廉自誓，而以移風易俗望民，蓋所至若一，是以上官有『商彝秦鏡』之褒，楚民有『耳勁筆貴』之謡。至楚值征播之役，粤值欽州之變，公佐飛輓，靖羽檄，其通變之才不可以木强論者也。余與公早歲悉有四方之役，迨公懸車，則余謫宦，里居二十餘年矣。居常過公，但見公編蒲緝柳，無虚日月，暇則鼓《漁陽撾》，爲《三弄》而已。」所著有《狷介編》，若自爲譜者。外有《問奇便覽》、《仕隱緒言》、《家藏年譜》、《宦中獨鑑》諸書。何司徒撰《墓志》。

贈公李念次先生春❶

❶ 本條原無，據文津本補。

李瑞峰先生鳴陽

李鳴陽，字克儀，别號瑞峰。十洲公長子。鳴陽學問，根柢馬、班，於博士家言涉獵耳。少壯，甚自負。久之，數困棘闈，兼家喪頻仍，而父祖户務殷繁，悉身肩之，用此紛挐，決棄纓鎖。性伉爽輕財，慕范文正公、陶靖節爲人，有急必赴，有侮不恥，信心而行，不求人知。習與游者，如莊梅谷、黄一龍兩先生，蓋相知之深者也。鳴陽檢身方正，嘗思「謹言」、「慎動」、「寡欲」、「節飲」四箴以自警，所稱述皆先獻格言。一夕獨坐書室，有美姝搴簾求貸，鳴陽正色不動，量探篋中錢遣去，人方爲魯男子云。晚退居先公舊隱，自爲《舊隱歌》。留心《家譜》，綜核詮次，特詳要於闡揚先德，誘誨族屬。文翰炳然，誠家世之琬琰也。自爲《壙志》曰：「年近古稀，不可謂不壽；學知崇正，不可謂俗流；生平抱莫知之歎，不可謂終身皆未定之天。」蓋自信無所愧怍，齊順逆，一死生，非深於道不及此。《家譜》。

進士李在明先生光龍

李光龍，字蟠卿，號在明，安溪人。誕生時，祖瑞峰公夢杜工部來訪，覺，值光龍生。七歲，父命對「乘桴浮於海」，光龍應聲「束帶立於朝」。年十三，從族叔肖巖公偕芳受《易》。時里中多治《尚書》，惟肖巖素治《易》精熟。光龍年雖稚，殊有悟。稍長，與閬瀛叔父鳳鳴同學，又偕叔賓峰受業於孫伯紫先生。疑即本傳中孫司理胎湖，俟詳考。每構義，屈行輩，自言稍長爲舉子業，亦能帖括一二。歸，索家中遺書，得馬、班全集，縱觀之，玩味至忘寢食，益厭時師訓詁學，遂上及六經，旁及諸子，下至宋諸儒、近代諸名公，俱欲究其指歸，汰其緒論。又言：「自戊午以後，讀書仲悔兄齋中，桃源陳子因公車歸，必攜笈就焉。三人同席相證者，不斤斤舉業，專以品行相勗，旁及經濟，深究性命。」壬午，出揭潛銘重熙房，薦於主司，稱光龍易學純深，備采作程。會試過江上，阻寇而反里中。士大夫競勸曰：「時事須公，豈爲斗禄哉？」於是强行。

癸未登進士第。後爲本房薛行塢所藴推重，而房首爲白東谷胤謙，尤一見傾服。是時，光龍名重，有速之應中秘之選者，顧光龍愀然私謂薛師曰：「京師棼埃黯黯，磚瓦咸碧，即不習《五行傳》而吉凶居可知矣。」不廷試，遂歸山中，日與宗黨親朋沉淪詩酒間，尋方外交。戊午之間，里中大變，光龍深心潛力，委蛇而坐消之。事平後，人始推其安鄉里之功。光龍生於郡城負郭窮巷，屬家道中衰，旋移故里。稍長，即問家世之所以廢興狀，因就外傳。家貧，素不事生産業，浮沉諸生者最久。然其才爲國幹，學足世儀。郡邑大夫數式閭問政，嘗講切師友，於同郡黄東崖、林平菴諸公有往復。載集中，可考。平生著作不甚篋藏，諸子頗收十之三，未刻，目曰《閬山集》。卒年七十五，時康熙乙巳年也。宗中受業者，族叔漁仲先生日熼、惟念先生兆慶，皆稱高弟焉。《家傳》。《墓志》。《閬山集》。《邑志》。

閩中理學淵源考卷七十九

廣平府知府李清馥撰

清漳明初諸先生學派

按：文勤蔡梁村先生《漳郡志序》曰「維漳郡始於唐初，僻陋濱海。自有宋朱文公涖郡以後，陳北溪、王東湖親承其統緒，道術既一，禮法大明。明代陳剩夫、蔡鶴峰諸賢又起而賡續之，流風餘韻，至今猶存」云。竊嘗敬讀先訓論近代人物，蓋于清、漳留連不置，聞彼間風土山川靈異，潮波安恬。水汐時石岡嶙峋挺峙，其清淑磅礴之氣，鍾爲人傑，不亦宜乎！兹將洪、永、宣、正間先正學派，録其著者載于篇。

總憲劉愛禮先生宗道

劉宗道，名駟，以字行，龍溪人。洪武壬辰，徵秀才八千餘人，入試朝政，宗道第一。仍命學士詹徽密察諸儒中特異者，居德行第一。以布衣侍坐，共論治道。拜都察院左都御史，上格君澤民二十事，言甚切直。上命所司採行之。自是議大政，多所譏切，遂爲邵質、董希賢所構，詔徙南詔。不久貫還。宗道明程氏學，好修《家禮》，鄉人稱愛禮先生。有《愛禮集》十卷。陳真晟讀之，稱其繼北溪而起，大有功於名教云。

編修李先生貞

李貞，南靖人。永樂十三年及第第二人，授翰林院編修，與儒臣編輯四書、五經、性理《大全》，後以不肯預修佛書，貶高州府教授。卒。

孝廉林先生皞

林皞，長泰人。志行高亢，刻意學問。與林震同學，爲震所推。永樂庚子，與震同領鄉薦。後隱居不出，自號後岡處士。後進皆師表之。《閩書》。

評事胡先生宜衡

胡宜衡，名楀，以字行。宗華子。性敏嗜學，謹厚莊重，孝事繼母。漳人及門甚衆。永樂十七年，以賢良薦，授翰林院中書舍人。與修成、仁二廟《實録》。上《爲善陰隲》詩，賜金帛文綺。陞大理左評事。居官清苦。尋引疾致仕。《閩書》。

柳先生文通

柳文通，平和人。父没，既除喪，當就試，其母止之。遂不復出。居家教授生徒，户屨常滿。所居西林，凡西林之占一經者皆其徒也。《閩書》。

吴汝華先生霞

吴霞，字汝華，海澄人。邑庠生。天性孝友，篤志好古。即所居傍築小室，扁曰「顔巷」，聚書其中。其潛玩程、朱，至忘寢食，諸儒語録、行録悉手抄讀。每語門弟子曰：「世無真儒，『學』之一字弗明也。『學』字既明，士風自變矣。」又曰：「其本在立志，其要在主敬。」所著有《射禮輯説》、《道原録抄》、《義集抄》、《學則拾棄稿》、《示兒編》，皆有關世教。年八十餘卒。長子邦懋，生員，有父風。《閩書》。

閩中理學淵源考卷八十

廣平府知府李清馥撰

州守唐東里先生泰學派

唐公在明代國初沈潛經訓，諸名德多出其門，實倡起之師也。

州守唐東里先生泰

唐泰，字師廓，長泰人。資禀迥異，通曉五經，尤邃于《易》。登永樂十三年進士，知祁州，有惠政。後以文學薦，辟召赴文淵閣，試「麒麟頌」、「明倫論」，稱旨，欲大用之。因大駕北征，遂乞歸侍養。四方之士受業日衆，乃築草舍百餘間以居之。隨才誘誨，皆有成就，如陳布衣真晟、謝侍郎璉、林偁撰震、陳考功亹，皆出其門。著《思誠齋銘》。學者稱東里先生。《道南源委》。《郡志》。

布衣陳剩夫先生真晟别見本學派❶

侍郎謝重器先生璉

謝璉，字重器，龍溪人。宣德丁未，廷試第三人，除翰林院編修。試詩，稱旨。嘗從謁長陵、獻陵，對述「稼穡」、「閭閻」利弊甚悉。丁艱。服除，與修《宣宗實録》及《令典》、《聖鑒》、《日曆》諸書。因災異陳言，請出宫人，又請赦諸無辜及除連坐法。尋遷侍講。正統十四年，上言時政十五事，中言石亨不可專任、尚書于謙知軍旅、大臣胡濙堪付托事。後若懸鑑而築城龍巖，建守禦，亦璉所議也。秩滿，陞南京户部右侍郎，創便宜六事爲經久可行之規。明年，兼掌兵部務。時户部郎陳秀坐誣下獄，璉力争之，秀乃得脱。景泰癸酉，以疾卒於官，詔遣中使涖喪諭祭葬。故事，翰林居養優地，徒以筆翰相高，慷慨論朝政自璉始。著有奏箋百餘卷及《玉堂藏集》。

修撰林敦聲先生震

林震，字敦聲，長泰人。事繼母至孝，家貧力學。每樵耕，挾書自隨，卧樹下仰讀不輟。宣德五

❶ 本條原無，據文津本補。

年，殿試第一人，授翰林脩撰。正統二年，以疾告歸。娛心書史，非公事不至郡邑。廣藩兩聘主試，號稱得人。卒于家。《閩書》。《郡志》。

布政陳尚勉先生亹

陳亹，字尚勉，漳浦人。師事唐師廓，與陳剩夫爲同門友。登正統元年進士。歷官吏部郎中。文章政事爲時所重。威喇犯邊，守臣失策。作《備邊禦戎策》以獻。天順四年，廣東盜起，廷議必得陳某乃可。除廣東布政使。時英宗初辟，勵精圖治，召入内殿，賜宴遣之。既至，密相機宜，討平新興，撫定德慶、蓬州等峒，賊患遂息。以疾乞休。著有《經籍要覽》、《梅菴存藁》。群從多以科第顯。《道南源委》。

閩中理學淵源考卷八十一

廣平府知府李清馥撰

布衣陳剩夫先生真晟學派

按：陸清獻公《問學録》曰：「《吾學編》以胡敬齋、陳剩夫附於白沙之傳，此其失莫甚焉。敬齋雖與白沙同遊康齋之門，然其學固非白沙所及。陳剩夫著《程朱正學纂要》，雖其教人專一静坐，陳清瀾謂其學識未及胡敬齋，只是狷介之士，然亦非白沙禪學之比。而乃以附白沙之傳，何哉？」

按：此陸清獻公衞道之嚴也。白沙雖與敬齋共學于康齋，實同門而異户。布衣先生其用功實從主一之訓入，其學術端默沈潛，持守有餘，前輩楊氏廉以爲和靖之徒。《明史》傳謂其潛思静坐，其學近吴康齋。陸公以爲狷介之士，殆確論歟。

布衣陳剩夫先生真晟

陳真晟，字剩夫，漳浦人。浦濱海患倭。洪武間，其先世自泉中調戍漳之鎮海衞，因家焉。先生豐格高聳，神氣肅清，望之非塵埃中人也。年十七八，即能自拔於俗，厭末作之蠹心，惡異端之害道，專心致志，以儒爲業。入長泰山中，從進士唐泰治舉子業。業成，薦於有司，至省試，聞有司防察過嚴，無待士禮，遂辭歸。自是不復以科舉爲事，務爲聖賢踐履之學。

初讀《中庸》，做存養省察工夫，覺無統緒。繼讀《大學》，始知爲學次第。又讀《大學或問》，見朱子博採主敬諸説以補《小學》工夫，始知「敬」者乃《大學》之基本也。及求其所以爲「敬」，則見程子以「主一」釋「敬」，以「無適」釋「主一」。始于「敬」字，見得親切，乃實下工夫，推尋此心之動静而務主于「一」。静而主於「一」，則静有所養，而妄念不作矣。動而主于「一」，則動有所持，而外誘不奪矣。嘗語人曰：「《大學》『誠意章』爲鐵門關，難過。『主一』二字乃其玉鑰匙也。蓋意有善惡，若發于善而『一』以守之，則所謂惡者退而聽命矣。」又曰：「人于此學，若真知之，則行在其中矣。蓋以知之真，則處善安，循理樂，其行甚順。然而氣質有偏勝，嗜欲有偏重，二者用事，其順而易者反逆而難矣。此聖門論學，於學問思辨之後，又加以篤行也。」

天順三年，用伊川故事，詣闕，上《程朱正學纂要》。其書首採程氏學制，次採朱子論説，補正學工夫；次作二圖，一著聖人心與天同運，次著學者心法天之運；次言立明師，補正學，輔皇儲，隆教本數事，以終圖説之意。書未上，先上疏乞召見而陳其説，不報。及書上，奉旨禮部看了來説，署部事侍郎鄒幹漫不知其説云何，其事遂寢。歸家，讀提學使者頒行《敕諭教條》有合於程、朱教法，喜曰：「此學校正教也。然學校雖崇正教，而科舉不定正考，雖有正教，不行也。」因採敕諭中要語，參以程氏《學制》、吕氏《鄉約》、朱氏《貢舉私議》，作《正教正考會通》，定考德爲六等，考文爲三等，各有按例可據而行。又纂長書以告當道諸君子，諸君子亦不能推行其説，其事又寢。

凡先生學有所得者，至是皆無所遇。聞臨川吴聘君名，欲往質之，乃貨其家之直，得五金。攜其兄子以行，戒之曰：「我死，即瘞於道，題曰『閩南布衣陳某墓』足矣。」行至南昌，張東白元禎止之宿，叩其所學，大加稱許，曰：「某敢僭謂斯道自程、朱以來，惟先生得其真，吴、許二子亦未是。如聘君者，不可見亦不必見也。」遂歸。鎮海初創戎壘，自先生爲學而儒術始正，自先生與莆人李文舉諸先輩講行文公《家禮》而風俗始正。先生生於鎮海，遷於龍巖，晚定居於漳之玉洲。自以布衣詣闕上書，因號「布衣」，學者稱爲「布衣先生」。成化十年卒，年六十有四。後十年，學使周孟忠爲文以祭。郡守彭桓立石官道傍以表之，題曰「大明闕下兩上書請補正學泉南布衣陳先生墓」。所著有《布衣存稿》，藏于郡齋。《道南源委》。《閩書》。《家譜傳》。《郡志》。《明史》。林氏雍撰《行實》。

布衣先生文

答周公載

所論欲搜剔聖賢微言緒論而紬繹之，以庶幾深乎道，殆是也。蓋搜繹亦窮理之事。《大學》之要，莫先於窮理，豈不信然？然以程、朱之學揆之，要必先求其所以能紬繹之者以爲之本，然後可也。若無其本，則雖欲勉强以紬繹之，亦不可得也。蓋義理之聚於物，猶蠶絲之聚於繭，至精深微密者也。今欲紬繹之，於繭爲易，蓋引其緒以出於外者也，於物理爲難，實游其心以入於内者也。故苟非先養其心，使有剛鋭精明純一之氣，則安能入其微，步其精，以詣其極，隨其表裏精麄之處無不到，而脱然盡得其妙於吾胸中乎？妙有不盡得，則雖曰紬繹，猶未紬繹也。如一物有十分道理，已繹到八九分，則一二分繹不得，此一二分正其所謂精妙者也。精妙者，既不能繹，則其所繹者八九分皆其麄者耳。得其麄，昧其精，雖謂之全未紬繹亦可也。且但一物不能繹，則物物皆不能繹。譬如印板，但印出一張糊糢，則張張皆糊糢。心麄之病，何以異此？苟如此而欲望深於道，殆難矣。矧道不惟精深，實且廣大，蓋合衆精深而爲一廣大者也。故既不能析之極其精，則必不能合之盡其大。所謂物有未格，則知有未至者，此也。然所以合之者，又須此心先有廣大之量，然後能也。故先儒曰：「入道莫如敬，未有能致知而不在敬者。」又曰：「涵養須用敬，進學在致知。」所謂敬者，豈非涵養此心，使動而窮夫理，則有剛鋭精明純一之氣；静而合夫理，又有高明廣大之量者乎！凡此皆有真實工夫，做到至處，所謂聖學也。程、朱之學，入道有門，進道有階，升堂觀奥，皆有明轍。惟此最爲要法，誠不可不先講而力求者也。

夫學一也。豈有道俗之分？所以分者，在乎心而已矣。故志乎義，則道心也；志乎利，則俗心也。以道心而爲俗學，則俗學即道學；以利心而爲道學，則道學即俗學，只在義利之間而已矣。惟在朝廷則不然，朝廷風化攸繫，故以道學鼓天下，則天下皆道學而義風盛；以俗學鼓天下，則天下皆俗學而利習熾。此程、朱所以皆欲朝廷革俗習而崇義方，有以也。若君子自學，苟立志有定，則無不可者也。何俗爲？

答何椒

今之學者皆言「居敬」，多只是泛泛焉若存若亡，而無主一無適之確，❶則是未嘗居程子之敬也。皆言窮理，亦只是泛泛焉務多讀書，而無即事窮理之精，則是未嘗窮程子之理也。

蔡九峰之學未得爲淳，只觀其《自序》，乃以窮神知化與獨立物表者並言，亦可見矣。若物之表果有一個獨立者，則是莊、列之玄虛。康節謂老子得《易》之體，正亦同此。是皆於體用一原，顯微無間之旨見得不透徹故也。

備考

張浄峰先生爲《鎮海衞鄉賢祠記》略云：景泰、天順間布衣陳公、翠渠周公二先生同時産於鎮海，皆以學行有聞于天下，二公蓋爲聖賢義理之學者。嘗聞布衣少食貧，業作末藝。一日遇鄉校，聞講《中庸》「戒懼謹獨」，若有會於心者，遂棄其業從之。既復讀《大學》「格物致知」之訓，知其

❶「確」，原脱，據明萬曆本《布衣陳先生存稿》卷五補。

與《中庸》相發明，又知其工夫真切，不越乎「敬」之一字，故其學以默坐澄心，反躬踐履爲本，於章句文義蓋有不數數然者。翠渠自業舉子時已不安於俗學之陋，其學自六經四子、天文、律曆、字畫及方外之書無所不究，而每以辨析精微，洞見本原爲歸宿之地。蓋二先生之所自得及其所從入如此。鎮海故戎壘，自二先生後，人始知學，至爲立博士弟子員以教養之。嘉靖乙酉，豐一齋先生熙謫戍是壘，嘗舉二先生之學爲學者言之。既又以祠事言，提學使者度隙地爲屋三間，並祠二先生。既成，馳書於岳，俾記之。岳之先世蓋嘗講於翠渠者，而布衣之言論風旨，亦嘗竊聞其大略如此。

又曰：當二先生時，士大夫以講學有聞者多矣，爲説皆務高遠，考其要歸，能無憾於後學者蓋鮮，獨二先生之學粹然本於考亭無議也。昔朱子有言曰：「子思以來，教人之法惟有尊德性、道問學兩事爲用力之要。」然學者性質趣識不能盡同，大抵多因其所近者而入，誠能兼取二先生之所用力，而反之於身，以審其先後之端，如病者用藥，陰陽寒熱，期中病源而不至于偏勝，則庶乎有合於聖人之行，無愧於二先生矣。布衣名某，字某，泉人。翠渠名某，字某，莆人。初築壘時，調二郡之人戍守之，蓋守者子孫云。

蕺山劉氏曰：一者，誠也；主一，敬也。主一，即慎獨之説。誠由敬入也。剩夫恐人不識慎獨義，故以「主一」二字代之。此老學有本領，故立言諦當如此，是故東白得真之言，亦定論也。

方伯周翠渠先生瑛別見本學派❶

郎中林蒙菴先生雍

林雍，字萬容，龍溪人。景泰五年進士，授行人。以母老乞歸養。終喪，起就職。憲宗初政，上疏勸脩德格天、親賢講學。復請進周惇頤、程顥、程頤、朱熹于顔、曾、思、孟之後，列爲八配。又請祀陳淳兩廡，並不報。遷爲司正。先是諸行人出使往往以賄聞，雍厲操先諸公，諸公皆自愛惜。屬吏部考察，雍獨不赴，曰：「使某不勝任，黜之可也，安能隨行俛首，言科目籍貫耶？」陞駕部郎中。未幾，乞歸。命下，忻然就道。長安縉紳賢之，相與詠歌其事。歸，結廬龍山，從布衣陳先生真晟相師友，日與徒侣講明正學，謀之林僉憲克賢、姜郡守諒建祠祀北溪芝山麓。又與鄉人月爲一會，脩藍田《吕氏鄉約》。累徵不起。年七十餘卒。陳先生真晟稱雍學始終本末，有序有要。督學周公孟忠稱其居官冰蘗，未老乞歸。清風高節，海内傾仰。漳人謂北溪之後，得正學之傳者，真晟與雍二人而已。學者稱爲蒙菴先生。《閩書》。《漳郡志》。

---

❶ 本條原無，據文津本、丁氏抄本補。

備考

周翠渠《送林蒙菴序》略曰：先生學平實，不矯飾以爲僞，處事多委曲詳慎，無直遂。每公退，坐一室，左圖右書，檢點其身心，自慮念之微以達於事爲之著，務合於道義。間有不合，如被穢在躬，力褫去之乃止。嘗語瑛曰：「凡學不過欲得此心而已，心不可外天理人事以求之也。處人事以合天理，則此心得矣。若厭人事而慕高虛，惡積累而求超脱，皆非學也。」

侍郎魏仲禮先生富

魏富，字仲禮，龍溪人。少孤，學於布衣陳真晟、翰林謝璉之門。成化丙戌進士，授監察御史，繼按廣東。林蠻、洞蜒爲厲，廉得不法吏若干人，置于理，蠻蜒皆復隸編户。遷浙江按察司副使。重舞文告訐之禁，有縣令爲豪猾所誣，久坐繫，同官莫敢直，富直而釋之。脩蕭山、諸暨、石塘堤以捍田。發粟賑嘉、湖、寧、台饑，存活萬餘人。❶ 陞江西按察使，擢右僉都御史，巡撫順天。畿内地，中貴人及將領、守臣多操利匿亡，互相倚援，富部分將領，授以成算，一時無犯者。疾作，乞歸。後起用南京大理卿。正德改元，陞刑部右侍郎。乞致仕，給驛歸。富歷仕四十餘載，隨事盡職，未嘗

❶「萬」，丁氏抄本作「六萬」。

立異，譽輒隨之。疏衣糲食，自奉泊如焉。《閩書》。《郡志》。

丁迂峰先生世平

丁世平，字迂峰，龍溪人。從學陳布衣。布衣詣闕上書，世平詩送之曰：「先生學趣似陶淵，嗜酒忘形老益堅。心借程朱五百載，道憂孔孟三千年。一筇策破關山月，雙棹撐開泗水天。歌詠歸來吾與點，半生辛苦付恬然。」《閩書》。

嘉隆以後諸先生學派

紀道範先生孚兆

紀孚兆，字道範，海澄人。僻處海陬，卓然自奮，極力營辦，以事父母。授徒他鄉，朔望歸省，有饋送，懷歸。父母色不豫，率妻蔣跪問，必得其懽。居喪悲痛，不入卧房，廬墓三年。衣冠古樸。與人拜酬，輒命子弟執往，不屬童僕。所教生徒，皆以正學爲本，兼及當世之務。晚年以程、朱爲的，其學益進，如蔡烈、林一陽、潘鳴時皆傾心下之。所著有《心極圖説》。妻蔣事姑愛謹。❶《閩書·韋

❶ 「謹」下，丁氏抄本有「相敬如賓真所謂賢内助云」十一字。

布》。

陳欽齋先生鳴球

陳鳴球，字舜夫，詔安人。性至孝，兒時即定省如禮。家貧力學，不事口耳。嘗與湛甘泉論體認工夫，謂：「工夫無處不貫，然下手處不可不知。」甘泉大歎服之。後又與薛中離講明良知之旨，證吾心之無二。球明于理學，而於天文、陰符諸書，尤爲精曉。所著《道心圖體認要解》及《欽齋集》，外有《陣圖解》。其卒也，友人林士章題其石曰：「明處士欽齋陳先生之墓。」《郡志》。

州判潘徵求先生鳴時

潘鳴時，字徵求，海澄人。家貧，就外傅，樵採以資學業。讀書龍嶺巖，得王文成《傳習録》讀之，遂負笈吴會，謁王龍溪畿、錢緒山德洪。歸來，自以爲有得也，益聚徒講論。行鄉約，積義倉，練鄉兵，爲政枌榆間。會五寨草寇發，竟以鄉兵擒之。隆慶戊辰，領恩貢入太學。歸則講徒日衆。久之，叙選，判信陽州，以拂當道，謝去。逾年卒。所著有《讀易偶見》、《語録》等編。門人吴道濂、蘇攀等爲創祠南山寺之東，偏祀之。《閩書》。《郡志》。

縣令林復夫先生一陽

林一陽，字復夫，漳浦人。嘉靖甲午鄉薦。爲學以居敬窮理爲宗，謂：「道至程、朱有何不盡，何須别立教門？」及判濟南，調霍邱令，皆有惠政。以不諧於時，遷藩幕，歸。嘗曰：「惟敬勝怠，惟勤補拙，惟儉養廉。」所著有《論學義》。又善臨池大書，有晦菴、白沙筆致。

孝廉高先生則賢

高則賢，龍溪人。貌古行樸，動法古人。性沈密，善講解。嘗持《周易本義》、《程子易傳》，端坐雲洞中，一年始出，作《易解》，士多宗之。爲文覃思至深，能抒寫其所自得。晚貢成均，萬曆己卯舉順天，林宗伯士章延之西席。都下諸公皆願識其人，而賢即世矣。

閩中理學淵源考卷八十二

廣平府知府李清馥撰

漳浦蔡氏家世學派

縣令蔡丕禮先生大壯

蔡大壯，字丕禮，漳浦人。性友愛，篤志勵學。受業周翠渠之門，告以主敬工夫，充然有得。由舉人任寧鄉知縣。開渠灌田，履畝均輸，撤淫祠，禁溺女。又重刻翠渠《祠山辨》、《教民雜録》等書授鄉老，以教子弟。嘗書「居敬」二字於衙齋，銘曰：「遠敬君，近敬身。幽敬鬼神，明敬人。必至無所不敬，庶幾不負吾學，不負吾身。」凡折獄，必引經文爲斷。民以事至邑者，必問曰：「讀書乎？」則告以講習之法。或以貧辭，輒勉之。以入覲，告乞歸。所有田宅悉以均諸兄弟。著《毛詩釋義》。

主事蔡震湖先生宗禹

蔡宗禹，字賓元，漳浦人。秉性剛介，明敏過人。少年讀書，但求大意，不事鈎索。乃父教以因經求道，因物求知，一日大省。萬曆間，貢入太學，大司成葉臺山稱爲「天下士」，屢贈以詩，於是聲名藉甚。登萬曆辛丑進士，司李鎮江。甫下車，首嚴左道之禁，勸諭空門還俗，僧僚院宇置役守之，以絶士女之往來，而緇衣、黄冠徑入人家者有罰。法令嚴明，人莫敢犯。惟罪跡未著，或已著而情屬可矜者，率多平反。郡丞某墨而殘，欲以其私害人。公争之强，致失丞懽。丞方攝郡，上官檄公使代之，丞益恨，構陷萬端，遂被劾。謫湖州照磨，覈其事皆烏有。未幾，丞亦敗。彈丞者以螯公爲名，公得白。補授白水令。

冰蘖自矢，園有椿樹，茹之以佐食，蒼頭短衣不完。所得俸錢，悉以興校資貧士。凡有淫祠，悉改爲書院，而逐其住僧。日與諸生談經講道其中，講畢，必謂曰：「吾所持以爲治者此耳，然天下事，宜古不宜今者多矣。凡諸政令有不便于民者，諸生匡我焉。」歲饑，貧無可賑，勸諭諸富室爲糜以濟，而自賦詩以歌其事，富室益樂於爲善，全活不下萬數。事聞，陞刑部主事。以疾乞歸，講學於湖西書院，終日正容危坐，諸生非加冠束帶不敢至前。曉集必拜，有問必趨，退則一揖而别。自臨文作字，以至洒掃應對，莫不循循然有規矩。几席之下，儼若朝儀。四方負笈來者，至房舍不能容，别結草廬以居。公當風清月白時，提茗挈果，放舟湖上，顧謂門弟子曰：「活潑地，何人解得？向來到此，塵慮盡消，不啻如湖泉萬斛洗腸胃也。先儒所謂吟風弄月，有『吾與點也』之意。此時光景，殆庶幾乎！」

生平爲學以力行爲主，獨往獨來，不儕流俗。而婚娶喪葬，一遵《禮經》。足跡不至寺觀，僧巫、術士弗與交談,曰:「『磨不磷,涅不緇』者,聖人事也。吾輩自揣堅白如何果能磨涅無玷乎? 吾不能爲柳下惠,且先學爲魯男子。」或以舉業爲道學病者,答曰:「君勿蹈時趨,但從程、朱講解,則舉業即道學矣。」又曰:「陳布衣先生有言:『程、朱何嘗不科舉,亦以其學居敬窮理而得者以應試而已。』」年七十餘卒。

先生爲人明敏,治郡治邑,寬嚴並用。生平屏絶異學,宦跡所經,僧道裹足,其闢邪崇正之功,更不在韓、狄下。今子孫猶能世守其訓,凡吉凶事不仗僧巫,尤近世所希覯者,宜爲有家之法也。所著有《明誠解》、《程朱要言續》、《毛詩釋》、《史記一家言》、《叢桂軒語録》、《杜詩註釋》等書。學者稱震湖先生。時江右羅公倫、浙中豊公熙皆謫戍濱海,而同邑薛公士彦亦自雲南布政使致仕歸,相與講明正學,有鄒、魯之風。子一橙。

孝廉蔡廷黄先生一橙

蔡一橙,字廷黄,號伯梁。充養和粹,雅志經學。黎明即起危坐,曰:「此平旦清明之氣也,孟子所謂『好惡與人相近』者,正在此時,其焉可錯過。」或告以姚江「良知」之説,則曰:「世守程、朱門户,未便操戈入室也。」領萬曆丙午鄉薦,每公車北上,載籍千卷以行。其於濂、洛、關、閩之書,雖驢背板橋,未嘗釋手,曰:「吾敬此如神明,庶幾不見不聞中,不敢自肆也。」著《四書提旨》、《詩經會解》、《布衣心圖註》。與晉江蘇紫溪友善,書問辨復甚多。子孫各守家學。

學正楊商泉先生豫學派

按：商泉先生，邑志惟載蔣蘭居、葉泰窩爲及門之士。今附列之。

蔣蘭居先生（闕）❶

學正楊商泉先生豫

楊豫，別字商泉，漳平和睦里人。早歲，設教里中，人士多從之遊，蔣蘭居、葉泰窩出其門，學者稱爲商泉先生。以貢仕遂溪教諭。陞德慶學正。《邑志》。

貢士葉泰窩先生時新學派

按：先生郡志列在《儒林》。考本傳以仁讓聞，鄉里化之。何公九雲贊曰：「葉君鄉祭酒，諸生半在門。君乎討性學，言行必有藩。」蓋有道之士也。

---

❶ 本條原無，據文津本、丁氏抄本補。

貢士葉泰窩先生時新

葉時新，字蒼竹，漳平人。年四十，盡焚其少年雜著，與陳文溪、蔣蘭居講明窮理致知之學。應貢不仕。仁讓有聞，里人化之。晚乃隱居教授，里中人士多出其門，稱爲泰窩先生。其門人嚴和濟、黄佩韋等録其論學要語數十則，直可分宋人一席。其《次陳文溪偕曾五溪遊龍亭寺》詩曰：「周旋時事自知閒，不落風塵主宰間。每泛孤舟觀碧草，也憑佳節歷名山。吾鄉幸有真朋聚，世道應看淑氣還。記得當年山寺講，乾坤此意破玄關。」《漳平志》。

黄先生佩韋

黄佩韋，傳闕。

嚴先生和濟

嚴和濟，漳平人。邑庠，爲葉泰窩高弟。子卓如。

嚴希立先生卓如

嚴卓如，字希立，漳平人。立身端方，雖獨處，必正衣冠危坐，無間寒暑。接人處事，一出於誠。

《漳平志》。

林先生梅濟

林梅濟，漳平人。爲嚴希立高弟。得師門之遺，秉心質直，制行温醇。膺選後，方在强年，不復爲仕進計，家居課讀。《漳平志》。

運使曾惟馨先生汝檀學派

運使曾惟馨先生汝檀

曾汝檀，字惟馨，漳平人。以貢入南雍，受學於湛甘泉先生。嘉靖壬辰舉進士，授都察院都事。時甘泉爲禮部侍郎，朝夕親炙。及其轉南禮部尚書，汝檀亦求改南，從之，遂遷南户部員外郎，歷禮部郎中，擢知撫州府。首建陸象山、吴草廬、吴康齋三賢祠，立五經閣，教鄉約。月朔臨視，奬善勸農。政暇，與諸生講明正學。以拂當道意，調南寧，治如撫州時。時甘泉已家居，檀往訪焉。時安南内亂，久不貢，廷議屢敕行勘，藩臬難其事，檀即請行。未幾，疏乞終養。道經嶺南，復謁甘泉而歸。既釋服，起補安慶知府。時親藩景王之國，道經郡，當道議析民居爲行宫，汝檀移于城東空闊處。及王至，供億整辦。尋陞山東鹽運使。逾年卒官。

汝檀資禀厚而信道篤，所學淵源於陳白沙，刊落支節，務窺本源。歸家以養親講學爲事，與諸生論經旨，但遇舊説分析太過處，必爲渾合，使知歸一。嘗以《中庸》「戒懼慎獨」教人，曰：「《中庸》揭此，獨知爲後學開一門路，多少緊切。譬如種植，必有真種子落地，然後培植，日加暢茂矣。」於是四方來學者衆，乃構心源精舍爲講所。所著有《心源問辨録》及《漳平縣志》。督學姜公寶訪求八閩人物，獨推重之。祀之鄉賢。學者稱廓齋先生。

同知陳先生九叙

陳九叙，漳平人。萬曆甲戌進士，累官同知，有惠政。九叙少學曾汝檀之門，嘗言：「學必成其大，不在一節取名高；學必成其是，不在與人競門户。」沈古林、王東里、耿楚侗諸先輩咸許可其學，以爲正脈。著有《心源録》、詩文諸編。

閩中理學淵源考卷八十三

廣平府知府李清馥撰

黄石齋先生道周學派

黄石齋先生道周

黄道周，字幼元，號石齋，漳浦之銅山人。少負奇節，以孝聞。年十四，慨然有四方之志，不肯治舉子業。抵博羅謁韓大夫日纘。韓家多異書，得盡覽所未見。嘗即席酒酣，援筆立就數千言，名大噪。天啓二年第進士，選庶吉士，歷編修，監修國史實録。故事，經筵展書官奉書膝行。道周謂膝行非禮也，平步進。魏忠賢目攝之，不爲動。未幾，乞歸，葬父石養山，結廬其下。旋丁内艱。服闋，還朝。

崇禎三年，典試浙江，以《神宗實録》成，晉右中允。明年冬，故相錢龍錫坐袁崇煥事被逮，道周草疏救之，貶秩鐫三級，而龍錫卒得減死。科臣有銜道周者，摭浙江典試事，蜚語上聞。疏乞休，許之。瀕行，上小人勿用疏，蓋指輔臣温體仁、周延儒也。上怒，削籍還。至浙江，學者聞道周至，爲築大滌書院而稟學焉。歸至石養山，守墓如新喪時。逾年，以有司請講學於郡治紫陽祠，門人自遠至者，可千人。乙亥，起補原官。時方久旱，五月内繫兩尚書。道周疏請「慎喜怒，以回天意」。六月，又上疏曰：「陛下下詔求言，省刑獄。然方求言，而建言者輒斥，方清獄，而下獄者旋聞。當此南北交訌，奈何與市井細民申勃磎之談，修睚眦之隙乎？」

時温體仁方招奸人，興東林復社之獄，故道周言及之。晉左諭德，掌司經局。疏陳有三罪、四恥、七不如語。遷少詹事，侍經筵。會鄭三俊下吏，講官黄景昉救之。道周上疏推奬，旨下切責。再疏，以支飾譴。道周前有疏纂述《洪範》、《月令》等，書未就，乞寬假數月去。有旨，得卒業。時楊嗣昌奪情入閣，陳新甲奪情起宣大總督。道周草疏分劾，同日上之。上持疏不下。及召對，與嗣昌争辨上前，犯顔諫諍，不少退沮。貶江西布政司都事，未任。巡撫解學龍以道周才堪輔導薦。上怒，疑爲黨，削籍逮治。詞連黄文焕、陳天定、董養河、文震亨，俱下詔獄。户部主事葉廷秀、太學生涂仲吉，先後疏救，並杖戍。道周繫獄時，吏日奉紙筆乞書，道周爲書《孝經》百二十本。在獄兩年，感「明夷」事，著《易象正方》，草十二圖，錦衣校徵急，道周恬然謂曰：「俟吾畫一圖成，就逮耳。」擁之去，至北寺，與仲吉、廷秀對簿，受械鞫。時奸黨必欲殺道周，尚書劉澤深等謂：「道周不宜以建言誅。」得遣戍廣西。既而嗣昌敗，周延儒、蔣德璟乘間爲上言，得免戍，復故官。疏乞致仕。歸。

講學於邑之明誠堂及江東鄴山，郡邑有司、遠近鄉大夫士畢至，凡一再會而燕都變作。初，道周未第時，渡釣龍江，舟覆溺焉，恍惚見一人前導至一殿，額曰「倪黄館」。選時，元璐名第一，道周第二。一死北都，一死南都，出處始終，若前定然。著述甚富，奏疏、經解、詩文，旁及天文、曆數，共四十餘種。《二希堂集》。《行狀》。《通志》。《儒林録》。

張蒼巒先生若化

張若化，字雨玉，號蒼巒。世居漳浦之丹山。弱冠，師事黄石齋，得聞明誠之學。旁及律曆、經綸諸務，靡不淹貫。崇禎丙子舉於鄉，兩上公車不第。而弟若仲以庚辰捷南宫，因留京師。時石齋以言事下北寺獄。若化青衣小帽，雜厮役中，時時進獄問起居，左右之。若化事父母以志養，食貧茹苦，嘗搗栢葉，以代園蔬。諸孫嘗之喀喀不得下咽，若化茹而甘焉。山居四十年，足不及城市，未嘗以姓名通有司。勵志獨行，不標講學之名。疾惡守義，凛不可犯。雖骨肉至親不少假。而惻隱所周，悉力於人者不少靳。時值兵荒，盜賊蜂起，群相戒曰：「慎勿犯張公廬。」鄉人依以避難，終其身，盜不入境。丹山在群山中，巉巖阻絶，日夕雲霧往來。茅茨數椽，上漏下濕。豺虎交横，時曳杖孤往，登陟群峭，徜徉泉石，嘯歌自得，人咸異之。年六十六正襟危坐，無疾而終。子士楷，能繼父志，潛心性命之學，稱儒宗焉。

張次巒先生若仲

張若仲，字聲玉，號次巒。生而韶秀，讀書明理，以不欺方寸爲本。嚬笑不苟，作止語默，持之以敬，若性成焉。崇禎丙子，與兄若化同舉於鄉。庚辰成進士。例選州牧。性廉静，不願任煩劇，改授益府長史。居官清儉簡貴，以禮匡宗藩，請崇寬大，戒嚴切。不納。以去就争之，益藩爲之改容。以母病乞休，歸，母没，既葬，爲土室處其傍，聞狐兔嘷嘯，輒泣下嗚嗚。山居五十年，清修獨善，藝圃一區，果蔬薯蕷，度給賓祭，餘悉種梅竹，栽蒔灌溉，身自爲之。時蓑笠牽犢，飯隴畝，與野夫雜處。晚歲益務爲敦篤，飲人以和，遇鄉里有争訟，勸之以誠，久而化焉。邑濱海有蝗起，群飛蔽天，觸禾稼草木，葉噉盡。民多聚泣，或泥首禳之，獨若仲所居，數里内外無蝗患，里賴以安。歲丁卯秋夜，風雨大作，所居屋盡拔，若仲獨寢地上無恙。黎明，人視之，毛髮爲悚。年八十四以壽終。鄉人稱若仲兄弟爲「丹山二先生」而不名。與兄若化同祀鄉賢。《二希堂集》。

張端卿先生士楷

張士楷，字端卿，漳浦人。父若化，弱冠，師事黄石齋先生，得聞明誠之學。士楷幼穎異，稍就外傅，即學爲詩歌古文詞，超然獨往，下筆立就。弱冠，一意屏棄舉子業，潛心性命，以主敬爲根本。嘗謂精一之學，九思盡之。作《九思注録》、《太極圖説》、《定性書》、《西銘敬齋箴》，各爲題詞。參《曲禮·内則》、《小學》諸書爲敬學科條，務合天則而不苦於拘攣，以授學者爲言行準，漳南學者争師之。其論經濟之本，必在存養之熟，從性命中起經濟，還從經濟中求性命，斯内聖外王之學也。平生踐履純懿，端重温克。望之如泥塑，接之和氣藹然，而義之所在，剛介不撓，雖妻孥不以情恕，千駟萬鍾不以易也。自學道後，益卑視文藝，然文益深造，詩直逼少陵。凡天文地輿、曆象律吕，無不洞覽。卒，年四十有七。論者以士楷方漢汝南黄憲，憲好臧否人物，時露圭角，中涵養所得，未知於楷何如也？所著有《濮沿山人集》、《談學録》、《明儒林列傳》、《土室庸言》、《藝苑提宗》、《静學編》等書。《郡志》。

蔡時培先生春溶 賴繼瑾附。

蔡春溶，字時培，龍溪人。賴繼瑾，字敬儒，平和人。二人者少倔强，負志節，同受業于黄道周之門，道周器之。

林子篤先生邁佳

林邁佳，字子篤，詔安人。潛心力學，從薛欽宇、黄石齋二先生遊。著《環中一貫圖説》，究論天人事物之藴。薛以「一庵子」呼之。年八十餘，猶與同志講《易》忘倦云。

洪阿士先生思

洪思，字阿士，龍溪人。年十三，隨其父遊黄石齋之門，容止甚飭，石齋器之。及石齋出山，思稍長，乃自附於鄴山之徒，日以詩歌自放。末年，憫其師文字散軼，乃出，收文于江上，士大夫多重之。其詩激楚清越，不落時流，作章草甚佳。晚復入山而卒。著有《洪圖六經》、《洪圖六史》及《敬身録》。《郡志》。

陳祝皇先生天定

陳天定，字祝皇，龍溪人。與文穆林公釬爲中表，嘗師事之。天啓五年成進士，遭魏璫方張，不釋褐而歸。日與友人談經史，操時藝。選政海内，操觚家多宗之。而《陳氏説書》尤盛行于世。會漳中不靖，二十四將躪海濱，窺于郡。郡守施邦曜與共商捍敵之策，天定繕鄉兵，輕衣治戎，自城以東皆主之，築土堡於鎮門兩岸，以固郡圉。賊嘗一夜以輕舟泊浦頭，天定乘月黑要之，賊幾不得出。自是不得内犯。歲復饑，天定捐貲勸賑，聚米分恤，活饑民無數。民爲立碑紀其事。崇禎辛未，璫焰既熄，始廷獻，授官行人。未幾，林文穆卒，遂請護喪以歸。著有《陳氏説書》及《慧山詩文全集》若干卷，行于世。學者稱爲慧山先生。《郡志》。

涂德公先生仲吉

涂仲吉，字德公，鎮海涂一榛季子。生而骯髒，喜談節義，時論未之許也。稍長，入太學，聞時事闕失輒頓足，或時爲流涕。一日，在金陵聞黄石齋道周下詔獄，時方飲，投觴而起曰：「仲吉當一行，爲朝廷保正士。」遂間關赴闕上書。上覽疏，大怒，杖仲吉於長安門外，復下錦衣獄鞫指使者。

錦衣喬可用盛陳刑具，仲吉曰：「吾閩南男子，見義而動，死即死耳，寧足怖耶？」可用搒其指盡折，仲吉不少挫，既而懷宗亦稍悟，乃與道周俱論戍。未幾，復赦還。《郡志》。

文學紀先生文疇❶

紀石青先生許國

紀許國，字石青，同安後廍人。與父文疇並受業於黄石齋先生。石齋弟子數百人，許國年最少，許以掉臂獨行。年二十二，舉崇禎壬午鄉試。《同安縣志》。

王載卿先生仍輅

王仍輅，字載卿，漳浦人。少宰志道之孫。從張端卿遊。家既落，恒敝衣冠。有姑妻於貴人，仍輅不往。貴人餌以千金，終不顧。率妻子入珠溪萬山中，暮年乃還，於墻東舊址，築數椽，曰：「狐死首丘耳。」嘗置一笠爲亭，四面編蘆障之，竟老其中。《郡志》。

---

❶ 本條原無，據文津本補。

張紹和先生燮

張燮，字紹和，廷榜之子。萬曆甲午舉人。聰明敏慧，博極群書。結社芝山之麓，與蔣孟育、高克正、林茂桂、王志遠、鄭懷魁、陳翼飛稱七才子，與黄道周尤稱交好，道周嘗云「文章不如張燮」。一時遠近鉅公咸造廬式訪。校書萬石山中，刻有《七十二家文選》行世。《郡志》。

范介卿先生方

范方，字介卿，同安人，後遷漳之長泰。天啓元年，鄉試第一。性耿介，聯同志爲社，異趣者擯不入。與銅山黄石齋道周、浯州盧閑之若騰、熊山沈復齋佺期，尤以氣節相高，期不負所學。一試春官不第。見逆閹濁亂，時事日非，歸里，閉户却掃，無復仕進意。崇禎改元，閹黨伏法，乃更北上。以石齋薦，授國子監助教，遷户部主事，晉員外郎。流賊李自成陷京師，方聞賊入，整冠帶，坐部署。賊執之，問：「倉鑰誰掌？」曰：「我。」「掌匙安在？」曰：「頭可斷，匙不可得也。」遂抗賊不屈，死之。其子登楓，同之弟子員。甫冠婚，自家來省。適值難，方揮之不去。殮方畢，號痛出血數升，絶吭於其旁。有老僕爲槀葬於都城同安義塋，登楓附焉。

清漳何氏家世學派

考何公經學樸茂，先正皆推重無異詞，其書誠足爲後學指南。今撮其略著于篇，爲何氏家學云。

何玄子先生楷

何楷，字玄子，漳浦鎮海衛人。生有異質，書過目不忘。天啟五年登進士。時魏璫肆毒朝紳，楷不謁選而歸。崇禎時，起户部主事，榷滸墅關。事竣，進員外郎。七年，詔簡部曹爲言官，大臣多推楷。改刑科給事中。流寇陷鳳陽，毀皇陵。楷疏劾撫臣楊一鵬、按臣吴振纓下獄，語侵輔臣温體仁、王應熊，旋復劾兩人朋比行私，言：「振纓爲體仁私人，一鵬爲應熊座主。情面重，則祖宗之陵寢爲輕；朋比濃，則天下之刺譏不恤。」語甚切，至忤旨。鐫一級。復疏請罷内操。上又不從。是時，上憤在廷之臣多貪庸，顧身家，視君國輒泄泄，思欲痛整齊之。于是詔獄繁多，司寇諸曹郎日不暇給。有言者，上疑爲偏護，舉朝皆結舌無敢言。楷乃疏陳慎刑八議，娓娓千言，援祖制，明國典，寄匡救于將順之中。天子知其諷切也，一時獄稍寬。楷自以身爲言官不得默，朝廷每有大事，時政有得失，嘗侃侃敷陳，議保舉，言擇相，請停秋決及言海寇宜剿，併駁諸大臣情弊。即皇陵一案，楷已得罪，尤復再申前説，謂：「二輔輕視祖宗，勇護私黨，政本何地？相率爲比，尤而效之，弊將何極？」及應熊陳辨，楷復駁其「明旨未下，應熊何知置辨？必有往來偵探，漏禁中語者」，應熊竟由此罷去。蓋天子亦知其敢言，雖不能悉從，然顧心志之。

未幾，改工科都給事中。時火星逆行，天子減膳修省。兵部尚書楊嗣昌方主款，因歷引前史，惑帝意。楷疏駁其立言本心，附會罔上，及嗣昌奪情柄政，楷又疏劾其非。忤旨，貶二秩，爲南京國子監丞。旋丁内艱，乃歸，講學于紫芝書院。服闋，諸大臣請復原官，上不許。既而國用匱乏，朝廷思用鈔，乃召楷問鈔法，至南都而京城已陷矣。楷博綜群書，寒暑不輟。尤邃於經，所輯《古周易訂詁》、《詩世本古義》，最精博。《春秋繹》，尚少四公，然皆爲學者所傳云。《郡志》。

閩中理學淵源考卷八十四

廣平府知府李清馥撰

延平明代諸先生學派

延津爲楊、羅、李、朱四賢授受講學之區，其山川清峭秀蔚，仰止者不啻閩邦之岱嶽矣。明代希風往哲者如王希白、田希古、游行簡、盧叔忠、田德萬諸先生，其學術仕跡卓然可考，固皆昔時之流風餘緒也。今録其著者載於編。

編脩王希白先生暹

王暹，字希白，將樂人。洪武丙子舉人。永樂中，以薦入京，脩《五經大全》。由興安訓導歷官國子助教，學士飭脩，祭酒而下咸推重之。終翰林院編脩。著《聲律發蒙解註》。《道南源委》。《閩書》。

副使田希古先生項

田項，字希古，大田人。爲文簡奥。初領鄉薦，計偕不赴。讀書柜麓。後登正德辛巳進士，歷官禮部郎中。與張治具、廖道南、王用賓、鄭善夫輩以文章相砥。及督學湖廣，闢濂溪書院，規飭諸生先行後文，相與講明性命經濟之學，所識拔多爲名雋。遷貴州副使，以母年老力疏乞養，時年方四十餘而已。撫按交薦，五上不起。母年九十七終。項攀號擗踊，有如孺慕。家居三十年，絶跡城府。流賊犯境，項出私貲募死士環守，賊因以遁，邑人德之。《閩書》。《道南源委》。

教諭吴敬昭先生恭

吴恭，字敬昭，南平人。選爲翰林庶吉士，與纂修《宣宗實録》。以疾告歸。久而逾年，部文督責，有司促行，勉强赴部，願就教職，授餘干諭。致仕，卒。恭篤志向學，淡於世務，天性孝友，家業悉讓二兄。有《學古文集》。《閩書》。

教授樂廷冠先生文解

樂文解，字廷冠，沙縣人。少好學，精詣窮理，沈思忘日夜。以貢授吉安訓導。從羅文恭洪先講學，洪先與語，忻然曰：「吾老友也。」檄署廬陵。歲值饑，著《救荒解》上。當道行之，邑賴不困。

擢鳳陽縣教諭、雷州教授。謝病歸，日與其從兄應奎酬和以老。❶《閩書》。

樂先生如璋

樂如璋，沙縣廩生。禔躬正大，以禮義自持，篤嗜群書，垂訓後學，弟子半出其門。有《四書翼》、《經說》行世。《延平郡志》。

侍郎游行簡先生居敬子於廣

游居敬，字行簡，南平人。嘉靖十一年進士，選翰林院庶吉士，改授監察御史。以澄清自任，巡視蘆溝，按商人匿稅，語侵司農，竦然憚之。巡按應天，劾僞學之聚徒游談，騷擾驛傳者，捕奸黨王冠，寘之法。出徽州，民久滯疑獄，劾池州守之倚相勢爲墨恣者。出爲浙江按察僉事，覈吏治，晝民便利，禁湖游，戢戒壇，杭俗爲一變。擢廣東按察副使、湖廣布政參政，仍按察浙江。累官左右布政使，丁内艱。復補浙。時倭賊猖獗，征調主客兵以數萬計，旁午倉卒，庫無羨贏。百凡皆倚辦居敬，居敬處畫無遺。一日，議者欲練土著，汰客兵，當關而譟，督撫沮喪莫爲計。居敬挺身前諭數語，皆解散。丁外艱。復補山東，晉都察院副都御史，巡撫雲南。鎮守沐朝弼故恣横，居敬以分義裁之，

❶「其」下，文津本及丁氏抄本有「從父大䕶」四字。

歸其所侵騰越州莊田。東川蠻酋阿堂謀篡東川，强奪府印，擅立作亂，奔烏撒，致與宣慰安萬銓霑、益州土官安九鼎治兵相攻，十餘年不解矣。至是復侵及羅雄州，逼危會城。居敬上疏，請川、貴兵聯誅之，有旨令川、貴撫按勘明具奏聞，相視莫敢先發。居敬又屢招阿堂，不服，乃出不意，督土漢兵進剿。阿堂窘急，自刎死。三省遂定。而沐朝弼故銜居敬裁抑之，言於巡按御史王大任，以「討堂奉朝命會勘，奈何不俟勘得旨擅興兵者」？大任遂疏劾居敬，坐逮杖繫，論戍碣石，而前功盡抑。

穆宗即位，赦歸。廷臣交章訟居敬，召起南刑部右侍郎，尋轉左。高新鄭再相，欲甘心徐華亭無上事，請考察科道官，凡見彈劾者一綱去之。居敬語其所善同官曰：「君相必不忘華亭，暨所嘗牴牾，此斤斤耳。僕謂君相姑舍是，而一心謀宗社，異日誦相業，孰光大者？」新鄭聞之，恚甚，示意於其門生，其門生以老論居敬。居敬方爲三疏上之，其一，言中貴擅權。其一，言時宰作威福。其一，請其鄉之羅豫章、李延平從祀孔廟。而先上從祀奏，新鄭以中旨摘其奏詞繁稱，罰俸三月。而居敬遂乞歸，越四月，卒。朝廷遣官諭祭、營葬如故事。

居敬學務實踐，身甘茹苦，衣粗食糲，一席十年，漆枕、櫛匣，尚青衿時物。宦途垂四十年，諸子僅給衣食，鄉評重之。其峻德宏猷，古風直節，一時鮮儷。所著有《五經旁註》、《可齋文集》及《延平郡志》、奏議若干卷。子於北、於廣。居敬滇南被逮時，廣方登十六，力辨父冤。既長，從三山王應鍾講學。後以太學廕授太僕，累官户部郎。卒於官。

鄭先生文端

鄭文端，永安人。幼鬻魚鹽。行年三十，盡棄所事，從師爲學。精於《易》，生徒日衆，永安《易》學自端啟之。《通志》。

趙雪航先生弼

趙弼，字輔之，南平人。博學多識，清潔自好。邃於《易》，教授鄉邑，學者稱爲雪航先生。所著有《雪航膚見》等集。今《通鑒》内「雪航趙氏史評」，即其人也。《延平郡志》。

縣令朱希純先生成文

朱成文，字希純，南平人。嘉靖壬子舉人。知於潛嚴，禦礦寇。時與田一菴、王龍溪、錢緒山會講天真書院，究心理學。著《讀書會要》、《越閩議略》、《天目劍津會語》、《鐘臺問答》、《續壤瑣吟》、《藝林枝語》等集。《閩書》。

教授林茂實先生應芳

林應芳，字茂實，南平人。弱冠扶父柩楚南，颶風忽作，抱棺溺湖水中，俄觸沙畔得留。歸葬如禮。繇選貢訓温州，遷吉安教諭，南安教授。解綬歸。入仕、家居，惟以講明道學爲己任。《閩書》。

施先生明

施明，南平人。家貧苦學，六經、子史悉能通解。徐文貞司理于延，期以大器。領教南康，士慶得師。及歸，後進景從。鄉評高尚。《閩書》。

縣令徐時傑先生登第

徐登第，字時傑，南平人。以歲薦，授學博，教士以身心性命之學。部使者首薦之，擢令容縣。清守直行，竟掛冠歸。《閩書》。

教授官思敬先生寅

官寅，字思敬，順昌人。嘉靖間，應府庠貢。天性孝友，以道學爲己任。歷嘉興教授。所至教澤及人。視平湖篆，清介不染。及歸，杜門課子，立祭田，睦宗族。《閩書》。

同知盧叔忠先生應瑜

盧應瑜，字叔忠，順昌人。隆慶丁卯舉人，知遂溪縣，遷潮州同知。治河有功。掛冠歸養。著書闡明格致一貫、中和夜氣之旨。《道南源委》。

教諭蕭賓竹先生來鳳

蕭來鳳，字舜儀，號賓竹，將樂人。力學甘貧。事李材，與語多所契合，退謂人曰：「將樂有舜儀，身體力行，似可入龜山門者。」由貢諭饒平。學者稱爲賓竹先生。著有《演宗問答》、《雅歌集》。

尚書田德萬先生一儁

田一儁，字德萬，大田人。隆慶戊辰，舉南宫第一，選庶吉士。讀中秘書，邃心經濟，雅以大節自砥。庚午授編脩。尋奉使淮藩，不受藩王饋。復命，充經筵起居官，脩累朝《實録》。旋陞脩撰，晉侍讀。萬曆丁丑，張江陵相奪情，輒假旨杖諫者，箝制天下。同舍郎趙用賢、吴中行二公與焉。一儁亟與趙公志皋謀抗疏論救，時王公錫爵視院篆，則相戒毋累聖德，姑過張所諷勸之。於是王公偕志皋及一儁、張公位、習公孔教詣張所，首爲杖者解。張默不應，則奮氣昌言，備責以綱常之義，且曰：「天地鬼神其可欺乎？天下萬世之口可盡箝乎？」語峻直甚，張憤慚無地，顧左右，欲引佩刀自裁。一儁與諸公大笑，拂衣出。張大恨，於是志皋、孔教被逐，而一儁與王公錫爵先期告歸。

亡何，張敗，起故官，同修《大明會典》，然終非所樂。數月復引疾歸。久之，起家，以宫寀視留篆，攝司成事。居二年，召修《玉牒》。已，擢國子監祭酒，飭規條，絶貴近關說，其序次出入，一無所假。有一生持刺求進越，一儁故召試，抑奪之。生驚甚，寓言譏訕。一儁曰：「吾抗顔爲弟子師，當爲生徒湔滌儻蕩。」狀疏上于朝，斥爲編氓。諸士始逡巡閑軌。己丑，擢禮部右侍郎，兼侍讀學士。旋轉左。教習庶吉士，諄切不倦。時與講求經濟與立朝大節，無不人人顧化者。以病請，未發，卒邸舍。詔贈尚書，諭祭、給郵、予葬費。一儁恬淡寡慕，居恒辨一，介然不欲以潔自標，歷宦廿餘載，莫知其貧，迨病篤，諸門人更直侍卧榻，睹所食用率粗糲疏布，夫然後知其蕭然寒士也。

貢士林良章先生鈿 賴汝允　何昇

林鈿，字良章，將樂人。萬曆間貢士。時宋儒羅豫章、李延平二先生未與從祀，鈿請於督學熊公尚文行之。復刊《楊龜山全集》，著有《澹寧集》行世。時有賴汝允者，亦請羅、李從祀，而龜山先生之祀則自何昇請之。何、賴二公皆鈿同郡人也。《道南源委》。

董先生台庸

董台庸，將樂庠生。學有心得，爲先正典型，常爲其邑令傅宗皋致敬。遊李見羅之門，歸而與父紹幃先後著《禮記説約》。《延平郡志》。

學正張先生居靜體中

張體中，字居靜，南平人。性簡淡，洽經史。繇歲貢，仕香山、宣城、福寧學正。學博行端，諸生執經問難者咸與闡明宗旨。及歸，蕭然槃澗，杜門著述，有《經講意》、❶詩集等，刻藏於家。《郡志》。

祝先生允文

祝允文，將樂人。少業成均數載，試輒冠軍。積分候選。性恬逸不仕，好學力行，行坐終食，口不輟誦，老尤篤記詩文。居家正冠修儀，不妄與人交，紛囂不入于耳。送客不出户外，而禮意誠慤。雖隣人，數歲罕見其面者，人以儗之宋陳布衣。《郡志》。

貢士黄本正先生炳如

黄炳如，號本正，南平人。淳篤好學，品行卓然，守父庭訓，孺慕不忘。膺歲薦，究程、朱之學，人士奉爲師表。《郡志》。

❶「經」上，丁氏抄本有「五」字。

鄧仲昭先生斯薦

鄧斯薦，字仲昭，沙縣人。年十五，補弟子員。篤志好學，慨然以明道自任。邑侯方公延以西席，未嘗以私干。家徒四壁，常自怡然，有懸鶉樂道風。子可權，登乙未進士。《郡志》。

閩中理學淵源考卷八十五

廣平府知府李清馥撰

建寧明初諸先生學派

按：余則亮、杜德基、丘永錫、鄒季和、張孟方諸公皆淵源建安之學，託志在巖穴山谷，惟時武夷雲谷間學侶尚有其人，故繫心者嚮往焉，非欲戢影寂寞之濱也。惜年代寖遠，師友莫詳矣。黄氏仁溯金華宋氏之傳，黄氏福、楊氏壽夫、李氏鐸各以治經砥行，名著廟廊，皆建安先正之遺範也。兹採其著者載于篇。

知事余孝友先生應

余應，字則亮，政和人。早從江惟志遊，以私淑文公之學。性凝重，寡言笑，恒以禮自律。家邇闤闠，足跡未嘗入縣門。早失所恃，事繼母與處繼弟，以孝友稱。洪武初，以明經薦，起爲儒學訓導，遷留守司知事。越三載，坐公文不式免歸。執父喪，一遵文公《家禮》。邑人稱曰孝友先生。《雒閩源流》。《閩書》。

司訓鄒季和先生文慧

鄒文慧，字季和，建安人。任司訓。元末謝職，服柴桑巾服，與門徒講程、朱之學。洪武初，本郡理學推文慧爲首。《閩書》。《道南源委》。《通志》。

贊禮郎黄淵静先生仁

黄仁，字淵静，建安人。曾祖定，宋末居六合，爲兵馬副都監。仁温純，能詞章。少時，朝出受《易》於部使陳孟然，暮抵舍質疑於仲父居德，内外皆得師。學日進，如雲集水湧。洪武辛亥，有司以仁名上福建行中書省，試藝棘闈。主文衡者，爲前進士林以順、吴尚志、江惟志、郭麟，取舍甚嚴。及出榜，選中三十人，仁居第四，年始弱齡耳。明年會試南宫，銓曹急用材，不俟再試，擢奉常贊禮郎。仁初名文仁，有司以犯周西伯謚，加水其左，曰「汶仁」。及解名，中書右丞相汪廣洋曰：「仁義甚弘，可冠以汶乎？」第爲名仁。仁受學宋文憲濂，濂甚愛之，爲作《黄淵静字辭》。而仁仲父居德者亦奇男子，年十六時，中程試高等。諸老生不中，嘩於庭。居德請面試，嘩者持筆不能下，面頸發赤出。後改名保元，爲酆都丞。《閩書》。

教授杜德基先生圻

杜圻，字德基，崇安人。元杜本之孫。苦學砥行，以先哲爲師。洪武間，以薦舉授甌寧訓導，轉温州教授。《閩書》。

教授丘永錫先生錫

丘錫，字永錫，崇安人。領洪武鄉薦，除工科給事。自陳願學職，改衡州教授。永樂四年，預修《大典》，改衢州教授。宣德七年後，預修《太宗實録》。成，仍乞原職，改建昌教授。自筮仕以來，凡五典文衡，人服其公。性嗜學，垂老不倦，偕其友徐仲禮結社武夷，手不輟披。卒年八十。有文集行世。《閩書》。《武夷山志》。

訓導張孟方先生矩

張矩，字孟方，廣陵人。父伯巖，元季爲崇安五夫巡檢，遂卜居焉。依屏山劉氏，得其遺書讀之，遂通五經，諸禮書皆精絶。洪武間薦爲崇安學訓導。《通志》。

寺丞黄汝錫先生福

黄福，字汝錫，浦城人。博通經史。任杭州府訓導，勤教善誘，陞太常博士。永樂中預修《五經四書大全》及《性理大全書》，陞本寺寺丞。《閩書》。

修撰楊先生壽夫

楊壽夫，建安人。父文叔，元末與兄恭叔舉浙江鄉試。恭叔洪武年薦甌寧訓導，改建安。壽夫名松，以字行。通《春秋》。孝友篤摯。建文辛巳，郡守芮麟薦授縣學訓導。秩滿，諸生請留，陞本學教諭。歷二十餘年，多所造就。典考鄉試者五，會試者二。宣德中，楊文貞輩交薦之，陞翰林院編修，預修《宣廟實録》。陞修撰。正統中，致仕。《閩書》。

李先生鐸

李鐸，甌寧人。涉獵五經，尤邃于《易》。洪武中，以明經薦，授監利教諭。爲文一主傳註，不尚穿鑿。誘掖爲多。《閩書》。

簡討蘇伯厚先生庠

蘇伯厚，名庠，以字行，政和人。父照。伯厚自幼以聰敏聞，比長，博通經史，尤精《毛詩》。爲文章援筆立就，聲譽日起。每自沉晦，篤意事親講學，絶跡不至城府。以孝行見重，累薦不起。洪武乙丑，以明經授建寧訓導。後學多所造就。陞晉府伴讀，未赴。永樂初，預修《太祖實録》，遷翰林侍書。復預修《永樂大典》，爲總裁。陞簡討，兩典春闈文衡，進講東宫。卒。伯厚學本誠實，議論皆有根據。在翰林幾十年，絶無私謁，與禮部尚書鄭公賜有師友之舊，未嘗一至其門。鄭公嘗請見，必規以正言，每加敬服，其餘出其門者咸操守有品。人有一善，稱之不絶口，對同寮詞氣温和，罕失色于人。家庭有禮法，服用儉約，自號素履。有《素履集》。子鑑。永樂間，官稽勳郎中。弟仲簡。《閩書》。《分省人物考》。

訓導蘇仲簡先生鏡

蘇仲簡，名鏡，以字行。善文詞。與兄伯厚、弟叔敬、季雅自相講授。洪武初，以明經薦，授崇安學訓導。《閩書》。

州判盧士明先生欽

盧欽，字士明，建陽人。性好學。五經、百氏，悉能貫解，曰：「讀書非徒記誦，將以行之也。」洪武，以明經聘爲儋州判，卒。《閩書》。

助教趙志道先生友士學派

明代建安師席有立者，湮晦莫詳，只《趙志道先生傳》中載鄭文安、楊文敏二公曾遊其門，其餘有道前修，求師訪友，皆散見列郡及他邦，皆可考焉。

助教趙志道先生友士

趙友士，字志道，甌寧人。宋宗室裔。純厚樂易。洪武初，以明經舉爲府學訓導。正己率下，鄭文安賜、楊文敏榮皆出其門。官國子助教。有文集行世。《閩書》。《通志》。

文安鄭彦嘉先生賜

鄭賜，字彦嘉，政和人。舉洪武十八年進士。授監察御史。時天下初定，法令嚴肅，郡邑吏坐罪逮繫者多。既解戍，命賜就龍江編次其行伍。時暑甚，賜諭以上恩，慰撫之。脱其鉗械，俾各就居止，旦一詣視，有疾病羸弱者，捐禄米饘粥之，皆感悦。湖廣布政司奏缺官，賜秩滿，遂與簡討吴文並出爲參議。二人同德協力，剔弊去蠹，清簡寬直，最爲知名。丁内艱。服除，改北平布政司左參議。成祖在藩，賜服事甚謹，被眷愛，而謀國者疑之，謫置安東屯。未幾，召爲工部尚書。既命，督軍務河南，拒靖難師。成祖即位，李景隆言賜罪亞齊、黄。逮至，上問：「吾何如待汝！遂相背耶？」賜曰：「亦盡臣職耳。」上笑釋之。改刑部尚書，復轉禮部，寵遇日隆。

後衰病，不任官冗，爲侍郎趙羾所間，益惶悸周章，上心輕之。頃之卒。上問翰林臣曰：「賜不病，遽死，自盡耶？」楊士奇對曰：「病矣，惶悸不敢就醫藥，昨在右順城門外立而仆。臣命其屬掖出之。」語未竟，上曰：「賜故君子，才不贍耳，其撰文遺祭。」翰林諸臣退，上獨召士奇曰：「微汝言，吾幾疑之。」遂贈太子少師，謚文安。賜小心恭慎，易直和厚，學士解縉嘗於上前稱其足爲君子。《閩書》。

文敏楊勉仁先生榮

楊榮，本名子榮，字勉仁，建安人。漢太尉後也。祖達卿，有陰德。達卿值歲儉，出積粟食人，使爲種樹於其縣之龍津，召子弟戒之曰：「樹長勿以售人，惟學舍杠樑，浮屠、老子之宫，貧無室廬，死無棺椁者，則予之。否，非賢子孫。」縣是鄉人獲濟者衆。元福建行省左丞阮德柔作《萬木圖》以美之。子榮登省試第一，建文二年進士，授翰林編修。永樂初，與解縉、楊士奇、胡廣、黄淮、胡儼、金幼孜被選入文淵閣，付之密務，而兩制悉歸焉。内閣典機務，❶自子榮始。時靖難之初，朝政鞅掌。子榮年最少，而最警敏通練。一日，寧夏報被圍。上召七臣，獨子榮在，示之奏而曰：「爾後進也，寧解此何以禦之？」子榮對曰：「聞寧夏城堅，士卒習戰，敕守臣隄備可耳。」夜半，聞圍解。旦召曰：「何善料也？」因獨名榮。陞修撰。仁宗立爲皇太子，以侍講進奉訓大夫、右春坊右諭德，兼侍講如故。五年，命視邊甘肅，還奏稱旨，上手剖瓜賜之。明年，以父喪給傳歸。既葬，起復視事。明年，母喪，乞歸。上以北行期迫，不許。明年，榮與學士胡廣、諭德金幼孜皆扈從。

八年，從征至凌霄峰，與廣、幼孜及刑部侍郎金純夜失道，幼孜墜馬。廣、純不顧去。榮下馬，爲理鞍轡前，復墜，讓以所乘馬。午見上，時上遣人四索三學士，及見大喜，問故，笑語幼孜曰：「此中多狼爾，非楊榮，詎能免乎？」榮謝曰：「僚友當然。」上曰：「胡廣、金純獨非僚友耶？」使掌護衛勇士三百，不隸于諸將，賜駕前先鋒銀牌。榮還京，請終制，賜金幣、馳驛，敕中官護行趣歸。既至，復榮官。已，侍諸皇孫讀書文華殿，講授有程度，皇太子稱之。明年，復與廣、幼孜從北巡。太孫侍行，上命榮以間陳説經史，兼領尚寳事。凡宣詔出令及旗志符驗，必得榮奏乃發。比還北京，命修五經、四書、性理《大全》，書成，宴勞之。留北京二年，進翰林學士，仍兼庶子，從還京師。明年，復從北巡。

❶「務」，原無，據明崇禎本《名山藏》卷五八補。

十八年，進文淵閣大學士兼翰林院學士。明年，定都北京，營建規制多出於榮。會三殿災，榮直入麾衛士遷御書圖籍。翌日，上喜，褒賜之。榮因與幼孜陳便宜十事，報可。榮論事激發，不能容人過，然群臣或觸帝怒致不測，輒從旁寬譬之。侍讀李時勉、尚書夏原吉皆以榮言得無死。都御史劉觀以榮言得無戍邊營。善探人主意，談言微中，以故其説得行。嘗謂人曰：「事君有禮，進諫有方，爲人臣以抗直賈禍，吾不爲也。」明年，復從出塞，軍事大小令參決，賚予優渥。師還，榮與幼孜皆受上賞。明年，從征西，駐萬全。軍務悉委榮，晝夜見無時。上時稱楊學士，不名。額森托噶欵塞，群臣議莫定，榮獨請往受降而歸。師旋。明年，復北征。當是時，上凡五出塞。榮、幼孜輒從，周旋險阻，未嘗頃刻離。大軍抵達蘭河，敵遠遁，師亦弊。上問群臣：「當復前否？」群臣唯唯。惟榮與幼孜獨請班師。上許之。時浙江守臣言：「浙麗水與閩政和山賊熾，請發兵。」榮曰：「愚民苦有司，不得已相聚，兵出，怕益聚不可解。遣一介往撫，可不煩兵。」如其言，盜果息。上御帳殿從容語榮、幼孜曰：「東宫監國久，明習政務，今歸當付以國事。朕將老焉。」二人頓首。還次榆木川。

上崩，中官莫知所措。榮與幼孜入御幄議喪事，二人議六師在外，去京師尚遠，秘不發喪，以禮斂。龍輿所至，朝夕進膳如常儀。益嚴軍令，人莫測。或請因他事爲敕，遣人馳報太子。榮曰：「皇帝大行，孰敢稱敕？莫若具啓。」人皆韙之。

仁宗即位，進嘉議大夫、太常寺卿兼前職。有間，進太子少傅兼謹身殿大學士。尋敕賜「繩愆糾繆」之章。始，大行訃至，仁宗哀亂，不及詳問當時事。痛定乃知，賜敕曰：「先帝崩徂，六軍在外，卿盡忠謀，鎮定果斷。加賜白金五十兩、綵幣十表裏、寶鈔二萬貫、白米二十石。特陞工部尚書，前官如故。」其冬，敕護葬山陵。敕修《太宗實録》，命榮總裁。

仁宗崩，宣宗即位，復命總裁《仁宗實録》，益推心委任。榮與楊士奇、楊溥協恭輔政，天下稱爲「三楊」。士奇曰西楊，溥曰南楊，榮曰東楊，而果斷之才，卒歸榮也。宣宗親征漢庶人、棄交阯之議，皆自榮發之。二年，賜敕并銀章五，褒予甚至。宣德三年，上北征，出喜峰口，榮與楊溥皆從，大獲而還。榮獻詩十章。又明年《兩朝實録》成，宴勞有加。尋進少傅，食三禄如故。辭大學士禄，允之。有頃，誥贈三代。滿三載，賜敕諭。

宣宗崩，英宗即位，委寄如舊，賜予相屬。五年，乞歸展墓。上使中涓輔行，還至武林驛而卒，年七十。上輟朝一日，贈太師，謚文敏，授世都指揮使。榮歷事四朝，謀而能斷。中官持文書至閣，必問東楊在否，不在即去。嘗會廷臣録囚，片言立決，衆皆歎服。尤喜賓客，善交際，雖貴盛，無崖岸，士多歸心。嘗疏舉陳循、高穀、苗衷三人自代。或謂榮處國家大事，隨機應變，不愧唐姚崇，而不拘小節亦頗類之。正統初，天下休息，榮有力焉。榮少從師友，慨然有志古名相。嘗退朝，意甚不樂，子讓請曰：「大人得毋以不肖有所累乎？」榮曰：「非也。念吾職重，無以報國。三代以上之大臣，無不怠惰荒寧爲懼，所以憂戚不在汝輩。」曾孫旦，官吏部尚書。

尚書楊晉叔先生旦

楊旦，字晉叔，榮曾孫。弘治庚戌進士，歷吏部考功郎中。嘗考察京職，有被黜而夤緣奏辨，奉旨再覈。馬文升倉卒欲改擬，旦曰：「祖宗來未有此例，倖門一開，後將謂何？」竟覆罷。陞太常少卿。歸省還朝，中官劉瑾欲要見，不得。遂以違限出知温州，提督浙江學政。瑾誅，陞順天府尹。時武宗未建皇儲，與九卿具疏，請擇宗室之賢者，育於宫中。尋奉敕總督京、通等倉。適回賊犯邊，甘肅驛騷。奉敕督理糧餉。陞總督兩廣軍務，兼巡撫番禺、清遠、河源等縣。蘇岡十八山、滴水巖等塞傜、僮負固，旦調集官軍土兵分道並擊，斬級萬一千有奇，俘獲四千一百有奇，奪回被掠男女二百三十餘人，牛馬輜重不可勝紀。璽書褒異。以母喪，奔歸。嘉靖初，起掌南院，陞南吏部尚書，旋改北。會桂萼、張孚敬以中旨陞學士，旦率都院疏論，忤旨，遂爲陳洸所誣。有旨令致仕，科道交章論薦，不報。旦奉母至孝，雖貴顯不衰。年七十一危坐而逝。《通志》。

閩中理學淵源考卷八十六

廣平府知府李清馥撰

成化以後諸先生學派

按：熊氏熙爲勿軒先生之裔，少從三山林氏玭學《易》，與虛齋蔡氏同稱高弟。若趙蘭溪旻、楊天游應詔、楊文銳鏸、黄元泰三陽，傳稱其授徒傳業，一時師席，而門徒莫考矣。其餘諸賢，或以經術文學著稱，或以功績節概垂名，皆表表可傳述者。嘗考建安風氣，宋時開倡，首於八閩，自游、胡、朱、蔡、真、熊數家以來，遞衍宗風。中明以後，人才稍替矣，然其流風篤厚，大抵質有餘而文少遜。其守儒服躋顯仕者，規矩不逾，豈非大賢之烈哉！

訓導熊文明先生熙

熊熙，字文明，建陽人。弘治壬子鄉貢士。宋勿軒裔孫，少從侯官林先生玭學《易》，與晉江蔡虛齋先生同稱高弟，授翁源訓導。後謝病歸，門人感泣道左。所著有《四書周易管見》。《閩書》。

副使張摶南先生鵬

張鵬，字摶南，浦城人。正德辛未進士。授户部主事，督馬廠。劾中璫私貸影射之弊，衆側目擠陷，賴楊一清、石珤保持之。武廟東巡，鵬具疏諫止。轉本部郎。乞歸養。嘉靖初，起用補兵部郎，陞廣東按察副使。監司欲以賄脱二重獄，堅執不從。自免歸。年八十卒。鵬博覽群書，尤精理學，後祀鄉賢。

教諭趙蘭溪先生旻

趙旻，政和人。嘉靖中，以歲貢任高安訓導，繼擢蘭溪教諭，續以年老解組。諸生詣學使阮鶚保留，鶚曰：「師德感人如此耶！」遂改行祠爲書院，留講學三載乃歸。歸則入受業于湛文簡。又二年，擴明道學，後進從遊甚衆。嘉靖壬戌，遭倭，厲聲罵賊不絶聲。《閩書》。

舉人楊天游先生應詔

楊應詔，字邦彦，建安人。嘗讀書武夷天游峰，因號天游山人。少時從其祖松宦學，祖試叩所欲爲，應詔言：「欲盡讀天下好書，幹盡天下好事，做盡天下好人。」年二十，遊庠序，謁朱文公祠，仰而歎曰：「他日不俎豆，是非夫也。」年三十一，舉于鄉，十上春官不第。其時上春官時，崑崙山人張詩者見其文，稱爲司馬子長、李太白復生，應詔不屑也。久之，徧遊趙、齊、魯間，卒業南雍，得奉常吕涇野柟之學，喜其淵源有本，遂師事之，歸而創道宗堂華陽山，奉祀孔聖，并顔、曾、思、孟、周、程、張、朱諸賢及涇野其中。揭涇野所嘗著教壁間，日與參對。年友温陵蔡元偉亦潛心斯道者，遂自泉往建，相聚砥磨。而他諸名公若鄒東廓守益、王龍溪畿、唐荆川順之、魏莊渠校、章介菴衮，或見而心合，或聞而神往也。應詔之學，以寡慾正心爲立本，以不愧天爲歸的。於古今壯猷奇烈、忠義慷慨之事，崚嶒激發，夢寐見之。雖沉潛深静之意少，而心懷軒豁，殆亦聖門之爲狂者。所著有《閩學源流》及《困學二録》。又有《五經辨疑》、《四書要義》以發聖賢之旨，有《衛道録》以闢禪，有《日史》以自記。子德輿，睦州司訓，有士行。按：《明儒學案》傳後載有《楊天游集》。《閩書》。

文愍李時言先生默

李默，字時言，甌寧人。正德十六年進士，選翰林庶吉士。明年嘉靖改元，修迎立功，欲仿成祖封尚書茹瑺故事，擬執政封爵。默上執政書規之。改户部主事，陞兵部員外郎。差閱大同軍士戰馬，鎮卒素剽悍，動輒嘯呼。胡侍郎瓚銜命赴鎮經略，措置乖方，卒復譁。默抗疏，請亟易帥，變遂定。調入吏部文選，陞驗封郎中。議復開國勳臣誠意伯暨常、李、湯、鄧四氏爵蔭。真人邵元和以符術方貴幸，請封誥。默奏勿予，朝論韙之。兩與文武會試，得葛守禮、陸炳等，多知名士。當武試畢時，就兵部宴，因辨論賓禮位次，忤兵部尚書王憲。憲疏劾默，坐謫寧國府通判。默雖坐謫，顧世宗心是默所持，以此注識之矣。默判寧國，周咨隱癢、陶範髦俊，纂修郡乘，建靖難死亡陳尚書祠，精心受事，不厭薄官守。陞廣東僉事，主屯、鹽二政。陞雲南副使，督學政，首經術，崇行誼，購遺書，廣厲學官，表賢者墓，窮荒僻遠，文學嚮風。歷浙江參政，按察使左右布政。大都端毅廉直，所至有聲。久之，大臣以公輔器薦起太常卿，掌南京國子監祭酒事。博士等官得備臺諫選，自默發之。陞禮部右侍郎，改吏部右侍郎，尋轉左。

庚戌秋，燕京戒嚴，默奉旨守正陽門，調營兵五千，晝守甚設，而奏令開門，無困居人。敵尋引去。陞吏部尚書。制，冢宰非部長卿有殊望者弗與。世宗知默，特以卿貳陟，異數也。嚴嵩當事，前此吏部率以疑事嘗嵩，嵩得從容持之。默處置堅決，莫能短長。奏輒報可，無有留端爲嵩地者，遂與嵩郤。久之，遼東巡撫缺，默推張布政臬。臬雖嵩鄉人，而素疏。上偶問嵩，嵩遂力言不任。上怒。而先是咸寧侯鸞以干請不售，爲密書疑上。上遂罷默。默歸。明年，鸞以逆誅。會吏部尚書員缺，御批特令默復職，召直無逸殿，許乘馬禁中，眷注益隆。未幾，加太子少保，復兼翰林學士。方有爰立之命，相嵩每阻其進。客有諷明哲自保者，默歎曰：「吾備位公卿，年幾六十，尚復何求？惟有致身耳。」屬歲大計，戒門下毋入一賓客，即同直大臣亦浹月不相往來。相嵩無所得爲人地，以此滋不悅。而先是嵩子世蕃規機利，多請託侵官，陰執國政。默微諷嵩曰：「公身許國久，墳墓濡降，當在夢寐，曷不令嗣君一掃展？」嵩曰：「然。吾將念之。」久之，不遣，復爲請，嵩曰：「孰令我一子而不長侍膝下乎？君數請去，何言之亟也？」默曰：「外言籍籍，宜暫行以息之。」嵩忿然作色，於是怨默益深。會工部侍郎趙文華當浙直禦寇，欲攘功，請視師。及還報，自施勞伐，謂本兵在掌握。默不爲引，大失望，乃摭部試策題爲「謗訕」，而嵩主之，誣奏下獄，論死。始，張經赴西市，默頓足，歎人有先告嵩矣。又數數於公卿間摧折文華過當。至是，兩人引繩批根，以償其所交惡夙憾。默既得罪，逾年從獄中再上書，世宗注覽久之。縉紳大夫咸知天威漸霽，冀其復用，而默溘然卒矣。隆慶改元，南吏科給事中岑用賓等爲默訟冤。詔復太子少保、吏部尚書兼翰林學士，遣官祭葬。萬曆十三年，追贈太子太保，謚文愍。録其孫銓爲國子生。

默博學任節，矜踔奮激，言論截烈，屢蹈危機，骯髒自如。至于擘畫經濟，揚搉風雅，亹亹乎星貫川沛。發爲文章，淵宏俊達，有秦漢之風。所著有《群玉樓稿》、《孤樹裒談》、《建安人物傳》、《朱子年譜》諸書，皆傳于世。《明史》。《閩書》。

訓導楊孟岳先生松

楊松，字孟岳，甌寧人。正德中貢士，授廣州府訓導。作人育才，時時以禮教諸生。學士黄佐爲諸生時貧甚，松却其贄，重遺贈之。佐父善星曆，人多奇中，而松謂之曰：「子占人多中，余以文占汝子，亦奇中如子矣。」佐果以其年魁多士。松以母喪歸，貧甚，莫自存也，乃時時自謂宇宙道義塲中不曾饑餓倒人。服闋，復授廣之香山。香山僻在海隅，士習樂遊衍，耽聲利。松時時謂之曰：「陳公甫非汝隣邑偉儒乎？彼以一孝廉，倡道白沙，崛起南服，至今江門烟水、白龍池之風月揭揭如在，同時握鼎鼐、持衡樞者今安在也？而況如諸生者槃遊衍，耽聲利哉！」諸生聞言，咸躍然感奮。卒于官。《閩書》。

徐尚德先生驥

徐驥，字尚德，浦城人。性恬静，日以經史自娱。所著有《洪範解訂正》及《皇華詩》一卷。《通志》。

縣令朱孔温先生煊

朱煊，字孔温。文公十世孫。少警穎，讀書日記數千餘言。舉鄉試。非公事不履邑門，令薛宗鎧歎曰：「朱孔温，真儒裔也！」嘉靖初，授江西永豐令。永豐俗獷狠嚣訟，煊一鎮以静，間有犯者，必懲而婉諭之。秩滿，乞致仕，囊無餘金。居家操行醇謹，子姓侍立，衣冠肅然。

推官林子順先生命

林命，字子順，建安人。嘉靖癸丑進士，令溧陽、金壇有聲。擢諫垣。首疏議革冗官，復條閩中致寇六事，得借留都積帑及閩中屯鹽之賦肆拾萬餘以充軍餉。出參楚藩，晉廣東廉訪。尋有忌者，左遷金華推官。量移南部。遂解組歸。命禔身高潔，居常撮集古人嘉言懿行，爲《正氣録》自警。歷官十餘年，一秉清白而憂國公忠。議論封駁，不以詞色假人。遇公正，輒發憤。所著有《正氣録》

十卷、《春秋訂疑》十二卷、《陽溪堂集》十六卷。《閩書》。

侍郎騰汝載先生伯輪

騰伯輪，字汝載，甌寧人。令番禺，以德禮道民，若嚴師在上，不敢一日遊蕩而嬉。會兵鼎沸，擊太守門，諸司揵户避之，伯輪出乃不至亂。入爲吏部郎。出督學兩浙，聲教整嚴，所掄録號得人。歷廣東按察使、布政使。粤人葉春及以擬之先輩仕粤者，莆田彭公韶、臨海陳公選、華容劉公大夏、蒼梧吴公廷舉。擢都御史，操江南京，條上江防八事。督撫浙江。值歲凶，開倉煮粥，令材官四出告糴，翕粟麕至。力疏請改折漕綱，停減織造，並見報可。颶風起，海鹽防海塘堤震壞，設方略，發帑脩築。春汛，海上忽島夷集數艅艎，將入犯，急率諸將擊之，捕首虜百。事聞，恩賚有差。頃之，遘疾卒。訃聞，贈兵部左侍郎，蔭一子，諭祭葬。《閩書》。

主事吴公度先生立

吴中立，字公度，浦城人。舉隆慶辛未進士，疏乞歸養。父没，服闋，遂絶意仕進。以著述爲事，結廬武夷山中十有七年。越中太史張元忭入山訪之，微諷以仕，則曰：「士各有志。」萬曆十五年，南禮部尚書袁洪愈、給事中周邦傑、巡按御史楊四知表其脩節，詔府縣起送赴部。辭，乞終隱，貽相臣書曰：「昔唐元和進士費冠卿以禄不逮親，永懷罔極，隱於池陽九華山。長慶中，御史李行修薦舉，冠卿力辭，竟許終隱。愚願效之。」吏部復言：「聖世禮賢，首崇恬退，必使清節之臣得被寵榮，乃可以廉頑立懦，風勸士人。」詔授禮部儀制司主事，竢病痊録用，後推南寶丞，報至，中立已逝矣。所著有《易銓》、《古本學庸大旨》、《論格物書》、《性氣説》諸書。《閩書》。

縣令楊文鋭先生鏸

楊鏸，字文鋭，建安人。繇貢士授靈武知縣。事兄銑友愛情切。自少至老，手不釋卷。建安人士多出其門。

通判黄元泰先生三陽

黄三陽，字元泰，建陽人。黄端公之後。繇恩貢任安吉州同知。罷運儲常例，履畝均輸，悉心經營。兩視州縣篆，廉而有惠。擢保定判，卒于官，吉人祀之。三陽通《易》、《詩》、《禮》三經。弱冠便開講席，從遊千數，三經並授。他如天文地理、陰陽醫卜，靡不究心。在官，邸署蕭然，一編自適。所著有《易》、《禮》、《詩》各講義。《閩書》。《道南源委》。

田仕濟先生汝楫

田汝楫，字仕濟，建安人。喜讀書，尤攻性理之學。每見地上行蟻，輒迂跡避之。家畜雞豚，非祀先、奉親、待賓，不忍耗殺。時時出遊山水，吟咏嘯傲，盡醉而歸。子忠。《閩書》。

巡撫魏禹卿先生濬

魏濬，字禹卿，松溪人。萬曆甲辰進士，初授户部主事，陞郎中，出爲廣西提學，陞江西副使。尋乞歸。起山東布政司參議，遷湖廣按察使。時黔、蜀交訌，苗蠻、礦徒表裏爲患。濬諭以德意，礦徒解散，焚其巢千七百餘所。陞江西左布政，擢都察院右僉都御史，巡撫湖廣。病卒，年七十二。《通志》。

訓導吴世憲先生從周

吴從周，字世憲，甌寧人。博學善文，以孝友爲學使宗臣所稱。萬曆中，應貢廷試第一，訓導海鹽，與友生商榷今古。致仕，杜門。所著有《石匏集》、《史辨》、《書疑》四卷。

教授李去華先生韡

李韡，字去華，崇安人。天啓貢士。崇禎壬午，試南雍第一。選福州教授。棄官，閉門謝人事。著《易導》、《史略》若干卷。

閩中理學淵源考卷八十七

廣平府知府李清馥撰

汀洲洪永宣正以後諸先生學派

按：長汀自宋徐氏守忠從學胡安定，深於經學，受知仁宗，厥後寥寥。故論者謂海濱四先生倡學，及楊、羅、李、朱之學興，汀中負笈者甚少。元、明以來，儒術奮起，從遊有道者復斌斌矣。考洪、永以降，如賴氏先、舒氏冕、吴氏文旭、章氏昱，皆能淵源正的，確述其師承，而清修實德，尤可風也。兹擇其著者載焉。

董先生璘

董璘，汀州人。永樂中，入胄監，不仕。退充所學，莫不淹貫。興禮敦讓，爲鄉閭軌。《閩書》。

舒廷瞻先生冕

舒冕，字廷瞻，武平人。太學生。遊胡文敬之門，得用功之要，服膺靡懈。冠、婚、喪、祭悉遵

《家禮》。父母有疾，衣冠侍養終制，廬墓三年。《閩書》。

教授吳景陽先生文旭

吳文旭，字景陽，連城人。少篤學，不溺時好。聞吳聘君倡道，遂受業其門。應貢，授安遠訓導。啟迪生徒，規教丕振。會寇作，當道委其剿捕，直抵賊巢，諭以大義，賊皆感服。當道以能聞，遷銅鼓衛學教授。丁内艱，歸。以不得終養爲恨，隱居不出林下二十餘年，絶跡公門。其平居，敬義自持，勢利不入於心。睦族周貧，訓子孫以勤儉。或有過，引咎自責。年八十餘卒。《閩書》。

郡守賴伯啟先生先

賴先，字伯啟，永定人。舉弘治三年進士。念親老，乞歸養。久之，始爲户部主事，署郎事。齎邊餉，督鈔關，收京倉糧，清西蜀屯田，悉著賢聲。遷員外郎，引疾歸。正德初，逆瑾用事，例京官養病者致仕。逆瑾誅，銓部屢檄不起。八年，擢常德知府。郡小民疲，時又修建榮府，中官誅求甚峻，痛加裁抑，民有利病興革，則力爲之。恥爲諛説，多忤當道，勇退而歸。先師事羅一峰而與李空同相善，教鄉處家，後進推仰。《閩書》。

縣令周文載先生輅

周輅，字文載，上杭人。知上饒縣。歲祲，請於朝，減常賦三之一。九年，以疾歸。《閩書》。

教諭謝先生文寶

謝文寶，連城人。潛心經學，操筆成文。授於潛訓導，造就有成。遷玉山教諭。以疾辭。《閩書》。

訓導李世玉先生元瑫

李元瑫，字世玉，連城人。少年時父患癰，躬爲吮舐。正德八年，以貢授袁州訓導。知府徐璉檄往寧庶人府賀壽，還，舟將行，而庶人反，勒諸教官爲之傳檄，瑫不屈，裂冠袍躍入水中，以救免。歸，白知府備兵，應王公文成討賊之舉，人稱忠孝焉。《閩書》。《通志》。

主簿舒廷亨先生通

舒通，字廷亨，武平人。性鯁直，學問淵源。正德七年，以平寇有功，拔入胄監。初任會同簿，補任東陽。所至有聲。《閩書》。

縣令楊子晦先生昱

楊昱，長汀人。知都昌縣，操履端嚴，布袍蔬食，減偏累民糧。歲旱，祈禱輒應。民居遭火，叩首隨滅。致仕歸。《閩書》。

童克剛先生世堅

童世堅，字克剛，連城人。正德癸酉，應貢京師，不就，歎曰：「此時閹寺熏燭，道與世違，可以隱矣。」遂結廬於書錦橋東，扁曰「尋樂」。時王文成倡道東南，世堅走謁請業。歸而沈潛體認，充然有得。邑人稱曰「尋樂先生」。孫大樑。

王先生盧淵學派

王盧淵先生，未詳，俟考焉。

孝廉范文堅先生金

范金，字文堅，上杭人。性沈静寡言，從王盧淵受《春秋》。永樂癸卯，以經義甲一省。正統間，典始興、陵水二庠教。既，以疾歸養二十餘年。士子樂從之。《閩書》。

許先生浩志學派

許氏浩志亦一時師表。

教諭許先生浩志

許浩志，連城人。正統中鄉薦，以親老就養，授同安教諭。將奉親之任抵家，遇寇發，率鄉人登冠豸寨，協力保障，邑賴生全。《閩書》。

教授李善徵先生慶孫元泰

李慶，字善徵，連城人。受業於許浩志，素富文辭，尤長詩賦。任封川學諭，多所造就。遷撫州學教授。便道抵家，值沙寇攻縣，與浩志籌辦方略備禦之。寇平，偕其徒童昱倡道開講。後改任温州，卒於官。孫元泰，字汝嚴。講學遵禮，胸中具韜略。以歲貢授太平訓導。值倭亂，當道延之參謀，遂致克捷。尋告歸，會賊先後逼城，元泰偕當道贊畫督勦。以勞致疾，卒。《閩書》。

童道彰先生昱

童昱，字道彰，連城人。少從李慶遊，甚爲器重。及長，慕吴聘君學，私淑其門。不樂仕進，卜築文溪之東，名曰東皋清隱。李慶爲作《東皋清隱賦》。

閩中理學淵源考卷八十八

廣平府知府李清馥撰

嘉隆以後諸先生學派

嘉、隆以後，諸先生皆崇尚閩學宗派，而品式規畫，猶儒者之選也。彼時時尚異趨，而沈氏士鑑、李氏世熊皆能求師問學，卓有豎立，其論著亦多足稱，可覘風尚之懿云。

通判陳體元先生仁

陳仁，字體元，歸化人。嘗從湛甘泉若水學。嘉靖元年，由明經授廣西府通判。時粵地文教未闢，仁至，大爲闡揚，激勵士類，涖民有惠政。致仕歸，以講究性命爲事，士林宗之。《通志》。

州守鄧元植先生向榮

鄧向榮，字元植。自清流徙居長汀。嘉靖甲辰進士，授户部主事。監督淮運，杜絶諸弊。以直言忤時，謫六安同知，轉嘉定州，甫二日，聞父病，遂棄官歸。舊業腴者，悉推與弟。著有《正學準則》、《太極通書考》、《惜陰考》等書。《通志》。

恭靖裴元闇先生應章

裴應章，字元闇，清流人。隆慶戊辰進士，授行人，奉使德、晉二府。陛見奏對，進止有度，神宗目屬焉。擢吏科給事，遷兵部都給事。所奏制馭，悉中機宜。念邊將玩愒，大吏相與爲欺蔽，遂劾罷撫臣之棄師、憲臣之昏庸與勳臣之不法、將臣之縱賊唆卒者，風采肅然。江陵當國，嘗建議三歲一遣大臣行邊，應章言縻費當罷。大璫保欲取冏寺馬三千匹，應章議勿予。遷太僕少卿。所上疏給關防、嚴舉劾、戒侵剋、覈寄養諸事皆稱旨，著爲令。力請歸省，抵舍旬餘，而母氏病終。轉太常正卿，議侑享祔葬禮，下禮臣，報可。鄖卒辱撫臣，將爲亂，廷議非應章莫能定，被命馳往。未至，先檄諭以禍福，語甚切至。亂卒計窮，自縛至數百里外迎應章。應章集衆斬其魁，餘無所問，闔境晏如。自鄖入爲户部右侍郎，復請歸養。久之，而父没。神宗即家起應章爲少宰，所推轂皆海内賢士。已，請歸襄葬事，晉南司空。遂得疾。力辭，屢疏不允，乃强赴。立法疏錢幣，諫採鷹架木，糾中貴人濫索，省水衡錢甚多。尋乞歸。復起南太宰，累疏懇辭，虚席者三年。卒謚恭靖。有集若干卷。《通志》。《閩書》。

黄士登先生科

黄科，字士登，永定人。學問淵美，博究群書。學者多師事之。將貢而殁，士類惜焉。子益純，領鄉薦。《閩書》。

教授賴公弼先生祐

賴祐，字公弼，清流人。才敏博學，治《書經》，旁通《春秋》。以監生任臨桂教授，一時科甲多出其門。《閩書》。

訓導蔣先生永洪

蔣永洪，連城人。授訓導，莅教三年，引疾歸。晚彌好學，鄉弟子從受業者日衆。守道安貧，恬如也。《閩書》。

教授盧念潭先生一松

盧一松，號念潭，永定人。萬曆間，以貢授吉王府教授，謂宗藩之學與韋布異。乃摘四書中切於修齊治平者各一條，名曰《要學三編》以進。王嘉納之。所著《學道要端》、《井田議》、《化俗議》、《醒心詩》、《宗孔集》行於世。《通志》。《閩書》。

李嗣英先生穎

李穎，字嗣英，上杭人。天資雋異，年十三，或授以《老子》書，曰：「學者當師孔、孟，何用此爲？」從永豐邱賢遊。都諫邱弘謂：「穎詩文煙霞風月，陶寫性情，皆自然流出。」居梅坡，著有《梅隱稿》。又輯宋、元鄉先輩詩，名《杭州風雅集》。《通志》。

教授李安定先生瀾

李瀾，長汀人。孝友端方，學遵朱子，以躬行實踐爲主。萬曆間，由明經授松溪訓。之任，距松溪三十里，遇鄉人言母卒，瀾痛哭，不俟家報即馳歸。服闋，改訓漳平。陞諭安定。再陞授平海。未任卒。

縣令賴繼宗先生維嶽

賴維嶽，字繼宗，永定人。萬曆間舉人。由永春教諭，歷興寧令。嗜古學，多著述，有《古今裘》、《金湧集》、《半豹集》行世。《通志》。

孝廉沈先生士鑑

沈士鑑，長汀人。少孤力學，博洽群籍。崇禎己卯舉於鄉。有《清夢齋詩集》、《四書參註》、《孔門崇祀議》，藏於家。《通志》。

裴先生汝申

裴汝申，清流人。善詩文，與李本寧、曹學佺相唱和。後挈家入南山。有《薜月軒文集》十卷行世。《通志》。

督學李不磷先生于堅

李于堅，字不磷，清流人。崇禎辛未進士，起家汾州司理，遷禮部郎中，提督浙江學政。著有《吴楚遊集》、《西河集》、《水花長句》。《通志》。

李元仲先生世熊

李世熊，字元仲。寧化諸生。受業於漳浦黄道周。性穎悟，博極群書，論著褎然成一家。凡墳典、經史以及釋典道書、醫卜星緯之學，靡不淹貫。著有《寒支集》、《寒支二集》行世。又修《寧化縣志》，新裁獨抒，爲通儒所稱。《通志》。《二希堂文集》。《汀州府志》。

閩中理學淵源考卷八十九

廣平府知府李清馥撰

邵武明初諸先生學派

按：邵武，宋代人文特盛，迨元諸儒學不衰，大抵皆闡經論道之作。至有明，講述者頗少，若朱氏欽、陳氏泰之風節、鄒氏大猷之經術，一時風表，尚有典型焉。

教諭鄒星臺先生大猷

鄒大猷，字星臺，建寧人。歷益陽教諭，矩步動遵先民，傳經授徒，務在實行。遇人雖年少，必均以禮，或訓以格言云。《道南源委》。

督學花蘊玉先生潤生

花潤生，字蘊玉，邵武人。永樂二年進士。幼穎敏，書史過目不忘。知古田縣，創公署，興學政，教民種藝，爲子弟置書籍，親課其業。轉知鳳陽、太和二縣。歷浙江僉事、吏部尚書。王直薦其經學通明，轉提督浙江學政。年七十引年歸，行李蕭然。家居二十餘年，風節愈勵，自號介軒。有《介軒集》。《閩書》。

巡撫陳吉亨先生泰

陳泰，字吉亨，邵武人。舉鄉試第一。除安慶府學訓導。正統初，廷臣交薦，擢監察御史，巡按貴州。大軍征麓川，歲取土兵二千爲鄉導，戰或失利，輒取土兵首級冒功賞，泰奏罷之。再按山西。時百官俸薄，泰言：「群臣禄入厚者三石，薄者一二石，所折鈔又不能即得，乞量增禄廩，俾足養廉，然後治贓，則貪風自息。」事格不行。六年夏，以災異下詔求言，恭請言官糾彈大臣，去其尤不職者，而後所司各考覈其屬。帝從之，言官劾者甚衆，賜罷者數人而已。後出按山東，擢四川按察使。不逾年，蜀中大治。鎮守都御史寇深忌其才名，陰諷所私參議陳敏，誣奏泰杖殺人，下刑部獄。其人實自溺水死，久始白，復官。于謙薦守紫荆關，額森入犯，關門不守，復論死。景帝宥之，命充僉事官，自効。

景泰改元，陞大理寺右少卿，守備白羊口。轉都察院右僉都御史，鎮守易州，節制紫荆、倒馬等關及沿河關口。五年，陞左僉都御史，疏理徐州吕梁二洪及臨清、濟寧諸處河道。七年，巡按蘇、松、常、鎮及嘉、湖諸大郡。免租詔下，泰知恩未得均，有富室田多額輕，其重者多在貧下，因推廣周文襄法，令以五升之田倍其賦，而官田之重止取正額。於是賦額不損，貧富均適。英廟復辟，被譖，左遷廣東按察副使。連丁内外艱。會四川寇亂，復起爲左僉都御史，巡撫其處。蜀中老稚聞泰至，奔走相告，曰：「陳憲使復來矣。」州郡望風解組者數百人，陞右副都御史，巡撫淮、揚等處，兼督漕運。

成化元年，乞歸甚切，許之。泰儀度修整，天性孝友，常慕鄉先哲李忠定之爲人。平居謹默，似不能言，立朝論事，纚纚如倒囊出珠。素勵操行，三爲巡按，懲奸去貪，風稜甚峻。累保障重地，積有勳勞，未嘗矜色。於官無行誼者，怒目切齒，必除之乃已。以此被讒貶斥，其志不少回。致仕歸，囊無長物。閉户理舊書，間出遊山水，哦詩酌酒，囂然有餘。安成彭文憲時嘗與莆田柯詹事論人物，柯曰：「清操如吉亨，吾閩少有。」文憲曰：「天下士也，何止閩中！」晉王亦稱：「陳御史剛風勁節，須於古人中求之。」《明史》。《閩書》。

教諭陳先生子良

陳子良，邵武人。永樂間，以貢任光澤教諭。學規嚴整，訓迪有方。邑士以經術顯者，多其造就。《閩書》。

員外郎余孟高先生隆

余隆，字孟高，邵之建寧人。聰敏慷慨。仕吏部員外郎。居官恬退自守，不履豪貴門。少師楊文貞、楊文敏，先後冢宰蹇義及師逵、黄福皆器重之。子志。

僉事鄒先生允隆

鄒允隆，名昌，以字行，泰寧人。博學多才。舉正統壬戌進士，授太常博士，陞寺丞，改太僕丞。天順改元，與翰林侍講學士王諫並使安南。時安南經黎季犛之變，久昧朝儀。允隆與諫，據禮裁正，夷酋悚服，還復命。丁外艱。服除，仍丞太僕，尋轉廣東提學僉事。教諸生以立身行道，不徒習章句文詞而已。尋卒。

巡撫朱懋恭先生欽

朱欽，字懋恭，邵武人。少與甯堅友，共志考亭學。聞吴康齋倡道西南，不遠師之。成化壬辰進士，授寧波推官。潔白自持，讞獄惟允。召入爲御史，論列侃侃。銜命視河，遇澇災，輒發陳賑乏，見尸横野，掘廣冢掩葬之。旋敕巡按，貪吏望風解綬。出爲浙江按察副使，進按察使，陞左布政使。儼恪端莊，官常整肅，節濫觴之費，謹啟鑰簿正之司，秩禄外秋毫無苟取。積羡財倍夙昔，勒石以示後來。擢都御史，巡撫山東。首劾方面官不公不法事某等若而人。

正德初，逆瑾氣焰，遣使詣治索綵繒五百疋，有司具以請，欽呵斥使者，輒趨歸，遂與瑾隙。會瑾嫉同監王岳，謫守陵南京，抵臨清，賜死。欽疏言：「陛下首政，朝野仰望，威福之權不宜下移，刑賞惟公，方能即叙。太監王岳謫守皇陵，既不白其罪狀，賜死中道，尤未厭乎人心。臣諗岳爲劉瑾所忌，必瑾讒毁以惑陛下，雖岳死弗足惜，而瑾漸甚可畏。伏望察岳非辜，誅瑾讒賊，庶天下臣子頌陛下之仁恩睿斷。」草就，遣人齎進。有止之者，欽曰：「此瑾矯制擅柄之漸，吾守土大臣，安得無言！」

瑾奪欽疏，不奏，乃媒蘗其短，欲擠之。先是，欽以東人酗酒，遂嚴禁酒之禁，至行連坐法，使濟南推官陳元魁覺之，犯者枷其項。有民汝林之鄰人爲酒，林懼，自縊死，林母欲奏聞。元魁與之十金，知府趙璜亦與穀二石，至是爲東廠所詗。瑾敕錦衣衛百户陳俊束欽逮獄，欽即去冠裳，跣步就束，立就道，不内顧。既入京師，結竟其罪，與璜同坐免官，而元魁爲謫戍。吏以失解弓張事，罰粟三百石，輸大同府。欽躬詣互納，家人請代，不許，曰：「天威咫尺，萬里敢罔耶！」尋又文致其罪，罰粟輸甘肅，未行而瑾伏誅。赦復原秩，致仕。

家居，衣冠儼坐，竟夕無惰。與鄉人語，必依孝弟禮義。每歲孟春，舉行冠射古禮示人。與新會陳文恭獻章、晉江蔡文莊清相善。其辨王岳事詳《蔡虚齋集》。作文典實詳贍，善書，有晦翁風骨。卒年七十有七，所著有《畏庵集》。

庠生朱德夫先生昂

朱昂，字德夫，邵武人。郡庠生，穎異有文才。嘗從教授宜興周衙講致良知之學，鋭然以聖賢自勵。事二親孝,待戚屬仁。郡守吴國倫稱有古人風。旌之扁。《閩書》。

縣令黄廷獻先生琮學派

按:廷獻先生,志乘稱其「自少即志爲己之學,教士先德行而後文藝」,大端可識矣。

縣令黄廷獻先生琮

黄琮,字廷獻,邵武人。以太學生知安遠縣。廉謹靖恭,以愛人爲主。被構逮繫,未白而卒,民哀慕之。琮自少即志爲己之學,繩趨尺步,不苟徇時。事親盡孝,居喪謹禮。與人交,誠信不欺。教人先德後文,一時造就爲多。《閩書》。

同知甯永真先生堅

甯堅,字永真,邵武人。九歲,補弟子員,師事黄琮。弱冠,遊吴聘君之門。比壯,領鄉薦,屢試禮部不偶。卒業太學。大司成邱文莊器重之。年五十,授鳳陽府同知。未及再期,卒。堅早失怙,事母至孝,母有疾,視起居,奉湯藥,夜則假寐母側,衣不解帶。家居講授,善開發人志意。從遊之士多所成就。所得修脯之資,悉以歸母與弟共之。尤致力冠、昏、喪、祭、鄉射諸禮,一時風俗爲變。其莅官寬而不縱,正而不激。嘗以巡撫大臣檄督開郵湖畔新河,區畫有方,功成而民不擾,鳳陽民思之。

閩中理學淵源考卷九十

廣平府知府李清馥撰

嘉隆以後諸先生學派

嘉隆以後，諸儒述録頗少，恐遺闕必多，俟再考。

庠生王昭武先生岳

王岳，字昭武，邵武人。邑庠生。資性純潛，喜談性命，有志聖賢之學。聞四方高雅洞見性宗者，不憚跋涉，北面之。遊近溪羅先生門，以明德爲宗，遂爲羅門高足。生平矩步繩趨，有儼若思氣象。居家嚴正，動遵古禮。《閩書》。

貢士高先生尚賢

高尚賢，邵武人。沈潛善文辭，究心性命，確然以聖賢自勵。清貧有守，幼年失怙，事母孝，待弟友愛。淹貫百家，善於開誘後學。生平得力，惟「毋自欺」三字。凡對之人，矢之已，無非是者。

有書數篇未付剞劂氏，以貢卒，學使者熊公按臨，舉鄉賢不果。別號文台居士。

丘子聚先生九奎

丘九奎，字子聚，邵武人。性端直凝重，動循矩度，常慕臺溪先生之爲人。年未四十，謝去青衿。于凡經子史百家九流三教，靡不擷咀。聞有奇書，不遠百里借閱，率手録之。常曰：「聖賢心法寄於六經，佛老之精，不出吾道範圍，而諸子之散見者，亦足資羽翼，所謂莫不有文武之道者也。」居家不尚巫覡，祭喪用《家禮》。所著有《弋獲解》六卷、《臺溪浣花詩集》二卷。

黄世表先生克正

黄克正，字世表，泰寧人。性資純樸，潛心道學。遊李見羅之門，講修身爲本之學。

江仰齋先生嶠

江嶠，字維鎮，泰寧人。私淑朱子之學，孝弟端謹，篤志力行，以五經教授鄉里。嘗語學者曰：「正心誠意在格致後，原非一味寂守，常時提醒此心，使動無不當，便是身修。」見羅先生呼爲「老友」，世稱仰齋先生。

縣令蕭先生重熙

蕭重熙，泰寧人。生平砥行，希蹤聖賢。以選貢，令靖安。地苦賊而民疲，多方綏靖。以艱子乞休，空橐而歸，饘粥不繼。

主事黄先生世忠

黄世忠，建寧縣人，嘉賓孫。萬曆中舉人，爲東陽教諭，擢刑部主事。乞歸，居小園，抱甕灌蔬，長吏罕識其面。著有《經濟集》十二卷、《麟經旨定》四卷、《碧澗流玉》四卷。

舉人張禮言先生能恭

張能恭，字禮言，邵武人。崇禎庚午，鄉薦第一。所述有《李忠定奏議選》、《禹貢訂傳》、《天地大文》八十卷。《通志》。

閩中理學淵源考卷九十一

廣平府知府李清馥撰

福寧明初諸先生學派

福寧僻在海隅，宋時名流輩出。延至元代，儒宗尚踵起相承。至明，如蔣氏悌生、林氏珙、陳氏自新、林氏偉、高氏頤皆精專儒學，教士傳業，稱躬行實體之儒。雖元之遺獻，而實有明一代倡學之師也。程氏鉅夫謂：「自鄉儒先遊紫陽之門而絃誦衣冠盛，自鄭氏樵、師氏古教授而經術明，其所由來尚矣。」

訓導蔣仁叔先生悌生

蔣悌生，字仁叔，福寧人。檢身勵行，雅不出仕。洪武初，舉明經，任本州訓導。教誘諄諄，多所成就。著《五經蠡測》五卷，微詞隱義，多發前人所未發。《閩書》。《道南源委》。

訓導林仲恭先生珙

林珙，字仲恭，福寧人。篤信力行，以開來學爲己任。舉明經，授本州訓導。雖窮約，泰如也。

助教林孔徵先生文獻

林文獻，一姓陳，字孔徵，福寧人。博通經學，旁及子史。舉明經，授國子助教。立教有方，生徒仰之。《閩書》。

縣令高應昌先生頤

高頤，字應昌，福安人。孝友天性，臨財以義。親没，廬墓三年。教授鄉校，旬暇輒至墓所拜哭。洪武間，舉孝廉，召對稱旨，遂授海鹽知縣。卒於官。著《詩集傳解》。《閩書》。《道南源委》。

陳貢父先生自新子孟龍

陳自新，字貢父，號敬齋，寧德人。通五經，精《易》本傳義，而推衍以《皇極經世書》，從遊者衆。著有《起興集》等書行世。子孟龍，字霖卿。博學能文。洪武初，舉明經，歷廣東僉事。

林先生偉子仕夔

林偉，寧德人。學問該博，與高頤、余復爲友。義方之教甚嚴。子，仕夔，學行俱粹，以廉能見稱，官通直郎。孫，祖泰，知建昌軍。

給諫林廷吉先生文迪

林文迪，字廷吉，寧德人。弘治乙丑進士，授刑科給事中。遇事敢言。奉命清糧，卒於廣西。文迪性敏質粹，學博識醇。著有《五峰遺稿》。《通志》。

長史周質夫先生斌學派

按：周質夫先生在明初以經學著，識楊文敏於童年，授之以業。後爲國子師，多士悦服，固亦一時師範也。

長史周質夫先生斌

周斌，字質夫，寧德人。嫺雅夷曠。明《詩》、《禮》二經。教授建寧，嚴立教條，作《新士習》。與郡大夫語，皆政教大端。雲南平，進賀表稱旨，賜金幣。秩滿，太祖召至便殿，承顧問，以質直見重。

拜中都國子司業，約度明信，諸生悦服。陞齊府左長史，輔翼開陳，一以正道。丁内艱。卒。楊文敏公微時，斌一見奇之，親授以業，語之曰：「子器識非常，他日遠到，惜予老不及見也。」所著有《國子先生文集》。《閩書》。

縣令陳鼎夫先生新

陳新，字鼎夫，福安人。永樂十二年，以貢入國子。從楊文敏公學。知海陽縣。時賦重民困，求其弊，悉去之。每春巡省田野，勸課農桑，始終不倦。《閩書》。

陳先生廣學派

按：先生及門者多而獨著莊敏林公，觀莊敏立朝讜論、出處諸大節，其熏炙師門所得多矣。考莊敏之門如林氏冬，恂恂言行，嘗論學者必以養素自重爲先，一時師友講習，固有淵源哉！

陳先生廣

陳廣，寧德人。隱居授徒，多所成就。林莊敏聰嘗受業焉。既貴，寓書於廣，稱其自得真趣，非語言所能形容者。《閩書》。

莊敏林季聰先生聰

林聰，字季聰，寧德人。正德己未進士。爲刑科給事中。景泰元年，轉都給事。時當英廟之世，承平日久，言路茀塞。聰感激論事，無諱。及英廟北狩以後，益與同官葉文莊盛矯厲奮發，所彈劾皆切近内侍及當柄大臣，多因以下獄去者。迨額森將送英廟還，廷議迎駕。景帝既即位有日，不利駕還，心欲薄其禮，聰獨請備鑾輿鹵簿。景帝廢英廟皇太子，自立己子，衆唯唯署牘，聰獨難之。方欲極論而罷。尋遷春坊司直。大學士商輅言六科不可無聰。仍補吏科都給事中，領司直俸。户部侍郎張睿、國子祭酒劉鉉並用母喪奪情，聰上疏：「侍郎，六卿之亞；祭酒，師儒之宗。忠孝大節不可少欠，乞命依例守制。」不聽。復上言：「君親，人道大倫；忠孝，臣子大節，未有忠君不繇孝親，薄親能厚君者也。禮，臣有父母之喪，君三年不呼其門。高皇帝定制，斬衰之服，父母皆一；冒喪匿喪，俱有罰禁。所以扶綱常，維世教，豈不嚴哉？曩者國家多事，内外近侍、方面等官奪情起復，此令共濟時艱，一時權宜也。今邊事寧謐，方面已皆不許，而在京猶或踵舊。臣誠愚昧，以爲大臣之中，有一身去就係國安危，猶若可言。若一概爲例，弊且貪戀名爵，廉恥不顧，視天親若路人，希異數如常事。伏望當金革之不試，舉先朝之舊章，裨益世道，殊非淺鮮。」

景帝所立太子薨，聰上大實八事及修德弭災二十條，中言：「今三尺兒童，悉念太上皇德，獨恥皇太子見深何故見廢？『時日曷喪』之謡繼出，臣不知爲誰？陛下幸而聽臣，仍將太子立爲東駕。」又言：「陛下宜虚己省躬，戒玩好之蕩心，戒嬪御之燕溺，戒用度之過奢，戒逸樂之忘返，戒爵濫施，戒刑濫及。」又言：「唐、虞三代，無有釋、道之教、齋醮之事，然而享壽益高，傳祚益久，庶政惟和，萬事咸寧。自漢以後，或捨身施佛，或迎骨入禁，信非不專，奉非不至，而壽未見隆，祚未見永，治未見古，若二教亡益明甚。近者在京寺觀，既有齋糧以飯僧，又有燈油以供佛。一月而齋幾度，旬日而醮幾壇，甚至内府亦行修設，供奉之費既多，賫襯之儀不少。雖曰内帑，實出民脂。以爲爲民祈福，而民艱自如；以爲爲國禳災，而天災屢見。伏望悉行停罷，庶幾當務爲急。」聰平居恂恂，不爲奇異，遇事正色讜論，確不可奪。

景泰中，諫議之臣惟聰與葉盛爲首稱。嘗領會試考官，汲汲焉恐失一士。吏部選註，未嘗或徇私請，輒指斥改易。當事者外雖敬憚，中實銜之。尚書何文淵以選法不公，爲聰論罷。聰復時時忤大學士陳循、都御史王文。循、文諷諸御史劾聰，十三道溥等奏：「聰自劾去何文淵之後，數挾制吏部尚書王直，紊亂選法。」詔多官廷鞫，以大臣專擅選法，論坐當斬，并劾直等阿勢聽囑。而大學士高穀獨持正議保持之。禮部尚書胡濙亦曰：「給事，七品官也，擬以大臣；囑託，公事也，擬以選法。二者不合。」遂不與。疏歸，卧病不朝。上遣中使往問，對曰：「臣故無疾也，聞欲殺林聰，不覺驚悸。」景帝始知聰被構。左遷國子學正。

英宗復辟，超遷左僉都御史，賑山東饑，全活甚衆。還，遷右副都御史，捕江淮鹽賊，籍其魁而已。三年，丁内艱。明年，起復。固辭終制，不允。至署院，曹欽反，錦衣官校報復仇怨，凡欽姻識一切逮繫，人心知冤，度無免理。聰力争出之。又一時幸功者妄取首級，京師人至不敢夜出門。聰按論捕賊功，必生獲其人。

成化二年，江淮旱饑，人相食。右僉都御史吴深巡視民瘼無狀。命聰代之。九載秩滿，陞右都御史。七年，出巡撫大同。逾年致仕。越二年，起掌南院事。又三年，召入爲刑部尚書，加太子少保。又明年，乞致仕，不許。十八年，卒。贈少保，謚莊敏。所著有《見菴文集》、奏議八卷。《閩書》。

林先生冬

林冬，寧德人。嘗從林莊敏遊。安貧樂善，恂恂言行，諭學者必以養素自重爲先。年八十餘。

閩中理學淵源考卷九十二

廣平府知府李清馥撰

正嘉以後諸先生學派

按：黄氏乾行、陳氏褒皆以儒學顯著而立朝又卓然，餘或求師取友，或建白當時，固皆特立有守君子矣。

郡守周懷玉先生璞

周璞，字懷玉，福寧人。嘉靖四年舉於鄉。從吕涇野講學，以潛心力行見稱。判廣州，覈市舶，斥絶常賂。陞上思知州。諄諄講論，蠻俗一變。經營物力，以築城門，歲成一門，四門成，擢思恩同知。尋擢知府。首戒九司曰：「地方多事，皆因爾輩争立，今若覬柰，繼法毋貸！」吕馬者，岑猛黨也，聚衆爲梗。兵備曰：「有周守在，毋憂。」旬月，馬服罪，且納金爲謝，累却之。入覲，乞休。不允，徑歸。粤民兩齎撫按檄至州，促復任，竟不起。璞與人交，若飲醇，有過婉諷，俾自悟，而中介有不可徇者。著《一石摘藁》。與弟珉同以孝友稱。《閩書》。《通志》。

縣令吳汝礪先生鈺

吴鈺，字汝礪，福寧人。教諭宣城，却贄恤貧。師鄒東廓守益、汪東麓佃，講學淑士。令公安，以不阿歸。宦槖蕭然，書十數篋而已。叔琈孤寒，鈺爲立嗣，匀以己産。兄鐸死，無子，敬禮寡嫂。弟鏻早逝，撫其二孤。庠友程珩疾革，偕周璞旦夕省侍，及没，珩妻李亦亡，偕璞舉其二喪焉。《閩書》。

郡守黄大同先生乾行

黄乾行，字大同，福寧人。父子厚，青田訓導，嚴直不阿。子四：長乾清，恂恂孝友。會試下第，製絹衣，父知詰之，跪伏自責。乾德，知宣平，鋤强戢吏。乾行，舉嘉靖三十二年進士，授行人，歷户部郎中，出守重慶，誨士阜俗，卒於官所。著有《禮記春秋日録》，四方傳之。乾行倜儻負義，兄乾清病，夜覓醫於鄉，遇虎不顧。乾清子復早卒，爲婚嫁其孫及孫女。弟乾道，夭，無子，養其嫠終身。《閩書》。

兵備陳邦進先生褎

陳褎，字邦進，寧德人。嘉靖二年進士，選侍御史。劾胡侍郎提督大同逗遛，疏立獻廟，疏廖冢宰私閣臣所親。因乞終養，十餘年，起復巡按江西。夏言爲相，欲毁民居以益苑囿，書以諷之，云：「費鵝湖之變，幾至滅族，相公方締歡魚水，當造福子孫。」霍韜歎曰：「真御史也。」左遷韶州推官，復謫判泗州。久之，爲慈谿令。毁淫祠，以祠吴相闞澤、唐相房琯之有功德於慈者。陞廣西兵備，有平僮賊功。尋致仕。著《禮記正蒙》、《騶山集》行世。《通志》。《閩書》。

訓導薛宗舉先生公應

薛公應，字宗舉。嘉靖十七年貢士，訓導盱眙，教諸生以躬行實踐之學。三年，乞休。子孔洵，事公應孝，有士行。學者稱爲企泉先生。

李先生中美

李中美，福寧人。博學好禮，雖盛暑，衣冠儼然。嘉靖晏駕，中美蔬素三日，與袁櫏、林子燧、陳喜談《詩》，著《詩書玉篇直音》。《閩書》。

張美中先生絅

張絅，字美中。參議蘭曾孫也。惇尚孝友，篤志讀書，長於詞賦。阮雲塘、陳鰲溪以文章氣節相高，時號三傑。《閩書》。

袁先生檩

袁檩，福寧人。天禄公裔。樂易俶儻，輕財仗義。入深山中，苦躭經史，與李中美談《詩》。教子學古。諸兄弟服其友愛。《閩書》。

陳希和先生喜

陳喜，字希和，福寧人。績學渾樸。蚤喪父，獨事母孝養，至老不衰。母年高多病，躬伴母寢，晨昏温凊，衣食櫛盥至牏厠瑣猥，未嘗假他人。年九十四。《閩書》。

《儒藏》精華編選刊
即出書目（二〇二三）

白虎通德論
誠齋集
春秋本義
春秋集傳大全
春秋左氏傳賈服注輯述
春秋左氏傳舊注疏證
春秋左傳讀
道南源委
桴亭先生文集
復初齋文集
廣雅疏證
龜山先生語録
郭店楚墓竹簡十二種校釋
國語正義
涇野先生文集
康齋先生文集
孔子家語　曾子注釋
禮書通故
論語全解
毛詩後箋
毛詩稽古編
孟子正義
孟子注疏
閩中理學淵源考
木鐘集
群經平議

三魚堂文集　外集
上海博物館藏楚竹書十九種校釋
尚書集注音疏
詩本義
詩經世本古義
詩毛氏傳疏
詩三家義集疏
書疑　東坡書傳　尚書表注
書傳大全
四書集編
四書蒙引
四書纂疏
宋名臣言行録
孫明復先生小集　春秋尊王發微
文定集

五峰集　胡子知言
小學集註
孝經注解　温公易説　司馬氏書儀　家範
孳經室集
伊川擊壤集
儀禮圖
儀禮章句
易漢學
游定夫先生集
御選明臣奏議
周易口義　洪範口義
周易姚氏學